本书出版获中山大学树人哲学发展基金资助

家乡田野（中）

吴重庆 主编

中山大学出版社
·广州·

乡村里的小卖部
(2020年)

J的无名小店

◇ 赵杰翔（社会学与人类学学院2017级博士）

大理，是许多年轻人心中的"诗与远方"。但对于大理人来说，大理其实不仅是那古城里的小桥流水，也不仅是那苍山雪、洱海月，还是一个曾经拥有九个贫困县的白族自治州（2012年）[1]。大理一共也就11个县，其贫困程度可想而知。近年来，随着国家扶贫力度的加强，许多县和乡镇已经陆续达到退出贫困县序列的指标，而我们村仍在努力中。

我的家乡偏安在大理西北群山的一隅，村庄就坐落在大山的山腰处，不论在村子的哪个地方，放眼望去都能看到远处有一座山连着另一座山。村里总共有700多户，2500多人，其中193户是建档立卡贫困户。在这小小的贫困村里，分布着13个小卖部。这些小卖部大多没有自己的招牌，其中有四个规模稍微大一些的店有招牌，但店门口挂着的也不是自己的店名，而是合作商送来的招牌，比如"泉源公司加盟农家店"，等等。除了这四个较大的小卖店，其他都是无名小店，店门口没有什么明显的标识，外来人路过或许都不知道那是卖东西的，但是村里人因为互相熟悉，所以都知道哪里有小卖部，哪个小卖部可以买到自己想要的东西。

在村里，人们一旦成家有了孩子，大家对他的称呼也会改变。以前都会叫名字，但有了孩子之后，就会变成"××爸（爹）""××妈"。这一套称谓方式也影响了村里人对这些无名小店的称呼，比如大家都叫J"杨俊爹"（化名），所以他家的小卖部看起来没有名字，但熟悉的人都会叫"杨

---

[1] 云南省人民政府网：《云南73个县列国家扶贫开发工作重点县名单，扶贫任务最重》，见云南省人民政府网站（http://www.yn.gov.cn/ywdt/ynyw/201203/t20120320_171371.html）。

俊爹的店"。这个"店名"不仅宣示了小店的归属,也让小店莫名有了一种主人身上的气质。村里一些人告诉我,他们很喜欢去J家的店,因为感觉这个小店就像J一样朴实、诚恳、善良,来这里买东西很放心,不用像去其他店一样,需要偷偷看看东西是否过期了。

J的店很小,大概只有10平方米,加上旁边的磨房估计就20平方米,但这个无名小店却很特别,它就像一面社会变迁的透视镜,从小店的"生命史"便可以管中窥豹,看见我们村甚至整个中国社会的一些变迁。同时,这个小店还是村里人的"百宝箱",各个角落里都藏着可以满足人们某些需求的物品。另外,我发现与其说J的店是一个"商业机构",不如说它是一个"服务小站",因为它虽然在商业上盈利不多,但在日常生活中却帮助了不少人。总之,J的无名小店,面积虽小,意义却不小,与小店有关的故事,且听我细细道来。

一、社会变迁的"透视镜"

2月中旬一个阳光灿烂的午后,我戴着口罩从家里出发,打算去J的店里坐坐,跟J聊聊天。我到店里的时候,J正站在一堆"乱七八糟"的纸箱里——他正在往货架上填货(图1)。J一边招呼我自己找位置坐,一边说:"今天赶忙坐你爸的车出去拉了点货,明天就出不去了,我们也要封村了!"

图1　J正在整理货物

2020年的春节很不寻常，突如其来的新型冠状病毒感染疫情（以下简称"新冠疫情"）席卷全国，城市车水马龙的场景消失了，取而代之的是空荡荡的街巷和紧闭的房门。村里各个地方都贴上了防控疫情的公告，许久不用的村公所大喇叭也开始重新工作，每日循环播放与疫情相关的新闻和注意事项，一周一次的赶集取消了，村民们的日常串门也减少了，一些整日开门的小卖店也缩短了营业时间。由于村里载客的面包车停止了运营，J没办法去县里进货，县里原本可以送货上门的大卡车也没办法出来，所以店里的商品就一天比一天少。到镇上进货利润会少些，J就赶在封村前拿了一些货回来。

看着J在忙，我想帮帮忙，但他觉得两个人忙活不够空间，而且只有他最清楚在这方寸之地哪些东西放在哪里最合适，所以我便坐在小小的位置上等J收拾完再跟他聊天。从小店货架上商品的变化可以看到疫情对我们村的影响。在更早，小店的诞生也跟21世纪初的另一场疫情有关。

"小店好像是从非典时期开始办的"，J说。2000年初，我们村外出打工的人还不是很多，M（J的妻子）算是挺早一批去广东省打工的。2003年的时候，J的两个儿子都还在上学，一个大学、一个高中，正是需要花钱的时候。在家里尝试开办泥瓦厂失败后，M决定外出打工，因为务农的收入不足以支撑孩子上学的费用和一家人的支出。于是M就和村里的一些朋友一起去了广州的一个假发厂工作。M说当时工厂为了能多生产一些假发，中午会把工人的饭菜搬到厂房里，工人吃完之后就会继续干活，所以几乎一天到晚她都要待在有着刺鼻气味、空气又不流通的厂房里。再加上广东天气比云南要炎热很多，所以到那里不久，M就感觉自己身体不舒服，头总是很痛很沉，浑身发痒，只能成天吃药。但她还是咬咬牙继续工作，因为在厂里赚的钱要比回家务农更多。

后来听说了"非典"的消息，虽然M不知道这具体是什么，但知道挺严重的。跟家人多次通电话，J和儿子们都劝她回家，于是在工厂工作了3个多月之后，她决定离开广州。

在"非典"暴发的前后，村里通了公路，J和M便决定开始做生意——有了公路，进货就方便了，不用像以前外公开小卖部一样，需要靠脚力从很远的地方把货物一背篓一背篓地背回来，路上还得防着野生动物……后来，他们在离家不远的地方买了一间小房子，刚开始这间小房子只有大概五六平方米，一个货架都装不下。后来他们又跟隔壁的房主商量，把另一边也买下，小小的商店才终于大了一点。

在堆满货物的小店旁边还有一个很小的房间，里面放着大大的磨面机（图2）。J感叹说："以前这个机子总是工作，轰鸣声真的很吵，但是也很热闹，现在村里人大多外出务工，种地的人少了，在村种田的人家也都买了小型磨面机器，不需要到我这里来磨了。"

图2　不再常常使用的小磨坊

从小磨坊使用频率的变化也可以看出家乡的变迁。以前，村里很多人种地，也有很多人养猪，等到地里的玉米收成时，村里人便会背着一袋袋脱好粒的玉米到J的小磨坊里把玉米磨成粉给猪吃。记得我初高中假期时来J家玩，总能看到大家在门口排着队等着磨面，将用各种麻袋装着的玉米堆放在门口，大家就在轰鸣中大声地"吼着"聊天，好不热闹。现在，J家轰轰作响的磨面机偶尔才响一次。

无名小店的故事超越了小店本身，通过J的讲述，我看到小店是如何借着交通的发展而诞生，如何在当下新冠疫情的影响下呈现出新的模样，又如何随着村里人生产方式和生活水平的变化而变化。如果你有空来小店听J讲讲故事，想必能了解到不少我们村子的历史。

二、村民的"百宝箱"

无名小店没有窗户，只有一扇由几个小门组成的大红门，这也是唯一的买卖出入口。大红门的右边也堆满了商品，J一般不会打开，只留着左边的小红门用于进出。小店没有招牌，小门也并不起眼，可你一旦走进去，就会发现里面大有天地，每一个小角落里都藏着各种各样的商品。

J的小店里有4个货架，进门左手边最高一层的货架放着凉茶饮料、核桃乳，下一层放着一些日用品，最下面两层则是一些烟酒和茶叶。

生活用品那一层在这个货架里有些"格格不入"，但我仍旧想把这个货架叫作"礼物货架"，因为这个架子上其他几层放的都是农村里经常被作为"礼物"来流通的物品。我们村至今还保留着过年杀年猪的传统，只是好多人为了减少麻烦，就把"杀猪宴"变成了烧烤宴——谁家杀猪，亲戚朋友就会带着凉茶饮料等作为礼物，送给主人家，并在那里吃上一顿烧烤。J跟我说："过年前村里杀年猪的时候，也是饮料卖得最好的时候，因为它们能搭配烧烤，而且价格不贵又上得了台面，将这么一大箱有着喜庆颜色的饮料作为礼物再合适不过了。"这一点我也深有体会，我们家杀年猪时候"囤"的饮料，基本足够喝上大半年。所以这个货架的最顶上一层的货物在过年前后常常刚进货就会被卖光。在平日，则很少有人会买这么大箱的饮料，村里如果大家有事互相串门，放在下面两层的茶叶和烟酒则是更为体面的小礼物。

进门对面的架子可以叫作"补给货架"，上面主要放着各种各样散装的饮料、方便面和沙琪玛。之所以叫它"补给货架"，是因为买这些散装饮料和泡面的一般都是准备去干活的人。村里虽然不少人外出打工，但仍然有村民会下地种田、上山砍柴、放牛，他们一整天都要待在山里或田里，所以常常会带着一些饮料和零食作为"补给"，干活时累了就喝点饮料、吃个沙琪玛或者泡个面来吃。

中间的货架则可以叫作"家庭货架"（图3），这个货架最下面的一层放着一家人齐聚时才会买的"家庭装饮料"。往上数第二层则放着各种面条和饵丝，我们村里人喜欢把这些当作晌午的餐食，有时候米饭吃腻了，也会给家里人换换口味，在正式的午餐或者晚餐时候煮些米线、饵丝或面条吃一吃。再往上一层，放着的是大包装的点心，村里没有蛋糕店，只能买这些包装好的，这些点心也是一些家庭常常会给老人和小孩备着的。比如我妈妈常常会在家里备一些甜饼，爷爷奶奶习惯了早起，可以拿这些甜饼做早餐；有时候白天家里来了客人或小孩，妈妈也会拿一些甜饼给他们吃。

图3 "家庭货架"上的"家庭装"商品

那天我在无名小店和M坐着，一位母亲到店里挑了一把面条和一袋甜饼回去，她笑笑说："孩子米饭吃得不多，今晚换换口味，煮面条吃。""家庭货架"的顶层还放着老干妈、酱油等各种调味品，还有云南人最爱的调味品——单山蘸水，这些商品一般都是家中负责一家人饮食的妇女来购买。

小店里最后一个货架在进门右手边靠墙的位置，我想这可以叫作"惊喜货架"。虽然这个货架上的东西很杂乱，没有什么明显的分类，但是可以从这里找到很多你想不到小店里会卖的东西。比如这个货架最下面一层放着很多鞋子，这些鞋子都是"解放鞋"，J说以前大家都穿草鞋，有一双解放鞋是一件很难得也很幸福的事情，现在有了各种各样的鞋子，穿"解放鞋"的人就很少了。不过因为这种鞋子便宜还耐穿，有些村民还是想买来在干活时候穿，所以小店就存了一些，放在货架里很不起眼的地方，偶尔才卖出一双（图4）。这对于J的小店来说利润是很少的，但对于买到鞋子的人来说，这或许是朴素生活里的一点"小确幸"吧。

图4 堆在货架角落的解放鞋

　　货架最上面还有一些加了绒的、厚厚的鞋垫，这些鞋垫在冬天也会给村里家庭不太富裕的阿姨们带来温暖。这个货架上还有小学生会用到的各种文具：作业本、铅笔、铅笔刀、涂改液等等。也有初中生很喜欢的封面印了明星照片的袋子，初中的孩子每周日出发去镇上上课的时候，很喜欢用这样的袋子装自己的作业本。

　　这个"惊喜货架"上还有可以让叔叔爷爷们得到片刻放松和休憩的烟草。我正和J聊天时，一位戴着帽子、卷着裤腿、满身都是泥点的大伯笑嘻嘻地走到小店门口，说道："杨俊爹，给我拿包烟。"J立马起身去拿烟。烟的品牌和种类不少，但J似乎已经熟悉了这位大伯的消费习惯，一边找一边问道："老样子吗？"大伯笑嘻嘻地回答："是呀，其他太贵了，抽这个就好。"J把烟递给这位大伯，我也跟大伯打了声招呼。大伯似乎对自己身上的泥点还是有些不自在，不好意思地笑笑说："从地里回来先买包烟，再回去换衣服……那你们聊，走了。"大伯拿起烟，一边拆着烟盒的包装，一边带着满足的笑离开了。

　　除了这些大货架，小店中间还有一个用纸箱子垒起来的零食台。台面上放着很多纸盒，这些纸盒紧紧地挨着，每个纸盒里都放着一种零食，有不同种类的辣条、棒棒糖、沙琪玛、旺旺雪饼、泡泡糖等等，大多都是5毛一个，极少数是1块钱一个（图5）。这个零食台不是很高，3岁以上的孩子都能拿得到，所以常常能看到一些孩子进门就给J 1块钱，然后径直走到零食台面自选零食，有的孩子目标明确，很干脆地拿起两样零食，然后转身跟J说："我拿了这两样哦。"有的孩子则犹犹豫豫，看着这满台的零食不知道拿哪一个好，拿起一包辣条、一根棒棒糖，又放下，换成一包沙琪玛，又放下，又换成另一包辣条，好不容易挑选好两样零食要走，眼睛还舍不得离开零食盒子。零食台上的很多零食其实并不健康，更谈不上营养，但对于村里的孩子来说，却盛满了他们的小小快乐和期待——能跟大人要上一两块钱，自己去挑点零食吃，是一件多么幸福的事情。

图5　装满各种零食的纸盒子

　　小店很小，但J很会利用空间，在墙面上和一些不起眼的小角落里，你总会看见一些小小的商品等着被顾客带走。比如店门上方还有一小块白墙，J就在那里挂了一些袋装的洗发水和吹泡泡胶的玩具；在货架中间，M挂上了一些小小的挖耳勺和几个戒指，当我看到那些"戒指"的时候很吃惊，问M："你们居然还卖戒指！"M不好意思地笑笑说："就闹着玩，以前有人问起过，所以就买了点挂在那，都是便宜的。"另外，在小小的店里，J还买了一台小小的电视机放在角落，几乎每一次我去J店里的时候，电视机都在辛勤地"工作"着，在没顾客的时候，它为小店增添了一些生气。

　　无名小店虽小，却像一个"百宝箱"，盛放着能满足村里人各种需求的宝贝：里面放着可以满足村民进行礼物交换、维系关系网络的各种商品，放着可以增进家庭和孩子幸福感的各类食品，还放着各种可以让村民收获能量和小小惊喜的商品……在仔细看过店里的每件商品，认真跟J、M交谈过之后，我才发现原来店里的大小商品都各有价值，小小的店在村民的人情往来、情感维系、家庭生活等方面都发挥着重要的作用。

三、村里的"服务小站"

　　村庄里的小卖部常常会被研究者看作是村落里的公共空间，承担着社会交往和信息交换的功能。有时J的无名小店旁会聚集很多人一起聊天，如果是M在店里，店门口会挤着村里的一些妇女和老奶奶聊天；而J守在店里的时候，则会有一些叔叔和大伯在门口。不过有趣的是，如果是妇女们在店外的话，热闹的时间会更长一些，如果是叔伯们，热闹的时间就会短一些，或许妇女们有很多"小秘密"和家长里短可以聊吧。不过比起公共空间，我觉得J、M的无名小店更像是一个"服务小站"。图6为J刚进货回来，小店门口围了很多人。

为了能在开店的同时照顾到自家老人、农作物和牲畜，J、M的小店离他们家不是很远，步行大约需要三四分钟。有时J、M都会在店里，但更多时候是一人忙家里的家务或农活，一人守着小店。小店在一条村道的边上，一边是无名小店，另一边是长长的围墙，围墙里面就是政府资助新盖的房子，这面墙上写着一句很有意思的标语——靠人吃饭空米缸，下田流汗谷满仓（图7）。

图6　J刚进货回来，小店门口围了很多人

图7　印着标语的围墙

这是一句鼓励大家要勤劳干活的标语，在我看来我们村的很多人已经够勤快了：很多年轻人外出打工，老年人留在家里照顾小孩的同时，还常常会上山砍柴、放牛，下田种稻种菜；有的年轻人没有外出打工，也会靠自己的双手做些小生意。比如村里一个姐姐有三个孩子，因为想要留在村里照顾孩子，所以她没有外出打工，而是选择在家乡卖点小吃，比如云南人爱吃的凉拌米线、凉拌豌豆粉，等等。

由于在村子的街市上找不到合适的商铺，所以她常常会借小店门口的一处空地用作她的出摊点。白天要出摊的时候，她就会搬一张小桌子放在小店附近的一处空地，在上面摆好食材，再插上一把太阳伞，一个小小的摊位就搭成了。以前过年回家，去无名小店时我常常能看到她，今年因为疫情她就没出摊了。以前她出摊时，偶尔会因为家里的一些事情需要临时回趟家，她离开的这段时间，J或者M就会帮她照看小摊位，她都非常放心。

无名小店还服务着村里的一些老年人。一天下午我在小店里坐着，看到一个老人慢悠悠地走到店门口，从外套口袋里掏出自己刚在村里卫生所买的药，很自然地递给M："杨俊妈，你帮我看看这个药怎么吃？刚才医生说过，但我忘了。"M站起身来，把药拿到光亮一些的地方，看了看之后仔细给老人说了该如何服用。老人谢过之后，又慢悠悠地离开了。M说这位老人的孩子都在外地，就她自己住在家里，身体不好的时候就会自己去卫生所买点药吃，可是记性也不太好，从卫生所回到家就忘记了要吃几颗，所以就会找M询问。有时候晚饭过后，还会到小店里再问一次。老人常常会来，一遍又一遍地问重复的问题，可M每一次都很耐心地回答。有时候我在想，这个老人是真的忘性大，还是只是想找个让她有信任感，也对她有耐心的人说说话呢？

老人走后不久，店里又来了一个小伙子，他说朋友来玩，买点泡面吃，于是他拿了三盒方便面、一包大辣条和一些饮料，放在门口的冰柜上面等着M帮她装袋和结账。装好袋后，他笑笑说："最近赚了点小钱，可以把以前的账也还了。"M也微笑着说："没事的，慢慢还。"小伙子赶忙从口袋里掏出钱："先还了，先还了，不然又莫名其妙没钱了，欠着钱还是不舒坦呢。"于是M从背后的货架上拿出一个小笔记本，翻到其中一页给小伙子看了一下，M拿出计算器算了一下数目给他看，让他核对一下，但他很放心地直接就把今天的账和以前赊的账都给还了。小伙子谢过M，笑呵呵地提着零食离开了小店。

这是我第一次知道原来M家的小店还可以赊账！翻开小小的账本，看到上面写着一些名字和数字，名字后面的数字就是顾客赊的账（图8）。一旦还清了钱，M就会把这个数字划掉，再赊账的时候，这个数字又会被写上。这无名小店就用这薄薄的账本建立起了一个小小的信任网络，店主允许顾客延迟付款是建立在互相信任的基础之上的，这个机制服务了村里一小部分在经济上间断性有困难的人。

图8　赊账本里的一些记录

村里有一些年轻人没有外出打工，也没有能够在村里获得较高收入的技能（比如帮别人盖房时刷墙的技能等），只能在家务农或间断性地参加村里或者附近村的一些工作。在家务农能赚到的钱很少，只有村里组织挖条水沟、立根电线杆需要人力时才能接到"活"，才会有一些临时性的收入。J的账本上就有这样一些年轻人，另外还有一些是村里的低保老人，这些老人的孩子赚得不多，老人自己的收入又少，所以有时候也会用赊账的方式来提前获得一些商品。赊账的人大多都会及时还清，但后来妈妈告诉我，有一些"厚脸皮"的村民，会一直拖着不还，还会假装记不得自己赊的账。无名小店卖的东西都不算贵，利润也不多，M说："赚的钱其实就基本够我们继续进货、继续营业，赚到的很少。"所以某种意义上允许"赊账"对小店来说并不是一个明智的选择，但J、M觉得现在其他店很少会允许赊账了，他们这样做确实会方便到一些村民，而且也能帮小店留下很多互相信任的顾客，所以有时候他们宁可吃点亏也继续给村民赊账。

"人情往来"维系着村里大小事的运作,在经济逐渐市场化的今天,我们村的"人情"仍旧很浓厚,不管是谁家办理婚丧嫁娶等大事,村里的每户人家都会尽量找一个代表去办事的人家帮帮忙,谁都不想被排除在这人情网络之外。

由于村里的这个传统,小店的经营有时会被打断,比如村中同时有两户人家办事时,J、M肯定会选择关掉小店,分头去帮忙。所以有时候碰上村里有红事、白事,村民到小店常常会"无功而返",只好去别的店购买。当然,村里这种人情往来对于小店的生意来说也是一种契机,比如前文提到的,一到杀年猪的时候,成箱装凉茶饮料就会卖得很好。但在日常,这种人情有时也会让小店的商品被当作"礼物"送出,比如谁家亲戚的孩子来了,小店中间的零食盒子就会任孩子挑选,有些亲戚会觉得不好意思,还是会给点钱,但零零散散免费送出的零食并不少。所以有时候我会跟M开玩笑说,一到过年,你这里就成小孩子的"服务小站"了,大家看到零食都自取。而M都会笑笑说:"没多少钱,都是些小玩意……"

无名小店从外观上看起来是很不起眼的,但对于熟悉它的村民来说,这是一个放满了"宝贝"的百宝箱,在这方寸之地藏放着能满足村民各种物质需求和情感需求的平价商品;这也是一个嵌入在熟人社会人情网络中的"服务小站",它帮助和服务了村里不同年龄阶段的人,并通过赊账和记账的功能建立了一个一定范围内的信任网络,方便了村中经济有困难的人。仔细探寻小店的历史,可以发现它有着超出乡村本身的意义,像一面透视镜,反映着社会的变迁。所以,无名小店一点都不小。

从小卖部近二十年的历史变迁看新农村的建设
——以广东省佛山市洋朗村为例

◇ 严翠欣（国际金融学院2018级本科生）

一、绪论

（一）调研背景

乡村小卖部是商品和货币交换的场所，它与村民的日常生活息息相关。大环境的各种改变最终都会影响到村民的生活，并间接反映到小卖部的经营上。随着经济的发展、交通的改善和各项土地政策的实施，小卖部历经变迁，新农村的建设也日新月异。

乡村小卖部是乡村发展的缩影，乡村兴则国家兴，乡村衰则国家衰。十九大报告指出，农业农村农民问题是关系国计民生的根本性问题，必须始终把解决好"三农"问题作为全党工作的重中之重，实施乡村振兴战略。

在此背景下，为深入了解乡村小卖部的发展情况，笔者选取了佛山市高明区明城镇洋朗村的小卖部作为本文的调研对象。

（二）调研问题

本文将探讨以下问题：

（1）洋朗村小卖部数量是如何变化的？背后的原因是什么？

（2）村民在小卖部购买的商品种类有哪些？20年间有何变化？

（3）村民光顾小卖部的频率如何？20年间有何变化？

（4）小卖部作为公共空间所发挥的作用是什么？20年间有何变化？

（5）小卖部倒闭或能持续经营的原因。

（6）小卖部的发展与新农村建设的关系是什么？

（三）调研问题

从理论上讲，目前实地深入探讨乡村小卖部的历史变迁与新农村建设关系的文献不多，本调研报告对现有文献进行了补充，有利于为研究新农村建设的学者提供新的角度。

从现实上讲，本文通过实地调研了解了珠三角地区洋朗村小卖部的历史变迁，有利于理清近20年来农村的发展脉络，为当地乡村振兴的决策提供历史数据支撑。

最重要的是，这次对乡村小卖部的调研可以帮助我们深入了解农村的状况，它为学术界展示了一个有血有肉的乡村，让社会更好地了解乡村。

二、调研方法

（一）具体调研方法

本次对洋朗村小卖部的调研主要采用了以下几种研究方法：观察法，调查法，访谈法，描述性研究法，定性分析法，比较法等。

本文利用调查法向崇步村委会获取了洋朗村的基本信息，再用描述性研究法研究了洋朗村的发展状况；利用观察法前往小卖部，获悉了小卖部的位置分布等信息，接着利用定性分析法分析了小卖部数量变化的原因；同时也利用了比较法，将小卖部与村际商店、镇上超市等进行了横向对比；利用访谈法对村民、小卖部老板、村干部三方进行了访谈。

（二）调研对象

调研地：明城镇洋朗村

调研小卖部：近20年来洋朗村的小卖部

访谈对象：洋朗村村民，小卖部老板，村干部

三、洋朗村的基本情况

（一）村名由来

洋朗村原名红塱。村后赶龙山为红壤，长期受冲刷，淤积于村前的朗心，故取村名红塱。筑陶角围后，围内经常渍水，多为湖洋田（即烂涩田），遂改名洋塱，后简化为洋朗。明成化年间（1465—1487），严姓由明城镇佳田村迁此定居。图1为洋朗村远景。

图1　洋朗村远景

（二）行政结构

"广东有座城名叫佛山，佛山有个区叫高明，高明有个镇叫明城，明城有个村委会叫崇步，崇步有条村叫洋朗。"高明区是广东省佛山市5个行政辖区之一，位于广东省中部，珠江三角洲西翼，是"广佛同城""广佛肇经济圈"的重要组成部分。而明城镇位于高明区中心腹地，曾入选"2019年度全国综合实力千强镇"，辖区总面积183.41平方公里，下辖13个村委会和1个居委会，共150个村民小组，户籍人口36885人（2017年）。崇步是明城镇的13个村委会之一，2005年由原来的崇北村、崇南村两个村委会合并而成，村委会辖区有7个村民小组，分别是：洋朗村、崇北村、崇中村、崇南村、严田村、石咀村、白沙村，辖区总面积约为7.88平方公里，辖区范围东起沧江河、西至明富路，南起明东麦屋村、北至潭朗文车村。洋朗村是崇步村委会下辖的一个自然村。

（三）地理位置

洋朗村位于北纬22°90′，东经112°73′，交通便利，有县道经过，珠三角环线高速穿境而过，村落距高速路入口仅7公里，上了高速便可通往珠三角各地，十分便捷。从洋朗村出发到明城镇中心大约7.6公里，驾车大概需要10分钟，到荷城街道中心大约24公里，驾车大概需要30分钟。

（四）村民收入及其来源

目前洋朗村中常住村民的收入来源呈现出代际差异，年老一辈以务农为主；中年一辈务工务农两样都不落下，下班回家就到田里干活；而年轻一辈则以务工为主，基本没有耕地的。务农的村民主要以种植水稻、丝瓜、马铃薯（冬种）为主，以及混养四大家鱼。其中，水稻种植属于自给自足；丝瓜的种植则是务农收入的主要来源，一年可种两季。这几年每亩地每季丝瓜种植收入有1万～2万元。而在村附近的工厂及花木场打工的村民，普通男性工人工资每月约3000～4000元，普通女性工人工资每月2000～3000元。

（五）人口

2008年，洋朗村户籍人口为612人，到2018年，户籍人口增加至689人。然而，事实上，村中的常住人口仅有该数据的三分之一左右，洋朗村大部分外出务工人员即使在城区定居多年，户口依然留在村中，田地就是村民的根，是一份保障也是一份归属感。

四、实地调研及访谈

本次调研采取实地调研及访谈的形式。一方面进行实地调查，了解各方面的信息；另一方面对长期（或者曾经长期）生活在洋朗村的9位村民进行访谈，以了解村民的真实想法和实际行为，尽量确保调研的完整性和全面性，访谈内容均经过被访谈人允许公开发布。为了保证数据来源的可靠性，本次访谈的人群覆盖了洋朗村各个年龄段及居住方位，受访者的社会身份也大不相同，表1为受访者的基本信息。

表1 受访者的基本信息

称呼	年龄	居住地	社会身份
康婆婆	80岁左右	洋朗村南侧	家庭主妇
严婆婆	70岁左右	洋朗村南侧	农民
严公公	65岁左右	洋朗村西侧	村干部
严先生A	55岁左右	洋朗村北侧	农民兼务工人员
何女士	50岁左右	洋朗村中间	农民
陈女士	45岁左右	洋朗村北侧	务工人员
严先生B	35岁左右	高明荷城	外出务工人员
严女士	30岁左右	洋朗村中间	个体户
严小姐	20岁左右	洋朗村东侧	学生

由于本次调研的聚焦点是洋朗村小卖部的历史变迁，为了能让大家更好地了解洋朗村小卖部近20年的变化及背后的原因。本章节接下来的部分把实地调查及访谈的结果按照时间顺序分成三个阶段加以呈现。

（一）第一阶段（2000—2005年）

2000—2005年是洋朗村小卖部繁荣的末期。这个时间段村里有三个小卖部。

1. 小卖部购买物品（2000—2005年）

访谈内容摘要：

> 十几二十年前，家里的盐酱醋都是去小卖部买的，有时候赶不及去龙头圩买肉还会去小卖部买点熟食来做菜。还有其他一些日常用品如火柴、打火机，都是去小卖部买。
>
> ——康婆婆（80岁左右）

> 零几年的时候，我还经常去小卖部买烟和酒，因为那时候家里种的地比较多，农活也多，很少有时间开摩托去镇里买。
>
> ——严先生A（55岁左右）
>
> 那时候我大概还在读中学，平时周末或者假期在村里时不时会去小卖部买点饮料喝一下，夏天的时候还会买点雪糕吃。有空的时候也会帮家里去小卖部打点酱油，或者买点其他的日常用品。
>
> ——严先生B（35岁左右）
>
> 除了买零食，小学的时候作业本或者笔用完了都会去小卖部买。
>
> ——严女士（30岁左右）
>
> 那时候我还非常小，只记得自己基本每天都去小卖部，奶奶每天都会给我1元钱，我们小朋友去买一些几毛钱一包的小零食，有时候也会买一些当时流行的小玩具，例如过年的时候买烟花炸炮，有时候会买一些贴纸之类的。
>
> ——严小姐（20岁左右）

2000—2005年，村民去小卖部购买的商品主要包括各类日常用品以及烟酒、零食等，同时小卖部也占据了一定份额的肉类熟食市场，总的来说，村民的生活消耗品很大部分都需要依靠村里的小卖部。

2. 去小卖部的频率及目的

访谈内容摘要：

> 小卖部一周去几次吧，一般都是有东西需要买的时候才去，平时很少会去买零食吃。那时候白天要去田里干活，晚上基本看看珠江台的电视剧，看完就睡觉。
>
> ——严婆婆（70岁左右）
>
> 十几二十年前基本天天都去小卖部，去坐一坐和村里其他人说说话，讲讲今天做了什么，主要都是和耕地的事有关，例如割禾（收割稻谷）的时候，大家就聊聊什么时候能够割啊，割了多少还剩多少之类的。
>
> ——严公公（65岁左右）

那时候一周去一两次吧,一般只去小卖部买东西,我不打牌也不打麻将,晚上不用干活的时候就搬张椅子在门口坐坐乘乘凉喝点茶。

——严先生A(55岁左右)

那时候基本天天都去小卖部,中午或者晚上不用干活的时候就去打麻将,哪怕没有位置打也坐在旁边看看别人打麻将。有时候也会打打牌,因为家务那时候都是我家婆(婆婆)做,相对其他妇女来说比较有空。

——何女士(50岁左右)

那时候十几岁,虽然不会说每天都去小卖部买零食了,但是不用上学的时候还是会去小卖部和村里的同龄人喝点饮料聊聊天。

——严女士(30岁左右)

天天去买零食,经常跟着伯母去打麻将。

——严小姐(20岁左右)

由此可见,2000—2005年这一阶段,洋朗村的小卖部不但发挥着供应商品的作用,还是村民休闲娱乐的公共空间。对于部分村民来说,到小卖部和其他人聊聊天、打打麻将、打打牌,一天劳作的疲惫也会舒缓很多。而到小卖部娱乐的村民,一般喜欢打牌打麻将,比较外向、喜欢和别人聊天谈话的人也较多。除此之外,其他村民的娱乐方式还有看电视、门口乘凉喝茶等。

总的来说,15年前,洋朗村的小卖部是重要的休闲娱乐空间,村民当时的娱乐方式还较为单一。

接下来,我们来探讨一下2000—2005年这一阶段洋朗村有三个小卖部的原因。在我看来主要有以下几方面。

(1)此时村中的常住居民数量比较多。从90年代开始,随着城里的工厂增多,村中的青年陆续到城里务工,这部分青年大多为70年代出生的人。但是这部分人在十几年前只占村中人口的一小部分,也就是说外出务工的人还比较少,住在村里的人还比较多,对商品的需求量较大。

(2)交通不便使得村中小卖部成为寡头市场。虽然崇北村龙头圩的商店服务范围覆盖整个崇步村委会下辖的7个乡村,商品种类会更加齐全,但是价格基本无差异，因此只要村里小卖部有得卖的东西，村民就不会专门到1公里外的龙头圩买。而镇上的商品虽然相比于小卖部价格会更低一点，但是在2000—2005年间，没有公交可以通往7公里外的镇上，村民要到镇上就要打摩托去，或者是自己开摩托、骑自行车去，很不方便。因此，当时小卖部的竞争者较少，村民对小卖部的依赖较大。

（二）第二阶段（2006—2012年）

从2006年开始，一直到2012年，洋朗村的小卖部逐渐衰落，数量从3个逐渐减少为1个。

之所以有新村和旧村之分，是因为从2005年起洋朗村村民都陆续在规划的宅基地上盖起了自己的小洋房，住进了新屋。村中常住村民从旧村搬到新村只用了大概六七年的时间。新房子像雨后春笋般在洋朗村涌现得益于土地流转政策。新建的高速公路不仅加强了高明区与珠三角其他地区的联系，也为明城镇带来了更多工业投资，进而提供了更多的就业岗位，当然这是后话了，在后面的阶段将详细剖析这一影响因素。

洋朗村从90年代初就开始将花果山出租给外地人饲养鱼和猪以及种植荔枝，将红泥场的山地出租给他人种植树木以及饲养鸡，将靠近县道的一块地出租给他人建成了一个小型的铸造厂（后改为家具厂）。但因为那时候土地租金还比较低，且出租的土地只占了洋朗村田地的很小一部分，因此对村民的影响还很小。

真正的转折在2004年10月，当月，高明区委托华南农业大学设计的《佛山市高明区现代农业生态园建设总体规划》出炉。这份长达64页的报告，提议高明筹建现代农业生态园。按规划，高明区政府将在崇步农业中心园区投入近7000万元，分三期进行基础设施改造，以招商引资建设"现代化农业生态园区"，这是崇步甚至高明最早的大规模农业用地土地流转尝试。洋朗村因先前已有土地流转的传统，村民对大规模的土地流转有更高的接受度，且相较于崇步的其他村更为接近县道，地理位置更优越，村里率先将村中的两处田地出租给了花木种植场。2005年底，把地租出去的村民拿到了地租收入，加上其他务工收入，每户增收3000～4000元。收入的增加，很快反映在住房变化上。崇步村的7个自然村中，租地最多且有部分工业征地补偿款

的洋朗村,四年内新盖的小洋楼层出不穷。① 南方都市报2008年的一段采访记录真实地刻画了当时洋朗村盖新房的状况:"洋朗村村民严建明的两层小楼,就是在今年初打下的地基。因村中新盖房屋太多,正常四五个月就可完工的小楼,九个月了也才刚筑完毛坯框架。严建明笑说,'现在盖房,要提前和包工队预约排队'。"

总的来说,洋朗村村民的收入增加,耕种的田地减少,并在2006—2012年这一阶段盖起了小洋房,住进了新屋。

1. 小卖部购买物品(2006—2012年)

访谈内容摘要:

> 我儿子2006年就盖好了新屋,新屋离龙头圩和潭朗站近了很多,以前基本每天早上都会开摩托来村里的猪肉佬那里买猪肉,猪肉佬那里每斤要比龙头圩和潭朗站贵一两元,因此搬到新屋住后我基本都去龙头圩或者潭朗站买肉。以前调味品会在小卖部买,现在买肉的时候也顺便买了,基本都不怎么在小卖部买东西了。
>
> ——康婆婆(80岁左右)
>
> 2005年以后,我家耕种的地少了很多,我就在村里帮别人盖房子了,时间和工作量相对来说比较固定,因此相较于以前,我开摩托去镇里的次数会多些,烟酒都在镇里买,因为比较便宜。在小卖部只会时不时买点饮料喝喝,或者有些急用的物品来不及去明城镇里买的才会在小卖部买。
>
> ——严先生A(55岁左右)
>
> 2006年我上了大学,大学毕业之后就在城里工作了,很少回村里,偶尔回去也只是买点饮料之类的。
>
> ——严先生B(35岁左右)
>
> 那时候我还在读小学,因为家里盖了新屋,在更合镇工作的爸爸隔几天就会回家一趟,每次回来经过明城镇的超市都会买些零食水果给我

---

① 《高明:土地流转背景下的样本崇步村最近10年》,载《南方都市报》2008年。

吃。虽然还是会经常光顾小卖部买零食，但是相比于还没上学那会，次数会少一半。

——严小姐（20岁左右）

2006—2012年，由于土地出租，村民人均耕种面积减少，闲暇时间相对增多，去镇里购物的次数也相应增多，再加上新盖的房子更加接近村际级别的大商店，村里小卖部流失了相当一部分顾客。村民在小卖部购买的商品种类减少，日常用品、烟酒和熟食市场的需求被分流到了村际大商店和小镇。小卖部售出的主要商品只剩下饮料和零食。

2. 去小卖部的频率及目的（2006—2012年）

访谈内容摘要：

住进新屋之后就很少去小卖部了，一个月也不去几次，都是去潭朗站买东西比较多。晚上还是在家看电视。

——严婆婆（70岁左右）

住进新屋之后，我基本还是像以前一样，每天都去小卖部和其他人聊聊天。聊天的话题除了耕地以及村里发生的事外，还会讲到在花木厂打工或者是去镇上打工的事。

——严公公（65岁左右）

以前还会去买烟买酒，住进新屋后都不怎么去了，也是一个月一两次这样，要买什么一般都骑摩托去潭朗站或者镇上买。晚上也不去小卖部逛，在家看看高明新闻，坐会儿喝个茶然后就差不多睡觉了，第二天还要早上5点起床摘瓜。

——严先生A（55岁左右）

住进新屋后我还是几乎每天都去小卖部打麻将，娱乐一下。有什么东西要买的也顺便在小卖部买了。

——何女士（50岁左右）

我是2007年回村里住的，在镇上的工厂工作，但是我基本没有去光顾小卖部，要买什么下班后在镇上的超市买就可以了。晚上也不去小卖

部玩,都是在家看看报纸和电视剧。

——陈女士(45岁左右)

上了高中以后就很少去了,去了也是买东西,不怎么在小卖部玩了,在村里住的时间也比较少。

——严女士(30岁左右)

小学的时候我还天天去小卖部买零食。我家2008年就买了电脑,我一天到晚在家里看电视玩电脑,就不怎么去小卖部玩了。2011年村里新建了篮球场后我经常去打篮球。

——严小姐(20岁左右)

由此可见,2006—2012年这一时期,由于在小卖部购买的商品种类减少,以前只去小卖部购物的村民现在降低了光顾小卖部的频率,从以前的一周几次减少为一个月几次。而那些以前去小卖部休闲打牌的村民还是保持着一样的习惯,基本天天都去。村中低龄的小朋友以及经常到小卖部娱乐的人成为小卖部的主要顾客群体。电脑、体育锻炼在青少年的生活中开始出现。小卖部作为公共空间所发挥的休闲娱乐作用没怎么发生变化,村民的文化娱乐生活依然较为单一。

接下来我们来探讨一下,2006—2012年这一阶段,洋朗村小卖部数量从3个减少到1个的原因。

(1)村中常住居民数量逐年递减。从20世纪90年代开始,适龄青年在完成学业后都会到城里打工,甚少留在村中耕地,土地政策进一步加快了务农村民减少的速度。到城里打工的村中青年轨迹都相似,基本是工作几年后在城里买房结婚并定居下来,留下父母在村里耕地,只有过年过节或者有婚宴才会回村。十几年来,随着外出务工的青年越来越多,洋朗村的常住人口越来越少,印象最深刻的是2006年洋朗村在崇步学校读小学的学生大概有30多人,到了2012年就只剩下不到10人了,这说明村里大部分人都外出工作了。人少了,小卖部的生意就差了,赚的钱少了,其中2间小卖部的老板选择了关闭小卖部到城里另谋生计。

(2)村民住进新房子改变了村落的格局,缩短了与村际大商店的距离。洋朗村以前被其他村的人戏称为"老鼠洞",因为整个村落都在山脚

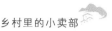

下,与其他村有一定的距离。随着村民在规划的宅基地上盖起新房子,洋朗村的居住区已经延伸到了崇步大道,与龙头圩和潭朗站这两处的村际大商店的距离缩短了不少。因此小卖部的顾客有一部分被分流到了村际大商店。

(3)交通的改善,使村里人无论是到潭朗站、龙头圩还是到7公里外的镇上都更加方便了。洋朗村在2002年的时候在村内修建了混凝土道路,到2008年又修建了洋朗村大道通往县道,加强了与外界的联系。2010年,明城镇开设了经过各个村落的镇内公交线路,老幼妇孺都可以通过搭乘公交到镇上买东西,不再需要再搭乘较为昂贵的摩托车。为迎接广州亚运会,省政府还把洋朗村通往明城镇上的县道重新修缮了一番,为曾经被大货车压得凹凸不平、坑坑洼洼的混凝土道路重新铺设了沥青。交通的改善,使得村民去镇上赶集的次数大大增加了,一个月去逛一两次,把需要的日用品一次性采购完毕,对村中小卖部的需求就变小了。

总的来说,2006—2012年洋朗村小卖部走向衰落,一方面是因为村中常住居民减少导致客流量减少,另一方面是由于村民搬迁至新屋以及交通的改善,村际大商店及镇上的超市、批发部成了小卖部的竞争者,又分流了部分顾客。双重冲击之下,洋朗村的小卖部数量减少为1家。

(三)第三阶段(2013年至今)

2013年至今,洋朗村小卖部的数量还是只有1家,但不同的是经过多年的发展,小卖部回归到了小卖部的本质,有了更加清晰的定位。此外在2016年,在洋朗村口不远处还开了一家幸运星星小超市,和镇上的大超市相比虽然规模小点,但胜在商品种类齐全。

1. 小卖部购买物品(2013年至今)

访谈内容摘要:

> 现在年纪大了,比较少去镇上,走去潭朗站买东西有点远,走得也有点累,小卖部有得卖的东西基本都去小卖部买了,例如盐、酱、醋这些。
>
> ——康婆婆(80岁左右)

> 去小卖部坐的时候，有时会买点饮料或者零食吃一下，如果烟刚好抽完了也会直接在小卖部买包烟。
>
> ——严先生A（65岁左右）

> 时不时买些饮料或者零食，有时候有些东西急用，来不及去镇上或小超市买，也会选择在小卖部买。小卖部的商品种类比小超市要少一点，有些商品的价格会贵5毛或1块钱，但也不差那几块，最重要的是方便。
>
> ——何女士（50岁左右）

> 我基本不去小卖部买东西，有什么需要的都自己开车去镇上买，除非是很急用，来不及去其他地方买。但是我7岁的儿子就经常和村里的小朋友一起去小卖部买零食吃，有时候会买些小玩具。
>
> ——严女士（30岁左右）

综上可知，与前一阶段相比，2013年至今这一阶段小卖部售卖的主要商品仍为饮料和小零食这两类，其次香烟还有小部分的需求，而购买盐、酱、醋等生活品的顾客主要是村中的老人。村中的小朋友和老人成了商店的主要顾客群体。

2. 去小卖部的频率及目的

访谈内容摘要：

> 年纪大了也没有种地了，自己一个人在旧屋住，旧屋那边只剩下几户人了，我隔一两天就会去小卖部那边坐坐，和别人讲讲话。
>
> ——康婆婆（80岁左右）

> 以前天天去小卖部玩，现在去得比较少了，前几年儿子教会了我玩手机，手机上很多东西看。去年村里的文化室购置了乒乓球桌，我重拾了几十年前的运动技能，现在基本每晚都去打乒乓球。
>
> ——严先生A（65岁左右）

> 我现在到小卖部打麻将的次数少了很多，自从去年村里的党支部书记组建了洋朗村舞蹈队，现在我每晚都去文化室门前和村里的其他人一

起跳广场舞,很开心,又能锻炼身体减掉大肚腩。白天有空的时候,我也很喜欢自己跟着跳舞机跳广场舞。

——何女士(50岁左右)

我自己一年只去几次,但是儿子一周会去几次。去小卖部的话就只是买东西,我有空的时候一般都是在家玩手机。

——严女士(30岁左右)

由此可见,时至今日,相比于2006—2012年,人们去小卖部的频率进一步降低。原因在于手机的普及、洋朗村体育设施的完善以及舞蹈队的组建,使得村民们的娱乐方式不再局限于打麻将或打牌,因此,小卖部的公共空间作用有所减弱,而洋朗村的文化楼逐渐成为新的公共空间。从中我们可以获悉,相比于以前,洋朗村人民的精神文化生活日益丰富,展现出了新农村发展的风貌。(图2至图5)

图2　洋朗村舞蹈队风采

图3　洋朗村的图书馆及自习室

图4 洋朗村体育设施

图5 洋朗村义工队

洋朗村的小卖部发展到今天，其实是回归到了小卖部本质。20年前的洋朗村存在三个小卖部，是由于交通的局限性，以及人们要负担过重的农活等，村民的生活消耗品高度依赖村里的小卖部。由此看来，以前的乡村小卖部其实承载了过多的职能，这些年小卖部看似衰落，其实是回归到小卖部的本质，一些原本不应属于小卖部的职能在洋朗村发展的过程中逐渐被削弱。

其实，最主要的原因是洋朗村的常住居民人数在经历了前一阶段的递减后逐渐迎来了回升。正所谓"有人气才有生意"，人多了生意就增加了。而洋朗村常住人口回升的原因又可以分为以下几个方面。

（1）明城镇工业的发展，使得村民住在村内就可以在附近的工厂找到工作。近年来，明城坚持以产业链招商促进工业结构调整，不断推进传统产业高新化，逐步形成新能源新材料、智能装备制造和精细化工三大产业集群，积累了华兴玻璃、德方纳米、中旗新材等一批行业中的全国领航企业，镇内工业园引进企业超160家。工厂的建设已经延伸到了距离洋朗村仅几公里处。这很大程度上得益于广东省政府规划的高速公路网络,路修好了,工厂就开了。

（2）在县城的生活压力增大,部分青年选择回到村里发展。高明区荷城的房价近几年翻了一倍多,三四千的工资难以负担得起,而且城里的生活开支相对来说要比村里高许多。部分外出务工人员选择回到村里工作,减轻生活负担。

（3）各类交通工具的普及方便了村民的生活,缩短了城乡的生活距离。从摩托车、"女装车"再到电动自行车,这些交通工具都非常适合村民骑去几公里外的工厂上班。随着村民收入的增加,小轿车也逐渐走入洋朗村的家家户户,使住在村里的村民能够7分钟到达明城镇中心,半小时到达高明区中心。

五、实地访谈——老板、村干部

（一）对小卖部老板的访谈

笔者有幸和在洋朗村经营过小卖部的三位老板进行了访谈,了解到他们经营小卖部的经历。

> 刚开始的时候我是小学老师,因为那时候教书工资比较低,就转行了。20世纪90年代末,看到村里小卖部蕴藏商机,于是就租用村里的公屋,经营起了小卖部,我和老婆两人全职经营。刚开始的五六年生意还可以,但是慢慢察觉到生意一年不如一年,那时候越来越多人外出务工,村里的人越来越少了。到了2005年租用合同到期,我就没有继续经营了,和老婆一起到城区贩卖瓜菜。
>
> ——严老板A（50岁左右）,2005年前经营过小卖部

我刚开始是在县城打工,2003年和老婆回到村里经营起小卖部,那时候看中的是村民的收入增加,打牌打麻将的人增多。当时我们的小卖部很大一部分收入来源就是收取打牌和打麻将的桌费。后来慢慢在村里

住的人变少了,而且很多人都在新村那里盖了新房子,我的店铺在旧村,收入也随之减少了很多。收入慢慢地减少,就关闭了小卖部回到城区打工了。

——严老板B(45岁左右),2007年前经营过小卖部

因为家里人口比较多,为了养家糊口补贴家用,就经营起了小卖部。没想到一经营就几十年了。20年前村民各类生活用品基本都在小卖部里买,后来慢慢地,许多用品人们都到龙头圩和潭朗站或者是镇上去买。生意慢慢变差,村里另外两家小卖部关闭之后情况才稍微好了一些。我觉得我的小卖部之所以挺过来了没有倒闭是因为我们家只是把经营小卖部当成一种副业,除去经营小卖部,我家还有耕地的收入,因此即使后来小卖部的收入减少,我也没有太多的压力,不到入不敷出都不会关闭。但是另外两家小卖部的老板都是全职经营,一旦生意变差,生活压力就会很大。现在小卖部卖得比较多的就是饮料、零食、香烟,盐、酱、醋相对来说也比较少了。近几年随着村里的居民人数回升,即便热销的商品种类比较少,但需求量上去了,生意也算是过得去。现在电子支付很普及,我家商店几年前就用上了二维码电子支付,也算是顺应时代的潮流吧。

——严老板C(60岁左右),近20年一直都在经营小卖部

由上可知,洋朗村当初的3个小卖部在形式上、售卖的商品种类和价格、口碑方面没有明显的差异。村民在选择小卖部上基本遵循就近原则。近20年来小卖部的数量从三家变为一家主要是上述分析的外部因素所造成的,和小卖部老板本身的经营关系不大。而为什么严老板C的小卖部能成为一直经营的那一家?起决定作用的是三位老板家庭收入来源的差异,A和B两位老板因为家庭收入来源单一,对小卖部收入减少的承受能力较低,因此当洋朗村小卖部的生意不佳、收益降低时,就选择退出市场了。

(二)对村干部的访谈

针对小卖部发展和新农村建设的关系,我们对洋朗村的党委书记进行了访谈。

1. 小卖部的历史变迁与新农村建设

访谈内容摘要：

近20年来，小卖部的变迁其实就是洋朗村发展的缩影，因为小卖部与村民的日常生活息息相关，洋朗村各种大环境的改变都会最终影响到村民的生活，并间接反映到小卖部上。外出务工、土地出租、征地、盖新房子、交通改善、返乡就业，近20年洋朗村搭乘政府各项政策的快车，迎来了发展机遇，村民生活富起来了，精神文化生活也更加丰富。

——洋朗村党委书记

由上可知，乡村小卖部就像是新农村建设的一面镜子，洋朗村的建设与发展都在小卖部的历史变迁中得到了淋漓尽致的体现

2. 小卖部未来的发展

访谈内容摘要：

虽然如今网购走进千万家，但是小卖部是不会被取代的。道理很简单，就像城市中有很多大商场大超市，但是每个小区依然还是会有自己的小卖部，小卖部售卖的日常商品本身价格就不太贵，小卖部在便利性以及开放时间上都很有优势，例如卖一瓶水价格相差无几，你不会专门去大商场排队买。而且超市和商场营业时间比小卖部时间短。这些都是小卖部的优势。但事物都是不断发展进步的，在我看来洋朗村小卖部未来可以考虑增加寄存快递，或者其他线上服务，另一方面就是朝着规范化发展，进一步提高村民的体验，最近新零售的概念也挺流行的。

——洋朗村党委书记

农村地区小卖部是中国商品市场的重要组成部分。农村零售业的发展是未来中国零售业发展的重点，也是中国新农村建设的重要内容之一。

六、结论

本文以洋朗村小卖部作为主要调研对象,首先分析了洋朗村的基本情况,洋朗村是广东省佛山市高明区明城镇的一个自然村,地理位置较为优越,村民收入如今呈现出代际差异,人口以本村人口为主。近20年洋朗村小卖部的变迁可分为3个阶段。

第一阶段是2000—2005年,这是小卖部繁荣的末期,这一时期村中有3个小卖部,原因是当时洋朗村附近的交通不太便利,村中常住人口还比较多,使得小卖部形成了寡头市场,村民的生活消耗品很大部分都需要依靠村里的小卖部。当时小卖部还是重要的休闲娱乐空间,这反映出这一时期村民娱乐方式还较为单一。

第二阶段是2006—2012年,这一时期由于年轻村民外出务工、土地流转、交通改善,洋朗村的小卖部逐步走向衰落,数量从3间变为1间,村民在小卖部购买的商品种类减少,以前只去小卖部购物的村民此时降低了光顾小卖部的频率,而小卖部作为公共空间所发挥的休闲娱乐作用没有太大的变化,村民的文化娱乐生活依然较为单一。

第三阶段是2013年至今,这一时期由于明城镇工业的发展,年轻人在县城生活压力增大的情况下纷纷选择返乡就业,村里常住居民人数回升,基础设施和交通工具的发展使得农村与城区的生活差距缩小,小卖部回归到了小卖部的本质,有了更加清晰的定位。小卖部售卖出的主要商品稳定在饮料和小零食这两类,村中的小朋友和老人成了商店的主要顾客群体。由于手机的普及、洋朗村体育设施的完善以及舞蹈队的组建,村民们的娱乐方式不再局限于打麻将或打牌,这使得小卖部的公共空间作用有所减弱,而洋朗村的文化楼逐渐成了新的公共空间,导致村民去小卖部的频率进一步降低。相比于以前,洋朗村人民的精神文化生活日益丰富,展现出了新农村发展的风貌。

通过访谈小卖部的经营者发现,洋朗村两家小卖部当时倒闭的原因是在大环境的影响下小卖部市场日益萎缩,家庭收入来源单一的两位小卖部老板面对收入减少的情况选择转行。在洋朗村党委书记看来,小卖部与村民的日常生活息息相关,各种大环境的改变都会最终影响到村民的生活,并间接反映到小卖部上。外出务工、土地政策、盖新房子、交通改善、返乡就业,近20年洋朗村搭乘政府各项政策的快车，迎来了发展机遇，村民生活富起来了，精神文化生活也更加丰富。

乡村小卖部就像是新农村建设的镜子，洋朗村的建设与发展都在小卖部的历史变迁中得到了淋漓尽致的体现。洋朗村的发展和建设在珠三角地区具有一定的代表性，它的变化也是千千万万个珠三角农村变化的缩影，希望此调研报告能够从小卖部变迁的角度为大家研究新农村的建设提供一点信息或启发。

农村小卖部"品牌化"的机制
——基于赣西农村的考察

◇ 邱丽（哲学系2017级博士生）

引 言

我的家乡在江西省萍乡市上栗县关下村，村庄下辖14个村民小组，笔者所在的行政村目前共计2590人，共10家小卖部。笔者所在小组共计294人，长期稳定运营的小卖部共4家，分别是J叔家、G叔家、N叔家和C叔家。本文以笔者在家乡的调研材料为基础，探讨农村小卖部"品牌化"的机制。全文分为三个部分，一是介绍村里的小卖部的特点及"品牌化"现象；二是分析农村小卖部"品牌化"的逻辑；三是讨论农村商品的品牌治理路径。

一、农村小卖部的特点及"品牌化"现象

（一）农村小卖部的特点

1. 利润微薄

一方面，农村小卖部以经营快销产品为主，所售产品附加值较低，单件产品的利润较少。另一方面，在较少外来人口流动的村庄中，常住人口有限，消费市场不大，商品销售总量较小，"薄利"却无法"多销"，利润空间较小。譬如一板鸡蛋共计30个，批发价为12元，小卖部则以14元一板的价格卖出。村民通常不会成批购买鸡蛋，大多数是零买（5毛钱一个），每个鸡蛋的利润空间仅为1毛。此外，销售价格两三块的辣条，纯利润几毛钱。

粮油等价格稍高的商品的利润空间相对大一些，多的能有十多元。但是粮油的使用周期较长，一个四口之家，购买50斤一袋的大米，近1个月才能吃完；且有部分村民还会骑摩托车或者开私家车到乡镇去买米、买油。因此，农村小卖部利润微薄的特点很明显。譬如J叔家经营的小卖部，每年纯利润1~3万元，平常的生意基本比较稳定；凡到过年过节，村民走亲戚，他们会进一些成箱的水果、饮料、粮油，此时销售量较大；受疫情影响，村民极少走亲访友，因此年关的生意不景气。

2. 准入门槛低

一方面，申请经营小卖部的手续简单。由于我国鼓励农村个体经营户，农村小卖部免税经营，只需到当地工商局办理商店的经营许可证、到烟草局办理烟草经营许可证，手续简单，办理方便。另一方面，开一家小卖部的经济门槛低。农村经营烟酒副食的小卖部准入门槛为2万块左右，由于农民的房子是自建房，利用自家店面经营，无须房租；农民家庭经营，家里老人、妇女、小孩等剩余或半剩余劳动力均可投入，无须人工成本，因此，成本较低，且风险较小。2万块左右的成本主要是购买货架三四千元，其余资金可用于进货。

3. 以家庭经营为主

小卖部以家庭经营为主，经营主体主要是老人、妇女等农村剩余劳动力。一部分主体是老年人。这部分人年纪较大，子女均已成家，家庭负担不重，开小卖部既能打发闲暇时间，又能贴补家用。譬如，C叔60多岁了，夫妻俩在村里开小卖部十多年了，育有一儿一女，大女儿十多年前嫁到乡镇；小儿子大学毕业后在惠州工作，6年前已结婚，现已在惠州买房定居，前年生育了二胎。C叔这个年纪的人，一般会在子代生儿育女后帮忙带孙子。但是C叔儿子在外地，两老住不习惯，便没有跟儿子一起，他们寻思着把家里小卖部经营好，挣点钱给自己养老，也能帮孩子减轻经济负担。

另一部分主体是带孩子的家庭妇女。由于孩子年龄不大，其不想外出务工，因此开小卖部，既能够增加经济收入，又能兼顾家庭、陪伴孩子的成长。J叔与J婶40多岁，是高中同学，在外务工时认识，后自由恋爱成婚。婚后育有一儿一女，儿子出生后，J叔与J婶还在外务工了三四年，二胎生下女

儿后,为了照顾家里孩子,两人决定在家谋取职业。经商量后,用打工得来的部分积蓄开了小卖部,主要由J婶负责,有两个门面,一个卖小商品,一个销售水泥,现已经营七八年。J叔一开始购买了一辆摩托车跑运输、载客;3年前投资了七八万元将摩托车换成了小车,现在主要是载客、帮家里运送水泥。平时孩子在学校寄宿,老人在家帮忙做饭、种菜,J婶主要负责店里进货、销售等。类似J叔J婶这种经营模式的商店,村里共有3家,但凡是年轻夫妻两人共同开小铺的,其中的那位丈夫一定在家乡有其他副业。女性则成为商店经营的主力,两人还能同时兼顾家庭。

4. 竞争较大

调研发现,虽然农村小卖部的利润微薄,但因为其准入门槛低、吸附农村剩余劳动力的特点,行业竞争压力较大。这体现在不少村民都想开小卖部,笔者所在村民小组,有过开店想法并付诸过实践的共计9家,先后关闭了5家,剩下4家长期稳定运营。其余5家经营周期最短的1年,最长的2年,均不超过3年。

由此可见,笔者所在村小组消费的市场容量,仅够支持4家小卖部左右,经营小卖部的主体增多,小卖部的收益便会分流,导致大家都无法获利。而最终能坚持下来经营的人,一是有其经营之道,譬如在村里亲戚较多、人脉关系好、市场敏感性较强、商品质量过关等;二是有一定的积蓄,负担不重,一两年获利少也不在乎,扛过一两年,其余人退出以后,他们便可增加收入。虽然小卖部的利润增长点较少,但是农民用自己的房屋、家庭劳动力开展经营,人工成本、房租成本内化,还能兼顾家庭和务农,种自留地。于年龄较大的老人或带孩子的妇女而言,开小卖部虽利润微薄,却也算相对安逸、稳定的家计模式,加之其准入门槛低,村民难免"跃跃欲试"。然而实践出真知,家庭负担较重、有更多经济压力的年轻人最后只能选择退出。

(二)农村小卖部"品牌化"的表现

在对村里小卖部开展调研之前,笔者对乡村小卖部还存在商品质量不佳、品种稀少等刻板印象。毕竟自刚读本科至今近十余年,笔者的求学经历都是在各省的省会城市中，周边的商业街遍地开花，商品琳琅满目，这与小乡村的商业化程度简直有着天壤之别。此次对家乡小卖部的观察，却打破了笔者的刻板印象，甚至有不少"小惊喜"，最为令人触动的是农村小卖部的"品牌化"趋势。笔者以A叔家的小卖部为例，将其店里销售的部分产品以表格的形式展示出来（表1）。

表1 A叔家小卖部销售的部分商品

销售品类	品牌	是否正规品牌
烟	金圣、芙蓉王、庐山、白沙、红双喜、黄鹤楼、南京、红塔山、中华	是
酒	四特酒、天之蓝、海之蓝、杏花村、红星二锅头	是
乳品饮料	旺仔牛奶、伊利经典纯牛奶、蒙牛纯牛奶、六个核桃、特仑苏纯牛奶、大富纯牛奶、大富酸奶、光明鲜奶、娃哈哈营养快线、王老吉凉茶、雪碧汽水、百事可乐、椰树牌椰汁、汇源果粒橙	是
休闲零食	旺仔牛奶糖、雅克棒棒糖、徐福记沙琪玛、卫龙辣条、老北京干脆面、大大泡泡糖、绿箭口香糖、恰恰香瓜子、甘源蟹黄蚕豆、甘源蟹黄味瓜子仁、土麻哩盐果子、盼盼法式小面包、双汇火腿肠	是
粮油	福临门臻品桂香软米、大溪河原香米、金龙鱼龙须面、陈克明面条、康师傅方便面、道道全浓香食物调和油、鲁花花生油、金龙鱼食用调和油、长康菜籽油	是
调料	长康米醋、海天味极鲜生抽酱油、李锦记金标生抽、海天蒸鱼豉油、太太乐鸡精、王守义十三香、中盐加碘精制盐、梅花味精、香雁食用碱	是
家居清洁	立白洗洁精、白猫洗衣粉、汰渍洗衣粉、雕牌肥皂、立白肥皂、清风牌卫生纸、心相印抽纸、洁柔抽纸、七度空间卫生巾、舒婷卫生巾	是
洗护用品	飘柔洗发水、海飞丝去屑洗发水、舒蕾洗发水、舒肤佳香皂、强生婴儿沐浴露、黑人牙膏、佳洁士牙膏、黑妹牙膏、中华牙膏、六神花露水、大宝SOD蜜、蜂花护发素	是
农副产品	刘金豆腐竹、田曦红薯粉、龙须龙口粉丝	是

如上表所示，农村小卖部销售的商品主要包括酒水乳饮、粮油调味、家居清洁、个私护理、休闲零食、香烟，以及部分农副产品等，这些商品具有明显的"品牌化"特点。调研时笔者在村里的各个小卖部进行了购物，并进去认真观察了一圈，发现小卖部销售的产品以正规品牌居多，即商品有自己的品牌名、标识、符号和包装等可视化的因素，这些因素可以使产品区别于其他企业的产品。这些具有品牌的产品可以划分出两种类型：

其一，大部分品牌都是家喻户晓的，其市场占有率比较高，往往是国内外的上市公司或者大企业生产的产品。譬如洗护用品，均属于B公司旗下的产品，B公司是一个上市公司，也是中国最大的日用消费品公司，其产品的市场占有率很高，属于正规品牌；强生婴儿沐浴露属于强生公司旗下的产品；舒蕾洗发水是德国Beiersdorf集团的中国子公司丝宝日化旗下的洗发水品牌。以上产品均由正规厂家生产，产品质量有保障。

其二，本地知名企业生产的产品，由于距离较近，运输成本更低，往往更容易打入市场，尤其是食品、零食类产品。譬如甘源蟹黄蚕豆、甘源瓜子仁、土麻哩盐果子均是萍乡本地的企业生产的零食。甘源作为本地企业，经过正规的商标注册，主要生产干货和炒货，其公司旗下的产品在淘宝、京东、线下各大超市均有销售。"土麻哩"作为本地的一个品牌，采用地方方言"土麻梨"的谐音，寓意为一个行业的佼佼者。其公司主要生产各种盐津菜干、果脯，包括辣椒干、柚子皮、苹果果脯、杨梅干等，在土特产店，以及本地的各个小商店中比较常见。虽不如旺仔、徐福记、恰恰等品牌大众化，但也是经过正规程序注册的商标，是正规化、品牌化的产品。

当然，需要说明的是，小卖部销售的产品虽然具有品牌化的特征，也不排除其有少部分山寨产品。所谓山寨产品是指模仿正规知名产品的品牌，大部分山寨产品都是由小作坊起步，通过迅速模仿大品牌的产品，并以比正规知名品牌产品更低的价格售卖而扩大市场。山寨产品的种类分布极其广泛，基本涉及农民的吃、穿、住、行甚至文化娱乐。山寨产品一方面以模仿正品产品为主，与正品的区别具有隐秘性，对品牌不太了解的老年人或不仔细的人，成为主要购买对象；另一方面比正品的产品销售价格更加低廉，基于价格优势，山寨产品在农村小卖部仍占据小部分市场。但是，笔者观察发现，模仿大品牌的山寨产品，也都有正规的生产厂家、产品生产日期、保质期等，且有自己的商标，只是其商标近似大品牌的商标，因此其与假冒伪劣产品有本质的区别。整体而言，小卖部的品牌商品以服务农民生活为主，主要是实用性比较高的产品，没有奢侈品。品类以烟酒副食等日常消耗品为主，产品库存不多，更新换代较快。

二、"品牌化"的机制

从农村小卖部市场各主体的行为逻辑来看，批发商、零售商、消费者共同构成农村小卖部"品牌化"的推手，在三者的合力作用之下，农村小卖部的假冒伪劣产品生存空间日益被压缩。随着山寨产品的式微，正规品牌逐渐占据主要的农村市场。

（一）消费者品牌意识的兴起

农民品牌意识的兴起，从客观上是从农民商品化消费需求增长的基础上生发出来的。随着农民收入的增加，农村消费需求与消费能力都有所提升。客观的消费需求促使农民产生消费的动力，而品牌意识的觉醒，又受到诸多因素的影响。

一方面，由于当前诸多产品，尤其是食品，往往通过精加工的方式进行生产，从原材料到成品需经过诸多环节，产品添加的成分不少，最终口味多样、款式多元，但是产品质量于消费者而言，也变得更加难以直接评判。而正规品牌的厂家生产的产品，是有市场监管以及经过食品安全认证的，相对来说更有安全保障。另一方面，当前产品生产的主体与消费者之间的产业链条拉长，生产者与消费者"脱域"，消费者辨识不到产品真伪，因此需要品牌去塑造。

消费者品牌意识的兴起，使得小品牌的产品在销售市场竞争环境中处于劣势，假冒伪劣产品在农村消费市场中的生存空间被压缩，正规品牌的商品日益兴盛。农村市场的消费主体主要依托于家庭，家庭中的年轻人成为品牌消费的主要推手。

一方面，年轻人会通过网络购买正规品牌的商品，家人在商品使用过程中，形成一定的"品牌概念"与品牌用户体验。当前有不少年轻人网购生活

用品寄到家里,一部分是出于对父辈的关心,一部分是基于对儿女的关爱。譬如,有不少老年人说,他们家儿媳妇不同意老年人给孙子买非品牌的东西,老人在小卖部购买零食给孩子吃,儿媳见了也不欢喜。因此,老人为孩子购买东西时,一般会听儿子儿媳的意见,更多的时候,儿子儿媳会从网上购买一些正规品牌的零食、生活用品回家。

另一方面,年轻人在地化购物时的"品牌意识"代入,品牌择优购买的意识,使得小卖部的小品牌产品销售不出去。从这个意义上来说,山寨产品未来在农村小卖部的生存空间也有限。譬如C叔与我分享了一个案例,春节期间,村里张叔与其女儿小张一同到店里买牛奶,C叔向张叔推荐了南昌本地一个工业园生产的牛奶(大富牛奶),是江西的品牌,价格实惠,性价比更高,也是正规的品牌,只是在全国市场上的知名度不高。张叔说买三箱,其女儿看到品牌后,说不要买这个,这个品牌都没怎么听说过,随手便提了三箱旁边的知名品牌的纯牛奶。因此,"品牌意识"作为一种"软"性力量,在消费者心里埋下一颗种子,其启发农民在琳琅满目的商品中做出品牌化的选择,倒逼农村小卖部销售"品牌化"的产品。

农民作为农村小卖部的主要消费群体,需要与销售商进行互动。由于农民的品牌意识在购物时凸显出来,因此,零售商必须通过调整产品与销售方式,来顺应农民品牌意识的变迁。

其一,消费者品牌意识的兴起,倒逼零售商提高进货产品的准入门槛,进正规品牌的货物。笔者在上文提到农村小卖部由于准入门槛低的特点,竞争较大。一方面,由于村里的小卖部有限,村庄信息高度对齐,因此每家商品的销售价格基本是"透明"的;另一方面,全国统一市场的形成,基本上形成了小商品销售的均衡、稳定的价格,譬如诸多小商品上均标有"全国统一建议零售价××元"的字样。因此,每家小卖部同类产品的销售价格基本一致,并无特殊的价格优势。那么,小卖部如何才能在竞争中生存下来呢?一是保障产品多样性,提供多样化的服务,"做别人没有做的事,卖别人家没有的货",尽量满足村民的需求,譬如G叔家小卖部卖猪肉,J叔家小卖部兼卖水泥等;二是保障产品质量,以质取胜。J叔说现在农村人买东西也很挑,既看品牌又看商标,年轻人很注重品牌,大人都会教育小孩子要看产品的生产日期、保质期等,所以要把关进货产品的质量。为了保障产品能够销售出去，商店得以在竞争中生存下去，小卖部进货时，会选择质量有保障的产品。

其二，农村小卖部的销售方式变迁，导致消费者挑选货物的自主性空间增大。随着市场经济的发展，物流体系日新月异，全国商品市场的形成，农民购物选择的范围域客观上扩大了。而在农村的场域内，小卖部由传统的"半封闭"模式向"超市"模式的变迁，为农民自由选择商品提供了渠道。笔者仍然记得在幼年时期，村里的小卖部并非可以自主选择货物的经营模式，而是有一个门面，入内是三个高高的货架，靠墙摆放成"n"字形，前面放着一个装了玻璃的可视的柜子，一般放烟等。农民购物时虽可挑选，但并非不受干扰的自主挑选，而是由销售者为其推荐商品，因此，销售者的口才也很重要。当前，家乡的诸多小卖部，均命名为"某某超市"，顾名思义，超市即超级市场，村里"超级市场"的货物虽不及城市的超市齐全，然而其购物模式与城市的超市一般无二。商品开架成列，顾客自我服务，货款一次结算。自我服务的货物挑选过程中，农民有很大的自主挑选、自主决策的空间。农民能够对比不同商品的性能、品质、价格等，除销售者的服务外，产品质量决定着生意是否成交。农村的小卖部，是固定的场所，在基于血缘地缘基础上的村落共同体中，农民到小卖部购买东西，也讲究"亲疏远近"的关系，人缘较好的零售商有更多的生意，来帮衬生意的也是"回头客"。因此，如果产品质量不过关，村民可以到固定的店面来换货物，与此同时销售商会因此而在村里形成不好的口碑，这无疑在消耗自己的声望，需为此付出"社会成本"。因此，从销售者的角度来看，小卖部也会更加尊重消费者的自主性，选择品牌产品，把好质量关。

（二）零售商进货的品牌化准入

上文提到，农民品牌意识的兴起倒逼小卖部售卖品牌化的产品。调研发现，以往大型的供货商主要以城市为主要市场，城市人口成为品牌消费的主力军。随着生产力的发展，产品不断更新换代，城市消费市场逐渐饱和，农村市场成为潜在的品牌消费市场，有望成为品牌消费的主力军。从市场的逻辑出发，企业为了开拓广大的农村市场也做出了极大努力。这不仅能增加其商品的销售量，亦便于农民获得高质量、品牌化的正规消费品。

其一，供货商"送货上门"的供货体系，对接小卖部，完成商品批发，为正规品牌的产品进小卖部提供了渠道。笔者访谈发现，目前正规品牌的工厂销售有代理经销商，经销商分片区负责销售活动，供货给批发商，批发商将工厂的产品直接通过货车送到农村，对接不同的零售点，形成"链条式"的销售体系，直接到户，方便零售商采购，这一定程度上能够推动正规品牌的货物进入农村小卖部。大概10年前，村里小卖部的进货渠道并非通过厂家的销售链直接到村的。小卖部老板需要自行乘车到县城的批发市场进货，琳琅满目的商品，不同的销售方，多样性的进货渠道，于老板而言，很难考究货物是否来源于正规厂家，亦更难区分出正品与假冒伪劣产品。假冒伪劣产品的生产商为减少生产成本，往往在家庭小作坊中开展生产活动。为防被查，销售具有一定的隐蔽性，通常是客户直接上门提货。且贩卖者为保障安全，通常以流动的方式在各大卖场销售，不会固定在同一个地方，因此顾客购买到假冒伪劣产品也很难找到销售者换货、追责。供货商从产品出厂到销售入村的销售服务，减轻了小卖部老板的进货负担，又能保障正品进入农村市场。

其二，供销商打通城乡物流体系，通过电商平台在线上为消费者提供消费服务，农村小卖部成为供货商"电商服务"的村域载体，完成小单销售，打通了农民品牌消费的"最后一公里"。农民可直接通过App提前一天在网店上下单，平台上有蔬菜、水产、肉食、烘焙、酒水、副食、生活用品等各种不同序列的子菜单。农户可根据子菜单选择商品，也可通过搜索功能锁定自己所需商品，选好货物后通过微信或者支付宝支付货款便可完成购买。农村小卖部的网上商店，直接对接城里的供货商，供货商根据平台显示的订单，将所有商品汇总，用货车统一送到小卖部，农户购买后的第二天即可在小卖部提取自己购买的商品，由此，小卖部成了供货商销售小单的"中转仓"。小卖部从中挣"佣金"，按照订单的数量，供货商给小卖部一定的提成。这种方式于供货商和小卖部而言是互惠的，一方面，供货商能够依托小卖部将商品销售到农村市场，通过小卖部这个"中转仓"完成小单的销售，既无须建仓库或者自设销售点，也无须人工成本。另一方面，于小卖部而言，无须付出进货成本、无须承担商品销售不佳的风险，其只是作为一个中间平台，同时还能兼顾线下销售。此外，于农民而言，有更大的商品选择空间，平台上的加工过的商品均标有产地、生产日期、保质期、品牌商标等，农民可根据自己的需求自由选择所需物品。因此，供货商直接送货上门，对接小卖部，完成批发与零售，都有利于品牌化的商品进入农村。

三、农村商品的品牌治理路径

以政府为行政主体、企业为技术支撑、群众为辅助力量的方式，可能成为当前农村品牌治理的有效途径。

其一，政府是当前治理农村假冒伪劣产品的主要行政力量。由于商品投入市场之后很快会被大众消费，尤其是食品类，一旦因产品质量不合格对人体造成危害，则容易造成严重的公共事件并带来广泛影响，譬如三鹿奶粉事件，因此，假冒伪劣产品和品牌治理一直受到政府重视。以笔者家乡为例，政府的治理主要是通过县食药监、工商局监管乡村小卖部、小超市。以县工商局为例，基本上大部分乡镇都有1位负责工商事务的行政人员，有的乡镇人员不足，则存在由1位工作人员负责2个乡镇的现象。乡镇行政人员的工作职责大体上包括两个部分，一是负责工商局的条线工作，以文字汇报工作为主；二是在乡镇范围内的摊点、小商店开展常规的检查工作，看商品的品牌、看日期，判断其是否为"三无"产品。山寨产品由于其拥有与正规大品牌的近似商标，只要经过注册，由正规厂家生产，一般是允许在市场上销售的。

其二，为弥补政府治理的不足，企业成为"打假"的技术支撑。从市场的角度来看，造假者受到利益驱使，制造假冒伪劣产品，不仅导致经销商与消费者的正常权益受到侵害，更是侵犯了正规生产商的利益，因此，不少企业都有"打假办"。当前市场有一些高仿产品，基本与正品无异，很难看出差别，只有通过专业的技术检测才能知道，尤其是奢侈品行业。农村小商店里的烟酒类高附加值的商品也容易出现高仿现象。企业对真假货物的鉴别能力，与防伪标识识别能力的增强，对于打击假冒伪劣产品，推动正品有促进作用。然而，假冒伪劣产品的生产商基于市场自发的趋利性，不断有新的造假行为出现，假冒产品更新换代速度极快，种类众多，企业也防不胜防。

其三，农民作为品牌治理的辅助性力量。品牌治理问题并非简单的政府

干预或者市场调节所能处理的,也并非单纯依靠法律、行政或者经济手段所能解决的,其必须综合各种力量,采用多种手段和方法进行治理。从这种意义上来说,品牌治理必然要求多主体之间建立合作的关系。因此,除政府与企业之外,农民也是品牌治理过程中不可或缺的辅助性力量。一方面,农民通过品牌辨识的方式筛选假冒伪劣产品,消费正规品牌的产品,压缩非正规品牌产品的市场空间;另一方面,农民始终处于消费端,是距离各色各样的假冒伪劣产品比较近的人,一旦发现便可举报。当然,农民的辅助性功能必须建立在农民具有品牌消费需求、品牌消费能力与品牌意识的基础上。

调研发现,当前农民具有品牌消费的需求,客观上,农村也具有一定的条件支持农民建立品牌意识,开展品牌化的消费。

首先是农民以及整个农村消费能力的提升。笔者调研发现,农民购物大体上经历过两个阶段,这也与农村市场产品的品牌化程度息息相关。第一阶段是2000年以前,我国农村整体上处于物资匮乏阶段,市场经济兴起之后,农民对工业产品的消费"报复性上涨"。年纪大一点的人说:"那时候只要有个稀奇玩意儿,但凡以前没有见过、没有吃过的,都想尝试一下。哪还管得了质量好不好、是不是品牌的。"也正是那个阶段,农村里假冒伪劣产品盛行。第二阶段是2000年以后,随着经济的发展,企业、社会日益重视知识产权,工业生产和城市社会中的品牌意识强烈,并且形成强烈的品牌辨识能力。但是整体而言,农村社会的品牌辨识能力依然落后于城市。尤其是在村庄中留守的群体,包括老年人、少部分留守在家的妇女等,其品牌意识不强。与此同时,大部分农民进城务工,农民个体及其家庭的消费能力有一定提升,但不及城市。因此,农村对新型工业品的需求在"山寨产品"和"高仿产品"的市场中得到满足。大约在2008年,我国的山寨产品消费规模达到了高峰。而近几年以来,随着农民消费能力的提升,山寨产品在农村市场的生存空间也变得有限。

其次是物流体系的支撑,包括国家公共交通设施的完善。这一方面为电商服务提供了便利,另一方面也为"超市下乡"提供了便利。电商通过网络购物的平台,为农民提供了多样化的产品类型,虽然农民面对着增加的选择难于筛选信息,但是到可靠的平台上开展网络购物,一定程度上能够保障产品质量。近几年,"超市下乡"现象也是农村小卖部发展的一个新趋势,尤其是在乡镇或者镇中心村，超市下乡的现象更加明显。以笔者家乡为例，整个乡镇拥有共计两万多户籍人口，相对而言人口比较密集，消费市场较村庄更加广阔。

以上两种因素均给农民提供了品牌化消费的窗口，且便于监管。由于农民的品牌意识与品牌消费行为互相形塑，品牌消费体验能够强化个体的品牌意识，在消费能力允许的情况下，个体品牌意识推动其开展品牌消费。而农村小卖部的商品基本是刚需、实用性的产品，而非奢侈品。农民开展品牌化的消费只是提升了其生活质量，而不会走向消费主义或者奢靡之风。在农民具有品牌消费需求、消费能力以及品牌意识的基础上，集政府、企业、消费者于一体的综合治理方式，能够推动农村商品走向品牌化的道路，而非假冒伪劣产品当道。

消失中的乡村小卖部
——基于湖南省胡村的田野调查

◇ 贺婷（社会学与人类学学院2016级博士生）

一、现状与缘起

湖南中部江坪镇[①]的胡村[②]，地处县城的边陲地带，是一个有山有水的典型江南丘陵村庄。村子地势南高北低，山丘、水田、旱地、房屋间杂分布，人们多临河临山而居。村庄占地约6.4平方公里，共有14个村民小组，常住人口1303人。如同周边大部分村的村民，胡村村民的大宗购物多去两三公里外的江坪街集镇，但是日常生活所需多在村中小卖部购买。村里有一个名为"云云商店"的小卖部（图1），地处胡村村道的中间位置（图2），店内南杂百货林林总总，经营时间机动灵活。小卖部不仅是村民日常购物的场所，也是他们聚会闲聊的"社交中心"。

胡村的小卖部经历过一个跌宕的变迁过程。其最早可以追溯到新中国成立之初，当时全大队仅有一个供销社，流行以物换物，村民可拿着鸡蛋、鸡毛、红薯米等农产品换日常用品如煤油、食盐、火柴与副食品，所有商品由国家统一定价；1968年，供销社搬到隔壁南村，委托村里一户退伍军人承包代销店，代销店最初也由国家统一定价，村民可拿钱购物或以物易物，后期才转成商户自己定价；到20世纪80—90年代，随着胡村小学的学生人数

[①] 遵照学术惯例，本文出现的人名、地名均为化名。
[②] 胡村与相邻的霸村于2017年6月正式合并，组成新胡村。限于笔者人力物力，本文所指调研地胡村为村庄合并前的老胡村。

逐年增加，村民看到有生意可做，小卖部逐渐增多，多集中在小学周围（最多同时有五六家），以小学生为主要顾客的各家小卖部生意都不错；但是到2000年后，村里儿童逐渐减少，年轻人也多去城里务工，代销店于2002年因经营不善倒闭，其他小卖部也因多种原因渐次歇业，只剩下"云云商店"。虽然在2014—2015年，胡村另有一个小卖部"小兰超市"（因租期问题于2015年停开），但是云云商店经营状况一直不错，并延续至今。

胡村小卖部在不同历史阶段的变化是乡村变迁的缩影，现有小卖部的经营现状又是现今乡村社会经济实态的反映。本文试图探究的是，近20年来，乡村小卖部为什么会渐次消失？现有小卖部生存现状如何？乡村小卖部的未来发展前景如何？能为小卖部发展提出什么建议？

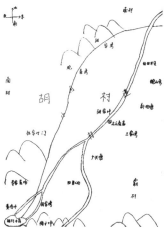

图1　云云商店内景　　　图2　云云商店的地理位置

二、研究设计

2020年1—4月，笔者通过访谈多位胡村村民、从前在村里经营小卖部的店主，包括云云商店店主等，了解小卖部的变迁历史、现有小卖部的经营情况以及村民的购物习惯等信息。此外，笔者亦多次去云云商店购物与闲坐，与前来购物的村民聊天，观察店主与顾客、顾客与顾客之间的互动。因在访谈中发现近年来网购逐渐在村民中流行，且村民的网购多是依托小卖部完

成,于是,2020年3月,笔者加入了"云云商店"店主ZY组织的"优选云云便民群",并在"优选"平台上购物,在群内参与并观察村民的互动等。访谈资料与田野观察日志构成本报告写作的资料来源。访谈对象的基本情况如表1所示。

表1　访谈对象的基本情况

序号	化名	性别	年龄	备注
1	ZY	女	40	云云商店店主
2	WWH	男	42	ZY丈夫,云云商店店主
3	MQ	女	74	原胡村代销店店主
4	LE	男	75	MQ丈夫,原胡村代销店店主
5	LQ	女	30	原小兰超市店主,云云商店顾客
6	HFJ	女	60	胡村村民
7	CXM	女	9	云云商店顾客
8	XCH	女	30	胡村村民
9	WML	女	58	胡村村民
10	HJ	女	50	胡村村民
11	WY	女	30	胡村村民
12	WH	女	34	胡村村民
13	WG	男	38	胡村村民
14	HPL	女	37	胡村村民

三、乡村小卖部为何逐年消失?

从新中国成立之初的供销社到20世纪60年代的代销店,这种变迁主要是国家政策的结果。现今,江坪镇镇上与散布于各村落的多个供销社多转卖给村民建房子或开商店,早已名存实亡。而从20世纪90年代至今,小卖部渐次减少,其原因是复杂的,既受农村"空心化"与"少子化"日渐严重、村民消费水平逐步提高的大环境影响，又与附近江坪集镇商圈的快速发展、交通更为便捷有关，还与村民"好买好货""喜欢网购"等购物意识的转变相关。

（一）乡村"空心化"与"少子化"现象日渐严重

20世纪80—90年代，胡村村民多待在村里耕田、打零工，购物需求丰富，购买力也比较强。围绕着学生众多的胡村小学（最多时有400人），小卖部一个接一个地涌现。但是近20年来，如同中国大部分村庄，胡村的年轻人多离开村庄，去城市打工与做生意，留守在村的多是老年人、儿童与妇女。此外，自20世纪80年代以来，随着计划生育政策在农村的推行与养育子女成本的提高，农村"少子化"现象日益凸显。至今，笔者遇到的胡村村民里，在"80后""90后"的年轻人家庭中，以两个子女居多，而且很多年轻人倾向于只生育一个子女，有的年轻女性甚至说"出钱请我生我也不生，因为养个孩子的成本太高了"。在"空心化"与"少子化"的大环境下，村中留守人口逐年减少，留守儿童更是急剧减少（胡村小学2019年全校在籍小学生仅54人），农村居民整体购买力逐年下降。一些小卖部因为没有生意而停业。

> 以前人多，买东西的人多。现在那批人都大了，都出去打工了。你们现在这批年轻人，以前好多啊。现在农村里的小孩子越来越少了，有几个小孩子都带到城里去了，学生都没得几个了。现在一个班的学生才十几个人……我们以前开店子主要是靠小孩子来买东西，小孩子一少，生意就不好做了。
>
> ——MQ（原胡村代销店店主）

> 以前人在家，店子也多。现在家里都是剩些老人家在家，（跟以前比）可能三分之一的人都没有。没得什么生意，好多店子就关门了。
>
> ——WWH（云云商店店主）

（二）村民消费水平提高

代销店时期与多个小卖部时期，农村经济不发达，村民"手里没几个钱"。急需购买物资时，偏向于去熟人社区的"代销店"或小卖部赊账，

因为"人熟好说话"。MQ说自家做了几十年的代销店,"被欠一身账",因为村民的赊账很多,且很多到最后不了了之。从新中国成立之初到20世纪90年代的相当长一段时间,农村经济不活跃,村民整体消费水平低,地理位置偏僻、缺乏资源的胡村经济更是如此。但是,近年来,随着经济的长足发展,村民外出打工机会增多,本地产业如油茶也得以发展,胡村村民消费水平一直在提高。在日常购物中,村民的赊账少了,多是现钱现买。所以,村民可以不受地理范围与人情、关系的限制,去距离更远但是货更好的江坪街集镇购物。

> 那时候困难咧。以前都是赊账,赊账起堆了。(问:赊账都结了吗?)有的就是这样烂了……做几十年生意,没赚一分钱,还欠一身账。他们(儿子、儿媳)不晓得搞咧,自己出去打工划得来些。现在生意几好做啊,没什么人欠钱了。
>
> ——LE(原胡村代销店店主)
>
> 以前几个钱啦,都是靠卖几个鸡蛋卖几只母鸡聚几块钱。所以说,鸡婆鸭婆①是"油盐坛子"。买点东西只能到代销店赊,到其他店别人不会赊,不认识你啊。后面就好些了,有人出去打工,在家的也可以多种点田。现在只要有钱,到哪里都能买到货。你说离江坪远,5块钱叫个摩托车,给你送到家,你还会在村里买吗?
>
> ——WML(胡村村民)

(三)江坪街集镇快速发展

2000年后,随着固定店面的增多,江坪街商圈得到长足发展。江坪街全长约1千米,店铺集中路段在500米长的老街。全街共有商户179户,囊括各行各业,如五金建材、餐饮、鞋服、超市等。江坪街店铺按营业性质分为实物行业76家,如超市、肉鱼档、蛋糕店;服务行业54家,如理发店、饭店;"实物+服务"行业49家,如汽车修理店、打米店。现在,胡村村民的大宗

---

① 方言,意为"母鸡母鸭"。

购物多去江坪街，在本村小卖部所购皆是日常零碎物品。

HFJ是胡家湾的村民，胡家湾是胡村距离江坪街最近的村小组。胡家湾村民很少去三四里外的云云商店购物，他们多去三四里外的江坪街买东西，有的村民甚至每天都骑摩托车去江坪"逛"一圈。提及原因，HFJ说，距离都差不多，但是去江坪更为方便，路好走；而且江坪街超市多，品种齐全，有选择的空间。

> 问：为什么不去云云商店买东西呢？
> 江坪的超市多了啊，集中些，要东西（就算）这个店子没有，那个店子（也会）有，好多连锁的啊……江坪的店子多些，有选择的余地。现在都有摩托车，交通方便。
>
> ——HFJ（胡村村民）

LQ家就在云云商店的旁边，与ZY一家极为熟络。虽然她和女儿每天都会去商店买些零碎物品，但是据她估算，在她家全年购物金额中，云云商店的购物量仅占约10%，且多是日常零碎物品。

> 一般都会去江坪买……譬如零食水果啊，一次就会买多一些，放在家里慢慢吃。比较少来小卖部。有时候小孩子想吃火腿肠了，才会过来。
>
> ——LQ（胡村村民）

距江坪街较远的其他村小组，如田里坳组与梅子坪组地处山冲，村民有购物需要也会去江坪，他们每去一次就大包小包地买很多，"50块钱以上的生意都不会在小卖部做"。因为江坪的东西品种齐全，且质优价好，而小卖部卖的多是"零碎东西"，没有选择余地。

（四）交通更为便捷

近年来，胡村内外的交通状况得以改善，购物更为方便。一是路况改善。2007年，胡村原有沙石村道进行了硬底化，改成了水泥路，此后，该路

段一直得到了良好的维护与修整。至2017年，江坪镇村村通了沥青或水泥路，胡村90%的家庭通了水泥路。2015年，穿越胡村而过的长韶娄高速建成通车，从此村民到长沙只需一个半小时。二是交通工具多元化。近年来，摩托车在农村日渐普及，现在胡村家家户户都有摩托车，老人、妇女多会骑摩托车；近两三年来，小汽车也日渐普及，年轻村民都学开车考驾照，许多有开车（三轮拖拉机）经验的中老年村民也加入这股学车风潮，会开车的村民越来越多。因路况改善、交通工具多元化，村民的购物地点也变得多样化，既可以方便地去邻近的江坪街购物，也可以开车去县城或长沙购物。

> 以前路稀烂的，哪里近些就到哪里去。所以都去小卖部。现在路好走了，哪里货新鲜就去哪里，大家都到江坪的超市去。
>
> ——HFJ（胡村村民）
>
> 平时开摩托车到江坪买，又方便，还能带小孩子去玩……现在私家车也多了，随便买东西放上车子就带回来，（到长沙）来回半天就可以了。
>
> ——LQ（胡村村民）

（五）村民购物习惯转变

随着经济与社会的发展，人口流动速度加快，特别是以移动互联网为代表的"互联网+"使信息传递更为便捷及时，村民见过的"世面"越来越多，购物习惯也潜移默化地发生转变。

一是"买好货"逐渐取代了从前的"买便宜货"思想。物质匮乏的时期，村民购物多注重价格，哪里便宜就去哪买。现在，村民购物时不仅注重价格，更注重产品质量，购物标准为"价廉物美"。"80后""90后"年轻人喜欢去品类齐全、有品位的江坪大超市"逛"，青睐买品牌产品，重视享受购物过程，而不是随意去小卖部买点东西。

> 以前只有一个供销社，一个代销店，没得选择的余地。现在农民买东西是要价廉物美，要实惠些又要货好些，我们老人家最看重这个。可

能他们年轻人就赶时髦些，会觉得到大超市买的东西更好些……

——HFJ（胡村村民）

一般买东西，习惯了的外面，那个小超市根本就不想逛，小卖部就更加没得逛了……想去逛进去感觉就不一样的，家里的只有江坪超市相对进去以后还有点感觉，别的超市都是那种普普通通的。

——XCH（胡村村民）

二是网购成为村民的重要购物方式。以2020年3月6日的"优选云云便民群"为例，在上午10点的"秒杀"活动中，共有58份网购单产生，网购物品多是蔬菜果肉、洗护用品等家居日常用品。"80后""90后"年轻村民多在淘宝、拼多多等网购平台上购买日常所需，因为网上"物美价廉"，且一部手机可以解决所有购物需求。

年轻人在乡里面他也会网购，因为现在快递很发达、很快，一两天就到了。

——LQ（胡村村民）

现在买个洗衣粉、买个橡皮筋都在网上买，坐在家里，明天送来了去接就可以了，睡在床上买，一点都不要到超市去。现在想买哪种就买哪种，想什么时候买就什么时候买的。方便得很。微波炉、洗衣机，我老婆都是在网上买的啊，质量又不差，比实体店又便宜，我的灯泡啊摄像头全部是在网上买的，又便宜又好。

——WG（胡村村民）

前段时间买了1000多块钱……（网上）买东西就跟打牌一样，会上瘾的。

——HPL（胡村村民）

不仅是年轻人，自2019年始，在网购社区平台的带动下，一大批中老年妇女也加入了网购大军，除了家电等耐用品，日常食品如蔬菜、肉鱼、辣椒酱也都在网上购买。

她们懒得出去走，懒得去江坪，都不到店子去了，就在网上买……你看，林胖子①专门②在网上买，买吃的，干萝卜丝都在网上买，一次能买好几斤。江四③她也在网上买。豆角也在网上买，她们说好吃一些，豆角好嫩的。还有一种小鱼，那种香辣的。林胖子说她爸妈都说好吃，吃不下饭了就拿一包吃……专门买。她们买腊八豆啊，辣椒啊什么都在网上。

——WML（胡村村民）

我每天（在网上）买一点，看到什么合适的就买。40多岁的都在（网上）买，我妈啊村里这些妇女们啊都买，怎么不买啊……我妈什么都买，不用的都买了，收着，一堆垃圾在家。我妈比我还买得疯狂些，只要看到的想买的就买。

——WY（胡村村民）

四、现存小卖部现状、优势与问题

（一）现状

云云商店的经营者是老商店主人HX的小儿子、小儿媳一家。小儿媳ZY小名云云，故小卖部名为"云云商店"。店面是ZY自家又长又宽的堂屋，烟花鞭炮等物资的仓储设在自家楼上。店内商品齐全，从烟酒、槟榔到零食玩具以及肥皂、洗发水、洗衣液乃至鸡蛋、蔬菜、猪肉、鲜鱼，基本上一个家庭日常所需都可从商店买到。小卖部的服务时间机动灵活，平时从早晨六七点经营到晚上十点，如遇村民有紧急需要也可以打电话或敲门叫醒店主来卖货。商店不仅经营着传统的南杂百货，ZY还在店面旁边的房间开了一个理发店，见缝插针地为村民理发、美发。自2019年始，商店还承接了代村民交社保、医保的业务，也与"优选"平台合作，在网上开店卖货。据

---

① 一名50多岁的胡村妇女。

② 方言，"经常"的意思。

③ 一名50多岁的胡村妇女。

笔者估算，云云商店的实体日销售额常在1000元左右，但在过年过节期间，回村人口增多，其日销售额也会增加，如春节前后20天的日销售额可达到2000~3000元。

在白天正常营业时段，小卖部生意较为冷清，偶尔有村民前来购物。有的村民来买一瓶酱油一包盐，有的村民买两双手套，或有成群结队的儿童来买零食与小玩具……过年前后，小卖部生意则非常好。经常是刚走一拨顾客，又来一拨，两三个顾客挤在店里张望与闲聊。ZY的婆婆也放下手头的事情，帮忙拿货称重，泡茶陪大家闲聊应酬。ZY夫妇忙得不亦乐乎，一会儿看手机上的团购群消息，一会儿上楼拿货卖货，一会儿给村民理发，一会儿还要给村民交医保……有时ZY不得不打语音电话给正在楼上睡觉的女儿，让她下来帮会忙。下午三四点，"优选"平台的货送到后，ZY还要忙着拣货与发信息，等待村民前来取货。

此外，云云商店的一大特色在于"互联网+"的灵活应用。一是自2017年始，店内张贴支付宝与微信的收款码。顾客既可现金支付，也可手机支付。平时，因顾客多为老人与儿童，他们多习惯现金支付，电子支付只占总收入的1/3；过年过节期间，回乡的年轻人增多，店内电子支付的比例显著提高，能占到1/2。二是从2019年4月始，ZY与"优选"团购平台①合作，建立了团购微信群，白天在群内推荐实用而便宜的商品，尤其是上午9点半至10点主推"爆款"与"秒杀"商品，由ZY夫妇指导村民网购。第二天下午4点左右，专用物流车会将村民所购货物从长沙送到小卖部，ZY夫妇进行分拣，并在群内通知大家来取货。5点一过，WWH会开着摩托车将尚未取走的货物送到村民家。现在，平台成交量逐步增加，过年前后，全村村民一天购物量可达200件。

（二）发展优势

当周围的小卖部渐次凋零时，云云小卖部却一枝独秀。除店主乐

---

① 这是一家互联网新零售平台，平台主要定位是解决家庭消费者的日常需求，包括蔬菜水果、家居日用品等，运作模式是"超市模式"。其职能之一在于"复兴门店"，依托社区小店，更好地服务社区居民。

善好施、口碑良好、诚信经营、不短斤少两外，其发展原因可归于以下五点。

第一是地理位置好。它处在胡村三个村小组交界的三岔路口，地势平坦，是五六个村小组的村民到江坪街的必由之路。村民常称这是一个"码头"，因为这不仅是一个购物场所，也是村里的"新闻中心"。ZY的家人在店外搭一个钢架敞篷，敞篷下常年摆几把椅子，附近村民多三三两两聚在这里，或坐或站，闲聊村里的花边新闻、村外大事小事，甚至为一些国家大事争得面红耳赤。虽然小卖部吸引了一部分上下学的学生前来购物，但是它并不紧邻学校，也不以学生为主要顾客，因此能在其他几个小卖部因为学生减少而不得不停业的浪潮中得以幸免。

第二是环境干净整洁。不同于村民印象中脏乱、不整洁的乡村小卖部，云云商店环境干净，ZY与婆婆时常搞卫生，店里东西分门别类摆放，整洁有序，店外干净清爽。HFJ形容，云云商店的"地面都和镜子一样"，这一点深得村民喜欢。因为之前的几个小卖部往往"不讲卫生"，店面凌乱、商品积尘、陈货与新货掺杂销售，村民对此颇有意见，所以货物销路不好，店子经营不下去。

第三是货物较新鲜。ZY夫妇通常隔几天就对店内货物做一次清点，将快过期与即将变质物品单独挑出来，另外存放，再根据需求进货，一次进货量也不大。而且他们根据多年销售经验，在不同时节进货的品种与档次也不一样。因此，店内货物能及时售出，不会积压，较新鲜。笔者曾多次在云云商店购物，饼干、巧克力、花生、瓜子、面条等商品的生产日期都在近两个月之内，卖得好的烟、酒等同样如此。

第四是商品品类齐全、层级分明。商店的商品种类齐全，日常所需皆有，且分不同层次与等级，既有正品，也有不少山寨商品。WWH说，参差的商品种类能满足不同时期不同村民的购物需求，譬如过年前后就会进一些高档零食，以满足回乡年轻人的需求，平时则很少进。

第五是线上线下结合发展。除实体零售外，2019年3月始，颇具商业头脑的ZY与下乡前来推广的"优选"社区网购平台合作，在"优选"平台开网店，建立微信网购群，发展线上业务。ZY组建的"优选云云便民群"

现有268名村民参与[①]，ZY每天在群内发布经自己挑选的优惠信息，多是与村民日常生活有关联的，比较便宜且实用的商品，如烤火炉、辣椒、豆腐干，还时不时发个红包与村民互动，也默许群友发一些售卖土产品或联系车友的信息。虽然附近村落的大部分商店都有与"优选"平台合作，但是大部分业绩平平。云云商店的成功之处在于其对于信息把握的准确度，ZY经营有方，"会发信息，信息发得全面"，在村民中收获了很多拥趸。胡村村民，尤其是中老年家庭妇女群体喜欢在"优选"平台上买些便宜而实惠的商品。下午三四点，平时来接快递的村民络绎不绝。取货的村民也带动了一部分实体销售。现在，商店月网购收入已达上万元，甚至超过实体销售收入。

（三）存在问题

虽然云云商店的生意还过得去，并且能干的ZY身兼多职，如理发，代收医疗费、社保费，做网购平台等业务，丈夫WWH平时还卖猪肉、跑运输。但是WWH还是诉苦说，"现在没多少生意呢，生意做不大"。目前云云商店存在的主要问题有两个。

第一，实体销量有限，利润不高。因留守村民主要是老年人与儿童，购买力有限，卖的主要是烟酒与零食等"零碎物品"，好一点贵一点的东西往往难以售出。随着网购商品在村民中日渐风行，实体销售量日渐减少，WWH说，"现在实体店子没什么生意，都在网上搞了"，ZY抱怨说生意"一日比一日差"，"没什么利润"，因为是房子自家的，不需交房租，又兼可照顾两个孩子，才留在家里开店。否则，夫妇俩去外面打工可能"挣得会更多"。

第二，山寨食品的大量存在与畅销。虽然云云商店的商品多是知名品牌，但仍有不少山寨零食，譬如店面最外边显眼处摆着许多不知名的花花绿绿的"香辣香脆肠"。WWH坦言，"小孩子一般买块把钱的东西，熟食横竖是块把钱"。山寨版的便宜零食卖得更好，正品较贵的零食只在过年的时候会进一些，平时很少进货，因为"不好卖"。一次，笔者带一名9岁的小顾客

[①] 截至2020年4月2日的数据。

CXM来买巧克力,笔者向她介绍一款巧克力,8元钱1包,另一款3元钱1包。CXM毫不犹豫地选择买2包3元一包的巧克力与1瓶牛奶饮料。问及原因,她说,正版的太贵了,这两种味道都"一样",为什么不选能多买一些的那款呢?可见,受消费水平与消费观念所限,山寨食品在乡村小卖部依然有广阔的生存空间。

五、反思与展望

关于小卖部的前景,WWH谦虚地表示,待在家的话小卖部还是要继续开下去,因为还是能挣到"伙食钱",特别是有些商品网上没得卖,大家还是要来小卖部买。村民也坦承,云云商店的商品较附近江坪街超市的商品普遍价格贵一点,譬如青椒在江坪街是3元一斤,在云云商店是3.5元一斤。但是没有小卖部是不行的,特别是附近村民"基本上每天都要去一次"。遇到家里来客需买零食招待或者临时少油、盐、酱、醋的紧急情况,到小卖部购物确实会更方便。尤其是对于留守老人与留守儿童而言,他们多不会骑摩托车,去远处的江坪街购物耗时耗力,所以,他们多在小卖部购买日常所需。除了实体销售外,随着越来越多的村民也在"优选"平台购物,平常来店里接快递的村民络绎不绝。综合多项业务的云云商店俨然成了胡村的"服务中心"。

乡村振兴战略明确指出,产业振兴是乡村振兴的题中之义。在信息化快速席卷的乡村社会,小卖部作为一个传统的村民日常购物与聚会地点,它处于乡村商业链条的最底层,在满足村民日常所需与维系乡土情结中发挥着重要作用。随着乡村"空心化"与"少子化"日益严重,除应鼓励发展规模化的集镇贸易外,承担着乡村日常商品零售功能的乡村小卖部必不可少。在小卖部实体生意日渐萧条、多元化发展渐成趋势的情况下,应采取何种措施能更好地扶持小卖部发展?结合胡村云云商店的发展状况,笔者提出以下建议。

(1)给予小卖部一定补贴。政府可加大力度积极扶持小卖部发展,给予小卖部房租、水电费、网费等基础费用补贴,推行税收优惠,降低小卖部经营成本,鼓励有条件的村民开办小卖部。使每个自然村能保持至少2个小卖部,以满足居住地域分散、人口密度不高的农村居民购物需求。

（2）鼓励更多品牌商品下乡。目前，在江坪街集镇贸易中，已有一些知名品牌开展家电下乡活动，但是这仅限在江坪街的"大店"进行。在小卖部层级，品牌商品的促销与优惠活动甚少。政府应鼓励更多品牌商品如副食品、日常用品等下乡到乡村小卖部，在小卖部开展相应促销与折扣活动，使村民能更方便地接触到质优价美的品牌产品。

（3）依托小卖部，发展村镇级短线物流。对于许多留守老人而言，随着年龄的增长，他们的出行将渐成困难，随时随地出门购物将变得不现实。因此，政府可依托乡村小卖部，发展村镇级短线物流，鼓励商家送货上门。尤其是对远离集镇的偏远山村，应加大物流配送力度，以较低成本将村民所需货物送上门，使村民在家就能轻松购物。

（4）从"销售型"向"服务型"转变。在机遇与挑战并存的"互联网+"时代中，乡村小卖部的发展前景与其自身内部的改革与变通有很大关联。案例中的云云商店，近年来成功转型的关键在于其能及时抓住机遇，充分利用平台经济的特点，拓展出线上业务，在发展实体零售的同时涉足快递、代交医保社保等村民日常事务。云云商店实际上已然成为村民的"服务中心"。随着"互联网+"带来经济社会大转型，从乡村小卖部自身来说，应该转变思维，从"销售型"转向"服务型"。具体措施包括：一是线上线下相结合发展。与网购平台合作或者开网店，提供线上服务，利用根植于农村、拥有众多人脉与良好口碑的优势，在开展实体销售的同时进行网络销售。二是拓展线下便民服务。在人口日渐萧条的乡村社会，小卖部不仅是一个购物场所，同时也应该成为村民"日常生活服务中心"。小卖部在卖货的同时，可承接如收发快递、代缴纳村民基本费用、培训村民网购等业务，依托扎根于农村社区的经验，为村民生活带来更多便利。

乡村小卖部生态素描与分析
——以湖南省株洲市茶陵县严塘镇某村为例

◇ 周易（社会学与人类学学院2018级本科生）

引　言

随着逆城市化趋势的不断演进、乡村振兴战略的不断推进，对中国农村进行深入研究具有越来越重要的现实意义。小卖部作为农村的重要场所，承载了丰富的人际关系、社会互动与特色风俗。从乡村小卖部出发，可以窥见中国农村的转变与现状。

湖南省株洲市茶陵县严塘镇尧水乡A村，面积较小，常住人口较少，但不足200米的街道上就有7家小卖部，其中4家小卖部为近年开张。所有小卖部均依托自建房的一楼经营，部分还在地下室设有茶牌室，日常供应当地特色茶饮——芝麻茶。虽然近年返乡的中年人逐渐增多，但村内除春节时人流量较大以外，平日仍主要是老人与儿童，且多生活在农业区。

茶陵县，隶属湖南省株洲市，北抵长沙，南通广东，西接衡阳，东邻江西。茶陵县是井冈山革命根据地六县之一，是湘赣革命根据地重点县、模范县。2018年8月，湖南省政府批复同意茶陵县脱贫"摘帽"。

隶属茶陵县的严塘镇总面积211.16平方千米，其中耕地面积4.3万亩，各村以农业生产为主。全镇辖和吕、湾里等19个村委会和严塘居委会，共有257个村民小组，总人口38909人（截至2017年）。

笔者的亲戚在当地经营一家小卖部，以售卖日常用品为主。小卖部经营者的女儿与笔者年龄相仿、关系密切，因此本文尝试以她的视角来讲述她们家小卖部的情况。以下内容均为访谈所得并结合个人实地调研总结，所有内容均经过被访者检查核实无误,具有较高的可信度。

一、我家的小卖部[①]

(一)落叶归根

在我高三的那一年,也就是四年前,我父母从广东回来了。他们在广东做了十几年生意,但近年由于电商经济的发展,实体经济愈发难以为继,最终,他们决定回到农村工作生活。这也意味着,我终于不再是留守儿童了。虽然还有一年我就要成年了,虽然我高中已在县里读,但是,父母终于离我不再那么遥远了。妈妈说,因为老了,总想着还是回到自己长大的地方,在广东那么多年,始终是异乡人,融不进去。我想,这可能就是落叶归根吧。而且现在我们家的经济压力并不大,姐姐已经结婚了,爸爸妈妈只需负担我一人的学费,压力不算太大。除了经济考量、对家乡的向往,还有赡养长辈这一因素。自我奶奶去世后,爷爷一直一人生活,我父母也放心不下。综合多重因素,他们决定返乡。

回来了该怎么谋生呢?在广东开店十几年,终归还是习惯做生意,于是父母将我们家自建房的一楼回收(原本是对外出租),开了一间小卖部。为什么是小卖部呢?一是因为当时村里仅有两三家小卖部,竞争并不激烈;二是小卖部货品单价低、种类丰富,在农村地区发挥着重要的作用,生意来源应该是可以保证的。

就这样,我父母忙前忙后了几个月,小卖部终于开张了(图1)。

图1 小卖部正门

[①] 本节以小卖部经营者女儿的视角讲述。

（二）进货方式

我们村可以分为两部分，一边分布着集市与新建房屋，多居住着年轻人，另一边是农田与原始房屋，多居住着老年人，但二者并没有明显的分界线。小卖部都集中在前者。

每次进货，我爸都要开着他的汽油三轮车去镇上，车程大概40~50分钟。我们卖的东西很多，除了零食如饼干、辣条，饮料，还有烟酒、牛奶、文具、玩具、油、盐、酱、醋等（图2、图3）。此外，由于夏季炎热，且村里留守儿童居多，夏天主要还售卖低价的冰激凌等。

图2　小卖部里的盐、酱油等　　　　图3　小卖部饮料区、牛奶区

烟酒是我们日常售卖最多的商品（图4）。村里人大多在小卖部买烟酒，因此烟酒是主要的日常消耗品。在进货过程中，售卖烟需要许可证，且都是由厂家直接对口发货以避免假烟问题。有时厂家会限烟，会根据你平时进货的数量来划分等级，像我爸这种平时进货不算多的则等级不高，限烟时我们就进不到太多货。

图4　烟集中在左圈内，酒集中在右圈内，均位于门口收银台处

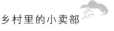

进货的方式除了自己去镇上进和让厂家直接发过来，平时还会有"下乡"，即一些货车直接开到店铺这里，问你要哪些货，店主可以直接从货车里挑选货物。

（三）进货种类

"芝麻茶"是我们村独有的标志之一，家家必备，主要是由芝麻、黄豆、胡椒、盐水、茶叶、姜等混合而成。只要家里有人来访，主人就会呈上芝麻茶。因为芝麻茶以咸味为主，故我们进货很少进糖，一是因为容易融化，二是因为用来搭配芝麻茶的更多的是饼干，没什么人会吃糖。

村民买东西一般都在我们这几家小卖部，其原因一是农村大部分长期居住的是老年人和小孩，他们用东西较为节俭，且很多东西可以自己生产，如用油菜籽自己榨菜籽油，要买的东西不多。二是我们村的交通并不发达，去县城的交通成本较高，因此人们还是更愿意在小卖部购买用品。

由于村民消费水平有限，再加上成本考虑，我们进货的产品价格都较为低廉。日常需要定期补货的商品有烟酒、冰激凌、玩具等，还有几毛至一块的小麻辣、辣条之类的。

春节前我们会去镇上大批量进货，主要是坚果类、饼干、葡萄干、枣子、牛奶、烟酒等。

（四）与顾客之间的关系

我们村说大不大，说小也不小，一条街上大部分人都是相互认识的。来到小卖部，大部分顾客都会唠嗑一下。如果不认识的，也会交流一下，比如询问对方是哪里人、是不是远房亲戚或者朋友的朋友等，由此来拉近关系，以期便宜几块钱。虽然这样我们的盈利空间少了，但是也借此拓宽了人脉，约等于有了相对固定的客源。在砍价方面，他们总是毫不客气地让我们再少几块，尽管我们已经说了这是最便宜的了。我每年放寒暑假回家都要经历多次这样的讨价还价。

在农村，人际关系网络发挥着重要作用。现在，我们一条街上有七家小卖部，平均每走几步就有一家。因此决定我们客流量的主要因素并不是地理位置，而是关系网络。顾客大多都是亲戚朋友。但地理位置有时也发挥着重要作用。我们这边是逢"二、五、八"赶集，即农历初二、初五、初八、十二、十五、十八、二十二、二十五和二十八号赶集，以我们村为中心，聚合周边其他村。每当这时，村里熙熙攘攘，在集市中心的小卖部就有更大的客流量。有一家小卖部起步比我们家晚，但是处于集市正中央，且面积也大，所以生意十分火爆。像这样的小卖部共有3家，他们分别处于集市所在的十字路口的三个角上。

我们这里盛行打牌。小卖部地下室有五六张桌子，专门给街上的人打牌（图5）。夏季是生意的淡季，小卖部的主要收入来源就是靠出租牌桌。并不是所有小卖部都有余地出租。平时周围的人会来打牌，不是亲戚的一般都收费，20元一场，如果包茶水则30元一场，一场并没有固定的时间限制，通常是中午吃完饭打到晚上吃饭前，晚饭后打到11：30左右收工时。这算是我们这约定俗成的规矩吧。有时候，为了拉客或者吸引人，凑齐一桌，我爸妈也要加入和他们一起打牌。一般大家都是去固定的地方打牌，来的人慢慢都会认识。都是熟人带生人来。

图5　圈内位置为平时打牌的场所，因春节暂不接待，故而改换为当地家家户户必备的过年高桌子

随着互联网的发展，我们村的购买方式也发生着变化。在2019年的时候，村里有了一个网上交流微信群，里面会发布肉类、蔬菜、衣服、日常用品等的购买链接，这些商品都有固定的件数，需要抢购。如果预订好了第二天就去固定地点取货。抢购的商品价格低于市场上的价格，因而在去年特别流行。此外，我们村也发展起了网购，目前村里已有3个快递点。但是因为

村里还是老人、小孩居多，有较强的消费惯性，不大信任网购，因此其发展也较为缓慢。这两种消费方式都对我们家小卖部有一定的影响，但是冲击不大。微信群的抢购模式，商品数量有限，只会减少部分客流量；网购在村子里也还没有完全推广开来。而我们小卖部售卖的主要是日常生活用品，需求量大，对于这些物品村民一般不会选择网购这种需要等快递的方式，更多的是走几步路来买回家，因此网购对我们的影响有限。但是未来的情况则不好说，毕竟网络、网购的发展越来越迅速。

（五）与其他小卖部之间的关系

我们这条街共有7家小卖部，平均几步路就有一家，每家规模都差不多，都以自建房首层为门店。除了一家"万家超市"，它有两个门店，面积是我们的两倍，售卖的东西种类也更多。每家店销售的东西其实是差不多的，因为大家进货的渠道都是去镇上进货或通过"下乡"购买，而且主要日常用品的品牌也就那几个。此外，每家的价格也差不多。一是因为进货成本相近，二是可以通过熟人关系打听到别的店铺的定价，再来调整自己的定价，最终达到价格几乎相同的情况。

我们和某一家小卖部关系较好，平时会互帮互助，但其他的则完全不认识，纯属竞争关系。有时村里有人订酒席，需要批量购买商品，她们会提前来到店铺里预定，然后约定好时间由店铺派人送过去。有时候店里物资不够，就会去找关系好的小卖部买，通常是以成本价再加一两块的价格买过来，再售卖。这样双方都可以盈利。

做小卖部非常辛苦，之前有一家转行卖母婴产品了，我父母也在考虑转行。小卖部日常进货的频率很高，单件商品的利润空间不大，且需要经常检查生产日期、保证卫生等。转行的那一家小卖部就是因为太辛苦以及太多产品积压而转行了。

二、研究者视角分析

（一）落叶归根：逆城市化之下的返乡创业

随着我国经济进入新常态与乡村振兴战略的持续推进，越来越多的外出

务工人员选择返乡。在这一选择背后，是行动者与家人综合多方因素的理性决策。

生计因素是影响我国个体返乡决策的重要因素。随着网购平台对消费市场的快速占领，实体经济深受影响，许多小本店铺纷纷倒闭。大城市的外来务工者在收入降低的同时，生活成本却持续上升，经济压力逐渐增大。与之相对的是，在中国现行的农村土地制度下，农民拥有的耕地和自建房，成为进城农民工的保障和退路。从文化传统来看，如受访者提到的"孩子陪伴""归属感""亲情"等因素，正是绵延数千年的儒家文化中的家庭伦理、孝道观念、归根意识所塑造的中国人的乡土情结。[1]这些多方因素交织在一起，形成复合效应，最终促成个体的返乡决定。立足微观个体选择，农民工逆城市化实践并非被动选择和无奈之举，而是理性考量，直观体现为"以退为进、进退有据"，以返乡实现更高的生活质量。

谋生是返乡后的首要问题。党的十九大以来，我国农村有了较大的改变与发展，但当前农村就业机会仍然有限。在这种情况下，农民自建房不仅为返乡者提供了栖息之处，还在失业缓冲方面发挥着重要作用。本村一条街道就有7家小卖部，其中4家的店主都是近年从外地返乡的。大部分中年返乡者学历较低，且文化资本和人力资本较少。他们有的是因工作变故，有的是因失业。在村里开小卖部门槛相对较低，对学历、技术的要求不高，这就像一个劳动力蓄水池，发挥着缓解返乡者谋生压力的功能，让他们得以暂时安顿谋生。

（二）文化记忆：芝麻茶承载的群体身份意涵

区别于以商品交易属性为主的城市小卖部，乡村小卖部则是熟人社会下人际互动的重要场所。本村部分小卖部还日常供应着芝麻茶。芝麻茶作为当地传统饮品，在本地有着深刻的符号意义。

从饮食人类学的角度来看，人类的饮食行为不是纯粹生物性的行为，

---

[1] 王兴周：《乡村振兴背景下逆城市化动力机制探析》，载《江海学刊》2021年第3期，第104页。

食物是一种我们可以拿来思索、谈论、概念化的东西。①芝麻茶不仅满足人们的生理需求，其蕴含的文化符号也传递着丰富的信息。对于村民而言，芝麻茶承载着他们特有的礼节、仪式、情感，甚至是他们共有的历史、时间和记忆。在社会空间内，特定族群通过"空间实践"，将自己的认知融化于特定的饮食体系，并使之发展为"空间表象"的符号价值。②对于许多在外远游的人，芝麻茶传递着信息、承载着集体记忆与文化，是家乡的化身。

芝麻茶的流传范围并不广，也正是由于流传地域的限制，其所赋予的归属感和认同感得到了强化，以此为基础形成了群体的区隔。在小卖部的经营中，芝麻茶发挥着拉近买卖双方距离的关键作用。

受访者家的小卖部平日会供应芝麻茶，当顾客走进小卖部，店主会邀请他们一同喝芝麻茶，这是拉近距离的最佳手段。多数情况下，双方都明知这只是一种客套礼仪，但是这种"套近乎"的行为很有好处，一方面，若买家是本村人，则可以通过这种方式展露双方地缘上的亲密；另一方面，若买家是外地人，则可以展现店主的好客随和。

在长期的交易互动中，部分顾客与店主的关系逐渐熟络。在这种情况下，店主邀请喝芝麻茶则蕴含着更多真诚的期待。如果买家答应了，则意味着这层关系网搭建成功，未来可能成为稳定的客源，甚至是好友。芝麻茶以其特有的群体身份意涵，成为人与人之间拉近距离、表示亲近的重要中介，喝芝麻茶成为一种关系拉近的象征性仪式。

（三）乡村社交：自我呈现与社会关系的延伸

中国乡村是费孝通先生所说的熟人社会③，也是一个礼俗社会，这些特征时刻影响着村民们的日常交往与社会互动。在小卖部这一具有较强经济属性的空间内，乡村独特的人际网络与礼俗文化背景，会对店主与村民、村民之间的互动产生什么影响？

---

① Lewis M. Barker（Ed.）. *The Psychobiology of Human Food Selection*, New York: AVI Publishing Company, 1982.

② 房静静，袁同凯：《空间、饮食与社会变迁：理论演进脉络》，载《西北民族大学学报（哲学社会科学版）》2018年第2期，第59页。

③ 费孝通：《乡土中国》，上海人民出版社2006年版。

在乡村小卖部的交易中，人们需要通过各种各样的语言、行为来表示亲近，通过仪式性交往维护人情关系。本文的小卖部，在经营上体现了差序格局的影响，一个明显的特征就是顾客购买商品时会被差别化对待。卖家看到是亲戚、朋友时会主动给予优惠，同时也会表达出"因为你是我的熟人，所以我才给你这样独特的优惠"，并强调"别人我是不会这么低价卖的"，以此来突出他们的独特身份与自己相对应给予的优惠。这样的来往之下，卖家可以有相对固定的客源，买家也可以享受到优惠，形成双赢的局面，而熟人关系在其中发挥着关键的连接作用。因此可以这么理解，在农村小卖部，熟人关系是一种资本，可以减少讲价带来时间精力成本，直接获得最低价；同时，卖家也可以维护固定的客源。

村民们在小卖部日复一日的交往互动，不断建构着他们的生活世界，由此小卖部就形成了一定的辐射圈。所谓辐射圈，就是以小卖部为中心，以周围最远的进店的村民为边界，所覆盖到的地理范围。① 小卖部的辐射范围不是刚性的，而是灵活的。因为村民是独立的个体，有自己的选择权，选择去哪个小卖部是自己的自由。有些村民和一个小卖部的店主交好，即使搬到了另一个小卖部的辐射圈，也还是会"不远万里"地来到自己熟悉的店铺购物，这不只是为了买东西，更是因为喜欢与要好的店主交流。这就更加体现出了乡村的熟人社会属性，店主与顾客建立高亲密度的人际关系，亲密度的加强提升了熟人社会的忠诚度，二者的相互作用又加强了店主与村民的人际关系。

对比来看，超市与城市小卖部的议价空间小，是纯粹的消费交易空间。城市地区人口流动性大、异质性强，个体化、原子化的社会使得城市小卖部每日接触到的顾客大多是陌生人，熟人关系占比不高。而从超市本身来看，其背后是严密的运行体系，每个工作人员都只是整个流程中的一环，如进货、贴价格标签、称重、收钱等，不能决定整个商品的销售。在面向消费者这一端时，工作人员更是抹去了他们的其他角色。而农村小卖部的店长，则是全程参与和决定从进货、运输、搬运、定价，因而每份商品的价格他都可

---

① 匡立波，夏国锋：《公共空间重构与乡村秩序整合——对湘北云村小卖铺辐射圈的考察》，载《中共浙江省委党校学报》2016年第6期，第34页。

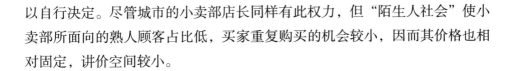

以自行决定。尽管城市的小卖部店长同样有此权力,但"陌生人社会"使小卖部所面向的熟人顾客占比低,买家重复购买的机会较小,因而其价格也相对固定,讲价空间较小。

三、总结

乡村小卖部与既有的乡村社会制度高度嵌合,也与既有的乡村社会结构有着很强的连续性。现实中小卖部生活的复杂性无法穷尽,本研究是一个探索性的尝试,从本土经验出发并在日常生活的内部对其进行细致观察和逐级提炼。通过细致深入地描绘A村小卖部的情况,丰富了对该村社会结构、人际互动的认知,同时也补充了对中国农村小卖部的实证资料。在写作上,尝试以第一人称的方式来讲述故事,增加文本的可读性与真实性,展现了小卖部卖家一家从返乡开店,到进货、卖货,与顾客、其他小卖部之间的关系等图景并进行深入分析。

本次调研关键之处在于有店家作为引路人。他们十分乐意与我分享自己的开店、经营故事,耐心地解答我的疑惑,在此十分感谢他们的分享与帮助,让我可以从小卖部店家的视角来了解、分析乡村小卖部,为调研提供了更多样的实证资料。

虽然乡村小卖部的空间有限,但涉及丰富的人际关系,既有地缘、血缘关系的体现,也有人情关系的展现,在这里还会产生新的社会关系。此外,乡村小卖部还浓缩地体现着当地的风俗习惯,体现着该地区的特色。小卖部可以说是一个"麻雀虽小,五脏俱全"的空间,从这里出发,可以更深刻、更全面地了解乡村社会,了解乡村社会中的人。

变与不变:多维视域里的乡村小卖部

◇ 邓海(历史学系2017级硕士生)

引 言

提起村里的小卖部,一幅温暖、熟悉的景象便立即浮现在眼前——一间不大的瓦房或平房,没有精致的"妆容",房子里朴实无华地摆放着几个货架,货架上陈列着售卖的商品,有孩子们喜欢的辣条、豆干、凤爪、火腿肠、泡面、薯片,也有家庭必需的粮食和日用品,譬如米、面、油、盐、酱、醋、纸、牙膏、牙刷,还有大人喜欢的烟、酒,再搭配一两个冰箱,内含可乐、橙汁、水等饮料,加上零零散散的其他功能性商品,如此,即是老家小卖部最常见的模样。虽时光荏苒,世事沧桑,它却岿然不动、日复一日、年复一年,在迎来送往中感受春秋冬夏。

笔者生于20世纪90年代前期,家乡位于桂北山区一个偏远的自然村落,是村委的驻地,其时人口约千人,算是方圆几公里内的大村,村民都是汉族,本土姓氏单一,皆为邓氏后裔,以务农为主要生计。村子距离乡镇和县城有十几公里,唯一通往外界的道路是一条粗石头泥巴路,只有逢日期尾号为3的倍数时的赶集日才有车去往乡镇,而去县城得先走三至四公里的路才能搭到车。本文所讨论的村小卖部,即是村委驻地所在自然村的小卖部。

一、村小卖部的嬗递

回顾过往,村小卖部无疑有过重大的变迁,原有的两家小卖部,一家关门,一家日渐式微,新兴的两家小卖部,一家状态良好,一家仅为兼营。本村村委驻地所在自然村布局见图1，下面将对此展开细致的梳理。

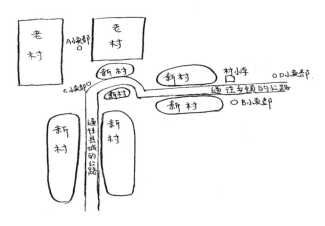

图1　村委驻地所在自然村布局简图

从笔者出生时就运营良好的这家小卖部谈起，在此称其为A小卖部。记忆中，那时村里只有两家小卖部，另一家B小卖部位于村小学对面，仅是孤零零的一间瓦房，主要顾客为学生和周边的几户村民。而A小卖部，无疑是当时村里规模最大、商品种类最多的，还架设起了村里唯一的座机电话，且地处村的中心位置，得天独厚。另外，经营这家小卖部的店主，是一对中年的医生夫妇，他们在小卖部隔壁，还经营着村中两家诊所中的一家，小卖部和诊所的门口，常年有肉贩子摆摊。更有意思的是，他们还在旁边整理出一间桌游室。这样的搭配组合在当时来说，就是"顶级流量"。又因其距离另一家诊所和小卖部有数百米，冲突性竞争更是被大大地削弱。A小卖部和诊所的内外景象见图2、图3、图4。

图2　A小卖部内部

图3　与A小卖部连通的诊所内部

图4 A小卖部和诊所的外部

20世纪90年代小卖部的布局是商家和货物在里,顾客在外,顾客看中商品后让商家递送至顾客手中,与今日任顾客穿梭于货架间挑选的方式不同。那时小卖部的商品种类算不上丰富,大多是日用品和零食,售价多以角为单位计,甚至有按分卖的,比如一颗糖只要五分钱。对于小孩而言,能有几角零花钱已然滋润,如有几块便为"巨款",成为众星捧月的羡慕对象。村民无论是前来就医,抑或接打电话,或玩桌游,或者买肉,多半会"顺便"在小卖部里消费几许。

村小学对面的B小卖部位于村头。听长辈说这个小卖部是笔者念学前班的时候建的,店主是一对年轻的夫妇,由于服务对象主要是小学生,服务两三百人,学生购买力偏低,所以多售卖零食。小卖部常年由女主人打理,男主人兼职种地。在很长的时间里,村小卖部都是在赶集时去镇上的批发部进货的,主要是因为交通阻滞,否则直接去县城批发肯定更胜一筹,价格是一方面,商品种类又是另一方面。而时间的流转,让这一切缓慢地发生着变化。

进入到21世纪,我国市场经济发展速度加快,不少村民开始外出务工,特别是年轻人和中年男性,最大的务工地当属珠三角地区的广州和东莞。基于现实考量和经济收入的增加,一些父母开始把孩子带到务工地或者送去城里读书。这样,不仅常年在村里务农的人减少,小孩的数量也随之下降,仅逢年过节时会热闹一会儿。村里A小卖部和B小卖部的业绩随之下滑。近年来，村小学仅剩一、二年级，学生不多，B小卖部难以支撑，最终倒闭（图5）。

图5　已倒闭的B小卖部

在村中人口外流的背景下，村里仅剩A小卖部一家，但此情景并未持续过久。在2010年前后，村里通往县城的道路得到了施工修整，原本坑洼的泥巴石头路"旧貌换新颜"，变为灰土砂石路，路况得到较大改善，村里增加了一趟每日往返县城的车次。借助修路的契机，加之老村落的许多房屋早已凋敝或变得破旧，在外打工的人纷纷在新修的道路两旁建起崭新的楼房，原村附近的其他自然村的村民，也搬迁至村委驻地所在的自然村。于是，村落的整体分布格局发生了翻天覆地的变化，村里的常住人口在多年接连下跌后有一定回升，最终稳定在100~200人之间。

在村民搬迁的浪潮里，有一户人家瞄准时机，借助区位优势，在村中心的道路边新开起一家C小卖部。C小卖部店主是一对30岁出头的夫妇，育有一对子女，小卖部与家相连，整体围成一个小院子，有近50平方米的空间，可停车，常年以收取租金的方式提供摊位给村民打牌。此外，因为靠近村道路的拐弯处，而且几米开外就是村里公共停车点，所以，无论是赶集乡镇，还是去向县城，基本都得在这家小卖部的门口上下车，区位优势显著。众多优势条件的加持，使得C小卖部迅速取代百米开外的A小卖部，成为炙手可热的"新一代力量"。C小卖部的内外景象见图6、图7、图8。

图6　C小卖部的外部

图7　C小卖部的院落

图8　C小卖部内部

2014年初，受益于国家的"村村通"政策，村里通往乡镇和县城的道路得到进一步改善，全部都换成了新的水泥路面，这成为村里轰动一时的大事。曾几何时，村民做梦都幻想着有一天村里的道路能这般，而当它真切到来时，大家反而有些恍惚。村民紧抓这一机遇，纷纷举家搬迁，新建房屋至道路两侧。经过几年的发展，现今的村落格局呈现出沿道路的条带状分布，与以前的圆形分布有霄壤之别。此外，在距离原村小学不到百米之处，又新建起一间平房式兼营式的D小卖部。此小卖部主要服务周边的二十来户村民，店主常年也靠耕种田地谋生（图9）。截至当前，村小卖部的新旧嬗递已趋于稳定。

图9　兼营性质的D小卖部

二、公共空间构建与额外服务提供

纵览村小卖部的变迁历程，不难发现它们共有的特点，较为直观的是在公共空间领域扮演的重要角色。A小卖部虽日渐式微，却仍屹立不倒，这与其长期捆绑经营诊所、桌游室、肉摊是密不可分的。而它从辉煌走向衰落，更与公共空间息息相关。在村民大量外流的压力下，其桌游室和肉摊已不见踪迹。只有诊所作为村里仅有的两间之一，靠着长期积累起的良好口碑，再借助区位的优势，如今依然坚挺。

相比小卖部售卖的商品的易替代性，医药卫生资源的稀缺性更强，更难被替代。A小卖部店主夫妇的医术医德在村里有口皆碑，他们现已步入老年，女儿顺利接班，依然延续着父辈优良的传统。诊所里，前来看病输液的人，往往三五成群，聚在一起打发时间，交流信息与情感。前来看病的人停留得越久，他们购买商品的概率就愈大。不仅如此，因为店主见多识广，文化水平更优，A小卖部的信息渠道也更为畅通，村民们常能在此了解到更为前沿的信息，出现因获取信息而发生衍生消费的现象。另一方面，从收入和社会地位考量，A小卖部的店主显然更胜一等，村民在与之交往时更多体现出羡慕、尊重等向上看的心态，使得店主"自带磁力"，交互之下，给小卖部带来销售额的直观提升，这一现象可以说是额外服务的提供带来的结果。

再谈到"后起之秀"C小卖部，它在公共空间的构建方面更胜一筹。第一，它的地理位置更优越。它位于通往乡镇和县城道路的结合处、车辆装卸乘客和货物的集散点。因此，它有聚集人流与物流的优势。第二，院内的数十平方额外空间，被店主有效地利用。不管是提供给村民打牌的摊位，还是提供车位，都有它无可替代的优势。近年，随着电商的兴起，物流终端延伸至行政村一级。C小卖部于此先人一步，拿下代理点，占据了新一轮物流的制高点。只要有来自电商的物流，都会被存放在此，村民也可在此寄送物品。第三，村民集体搬迁的溢出效应。村民在见证乡村道路翻天覆地的变化后，便如潮水般举家搬迁，新村落的格局使得更多村民距C小卖部更近，且这些搬迁的住户具备更强的购买力，进一步加速了小卖部的发展。

善于经营的店主，无一不在小卖部的公共空间构建上绞尽脑汁，特别是在利于村民的娱乐休闲和信息、物资交换方面，均寻求有所建树。换个思维角度，如果能尽可能多地聚合人流在此停留，或者能提供给顾客更便捷的服务、更新奇有用的信息，就能更好地实现小卖部的商品让渡价值。从某种意义说，小卖部售卖的商品千篇一律，其所附带的衍生价值更令人心动。

关于公共空间的类型，大致以医疗、娱乐、信息获取、物资获得这几项为要。而有关这几项资源的分配权，或者说想在这几个领域抢占先机，与村委干部关系的近疏至关重要。根据国家的政策和制度，每个行政村都对村民生活必需设施有硬性要求。比如每个村都得有专门的诊所、物资中转站、快递代理点，以及制定惠农政策等。但是，这些指标数量往往是有限甚至唯一的，想要获得名额，就必定需要展开多方面的攻势。不同小卖部的兴衰背后也与之有千丝万缕的或隐或现的联系。

时代潮流浩浩荡荡，面对变幻莫测的时代趋势，小卖部店主需时刻把握时代脉搏，尽可能快速准确地满足人民日益增长的多样化需求，方能继续"引领风骚"，稍一不慎，就可能被淘汰出局。小卖部想要维持自己的生存，提升商品的丰富性和新潮程度自不待言，此外更多地还体现在其他服务的比较上。附属品和衍生品的种类和质量，可能决定着小卖部的兴盛与否。

三、乡村基层社会的制度与形势产物

自然村作为我国基层组织的重要一环，是行政村不可分割的主体，是基层组织治理和服务的对象。而村小卖部作为乡村公共服务的窗口，其形象和情况也直接地反映出所在村的发展水平、村落风貌和民风民俗。某种意义上，村小卖部是所在村落内涵的外显和表达，通过观察村小卖部，可大致了解到村落的整体情况。

A小卖部长时间为村民提供商品、医疗和娱乐服务，不仅是村民与外部沟通的中介，也是物资和信息传递的枢纽。店主夫妇既是医生，又是商人，还是村民，有着多重身份，夫妇两人一直很好地实现着它们之间的恰当结合，一直是夫妇的主业。令笔者记忆犹新的是，1990年代至21世纪初期，村里仅在A小卖部有一台民用的座机电话。小卖部虽位于村委驻地所在自然村，所服务的范围却覆盖了村委所辖的所有5个自然村。每当在外务工的人想与在村的亲人通讯时，可将电话打到小卖部，与店主交代好相关事宜，而后由店主步行去通知村民，村民按约定时间来到小卖部等候外出亲人的电话，或者将电话回拨至在外亲人。除村委驻地所在的自然村，其他4个自然村与A小卖部均有超过1公里的距离，又因道路都为田间小路，下雨天更是难行。店主尽管有盈利目的，但确实为村民架起了一座对外沟通的桥梁，为服务广大村民费尽大量心血。在医疗方面，店主夫妇有时也需外出接诊。即使有时抱有怨言，夫妇两人也坚持了下来。或许正因如此，在商业与服务的共同交织下，A小卖部才保持了持久的生命力。

B小卖部依靠村小学而维系，随村小学学生数量的涨落而兴衰。在2000年后，外出打工潮流兴起，到城市里谋生活的村民数量直线上涨，带着子女入城求学，是当时的风潮所在，笔者也曾是进城插班求学大军中的一员。大致在2010年以前，农村子弟进入县城求学的门槛尚不算太高，仅需多交一份插班费，虽然给家庭带来较大的经济压力，但仍保留着进入的通道。直到2010年以后，因农村学子持续涌到县城，县城教育资源有限，才逐渐提高了就读的门槛——需要在县城买房、拥有房产证。村里适学儿童的减少，使得村小学的学生数量一降再降，由巅峰期的6个年级近400人跌到不足50人。针对此情况，国家作出了撤点并校的决定，将高年级学生集中到乡镇一级培

养。目前，我们村小学仅设一、二年级，学生不到10人，在编老师1人（校长），非在编老师1人。

面对顾客的断崖式下滑，B小卖部终于在2016年前后"寿终正寝"。而后，由于村小学周围新搬来的村民增多，才又开了新的D小卖部。B小卖部的变化，可以折射出我国城市化进程和基层治理体系的变化。

C小卖部的兴起也与国家村村通公路的政策直接关联，是在国家政策影响下村民搬迁后造成村落重新布局的直接结果。在我国城市化的进程中，大部分村民通过外出务工增加了经济收入，但这些收入不足以支撑他们在城市扎根，且部分家里仍有需要照顾的老人。在此情景下，大量村民新建房屋，购置车辆，从城市回流到乡村。加上道路的畅通，原已在外安家落户的村民也会在清明、过年等空闲时间回老家转转，有的甚至会小住几日。C小卖部借助其区位优势，牢牢地把握住这类消费者，尽可能多地售卖烟酒、饮品、零食等商品。有时，过往的车辆也会经过此处，前来消费，又不失为一新的收入增长点。另外，C店主年轻有头脑，能够积极处理好与村干部和村民之间的关系，承接新兴的快递服务等，进一步巩固了其地位。

比较A、B、C、D四个小卖部的缘起兴衰，发现其命运都与村落经济发展水平、村民收入水平和国家政策制度相关联，个人与国家也息息相关。

四、乡村的守望者

村落诞生后不久，村小卖部旋即应运而生，它与村民、村落相依相伴，走过多少风风雨雨。作为个体的小卖部虽有过消亡迭代，但作为整体的小卖部，其角色和存在却从未缺失。依托于村落存活的小卖部，不仅是村落变迁的见证者，更是村落起承转合的守望者。

A小卖部作为目前村里经营时间最久的小卖部，见证了村落几十载的沧海桑田。A小卖部最鼎盛的时期是20世纪90年代至21世纪初期，而2010年后，则大幅回落。通过前三节的探讨，我们发现它之所以火爆，与当时村里对外联系少、小卖部占据重要稀缺资源直接相关。A小卖部的店主同时经营着诊所、桌游室等营生，也在努力做着服务村民的事宜。那时村里的社会主要是自给自足的小农经济，人员流动率低，大多只能在赶集日去接触外面的世界。在这样一个较为稳定的乡村环境里，A小卖部持续运营发展所依托的是全村1000人左右的消费能力，它所触及和覆盖的范围也仅限于本行政村。

2000年以后，伴随我国市场经济的进一步发展，珠三角、长三角等地利用沿海优势，发展得风生水起。村民利用距离珠三角相对较近这一因素，开始掀起到广州、东莞等地务工的浪潮。在中国城市化、工业化、现代化快速发展的背景下，村民的命运也被裹挟进时代的洪流之中。大量农业人口涌入城市，不少适龄儿童被带到城市求学。

为平衡沿海和内地，以及统筹城乡的发展，国家在大力推进城市化的同时，也致力于推进乡村振兴，扶持乡村的发展，尤其在党的十八大后更为明显。"想致富先修路"，乡村公路的勃兴在国家战略下应运而生，全国脱贫攻坚战应声打响。在贫穷的边远山区，甚至不乏集体易地搬迁以寻求脱贫的例子。在笔者家乡的农村，一个显著的标识即是村民自发新建房屋搬迁到公路的两旁，构成了新的村落布局。C小卖部的借势而上，即是在如此的背景中孕育而出的。最近几年，数字经济、网络经济和新兴商业形式层出不穷，乡村社会作为我国基层社会网络的基点，也在潜移默化地发生着改变。C小卖部凭借自身区位优势，以及店主相对敏锐的商业嗅觉，在提供物流快递服务等方面走在了前面，而A小卖部则在新一轮竞争中折戟，日渐式微。

通过简要的爬梳和分析，我们再回过头来观察村小卖部的形象时，便能跳脱出就小卖部谈小卖部的窠臼，转而从它的发展来窥测乡村的兴衰，更深入地看到村小卖部嬗递背后的时代背景和国家发展之路，村小卖部作为乡村的一员，也在守望着乡村的曲折变迁。

五、结语

村小卖部作为乡村社会的重要组成部分，不但是乡村风貌的展示窗口，而且是乡村发展的缩影投射。它的命运兴衰依赖着它所处乡村的环境、经济态势和村民收入，也与国家方针和战略密切相关。村小卖部是建立在村的生存之上的，它属于传统实体经济，却也和现代网络经济相连通，是物资的中转站、信息的集散点。村小卖部售卖的商品，可取代性较强，因此，如要谋求更优的发展，则必须附加、捆绑、衍生更多不可替代的服务，才能更好地

让渡商品的价值，从而形成良性的发展循环。

从村里A、B、C、D四个小卖部的发展脉络里，我们可以探寻到对一个小卖部生存发展产生影响的重要因素，其中最直接的无疑是顾客群体的大小以及其消费能力的强弱。身处传统的小农经济村落，依靠村里不多的村民，小卖部的前景似不乐观。但是，作为村落空间和村民需求的产物，村小卖部有其存在的必要性，只要乡村尚在，村小卖部就必将一直伴随左右。

将村小卖部置于更广阔的视域里进行观察，可以体现出它所在的时代里有关国家战略发展、资源侧重、城乡发展等一系列连锁反应，小小的村小卖部，勾勒出一幅乡村基层社会运转的画面，与国家的整体发展同呼吸、共命运。而作为乡村的守望者，它也必将继续见证我国乡村的变迁。

凋零的乡愁：乡村小卖部的功能转型与角色嬗变

◇ 刘伟（马克思主义学院2019级博士生）

"小卖部"这个名词，对于很多城市的学生来说可能会显得有些陌生，但对于从乡村走出来的青年学生而言，它会勾起很多记忆深处零碎的片段。有儿时购买到零食的喜悦感，有与童年小伙伴在小卖部嬉戏打闹的童趣，也有埋藏在记忆深处的乡愁。这种乡村地区特有的销售模式伴随着改革开放的进程，兴起、发展、变化、凋零，它在丰富和方便乡村地区生产生活方式的同时，也成了记录乡村社会变迁的一个镜像。当我们走进城市，融入城市，将自己的行为和思想与城市紧密连接的时候，我们会逐渐淡化记忆深处关于乡村的那些影像。而通过春节返乡，我们回到乡村，见到乡村的模样，勾起儿时的回忆，并借助乡村小卖部这个较为特殊的乡村场所，去思索我们乡村的曾经和未来。

一、时代的变革：乡村小卖部的产生与兴起

（一）乡村小卖部的产生

乡村小卖部是从什么时候开始产生的？如果把这个疑问置于商品经济的历史进程中，有商品的产生就会有商品的交换，有商品的交换就会有交换的场所，所以它应该是伴随着商品经济的形成而产生的。中国乡村在1840年之前以自给自足的自然经济为主，直到1949年，自然经济仍然在农村占据着主导地位。新中国成立以后，开始施行计划经济体制，开展了公社化改造。

公社化改造完成以后，村民购买商品需要统一去公社（后来是乡镇）的供销社。改革开放后，随着计划经济向社会主义市场经济的转型，国家逐步放松了对商品销售的限制，村民对零售商品的需求扩大，部分村民也以个体经营户的形式进行商业活动。因此，在改革开放的大潮中，小卖部在乡村地区蓬勃发展起来。

（二）乡村小卖部的蓬勃发展

20世纪80年代，随着家庭联产承包责任制的推行，农村地区的生产力得到了显著的提升，农村家庭产生了劳动力的富余。人们居住条件的改善，农村消费市场的扩大，加之小卖部经营形式灵活便捷，不需要较大的起步资金，这种微型的商品销售形式逐渐在乡村、工矿区、建设工地、学校等人群容易聚集的区域发展起来。这时期的小卖部一般以个体经营户的经营模式为主，利用自有的住房和富余的劳动力独自经营，小卖部老板常常还兼务农等工作，鲜有专业化的经销店。

到了20世纪90年代，随着乡镇企业的发展，乡村富余劳动力因外出务工逐渐向外转移，农村经济收入有所提升，在家的富余劳动力更容易产生经营小卖部的意愿，乡村小卖部得到了快速的发展。根据笔者经历，小卖部是基于人群聚集区的需求来创立的，比如工厂大院、乡村学校、乡村的居民聚集点、交通岔口等地。但是经营一家小卖部，如果想实现盈利和获得较为稳定长久的发展，还是需要一些独特的先天条件。比如，小卖部的位置最好是道路交叉口或者人群聚集点，不能是边缘零散的居民点；需要有足够面积的自有场地，以满足经营和仓储的需要；经营区域内最好是独家，没有多个竞争对手。小卖部经营者如果满足了这些基本的创业条件，加上较好的乡情人缘和活络的头脑，一般都可以长久经营，甚至能进一步发展壮大。笔者的一位亲属，在20世纪90年代开设了小卖部，后来逐步扩大经营，扩充门面，现在已经发展成城乡接合部的一个零售商品批发部，店主实现了个人财富的扩增。这是乡村小卖部创业成功的一个案例。

二、乡村俱乐部：小卖部功能性的演变

（一）方便村民购买零售商品

笔者根据在乡村的调查研究发现，现在的乡村小卖部虽然名义上只是一个小商店，实际上却是"麻雀虽小，五脏俱全"（乡村小卖部的内外景观见图1、图2），零售的商品包罗万象，例如烟酒副食、生鲜日杂、烟花爆竹，还有农药、种子、化肥、农用物资等等。乡村小卖部一方面要满足村民对于大众生活类零售商品的需要，另一方面也要满足对农业生产物资的需要，这是它与城镇零售商店一个显著的不同点。在乡村地区，村民主要的生产活动还是种植业、养殖业，对于远离城镇的乡村而言，在交通条件较为落后的时期，为购买一些零售的小型农资跑一趟集镇并不是很方便，所以小卖部也要购进一些农用物资来销售，以满足村民在这一方面的需要，比如常用的化肥、水稻和蔬菜种子，一些使用率高的农药、塑料薄膜、农药喷雾器等等。至于生活类物品则和城镇的超市或者商店的商品差不多，像烟酒副食、清洁卫生用品、调味料、锅碗瓢盆这些是销售量较大的零售商品。乡村小卖部的另外一个特点在于，结合乡村地区的消费水平，小卖部零售的商品一般价格较为低廉。

图1　乡村小卖部的商品货架

图2 乡村小卖部的外观

（二）村民活动的集散地

改革开放后，伴随着乡镇企业和市场经济的蓬勃发展，越来越多的农村青壮年劳动力选择外出务工，不像父辈一样固守农村。这也引发了乡村严重"空心化"的社会问题，现在的乡村，常年居住在村里的基本是50岁以上的中老年人和少部分的留守儿童、留守妇女。乡村小卖部由于大多处于居民聚集区、村委、学校、村医务室周边或者乡村道路的交叉口位置，人流较为密集，周围容易成为一个较为活跃的活动集散地。闲暇的老人往往喜欢聚集到小卖部周围聊天下棋，孩童也喜欢到小卖部购买零食，闲暇时节很多村民也喜欢聚集在小卖部聊天打牌，还可以举办一些集体活动，小卖部实际上成了乡村生活中满足村民购物和娱乐消遣需要的俱乐部。同时小卖部老板也喜欢这样的人群聚集，因为有了充足的人流量才能扩大其商品的销售潜力，为其增加收益。

（三）乡村公共信息的集散地

乡村公共信息的传播途径，一个是借助村组干部逐家到户发放宣传资料，也就是口对口宣传，另一个是粘贴公告或者广播公告，两者都是线下传播。在乡村，利用微信、网络、电子邮箱、短信这类的线上传播方式是很难奏效的。

小卖部由于人口集散频繁，加之信息的传播面广，所以往往会成为一个公共信息的集散地。一方面，乡村发布的一些公告，村干部往往喜欢张贴一份在小卖部周围，意图让更多村民知晓公共信息，推动政策等信息的传播，如农业补贴政策、精准扶贫政策、惠农政策、公安机关打击犯罪行动、征兵宣传、卫生安全宣传等等；另一方面，人群聚集之后，通过人群的会谈，就会有各种各样的消息的集散，这些信息涉及乡村生活的方方面面，也就是我们常说的小道消息。

经营小卖部的老板大多是人缘广博、性格外向、头脑灵活的村民，有的还是村里的村组干部，这类人的共同特点就是善于与村民打交道，善于言谈，也乐于与乡亲们分享各种千奇百怪的信息，这就形成了一个信息的交汇点。

三、时代的力量：乡村小卖部的嬗变

（一）商品零售转向娱乐服务

返乡期间，笔者在调研的几个小卖部中发现，小卖部已经不再是一个简单的商品零售场所，而是逐渐发展成为一个兼具服务和娱乐功能的综合性场所。这背后的时代背景，是年轻人或者青壮劳动力大多通过升学、外出务工、外出经商等途径从乡村迁移，留下来的以中老年人居多。乡村人口逐渐缩减，各项农业生产和文化活动逐渐萎缩。一方面，留守乡村的人群对于消费的需求较为单一，仍旧以简单的生活用品和农用物资为主，消费能力有限；另一方面，这部分人对于互联网的使用率仍然很低，不太会使用互联网购买商品、办理公共事务或满足娱乐需求，所以他们对于小卖部而言就成了主要的消费群体。因而，除了商品零售业务之外，小卖部也开始了转型发展，一个典型的特点就是提供各类生活综合服务，比如手机话费充值、办理电话卡、办理安装网络的手续、代收代取快递、代收水电费，有的还兼营餐馆、麻将馆。

为什么小卖部会往这个方向转型？笔者认为，单一的商品零售已经很难支撑小卖部的运营，必须通过扩展功能以扩大收益的来源。20世纪80—90年代，乡村人口较多，购买力较强，单一功能的小卖部还可以实现盈余、生存下来。到了2000年以后，乡村人口加速向城市迁移，人口的减少必然导致

购买力的锐减,小卖部单靠商品零售很难维持运营。加之乡村文化生活单一,空闲时间打麻将、打牌成了村民主要的娱乐方式,通过开小餐馆、麻将馆,组织广场舞等方式,小卖部可以吸引到更多人流,为人们提供吃喝玩乐全方位的消费场所,通过多样的经营方式,小卖部实现了利润的最大化,满足了自身长远发展的需要。

(二)逐渐被乡镇商超所取代

2000年以后,乡镇经济逐步出现了大市场化的雏形,小卖部开始从20世纪80—90年代单家独户的个体经营形式向中小型超市、小商场、农贸市场发展。

笔者所在的乡镇,共有8万多人口,在2000年以后开设了两家上千平方米的商超、一个综合性的农贸市场,各类各样的服装专卖店、电话营业厅、网吧也如雨后春笋般冒了出来。在这个时期乡村小卖部受到了第一次冲击,原因在于乡镇商超开设以后,越来越多的村民可以在闲暇时间坐车或者骑车到镇里集中采购。商超的货物更多,时效性更好,品种更齐全,价格也更实惠,村民就开始集中去商超采购日常生活需要的零售商品。

到了2008年前后,乡村小卖部遭受了第二次冲击,笔者记忆中,很多单一的微型小卖部在那时已经逐渐关闭,中型的小卖部也是岌岌可危。这个时期村村大力建设公路,村民们也有了摩托车或者小汽车,可以直接去镇上的超市购物,加上村民对于商品的品质要求也更高了,更喜欢买一些存货时间短、知名度大的商品。小卖部的商品不具备价格优势,并且经过批发部的周转,加上市场需求量有限,积压的时间往往较长,这两次打击使得乡村小卖部逐渐凋零,只剩下为数不多的几家勉强生存。

(三)电商物流对小卖部的冲击

2010年以后,随着各大电商平台的大放光彩,乡村地区也逐渐融入电商的大网络之中,这其中一方面是由于物流行业的兴起,乡村也逐步被纳入物流网络之中;另一方面是村里年轻人消费方式的更新换代,慢慢地,更多村民开始接受网络购物。这个时期,不仅仅是乡村小卖部,就连镇里的超市也逐渐受到了冲击。乡镇的小门店、乡村的小卖部有一部分已消失,另一部分在这个时期开始向多领域经营转型，寻求突围。随着智能手机、网络、小汽车的普及，越来越多村民开始通过电商平台购买需要的商品，比如零食衣物、农用物资、米面油调味料、生活用品等等。电商平台除了在商品价格上具有竞争力之外，也扩大了村民的消费需求。除了部分大件物品、生鲜类物品，大多数村民都尝试甚至喜爱网购。这既与家里年轻群体的劝导与提倡有关，也与乡村地区交通、经济条件得到了较大的改善有关，村民渴望实现城市居民的消费形式，提升消费的档次。随着这次的冲击，乡村小卖部中除了为数不多的小卖部突围成功可以继续经营之外，未转型的基本上都销声匿迹。从这个时期开始，小卖部对于"00后""10后"的小孩子而言逐步变得陌生，对于"80后""90后"青年则开始变成记忆里的场景。

四、凋零的乡愁：乡村小卖部的发展趋势

在新时代互联网经济的大潮之下，乡村经济越发深刻地融入市场经济的浪潮之中。小卖部作为计划经济向市场经济转型过程中的一个见证与符号，也必须适应外部环境的变化，调整自己的定位与角色，才可能在时代的潮流中得到生存空间。

2020年以后，乡村小卖部会以怎样的形式在乡村中生存下去呢？为此，笔者采访了几位村民。

1. 王奶奶，某村村民，75岁，女性，农民

  笔者：奶奶，您平时还去小卖部吗？
  被访谈者：有时候会去。
  笔者：您去小卖部做些什么呢？
  被访谈者：有时候买点东西，比如洗衣粉、牙膏、油盐酱醋这些的；有时候就是去坐坐，听人家聊天。
  笔者：您觉得小卖部对您的生活还有作用吗？
  被访谈者：还是有的，我不会用手机，也不会用电脑，需要点东西还是会去小卖部买的呀，再说现在村里基本是看不到啥人了，小卖部里还可以有个地方一起聊天。

2. 刘先生，某村村民，56岁，男性，建筑工人（外出务工）

笔者：您平时去村里小卖部的次数多吗？
被访谈者：很少，基本不去，一般买东西直接去镇里的超市买。
笔者：您觉得村里的小卖部以后会怎么经营？它对您的生活还有作用吗？
被访谈者：就是买点东西吧，不太关注这个了，现在需要啥，可以让孩子在网上买，小卖部对我的生活基本是没有影响。

3. 马先生，某村村民，53岁，男性，村民小组长，小卖部老板

笔者：您的小卖部目前经营情况如何？
被访谈者：还可以，马马虎虎，我这就是不想出去打工，在家里找点事做。
笔者：一年盈利有多少呢？
被访谈者：一两万块钱吧，没有细算过，就是过个日子，不能指望这个来挣多少钱吧！
笔者：您的小卖部开了多久呢？目前经营的方式有哪些呢？
被访谈者：十多年了吧，我现在除了经营这个零售商品之外，其余的事情也有很多，比如，收发快递，一个快递可以抽取一点钱；话费充值，这个也有一点钱；再就是边卖东西边开设麻将馆，五六张桌子，一天也有一两百块吧。

4. 张小姐，某村村民，女性，25岁，县城的银行职员

笔者：你平时还去小卖部吗？
被访谈者：我（长大后）从未去过。
笔者：你觉得小卖部对你的生活还有没有作用？
被访谈者：毫无作用，我都是网上购物，小卖部是一个麻将馆吧？我印象里我爸爸经常去那里打牌。
笔者：小卖部给你留下了什么印象？

被访谈者：很小的时候自己会和小伙伴去买零食吃，雪糕、辣条等，那时候拿到钱三五成群去小卖部感觉很开心。后来给家里买过一些东西，比如突然缺调味料了，会去小卖部里买。之后，我再未去过。

小卖部作为曾经乡村生活的一个特殊产物，现在正在凋零，在访谈中很多人认为小卖部基本对现在的乡村生活没什么作用了，很多个人服务或者公共服务都可以通过手机、网络的方式实现，需要的商品更多地可以去商超购买，耐用品可以在网上购买，小卖部如同乡村小学、乡村卫生室一样逐渐被淘汰。也有一部分人认为小卖部还是有存在的必要，比如烟花爆竹、祭奠用品、种子、化肥在超市不容易买到，有的乡村离镇上很远，取个快递、买瓶酱油去也要去镇上就会很不方便。小卖部更多的时候是中老年人一个娱乐活动的场所，可以让他们聚在一起打麻将、聊天、下棋，小卖部也需要人气，人聚得越多越好。

随着乡村振兴战略的推进，村镇地区的人口回流成为一种趋势，小卖部这种乡村生活中的零售店还是有存在的必要，但单纯靠零售商品很难再存活下来。既然是开店，就要盈利，这是小卖部存在的前提。小卖部有没有其特殊性呢？对于乡村而言是有的，一个是地区的特殊性，乡村主要是以农业生产为主，不可能像城市一样只销售零售商品，必须结合农业生产和乡村生活的需求，这一方面就弥补了超市和电商的不足。另一个是乡村群体的特殊性，乡村大量的中老年人口很难实现网络化的购物形式，网购更多的是靠年轻人推进，对于留守老人群体而言，去小卖部购买零售商品还是很有必要，正如尽管高铁很方便，国家仍旧要保留一些绿皮火车。希望政府乡村振兴战略的推进、知识青年返乡创业的热潮，能让乡村的小卖部以一种新的角色、新的作用去助力乡村的发展，成为乡村的美好生活的特有的催化剂。

通过这次调研，我感受到了乡村生活的变迁，触摸到了乡愁的凋零，体味到了时代的冲刷感，也勾起了我童年生活的欢愉的回忆。小卖部很小，有的小到只有一个小货柜，但对于不同的人而言，它具有不同的意义。它现在仍以一种倔强抑或是孤独的姿态生存在乡村之中，也在为了迎合这个时代的变化不断改变着自己，以图在激烈的市场竞争中活下来。不管怎样，小卖部曾是我们乡村生活的一部分，见证着潮起潮落，人聚人散。

乡村小卖部调查报告

◇ 王立梅（哲学系2019级硕士生）

2020年1月27日，我和我的朋友一起到本村的三个小卖部进行访问，对它们的经营状态和相关情况进行了了解。

受新冠疫情的影响，今年过年的氛围似乎不如往年那样热闹，但是我们的拜访还是得到了店铺主人的欢迎，他们都很认真地回答了我的问题，以下我将分店铺对他们的情况进行总结。

第一家店铺位于一个三岔路口，平时过往人群相对较多，从2017年至今已经开了三年了。店铺的主要经营者是一位阿姨，而购买商品的人群主要是小孩和路过的行人。据阿姨说，他们平时会卖一些小零食和饮料，路过的行人主要是买饮料，而小孩子们偶尔会来买零食（主要是饼干、辣条）。小卖部商品架见图1。正值春节期间，人们买的比较多的则是纸钱、鞭炮和烟花。

在访谈过程中，阿姨表示，以后应该不会再经营这个店铺。问及原因，主要是不赚钱，且花费精力。于是我顺便问了阿姨开店的初衷。她说他们房子修在这个位置，来往的行人比较多，当时他们会为过往的行人免费提供白开水，后来和这些人熟悉了，有人就建议他们开小卖部卖饮料，这样既方便了大家，也可以让他们赚点小钱。阿姨觉得这些人说的有道理，再加上她平时在家带孩子，想着这样的活计方便照顾家人，还可以补贴家用，于是阿姨家就开了这家小卖部。

开小卖部的这些年阿姨发现并不赚钱，于是做起来也就不太上心了，主要还是去做其他事情，小卖部成了摆设，听她说买东西的人也越来越少，于是以后也就不打算做这个生意了。

图1 小卖部商品架

阿姨说小卖部不赚钱，于是我又询问了他们的进货渠道和利润。阿姨说他们是从镇上认识的人那里拿货的，刚好那个人我也认识，他们家一直做商品销售生意，开了十几年超市。而关于利润，阿姨以四川小孩喜欢的辣条举例，他们进价0.35元，售价是0.5元，利润也就是0.15元。对于人口日渐稀疏的乡村来说，这样的利润并不尽如人意，但如果售价太高，买的人又会更少。据阿姨说，除了销售商品给别人，他们也会给熟人送东西，偶尔熟人来拿一些不太贵的商品，也不太好意思去收钱。

小结一下，这家店铺地理位置很不错，处于来往行人必经之地，经营者做生意的初衷是方便行人和赚点小钱，经过3年的经营，经营者发现并不盈利，于是决定放弃开小卖部。具体情况会如何变化，我想下次回家才能知道，毕竟这个地方是行人必经之地，就算再不开小卖部，来往行人也会讨水喝，也许阿姨最终会为了方便行人继续坚持，只是优化商品结构也不一定。

第二家小卖部是我小时候经常光顾的一家小店，但是据我所知，它已经关门了。有天刚好碰见了曾经的经营者叔叔，于是就和他聊了几句。

这位叔叔已经忘记了他们是什么时候开的小卖部，又是什么时候放弃的了。但是说起原因，叔叔情绪却有了波动。他说早几年时，这个小卖部开着还是很不错的，但是由于另一家小卖部的出现，他们家的生意便不如之前兴隆，慢慢地也便放弃了。他说的另一家小卖部就是我拜访的第一家小卖部，第一家小卖部距离这家小卖部不到500米，而且第一家小卖部处于三岔路口，行人们更可能在那个路口停留，因此有了这一家小卖部，原有小卖部的生意自然就黯淡下去。

因为这家小卖部已经不再经营,所以我只在路口和叔叔做了简单交流。在我的记忆里,这家小卖部的辣条是最得我们小朋友欢心的,不仅种类多,而且可以单袋撕开,一根辣条一根辣条地卖。但是我记得我最后一次去买的时候,它的种类已经变得很少了,而且辣条只卖大包,叔叔对于小卖部的经营也并没有太大的信心了。

第三家小卖部位于小学旁边,也在公路旁边。

这家小卖部的经营者是一对夫妻,年龄已经很大了。据奶奶说,他们这家小卖部是2010年开的,至今也有10年了。平时不管是进货还是销售都由爷爷奶奶负责。来购买商品的主要是成年人。因为位于小学旁,于是我便问奶奶买东西的小孩子多不多,但是奶奶却笑着说并不多,因为学校里的人也很少。这所我曾经就读的学校,现在全校学生只有11人,老师只有4人,而且都是兼教,也就是既在镇上小学教书,又在这里教书,两头跑。想想我读小学的时候,我们班还有49人,我简直不敢相信这样的变化。

这家小卖部销售的商品主要是饮料、饼干、辣条等,除此以外还有烟酒、纸巾、酱醋等村里人常用的东西。而在春节期间,村民买的比较多的则是用于送礼的牛奶、包装精美的罐装酒、祭祖必用的纸钱和鞭炮等。正在整理货架的大爷还热情地告诉我,他们卖的饮料主要是矿泉水、绿茶和红茶,除此以外还有各种小吃。说到这些,奶奶还有些无奈地说,现在买东西的人越来越少了。旁边一起烤火的阿姨补充说,修了公路以后,交通更加方便了,也有人自己买了车,因此这些人更愿意去镇上买东西,来小卖部买东西的人就更少了。奶奶又无奈地说,除了过年期间,平时很多人都去外地打工了,所以人本来也少,买东西的人就更少了。

我又问了赊账的情况。提到这个话题,奶奶更激动了,她说赊账的人很多,小的几块钱,大的成百上千。正值年关,在我们这里,欠债是不能跨年的,一般有欠别人钱的,都会在春节前还给主人。我又问他们给别人赊账会不会有记录,比如签字和账本,爷爷奶奶说没有,这些赊账都是口头的。

进货方面,和前两家一样,他们也是在镇上的同一家零售店拿的货。问起利润,爷爷奶奶说他们卖东西的价格并不固定,顾客买得多是有优惠的。爷爷奶奶说卖东西后生活好了很多,由此看来他们还是通过开小卖部赚到了钱的。他们开小卖部的另外一个原因是爷爷的脚以前受了伤,不便行动,所以开小卖部对他们来说还是很不错的职业。

　　以上就是我访问三个小卖部的实录。关于我们村小卖部的变化和经营成败的原因，作为在这里长大的人，再加上我们家早年也曾卖过东西，我将在下文进行简单的分享与分析：

　　关于我们村小卖部的变化，根据我自己买东西的经历，整体来说小卖部数量是在增多的。我记得小时候我们村（主要是六大队）常驻的一共只有3家小卖部。第一家是大家去打米磨面的那家人开的小卖部，人们去打米的时候就会给小孩子买点小零食，或者买些日用品。第二家小卖部是小学旁边的小卖部（指2008年汶川大地震前的老小学，现在的小学是震后重新选址修建的，老学校在地震中垮了），这家小卖部主要是卖零食和小玩具，买东西的人主要是学校的学生。第三家小卖部就是我这次访问的第二家小卖部，那时候村里还没有修公路，他们家刚好处于同学们上学和人们赶集的必经之路，所以生意也还是不错的。现在，这三家小卖部都已经倒闭了。新开的几家小卖部位置都在公路的交叉处，服务的人群也不再如往常那样集中。

　　再来说说小卖部经营失败的原因。因为我们家曾经也经营过一段时间小卖部，卖烟酒、零食和简单的日用品，所以我也询问了我的爷爷奶奶，得知了一些原因。当然，这些原因都落在不盈利或者盈利很少上，而背后的原因则可以总结如下：

　　首先，因为是在乡村，人们消费的欲望都比较低。乡里乡亲们继承了传统老农民的节约品质，大多节省，这个节省不仅体现在使用商品的分量上，还体现在购买商品时对价钱的纠结上。我记得我们家以前卖打火机，卖2元一个，有的人都会极力讲价，希望用更少的钱买到，如1元或者1.5元。对于这些熟悉的乡亲，包括自己的亲戚朋友，爷爷奶奶有时候是很难板起脸孔要硬价的。爷爷奶奶自己去镇上买东西，也会对价格纠结再三，有时候甚至会为了几毛钱争执得"面红耳赤"，但是大家都不会觉得这有什么，因为这是一种普遍的现象。当然，到了今天，我国经济大力发展，这种现象不再像以前那样突出，但是老一辈的人还是很节约，对于花钱没有太大的意向。

　　其次，经营不善。不管是在过去还是现在，就我们村而言，小卖部就是人们家里的一个小空间，也就是说，人们并不会为小卖部专门开辟出一个空间来，在日常生活中，一切还是以家庭农业生产为主，并不会在经营小卖部

这件事情上花费太大的心思。比如卖东西，大家只想着进点货来卖，而怎么去宣传、怎么去维持顾客和怎么去获取更大的利润这些问题并不在他们的考虑范围内。时至今日，很多小卖部还是一时兴起就开，不太盈利即关闭，人们不会去考虑怎样才能经营得更好，因为对他们来说，小卖部只是其中一个盈利点，有和无实际上对生活不会有太大的影响，农村自给自足的小农经济可以满足基本的生活需要，小卖部对于他们来说不过是锦上添花。这次去访问的几家小卖部，从图片上就能看出来，第一家小卖部的经营水平不如第三家，第一家小卖部的货架很乱，而且因为在公路旁边，很多商品甚至蒙了灰尘，但是叔叔阿姨并不会想着去整理货架、完善商品种类等，因为对于他们而言，这个小卖部没有太大的意义。第三家小卖部则不一样，大爷每天都会整理货架，他们买了鸡毛掸子，定时清理灰尘，而且每天都会开门营业。我认为很大的一个原因就在于，对于叔叔阿姨这些青壮年来说，农业生产或者其他事情比开小卖部赚钱更重要，他们心中也并不认为小卖部可以有很大利润。但对于行动不便和体力较弱的爷爷奶奶来说，经营好小卖部可以给他们的生活带来很大的帮助，所以他们会用心经营。之前的小卖部之所以失败，其原因不乏经营不善。

　　此外，农村人口的减少也是小卖部倒闭或数量减少的一个重要原因。早年的时候，农村人口还不算少，面向消费欲望更强的青壮年，小卖部盈利更多。随着务工潮的兴起，大部分年轻人离开了家乡去外地务工，农村里剩下的多是老人和小孩。老人作为家里的成年人，他们消费的欲望低下，村里青壮年少，买东西的人就少了。因此，很多小卖部要么因为没有人经营而关闭，要么因为购买者少而无心经营了。

　　当然，除了上述原因，还有其他一些原因。如受采访的奶奶所说，公路的修建带来的便利交通使人们更愿意去镇上购买东西，毕竟镇上的商品种类更加齐全，生产日期也更加新鲜，和镇上的小卖部竞争，乡村小卖部就处在了劣势地位。城市化的发展也是乡村小卖部难以维持的其中一个原因。城市的扩大使人们发现城市生活的便利，很多人更愿意去城市生活，乡村人数的减少就给乡村小卖部的经营带来了巨大挑战。网购的发展也使乡村小卖部在一定程度上受到了冲击。在外务工的农村青壮年更愿意在网上购买物品寄送给家人，随着快递物流的发展，还有网购平台的价格刺激，乡里人也逐渐意识到网购商品的方便和实惠，因此在一些商品的购买上更愿意通过子女在网上下单。

当然，这并不意味着乡村小卖部就一定会走向失败，成功的例子也是有的，如我们访问的第三家小卖部。

在人口密度小的乡村，一家小卖部经营成功的因素又有哪些呢？

首先，要用心经营。单单从我们访问的这几家小卖部来看，第一家小卖部实际上有着很强的地理优势，但最终却不如第三家小卖部经营得好，其中一个重要原因就是第三家的爷爷奶奶更加用心。他们很重视小卖部的经营，对于商品的销售情况会有反思，卖得好的商品会有推荐，卖得不好的商品会进行淘汰，在店铺位于公路旁边的情况下，每天打扫卫生，保持小卖部的整洁。从两家经营者的心态来看，第三家小卖部的经营者的用心使他们在乡村小卖部中更有优势。

其次，要学会维持顾客。经营一家小卖部，除了经营者的因素，购买者的因素也需要考虑。一家商铺如果能够吸引一批忠实的顾客，通过口口相传树立良好的声誉，商铺的生意自然就能蒸蒸日上。第三家小卖部的老板就是这么做的。他们不计较小利，对待顾客非常热情，即使对于赊账买卖也不会太过排斥，敢于承担风险，他们这样的态度很容易吸引到忠实的顾客。我访问的时候，奶奶自豪地说，连我们这边（我家离他们家相对较远，去他们那里会途经其他小卖部）的人都愿意多走几步路去他们家购买物品。

第三，要常规化经营。还是拿我们访问的第一家和第三家小卖部做对比。就我路过发现的情况来看，第一家小卖部并不会每天都营业，而是隔三岔五开门。然而第三家小卖部，我每次路过，不管早晚，它总是处于营业状态。对于想要在竞争中取得优势的商铺来说，常规化经营更容易获得顾客的青睐。

以上是我结合访问情况总结的本村小卖部经营成败的几个因素。除了这些，我认为经营者开小卖部的动机也很重要。比如我们家之前卖东西更多的是为了满足自己家的方便和周围邻居的方便，并不会考虑到要长期地经营和获取很大的盈利，因此在经营过程中并不会花费太大的精力。同样，第一家小卖部的开通，其初衷也不是为了盈利，使小卖部成为家庭的财富主要增长点，因此一旦发现不能赚钱，经营者不会想到改善经营，而是考虑放弃

经营。而第三家小卖部的爷爷奶奶则把小卖部当成他们日常收入的重要增长点，他们一开始就很重视这件事，因此后期也更愿意花费精力来经营好小卖部。

综上所述，我们村的小卖部整体经营状态并不乐观，随着城市化和网购的发展，乡村的小卖部是否会绝迹也是一个难以定论的话题。在乡村（至少是本村），我认为未来小卖部的主要经营者和面向人群应该是老年人。其原因包括：首先，城市化的发展使很多年轻人都奔向了城市，同时年轻人更愿意在网上购物，这就使乡村里剩下的人以老人居多，就算有年轻人，他们在网购与实体店之间也会倾向于前者，很难成为小卖部的忠实顾客。其次，留在乡村的老人对于网购并不了解，他们也很难学会新潮的网购办法，他们购物也不可能完全依靠在外务工的子女，因此他们最终会成为乡村小卖部的忠实顾客。最后，比起在乡村开小卖部，年轻人更愿意去大城市寻找机会，而年老体弱的人却更愿意通过并不那么费力的小卖部来赚钱，因此，乡村小卖部的最后经营者也最有可能是老年人。当然，当长假来临，年轻人的"回笼"也许会给小卖部带来一些新的改变，但最终，乡村小卖部还是会以老年人为主体。

乡村水利

（2020年）

褐土地里无声的水井
——河北省邢台市南鸽井村的水利

◇ 赵子晶（中国语言文学系2021级本科生）

河北省是华北平原上最靠北的一个省份，而我的家乡邢台市临城县黑城镇南白鸽井村又位于邢台的南部、太行山脉的东南麓，因此这里的地形便呈现出明显的阶梯状特征——平原、丘陵和山脉相间，地势由东向西逐渐升高。随着海拔的上升，农作物种植面积逐渐扩大，而居住的人家也越少。这里的土质虽然不似南方的红土一般有黏性，也不似东北的黑土一般肥沃，却是独特的褐色，肥沃适中，黏性适当，支撑起河北人民的粮食生产，承载着河北人民的家。

在这褐色的土地上，默默守护着农民辛勤劳作成果的，是那些散布于田间地头和家家户户角落的水井。虽然同为水井，但处于不同的位置便承担着不同的角色，家家户户角落中的水井承担了人们日常生活的饮水与用水职责，而田间地头的水井则担负着灌溉农作物的任务。虽职责不同，但它们共同承担起了那些村庄的水利任务，孕育了一代又一代的生命，浇灌了一辈又一辈的文明。

一、田地里无声的水井

（一）田地上作物与水井的交集共存

邢台市南鸽井村的田地主要分为水浇地与旱地两种。在邻近的几个小村落中，旱地较为稀缺，每户人家基本只有一小片旱地，用于撒花点豆，而大部分耕地都属于水浇地。旱地因为缺少水井灌溉，一年只能种植一季作物，且要靠天吃饭，因此人们大多会选择在谷雨前后种植春玉米、花生或者地瓜之类的作物。人们并不要求这些作物高产，也不会刻意花费太多的时间与精力打理，任由它们自由生长。而水浇地因为配备了水井，有灌溉的保证，因此能够实现两年三熟的种植模式，人们一般会在其中种植秋玉米与冬小麦。由于种植的季节不同，水井在两种作物的种植与生长过程中也扮演了不同程度的角色。

盛夏时节，平坦的村庄土地上，一列列玉米如同战士般挺立，密集而有序（图1）。这些玉米大多于6月下旬麦收之后播种，经过三个多月的生长拔节，于10月上旬收获，成为农民手中沉甸甸的喜悦。夏季是秋玉米肆意生长的季节，也是田地里的水井养精蓄锐的时节。华北平原是温带季风性气候，夏季高温多雨，冬季寒冷干燥，因此农田里的水井在夏季无须工作，只需要静静地等待雨水降临，为秋季储存水分，积蓄能量。华北的雨季通常在8月份来临，秋收的玉米借助自然雨水便可茁壮成长，不用在夏季灌溉，因此水井在玉米的生长过程中并没有发挥太大的作用。尽管如此，水井对于秋玉米来说依旧十分重要。秋玉米往往是在6月下旬播种，这时正是麦收的季节，针芒般的阳光炙烤着大地，长时间难得下雨。麦子收割完，褐色的土地便裸露在太阳的曝晒下，只消一两天便失去表层水分，土壤被风干。这时播种的玉米，若缺少水分滋养，种子突破不了种皮的包裹，便无法发芽，因此必须在播下种子的那一天起就要进行灌溉，当地称之为"洇地"，洇完的土壤一方面可以为玉米种子提供水分，另一方面也能避免因暴晒而失去更深层的水分。

图1　夏季玉米种植情况

秋玉米收割完，冬小麦便要闪亮登场了。相对于秋玉米短短四个月的生长期，冬小麦的生长过程则显得更为冗长与坎坷。10月下旬，冬小麦的种子已经整齐地播在了土壤中。得益于夏季的雨水，土壤积蓄了足够的水分，冬小麦的种子因此不需要灌溉便可以自行冲破表皮的束缚，破土而出，长成绿油油的小苗儿。种子发芽一个多月后，冬季来临，天气越来越冷，土地也开始冻结。在土地冻结、小麦苗开始进入冬眠之前，需要进行灌溉，此时水井便与这一季小麦的生命历程产生交集。这次灌溉在当地被称为"打冻水"，不仅可以缓解气温降低导致的土壤冻结对小麦幼苗的伤害，而且在一定程度上可以闷死土壤中的部分虫卵、幼虫和蛹，减少来年麦苗遭受的病虫害。水井与小麦的第二次交集发生在次年3月份的春季。经过三个多月沉睡，小麦盖着或厚或薄的雪被，积蓄了能量，此时被甘甜的井水唤醒，准备脱去旧衣，开启新一轮的成长。开春的浇灌，是为了给沉睡了一个冬季的小麦补充水分。华北平原的冬季寒冷干燥，而春季伴随着干燥的高风又加剧了土壤的干涸与麦苗的饥渴，这时的井水对于麦苗来说便是生命的希望与涅槃的洗礼。在开春的灌溉后一个月左右，麦苗便会迎来它与井水的第三次，也是最后的一次交集。这时麦苗已经长至小腿高，麦穗初现，进入花期，此次灌溉被称为"灌浆"，目的是更好地为小麦提供结籽所需的水分与养分，帮助其将光合作用产生的淀粉储存在小麦种子里，提高产量。于是，小麦经过与井水的三次交集便由一粒粒种子长成一颗颗绿油油的麦苗，最终在6月成熟，金黄色的麦浪在田野中随风起舞。与此同时，水井也在与小麦的三次交集中，完成了它守护小麦的使命，耗尽了去年夏天雨季储存的水分，但随着新雨季的到来，水井也将开始下一个循环的工作了。

（二）农田灌溉用井详解

故乡的农田灌溉水源主要来自两种井：公共机井和自家小井。公共机井为全村共有，一般一个村子只有一口，南鸽井村的公共机井位于村子最西边的田地边，井较深。虽然村子只有一口井，但它承担了全村八成农田的水利灌溉工作。村里统一在田间地头修建了水龙口（图2），用于疏通水流和引流灌溉。公共机井（图3）并非全年运作，只有在需要灌溉时才会放水，每年只会开放四次，每次大约持续20～30天。灌溉前，村干部会通过广播通知村民准备，灌溉顺序通常遵循从西向东的惯例，即靠近机井的农户先行灌溉。灌溉结束后，农户会通知下一家开始，如此依次进行，直至所有农田完成灌溉，机井随即进入休整期，为下一轮灌溉储备水源。公共机井较深，地下水储量较多，因此出水量很大，一般一亩地一个小时左右便可以完成灌溉，效率高，极大地节省了人们的时间，因此灌溉对当地人来说是一件较为轻松的事情。灌溉费用按季度结算，并根据各家浇灌时长来计算水量与费用。

图2　玉米地边的水龙口　　　图3　公共机井总闸处

自家小井与公共机井相对应，一般由两三户村民合伙集资建造，大都位于出资村民的田边，浇灌时由这几户村民商量后共同约定时间，安装水泵进行浇灌。自己安装的水泵与公共机井十分不同，公共机井有固定的水泵与汲水系统，而自家小井的水泵则由村民自己出资购买，一般都比较小，汲水量十分有限。由于田地里没有修建水龙口，水无法引流到田地里，只能购买塑料水管，从地头一路铺到地尾，分段地进行灌溉。私人井的深度通常为20米，远浅于公共机井，因此汲取的地下水量有限，导致灌溉效率低下，水流缓慢，一亩地需4~5小时灌溉，几户人家的土地大约需十天完成。以这种方式浇灌土地十分需要耐心，缓慢的工作也可能给农民带来许多不便，但幸运的是，需要用自家小井浇灌的土地十分少，只占全村农田的两成左右，而且比较集中，每逢灌溉季节，这一区域的十几口井同时运作，滋养着幼苗。每一口自家小井旁都有一根电线杆，用于人们在灌溉时接通电线开闸放水，同时每一根电线杆上都安装有一个水表用于记录每家每户灌溉所用的电量（图4）。自家小井灌溉的收费方式与公共机井不同，每次在第一家浇灌前会先记录电表读数，等这一家浇灌完之后第二家记录自己开始浇灌时的电表读数，以此类推，最后根据每家电表读数付费，这使得自家小井灌溉相同面积的土地成本低于公共机井。

村子里的公共机井始建于2001年，至今已历时19载。据父母回忆，当时村子里将大部分的土地都用挖掘机统一平整了，平整之后挖了那口机井，修建了水龙口，大有农场化经营的趋势，不过最终依旧由各家自行经营。大约25至26年前，村民各自集资开凿了十几口私人小井，这些土地是最早经过平整的，但

图4 玉米地边自家小井与电表

由于交通不便和地块面积较小，村民并未选择建设机井，而是集资修建了小水井。公共机井与自家小井共同承担了村子里农田的水利灌溉工作，比较而言，公共机井较深，水量大，效率高，使用更为便捷省力，但费用稍高。自家小井较浅，水量小，效率低，使用费时费力，但费用较低。由于井深的不同，自家小井与公共机井受天气的影响程度也有较大差异。华北平原冬季寒冷干燥，而冬小麦的种植很大程度上依靠水井的灌溉，但由于自家小井较浅，在冬季十分干旱的情况下水量十分少，经常会出现供应不足的情况，而公共机井由于较深，可以汲取到更为深处的地下水，因此即便冬春季十分干旱的情况下也可以保证足够的灌溉用水（图5为公共机井管道）。今年南方多地在夏季由于降水量太大，出现了不同程度的洪涝灾害，而北方大部分地区虽然夏季的降水量较往年有所增加，却并未出现涝灾。夏季水井基本处于休整期，农田中的作物得益于充足的雨水，生长旺盛，对水井的依赖性不大，因此即便降水量增加，水井在农田水利中的作用并未发生显著变化。而由于夏季储存了充足的水分，到了冬春干旱季节，水井能够更好地发挥水利调节功能，尤其对于自家小井而言，今年冬季灌溉时大抵不会出现供水不足的情况了（图6为自家小井）。

图5　公共机井管道　　　　　　　　图6　自家小井

二、庭院中无声的水井

水井在农田里发挥了显著的水利作用，补充了旱季作物生长所需的水分，调节着雨季的水量。与此同时，水井在村民的日常生活中也扮演着十分重要的角色，村里人们日常生活的用水主要来自每家每户庭院里修建的小水井，无论是洗衣、烹饪还是饮用，都依赖于那口水井提供的水源。

20世纪90年代以前，整个村子只有一口水井，水井位于村子的中心，每家每户的生活用水都需要担着水桶去那里挑取。在那段时期，人们对水资源十分珍惜，父亲回忆起那口井时说道："我小时候每天早上起来都会看见你奶奶挑着两个水桶去那里挑水，那时候家家户户都要排队挑水。你奶奶个子小，挑着两桶水走在石板路上，晃晃悠悠，水桶里的水跌跌宕宕撒了一路，地上都没有尘了。"奶奶也感慨道："是啊，家家户户都去挑水，井里的水甘甜可口……"承载了几代人回忆的那口井在经济不断发展、每家每户都建造了自己家水井之后，便永远地留在了过去，留在了清晨人们挑水的背影里，最后连一丝痕迹也未留下。随着周围新房屋的兴建，那口古老的水井已不复存在。

从20世纪90年代初开始，家家户户基本都兴建了新居，与此同时，每家每户都在院子里建造一口水井（图7），这些井仅供各自家庭使用，不再像以往那样是全村共有的资源。这些位于私人庭院中的水井，其深度通常不会超过20米，具体深度则根据业主的需求和挖掘地点而定，一旦发现水源，挖掘工作便告一段落。井口周围通常会用红砖和水泥砌成一个台子，以防止井口崩塌。每户家庭都会购置小型家用抽水泵，将其安装在井底，并通过管道连接电线和水表，以便使用。人们通常会用水瓮储存几天的生活用水，避免每日频繁抽水的麻烦。也有人家在院子里建了水塔用于储存从井里汲上来的井水，总之一切都是为了方便使用。我家的水井就位于我家房子后面的菜园里，小时候我最享受的时光，就是在爷爷奶奶打理菜园时，将刚摘下的瓜果浸入井水中冰镇。待到玩耍疲惫，便取出来解渴，那井水的冰凉与瓜果的香气相结合，不仅缓解了玩耍后的烦躁，也擦去了额头上的汗水，带来了一时的凉爽和满足感。此外，村民也会将包好的粽子系到井里悬在半空，用井里的清凉保存粽子。庭院中的水井为人们提供了日常生活所需的水，并在夏季为人们送上那一份独有的凉爽与甘甜。

2010年后，村子修建了自然水管，从山上引水供人们日常生活用水，村民也大都饮用自来水，只有洗衣服以及浇灌菜园会用水井中的水。而庭院中的水井使用频率大幅下降，其供水功能逐渐被山上的自来水所取代。由于使用频率减少，部分庭院中的水井出现了坍塌，井壁上的岩石脱落导致汲水十分困难。到目前为止，有很多家庭已停止使用水井。然而，自来水系统也存在不足，一旦村中某一户的水管出现问题，全村便要面临临时停水的状况，这给居民的日常用水带来了不便。

图7　庭院角落中的井

三、不可取代的无声的水井

不管是农田中的公共机井、自家小井还是庭院中的水井，都在我家乡人们的生产生活中扮演了十分重要的角色。随着时代的发展，其他的浇灌方式如喷灌、滴管等得到了推广与普及，同时自来水、山泉水也被引入到了人们的生活中。尽管这些水井在时代的发展中已逐渐不再被使用，被遗忘在角落，但不可否认的是，水井始终具有不可替代的地位，它始终有其存在的意义与价值。水井总是以一种默默无闻、悄无声息的方式存在着，简单而纯粹，只知付出而不求回报，伴随着一代又一代人的成长，见证了一季又一季农作物的成熟与收获……或许，若干年后，村民真的不再需要这些水井，但我相信，它们将永远镌刻在人们的记忆之中，不会被遗忘。

山东省寿光市邢姚附近区域水利调查

◇ 王泽宇（哲学系2017级本科生）

2018年起，山东省寿光市连续两年在夏季遭受重大洪灾。在这灾情背后，山东省北部的水利状况值得深入探究。鉴于寿光市农村地区水利条件的相对一致，本文通过对山东省寿光市田柳镇邢姚村附近区域进行调查，以期对寿光市的水利现状进行总结，并提出相应的改进策略。

一、背景

（一）地理环境

寿光市位于山东北部沿海地带，毗邻渤海莱州湾，地势低洼，海岸线长56公里，下辖14个镇和街道，975个行政村，有八成以上的人口为农村人口。

寿光市为资源性缺水城市，人均占有水资源仅225立方米，为全省人均的三分之一，全国人均的九分之一。境内流经多条河流，但由于上游筑坝蓄水，这些河流大多呈现季节性特征，地下水资源也较为贫乏。引黄济青工程、南水北调工程（使用引黄济青输水河）流经该区域。本次重点考察的邢姚区域位于寿光中部，东靠弥河，西邻丹河，北居咸淡水分界线。

（二）生产背景

寿光市是著名的蔬菜之乡，蔬菜产量在全国名列前茅。2018年水灾中后期，整个山东地区乃至华北地区蔬菜价格都大幅上涨，这一现象凸显了寿光在农业领域的显著地位。寿光的农业生产主要依赖于温室大棚和田间种植，其大棚数量在全国范围内都占有相当大的比例。工业则主要分布在沿海滩涂和县城周边地区。

二、现状

（一）农业生产现状

邢姚村周边地区的农业生产主要由温室大棚和露天田块构成（图1为邢姚村温室大棚）。自从从辽宁引入大棚技术以来，该地区大棚建设一直沿用最初引入时的"下挖式机打土墙，琴弦式温室结构"建筑结构及其相应的建造方法。具体而言，自地表开挖深坑，挖出的土用于建设地上部分的侧墙和后墙，用以隔热。这种建设方式充分利用了当地资源，显著降低了建筑材料的使用，从而最小化了建设成本。在供水方面，温室大棚主要依赖地下水，而灌溉方式多采用滴灌技术。

图1　邢姚村温室大棚

田块以固定面积划分，每一定面积配有一个水井。灌溉方法依旧沿用传统的漫灌技术。田块之间设有数米深的沟渠用于灌溉和排水，这些深沟以大十字连小十字的形式汇入沿路的主沟，最终汇入附近的河并流入大海。如今，在弥河等河无法持续供给河水的情况下，深沟的灌溉功能几乎丧失，取而代之的是完全依赖井水通过输水带进行灌溉。

目前，灌溉水源主要来自地下水，无论是温室大棚还是露天田地，均依赖水井供水（图2为温室大棚配套水井）。尽管引黄济青工程和南水北调工程分配了一定的水资源配额，且境内河流也带来部分水资源，但这些地表水资源的辐射范围有限，仅能供沿岸几公里范围内的农田使用。与此同时，地表水资源主要用于生活用水。因此，农业生产仍旧主要依赖地下水。

图2　温室大棚配套水井

（二）农村供排水系统现状

在供水系统方面，邢姚村过去供水条件较差，且存在饮用水水质不达标的问题。近年来，村里已基本实现自来水到户，村民生活用水已经不成大问题。在排水系统方面，过去村庄依地势而建，据地势高低形成了天然的排水系统，地势最低处形成塘湾，有防旱防涝救火生产等诸多作用。近几十年来，为了追求美观，人们在建设时忽略了地形因素，房屋一律规整成排，每排房屋前设置了一条浅沟以排放雨水（图3）。每个区块的南北主路沿道有两条深40厘米左右的深沟，用于汇聚浅沟排出的雨水（图4），区块间的道路两侧则有更深的深沟将主路汇集来的雨水集中并排放到下一级水沟，直到排放至指定区域。村民的生活用水则直接倾倒至围筑栏池。

图3　屋前浅沟　　　　　图4　主路排水沟

（三）河流现状

流经邢姚村的主要河流有弥河、丹河和桂河。自上游水库竣工后，这些河流均转变为季节性河流，一年之中大部分时段均为枯水状态，因此许多河床已被暂时性开垦为田地，部分区段甚至已形成林地。通过设置拦河橡胶坝，河流被分段拦截，用于蓄水灌溉和景观美化。由于长期干旱，沿岸堤坝多数年久失修，疏于管理，但引黄济青工程在境内的部分得到了较好的保护。

三、整改现状

有关部门一直高度重视水利问题，目前已对主要问题实施整治。

在大棚方面，目前有关部门采取的措施是在大棚一侧开挖深沟以便排水。通过在大棚外侧挖掘一个比大棚底更深数米的深沟（图5），将原本可能渗入大棚的水分引流至深沟，便于排出。目前，各村庄的大棚已逐渐完成深沟挖掘工作并投入使用。但是，这一措施也对大棚区域的地表造成一定的破坏。

图5　大棚旁的深沟

在水利设施方面，堤坝已得到巩固、加强和翻新。弥河等主要河流沿岸堤坝高度增加，坝顶道路也得到重修（图6）。重修的坝顶成为沿岸村庄老人的休闲聚集地。对于那些已无法适应当前环境要求的拦河闸，例如弥河羊口段的拦河闸，有关部门已决定采用新技术重建，建设符合更高标准的新闸。对于需要加固的水库，如青州黑虎山水库，相关的加固工程也已陆续启动。

在行洪河道的整治方面，目前有关部门正在进行部分河床的清理工作。

公共工程的推进速度也相对较快,部分阻碍行洪的矮桥道路已经开始动工,这些矮桥将被改建为过水能力强、对行洪阻碍较小的高桥。

在管理体系方面,当地已初步形成了沟通体系,各水库放水的协调和联络工作能够及时进行。对于河流管理,已经建立起河长制组织和制度体系,各级5100余名河长上岗,责任明确,分工合理(图7)。此外,智慧河湖管理信息系统也建成并投入使用。

图6 新的弥河两岸大坝

图7 河长制的落实

四、建议

针对目前功能已发生改变的大棚,结构的转型升级显得尤为必要。鉴于半地下模式在本地气候条件下无法满足四季保温和全年使用的现代需求,本文建议采用新型隔热材料与高强度支撑结构材料替代原有的厚土墙体,以实现温室大棚的完全地面化,从而克服易涝问题。同时,政府可采取扶持政策,促进隔热材料产业的发展。

水库的管理模式也应当适当调整。市场机制在调节水库运营方面应受到相关部门的监管。同时,信息化智能化的管理运行手段也应当加以使用。

在河床的清理方面,应当坚决清除河道中央的林木高草等阻碍行洪的障碍,清理出来的土地可实施一年两茬或一年三茬的耕作制度,夏季期间应留出一季不进行耕种。

在组织形式上,水利系统应适当恢复集体生产模式,建立一级或多级组织,每级组织对以该级水利设施为代表的集体财产负责。

对于农村内部的生活排水问题。应逐步推进铺设地下排水管道，以提升居民的生活质量。对塘湾等多功能水利设施要进行清理和修复，充分发挥其积极作用。

在农村规划建设上，不应仅关注表面的整齐美观，更应综合考虑水利等各种因素，合理利用地形地势，科学规划布局，以实现村庄的美观和舒适宜居，避免实行违背自然规律的强制性规划。

沈厝村水利情况调研报告

◇ 沈迦妮（管理学院2020级本科生）

一、报告概述

"水利"一词于《吕氏春秋》中，意为"捕鱼之利"，后随着朝代更替、社会发展，其词义不断拓展与丰富。如今，水利的范畴通常包括防洪、排水、灌溉、水力、水道、给水、污渠、港工、水土保持、水资源保护、环境水利和水利渔业等方面。简言之，凡人类为了生存和发展需求而对水域进行的改造活动，皆可称为水利。

实施乡村振兴战略，是党的十九大作出的重大决策部署，其中的生态文明建设不仅关系着绿水青山、金山银山，还关系着人民的幸福感和获得感。因此，以乡村水利为切入点，深入探讨农村的发展现状，是一个极具研究价值的课题。

我对我的家乡——广东省潮州市饶平县钱东镇沈厝村展开了一系列水利调查，并深入实地考察，撰写此份报告。

沈厝村地处粤东沿海，位于饶平县的县中心（即黄冈镇）与钱东镇的交界地带，行政上隶属于钱东镇，与后巷、港墘、李厝等村落毗邻。全村总面积为4.44平方公里，其中山地面积1000亩，耕地面积3358亩，水陆交通较为便利。

在本次调研中，我对沈厝的水库、井、沟渠、滩涂、田地、泉、"引韩济饶"等水利设施进行了全面考察，力求涵盖所有相关类型，以期能较为清晰地呈现沈厝村水利设施的现状。

二、水利调研

（一）水库

汤溪水库坐落于山林深处，为进行调研，我首次踏足此地。据老一辈人所述，该水库始建于20世纪五六十年代，村中众多青年都曾参与建设。当时，建设工作全凭人力，锄头、箩筐、小推车就是最重要的建设工具，许多地方亦兴起建设水库和修筑山路的热潮。我的奶奶当时才十几岁，尚未嫁入本村，便参与了汤溪水库的建设工作，那是饶平最大的水库。听奶奶回忆当年众人共同劳作的情景，我深刻体会到往昔生活的艰辛……

2008年，村里投资50多万元重修水库，加固了堤坝并扩大了水库容量，使得水库灌溉农作物和定期冲刷村内排污沟的能力大大提升。

我到那里的时候，正值连月干旱，水库水位已降至低点，尽管景色依旧迷人，却未及想象中那般烟波浩渺。一旦雨季到来，水位上升，届时水库的景致定会更加壮丽。

（二）井

在村子里，许多人家都配备了水井。我的伯父家亦不例外，他们家的井很深，井内安装了自动化的水泵，运作时会产生比较大的噪音（图1）。

图1　伯父家的水井

童年时期，我常常感到畏惧，但又对那水泵运作时发出的声响充满好奇，渴望了解其内部构造。随着年岁增长，我偶尔会协助汲水，这需要揭开井盖，将系有长绳的小桶准确无误地投入井中，再通过控制力度与方向，巧妙地让水流入桶内，随后缓缓提拉。井水冰凉，在炎炎夏日，将手浸入桶中，那份凉意直透心扉。

邻居家亦设有水井（图2）。在我们居住的地区，时常会发生供水中断的情况，且在雨后，水质往往变得浑浊、发黄，这时候我们就会去邻居家里取用井水。农村的一大特点就是几乎每户人家都有点"番薯藤亲",即彼此沾亲带故,因此邻里之间通常关系融洽,相互帮助。在需要用水时,可以随时向邻居求助。这便是我们日常生活中的水井。

但让我印象最深的是另外两个井。其中一口位于祠堂附近。我们地处潮汕地区,宗族观念很浓重,祠堂在乡村生活中占据着举足轻重的地位。或许正是这个缘故,祠堂附近的井被建造得格外宏伟庄严。在过去,整个水井黑色和白色的石块相间,直径较一般井口更为宽敞。但如今,由于靠近井的一户人家在翻新房子,水井竟被抹上了水泥,虽然结构上更为坚固,但往昔的雅致与庄重已不复存在(图3)。

这口井惠及众多居民。在其附近有一座历史悠久的酿酒作坊,酿酒所用之水很可能取自这口井。这口井也仿佛是一个据点,许多老人家会聚在此处聊天。每次我和奶奶路过时,我总是要向众多长辈问好,这已成应有的礼节。井水似乎也孕育了人们的温和性情。

图2 邻居家的水井　　图3 祠堂附近的水井现状

另一口井也很有历史意义。我与好友漫步于街巷之间时,偶然遇见了它,当时我深受震撼,认为这口井堪称历史的见证。据长辈所说,过去红军的一支小分队曾来到我们村,就在井边驻扎,他们的日常饮食和生活用水均取自这口井(图4)。井旁边的石头盆则是他们用来洗衣服的(图5)。这处遗迹让人肃然起敬,看到它便会唤起我们对往昔岁月的庄重追忆。如今,门匾上"战士食堂"的字样已略显模糊(图6),这无疑是时间流逝的痕迹,然而总有人会铭记这段历史。

图4 红军用过的井

图5 井边的石头盆

图6 "战士食堂"门匾

（三）沟渠

图7是我家老屋前的水沟，像这样的沟渠在南方乡村地区应属常见的水利设施。据奶奶回忆，从前这条水沟水质清澈，她在年轻时，常与同伴结伴去沟渠的上游洗衣服，许多友情便在日复一日的洗衣服、嬉笑声中逐渐孕育。后来，我家从村子中间的位置搬到了最东端。许多人家也慢慢从旧屋迁出，人少了，生活污水也少了，沟渠的水质亦有所改善。

沟渠的演变历程反映了乡村的发展轨迹，体现了几代人对生态的理解不断深入。

图7 老屋前的沟渠

（四）"袋"

"袋"是我们这里的俗称，意指滩涂。"袋"里水系密布，远观之下水

系连成一片，令人望而却步，似乎难以涉足。但当人们趋近细察，便会发现其间有狭窄小径，能容二人并行。

许多村民在这里养殖鱼虾，亦有栽种莲藕者，各具特色，各有千秋。我的伯父过去也是其中一员，他所养殖的是牛蛙。如今，都市中许多人偏爱牛蛙火锅，但在伯父刚从事养殖的时期，食用牛蛙尚属小众之选。他当时虽然洞察到这一商机，但是养殖业是一项需天时、地利、人和兼备的事业，而他养殖的牛蛙屡屡因患病失收，这也是许多农村养殖户面临的困境。

当年，伯父在这块地上修建了简易的房屋，并在安定下来后着手对周边水域进行改造。根据改造计划，他进行了相应的挖掘和填土作业，将其改造成一个个方正的池塘。在两个最大的池塘里，他除了养殖牛蛙，还投放了一些鱼苗。每到牛蛙和鱼收获的季节，伯父会请亲友帮忙"起池"，即抽干池塘的水，一担一担地将收获物捞起并挑出。我的父亲常年在外务工，母亲则在家乡打零工，因此每当此时，母亲便常去帮忙，每次挑担，担中收获物可重达数十斤，母亲需往返多次，一天的劳作常常导致她肩膀淤青肿痛。母亲是一位极为坚韧和勤劳的女性，在乡村女性中备受尊敬。

如今，伯父已经不再从事养殖，池塘也由新的人接手了。

养殖是这些从业成年人的工作，这其中涉及他们对水利资源的深刻理解和有效运用，以及对更美好生活的渴望与追求。但对我们这些小孩而言，养殖用的池塘是我们的游乐天地。为了便于养殖，伯父自制了一艘舟筏，他把大块的浮板、木板捆绑在一起，并进行各种加工，再配上一根坚固的长竹竿，便能在水域中自由航行。我曾经独自撑着它去到池塘中央，面对"浩瀚"的水面，我感到些许惊慌，不知如何操控方向返回岸边。父亲在岸上目睹这一切，不禁开怀大笑，但最终还是游至池塘中央，将我推回安全之地。

伯父养殖的是牛蛙，更多同村长辈则以鱼类养殖为主。在"起池"的时候他们也需要别人帮忙，"起池"结束后主人会非常慷慨地把肥美的鱼送给来帮忙的亲友和邻居。此外，也有人种植莲藕，因此，这片池塘展现出了独特的魅力，夏日里，莲叶铺满水面，鱼儿在莲叶间嬉戏，东游西荡，南来北往，而荷花亦显得格外动人。小时候我曾背诵"接天莲叶无穷碧，映日荷花别样红"的诗句，虽然有画面感，但也不能真正体会其意境，直到亲眼看到这样的景致，方知其描述之确切与美丽。

个人的记忆是土地得以青春永驻的奥秘。每当我们回忆起某时某地与土地、水域、家乡的关联，它们就获得了我们的爱，也因此更加生动和充满活力。

我采访了几位与我年龄接近的朋友，他们同样拥有在池塘嬉戏的童年经历，并一致认为那是极为美好的回忆。

（五）田地

如今，我们村里的田地和"袋"基本连在一起。除了少数家庭零星分布的几块菜园外，最为集中的耕地都在此处。据长辈回忆，很久之前这里极为靠近海岸，甚至我家居住的房屋所在地亦曾是海滩，那时跳跳鱼（弹涂鱼）、贝类及蚌类资源丰富，人们可在海滩上轻易拾得大量此类海产。近二三十年，人们因地制宜，开展养殖。这一变化也反映了人对自然的了解不断深入，从而更能实现与自然的和谐共处。田地种了各式各样的作物，包括玉米、水稻和各种蔬菜。农户们从附近的池塘取水，确保了作物的天然原生态品质。

（六）泉

在我小学附近的"泉"，实际上是一座小型的储水库（图8）。它的水源来自后山的泉水，水质清澈且味道甘甜。泉水被引到这里后，便被存储下来，一旦拧开大水龙头，便有水柱喷涌而出。

图8 小学附近的"泉"

据母亲回忆，在我牙牙学语时，村里通自来水的人家还很少，日常用水需要到这里来接。人们常常骑着自行车、载着塑料桶,排队接满两桶后再一左一右系在后座上载回家。我的姐姐那时年仅10岁左右,便已开始协助家中运送水源,如今她已为人母,抚育着两个小孩。那时也经常有村民带着洗发露(当地称洗头膏)到那里,拧开水龙头,尽情冲洗。在我记忆里,放学后我们常常去那里冲脚,尤其是夏天的体育课后,那份清凉实在令人畅快。如今,我已许久未见有人前往该地取水,想必基本所有家庭都已接通了自来水。

在村庄的最西端,还有一处泉水(图9)。由于我家位于村庄的最东端,所以我很少去那里。父亲和我一起进行调研时,看到这处泉水感慨万千。他回忆道,这个泉养育了村里中间和西边的许多人,过去大家都是靠这个泉汲水,他也是在这泉水的滋养下长大的,当时的水非常清澈。然而,据附近居民反映,如今这个泉的水质已大不如前,因此很少有人会来这里取水。

图9 村西端的泉

(七)"引韩济饶"建设工程

"引韩济饶"项目(图10)在某种程度上标志着沈厝从自发零碎的水利建设阶段,迈向统一而宏大的工程时代。这项工程旨在将韩江之水引入饶平,其工程规模庞大,预计将显著缓解饶平的缺水困境,产生巨大的社会效益。该工程沿沈海高速公路路经沈厝,给这里带来了新的活力源泉。目前,该项目正处于开掘阶段,工人们辛勤工作,积极推进饮用水工程建设。

我向伯父询问了他对于工程建设的感受,他曾是沈厝路段建设队伍中的一名普通工人。伯父表示,作为普通工人,他深感露天作业的艰辛。在

图10　"引韩济饶"工程

炎热的夏季，他们每天顶着大太阳工作，每天工作前在电动车上载两大瓶水已经成了他们的标配。这些水喝下去后，马上便在火辣辣的阳光的炙烤下化成汗水瞬间蒸发，然而，许多工人依然坚守在自己的岗位上。

查阅公开信息可知，"引韩济饶"供水工程投资总额约12.2亿元，预计将于2022年6月底完工供水。工程建成后，调水规模为40万吨/日，可满足饶平县城及中片、沿海片区共10个镇、62万人口的饮水需求，并为闽粤经济合作核心区、潮州港经济开发区等境内多个工业园区用水提供充分保障。沈厝作为其中的一个节点，能融入时代发展的大潮并跟随潮流前进，让作为土生土长沈厝人的我感到非常自豪。

三、结语

与许多从乡村到城市求学并将选择留在城市的人一样，我对家乡也怀有深厚的情感。写下这一沟一渠、一池一泉的同时，我的心中也涌动着许多美好的回忆，我愈发感到自身与这片土地有无法割舍的联系。这一方水土养育了我、塑造了我，无论我走到哪里，我身上永远涌动着家乡的血脉。我也衷心希望这里能够越来越好！

乡村振兴视域下的乡村水利治理

——以广东省惠州市博罗县为例

◇ 谢金泽（中国语言文学系2018级本科生）

前　言

自古以来，人们傍水而居，以水定域，逐渐开创和发展了水利事业。水利万物，看清水利，即是看清生命；建设水利，不仅惠益农桑，而且是乡村振兴、国家富强、生态和谐的关键。

我们可通过追溯流水的历程，逐步建立人与水之间的联系，以抵达现场的方式去感知千百年来农民与水的相处之道。笔者秉持着这样的理念，于2020年8月中旬以接近自然的方式对广东省惠州市博罗县下辖诸镇、行政村、自然村的水利状况进行实地调查与深度访谈，试图展现在乡村振兴战略背景下，该县各村在水利治理上的得与失，并探讨其古老水利经验何以实现现代转型。笔者调研多地，文章亦涉足颇多水利专业知识，其中或有失当，尚祈正之。

一、调研背景：乡村振兴战略的提出与实施

党的十九大提出实施乡村振兴战略，这是党中央从党和国家事业全局出发，深刻把握中国特色社会主义社会现代化建设规律和城乡关系变化特征，顺应亿万农民对美好生活的向往，对"三农"工作作出的重大决策部署，是决胜建成小康社会、全面建设社会主义现代化国家的重大历史任务。为贯彻落实党中央精神，2018年9月，中共中央、国务院印发了《乡村振兴战略规

划（2018—2020）》，要求各地区、各部门认真贯彻落实。为强化广东省实施乡村振兴战略的规划引领，2019年7月，广东省委、省政府编制《广东省实施乡村振兴战略规划（2018—2022年）》，对广东省实施乡村振兴战略作出阶段性部署，确保乡村振兴战略落实落地。在此背景下，乡村振兴战略成为省内各地农村的工作核心，水利事业作为实现"产业兴旺""生态宜居""治理有效"等乡村振兴目标的关键因素，受到了重视。惠州市博罗县凭借其在水利治理方面的独特成就，显得尤为引人注目。图1为博罗县乡村振兴战略宣传牌。

图1 乡村振兴战略宣传牌

博罗县，地处粤东，境区内降水丰沛，水资源丰富，有东江及其支流沙河、公庄河等河流29条流经，全县可开发的水力发电量超过3万千瓦。农村生产生活用水较为充足，旱灾较少，但洪涝灾害较为频繁，因此排水和泄洪成为当地水利工作的重点之一。博罗县位于惠州中部，东接河源，西靠东莞和广州增城，东西发展极不均衡，博罗东部主要以农业为主导，而西部的工业已具备一定规模。因此，博罗东部中小型灌区的用水问题以及农户的饮水安全问题成为亟须关注的焦点，而西部值得研究的则是其先进的污水处理和集中供水系统。此外，博罗县因东连河源，承接了地处河源且体量为省内最大的两个水库——新丰江水库和枫树坝水库的移民工作，而县内本身亦有不少库内移民，这令博罗县的水利工作更加复杂。因此，基于乡村振兴战略，博罗县在水利工作上的改革和在转型过程中所面临的挑战，具有重要的研究价值。

二、调研内容及分析：博罗县乡村水利现状及其发展方向

（一）加快农业现代化步伐：以农田水利设施为抓手

相较于博罗西部地区，博罗东部的经济状况较为落后，各村集体收入不高，博东以农业为主要产业，因此灌区农田水利治理成为博东农村水利建设的重中之重，也成为博东一带响应农业现代化、助力乡村振兴的重要抓手。此处以公庄镇鹊楼村蒋屋村小组作为博东灌区水利经验的案例进行深入分析。

蒋屋村是鹊楼村下辖的自然村，据村委会主任介绍，蒋屋有42户农业户，农业人口数为210人，在全村人口中占比较高。此外，鹊楼村本就处于小型盆地之中，地势平坦，土壤较为肥沃，鹊楼村的农业种植较之公庄镇其他村更具规模，蒋屋处于鹊楼村中央地带，更是充分利用了其农业优势。尽管蒋屋的村民已有相当一部分迁往县城，但近年来，随着大中型农田被外包给乡镇企业，规模化经营得到发展，进一步吸引了众多外来务工人员前来蒋屋租住并从事农业生产[①]，从而有效填补了当地农业劳动力的空缺。图2为蒋屋村租房户及农田景象，图3为蒋屋村种植花生的大型灌区。农田分布着喷管，远处依稀可见劳作的外地人以及环绕蒋屋的山岭。

图2 租房户前即为农田

---

① 据村委会主任介绍，外来人口主要来自广西、湖南、贵州等地。

图3 蒋屋村种植花生的大型灌区

据村委会主任介绍，蒋屋村的规模化农田经营得益于土地流转政策。三年前，不少村民决定将自家土地转包给农业大户进行规模化经营，自己则进入城镇谋生，这导致共计300多亩土地通过转包租给了农业大户，根据市场行情波动，流转费金大致在800—900元之间。农业大户则选择种植玉米和经济作物，并雇请外来务工人员进行耕作。分散经营效益低下是农民自愿选择外包经营和规模化经营的重要原因。此前，当地进行灌区沟渠规整，将每一条次沟渠与主沟渠相通，主沟渠不断延伸，最终在村外与公庄河相接（图4为蒋屋村新建的沟渠）。沟渠用水受降水情况和沟渠通畅程度影响，降水充足时，沟渠取水足以满足需求；干旱时期，则从村外湖泊和河流中取水，沟渠淤积严重时还需要进行清淤或修缮工作。对于大中型灌区而言，沟渠很难满足其农业生产的需要，因此农业大户希望能够借助水利工程进行集中灌溉，而不是从沟渠和坑塘中低效率取水。而灌区建立初期，人们主要从沟渠和坑塘中取水，这种方式不仅人力耗费大，而且取水效果差。自乡村振兴战略实施以来，该灌区获得不少财政支持，并在农田建立了一体化喷灌设施和小型农田泵站，这既保证农业用水充足，又减少了劳动力成本，在节约水资源的同时，还增加了经济效益，实乃一举多得。此举既提升了农业大户规模化经营的热情，又增加了村小组的集体收入。在政策扶持下，该灌区还将原本用于提水灌溉的不少坑塘填进行了填埋和平整，使之转变为可耕种土地。此外，该村在2020年初正式完成了蒋屋灌区工程的建设，并安排了专门的工程行政负责人，工程设计灌溉面积近400亩，设计流量0.1立方米每秒，渠道总长度为1.75公里。据村委会主任介绍，县里已经获得了市政府的财政补贴，未来计划在县里开展大中型灌区水利设施的续建配套与节水改造，有序新建一批节水型、生态型灌区。据了解，蒋屋村小组这一经济作物灌区已经被列为县里的示范性农业灌区。

图4　蒋屋村新建的沟渠

（二）持续改善农村人居条件：供水排水与移民扶持

博西工业较为发达，在乡村集中供水、水质检测上拥有良好的实施条件和实施能力。

龙溪街道和罗阳街道均位于博西，近几年由镇改为街道，是工业化水平有了阶梯式提升的结果。这两个街道下属的乡村拥有较为完善的水利设施。在集中供水方面，龙溪街道的长湖村表现尤为突出，它是龙溪街道最早实现集中供水的行政村。目前，长湖村常住人口已全部纳入集中供水体系。龙溪街道农户数不多，其中深湖村中的深湖村小组是龙溪街道自然村中农户数量较多的一个，同时该小组保留了较多的农田。如今该村基本全部使用自来水，许多家农户也如城镇人口一样使用家用小型水塔（图5）。

此外，龙溪街道下辖的各个村均按季度进行饮用水水质监测，主要是以采样递交卫生检验中心的形式进行（图6）。博西地区的供水管道以及雨污分流设施亦较为完善，多个行政村、自然村内可见有"给""雨""雨水""污""污水"等字样的井盖,意即井盖之下为供水、排泄雨水或污水的管道(图7、图8、图9、图10)。雨污分流是指将雨水和污水各用一条管道输送,进行排放或后续处理,雨水经过雨水管网直接排到河道,污水则通过污水管网收集后送到污水处理池或者处理厂进行处理,以免污水直接进入河道造成污染。

图5　深湖村的家用水塔

图6　检验报告

图7　"给"字样井盖
（摄于当地村委会）

图8　供水管道

图9　"雨水"字样井盖

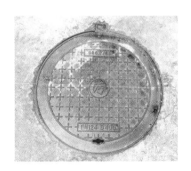

图10　"污"字样井盖

过去，各地均采用单一管道进行排水，既不利于改善水环境，也不利于节水。进行雨污分流改造后，水质得到了保障，也利于泄洪。在"美丽中国"和乡村振兴战略下，近几年国家加大了雨污分流排水改造的力度。据罗阳街道云步村村委会主任介绍，云步村早在20世纪90年代便已建成完备的排水管道，但此前尚未进行雨污分流，2019年底政府统一拨款建设云步村雨污分流工程，并于2020年年初建设完毕。工程还包括了巷道的扩建（图11）和绿化带的规划，每户居民分配到了有一米宽的绿化带作为自我管理区域（图12）。

图11　雨污分流改造后扩大的巷道　　图12　分派到户的新式绿化管理

在排水系统方面，博西福田镇山下村的排水系统颇有特色。山下村位于福田镇东部，其祖先600多年前从中原迁入此地，于明洪武年间开始建村，面积2.051平方公里，目前下辖五个村民小组，共有村民1300余人，村民多为客家人，村中生态环境优美，文化底蕴深厚，于2012年被评为"广东省古村落"（图13）。山下村在排水泄涝上有独到的经验，该村旧村至今仍保留有不少古水道（图14），足以令人一窥古人的治水智慧：排水道多呈东西向分布，横贯整条村并延伸到村外的三口莲塘，而三口莲塘相互打通，包围着村落，俨然是一条不小的"护村河"。据村民所言，人工开挖的莲塘有保护村落、提供饮用水的作用，而旧村内诸多排水管道亦大大减少了洪涝的可能，这使得被水包围的家园能够在暴雨季节里安然无虞。如今，不少村民已经迁往政府建设的新村，旧村的排水管道仍发挥着独特的排水作用，保护着其中的古建筑群，使其不被水浸坏。在进行雨污分流改造时，该村保留了原有的水道作为雨水排放的通道，并新建了专门的自来水供水管道和污水管道,以满足现代生活的需求。据村委会干部介绍,工程人员施工测量时,发现旧有的水道极其贴合该村的地势特点,这或许是该村排水极其顺畅的重要原因,"前人栽树,后人乘凉",因此,该村新建的自来水供水管道和污水管道,几乎均沿着体现先人智慧的古水道而建(图15、图16)。

图13 山下村的"广东省古村落"标志

图14 古水道以及沿古水道而建的人行道和栽种的绿色植物

图15 沿古水道而建的供水管道

图16 沿古水道而建的污水管道

除此之外,在博西龙溪街道和罗阳街道,农户用水协会亦参与了水资源的管理、利用及保护工作。以云步村为例,该村用水协会由本村用水户自愿发起组织而成,在协助村委会统一管理本辖区内的水利设施、协调供水及用水矛盾、处理水事纠纷等方面发挥着重要作用,这反映了乡村水利制度的完善与创新,也证明乡村水利治理离不开多元主体的共同参与。

博东的饮水工程仍处于"打通最后一公里"的攻坚破难阶段。[①]据博罗县石坝镇下坑村村干部介绍，该村在2017年底正式完成自来水管道的安装工程，并在完成立表管以及新旧水管接驳之后进行消毒、冲水、施压等处理环节，不久便入户通水。

博罗县区内建有多个水库，其中显岗水库、联和水库、黄山洞水库等发挥着显著作用。由于博罗县曾接收新丰江水库、枫树坝水库和三峡工程的大量移民，当地乡村在水库移民后期管理与扶持中所面临的问题，以及乡村振兴背景下相关政策的推进，均具有独特的调研意义。因此，本次调研的重点之一是水库移民扶持工作。[②]

资金补助是扶持移民的关键措施之一。博罗县湖镇镇新风村是移民村，接纳的是新丰江水库的移民。此前，新丰江水库共11.9万库区村民以省内就近安置的方式迁往他乡，新风村是他们的安置点之一。新风村的陈阿伯讲述道，搬迁发生在1958年，那时他尚年幼，对于整个搬迁过程已经没有印象，记事起他便住在政府统一建设的安置房里（图17）。陈阿伯虽非客家人，但很快学会了当地的客家话，融入客家文化之中。

---

① "村村通自来水"是广东省近年来持续推进的重点民生工程，根据2015年省委、省政府出台的《关于进一步促进粤东西北地区振兴发展的决定》，2019年底，广东省要实现行政村自来水覆盖率达90%。截至2019年6月底，由政府投资并负责兴建的水源地及行政村的供水工程建设任务已经完成约89%，39个县（市、区）已经提前完成任务，惠州博罗位列其中。

② 欲了解水库的效能，查阅资料比采访村民更有效，精确的数据已然能令人洞悉水库的建造、作用与维护，在这种情况下，采访的意义就在于挖掘出数据背后的"故事"。移民对于搬迁与安家的讲述令人感触颇深。水利部门除了保障水资源的合理开发利用、指导监督水利工程建设与运行管理、落实综合防灾减灾规划相关要求等职责，还有一项颇为重要的职责，就是指导水利水电工程移民管理工作、指导监督水库移民后期扶持政策的实施。在某种程度上，水文亦是人文，水利工程所关涉的不只是自然与科技，更是一个个具体的人，水库移民几乎是受水利工程影响最大的群体，因此关注水利，必然也应关注他们。与采访对象的对谈直接导致调研思路的调整，比起以数据还原水库的运转，调研者更希望以故事串连起水利工程所牵动的个体及其生活。

图17 安置房

进入新世纪,在政府规划下,不少移民由旧村搬入新村(图18),居住条件有了较大改善。十几年前,每位移民每年可获得600元补贴①,"有钱拿当然开心",陈阿伯说道。据悉,2017年《广东省水利厅关于印发〈广东省大中型水库移民后期扶持人口核定登记办法〉的通知》中便已针对后扶人口动态管理、后扶人口补登记、直补资金发放办法等作出了细致的规划,可见,水库移民后期扶持工作得到了跨越式的推进。据村委会干部介绍,近几年村里都在争取移民办的帮扶,去年申请了260多万的补助,今年决定申请300万的补助金,这些资金主要用于修缮旧屋、户厕改造、整修路灯等,以改善移民的人居生活环境。

图18 新凤村新村

将移民融入当地产业发展是帮扶水库移民最有成效的政策。湖镇镇岗南村有435人为博罗县显岗水库横河镇段移民,对于迁移过来后的生活,林伯伯说道:"移过来,有补贴,但毕竟远离了熟悉的地方,人际关系都是新的,所以肯定有的人说好,有的人说不好。"

---

① 此处应该是指2006年起政府对纳入扶贫范围的移民每人每年补助600元。

近几年，岗南村的茶产业得到较快发展，收入有所增加，移民对于政策的认可程度也逐渐提升。岗南村鼓励移民结合迁入地实际情况发展特色产业的做法，在横河镇郭前村亦有所体现。郭前村的移民来自枫树坝水库，博罗全县共安置3391人，该村是安置点之一。郭前村正利用位于罗浮山旅游经济带的地理优势，打造旅游景点。博罗还接纳了来自重庆巫峡的三峡工程移民，具体安置地包括福田镇联合村唐屋村小组等。

坚持绿色生态导向，在发展中保障和改善民生，让广大农民有更多的获得感，是乡村振兴战略的要求之一。保障饮用水源水质、完善排水设施、完善水库移民后期扶持等措施均是以人为本的正确选择，对建设生态文明也具有一定意义。然而，措施最后获得怎样的效果，还有待博罗县乡村的积极实践。

（三）推动乡村生态振兴：污水治理与河长行动

推进农村生活污水处理、逐步消除农村黑臭水体、全面推行河长制、鼓励将河长制延伸到村一级是建设生态宜居美丽乡村的具体要求。博罗县积极行动，响应国家号召，在污水处理与全面推行河长制上均取得了实践成果。

污水处理是指将污水进行无害化处理，然后排放至清洁水体中，避免造成污染，一般有物理、化学、生物三种处理方法，博罗县较多使用化学和生物两种处理方法。如上文所述，博罗县东西部发展差异较大，其中博西的污水处理经验更为突出。据龙溪街道长湖村村干部介绍，当地污水处理设施主要外包给科技公司进行建设和维护，由龙溪环保办进行监管。2019年5月，村里完成勘察设计并开始施工，同年12月正式完成工程验收，市里也有督导小组过来检查。该工程将化学处理法和生物处理法结合[①]：在村中一口较大的水塘旁建立一个小型蓄水池，污水经过污水管道汇集到沉淀池，去除较大的固体污染物之后流入酸化池，以去除细小悬浮物，最后污水被排到小型蓄水池里，池中种植着高密度的美人蕉，可以吸附多种有机物，进一步净化污水（图19为污水处理项目示意图）。据村干部回忆，从前村里没有专门的污水管道，生活污水、养殖污水都是无序排放，对人

---

① 生物处理法又分为微生物处理法和植物处理法，前者细分为生物膜法和活性污泥法，成本较高，后者是最常用的方式。

居环境和生态水体都有着莫大的伤害,2020年初这套污水处理系统正式投入使用,日处理污水量可达70吨,带来的环保效益立竿见影。

据相关干部讲述,在这个项目中,池塘所发挥的作用类似于稳定塘①,污水排放之后在此处能够得到进一步自然净化,几乎无须耗能。但是,其最终净化效果会受季节、气温、光照等自然因素的影响,因而并不稳定,而且卫生条件差,易滋生蚊蝇,散发臭气。夏日温度较高时,污水池常常因散发臭味深受人们诟病。因此,如罗阳街道赤竹坑村下村小组这样经济条件较好的乡村会单纯采用化学处理法(进行化学处理时需要用电,图20为电压控制表)。据了解,村下村小组建立了一体化生活污水处理系统,日处理污水达80吨。这套系统主要是将污水排放到小型反应器内(图21),利用物理、化学反应的作用(混凝、中和、氧化还原、离子交换、电渗析、吸附等),分离、回收污水中的悬浮物、胶体及溶解物。村干部指出,这种污水处理工艺不受气候条件的制约,占地面积小,不易造成二次污染,但运行费用和后期维护成本较高,使用该系统存在一定的经济门槛。

图19　污水处理项目示意图

图20　电压控制表

图21　污水处理反应器

---

① 污水的生物处理中的术语之一,是一种利用天然净化能力对污水进行处理的构筑物的总称。

除了污水治理，全面实施河长制成为水利行动中备受瞩目的焦点。"河清岸绿、鱼翔浅底、水草丰美、白鹭成群"是广东省碧水保卫战的宏图远景，也是博罗县的生态愿景。本次调研有幸采访到响水河新丰村段的河长①徐书记，他也是新丰村②村主任。徐书记每周都要到河域巡查，确保河面无垃圾，也没有出现养殖场违章排放等问题。河道水质达标、无直排污染、河面无垃圾、沿河无违章、堤岸无损坏、绿化无损毁，是徐书记的工作目标。他谈到，近两年违规采砂和违章建设逐渐减少，但乱扔垃圾、随意排放污水的行为仍屡禁不止。作为基层河长，他需要具备足够的敏锐度以发现分散而隐蔽的畜禽养殖污染和企业偷排。谈及工作难题，他坦言，目前的联动工作机制有待改进，当有问题需要上报处理或者开展跨河段合作时，协调效率较低。另外，他希望社会力量能更多地参与河域管理："要是我们村里有民间巡河队或者大学生志愿者，我的负担就没那么重。"联合机制执行力度不够、社会力量动员不够、专业人才缺乏，这些都是徐书记认为持续推行河长制所遇到的困境。尽管如此，徐书记依然对水环境保护满怀憧憬："以前很多村民直接往河边倒垃圾，偷采河砂的行为也防不胜防，但前年启动'清漂''清四乱'③之后，各个河段确实干净了很多。响水河是我们的母亲河，一定要保护好，也一定能保护好！"徐书记站在响水河边，擦擦镜片上的灰尘……站在河边，似有若无的水声传达着无尽岁月的悠长，令人感受到水的分量。河流就像穿越峥嵘岁月一路走来的老人，在尘世苍茫中返璞归真。面对她的养育之恩，我们唯有时怀谦卑之心、反哺之志。

三、调研总结

本次调研立足于乡村振兴的战略背景，从乡村日常生产生活的环保实践和水利治理体制两个层面出发，考察博罗县在农业现代化背景中的水利经

---

① 广东省2019年在全国率先实现五级河长制，将河长制延伸到村一级。
② 新丰村，名为新丰，但和新丰江水库没有直接关联，它和新风村均是湖镇镇下辖的行政村，新风行政村下只有新风村一个村民小组，村民全为新丰江水库移民。
③ 据悉，2018年上半年广东集中启动"清漂"（清理水面漂浮物），7月，全国统一部署开展"清四乱"（清理乱占、乱采、乱堆、乱建）专项行动。

验。从调研中，我们可见博罗县近三年在建设农田水利设施、改善农村供水排水条件、探索多种水利治理制度[①]、推进水库移民扶持工作和碧水行动等方面的成效，以及推进乡村振兴所取得的阶段性成果。然而，博罗的水利治理依然存在着困境，如何进一步改善水利设施、健全基层水利服务体制、吸纳更多社会力量参与水利建设、助力乡村振兴建设，需要博罗县以促进人水和谐的初心继续求索。

  水是生命之始，人与水本质上相生相连。兴修水利、保护水生态，利水、利农，亦是利人。对人水相处之道的探寻，亦是一场对生命的探索，回响着无数生命的共鸣。虽然水利实践之路依旧困难重重，但是，"道阻且长，行则将至"，开创水利发展新格局、构建人与自然和谐共生的乡村发展新图景，实现百姓富与生态美的统一，这些美好愿景必将在不久的将来实现！

---

① 比如前文所述的用水协会。

一代人肩挑背扛出来的世代水库

——基于广东省云浮市共成水库建设与利用的调查报告

◇ 陈晓彤（政治与公共事务管理学院2018级本科生）

一、缘起：水库的基本概况与回忆

广东省云浮市新兴县，作为我国佛教最著名的高僧之一六祖慧能的故里，是一个人杰地灵、山清水秀的地方，历代勤劳的人民安居乐业，用自己劳动的双手，创造了许多宝贵的财富。紧邻六祖旅游度假区的共成水库，就是上一辈人用汗水和智慧筑成的丰碑，可谓功在上代，利在千秋。对现在的新兴县城来说，共成水库是一个集供水、灌溉并兼顾发电的综合利用大型水利枢纽工程。

共成水库是新兴县近代重大水利建设工程之一（图1为共成水库标志），其位于新兴县太平镇境内的共成圩附近，地处共成河上游，因为此地过去属共成镇辖下而得名，是新中国成立后新兴县内最早由全民参与建设的重大水利工程。在半个世纪前，那一代人以愚公移山的精神，在没有现代化器械、没有专业的技工和技术的条件下，仅凭双手，移除山丘，建造了这座水库，为新兴县的世世代代带来了福祉。

在此次调查之前，我对共成水库的印象只停留在小时候随奶奶回她老家的几次经历。奶奶年事已

图1 共成水库标志

高，近十年也未曾重访。印象中，小时候乘公交车经过的水库十分宽敞，其坝体高度跟周围的山几乎持平，从车窗望去，水库宛如一颗宝石。我们这一辈对共成水库的印象大致如此，而对于上一辈人来说，水库就像是他们人生中的一个重要插曲。

基于此，本调查报告采用质性研究方法，围绕老一辈人对水库的建设与农田水利利用的回忆，选取组织领导修建水库的人和参与修建水库的人为访谈对象，结合近几十年人们对水库进行的维护，阐述新兴这个小县城几辈人眼里共成水库"从出生到成长"的历程，从而构筑起与新兴共同发展和经历半个世纪历史变迁的"共成水库"的完整形象。

二、苦涩与甜蜜——老一辈对于水库的复杂情感

访谈前，我通过查阅新兴县的地方史志，对共成水库的建设历程有了初步的认识：共成水库1958年开始动工兴建，于1970年全面竣工，前后历时12年。在那个时代，这个工程无疑非常浩大，新兴县和云城区、云安区的所有劳动力，不分男女老少，均参加过当年的修建工程。

（一）规划与搬迁——全县人织造水库出生的襁褓

新中国成立后，曾担任某乡干部、现已年逾八旬的陈伯，在回忆起县政府当年下达的建造水库的指令时，仍怀有诸多感慨。

当时共成镇主要靠共成河这一条大河进行灌溉。该河流自源头延伸至大南河，最终汇入珠江三大支流之一的西江。河面很宽，每逢暴雨时节，河水泛滥成灾，导致河岸附近的农田作物常被大水淹没，粮食也因此遭受破坏。与此同时，对于那些离河较远的村庄来说，因为共成水"上不来"，夏秋季节农田干旱缺水是常态。他们的农田灌溉、生活取水用水都要依靠人力和牛车从河边挑水。当时，从江上村到社圩方圆几百里的农田的灌溉，都需要农民每天到河边打水。到了1958年，随着人民公社化的推进，公社实施了集体食堂制度，由公共食堂统一供餐。在这一背景下，若粮食问题无法得到妥善解决，将直接影响到众多人口的饮食与劳动。因此，灌溉农田、确保粮食生产成为当时政府建设水库的主要驱动力。对民众而言，这一决策是确保农田

生产的根本水利建设项目。

在决定建设水库之后,县政府邀请了水利工程师,对水库的选址进行了细致的规划,并最终确定了在共成河、白马河以及流量稍小的凤山河的交汇处进行蓄水。在地形环境各方面都进行了充分规划设计后,新的问题出现了。由于多条河流的汇聚,水库将淹没大面积土地,影响到沙田村和水母塘村,这两个村庄恰好位于水库主坝和副坝的预定位置。因此,解决搬迁问题变得迫在眉睫。县政府随即在县内其他镇区选定了新的安置地点,由当时的"农村拆迁办"统一安排和负责,县政府统一出钱,将这两个村的人都安排搬迁到了现在的水台镇等地。新建的房子都是统一的大泥砖房,整个新村子整齐划一。陈伯回忆道,尽管居民们对离开祖辈居住的地方感到不舍,但当时人们普遍对政府的决策表示服从,政治意识和社会责任感强烈。对于政府的安排,民众普遍表示理解和支持,因为对他们而言,这项水库工程是全县人都要动起来的"大工程"。

(二)移山与固坝——从肩上出生的水库

这个"大工程"的大,首先体现在用料多。在奶奶的回忆中,为了修建水库,不仅迁移了两个村,还移平了一座大山。当时没有水泥和钢筋,材料都是山上的黄泥和石头,而且这些泥和石头,均从邻近的山岭采集。从取料的山到建水库的坝,全程靠徒步,且仅配备有锄头和簸箕作为工具。锄头用于挖掘泥土和石块,而簸箕则用于搬运。

"大工程"的大,其次体现在所需要劳动力之众。除了县政府在号召全县劳动群众参与共成公社水库建设外,各级领导和各村的村支书也纷纷在乡间动员,带领广大劳动群众前往新兴的共成镇参与支援。从各镇各村到共成镇,全程也靠徒步。共成镇人民和周围各村支援的人都需要自带粮食、炊具、衣服和睡觉用的毯子。到达目的地后,若当地有空余房屋则入住,否则需搭建帐篷。由于夜晚和清晨水汽较重,长期从事重体力劳动的人员易出现肩颈疼痛,但由于条件有限,他们也只能铺几层禾秆在地上垫着,避免直接接触湿冷的地面。

除了生活环境极为艰苦以外,人们每天的劳动强度也非常大。他们必须在黎明前开始工作,直至深夜方能归家,真正做到了夜以继日地辛勤劳作。

在将石头和泥扛下来后,"重活"才刚刚开始。由于当时没有水泥和固坝的器械,固坝的工作也只能靠人力。陈夫人回忆道,他们仅有的材料是泥土与石头,而筑坝所用的工具也仅限于绳索和众人的体力。陈夫人介绍了他们如何用四根绳子把大石头绑起来——用黄泥将底层石块表面抹平,随后由四个人齐心协力,用绳索将石块抬起并用力砸下,若石块未牢固嵌入,则需重新抬起,四人需步调一致地将石块重重砸下。通过反复砸击,石块便能牢固地嵌入底层泥土之中。

这些形状各异的石块,皆是当时的劳动人民利用农具从另一座山上搬运而来,并纯粹凭借体力堆砌于此。如今这些石头都已经过水泥灌浆,但仍然可以清晰地看到这些形态不一的石头原貌(图2)。

图2 经多次灌浆加固的石头

三、水库的回馈——开发与利用

(一)解决了几十年的灌溉问题

历经12年,水库终于落成,此后,其配套措施还在不断地修建着,水库潜能也不断被挖掘。陈伯回忆道,当时他带领他的民兵去修建水库的东渠和西渠,把水库的水尽量往县的东、西两个方向更远的地方延伸。除了军队人员的参与,政府还动员全县民众共同参与东渠和西渠的建设,以增强建设力量。两条渠竣工后,每当枯水期,水库就会打开闸门,释放蓄水,滋润周围的农田。而在丰水期,则蓄存水资源,必要时通过闸门进行排水。直至今日,东西渠依旧在平衡城乡饮用水和农业用水方面发挥着重要作用。共成水库的工作人员表示,他们每日都会精确控制东西渠的放水量,以科学的方式管理和分配水资源。

(二)解决了现代的饮水问题

往后的几十年里,随着技术的不断进步,水库潜力得到了进一步的开发。除了灌溉,水库在现在主要解决了整个县城的饮用水问题。随着新兴县现代化发展进程的推进,越来越多的居民迁入县城,人口集聚带来的用水难题困扰着县政府多年,主供县城饮水的几个水库已经远远不能满足县城日益增长的用水需求量。

1998年,新兴县人民政府在该水库设立了饮用水水源一级保护区。范围包括共成水库全部水域以及共成河入库口上溯1000米的河段水域、最大库容水位线向陆纵深500米的集南区、共成河一级保护区两岸向陆纵深200米的陆域范围。自2016年起,经过3年的建设,投资1.3亿元的新兴县"村村通"自来水工程共成水库供水项目正式竣工通水。2019年1月底,新兴县举行"村村通自来水工程共成水库供水项目"通水仪式(图3)。

图3 共成水库通水仪式

"村村通"自来水工程是广东省委省政府部署的一项重要民生工程。项目建成后,将有效解决县城10多万群众及新成工业园、禅文化产业园企业的生产生活用水问题,有力提升城市发展承载力,为新兴县实现高质量发展提供强力支撑。现在新兴县"村村通"自来水工程涉及12个镇,受益人口约43万人,实现了全县行政村通自来水覆盖率、农村自来水普及率、农村生活饮用水水质合格率均达到90%以上的目标。新兴县共成水库片区共成水厂(图

4）及供水主管应急工程，作为新兴县村村通自来水工程的关键部分，以共成水库为水源，主要任务包括新建日供水量达30000立方米的共成水厂及配水泵站，以及新建输配水主管约17公里，总投资约1.3亿元。项目建成后，能确保新城、车岗、六祖、太平镇等4镇共17.18万人的饮用水，实现村村通自来水的目标。

图4　共成水厂

陈伯和陈夫人已在县城居住住十几年，提及如今整个县城（新城镇）的饮用水仍源自他们当年共同建设的共成水库，脸上露出了些许自豪的神情。他们回忆起初迁至此地时，县城的水龙头里的自来水细若游丝，而今水流量已显著增大。

（三）水库的多功能现代化利用

该水利工程目前主要效益体现在：灌溉面积达到3.74万亩，年发电量达400万千瓦时，养鱼水面达3500亩，同时保护了新兴县城及沿河6个圩镇11万人口的安全，自水库竣工以来，通过水渠引入的水源极大地便利了农田灌溉，数十年后的今天，水库还被用于蓄水发电，有效解决了当地居民在饮水、灌溉、用电等方面的需求，使得家家户户的照明成为现实。综上所述，该工程是一项以防洪、灌溉为主，同时具备发电、养鱼等多重功能的综合性水利工程。

四、水库的衰老与生生不息

历经几十年的运行，共成水库这一水利工程存在的工程隐患较多，因

此新兴县共成水库加固共成指挥部于1993年对水库进行了全面的设计复查。1994年，加固共成水库项目获得了批准立项，并被纳入水利厅1995年度的基建计划中。主要工程内容包括溢洪道加固、副坝加固、主副坝灌浆、测压管安装以及道路工程等。该除险加固工程于1995年1月开工，并于1998年12月竣工。

近年来，新兴县政府还启动了多个项目的招标和实施，旨在对水库进行维护和进一步开发。例如，2011年5月，新兴县农业综合开发共成水库灌区节水配套改造项目启动，并对该项目的设计进行公开招标，工程设计费用的资金来源按省级水利部门批复概算中的项目资金支付。该项目的主要内容是渠道疏挖清淤、渠堤加高培厚、渠道防渗衬砌；水闸重建；扩大灌溉面积，保证有效灌溉面积达到5万亩。

五、调查总结

作为新中国成立后广东省云浮市新兴县最早建成的、最大的水利工程之一，共成水库有着鲜明的时代特征。该工程是在政府统一组织下，全民共同参与建设的公共设施，与当时的时代背景、组织模式以及生产方式紧密相连，体现了过去建造水利工程的典型特征。此外，与新兴县后十几年建立的水利工程不同，这座水库是真正意义上完全依靠人力建成的，未使用任何现代机械，甚至没有小推车辅助，只有农田劳作工具。感谢老一辈，是他们倾注无尽心血，才建起了这一座造福世代的水利工程。

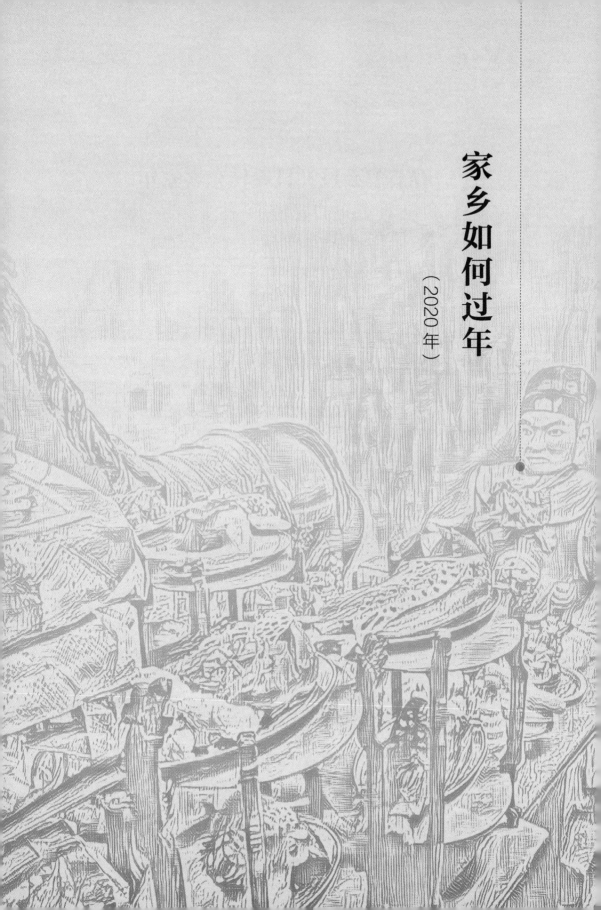

家乡如何过年

（2020年）

春节怎么过？且看桂东客家年

◇ 吕慧妮（地理科学与规划学院2016级本科生）

贵港市位于桂东，近粤，旧属玉林管辖，别名"贵城"，1988年撤县设市，1995年升为地级市。其拥有岭南常见的喀斯特地貌，同时坐拥广西最大的平原——浔郁平原。贵港市历史悠久，拥有2000多年历史，因盛产荷花，被美称为"荷城"。桥圩镇是贵港市的特色城镇，也是全国有名的羽绒之乡，盛产鸭绒、米粉、荔枝、龙眼、甘蔗等农特产品。这里的村庄如星散布，点缀于乡野之间，本地人民多数讲客家话、白话。贵港客家人的春节习俗，既彰显着广西的地域特色，又不乏客家风情。

小年：大扫除，买年货，逛墟市

"嘟——嘟——嘟——"

"喂——，大妹儿，几时回村里啊，屋后的竹叶落得厚厚一层了，回来大扫除咯！"

"阿婆①……没有那么快回去，我们昨天才放假，备好年货过两天再回去。"

今天是大年二十六了，全家人才算是基本放了假。前几天看到北方的同学说开始过小年了，还挺惊奇，他们大年二十三就开始放假了吗！然而在我们这座南方小城市，又有几个打工人能这么早放假呢？不少工人都是到大年二十八才结束一年的活计。

---

① 阿婆：客家话音译，奶奶的意思。

从大年二十四开始到大年二十九,本地家庭为新年做的准备主要有两件事:大扫除和买年货。大扫除自不必说,辞旧迎新、袚除不祥,须得清尘除秽、窗明几净。买年货却与往常有了不同——这些年随着互联网兴起,不少糖果饼干已可以从网上购买,样式繁多,物美价廉,并且更迎合年轻人口味。话虽如此,村里主要还是通过赶集、赶圩的传统途径置办年货。

村镇的墟市基本是沿路沿街坊线性排布,不同于大型综合购物商场,我个人更喜欢传统的街市(图1)。街市里主要是小摊小贩,他们将批发的或自家制作的产品拉到集市,放下三轮车挡板或铺上蛇皮袋子,就这样成了地摊。集市上吆喝声此起彼伏,一声声亲切的乡音在讨价还价,以及琳琅满目的农副产品和手工玩意儿,散发出令人难以抵挡的独特魅力!新年街市新气象,最显著的便是沿街店铺纷纷挂上红色的春联、门神、灯笼,架设了糖果饼干的货架,沿街地摊也有不少卖新春礼品。年货的名目很多,民以食为天,吃的便排在了第一位:糖果饼干、坚果饮料、熏肠腊肉、龙虾鱿鱼、香菇木耳、柚子柑橘、油盐酱醋。此外,就是一堆锅碗瓢盆、新衣新裤,还有春联红包、灯笼桔树、鞭炮烛香。笔者小时候到镇上赶集购置年货,那里人潮汹涌,需要紧紧抓住爸爸妈妈的手才不会被人流冲散,赶集时看着街边不

图1 本地墟市

带重样的零嘴,口水都止不住,东瞅瞅西看看,恨不得把街上的东西都搬回家,有时候任性起来,就扒拉在某个货柜前说什么都不肯走,必须等买下了想要的零嘴才肯松手。如今物质生活更丰富了,物流和网络更便捷了,却再也找不回少时一年一度置办年货的仪式感和欢呼雀跃的心情了,许多令人难以忘怀的家乡味道也留在了童年的记忆里。

除夕:贴春联,洗浴,拜神,年夜饭,守岁

临近大年三十的几天,乡村的路上是浩浩荡荡的返乡大军,密密麻麻的摩托车和小汽车上,都是父老乡亲们扛着装满年货与新衣的行李箱和蛇皮袋回村,场面不可谓不盛大。他们的大包小包里,装的是在外漂泊的游子孝敬长辈的心意,以及离乡打工的父母带回给孩子的礼物和远赴他乡辛苦奔波的劳动成果。也只有在过年的时候,乡村才能这般热闹。我家也不例外。我家青壮年都在外求学打工,家里老年人也去了城市,村里的房子没有人住,常年空置没人打理,每次我们过年回去,都会看到房间里落了一层灰,边角挂着蜘蛛网,屋顶漏水,少不得要里里外外打理一番。

因此,我们在大年二十八开始挑挑拣拣、翻修清理,直到大年三十才结束。除了参军的堂弟还没回来,我们家里九个人都动起来了。

一大早起来我们便开始为过年忙碌,奶奶负责去地里采摘蔬菜,爸妈和伯父伯母主要负责杀鸡、杀鸭,准备拜神祭祖事宜,我们年轻一辈则是把两家房门的春联贴上(图2),男孩子还需要去给土地神后的油柑树挂灯笼。今年春联是伯伯负责买的,贴的时候被我们打趣对联样式单一,买的仅有"大吉大利"和"五福临门"横批,缺少楼梯间"上落平安""出入平安"、灶房①的"人间烟火"、谷房②的"五谷丰登"、鸡栏③的"六畜兴旺"等多种场所使用的对联。表1为本地乡村春联的横批样式与应用场所。

---

① 灶房:村里大多人家仍然使用柴火,柴火和灶台通常都有独立的灶房,一些人家灶房和餐厅并用为厨房。
② 谷房:村里种植粮食较多的人家,会有单独的储藏五谷杂粮的密闭房间。
③ 鸡栏:俗语,通常指代专门养殖鸡鸭鹅、猪牛羊的牲畜房,本地多养殖鸡鸭。

图2 贴春联

表1 本地乡村春联的横批样式与应用场所

横批示意	应用场所	备注
五福临门	厅堂	厅堂的春联祝福通常含义广泛，较为全面
饭食馨香	餐厅	厨房春联通常与饮食美味相关
人间烟火	灶房	
五谷丰登	谷房	谷房春联通常与粮食丰收相关
六畜兴旺	牲畜房	牲畜房春联通常与牲畜健壮相关
出入平安	楼梯间	楼梯间门的横批通常为"出入平安"，春条通常含有"上落平安"
添丁发财	主卧	通常视年长一辈的房间为主卧，春联通常与儿孙、福寿、吉利、富贵相关
大吉大利	次卧	春联内容视卧室主人及具体情况而定，通常与事业学业、家庭子女、身体气运相关，比如高三学子的卧室春联横批为"金榜题名"

备注：本地春节贴春联，基本样式包含横批、上下联、春条，正厅通常还需要贴门神或"福"字，厅内墙壁通常为祖宗像。

下午主要是洗浴和拜神。村里面大年三十洗浴通常需要用特制的洗澡水——往锅里加入洗干净的新鲜叶子,这些叶子主要采自荔枝、桂圆、黄皮、番石榴等本地常见果树,烧开水之后方可洗浴。各种叶子在锅里翻滚的沸水中散发出阵阵的植物芬芳,寓意来年红红火火、有滋有味。洗浴不仅是一项日常活动,更是一种仪式,从头到脚,洗去每一个毛孔的堵塞,洗去沾染的疲惫与悲苦,寓意着和过去好好告别,以全新的面貌迎接新年,怀着对未来美好的期待继续前进。

大年三十的拜神通常定在申时(下午4点左右,日落之前),各家会把烹煮好的鸡鸭猪肉、准备好的糖果饼干和茶酒装进篮子里,到古树下对土地神(财神爷)进行祭拜。本地的财神爷和土地神是"兼职的",他们的神像也非常朴素,通常是在村里的古树或最大的树下立个石牌或石碑,前面有块站人的空地即可。和供奉在祠堂的神像不同,土地神背倚大树,面朝乡野(图3、图4),是象征带来风调雨顺的自然之神。在老一辈眼里,土地上孕育的作物便是他们的财富,故本地的土地神也是带来事业进步的财神爷。拜神需要敬两次香,面向古树的牌位敬"皇天",面向田野的香槽敬"后土"。香的数量也有讲究,一般选取三、六、九这三个数字,蕴含三生万物的自然之道,承载福运多多的新年祈愿。

图3 土地神背靠的古树　　　　图4 土地神面朝的乡野

大年三十的晚饭会吃得比较早,拜神回来拾掇一下,五六点便能吃饭了(村里面平常都是七八点才吃晚饭)。因为没有客人来,家里的年夜饭倒也不怎么隆重,基本上都是宰一两只鸡鸭,再来道猪肉或鱼肉作为荤菜,用自家种的蔬菜、腌的酸菜等搭配(图5),有什么就煮什么。不过,年夜饭一定要吃鸡（寓意大吉大利），这是本地人的共识，还要多煮一些米饭留到大年初一吃，"隔年饭"寓意好运连年（图6）。由于广西各区域的地理气候、饮食习惯差异比较大，少数民族和汉族风俗不同，客家民系也与广府民系风俗不同，部分讲究的人家年夜饭一定要有荤素不同的十道菜。我时常想掌勺年夜饭，但我们家族有着较强的长幼尊卑观念，小辈想创新年夜饭的形式需要先得到长辈的允许，这一点并不容易。

图5　年夜饭　　　　　　　图6　春节家常菜

吃完年夜饭后便是集体守岁，在此期间，村民会有几个必备项目：会打牌的男人们常常是跑到村口亭子下围成一桌通宵一战，女人们更多的是嗑瓜子、唠嗑、看春晚，小孩们则沉迷于放烟花、仙女棒，扔擦炮①、砸地炮②。大家过年打牌玩的花样众多，"拖拉机"、"二三朋友"、"十三张"、斗地主等，大多需要合作而不是单打独斗，于是在队友毫无默契的时候，会有此起彼伏"吐槽"队友的嬉笑，这倒也不失为一种趣景。近午夜12点，各家

---

① 擦炮：俗语，长得像鞭炮，用火柴盒样式的盒子封装，像火柴一样擦燃，不久后会爆开。
② 地炮：俗语，白色纸层包裹成拇指大小的方形偏球形的一种炮，用力砸到硬质地面或墙面就会爆开。

各户会在大门口正厅前支好桌子，放好祭祖①的年货，通常有鸡、糖果、饼干、水果、茶酒、发糕或粽子。一到零点整，全村的鞭炮和大烟花就都燃起来了（图7），远近各处都是噼里啪啦的声音和弥漫的白色烟雾，有些比较阔气的村，烟花爆竹串起长龙，一直燃到午夜三四点。除夕夜一直到年初二的夜晚，按习俗需要点年灯，村庄的夜晚灯火通明。在春联和爆竹的合力加持之下，年兽就不敢来了！

图7　烟花

年初一：拜神祭祖，红包，早朝，集体活动

大年初一的活动基本上从早上6点就开始了，所有人都在为新年第一次拜神准备着，而祭品不够的人家还会一大早起来杀鸡。全村的拜神和点年灯一样，需要持续三天——从大年三十到大年初二。如果说大年三十下午的拜神是预热，那么大年初一的拜神就是浓墨重彩的正剧（图8）。对于有高考生或准备娶妻添丁的人家，抢到大年初一第一个到场的位置尤为重要，甚至有人在天光方现之时便去抢占中心位置。村里的拜神活动时间属于约定俗成，大多数人家会在辰时（早上7点左右，日出之时）到达。陆续赶来的村民们途中相遇会相互问候新年好，到位后摆好祭品，点烛、上香、敬酒、烧

---

① 祭祖：与需要全村人一起进行的拜神仪式不同，祭祖仪式则是各家各户在自家门前祭拜即可，有祠堂的村也可以全村到祠堂祭祖。由于历史原因，本村祠堂已毁，重建祠堂事宜遥遥无期。

红纸,待全村人①各自祭拜完毕后,将每家每户带来的鞭炮结成长长的鞭炮龙并点燃,待爆竹燃尽,人群才各自散去。

拜完神回家,紧接着依旧是在自家门口祭祖(图9)。大年三十的祭祖是在宣告旧的一年的过去,祈求先祖将邪祟阻挡在外。大年初一的祭祖则是迎接新的一年,祈求先祖将新的福运带入家门、庇佑后代。祭祖的礼仪顺序与拜神大致相似,先点烛烧香,向天朝拜,敬第一次酒,再由最年长的长辈念祭语,大意为:"各位姥姥姥爷阿公阿太等祖辈新年好,儿孙这备了好酒好菜欢迎来饮,也希望新的一年祖宗保佑,如今家里有哪几位儿孙,希望祖宗保佑每位儿孙心想事成(比如高考的孙儿金榜题名,参军的孙儿平平安安),最后希望祖宗饮得欢快。"祭语念完敬第二次和第三次酒,再向天朝拜,随之点燃鞭炮,最后敬茶,等到香烛烧尽,便可以收桌了。

图8 拜神　　　　　　　　图9 祭祖

拜神祭祖后便是孩童最期待的时刻,孩童们只需要走街串巷,碰到老人家便祝福"添福添寿",碰到青年人祝福"恭喜发财",便可以收到数额大小不一的红包。但是对大人而言,发红包在某种程度上,可算是一场智慧和耐力的考验。在村里,乡亲们的人情世故往来是有来有回的,只会占亲邻便宜的人家,会被说"不会做人",这样的人家不受乡亲们的喜欢,遇到红

---

① 全村人:本地有相当多的村庄居民点散布在山岭乡野之间,距离远近不一,因此,这里的村并非指行政村,大多以自然村为主,也可能是由相邻的数个大队或岭屯联合成的单元。

白喜事也不会被邀请参加或者帮忙张罗。大人给小孩发红包属于人情来往，尽量不和别人家给的数额差别太大，谁家大人给了自家孩子多大的红包，会有记账的本子写着，因此，两家小孩从对方大人手里拿到的红包差别不会太大。

　　大年初一基本在村里度过，俗称"守财"，这天村里或者大队会有活动，因此午饭吃得比较早，俗称"早朝"①。10点左右吃完"早朝"，会有大半天的空闲，这便是全村人的集体娱乐时间了。往年，村里会组织各个大队的小伙在大队②村小学里举行篮球赛，乡贤组织也会开展一些小型游园会。春节集体活动的组织与村集体经济实力和村干部的组织能力等有关，一些村集体经济实力相对较强的村庄，曾邀请马戏团、歌舞团到村里表演，承办较为大型的组织活动。村集体经济实力相对较弱的村，会组织体育活动，给参与者颁发奖品。我们村也曾组织篮球赛，篮球赛的主力基本都是年轻人，由于他们常年在外，春节返乡时彼此不太熟悉，打团队赛默契度不太足，比赛的反响一般。后来，各队开始各自开展活动了。在村里耐不住寂寞的年轻人可以选择骑小电驴跑去镇上玩（虽然这在老一辈看来比较失礼，因为年初一不提倡外出），看个电影、逛个街之类的，也自得其乐。

　　我们队里这两年办的活动，叫游园会。它是由本地乡贤发起的，大家捐钱捐物，到镇上批发一面包车的奖品（大多数是零食饮料和生活用品），便可以开始了。2019年的时候办了第一届，反响还挺热烈的，当时我也参与到活动策划中。游园会大致有几个活动：篮球赛（图10）和单人投篮比赛（图11）、抛圈（套圈）、猜灯谜、吹乒乓球以及黑板字团体接力对抗赛。由于是第一次办活动，大家没什么经验，人手不太够，活动策划准备时间也不足，以至除了投篮和抛圈，其他活动都"阵亡"了。原因有很多，拿不同的活动举例。猜灯谜活动，我们事先准备了灯谜，猜的时候发现大家会用手机找答案，使得原本规则被破坏，活动难以进行下去。吹乒乓球活动刚开始还

---

① 朝：念zhāo，客家话，一般指代午饭，广义则指代早饭或午饭，村里人可能一大早出门干农活，等阳光猛烈了才回家做饭吃，因而"朝"基本涵盖了整个上午的时间段。

② 大队：村委所在地。本地村的行政划分延续计划经济时期生产队（社）的分法，行政村下划分多个生产队，生产队下可分不同的岭或者屯。

有挺多人参与,后来发现能拿到奖品的只有几个小孩,对于中老年人来说,吹乒乓球是一项非常灵巧的活动,因此并不适合所有群体参加。而黑板字团体接力对抗赛活动最大的困难则是选出队伍,我们生产队分了两个屯,当初考虑到公平和知识水平差异,只让两个屯的小学生和初中生参加,比赛时到场的人员不齐,所以只是简单地进行"新年好"三个字笔画接力。团体赛的活动规则要现场讲解,主持人要用拿着大喇叭的声音来盖过家长们此起彼伏的"热心指导"和起哄。小孩参加团体赛很能调动所有人的积极性,家长不希望自家孩子在比赛中"丢人",所以不约而同地为他们的孩子加油鼓劲,好不热闹!

图10 往年的篮球比赛

图11 往年的投篮比赛

举办游园会的过程中,我们发现了不少组织上的困难,村民们在热闹情境之下缺乏规则意识和引导,不同群体之间存在差异,有些活动只适合特定人群。在团体赛成员之间不熟悉时,比赛的配合默契度便会不够,其中,篮球赛是典型代表。活动奖品选择不合理,供需不匹配是另一大问题。比如,选了不少辣条、能量饮料等食品型奖品,由于购买食品花销太多,使得购买牙膏牙刷等生活用品的预算太少,出现牙刷太硬等质量问题。此外,还存在奖品的公共资金配置不当,导致性价比不高的问题,比如买了太多功能性饮料等较贵但不适合小朋友的食品,费用较低的像跳跳糖这一类好玩的小零食较少。我们吸取经验教训,在第二年举办的时候把第一年难以开展的活动撤销了,添加了跳绳和踢毽子,新购置了纸巾等生活用品。

作为活动策划方的一分子,我向村里的叔伯婶婶、叔公叔婆咨询举办游园会的建议时,尤其是面对老年人时,还是有不少感触。爷爷奶奶们对举

办游园会的兴致最高，仅仅是抛圈活动，便让奶奶催促家里人快点做晚饭，好快点吃完去篮球场排队抛圈。她一直兴奋地待到半夜（平时老人家睡挺早的），就连走街串巷时都禁不住吹嘘"我抛中了××个茶盅[1]"。但他们大多数只能参加抛圈这一个活动，猜灯谜脑力跟不大上，也不太会用智能手机搜答案，而投篮、跳绳则是体力难跟上。踢毽子还勉强，但是活动用的毽子被长辈们毫不留情地批评了一番："你买的毽子太硬了，毛太少，底太重，不好踢……"，"我们那个年代毽子都是自己做的，要么用写完的作业本剪成一丝丝，要么杀鸡后把鸡毛选好用鸡肠和剪好的橡胶片扎起来，这样子我能踢上百下，等来年做一个给你看！"一番交谈下来，我忽然对于"长辈也曾经是小孩，也有充满游戏的童年"有了深切体会。他们不是不爱玩、不会玩，只是被日新月异的时代潮流和日常的柴米油盐裹挟，平时忙于为生活奔波就已经精疲力竭，没有足够的时间和精力参加和组织集体活动。我采访了村里的几位叔婆，他们是当年的抛石子[2]高手，他们提倡把这些项目加入以后的游园会，并且说起这提议时眼睛里都含着笑意，弯起的眼角带动周边的皱纹，却盖不住老人家简单的快乐。

年初二：回娘家，米粽发粄

年初一过后的几天都在走亲戚，年初二便是众所周知的回娘家的日子。但实际上因为娘家和婆家是相对的，娘家人也可能要回他们自己的娘家，因此回娘家的顺序其实是各个人家各自约定好的。对于我家，以往年初二我们回外婆家，奶奶回外婆太[3]家，而姑姑们，安排在了年初四回来，这一天邻居家的堂姑姑也会过来。

广西本地人走亲戚，少不了粽子，客家人走亲戚，常常离不开发粄[4]。粽子基本是年三十或年初一期间自家包的大肉粽，各村馅料有所差异，但基

---

[1] 茶盅：客家话，口杯，且多指铁质带盖的口杯。
[2] 抛石子：一种游戏，一般选五粒大小一致、较为圆滑的石子，用一只手通过抛、接、翻转等各种方式重新配置石子。
[3] 外婆太：客家话，基本指代奶奶的妈妈。
[4] 粄：念bǎn，客家人用稻米做的食物，包括像红糖盏之类的发糕和大笼粄之类的粘糕。

本都由糯米、绿豆或其他豆类、肥瘦相间的五花肉组成，用箭竹叶①和柊叶封装，再用马莲草捆扎成四角形（图12、图13）。包好入锅，熬煮6～7小时才能熟透，内里的肥肉软糯流油，堪称整个肉粽的点睛之笔。如果只放瘦肉，不仅肉柴，整条粽子口感也会干巴巴的。也有不少人家包碱水粽，通常是糯米拌小苏打，直接用箭竹叶包扎成长条，煲熟放凉，直接蘸白糖或黄豆粉吃，又称凉粽、欢喜粽。

粽子作为春节送礼首选，是亲人情谊的象征，所以长辈告诫兄弟姐妹要相亲相爱时，常常会对儿子说："对阿姐阿妹好点，不然以后看娘家谁带米粽给你。"而发粄作为岭南一带传统特色糕点，寓意蒸蒸日上、高升发财，各家手法不一，样式各异，大多由糯米研磨成米浆，经发酵之后放入圆形容器（小至饭碗大至脸盆）蒸制而成。遗憾的是，由于常年吃的是奶奶做出的又大又酸的发粄（发酸主要是因为发粉量太少或发酵时间过长），家里的孩子们对发粄有了"心理阴影"，哪怕邻居叔婆家做的小发糕十分可口也不会吃太多，果然家长的手艺很重要，甚至会给孩子心里对传统美食的认识留下独特的印记。

图12　包米粽

图13　米粽成品

---

① 箭竹叶：客家话，指代箬竹叶。

年初三：干活

年初三在整个新春假期对我们家而言比较特殊，我们既不需要去拜访谁，也不会有哪个亲戚来拜访我们，所以年初三后来逐渐成了我们家的"干活日"，包括把落下的瓦片修补了，把被泥填上的水沟重新挖开，把要种作物的坡地重新翻土。这些活奶奶已经不太干得动了，只能等我们这些年轻劳动力春节回家干。最近几年，奶奶进入古稀之年，家里的水田不再打理，但还是耐不住寂寞要种蔬菜以及种玉米（这类玉米是专门作鸡鸭饲料的），于是今年我们就把离房子最近的田重新翻土分列，变成种玉米的旱地（图14、图15）。翻完地之时已是夕阳西下，远处天空的火烧云连连绵绵，由浅至深，从紫到红，煞是好看，蟋蟀虫鸣此起彼伏，还能听见山岭上村民的吆喝声，恍惚回到童年暑假的黄昏。看着这既熟悉又陌生的乡野，顿感白驹过隙，岁月沧桑，童年如梦。

图14 翻地

图15 土地

年初四：老表

年初四是我们家和邻居家新春最热闹的日子，因为这天家里的两个姑姑和隔壁的两个堂姑姑都会回门，姑姑带着一群表哥表姐，堂姑姑带着一群表弟表妹，一聚到一起便成了孩子堆。老表们是和自己年龄最近的亲戚了，年轻人会玩的花样最多，特别是表哥表姐们成家立业之后，手里有了闲钱就更加按捺不住"搞事"的心了，这天的活动包括但不限于：挖了地里的红薯芋头,逮着奶奶养的鸡窑起来,捡起隔壁屯田里的荸荠,"祸害"邻居叔叔鱼塘里的鱼,买来村头小卖部的烟花爆竹,搜罗伯伯爷爷的纸牌玩起来(图16至图19)。

人数众多,意味着饭菜丰盛,这天桌上摆着的反而更像年夜饭:小葱炒鸡、酸菜焖鸭、蒜叶炒肉、卤猪蹄、羊肉煲、鸭血汤,满满两桌。当然年轻人是不太吃得下的,因为他们刚从麻辣烤鱼、热狗豆芽的战场上收盘,刚刚打开了提前放鞭炮庆祝却最终没怎么窑熟的叫花鸡,在此期间肚子里还塞下了村里树上的阳桃、番石榴和百香果,接受了投喂的本地米花和糯米饼……

最终这(两)桌丰盛的午饭,变成了"午饭+晚饭",最后还要分发打包才实现光盘的目标,也算不负众望圆满收场。只是失败的窑鸡,被表哥死皮赖脸地归咎于我这个学规划的没有设计好窑的结构,我妹这个学康复的没有给鸡的全身上下按摩到位,以及我弟这个学地理的没有选好风水宝地,对此我们姐弟仨一致表示:"噫!"

图16 窑鸡

图17 叫花鸡

图18 钓鱼

图19 打牌

尾　声

经过年初二到年初四的走亲戚后,年初五算是进入了春节假期的尾巴,除了拜财神还愿外,我们家和伯伯家也纷纷打包东西,准备回港①,奶奶在这一天话最多,每次到这种时候总会絮絮叨叨地说:"怎么总是这么早回去……"于是,大包小包、篮篮筐筐的农家特产又重新塞满了行李箱和蛇皮袋:有一行李箱从别的亲戚那交换来的糖果饼干、米粽面条、水果饮料,好几个蛇皮袋套着萝卜干等咸菜、生菜莴笋葱姜蒜等蔬菜、新鲜的鸡鸭蛋等荤菜。这比回来时带的东西多了一倍,恨不得把返程车上的每一处空间都塞满。我坐在顺风车上看着窗外从川流不息到拥堵的回城车流,恍恍惚惚地才意识到已经收假了,一年过去了,一年又开始了。

今年(2021年)的春节和往年有什么不同吗?

有。今年终于不像去年一样闷在家中不能去拜访亲戚朋友,但也没有像往年那样可以举办各类集体活动的热闹。堂哥表哥都已经在外打拼,还有了几个玉雪可爱的小表侄。爸爸妈妈和姑姑伯伯头上的花白变得显眼,我甚至才意识到姑姑已经是奶奶辈了。奶奶虽然闲不下来,但不再耕种水稻,体力是真的不如从前了。而我有时却还停留在自己还是上学时的16岁花样年华的错觉中,停留在小时候暑假在村里割稻晒谷、上树掏鸟、下河摸鱼的童年记忆中,烟花声忽近忽远,村里的景象依旧,仿佛十几年来都未曾有过变化。

这样看好像又没什么不同。我还领着压岁钱,村里的土地依旧会在不同季节生长着应季的蔬果粮食,大家还是在老地方拜神祭祖,想争夺的年夜饭掌勺权依旧被伯伯攥着,家里包出的肉粽还是如小时候一样美味。朝阳从东方升起,越过竹林,穿透雾霭,映射到田野上,还是闪耀着那样和煦暖人的光(图20);月亮从西边落下,跌落枝头,牵下繁星,沉睡入山岭间,还是带来过那样清透盈辉的影。

未来会有什么不同吗?肯定会的,我也会成家立业,从领红包到发红包。村里的年轻一辈会成为接续村庄命运的下一代,续写新的故事。土地可

---

① 回港:本地也叫上贵港,此处指回贵港城区。

能孕育出新粮食，却也可能被丢荒，长满野草。在乡村亘古不变的岁月里，枯败与繁茂交替，年年岁岁村相似，岁岁年年人不同。

图20　村里的田野

春节习俗与年味淡化
——基于佛山地区的调研

◇ 严翠欣（国际金融学院2018级本科生）

引 言

经过这次寒假的调研，我更加深刻地理解了"家乡田野"项目的初衷——深入了解自己的家乡，正确认识中国社会。走访调研、收集梳理信息的过程就像在拼图，每一次访问、每一次信息的收集，都在让佛山地区春节习俗的这幅画卷的内容更加丰富、更为完善。对于新年俗的出现，以及年味是否在淡化的探讨，也让我进一步认识到中国社会的变迁。就我的亲身经历而言，部分传统习俗及其中一些传统节日食物的制作正在慢慢失传，这挺让人痛惜。通过这次春节的调研，记录我的家乡佛山是如何过年的，对于我来说是一件很有意义并乐在其中的事。也许很多年后，再回看这篇调研报告，可能会感叹道："原来21世纪初的佛山人是这样过年的！"

本文选取了广东省佛山市作为调研地，首先介绍了佛山市的地理位置及起源发展等基本情况。接着通过走访调研，按照时间顺序梳理了佛山地区春节的传统习俗及新时代新年俗，并基于此探讨了年文化的变迁与春节的内涵。接着围绕"年味是否正逐年淡化"这一话题，深度访谈了13位不同年龄层及社会身份的佛山人，并得出年味变化不大、年龄增长论和现代发展冲击论三种不同的看法。

（一）调研背景

又一度寒来暑往，又一年春节将至。过年回家，一家人团团圆圆，吃上一顿年夜饭，问候一句"过年好"，是中国人不变的情结。春节是中华民族团圆的节日，几千年来已经融入了每一个炎黄子孙的血脉中，承载了很多人的记忆和怀念，春节的变迁也是时代和社会发展的鲜明体现。

习近平总书记指出，"中华优秀传统文化是我们最深厚的文化软实力，也是中国特色社会主义植根的文化沃土"。在此背景下，为深入了解年文化，本文选取了广东省佛山市作为调研对象。

（二）调研问题

本文探讨以下四个问题：

（1）佛山地区的人们是如何过年的？有什么传统习俗？

（2）随着社会的变迁，过年习俗有何变化？

（3）"年味"在逐年变淡吗？

（4）春节的意义是什么？

（三）调研目的

从理论上讲，本文全面梳理了佛山地区的过年习俗，为民俗文化的研究者提供了参考。此外，对"年味"变淡话题的讨论也丰富了现有研究。

从现实上讲，本文尝试探讨了春节的意义，有利于读者更好地把握春节的内涵，从而把年过得更加开心融洽。

（四）调研方法

本次对佛山地区过年习俗的调研主要采用了观察法和访谈法，通过观察法获取佛山地区传统习俗相关信息，通过访谈法了解人们对"年味"淡化的看法。

一、佛山的基本情况

（一）地理位置

佛山是广东省辖地级市，行政区划面积3797.72平方公里，东倚广州，

临近深圳、香港、澳门，是珠三角地区西翼经贸中心和综合交通枢纽，下辖禅城、南海、顺德、高明、三水五个区，常住人口955万人。①

（二）起源发展

四五千年前，古百越族已在佛山一带生息、劳动、繁衍。早在秦汉年间，此处已是颇具规模的农渔村落，属南海郡番禺县辖。隋开皇十年，属广州南海县辖，称季华乡。东晋太元元年（公元376年）和东晋隆安二年（公元398年）先后有罽宾国（今克什米尔）僧人来佛山，在塔坡岗结茅讲经传播佛教。唐贞观二年（公元628年），居民在塔坡岗下掘得铜佛三尊，遂改季华乡为佛山。宋代，中原人为避战乱，先后有霍、陈、李、梁等70多个姓氏的人南迁至佛山定居，与百越土族居民融洽共处、同建家园，把佛山建成古之名镇、今之名城。多年来的佛山，百越文化与中原文化交融，并较早受到外来文化影响，更由于地理环境优越、水陆交通方便，手工业、商业发达。佛山劳动人民在长期的生产、生活实践中，形成了有显著特色、丰富多彩的风尚，相沿积习成俗，其中以春节习俗尤为突出。②

二、走访调研——佛山的春节习俗

本章基于亲身见闻及访谈调研，以时间顺序详细梳理了佛山市的春节习俗，分成传统习俗和新时代新活动两部分展开，并在最后探讨了"年"文化的变迁。

（一）传统习俗

1. 年廿三——谢灶神

谢灶神又称辞灶、谢灶、祭灶节、灶王节、祭灶、送灶等。是送灶神上天的传统民俗活动。一般俗称为"过小年""小过年"。

---

① 《城市概况》，见佛山人民政府网站（http://www.foshan.gov.cn/zjfs/fsgl/csgk/index.html）。
② 《佛山市文化广电新闻出版局：佛山春节文化的传承与创新》，见国务院参事室网站（http://old.counsellor.gov.cn/ztbd/cjwhdccycx/2012-04-16/1248.shtml）。

习俗由来：中国民间传说灶神原是一个很善良的人，因贫困而死。玉皇大帝哀怜他，封他为"九天东厨司命灶王府君"，派他到人间作督善之神，负责管理各家的灶火。相传灶君除了因掌管人们饮食，赐予生活上的便利之外，还是玉皇大帝派遣到人间考察每一个家庭善恶的官。灶神左右随侍两个神童，一捧"善罐"，一捧"恶罐"，随时将一家人的行为记录保存于罐中，到了年廿三"小年"这天，就会上天向玉皇大帝报告。中国民间于农历十二月二十三日晚祭灶为灶神夫妇送行。

习俗内容：最特别之处就是要供奉甜食，目的是让灶君吃了粘着牙齿，汇报玉帝时都是讲好话，甜言蜜语。祭品当中有两碌（根）长蔗、两块片糖和一对有枝有叶的柑，还会有苹果。两碌（根）蔗的作用是给灶君当天梯，返上天庭；片糖代表甜食，以前的人没有糖果或甜品，所以用片糖；至于柑，是取其粤语谐音"金"；苹果则寓意"平平安安"。

2. 年廿四——开油镬

"开油镬"是年前家家户户的一件大事，这不仅是为了舌尖上的酥香，更是蕴含了阖家欢乐与亲友之情。在很多佛山人的印象中，"开油镬"大概要花一整天的时间。白天准备材料，晚上全家人围坐在一起，一边聊天一边包油角、做蛋散、炸煎堆。煎堆的制作过程很复杂，一般是大人做。而包油角则是孩子们的专长。因而佛山人的童年里，几乎都有油角的"身影"。油炸的时候人们会说"炸喜炸喜"，祈愿新的一年喜事连连。

炸油角：油角又称为"角仔"，"角"是"饺"的本字，广东食油角的习惯是从北方食饺子的风俗演化而来，油角可以被认为是南方特有的饺子。油角形状像"荷包"，也就是钱包，新年吃油角寓意来年钱包富足，盆满钵满。此外，油角在粤语中与"有角"读音相似，寓意来年出类拔萃。角里面一般会有花生、糖等配料，寓意甜蜜、生财。

炸煎堆："煎堆碌碌，金银满屋"。除了油角，煎堆也是广东人新年必备的年货。过年时，每家每户都会炸好一大盘一大盘的煎堆摆在家里，然后招呼左邻右舍过来吃。

炸蛋馓：蛋馓是以香脆著称的过年小食，即北方的"馓子"，古代称为"寒具"，已有两千多年的历史。传说中，有家人太穷，过年没有钱买整油角的馅料，就将面团压扁拿去炸，用来招呼亲戚朋友。结果大家发现非常好吃。由于蛋馓的配料有蛋，入口即化，好似散开了似的，就将这种小食称为"蛋散"，后来收录入民俗图典的时候，字系改为"蛋馓"，不过两种写法都可以。

3. 年廿五——蒸糕

广东人爱蒸糕，蒸糕的种类繁多，除了常见的年糕外，还有发糕、萝卜糕、马蹄糕、芋头糕、九层糕等，寓意"新春步步高"。其中的"发糕"音谐"发高"，象征吉利，寓意"财气顺顺、年年发达"。而在我的家乡佛山市高明区则有一种特别的年糕——"大团"。

"大团"是高明的一种传统小吃。大团，顾名思义，寓意一家大小团团圆圆。有的乡村叫炒银仔，跟炒年糕相似，但口感更干爽，配上腊肉、包菜、香葱一起炒，非常好吃。炒大团是许多高明人过年的必备品。一般到过年，妈妈就会做上一大盆大团，做好后先放在冷水里泡着，有亲戚来时，就要捞出几个切片现炒，满满的年味。

在我们村，也会有部分家庭喜欢做"团仔"，除了形状和大团不一样之外，其他都一样，但因为一条条比较小不用切块，相对比较方便。团仔的制作也体现出了劳动人民的勤劳智慧，把小小的面团在簸箕上一划，便拉出了细长且有螺旋划痕的团仔了（图1、图2）。

图1　制作团仔的簸箕　　　　图2　团仔

4. 年廿六——还神

在佛山地区，年廿六是"还神"的日子，目的是要感谢各路神仙一年以来的保佑。"还神"主要是供奉爆米花、金桔、苹果、猪肉等。

5. 年廿七前后——包粽子

在佛山，过年包粽子是一件家家户户庆祝新年的重要活动。在粤语中，粽的谐音有着美好的寓意，例如"上榜高粽（中）""大粽（中）至正""如日粽（中）天""百发百粽（中）""传粽（宗）接代""粽（中）流砥柱""急粽（中）生智"等。

南方由于丘陵山地较多，各区域的习俗文化差异也比较大。在不同的村镇，粽子的形状、馅、大小也会有所差异。可以分为裹蒸粽、方角粽（图3、图4）。馅主要为糯米、绿豆、猪肉（图5），其他的则因各家口味而异。

图3　裹蒸粽　　　　　　　　　　图4　方角粽

图5　粽子馅：糯米、绿豆、猪肉

在佛山的乡村，各家各户基本都会包几十斤糯米的粽子，邻里之间互相帮忙，一边包粽子一边闲聊。煮粽子的时间长达十几个小时，通常都会一家人轮流守着炉子（图6），这才有过年的感觉。对于小朋友而言，一边看炉子一边烤番薯也是一件乐事。煮好的粽子一部分会送给亲戚好友，一部分在春节期间就可以用来当作早午晚餐或者招待客人。

图6 煮粽子

6. 年廿八——洗邋遢

习俗寓意:"邋遢"（lā ta）可以解释为污秽、肮脏的意思。而"年廿八，洗邋遢"的意思是年廿八这天把家的里里外外打扫干净，准备迎接新年。除此以外，洗邋遢还有将一切厄运、霉气统统随垃圾扫出门的意思。"财不入污门"，老广要赶在年前把"邋遢"洗掉，过年就无须再洗扫，不然好运也会跟着被扫出门。

习俗起源:"年廿八，洗邋遢"的起源可以追溯到商周时期的"驱疫鬼、祈安康"的宗教仪式。在古籍《吕览注》中记载:"岁除日，击鼓驱疠疫鬼，谓之逐除。"《秘奥造宅经》也记载了:"沟渠通浚，屋宇洁净，无秽气，不生瘟疫。"清代的《清嘉录》更讲道:"腊将残，择宪书（指历书）宜扫舍宇日，去庭户尘秽，或有在二十三日、二十四日及二十七日者，俗呼打埃尘。"

7. 年廿九前后——行花街

年宵花市，承载着广东市民对新年的期盼，历经百年。老广也曾有一个说法:"年卅晚行花街，行过花街才过年。"意思是没有去过除夕花市，这年就过得不完整。在广东人心里，"行花街"就是为了讨个好运气。鲜花象征着花开富贵，而金桔代表如意吉祥。现在"行花街"除了可以看花、买花外，更是广东人过年希望"行大运"的标志。

习俗起源:"行花街"是从古至今珠江三角洲人民相沿已久的民间习

俗，起源朝代无考。花市以穗（广州）、佛（佛山）、陈（顺德陈村）、龙（东莞石龙）四个古城镇起源最早。粤人素性爱花，加上广东气候暖湿，种花方便，城乡许多人家久有种花养花之习。每届新年岁首，赏花之风大兴，民间多有在除夕买年花的习俗。

一条大街，人头涌动，熙熙攘攘。挥动双手"骑膊马"的小孩，象征着新年好"意头"的被高高举起的鲜花，随风舞动的气球、风车，还有笑声、喧哗声充满了花街……广东"过年"习俗，通过"行花街"才真正体会得到。

8. 除夕——贴对联、年夜饭、守岁

除夕当天中午，佛山高明人会吃一顿濑粉。高明人对濑粉情有独钟，高明濑粉在2004年佛山市高明美食节中入选名小吃，并且当地自2006年起将每年的10月13日定为"高明濑粉节"。逢年过节或喜庆的日子，高明人的餐桌上都少不了濑粉。濑粉以手工制作为主，经热水烫好后加入猪骨汤，配料一般用葱、姜、蒜、花生、头菜丝、鸡蛋丝，再配以肉丝或煎香的鱼饼丝。虽然卖相普通，但朴实有内涵。

吃完中午饭，就开始贴对联了！在佛山，贴对联也就叫"贴门神"。

习俗起源：门神，中国民间传说中能捉鬼的神荼郁垒。东汉应劭的《风俗通》中引《黄帝书》说：上古的时候，有神荼、郁垒两兄弟，他们住在度朔山上。山上有一棵桃树，树荫如盖。每天早上，他们便在这树下检阅百鬼。如果有恶鬼为害人间，便将其绑了喂老虎。后来，人们便在两块桃木板上画上神荼、郁垒的画像，挂在门的两侧用来驱鬼避邪。在南朝梁宗懔索撰的《荆楚岁时记》中有记载：正月一日，"造桃板着户，谓之仙木，绘二神贴户左右，左神荼，右郁垒，俗谓门神"。然而，正史上记载的门神，却不是神荼、郁垒，而是古代的一个叫作成庆的勇士。在班固的《汉书·广川王传》一书中记载：广川王（去疾）的殿门上曾画有古勇士成庆的画像，身穿短衣大裤，手持长剑。到了唐代，门神的位置便被秦琼和尉迟恭所取代。

贴完对联，就开始准备晚上的年夜饭了。一年一次的年夜饭，家家户户都会摆上寓意吉祥的菜品：席上一般有鸡（寓意有计）、鱼类（寓意年年有余）、莲藕（寓意聪明）等菜品以求新年吉利。这也是对来年美好生活的期许。年夜饭，吃的是喜悦，品的是亲情，缕缕饭香中闻到的是家的味道。此外，年夜饭准备的菜量一般都很大，因为大年初一不能杀生，因此除夕的年夜饭会顺便把第二天的菜也准备了。

在佛山的农村地区，守岁的具体表现为在除夕夜的12点需要拜神和放鞭炮。鞭炮在佛山地区又称为"炮仗"。当新年钟声敲响时，各家各户就会点燃长长的鞭炮，在鞭炮声与绚丽的烟花中，迎来新的一年。

9. 年初一——醒狮采青

醒狮是佛山的优秀传统文化的重要组成部分，佛山醒狮属于中国狮舞中的南狮，被认为是驱邪避害的吉祥瑞物。每逢节庆，或有重大活动，必有醒狮助兴，佛山醒狮传承至今，长盛不衰、历代相传，已经成为佛山重要的文化标签。采青是舞狮活动的一个固定环节，是舞狮活动的高潮。在舞狮过程中，尤其春节期间，"狮子"通过一系列的套路表演，猎取悬挂于高处或置于盆中的"利是"，因"利是"往往伴以青菜（以生菜为多），故名"采青"（图7）。大年初一，各村庄会有醒狮采青的习俗，小朋友最是兴奋，尾随狮子到各家各户采青并"逗利是"（收红包）。

图7 醒狮采青

10. 年初二——回娘家

年初二早上拜完神之后就开年了，各家各户打扫鞭炮燃烧后余留的红色炮衣，搞完卫生，就开始买东西准备回娘家。

回娘家，又称"走娘家"，是一种很有特色的民间习俗，在正月初二这一天，出嫁的女儿要回娘家，而且要与丈夫同行，所以这一天又称为"迎婿日"或者"姑爷节"。在这一天，女婿要给岳父、岳母拜年，尽一份孝心，这也是中国人和谐家庭观的体现。哪个女儿不想娘，嫁得越远，越期盼过年回家看看。浓浓的亲情，不会因为距离而疏远，反而因为春节期间的相聚，变得更加厚重。

11. 年初十——起灯、升字

"起灯"是各村为本族在上一年（按农历）出生的男孩进行的一项宗族活动的仪式，也是佛山地区常见的一种人生礼俗（图8）。本族在上一年出生的男孩（按农历计算）要进行一项宗族活动仪式，俗称开灯，直至正月十五举行结灯，仪式方称完成。粤语里，"灯"与"丁"谐音，因此，开灯有传宗接代之意。开灯作为一项民间风俗，举行时间又适逢新年，所以极其隆重热闹。

图8 起灯

除了新出生的男孩有起灯这个仪式外，村中上一年结婚的男儿在初十这天也有"升字"这个仪式。"升字"相当于古人的加冠礼，并且会取字。结婚生子就意味着一个人将变成大人了，要学会担当。

12. 元宵节——行通济

行通济是广东省佛山市一带的传统民俗活动。每年元宵节及正月十六，数以万计的人齐集佛山通济桥前，呼朋唤友，或者一家老小，每人手持一个小风车，汇入拥挤的人潮，施施然迈过通济桥牌坊，口中默念"行通济，冇闭翳"，祈求时来运转，来年平平安安、顺顺利利。这种习俗源于明朝，至今已有几百年的历史。

"行通济，无闭翳"的谚语在佛山人人皆知，意思是走走通济桥，就没有烦恼、没有忧愁，事事顺利。"行通济"这一民间活动寄托着佛山人对生活的美好期盼和祝愿。

（二）新时代新年俗

1. "迎春杯"投篮比赛

在大力倡导体育运动的背景下，近年来，佛山一些地区在春节有了特别的活动——村际体育赛事，如崇步村委会的"迎春杯"投篮比赛（图9）。在年初一的当天，由当地行政村村委会组织下辖的七个自然村参与。项目有个人投篮、团体投篮、团体接力上篮。赛事参与门槛低，群众热情高涨。这些"迎春杯"的体育赛事起到了三个方面的作用：一是丰富了人民群众的春节娱乐生活，无论选择参赛还是观赛都能乐在其中；二是增进了村际友谊，促进了邻村的交流，有利于促进社会的和谐与稳定；三是"迎春杯"体育赛事既能给热爱运动的群众一个展示的平台，也有利于激发大家运动锻炼的热情。

图9 "迎春杯"投篮比赛

2. 趣味游园会

游园会也是近年来佛山各村落和社区兴起的又一项春节活动（图10）。游园会兼具趣味性和宣传教育意义，有适合男女老少的小游戏，并且将"年文化"、社会主义核心价值观以及当地的特色融入其中。全村上下齐参与，既有积极参与游戏的人员，也有加油打气的观众，还有美丽可爱的志愿者。游园会营造了吉祥欢乐的春节氛围，有利于增强乡村或社区的凝聚力。

图10　游园会

3. 春节周边游

随着人们生活水平的提高，佛山地区拥有小轿车的家庭越来越多，春节周边游愈发火爆。西樵山、南海影视城、清晖园、南国桃园、盈香生态园以及其他一些目的地成为佛山市民春节的好去处，一家人自驾到周边逛逛玩玩也是春节的一件乐事。值得一提的是，随着乡村振兴战略的实施，许多美丽乡村也成了市民出行的选择之一，这促进了乡村的发展。另外，美丽乡村的自然风景有利于增强游客爱护自然的意识，背后的红色文化也有助于社会主义核心价值观的培养。

4. 新媒体之趣

随着互联网的发展和移动手机的普及，自2014年春节至今，"抢红包"已经成为大部分国人春节的固定项目，也成为在新媒体时代的过年新民俗。从最早的微信红包到近几年每年都有的支付宝"集五福"红包，再到新推出的百度红包，抢红包的玩法日益多样化，除了风靡一时的"摇一摇"外，红包照片、口令红包、企业定制红包、短视频红包等新玩法极大地增强了人们

之间的互动乐趣。

以前过年回家,小伙伴们总会聚在一起打麻将、打牌、玩耍、放鞭炮。近几年来,年轻人的过年固定项目又多了一项——玩手机游戏。手机游戏的流行,迅速在年轻人们中形成了集聚效应,手机游戏的社交属性适合春节聚会这个场景,它能在人与人之间迅速搭建起沟通的桥梁。

(三)年文化的变迁

年文化的变迁也是时代和社会发展的鲜明体现。"迎春杯"、游园会、春节周边游反映了随着经济的发展,人们在自身物质生活得到满足后,对精神文明生活的追求。不论是传统习俗还是新时代新年俗,春节的内核都没有变。从小家团圆到大家团聚,从小我心愿到大国梦想,从家园故土到家国天下,春节牵动着悠悠乡愁,关系着人情冷暖,蕴藏着中华民族世代传承、绵延不断的精神密码。

四川省民间文艺家协会副主席李鉴踪将春节的内涵归结为:一颗感恩之心,一种团圆之乐,一个希望之梦。通过祭神祭祖,感恩天地护佑、祖先保佑,让我们在"衣食住行用"上得到了收获;通过亲人团圆,让我们尽享天伦之乐,尽情释放在"仁义礼孝和"方面的心理需求;通过贺春庆典,让我们于欢乐中憧憬在"福禄寿喜财"方面的人生理想和追求。

在我看来,团圆之乐是春节的核心内涵。许许多多的习俗皆因全家齐参与,或者全村全社区的参与而有了不同于平常的欢乐,是春节这么一个节日,让人们聚在了一起,喜庆、欢乐、祥和也便油然而生。在春节,人们得以享受和亲人团聚的时光,尽享天伦之乐。

三、面对面访谈——年味在逐年淡化吗?

本部分采用面对面访谈形式,围绕"年味是否在逐年淡化"这一话题,对13位佛山人进行了访谈,访谈内容均经过访谈人同意公开发布。为了保证数据来源的可靠性,访谈的人群覆盖了不同的年龄层次和社会身份,表1为访谈对象的基本信息。

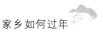

表1 受访者基本信息

称呼	年龄	居住地	社会身份
康婆婆	80岁左右	农村	家庭主妇
严婆婆	70岁左右	农村	农民
严公公	65岁左右	城市	退休人士
严先生A	55岁左右	农村	村干部家庭
邓先生	50岁左右	农村	个体户
江先生	45岁左右	城市	个体户
林小姐	35岁左右	城市	务工人员
严小姐A	30岁左右	农村	个体户
严小姐B	25岁左右	城市	务工人员
袁先生	20岁左右	城市	学生
严先生B	15岁左右	农村	学生
小朋友A	9岁	城市	学生
小朋友B	8岁	农村	学生

根据访谈结果，以上13位受访者的态度主要可以划分为年味变化不大、年龄增长论、现代发展冲击论三大类，接下来将分三小节讨论。

（一）年味变化不大

基于传统习俗仍在延续，部分老一辈或小朋友们觉得每年过年变化不大，过年的氛围还是一如既往。

> 我感觉每年过年都差不多，都是根据以前老一辈流传下来的传统习俗，每个日子该做什么就做什么。我自己每年过年都包粽子、炸煎堆、炒大团。平时大家都忙，要上班上学，过年放假可以一家人吃饭团团圆圆。
>
> ——康婆婆（80岁左右）

过年辞旧迎新，大家都高高兴兴的。贴门神、舞狮子、探亲戚，每年都一样。"年味逐年变淡"这个说法我自己不太认同。

——严公公（65岁左右）

过年可以和爸爸妈妈一起回乡下爷爷奶奶那里，回到村里很多小朋友一起玩很开心，还可以"逗利是"，看舞狮子，我喜欢过年，每年都很期待过年。

——小朋友A（9岁）

过年可以放假，可以"逗利是"，最开心的是可以放烟花，只有过年的时候才可以有机会放烟花。奶奶还会包粽子还有大团等各种吃的东西。

——小朋友B（8岁）

（二）年龄增长论

部分人认为年味在变淡，但认为这更多的是因为自身年龄的增长，导致过节的乐趣消失了，欢乐减少了。

我自身感觉到的是年味在变淡，但是传统习俗我倒觉得仍然在代代传承，只是年纪日渐增长，年复一年的，在我心里也就没有什么兴奋的感觉了。过年和普通的假期相差不大。

——江先生（45岁左右）

年味有在变淡，以前新年都穿新衣服，现在都无所谓了，小时候过年很多小朋友一起玩，有烧烟花放鞭炮，很开心。现在都30岁了，结婚了都要"派利是"了，也不会像以前那样玩得那么欢乐。但是我看我的小孩，他过年就很开心，所以我觉得年味变淡的原因可能是我自己年纪变大了。

——严小姐A（30岁左右）

现在我都不怎么喜欢过年了，一方面年纪大了被催婚，收利是也没有小时候那么兴奋了，广东这边过年的红包很朴素，五块钱十块钱，现在自己工作了，"利是钱"对我来说影响不大。过年也觉得没什么玩的，有时候会觉得无聊。

——严小姐B（25岁左右）

现在过年我基本都是在家里玩手机，现在这个年龄也很少说在村里四处蹦跶。

——严先生B（15岁左右）

（三）现代发展冲击论

随着生产力的发展，人们自行制作过年食品的热情在减弱，直接购买年货失去了制作过程的乐趣，过年的氛围有所淡化；随着互联网和手机的普及，大家在春节团聚期间都低头玩手机，使得春节亲情交流的作用减弱；随着物质生活的富裕，人们衣食丰足，过年的兴奋和期待感降低；城镇化的发展，农村的衰落，禁止燃放烟花鞭炮等都使得过年氛围弱化。

现在过年一切都简单很多了，近几年我自己都不炸煎堆了，直接去买。现在什么都有得卖，濑粉、粽子、团仔都可以买，自己弄也挺耗时间的。不过买的话就少了点过年的氛围了，旧时过年，一家人弄煎堆，小朋友一边炸一边吃，可高兴了。

——严婆婆（70岁左右）

我自己感觉随着科技的发展，尤其是手机技术的进步，年味在变淡。过年最重要的就是一家团聚，一大家子开开心心。现在大家过年聚在一起除了玩手机还是玩手机，人是聚在一起了，但是心却在网络世界里。

——严先生A（55岁左右）

以前大家都不知道多期待过年，旧时没什么吃的，过年的时候才能吃上一点肉，一年到头可能也只有过年才能穿上新衣服。现在随着经济的发展，人们生活逐渐富裕，想吃啥都有，衣服穿都穿不完，那么过年和平常日子差异就不大了，那种兴奋与期待就减弱了。

——邓先生（50岁左右）

我以前是在农村过年的，但是这五六年都在留在城市过年，城市过年没有什么年味，很多习俗都没有，而且在城市里面一个个家庭都各有各的世界，附近的邻居都是陌生的，没有像农村那样大家一起过年那么

热闹亲切。随着城镇化的推进，越来越多的人到城市安家，农村里面的人越来越少了，甚至过年回去也没有多少人，乡下的房子旧了住着也不太方便。

——林小姐（35岁左右）

以前除夕12点一到，烟花鞭炮响起，很有过年的氛围，现在出于环保原因，过年禁止放烟花鞭炮了，过年的气氛没那么好了，这件事挺无奈的，环保肯定是首位的，但是能否在环保和传承传统文化中找到平衡点呢？

——袁先生（20岁左右）

四、总结

本文以广东佛山地区为调研对象，首先介绍了佛山市的基本情况。佛山位于中国广东省中南部，地处珠江三角洲腹地。四五千年前，古百越族已在佛山一带生息、劳动、繁衍。宋代，先后有霍、陈、李、梁等70多个姓氏南迁至佛山定居，与百越土族居民融洽共处、同建家园，把佛山建成古之名镇、今之名城。在佛山劳动人民长期的生产、生活实践中，形成了有显著特色的、丰富多彩的风尚，相沿积习成俗，其中以春节习俗尤为突出。

接着本文通过走访调研，全面梳理了佛山地区春节习俗，其分为传统习俗和新时代新年俗。传统习俗主要包括：谢灶神、开油镬、蒸糕、还神、包粽子、洗邋遢、行花街、贴对联、年夜饭、守岁、醒狮采青、回娘家、起灯、升字以及行通济。随着时代的发展，"迎春杯"、趣味游园会、春节周边游、新媒体乐趣等新年俗涌现，折射出了社会的变迁。然而不论是传统习俗还是新时代新活动，春节的内核都没有变。从小家团圆到大家团聚，从小我心愿到大国梦想，从家园故土到家国天下，春节牵动着悠悠乡愁，关系着人情冷暖，蕴藏着中华民族世代传承、绵延不断的精神密码。

最后本文以面对面访谈的形式，探讨了"年味是否正逐年淡化"这一话题。13位不同年龄层及社会身份的受访者对此话题的态度可划分为年味变化不大、年龄增长论、现代发展冲击论这三大类。基于传统习俗仍在延续，部分老一辈或小朋友们觉得每年过年变化不大，过年的氛围还是一如既往；而持年龄增长论看法的受访者则认为年味确实在淡化，但是淡化的原因更多是由内因造成，也就是随着自身年龄增长，丧失了许多春节童趣；而持现代发展冲击论的受访者则认为年味的淡化是由生产力发展、移动互联网的发展、物质生活逐渐富裕、城镇化推进、农村衰落、出于环保禁放烟花鞭炮等外部因素导致的。

春节是中国最重要的传统节日之一，而佛山市在中国南方地区也具有一定的代表性，本文有望为大家研究佛山文化乃至南方文化提供一点有用的信息与启发。

过年的仪式
——对山东西南部过年习俗的记录

◇ 韩玉冰（社会学与人类学学院2019级本科生）

过年时，"山东人拜年的仪式感"登上了微博热搜榜，视频中，二十几个男性集体叩拜的情景引起网友热议。点赞数多的评论有"不能代表全山东，只是某些地方的风俗"，"跪拜长辈没有什么不妥，山东是孔孟之乡，孝顺父母"。视频中的跪拜礼仪究竟是白事礼仪还是过年礼仪？成为网友关注的热点。

我是山东济宁人，济宁位于山东省西南部。毫不夸张地说，济宁是最原汁原味地保留儒家传统礼仪的地区之一。今年过年，我在老家和外公家亲身体验了过年传统习俗。

过年，大概从农历腊月初八就开始着手准备，在我们当地，有这么一个俗语——"小孩小孩你别馋，过了腊八就是年"——也就是说，过了腊八，就快要进入"过年"的日子。大人们陆陆续续置办年货，准备走亲访友、祭祖敬天的事宜。小朋友是非常喜欢过年的——过年，意味着多样的年货，意味着平日里吃不到的猪肉、鸡肉、鱼肉，在过年之际，往往可以解馋一顿，吃一些"稀罕"的吃食。运气好的话，还能添些新衣。

姥姥向我讲述了舅舅小时候的故事。姥姥说，她过年煮好猪肉块，很大一条，有很多肥肉的那种。放在篮子里后，却总发现猪肉块儿少了，后来看到和别的小朋友一起玩儿的舅舅，一只手拎着一大条猪肉块，满手是油，正在咬着猪肉吃。那种猪肉块很是油腻，甚至猪毛还没剃光，煮得也不是很熟，但舅舅也喜欢吃，当时猪肉是稀罕物，小孩子都很爱吃。只有过年时能吃得上肉、吃得上花糕，它们带给人们的快乐，是时常能吃上肉的我们难以想象的。

腊八节这一天，我们要煮腊八粥（大概就是八宝粥）。姥姥说，煮腊八粥，是表示对儿女的疼爱，要把已经差不多长大成人的儿女们再"拉把拉把"（当地方言，"拉把"的意思约等于养育，"拉把"取自"腊八"的谐音），尤其是出嫁的闺女，要再接回娘家，再"拉把拉把"（抚养一下）。姥姥说，不管有没有闺女、儿子，腊八粥是一定要煮的，这是"习俗"。姥姥家每年腊八节这一天都会煮上腊八粥，但在我家，妈妈会先问我们想不想喝腊八粥，要是不想喝，往往就不煮了。在不同家庭里，腊八粥的习俗或多或少有些保留，但在受到实用主义影响的年轻人心中，实用慢慢取代了习俗，工具理性行动慢慢取代了传统行动，是否煮腊八粥更多的是取决于想不想喝。我不认为这是年味的缺失，也不认为这是我们丧失了初心的表征。这是我们生产进步和人民富裕带来的结果，当人们可以随时随地喝上腊八粥，过年时熬制腊八粥就没有那么必要了。因为，我们有了更多选择的权利，有了富足生活带来的更多自由。

按照过去的习俗，腊八节这一天，要买笤帚扫屋，把屋里打扫得干干净净，扫去过去一年的尘埃，有"扫旧迎新"的意味。但是现在，过年时，大家往往还有其他事情要忙，还有自己的本职工作要做，扫屋就不一定安排在腊八节这一天了。过了腊八节到年前的这段时间里，来一次大扫除，把家里打扫干净就可以了。年前的大扫除和平时的还有不少差别，扫屋一定要扫得细致，把角角落落都顾及。平时很少擦的窗户、玻璃门，过年时一定要擦得锃亮锃亮的——亮到什么地步呢？稍不留神，可能就撞在玻璃门上了。所以，有些家庭也会在擦玻璃门之后，在门上贴些字画图案，防止家人不注意，一头撞在门上。

过年，除夕和春节是两个最重要的日子，除此之外，还有两个小年，一个是腊月二十三的头年小年（年前，即除夕夜前的小年），一个是正月十五的小年。

过了腊月二十三，小年就算过了，年味儿越来越浓。

腊月二十三这一天，要"请天地神""请灶神"。"请天地神"就是在院子里（老式平房的堂院里）贴上天地牌，请求天地的保佑，希望在接下来一年里顺顺利利、平安富足。"请灶神"就是在厨房里贴上灶神灶老爷的牌子,请求灶老爷的保佑,希望在接下来的一年里好吃好喝、烧火不走火、做饭保平安。"天地牌"要贴在堂院,出了正屋(老式客厅)门东面的墙上,讲究"东为上首";灶神则要贴在厨房里,灶台靠着的墙上。

过了头年小年,按照习俗,要准备蒸馒头、豆包、糖包、花糕、年糕,以及过油——也就是将食材在油里炸过一遍,包括炸鱼、丸子、酥肉、酥鸡、藕夹,还要蒸大块肉。各种各样的年货该买的也要买了,亲戚朋友该走的也要走一遍。

在我小时候,每逢过年,姥姥一会要蒸花糕、豆包、糖包,再到后来,就会到村里专门卖花糕的店里买,近几年就很少蒸花糕或买花糕了。小时候见到的花糕,大多是将面捏成花一样的形状,上面放上枣,蒸出来很是漂亮,也很好吃。小时候,每逢花糕出炉,小孩子们就会一人分上一块儿,边玩儿边吃,一会儿一个花糕就分吃没了。

今年姥姥家没蒸花糕,但朋友家有蒸花糕的,蒸的形状还很是别致(图1)。小时候我没在姥姥家见过这样复杂的花糕,现在看来,虽然传统的花糕蒸得越来越少了,但花糕的模样却越来越丰富了。遗憾的是,今年姥姥也没有忙活做豆包、糖包、馒头了。

图1 朋友家蒸的花糕

虽然蒸花糕、豆包、糖包的近几年确实是少了,但过油、煮大块肉却是每年必不可少的。不管是在农村,还是在城市里,过油、煮大块肉、上供,这些都是固有而且继续在传承的习俗。今年,我在姥姥家亲历了这一盛况,妈妈、阿姨、舅舅齐聚姥姥家,为过油和煮大块肉而忙活着。

煮大块肉,顾名思义,就是煮肉时不把肉切成小块,不放盐、不放酱油，直接把大块大块的肉放在热水里煮。我一直以来都很疑惑，不明白为什么会这样煮肉，这样煮出来的肉，肉的内里不熟，也不入味儿，不可能直接吃。肉经煮过，储存期也变短了，很难多放点时间。这样一件一举两失的事情，实在不够理智。我问姥姥，她说，这是"习俗"。我继续追问，她跟我解释——大块大块的肉，表示很富足很富裕，煮的肉块越大，显得越富裕。这些肉煮了不是为了吃的，而是为了上供的，煮完之后要先给祖宗吃。如果不煮，用生肉上供，祖宗会嫌弃，生肉不好吃，祖宗就不吃了，祖宗不高兴，也不会保佑我们，我们要尊敬祖宗、尊敬三代宗亲。所以，煮上供用的肉，就是把大块肉稍微煮一下，不用很熟，外表看起来好吃就行，然后上供给祖宗。由于煮得也不是很熟，也方便其保存得更久。前文提到，舅舅幼时偷吃大猪肉块的故事，那种猪肉块大概就是这种。

以往过年的时候，煮大块肉之前，都要杀猪宰羊。现在，猪肉和羊肉基本都直接从超市里或集市上买了，几乎没有家庭还自家杀猪宰羊的了。

大块肉出锅后，要放鞭炮、烧香、上供。现在很少在煮完大块肉和过油后放一整挂的大鞭炮了，但在这时候大人也会让小朋友们拿着小鞭炮去放几个，响一响，也算是放了炮。烧香、点蜡烛、上供是必要的，烧香又叫"请香"，点蜡烛又叫"请蜡烛"，烧香有"香"，点蜡烛有"火"，烧香点蜡烛有"延续香火"的意思。按照习俗，一个香炉里要点单数的香，一般是三根，也有点五根。烧香的时候会把大块肉摆在神位前，表明有好吃的先给祖宗吃，以示尊敬祖先、不忘祖先。在屋里需要烧香上供敬祖先，同时，也要在堂院里烧香上供敬天地神，祈求天地神的保佑。

大锅肉煮完，就该过油了。过去过油，就是把鱼、丸子、酥肉、酥鸡、藕夹等在油里炸一遍。现在过油，会先熬制大骨汤，出锅的大骨汤里加几个鸡蛋，倒上面粉、搅拌均匀，把事先处理好、腌制好的鸡肉粒和猪肉粒倒进混合好的面糊里，再搅拌均匀，就可以用来炸丸子了。

丸子有素的、有肉的。肉丸子又有酥肉（丸子里面裹的猪肉粒）、酥鸡（丸子里面裹的鸡肉粒），两者主要差别是看面里包裹的东西。前几年过年时还会炸藕夹（藕片里面加上肉末，沾面粉沾鸡蛋液，放在油里炸），现在就很少炸了。现在炸丸子，比过去更讲究了，过去没有熬制大骨汤的，也没有往骨头汤里放鸡蛋的，而现在，为了炸出来的丸子更好吃，会用骨头汤加

鸡蛋来和面糊，这反映了人们的生活水平确实更好了。

除了炸丸子，人们过年还会炸鱼，既炸鲤鱼，也炸带鱼。带鱼是每年都会炸的，大概是因为炸好的带鱼既可以上供，又能直接吃，实用功能和仪式功能两者兼有，格外受人们的青睐。而且带鱼谐音"带余"，意味着将今年的富余带去下一年，年年有余，寄托着人们的希望，有着很好的寓意。以前过年时还会炸鲤鱼，把一整条鲤鱼稍做处理，放在油里稍微炸一下就捞出来，就可以用来上供了。这样炸出来的鲤鱼和前文所说的煮大块肉差不多，不放任何调味品，放在锅里稍微一炸，至表面泛黄就可以了，而内里是炸不熟的。只要鲤鱼表皮有些金色，看起来还是会让人很有食欲的，祖宗看着可以吃得下去就可以。另外，金灿灿的锦鲤，寓意格外好，人们也很喜欢。鲤鱼半熟不熟，也方便保存。因此，在过去，鲤鱼先过油，再用来上供，最后则被仔细处理、调味蒸煮然后供人享用，这是非常普遍的事情。近几年来，忌讳少了，很多家庭不会把鱼炸一炸再上供了，直接采用生鱼上供，生鱼也更方便保存，总而言之，实用确实取代了很多的仪式。

为什么过年要炸鱼、炸丸子呢？为什么要"过油"？这也是有讲究的，油炸有着"富得流油"的意味，是一种很好的寓意。油炸品经过各种加工处理，炸出来也很香、很好吃，敬给天地神和三代宗亲也很有面子，且有尊敬之意。

不管是炸什么，炸出来的第一件事是烧香上供，要把出锅的第一碗敬给祖先和天地神享用（图2），人们吃后面出锅的食物。姥姥说，在过去，小孩子都很馋出锅的第一碗食物，放在边上，太过诱人，小孩子们迫不及待地想吃，大人在这时就会吓唬小孩子，如果第一碗食物不先敬给三代宗亲和天地神，被小孩子偷吃了，偷吃的小孩子就会肿嘴。大家敬祖和敬天地之意，哪怕在对孩子们的疼爱面前，也不会缺席。

我还特意观察了用来烧香的"香篓子"（方言，指香炉），除了外形和颜色很独特，里面填装的东西也很有讲究，香炉里面刚燃尽的香灰主要是麦麸，还会加一些五谷杂粮（比如黄豆、绿豆、红豆）。麦麸在我们这里又叫"麸子"，"麸"音同"福"，有着好寓意。里面加五谷杂粮，则是为了证明上供的一家人非常富裕，不仅活着的人有吃的有喝的，还有剩的，可以用来插香。

图2　第一锅丸子敬给三代宗亲和天地神

过了煮大块肉和过油的大日子,离除夕也就不远了。除夕可能是农历二十九,也可能是农历三十,这取决于这一年有没有农历三十。具体于今年则有农历三十,故除夕在农历三十这一天。

在农历三十的中午上坟之前,要先把春联贴好。但如果农历三十这天太忙,也可以农历二十九贴春联,有些家庭也会贴门神。贴春联对于每家每户都是必不可少的,往年我们家都是自己写春联,也会有人家买春联贴。但也有些例外情况。今年,我家和外公家都没有贴春联。我家有老年人去世了,三年之内是不能贴春联的。外公家今年有人结婚,在新人结婚时已经贴了喜联,过年就不再另贴春联了。

除夕中午12点之后,要去上坟。上坟,就是去三代宗亲的坟前三叩九拜,三叩九拜的意思是"把已经去世的亲人请回家里,和现世的人们共度佳节"。因此,在我们这里,"上坟"又叫"请老"。尽管有很多家庭省去了过年前的一些烦琐的礼节和仪式,但"请老"是家家户户都保留的习俗。对老人的敬意、对三代宗亲的爱戴、对亲情以及一家人团团圆圆共聚一堂的渴望永远在人们心中留存。也许,我们可以把扫屋省掉,是因为我们已经实现了家家户户的干净整洁。我们可以把煮腊八粥、蒸花糕、过油和煮大块肉省掉,是因为我们已经实现了家家户户有小康生活。但对于家庭与家族的团结与团聚、对于亲情的渴望、对于老人的爱戴,却永远留存在中国人的心中,永远难忘。

"上坟请老"只有家里的男性可以去,而且按照传统,家族里绝大多数男性都必须去。文章最开头,微博头条视频中展现的跪拜礼,其实就是上坟请老的场面,那不是白事,而是鲁西南地区过年的风俗。上坟在鲁西南地区,不仅是有人过世时要做的事情,而且在每个重大的节日或有家庭大事时,祭祖上坟敬天神、三叩九拜等礼仪都必不可少。上坟的人越多,代表家族越兴旺、人丁越旺盛。从文章开头提到的场面可以看出,行跪拜礼的这个家族人丁不少,是一个比较繁荣旺盛的家族。据我了解,在南方很多地区,没有这种上坟请老的礼仪,南方大都是在祠堂祭拜祖先,这种祠堂大都是供一个地区的同姓氏人士统一祭拜的,规模比较大,而且还会有不同的祠堂等级。这可能和南北方家族大小有关,北方大多是一些规模较小的家族。因此,在北方,尤其是在鲁西南地区,由于缺少大规模的家族,很难建立起供一个地区统一祭拜的宗祠,于是都选择在自家祖先的坟墓祭拜。这一点可能也体现在北方村落很少有百人舞狮、请土地神等大型活动中。

除夕这一天,男人上坟请老的时候,女人往往已经包好饺子了。下午的时候,一家人会齐齐聚在一起吃饺子。饺子里面的馅料很足,包出来的形状很饱满、好看,外形近似古代的金元宝,这是一种好寓意,蕴含着人们对美好生活的向往和期待。在过去,还会有一些特殊馅料的饺子——包钱的饺子、包糖的饺子、包麦麸的饺子,很有意思。吃到包钱的饺子,寓意着钱多多,一年都有钱花;吃到包糖的饺子,寓意着甜甜蜜蜜的幸福;吃到包麦麸的饺子,则有福多多的意思。在吃饺子的时候,男人们还会把鞭炮放上,一来欢迎刚刚迎来的祖先,二来是庆祝一家人的团聚。农村放的鞭炮,都是大盘的鞭炮(图3),鞭炮放得越久越有气势、寓意越好。

图3 大盘鞭炮

除夕这天晚上,有一次正式的上供(图4),人们要在家里最大的桌子上,摆上香蕉、橙子、苹果、火龙果等水果,还有整只鸡、整条鲤鱼、几大块肉,还有过年炸好的丸子以及买好的瓜子、坚果、糖果都要摆好,馒头、豆包、糖包、花糕等如果准备了的话也要摆上。香蕉、橙子、苹果、火龙果的个数也是有讲究的，必须是单数的，摆盘的时候垒起来摆，显得好看，也很有仪式感。上供的物品是为了侍奉三代宗亲，也是为了侍奉财神老爷和天地神明，我们吃的，祖先和神明都要吃，这是我们对祖先和神明最真诚的敬意。这些贡品也有着丰富的寓意，香蕉有香的意思，橙子则有着金灿灿的富贵模样，苹果寓意着平安，火龙果寓意着红火，大块肉是富裕充盈的表现，鸡是"吉祥如意"中"吉"的谐音，鲤鱼则有着鲤鱼跃龙门的意思。除了这些贡品，上供的时候还要给祖先点香磕头，倒一杯白酒。倒好白酒，要先洒一点在地上，让地下的祖先品尝，以敬祖先，表达对祖先的怀念。需要指出的是，倒白酒时洒一点在地上，这并不是春节独有的习俗，平时老年人喝酒前，都会先洒一点在地上，表示先给祖先喝，再给自己喝。

图4　除夕晚上的上供

除夕的晚上，要把家里的灯全部打开，家家户户灯火通明的。在农村，有些家庭还会在堂院的二楼挂上小灯，在晚上打开，很是好看。

过了除夕深夜12点，也就是大年初一凌晨0点，就要正式地迎接新年了。刚过深夜12点，各家各户都会放鞭炮和烟花，此时，整个村子都是鞭炮的响声以及烟花绽放的声音。

正月初一是要早起的，起床之后，老人通常会倒上几杯水，水里放点糖，给年轻人喝，表示希望年轻人甜甜蜜蜜过一年。之后，一家人要聚在一起吃饺子，过年的第一顿饭不能动菜刀，所以饺子的馅料通常是在除夕就准备好的。第一顿饭也不能食荤腥，要吃素水饺，表示素素静静过一年。

在农村，吃过早饭之后要去拜年，把自己的大家族都拜访一遍，村子里的家家户户，凡是认识的，都会互相串个门、拜年，说声"过年好"。年轻人要给年长的人磕头，尤其是老人，是一定要磕头的，如果串门时，老年

人出门了,也要向着老人经常坐卧的地方磕头,代表向这个老人磕头了。长辈也要给磕头的小孩子压岁钱或者糖果、瓜子、花生之类的零食。父母在过年前都会给小孩子压岁钱,睡觉时放在枕头下面,压压岁,是又长了一岁,新的一岁也要平安的意思。压岁钱只有小孩子能领到,一般成年了,就不会再有长辈给压岁钱了。到了别人家,看到人家的三代宗亲神位,也是要磕头的。

鲁西南农村确实有很多磕头的习惯,这不能简单笼统地站在现代化的角度认为这些磕头是落后的传统,在那些严格履行着磕头仪式的人们的心里,这些行为是表达对老人和逝去的人的尊敬和爱戴,这和中国古代敬老爱老的观念是分不开的。

新年的头几天,是有很多禁忌的。农历正月初五之前,要小心翼翼的,不能摔东西,新的一年开始就摔坏东西,是不好的兆头,万一摔碎了东西,要立即说"岁岁平安"。正月里,也不能剃头发(在我们这里,剃头的方言是"理头"),因为"理头""方舅舅","方舅舅"就是克舅舅的意思,对舅舅不好。在过年之前,妈妈还会把剪子藏起来,不让我们正月十五前用剪子,因为剪子是破坏之物,容易伤人,也不是好兆头。正月的前几天,也不能借别人家的东西,这也是不好的。总之,过年一定要讲究好兆头,对于那些有不好寓意、有不好兆头的东西,要尽可能避免。

年后的小年——正月十五,也很是特别。正月十五这天晚上,要放鞭炮,送三代宗亲神位,烧天地神位,把家里的祖宗神仙送走;按照习俗,十五这天还要放烟花、看花灯。

过了正月十五,新年就大概过完了,大多数仪式就基本完成了。但还有一些习俗还没有结束。比如,我们这里有一句俗语,叫作"二月二,撒香灰,蝎子蚰蜒死成堆"。意思是,农历二月二的时候,还要在院子里撒香灰,将蝎子、蚰蜒(两种害虫)熏死,彻底完成新年的大清洁。

在我们这里,过年时,走亲访友其实没有太多的规定,过了腊月就可以走亲戚了。一般来说,新亲(刚结婚形成的亲戚)或是定亲但没结婚的亲戚都要早点去拜访,而去其他亲戚家的时间就比较随意了。过年走亲戚,大概就是去亲近的人家里串串门。过年仿佛就是一个联结亲朋好友的机会,一个相聚的机会。年近的几天,亲朋好友互相串门的就不少,现在大家居住的距离远了，走亲访友的也不是很多。大多是年轻晚辈去长辈家看望老人，通常会带些年货、牛奶、鸡蛋等礼品，如果老人家里有小孩，有时也会买些零食。最常见的是带年货和礼品的同时，再给些现金，现金的数额通常会根据长辈的亲近程度给，少则三五百，多则几千块。近几年网络红包很发达，也有一些人会图方便，直接微信转账。家里如果有人去世，过年时需要少走亲访友，只去看望亲近的长辈。

有些人觉得年味淡了，没有过年的体验了。这也许是因为新年仪式带来的体验感逐渐少了，新年的独特性没有那么突出了。那些逐渐消失的新年仪式，其实是人们对幸福生活的热切渴望和忠实追求的体现。过去的我们，按照一代代的传统，按照最淳朴的信仰，兢兢业业、刻苦生活，在新年的仪式里向祖先表达我们的尊敬，向祖先和神明祈求保佑。在过去并不富足的时代里，新年带给我们无限的希望。在那些过去的日子里，我们借新年的机会吃些好的，一家人团聚，表达我们对幸福生活最深切的渴望。

"年味淡了"，意味着信仰的退化和价值的缺失吗？我并不这么认为。在今天，物质丰盈的今天，我们已然实现了过去期望的富足生活，我们每天都可以痛痛快快地吃、痛痛快快地玩乐。过年，似乎没有那么独特了。这难道不是好事？物质丰盈的今天，我们那些最朴素的愿望已经实现，我们通过自己的劳动实现了吃得饱、穿得暖的生活，已然不需要向神明祈祷获得食物……

我们也需要注意，过年的仪式虽然少了，但对祖先和对老人的尊敬却从来没有消逝。对家庭的团聚、对亲情的渴望、对老人的爱戴，永远留存在我们中国人的心中，永远难忘。我们在清明节可以祭祖，我们在春节也可以祭祖，我们在生活的每一天，都怀念着我们的祖先、思念着我们的亲人。时代在变，但亲情的纽带没有变。

当我们再次回到过年的仪式中去寻找，去探索仪式的意义，也许会有这样一种感觉：过年的仪式虽然少了，但人们对美好生活的祝愿没有少。我们依旧不忘过去、祝福将来。时光的年轮中，我们期待着更美好、更光明的事物的出现。那些逐渐消失的仪式，仅以纪念我们过去并不富裕却淳朴的时光。

嵌入社会的"年":年俗变迁及其机制

◇ 邱丽(哲学系2017级博士生)

引 言

我的家乡坐落在江西省萍乡市上栗县关下村,地处丘陵地带,民风颇为淳朴。要说寒假回家让我感触最深的,莫过于过年的习俗。春节作为中国的传统节日,既是在地父老乡亲们的狂欢,也是在外游子心心念念的归期。在与父辈们交谈的话语间,我也深切地感受到"年"的意味及其内涵蕴含在时代发展和社会变迁的脉搏之中,并发生了天翻地覆的变化。所有的变化,可通过过年的仪式窥探一二。因此,本文主要介绍家乡过年的仪式及其变迁,分析过年仪式变迁背后的原因,再以家乡年俗变迁为窗口来理解农民的家庭、乡村社会的变迁。

一、"年味正浓":1980—2000年的过年习俗

(一)家庭仪式的年味浓

1. 做准备:细心布置

传统意义上,我们中国人有"过了腊八就是年"的说法。我们家乡的"年"一般都是从腊月二十四的"小年"开始。小年伊始需为过大年做准备,布置家里环境。

其一,除尘,打扫家庭卫生。按照老一辈的说法,因"尘"与"陈"读音一致,取谐音,小年除尘有"除旧布新"之意。小年来临,家家户户都要

打扫房子，拖地、搞卫生、清理窗户灰尘、清洗锅碗瓢盆等器具。这一仪式背后的用意是通过破除旧的、不好的环境，塑造新的环境，具有辞旧迎新的美好愿望。

其二，贴春联、贴福字。"春联"在我们的方言里又叫"对子"，凡家里举行红白喜事和过年时均会贴"对子"。"对子"所用纸张在不同的环境下有不同的要求，白事以白纸写，红事和过年均用红纸。红纸有吉祥、辟邪之意。因此，春节的"对子"均用红纸张贴，因春节而张贴的"对子"也叫"春联"。在贴春联的同时，家里会在门窗上贴上大大小小的"福"字。村民认为在家里贴上大大小小的"福"字能够在来年获得福气和福运，这寄托了人们对幸福生活的向往。

2. 吃：自给自足备年货

自我有记忆开始，聚餐便成为过年仪式的"主线"。过年吃饭，不仅仅出于生理的需求，还具有诸多社会性内涵。因为"春节"吃饭不同于我们平常的一日三餐，其对于食物的要求以及吃饭的行为具有一定的规定性。什么时候吃？吃什么？和谁吃？这些问题，农民都安排得明明白白。

其一，备年货。按照家乡的习俗，过年前需要备"年货"，年货大部分都是食物。食物的种类、数量和来源都是村民需要考虑的。

从20世纪80年代开始，农民过年一般会杀猪、杀自养家禽，菜园里备有新鲜蔬菜。20世纪八九十年代的村庄，经济条件较好的家庭，一般自备年猪。杀年猪时会给家里留50～60斤好肉，以板油炼制猪油，用于招待宾客。据村里长辈说，以前没有冰箱，为便于保存，会将肉加盐腌制加工做成腊肉。家乡地处丘陵山区，每家每户有山林，山里树木林立，提供了充足的柴火，便于熏腊肉。用柴火熏干的腊肉无须上酱油即色泽红润，还保存了独特的烟熏味道。上大学以后，我接触到来自全国各地的同学，发现很多平原地区的腊肉并不用烟熏，而是通过风干，以阳光晒制。但无论通过何种方式加工，都可以延长肉的保质期。腊肉的种类众多，除猪肉以外，还有鸡肉、鱼肉、鸭肉、牛肉等，而腊肉也成为过年必备的经典菜系。腊肉较多的家庭，从春节吃到端午都吃不完，正好可以包腊肉粽子。于大部分农民而言，土地是满足他们基本生存需求的保障，因为农民可以通过自己的劳动耕作播种，秋收冬藏。冬季白雪皑皑的时候，农民房前屋后的自留地里，都有大白菜、上海青、香菜、大蒜、莴笋等较耐寒的蔬菜。这些蔬菜也是年货的重要成员。

除了备菜之外，过年必不可少的是"果子"，主要由各种零食组成。做果子，是为了庆祝一年一度的大节。20世纪90年代中期以前，物资相对匮乏，家家户户都是自己制作"果子"，主要通过自己种植农产品，自己加工制作。父亲那一辈人过年的时候都要忙很久，他们制作冻米糖，将自家种植的米放锅内做成炒米，再将番薯放到锅里长时间地熬煮，取其糖，熬糖浆。将炒米倒入糖浆内，放到特制的模具中，待糖浆凝固，用刀切片，每家都会制作20~30斤冻米糖。他们还会将玉米晒干炒爆米花，晒红薯皮。晒蔬菜干，加盐、糖、辣椒粉等调制成"盐果子"。在丘陵山区，每家每户的田地都不多，但是都会种一分田左右的糯米，因为糯米可以磨成糯米粉，用于做各种零食、做甜酒、做糯米饭，用于招待客人。糯米有独特的黏性，不便于消化，这使得吃糯米饭更有饱腹感。

其二，吃年饭。于多子且兄弟关系和睦的家庭而言，每到年关，便要轮流在兄弟家中吃饭。兄弟多的家庭，从腊月二十四过小年之后，便开始聚餐吃年饭。父母则轮流在各个儿子家过年，因为一般来说，父母在多子家庭里面大部分是轮流赡养的。譬如我的父辈是20世纪60年代出生的人，他们这一代人兄弟姐妹较多，过年都是在兄弟的家轮流吃饭的。而嫁出去的女儿，则不能回娘家过年，尤其有兄弟的只能在婆家，据说女儿回家过年会对兄弟家庭的发展不利。这一习俗是母亲告知我的，在他们那个年代有特定的意义。一是由于以前家庭子女众多，物资匮乏，嫁出去的女儿回娘家过年，拖家带口，需要吃娘家很多食物，也容易引起兄弟家庭和姑嫂之间的矛盾；二是由于传统社会有"嫁出去的女儿，泼出去的水"的说法，女儿出嫁之后，父母希望她在婆家侍奉公婆，承担作为他人妻子、母亲、儿媳的职责，不让出嫁的女儿回家是希望她死心塌地在夫家扎根结果，一心一意维系和巩固自己的新家。这一习俗在"60后"的身上还有体现，但是"70后""80后""90后"已经没有遵循了。除了和谁吃之外，吃什么也有讲究。吃年夜饭，腊肉和鱼是一定要吃的。虽然现在冰箱在农村已经普及，腊肉也随时能通过市场化渠道购买，但是过年吃腊肉的习俗还一直保留下来，腊肉也成为"过年"具有象征性意义的食物。吃鱼则表示"年年有余"。此外，还有一种叫"酿豆腐"的食物，不同于客家"酿豆腐"包裹肉馅儿，食之咸鲜。家乡的"酿豆腐"是由油炸的豆腐皮包裹糯米粉制成，而后裹上糖浆，甜香味象征着来年生活要"甜甜蜜蜜"。以上为过年必吃的有象征意义的食物。

3. 穿："过年添新衣"

父亲说，他们那一辈人年轻时最喜欢的就是过年，小孩更甚。因为过年于农民而言，是难得的农闲时间，"过年有肉吃，过年添新衣"。20世纪90年代中期以前，农民都是自己缝制衣服。经济条件稍好的家庭，一年可以添置两套衣服，经济条件稍差的家庭一般只在年前添置一套衣服。过年穿新衣也有"辞旧迎新"之意。那时候市场经济不发达，农民会"扯洋布"（买比较耐用、耐磨的布料），叫裁缝上家里做一套，一般选择自己喜欢的款式，不过裁缝能提供的款式也是有限的，农民就在他提供的款式里面选。由于有"过年添新衣"的习俗，过年时村里的裁缝都忙不过来。据笔者了解，周边20世纪60年代出生的女性，在出嫁之前基本都学过裁缝。母亲未嫁之前也跟着师傅学过裁缝，成家之后，这项技能已不再向外"输出"，但她还是会服务于我们家庭成员，我小时候穿的部分衣服就是出自母亲之手。

（二）公共性仪式的丰富多样

如果说，农民围绕过年而产生的"吃""穿""做布置"等行为，属于他们家庭内部的私人性仪式的话，那么，农民为了过年而举办的一系列休闲娱乐活动，则超越了农民家庭的范围，具有公共性仪式活动的性质。典型的有打春锣、"耍灯"等。

其一，打春锣。家乡的春锣是由报春演变出来的，春节之后报春人会身背锣鼓，挨家挨户地去告诉人们当年的节气或者季节，提醒人们及时播种耕种，现在则演变成向人恭贺新年的一种民间艺术。春锣以说唱的方式表演，表演者身穿红衣，走家串户，以方言说唱好的祝愿。表演完后每家会给打春锣的人一个红包，红包金额跟随自己的心意，可大可小。

其二，"耍灯"。正月里还有诸多民间艺术，主要包括狮灯、龙灯、牛灯、傩文化等，主要用于庆贺新年。萍乡是傩文化之乡，也是中国傩文化的起源地，可追溯到殷商。傩文化是一种远古的原始文化，"傩"是指人避其难的称谓，意为"惊驱疫疠之鬼"。在家乡，很多人把"傩神"供奉起来，作为一种信仰，意味着神灵会保佑全家大小事事顺利。龙灯即舞龙，一般从大年初一开始。狮灯则包括两种，一种是"红面狮子"，有庆祝的含义，专门庆祝过年，过完元宵便不玩了。另一种是"青面狮子"，其相当于一种"武技"，从时间上看，可以玩一整年。2000年以前，村民均从事农业生产，过完元宵，就要准备春耕的事务，需清理沟渠等。因此，极少有人去玩"青面狮子"。就牛灯而言，一般可以从除夕玩到出"上七"（即正月初七，意为元宵的一半）。当问及为什么用牛，而不用其他动物时，长辈们说，牛灯是跟农业生产相关的，因为农业生产需要依靠牛耕田，所以牛很重要。由于牛是农民重要的生产资料，"耍牛灯"是希望来年的农业生产风调雨顺，也是向勤勤恳恳的牛致以感谢之意。于是"耍牛灯"便成为具有象征性意义的仪式。以上的活动会在村域范围内挨家挨户地进行，所到之处都会敲锣打鼓，燃放鞭炮，整个正月里都是一片欢腾，喜气洋洋。当然，这些活动一般都是在村庄里由专人组织的，组织者是村里稍年长的人，他们平时也可能主持红白喜事。春节里主持活动、"耍灯"的则一般都是活泼爱玩的年轻男性，因为需要一定的体力和技巧。

简言之，从20世纪80年代至2000年，过年的习俗有三个典型的特征。其一，过年的仪式丰富、多样；其二，过年的物资自给程度高；其三，农民在过年仪式中的参与度高。以上三个特点，表现了农民过年的"年味"浓厚。

二、"年味变淡"：新时代过年习俗的变迁

调研发现，人们频繁提到的一句话是"年味变淡"，尤其是在近20年以来。因此，我一直在思考，什么叫"年味"。经过访谈，我发现所谓"年味"即过年特有的"味道"。"味道"一方面与食物相关，体现在农民备年货中；另一方面，指个体围绕过年的特定事件做出的行为。两者共同构成"年"的含义，并需要通过"备年货"等"特定行为"获得外在表达，而这些东西组合在一起称为过年的"仪式"或者"习俗"。因此，本节笔者想展现近20年以来家乡过年的习俗及其变迁，以理解何谓"年味变淡"。

（一）家庭仪式的简化

家庭内部的仪式总结来说主要是物质层面的吃、穿、贴春联等，其呈现出商品化、仪式简化的特点。

其一，就吃穿而言，当下过年的习俗，农民说自己"吃穿不愁""天天像过年"。20世纪90年代中期以前，村里还没有人外出务工，基本都从事在地化的职业。农民的年货基本靠自制，做果子的习俗得以延续到20世纪90年代中期，此后较少有人自己做。一方面，经历从计划经济到市场经济的转型之后，市场上的产品逐渐丰富，开始销售农民过年所需的年货。另一方面，20世纪90年代以后，农民开始通过外出务工等方式，获得更多的经济收入，购买力增强，有能力在市场中购买年货。家乡的乡镇每月逢三赶集，小年前一天，农民会趁腊月二十三赶集时购买年货。大约2010年后，"80后"成为当家的主力，他们是村庄里相对年轻的一代，与父辈相比，接触过更高层次的消费。他们购买年货不再满足于集市的"地摊货"，而是去县城的超市里面购买包装更加精美、价格更贵的零食和水果，到菜市场去购买肉菜。近两年来，农村淘宝和社区团购兴起，通过手机微信小程序，以及村里的买菜群可以线上买菜，这简化了农民完成过年仪式的程序。

其二，就贴春联而言。20世纪八九十年代，农村的春联一般通过村庄的"文化人"手写，2000年以后，一般通过市场购买、商场赠送便可获得。商品化的渠道虽然可以快捷、简便地满足农民的需求，但是在贴春联等仪式商品化以后，农村社会的文化人也被取代了。由于没有村民找他们帮忙写春联，他们练字的积极性也减弱了。

（二）公共性仪式的变迁

公共仪式包括各种展演和"耍灯"、打春锣等文娱活动，这类文娱活动最主要的功能是休闲娱乐、热闹气氛。因此，传统的文娱活动都是通俗易懂的，且与农民的生产生活贴近，譬如春锣便是采用方言进行演出的。然而，自2000年，这类活动的总体变迁具有以下特点。

其一，文艺活动减少，大众传媒渗入。当前，龙灯、狮灯、春锣等文艺活动鲜见。以上文艺活动减少后，农民春节的闲暇时间需要以其他的方式来

度过。随着大众传媒和无线网络等现代技术的发展,抖音、快手等软件凭借其低门槛、内容丰富等特征,为农村人民提供了休闲娱乐的平台。调查中,农民纷纷表示:"现在只要有一部手机,什么都能看。"农村中老年群体,主要通过手机玩抖音、快手等平台来打发闲暇时间。青年人通过手机聊天、看电视剧,儿童、青少年也比较少外出串门,一般抱着手机玩游戏。手机和互联网所构筑起来的现代化虚拟世界,为不同年龄阶段和不同文化层次的个体提供了丰富、多样化的休闲娱乐空间。甚至过年打牌、打麻将等活动,也有不少人改用手机进行。

其二,公共性仪式减少,文艺活动从公共性娱乐转向私人性娱乐。文艺活动具有组织性,尤其强调农民的参与性和大众化;也正是农民的广泛参与,使其具有公共性。如今,基于传统农业文化以及通过基层组织网络举办的农村公共文艺活动的减少,使得农民缺少可参与的公共活动,其娱乐活动变得更加具有私人性和个性化特征。

其三,公共娱乐活动追求"现代化"。何谓"现代化",农民的理解是"潮流""和城里人一样"。尤其是青年人群体,他们不理解农村传统文艺活动的内涵,在现代社会建构下不具备传统文化的审美。一位同龄的朋友告诉我:"我听春锣觉得有点尴尬,无法从这种'土味娱乐方式'中获得乐趣。"在城乡交融、流动性加大的背景下,农民通过多样化的途径习得市场化的文化、城市的文化。大部分时候,农民即使不懂城市文化的深刻内涵,却能习得部分城市生活方式。譬如,现在过春节时,农民开始外出旅游:条件好的想到海南、广州等天气暖和的地方去旅游,不具备条件的便选择近距离的乡村旅游。这一方面与近几年国家推行的精准扶贫、乡村振兴战略,发展乡村旅游的宣传和带动相关;另一方面,这也是农民在城市化的过程中,习得的城市化的生活方式。

然而,农民也有矛盾的一面。一方面,他们努力追逐现代化,尽自己最大的努力实现城市化,努力通过教育等方式为子代在城市购房,在生活方面向城里人"看齐";另一方面,他们又在不断回头看传统文化,并表达出对其的留恋,不少农民总在感慨"年味变淡了"。这既是客观事实陈述,也蕴含了他们朴素的情感。尤其是20世纪60年代及以前出生的人,他们有属于自己特定的参照系,并以此对比着不同年代的年俗。

简而言之，在市场化、商品化程度增强的背景下，农民的购买能力增强。一方面，这赋予农民便利性，使得他们无须事事亲力亲为，对过年的参与性减弱，对过年的体悟和感触减弱；另一方面，曾经在过年才能获得的特定食物、新衣以及场景布置不再是稀缺产品，这类物质与"年"之间的勾连性减弱，而成为常规化的产品，这使得足以承载过年的"仪式"减少，农民自然感叹"年味变淡"。

三、年俗变迁的原因

（一）商品化消解年俗的象征性意义

传统的家庭仪式，包括家庭布置、吃、穿等物质层面的传统仪式，在商品化背景下的象征性意义减弱。

其一，就家庭布置而言，收拾家庭等事务日渐常规化，春联可以通过市场化的方式购买。20世纪八九十年代，农民会自己书写对联，一方面，能够直观地展示书写者的文字，字好的人家容易获得他人的称赞；另一方面，自己书写能够将个体对来年的展望和美好的预期以文字的形式表达出来。因此，每家每户会根据自己的职业、身份书写不同的内容。做生意的人希望来年生意兴隆，家中有求学孩子的望子成龙，从事农业的希望风调雨顺。整体而言，个人书写春联成为一项具有象征性意义的事情。为保证春联能够稳稳地贴在墙上，一年都不掉落，村里妇女们还会细致地熬好米糊，用其将春联贴在墙上。当前，随着市场化程度的增强，农民花少数的钱便可从市场上获得不同款式、不同内容的春联，甚至有的商场到年终为吸引顾客，在顾客购买商品、充值话费等间隙，便为他们送上制作精美的春联、台历等，这也使得村里年轻人并不在意书法的展示。因此，商业化和市场化发达的背景下，春联和过年场景的布置，并不太体现个体家庭的特殊性，这使得通过贴春联展示自我的象征性意义弱化。

其二，备年货开始以网络购物代替自主制作，农民的参与性减弱。以往农民备年货并非只是年关所至才开展的一项工作，它还关联了农业生产的整个春夏秋冬。农民制作年货的原材料来源于年前辛勤耕作所得的农产品，他

们将农产品制作成零食以招待客人。一方面,年货蕴含了农民辛勤的劳作,参与其中是重要的生命体验,农民通过参与得以体会"年"的意义;另一方面,年货能够展示农民加工制作的手艺,果子制作得精美、口感好的家庭,家中女性能够得到村里人的称赞。由此,年货以其参与性和展示性,获得了农民的重视。农民在参与中感受农业劳作的不易,体会农业收获的喜悦;在展示和分享年货的过程中,将这份喜悦传递,并获得来自村庄社会的赞美。这种赞美是农民个体对接村庄社会和他者的重要资源:年轻的女性会向年长的女性请教如何制作果子,往往果子制作得好的女性,也是勤奋、持家的典型代表,这成为农业社会中重要的象征资本。

然而,在商业化和市场化背景下,农民通过货币购买市场上琳琅满目的商品,用不同种类的零食招待客人。条件好的家庭购买零食以"求新""求异""求贵"为标准,而零食中尤其以开心果、巴旦木、松子、巧克力等坚果糖果为主,辅之以其他水果。家庭条件稍差的家庭,根据自己的经济条件购买年货,可选择的也很多。从自己制作到市场购买的过程中,农民的参与性减弱,年货与农业生产、个体手工技术彰显的象征性意义减弱。这一阶段,年货能够体现的是农民的货币购买力,当然,在经济分化不大的乡村社会中,年货的阶层差异性不是很明显,具有趋同性。

其三,农民穿衣由"过年添新衣"到"天天像过年"。与农民食用的年货具有逻辑一致性的是农民过年穿新衣的习俗。村里人说:"以前就盼望着过年,因为过年有新衣服穿,现在都不缺衣服,天天像过年。"以往农民以过年为契机,通过添置新衣来犒劳自己一年的劳动;现在购买新衣的渠道多了,农民的购买力也强了,农民便不必盼望着过年才能买新衣了,因为商场经常会打折,一年四季都可以买衣服。事实上,从20世纪90年代开始,农民就开始穿得比较好,因为市场上可以购买到不同款式、不同价位的衣服了,我想这与改革开放和市场经济的发展是分不开的。

当农民渐渐感受到物资丰裕,逐渐接触到诸多款式的新衣服时,中国大陆的东南沿海地区正在"村村点火,户户冒烟"。以广东珠三角为例,21世纪70年代末到80年代初,开始实行"三来一补",办厂、做纺织业、制衣一时风靡。无独有偶,在长三角的江浙地区,纺织业乃至五金行业等制造业也均迎来发展的春天。21世纪以后,农民过年就不一定会买衣服了。因为一方面，市场上的选择多，不同价位、不同款式的衣服均有，这为农民购买衣服提供了选择空间。富裕的家庭可购买高价位的衣服，还可以大量购买；条件稍差的家庭可购买性价比高的衣服。另一方面，农民收入渠道多样化，经济水平提高，购买力在社会经济整体发展的基础上水涨船高。整体而言，衣服于农民而言不再成为稀缺品。

以前"过年添新衣"，是因为过年是一个大节日，农民需要通过一定的仪式进行庆祝。而"吃好穿暖"是农民最基本的需求，因而购买衣服这类稀缺品，成为慰劳农民一年辛苦劳作的重要行为，正是由于"添衣"这一需求具有普遍性，因此其得以流行，成为具有公共性的"仪式"。"仪式"既具有公共性，也具有特定性，即它是为特定的时期、特定的日子而进行的。物质资料丰富以后，农民特定的消费行为不受经济条件、时节等具体条件的限制，当某一特定的消费行为不再是某一特定节日才能进行的行为时，该行为具有的象征性意义便弱化甚至消失。这使得购买食物、衣物等行为，失去其特有的"仪式感"，买衣服不再成为过年才有的仪式。

（二）社会信息化导致年俗的价值生产功能减弱

传统的仪式不仅具有物质性，在村庄社会内部还具有强烈的价值再生产属性。农民需要通过特定的仪式，来维持家庭的再生产，乃至村庄社会秩序的稳定。此乃仪式重要的功能之一，即仪式产生于生活，并服务于生活。

传统的仪式是在农业社会的背景下产生的，仪式的内容、形式及农民参与仪式的时间，均与农业生产具有一致性，甚至服务于农业生产。当前，在农村社会转型的背景下，传统农业社会遗留下来的仪式，已跟不上农民发展的脚步，甚至可能成为新的时代背景下，农民城市化和现代化的"阻碍"，自然被农民抛弃。有的时候，为抛弃一些旧的传统，服务于现代生活，农民会创造新的"话语"，使自己的行为合情合理。这些话语的创造者可能是村庄新行为的引领者，当某一新的行为及其话语，在村庄公共领域流传乃至产生公共的模仿行为时，说明这套话语和行为是符合大部分人的需求的，是具有公共需求的。新的话语从私人领域进入公共领域后，能够经过民众的议论、发酵形成公共舆论，规制和影响民众的行为。同时，新的话语还能推动农民形成认知层面的共识，获得村庄层面的价值再生产。譬如，传统农业社

会中，出嫁的女儿不能回娘家过年，这一习俗便因被认为是"封建""跟不上时代"的而被抛弃。对此，农民有一套新的说辞，我母亲说："以前孩子多，不让女儿回家过年是正常的。但是我们家不一样，我们是纯女户，爸爸妈妈只有你们俩，家里没有哥哥弟弟，不会影响他们，所以你们能回家过年。"有一儿一女的姑姑则是这样说的："现在男女平等了，女儿回家过年应该被允许。"远嫁的堂妹也是回家过年，叔叔说："一年难得回来几次，过年就在家里过。"

那么，农民这些新的话语，以及区别于传统仪式的行为来自哪里呢？据笔者调查，一方面，源于农民生活的实际需求，即需求是前提。当前，农民的物质条件越来越好，加之"少子化"，过年更成为家人团圆的重要节日，其情感性的内涵更加凸显。可以说，"年"已经与农业社会的生产性，以及传统家庭的伦理性等限制性因素剥离开来，融入了新的时代背景，嵌入农民家庭。在新的背景下，"年"的商品化程度更高，家人团聚的情感性面向更加凸显。无论是服务于农业社会的农民家庭再生产，抑或是现代社会的家人团聚，过年的"仪式"均是服务于农民当下的生活。另一方面，手机、电视等信息技术传播的多元化文化也有其作用。在大众传媒普及以后，农民得以接触到多元的文化，抖音、快手等平台的内容向民众传播着不同的生活方式。农民在有需求的前提下，以"城市先进生活方式"为标榜，来安排自己的生活秩序，而不便于自己开展新生活的过年仪式则容易被"抛弃"。

四、仪式变迁与乡村社会：从"乡土中国"到"城乡中国"

仪式是外显的，是农民生活的形式和具体表现。通过上文分析，笔者认为不同仪式的演变和发展，是与社会变迁的大背景以及农民家庭再生产的需求相契合的。因此，通过农民过年仪式的变迁，我们能够分析当前农村社会和农民家庭再生产的变迁。当前，农村社会最大的背景是从"乡土中国"转变到"城乡中国"。城乡中国具有如下双重内涵。

其一，农民家庭再生产的根本目标是实现城市化，并且以此目标来组织自己的生活，农民过年的仪式成为他们生活的一部分。传统的生活方式服于农业社会中家庭再生产的目标,即"简单再生产"。农民被嵌入城市化的潮流之后,为实现城市化的家庭目标,必定在家庭策略方面发生转变。家庭策略的转变服务于家庭经济积累的目标,即获得进城的"原始资本积累"。外出务工是满足家庭经济积累的优先行为选择,而外出务工导致了农民过年仪式的变化。一方面,不同于务农,在务工的背景下农民不具备大量的农闲时间。农民为服从工厂的统一管理和时间安排,往往只有短时间的假期。这在客观上要求他们简化过年的仪式,因为诸多务工人员年初七便要返回城市工作,没有时间参与舞狮等公共性文艺活动。另一方面,务工在增加农民经济收入的同时,也使农民劳动力的价值以货币的形式凸显。此时,在有购买力的前提下,农民自然会选择以市场化的方式解决过年仪式的物质层面的需求,而非花费巨大的时间成本自己制作年货。从这个意义上讲,过年仪式的嬗变和农民新型消费方式、娱乐方式的引入,均是在农民城市化的大背景下发生的。

其二,农村社会处于传统与现代多种文化的交流和碰撞之中。一方面,随着大量农村人员进入城市,传统的乡土社会赖以维持的农业生产方式、农民的组织基础、社会价值再生产的能力在进一步弱化。另一方面,农民在城市习得多样的消费方式和文化方式,来自城市和市场等多元领域的信息也随之涌入农村。农民进入城市以后,不同个体对城市的理解和把握能力存在差异,有的人认为城市是"现代社会""城市的东西都是好的""城市人做的事情是潮流的";还有人认为城市是"消费社会",可以提供多种多样的消费渠道和挣钱方式。在多元文化价值涌入乡村以后,乡村社会原有的价值弱化,也不足以形成公共价值再生产的能力,更无法约束个体的行为。

笔者调查发现,部分农民进入城市以后,经济积累能力较弱,但是他们习得现代社会消费方式的能力却很强。部分农民的消费方式积累能力与消费能力不匹配,容易导致家庭矛盾。这也是以过年仪式为代表的传统仪式及其背后的价值再生产能力衰弱的后果。因此,在城乡中国的背景下,一方面,需要对农民进行恰当的价值引导和行为引导,防止产生不良的价值观和行为;另一方面,必须强化农民在多元信息的背景下,掌握信息的能力以及筛选信息和分辨信息的能力。

灯火里的中国新年

——有关四川省攀枝花市春节文化冲突融合以及新变化的调研浅谈

◇ 李雪霜（国际金融学院2019级本科生）

引　言

"万物迎春送残腊，一年结局在今宵。"春节作为中华民族最重要的传统节日，每一个中国人心中都珍而重之。岁岁年年，一夕于此，除旧迎新，这是我们所有人最真挚而朴素的期盼：只要过了年，这一年好的坏的都过去了，来年一定会平安喜乐。

这样独具仪式感和期望度的节日承载了华夏民族几千年来的文化习俗与思想嬗变，在新时代的2021年辛丑牛年春节，基于社会调研目的，我对自己的家乡城市的春节习俗进行了认真细致的了解调查。此番调研，收获颇丰。从前，身处这座城市，时时刻刻与她打交道，反倒忽略了她特有的多样性与美丽，通过这次调研，我真正触摸到这座城市的灵魂，真可谓是"不识庐山真面目，只缘身在此山中"。

攀枝花市作为一座移民城市，汇集了来自全国各地的人们，不同区域、不同民族的人们相聚在这座城市，历经数年碰撞，各自相异的新年习俗和文化积淀在这座小小的城市，悄然融合着。

在这种来自不同区域民族的框架式横向碰撞中，同时夹杂着不同年代间的碰撞，老一辈恪守的传统新年习俗与新时代下与时俱进的过年新气象相碰撞，也是这个特殊时代节点的浓缩印记。

小小的攀枝花，像一抹水滴折射万千，以小见大，一座城市的新年文化习俗恰反映了整个中国新年文化的变化——在延续传统中涌动着无限丰富的新活力。

一、地域民族差异化的横向碰撞与融合

我的家乡，四川省攀枝花市，其特殊的地理位置和历史开发战略的双重作用造就了这座"移民"城市的文化习俗多样性。

攀枝花，四川省边缘一座沿江而建的河谷小城，坐落于中国西南川滇结合部，位于四川省最南端，北距成都614公里，南至昆明273公里，西连丽江、大理，地理位置得天独厚；下辖三区两县，户籍人口超过百万人。"花是一座城，城是一朵花"，这里四季阳光充沛，气候宜人，是四川南向门户，通往南亚、东南亚的最近点。2018年11月，攀枝花入选中国城市全面小康指数前100名。

值得一提的是，这座幸福宜居的小城是中国西部最大的移民城市，80%以上的居民为外来人口，移民来自辽宁、吉林、黑龙江以及重庆、山东、云南、湖北、河北、河南、江苏、湖南、上海、浙江等地，大家在三线建设时期齐聚于此，共同建设起这座美丽的城市，也就此携家带口在此落叶扎根。同时这里也是各个民族的交错杂居之所，根据市政府人口文件可知，全市共有42个少数民族，占总人口近20%。

在不同民族从五湖四海来相聚的背景下，这座热情似火的城市历经50余年建设变迁，将不同的文化、习俗、底蕴完美融合，成就了和而不同的独特魅力。集原始文化、民俗文化和工业文化为一体的攀枝花，其城市文化形象内容丰富，既有一般性，又有独特性，因此，攀枝花每年的春节也是丰富多彩的，不拘泥于单一的庆祝方式，而是以群体性的、不同的混杂仪式给农历新年带来一种独具突出魅力的喜气祥和的氛围。

攀枝花的地域文化以汉族文化为主，多民族文化并存，因而全国常见的庆祝春节方式是这里的基调。春节时期，大家按照最平常的流程准备着过春节，如采购年货、除夕新桃换旧符、倒贴福字、准备丰盛的年夜饭庆祝团圆等等，这些都是基本程式，是几乎所有家庭都会在春节进行的必要项目。但小细节和小习惯方面就会应具体家庭情况而有所不同了。来自北方的家庭通

常会在除夕夜包饺子吃，取谐音"新旧交替，更岁交子"之意。而南方人似乎没有固定的习惯，有吃汤圆、吃年糕等，每家人有每家人的习惯爱好。

以我家为例，爸爸这边的父族世代生活在贵州，而妈妈则是跟随外公从浙江的江南水乡搬迁至此，两个区域的习俗混合，"啥都有，啥也不像"是我家过年的特色。家里提前几天开始忙碌着做大扫除，晾洗所有床单窗帘，搽净家具镜子，扫除旧年的厄运霉气，干干净净亮亮堂堂地迎接新一年的顺遂安宁。除夕夜我家会在晚上6点准时开始吃年夜饭，但准备年夜饭可是一件大工程，要提前一两天就开始，虽然平时家里习惯了庆生过节外出，到餐馆酒店摆上几桌庆祝，但似乎新年就是一种不能将就懈怠的仪式，一定要亲力亲为才可以。

吃完晚饭，家人会聚在一起看春晚或是打电话给亲朋好友互相拜年，大概10点左右全家人围坐一桌包饺子，东聊西扯，总结过去一年的种种，畅想新一年，团坐包饺子就变成了一项富有情趣的集体劳动，与平时不同的是，我们会在部分饺子中包一枚消毒干净的钱币，谁吃到了谁就会在新的一年里发财有好运，因为饺子的形状颇似元宝，煮熟后端上桌象征着"新年大发财，元宝滚进来"的好兆头，吃到有"特殊馅料"的人也被视为幸运的"天选之子"，被寄予了新一年幸运、顺利的美好祝福与期望。江浙一带的老百姓过年喜欢吃年糕，年糕又称"年年糕"，与"年年高"谐音，寓意人们的工作和生活一年比一年提高，所以，妈妈也习惯每年做一份年糕放上年夜饭的餐桌。

攀枝花是以钢铁和矿业等重工业为主的资源型移民城市，所以今天的人们仍然继承和发扬着勇于拼搏、乐于奉献、不怕苦、不怕累、敢于创新的攀枝花三线精神。这是一座偏居一隅，经济发展水平不算发达的小城市，但是全市人民幸福指数很高，我想，这也是乐天精神的一种体现吧。"有钱没钱，回家过年"，在物质之外，刻在攀枝花人骨子里的乐天精神总是发挥着重要作用。无论如何，每年的春节，我们都是盛满喜乐幸福地庆祝着。

此外，多元民族聚居为春节民族民俗文化的蓬勃发展提供了丰富的载体和表现形态。彝族自清中期成为攀枝花少数民族的主体，仁和区的"俚濮文化"、盐边县的"大笮文化"和米易县的"米易文化"等多元民族文化也为攀枝花民族民俗文化带来了丰富的载体和表现形态。

提到汉族的农历除夕春节，我想对于攀枝花的人民，绕不开的一定是农历十月的"彝族年"。随着彝汉民族的融合，如今的攀枝花愈加丰富了庆祝新春的活动形式。在农历春节的时候，一些民族村也会将"彝族年"的庆祝形式移植到汉族春节的庆祝中，欢庆丰收仪式、祭奠祖先清洁仪式、杀猪仪式这三大仪式生动展现了彝族文化和人类对祖先父母的"爱"。这些传统民俗体现了中华多民族文化内涵的价值体系，是维系民族感情的文化纽带，蕴含着丰富的社会价值，体现出彝族文化的丰富性和民族性，实现了民族的记忆文化储存与传递和延续，是对彝族传统文化最好的诠释。在现代社会，彝族年的形式和内容均发生了不同程度的改进和演变，借助现代化的传播途径和积极进步的力量，并通过新春活动等途径发扬和传承。

承载着深厚的农耕生活及历史文化信息的迤沙拉村突出反映了汉彝民族融合而形成的民俗文化，春节期间，迤沙拉村作为一处乡村旅游景点在具有特殊多层次融合文化的基础上保留了众多彝人文化，将彝族特色的"火把节"庆祝活动用于新年庆祝，为汉族及其他民族游客体验少数民族节日文化创造了条件。

与此相类似的是米易县的花灯节（图1）。今年的花灯主题主要围绕"新时代人民新幸福"展开，以传统的新春花灯装点城市，融入时代崭新的思想与追求，实现了传统的革新。现代化的电子花灯架设在水面，灯光五彩斑斓，映照水中，游人如织，让我不禁想起"火树银花入西楼，黄昏后，明月照水人依旧"。

图1 米易花灯节

源于不同区域、不同民族的各色各样春节活动装点了我的城市的新年，《论语》中讲："君子和而不同。"《中庸》中也提及："万物并育而不相害，道并行而不相悖。"我们中华文化的核心是"和"文化。"贵和尚中、

善解能容、厚德载物、和而不同"的宽容品格,是我们民族所追求的一种文化理念。自然与社会的和谐,个体与群体的和谐,我们民族的理想正在于此,我们民族的凝聚力、创造力也正基于此,攀枝花的春节正是这样一个"和而不同,美美与共"的理想和谐范例。

我们在差异中寻找共同的文化根基与理想追求,在共同的中国梦与中国魂里最大化各自的差异魅力!

二、时代变迁下新旧文化的纵深对冲与兼容

春节诞生于久远的"靠天吃饭"的农耕文明,发源于物质匮乏、精神生活贫瘠的年代,而今,面对城市化进程飞速加快的现代化新生活,部分被世世代代传承下来的春节习俗正在逐渐消失,我们小时候所感受到的年味也正在随之变淡。

"东风夜放花千树。更吹落,星如雨。凤箫声动,玉壶光转,一夜鱼龙舞"的氛围似乎消散了不少。以前从视觉(春联与灯笼)、听觉(鞭炮与拜年呼声)、味觉(饺子等美食)、嗅觉(香火和火药味)全方位体验的春节,现如今正渐渐简化为年夜饭、春晚、拜年的"老三样",渐渐脱离农耕文明和家族传承的文化内核的春节对于不少在大城市奔波辛苦的打工族们几乎等同于七天长假,成了一个休息娱乐的假期,不再像从前一样是一个深具意义的节点。

这样新与旧、传统与创新的生活节俗碰撞在一起,迸发出的正是当下春节独有的新时代新特点。

我的家族是一个典型的五世同堂的大家庭,上有家里的太奶奶,下有表姐家的孩子,五代人总会在春节这个特殊的时节聚在一起,所谓团圆,不过是如此一家人喜乐相聚吧!也正因家里有年岁已高的耄耋老人始终要守着这一生坚持的那份满满仪式感,也有我们这一辈更倾向于一种与时俱进的过年"打开方式"的年轻人,所以,每年的春节都会有一些摩擦与意见相左。

以小见大,这也正是在当代中国新时代发展背景下春节文化的变化与革新的磨合过程的缩影。

著名学者冯骥才曾说:年文化不是一天建立起来的,它是数千年历史中

不断创造、选择、约定俗成而来的。它通过大量密集的形式，五彩缤纷的节日包装，难以数计的吉祥图案，构筑起年的理想主义的景象。

随着社会发展，我国整体经济水平稳步提高，人们的生活质量日益提升，幸福感也不断加强。我们无须再像过去物资匮乏的年代一样一年到头辛勤劳作奔波，只能有春节这样一个时间点作为寄托去休息放松，品尝平日舍不得吃的珍馐佳肴犒赏自己，故而一些仪式必然会消失。

"我还记得小时候过年，那个时候风风火火，比现在热闹多了，现在不大有那样的年味儿了。"准备年货的时候我同爸爸说道。

我爸点点头，有点呆住，像是浸入了那条名为记忆的长河里，开始回忆：

我小时候可盼望着过年了，离除夕还有老早的时候大家都开始张罗起来，扫屋、杀猪、炖肉、蒸年糕、穿新衣、串门子拜大年，一样都不能少。

还记得那首儿歌吗？"小孩小孩你别馋，过了腊八就是年。"咱们虽然没有像北京那边地地道道地遵守，但打腊八那天喝了腊八粥也就开始准备着过年了。

腊月二十开始，就得挑个太阳好的日子大扫除，那时候住的是老房子，和现在的楼房小区完全两样，门口就是自己家院子，你奶奶带头开始打扫，指挥我和你叔叔们把老屋的全部家当都摆到院里，通通晒个通透，把这一年的霉气统统逐去，然后把屋里挨个地打扫一遍。我也没闲着，又是擦窗户，又是晾床单的。等打扫完，铺上晒好的被褥，那股太阳味别提多舒服了。

你奶奶负责做家务，你爷爷就找村里的人来帮忙杀年猪、杀鸡杀鸭，准备过年的"大菜"。小孩子闻着肉香，馋得直流口水，大人也只能从肉锅里捞个肝、鸡胗、鸡心眼的，解解馋。整只鸡、鱼是绝不会在大年三十之前"破相"的。

去赶场买套新衣裳，穿上立马觉得自己神采奕奕的，和小伙伴炫耀炫耀，各自"攀比"一下，打闹着，约好一起去哪里放鞭炮、炸水塘，吵吵嚷嚷的，这年就开始了。

听着爸爸动情的回忆,我也想起来小时候的那些日子。那时候年纪小,但总是怀抱着最大的热情去迎接新年,虽然帮不上什么忙,还是乐得整天跟在长辈后面上蹿下跳,见人便要问上一句——"新年好"。

那时候的记忆是真实又温暖的。

而现在,好像什么都变了,人们不再那么看重新年了,每年的除夕春节只是一个长一些的假期,只是一个可以把人们聚在一起的日子,没有以前那么多习俗要去遵守了,为响应国家号召,现在各个城市乡镇都开始积极倡议规定减少烟花爆竹的燃放,没有从腊八就忙起的新年准备,没有焰火绽放的除夕夜,大街上没有鞭炮爆炸的硝烟味,年味儿似乎不知不觉减淡了不少。

但好像一切又没有变,春节临近,人们还是从各地赶回家乡,为了一年中那一顿最重要的团圆饭——年夜饭。

或许,时代变迁下,我们是不经意遗失了一些特殊、珍贵的文化痕迹,但在新时代的变化下,过年也在与时俱进……改革开放以来,中国传统的社会结构正在以前所未有的速度发生裂解,这也就是我们通常所说的从传统走向现代的社会转型。

历史上形成的中国传统节日,是代表中国传统社会与传统文化的一种习俗传承,家族是维系社会稳定的基本构成与核心,重大节日多半是在以家族为中心的闭合空间里进行。所以,具有血缘关系的家族团聚往往是节日的集中表现形式,以老年人为中心的四世同堂、五世同堂、大团圆和尽享天伦之乐,是社会普遍追求的美满伦理境界。而西方国家的传统节日则完全不同,文艺复兴后构建起来的西方节日内涵,大大超出了家族范畴。在一定意义上说,西方节日是以个人为主体,以社会为核心,以年轻一代为主流,搭建出的某种开放式的联欢与狂欢。节日活动更侧重于非血缘关系者的横向社会交往或人际交流,在节日中普遍得到的是个人的幸福感与愉悦感,因而这样的节日庆祝方式更能打动年轻一代。

文化可以形式革新、内容创新,但我国的优秀传统文化和文化的内核精髓誓不可丢弃。在当代变革大局中,对于以春节为代表的古老本土节日,一方面要坚守传统的内核,另一方面,要辅以新颖的形式,焕发其中的魅力,才能够触动更多年轻人的心。也就是说,要探索如何以年轻一代喜闻乐见的方式,向他们揭示节日的文化内涵,让更多年轻人理解和认同传统节日所承载的价值情怀。

今年春节期间，回乡过年的我有幸同姐姐一起参加了攀枝花市汉服爱好者的同袍新春游园活动。活动中我遇见了来自各行各业、年龄相差甚大的不同汉服爱好者，都身着自己喜爱的汉服赶来，大家以新春为主题相聚，开展了手写新春对联、制作大红灯笼、体验不同时代新春活动等活动。活动不光汇聚了众多汉服等传统文化的拥护者，更吸引了不少游客群体。春节汉服文化活动以大众喜闻乐见的形式及内容进行传统文化的推广，活动按照早早总结出来的一个"古人过年的习惯流程"模板分为不同类型的体验观赏活动，包括有关酒道表演、妆造比赛、汉服拜年礼仪等同生活实际密切关联的活动内容，贴合实际的同时也具备娱乐性与社交性。

春节期间，穿着自己喜欢的汉服，和同好们一起徜徉在古色古香的古镇中，欢庆红火热闹的新年，确实别有一番韵味。在主办方的气氛渲染下，加上像姐姐一样的汉服爱好者因志趣相投聚集在一起进行活动游览，整个活动总体氛围不错。

此外，令我印象深刻的是因为信息技术的发展，游客们随身携带数码摄像机及手机等电子设备随行随拍，不同人群通过拍视频、拍照等丰富多彩的方式记录自己的春节游玩经历和体验并加以分享。所有的节目都紧紧围绕着过年，用我们年轻人喜欢的方式开展，在欣赏了汉服歌舞等节目后，我也在这次游园中了解了不少关于汉服和中国传统新年庆祝的方式方法以及历史变迁，也算是为我的知识面又打开了一个新维度。

我们之所以会感到年味儿淡薄，并不是因为年的情结被遗忘了，其实大多数人的血液中还是涌动着中国人对春节特有的情怀与重视，但是传统年俗日益消减，可以寄托和强调节日氛围和文化底蕴的载体消失了，人们的情怀无处安放。

"旧"年俗被淡化，我认为，原因有三：一是外来文化和流行文化的冲击；二是生活方式多样化，很多人不愿再遵循繁缛习俗，而是希望以一种更加便捷时尚的方式去应对；三是部分现代人缺少对年文化的充分了解和认知，无法纯粹地把文化和节日融合对待。于是，种种传统年俗被一样样从春节中"撤出"，以至春节竟被调侃为"休息长假"，这也是当代中国人的一种深深的集体失落。

推陈出新、与时俱进是时代发展浪潮的大势，但我们一定要注意发展过程的扬弃，即何者该发扬，何者又该摒弃的问题，这是我们每一个中华儿女都应该认真思考的。我认为，我们新一代的年轻人在积极享受符合我们生活乐趣方式的新年庆祝活动时，也应该花费更多的心思去主动了解和挖掘其本身具备的浩瀚文化内涵，通过文化符号将年文化传承下来，比如木版年画、面塑等，从中了解过去春节的样子，在这些切实可触的物件上更深刻真实地感悟新年。

三、"此心安处是吾乡"

在留在异乡过年、返乡不聚餐等一系列倡议下，2021年的春节来了。

中华民族向来是一个乐观勇毅的坚强民族，"兵来将挡，水来土掩"，我们永远有一颗热爱生活的心，哪怕是疫情下无法团圆过年，我们也要努力将生活过出最幸福多彩的模样。2021年的这个春节，那些因疫情不能返乡过年的人们，也把"此心安处是吾乡"放进心间，当作最淳朴的精神慰藉。

"就地过年"，注定会让2021年春节成为一个特别的春节，但萦绕在我们心间的，依旧会是彼此最熟悉的年味儿。面对"就地过年"的号召，网友们热情高涨、大招频出，纷纷晒出云聚餐、云喝酒、周边游等各种计划，探讨怎么把就地过年变成一个颇具新意又有仪式感的新年。

小区里的邻居陈叔叔的女儿大学刚毕业，在武汉做老师，去年因为疫情就留在了武汉过年。今年，虽然武汉的疫情危机已经解除，新春期间武汉仍是低风险地区，但是，自武汉返回四川一路要途经多地，陈家姐姐思忖考量以后决定积极响应国家"就地过年"的号召，留在武汉过第二个不返乡的春节。

春节那天，我和陈家姐姐视频通话，做了一个小小访谈，她是这场疫情最直接的见证者，也亲历了两次与众不同的春节，我想，她的经历是极具代表性的。

"昨天晚上年夜饭和同住的室友一起去超市买了很多菜，两个平时不怎么做饭的人忙忙碌碌了一天，做了一些菜，晚上打开电视边看春晚边吃饭。好像已经养成了习惯，不管怎么样，只要开着春晚，听见那熟悉的声音就觉得多少会有些年味。"姐姐笑了笑，但也承认，自己其实也想家，尤其在整座城市都喜气洋洋阖家团圆的喜乐日子，多少会有些落寞思念。"但那天晚上，我和家里开了很久的视频，就像直播一样，我爸妈给我看他们的年夜饭，我也和室友给他们直播做饭的过程，我们不太会做，我妈甚至还远程指导，这样，其实也没有那么落寞了，其实还是很有过年的感觉。"

各地政府和企业，为了让停留异乡的人真正有"吾乡"的感觉，推出各种措施，让"就地过年"汇聚成一道天下一家的暖流。从分发"新年红包"电子消费券到每人领取流量包，从公共文化场馆免费开放到医疗机构免收挂号费，各种福利温暖了留在异乡过年的每一位游子的心。

就整体情况来看，为了疫情防控的有效实施，加之一年以来的防疫措施，一些习惯性的细节似乎被铭刻在每一个国人心里，出入公共场所，所有人一定不会忘记佩戴口罩，手里的手机"绿码""场所码"也跟随每一个人，返乡人群上报社区备忘登记，基本的日常消毒等似乎已经成为大家的共识性举动。也正是因为国人这样高度地遵守配合国家倡议，我国的疫情才能被稳定控制。

通过调研获悉，2021年春节期间电商发起的年货大促迎来了大幅增长，其中增幅最大的是异地订单，增幅高达60%，主要集中在北京、上海、广州、深圳等地与三线及以下城市之间，而订单中的绝大多数都是异地工作的人和家乡亲人互相邮寄年货和土特产。2021年的就地过年倡议下，许多人选择了新的过年方式，通过物流，将爱和温暖寄送回家。

快递员说，自从"就地过年"开始，邮寄最多的就是家乡的土特产，各种各样的新年包裹被运送着，往年春节期间才能在家吃上的好吃的，即使而今不能回家，家人们也把牵挂和这些代表家乡的特产打包邮寄给那些不能回家的亲人们。

一位老母亲说"现炸的丸子、卤的菜，热乎地打包装箱，让孩子尝一下家的味道"，简单的一句话，让人"泪目"。父母担心孩子在外馋那一口年味，纷纷邮寄自己亲手制作的年货，虽远在异乡，一口妈妈的味道也慰藉了不少人的乡愁。

有人说，世间所有的乡愁大多因为馋，而那一口妈妈的味道，足以将他乡熏染成故乡。

牵挂与乡愁,不会因为地理的间隔而阻断,一口故乡的味道,就着他乡的日月,慰我心安。"就地过年"虽然特殊,但依然让我们过出了熟悉的"年味",也让在异地过年的你我安放了无数乡愁。

网络让我们拥有了真正的"天涯若比邻",我们和亲人间的关系不会因距离而疏远,"就地过年"其实和往常并没有太大不同,要表达的心意即使不见面也能传达到。新年的"打开方式"并不止有一种,特殊背景下改变的只是形式,但不论怎么变,无论身在哪里、以何种形式,只要心在一起,都有熟悉的年味儿。

"对人生保持兴味盎然的能力,拥有本能嗜好和欲望的能力,能感知和感觉的能力",我们希望成为那种"能被触动、感动且激动,还能把所有这一切传达给理解这种共同语言的人"。这是艰难的、深刻的、历史性的一年,我们在自己小小的水域里挣扎、前行,也始终用力注视、密切关心着这个世界。

某种意义上,就地过年也是一种付出,这种付出同样会被岁月铭记:你和我,曾为这个国家、民族和社会,尽己所能,守望相助。

夏宇有一首诗叫《交谈》:

听说住在北极的人们,
他们交谈的方式是这样的:
他们谁也听不到谁,因为漫天漫地淹过来的风雪,
他们只好把彼此冻成雪块的声音带回去,开一盆炉火,慢慢的烤来听。

在春节这样一个凝聚了民族性情结的重大节日中,那种深烙在每一个中华儿女骨子最深处的民族血脉总会有一份深刻温柔的共鸣,我们有相同的憧憬,有类似的希望,在这样特殊的时节下,全民团结迸发出来的力量保护着我们每一个中国人,冬天终会过去,下个春节,我们会在满目的喜庆红色新春中喜乐相见。

平安,就是好年。

农村城市化进程中农村春节习俗变迁分析
——以山西省太原市南屯村为例

◇ 马毅贾（社会学与人类学学院2019级本科生）

前　　言

谈起过年，每个人都有自身独特的体验。这几年，我们身边的年味儿似乎更淡了几分，村子里少了年初众多走街串巷前去拜年的人们，路口也设置了路障来限制外人的进入，街上偶尔路过的行人也是戴着口罩行色匆匆。除夕夜，一家人团坐在电视机前，老人们不禁感叹这年过得越来越没味道了。听到此，我不禁向老人询问这句话背后的缘由。老人表示，大约十几年前开始，就觉得这年是越过越没意思，原先的那种欢欢乐乐过大年的气氛不知怎的就慢慢消失了。近年来，村民们住进了楼房，走亲访友不是那么方便。基于此，借着此次调研的主题"家乡怎么过年"，我不禁思考：为什么村子里过年的氛围越来越淡了呢？这种年味儿的变淡是体现在哪些方面的呢？这种变化究竟会对村民的生活产生怎样的影响呢？

于是乎，本研究在保证安全的情况下，进行了三次深度访谈，每次时间均为1~2小时。也对一些村民进行了时间较短的访谈，并通过自身的实地观察和亲身体验来感受和分析村子中的年味是如何变化的，村民们过年的方式又在近年来发生了怎样的变化。

在访谈中，我听到许多对于变迁的感慨，人们感慨村子的快速变化，从原先的大院到如今的楼房，村子的耕地逐渐出售，城中村的拆迁等。作为一个城中村，人们每日的生活看起来并没有发生什么太大的变化，但是当到了春节这样一个重大节日的时候，村子发生的变迁便清晰地印刻在每个人的身上。生计方式发生变迁、居住方式不同以往、生活环境发生改变、文化习俗出现转变……然而，在变迁之下，村民们仍然尝试着维系曾经的人际关系网络，在拆迁居住安置后改变原先的生活习惯去适应新的环境。这清晰地表现在了春节这一重大传统节日当中。人们原先在自家院子中团坐的情景无法重现，走亲访友也受到了高楼大厦的阻隔。但人们心中却依旧想要践行这样或那样的传统。就这样，被拆迁后的城中村居民在小区中又形成了一种现代小区中的熟人社会。而在这种特殊的环境下，怎样过年就发生了许多有趣而新奇的变化。

在此次家乡田野的调查中，我又一次回归农村，感受到自己再次成了村子中的一员，体验着与儿时差异甚巨的春节，也观察分析着周围人如何过年。在这一过程中，我收获颇丰，其中也不乏困惑。

一、调查地点的选择与情况概述

本次的调查地点为山西省太原市万柏林区南屯村（图1为南屯村旧村模拟图）。南屯村，自2016年城中村改造后更名为太原市万柏林区长风西街办南屯社区，村域面积约为1100亩，距城中心约15公里。汾河经村东口自北向南流过，新旧两条晋祠路夹村而过。村北为长风大街，村南则是长兴西街。村子周围坐落着汇豪商贸、华彩国际写字楼、太原桥西果蔬批发市场等场所。而如今村民们多居住于在原先耕地上建成的南屯苑这一住宅小区里。

图1　南屯村旧村模拟图

第一次正经地进入村子调研是在一个阴天的中午。村子的东边沿街处有一座大门楼,朝街的方向写着"南屯"二字,另一面则书以"沐阳门"三字。门楼本身目前仅仅起装饰作用,但其周边的空地广场乃是周边居民休憩活动的场所之一。每天到了晚上,门楼前都会有大爷大妈们载歌载舞,唠着家长里短。

虽然今年有些许不同,但还是可以感受到过年的气氛。街边张灯结彩,四处可见中国红的挂饰,商店门口堆放着过年走亲访友的礼品,那些仍在营业的店铺门口张贴着"新春快乐"的话语以及春节特惠等内容。

为了进一步详细了解村子的基本情况,我前往了如今的村大队,试图参阅一些相关的文件档案。在表明来意之后,对方热切地接待了我。通过简单的口头交谈,我了解了村子的一些情况,而时间已经到午后1点钟了。在对方的盛情邀请下,我便同他们共进午餐,席间进一步询问得知,南屯村最初系民国时期山西军阀阎锡山统治下的一个兵屯,因位于太原城南侧得名。1949年后划归新区,被归为小井峪人民公社南屯生产大队,直到1985年改称为南屯村。2016年,原先的居住区由于进行城中村改造被拆迁,居民都搬进了如今的南屯社区。这便是这个村子简短的发展历程。

或许大家会有这样的疑问:选择一个已经被拆迁的村子进行研究,是不是有些偏离主题?笔者认为并非如此。这样的选择不仅是合适的,而且有其独特而难以取代的优势。

首先,一方面,随着我国城市化进程的不断深入,许多农村以及城市与农村之间的郊区都逐渐被纳入城市范围中来,在这一过程中,城市化与农村之间的矛盾与冲突,村民们对城市化带来的改变的体验,是非常值得去深入探讨的内容,而南屯村这一对象恰巧就处在这一变迁的核心区域中,对于进行相关的分析具有独到的优势。

其次,选择南屯村作为研究对象,是因为在有限的调查时间下,我的个人经历使得我更加容易进入田野点,更有机会在同样的时间内获得相对丰富和深入的资料,这是在特殊情况下的最佳选择,哪怕村子本身已经被拆除。

更重要的是,哪怕村子的外在形态已经被拆除,变成了如今的南屯社区,但村子中的人际关系、权力结构、人们的思想观念等方面却并没有发生过根本性的变化。过去的南屯村仍然活在人们心中,其仍然保留着传统乡

村的基本特征。正如历史唯物主义所述,文化是具有相对独立性的。过年作为中华民族最为重大的文化实践之一,再加上村民们心中对于过年的期待并未因村子实体的消逝而产生根本性变化,在这样外在与内在不相统一的状况下,研究南屯村对于研究家乡怎样过年具有不可多得的意义。所以,我认为选择已经被拆迁的南屯村作为研究对象与本次研究的主题不仅并不冲突,反而可以提供一个非常关键且独到的特殊视角来分析这一问题。

同时,我认为仅凭我个人之力进行的调查,重点不应该在访问对象的数量上,而应侧重于对每一个个体的深入程度上。再者,村子作为一个集体,人们对于应该如何过年或多或少地共享着一个共同的集体记忆,有着相似的期待,他们对于这一话题的回答内容相似性很高,故而我不准备进行大范围的普查式的访问,这一点在我后来的研究中也更为确定。

二、南屯村春节前后的重要习俗活动

这一部分我将根据采访调查和亲身经历,总结出春节前后南屯村常见的习俗活动,并对其独特的寓意进行一定描述。本部分主要分为过年前的准备和过年期间的活动两大部分,主体上按照时间先后进行,但由于活动习俗之间也存在着延续性和交叉性,部分地方会出现些许时间上的不连续。

(一)腊月二十三送灶神

腊月二十三也叫"过小年",送灶神是这一天里最为重要的活动。人们傍晚在灶王爷像前摆好贡品,主要是水果以及各式各样的花馒头,如枣馍、花馍等,之后再在灶王爷前插几炷香,随后便拿出姜糖,融化了之后涂在灶王爷嘴上,再扯下灶王像将其烧掉,送灶王回天庭。最后,人们在院子里放几个爆竹,由此完成送灶王回天庭的仪式。送灶神的活动总体上并不复杂,但是有一些地方有其独特的隐喻,颇具特色。例如,之所以要将融化了的姜糖涂在灶王爷的嘴上,是因为灶王爷回天庭是要禀报一家一年以来的情况等,那么用糖堵住灶王爷的嘴,一方面表示"嘴甜",即灶王回天庭前吃了家里的好处,"嘴甜"了自然就会在玉皇大帝面前多说这一家的好话;另一方面,因为融化的姜糖十分黏稠,灶王回天庭的时候还没法化开,他的嘴就被粘住了，想要告状也张不开嘴了。此外，还有如作为贡品的食物不能马上撤走，要最起码放置一天之后才能撤下，免得灶王爷来不及享用。或如将灶王爷的画像烧掉不能说"烧"这一字眼，而是说"送"，即送灶王这一说法，表达对神明的一种尊重。

（二）购置年货与大扫除

为了迎接新年，南屯村居民大多在送灶神之后就着手大规模地购置年货，主要包括对联、窗花、灯笼、烟花爆竹等节日装饰用品；干果、水果、糖果等零嘴，用于在客厅的摆盘；以及猪牛羊肉、各类海鲜等多种多样的食品，具体食品又会根据其保鲜难度决定具体的购买时间。但总体上，年货都会在大年三十之前购置完毕。当物品购置完毕时，各家各户便就着手制作相关的年节食品。

大扫除与年货购置是同时进行的，是一项全家总动员的工作。因为在腊月二十三之后，屋子里的神仙都被送走了，这时候大规模地清洗物件就不会冒犯到神仙。大人负责擦洗窗户等复杂工作，孩子们则打扫自己的房间，整理衣柜书柜。为了加快进度，亲戚们也会相互帮助，今天叫上亲戚姊妹一同来我家擦窗户，明天再一起去别人家帮忙擦窗，相互协作，使得繁重的工作得以减轻。

在大扫除的同时也伴随着贴窗花、对联等事项，对联不仅要贴在大门口、汽车上、神龛前，那些凡是有大门的地方都要贴上有关的对联，有的家庭甚至会自己动手去写对联。之后，大家会将红、黄、蓝、绿、粉五种颜色的纸剪成条状贴在对联的上方和下方，用糨糊糊住。这样，贴对联的任务才算是彻底完成。有丧事的家庭，三年之内不会贴对联。

大扫除的工作并不是很快就可以完成的，一直要持续到大年三十，甚至到年夜饭前。在这之前都总是会有清洗被褥等大件事项。中午之后，人们也会再次进行一遍完整的扫地墩地（拖地），由此，年前的辛苦劳动也就此告一段落。

（三）年三十吃年夜饭与守岁

在大年三十那一天，全家人要在一起吃年夜饭，其中主角便是羊肉饺子。人们用羊肉饺子敬神,年初一也同样要吃羊肉饺子。人们会在饺子中包一个硬币,同其他饺子一齐下锅,之后吃到这个带硬币饺子的人就可以在新的一年获得福气。此外,餐桌上必定会有一道鱼,并且人们会刻意地不去吃完那道菜,寓意年年有余(鱼)。然而,虽然有所剩下,人们并不会在第二天(即大年初一)选择将剩菜吃完,人们讲究初一是不能吃剩饭的,初一要吃全新的食物,寓意新的一年有新的开始,而不是只能沿袭上一年剩下的东西。大年三十剩下的食物多在初一之后吃完。但是,另有一说,有些村民表示年初一只能吃大年三十剩下的食物,因为年初一是不可以动刀,也就是不能做饭的,只能吃之前剩下的食物。但总体上在我采访到的范围内,更多的村民表示他们所遵循的是前一种。

家里的小孩子在大年三十不会早睡,直到晚上12点。哪怕晚些时候小孩可能已经很困了,家长也会努力让孩子们再坚持一下(也有选择让孩子去睡觉的)。在一年的最后一天熬夜,寓意着亲眼见证着新的一年到来,等待着新岁数的增长(守岁)。此外,又因为春晚的播出时间恰好和守岁这一习俗重合,所以很多家庭都选择将看春晚作为消磨时间的方法。

当12点到来时,人们会在院子中燃放烟花,这时整个村子里烟花爆竹声不绝于耳,一直持续将近半个小时。到此时,家里的小辈便可以去睡觉了,父母长辈则还要再完成一项"任务"才能够入睡。那就是准备好明天给自己孩子的红包,在孩子睡着之后悄悄放在其枕头底下,待第二天孩子一起床,便可以看到过年的第一封红包。

(四)大年初一的活动与习俗

大年初一是特别的一天,这一天人们只会去自己父母家走亲戚。这一天的主要娱乐活动是村子里组织起来的,有锣鼓队(图2)、舞狮舞龙、扭秧歌等表演。锣鼓队的主要成员为村子中的中老年女性,她们除了在大年初一会进行热烈的表演之外,村子里一有喜事的时候,如谁家结婚了,谁家的孩子过12岁了这样的事情,锣鼓队也会前去助兴。大年初一的活动与平常喜事的活动比更加热烈,一大早成员们就在广场上集合,穿着统一的服装,在上午9点的时候准时奏起轰鸣的乐曲,制造出一片热闹非凡的景象。在锣鼓队的开幕式表演之后便是舞狮舞龙扭秧歌等节目,有的年份也会请戏班前来表演，表演活动会断断续续地持续一整天。

除了上面说过的大年初一不会去父母以外的亲戚家拜年之外，南屯村大年初一还有许多习俗（或者说是禁忌）非常有特色。一般来说，大年初一这一天要穿新衣服，而且是从里到外都要换成全新的。此外，初一还尤其讲究内衣要穿红色的，本命年的人尤其重视，甚至外套也要选择红色的。人们说，本命年也是流年，这一年人容易倒霉，甚至受伤，红色的贴身衣物可以保护这些人免受灾祸。在村子里，除了本命年，数九年的初一也要穿红色的衣物。所谓数九年，就是当人的年龄正好是29、39、49这样尾数为九的时候，或者是年龄为36、45这些九的倍数的年份。人们认为，数九年同本命年一样容易遭遇灾祸，需要用红色的衣物来保护自己。

图2　锣鼓队

（五）走亲戚与压岁钱

村子里的走亲戚有着非常明确的顺序，这里我们以未婚的家庭成员作为主体进行描述。大年初一大多数人只会去拜访父亲的父母，也就是自己的爷爷奶奶，这一般也是空间距离上最近的亲戚。走亲戚的具体内容相差不大，基本上到了对方家门口，对方一开门双方便以类似"新年快乐"这类的祝福话语相互问候，将自己携带的礼品交予对方。最常见的礼品包括牛奶、八宝粥等，有时也会根据对方的年龄准备特定的礼品，如对方家小孩比较多的话会准备一些零食大礼包，对方是青年人的话则可能会有巧克力之类的礼品。

不同人家之间在大年初一之后的走访顺序略有差异，一般会选择在初二或者初三回娘家，叫作"回门"。然后去自己的兄弟姐妹、叔叔婶婶、舅舅姑姑等各类亲戚家中，一般按照血缘和空间的距离远近区分，血缘关系越

近的越会较早地去拜访。走亲戚一般会持续到初七,遇到特殊情况也会发生变化。

在拜年过程中,主人会给来访的未婚小辈发红包,进门之后,晚辈向长辈说"新年快乐、恭喜发财、万事如意"之类的祝福话语,并且祝福的话语必须明确地说出对方的称谓,如三舅、大姑。

压岁钱本来的寓意是长辈赠给晚辈的钱财,并希望晚辈能够茁壮成长。通常压岁钱是给尚未结婚的晚辈,但当晚辈年龄超过一定程度之后也就约定俗成地不再去收压岁钱,这个年龄并没有具体的标准,可能是24岁,也可能是其他年龄。压岁钱的金额没有一个明确的标准,主要视家庭的经济情况决定。压岁钱的金额也显示出了双方关系的远近,一般来说,父母给出的金额是最大的,爷爷奶奶的金额也可能和父母齐平,但人们都心照不宣地不会给出大于父母金额的红包。这里的压岁钱金额其实也是一种关系和面子的权衡,父母给出的压岁钱应当是金额最大的,但是这个金额的多少是由父母自己来把握,别人是不知道的,这是一种经验积累之下的结果。

(六)送素与扫穷土

送素是年初三晚上的活动,也叫作"送家神"。"送家神"是将初一早上请进家中供养的已故亲戚的黄纸牌位点燃,用簸箕将纸灰同小米混杂,放酒三盅,连同贡品一起送到村外的十字路口烧掉。在这一天晚上,人们都是早早地关门,小孩子更是绝不允许出门,因为今晚外面的阴气很重,小孩子出门怕带上邪气。

扫穷土,是各家各户在年初五的时候打扫家里和院落。因为,初一至初四忌用扫帚,并且不可以往外面扔东西。故而,初五大家才一同打扫,这一天人们一般不走亲戚。

三、南屯村春节习俗中的新兴变化

上文所描述的大多是采访对象记忆中过去的主要习俗活动,由于我们村经历了由农村成为城中村,再进一步变为社区的转变,过年的习俗和活动也发生了不小的变化。

首先,最为明显的一个变化就是与烟花爆竹相关的活动的消失,这也是整个山西发生的变化。由于山西地区的空气污染指数长期处于高位,刚燃放烟花爆竹后的几天,天整个都是灰蒙蒙的,时常还能闻到二氧化硫刺鼻的味道。近年来,太原市政府采取了一系列措施优化空气质量和保障公共安全,其中包括对烟花爆竹的燃放进行限制。这些政策的实施得到了广泛的社会关注,也引发了不同群体的讨论。有部分村民反映,烟花爆竹在传统习俗中占据着重要的位置,尤其在春节等重要节日,它们为节日增添了喜庆气氛。政府也考虑到这一点,积极鼓励和支持大家探索新的庆祝方式,比如以电子爆竹替代原有的爆竹。

其次,随着村落的拆迁,居民们搬入了集体住宅小区。原先许多基于自家院落的活动也发生了变化。打扫范围的缩小是非常直接的变化——没有了院落,要打扫的也就只剩下了自己家里。因为大家住进了楼房,擦玻璃这样的活动对于居住楼层较高的村民来说变得不太便利。过节期间家居打扫的行业如雨后春笋,一时之间,大多数的村民都将擦玻璃这样的重体力活外包了出去,选择雇人来完成。也有家庭干脆选择让家政人员全权负责过年的大扫除。此外,前文所提到的送素这一活动已经几乎不见了踪影,大家对于扫穷土这件事也不再那么注重,这些非常具有本村特色的活动正在逐渐消失。

随着智能手机的全民化以及电子支付的不断普及,尤其是在年轻一辈群体中,使用移动支付的人数远远超过了使用纸质货币,有些年轻人不免提出能否用微信支付发红包的请求。因而在近年来的拜年中,除了进门拜年之后长辈送来的纸质红包,拜年之后扫码添加微信发送红包的情况也变得越发常见。但是对于这样的红包,村民们也有不同的声音:有些人依旧坚持着派发传统红包的行为,认为春节中这样的仪式还是要有的;另外也有些人认为,与传统红包相比,微信红包的金额有所限制,使得很多红包以转账的形式发给小辈,一方面仪式感更加缺乏,另一方面发送的金额可以一眼直接看到,不免有些尴尬,也与红包包装起到的掩盖作用有所冲突,缺乏了一定的含蓄之感。

最后一个非常明显的变化就是许多习俗在年轻一代中的"失传"现象,由于自我意识的增强以及许多传统习俗土壤的消失,过去的很多习俗现在的年轻人已经不再"讲究"了。比如数九年、本命年的红色衣物,许多年轻人都因为其不甚好看,而选择不穿红色衣服。而像送素这样的活动更是因为其烦琐复杂被大多数人所放弃。对于这一现象,许多老年人表达出惋惜之情,认为老祖宗几百年的习俗就这么断了属实可惜;另外也有些长辈认为,送素这样的活动在现在确实难以完成,强行进行甚至可能引起火灾危及他人,在现在这样的情况下,有些习俗难以进行下去是没办法的事情。对此,有的年轻人认为这些麻烦的习俗有的甚至没有听过,继续耗费大量时间和精力去做这种不明所以的事情完全没有必要;也有年轻人认为这些文化习俗面临着传承危机,我们应该取其精华去其糟粕,辩证地看待和继承这些文化。

四、结语和反思

南屯村的春节习俗是山西农村春节的一个缩影。其既具有山西农村过年时的普遍习俗,如走亲戚、压岁钱等,也彰显着自身独特之处,在普遍习俗的细微之处存在着自己的特色,也有着一些在其他地方较为少见的习俗活动。随着太原经济社会不断发展,城市不断向外扩张,南屯村自身也成了城市的一部分,其自身也越来越多地受到城市快节奏文化的浸染,其民俗活动也呈现出颇具时代性的变化。南屯村的过年习俗近年来所经历的变化,是山西地区农村在面对城市化不断发展时的一个典型,反映出传统文化与现代文化之间的碰撞与融合。

一方面,南屯村过年活动具有完整的框架,从送灶神等前期准备到守岁走亲戚等各式活动都得到了很好的延续和保留,也具有自身独特的风格。人们也可以道出许多活动中的仪式背后的寓意,如送灶神中的种种细节。有些活动仪式其背后的寓意已经鲜为人知,但活动的形式还是保留了下来。如过年放炮这一活动,虽然也有广为人知的驱赶年兽的说法,但是人们如今似乎并不认为这是大家要在除夕夜里放爆竹的原因,用一位受访者的话来说,放炮"就是有那种热闹的气氛,听到到处的鞭炮声就感觉非常的喜庆"。可以看到,过去的传统过年习俗在与现代性相遇后,有很大一部分依旧传承至今,广泛存在。

另一方面,村子中许多活动也发生了变化。不论是相对普遍的发红包、走亲戚这样的活动,还是相对具有村子自身特色的送素、送穷土等活动,都与几十年前老人们记忆中的活动有了或多或少的差别。近些年来，南屯村一方面面临着由传统农村到城中村甚至进一步到城市社区的转变，许多传统习俗失去了其生根发芽的土壤，只能在新的土壤上做出一定的妥协。另一方面，不同人群对过年的态度也促成了如今过年习俗的变化。老人长辈们依旧维持着他们过去所形成的生活习惯，精心准备着节日食品，参与村大队举办的活动。但是在年轻一辈中，他们接触的更多的是都市文化而非传统的乡土文化，加上他们大多外出打工、上学，对村落的认同感和归属感较弱。在这样的环境下，南屯村的过年习俗呈现出了传统特色与新兴变化交互共存的图景。

在面对现代文化下，一些习俗活动的"失传"究竟是好是坏？笔者在这里既难以做出，也不便做出判断。有些习俗活动包含着长久以来的文化结晶，其失传也会导致当地一些特色民俗的失落；而有的活动以现在的目光来看则的确过于烦琐复杂，难以和当下的环境相适应。从休闲的院落大院到拥挤的住宅楼房，邻里之间的距离变近了，人与人之间的距离却变远了。那些烦琐复杂的习俗势必难以以一种一成不变的姿态长期存留下去。在新的环境下，是将其彻底舍弃还是改革创新融入新的内容？是我们如今面临的抉择。

这篇报告是在调查开始后的一个多月里利用零零散散的时间写就的。每一次打开这篇报告去审读都是一次对记忆的重新审视。在这么长的时间的写作下，有些记忆和思路逐渐模糊，有的思路却慢慢清晰了起来。在此次调查中，我再一次回归到了儿时的村子里，原本自己对家乡的记忆早已愈发模糊，对过年要做什么也只记得些许，更多的则是跟着家里的大人行事。拜年时很少记得对亲戚的称呼，大多要靠父母的提醒。在这样一种状态下，我对许多村民进行了访谈，了解村子过年的点点滴滴，也了解到村子的变迁以及因变迁带来的习俗的转变。与其说这篇文章解决或分析了什么问题，它更像是给了宏大的命题一个被展示出来的机会，将农村文化与都市文化的碰撞的切面展示出来。

回村过年,在变与不变之间

◇ 潘君 [中国语言文学系(珠海)2018级本科生]

引 言

在2000年的大年初七,我出生了。从此,我每一年都会回村过年。转眼之间,时间已经来到2021年。站在这个节点,回望以往的新年,这是一件我一直想做却总是搁置的事情。还有很多故事没讲完,从今年开始,我会一直记录下去。

一、新村庄与旧年俗

今年回村时,我远远地看到一条长长的横幅,上面写着——"欢迎回家过年"。是了,是过年的味道!当回到熟悉的村子,那里的一切人与事都让我恍然觉得20岁的自己还是那个孩子。

随风而来鞭炮的味道,把我的思绪带回到很多年前。在我开始记事时,爷爷奶奶还住在"旧村"里,离现在的"新村"不远。"旧村"里的房子都是用黄土砖砌成的平房,在那样简陋的小房子里,爷爷奶奶成家,爸爸和大伯长大,我也度过了最有"年味"的几个新年。20年前,我家还没有小轿车,在年三十这一天,爸爸妈妈会起一大早,忙着把大包小包的年货全部放上摩托车运回村,我被挤在爸爸妈妈中间,口袋里揣着糖果饼干。当时,回村的路是坑坑洼洼的,我要时时留心我的口袋,当心揣在兜里的糖果饼干不要被颠出来。

回到村子的时候,我会跟着爷爷奶奶去串门,就是挨家挨户地送上自家做的一些油炸年货，大人们总会夸奖我，然后给我拿来一些糖果饼干。"旧村"是"熟人社会"，所谓挨家挨户，也就十几户人家而已。这些比邻而居的人家，是世代住在一起、知根知底的熟人小群落，我记得每一户人家都叫什么，也记得哪一户人家给的糖果最多。爸爸曾说起，在他小时候那个连电视都没有的年代里，这是他们这些孩子心目中亲眼所见的世界的全部。在农忙时节，他常常会被爷爷奶奶寄养到其他人家里。过年对于他们来说很神圣：扫灰、祭灶、请门神、贴春联、守岁、穿新衣、拜年……样样都郑重其事。

  大约是在我十岁那年，我们就不在"旧村"过年了，村里的十几户人家在另一片空地上建起了"新村"，这座老房子便租给了来这里做生意的外地人，作为养蘑菇、养鸡的地方。"新村"里有了卫生所，有了文化站，回来建房的人越来越多，以往的十几户人家扩张成了几十户人家。今年，我还看见有人家建起了四层高的小楼，菜园就在高楼后边。其实这也很好，只是感觉少了些什么……

  一阵鞭炮声又将我的思绪拉了回来。我惊讶地发现，村里小高楼的数量又增多了。对于一个几乎年年都会回来的人来说，村中建筑的变化说不上天翻地覆。和城市"忽如一夜春风来，千楼万楼拔地起"的架势不同，村中住宅没有地产开发商的介入，没有太过整齐划一的建筑，也没有令人咋舌的建造速度。它的改变总是以一户一宅为单位，变化是缓慢而清晰的。

  听爷爷说，我们村子的祖辈是从梅州迁移到这里的客家人。过去，初代移民们建不起客家传统民居围楼，而是建起一间间矮矮的黄土砖房，家家户户大同小异；现在新建的民居则都是按照每一家人的审美来建，不少人在家门口种了蔬菜。更吸引我的是，人们还会种上了种种鲜花：玫瑰、芍药……供审美的鲜花点缀在供食用的新鲜蔬菜之间，或许其中有些菜正要光荣地成为年夜饭的原材料。

  住房对于一个家庭的意义不仅是遮风避雨，它还意味着财富、温暖和安全感。从村子住房的变化中，我们能窥见一方人更富足的物质财富和更昂扬的精神状态。对旧土的眷念依然是游子道不尽的话题，人们常担心当下乡村的"空心化"，"空心化"可能确实有，但像这样的改变却也实实在在地发生着，人来人往是村子里的惯常景象。虽然改变总带来不舍，但一个有生命

的村落永远都不会缺少人去人留的故事。

　　现在，我们住在"联星新村"里。近年来，我们的村子还被评为"最美乡村"。从前的大年三十，我们会很早回到"旧村"里。那时候，一早起床，肚子还饿着，和爸妈一起贴春联时会闻到带着点儿面粉香的糨糊味。小时候的年味呀，就是从这些细微处开始一点一滴积聚起来的：一开始只是停放的摩托车，是门前噼里啪啦的鞭炮声，是厨房里燃起的火炉子，连着烟囱，曲曲折折地伸到屋子上。贴完春联，爷爷奶奶家里的人会慢慢变得多起来。伯伯伯娘、叔叔婶婶、爸爸妈妈、弟弟妹妹，陆陆续续都来了。做饭的、帮忙的、嗑瓜子的、聊天的，每个屋都挤满人。大人们忙而不乱，嘴里说着话，手上不停活，小孩子们早已是兴奋得不知道做什么好……以前的我会特别欣喜而又放肆地吃着各种各样的零食，因为平时妈妈会担心"热气"（上火）不给我吃。

　　有那么几年，奶奶还在家里做起了年货，比如我童年记忆中的煎堆、油角、蛋散等，最让我难忘的是奶奶做的客家老式钵仔糕。这种钵仔糕与街上卖的那种水晶钵仔糕不同，是用黄糖、酒糟和粘米粉混合、发酵，放在用瓦做成的钵钵里去蒸，成品带着黄糖的香甜和酒酿的微酸，一口下去，香软之余带一点爽弹。其原材料看上去并不复杂，但难在对发酵时间和蒸煮时间的把握，一旦超时，整锅钵仔糕就发酵不起来，又或是发酵过度，难以入口。奶奶那一辈人没有记下来配方，每一次都是靠估算来给材料，后来村里会做的人越来越少，那种钵仔也被扔掉了。后面结合奶奶的口述，妈妈在手机软件中找到了相关配方，按照方子的要求做了出来。现在我也在跟着妈妈和奶奶学着做这种客家传统小吃，希望将这种温情传承下去。

　　此外，也很少有人再去做年货了，比如我童年记忆中的煎堆、油角、蛋散等，大家觉得这些传统小吃做起来很麻烦，大多都是直接去购买。取而代之的是，妈妈和其他亲戚会将一些在家里烘焙好的点心带回老家，比如曲奇和雪花酥等，更加美味和健康。这几年，家庭烘焙越来越火，那些以前在我心中非常"高贵"的西点也能做出来了。在这些小吃的变化中，我们的过年习俗也在发生着变化。

二、疫情下的新年

小时候，总是看见爷爷和村里几个会写书法的老人家，在大厅里摆起笔墨纸砚，给村民们写春联。虽然说村里就十几户人家，但是他们却要写很多，因为大到门口的对联，小到米缸上贴的"福"字，都不能少。近几年，爷爷岁数也大了，我也开始学书法，所以村里也会组织一些会写书法的年轻人一起为大家写春联，或许这也是一种传承。我们会准备很多对联内容，让村民们选，我们来写，而各家各户选的对联内容其实也都大致相同，如"平安二字值千金""财源广进家昌盛"等，这些听起来有点"俗"的春联内容，其实是人们最朴实最普遍的心愿。他们不会给写对联的我们提什么要求，只是说，字体粗，气势要足，保证好迎接新春的豪情和气势。和我一起书写的还有不少弟弟妹妹，家里人也不会管子女写得好与不好，写了他们就开心。因为今年"就地过年"的政策，许多人没有回到村子里，没有来得及回村里贴对联，于是村委会打电话过去咨询，帮这些人家换了新的春联。

1. 今年的"花市"

说到习俗之变，其实新冠疫情这两年间，我家的过年习俗也发生了很大改变，其中最大的一个便是不再出门逛花市了。迎春逛花市原是广州人过春节的传统习俗。"无鸡不成宴，无花不成年"，这大约是广州人过年不成文的规定。广州人买花过年成风：买桃花意为行桃花运，买年橘意为大吉大利，买牡丹意为花开富贵……在往年，我们一家常常会在年三十前几天，回村接上爷爷奶奶，到荔湾区、海珠区等地方看花，再买一些年花回来。今年因为疫情防控，本以为这会成为一个很大的遗憾，然而，爷爷神神秘秘地对我们说：今天我带你们逛花市！

原来，爷爷说的"花市"，是村里的"桃园"。这桃园是联星村特色旅游产业的一部分，一年四季都有不同品种的桃子接力生长。爷爷用一种带点小骄傲的神情向我介绍说，我们村里的"叶海生态园"这片桃花园是广东省规模最大、品种最多、开花最早的桃花园。我们走了几步路便来到了生态园门前。保安见我们是本村人，经过疫情防控检查后，就笑呵呵地让我们进去了，爷爷说，这是本村人才有的福利。

正是初春二月，已经有一些桃花等不及先开放了，染红了一片山岭，一些嫩绿的枝叶夹杂其间，洋溢着勃勃的春意。我和妈妈在桃树枝间拍照，桃胶掉了遍地，爷爷却嘱咐我们别捡。然而，由于这些桃花不卖，我们还是捡了一些桃花，然后摘了几根狗尾巴草回家，这是今年独特的年花。

生态园很大，除了桃园，还有一片黄木瓜园，甚至还有丛林越野的活动。我们一边逛一边聊天，不时有几辆旅游大巴载着乘客进来，上去闲聊一番，才知道他们有的是因疫情就地过年的外地人，有的是广州其他区的人，因为今年不便远行，就来这边看桃花。今年是一个特殊的春节，幸运的是，我们还是能回到老家，跟爷爷奶奶一起过节。

2. 围炉看春晚，烟火映团圆

贴完春联，一边吃零食一边听长辈们聊天，就这么一直到下午，然后就到洗澡的时间啦！小孩子们在外面高兴地玩耍，回家洗完澡可以穿新衣服。这让我也想起了自己的小时候。对于小孩子时的我来说，年味就是买炮仗的金钱自由、放炮仗的激动、聚餐时互相攀比的新衣服，以及假装客气不愿意收下但最终一定会拿到的长辈们的压岁钱。现在逐渐长大了，也没有了非要在过年时买新衣服的欲望，大约是平时需要就可以买。生活变得越来越好，而仪式感也在慢慢淡去。

年夜饭从大年三十的一大早就开始准备了，中国人的年夜饭是家人的团圆聚餐，是年尾最丰盛、最重要的一顿晚餐。对于年夜饭的记忆，总是温暖鲜活的。村里人们的年夜饭大多是用自己种下的蔬菜，以及养的鸡鸭鹅。在广东，有"无鸡不成宴"一说，所以奶奶会在过年前几天，提前在鸡圈里挑一只养得最肥、最壮的，喂它几天最好的饲料，然后杀掉。年夜饭上有什么菜式我已经不太记得了，不过一定会有鸡、有扣肉。鸡通常是做成白切鸡，用开水烫熟以保持其肉质鲜嫩，吃的时候辅以姜葱蒜。扣肉，这道对于我来说稍微有些腻的菜，寓意着阖家团圆、吉祥、幸福。除此之外，我家餐桌上常见的菜还有清蒸鱼、烧鹅等。总的来说，广东的习俗是桌上一定要有鸡鸭鱼肉等不同种类的菜，并且追求食材的本味，不会用浓重的酱汁来烹饪；还要有爷爷奶奶在菜园里刚摘下的应季蔬菜，在锅里清炒，爽嫩鲜甜。厨房里，"老火靓汤"咕噜咕噜地冒着热气，满屋留香。全家围炉，热气滚滚，喜色映人。此时此刻，天大地大，也比不上这顿阖家团圆的年夜饭。碗筷碰撞间，不知是滋味，还是情味呢，总之是才下舌尖，又上心头了。年夜饭是一个仪式，可能是我们现在生活中为数不多的有"仪式感"的东西了。除夕夜团圆，大家随便聊聊上一年的事情，然后举杯祝福，对我来说，这就是把所有难过伤心的事情都融入杯子里喝掉，然后看它们彻底消失的过程。虽然跟家人在一起会被盘问各种奇奇怪怪的问题，但这也是生活很重要的一部分呀。

今年的年夜饭开饭很早，不到5点就开饭了，因为堂哥他们晚上还要加班。凉的热的菜，盘子叠着盘子，大人们喝酒，我们喝汽水。有的人要加班，吃一半就走，有的人刚下班，进来就吃，觥筹交错，此起彼伏。回忆一下过年的画面，一大家人围坐在热气腾腾的饭桌旁，看看电视聊聊天。而我印象中最难忘的年夜饭是2020年的，大家举杯的时候，不约而同地说："身体健康！"在这些画面里，饭菜和味道是情感的媒介。闻到熟悉的饭香，我便知道，自己已经安全回到了家，而家仍然是原来的样子。无论生命中有多少波澜壮阔，我们最迷恋的，还是这包裹在烟火人世里、平凡琐碎的温暖和感动。这份安心的感动，就是年夜饭带给我们最大的礼物。它就像守护我们人生记忆的一把钥匙，镌刻着童年时期父母长辈给予的食物编码，无论你身处何方，那把钥匙依然随时等待着，等待着唤醒你童年的味觉想象和尘封已久的乡思。

年夜饭后，大家围坐在一起，在桌上摆好瓜子年货，打开电视机，调到央视频道看"春晚"。现在的"春晚"有很多长辈们不熟悉的面孔，我尽我所能地给他们介绍这些是谁。不过，只要见到"华仔"（刘德华）、甄子丹等人出现，长辈们也就激动起来啦！尽管奶奶说看得人眼花，但是，她看完了全程。这就是二十几年传统的坚守吧，大年三十一定要看春晚，不然就感觉差点儿什么。我和爸爸妈妈那一代人聊起春晚，他们说，以前家里没有电视，想看文艺作品都要去村里有电视的人家去蹭。春节的时候，有电视看，还能看到好的文艺作品，让人感到非常地幸福和畅快。

今天，我们的时代已经变化了太多太多，传统媒体，包括纸媒和电视传媒，都遭受着互联网的冲击下面临毁灭性的打击。大家日常有太多方式可以找到高质量的文艺作品了，无论是各大平台的综艺，还是网络上的视频网

站和App,人们不需要在春晚里才能看到和听到那样高质量的演出、歌曲和喜剧,它的不可替代性便被削弱了。麻将声、聊天声渐渐响起,春晚逐渐成了背景音,但是这背景音还是一定要响的。春晚自1983年开始,有些东西变了,有些东西却一如既往。突然间,我又想起2020年的春晚,又是一年过去了,今年的人们正在等待着春暖花开。

  对于我来说,我对春节记忆最深的不是年夜饭,也不是春晚,而是除夕晚上吃完饭,以及在除夕钟声敲响之时,去放鞭炮和烟花的场景。小时候,在吃完年夜饭与春晚开始之间的时段,哥哥姐姐们就会拉上我,去放一些小的烟花爆竹玩,比如砂炮、"黑蜘蛛"、仙女棒等等。现在已经好久不见它们的踪迹了。除了小烟花,还有那种一桶几百块的绚丽烟花,看的时候觉得不稀奇,但要自己整这么几大箱来放还真有点奢侈。我记得有一年,爷爷奶奶藏了一两箱烟花在杂物房,就为了满足我们几个孩子风光一把的愿望。当时,我的心跳从打开仓库门的一刻就开始加速了,然后是小小的仓库里亮起黄黄的灯,爷爷从最暗的角落拿起箱子,一行人走到水库边上,看着爷爷把箱子放到水库的岸边,再依依地退远,爷爷点火,第一朵烟花在头顶上方的黑沉的天幕中亮起又熄灭,我就努力把头仰得高高地,张大眼睛,想要把每一种出现过的颜色都记下来。今天的孩子们已经没怎么玩过烟花了,连村里的小卖部也没得卖了,他们失去了一些体验,但也更有安全意识了。当然,鞭炮声仍是有的,在老家吃饭,家家户户在吃饭的时候都会点燃鞭炮,大喊一声"放鞭炮咯",然后冲进屋子里,与此同时,我就会停下手中的筷子,捂住耳朵。

  现在,因为通了高速路,也有了小轿车,我们已经不用在老家过夜了。我偶尔会特别怀念小时候在老家守岁的时光。那时熬夜到0点还是一项"壮举",我们往往10点多就困了,但在11点多会被零散的放鞭炮声或是大人的喊声叫起,准备守岁。这种搅和着困意和兴奋的记忆很让人难忘。到了12点,村里会准时响起了震耳欲聋的烟花爆竹声,夜空会被烟火的亮光和声响填满。看远处的天空,被焰火染成了白日,声音如打鼓一样"咚咚咚"地传过来。现在,我们晚上可以很方便地回到城市里,用奶奶准备的柚子叶洗过澡之后,就可以睡觉了。现在,12点入睡对我们而言已经是"正常"的作息时间。中国人的新年到来了。鲁迅先生说过,旧历的年底毕竟最像年底。毕

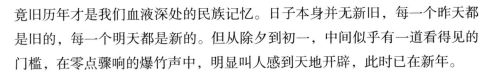

竟旧历年才是我们血液深处的民族记忆。日子本身并无新旧,每一个昨天都是旧的,每一个明天都是新的。但从除夕到初一,中间似乎有一道看得见的门槛,在零点骤响的爆竹声中,明显叫人感到天地开辟,此时已在新年。

3. 时间的节点

大年初一,我在村子里边闲逛。家家户户的门前都堆满了鞭炮燃烧的红色碎屑,烟雾缭绕着让人看不真切,这些听觉、视觉、嗅觉感受,也正是记忆里边最真切的年的味道。陆续有人来爷爷奶奶家拜访,讲养生之道,同时也是在讲那些雷打不动的关心。比如,长辈们会聊起养生的方法,询问起各家孩子的近况。我只是在一旁安安静静地挑着盘里的零食吃,或是在一旁端茶递水地打个下手。年初二,我去外公家拜年,领压岁钱。之后是到亲戚家、朋友家,还有逛花展、逛灯会,像是一场十几天的流水席,人来人走,席却不散,菜也不停。春节,永远会是少年时的快乐,成年时的眷恋,是走到哪里也忘不掉的家的气息。

现在,有些人感慨:年味越来越淡了。在我看来,年味就是一种过年的仪式感。之所以没有年味,不是说因为没有乡土气息,而是因为在当前的社会,日常生活物质的丰富,让人们不再对过年有太多的期待。除开物质体验的原因之外,这也是因为交流更日常化了,人的经验则变得同质化了,过年的仪式感在平常的生活中也能轻易复现。冯骥才说:年味,并不是物质的丰盛,而应该是文化的丰盛。浓浓的年味,其实是被我们自己的无知所消解的。它缘于我们对自己的文化及其价值的无知,对人的精神生活需求的无知。我们缺少的并不是对"年"的感情,而是"年"的新方式与新载体。这么看来,年味也从未变过,在血脉相连处,在人情温热处。那么,与其埋怨所有的旧仪式,不如努力寻找适合自己的过年仪式,在这个杂乱而无序的世界,加一点仪式感。这些仪式的价值和意义体现在帮助人们认识自我,建立生活秩序和规律,给人带来放松感、平静感和归属感。听爷爷奶奶、爸爸妈妈讲以前的春节,我常听得津津有味。他们不知道"仪式感"是什么,但是将节日过出了最浓重的仪式感。

节日是什么?我想,节日是时间的一个节点,它替我们抵挡住时间的流逝。

　　每每到了新年,给别人祝福时我最喜欢用"心想事成"这四个字,爱你的人总是在你身边,憧憬的终将实现,"心想事成"意味着一切顺利。可是这个世界上,爱你的人不会一直在你身边,现实生活也总会磕磕绊绊,而也许现实并不那么如愿,但最重要的是,我们选择如何度过这些岁月、如何记录和重要的人弥足珍贵的时刻。

　　20年来的春节发生过许许多多离合悲欢,这些事情就像连在人与人之间的绳线,被拉起来的刹那,彼此都会看见那些深深浅浅的羁绊。改变在我们村子里实实在在地发生着,人来人往是村子里的惯常景象。虽然改变总带来不舍,但我想,一个有生命的村落永远都不会缺少人去人留的故事。人们在流动中找到合宜的位置,村落也在吞吐人流的过程中更换血液,复苏新生。我们对美好生活和前途的向往是不会变的,对历史进化、发展和前进的信念也不会变。我愈发孤独地走向远方,但我仍然坚信着这些从童年开始就秉持的信念,默默的付出和努力,会在某个时候收获种子,让我们拥有一个更美好的世界。

　　又是一年新春至,挥别不平凡的庚子,辛丑牛年又是一个特别的新年。在疫情防控的要求下,我们或多或少地偏离了过往新年的常规,这种对常规的偏离也许正是值得珍藏的新年记忆,会在漫长的时光里沉淀下来,永远镌刻在我们心中。感谢这次调研,给了我这个机会,重新看见这些时间的节点,如同在生命的长河里做了个标记,日后回首,依然可以热泪盈眶。

乡村诊所
(2021年)

赤诚的心、坚实的墙

——广东省江门市西溪村卫生站田野报告

◇ 关诺宁（社会学与人类学学院2020级本科生）

一、村庄简介

我的家乡位于广东省江门市开平市长沙街道的西溪村，处于主要河流（镇海水）和主要乡道（幕沙路）的东侧。用开平市的方言来说，西溪村是一个"插花村"，因为它是由12个自然村共同组成的一个行政村。西溪村距离开平市长沙街道的主城区只有15分钟左右的车程，这种便利为西溪村卫生站的存续奠定了一定基础。

西溪村的户籍人口共1679人，但是根据笔者的调查，村庄的常住人口大约只有户籍人口的15%，即250人左右。其中大约92%的常住人口居住在西溪村东南处。所以，为了方便村民们就医，卫生站设立于人口聚集区的中心点处；另外，西溪村的村道与外部主要乡道相接，到达西溪村卫生站交通便利，这也便于村外人员来村就医。

西溪村的其他人口居住在西溪村的后山山脚，距离卫生站有一定距离，并且之间有几座小山阻挡。但是如今的西溪村中建设有乡道，通行总体上较为方便。据西溪村吴瑞巧书记说，西溪村村民往来卫生站均较为方便。

> 我们现在都有乡道的了，而且（偏远一点的小村）村里面人口也不超过20个人了，就从那个道里面出来转个弯就行了，有一条机耕路，还蛮方便。

二、卫生站介绍

（一）卫生站的历史沿革

1968年9月10日出版的《红旗》杂志第三期刊登了毛泽东亲自批注和修改的调查报告《从江镇公社"赤脚医生"的成长看医学教育革命的方向》，《人民日报》随后转载。全国范围内开始掀起培养"赤脚医生"的潮流。

在开平市长沙街道西溪村，现在卫生站的唯一一个医生——吴光耀，便是在1976年经过大队的推荐去开平市赤坎镇的开平卫校接受过赤脚医生的培训教育。提到开平卫校的时候，吴光耀医生回忆道："那时候全科都是要学的，西医中医都有，以西医为主。我当时一共学了两年左右。毕业的时候，（学校）还送了我一个本子，我现在都留着。"（图1）1976年，与吴光耀医生同届进行医学培训的基本上都是开平市各个公社推荐的人员。西溪村所在的公社共推荐了7个人去开平卫校学习，这些人在1978年4月结业后返回西溪村，并开始了作为赤脚医生的生活。

图1 吴光耀医生的毕业礼物

许多连环画、宣传册中刻画的典型的赤脚医生形象都包括几个要素：锄头、红宝书、毛主席像章和医药箱，说明赤脚医生以毛泽东思想为指导，走无产阶级的卫生路线，即"扛起锄头能种地，背起药箱会看病"。西溪村的赤脚医生们也不例外。

吴光耀医生毕业后，在西溪村的卫生站担任赤脚医生一职。当时的卫生站是一间非常朴素的砖房，医疗环境较为恶劣。根据卫生站的相关记载，在

大队中,赤脚医生是拿工分的,对医生费而言,患者第一次看就要5分钱,看过一次之后第二次来就三分钱,然后可以一直看病直到痊愈;而在医药费中,许多医生会结合中药开出处方,并采用较为廉价的药物。[①]所以在公社大队时期,一个人看一次病的花费并不算高。从另一个方面来讲,医生的收入也不高。根据吴光耀医生的回忆,当时一个月的收入大概是18块钱,其中6块钱用于向生产队购买粮食解决温饱问题,剩下的12块钱一般会用于日用品上,比如裁衣服、做被子的费用,等等。吴光耀医生说:"当时也没有像现在这样买房买车压力这么大,自行车我是肯定买不了的,然后其实也能生活过来。"但是并非所有人都"能这样生活过来",在当时西溪村所在的公社推荐去开平卫校进行学习的七个人中,坚持下来的只有两个人,其他人都因为工分少、收入低而放弃了这一职业。

我们台湾学者许美霞曾评论:"……三十余年时间内发展的(赤脚医生)这种特有的医疗卫生体制很大程度上是由当时的政治、经济、社会和意识形态基础所决定的。然而,由邓小平领导和决策的市场经济改革彻底的动摇了这些基础,并会随之引发扎根于这一基础上的医疗卫生体制的瓦解。"[②]自改革开放以来,中国社会发生了许多深层次的社会变革与发展,而中国乡村的医疗制度与实践也发生了天翻地覆的变化。

1982年,在西溪村,卫生站由公社管理变为私人承包,卫生站的收入归私人管理,赤脚医生的身份也从此变成了乡村医生。这一年,吴光耀医生与另一位老先生一起在西溪村卫生站工作,自负盈亏,收入均分。据吴光耀医生回忆:"估计那时候一个月就110块钱左右,由18到110,也不是很多,且……还是买不起单车。"

从赤脚医生变为乡村医生,服务与出诊的范围就变大了许多,因为仅仅在本村服务与出诊得来的收入是无法满足两个医生的生活需求的。但可惜的是,1987年,另一位老医生(当时61岁)在自己开电车去邻近的沙塘镇出诊的路上,不慎摔倒去世。

---

① 资料来源:西溪村卫生站历史资料(未发表)。

② Meei-shia Chen. "The Great Reversal: Transformation of Health Care in the People's Republic of China". *The Blackwell Companion to Medical Sociology*, 2001, pp. 456-482.

从1987年至今,卫生站重建了四次,但一直只有吴光耀一位乡村医生。令人欣慰的是,吴光耀医生医术精湛,名声在外,数年下来,收入增加了许多,生活质量也提高了不少。如今的吴光耀医生仍然坚持住在西溪村,他的儿子与儿媳住在附近的城区,离西溪村车程15分钟左右。两个人都有汽车,往来比较方便。他的儿子与儿媳妇也投身于乡村医疗事业,儿子在另外一个村当村医,儿媳在西溪村卫生站协助吴光耀医生。

(二)卫生站的硬件设施

西溪村的卫生站环境整洁,设施相对齐全。据吴医生的嫂子说,几乎每个村的卫生室的格局都差不多,因为是国家拨款补助的,有专门的面积与布局要求。

现西溪村卫生站建于2018年,是一栋两层的房子。第一层是用国家的专项补助建立的,第二层是西溪村的某位先生捐款建的纪念层,现临时作为村委会办公室以及党群服务中心。

从西溪村主村道进来,就是西溪村的卫生站。西溪村卫生站的建设处处体现着人情之暖:门口的斜坡与楼梯便利了行走不便的人们;门口的长椅让人们在等候时能休息;门内的等候处备有长椅与饮水机;卫生站的分诊室既保护了人们的隐私,又很好地落实了以防治为主的基层就医要求(图2)。

图2 西溪村卫生站门口与门内休息处

专业科学、配套设施完善、环境整洁卫生的西溪村卫生站在长沙街道,甚至是开平市都享有名声。西溪村的吴瑞巧书记说:"卫生站的支柱是那个治病的医生。除了这个主要因素之外,基础设施的建设一个要看村里有没有地,有些村都没有多余的地,那就建不了;另一个要看经费,经费有国家补贴的,有村领导争取的,也有村民捐赠的。这些因素加起来,才能达到建卫生站最基础的那条线。"除此之外,村民的意见非常重要。西溪村的新卫生站就是在专项补贴以及村民的捐助与支持下建立起来的,这些捐助与支持来源于村民们对书记口中的"卫生站的支柱"——吴光耀医生的信任。总的来说,卫生站是建立于村庄财力、物力、人力与凝聚力基础之上的,是西溪村乡村建设的一个缩影。

三、卫生站的存续

乡村医生与乡村卫生站是乡村公共卫生建设的重要一节。那么,是什么因素会影响卫生站的存续呢?

(一)医术与声望

正如西溪村吴瑞巧书记所言,乡村医生是乡村卫生站的支柱,而作为一个医生,其谋生之本则是医术。经过开平卫校的培养后,吴光耀医生成为一名全科医生,以看风湿、糖尿病、中风等慢性病闻名,西溪村卫生站也是开平唯一拥有"广东省慢病管理示范基地"称号的村卫生站(图3)。经过40多年的行医经验的积累,吴光耀医生医术愈加精湛,使得他在疫情间也有可观的收入。

图3 西溪村卫生站的"广东省慢病管理示范基地"标志

在谈到什么因素对卫生站建设最为重要的话题时,吴光耀医生说了两个要素:医术与安全。医术是一个卫生站的存续之根,医术的精湛使得卫生站有了经济来源与社会声望;而安全的理念使得卫生站在处理医患关系、生命存亡等社会医疗问题上得以站稳跟脚。对吴光耀医生来说,安全不仅是医疗上的安全，也是待人处事上的安全。他说："没什么人来投诉，一般的病都能搞定，安全系数几乎能达到100%。就是你想着要对每一个患者都要认真负责，那就没问题了，毕竟我们这些（乡医）还是以服务群众为主的。"对每一个患者都认真负责，口头上的语言分量不重，但是真正实践起来的话，则不是每一个医生都能做到和吴光耀医生一样。

经过患者与医生的同意后，笔者得以旁观了几次患者的就诊过程。其中，让笔者印象深刻的就是吴光耀医生的认真负责。正是在这样的态度下，无论患者的年纪和患病程度如何，吴光耀医生都能耐心地对待每一位患者。我想每一位患者也都希望深入了解病症、病因，学会专业处置，明白如何预防。许多医生开药之后便不多说，而吴光耀医生则不同。吴奶奶是一位来看皮肤病的患者，上了年纪的人难免会有点耳背，而且对于病症的理解速度也较慢。当时恰恰临近吴奶奶预约的新冠疫苗接种日期，所以在没人排队时，吴奶奶在皮肤病与疫苗接种问题上与吴光耀医生谈了半个多小时。在笔者看来，这半个多小时有一半以上的时间是吴医生在重复地回答吴奶奶的问题，因为吴奶奶理解能力不太好，吴光耀医生常常要将一个问题的答案重复两三遍。在就医结束后的访谈中，吴奶奶也和我说，吴医生经常这样对病人，会很详细地解释病情、说明病因与预防措施。我不禁想到，医生与患者的信任并非一朝一夕就可以形成的。医生对一个患者的处理方式与态度可能不能说明什么，但是如果一个医生可以长年累月地如此专业、认真、耐心地对待每一个患者，那么这种态度带来的声望，能成为一个卫生站存续的关键。

以吴光耀医生一家为例子，吴光耀医生在西溪村卫生站工作了40多年，获得了乡民们的信任；而吴光耀的儿子与儿媳在父亲的带领下，也回到乡村卫生站做乡医谋生。吴光耀的儿媳也表示："如果不是我老爷（公公）做这一行，我也不会来基层做乡医的……毕竟很多年轻人都想去大城市，然后基层工资又不高，有些村还在一些非常偏僻的地方。我们家就是那种家族性的，老爷积累下来的名声对我们做事也很有帮助，然后我和我老公才会选择这个方向并坚持下来。"付出必有回报——如今，吴光耀医生与他的儿子、儿媳各有一辆私家车，出行方便；他们分别住在郊区与城区，生活安逸，而这些都离不开医生40多年来的付出与积累。

总而言之，卫生站的存续，其根本在于医生的医术。此外，若能长年坚

持善待患者，保持负责的态度，则会形成较强的声望，这也将为这群基层工作者带来正向的回馈。

（二）大医院与卫生站

提起乡村基层卫生站，许多人常常将其与城市里的大医院进行对比。为什么乡民从乡村中迁到城市里以后，还经常会不远百里地回来乡村就医？为什么乡村卫生站的就医体验与城市中的大医院截然不同？在本次的田野调查中，笔者发现了西溪村卫生站独特的魅力。

患者经过一片水稻田，来到卫生站门口，与熟悉的人（护士或乡民）聊天并等待，就诊过程轻松，医生耐心回答，然后在隔壁的药房取药，与医生和相熟的人打招呼后离开。

在笔者调查期间，糖尿病患者关叔叔恰好在卫生站就医，作为从小到大都在吴光耀医生处就医的人，熟悉了卫生站就医时所带来的亲切感，熟悉了就医时轻松自在的氛围，城市中的大医院让关叔叔不太适应。

在西溪村卫生站，由于人流量不大，所以有较为轻松与亲切的就医氛围。有在大医院实习经历的吴光耀医生的嫂子向笔者提道："有些病人也和我说，在大医院他们多问几句有些医生就着急了。但是上了年纪的人，一是听不明白，二是听不清楚，肯定话会多一点。但是我有时候也会着急……不过服务态度真的很重要，毕竟是一种服务，其实有的时候不多问点很难对症下药的。"许多调查的患者都向我夸赞吴医生嫂子的态度，这不仅体现在她本职的抓药送药上，还体现在病人等待时的一杯水，体现在耐心的病理解释，体现在排队时的安慰。

另外，在笔者与吴光耀医生做访谈以及旁观就诊的时候，笔者注意到，许多患者对吴光耀医生的称呼并不是"吴医生"，而是"耀哥""耀叔"之类的。笔者在与一个病友的访谈中提到了这一点，他提道："很多人都是耀叔从小看到大的，不会很生分。我家小孩不喜欢去大医院，但提到要来耀叔这里，他都不会抗拒。"由此可见，不同的服务态度给予了病友们不同的人情体验。

乡医谭致远医生曾在开平市中心医院工作过，如今在西溪村隔壁村做乡医。笔者曾经问过他为什么会离开大医院，他回答道："我觉得工作压力还是很大的，后来我的身体越来越不好，于是我就过来村里工作。其实我觉得现在真的很好，我的工资可以让我有房有车，工作上压力不至于说很大，我也不是一个追求很高的人，工作也只是找口饭吃，知足常乐吧。"而当笔者问吴光耀医生为什么拒绝中心医院的聘请的时候，他的回答与谭医生有异曲同工之处。

在接触了几个乡村医生之后，笔者发现大部分乡医都是谭致远医生所说的"知足常乐"的人，没有太强的竞争欲。纷纷表示现在的生活状态很好。而吴光耀医生直接说："人活着，就好好过每一天，有口饭吃就行了。"或许也是这种人生观，使得许多乡村医生无法适应大医院的氛围从而来到乡村，在不同乡村扎根并生活。

但是需要注意的是，乡村卫生站并非"桃花源"一样的存在，它不是医生们逃离生活压力的地方，因为经营一个乡村卫生站也并非易如反掌、毫无压力。

（三）乡医的双重困境

如果卫生站都像笔者如上所说的西溪村卫生站那样，那为什么全国各地还是有许多卫生站变成空卫生站或者直接倒闭呢？西溪村卫生站拥有的医生资源与声望优势、距离城区近的区位优势、青年医生搭配的人力优势等，并非每一个卫生站都能拥有。也就是说，不是每一个卫生站都可以经营良好、实现盈利。经过对乡村医生与卫生局相关人员的访谈，笔者发现如今许多卫生站面临着多种困境，限于篇幅，本文仅着重探讨新老接续的困境。

本文提到的西溪村卫生站则归长沙街道卫生院管理，需要向长沙街道卫生院提交统计数据，包括药品目录、防疫情况、经营情况等，这些数据都需要通过智能手机和网站提交。在这种医疗高度数据化的情况下，吴光耀医生感慨："如果没有嫂子帮忙，我真的不懂。像我们这些以前做赤脚医生的，哪有几个会做这些事，现在学起来都很难。"也就是说，数据化让许多年老的乡村医生在对卫生站的管理上、在数据的存留与收集上有了一定的困难。这也是乡村卫生站急需年轻力量的原因之一。

但是，现在大多数学医的年轻人都是从城市里成长起来的。这些经过了九年义务教育、考取了执业资格证的青年群体难以适应乡村卫生站。为什么？因为青年医生与村民们会有一定的隔阂。在与谭致远医生的访谈中，他

提道:"一开始真的太难了,很多农活和俚语我不太懂。村民们会觉得,这个医生跟我们村还是有很大的距离的。但是这些也只能慢慢来,要自己耐下心来把活干好才行。"语言是沟通的桥梁,许多村民不会说普通话,如果乡医不会本地话,不能体会话语中的情感含义,那对乡医来说是一个较大的障碍。尽管有些村民会说普通话,但也不能准确地表达自己的意思。普通话又不能充分表达本地话中细微的语言色彩与俚语。如果失去了语言这个桥梁,医生或许很难与乡民们建立起信任,医生的医术或许也很难在乡民中建立口碑。年轻的医生们面对这些困境,只能像谭医生所说的那样"耐下心来",用时间去证明自己,用认真的态度去行医。"群众的眼睛是雪亮的。"时间会证明医生的诚意,村民们会认可医生的努力。笔者在与吴光耀医生的访谈中,多次深深地领悟到作为赤脚医生的他如何将"为人民服务、为群众服务"这一理念贯彻在日常生活中,并数次为他的热忱与赤诚叹服。

或许正是乡医们默默无闻的付出,夜色中的出诊,多年来认真的态度,病友离开时的微笑,支撑起了西溪村卫生站。它们像一道道墙,形成了坚实的健康保障,守护着西溪村乡民的健康与幸福,而这将会在新老相传中接续。

村医观察访谈纪实报告

◇ 罗惠（哲学系2019级硕士生）

引　言

2019年本科快毕业的时候，我在手机上挂了个号去医院看病，也不算什么大病，自己一个人拿了病历本坐着公交车就去了。医院对面是宽阔的珠江，广州的阳光高挂，是个晴朗的好天气。

我去自助机取号时，旁边一位老太太笨拙地在机器上戳着点着想要挂号。协助老太太挂号的指引员拉高了嗓子说："医生今天没号儿啦，下次要提前在微信上预约……"我去坐电梯，周边来来往往的不知道是病人还是家属都谨慎地戴着口罩（此时新冠疫情尚未暴发）。电梯门一开，两个护士推着可移动的病床出来。躺在床上的老人睁着浑浊的眼睛呻吟着，病号服外露出来的那一截手干瘪青黑。

一进电梯，消毒水味儿更加刺鼻。好不容易到了三楼，屏幕上显示还有12位才到我。我找了个位置坐下，等号间隙，却怎么也安不下心来背单词，只能无聊地四处观望。旁边一位母亲斜抱着孩子，孩子的脸和脖子交界处有一大片青黑色的胎痣；靠在扶手上的妇女右边裤脚卷到膝盖上，露出不知道是烫伤还是烧伤后的疤痕……压抑沉重的空气简直要凝成有形的水珠滴落下来。也不知道过了多久，终于叫到我了，进去之后医生穿着白大褂、戴着口罩，显得很有距离，聊了不到一分半钟医生就让我下次换个院区找他做手术。

我逃似的出了医院，才发现自己少问了很多问题，比如手术前有什么要注意的，手术痛不痛、有多痛……我扫了医生给的二维码找他追问，却发现只

有三条免费和医生对话的机会,要想再问就得花一块钱买一条对话机会了。

村医室则全然不是这样的形式,病人喜欢在村医室里待上一整个上午或一整个下午。医生问诊的时间只占一小部分,大部分时间都是在喝茶聊天。接下来我将就我在广东省梅州市兴宁市永和圩镇上的一个卫生站及锦洞村村医室的观察及访谈展开这篇报告。

一、永和圩镇卫生站的"观察者"

在亲戚的介绍下,我认识了永和圩镇卫生站的L医生。L医生热心地帮忙联系了其他三个村的村医,计划一同在1月22日下午进行一场座谈会。但由于冬春疫情形势严峻,尤其农村地区春节返乡人员较多,梅州市卫生健康局要求开展全市基层医疗卫生机构冬春季新冠疫情防控工作视频培训会,因此座谈会取消。于是我先联系着L医生,并在1月21日上午拜访了他所在的永和圩镇卫生站。

访谈当日刚好是圩日,集市上挤满了从永和镇各村赶来"赴圩"的村民,十分热闹。诊所是在市集中一间小小的房子,骑着摩托路过的人们很容易一下子错过。刚到诊所的时候L医生正在给一个50多岁的老人家问诊,老人家来看肺病,看起来与L医生相当熟稔。L医生跟我打了个招呼之后就让我先坐下喝杯茶,自己进了诊所内里的药房去抓药。

趁着等L医生的空隙,我四顾观察了一下诊所。疫情期间,诊所按照相关要求在门口贴着"进内请戴口罩"的标识;门口有一个折叠屏风围出来的"预检分诊隔离区";门口旁有一个LED显示屏,上面滚动播放着"不用输液打针就能治疗多种疾病……"的中医宣传语。

店内用隔板隔出来两个药房。在外头可见的是一个透明的橱柜,里面摆着一些常用的西药和中成药;贴着墙有一个大的中药柜,柜子上摆放着《药房工作制度》《村卫生站制度》《乡村医生工作职责》《治疗室制度》……另一个药房在屋里深处,L医生就在里面的药房抓药。

屋内有一个小小的木质桌子的问诊台,桌上放着一个处方本、一支笔,还有一个手腕测压仪。中药柜对着的另一面墙上贴着医学科普宣传海报、人体穴位脉络图等,紧挨着这面墙摆放着一条长的木质沙发,沙发边上是一个小茶台，茶几上摆着两杯喝到一半的茶。

再出来时，L医生已经穿上了白大褂。他再次坐到问诊台边上，开始叮嘱老人：

  L医生：里只药，一次吃10毫升，一日吃3次，共吃10次。近排鱼里、鸡春还有萝卜汤就不要吃了。听醒里毛？①

  老人：滴辽滴辽。几多钱？②

  L医生：73块钱，算你70块钱辽。③

  老人：按贵概药。④

  L医生：最优惠给你辽，你老弟就滴。⑤

  老人：滴辽滴辽，杠捱先走辽。⑥

  L医生：再吃杯茶来。⑦

  老人：唔吃辽。⑧

一番寒暄后，老人离开了诊所，L医生搬了张凳子坐在茶台边上和我聊天。听闻我想访谈乡村医生，L医生说，这家诊所不是公立的，而是个体诊所，没有代表性。诊所里只有他一个人，没有其他帮手。平时自己有事的时候可以自由关门闭店，没有固定的坐诊时间。

疫情期间，由于过年返乡人员较多，防疫任务加重，L医生在1月20日参加了一整个下午的防疫紧急会议加演练实操培训，并且第二天也还需要再参加一整天培训。

---

① "这个药，一次吃10毫升，一天吃3次，一共吃10次。这几天鱼、鸡蛋、萝卜汤就不要吃了。听懂了吗？"

② "知道了，知道了，多少钱？"

③ "73块钱，算是70块钱好了。"

④ "这个药怎么这么贵呀？"

⑤ "这是最优惠的价格了，你弟弟就知道这是最优惠的价格。"

⑥ "知道了，知道了，那我先走了。"

⑦ "喝杯茶再走呀。"

⑧ "不喝了。"

L医生今年50多岁了，20岁左右（20世纪七八十年代）的时候接受了卫生局的培训，然后就出来当"赤脚医生"。体系里的医生每个月都至少开一次例会，"说要开会就开会"，不能拒绝。后来由于乡村医生门槛提高，L医生不符合新的乡村医生标准，就在原来的村子附近开了现在这家诊所。

在我和医生聊着的时候，来了一个四五十岁的阿姨。阿姨应该是附近商铺的，她笑着跟医生打招呼说："医生，今天这么多人啊，这么热闹啊。"医生也大声回答："是啊，你的药就按照我给你开的吃就行了，这样吃就会好的。"阿姨笑着说"好"，然后就背着手去下一家唠家常了。

L医生接着跟我说，一般基层医生不分属于中医或西医，是中西医结合的"全科医生"。现在这家属于私人诊所，没有挂号费、问诊费。诊所的全部收入纯靠卖药的提成。病人来这里看病没有报销，虽然这里距离镇卫生院不远，但附近的村民更愿意上这里来看病，因为相互比较熟悉。

一般来诊所看病的都是老年人和小孩。老年人常有风湿骨痛等，针对这种情况，医生会开一些调理的中药。一般来看感冒等小病的人比较多，诊所治不了的病就会让病人去上级医院看病。精神相关的疾病由政府管理，病人统一去庭芳医院或去梅县的精神康复科看病拿药。

谈起以前治病和现在治病的区别，L医生说，以前治病打针、吊针的比较多，现在吃药的比较多。以前开西药比较少，现在比较多，因为西药比较方便，而且现在还多用中成药。问诊还是用望闻问切的方法，现代仪器用得很少。

在访谈之前，我曾看到有文献提及当前我国乡村医生队伍中女性医生较少，不利于妇科疾病的就诊。L医生说确实相对男医生来说，女医生比较少，但是近年来兴宁的女性村医越来越多了。他认为医生的性别并不会影响妇科疾病的就诊，因为医生针对的是"病"，也经常有初中女生来他这里看痛经、月经不调等。

L医生感叹道，一般大医院的学生不会来当村医，回来当村医的话是"大材小用"。一般来当村医的都是自费去学的，但是村医收入太低，因此"留不住乡村医生"。

在L医生的诊所待了一上午，有四五个病人来找他，算是比较忙。因此访谈的时间不多，大部分的时间都是我在观察。其间，一个年轻女性扶着一个老人家进来说要吊针，L医生说这里不能吊针，让他们去卫生院打。而后L医生解释说他没有吊针的资格，这是"政策性的东西"。一个附近常来的老人家来找医生聊天，医生问他喝不喝茶，老人家笑着说是来吃早餐的。医生说："现在吃早餐不合适了，你睡得太晚啦！"

二、锦洞村医室的"参与者"

在L医生的介绍下，我来到了永和镇锦洞村，村子里的医生是一位较为少见的女村医。

首先对锦洞村做一个简单的介绍。锦洞村位于永和镇东部，四面多山。结合2014年梅州市的数据及观察访谈情况，锦洞村辖34个村民小组，在册户数34户，人口343人，钟姓人居多；全村总面积9.8平方公里，耕地面积1370.29亩。村子附近开发了熙和湾旅游景区，但由于地理位置不好，景区的开发并没有惠及村庄。因为新修的梅龙高铁会穿过村庄，所以近期村子里有很多大卡车跑来跑去，也有比较多的外地人。

锦洞村的位置十分偏僻，从永和圩开摩托需要20多分钟才能到。先走7公里国道再走6公里乡道，乡道两边都是山和田地，穿过一个隧道再走3公里，就能看到公交车站。公交车一天只有两班，从公交车站旁边下一个陡坡转弯就能看到锦洞村卫生站。卫生站面前是一片空地，空地面前是一大片的田地，四五个村民还有女医生就坐在空地上聊天。

刚骑到卫生站的时候，我的电动摩托电量就见底了。女医生H很热情地进屋给我拉排插，几个男村民热心地帮我给摩托车充电。进去卫生站的时候，有一对老夫妻正在吊针。一坐下，医生就给我倒了一杯茶，也给两位老人家添了茶。

在H医生来之前，锦洞村是"空白村"，即是没有固定村医的村庄。兴宁市的山区有许多类似的"空白村"——位置偏远、经济落后……据H医生介绍，永和镇现在已经没有空白村了，但是蕉岭、罗岗、罗浮等山里还有"空白村"。

之前驻扎锦洞村的是镇卫生院的医生，一周只来三次——每周一、三、五上午来。村民如果在这段时间外生急病，只能由家里人送到镇上的医院

去,就医非常不方便。

今年40多岁的H医生并非本村人。她住在兴宁县城,每天大概需要开17公里的路程、耗费25分钟的时间才能来到锦洞村卫生站。她从医十几年,一开始是在自己家开诊所,去年(2020年)六月份才来锦洞村,到现在不过半年时间。

H医生说,一般当村医的都是自费去卫生技术学校学习,拿学历证书。她本人在梅州市卫生职业技术学校读了三年,班上一共有50多个人,只有10多个女生。班里同学的年龄差别比较大,小的有十几岁,大的有三四十岁的。

并不是所有同学毕业了都来当村医,有的同学去经商了,只有比较穷的才来当村医。毕业之后,H医生检索网上招聘,通过笔试和面试之后成为村医。考试通过后考生可以自主选择去哪些"空白村"就职,于是H医生选择了锦洞村。一般村医的合同是五年,可以自愿续订。但是一般村医都会不断学习,每年都参加考试进而希望能够进入乡镇卫生院,因为进入乡镇卫生院才能有五险一金。

同一个镇的医生都在同一个卫生系统平台。虽然L医生和H医生一个是个体诊所的医生,一个是村医,并且两人未曾谋面,但两个人同属一个卫生系统,因而两人可以互相拥有对方的联系方式,可以通过电话交流。同时,在疫情期间,市里的指示可以直接通过镇的卫生系统平台传达到各个村落,实现各级联防联控。由此可见,乡镇初级卫生保健体系相对完善。H医生称,现在村医在手机上都安装了卫生局的定位,工作时间(8:00—17:00)不能离开所属村。如果有时候下午要去圩上开会的话,开完会就会直接回家。

关于农村如何能够留住村医的问题,H医生苦笑着说,当村医的收入太少了。每年除了两万元的补贴之外,还有一点公共卫生的款项补贴。看病不收诊疗费,只收一点药钱。比如村民来卫生站看感冒之类的病一般只需要花费20元左右,出诊则需要另外加多几十块钱。锦洞村每天来看病的人很少,甚至可能一整天都没有,平常一天只有两三个病人。"除了挣一点补贴钱,平常只能赚点油钱。"

除此之外,五险一金也是很大的问题。H医生告诉我,目前永和镇的村医的男女比大概是7:3,平均年龄大概50岁,年轻人比较少。由于60岁退休后没有退休金,几乎所有的村医每年都在努力考往乡镇医院,一考上立刻就走，村子很容易又变成空白村。

H医生是一个很有想法也很有上进心的医生。作为全科医生，她对中西医有明确的个人看法。她说，全科医生一般都是中西结合，西药比较方便，见效快，但是副作用比较大；中医比较复杂，真正要学精中医非常困难，因此现在会中医的人比较少了。国家目前很提倡中医，因为中医是国粹。进入数字化时代，虽然乡村还很少有用网络问诊的情况，但村医已经开始通过网络平台——如"好医生"平台开始学习医疗知识、进行医疗培训了。此外，H医生平常还会看一些与职业相关的新闻，她从网上了解到山东、山西等北方偏远山区的村医状况比兴宁的更加差。

当问及认为女性医生和男性医生有什么不同时，H医生认为没有什么差别，做医生胆大心细，遇事不要紧张，保持平常心就可以了。于是我反问了一个与之前问L医生同样的问题：作为女性村医，来看妇科疾病的村民是否会更多，来看男科疾病的村民会不会更少？H医生说看病并没有性别上的差别，因为在医生面前"不必遮掩"。

由于村子里的青壮年都出去打工了，留在村里的一般都是老人小孩，一般来看的都是腰腿疼痛。

村医有一些规定的任务，比如0~6岁的小孩、老年人、慢性非传染病等特殊人群需要建立档案，而且要定期随访面访。精神疾病一般都是免费治疗，有专门的医院负责，不在村卫生站看病。

为了信息的完整，上面的记述中我一直刻意忽略了在卫生站里吊针的两位老人。但这两位老人的在场很重要，这意味着这场访谈并不是我和医生的单独对话，而是医生—患者—我三者的对话。"我"在某种程度上被卷入到了村医和患者的社会网络体系之中，所有的对话、方式都是亲切的、熟悉的，在这种"场景"里很容易就体察到久违的医生和患者之间的信任感在流动。

这对老夫妻对坐着吊针，老先生说他们两三天前从深圳回来老家过年，先于子女提前回来打扫卫生。可能大扫除比较劳累，两人都自觉身体不太舒服，所以来吊针，每人花费两百多元。

两位老人家对H医生的印象很好。原因很朴素，因为H医生天天都来村里上班，不像之前那个医生一周只来几次，而且人品、医德好。至于人品好在哪里、医德好在哪里，两位老人家虽然说不出什么具体的话来，但表情、

医患之间日常式的交谈和后面我将会谈及的行动已经说明了一切。

当问及H医生是否会选择继续当锦洞村的医生时,她表示还是想考乡镇卫生院的医生,如果考上了就会走,但是会"舍不得,和大家都有感情了"。虽然继续当村医赚不了钱,但考上镇卫生院之前H医生会继续在这里待下去。

老夫妻俩的吊针打完了,我的访谈也结束了。老先生热情地帮我推电动摩托,老夫人则很顺手地拿起扫把帮H医生扫地,并招呼H医生到家里吃午饭。

三、一些思考

大城市的医生和镇、村卫生站医生的区别在哪里?大城市的医生都是科班出身,他们的医学知识理念基于生物医学范式;村里的赤脚医生从田野里出身,他们的医学知识理念带有"土气",依赖中草药,信仰"气""阴阳""平衡"的天人合一的文化传统。

赤脚医生生长于中国的文化土壤,患者也同样如此。因此在面对西方的治疗方法时,中国病人常常被发现具有较差的依从性。凯博文指出其中可能的原因:"笃信生物医学范式的医生通常在患者身上投入的时间更少,而且他们只会以非常肤浅、机械的方式与患者沟通。对于疾病的诊断与治疗,他们不会做更多的解释,也不想回答很多问题。他们不太会去尊重患者的个人喜好,也不太会去关照患者家属的困扰。相反,中医大夫与他们的患者及其家属关系,却要更加持久,也更加温暖,表现出一种互相尊重的态度。关于食疗、传统运动以及中草药的流行观念,在这些大夫中普遍存在,也在患者和家属中普遍存在。"[①] 无论是L医生基于客家文化作出让患者不要喝萝卜汤的建议也好,还是H医生用带有想象力的话语跟患者沟通也好,都是基于地方文化知识作出的建议。在诊所、卫生室里与患者喝茶、唠家常本身也是治疗的一个过程。

在西医的视野下,"疾病"是一个独立的实体,用特定的技术针对特定

---

① [美]凯博文(Arthur Kleinman):《照护的灵魂》,姚灏译,中信出版社2020年版,第51页。

的病灶即可解决问题；而在镇村的全科医生眼里，生活中的劳累艰辛、社会关系的好坏以及医生对地方文化、对患者个人生活的熟知程度等都会成为医生考虑的影响疾病的因素。因此，治疗疾病并非直接开药即可，还需要解决疾病引起的心理、社会问题。

据此，关系就医就具备了其产生的社会文化土壤。"在过去这些年，随着越来越复杂的电子科技出现在医生与患者之间，医生不得不整日埋头于各种机器之中，做着数据录入的工作，侵蚀了医生用来了解患者生活需求的时间与意愿。医患沟通变得越来越糟糕，病房查房只有三言两语，临床操作也是行色匆匆，这样的快节奏工作根本没有留给医生足够的时间，让他们能作为患者和家属的同行者，一起经历治疗与康复的旅程。"[①]在一开头提到的本人去医院看病的最大的体会是，患者对医生的信任只能基于他对现代医疗技术发展的信任，或者基于网上对医生权威的评价的信任，在这种信任关系里，没有任何直接的患者与医生的信任关系。

在乡村医生与患者的沟通过程中，"喝茶""唠家常"等日常行为营造出来的氛围就已经区别于大医院了。医患相互熟知，患者对医生的信任更多的是基于"熟悉"的信任。而关系就医更像是复刻了乡村医生与患者的信任关系模式。在关系就医里，病人可以通过熟人获得更多与医生直接交流的机会，而医生对患者的就医情感需求也会有更多的回应。

四、结语

上述关于医患信任关系的思考尚停留在非常粗浅的层面，仅靠一两次访谈很难得出更深或更准确的结论；此外，我的访谈尚存在片面性，上面的记录更多的是以村医为中心的访谈记录。最后，由衷地感谢L医生和H医生接受我的访谈，同时也感谢锦洞村那对老夫妻，感谢他们让我真切地体会到何为医患信任。

---

① ［美］凯博文（Arthur Kleinman）：《照护的灵魂》，姚灏译，中信出版社2020年版，第63页。

两代人的乡村诊所

——对广东省揭阳市揭东区甲村、乙村卫生室的田野调查

◇ 林喆（法学院2019级本科生）

我的外婆和姑姑都是村卫生室的负责人。她们出生于新中国成立初期的外婆，完整地经历了整个计划经济时代，是从"赤脚医生"到合作医疗政策的亲历者；而出生在改革开放前夕的姑姑，则见证了合作医疗解体后，新时代乡村诊所的发展历程。因此，我在姑姑的卫生室中进行了参与观察，并对外婆和姑姑进行了深度访谈。同时，我还走访了邻村的卫生室，收集了有关乡村诊所的人生故事，由此了解了当代乡村诊所的生活日常，并尝试从这些素材中拼凑出一段新中国成立后乡村诊所的历史。

在访谈的过程中，我发现在每一个故事的转折点，讲述者都会提到各种各样的政策、文件和通知。访谈让我看到了这一系列规范性文件下的具体的人及他们的实践：乡村医生的人生如何随着政策的变动而改变？他们如何适应政策的变化？基层乡村作为政策传导的末端，乡村医生在现实中如何执行这些政策？乡村医生与村民、政策之间如何互动？在乡村诊所的发展过程中，中央与基层的关系呈现出怎样的变化？在突发性公共卫生事件中，乡村诊所如何作出反应？

围绕这些问题，我在下文对受访者的叙述进行了整理，并结合参与观察和走访的收获，希望尽可能原汁原味地呈现潮汕地区一个小村落的乡村诊所的过去与现在，并发掘这些故事背后的时代变迁历程。

一、外婆的卫生室：计划经济时代的诊所命运

出生于新中国成立初期的外婆，完整地经历了整个计划经济时代，是从"赤脚医生"到合作医疗政策的亲历者。

1965年6月，毛泽东在同医务人员谈话时提出，把医疗卫生工作的重点放到农村去。同年9月，中共中央批转卫生部党委《关于把卫生工作重点放到农村的报告》。①全国各大乡村以此为起点，开始开展各种形式的医生短期培训工作。1971年，22岁的外婆放弃了生产大队副队长的职务，报名参加了培训。当时，村里派出培训的名额只有男性、女性各一名，且由于当时男性妇产科医生并不能为大众所接受，女性赤脚医生的培训内容便更侧重于妇产科。这些村里派出培训的人员就是后来的"赤脚医生"。

外婆顺利地得到了培训的机会，离开家乡来到了县城培训。在她的描述中，培训班的生活充满计划经济色彩：每天有固定的作息，吃大锅饭，饭前的仪式是合唱《我是一个兵》（外婆至今仍然可以熟练地演唱这首歌曲），合唱仪式结束后才能开饭。虽然是外出培训，但外婆每个月可以得到45斤米作为粮食补贴。在这里，她师从在当地声名远扬的陈医生，学习妇产科所需知识及技能。

陈医生原本是市里的一名医生，在"文化大革命"期间被下放到县城，在县卫生院当医生。作为专家，她同时负责当时妇产科赤脚医生的培训工作。陈医生在偏远的县城仍然受到了当地人极大的尊重。

这也是外婆甘愿放弃生产副队长的职位上县城学医的原因：对她来说，掌握一门技术意味着阶层、社会地位的提升，意味着受到别人更多的尊重。她希望能够实现从农民到技术人员的转换，从而改变自己的人生走向。

20世纪50年代后期，乡镇普遍建立卫生院，生产大队建立村卫生室，农村三级医疗卫生组织体系基本建立②，与合作医疗、赤脚医生构成当时农村

---

① 参见中共中央党史和文献研究院：《中国共产党一百年大事记（1921年7月—2021年6月）之二　中华人民共和国教育部机关服务中心（局）》，见中华人民共和国教育部政府门户网站（http://www.moe.gov.cn/s78/A01/s4561/jgfwzx_xxtd/202106/t20210630_541279.html）。

② 章滨云、虞国良、郝超等：《我国农村三级医疗预防保健网的历史沿革和存在问题》，载《中国卫生资源》2000年第6期，第260–264页。

医疗最重要的三大服务。结束培训后,外婆跟随陈医生在县卫生院实习了一段时间。

之后,由于村卫生站需要赤脚医生,同时也考虑到婚育的需要,外婆回到村里,加入了卫生站,也就是三级医疗卫生组织中最基层的一级,从属于县级医疗卫生服务机构和乡镇卫生院。

当时,每个村都会设立卫生站。卫生站一般由站长、赤脚医生和"药童"组成。站长是行政人员,一般没有医学背景,只负责向上沟通和向下管理。赤脚医生则是卫生站的主力,负责出诊、开处方等工作。在当时的村卫生站,外婆和与她同期参与培训的另一位赤脚医生负责这部分的工作。"药童"并不是小孩子,而是可以理解为卫生站的学徒,工作内容是给医生打下手,以及根据处方给病人拿药。一名负责抓中药,一名负责管理西药。在这个过程中,他们也会学到一些简单的医学知识。

20世纪60年代中期,三级医疗卫生网已经基本成熟。①一般而言,感冒等较轻的常见疾病可以在卫生站解决,但如果遇到较为棘手的问题,则需要开转诊单,让病人到县城的医院进行问诊和治疗。如果县城的医院也无法处理,还会再转诊到更上一级的医院。三级卫生网通过将小问题留在基层解决,减轻了上级医院的负担,为患有更大疾病的病人腾出医疗空间,这种分层管理的模式可以使卫生体系的运转更有效率,其一直延续到今天。

1965年底,全国有相当一部分农村地区实行合作医疗制度。②根据外婆的回忆,合作医疗制度下,村民看病费用中的一半可以由村集体报销。这一制度实际上使得村民看病的频率增高,导致乡村医生的工作量大幅增加。在合作医疗时期,他们出诊的频率尤其高,常常因为较小的问题出诊,可以说是24小时随叫随到。合作医疗一方面降低了村民看病的成本,促进村民健康问题的解决,但另一方面也加大了乡村医生的工作量,对卫生站的人力物力

---

① 章滨云、虞国良、郝超等:《我国农村三级医疗预防保健网的历史沿革和存在问题》,载《中国卫生资源》2000年第6期,第260—264页。

② 参见中共中央党史和文献研究院:《中国共产党一百年大事记(1921年7月—2021年6月)之二 中华人民共和国教育部机关服务中心(局)》,见中华人民共和国教育部政府门户网站(http://www.moe.gov.cn/s78/A01/s4561/jgfwzx_xxtd/202106/t20210630_541279.html)。

提出了更高的要求。

1985年后，随着计划经济的结束，人民公社制度解体，合作医疗制度也失去了存在的基础。同时，赤脚医生改称为乡村医生，在资格认定上采取了较为严格的措施，取得资格证书的才能继续承担乡村医生的职责，未通过考试获得资格认定的赤脚医生则会转为卫生员，或转业从事其他工作。[①]

当时，村集体不再统一管理卫生站，乡村医生也被允许以个体的名义经营诊所。因此，卫生站的五人就此解散：站长继续从事其他的行政工作；两位赤脚医生各自在村里开了属于自己的卫生室，继续服务于村民，两人的卫生室也一直经营到今天；两位药童则因为没有执业医师证书，没有办法继续合法从事医疗行业。抓西药的学徒改行做生意，而抓中药的学徒因为没有其他技能，最终只能靠着自己在卫生站学到的一点知识，在村里开了一个小诊所，帮忙医治一些小病。卫生室的五个人，在时代的变迁中走向不同的命运。

二、今天的乡村诊所：信息化时代与突发性事件

1999年，姑姑从医学中专毕业，2002年拿到了执业助理医师资格证，在县卫生院工作，姑丈则在自己家乡的村里开设了卫生室。姑姑生育之后，为了减轻工作压力，照顾家庭，她接管了丈夫的卫生室，成了乡村医生。目前，姑姑是这个村子唯一的乡村医生。卫生室没有站长也没有药童，由她一个人负责3800多名村民的健康。

她的卫生室开在村口，门前就是一条通往城市的大马路。走进卫生室，首先看到的不是医疗用品，而是一张讲究的木桌，桌上摆着一套工夫茶茶具（图1）。姑姑和家里的老人坐在木桌旁边，和刚结束早上工作的卖菜大叔闲聊着村里的琐事。木桌后面占据了半面墙的药柜上陈列着五花八门的药品，另外半面墙，则贴着《乡村医生行为规范》等文件。再往里走，旁边的房间是姑姑家的客厅，后院是姑姑的菜园。

[①] 章滨云、虞国良、郝超等：《我国农村三级医疗预防保健网的历史沿革和存在问题》，载《中国卫生资源》2000年第6期，第260–264页。

乡村诊所氛围并不严肃，反倒是洋溢着活泼的生活气息。在这里，工作和生活、公域与私域并没有严格的界限，而是紧密地融合在一起。村口的诊所总是村里社交的一大据点，无论是在姑姑还是外婆的诊所，工夫茶具都是必备品。经过的人不管看不看病，总要进来坐一坐。这里不仅仅是诊所，也是村里的公共聊天室，发挥着传播信息、联结社区的作用。毕竟，在炎热的岭南地区，没有哪里比既在村口，室内有空调、茶具的诊所更适合闲聊了。

图1　诊所的茶几

三、诊所的日常工作

在聊天的间隙，偶尔会有村民进来问诊或拿药。除此之外，乡村医生的另一项工作就是进行随访。随访主要是针对村里的高血压、糖尿病患者和65岁以上的老人进行日常探访，了解他们的身体状况并在健康档案中记录以备查。

随访制度由来已久。根据外婆的讲述，那时候卫生室里堆着厚厚的一叠健康档案本，记录着每个村民的健康信息，每隔一个季度她都要拿出来，一本一本进行填写。这种纸质的记录方式在2017年被取代。2017年开始，"众维健康"在揭阳市揭东区和空港经济区开展了为期6个月的"互联网+"国家基本公共卫生服务试点工作。[①] 乡村医生使用"众维健康"这一手机应用进

---

① 王勇：《众维健康：博士们的公共卫生"突围战"》，见环球网（https://hope.huanqiu.com/article/7RppD2N1WJG）。

行健康档案的登记，健康档案的记录从而转变为线上。在完成随访之后，姑姑要将随访对象的信息一一填写到对应的界面中，并拍摄上传随访对象的照片以证明确实到达现场随访。

众维健康中还有一个值得注意的功能：公卫排名。"众维健康"根据乡村医生的随访数和档案数制作了排行榜，根据医生的工作量进行实时排名，激励医生完成随访工作。这个排名并不会影响补贴的发放等实质性问题，但姑姑告诉我，虽然嘴上说着无所谓，但排名靠后总会心有不甘。同时乡镇卫生院也会关注这个榜单，并对排名靠后的村医进行批评教育，因此可以起到一定的激励作用。

自20世纪50年代以来，农村三级医疗卫生组织体系一直不断地运行并得以完善，信息技术的发展也强化了这种层级关系。相较于以前建立纸质健康档案的方式，现在的信息管理变得高效、系统化，使政府对基层的管控更加及时、更为有力。

据报道，"众维健康"的设计者在调研时发现：2009年基本公共卫生服务工程启动之后，其落地执行存在很多问题，乡镇卫生院无法控制村卫生室的服务质量，无法确定村医是否真实入户、入户服务质量如何，无法实现对基层的管理。[1] 如今，借助信息技术，乡镇卫生院可以直观地看到随访的数据变化，对村卫生室的服务数量和质量有及时的感知。这虽然不能杜绝乡村医生浑水摸鱼的情况，但也能够增加违规的成本，减少这一类现象的发生。不过，录入信息、拍摄照片和公卫排名等最新的"治理术"一方面强化了管理，另一方面又在一定程度上加大了乡村医生的工作压力，同时对居民的隐私保护问题提出了极大的挑战。

四、疫情中的诊所

诊所并不总是风平浪静的聊天室。在新冠疫情刚开始时，村里的气氛还比较轻松，除了村委会会通过广播通知村民戴口罩、不外出之外，和平日没

---

[1] 王勇：《众维健康：博士们的公共卫生"突围战"》，见环球网（https://hope.huanqiu.com/article/7RppD2N1WJG）。

有太大的不同。直到村里有了从外地回乡的人员，姑姑才开始了疫情相关的工作。中高风险地区人员变动的信息会通过信息系统上传到卫生院。卫生院转告村医，村医则要配合卫生院的工作人员对这些人员进行核酸检测，跟进为期14天的体温监测，并在卫生院与村卫生室的微信群中上报来自中高风险地区人员的提问状况。

问及姑姑在疫情初期做这些工作会不会紧张、害怕，担心自己被传染，她很轻松地回答，只要防护服、口罩穿戴规范，她相信不会有太大问题。乡村医生的工作看似轻松，但在疫情这样的非常态之下，其上传下达的作用变得更为突出，需要有迅速反应、冷静处理问题的能力，才能够执行相关的政策，维持基层的秩序。

疫情趋于平静之后，乡村医生的工作相比疫情前仍是只多不少。例如，在我开始参与观察的前一天，姑姑刚刚帮助乡镇卫生院组织了65岁以上老人的疫苗接种，之后的几天还要做随访工作，跟进老人接种疫苗后是否有不良反应等状况，并在微信群上报。

疫情让我们意识到，这些信息化的社会控制系统，早已经深深渗入了乡村的生活。姑姑的手机存储空间被随访拍摄的照片、与乡镇卫生院相关的微信群信息占据。随访中拍摄的需要录入系统的证明照片大部分是随意拍摄，只需要拍到随访对象即可。照片拍摄的角度一般都是自上而下。随访的姑姑并不久坐，一般是站着，老人家则往往坐着。照片里老人们看上去都已经习惯手机镜头对着自己，拍摄时似乎还在乐呵呵地聊天。我很少看到像这样直接拍摄、呈现一切细节的照片。

五、总结与讨论：乡村诊所的变迁与不变

乡村诊所的历史由一份又一份规范性文件组成：《关于把卫生工作重点放到农村的报告》宣布开始培养中国第一批乡村医生队伍，"赤脚医生"开始在历史上留下痕迹；《关于健全和发展全国基层卫生组织的决定》标志着农村三级医疗卫生网的建立；1968年，毛泽东批复了湖北省长阳县乐园公社办合作医疗的经验，称赞"合作医疗好"，于是这一制度在全国农村推

广[①]；1981年《关于合理解决赤脚医生补助问题的报告》又使"赤脚医生"退出历史舞台，成为"乡村医生"[②]……在这些文件背后，无数人的命运因此而改变：赤脚医生制度让外婆得到了难能可贵的机会，而合作医疗制度的建立和解体又让外婆卫生站的五名成员各奔东西，让姑姑在村里经营起卫生室等等。

时代的变迁影响了乡村医生的人生，也改变了村民的生活。随着信息技术的发展，国家对基层的监控和管理不断强化。从纸质的健康档案到电子化的健康档案，乡村诊所需要登记更为详细的村民信息，并及时更新，以便接受卫生院的监控。

从外婆的诊所到姑姑的诊所，可以看出乡村诊所的主要功能由解决村民的健康卫生问题，逐步扩展到上传下达、辅助中央对基层的监管，且后一种功能随着时代的发展逐渐突出，成为村卫生室最重要的功能之一。

变迁中也有不变之处。我注意到，在外婆和姑姑的故事中，有一个相似的桥段：获得执业资格之后，她们都曾在医院工作了一段时间。但在婚育之后，她们都选择了离开医院，成为乡村医生。

虽然身处不同时代，但乡村诊所似乎是女性执业医师婚育后的一种归宿——工作量较小、工作稳定、离家近，使婚后的女性有更多时间、空间照顾家庭，但与此同时也伴随着工资低、在医师中社会地位不高的缺点。随着家庭分工、职场竞争变得逐渐平等，这种不变也很可能被打破。乡村诊所会成为两性执业医师减轻工作负担、兼顾家庭与职场的共同选择。

同样不变的还有乡村诊所交换信息、联结社区的功能。在我走访的卫生室中，每一间都少不了工夫茶茶具，这也许是属于潮汕地区乡村诊所的特色。潮汕人常常把闲谈称作"滴茶"，指茶水是谈天说地的最佳伴侣，而卫生室就是村里"滴茶"的公共空间。在这个公共空间中，乡村医生和其他村民建立起了一种"民间关系网络"，这种民间关系网络对现代卫生行政系统的运行非常重要。

[①] 朱玲：《政府与农村基本医疗保健保障制度选择》，载《中国社会科学》2000年第4期，第89-99页。

[②] 李德成：《合作医疗与赤脚医生研究（1955—1983年）》（学位论文），浙江大学2007年。

"现代医疗制度的一个重要特征是国家介入地方组织进行统一规划,使之形成一种社会动员式的运作方式",特别是在疫情中,"防疫的强制程度更为明显"。①依靠日常闲聊建立起的民间关系网络,能够增强村民对乡村医生的信任,使乡村医生在疫情前后的控制和管理更加顺理成章。

六、反思

由于时间仓促和能力有限,我也十分清楚这份调查报告仍然存在一些问题。

首先,由于假期时间有限,我进行参与观察的时间较短,只在姑姑的卫生室做了为期两天的参与观察,并简单走访了邻村的卫生室。报告的内容主要建立在对姑姑和外婆的访谈之上,对卫生室生活的观察可能不够全面,不足以支撑后文的分析。

其次,受调研条件和报告篇幅所限,我的访谈和观察都只限于村卫生室,并不能代表"乡村诊所"的全貌。在调研的过程中我发现,乡村诊所有以村卫生室为代表的多种存在形式。每一种存在形式都有着截然不同的发展历史、经营理念和生存智慧,乡村诊所的故事还有更多不同的面向。这一次调研为我打开了视野,也希望如果以后有机会,还能以更多的视角书写乡村诊所的故事。

在文章的最后,我要感谢在调研过程中帮助过我的每一个人:要感谢我的外婆和姑姑不厌其烦地接受我的访谈。作为一个缺乏访谈经验的研究者,我总是会在整理访谈内容的时候才想起来之前忘记提问的问题,于是又要回头重新问起,但外婆和姑姑都会耐心地解答;同时也要感谢我的父母全力支持我进行调查,为我提供了许多关于卫生室的信息,帮助我联系受访者,并且传授了许多与人交流的经验,对我的访谈有极大的帮助;另外,也要感谢我的朋友们的帮助和鼓励,让我有足够的信心和耐心完成这篇报告。

---

① 杨念群:《空间·记忆·社会转型》,上海人民出版社2001年版,第147–154页。

附录 访谈提纲

● 外婆

1. 人生历程

（1）您是怎么当上赤脚医生的？

（2）为什么会想到要成为赤脚医生呢？当时还有生产副队长的工作，为什么愿意放弃这个职位而选择成为赤脚医生？

2. 日常工作

（1）诊所里都有谁？日常有什么工作？一般来看病的人都是什么病？除了出诊，会不会顺便帮村里人做点什么事情？

（2）会有医患纠纷吗？

3. 制度变迁

合作医疗开始的时候生活有什么变化？合作医疗解体之后生活有什么变化（收入、病人、其他竞争者、卫生站的其他人）？有没有考虑过开私人诊所？

4. 公共卫生事件

以前有没有发生过类似于疫情的公共卫生事件？是怎么处理的？

● 姑姑

1. 人生历程

您是怎么成为乡村医生的？为什么会想到要做乡村医生？

2. 制度变迁

（1）现在的公费医疗制度是怎样的？

（2）如果乡村医生制度要改善，希望在哪些方面可以改善？

3. 新冠疫情

（1）疫情初期，村里的氛围是怎样的？老人家不上网，怎么去了解疫情，怎么指导他们应对疫情？疫情严峻时期，村里的氛围是否会受到影响？还能在卫生室聊天吗？

（2）疫情期间主要做了什么工作？如何跟进外地返乡人员？做这些工作要花费多少时间？这些工作村里人配合吗？

（3）会不会害怕自己被感染？所有的工作都是自己做吗，有其他人帮忙吗？这些工作有额外的补贴吗？

那些从跋涉到坚守的时光

◇ 金小羽（公共卫生学院2019级本科生）

这里是地处我国西南部山区绿色海洋中的一个普通乡村。在我的认知里，乡村的生活节奏很慢很慢，因为山好像一直是那么高，跟小时候一模一样的溪流还是在静静地流淌，村口的水井仿佛永远不会干涸，稻谷从种下到收割要好久，我们长大也花了好久好久……

在我们村里人的记忆中，从20世纪70年代到如今的50年的时间里，村里一共就只有两名医生，其中一名还不是正规的医者。他是我奶奶那一辈的农村非正式医疗人员——赤脚医生。我们村的这两位医生是父与子的关系，或许也是使命与传承的关系。

赤脚医生，是20世纪60—70年代"文化大革命"中期开始出现的名词，指的是没有固定编制，一般经乡村或基层政府批准和指派，受当地乡镇卫生院直接领导和医护指导的有一定医疗知识和能力的医护人员。当时负责我们村医疗卫生的赤脚医生是吴老医生，但是他不是我们村的，住在距离我们村三公里的另一个村子里。他是方圆五公里以内唯一的赤脚医生，平时负责走访周边的七个村子。

"跋涉"一词可以说是最适合描述赤脚医生的词。吴老医生在20世纪70年代初受到政府的任命成为赤脚医生，平时不需要参加集体劳动，每天有医生这个职位的公分可以记。他的主要工作就是背着医药箱在周边的七个村子里走访，一天走一个村，每个村轮流着来。每个村子之间离得都不近，从家里到一个村里走访一圈，再走路回家，基本上一个白天就过去了。一天平均下来需要行走十几公里，长年累月下来，就成了一个惊人数字。那个年代可没有像现在那样平坦宽阔的柏油马路，全都是坑坑洼洼的黄土路、山路。在我们那儿还有一个大水库，将其中一个村子分隔开，所以去这个村子甚至还要坐船。这样的情况完全可以称得上是"跋山涉水"吧!

我听奶奶说过一个关于我爸爸的故事。那时我爸还小，只有五六岁，有一次因为吃坏肚子，一直在腹泻。但是那个年代看病打针不方便，家里的大人每天都需要下地挣工分，很忙，根本没时间管我爸，并且也不知道赤脚医生在不在家里，他就只有等着。大概是腹泻真的太难受了，等到赤脚医生走到我们村里，爸爸他一个小孩儿就自己主动到吴老医生面前请求马上打针。可能是小儿主动要求打针的事情太过啼笑皆非，奶奶现在说出来还是笑个不停。

那个生活艰苦的年代在老人的记忆里是灰色的，但赤脚医生的出现为他们的生活增添了几抹彩色。他在乡间土路上跋涉的路线也成了时代里深深的烙印。

一、记忆里的诊所

在我的记忆里，村里的诊所搬过一次家，搬之前的诊所设在村中间的公路边上，和村委会在一栋楼里。别看我用"楼"字来形容村委会的办公地点，其实它一点儿也不宏伟，就是一座普通的两层小楼房，每层只有3间屋子。当时的诊所就在一楼，是吴医生和他的妻子生活和工作的地方。3个房间里有一间专门用来看诊，房间里有一张靠墙摆放的病床，木制椅子绕着不大的屋子摆了半圈，还放了几个输液时用来挂吊瓶的铁架子。屋子里只有一张桌子，是吴医生用来办公的，平日里村民来看病的医疗保险报销都是在那里写单子。除了墙上挂着的几个装着营业执照等行医证明的玻璃框，就再没有什么了。

诊所好像是在我12岁的时候搬地方的，那时候我被爸妈带到镇上去上学，放假回家就发现换地方了。新的诊所是政府拨款建的，毕竟以前条件不好就不强求了，但后来条件好了还让诊所和村委会在一起就说不过去了。现在的诊所建在村口，还是建在公路边上的，距离村里大多数人家都远了。不过所幸村子不大，不差那一两百米。诊所相比以前规范了不少：虽然还是将生活和工作放在一起，但起码地方变大了，有了专门的配药室，盒装药品也有了专门的架子摆放。尤其是诊所大门的正上方被画上了"红十字"的标志，我们一看就知道那是医院。

二、乡村诊所里的吴医生

我们村子不大，村民大都是一个姓。每个人出门遇到的任何人都是有特定的称呼的，不能乱叫，不然就乱了辈分了。不光是在我们村，过去这么多年的嫁、娶、认干亲，早就已经让我们临近的几个村子都有点或近或远的亲戚关系了。吴医生虽然不是我们村的，但是我们家的小辈都叫他表叔。这个表叔比我爸爸年轻一点，皮肤黝黑，笑起来那一口大白牙甚是晃眼。他说话应该是这些年在村子里被大爷大娘们给影响了，嗓门儿大，就连与村子里利落的大妈对阵都不带落入下风的。吴医生是个利落、爱开玩笑的人，喜欢逗弄小孩子，每一个去他那里看病打针的孩子都会被他一阵吓唬，小时候我可害怕他了，觉得吴医生好凶好凶。

吴医生的医学基础很扎实。我以前不懂，但是现在明白了，村里的小诊所什么仪器都没有，稍微贵一点的药都需要在确定村民确实有需要后再去机构拿，他的一身本领也发挥不出来呀！而且，只有在学了医学之后才能体会到每一个能成为医生的人有多不容易。现在我正在学的内容，视诊、触诊、听诊，都在吴医生的看诊过程中感受过或看到过。再加上来诊所看病的一般都是老人和小孩，他们对自己的疾病的语言描述不是很清晰，一般只知道是哪里不舒服。这个时候就要看一名医生基本功的扎实程度了，吴医生总能根据那些模糊的话语准确地做出诊断，并进一步治疗。

三、我们与乡村诊所的故事

我们家与诊所的故事有不少，但有些已经完全不记得了，只有几件事的确是影响深刻，以至于现在都还记得清清楚楚。

（一）挖耳朵

我还是奶娃娃（没有断奶的小孩）的时候就跟在奶奶身边，那时候的奶奶已经不年轻了，像给小孩子挖耳朵这类精细的事情她是不敢做的，所以一直没怎么清理过的耳朵"顺利地"堵了。这是几岁发生的事情我记不清了，但应该还很小，还没有上小学。堵了之后大概是发炎导致我的耳朵里又痒又疼，这种情况也只能上医院了。对于这件事我唯一有印象的就是——疼！非常疼！当时我趴在奶奶的腿上，双手被奶奶用一只手给固定不让乱动，她的另一只手摁住我的头将一侧耳朵朝上；吴医生左手拿了一个手电筒，右手拿着镊子。他把我发炎的耳朵里的东西夹出来，这个过程对于当时的我来说真的太疼了，以至产生了心理阴影。以我现在对吴医生的了解，他当时肯定在动手之前吓唬我说："千万莫动嘞！动了耳朵就要聋掉哩！"

（二）小误会

有一次我感冒去诊所里打针，有一位大娘正好要输液，但是在输液之前吴医生给她做了皮试。我当时不知道为什么要做皮试，觉得很新奇。吴医生用的是针筒很细的针，我以为一点都不疼，但是那个大娘疼得整张脸都皱在一起了，所以当时我得出结论：做皮试一定很疼。

后来我发烧去镇上医院输液，输液之前护士姐姐也要给我做皮试，当时我心里就开始忐忑不安了。护士姐姐用的针筒比大娘打的那种大一圈，但是会比平时打屁股针的要细一点。看到这个我的泪水就在眼眶里打转了，这个针筒好大，肯定更疼。护士姐姐见我还没做皮试就开始想哭，就笑着对我说："做皮试不疼，比打屁股针好多了。"但是我才不听呢，结果做完才发现真的不疼，着实是闹了一个小乌龙！怎么回事，难道针不一样吗？当时的我一直没弄清楚，不过学了医之后我猜应该是每个人的感觉敏感程度不一样，又或许是我和那个大娘打的药物不一样，但跟针筒的大小没关系吧？

（三）长虱子

小时候，所有小孩子夏天都喜欢去大水井里游泳，一个夏天下来裸露的皮肤被晒得黝黑，差不多就一口牙白一点了。我们女孩子的头发长，每次被冷水打湿后也不管它。也不知道是谁开始说的：用冷水洗头头发上会长虱子。这句话我们每个小孩子都听说过，但从来没放在心上。农村的孩子被糙养惯了，皮实得很！

但是夏日随意出入过好些个水井的我终于有一次"翻车"了，当时好像是游泳以后头发湿了，但是因为太累没等头发完全干透就躺在床上睡下午觉了。那时候害怕把枕头浸湿还在头下面垫了一条干毛巾，起床的时候头发还有点润润的，这时候我还没在意，但过了几天就遭殃了。头发里长了很多虱子，还有很多白色的卵，不但痒得难受，而且丢人呀！在我们这里，谁家孩子头发里长了虱子是家里大人不讲卫生、没有教养好的表现。为了对付这些虱子，我可谓是用上了十八般武艺，大夏天用很烫的热水洗头，用篦子反复梳头，奶奶还在太阳底下帮我清理虱子和它的卵，将头发折腾来折腾去，不知道掉了多少头发。但是还是没有完全清理干净，过了几天越长越多。见我实在是痒得受不了了，奶奶就拿了一种杀虫的农药出来放了一点在水里给我洗头，那时候还小什么都不懂，奶奶也没什么文化，就用了它来洗头（千万不能模仿！）。不过还确实挺有用的，洗了之后头就不痒了。但是晚上的时候就出了问题，大半夜的我被疼醒了，头皮还没什么问题，就是两边脸颊火辣辣地疼，疼得在床上翻来覆去睡不着，实在是受不了，就起床哭哭啼啼地叫奶奶带我去医院。

半夜的时候，奶奶拿着手电筒带我去诊所。那时候吴医生都睡了，周边黑漆漆的，奶奶只有在外边一边敲门一边叫吴医生的名字。叫了不一会儿吴医生就开门了，也没有生气，只是忙问我们发生了什么事。但他在知道事情的缘由后加重了语气，很严肃地跟奶奶解释农药的危险性，还调侃我，说我一个上过学的人都不知道这些东西，学到哪里去了。我也不想呀，但上小学还会教这些东西吗？吴医生批评过了，也调侃过了，给我开了一些涂抹式的药膏，还加了治虱子的药粉，折腾一晚上，总算是睡上安稳觉了。

（四）奶奶与诊所

大概是年轻的时候干的活儿太重，劳累过度，奶奶上了年纪后就腰椎间盘突出，腰时时刻刻都在疼。但像奶奶这类劳动了一辈子的农家妇人，是闲不下来的，加上她们亲身经历过20世纪的饥饿岁月，对庄稼的在意或许已经成了执念。就算是面积不大的土地，他们也要种上各种水稻、玉米之类的作物，家里房屋边上的菜园子更是种满各种应季蔬菜，被打理得井井有条。

老了之后的身体是经不住这样的折腾的,所以奶奶经常会腰疼到受不了,这个时候她就会去诊所里让吴医生给她打一针。我之前问奶奶打的是什么药,她说她有一次感冒了去打一针腰就不疼了,所以应该是感冒药;我听见"感冒药"这三个字的时候简直匪夷所思,怎么可能,感冒药还有这等效果吗?现在明白了,这应该是吴医生没说,老人又不懂,她自己这么认为的,大概率是镇痛类的药物。在农忙的时候奶奶去诊所会频繁一点,一个月要去上三四次。平时的时候就看她要做的事情的劳累程度了,但是前两年的大部分时间她差不多都是这样过来的。

老人家的身体一日不如一日,从去年我去上学之后全身开始浮肿,也不知道什么原因。家里的大人觉得是身体里的内脏出了问题,尤其是到了过年那几天愈发严重,家里人一致决定带奶奶去城里的大医院看病。但是奶奶怕麻烦,也怕花了钱却没有检查出问题,总是推辞。但人命关天的大事哪能由着老人家呢,她被家里人强制带着去市人民医院做检查。好在结果是好的,查出来病因并且做了手术。奶奶现在已经康复了,但腰疼的毛病是好不了了。

(五)需要宣传的政策

得益于国家经济政治的发展,农村的医疗卫生条件得到了很大的改善。政府出台了为老年人免费体检的政策,所以现在镇上的医院已经可以为老年人提供一年一次免费体检的机会了。体检内容主要包括一般的问诊、血常规、尿检、心电图、B超等;再就是政策下达到医院了,但是老百姓们要知晓情况还需要各个村寨的大力宣传。去年夏天,因为新冠疫情,我整个春季学期都没有返校,一直待在家里上网课。这天吴医生上门来巡访,主要是了解一下村子里的老人当前的身体状况,如果有问题就尽早检查治疗。他一边询问一边在一个本子上做记录,围绕奶奶近期的身体状况做了详细的询问。吴医生对奶奶身体的基本情况还是很了解的,问题主要集中于病情有没有加重或者有没有其他的不舒服。这次巡访还有一个任务就是向村民普及近期颁布的卫生政策,这个普及的可不是理论上的条条款款,而是村里的老人可以切实享受到的卫生福利。就比如这次免费体检的政策,其实这个政策很早就开始实施,并且之前还有在村里举办过面向老年的相关讲座,目的就是告知老百姓这个好消息。但是，我奶奶表示完全不知道！

原来，是因为当时所举办讲座的主题和内容太"高大上"了，听我奶奶的意思大概是：以防止高血压、糖尿病等慢性病为目的，动员老年人积极体检。但是村里大部分都是老人和小孩，基本上没什么文化，所以大都听不太懂。奶奶听完后直接表示自己没有糖尿病和高血压，跟她没关系。村里的老人大致都跟我奶奶差不多，所以我们村的体检率很低，吴医生就只有借这次寻访的机会来动员大家积极体检。在基层和村民打了20多年的交道，他当然理解农民的心里对医疗卫生政策的看法和期望是什么，不外乎就是两点：看病买药便宜一点，生病住院再方便一点。所以吴医生直接将政策掰碎了解释给奶奶听："现在时代好了，政府补款让你们老人家可以一年去免费体检一次，就在镇上医院，方便得很！还可以化验、做B超，正好最近你身体不好，去检查一下，不要钱的机会就不要错过了。到了医院直接跟医生说'我来做一个老年人的体检'就可以了，不要钱免费的！"我和奶奶都觉得是个不错的机会，正好最近她身体出了点状况，可以去镇上的医院检查一下。其实村里的老人真的很多都不清楚这条政策的具体内容，我奶奶跟村子里的一个婆婆说了这事儿，那个婆婆表示要跟我们一起去做个体检呢！

可能在别人看来，反反复复地强调"不要钱"有点太市侩了，但是在农村的老人家看来，与生活息息相关的方面有了改善，他们就已经很高兴了。

四、与时俱进的诊所

自从2019年底暴发了新冠疫情，吴医生的工作任务就加重了，尤其是疫情刚暴发时，因为上级的严格要求，需要认真排查外出务工、上学人员的区域流动情况。吴医生通过上门或者微信的方式询问相关人员有没有接触过病人，回乡途中是否经过疫情暴发地等情况。他不仅要对每家每户逐一进行排查，还要对当时生病的病人进行严格检查，防止意外发生。再就是今年新冠疫苗的普及，吴医生还要动员乡亲们积极配合打疫苗工作。绝大部分村民都是很配合的，但就是有那么几个"钉子户"不愿意配合，理由还各个不重样。各种状况层出不穷，这个同意了那个还是拒绝，把吴医生搞得哭笑不

得。好在坚持是有成效的,凭借吴医生的三寸不烂之舌和村委会干部的轮番劝说,总算是让全村人都打完疫苗了。

这个时代的绝大部分农村,一年中除了过年那一个月,大多数时间都是老年人和留守儿童在生活着。在我们村,只有刚参加工作的大学生村官、希望小学的几名老师和零星几个村里人是年轻人,此外也就剩下吴医生和他的妻子正值壮年了。从我记忆的最远处,吴医生就在诊所里了。以前还小不懂事的时候还以为那个诊所是吴医生家开的,到现在我已经20岁了,他也还在这里,途中从来没有离开过,不出意外他会一直待在诊所里直到退休吧。

或许不是因为时间过得慢,而是在那些从跋涉到坚守的时光里有他们十年如一日的坚持,服务群众,我们才会觉得安稳的日子一直都在那里。

农村基层医疗卫生服务体系现状

——以重庆市合川区玉龙村为例

◇ 吴祖瑶（社会学与人类学学院2020级硕士生）

自笔者有记忆开始，当家里人生病时，就会听到"去×××那里拿点药回来""去×××那里看个脉"等类似的话。从小，家里人如果有点小毛病，基本都是前往村上或者街上的私人诊所或药店，简单配几副西药或几包中药解决的。而笔者本文的调查就是以此为基础，以期呈现重庆市合川区草街街道玉龙村的多个私人医疗点（包含诊所和药房）和公立的街道社区卫生服务中心这一套农村基层医疗卫生服务体系的情况。

一、背景

在讲述玉龙村具体的医疗卫生服务情况前，我们需要先了解玉龙村所属的草街街道近些年来行政规划调整的情况。2001年6月，滩子镇并入草街镇；2009年12月，撤草街镇设草街街道，并对街道内部的村、社区进行了重划，因此有了如今下辖2个社区、9个村的草街街道。其中，十字路社区为草街街道的中心，街道办事处、集市、街道卫生服务中心三者紧靠，都位于其中；而玉龙村则包含以前的滩子老街，并与十字路社区相接，因此玉龙村的村民位于这两地医疗服务点的辐射范围。

在农村地区，每个村镇都会有一个农村集市，这往往也是整个村镇的中心。因此，政府、医院、学校、商铺等都会分布在集市附近。街道行政规划的更改，意味着农村集市的变动，而位于农村集市附近的乡村诊所的人流量也会因受此影响而产生一些变化。

在滩子镇还未并入草街镇的时候,在滩子镇街上(现在一般称为滩子老街)有一家镇医院和两家诊所。在滩子镇并入草街镇后,原滩子镇的镇医院直接关闭,其人员和设施设备等直接整合到草街镇的镇医院,镇医院的楼则一直空置,直到前不久因地区城镇化建设才被拆迁。

草街镇由镇改街道之后,镇医院也改为街道医院。医院本身没有太大变化。又因为街道医院位于十字路社区,所以当地人一般称之为十字路医院。虽然滩子镇镇医院被合并,但是滩子老街的两家私人诊所却一直延续至今。因此,滩子老街的两家诊所、十字路社区的几家诊所药店与十字路医院,共同构成了现在从玉龙村到草街街道的医疗卫生服务体系,也是本文主要的调查对象。

二、从赤脚医生开始

20世纪50年代,农村地区建设如火如荼地展开,定期派遣流动卫生队已然无法满足蓬勃发展的乡村生活中的医疗需求。在这种情况下,一批批驻扎于乡村且具有现代科学意识的乡村医疗队伍应运而生。部分村民经过一定医学知识培训后以半农半医的形式长期在生产大队扮演着无私奉献者的角色,即赤脚医生。

赤脚医生一词描述出根植于田间生活的医生形象,也侧面展现出作为群体特征的专业医疗知识的匮乏。赤脚医生是特定时期的产物,他们作为一群原本掌握一定传统草医或中医知识的人,经过或甚至未经过短期专业培训,在进行农业生产活动的同时为村民提供最基本的诊疗防疫服务。

1985年后,卫生部颁布考核标准措施,用"乡村医生"代替"赤脚医生",意指通过考核且具有行医资格的基层医疗事业建设者。相关资料显示,当时占全国人口20%的城市占有我国80%的卫生资源,与此同时,占全国人口80%的农村却仅占有20%的卫生资源。在地域分布广阔且人口占比大的农村地区,乡村医生对农村医疗卫生事业做出的重要贡献可见一斑。在从20世纪50年代至今的大半个世纪中,乡村医生一直作为广大农村地区基层医疗卫生事业的建设者,为我国农村村民的健康提供保障。

（一）从赤脚医生到职业医师的邓医生

在玉龙村有一位远近闻名的邓医生，可以说是从"赤脚医生"到"乡村医生"再到"职业医生"转变的典型人物。他的行医地点由一开始的滩子镇街的诊所，到十字路医院，再到两者皆有。

邓医生现在已经70多岁了，但他每个工作日都还要从滩子老街的家中骑自行车到十字路医院出诊看诊，并严格按照医院规定的时间上下班。因为他声誉好，所以很多人都找他看病，基本都是一些常见病。尤其是在他刚从十字路医院退休的时候，每天都有很多病人到他家里看诊，所以医院在他退休之后，经过一番努力，又将他返聘回医院了。尽管邓医生也会西医，在一次看诊中，同时开出中药和西药的情况也是常见的，但村民更多的是冲着他的中医技术去的。

邓医生和他的儿子、孙子现在都还一起住在滩子老街的三层楼的房子里，诊所开在一楼最外侧靠着公路的房间。因为拆迁，原本位于正街的店铺现在已经位于街尾了，且紧靠着新公路。在邓医生家一楼门诊几米外，新公路从屋前经过，公路旁没有行道树。可能正因为如此，他们家在一楼和二楼中间做了一个巨大的遮雨棚，还有大大的布垂掉于地面。这样虽然阻挡了大部分灰尘，但也导致整个门面被遮得严严实实，从正面完全看不出来这里是一家诊所（图1）。

图1　邓医生家外观

虽然挂上了国泰大药房的牌匾,但是药店里的药品种类很少,除了基本的处方药,就只有一些特别常见的感冒药。这也就是为什么在文中并没有称其为药房的原因。药房里四个柜子摆成一排,是那种常见的玻璃柜,但里面很多位置都是空着的;中药的药柜则放在了左侧里屋,医生给病人在外间把脉后再进去里屋抓完药出来;如果需要输液,则需要到右侧里屋,其实就是吃饭的房间。这个房间放有一张老式木沙发,病人就坐在这上面输液。

门诊后面和楼上,就是邓医生及其家人的居所,病人需要走到屋前大叫邓医生或者小邓医生(邓医生的儿子)的名字,他们才会出来看诊。

虽然邓医生现在被返聘回医院上班,但在家的时间还会继续给人看病,甚至会有一些老人特意到他家里去看病,因为"在他家里比去医院便宜很多",尤其是中药。这些老人会在早上七点半之前(邓医生还未出门上班)、中午十二点(午休回家吃饭)至下午两点(出门上班前)、下午五点(下班回家后)、周末这几个固定时间去他家里找他看病。当然,也有一些村民不挑时间,到他家之后,若是邓医生不在,就直接找他的儿子小邓医生看病,并不是非邓医生不可。

乡村医生在进行职业选择的时候具有较强的代际传承性,邓医生一家就是如此。邓医生有如此的声誉,固然是因为他医术不错,但这也离不开他父亲和爷爷的影响。邓医生的父亲和爷爷都是医生,尤其是他的父亲,当年更是本地有名的中医先生,也是后来的赤脚医生。邓医生的中医医术就是师从他父亲,后来考医师证的时候又学会了基本的西医。

因此他现在其实可以中医和西医结合看病,但大家还是更常找他看中医,尤其是到他家看诊的村民。邓医生的妹妹也是医生,退休前也在十字路医院上班;邓医生的儿子同样是医生,现在开在家里的诊所主要就是他在照看。他也向邓医生学习了中医,所以他也是中西医都会;邓医生的女儿也是医生,之前在合川城区开了一家大药房,但前几年因病去世了;邓医生的孙子现在同样在十字路医院上班。

(二)从赤脚医生到乡村医生的明医生

此外,目前仍然在滩子老街行医的另一位明医生也是从赤脚医生转为乡村医生的,他一直在家中诊所看诊。

明医生也是从赤脚医生考证转为乡村医生的,如今也已经70多岁了。一开始,他的诊所其实是开在自己的房屋里的。大概在30年前,他将诊所移到了滩子街上,随后家人也都搬到诊所处居住,并一直延续至今。明医生和其他乡村医生一样,都只治疗感冒等常见病。但是,在他那里就诊的村民输液的频率较高,早几年能直接听到村里一些老年人说"去找明××输点水"。

虽然现在门诊还一直开着,但因为他年龄大,只开西药,早期还不能刷医保,再加上距离邓医生的诊所步行也就两三分钟,所以病人较少,且多数是为了前去输液的,这也是明医生治疗的一大特色。明医生只在偶尔有病人的时候看诊,其余时间就和附近的人聊天休息,就像一位住在老街的寻常老人。

和上文的邓医生一样,明医生的诊所也是开在家里的。诊所后面和楼上都是明医生及其家人的居所,但空间更小,只有一个门面的大半用作看诊,里屋有一间小房用来输液。因为老街的马路很窄,所以明医生家只有临街的用以看诊的房间采光最好。有时候明医生也会在这间房吃饭。房间里甚至还放有一台电视,供明医生在没有患者的时候休闲娱乐,输液的患者也可以借此消磨时间。各类处方药就放在一个淡黄色的老式书柜上,摆了三四排。书柜前面是一个木桌,用来把脉。虽然明医生会把脉,但是他一直以来都不开中药,只开西药,且输液是常态。

(三)从村小组乡村医生到城市的药房医师

左医生虽从一开始就有医师资格证,但最初只在村上的家里给人看诊,而且覆盖范围比较小,基本只有附近两三个自然村的村民会找他看病。在没有病人的时候,左医生就和其他农村的年轻人一样下地干农活。

左医生当时就在村上两层小楼的农村住房里看诊,大门一进去的大厅就是看诊的地方。当时,附近两三个自然村的村民无论男女老幼,患感冒都是先去他家里看病。笔者还隐约记得小时候在左医生家里打针拿药以及治疗水痘的情况。从笔者的家里到左医生家里,走路也不过六七分钟。

但在2008年底至2009年初,左医生关闭了家中诊所,前往重庆市北碚区开了一家药房,一直运营至今。左医生的妻儿也都一同前往,只有他的父亲留在家中。他们一般只在春节的时候回乡。左医生家里与农村常见的年轻人外出务工,并将小孩带到城里上学,只留下老人在家的家庭类似,只不过他是去城里开药房做药房医师,和其他农村青年的职业有所不同。同时,左医生的大女儿在外上学,目前是一名在读医学生。

随着左医生的外出,家中曾经浓厚的家庭诊所的痕迹越来越淡。现在左医生的家从外观上看,和周围其他房屋没有什么区别,甚至稍显老旧;只有走近了从大门往里细看,能看到有两个高大的、一排排全是抽屉的传统木制药柜。曾经在左医生处看病的村民,现在也都分散到滩子老街或十字路的诊所以及药店了。

(四)小结

受城镇化发展和拆迁征地等的影响,滩子老街及附近自然村的村民越来越少,再加上滩子老街已无集市,所以一般很少有人前往。这也就导致现在当地很多青少年并不知道这两家诊所的存在,更不用说一开始本就只服务周围几个自然村且早已关闭自家诊所的左医生了。更为关键的是,目前仍在开的两家诊所药品种类比较少,且多是处方药,难以满足购买药品的需求。所以渐渐的,很多年轻人只知道在十字路的几家诊所药房。这也就导致在邓医生或明医生处看病的大多是老年人,或者是由老人领着的小孩。

三、现代诊所与药房医师

草街街道的现代化药房都分布在十字路社区和近几年因工业化发展而新建的商品楼盘——北新·御龙湾附近。从御龙湾到十字路社区,需要步行10~15分钟。尽管御龙湾也有几家药房,但主要是新开的药房,且目前的辐射范围也主要限于御龙湾,难以影响到十字路社区、滩子老街和玉龙村的其他地区,在此不做详述。

十字路社区目前共有五家药房和诊所,但无论是买药还是看病的人数,一直都只有其中的两家人比较多。其他三家,有一家其实更像是一个家庭诊所,和明医生的情况类似,但病人比明医生的还要少;有一家外地人开的中规中矩的药房;还有一家是十字路五家药房中面积最大、药品最多的,但人流量却很少。因为这三家一直以来人流量都很少，在此也不多加叙述。所以，这一部分主要集中展现位于十字路街道上两家人流量较多的药房。

（一）麦克药房

该药房是十字路街道上人流量最多的一家，以前叫昌野药房，现在更名为麦克药房。医生姓易，年纪不大，现在也就40来岁，所以当地村民一般都说："去易娃儿那里……"虽然易医生年纪不大，但是这家药房已经开了20年左右了。药房内中药和西药都有，药品相对丰富，而且可以刷医保。易医生主要负责开西药的处方，并不只局限于感冒，一些其他的简单疾病也可以。

笔者以前就经常到易医生这里给父亲购买缓解痛风的药品，甚至到了后期，易医生一看到我就直接问我："你又来给你老汉拿药吗？"一般情况下，很多村民都会固定找某一位医生看某一类型的疾病，或许是因为医生的医术和声誉，也或许是因为乡村社会的人情往来，尤其是在只用购买固定药品的情况下。

药房最忙的永远是在赶集日。每到赶集日，易医生的妻子、母亲、儿子等好几位亲属都会到药房帮忙，主要是负责找药、分药，或者直接售卖药品。哪怕这样他们都会忙得不可开交。在赶集日的时候，药房内十分拥挤，甚至一些人得在药房外等着，药房内也是各种声音乱哄哄的。这种情况虽然和药房只有一个门面且相对较小有关，但也与人流量特别多有关。中药和西药的药品柜靠着三面墙。药品柜前还有约一米高的玻璃药柜，这些药柜密密麻麻摆满了药品；易医生就坐在正对着卷帘门的那排玻璃柜后给人开处方，有时也会起身或弯腰去找药品。而易医生的家人就在两排药柜中间匆忙走动寻找药品和配药。易医生的家人，尤其是他的妻子，因为长期在药店帮忙，现在也渐渐学会了一些相关知识。虽然现在有一面靠墙的柜子全部放置中药，但是是近几年才有的，之前三面墙的柜子里全是西药。而且虽然药房人很多，但是在这里拿中药的人却很少很少。

易医生的家也在药房后面和楼上，但是和明医生、邓医生那种家庭区和看诊区有交叉混合的情况不一样。药房和生活区是区分开的，由一扇木门分隔开。在赶集日，那扇门是直接关闭的，易医生及其家人也基本不会在两区

之间走动。在非赶集日，人流量相对较少，只会有一个人坐在药房，虽然多数时候仍是易医生。而这个时候，即使那扇门是开着的，但是因为药房是背光的，所以哪怕走进药房也难以透过这一扇门看到生活区的情况，基本只能看到黑乎乎的一片。

（二）国泰大药房

十字路人流量次之的药店叫国泰大药房，开了十年左右，甚至可以说它是麦克药房的最大竞争对手，分走了不少客人。两个药房距离不远，走路也就两三分钟的时间。国泰大药房是由一对30多岁的夫妻开的，夫妻两人学医之后在十字路街道开了他们的第一家药店。丈夫姓明，中医西医都会，但主攻西医；妻子则只看西医。但是夫妻两人基本也都只看感冒和一些其他的常见病，而且病人也主要是以西药为主。虽然也有人在这里抓中药，但是和拿西药的人比起来就少得多了。

药房有两个门面，大小差不多是麦克药房的两倍，药品也就更多一些，但是布局类似，而且同样可以刷医保卡。此外，还专门有一个老式木沙发用来输液。因为易医生处是不输液的，所以这也是该药房的重要吸引点。虽然这里相对麦克药房人流量少，但在赶集日两夫妻也是忙不过来，因此还专门雇了几个人专门负责找药配药等。而且因为药房面积更大，所以不会显得过于拥挤。

除十字路这家国泰大药房外，明医生目前在御龙湾和合川城区也还各有一家药房。但他们夫妻两人一直据守着十字路街道这家，其他两家药房则雇人照看。

（三）小结

在文中称十字路街道的这两家为药房，而称滩子老街的两家为诊所，主要是以药品的多寡、能否满足普通村民购买常规非处方药的需求为依据进行划分的。此外，麦克药房和国泰大药房虽然实际上也是药房和家庭居所一体的，药房背后和楼上也都是家庭居所，但用一道门完全隔开了，而不至于像滩子老街的两家诊所，家庭居所部分直接可见，甚至部分看诊空间直接和家庭居所混合。

从上文的论述中也可以看出，虽然能直接辐射玉龙村并且目前还在经营的诊所药房有近十家，能开中药的也有三家，但是当地村民只要一提到中药，基本都只会去找邓医生，不过到底是去十字路医院还是到他家里去看诊抓药，这是不一定的。

四、草街街道社区卫生服务中心

草街街道社区卫生服务中心，即十字路医院，平日接诊最多的就是感冒患者，此外还负责高血压、糖尿病等常见病的相关诊治工作。除了这些和上述私人医疗点类似的诊治工作外，医院还能提供一些常规的检查，如抽血、B超等；也有少量住院病房，但是住院的病人很少，一般是顺产孕妇产后或小型伤口缝合后需要后续观察等。

少部分需要连续输液的病人也会办理住院，但这种情况更多的是因为办理住院后可报销费用更高，村民才会愿意办理住院。而且该医院目前甚至只能接收顺产产妇，因妇产科医生人手不足，不能进行常规的剖宫产手术。

在新冠疫苗开始实施全民自愿免费接种之后，十字路医院的主要工作就变成了疫苗接种。尤其是笔者2021年8月再次回到医院的时候，里面大部分都是即将开学的中小学生和老年人在排队打疫苗。老年人还被要求一早先空腹到医院进行一个简单的体检，如没问题，才能进行正常接种；中小学生则是因为学校要求在开学前如无特殊情况需进行疫苗接种。

五、挑战与发展

草街街道和其他广大的农村地区医疗卫生服务体系所面临问题是类似的，但除此之外，因草街街道目前特殊的发展情况，还面临着新的挑战。目前，在城市化进程的影响下，草街街道范围内正在大规模进行征地拆迁工作。原本的农村地区拆迁之后，在街道中心十字路一侧，已初步建成工业园、农创园和信息技术孵化中心。

工业园区内已经有许多工厂开始运作，还有若干正在修建和待修的工厂；信息技术孵化中心已有好几家公司入驻；等等。在十字路的另一侧以新

建商业楼盘为中心，设立了中学的分校。

名校分校的入驻导致该楼盘房价一路飙升，甚至超过了部分合川城区新楼盘的房价。同时，街道核心区域（含部分玉龙村）正好位于重庆三环的规划范围内。目前，新楼盘也已经有很多人入住，其中除了一些外出务工挣钱后回家购房的当地村民，也不乏一些看中这两所学校和其他区位条件的非本地人员，甚至还有来此地购房的外省市人员。

草街街道目前发展势头强劲，农业、工业、第三产业齐头并发，更有优质教学资源的吸引，这将大大增加当地常住人口数量，尤其是年轻人的比例。但是，以目前草街街道的医疗卫生服务能力和近几年的发展情况来看，似乎跟不上草街街道整体的发展速度。

根据笔者每年寒暑假回家的观察以及当地村民的说法，草街街道近十年来的卫生医疗情况并未有太大提升。两家医院并没有得到什么发展，私人医疗点在十年间也只新增了几家，还主要集中于拆迁的房区和新建楼盘附近。

农村地区长期形成的医疗卫生服务体系基本能解决以为数不多的中老年人为主要常住人口的基础诊治需求。但是，在街道的工业、商业、学校教育都得到持续发展之后，街道的常住人口，尤其是年轻人会越来越多。而医疗卫生作为民众公共服务的重要内容，不得不提高自己的服务水平，以适应城市化的发展。这是挑战更是机遇，需要我们更多的关注。

我家的医疗站

◇ 曹子晨（电子与通信工程学院2019级本科生）

我的家乡位于陕西省咸阳市长武县亭口镇阳坡村（现宇家山村一组）。长武县位于陕西的西部边陲，这里位置偏远，人们大多以种地为生，农业生产占据了生产生活相当大的比重。从秦代在这里设县开始，人们祖祖辈辈生活在这片土地上，自耕自作，自给自足，繁衍生息数千年。新中国成立后，这片土地上发生了翻天覆地的变化，人民生活越来越幸福、满足。近些年，国家越来越关注农村，越来越多惠民政策进入农村，其中就包括农村的医疗卫生事业。下面就以我们阳坡村为例，看看这几十年乡村医疗都发生了哪些变化。

关于我们村的医疗站，大致可以分为三个时期：1965—1979年，实行集体化、公社化的生产方式，医疗站为大队共有；1979—1997年，随着改革开放和土地私有政策的推行，医疗站也变成了私有形式；1997年至今，国家进行医疗卫生体制改革，医疗站慢慢转型为村卫生室，才出现了"乡村医生"的称谓。

随着医疗卫生体系不断健全，传统乡医的职能也在慢慢改变。如今乡村医疗不再是简单的负责看病就医问题，而是向疾病预防、健康管理方向靠拢，注重防治结合，保障公共健康安全。

第一阶段：1965—1979年

这段时期的农村普遍实行的劳动组织形式是人民公社和生产队，我们村也不例外。当时我们村和相邻的几个村子组成了一个生产大队，大家同吃同

种、集体劳作，具有鲜明的时代特点。大队设置公共医疗站，负责全队人的看病就诊问题。

就是在这样的背景下，我的爷爷开始学习医学。1965年，我爷爷15岁。那时镇上来了一些大学教授，开设了一个健康班，旨在培养一群能够扎根农村，为村民提供健康保障和基本诊疗服务的医生。那个年代，这群医生被形象地称为"赤脚医生"，意为平时"光着脚"到田里干活，有需要时则出诊为村民看病，即半耕半诊。我的爷爷就属于这个群体。

当时的条件极其艰苦，没有辅助学习材料，也没有网络资源，爷爷和其他学徒文化水平不高，大家都只上过小学，因此学习起来困难重重。但不知是因为那个年代人们对于知识的渴求，还是在公共卫生和医疗事业极为不发达的农村，大家对于治病救人的医疗知识的渴求，抑或是想要学有一技之长改变命运，他们学习极为认真刻苦。

无论是农闲时上课，还是农忙时回家种地，一有时间学徒们就会拿出笔记来背。冬练三九，夏练三伏，从中医到西医，从解剖到内科，从细菌到瘟疫，刻苦三年之久，他们成为这个地方第一群系统接受医疗知识培训的人。

正当他们完成了理论学习，准备开始跟随老师实践时，1968年，"文化大革命"开始了。健康班被关停，爷爷的学习生涯也到此结束了。这时候的爷爷，虽然掌握了基本的医理知识，但却没有任何临床经验。

但在当时那种情况下，除了他们，没有人接受过系统的医疗知识培训，更没有人能担负起保障村民健康的工作和责任。爷爷和他的师兄弟们只能临危受命，回村接手了大队的医疗站工作。没有经验就自己摸索经验，没有医疗设备就自己想办法采购。这片黄土地上第一批年轻的大夫群体就此诞生了。

医疗站里设有一个诊室、一个药房、一个计划生育处，爷爷负责出诊工作。他们所用的药品是按照计划分配的平价药，由县里的机构统一配给。每月县里都会送药过来，爷爷要按照实际的需求来选择进药，不能进多了导致药品过期，也不能进太少导致药品不足。

每次开处方药的时候爷爷都要留有明细，第二次进药时要根据这些明细和实收药款进行核算，并且将药款上交。在国家物资紧缺的年代，每种生活必需品包括药品都要按照计划进行分配，容不得半点马虎。由于各种条件的限制，医疗站配给的药品种类少之又少，只能解决一些非常常见的疾病，其他的疾病就算能够诊察清楚，但也是"巧妇难为无米之炊"。这些病人也只能被送往大医院治疗。

医疗站的酬劳不是发工资，而是跟其他公社成员一样计工分。医务人员的工分是按照社里的平均水平来发放的，仅够维持日常吃用，因而这些赤脚医生实际上生活也十分艰苦。一个生产队有四五个村，爷爷的出诊工作可以说是异常的多。不光是接诊人数多，最难的是覆盖的区域大。生产队的人口分布呈现出大分散、小聚集的特点，聚集地之间都是崎岖的山路，每天翻山越岭成了他的日常。他经常出诊的村子，最近的两三公里，最远的有七八公里。虽然远，虽然难，虽然累，但这些都是爷爷最美好的回忆。

他时常想起当年的模样：背一个皮医疗包，里面装着自己的中医汤头歌和笔记，还有一些青霉素和注射器，再装一些绷带棉签。爷爷每天往返于医疗站、自己家和患者家，日复一日的奔波出诊让他和大队里的人建立了深厚的感情。有时在老乡家出诊，到了饭点，好客的老乡会邀请他留下来吃饭。有时候突然下雨，老乡还会送伞给他。

就这样寒来暑往了13年，爷爷边学习边实践，医术也不断地精进。不光是常见的地方病和头疼脑热的小病，就是一些疑难杂症，爷爷也在不断地学习和涉猎。他既学习中医，也不排斥西医，在给病人诊断和治疗时，经常按照自己的经验，采用中西医结合治疗。十几年来，爷爷的名声也逐渐传播开来，有不少外队的人都会慕名来找爷爷看病。

这段时期是爷爷看病最多最集中的时期。因为是大队生产的方式，爷爷拿的是医务人员的公分，出的也算是集体工。他专门负责了十几年的诊疗室。这十几年里，爷爷每天都早出晚归，跋山涉水，奔波在这片土地上。无论是数九寒天还是刮风下雨，有村民来请他出诊他绝不会推辞。

不光看病，爷爷还为十里八乡的孩子们接种了各种各样的疫苗，为当地的老人们进行体检，给村里人普及地方病防治的知识。健康班里的日子虽已渐渐远去，但爷爷仍然十数年如一日的践行着几位老师对他们的殷殷期待和谆谆教诲，为这里的村民驱走病痛，带来健康。

许多年后，被他治愈的患者也跟他一样成了垂垂老人，那些小孩子

也已经都长大成人,成了家庭里的顶梁柱,因此爷爷在村子里备受大家爱戴。因为他们知道,在贫穷的年代里,是爷爷翻山越岭、走家串户,才保得这一方水土和千家村民的身体健康。爷爷将最好的青春奉献给了这片土地,奉献给了农村医疗事业,这也成为他一生中最宝贵、最自豪、最难忘的回忆。

第二阶段:1979—1997年

这一阶段的背景是全国掀起改革开放的浪潮。"交够国家的,留足集体的,剩下都是自己的",在这种环境的鼓舞下,大家的生产热情空前高涨,所有人都投入到热火朝天的生产劳动中。爷爷以私人承包的形式负责了我们村的医疗事业。不过这段时间的政策发生了改变,医疗站变成了营利性质,进药渠道更多样。但药品售价仍由国家统一管理公示,并频繁派药监局的人员来抽查药品质量。同时爷爷不仅负责出诊,还要负责村里的公共卫生、防疫工作等。

有了十几年的经验积累和医术的精进,爷爷打算好好地经营自己的诊所,他在家里设了一个诊室和一个药房,购入了各种医疗器械,还购买了一个中药柜准备做中药。那时候要到外面的大药房去进药,为了能买到质量高、种类全、价格公道的药,我爸和他的兄弟几个没少往外面跑,近则镇甸,远则省城。

但是事情并没有这么顺利,一方面爷爷要种庄稼,这对每个人来说都是头等大事,马虎不得;另一方面他每天要出诊看病,找他看病的人又络绎不绝,因而他很难分配出精力。而且当时这个药房的收入也十分微薄,根本不足以补贴家用。两相权衡之下,爷爷收缩了药房的业务,改为只坐堂不出诊,只有紧急情况下他才出诊。尽管如此,爷爷仍然在忙碌的劳作中挤出时间来出诊看病,而且依然有很多人慕名而来,让爷爷诊治。

慢慢地,由于爷爷的精力和心思更多地花在了侍弄土地、种庄稼、搞生产上面,医疗室的生意也冷清了很多。我问过爷爷:"既然您这么热爱自己的事业,又为什么不专心开诊所,为大家看病呢?"爷爷说:"虽然行医救人很好,但我们这一辈人都是从那个饥荒年代过来的,各个都知道吃不饱饭的那种难熬。那时候有了你大伯、你爸和你三叔，你奶奶还怀着你姑姑，咱们家是上有老、下有小，全家上下七口人七张嘴等着吃饭。再加上国家政策好，家家户户的头等大事就是地里面多打粮食，先保证家里人吃饱肚子才是最重要的。"

其实除了要侍弄土地，还有一些别的因素。那时候我们国家的市场化改革刚刚起步，医疗体系的改革正处在一个萌芽和过渡的时期，诊所就成了私人性质，自负盈亏。

在市场化中，国家对药品采取价格严格管控制度，且药品买卖差价非常小，几乎不能算作盈利。药品来源上，也只有一两家指定的药品公司能提供，还要自己去进药。而且国家规定出诊和坐诊不能算作诊所的收费项目。这样一来，私人性质的诊所的利润非常低……

后来医疗体系发生了改革，赤脚医生要通过国家的资格考试才具有行医资格。他们几个师兄弟又拿起了当年的书开始复习备考。有些年纪大一点的或家里比较忙的都没能通过考试，作为村医的职业生涯也到此结束了。只有爷爷和另外三四位师兄通过了考试，得以继续为当地百姓提供医疗服务。

这时候的爷爷已人到中年，开始为几个儿女操办婚事，安顿家庭。1997年，我的爸爸妈妈结婚了。爸爸没有能够继承爷爷的志向，学成一个医生。但无巧不成书，妈妈是毕业于卫校的专业医务人员。因此在他们结婚以后，她很快便接手了爷爷诊所的一切事务。

爷爷自此也正式退休，告别了他奋战了多年的"战场"。30年的光阴倏忽而逝，爷爷背着包，踏遍这里的每一处山川，走过每一个村镇。十里八乡的人都知道这里有个曹医生，会西医就罢了，还懂中医，几十年来不坑不骗、兢兢业业为村民看病，美名广为流传。

退休后爷爷也没有放下自己这门"把式"，附近的老人们病了，或是年轻人病了听家里老人的介绍，都会来找爷爷看病。由于爷爷的中医理论更为扎实，因此找他开方抓药的人很多。爷爷也从来没有推辞过任何一个患者。我想，或许这时候的他，没有了家庭的责任与负担，没有了贫穷和饥饿的威胁，才真正得以致力于自己热爱的事业。

找爷爷看病的人实在是太多了，因为他始终坚持自己的治疗方法，小病慢病用中药，大病急病用西药，辅以针灸等治疗手段，以最低的成本进行

治疗。

爷爷说,基层医生是村民的守护神,是保障村民生命安全的第一道防线,是守护一方的"杏林"。正因如此,他们才能初心不改,坚持在这个平凡但却重要的岗位上,风雨无阻,寒暑无惧,年复一年为这方土地的百姓祛除疾病,带来健康。

第三阶段:2010年至今

这一阶段,乡村医生制度逐步建立。国家陆续出台一系列政策规范乡村医疗行业,使其更加合理与规范。

2011年,国家出台乡村医生签约制度,促进村级医疗组织规范化;建立新型农村合作医疗系统,使得乡村医疗收费报销流程更加规范透明;推出药品三统一制度,即"统一采购,统一价格,统一配送",使得乡村药品价格透明,渠道正规;建立基层医疗分级诊疗系统,从基层乡村卫生室到乡镇卫生所,再到县一级卫生院,使得村民有医可求,也缓解了上级医疗单位患者流量过大的压力。自此,乡村医疗卫生体系逐步确立,村卫生室和乡村医生的概念慢慢推广开来。

2014年到2016年间,乡村医疗公共卫生体系逐步建立,国家推出家庭医生签约服务,对每位村民的健康状况进行建档管理。乡村医生要对建档立卡户、慢性病(高血压、糖尿病、精神病、结核病)、0~6岁儿童、孕产妇、60岁以上老年人等各类人群建立档案,进行定期摸排管理,同时负责公共卫生、中医药健康、健康教育等各项主题工作,还要定期进行高血压和精神病的随访工作。

2018年,又增加了残疾人健康档案管理。可以说,乡村医生的职责已经发生了巨大的改变,原来的私人诊所也变成了以基层公共健康管理为主的国家基层单位,这是令人可喜的发展,但对于这些基层医生而言,这却是巨大的挑战。

以前的医生就像走访郎中,只管把病人治好;而现在的乡村医生则有了更加全面和具体的健康管理工作,要管理全村人的健康档案,但农村人常常会对这些摸排工作表现出抗拒。老年人体检,小孩子打疫苗,健康情况的随访，这些工作在农村进行起来困难重重。妈妈时常需要走家串户去做工作，不管是刮风还是下雨，都必须要把工作做到位。现在每个月她还要去镇卫生院开例会。妈妈不会开车，只能骑着小电驴往返十几公里。寒来暑往，每月如此。

为了帮助提升乡村医生这个群体的专业能力，国家于2016年开始对乡村医生进行集体培训与职称管理，对原来乡村医生队伍中的"医士"职称者进行集体培训，组织考核。通过考核者即可获评"医师"职称，并被允许担任本村的公共健康全科医师。

即使如此，对于这样一个年龄、职称、文化程度参差不齐的队伍来说，学习与培训可谓是非常大的挑战，许多村医就因此而被淘汰。妈妈很幸运地通过了考试。但挑战还不止这些。随着公共卫生系统的发展，电子化办公成了摆在村医面前最大的难题。这群"70后""80后"的乡村医生，没有经历过系统的计算机培训，多半的人可能甚至没见过电脑。让这些人用电脑来开处方、报销合疗、写报告、建档案、拉QQ群，可想而知是非常困难的。

2012年，我上四年级。让我记忆非常深刻的是，我家里买了第一台电脑，妈妈的"噩梦"也就从此开始了。我们这些小孩子对这台电脑非常感兴趣，我仅仅用了两个月就学会了玩好几个电脑游戏。但妈妈不一样，她对于新鲜事物的接受能力非常低，我教了好久她才会在电脑上打字、搜索和登录QQ，至于农合系统和处方系统就更不必说了……

我记得妈妈无数次坐在电脑前笨拙地用"一指禅"打字写报告，无数次因为电脑和打印机的各种问题叫人来家里修电脑，无数次因为系统登不上或网络断开让她崩溃到想砸电脑。妈妈当了20多年乡村医生，从来没有因为哪一次困难让她想要放弃。唯有在电脑上，因为她学不会，做不来，时常萌生出退缩的念头。

小时候，我也因为妈妈常常叫我帮她鼓捣电脑而烦恼，但现在我完全能够理解她。面对超出她理解能力的陌生的东西，她是无力的。但每当她想要放弃的时候，爸爸总会给她鼓励和支持。我记得有一次，家里的电脑坏了，但妈妈需要完成报销合疗系统的相关工作，且必须要当晚完成。那是在冬天，北方晚上的风很大，吹到人脸上像刀割一样疼。爸爸一个人骑着摩托

车,带着主机箱到镇上去维修,回来以后脸冻得发紫,身体都僵硬了。后来妈妈顺利完成了工作,但是爸爸感冒了,大病了三天。这件事在我幼年的记忆中留下了深刻的印象。自那以后,我再也没有抱怨过帮妈妈解决电脑问题。

妈妈说,乡村医疗卫生体系的建立无疑是具有非常重大的意义的,这让我们农村人也能够进行健康管理,能够增强公共卫生防御能力。对于他们而言,虽然看病看得少了,做文书工作和社会工作做得多了,但是她觉得一切都是有意义的。这说明社会在进步,农村也没有落伍,乡村医疗更没有拖后腿。

她亲身经历了这片地区的医疗事业从无到有,从粗到专发展起来。尽管过程中有重重困难,压得她想要放弃,可是一想到这些,她就愿意坚持,因为她觉得自己的坚持有意义。乡村医生一般情况下是不需要穿白大褂的,但妈妈把给自己做的白大褂珍藏在柜子里,隔一段时间就要拿出来洗一洗。我明白,白大褂是一种责任,更是妈妈的一份梦想。尽管乡村医生有某些方面不同于城镇大医院的医生,但白大褂赋予他们的使命是相同的。衣服不在身上,但是在心里。

2020年暴发了新冠疫情,各村要求进行疫情防控。妈妈穿上了白大褂,戴上口罩,每天忙于各种返乡人员的观察工作。那一刻,她成了战士,成了我们口中的"最美逆行者"。寒冬腊月,她守在村口;大雪纷飞,她入户进行健康观测;就算跟人吵架也坚持让对方去做核酸……小小的阳坡村,小小的乡村医生,平凡但却伟大,渺小但却让人肃然起敬。

时间一天一天过去,我家的医疗站慢慢变得门庭冷落,杵在村委会旁边格外扎眼。随着村子的搬迁,卫生室可能很快也将不复存在了。在外人看来,也许早就应该取消卫生室。但只有我知道,这小小的卫生室意味着什么。43年的时光,两代人的心血。它承载了两个人的梦想,它守护了这片土地和人民,为无数村里人解除了病痛的折磨。

我家的医疗站,我赞美它,不是因为它治好了多少人,不是因为它赚了多少钱,也不是因为它在当地的地位有多高,只是因为在那里,我明白了何谓医者仁心,何谓杏林妙手。我从小看爷爷坐堂,看妈妈出诊,在我心中,那不是对某个人的个人崇拜,那是对医者、对医疗事业的崇敬和尊重。

不论时代如何变化，无论人心如何变化，医者心中总有一份"执念"：治病救人，保一方安宁。爷爷和妈妈都分别用自己的一生践行了自己的"执念"。我相信随着时代的发展，随着医疗体系的不断改革，随着国家对农村医疗事业的大力支持，这个小小的医疗站一定会被赋予新的使命，承担新的任务，为基层群众提供更加细致便利的服务，让医者的使命和执念在这里生生不息，护佑一方百姓健康与安宁。

乡村社会交往中的医患互动及照护精神

◇ 闫博宇（社会学与人类学学院2020级本科生）

在农村，扮演医生角色的人首先是这个乡村社会系统中的成员，其后才是医生。他们的医疗行为也表现出乡土社会中独有的照护之情。

一、挂号

弓家村位于陕西省咸阳市武功县普集街道，村里的卫生室在村委会的旁边，卫生室的前面是一个广场。诊所和平常庭院一般大小，由几个区域组成，分别用于就诊、储存物资、等候。虽然它正式的名字叫卫生室，里面的医生也在拿工资，但村里的人们还是习惯称其为诊所。这种口语和书面语上的差别可能也反映出乡村医疗的私有化倾向。

麻雀虽小，五脏俱全。在诊所的内部，左边是药房，右边是注射室。医生看病的桌子旁边还放着一个挂吊瓶的铁架子，最大化地利用了诊所狭小的空间。但这也能看出诊所整体的医疗设施配备并不完善，看病的空间也十分有限。

诊所里一般只有一个大夫。因为诊所辐射的范围并不大，仅限于整个弓家村，患者之间、医患之间互相熟识，所以看病的程序并不特别规范，随到随看，不用挂号或者排队。如果来看病的人比较多，忙碌的医生会随口招呼一句"你先坐一会儿"。这个诊所以前是一位叫"小恒"的老医生在经营，他的父亲当年就是村医，他上完卫校之后回到弓家村子承父业。据村里的老人说，如果有什么突发状况，甚至半夜三更都可以把医生请到家里来。在这里，虽然村民到诊所看的也是西医，有时候也要排队，但看病并没有制度化，也没有挂号费。夜间上门问诊也是在城市的正规医院见不到的。这些更多地体现了中医的风格，也是西医进入中国后在乡村进行本土化的体现。在中国乡村，我们可以看到中医赖以生存的土壤仍然存在：人数少、生活节奏慢、各家之间都很熟悉，处在乡村社会关系网之中的医生更多地扮演着熟人、朋友或亲人的角色，这种联结既使较为随意的候诊行为成为可能，也意味着其存在的必然。在乡村，医生与患者之间、患者与患者之间在这小小的诊疗室里默契地相互配合，形成了一种和谐的秩序。人们不需要依靠制度的约束，而是在先来后到的生活逻辑下自发组织起来。这一方面表现出诊所的生活化、日常化，另一方面也体现了乡村诊所的规模小，还没有进行制度化运作的需要——这也是乡村生活的基本情况，即每个村子基本上都能自给自足。在老医生因年龄原因退休后，弓家村的诊所交由其上过卫校的儿媳管理。卫校位于武功县城边缘，学生毕业后基本上都去县城或附近其他医院或村卫生室当护士，有些考取医师资格证之后就可以当医生。

二、看病

村里虽然有诊所，但医疗水平并不高。不论是当年的老医生，还是现在的医生，能看的病基本只限于感冒发烧等常见病，大一点的病就要去县城或更大的医院。而且由于村子临近县城，前往条件更好的医院并不困难。事实上，村里的诊所的病人基本只有小孩，因为小孩体弱，更容易感冒发烧。成年人很多都出去打工，有病一般也就自己扛一下，不会去医院。诊所里的老年人也很少。虽然他们通常会为了省钱不去大医院而是去小诊所——因为都是一个村的熟人，但因为老人一般都是慢性病，家里都备着药，所以也不常去。

在这个看病过程中，医生与患者和患者的家属之间总是充满着温馨的照护之情。患者大多是感冒发烧的小孩或者一些过来买点药、例行体检的老人。前者所得的病比较常见，人们或许会焦虑但不至于恐惧；后者多是慢性病，久病成医，医患之间的信息壁垒也不存在。此外，正如上文所述，乡村诊所的医生首先是村民，是村子里熟人网络的一部分。即使不在医院，人们遇见熟人生病也总会关心一下，所以诊所对照护精神设定的下限要远高于城市的大医院。

高二那年,我不小心从单杠上掉下来,导致右脚B级骨折,在中心医院躺了一个礼拜之后因为医生说"床位紧张"就回家里了。家里肯定更舒服,但是主要是术后恢复需要注意一些事情。小恒(医生)就经常背着他的旧医疗包往返我家和他的诊所,帮我打吊瓶、换药,查看恢复的情况,还提醒我家里人要注意哪些细节。

——李女士

凯博文在《照护》一书中详细地描述了照护的状态。他认为照护可以非常简单,只需要在问诊时多说两句关心的话,把患者的症状和解决方案多描述一些——甚至还达不到村里诊所的程度——就可以在很大程度上缓解这种医患之间的冲突。这种关心事实上体现出的是"在场"[1]这个概念。要向病人传达出"我在这里陪着你""我在乎你,在乎你的感受"的信号。对诊所医生来说,看病的双方与其说是医患关系,倒不如用"亲近的邻里"来形容更贴切。因此,这种照护也体现在方方面面——不仅是嘘寒问暖的关心,还体现在一些细节中。

三、开药

小时候,我的父母白天外出工作,回来得比较晚。家里时常只有我和我奶奶。在秋冬交替的时候流行性感冒特别猖獗,我平常也不太注意时令温度的变化,最后果然得流感了。那时我们刚搬家,既不熟悉环境也没有精力去中心医院排队挂号,所以奶奶就带上我去诊所看了——事实上,看过医生之后我就很快好了起来。其中令我印象特别深刻的是医生拿药的方式。我一开始看到他拿出了一堆瓶瓶罐罐,我以为就跟一般医院一样买一整盒的药,按说明吃到病好就行。结果医生又拿出来一沓16开大小的纸片,把每个罐子里的药片搭配好,分成十份左右,每份都用纸好好包起来,装在袋子里递给我奶奶,然后说:"一顿一包,一天三顿,饭后吃,就着温水吃下去就行。不用担心,这不严重,好得快着呢!这些药你给12块钱就对咧。"

---

[1] Arthur Kleinman. "Presence". *The Lancet*, 2017, 389(10088), pp. 2466–2467.

我每次到了吃药的时间，就打开一个小纸包，里面有两块黄色的大药片，一块黑色的小药片和一些大大小小的白色药片。我有时嫌弃一口一片太慢太苦，痛苦的时间太漫长了，就直接一股脑儿倒在嘴里，大喝一口水愣吞进肚里。连着吃了四天，我果然痊愈了。后来几年里，一般的小感冒小发烧我们家再也没找过别人了，因此也逐渐和医生熟悉了。

比起一般开药的方式，这样开药不会造成浪费。有时候我们买一盒药吃了不到一半就不用吃了，剩下的就在家里放到过期。有时候一下要买好几种药，如果每样都这样剩下，既浪费药又浪费钱。诊所的医生像中医一样抓药——虽然抓的是西药——可以很好地控制剂量，减少浪费，同时也可以为患者省一些钱。而且这种一次一包也很省心，可以提醒人们按时吃药。农村现在正在面临着"空心化"的问题，小孩一般都是由老人带，父母出去工作。这种吃药的方法也避免了老人家在一堆药里找药、看吃多少的困难。这既体现了医生对患者及其家属无微不至的关怀，也体现了中医的行动体系与中国乡土社会的适应——因篇幅原因在此不详谈。但可惜的是，近几年由于不赚钱，这样抓药的方式也渐渐没人继续坚持了。

凯博文在谈及照护时还提到了一个维度，即将患者的生命历程及整体生活状况纳入医疗考量中，从而更具针对性地治疗患者。[1]这一点在我的上述经历中也得到了充分的体现：医生会为了患者着想——不仅是体现在单纯的治疗上，也考虑到患者的生活状态。

在乡村，对小孩来说，其自身并不具备完全的行为能力。当他们看病时，与医生交流的更多的是他们的爷爷奶奶（乡村"空心化"导致年轻人外出打工，村里留下的大多是老人和小孩）。而小孩的情况正是人们的聊天中经常提到的事情。对老人而言，因为多为慢性病[2]，在很大程度上疾病已经成为他们生活的一部分。熟人社交下的医生也会很自然地将病情与生活交织起来，对病情的关照也会很自然地过渡到生活上。听我奶奶说，她后来再去买药或者创可贴、体温计之类的东西时，医生都会跟她聊几句，问她："咱

---

[1] ［美］凯博文（Arthur Kleinman）：《照护——哈佛医师和阿尔兹海默病妻子的十年》，姚灏译，中信出版社2020年版，第100页。

[2] 余成普：《中国农村疾病谱的变迁及其解释框架》，载《中国社会科学》2019年第9期。

娃可哪儿不舒服啦？最近学习咋样？地浇了没浇？"在她描述症状之后，医生会给她推荐最合适的药，还会跟她聊到一些医疗常识，比如伤口清洁要用酒精或碘伏，不能用清水；抗生素的危害；什么时候该吃消炎药，什么时候不用吃……医生甚至在街上遇到奶奶都会跟她聊两句，奶奶在医生那里打吊瓶的时候也会把家里的水果分享给医生。

四、其他治疗选择

大体上，诊所承担了村子里大部分医疗事务。但除了诊所，村民在遇到比如脚气、鸡眼、瘊子、咳嗽、点痣等问题时，往往会求助于村里某一位特别擅长治这一种病的人。这些人一般都是在医院（包括县城里的医院）上班，专门治这类问题。但他们的家就在村里或者邻村，所以病人就不用去医院，直接去他们家就可以了。除此以外，有些人家还有些民间的偏方，有时候人们可能也会选择这种方式来治病。

> 我脖子上以前长了那个小瘊子，是我妈先跟我说，有个谁看脖子、看这个瘊子看得可好了。然后她说人家给她说了个偏方儿，就是说拿头发把那个瘊子勒断然后抹上大蒜，就好了。
>
> ——李女士

五、现状总结及展望

现在村里的医疗状况处在一个比较微妙的状态。一方面，总体的医疗水平不断提高。随着乡村振兴，农民富裕起来，人们也有能力去更好的医院享受更好的治疗。而且农村合作医疗目前能报销80%的医药费，也为许多人，尤其是患有慢性病的老年人——这部分人目前甚至可以视为农村人口的主体——节省了一大笔费用。但从另一方面来看，虽然村子内部的社会网络将诊所紧紧包裹在内，但村子本身是一个比较独立的存在，上层医疗机构与村子诊所的联系并不密切。

不仅如此，现在就连村子里的诊所也变得越来越"陌生"了：医生再也不会半夜前去患者家里诊治；一包一包配好的药也因为成本变成了寻常药店的卖法；越来越多人搬了出去，要私下找医生可能要跑到县城去，但还不一定找得到。照护的维持目前看来大约需要两方面的要素：规模小和熟悉。凯博文曾在《照护》一书中详细描述过许多满怀热情的年轻人在高强度的运转之下遭受的痛苦。许多医生也正是因为工作量大而逐渐变得机械。但在村里，医生不用急急忙忙一个挨着一个地接诊，也不会忙得连饭都吃不上。相对而言，医生给一个病人看诊的时间就增多了。费孝通将中国乡土社会的基层结构描述为一根根私人联系所构成的网络[①]。在这个网络中，照护也就随之产生了。

[①] 费孝通：《乡土中国》，人民出版社2015年版。

诊所与人：更替、坚守、温情与思索

◇ 潘君［中国语言文学系（珠海）2018级本科生］

引 言

  今年暑假，我回到了我的家乡进行田野调研。在这期间，我从乡村诊所中真切地感受到医改给居民带来的巨大便利，也对自己的家乡，甚至中国大地有了更深刻的认识。

  我的家乡位于广州市花都区狮岭镇联星村，这里地处广州市花都区与清远市的交界处，是花都区最偏僻的村子之一，离镇中心有将近一个小时的路程。村民们生病时往往不会跑到镇上的医院去看。村里的老人更是对医院有一种"排斥感"，他们觉得到医院看病太贵，村里的诊所是他们的第一选择。近几年来，奶奶常常对我们说起村里诊所的种种好处，这早就令我产生了深深的好奇。借本次乡村调研的契机，我认真地对本村乡村医生和乡村诊所的状况进行了探究。

  本次调研以联星村乡村诊所为对象，以挖掘乡村诊所的相关历史文化，梳理乡村诊所的建设与变化，展望乡村诊所的发展与未来为目的，通过实地调研、访谈、采集口述史、调取相关文献等方法，对村里的乡村诊所进行了探索研究。

调研方法

（一）访谈

  经历过乡村诊所变革的大多数人还健在，其中一些人还很健谈，使个人深入访谈切实可行；老一辈们对当年农村缺医少药的情形还记忆犹新，对在农村怎样与病魔斗争有着深切的体会；他们也是当今乡村诊所改革最直接的受益者。这样一来，个人深入访谈便成了本次调研中的一种重要方法。

（二）采集口述史

以采集口述史的方法进行研究，能弥补文献资料的匮乏。对乡村医生及村民进行田野调查及面对面采访，有助于聆听作为当事人的乡村医生及干部、群众的心声，更深入地了解有关乡村医生之发展变化的宝贵历史，并以史为鉴，对现实问题及未来发展进行更全面的思考。

（三）实地调研

我主要采用了街访调查与电话访问两种方式，对如今的乡村医生、与老村医有接触的村民、来乡村诊所治疗的村民等进行了访谈调查。其中，有5位访问对象提供了本次调研所需的核心信息。

（四）调取相关文献

在调研前后，我从线上、线下收集了相关文献、书籍与资讯，如到区图书馆借阅了相关乡村志等记载，在网页上了解如今乡村医生队伍的建设情况等，以便熟悉在调研过程中可能出现的崭新事物，同时在调研后更好地做整理工作。

一、更替：从赤脚医生到乡村医生

我已经有一段时间没有回过家乡了。即使回去，因为年轻人忙着上班上学，我们也总是脚步匆匆，忙着关心爷爷奶奶，懒于出门看看村里的新风貌。因此，当我与奶奶在村里闲逛时，奶奶将我领到一所整洁亮丽的屋子前，我感到特别新鲜。奶奶告诉我，我们村正在建设一所新的乡村诊所，现在暂时借用的是党群服务中心的场地。这个临时的乡村诊所宽阔、整洁、明亮，门口贴着不少花花绿绿的关于预防疾病的画报，一旁的架子上摆着不少供村民免费取阅的宣传小册子。卫生所门口摆着一张桌子，桌上是测量体温

和血压的器械。这与旧的乡村诊所形成鲜明的对比——有一次过年，我和小伙伴们玩烟花烧伤了手，爷爷带我去卫生室处理伤口。那是一所十来二十平方米的黄砖房，狭小、低矮、破旧。那时还是冬天，呼呼的北风从窗户缝里钻进来，冷得刺骨。

当一位年轻的医生从诊所里走出，笑着与奶奶寒暄时，我简直有些惊讶了。我知道我们村来了个新的乡村医生，但是没有想到他竟然如此年轻——浓黑的眉毛，有神的眼睛，约莫30岁。奶奶热情地拉着邓医生的手，把田里新采摘下来的蔬菜递给他，给爷爷拿了降压药物，又滔滔不绝地与医生拉着家常。

邓医生告诉我，他是在2013年来联星村接替原来的老乡医的。老乡医是本村人，叫JS，是一位很和蔼的老爷爷。在邓医生来接替他那年，JS爷爷已经70多岁了，早已过了退休年龄。他也想过回家过些清闲的日子，但是村里的百姓离不开他，特别是那些行动不便的老人；然而，又没有人来接替他的位置。找不到接任者的原因很简单，无非是钱少、事多、环境差、风险大。奶奶还告诉我，当时乡村诊所还未被纳入新型农村合作医疗，使得一部分患者被吸引到乡镇卫生院就医，导致乡村医生的生存非常艰难。但是因为与乡民们难以割舍，JS爷爷在乡村医生这个平凡的工作岗位上坚守了将近40年。遗憾的是，前几年，JS爷爷因病去世，我没能再次见到他，他的后人也搬离了这里。所以，我采访了一位仍然健在的老人家P叔，下面是我根据录音整理的访谈节选：

> 那个时候我们不叫乡村医生的，叫赤脚医生。赤脚医生是毛主席提出来的，就是跟农民打成一片，给农民看病的医生。那个时候啊，一般人都愿意当赤脚医生。赤脚医生的工作体面，不用下地干活，干净、轻松，而且挣的工分很多，受人尊敬。赤脚医生一般都有文化，JS当年就是我们村里肚子里有墨水的人。一般的病JS都能治，比方说感冒、拉肚子等。而且，在那个时候我们都很穷，没钱看病，所以有什么病痛，好多人都喜欢找他。他为我们做了好多事儿，我自己就不止一次找他看过病。我想村里没有没找过他看病的人，因为JS就在我们村里头。一旦有什么情况，村民们首先想到的就是找村里的医生，以前是JS，现在是小邓。

P叔口中的"小邓"就是邓医生。2012年，花都区的政策环境发生了很大变化。据邓医生介绍，那一年，花都区核定了303个乡医编制，公益一类的保障统一由区向社会公开招聘。那时，"80后"的他从医学院毕业不久，正迷茫于未来，看到朋友传来的消息，他毫不犹豫地报了名，一考即中。谈起乡村医生这份工作，邓医生感到很满意。虽然在村卫生站工作，他的编制却归入镇卫生院。我在查找资料时发现，原来在2018年，花都区就将乡医编制全部并入镇卫生院编制管理，由区统一招聘，镇卫生院统一日常管理、统一调配使用、统一发展平台、统一职称晋升渠道。如今，本区乡村医生的待遇有了大幅提升。我原本不愿在采访中提及待遇的话题，调研中发现自己的担心乃是多余。邓医生主动向我介绍道，他对于目前的待遇非常满意，政府为乡村医生解决了很多待遇上的问题。在2017年，花都区的基层医务人员年均工资从2010年的6.1万元增长到了23.5万元。这无疑也让邓医生减轻了负担，加深了扎根基层的信念。他说："实话说，真的非常感谢政府提供的待遇，为我们减轻了许多负担。"

如今，联星村的乡亲们都已经熟悉了年轻阳光的"小邓医生"，而邓医生也对他们的身体状况了如指掌，成了村民的"健康守门人"。

二、坚守：乡医的工作与诊所的功能

在乡村医生的岗位上，邓医生历经了许多苦乐并存的事情。我跟着邓医生待了几天，对乡村医生的工作状况与乡村诊所对居民的意义有了大致了解。同时，我明白了"花都模式"的政策改革给村民们带去了实实在在的便利。

（一）"一元钱看病"

50多岁的徐叔骑了一辆电动自行车来到卫生站，熟练地在门前停好车，然后走向卫生站门口。邓医生从诊室走出来，伸手扶住徐叔的胳膊，笑着问："阿伯，你今天的药吃过了吗？"徐叔朝他点点头："饭后吃三颗，这几天感觉好多了。"

"小邓医生对我们村民很好，特别热心。这个药在大医院卖得可贵了，还是村里卫生站好。"X伯告诉我，他在这里看病已经五年了。患有高血压

的X伯和村里其他的慢性病患一样，每隔三天回村卫生站拿一次药，每次只需要支付1元。

X伯支付的1元钱，正是爷爷奶奶常常向我提到的"一元钱看病"模式，这个模式已经在我们村推行了近十年。2008年5月，花都区开展"农村卫生站免费为农民治病"（又称"一元钱看病"）试点，村民在村卫生站看病拿药，每次只收一元钱挂号费，若需注射则另交一元钱注射费，药品及诊疗费全免。2010年9月起，这一政策在全区铺开，我们村的村民们足不出村即可用一元钱诊治一般常见病、多发病。这改变了村民的就医习惯，小病不再拖，慢性病也得到了良好控制管理，降低了大病的发生概率。村民们过来看的主要是慢性病，比如高血压、糖尿病等。村卫生站有独立的药房，大概有200种药品。这些药品几乎覆盖了居民常见病所需药品。邓医生告诉我，讳疾忌医的习惯在农村还很顽固，村民往往不愿意承认自己得了什么病。有了家门口"一元钱看病"的村卫生站，村民们的顾虑少了很多，看完病，渐渐地学会向他打听保健常识。邓医生感到欣慰："这是农村医疗的进步，以前靠手把手地教，现在更多是自发的意识。"

（二）"家庭医生"与"健康档案"

"过去有钱人家才可以有家庭医生，现在农民也有了。有个紧急病情只要打个电话，医生就上门来看病，还会持续跟踪我们的健康状况。"爷爷年纪大了，之前在家里扭伤了腿，首先拨通了邓医生的电话——在爷爷的电话本里，除了家里人和几个老朋友的电话之外，就是邓医生的电话了。邓医生闻讯立即赶来，给爷爷做了详细的检查。我随着邓医生来到爷爷家，给爷爷做复查。

在出诊所之前，邓医生先查看了爷爷的"健康档案"。我看见，上面详细记载了爷爷的健康状况，包括生活习惯、以往病史、诊治情况、现病史与体检结果等。见我感兴趣，邓医生向我详细地展示了健康档案管理系统，并告诉我爷爷奶奶目前的身体状况。对于谁家有几口人，哪位村民有什么过敏史、慢性病史之类的信息，邓医生都一清二楚。

邓医生告诉我，联星村的户籍人口有六七百人，但常住人口只有两三百人左右。对于常住人口，邓医生会入户巡访，给每位村民测量身高、体重、血压，了解他们的生活习惯（吸烟、喝酒等情况）、药物过敏史、现存疾病情况等，对村民的健康情况掌握第一手材料。对于不在村子里的村民，邓医生会一个一个打电话进行随访，尽职尽责地把他们的健康档案完成。这些资料在乡村诊所和医院之间也可以进行信息互通。在完成健康档案后，邓医生便开始对一些"重点人群"进行跟踪调查，例如，对患有高血压和慢性疾病的患者，邓医生每个月都要了解他们的情况。他告诉我："可以通过长期的沟通联系，改变他们的健康观念，让他们开始注意改善饮食、科学运动、管理情绪。"通过健康档案管理和家庭医生制度，邓医生能更全面地掌握联星村各个家庭的成员的健康情况，提出建议和意见。如果是诊所处理不了的疾病，邓医生会进行申报，让村民们前往医院治疗。村民朱姨告诉我：

> 到医院看病太花钱了，还是乡村诊所好。
> 小邓本身就是花都区人，横潭镇离我们也不远，大家都很熟，所以他给人的印象是平易近人、热心、能设身处地地为我们着想。如果有什么他治不了的病，他会很诚恳地告诉我们，并给我们出主意。

邓医生来到爷爷家，关切地询问了爷爷的情况。爷爷三年前与邓医生签订了家庭医生协议，平时遇到问题都会向邓医生咨询。爷爷说："邓医生非常有耐心，每次问他如何吃药等问题，他都会细心解答。"除了日常的医疗任务外，邓医生还会进行一些常规工作，比如向村民们宣传健康知识，如何预防季节性疾病等。如今正值晚稻播种的农忙时节，日日太阳猛烈，不下一滴雨。农民们在田里工作时中暑的可能性大大提高，同时，被蛇咬到、被草割到、被黄蜂蜇伤、误吸农药喷雾等情况也屡有发生……这些问题的解决都离不开邓医生。

在新冠疫情特别严重的那段时间，为了推进防疫工作，邓医生天天戴着口罩、背着药箱，为保障村民健康和宣传奔波着。一件白大褂、一个口罩、一双手套、一支体温计、一张登记表，是邓医生那段时间每天出门的标配。20多天从未间断，他尽心尽责地为村民的身体健康编织起一道防"疫"安全网。

"热心、负责、专业"，这些是村民们对邓医生的评价。也就是这样，我们村的乡村诊所承担了更多公共卫生职能，开展了家庭医生签约服务、健

康知识宣传、村民健康管理等工作,促进了村民从"治病"向"预防"的思维转变。

(三)中医适宜技术培训

一天,邓医生早早收拾好东西,锁好了医务室的门。我正疑惑着,邓医生"故作神秘"地告诉我,他要去"学艺"了。"医生这个职业,得活到老学到老,医学的发展没有尽头。"原来,为了提升乡村医生的整体水平,区里会定期邀请各大医学院校的教授以及医护人员到各镇乡开展学术讲座,邓医生对于这种学习的机会是一课不落。近几年,邓医生学习最多的是中医适宜技术。

《中国农村初级卫生保健发展纲要(2001—2010年)》提出:"在农村广大地区大力推广中医药适宜技术,充分发挥中医药服务优势和特长,规范中医药服务,医疗机构要积极组织筛选、督促支持、推广应用农村中医药适宜技术。"[1]中医药适宜技术疗效好,治疗病种多,使用安全,操作简便,费用低廉,不仅深受我国人民欢迎,而且也为国际医学界所重视和欢迎。邓医生告诉我,农村社区居民慢性病、常见病中以腰背部软组织损伤、腰扭伤、颈椎病、肩周炎、坐骨神经痛等疾病较多见,而中医适宜技术是治疗这些常见多发病的简便、经济、有效的方法。我的奶奶患有腰椎间盘突出症,时常腰痛难忍、行动困难,给生活带来诸多不便。邓医生不仅为她提供了拔罐、牵引、按摩等服务,还给她出具了健康教育处方。

邓医生告诉我,中医适宜技术有着许多好处,但也面临着推广难题。对于医生个人来说,推广难的原因不是难学,而是难坚持。中医适宜技术中的一些操作过程,都要依靠平时的反复练习及学习的积累。否则,操作手法不熟,就达不到疗效。譬如拔罐是适宜技术中最容易的,但是如果平时不勤习勤练,不掌握火候,不熟练拔罐的快、准、轻手法,就会因吸不住或拔不好罐而起不到疗效,甚至还会烫伤患者,引起不必要的医疗纠纷及事故。针灸亦然,平时不练好进针的技巧与运针手法,在临床中怎么能做到"风吹浮

---

[1] 参见蔡秋茂、付蔓如、张露文等《"一元钱看病"模式的制度设计与启示——广州市花都区医疗卫生改革分析》,载《中国社会医学杂志》2020年第1期,第5-8页。

云"的效果？中医适宜技术推广难，另一方面还在于学以致用难。

在与村民的访谈中，我也了解到中医适宜技术的历史变迁。"一根银针治百病"的说法虽然夸张了一点，但在当年赤脚医生的手中，靠着这些不起眼的小银针，确实治好了不少常见病，甚至是疑难病。

"一元钱看病""健康档案""技术培训"等都是"花都模式"的一部分。如若不是本次调研的契机，我可能一直都不会知道"花都模式"的政策变革给乡村医生和村民们带去了实实在在的便利。这样的结果似乎是意料之外，但又在情理之中，我为家乡而骄傲。同时，也希望"花都模式"能够得到推广，让更多的地方在为患者提供更好的医疗服务的同时，也进一步提升乡村医生的待遇，将基层医疗的网底筑牢。

三、温情："80后"乡医与村民之间

邓医生对本村家庭的男女老少健康情况如数家珍，村民们也对"小邓医生"有一种天然的信赖感。邓医生也许是最知晓村人冷暖的人了。哪家老人生病了，邓医生甚至是第一个知道，并常常记挂着的。现在还在村子里居住的大多是老人家，年轻人都在外打拼。有些生病的老人不愿意打电话打扰儿女，邓医生则会与他们的儿女沟通老人们的身体情况，让年轻人放心。村民们都很认可邓医生，"多亏了有他在，不然闹个病都不知道该怎么办哟！"跟随邓医生巡诊，我真切地感受到老人们对他的依赖，以及邓医生对于老人们的用心。

村民们常常带一些刚从菜地里摘下来的农产品来到邓医生的诊所里，比如门前菜地上新摘下来的豆角、白菜，八月刚刚从果园里收获的龙眼、荔枝，不一而足。若是时值夏季农闲时节，来的便多是偷得半日闲的村民。人们穿着雨鞋或塑料拖鞋来到这里，只是坐着谈一谈家长里短，比如自己年轻时候做过的事情、自己孩子们的成就、联星村的变化等等。邓医生都会耐心聆听，并一一回应。有些老人甚至将他当成儿子看待，明明是自己去看病，老人们却常常对他嘘寒问暖，甚至想把谁家姑娘介绍给他。邓医生有些脸红。奶奶曾经"不无遗憾"地告诉我，邓医生真是个好伙子，想把他介绍给一位亲戚的女儿。可惜邓医生坚决地拒绝了她，原来人家已经有家室啦！我

听了哈哈大笑。有些村民常常提到,邓医生也是花都区人,很了解他们的情况。这似乎增强了村民们对邓医生的信任感。

目前,花都全区有乡医329名,其中297名籍贯为花都区,乡医本土化率达到90.27%。这组数字间接透露了花都区基层医疗医患关系的和谐度,群众就医观念的转变或许也与此相关。

当我问起邓医生他在从医过程中最难忘的事情时,他说,那要从本村一位贫困户L叔说起。L叔患有多种慢性病。以前卫生院很难接诊,他几乎每个月都要在县医院住院一次,住院陪护问题导致父子间矛盾很大。在邓医生上门做家庭医生服务时,老人的病再次发作,在家盼望着外省工作的儿子早点回来带他去看病。严重的心血管疾病在缺少必要设备的支持下是很难安全治疗的。邓医生说,老人痛苦的表情以及期待的眼神,像极了当年自己的外公外婆生病时的样子。他便告诉老人,自己可以来尝试治疗这个病。经过问诊及检查得出初步诊断后,邓医生按照之前的经验给予L叔治疗。老人的病情很快得到缓解,恢复后的他高兴地给邓医生竖起大拇指。

此后,在邓医生的规律治疗下,老人住院的频率明显下降,医疗花费从过去的每年两三万,降到了两三千,身体状况也较以往有了明显提升。其实,像L叔这样的老人不少,虽然县里大医院能够更好地治疗疾病,但却需要子女的陪护。住院无形中成了留守老人看病的一道难题,也导致了子女在外无法安心工作。于是,邓医生凭借自己规培所学的临床技术,在缺少相关设备的情况下,开始尝试在乡村诊所里面予以治疗,不仅有效缓解了数位老人的病痛,还让他们的子女可以在外安心工作,减少他们的医疗负担,家庭更加和睦。邓医生说,这些事情让他很有成就感。

邓医生八年来在联星村的服务过程中,有不少酸甜苦辣:邓医生曾遇到过一个老年痴呆的病人,他说无论如何都要打一支针。上了年纪的老年人思想比较固化,沟通起来有些困难。当邓医生建议老人使用疗效一致但价格更便宜的新药时,有些老人会担心邓医生是为了谋财,当场发火。他给不少村民写过自己的电话号码,因为在关键时刻,这串数字能救命。我在老家住了五天,一边陪着爷爷奶奶,一边跟随着邓医生出诊。他背着药箱穿梭在乡村小道,日复一日地开展看病打针、防疫保健、公共卫生等工作,写门诊日志,将处方、费用、诊疗记录上报信息系统等等。其实,这些工作是烦琐、平淡、程式化的,然而邓医生始终一丝不苟、乐在其中，用专业和责任守卫一方百姓的健康。我想，他就如同一簇小小的微光，虽小却足够照亮一片地方。

四、调研手记：一些感悟和思考

其一，我了解到家乡推行的"花都模式"的运行及其带来的巨大便利，衷心希望花都区的经验能够得到广泛推广。

其二，我对人与乡土的关系有了更深的体悟。邓医生的微信朋友圈封面是本村万亩桃园的一张照片。照片无言，却凝固着邓医生对村子的浓厚感情。邓医生向老乡医JS了解村里的情况、到县里参加中医学培训班、在本村做赈灾医疗……这一切均与乡村息息相关。在这个村子里，他的工作环境和大医院的医生的工作环境是不一样的。在乡村这个小空间里，村医的医德与医术，以及对病人的爱心，甚至村医的人品，都会由村民口口相传，这既是熟人社会带来的某种约束，也是某种温情。这种特征与大城市医院的类似"批量生产"的就医模式不太一样，村医完全可以成为一个有前途且更富温情的职业。我也看到了在这片土地上，在一片欣欣向荣的景象下掩藏的酸楚。村里独居的孤寡老人，在家中无人交流，常常来诊所里找邓医生聊天；不少老人在看似若无其事地向邓医生了解自己的身体情况时，流露出对死亡的恐惧；还有的村民早先为了省钱没有及时治病，卷入了"因贫致病"的漩涡，无奈落下了病根。在乡村诊所里，还有不少苦痛和离别。"乡村诊所"有强烈的物理空间含义，这个空间和穿梭其中的人物带着真实的质感，我从中看到了一些柴米油盐中的甘甘苦苦，以及生老病死中的挣扎与苦痛。

其三，某些农村老年人的心理问题让人忧心。在调研过程中，我发现，村里的老人大多是孤独的，他们缺少城市老年人那样多样的文化生活。村里有好几户老人，儿女常年在外，又老年丧偶，这引起了老年人一系列消极的反应，引发了留守老人劳动负担加重、生病无人照看、精神孤独等问题[1]。即使有子女居住在身边，也出于种种原因，导致老年人从子女身上获得的支

---

[1] 方黎明：《社会支持与农村老年人的主观幸福感》，载《华中师范大学学报（人文社会科学版）》2016年第1期，第54页。

持减少。乡村诊所和乡村医生，在解决了部分老人的身体健康问题后，无力解决老人们的心理健康问题。尽管农村的社会保障制度已经在很大程度上保障了老人的物质生活需求，然而，解决农村空巢老人的养老问题，仅满足物质方面的需求是远远不够的，还需满足精神方面的需求。村里的老人们就像乡村坚定的"守望者"，他们的生命体验早已与乡村融为一体，与乡村共生共荣。他们因为热爱乡村、依恋乡村而驻守乡村，不愿离开乡村，使乡村不至于迅速没落。

其四，本次调研还有许多值得深入研究的地方。如果要更深入地研究乡村诊所和乡村医生，研究乡村诊所的变迁，了解乡村医生们真实的生活轨道、经历、体验、价值观念及行为，我想，那应当从多学科的视角（如历史学、社会学、新闻学、人类学、社会医学、公共卫生学等）提出问题，提出见解。然而，由于时间、精力等因素制约，多学科审视上述发现只能暂时搁置。同时，本次研究的规模还太小了，分析也待拓宽及加深，结论也未必中肯。但是，在调研中，我了解到了一些平凡而又生动的个人故事。在阅读文献的过程中，我也了解到了部分中国农村医疗卫生历史，看到社会文化因素是如何影响到医疗卫生制度的。我很希望能继续解读医疗卫生服务的社会文化意义，探索人文学科在健康领域方面的应用前景。

那座旧的乡村诊所的小屋，已经慢慢被灌丛和树木遮挡，看不清了，或许以后还会被拆掉，就像从未存在过一样。阎连科在《我与父辈》中说："新生者是决计不会知道那些曾发生过的在当时看似日常而在将来一定让人远眺感慨的时代印迹，我们都这样活在历史里，像一个个时间里的细胞，如果没有人去观察和记录这些，我们的时间就像从未出现过一样，一片空白。"[①]本次调研让我知道，我的家乡原来发生过并正在发生着这样的故事。在一个小小的乡村诊所之中，我看到了深切、真挚、伟大的感情。感谢这次调研给了我一个这样的契机，我希望自己能坚持把家乡的事情好好记录下来。

---

① 阎连科：《我与父辈》，河南文艺出版社2019年版。

治病便民的乡村诊所
——汕头市澄海区乡村诊所调查报告

◇ 王皓玉［哲学系（珠海）2019级本科生］

乡村地区普遍存在许多乡村诊所。以笔者所在的广东省汕头市澄海区槐泽村为例，一个村就有十几间乡村诊所。这些乡村诊所发挥着不同于镇级卫生院和区级、市级医院的作用，在村民的生活中具有重要且不可替代的意义。很多家庭从祖辈、父辈到自己这一辈，从小到大一生病几乎都是马上到村里的诊所去看医生。隔壁村槐东村原来也属于槐泽村，后来因为人口太多而独立出去。目前两村紧密相邻，村与村的界限并不十分明显。两村中绝大多数的乡村诊所也是同时服务两个村的村民。另一个与槐泽村相邻的村落是建阳村，是笔者奶奶的家乡。由于槐泽村、槐东村和建阳村距离较近，而且都是莲下镇比较大型的村落，具有典型性和代表性，因此本文主要以这三个村落的乡村诊所为考察对象，分析乡村诊所存在的原因、乡村诊所的历史变迁、乡村诊所的类型、乡村诊所的经营主体、乡村诊所的利与弊等问题，并针对乡村诊所存在的问题给出建议。

一、乡村诊所存在的原因

乡村诊所存在的历史非常久远。一般来说，乡村相对于城市还是比较落后的，经济和交通都不太发达。村民如果生病了，他们会比较喜欢到乡村诊所看医生。居民选择乡村诊所就医主要有四个原因。一是诊所距离村民的居住区域比较近，看病比较方便，村民一生病很快就能到诊所就医。二是乡村诊所的诊金和药费都比较便宜。一些小病，如普通的感冒、咳嗽，去乡村诊

所看病，开十几块到几十块的药就可以治好。三是乡村诊所的看病程序比较简单。现在一般只要排队和挂号，然后看病和取药即可。相对复杂的程序对于年纪较小和年纪较大的患者来说并不太方便。四是乡村诊所的医生与患者之间互相比较熟悉。乡村诊所主要的服务对象是周边的村民。医生对患者比较熟悉，一方面是会有比较好的服务态度，有时医生还会给患者倒水泡茶，另一方面乡村诊所医生熟悉患者的身体状况、病史，也有利于治疗。相应地，患者也会更加信赖医生。

乡村还存在另外一种医疗机构，即镇级卫生院，对应来说，乡村诊所类似于村级的医疗机构。对于村民来说，如果生病不太严重就会去诊所，如果严重就会直接去华侨医院（澄海区华侨医院，又叫澄海区人民医院，区级医疗机构，是"二级甲等"综合性公立医院）。镇级卫生院在很多村民眼中的"存在感"比较低。在很多人的印象中，在镇卫生院，"小病不用看，大病看不了"，觉得它"很没用"。村民生病更愿意去村里的私人诊所而非镇级卫生院，因此镇级卫生院往往显得较为冷清，而乡村诊所却常常熙熙攘攘。但是，镇级卫生院作为比乡村诊所更高级的医疗单位，具有一些乡村诊所不具备的功能。镇级卫生院能打针、输液，而乡村诊所比较少有这两种治疗方式；镇级卫生院还有B超、X光、化验等医疗项目，这些都是诊所没有的；镇级卫生院还能享受新农合报销。另外，自从新冠疫情暴发后，镇级卫生院还增加了核酸检测等功能。对于村民来说，不用跑到较远的区级医院就能检测核酸，是比较方便的。

至于村民们为什么更愿意去乡村诊所，而不是直接去区级医院，大多数村民给出的答案就是感觉自己生的病不会太严重，或者看病急于一时，去区级医院比较麻烦，要办的手续也多。一般来说，如果村民们在乡村诊所医治有效果，就不会选择去医院。如果在乡村诊所看病没效果，或者更加严重了，才会去医院就医。这样有时也确实会延误最佳的时机，加重病情。笔者母亲回忆笔者小时候有一次因为吃荔枝而发烧，她带着我在村里的诊所问了一两位医生，但是过了好几天病还没好。于是她带笔者去了华侨医院，结果医生责备了母亲，说："怎么能这么拖延，孩子的喉咙都起泡有脓了！"后来笔者花了500来块钱，在医院输液3天，并且拿了药回家吃，才逐渐康复。

二、乡村诊所的历史变迁

槐泽村及周边村落的乡村诊所普遍都有几十年的历史，很少有诊所在开始营业后短时间内就关闭的。很多医生也都是有几十年经验的老医生。随着经济的发展和社会的变迁，这几年槐泽村也出现了一些新的诊所。这些诊所以卖药为主，看病为辅，比如新开的书安药店更偏重于卖药，但也会定期请医生坐诊。

汕头市作为经济特区，受改革开放的影响非常大。澄海区的乡村诊所也因改革开放而有所变化。就乡村诊所的形态来说，改革开放前的乡村诊所一般是开一间铺面，由专人在里面看病和卖药。现在有的诊所仍是这样，比如，YC伯（以前年纪较小的孩子对YC医生的称呼，因为YC医生年纪较大）的诊所从几十年前就一直开在新铺（槐泽村某地地名）。笔者小时候去看病时发现这个诊所已经比较破旧和简陋了，光线也比较昏暗。但是有的诊所经过重新改造和装修，面貌已经和以前的大有不同。比如以前的"L诊所"现在重新装修并改名为"L口腔科诊所"，主要经营者也由父亲变为儿子。现在该诊所店面明亮整洁，经营理念也有所更新。总的来说，以前的乡村诊所比较简陋，现在的比较美观和明亮。就乡村诊所看病的程序来说，以前到诊所看病不用挂号，是按照先来后到的规则，而现在基本上都需要排队和挂号。也就是说，相比以前，乡村诊所现在的看病程序越来越规范化和现代化。

虽然现在村民的生活好了很多，村里、村与村之间以及从乡村到城区的交通也方便了不少，但是村民遇到一点小病，比如感冒、咳嗽，或者高血压、高血糖等需要长期吃药的慢性疾病，还是更喜欢到乡村诊所去看医生，因为比较方便。如果老人的子女上班没空，老人自己也能去附近的诊所看医生，而不需要花费大量时间和精力去城区看病。乡村诊所给了老人们很大的方便，特别是对不大识字、不认识路的老人比较友好。老人去诊所看病也让他们的子女比较放心。

在价格方面，乡村诊所这些年的看病价格有所变化。普遍来看，乡村诊所看病的价格不断上涨。随着时代变化，医生看病的诊金和药价都有所上调。比如，以前患普通感冒去诊所开三天药片，只要十几块钱就可以解决；

现在一般都要30多块钱。对于中药药方来说,以前普通中药一服只要几块钱,现在则普遍需要十几块钱,甚至几十块钱。不同诊所看病价格的差别也很大,有的几十块钱,甚至几百块钱(通常中药、西药合开会更贵),而有的只要十几块钱。因为药不同,价格也不同;有的医生还要加诊金,诊金又不同。在同一间乡村诊所,诊金和挂号费基本上是相同的。诊金一般是乡村医生自己定的,比如C医生现在的诊金要20多块钱,而医院里医生的挂号费是按照职称来定的,主治医师、主任医师、副主任医师收费是不同的。村里有些医生开的诊所虽然不大,但是长期靠患者支付的诊金和药费,一年下来也能有不错的收入。因此,现在在村里开一间诊所是很多村民眼里赚钱的"香饽饽"。

另外,乡村诊所还受到新冠疫情的影响。2003年的"非典"对乡村诊所的影响比较小,而新冠疫情的影响就比较大,村民们进药店要戴口罩、测体温。

三、乡村诊所的类型

乡村诊所一般都是综合性的,像感冒、中暑、头痛、牙疼等这些常见的普通的疾病,乡村诊所的医生还是可以应付的。乡村诊所也有分得比较详细的:比如按照中西医不同分为中医诊所和西医诊所。槐泽村、槐东村、建阳村三个村落的乡村门诊很少有纯中医或纯西医的,基本上都是中西医结合(图1),只是有的诊所偏重于中医,有的诊所偏重于西医。也就是说,村民去看病,医生既可以开中药处方,也可以开西药处方,一般都是根据患者的病症和患者自己的要求来开的。按照治疗范围来分,可以分为口腔科诊所、骨伤科诊所、牙科诊所、眼科诊所和皮肤科诊所等。还有按照治疗对象不同,分为妇科诊所和儿科诊所等。比如许厝村(槐泽村的邻村)有位眼科医生是华侨医院的副主任医生,只看眼科;槐东村的小儿门诊医生也是华侨医院儿科副主任医师,只看儿科。药比较齐全,也有雾化设备。虽然诊所的分类不太齐全,但是在乡村基本上还是可以起到很好的治疗作用的。

从乡村诊所的挂招牌情况来看,大多数诊所都是有挂招牌的,比如某某中医诊所、某某牙科诊所等,也有不挂招牌的(图2),有的诊所甚至开在小巷子里,靠村民们传来传去而比较出名,所以大家都非常熟悉。这种诊所虽然不挂招牌，生意也一样很好。

从乡村诊所与镇级卫生院的关系来看，存在一些乡村诊所是由镇卫生院管理的。基本上每个镇都有一个卫生院。为了方便村民看病，镇卫生院在各个村里都配设有若干个卫生站或者医疗站，称为某镇第几门诊部或某镇某村第几卫生站，这些也应该算是乡村诊所。（图1为莲下镇槐东村第二卫生站）

图1　莲下镇槐东村第二卫生站

从乡村诊所与药店的关系来看，乡村诊所一般是可以直接拿药的，即医生开完药方之后，在诊所有专门的药剂师从药柜中按处方拿药、配药。只有少数诊所比较特殊，比如C医生的诊所只开药而不拿药。患者需要自己拿这位医生开的药方去药店买药。相应地，对于只开药不拿药的诊所来说，患者看病只需要支付诊金，而无需向诊所支付药费。

近些年，随着经济的发展，村民越来越重视健康，越来越注重养生防病了。因此，各个村里的药店也是越来越多。这些药店不光卖药，有的还会聘请医生坐诊，为村民免费量血压、量血糖、测心率脉搏，以及看病开药，也可以算是新型的乡村诊所了。由于这类药店还是以卖药为主，所以如果看出患者患有高血压等病，除了坐诊医生自己会开对症的药之外，有时药店还是会推销自己售卖的某些药。

四、乡村诊所的经营主体

一般来说，开乡村诊所的医生有这四种情况：一种是在正规医院上班的医生，自己另外开个诊所，利用闲暇时间和节假日为村民看病。这一类诊所最受大家的欢迎，因为正规医院的医生专业水平高，所用的药比较多样，他们开的诊所看病的效果跟医院差不多，但却节省了患者去医院看病的时间和复杂的手续。然而，这类诊所也存在一些缺点，比如就诊时间有限制，导致有些患者不舒服时不能立即去这类诊所就医。另一种情况是祖传医生。这种医生自家里的父辈、祖辈，甚至是曾祖辈都是世代行医，积累了丰富的治病经验，也是深受欢迎的。比如莲下镇程洋冈村祖传妇科医生一家，医治妇科疾病就非常有名，附近妇科疾病患者都会慕名前去就医。他们家的几个儿子都开了妇科诊所，分布在不同村里，为妇科疾病患者治病，受到大家的好评。还有一种情况是本人有些医学基础，然后跟随乡村诊所的老医生身边学习，经过多年的学习和实践，能够独当一面，有能力自己开诊所的。也有一种情况是自己喜欢医学，立志当医生，而自学成才开诊所的。笔者外婆家的一位亲戚就是这样的例子。外婆和外公如果不舒服，就会找这位亲戚开点药吃。

按医生的工作单位分，可以分为原来在或正在镇级卫生院或区级、市级医院上班的医生。有单位的医生，有的是退休后才开诊所的，也有的是在不上班的时候开诊所的。有单位的医生有的是市级医院的，比如笔者小时候患感冒咳嗽常去看的王医生，以前就是汕头市某市级医院的。他专业学医，有很高的学历，诊所是他退休后开的。他家的治疗费用并不贵，治疗效果也很好，这也算是这位退休后的老医生发挥余热，为民服务。有的是区级医院的，比如许厝村的眼科医生和槐东村的小儿门诊医生。镇级卫生院的医生也有自己开诊所的，比如东闸（东闸是槐东村某地名）的眼科女医生，就是在上班之余自己开诊所；蔡医生以前也是在莲下镇卫生院上班，后来就自己开了诊所，并将诊所挂名为"莲下卫生院第X诊所"。不在医院上班的医生，其诊所的营业时间一般都是一整天；在医院上班的医生其诊所营业时间则一般是晚上和周末，有的是在医院没有排班的时候开诊所，比如许厝村的眼科医生和槐东村的小儿门诊医生。

从乡村诊所医生的男女比例来看，大多数是男医生，女医生则比较少。这些女医生有看全科的，也有专门看女患者的（如妇产科等）。比如，笔者的一位小学同学的奶奶就是看妇产科的，有生孩子的妇女一般都会去找她看病。但是乡村医生中专门看妇产科的女医生很少，女医生由于忙于带孩子、理家务等事情，一般来说比较少自己开诊所。又因为涉及专业性比较强的内容，很多患者也不敢乱看。槐泽村只有两三个女医生，其他村也是类似的情况。

从医生的年龄比例来看，老医生（年龄为60岁及以上）占20%～30%，中年医生（年龄为40～60岁）最多，占60%～70%，年轻医生（年龄为30～40岁）占10%～20%。村里很少有20多岁的医生，因为对于村民来说，更倾向于找年龄较大、有经验的医生，而20多岁的医生由于经验较少，很多患者不敢去看，所以基本上没有。

乡村诊所还有两个比较特殊的现象，一是医学世家的存在，二是学徒制的存在。由于中国的传统社会存在"子承父业""家族传承"等观念，因此这两种现象往往是紧密联系在一起的。

医学世家是一代一代传下来的医生家族。程洋冈村蔡氏一家擅长看妇科，有蔡医生的父亲、他两个哥哥和他。蔡医生以前单独开诊所，后来他的儿子在正规医科学校学医后回到村里，父子俩就更换新地址合开诊所。他们家偏中医。笔者母亲的一位高中同学W是揭阳人，他父亲R以前在莲下卫生院当医生，因此他们一家就随他父亲在莲下镇槐泽村居住。W高中毕业后就去进修学医，然后再跟他父亲学习。以前他父亲在镇级卫生院工作之余也自己开诊所，现在他父亲去世，W医生就成为该诊所的主要经营人，诊所也换成他的名字了。笔者的母亲提到，村里的诊所很多都是儿子跟随父亲学习后自己再去医科院校进修的，或者是自己先进医科学校学习医学理论及临床治疗等，再跟父亲学习、积累经验，然后继承父业。随着时代的发展，村民对乡村诊所医生的要求越来越高，纯粹自学行医的医生已经不能适应时代的要求了，所以更多的医生让孩子先去正规学校学习，再慢慢地走上从医这条道路。

学徒制在以前比较兴盛。由于乡村医疗逐渐走向规范化，现在基本没有人只跟父亲学医，而完全不在学校接受专业化的教育。也就是说，以前常有零基础学徒，现在没有了。比如有位老邓医生，以前跟随他的师父Z医生学医多年。师父为患者看病时他就坐在旁边，师父开药时说药名，徒弟就写药方。徒弟就这样慢慢地认真跟师父学医，后来自己也能开诊所了。不过徒弟所用的药比较保守，不太敢用药效太强的药。另一个学徒制的例子是现在的M医生，他以前和Y医生都是跟随L老医生学医的。L医生去世后，L医生的儿子F自己也开了诊所。和他父亲的两位徒弟不同，F医生是在正规医科院校学医的，医术也要比其他两位医生更好。总体上看，现在乡村医疗的学徒制发生了很大的变化，渐渐地，只存在新医生自己先在正规医科院校学习，打下了医学基础，再跟师父学经验的情况了。

需要特别指出的是程洋冈村多出医生的情况。程洋冈村是广东千年古村落之一。程洋冈村的医学世家可追溯到明代,并且传承至今。程洋冈的医生名家辈出,如清朝康熙年间的医术集大成者蔡俊心、蔡德仙,民国及新中国的名医蔡仰高、蔡纯臣等。现在也有很多医生出自程洋冈,特别是妇产科医生,在程洋冈村以及周边的几个村都很有名。上述这种情况多是受医学世家和学徒制影响而产生的。

有的医生除了在诊所坐诊,还提供出诊服务。如果病人病情比较严重或者行动不便,就可以请医生上门去看病。出诊要加出诊费,但是不会太贵。母亲说以前她有一次中暑加上感冒,又吐又泻,还怕冷,非常不舒服,就请YC医生到家里看病。奶奶有一次突发高血压严重头晕,无法站立,也是请他到家里去看的。医生为奶奶量了血压,由于血压太高,医生不敢开药,就叫笔者家里人马上把奶奶送到医院去。一般来说,出诊是病人家属自己去诊所请医生的,现在也有的是通过打电话请医生。如果医生听说病情太严重会不敢到病人家中出诊,而是建议病人家属直接送往更高等级的医院。可见医生还是比较谨慎负责的,基本上都有比较好的医德。

乡村诊所的医患关系往往比较好,医生的态度一般也都很好,村里的患者都很敬重医生,医生的嘱咐患者往往都会认真听。村民选择哪个诊所,往往是通过听人介绍、亲戚朋友推荐,或者从医术医德和价格来看的。人们去看病一般是认定一个医生,也就是在某个医生那里看了几次病,觉得不错,以后就会固定找这位医生看病。而且时间久了医生和患者之间也互相比较熟悉,医生能根据患者的身体状况和病史来开药。另外,还留意到有所谓的"只有某位医生才有效"的现象。有的人患感冒这些小病常常认定医生,也就是说对于该患者来说只有一个医生的治疗比较有效,其他医生的药就没那么有效了。

五、乡村诊所的利与弊

乡村诊所有利也有弊。乡村诊所利民之处在于:距离比较近,看病价格比较便宜,看病比较方便,比较节省时间,看病手续比较简单,等等。乡村诊所存在的弊端主要在于:设备比较简陋,有一些诊所卫生条件较差,医生专业水平参差不齐等。不过总的来说，乡村诊所还是利大于弊的。

在调研中，存在这样一些诊所，它们虽然离家很近，但是笔者包括笔者的家人都很少去看。母亲说感觉医生看病有点漫不经心，喜欢边看病边跟其他人闲聊。而对于L口腔科诊所来说，虽然这家诊所的牙科医生是外来的客家人，几年前刚来村里的时候并没有什么名气，但是后来大家渐渐觉得他们家医术不错，看病比较细致，价格也相对便宜，就纷纷介绍自己的亲戚朋友去看。现在他们家的生意就很好，甚至都需要预约挂号了。看来，医生的工作态度、专业素养和收费标准等是人们选择诊所时重要的参考依据。

六、余论

由于乡村诊所对村民具有特殊意义，可以推断乡村诊所在未来很长一段时间仍会继续存在于乡间。笔者希望村民能不断提高就医意识，医务工作者不断增强业务能力，使村民能拥有更好的就医体验。

本书出版获中山大学树人哲学发展基金资助

家乡田野 上

吴重庆 主编

中山大学出版社
·广州·

版权所有　翻印必究

图书在版编目（CIP）数据

家乡田野 / 吴重庆主编. -- 广州：中山大学出版社，2024.11. -- ISBN 978-7-306-08249-7

Ⅰ.G642.45

中国国家版本馆CIP数据核字第20240F7Y08号

JIAXIANG TIANYE

| 出 版 人：王天琪
| 策划编辑：邱紫妍
| 责任编辑：邱紫妍
| 封面设计：龚　城　曾　斌
| 责任校对：杨曼琪　陈生宇　王百臻
| 责任技编：靳晓虹
| 出版发行：中山大学出版社
| 电　　话：编辑部 020-84111996，84110283，84111997，84113349
| 发行部 020-84111998，84111981，84111160
| 地　　址：广州市新港西路135号
| 邮　　编：510275　　　　　　　传真：020-84036565
| 网　　址：http://www.zsup.com.cn　　E-mail:zdcbs@mail.sysu.edu.cn
| 印 刷 者：恒美印务（广州）有限公司
| 规　　格：787mm×1092mm　1/16　68.5印张　1156千字
| 版次印次：2024年11月第1版　2024年11月第1次印刷
| 定　　价：198.00元

如发现本书因印装质量影响阅读，请与出版社联系调换

通往家乡的路有多长

(代序)

一

44年前,《中国青年》杂志在1980年第5期刊登了署名"潘晓"的读者来信——

编辑同志:

我今年23岁,应该说才刚刚走向生活,可人生的一切奥秘和吸引力对我已不复存在,我似乎已走到了它的尽头。回顾我走过来的路,是一段由紫红到灰白的历程;一段由希望到失望、绝望的历程;一段思想长河起于无私的念头而终以自我为归宿的历程。

"潘晓"在信中坦言,自己人生的寄托方向及支点没有了。"潘晓"说,朋友靠不住了,父母跟我又有冲突,恋人也背弃了我。他/她即使想回到完全世俗的层面,也没有办法应对。他/她由此感叹"人生的路呵,怎么越走越窄"。此问惊起千重浪。1980年6月,《中国青年》《中国青年报》和《工人日报》开始刊登来稿来信讨论"潘晓"的追问,从1980年6月到12月,这个讨论持续了大半年。"潘晓"的追问在千千万万青年中引起了强烈共鸣,据说《中国青年》编辑部每天都要用几个大麻袋接收关于这场讨论的读者来信,一共收到六万多封。

"潘晓"的疑惑并非空穴来风或无病呻吟。改革开放之初,中国社会结构及观念发生重大变化,原先的某些执念被认为不合时宜。在世俗社会

的价值取向上，也静悄悄地从"集体"转为"个人"，从"理想"转为"实利"。在此大转折之际，如果个人的社会适应或者文化适应蹈空，则难免会产生精神危机。改革开放之初，部分青年人面临的人生意义感的失落正由此而起。

"潘晓"的疑惑也被称为"潘晓之问"，至今依然是当代思想史研究的热门话题。今天看来，面对青年人的这种精神状态，当时中国思想界并没有很好地承接并予以回应，"潘晓"的人生讨论被架构到时兴的新启蒙思潮中加以理解，即仅仅鼓励青年人勇敢直面"理想"的破灭，勇敢找回自我。可以说，这样的回应并没有触及困扰青年人精神世界的深层问题。

这个深层次的问题是什么？用传统的说法就是"安身立命"，用现代的话说就是既能适应并立足于社会，又可以从中获得生活的意义。社会有如个体的另一层躯壳，个体适应了社会或者社会化了，这个躯壳则可以保护个体免受精神层面的伤害。个体失去了社会这个躯壳或者与之发生冲突，则成为裸露的个体，其精神层面遭受创伤的可能性将大大增加。当然，社会也不仅仅只是一个躯壳，社会编织的各种联结还能让个体的精神世界获得平衡与滋养，此为儒家所谓"成人"。"安身立命"强调"安身"在"立命"之先，即个体与社会达成了联结，才能进一步开拓出生活的意义。也就是说，生活意义的建构，是需要通过个体的社会化生活作为前提的。一个孤独的个体，无以建构意义世界。在此意义上，20世纪80年代中国思想界以高扬个体的新启蒙回应"潘晓"们的困惑，其实是无解的，因为启蒙无法解决人的"安身立命"问题。今天，与其反思启蒙的局限，不如直接探讨现代性架构下人的"安身立命"问题。

回顾40多年前的社会-思想史事件，目的是要讨论与今天中国知识青年相关的一个问题：回到家乡的路为什么越走越远？这不仅因为这个问题在表述上类似"潘晓之问"，还在于两者之间虽时隔近半世纪，但都关涉"安身立命"这一大本原。

二

今天的中国知识青年，大体上是指受过大学本科教育的年轻人。在现代教育体制尤其是应试教育体制下,一个出身农村的年轻人要考上大学本科,事实上需要经历不断拔根的过程,不妨称为"拔根型成长",其与儒家"成人"之学大异其趣。

在乡村"空心化"浪潮冲击下,不少乡村小学或撤销或合并,小小学童往往需要别家宿校。小学毕业后,有幸考上县城重点中学者,甫一入学即进入各种赛道,目标是考上大学。而一旦考上大学,其与家乡的距离势必越来越远,关联也越来越弱。可以说,一个学生成长的过程,也是与家乡渐行渐远的过程。按我国学制,适龄学童接受义务教育,考上大学的年龄一般在18周岁左右,这也是我国《民法典》规定的法定成年年龄。可是,这个成年人在离开家乡时可能对家乡、亲戚仅有模糊印象,相互之间并无建立社会联结,这按儒家的标准来看,其实是无法"成人"的。社会学有"初级关系"之说,指的是个人早期社会化形成的关系,如基于血缘和地缘关系的家庭、邻里、发小、乡亲等。"初级关系"由面对面的互动而形成,具有直接、密切、深入、非正式及情感性的特点,这是个人成长过程中社会交往的基础和社会化的重要条件。但应试教育下一门心思考大学的青年人往往欠缺"初级关系",其社会化的基础先天不足。

本来,学校尤其大学是青年人集聚学习、生活的"社区"(community),容易形成丰富多彩的社会联结。但随着"数字化"降临大学校园里知识青年的日常生活,据说有的人即使同居一室,也难得开口交流,取而代之的是咫尺之内人手一部手机通过微信聊天;课间休息时的闹腾、追逐、嬉笑不复昨日;交谈中的辩论、同感、分歧,消失于默默的"点赞""退群""拉黑"之中……当然,所有这些现象,不过是"数字化"推动下的社会生活在作为"社区"的大学校园的一个投影。

归纳起来,一个苦读近20载、迎来"而立之年"的知识青年,在历经"拔根型"人生赛道、"个体化"成长模式、"数字化"日常生活的各种挤压之后,其所能编织起来的社会网络,不过是稀疏、松散、脆弱、无深厚社会基础的一些关系。"社恐"这一新创概念的流行,既反映人际关系的部分事实,又包含知识青年的自嘲乃至自矜,就是说,即便明知自己欠缺社会联结也不以为忤。近年还时闻"断亲"之说,以至"断亲"已成为一个社会学术语,并被界定为"懒于、疏于、不屑于同二代以内的亲戚互动和交往"。

这或许可称为"自原子化",或者更为一般意义上的主动式"社会断联"。

问题是,如果连"亲"都可以"断",那个人就得面对"生命中不可承受之轻"。

在转型社会里,总有一部分人跟不上一往无前的时光车轮,或者被甩脱(干脆"躺平"),或者被擦伤(患上抑郁症)。这时,社会联结可以支持个人减轻际遇不测时的压力或者危机。人类学家林耀华先生说:"如果说命运是我们的关系之网,它施加于我们的牵引,就像橡皮带之于硬竹竿的牵引,那么其中必然存在着某种平衡。如果网络是为了保持这种平衡,一个点上的拉力必定由另一个点上的紧绷来抵消。"(林耀华《金翼》)一个与社会断联的孤岛式存在的个体,自然无法靠周边关系网络维持平衡并从中获得及时支持,唯有以一己之力默默应对。当然,无力者也可能主动向周边的正式部门寻求帮助,但这毕竟属于心理失序后的救济。

中国社会自来不缺"关系","关系"本为中国社会特产。"关系"与"社会资本"不同,所以英语学界发明了新词"guan xi",以区别于"social capital"。能否拥有"关系",与个人在社会中的尊卑贵贱没有直接关系,"关系"毕竟不像"社会资本"那么"高大上"。费孝通先生说:"以己为中心,像石子一般投入水中,和别人所联系成的社会关系不像团体中的分子一般大家立在一个平面上的,而是像水的波纹一样,一圈圈推出去,愈推愈远,也愈推愈薄。"(费孝通《乡土中国》)这是说,任何人都可以以"己"为中心建立"关系",再普通、再底层的人,只要其愿意,都可以拥有"关系",这也是中国社会保有弹性活力之所在。从"大传统"(the great tradition)的角度看,中国人也不乏丰富的"关系",钱穆先生说:"天、地、君、亲、师五字并称,始见于荀子之书。普遍流行于中国全社会,迄今已达两千年之久。窃谓此五字实可表示中国传统文化特殊精神之所在。"(钱穆《文化与教育》)但如上所述,即便在"关系"如此深厚的中国社会,仍无法挽回"关系"在部分青年知识分子中的断崖式跌落。

在此情形下,还能让青年知识分子重拾返乡之路吗?

三

　　一个哪怕宣称"断亲"的知识青年，当他/她回到家乡时，面对记忆模糊或者叫不出名字的亲人、乡亲，听到自己日渐生疏的乡音，品尝着少时舌尖上的食物，他/她的情感会不会被唤起，"初级关系"会不会被激活重建？

　　关键是，什么力量、何种契机，可以帮助他/她启动返乡之途？

　　近年来，中山大学积极鼓励和引导学生参与乡村振兴，既为乡村振兴提供人才支撑，又可在实践中育人，培养学生的家国情怀。在中山大学哲学系、中山大学教育发展基金会的大力支持和指导下，中山大学华南农村研究中心于2018年初启动中山大学学生"家乡田野"实践活动（以下简称"家乡田野"）。活动旨在引导来自农村的学生利用寒暑假返乡时间，采用社会学、人类学田野调查的研究方法，重新认识自己的家乡。我们在公告上写明接受来自农村的中山大学在校学生报名，但每次都有不少同学来信来电，诉说自己虽然跟父母在城市出生长大，不是农村户籍了，但爷爷奶奶、外公外婆或者叔叔阿姨还在农村，这样可不可以报名。我们有感于同学们的热情，后来逐渐放宽限制，只要有亲戚在农村，就可以参加"家乡田野"活动。之所以还要坚持这一条要求，是因为我们希望通过这一活动，推动同学们跟亲戚攀上关系，进而跟家乡建立起以人为媒介的稳定的社会联结。

　　每一期的"家乡田野"实践都会选择一个不大不小的、容易为调研者及受访者经验把握到的主题，各期主题分别是："我们村里的年轻人""谁在种地""乡村集市""乡村儿童的暑假生活""乡村里的小卖部""乡村水利""家乡如何过年""乡村诊所""乡村小学""乡村快递""乡村抖音""乡村青年的婚姻""乡村养老"。每一期的主题看似细小，唯因其与乡村社会的生产、生活密切相关，故可从中窥见中国农村社会的大变迁。为此，我们在每一期的招募公告上向参与"家乡田野"活动的全体同学发出倡议，希望同学们在了解家乡的同时，也应积极服务家乡，可针对在调研中发现的问题，利用所学知识进行分析，并提出切实可行的建议，向村两委（村党支部委员会、村民委员会）或其他基层相关部门建言献策，为家乡的发展贡献自己的才智。

　　截至2024年9月,"家乡田野"实践已成功开展了13期(主题为"返乡的人"的第14期活动正在进行中),报名参与"家乡田野"的学生来自中山大学广州、珠海、深圳三校区五校园的64个院系(几乎覆盖全校70个院系),累计收到学生提交调研报告千余份,共计500多万字。"家乡田野"调查点涉及全国30个省、自治区和直辖市。主办方提供调研经费补贴,并根据评选结果,对近300份报告给予表彰奖励。此次出版的《家乡田野》(上、中、下),由历期获奖的部分调研报告结集而成。

　　2018年6月、2019年7月和2023年6月,我们就"家乡田野"实践先后举办了三次阶段性总结分享会。会上,参与"家乡田野"的学生分别从"以调查视角重新认识家乡""在回乡调查中培养家国情怀""从田野调研中亲历家乡振兴"等角度分享了自己参加实践的体会和收获。不少同学在分享的过程中不禁动情,眼含泪水地诉说参加"家乡田野"调研的心路历程。有的同学说虽然自己家在农村,也在农村出生和长大,但对家乡其实只剩下记忆,感谢"家乡田野"让自己有机会去接触、了解家乡中的自己家庭之外的人和事,由此打开了走进家乡的一扇门。有的同学说,自己第一次以"调查者"的身份回到家乡,在面对它、调研它时,发现自己对其非常陌生,调查无从下手,仿佛自己已然搭不起与家乡的那根"线","家乡田野"让他真正开始思考自己与家乡之间的关系,并表示要趁着亲人、熟人还在的当下,主动加强与家乡的关联。有的同学说,自己一直在城里长大,"家乡"只是一个"传说",当自己踏上家乡的土地,向乡亲们介绍自己是×××的儿子、×××的孙子/外孙时,乡亲们激动地高喊:"×××的儿子/孙子/外孙回来了!"有的同学说,自己作为一名"随迁二代","家乡"曾经是一个抽象的概念,而通过参加"家乡田野"活动,自己第一次经历了将所学知识与家乡连接的过程,"家乡"在心中逐渐变得具体化了。还有一位同学的父亲特地从广东省河源市紫金县赶来,旁听了其女儿在"家乡田野"调研总结会上的分享。这位父亲在会后拉着我的手说:"感谢你们做这么好的活动,我的女儿终于回到老家了。如果你们出了书,能不能多送我一本,我也想让老家的乡亲们读一读,让他/她们看到这是我女儿写的。"

　　我们了解到,参与"家乡田野"实践的很多同学都是通过自己的家庭关系网络寻求访谈对象,由此加强了大家庭成员之间的互动和交流,同时也通过自己的朋辈圈做田野的深度访谈和实地探访。这些都远比节假日期间的礼貌式问候实在，真正起到了情感教育的作用。如果说现代教育体制让年轻人远离家乡，那么"家乡田野"要做的恰恰是推动同学们将自己植入家乡，和家乡"接上头"。对一个从校门到校门的知识青年来说，回到家乡，就是回到有关系的人群，回到生机勃勃的大地，回到有互动的社会，回到有变革的实践。"家乡田野"调研可以让我们看到洪流之下的个体如何与家乡疏离、与土地疏离，看到我国改革变迁之下的农村人民的生命历程和他们的感受。每一个人、每一个乡村的故事都值得被记录、被倾听，而社会联结、家国情怀正是在这些不起眼的地方植根发芽。事实上，我们一开始就清晰地将"家乡田野"实践定位为育人活动而非科研活动，也正因此，2023年，"家乡田野"被中山大学确立为教育教学研究和教改项目。

"我生本无乡，心安是归处"（白居易），"此心安处是吾乡"（苏轼），写的是诗人词人身处天地间，以四海为家的情怀。但无论如何，依然强调"乡""吾乡"与"心安"之间的直接关系，强调"心安"需要依托并安顿于"乡""吾乡"。"乡""吾乡"当然都是一种意念建构，那是人的出处与归处。而在出处与归处之间，是人安身立命的过程。

我们也许欠缺诗人、词人对"乡""吾乡"的建构能力，但我们拥有实实在在的家乡。只是，这个家乡山高水远，需要我们不断返回，不断与之联结。

吴重庆

2024年10月13日于中山大学华南农村研究中心

目 录

◇ 我们村里的年轻人

农村年轻人创业调查研究报告
　　——以广东凤安镇为例（陈送贤）·················· 2
留在村里，因为有"市场"（林展翰）·················· 19
新旧之际的乡村故事（卓晓纯　李敏屏）·················· 27

◇ 谁在种地

小农户种田赚钱吗？
　　——基于湘中胡村小农户耕种情况的调查报告（贺婷）····· 38
农村中年劳动妇女——真姨（钱会玲）·················· 54
我亲爱的乡亲们（吕红梅）·················· 63
梯田与人生（石鸿）·················· 73
从影响因素来看农民种地选择背后的经济文化博弈
　　——以河南省某乡村的实践调研经历为例（杨威鹏）····· 87
山城种地情况调查反馈报告
　　——以重庆市江津区黄庄村、牌坊村为例（周小力）····· 95

◇ 乡村集市

一个长江养育长大的小镇集市：石沱镇中心集市（经菠）········104

高速流动社会中的乡村集市何以维持？（邱丽）……………133

消失的集市：城镇化背景下的农村消费空间转型

——基于合肥市长丰县双墩镇的实证研究（荚博文）………146

人、交通与集市（尹祥锐）……………161

乡村集市的传承与发展：罗定市船步镇集市调查（黄海平）……176

"回乡"与"在乡"：当代熟人社会里的乡村集市（龚礼茹）

………………………………………………………………192

乡村中心集市承袭与变迁中的生命力

——以安徽省淮北市烈山区蔡里集为例（朱蕴哲）…………219

◇ 乡村儿童的暑假生活

在乡村与城市间陷落

——江西省安福县瓦楼村黄田组儿童暑假生活调查报告（施雨）

………………………………………………………………250

从场域理论中思考乡村儿童的暑假生活

——基于广东省湛江市太平镇的田野调查（苏丽敏）………283

互联网背景下，乡村儿童的暑假生活（安妍）……………293

乡村儿童的暑假生活（张延）……………301

困境如何破局：探访家乡儿童的暑假生活（邓海）……………310

故事里的乡村儿童生活变迁史（陈洪珏）……………321

田野里的暑假生活？（尹祥锐）……………336

◇ 乡村里的小卖部

J的无名小店（赵杰翔）……………348

从小卖部近二十年的历史变迁看新农村的建设

——以广东省佛山市洋朗村为例（严翠欣）……………360

农村小卖部"品牌化"的机制
　　——基于赣西农村的考察（邱丽）……………………380
消失中的乡村小卖部
　　——基于湖南省胡村的田野调查（贺婷）……………392
乡村小卖部生态素描与分析
　　——以湖南省株洲市茶陵县严塘镇某村为例（周易）……406
变与不变：多维视域里的乡村小卖部（邓海）……………416
凋零的乡愁：乡村小卖部的功能转型与角色嬗变（刘伟）……427
乡村小卖部调查报告（王立梅）……………………………436

◇ 乡村水利

褐土地里无声的水井
　　——河北省邢台市南鸽井村的水利（赵子晶）………444
山东省寿光市邢姚附近区域水利调查（王泽宇）…………452
沈厝村水利情况调研报告（沈迦妮）………………………458
乡村振兴视域下的乡村水利治理
　　——以广东省惠州市博罗县为例（谢金泽）…………466
一代人肩挑背扛出来的世代水库
　　——基于广东省云浮市共成水库建设与利用的调查报告（陈晓彤）
　　………………………………………………………………480

◇ 家乡如何过年

春节怎么过？且看桂东客家年（吕慧妮）…………………488
春节习俗与年味淡化
　　——基于佛山地区的调研（严翠欣）…………………504

过年的仪式
　　——对山东西南部过年习俗的记录（韩玉冰）··········522
嵌入社会的"年"：年俗变迁及其机制（邱丽）··········532
灯火里的中国新年
　　——有关四川省攀枝花市春节文化冲突融合以及新变化的
　　调研浅谈（李雪霜）··········544
农村城市化进程中农村春节习俗变迁分析
　　——以山西省太原市南屯村为例（马毅贾）··········555
回村过年，在变与不变之间（潘君）··········566

◇ 乡村诊所

赤诚的心、坚实的墙
　　——广东省江门市西溪村卫生站田野报告（关诺宁）·········576
村医观察访谈纪实报告（罗惠）··········585
两代人的乡村诊所
　　——对广东省揭阳市揭东区甲村、乙村卫生室的田野调查（林喆）
　　··········594
那些从跋涉到坚守的时光（金小羽）··········605
农村基层医疗卫生服务体系现状
　　——以重庆市合川区玉龙村为例（吴祖瑶）··········613
我家的医疗站（曹子晨）··········623
乡村社会交往中的医患互动及照护精神（闫博宇）··········632
诊所与人：更替、坚守、温情与思索（潘君）··········638
治病便民的乡村诊所
　　——汕头市澄海区乡村诊所调查报告（王皓玉）··········649

◇ 乡村小学

从"校长妈妈"到"校长奶奶"
　　——一位村小校长的坚守（徐璞玉）…………660

乡村小学的昨天、今天与明天
　　——广东省揭阳市德南小学的往来之间（陈婉）…………689

身埋深山，魂走四方
　　——广东省肇庆市大坑边小学的兴与衰（陈靖）…………706

三代人的小学，三代人的人生（陈佳蕎）…………723

四代人的武丰（谭兆）小学（谢芳）…………732

自荒芜中生长
　　——乡村小学承载着希望（孙微）…………749

六联支教的日与夜
　　——针对乡村教育文化定势的考察反思（方东妮）…………759

父亲、我和侄女三代人的水车小学（梁敏玲）…………774

◇ 乡村快递

快递进村，止于镇上
　　——武丰村快递发展的调查（谢芳）…………786

盘卧在地方社会上的发达物流网络
　　——东莞市长安镇厦岗村与物流行业（麦蕴妍）…………797

在乡情中接续传递：古亭村快递业调查（刘素辰）…………807

乡乡快递，村村通邮
　　——浅析四川省遂宁市射洪市文升镇"乡村邮递"
　　　发展之路（文一坤）…………818

乡村快递站的留与变之困
　　——基于广东省中山市沙溪镇的调研（阮浩谦）…………825

人、交通与快递（樊锦萍）……………………………………………835

◇ 乡村抖音

抖音平台助推乡村经济发展
　　——河源市紫金县蓝塘镇乡村抖音的发展现状调研
　　　报告（杜安生）………………………………………………842
乡村与抖音
　　——那些不被看见的孤独与欲望（盛情诗）…………………852
"抖"然大热，"音"为有你
　　——看短视频如何送乡野小村"出圈"（王超伦）……………861
从北街村与抖音的结缘看传统乡村与新型传媒的碰撞（何佩怡）
　　………………………………………………………………………868
时代拂新风　抖音惠大洋
　　——以福建省莆田市大洋乡为例谈乡村抖音（李佳荷）
　　………………………………………………………………………878
乡村抖音：短视频构建了云端的偏远村庄（唐雅静）……………890

◇ 乡村青年的婚姻

白云村的青年婚恋那些事儿（李桐）…………………………………900
乡村青年婚姻困境，不止在于婚姻
　　——广东省韶关市武丰司岗村青年婚姻调查（谢芳）………910
厂房内外的爱情与婚姻
　　——广东省汕头市莲阳乡村青年婚恋状况调查（刘雨桉）…922
"父母之命"对乡村青年婚姻的多面影响
　　——基于广东省中山市沙溪镇的调研（阮浩谦）……………935

被挤压的乡村、被重塑的婚恋

　　——基于梅州市大埔县的乡村青年婚姻困境调查（孟凯旋）

　　·· 946

传统乡村青年婚姻观的变迁

　　——基于江苏省江阴市的实地考察（陈雨桐）·············· 955

"讲到底都是缘分"：华南乡村青年的新婚姻故事（麦蕴妍）

　　·· 967

◇ 乡村养老

乡村养老：黄石村的老人每天能干啥？（苏梓玲）·············· 978

城市化下的乡村养老

　　——以四川省射洪市大榆镇钟家店村六社为例（文一坤）

　　·· 987

大山里的老人们

　　——武丰村养老调查（谢芳）·························· 996

老人与土地（陶丽娟）······································ 1011

白云村的养老日志（李桐）·································· 1025

农村养老，道阻且长（邓嘉欣）······························ 1038

闪闪发光的老年时代

　　——广东省佛山市孔堂村养老现状调研报告（谷安琪）

　　·· 1051

我们村里的年轻人

(2018年)

农村年轻人创业调查研究报告
——以广东凤安镇为例

◇ 陈送贤（国际关系学院2017级硕士研究生）

一、研究目的

近年来，"大众创业、万众创新"成为一股风潮，民间创业为社会创造了大量就业机会，是一股推动社会经济稳健发展的力量。凤安镇地处粤东山区，位于广东省河源市紫金县西南部，为大片区客家人聚集地，经济欠佳。由于本地工作机会少，区域内大量未接受过高等教育的青年劳动力涌向经济发达的珠三角地区，例如深圳、东莞和中山等。这些青年劳动力中，除了选择就业的人，还有部分创业人群，他们或是独自创业，或是共同创业。该群体主要集中在餐饮业、批发零售业、服务业和低端制造业等，一般称其为"做生意"。但从整体来说，有意愿创业或已经创业的凤安镇农村籍年轻人的数量仍然偏少。

在珠三角地区产业快速转型和升级的今天，与父母辈相比，他们面临着前所未有的挑战。原始资产积累不充分、资金链容易断裂、自身知识更新缓慢和专业技能欠缺等因素严重限制了他们的创业空间和发展速度。新时代背景下，如何最大限度地提升农村籍创业人口的创业水平，发挥他们推动地方经济的辅助性作用，是中央和地方政府需要关注的议题。本文以十余位凤安镇农村籍年轻人及其家人为调查对象，试图反映凤安镇农村籍年轻创业者的创业意愿和创业形态，这在一定程度上也有助于了解中国经济欠佳地区农村进城年轻人的整体创业情况。

二、主要概念

（一）客家人

古越残存者与秦以来中原汉人互相混化而成的群体，经过千年演化最终形成相对稳定的客家民系，该群体随后向南方各省以及东南亚乃至世界各地迁徙，并最终成为汉民族中一支遍布全球且具有人文特色的重要民系族群。目前，客家人主要分布在广东、广西、江西、福建和台湾等。

20世纪30年代，客家研究的集大成者罗香林在其著作《客家研究导论》中，对客家民系的特征作了详细分析，主要包括：一为客家人各业的兼顾与人才的并蓄；二为妇女的能力与地位；三为勤劳与洁净；四为好动与野心；五为冒险与进取；六为简朴与质直；七为刚愎与自用。罗香林阐述了客家人的优良品格，也指出了其不足，如"刚愎自用"，等等。[①]

20世纪90年代初期，改革开放之风吹拂赣闽粤边客家古老的山川大地，此时这里的客家人才意识到观念的落伍是导致其贫困落后的关键所在。2008年，谢重光在《客家文化论述》中指出，客家人具有"山"的品格。他们"在山谷间自耕自食、自相嫁娶、自得其乐、自生自灭、游离于王朝政治权利和文化控制之外自成一个天地"[②]。客家人自足于山林，安土重迁，商业意识较弱，相对于海洋文化而言，比较缺乏漂洋过海、对外扩展的冒险精神。

（二）创业

创业者对自己拥有的资源或对通过努力能够拥有的资源进行优化整合，从而创造出更大的经济或社会价值的过程，人们普遍称之为"做生意"。创业是一种劳动方式，是一种需要创业者运营、组织、运用服务、技术、器物作业的思考、推理和判断的行为。根据杰夫里·提蒙斯（Jeffry A. Timmons）所著的创业教育领域的经典教科书《创业创造》（*New Venture Creation*）的定义："创业是一种思考、推理结合运气的行为方式，它为运气带来的机会

---

① 罗香林：《客家研究导论》，上海文艺出版社1992年版。
② 谢重光：《客家文化述论》，中国社会科学出版社2008年版。

所驱动，需要在方法上全盘考虑并拥有和谐的领导能力。"[1]

三、研究方法

（一）样本对象的来源

本研究属于小区域范围内的精准研究，没有采用大范围的线上调查方式，而是选取十余位具有代表性的凤安镇农村籍青年人[2]作为深度访谈对象[3]。为了辅助调查，笔者也对一些长辈进行了深度访谈。本研究的访谈对象均为笔者亲戚朋友或者由熟人推荐，访谈内容真实可靠。

（二）本研究的优势与劣势

作为本次田野调查的"同乡人"，无论是在接近访谈对象、取得其信任上，还是在资料获取上，笔者都有优势。笔者通过原有的人际网络与资讯信息等，能够提高本次调查研究的实践可行性，获得准确、有用的调研结果。但由于调查规模过小和经费不足等因素，笔者无法建立更大的调查数据库，这可能会影响本调查项目的全面性。

四、主要发现

（一）"第一工作"影响创业意愿，整体创业意愿低

所有有意愿创业或已经创业的访谈者均对笔者表示，他们在初始阶段都倾向于选择就业，尝试过进入就业市场。但因为工作不顺利、所在行业发展前景不明朗等，从而选择转行"做生意"。初期就业的经历为他们积累了部分原始资金的同时，也丰富了他们的社会经验。"第一工作"的情况影响着年轻人追求事业成功、增加收入及发现机会的创业动机。

---

[1] Jeffry A. Timmons, *New Venture Creation*, McGraw-Hill, 1999.
[2] 根据世界卫生组织（WHO）定义，14周岁以上至44周岁以下为青年人。
[3] 访谈对象资料见附录，访谈时间集中在2018年1月至2018年2月。

选择辞去教师工作而到深圳创业的蔡A这样说："以前是在老家农村当小学老师的，那时候教师工资低，看到周围的年轻人都下珠三角赚钱了，就想去深圳拼一把。刚到深圳那段时间，大部分基础行业都做过。"

原先在某大型知名饮料企业担任业务员的陈B认为，初次就业为他累积了丰富的人脉资源和原始资金，有利于他开展创业项目："刚开始是在某公司跑销售业务的，干了几年之后了，就升上了区域业务经理，由于发展空间的限制和复杂的同事关系，我就选择出来自己开公司了，想走得更远。"

陈E初中毕业之后在深圳当了好几年快递员，无奈这几年来，快递行业竞争激烈，于是陈E选择回乡创业："老爸在老家是干建筑的，这行好赚钱。我在深圳干了好几年快递业务，虽然存了点小钱，但深圳消费啥的都高。所以就选择回老家创业，选择了建筑业。现在在农村，建筑行业挺好做的。"

刘A目前在上海某地铁部门担任技术工人，因为工作性质，也有想要出去创业的意愿："我在地铁干技术工，一般上的是晚班，检查地铁线路安全，有时候遇到紧急情况，也必须随时报到。上海的房价高，我们干这一行的工资不高，在上海是买不起房子的，只能暂时租房子住。亲戚朋友大部分都在广东，还是想回去的。想辞工做生意，但不知道干哪一行。"

现实与心理预期情况不符，是推动许多人改变现状的主要原因，他们试图突破某种"僵局"，寻求更广阔的空间，这种"僵局"可能包括工作收入不高、生活不稳定、前程不明朗和自我价值无法得到认可等。受到现实因素的影响，这种转换的过程往往比较艰巨，比如不能得到家人以及朋友的理解和认可、存款不足和人脉网络的缺失等。

虽然上述有一些想要突破"僵局"的有意愿创业者和已创业者，但凤安镇更多的农村籍年轻人选择适应现状，这可能受到地区人文、家庭成长环境和资金储备等因素的影响。笔者在乡镇中学的同学基本没有出来创业的，出来就业的人则大部分集中在制造业、房地产行业、电商和保险业等行业。在乡镇中学当老师的张B对出来创业是这样看的："年轻的时候拿着当老师的那点微薄工资，的确想过出来做生意赚大钱，但没那个勇气，从头做起很难，也害怕做生意失败，到时候什么都没有了，于是就觉得能有餐温饱就好了。现在对于乡镇教师的补助还是可以的，这几年来生活水平有所提高。当然，也有一些老师会选择在工作之余搞点副业赚点钱，但那毕竟是副业。"

区别于珠三角、潮汕等商业气氛浓厚的沿海地区,紫金县属于内陆山区,这里的人民世居紫金务农,缺乏商业思维。即使是在改革开放初期,有部分紫金人前往珠三角地区做生意"淘金",但比例仍然偏低。紫金缺乏商业氛围的环境影响着世居在这里的人们,他们往往追求稳定的"小农生活",这也部分解释了为什么创业的年轻人数量偏少。

紫金的教育水平对比于珠三角地区,显然是偏低的,这从紫金县考生的高考成绩可以反映出来。2016年,紫金县普通高考报考人数为4943人,重点本科上线人数仅为265人,本科上线人数仅1446人,而2013年全县户籍总人口(公安局年报数)为835016人。[①]笔者高考当年(2013年),凤安镇仅有2人被"211工程"院校录取。涌入珠三角务工的凤安镇农村籍年轻人大部分未接受过高等教育,他们自身的知识储备、思想境界等限制了他们进一步改变生活的可能。即使有想要创业的意愿,也可能会被现实击败,不知从何做起。

(二)女性实体创业者少

访谈对象中,女性的创业方向主要倾向于当前热门的互联网电商行业,以及美容美发、服装零售等服务业,也有在家待业者有从事互联网电商行业的意愿。男性受访者表示,自己在创业的过程中很少遇到女性创业者。

客家女性是古代汉族女性中没有缠足的女性群体之一。客家妇女在长年累月的社会实践中,养成了勤俭、刻苦和坚韧的性格。客家妇女尊重和顺从丈夫,在她们心目中,丈夫是家庭中的顶梁柱、主心骨。一旦成为正式夫妻,她们便会全力支持丈夫的事业。

家庭创业的陈A这样认为:"客家男孩找老婆都喜欢找客家女孩,因为语言、文化方面比较好沟通,客家女孩也非常勤劳。在家庭创业中,客家女性往往承担照顾家庭和管理财务等任务,出来跑业务的事情通常都由丈夫完成。"

担任某高中英语教师的朱A在两年前开始经商,主要销售口红、唇膏等女性化妆品。基于以往的学生资源和大量的宣传投入,她的生意一直不错。她说:"辞掉教师工作去创业,对我来说是不可能的,家里面也不会支持

---

① 数据来源于紫金县人民政府网(http://www.zijin.gov.cn/gov/index.htm)(访问时间:2018年4月5日)。

的。因为没有担任班主任和带高三毕业班的任务，下班后我的时间还是比较充裕的。平时进货、出货这些环节都可以通过手机和电脑完成，不用花太多心思。"作为小学老师的陈C也同样存在这样的情况。

考取护士资格证失败的陈D目前还没有找到适合自己的工作，于是便留在家中等待就业。她试图创业，但受制于资金短缺、自身能力不足等问题，创业这个想法仍然停留在设想层面，家人也不予以支持，觉得她应该找个"好人家"嫁了："在家也闲得慌，本来想做'微商'来打发下时间，顺带赚点钱的，但我也不认识什么人，也没什么钱，不知道可以卖什么，感觉什么都有人卖了。整天待在家里，爸妈也不开心。他们希望我能早点出去工作，并找个'好人家'嫁了……"

广东外语外贸大学毕业，后留英归国的高学历人才林A目前在河源市区开了一家广告传媒公司。他对于年轻人创业的形势不太乐观："我对创业比较感兴趣，大一的时候就有创业的经验。真正开始出来创业的时候应该是2016年，服装贸易、教育辅导都做过，最终决定从事广告传媒业。我身边从紫金出来的同学基本都在政府单位或者企事业单位工作，很少有出来创业的，女生就更少了，只听说过一个，在大学毕业后跟人合伙开设辅导班。"

目前在东莞开了一家理发店的女性店主李B，她的创业轨迹就相当普通了，她说："在老家初中毕业后，就下来东莞打工了。去厂里面干过，也去过理发店、美容会所当学徒。在理发店的时候跟师傅学过，也去美发学校进修过。后来干了几年之后，遇到了现在的老公，就出来自己开理发店了。目前店里面有五六名员工，打算明年在东莞开一家分店。"

家庭不重视女性的教育是影响客家女性群体教育水平的重要因素，虽然这种情况在当前已经有所改善，但现在这批20~30岁的客家女孩仍然是深受"女孩子不要读那么多书"这一观念的影响长大的。许多客家女性在完成九年制义务教育后（有的会提前辍学），就被父母托熟人介绍到珠三角打工，尽早为家里赚钱。笔者从乡镇中学毕业后发现，即使是在乡镇中学的重点班，仍然有许多未升学的同学，那么同年级普通班的升学率就可想而知了。

紫金地区地处山区，区域内可耕种土地较少，以前客家男性往往承担较重的农活，完成耕地、开垦和捕鱼等活动，而女性则操持家务等，客家家庭的内部分工一直十分明确，而这种族群特征至今仍影响着许多客家家庭。

当代，许多客家媳妇在家庭中担任家庭主妇的角色，即使是在家族式的活动中，她们承担的也只是财务、秘书等辅助性工作。

（三）孩子的创业意愿受家庭影响深远

父母是孩子的"第一任教师"，家庭教育对于孩子的成长至关重要，父母的职业对于孩子未来的职业选择也有导向作用。家庭环境的不同，会带给孩子不同的成长条件和经济支持。调研中有八位访谈者的父母从事经商活动，两位访谈者的父母属于教职人员，一位访谈者的父母属于政府公职人员。在这些农村年轻创业者看来，家庭、亲戚、朋友对自己的创业都给予了较大支持。

来自经商家庭的刘A，虽然目前在上海某地铁单位就职，但仍想寻找合适的机会出来创业："经商家庭出来的孩子，说话和思考的方式都不一样，毕竟从小看着爸妈跟钱打交道，多多少少会受到影响的。孩子在这样的环境下长大，商业思维也得到了塑造。"

李A来自教职工家庭，从小家庭氛围都比较开明。2017年大学毕业后，李A没有找到合适的工作，成为一名待业的大学毕业生。虽然在家受到了许多隐形的压力，但其父母并没有过多干涉她的人生选择。"大学毕业后的这段时间，爸妈也托人给我介绍过工作，但我都不太满意。对于我未来要干什么，他们也没有过多干涉，还是以我的意见为主。我是想过段时间能找个机会开一所针对中学生的教育培训机构，发挥我的师范专长。"

来自政府公职人员家庭的林A也表示，父母基本没有反对他的创业想法，持的是积极态度："本科毕业后，我选择赴英攻读硕士学位，留学也花费了爸妈一笔费用。但爸妈非常支持我多出去看一看、闯一闯。家里经济属于小康中上水平，从小爸妈也比较重视对我的兴趣培养。"

陈A的母亲张A在老家经营一家小商店，她对孩子的创业有这样的看法："他刚毕业出来的时候，本来想让他考公务员或者当老师的，他不肯。后来工作了一段时间，又辞工出来自己做生意。现在生意越来越难做了，很难赚钱，看他压力大，十分心疼。有份稳定的工作，拿着那份稳定的工资多好啊。"

郑A家是村里面的"模范家庭"，其父母一直在家务农，供他们兄妹三人读书到本科毕业，之前家里经济条件较差。目前，郑A兄妹三人分别为银行职员、政府基层公务员和教师，收入都相对稳定。"本科毕业后就考上公务员了，对于这份工作，我和家里都是比较满意的，很稳定。爸妈省吃俭用供我们兄妹三个上学挺不容易的，现在到了该回报爸妈的时候。对于出来做生意的事情，从来没有考虑过。"

郭A的家庭显然可以代表很多从凤安镇前往珠三角做批发生意的家庭。"我小学的时候就跟爸妈一起到中山了，爸妈在圩镇开杂货铺，杂七杂八的什么都卖。我读完职校后，没有出去找工作，而是帮爸妈打理生意。这里有很多从湖南、广西来的务工人员，生意一直还可以，但是这几年明显差了一些，很多人都回去了。"

紫金的商业氛围不浓厚，整个县从事商业活动的人数远远少于在外务工、世居务农的人数。这些在外务工、世居务农的紫金人往往更希望他们的孩子找到一份安稳、收入可观的工作，不要重复自己的"劳碌命"①。父母从小灌输的观念，往往会影响孩子日后的职业选择。而紫金人数偏少的经商家庭的孩子，从小耳濡目染，他们的商业思维在这个过程中得到塑造，能够获得更多的商业资源，即使以后没有选择出来创业，但他们的商业头脑依旧较强。

经商家庭、公职人员家庭显然能够给予他们的孩子更多社会资源，无论是人际脉络还是原始资金的支持。他们自身丰富的社会经验，也让他们对孩子多元的想法更加包容，愿意鼓励孩子尝试更多的可能性。

（四）社会保障意识明显增强，购买商业保险的意识仍需加强

与父辈"赚多少有多少"的观念不同，被访谈者普遍重视社会保障，会每月按时缴纳社保费用，以分担创业风险并满足未来的养老需求。

对于社会保障制度的变化，蔡A的妻子刘B感触比较深刻："以前在深圳做生意，哪需要交什么社保啊，都是干多少有多少的，存多少有多少。那时大家都比较传统，养儿防老，赚的钱都存起来，遇上什么大病大痛的话负担就很重了。后来政府要求我们这些企业按时缴纳社保，深圳这边好像是每人

---

① 郑A母亲叶A在访谈中谈及自己对孩子的期望。

每个月800多块吧。"

《中华人民共和国社会保险法》第二章第十二条规定，无雇工的个体工商户、未在用人单位参加基本养老保险的非全日制从业人员以及其他灵活就业人员参加基本养老保险的，应当按照国家规定缴纳基本养老保险费，分别记入基本养老保险统筹基金和个人账户。第三章第二十三条规定，无雇工的个体工商户、未在用人单位参加职工基本医疗保险的非全日制从业人员以及其他灵活就业人员可以参加职工基本医疗保险，由个人按照国家规定缴纳基本医疗保险费，等等。①除了每月缴纳社保外，一些参与访谈的创业者表示他们也会购买一些涉及工伤的商业保险。

对于公司员工的安全保障问题，陈B的企业是这样做的："对于需要驾车外出办事的员工，我们通常会帮他购买商业人身意外保险和车险，让保险公司帮忙分摊一些风险。当然，这也要看企业，有一些小企业不会做得那么全面，没有出钱帮员工购买保险。一旦没有购买保险的员工发生工伤，企业普遍都是出钱协商私了。"

我国一直在推进缩小贫富差距、城乡差距的工作，其努力可以在基本医疗保险、农村医疗保险和社会保险制度的不断完善中体现。显然，社会保障体系的建设加强了全社会的保险意识，包括养老、医疗、失业保障等方面。

虽然大部分受访者的社会保障意识有所增强，但购买商业保险的意识仍然有待加强。不同于很多西方国家年轻人会购买商业保险，并将它们列入家庭资产，访谈中很少有年轻人会主动购买商业医疗险、意外险等作为未来风险的辅助保障，绝大部分年轻人防控未来风险的保障仍然依靠自有存款和国家基本保障制度。

（五）创业融资渠道单一，民间借贷占主体

创业资金的多少对于创业项目的开展和事业后续发展至关重要。从被访谈者了解到，受限于融资手续、抵押物/担保等因素，农村年轻创业者的资金来源主要是亲戚朋友的民间借贷，有的甚至通过不正当途径进行信用卡套

---

① 参见《中华人民共和国社会保险法》，见中国社保网（http://www.spicezee.com/fagui/shehuibaoxianfa.html）（访问时间：2018年4月5日）。

现、高利贷等。因为在城市没有房产抵押和单位固定工资收入，他们很少能通过审批得到银行贷款。即使后期能够贷款买房，再把房子抵押出去贷款，负担也特别沉重。

陈A对此深有体会："刚开始出来创业的时候，都是借亲戚朋友的钱来做生意的，利息比银行贷款高一些。因为在中山没有房产可以抵押，所以没有借到过银行贷款。一旦发生资金困难的情况，也会第一时间求助于民间贷款。民间借贷的利息一般为借10000元每个月利息150元。"

受限于银行有关个人投资经营贷款的规定，众多凤安镇农村籍年轻人不能获得贷款。

另外，初期就业也为他们后期的创业带来了资金支持，经过几年的职场拼搏，他们往往积累了一笔财富。

从业务经理到独自出来创业的陈B正是如此："在职场时，薪水还是可以的，奋斗了几年之后，也存了一笔钱。但这笔钱用于创业肯定是不够的，家里也支持了一部分。再跟亲戚朋友东凑西凑，才勉勉强强凑够创业启动资金。"

一些急于寻求资金的年轻创业者，甚至会把目光转向信用卡POS机套现、网络贷款等，陈A表示这种情况在前一段时间特别常见："之前去办××银行的信用卡，这些银行信用卡的额度一般都在一两万，可以在不同的银行办几张。然后通过熟人介绍去一些酒行、食坊刷信用卡套现，这需要给那些店主一些手续费。现在也有一些人通过网络App借款，比如微粒贷、京东金条等，利息高点，但有时可以去那里借钱松一下。"

在经营不善时，民间借贷所产生的利息也是一笔不小的经营支出，遇到经营困难时，可能会走向"债滚债"，最后压垮整个创业事业。

林A的融资渠道则相对多元，充分地运用了现代企业运营管理知识，实现了企业融资的最大化："我会邀请一些朋友投资我的企业，请他们'入股'。为了避免利益纠纷和管理混乱，企业运营需做到最大程度的制度化管理，账目管理清晰，这样运营者和投资方之间的合作才能够愉快进行。"

笔者了解到，大部分创业者初始资金的支出集中于场地的租赁和购置物资，例如零售批发业，需要租赁大面积的仓库和支出数量不容小觑的管理费用。

陈A认为创业初期那段时间特别艰辛:"决定自己出来创业的时候,有很多事情需要准备,正所谓万事开头难,比如看库房、购置运输车辆等,这些一花就是一大笔。库房管理、车辆运输等还存在许多隐形管理风险,前前后后需要承担很大的压力。"

不同于珠三角地区的许多居民,他们往往在当地拥有土地和房产等抵押物和房屋租金收入、分红等,或是其他带有雄厚资本的外来投资者,那些从凤安前往珠三角地区创业的年轻人刚开始往往是白手起家,靠着家庭和民间借贷的本钱慢慢经营。国内银行对于贷款审批,尤其是高额度贷款的审批,往往手续烦琐且要求严格。这群创业者通常为传统产业创业,一般不会得到银行资本的关注,并且也不能享受到政府针对境内外大学生、新兴科技产业的创业政策支持或者申请到创业基金。

另外,紫金县2014年人均GDP远低于广东省2014年人均GDP[①],经济情况不容乐观。从宏观上看,这在一定程度上反映了凤安镇居民在创业资金方面能够给予他们孩子的支持力度不足。

(六)乡村群体连带创业效应正在减弱,甚至会消失

20世纪90年代初期至21世纪初,本地年轻人往往会结伴外出创业,且创业类型具有"同一性"。随着时代的发展,这样的特性在减弱。大部分访谈者表示同乡或乡镇中小学的校友往往分布较分散,出来"做生意"之后交流很少,而且他们出来"做生意"的也比较少。蔡A的妻子刘B对20世纪家乡人出来创业的情景仍然记忆犹新:"像90年代刚来深圳打拼的时候,都是村里一帮人一起下来的,干的生意都差不多,但是店面之间会有一段距离,比如开照相馆、客家饭馆的,弄家私的,基本上一个区域都是我们村的人干了,村里新来的也会学着干。出来干厨师干饭店的,基本上找自家人当徒弟。等这些人熟悉这一行后,就自己出来开饭店,提供的都是差不多口味的客家菜。"

现在在中山市从事啤酒批发的陈B表示,这种特性现在还是可以找到的:

---

① 参见分省年度数据,见国家统计局网站(http://data.stats.gov.cn/easyquery.htm?cn=E0103)(访问时间:2018年4月5日)。

"像现在我们负责的这个区域,从事啤酒批发的都是老家人,大家做生意的时候还能打个招呼,平时生意上也有往来。像老家凤安镇的很多人也在这里做百货批发,他们一些没怎么读书的子女也会帮忙打理生意。这几年房地产行业比较兴旺,房地产中介也趁机兴起,老家的一些人也合伙在这边做起了房地产中介,但这些情况为数不多。"

在这些访谈者中,个人/夫妻/家庭创业的比例仍然较高,在传统行业创业中,因为志趣相投而选择一起创业或寻求专业人士作为创业合作伙伴的情况仍然较少,一般也没有这个需要。

由于乡村社区化的发展,同村人之间的交流变得越来越少。区别于父辈,许多年轻人从初中甚至小学就前往乡镇或其他城镇就读,他们待在乡村的时间显然减少了很多。笔者所在村庄的小学生源一直在减少,现在维持在一个年级50多人,而回想2004年,一个年级的人数高达300多人。即使回到乡村,他们大部分的时间都在家或者家附近度过,认识的人更多是家附近为数不多的邻居。他们对于祠堂、庙会和舞龙等乡村民俗文化的兴趣也正在降低,同村(姓)村民的凝聚力在下降。同村连带创业的情况更多地发生在上一辈身上,他们共享创业信息、技巧,"轰炸式"地打开同一个地方同种初级产品的市场。而现在,随着交通网络的高速扩展、信息获取的便捷化和城乡社区化等,乡村群体连带创业效应正在减弱,最终甚至会消失。

(七)传统行业创业居多

区别于留学归国人员、在职人员,在校生更多地选择信息传输、计算机服务和软件领域进行创业,而笔者访谈的这一区域的农村籍年轻人,他们选择创业的行业,绝大部分为批发零售业、制造业和餐饮业等技术含量较低的传统产业,没有涉足高新技术产业或者金融业。受教育水平、家庭经济水平等是限制他们踏足更多新领域的因素。

林A是这样认为的:"一般从农村出来受过高等教育的人,都会选择前往国企、私企和政府单位就业,他们追求稳定,也没有自己出来做生意的欲望。那些会选择出来做生意的农村年轻人也接触不到什么高新产业,只能脚踏实地、循规蹈矩做一些传统产业,搞不了那些新东西。"

受区域地理位置的影响,紫金县至今工业发展缓慢,区域内商业形态仍

然较初级,大部分人从事零售业、加工业等行业。2014年,紫金县地区生产总值仅为1049617万元,第一产业为251060万元,第二产业为386012万元,第三产业为412545万元,工业总产值为1444791万元。[①]紫金县经济结构的分布中,普遍为零售、批发等传统行业,这对一些凤安镇农村籍的创业者的产业选择起到了导向作用。

随着珠三角大量制造业向中国中西部或东南亚国家转移,越来越多年轻劳动力离开广东,一些需要依赖大量消费力的传统产业受到了很大挑战。从事啤酒批发行业的陈B观察到这几年中山××镇的啤酒整体销售情况,对此感到不太乐观:"之前××镇的工厂很多,那些在工厂上班的年轻人晚上下班后吃夜宵都会喝很多啤酒,之前啤酒的销量一直很好,利润也不错。不过近几年来这边打工的年轻人在慢慢减少,很多大排档的生意都没之前旺了,也影响到我们这些做啤酒批发的。"

凤安农村籍年轻人的受教育水平、能够获得的初始创业资金和地区人文环境等因素,如上文所述,都不是特别乐观,这些都影响了那些有意愿创业或已经创业的凤安农村籍年轻人的创业选择和创业空间,他们更多的是从这些传统产业开始走上"生意路"的。

(八)创业满意度普遍居中

区别于留学归国人员、高校毕业生"发展型"的创业,笔者访谈的农村创业年轻人的创业类型多为"生存型",即创业规模小、技术含量低,而这种"生存型"创业也同样区别于他们父母辈在改革开放初至中期去珠三角的"淘金"生意。受到近年来我国经济下行压力不断加大等因素影响,这群农村籍创业者的畏难情绪在上升。

传统型创业在经过初期市场开拓阶段后,会慢慢步入稳定上升阶段,蔡A对于他在深圳十几年的创业经历是这样总结的:"前几年生意好做的时候,没有抓住机遇赚一把,现在深圳用人成本、仓库租金成本都在上升,自己干的也不是什么高新产业,有订单来才能做,想发财就越来越难了,只能求个

[①] 数据来源于紫金县人民政府网站(http://www.zijin.gov.cn/gov/zjzj/nianjian/njyiwu/4248979110135544.htm)(访问时间:2018年4月5日)。

安稳。"

陈B对于未来的创业发展还是比较乐观的，目前他的公司处于营业利润上升阶段。最近他获得了某啤酒品牌在中山市的区域销售代理权，"之前做的啤酒品牌比较杂，利润比较低。前一段时间我们获得了某品牌在中山的区域直接销售代理权，并通过招聘业务员进行代理销售，逐步开拓该品牌在中山的市场份额，打响该品牌在中山的名气。业务员销售情况好，我们这些代理商的利益份额也会上升。对于我们公司未来的预期发展，我还是比较看好的"。

即使因为经营不善等导致创业失败，大多数农村年轻创业者还是会选择重新创业。尽管创业伴随着高风险，但绝大多数创业者表示他们会继续坚持自己的梦想，林A就是这个群体中的一员，"真正开始出来创业的时候应该是2016年，服装贸易、教育辅导都做过，前面的生意经营情况不是那么好，但自己还是没有放弃，不断选择新的行业重新干起。现在我所从事的广告行业，虽然平时也挺累的，但毕竟是自己喜欢的事"。

出来创业后的年轻人，他们适应企业文化的能力会慢慢下降。独立出来创业，使他们能够拥有更多自由发挥的时间和空间。一般不到万不得已的时候，大多数访谈者表示他们不会轻易放弃目前的生意，出来做生意也在丰富他们的人生阅历、提升他们的抗压能力。

（九）其他发现

客家民系属于广东省三大民系之一，客家文化有着独特、绚丽的一面，有许多值得人们去探索的地方。这些在客家农村地区长大的年轻人，成年之后大部分时间居住在城镇，对于挖掘或传承客家文化产业兴趣不大。一些在城镇长期居住的年轻人，居家语言已经转变成普通话或粤语，他们的孩子运用客家话的能力正在下降。

访谈过程中，笔者注意到，当前凤安镇村民的文化生活同样值得关注。由于子女普遍外出等情况，许多中老年村民空闲下来了。但是，随之而来的是一系列问题，诸如农村文化的"沙漠化"、人口结构的断层和留守儿童教育"空心化"等。许多中老年人午后会选择打扑克牌、打麻将来打发时间；农村儿童接触手机、平板电脑等电子产品的时间正在增加；农村卫生环境的

整治任务依旧十分紧迫，许多未经分类的垃圾被随意抛弃或填埋；尽管政府在不断努力提升农村教育水平，但不可否认，乡村师资力量还是远远落后于城镇地区。

五、总结

调查到此就告一段落，在与这些亲朋好友交流的过程中，我深深感到当前农村籍年轻人在整个创业市场的渺小。不过，这个群体同样在进步，他们的社会保障意识在逐步增强，企业融资方式多元化以及企业管理文化现代化正在实现。

与那些高校应届毕业生、留学归国人员等技术人才相比，普通的农村籍年轻创业者的创业选择较少，创业空间较小，且面临更多挑战，他们应该不断学习创业技能，提升面对创业挑战的能力。

家庭在孩子的成长过程中，扮演着非常关键的角色。凤安镇的经济水平欠佳，当地群众对孩子在城市创业的经济支持较小，无法提供足够的资金支持孩子创业。另外，山区客家族群性格较为保守，在广深等珠三角发达地区生活成本日益上涨的情况下，当地群众更加希望孩子在城市里选择一份收入稳定的工作，而不太认同孩子在城市做生意。

目前凤安镇的教育水平仍然较为落后，这限制了他们的创业水平和创业空间。对此，目前政府致力于提升农村教育水平，广东省根据《广东省乡村教师支持计划实施办法（2015—2020年）》（粤府办〔2016〕3号）[①]等文件，制定了许多提高广东山区教师补贴的政策；政府颁布的《国务院关于深化考试招生制度改革的实施意见》[②]等文件正在提升农村教育公平，一些农村孩子能够通过重点高校招收农村和贫困地区学生专项计划等途径获得进入重点大学的机会。

[①] 参见中华人民共和国教育部网站（http://www.moe.edu.cn/jyb_xwfb/xw_zt/moe_357/jyzt_2015nztzl/2015_zt17/15zt17_gdssbf/gdssbf_gd/201601/t2 0160115_228058.html）（访问时间：2018年4月5日）。

[②] 参见中华人民共和国教育部网站（http://www.moe.edu.cn/srcsite/A15/moe_776/s3258/201803/t20180320_330724.html）（访问时间：2018年4月5日）。

创业是就业之源。近年来，各级政府高度重视创业工作，并进行了卓有成效的探索和创新，对支持青年创业起到了积极的作用。政府和社会可以通过不断推动创业政策体系的构建、融资渠道的拓宽以及加强创业培训的支持力度等，满足更多农村籍年轻创业者不断深化、与时俱进的需求。

附录 样本概况

序号	化名	年龄	性别	居住地	行业	职业	居家语言	学历	父辈是否经商	现居住地属性	备注
1	陈A	33	男	中山	批发业		粤语话	本科	是	县城或镇	大学结业
2	陈B	35	男	中山	批发业		普通话	大专	是	县城或镇	
3	陈C	23	女	紫金	微商	小学教师	客家话	大专	是	县城或镇	
4	陈D	21	女	紫金			客家话	中专	是	农村	待就业
5	陈E	25	男	紫金	建筑业		客家话	初中		农村	
6	蔡A	42	男	深圳	制造业		客家话	中专	否	城市	
7	刘A	24	男	上海		地铁工人	客家话	大专	是	城市	有意愿创业
8	李A	24	女	紫金			普通话	本科	否	县城或镇	待就业

续表

序号	化名	年龄	性别	居住地	行业	职业	居家语言	学历	父辈是否经商	现居住地属性	备注
9	朱A	38	女	紫金	微商	高中教师	普通话	本科	是	县城或镇	
10	林A	27	男	河源市区	广告业		客家话	硕士	否	城市	留英海归硕士
11	刘B	41	女	深圳			客家话	大专	否	城市	蔡A妻子
12	张A	56	女	紫金			客家话	初中	否	农村	陈A母亲
13	李B	33	女	东莞			普通话	初中	否	城市	
14	张B	37	男	紫金		初中教师	客家话	大专	否	县城或镇	
15	郑A	24	男	深圳		公务员	普通话	本科	否	城市	
16	叶A	47	女	紫金			客家话	小学	否	农村	郑A母亲（务农）
17	郭A	30	男	中山	零售业		客家话	中专	是	县城或镇	
18	蔡B	41	女	紫金	零售业		客家话	小学	是	农村	陈A二婶

基于学术惯例，受访者信息已做匿名处理。

留在村里，因为有"市场"

◇ 林展翰（哲学系2017级硕士）

引　言

当忘记了星期几，只记得年初几的时候，就意味着过年了。过年于我而言，意味着与母亲回老家——广东省揭阳市空港经济区砲台镇新寨村。

拥有户籍人口11120人的新寨村，位于榕江南北河汇合出海口处，自古就有水陆交通两便的优势。如今，它更是一个具有独特地理位置的村落，恰好位于潮汕三市的中心点，从新寨村开车到三个市的市区，都仅需要40多分钟。正是由于村子的独特位置，近年来落成的潮汕机场、厦深高铁和一个5000吨级的码头都处于其5千米的范围内，G206国道、潮惠高速公路两条传统的主干道也横跨境内。独特的位置、便利的交通和日益城镇化的村落，让越来越多的年轻人选择留在家乡。2013年，砲台镇被纳入新挂牌的揭阳空港经济区，这无疑进一步加快了年轻人返乡的脚步。在村里的年轻人眼中，回乡不再仅仅是因为想要落叶归根，而是看到了无限商机。城市不再是唯一选择，留在家乡也是他们很好的选择。促使他们留下来的，仍是村里面的大市场。

新寨村市场的形成，有其偶然性。清朝末期，新寨先人吴烈叟召集族人聚居于此，逐渐在村落中心形成交易场所。但新寨村市场影响力的扩大，更有其必然性。水陆交通便利、地理位置优越，决定了新寨村商贸繁荣，集市贸易活跃。

在村里中学做老师的小姨告诉我："从清末起，咱们这里的夏布与番花（抽纱）发展得就很好，潮汕地区最早设立海关的商埠之一，就在咱们

这里。"

潮汕地区被划分为3个地市之后,新寨村优越的地理位置就更加突显出来。潮汕机场、潮汕高铁站的建成,进一步扩大了新寨村市场的影响力。近几年,镇政府对市场转型升级,招商纳贤,吸引了更多年轻人回到家乡。

长久待在村里的小姨还告诉我:"这些年来,回到村里的'80后''90后'越来越多,主要就是因为咱们的市场辐射范围和影响力越来越大。因为交通便利了,邻市要去机场和高铁站的话都要路过咱们村,村里边的小本生意越来越好做,几家成规模的服装企业和石板厂也都给年轻人们提供了很多就业岗位。年轻人觉得回家比在大城市里发展得更好,就都不愿意走了。"

市场的繁荣,在邻村、邻镇周围形成了新寨影响力。村庄周围的人跨越了行政边界,围绕着市场构成了一个完整的社会体系。新寨村的村民与邻村的人也靠着市场维持着彼此的关系。可以说,市场给新寨村村民带来的影响,不仅仅是经济上的。

因为市场,新寨村的村民有着属于"新寨人"的骄傲,也拥有了属于新寨的市场个性。新寨村的村民建起了一个市场,市场又反过来影响了新寨村,影响了新寨村的村民。趁着过年与母亲走访亲戚,我走进了小姨口中的这个市场,也走近了市场里的年轻人。

一、固守市场的继承者

新寨村的市场,最初是作为农产品交易的集市出现的,后来逐渐繁衍出附属商品的交易。随着商品种类的增多和市场规模的扩大,有部分商户由于经营得当、物美价廉,在村里有了固定的客户群体,有了稳定的收入。如今,市场里大部分经营生活必需品的小本生意经营者,就是最早尝到甜头的那些人。只不过,现在继承摊位的大多已是他们的后辈。这批年轻人大都只有初中或高中的文化水平,为了节省人力,他们的分工极其明确,不再是传统的"夫妻档"。一般来说,家庭当中的男方从事小本经营,女方则在村里从事服务业或在企业打工以补贴家用,只在闲暇或下班之余帮助打理摊位。在他们看来,日子过得安稳就是最大的幸福。农村市场的刚需、小本经营的稳定,使他们养成容易满足的性格,更准确地说,在安稳与冒险之间,他们只能选择安稳。因为小店经营者的家庭，经不起折腾。

我家亲戚阿杰，就是这样一种人。我和阿杰从小一起长大，26岁的他有着和年龄不符的外貌，黝黑的脸上早已经有了一些皱纹。他的父亲在市场边上开着一家卖罐装煤气和大米的小店，村里和他们做同样生意的一共有三家。阿杰读完高二之后就辍学了，回到店里帮父亲张罗生意。我当初曾问过他为什么不继续念书，他告诉我，书念不好，家里生意又只有父亲一个人照料着，那还不如早点出来帮帮父亲。

"我觉得我当初的决定是对的。现在村里边儿有一万多人，每家每户都要用到煤气和大米，我又能帮忙送货上门，生意好得不得了，每天忙都忙不过来。我俩弟弟读书还不错，就让他们去外边混着，混不下去就回来帮我，反正我现在过得很舒服。"

谈到当初辍学回家继承摊位的决定，阿杰的说法还是和以前一样。他并没有后悔。从小他的父亲就教育他：做人要踏踏实实，做生意要本本分分。他没有太多可以选择的职业，也没有考虑过选择其他职业。这个摊位能够养活整个家庭，他已经感到十分满足。

"我新年最大的愿望，就是家里的人都能平安健康，而我能多卖出几罐煤气、几袋大米。"

在他看来，村子里的设施已经能够满足他的生活需求。他并不会向往大城市的繁华，也没有离开农村的想法。

"你看，咱们村就是和其他村不一样，现在就在规划着，要在那个地方建一个大的商场，就像你们那儿的步行街、沃尔玛，听说到时里面电影院啊、大超市啊啥都有。村里边多方便啊，我每天骑摩托车送货，有时候顺道还能买个菜回来，日子过得多舒服。平时没事儿又不用出去外边，除了基本的开销，也花不了什么钱，更不用像外边人一样担心买不了车买不了房，多好！"

从阿杰的口中，我得知他的许多高中同学都辍学回家继承摊位，继续从事父辈们留下来的小本生意。在他们看来，安稳经营好自身的家业，每天傍晚能够三五成群坐在树下吹吹风、喝喝啤酒、聊聊天，就是一天里最舒服的事情。

谈及以后的打算，阿杰这样告诉我："我会守着这个摊位，尽量把它经

营好。它是阿爸传给我的,我也有责任把它做好。不过,我最近从朋友圈和网上看到一些文章,说可以用协会联合的方式降低经营的成本、扩大利润。不过我也不知道具体应该怎么办,万一搞砸了亏损了,就不好了。"

说完这话,阿杰的眼睛突然变得有神,但随即就又消失了。他有着属于年轻人的敏锐,但过往的教育、市场的现状和生活的本能让他没有资本去尝试,也不敢去尝试。经营小本生意是他维持生活的手段。

在新寨村里,有一批像阿杰一样经营着小本生意的年轻人。村子里人口的增多、交通的便利带来更多的人流和需求,让他们的生意变得比以前还要好。他们没有很远大的志向,也不羡慕城市的繁华,他们选择留在村里,过着自己安逸的生活。

二、紧盯市场的创业者

生活在新寨村的村民,大多从小就跟村里的市场"打过交道"。经商的传统、需求的观察、盈利的技巧,多多少少都存在于新寨村村民的潜意识当中。过去,留在村里的村民们利用贸易,经营起了一个影响着邻村邻镇的市场,出外闯荡的村民们甚至下南洋,到海外做起生意。如今,新寨村里存在着一批紧盯着市场的创业年轻人,他们利用自己的年轻活力、学识教育等优势,把握住了村里市场的动态,围绕着市场成功经营起自己的产业。在他们看来,村里充满了无限的商机,拥有着无限的可能性。虽然他们在城市中拼搏稍显吃力,但在新寨村的市场里却是游刃有余。新寨村的市场孕育出了一批具有市场眼光的年轻人,但这种市场眼光,却也局限在了新寨村里。

我的表哥光哥,就是这群年轻人的代表。这次返乡见到光哥,是在表舅家里面。他梳了个时尚的发型,穿着Nike最新款的跑鞋,腰间别了把奔驰的车钥匙,满脸红光地向亲戚长辈们递着中华烟。前不久,他刚作为村里的优秀创业代表,去镇里面参加了新春企业家座谈会。

在我读小学六年级的时候,光哥考上了广东金融学院会计专业,成了家族的骄傲。大学毕业之后,他在深圳某家银行工作了两年,后来又去东莞工作了一年,之后辞职回到村里创业。目前他在村里拥有一家会计公司、一家

KTV和一家酒店。会计公司主要的客户是村里的石板厂和邻近村的小企业，KTV和酒店则开在穿过村口的国道边上。

当被问及当初为什么想要返乡创业时，光哥说出了他的心声："当初想回来，是因为在外面实在混不下去了。大城市的压力太大，我竞争力又不强，还要面临买房买车、养家糊口的问题，还不如回到村里来。村里的竞争小，容易发展。当初我就是瞅准了村里边有小企业起步，又没有人做正规的会计，赶紧抓住机会，利用市场的空隙进入了。后来开KTV，是因为我发现我们村里面的人逐渐富起来了，手里头的钱多了，加之附近建成了高铁站和机场，咱们这里的人流量肯定会相对增多，开酒店也是这个道理。"

村子里有一批像光哥这样创业成功的年轻人。他们大多是利用了高铁站、机场修建和空港经济区挂牌成立的契机，回乡创业。他们回到村子之后，能够看准市场的需求，也能借鉴在城市里学到的经验，同时还懂得利用宣传扩大自身的品牌影响力，很快就在村子里站稳脚跟、扩大盈利。

"我是做会计的，对市场的敏感度会强一点。咱们村这几年从外面回来了很多年轻人，我跟他们聊过，基本都是以前在大城市里混不下去的。但毕竟是从外面回来的年轻人，世面见得比较多，思维比较灵活，在村里就显得竞争力比较强。咱们村现在有了新形势、新变化，肯定是商机无限的。"

这批年轻人回到村里后，给村里带来了新的变化，一方面，他们中间有许多人开始参与村子的管理和建设，还为镇政府建言献策。另一方面，他们开始合作经营，逐渐影响着村里市场的发展。

聊起未来的规划，光哥胸有成竹地说："随着村里的进一步发展，越来越多的年轻人肯定会回来。现在我们要做的，就是整合产业，趁机先做大做强，形成竞争力和影响力。现在交通便利了，我们村里的市场影响力也逐步扩大。我们是新寨的，这周边的市场我们都应该去开拓。未来我们打算联合起来，把企业经营的规模扩张到隔壁几个镇去，这样生意才会更好做。""我这辈子应该就是在村里了，不过我是在积累资本，好让我两个女儿以后在城里混得下去。但说到底，还是得计算好利弊，如果她们觉得回来比较划算，那就还是回来吧。"

村里的这批年轻人，看到了回到农村发展的优势，也看到了在农村发展中能够为自己所用的契机，所以他们回来了，也留下来了。

三、走上新赛道的创业者

如今的新寨村,有港澳台同胞393人、华人华侨208人。以前,每逢过年过节,总会有很多"番外"(潮汕方言,指中国内地之外的地方)人回到家乡探亲。他们会从"番外"带来很多新鲜的见闻,也带回很多新鲜的物件。在他们看来,从小在市场接触的商贸,不仅教会他们随机应变,更教会他们要敢闯敢试。现在,新寨村里也有一批敢闯敢试的年轻人。他们主动拥抱互联网带来的变化,成为村里开辟互联网市场的先行者。在这批年轻人当中,有相当一部分人每个月拥有了非常可观的收入。

萌弟是外婆邻居家的孙子,比我小三岁,就是这群年轻人当中的一员。他从部队退伍回来之后,白天在村里负责四家快递的派送,晚上在家里做虎牙平台的游戏直播,还兼做游戏代练。

我跟他聊起这一行的时候,他兴奋不已地给我介绍他的近况:"我现在就是每天晚上在虎牙上面直播打王者荣耀,咱们村里有好多人现在都在做这行。还有做代练的,我们有个微信群,谁要是接到单子就把价格和要求挂到上面去,有能力有时间的人就接单,先收钱,再打单。好的时候我一个月能挣个上万块,比送快递赚的中间费多了去了。"

说到这里,萌弟的脸上闪过了一丝骄傲的神色。近几年来,随着网络游戏的盛行,村里一些人似乎一下子找到了出路。他们逐渐开始在网络平台上面做游戏直播,靠观众给他们刷礼物,当礼物攒到一定数量时,他们就可以拿礼物在平台上换钱,以此赚取自己的生活费用。

"以前,咱们村有一些人是做淘宝的,这几年来,在快手、抖音上面录视频,或是在虎牙、斗鱼上面做直播的人赚得越来越多。这些东西,老人家肯定做不来,咱们年轻的有优势,赚的也比以前多。"

萌弟继续跟我讲述着他们这一行:"我跟你说,咱们村里现在好多人都跟我一样,白天做自己手头上这份工作,晚上就开始回家做直播、做游戏代练。"

萌弟把自己说乐了,突然间开心地笑了起来。在他们看来,网络缩小了他们与城里人之间的差距,在游戏质量或直播数量上面,他们甚至比城里人更有优势。更重要的是,观众并不在乎你是哪里人、长得怎么样,只在乎你在游戏里的技术、直播里的内容好不好。如果你能让他们满意，他们会给你带来很不错的收入。

"我虽然不是明星，但只要我一上直播，都会有好几万人守着看，这是我以前想都不敢想的啊！"

网络和技术的发展，也冲击着这个在市区边缘的村落，给有着发达市场的新寨村带来了新的市场。村里的年轻人很好地利用了这个特点，开辟了另外一条路。

萌弟把我带到了他家里，这里有他平时做直播的小工作室。十几平方米的空间里放着一把造型独特的游戏靠椅，还有一张桌子和一台电脑。电脑正对的墙上贴着的是球星科比的海报。

"怎么样，够酷吧？这就是我直播时的造型。我跟你说，在潮流方面，我们可不落后哦！"他朝着我眉飞色舞地说。

谈及未来的打算，他冲着我比了个跪拜的手势，笑着说："你可真像我妈。担心那么多干什么？我又不是只靠直播，我还有送快递的工作。况且，网络技术发展得越来越好，大家对网络和游戏的依赖只会越来越深。我只要紧盯着这一块儿，肯定会有出路的。现在这一块的市场还没有饱和，咱们以前不也紧盯着村里边的那个市场么，最早赚到钱的，也是敢去市场里尝试的那些人。我现在做的是同样的事，只不过是不同位置的市场而已。"

村子里像萌弟一样通过互联网开展工作的"80后""90后"还有很多，他们与父辈们不同的，是观念的转变。以前，父辈们眼中只有村里的市场，而在他们眼中，互联网上的市场才是更大的市场。

新寨村的市场教会了他们摸爬滚打、敢闯敢试，而互联网的市场则让他们突破了空间的界限，找到了属于自己的新出路。在这一点上，他们即使远在市区边缘的乡村，和城里的孩子相比，也并不逊色。

四、余论

新寨村的市场，使区域内的人们成为一个共同体。它影响了新寨村村民的生活方式，也塑造了新寨村村民的市场性格。在这个市场边长大的新寨村民们，有着自己的个性，也有了骨子里属于市场的共性。未来，新寨村的市

场将迎来转型升级,但市场对一代代新寨村村民的影响,仍将持续。

带着记忆返乡,我看到了新寨村里新的活力正在迸发。一个市场,让我看到了村里人的千姿百态。和村里的人聊天,我切身感受到了代际的不同和村中的变化,就像是在触摸着时代的变迁。过去,我们总认为村民保守、乡村落后,年轻一辈要做的就是逃离乡村,在城市中打拼出一番天地。但如今,这些已成为泛黄的记忆。

在村里这些年轻人的眼中,村子是一个可供栖息的港湾,村子的市场是一个能有作为的天地。回到家乡、留在家乡,是他们发自内心的选择。

新旧之际的乡村故事

◇ 卓晓纯（历史学系2013级本科生）　李敏屏（医学院2013级本科生）

我的家乡是广东省汕头市辖下的一个村，名为上家村，也是所属街道下最靠南的一个村庄。村里常年居住的大概有500户，按三代人来算，每户平均七八口，村里总人口有4000人左右。上家村是一个单姓村，村里人基本都姓卓。

21世纪以来，尽管广东省已在改革开放的精神鼓舞下取得惊人的经济成绩，但"开放"的风气仍未广泛影响到这片土地，祖祖辈辈习惯性地窝在村里，三代、四代同堂是很常见的事情。听老人们说，上家村的开基先祖原是住在今北边大宅乡的，发展到某一代时，由于男丁多、土地少，分家之后一部分人往南边的平原草地迁驻，重新落户、开拓，慢慢繁衍形成今天500户的规模。今天卓氏的祖祠仍在大宅乡，每逢过年，村里每户人都会派人过去祭拜。

我是一个土生土长的上家人，在去城市读高中之前，15年的甜苦光阴就留在了这片土地上。之后跑得更远，去了另一座城市读大学，暑假也忙得没时间回乡，只余寒假匆匆忙忙地来，又匆匆忙忙地走。七年的时间距离，足够让我记忆中的上家村变了样，我也成了家乡的"陌生人"。变样的除了乡村本身，还有村里的人，幼时的玩伴、昔日的同窗、亲近的邻居……有走出村口外出拼搏的，有坚守村庄不愿外出的，有出去了再回来的，也有出去了不再回来的……20世纪80年代，中国翻开了新时代的篇章，新旧在交接。上家村"80后""90后"的我们，在风华正茂之际，一脚踏进了新时代的大门。新旧思想在博弈、更替，最后是熟悉的人带着陌生的观念回到了陌生的家乡。

如果要用一个词来概括上家村，我想"安贫"这个词最适合不过了。七年前，我看到了它的"安"多于"贫"。七年后，我更多看到了它的"贫"。说"安"，根本在于上家是一个宗族性质的村子，村里几百户人都源于同一祖先，路上遇到的哪怕不是亲叔亲婶，也是与你爷爷等有亲戚关系的，也是要叫叔婶的。这种宗族村庄最明显的特质有二：一是在对外交往上极其一致、团结；二是非常在意自己一房在大家族中的地位和形象。所以，偷窃、动刀动斧一般是不会发生的，也是不允许发生的，在村里生活非常安全。举一个例子，我们村的房子是潮汕地区典型的"四点金"，院子就一面水泥墙隔开大街小巷，一般只有三米左右高，借助工具爬进房子是很容易的。曾经有一个外来小偷试图爬进我二叔家里，刚爬上墙顶，就被我堂姐看到了，她大喊："抓贼啊！抓贼啊！"我堂哥先迅速拿着棍子从房里跑出来追贼，边跑边喊："抓贼！大家抓贼！"附近住户听到的都纷纷跑出来，有棍拿棍，有刀拿刀，一齐捉贼。后来听堂哥说，贼跑到田野去了，十几个人浩浩荡荡地拿着手电筒去寻，但还是让贼跑了。

那时候的上家村是偏于保守、封闭的，但对年少的我们来说，却绝对是一个安乐窝。可以在大街小巷肆意奔跑，可以在家里追完8点到10点两集的连续剧后，跑出来跟小伙伴在大街上玩捉迷藏到十一二点，回到家后，父母顶多责骂你不该玩到那么晚，误了睡觉，却也不担心你会被人拐跑。但不可否认的是，上家的"安""闹"，来自它的封闭与落后。那时已进入21世纪的第一个十年，但电脑仍是少数家庭才有的奢侈品，电子产品——最主要是手机——也不像今天这么广泛普及。我们这一代人每天最多的室内娱乐就是看电视，其余便是在外闲逛，但基本就在上家村周边。那时的我们固执地以为这就是世界的全部面貌……当时村里也有极少数年轻人已开始尝试外出打工，我的亲戚圈里就有几位，但更多人还是留在村里或周边地区，有的是在地方企业打工，有的是自己做点小贩生意，都没有"出去"。那时，外面世界的精彩、机遇，还是属于上一代人的……

关于新旧两代的交替过程，我想以村里的一个大户人家为例来说明，这也是我主要的调研对象。这户人家有四代人，第一代只有兄弟二人，各自娶妻成家，大的那位生了三个男孩，又各自成家，总共生有五个男孩。小的那位生了五个男孩，各自成家后，总共生有11个男孩，再加上为数不少的女孩,第三代人加起来也有50人左右了。第二代的八位男性,现在年龄基本都在50岁以上了。年轻时都努力打拼过,成家后都有自己的一座"四点金"。有的早年还在外地做过生意、买过铺面,但最后都回来了。谈起这些,出去的那几位叔伯言语中总是有些遗憾、后悔,觉得错失了赚钱的大好时期,但又觉得理所当然。其中一位说:"那时可风光了,阿公(第一代人)在时,我们是村里最早盖'四点金'的那一批人,五兄弟各有一座,谁不羡慕!我去了深圳,那里好赚钱咧。赚了钱,就寄回来盖房子,我们现在几兄弟的房子就是那时候弄起来的。老大、老二在家里做塑料花、纸箱生意,老三去成都做生意,我就跟了别人去深圳,老五最小,留在家里监督工人建房,处理家里头的事。"

第一代长兄的三个儿子,有一位做服装生意,在家里自己裁剪,再拿去外地大市场卖。其儿子也早早继承了这一份家业,家里像个小型作坊似的,婆媳负责制作成衣,父子负责进货、包装、买卖生意,持续了近二三十年,日子也过得下去,但一直没有听说有扩大规模经营的打算。剩下的两家,老一辈的也是没走出村子,辛辛苦苦存钱,前后都开了间杂货店,就在自家房子前面的空地上简单弄了个小店铺,卖各种零食、饮料、日常用品。

每年回家,都可以看到开杂货店的两位伯伯坐在柜桌后面,手里拿着烟,静静地看着来往的车辆、行人。想起小时候我们一有零钱,就喜欢去他们两家店买东西。但有时是很尴尬的,因为两家店铺相邻开着,卖的东西又差不多,去了一家买,就不好意思被另一家看到,每次买东西都得躲躲藏藏。还曾特意问过家里的大人,去哪家买好,得到的回复就是:去辉伯那里——其实就是与我们家有更多往来的那家。近几年回家,发现两家铺子也有了些改变。例如卖的零食少了,一打听,说是现在小孩少了,便宜零食又吃不惯了,都不来买了。一家更多地卖起了日常用品,如打火机、洗涤剂、保鲜膜、洗刷器具等,一家则增加了副业,帮过往汽车、摩托车添油,卖米、油、盐等。

至于第一代弟弟的那一大家子,五个儿子分家之后,之前的生意也都还在继续。但过了几年,先是老四从深圳回来了,再是老三卖掉铺子也回村里了,之后老大、老二的塑料花生意也停了,听说是生意不好做了,塑料花没人要了。再之后,纸箱生意也不好做了,老二就自谋他路,老大还在勉

力维持着。老三、老四在村里空闲地待了几年，靠着老本也滋润了几年。但最后，纸箱生意也不行了。老大也像样地活着，但养活那一大家子还是不容易的。老二倒是没找着什么好谋生的，靠着老本和一些运气也体面地养着一大家子。只有老三、老四，曾试图"东山再起"，又出去做生意去了，但也很难找到很好的发展机会。以前凭着乡下人的勤劳、吃苦精神，还能有些回报，但社会发展太快，他们难以抓住机会，最终还是回来了，也没有再出去了。过年回去与他们聊天之前，我已从其他人那里得知了大概情况，觉得非常可惜。如果坚持到今天，在深圳、成都有一份家业，那得是多大的财富啊！（巧合的是，今天他们的儿子就刚好在他们的爸爸曾经起家的地方继续拼搏，下文再讲。）

然而，与老人、父辈聊天，又觉得冥冥之中似乎蕴含着某种必然，促使他们最后还是会回到村里。2000年前后，中国"遍地是黄金"，许多人抓住了机遇，结果前程光明；也有许多人懵懵懂懂，被裹挟着前行，分得了一杯羹，但对于大多数人来说，回乡成为他们唯一的路。只有最小的儿子，分家后就开了家小铺子，卖香烛纸钱，兢兢业业地经营，一直到今天。

以前，村里提起第一代弟弟那一家，谁不是一脸羡慕，早早连盖了五座房不说，五个兄弟又会做生意赚钱，当时在村里是很有声望的。到2010年前后，村里越来越多人出去了，有的赚钱回来了，有的回来盖新房子，有的举家搬往外地，有的开新铺子……

那个时代，中国在变化，社会在变化，上家也在变化。以前大家都一样贫穷，自然感觉不出差距的存在。村里所谓富裕的人，也是从吃一个番薯变成吃两个番薯的区别，相处起来没有太多的芥蒂和等级观念。但等到一部分人先富起来了，从吃两个番薯变成吃一顿肉，另一部分人就真正感到自己的贫穷了。十年前，这五个家庭就面临这样的困境，他们是最早吃上两个番薯的一批人，但也一直停在了两个番薯的阶段。另外，在我们那里，某一支系在村里的地位是靠"人多"和"胆气"来支撑的。用我们的俗话来讲，就是"人多就俏"（得势恃强的意思），在村里说话就有分量。所以，潮汕地区追求多子多福这一观念的形成，除了因为需要有更多劳动力来支撑生活、养儿防老，也是为了提高家族在村里的地位。

以前是"父母在，不远游"，现在是年轻人都被催促着去外面打拼，那些留在村里工厂、小型企业干活的人，尽管待遇、工资不比外面的低，也会被某些人认为是没出息的。在我读初中的时候，村里就开始有许多年轻人出去了，最开始都是通过亲戚的门路去到珠三角、江苏、浙江、上海、成都、西安、天津等地。有的是自己拼搏，但更多的是给亲戚或亲戚的亲戚打工，双方都认为这样更加可靠，打工者不会吃亏，而雇工者也可以放心。有头脑的打工者花几年时间摸索，就能学着创造自己的事业，自己当老板。很多人认为家里有人在外面打工，是很有面子的事情，这意味着这个家庭来日很可能"一步登天"，而窝在村里附近打工的，一辈子也就看到了头。

再具体说说第一代弟弟五个儿子的下一代。

出去打工混得好的，能买房买车的，算极少数。已经买车买房的只有一个人，是老大家的大儿子阿明。阿明20岁出头就出去外面打拼，先是在西安，在那里娶了一个四川老婆。因生意失败，阿明回村里待了几年，之后夫妻又双双去了成都做电商生意，几年不到，就在成都买了房子。我们那边的习俗，买房子那年要留在新房那边过年，要"镇房"，不能回村里。所以2016年底，阿明一家就没有回来，2017年底才回来，阿明带着老婆孩子，顺带把自己买的车也开回来了。过年见着他，他一副意气风发的样子，完全不见前些年在家时的焦虑模样。在这一代里，阿明算是混得成功的典范。既成了家，生了孩子，也有自己的事业。年底腊月二十七才回到家，正月初三又急匆匆地赶回成都了。在家里短短停留一个星期，一家子来回的交通费就得上五位数。但这是必需的，因为过年回家联络亲戚好友，拜神祭祖，与家人共聚一堂，在这一代人心中仍是非常重要的仪式。

夫妻俩对小孩的培养也十分上心，经常可以看到阿明的妻子在微信上发孩子学跳舞、跆拳道、溜冰的视频。过年一起坐下聊聊天，阿明的妻子就说："这些钱都得花，从小就要好好培养，不然以后就差别人一大截了。"这一代人很多都是上完初中就出来打工的，能上高中的是少数，能上大学的更是少之又少。一方面是家庭经济条件的问题，另一方面，也是更为重要的，是家庭、乡村对教育不够重视，认为"读书无用"，投资成本太高，收到回报所需的时间太久。而且因为教育水平、资源配备问题，不少小孩读不好书，也容易产生厌学心理，结果是很多人上完九年义务教育就进入社会了。但很显然，这一代人历经了打拼的辛苦，也见识了城市对小孩教育的重

视和学历对工作、生活的重要性，在小孩培养方面开始上心，希望自己家的孩子不要像自己一样辛苦地赚钱，要多读点书，将来才能有更好的选择。这些想法在这一代人身上或多或少都有所体现，在花钱买书方面，也显得更加慷慨。

老二的大儿子阿廷现在在深圳，听说早些时候是通过电脑赚钱的，是五个家庭里最早用上电脑的。但后来生意没有成功，就带着一点资本跟弟弟阿耀去了深圳。开始是批发手机等电子产品配件，但因为竞争激烈，也未能长久。现在阿廷还是在深圳打拼，做的是另一种生意，貌似发展得还不错，前年也买了一辆汽车。二儿子阿坚原本也是通过电脑赚钱的，晚上工作，白天睡觉。早期还是好的，能不断寄钱回家，但前几年收入也下滑了，家里不得不卖掉原有的一块地皮，价值几十万元。后来，阿坚也就回到了家里。这两年都待在家里，也没有在村里附近另找一份稳定的工作。今年回家听家里人说起，阿坚也要去成都发展了，也打算涉足电商领域。我回校后不久，就听说他已经跟一个堂弟去成都了，已经租了房，看来是打算重新创业了。电商行业的兴起，尤其是网上购物的盛行，确实带来了极大的经济发展空间，对乡村年轻人创业的影响也是十分巨大的。近几年来，我们附近几个村子都有很多年轻人投身到电商行业去。对他们来说，网上开店门槛低，把产品挂上去，用点心把线上、售后服务做好，就能慢慢积累人气，卖出东西，赚到钱。电商是一个开放性的买卖平台，年轻人都能快速上手。做得成功的，就像阿明一样，几年就可以买房、买车。

老三家只有一个儿子阿洪，家里人对他的期待不言而喻。早年老三一家的生活也是很不容易的，一方面是日常开支大；另一方面，当时家里有经济能力的都在打工，每个月的收入并不高，要存钱下来自己做生意不是件容易的事。阿洪初中毕业之后，就给亲戚打工，辗转两家，打了近六年工。打工的最后几年，阿洪接触多了化妆品行业，存了钱之后也往这方面发展。四年前，也是在成都，找了另一块市场，也做起了化妆品批发生意，后来随大流，也慢慢在网上开店。原本只有老三和阿洪两人在成都打拼，后来生意越做越大，就在前年，一家人都"上去"了（潮汕话称去外地为"上去"，称回家为"下来"）。今年过年，阿洪也买了车，开回村里，也算体面了。今年他们一家子都"下来"了，精神都很不错，尤其是老三夫妇两人。唯一的儿子现在出人头地了，不用再挂心，也不用再羡慕其他亲戚了，讲话腰板都挺直了不少。过完元宵，一家子又陆陆续续"上去"了，只有在过年和一些特殊日子才会回到村里。

我问起老三之后的打算，他说："以后啊，阿洪和媳妇是要一直在外面发展的，等再多赚点钱，就在成都买房，这样孙子以后上学都方便。我们二老现在还干得动，就在'上面'帮帮忙，等以后老了，还是要回到家里的（指村里的家）。现在房子已经住了20多年了，日后也翻修翻修，像老五家一样，看起来就气派了。我们老了就在这里，熟人多。"

五个家庭里，还在继续打工的占大多数。一种是像阿洪一样，在亲戚家打工，先学些生意之道，再存些钱，然后自己做生意。一种是自己在外面打工的，多在广州、深圳，有和朋友一起创业的，有做批发生意的，也有给人当苦力的。人们一般认为发达城市就业机会多，工作容易找，个体的接触面也广，可以学到更多的东西，但也不容易发财。

过年时老四的妻子抱怨："阿彬前年从家里拿几万块去创业，结果都花掉了，也没赚到什么大钱。自己弄的小生意，赚的钱就刚好够生活费，没有啥存钱的，过年都没带钱回家。"阿彬在深圳租了一间房，自己批发点文具用品。听他说，房间就20来平方米，既要睡觉，还要放货什么的，根本不够，但月租也要好几千块。他经常要跑各个地方去送货、推销，价格得压得很低才有人要，生活成本又高，过得不容易。但他还是笑笑，说："总比待在家里好，人啊，还是要出去走走，多见识见识。见识多，有了眼界，脑子才不会生锈。"一过完年，他又急匆匆地跑回深圳去了。

也有出去打工又回来的，一般都是短暂回来之后，又会出去的。老五家的大儿子阿涛今年20岁，早几年就在成都亲戚家打工，负责厂里的打包、包装、送货工作，都是些体力活。去年8月，他辞掉工作回到村里来。听他说，是想要自己回家休息一阵，走走家那边的市场（很多化妆工具、化妆品厂家都在汕头），看看能不能在那边做电商生意。但我想应该是失败了，因为仅运费成本就已不低。结果，年后阿涛还是跟老二家的阿坚一起去了成都。毕竟在成都待了几年，也比较熟悉那边的市场运营，而且亲戚也多在那边，有老大家的、老三家的，生活上也有个照应。

再说老二家的阿耀。自从兄弟俩在深圳创业失败之后，阿廷还是留在深

圳，但阿耀就到了广州。听他说，做的是苦力活，每个月五六千块的工资，赚的是辛苦钱。不幸的是，他去年暑假突然暴瘦，去大医院一查，原来是患上甲亢了。他不熟悉广州这边的医疗制度，花了八九千块，还是没能治好。最后跟家里人商量了一下，决定回到乡下治疗，有家里人帮忙照看、调理。过年回家，阿耀就经常穿着一身睡衣，晃到我们家来喝茶。问他最近如何，说是身体好得差不多了，到家几个月就增胖了十几斤。等身体调理好，再去广州看看。阿耀的妻子也跟着回来了，在村子找了个制衣厂先干着。以前阿耀也是很潇洒的，我们这些年龄小的都很敬畏他，但他现在也是有老婆、孩子的人了，需要为将来做打算了。

进入21世纪之后，上家村变化极大。首先是村里的整体面貌，大路、小路都在不断整修，除了田地，现在基本看不到小时候常见的土路，都变成水泥路了。村里的路灯也增多了，听说是用从镇里争取到的经费安装的。新的平房、三四层高的房楼，都建了不少。村里的老沟、河溪、湖，也重新挖土拓深、拓宽。"保护环境""节约用水""不乱扔垃圾"的标语随处可见，"建设和谐社会""关爱老幼病残"等宣传横幅也高高飘扬。网上购物也逐渐流行，为此，大宅乡设了几个收取快递的站点，刚回家那儿天，几乎每天都得跑到那里帮取快递。整个村子洋溢着开放、自由的气息，不再显得那么封闭、拘束。这是新时代下必然出现的改变，也是这一代人不断出去之后，再回来时带来的新风气的影响结果。

可以再举几个例子。就说阿明，娶的是外省人，第一次带回来的时候，公婆其实是并不满意的，乡间邻里也时常会说三道四。但近些年，情况大为改变了。阿明的妻子不仅会煮菜持家，平时待人也豁达有礼，在生意上也是一把好手，家事、生意两不误。现在一说起阿明的妻子，都说阿明娶了个好老婆。她家婆婆也不再过分计较了，在别人面前也是一脸骄傲地说起自家媳妇的好处。

还有老三家，去年也是刚娶了儿媳妇，顺便抱上了孙子。过年听他们谈起生几个小孩的问题，阿洪的妻子说最多生三个，这样对身体损害少，以后也不会太辛苦。老一辈人自然想儿孙满堂，原本也就一个儿子，但老三家两夫妻在成都待久了，见识了外面的新世界，也不反对儿媳妇的意见。在生孩子方面，新一代人显得开放多了，更注重对下一代人的精细培养和教育。

另外就是乡村生活仪式感变淡，举两个例子来说明。第一是关于祭拜神明的，在潮汕地区整个正月都需要拜各路神明。以前每逢祭拜的时候，家家户户要自己做各种粿、煮汤圆，现在为了方便，粿可以直接去市场买现成的，汤圆也可以拿其他食物替代。去庙里拜，以前往往要等纸钱烧完才可以走，现在直接放进烧塔里就走人，只剩下村里的老人固守这一仪式。

举一个具体的例子。村里在过去一年有新婚的人家，得拿"新婚灯"。在来年的正月初一，从家里搬一张大的四方桌去村里的寨外场（一片大空地）。早上8点半左右，所有新婚夫妻连同家里人拿着祭品过去，放在四方桌上，等神明的塑像抬来，拜神，让地方神明见证这一对新人，保佑新嫁进来的女子。这套流程以前差不多9点才开始，一直持续到11点结束。今年，8点刚到老三家就搬桌子过去了，8点半神明像就被抬来了，过了不到一个小时，祭拜活动就结束了，大家都急匆匆地赶回家忙其他事。

第二是亲戚之间的礼品往来。家里有喜事的，在正月里要给宗亲送束砂等寓意好的礼品。以往要先问问族里的老人，判断亲疏远近关系，不同的喜事对应不同的宗亲群体。但近年来，为了方便，大家约定俗成，只送给关系最近的亲戚，其他的族亲就不用相互送了。其实，"方便"的实质，是旧有乡村秩序下的一些仪式、规定，已经不适应新时期下的乡村形态了，集体情感的表达方式发生了变化。

越来越多人走出来了，一个不可避免的结果就是农村的"空心化"。前面提到，老大家的儿子都在外面，连媳妇、孩子都带着，平时就只剩下两老在家。老二家几个儿子也出去了，平时家里就只剩下两老、几个儿媳妇和小孩。老三家就全家都去成都了，只有过年才回来。老四、老五家的情况也差不多，除了还在读书的，也是离开村子了。我家正好就在路边，临近过年那几天，每晚都可以断断续续听到汽车停在路边的声音、拖运行李的声音，早上起来走到路边，可以发现又新停了几辆车，这都是些长期出门在外，过年才回家团聚的人。从正月初六开始，他们就又陆陆续续地走了，车辆也慢慢减少了。元宵节之后，他们基本就全都走了。上家村正逐渐变成一个养老、养小的地方。老人在村里，有的自己经营间小杂货店，给自己找点事做，有的就在田地里种种菜，有的就在家帮忙照看孙辈……上家村离真正的"空心化"还有点距离，但情况若是不改变，不能留住年轻人，那"空心化"总会

到来。

与"空心化"最直接相关的是上家的"贫"。这种"贫"不是纵向,而是横向对比出来的。"纵向"指的是上家自身的历史发展,将现在的上家村与20世纪90年代的上家村作对比,生活水平、质量的大幅提高是无疑的。每家每户至少不需要再为温饱发愁,而是想着如何过得更好。横向对比的话,上家村的"贫"则是显而易见的。最直接的证据是,2016年上家村被列入了广东省"新时期精准扶贫精准脱贫相对贫困村"的名单,成为汕头市上榜的31个村之一。

上家村的"贫",贫在没有资源,整个村子的自然资源就只剩那几百亩①地,零零散散地划分,被村人用来种菜、种稻,大多供自己食用,并不外销。虽适合种很多种水果,如芒果、龙眼、无花果,但一直以来没见着有谁开始成片种植果树。

上家村的"贫",还贫在劳动力、资金的流失,年轻人宁可挤着进大城市,都不愿留在乡村自主创业。在外面赚了钱的,也不愿将财富用回村里,因为缺乏可供投资的产业。所以,虽然整个乡村的财富总值是在上升,但运用到乡村本土的却极少,甚至呈现流出的现象。村里也有几家大的乡镇企业,主要是做纺纱、制衣生意的,招工对象多是村里人,一直以来是吸纳村里劳动力的主力军。但随着年轻人的外出,招工难、招不到工的现象越来越突出。不可否认,近几年来"新农村"建设的脚步在加快,成果也非常显著,在基础设施、医疗、教育方面所取得的成就,是百姓能够切实感受到的。但发展的根本在于经济。只有经济发展起来了,就业环境变好了,才能留得住人和财,乡村也才能重新"活"起来。至于该怎么做,是每个热爱自己家乡的人所要认真考虑的。

---

① 1亩=666.67平方米。

谁在种地

（2018年）

小农户种田赚钱吗?
——基于湘中胡村①小农户耕种情况的调查报告

◇ 贺婷（社会学与人类学学院2016级博士生）

一、研究问题的提出

6月末，HF②安排老伴WD去粮仓清点粮食时发现粮食起虫了，有十几袋，合1000多斤。HF马上打电话给GP，GP是乡里收粮的粮贩。GP夫人接的电话，笑说GP去田里忙活了，寒暄之后，HF问到去年晚稻的价格，GP夫人说是120元，HF用试探的语气问："怎么前几天我听我们这边平师傅说是125元呢？"对方笑着说："今年很反常，价格越收越跌，125元可能是前段时间的价。"见对方无涨价的意思，HF和GP夫人约好这几天等他们有空了来收。打了电话后，HF和WD商量说虽然这个价不高，但也要把谷子卖了，WD也很赞成，"不要起虫成了灰"。

中午饭后，GP夫妇开着小卡车过来收谷。他们点了数，称了重，一共1300多斤，总价1600多元。他们自己带了电子秤、收谷袋子和缝线工具，称好之后就用塑料绳缝起来。夫妇俩用的是现金结算。结账后，GP夫妇赶紧开车走了，一刻都不停留。GP说自己家里还种了8亩早稻，20多亩一季稻，家里的活计很多。HF一边拿着钱，一边和WD口头算账："过年前卖了1000斤

---

① 胡村与相邻的霸村于2017年6月正式合并，组成新胡村。因笔者地处旧胡村，人际关系网络以旧胡村为主，信息收集也主要围绕旧胡村进行，故本文中的"胡村"指旧胡村。
② 遵照学术惯例，本文出现的人名、地名均为化名。

给同学，140元100斤，共1400元；零卖给何老师200斤，150元100斤，共300元；卖米给彭松，卖了共300元；现在这里是1600元。自己还吃了一年，喂了一头牛，喂了鸡，算起来也有5000多斤谷，除掉自己吃的，卖了3000多元钱出来。大概全是你的人工钱。"

这是在胡村常见的籴谷现象，也是农户体味收获的幸福时刻。一到籴谷的时候，人们就会认真细致地算一算：收入了多少？又投入了多少？有赚无赚？你问到胡村的农户，不少人会说，"哪有赚啊"，"没得什么赚"，"赚着自己费累"……

乡村振兴战略下，要"实现小农户和现代农业发展有机衔接"[①]。截至2016年底，我国经营规模在50亩以下的小农户有近2.6亿户，占农户总数的97%左右，经营的耕地面积占全国耕地总面积的82%左右，户均耕地面积5亩左右。到2020年，经营规模在50亩以下的小农户仍将有2.2亿户左右，经营的耕地面积约占全国耕地总面积的80%。[②]目前，小规模的兼业农户占大多数，2.6亿小农户仍将是我国农业生产经营的主要组织形式，而收入问题是种地小农户最关心的问题。由此，本文提出的研究问题是：小农户种田赚钱吗？我们应该采取何种措施提高小农户的收入？

二、调查方法

（一）田野调查

资料收集方法是人类学与社会学领域常用的田野调查方法。田野调查通常是指研究者深入某一地域，通过观察、访谈、参与来获得原始资料的研究过程。观察是指研究者要仔细看（采录实景），访谈是指研究者要认真听（深度访谈），参与是指研究者要努力做（亲身体验），看、听、做全都做到了，才能算是非常投入的实践活动，因而也被称为人类学的"田

---

① 《关于促进小农户和现代农业发展有机衔接的意见》：见中华人民共和国中央人民政府网站（https://www.gov.cn/zhengce/2019-02/21/content_5367487.htm）。

② 屈冬玉：《以信息化加快推进小农现代化》，载《智慧中国》2019年第7期，第28-31页。

野三角"①。田野调查法强调研究者应融入研究对象的生活中,通过观察、访谈、参与,形成深入细致的记录,对现象进行"深描",以获得对研究对象的理解与把握,属于典型的质性研究。本次田野调查方法以深度访谈为主。

胡村是我的家乡,我出生在胡村,从小在胡村长大。现今,我的父母亲与大部分乡邻依然在胡村种田、养殖或打零工。种田是少部分村民的主业,也是大部分村民的兼业。我在幼年时也曾有在田野里劳作的经历,对农田耕作深有体会。2018年7—8月这两个月间,我深度访谈了胡村10名小农户(其中5名为胡组人)及胡村村干部LY,写了约1万字的田野日志与近3万字的访谈记录。我对于不同的访谈对象,设有不同的访谈提纲。对小农户的访谈主题为"种地的投入与收入",引导性问题包括:您的耕种概况是怎样的?您种地的投入大约是多少钱?收了多少斤谷?为什么要种田?希望政府在哪些方面给予扶植?

访谈多在中午饭后或晚饭后,在大家出来散步或在家闲坐休息时,我与他们闲聊,有时则与乡亲们坐在板凳上,一边喝茶,一边吃着新鲜枣子②、桃干、李干和盐梅子,乡亲们多是热情亲切的,他们毫无保留地与我聊及他们的"种田经"。在这些故事中,我再一次亲触故乡的土地,深刻体会到了村民种地的悲欢喜乐。于我而言,这不仅仅是一次有益的社会实践,更是一次充满故土情怀的告白过程。

(二)胡村胡组概况

胡村地处湖南省湘乡市西北部,其地貌以丘陵和山地为主,"五山一水三分田,一分道路和庄园"形象描述了此地山、水、田、房屋间杂分布的地理情况。胡村近北回归线,全年四季分明,雨量充沛,雨热同季,作物生长期长,是较为典型的亚热带季风湿润气候。一条无名小河流经全村,一条无名大河绕村而过。胡村下辖14个村民小组,常住人口1368人。2014年底正式通车的"长沙—韶山—娄底高速公路"(以下简称"长韶娄高速")横贯东

---

① 徐杰舜、许立坤主编:《人类学与中国传统》,民族出版社2009年版。
② 8月初正是枣子成熟的季节,热情的村民总会打些枣子下来一起吃,大家边吃边聊。

西。受我的社会网络与调查人力、物力所限,本文仅重点对胡村胡组的小农户种地情况进行介绍。

胡组共有43户家庭,常住人口169人,其中男性82人,女性87人,户籍人口151人,是胡村人口最多的村民小组。姓氏以胡姓为主,胡组因此得名。胡组人多是"自家屋里"的本家,另有王姓、杨姓与何姓。胡组共有8户家庭为空心户,即"全家大小至少有半年没在家常住,只是偶尔回来住一下的家庭",空心率[①]为18.6%。胡组在胡村属于空心率水平较低的村民小组,相比之下,与胡组相邻的田组空心率为33.3%,王组为41.3%。

胡组原有耕地180多亩,2011年始修建长韶娄高速时,被征收了20多亩耕地,现有耕地约160亩。耕地可分为塅里田与滩田两种(如图1所示),塅里田多位于平坦开阔区域,面积较大,日照充足;滩田多位于高低不平区域或居住区域,面积较小,日照时间较短。胡组有塅里田约140亩,滩田约20亩。因滩田不好灌溉(如图2所示,现有山塘多被堵塞,不蓄水,干旱时节没有足够的水灌溉农田;如图3所示,水库多被村民承包用来养鱼而不蓄水),且交通不便(没有机耕道,不方便耕田机、收割机等机械化农具出入),多被抛荒或改为种菜。胡组正在耕种的耕地约150亩,多为塅里田。

图1　近处的滩田与远处的塅里田　　图2　山塘　　图3　水库

---

① 空心率=空心家庭户数/村民小组总户数×100%。

三、成本与收入的核算

> 每个人所花的成本都不一样。譬如种子就有好几号,有的是十几块钱一包,有20块钱一包的,我买的都是好的,要40元一斤的。也有的不用买种子,是自己留的种,常规稻。药水方面,碰到年成不好的,还要多治一次。
>
> ——HL,胡村小农户

每名小农户种田的成本与收入都不同,各自购买的种子、肥料价钱,请人犁田、播种、收割工钱等不一样,因此各自的成本皆有所差异。而受耕作状况与土地测量面积等影响,每名农户的水稻产量也不同。根据胡组25户小农户的种地规模,本文将其分为5亩以下(不含5亩)、5亩以上10亩以下(不含10亩)、10亩以上20亩以下(不含20亩)三种类型,本研究分别选取其中有代表性的小农户WM、HF、HP作为代表,对其成本与收入核算情况进行个案介绍。其中,小农户种田成本可包括种子、化肥、农药、抽水电费等费用与犁田、播种、治虫、扯草、收割等人工费用,种田流程大致为:犁田耙田→打基肥→浪田→镶沟→散播(下禾种)→治第一次除草剂→移禾→打追肥→治第二次除草剂→第一次治虫→第二次治虫→收割→晒谷→收仓。

(一)5亩以下的小农户

种田5亩以下的小农户在胡村有11户,占总种田户数(25户)的44%,是胡村占大多数的小农户。这些小农户有的是年纪大了不能多种,有的则是兼业种田,主业打工,没有多少时间打理田地。WM家有耕地3.9亩,其中1.4亩为滩田,因为蓄不到水耕种,所以抛荒了。现种2.5亩一季稻,全为塅里田。丈夫HN除种田外,多在家附近建房子、打零工,为胡组典型的兼业小农户。WM家去年种田每亩收入1300元,成本1460元,亏损160元。

问:您种地的成本大概是多少?

答:肥料种谷共750元,约300元一亩,治虫农药100元一亩,除草剂等要120元一亩。治虫工钱几年前就听说是10元一桶药水,要治三四次虫，治得多时要用10桶药水，平均8桶药水。治虫工钱要80元一亩，这还是前几年的价。收割机要150元一亩，犁田耙田要200元一亩，有的还要请牛耕一下，要30元一亩。今年干旱，抽水搭一次点火都要100元，平均下来抽水都要50元一亩。另外，插田我是请的人，全包的，500元2.5亩，我什么都不管。甩的抛秧要便宜一点，听说是20元一亩。但是散播的要移，插的不要移。

问：还有其他成本吗？

答：扯草、扯稗子大概要一个工人。现在的工钱是160元一天，还要三餐饭，一包烟，全部算成钱是180元一天的工钱。还有零星钱与除草剂等要50元一亩。

问：这样一算，总的成本要1460元一亩。那两亩五分田收了多少稻谷呢？

答：一共是2600斤，合1040斤一亩。

结论：按125元一百斤的收谷价算，一亩田的收入是1300元，减去成本1460元，亏损160元。

（二）5亩以上10亩以下的小农户

种田5亩以上10亩以下的小农户在胡村有6户，占总种田户数（25户）的24%。HF家有耕地4亩，因交通不便，都"贩"①给邻居耕种，自己种的是邻村南村箭组的5.2亩"冲里田"，意即山冲里的田。全年种5.2亩一季稻，收割完一季稻后再种2亩油菜籽。HF家喂了一头大黄牛，与胡组另外几户喂牛的农户不同的是，为节约成本，HF家犁田没请耕田机，而是由老伴WD用牛犁田②，收割则多是请收割机统一收割。本次访谈过程详述了种田流程与成本项目③。去年HF种水稻每亩收入1394元，成本1610元，亏损216元；种油

---

① 此处指无偿借出，胡组的"贩田"多是无偿借出，因为如果要给原主人交费，则无人愿意耕种。
② 胡组24户种田家庭中有4户喂牛，但是犁田多是用耕田机。因为用牛犁田辛苦且慢，机打则速度快、效率高。胡组大部分家庭有一部步耕机，耕田多用机打。
③ 成本核算中皆将村民种田人工依市场价折算为工钱。

菜籽每亩收入845元，成本555元，收益290元。

问：您种田的成本大概是多少？

答：种子35元一斤，一亩田要四斤，那就要140元一亩的种子钱。还有牛工、人工，治虫要治虫工，还有放水、管理和扯草。

问：肥料呢？

答：还要化肥，要打底肥、追肥。打一次底肥，基肥，还要打一次追肥，苗期肥。底肥，也叫放底子粪，平均打60斤一亩，70元一包，一包是50斤，等于要83元钱一亩的基肥。追肥方面，一般打15斤一亩的尿素，10斤一亩的钾肥，尿素是100元钱一包，80斤一包，钾肥是150元一包，100斤一包。追肥总共差不多34元一亩，加上其他损耗，差不多是35元一亩。底肥贵些。

问：整个打肥料要多少钱一亩？

答：118元一亩。

问：插了田之后就要治田管理？

答：最少要治四次虫。秧田只有几分田，只要一桶药水。

问：治一次大虫的成本是多少钱？

答：最少要30元一亩，一桶药水要15块钱。治稗子的要17块钱一桶水，要34元一亩。

问：5亩多田要多少桶药水？

答：我老伴治得慢，要12桶药水。

问：治虫成本要多少钱一亩？

答：大概要124元钱一亩。治得多就不止这个药水成本。

问：这些人工如果全部请人，合多少钱一亩？

答：犁田、耙田一亩田要1.5个工，牛也有1.5个工，180元一个工，要540元一亩的犁耙田人工钱。治虫一次5.2亩要1.5个工，180元一个工，约52元一亩的一次治虫人工钱，治四次虫，208元一亩的治虫人工钱。

问：我们这里收割是多少钱一亩？

答：去年是120元一亩，不包运输，没有路可以上来，谷是自己滚回来。还有好多看水、周围扯草的工夫没有算进去。

问：如果算进去呢？

答：一亩田这种工，扯草与看水，算一个工，180元一个工。还有其他工，收谷、晒谷、薅田埂之类的。其他工夫没有算进去，比如担粪。

问：那总成本算下来是1610元一亩。去年打了多少谷？

答：5800斤，五亩两分田。

问：按收谷市场价125元一百斤算，那一亩田的收入是1394元，减去成本1610元，亏损216元。您种油菜籽的情况呢？

答：有点赚头。我算下投入与收入情况。去年种了两亩田油菜籽。以前不用种子钱，是政府发下来的。我买了四包籽，40元。近两包复混肥①，70元一包；追肥40斤，40元两亩。肥料90元一亩。还要打硼肥，打四桶水，一桶水一包即2.5元，硼肥五元一亩。打一次药水与除草剂，两亩田需四桶水，另外打硼肥需四桶水，15元一桶水的人工钱，治虫人工钱60元一亩，冬天不冷又不热。治虫不耽工。现在这种日子就太热了，治虫耽工，要两个人，要歇气。以前的硼肥是固体的，我还记得用热水兑着才能溶。现在的硼肥是水溶性的，提纯复壮的，壮籽些。镶沟播种一个工一亩，180元一亩。

问：收割要多少工？

答：两个工吧。两亩田。

问：我算了下，按180元一个人工计算，总共的成本是555元一亩。收入情况呢？

答：两亩田出了314斤油菜籽，我称过，打了130斤油，市价要13元一斤。还给鸡吃了好多，起码吃了60斤籽。其实20元我都不想卖给人家，超市里哪有这种油啊，特别稠，没掺一点假。那两亩田的收入是1690元，一亩是845元收入。

结论：每亩能赚到290元。

---

① 复混肥：指复合肥料和混合肥料。

（三）10亩以上20亩以下的小农户

种田10亩以上20亩以下的小农户在胡村有七户，占总种田户数（25户）的28%，这些人大多数年纪较轻，可自己操作农机具。其中的典型户HP家去年种植了12亩一季稻。他的成本与收入情况稍有不同，因其农田多为灌溉与播种、收割都极为方便的塅里田，且自己与儿子可以操作耕田机、收割机等农具，成本相对降低。每亩收入1375元，成本1268元，收益107元。

问：种田成本大概是多少？

答：种子要两斤半一亩，40块钱一斤，要100元一亩；复混肥要一包半一亩，65元一包，尿素要20斤一亩，一元一斤，共要98元一亩的肥料；治虫要治三次，70块钱一亩，除草剂40块钱一亩，农药加除草剂共要110元一亩；治虫要10块钱一桶水，一亩田治三次虫要两桶水，那还是现在虫少了，药水好些了，要60元治虫人工钱；耕田方面不需要浪只要自己插了的是200元一亩，收割工钱是140元一亩。干旱要抽水要20元一亩的抽水电费。扯草、薅田埂、放水等一亩田要三个工，180块钱一个工，就要540元一亩。

问：我算一下，总成本是1268元一亩。去年产量是多少呢？

答：讲不清哪，千把斤啊、千一二百斤吧。

问：平均可能有1100斤啊？

答：收成好的那就有。

问：收谷价格是多少？

答：平均是125元一百斤。去年卖了万把斤谷。

问：总收入是1375元/亩。收益是107元/亩。

答：种田横竖发不了财，保着有饭吃。

——HP，胡村小农户

小农户种田流程大同小异，只是每个环节的成本不同，产量也不一样，因此显得稍有差异。WM、HF、HP这三个不同规模小农户的成本与收入情况如表1所示。

表1 小农户种田成本与收入核算表

名目		小农户WM（元/亩）	小农户HF（元/亩）	小农户HP（元/亩）
概况		种2.5亩一季稻	种5.2亩一季稻，2亩油菜籽	种12亩一季稻
一季稻	种子钱	120	140	100
	肥料钱	180	118	98
	农药钱	220	124	110
	播种工钱	200	180	0
	犁田、耙田工钱	230	540	200
	治虫工钱	80	208	60
	扯草、薅田埂等工钱	230	180	540
	收割工钱	150	120	140
	抽水电费	50	0	20
	总成本	1460	1610	1268
	总收入	1300	1394	1375
	收益	−160	−216	107
油菜籽	种子钱	未种植油菜籽	20	未种植油菜籽
	肥料钱		95	
	农药除草剂		20	
	镶沟与播种、治虫工钱		240	
	收割工钱		180	
	总成本		555	
	总收入		845	
	收益		290	

综上，全职小农户与兼业小农户种地多是有亏损的，但是随着种田亩数的增加与机械化农具的使用，以及多元化种植的推广，小农户的亏损数额逐渐减少，直到转亏为少量盈利。统计口径是基于将平时自己在田里的工作全部折算成人工。如果没有将自己的人工进行折算，即自己的人工不算成本，那小农户种地能赚到的多是自己的人工钱。访谈中，多数小农户第一反应即认为自己的人工并不是种田成本，不予算入成本，他们常说"自己搞的不算工钱""那些不好算""都算上，可能还有折"。普遍的说法是认为"种田如果全请人就

没得赚，不请人赚的就是自己的人工钱"，这也符合数据实测。

四、为什么要种田？

经小农户口头反映以及数据实测，"种田没有赚"，甚至还有亏损。既然种田不赚钱，也没有"奔头"，为什么小农户还要种地呢？小农户种田的原因有以下三个，有的农户是三个兼而有之，有的农户则是以其中某个原因为主。

（一）吃自己的米放心

谈及原因，小农户不约而同地提及自己种田是为了让自己"吃得放心"。年长或富裕的村民们在种田"没有赚头"的前提下依然选择种田是因为吃自己种的大米放心，比城里人在超市里买的好。

> 所以说现在种地没得赚，不过是吃自己种的米放心一些。
>
> ——WM，胡村小农户
>
> 现在种田是吃个放心。他们①都叫我们不要种了，我们还是种了两亩多。他们在外面吃的也是我们种的，上次付②过一次，还有请别个帮忙带去过一次。
>
> ——WJ，胡村小农户
>
> 为的是吃饭放心些。种田没什么技术。
>
> ——MQ，胡村小农户

（二）不让自己闲着

"原子化③程度高的中部农村，人情异化最为迅速。……这是目前中

---

① 他们：此处指儿女。
② 付：此处指寄。
③ 原子化：指胡村小农户之间关系松散、联系微弱。

国农村和农民难以承受之重。"[1]年长的小农户多因不能出去打工,没有收入,且农村"人情"繁重[2],包括"助工""助钱"的人情往来普遍存在,村民饱受人情之累。种田则可使自己不闲着,减少一些不必要的"助工"的人情支出。

> 我家里索性种几亩地,我老伴出去做什么事,别人都没有工钱给,不如种点地。不种田就很多人喊,说他反正没种什么地啊,喊他过来干点活。
> ——HF,胡村小农户

(三)能有一份收入

对于年长不能出去打工没有收入的小农户,种田能"赚"到自己在田里劳作的人工钱,这几乎是这些年长(65岁以上)全职小农户一年的全部收入。他们除了种田别无其他赚钱途径,种田是其维持生计的首选[3]。

> 也有点收入,就是自己的工钱。我都70岁了,身体又不好,也不能出去打工,种田等于是把自己的人工钱赚到了。如果这么早就要儿子供养,他们负担也重。自己能动就要去动。说得不好听点,不死就要吃饭。
> ——HL,胡村小农户
>
> 种几亩田还可以卖点谷,还有点收入,也有几千块钱。
> ——HF,胡村小农户
>
> 没什么赚,为的是维持生活。如果谷都要去籴,那就更划不来了。现在还能动,怎么不去种点呢?
> ——LN,胡村小农户

---

[1] 贺雪峰:《论熟人社会的人情》,载《南京师大学报(社会科学版)》2011年第4期,第20页。
[2] 经初步估算,HF一家2017年的人情支出为3530元。
[3] 在闲聊中,笔者了解到邻村有一名82岁的老人因生计所迫,还在自己种田,拄着拐杖去治虫,令大家唏嘘不已。

五、即将"脱节"的小农户

> 以前说是"湖广熟,粮食足",如今哪里熟呢?生的都没有了。我在家里种田,搞得要死啊,我还不如去打日零工啊,打一日随便我吃啊,多松发①啊。
>
> ——LH,胡村小农户

谚语"湖广熟,天下足"中所指的"湖广"即胡村所在的湖南、湖北地区。湖南自古以来就是鱼米之乡,今日粮食产量依然在全国占有不小的比重。现有的农户主要以小农户经营为主,五年、十年之后,小农户规模可能会越来越小,从而处于一种"脱节"的危险状态。因为种田收入低,"现在纯粹种田过不下去","80后""90后"已不愿意耕种,多外出打工。胡组现有从事耕种的劳动力46人,其中男性24人,平均年龄58.2岁;女性22人,平均年龄51.4岁。这个年龄结构还属年轻化的,经初步估算,胡村田组种田劳动力的平均年龄高达69.3岁,南村南组耕种劳动力平均年龄高达67.4岁。五年、十年后,这批小农户将逐渐退出耕种舞台,但是与此同时,又没有足够多的下一代小农户来接手。

访谈过程中,有些小农户的心理是脆弱的,他们通常认为,政府现在能给农民直接补贴,这就是天大的好事了。他们认为自己的地位也是弱势的,但他们多将现在与以前进行对比,自然流露出对现有状态的满足与对政府的感激。

六、如何提高小农户收入?

"务农重本,国之大纲。"(《晋书·齐王攸载记》)如何采取措施提高小农户收入,从而使越来越多的人能回归农业,回归小农户经营?我认为可以从以下几个方面采取措施。②

---

① 松发:指轻松。
② 因中国幅员辽阔,地区差异明显,本建议仅适用于与调查地相似的地区。

首先，建立"小农户阶梯扶持政策"。一是可实施小农户分阶梯现金扶持。现有对小农户的定义是"经营规模在50亩以下的农户"，其实在广袤的中国南方农村，丘陵山地与田地间杂分布，受地理条件限制，人均耕地面积少，多为1亩以下，能实现种田50亩以上的"规模种植"很少，譬如胡村种田在50亩以上的"规模农户"只有2户。今后的扶持计划中，将"小农户"进行阶梯分类扶植，效果可能会更好。除原有的直补外，以10亩为一个阶梯，对小农户进行阶梯现金扶植，如0~10亩补助200元一亩，11~20亩补助220元一亩，21~30亩补助240元一亩，31~40亩补助260元一亩，41~50亩补助280元一亩。二是可提高农机具购置补贴比例。农机具的购置是小农户耕作中的重要支出，现有补贴比例较低（多为13%左右），应将基本农具如小规模耕田机、收割机的购置补贴提高至30%~40%。三是扶持小农户多元种植。政府需大力扶持农民种植经济作物，如油菜籽、棉花、大豆等，为种植这些经济作物的农户提供如"小农户阶梯扶植政策"的补贴措施。四是建立补贴监督机制，规范补贴管理制度。应将补贴发放制度透明化，减少中间环节，建立监督机制，使符合条件的农户领取到补贴。

其次，加强农村中小型水利水电设施建设。建议政府相关部门加大投入，进行农村水利水电设施普查，对需要新建的设施进行统筹修建，修复现有设施，规范水利水电管理，使小农户不必为灌溉、收割等犯难，为小农户种田提供有效的硬件基础。

再次，统一收购，提高谷价。种田规模在5亩以上的小农户一般都有一些粮食用于出售，粜谷收入成为一些小农户一年的纯收入（即自己种田一年的人工收入）。去年胡村一带的收谷价多为125元一百斤，多是中间商收购的牌价，相对较低，农民皆感慨"谷价太低，还不如去打工"。小农户的收入有限，导致种田对他们的吸引力大大降低。建议政府相关部门宏观调控收谷价格，统一收购，将补贴直接发到小农户手上。

最后，提高小农户自主性，走小农户合作化道路。小农户的发展不能仅仅依靠政策、市场等外部力量，其自身能动性是有待充分发挥的。重视小农户之间的合作，尤其是年长小农户，可互通有无、合作种植。胡村的小农户

也多通过"对工"①形式互相帮忙,实现互助,如LN丈夫年老不能犁田,请HL用步耕机犁田,但HL的妻子出去打工了,LN则帮HL插田与晒谷。此外,农户以"贩田"的形式实现土地资源的合作。诸如此类的生产合作在"原子化"现象严重的胡村小农户间普遍存在,这表明小农户有强烈的合作意愿且已付诸实践。只有提高小农户自主性,使其自我发展、自己壮大,通过小农户合作来实现适度规模经营,才能顺利实现向现代农业转型。

综上,除了给予政策扶植外,还应提高小农户自主性,提高小农户收入,使农民愿意种田、愿意留在农村发展,这样才能从根本上改变农村的现状,才能真正实现"小农户和现代农业发展有机衔接"。

附录

【小农户访谈提纲】

1. 种田基本情况:自有耕地亩数、种田亩数、全职还是兼业种地、种植内容(一季稻还是双季稻,有没有合种油菜籽)。

2. 种田成本:种子、化肥、农药钱,人工(如犁田、播种、收割、扯草等人工),其他成本(如抽水电费)。

3. 种田收入:一亩田收了多少斤谷?按收谷市价进行计算,合多少人民币?

4. 其他收入:直补钱。

5. 为什么要种田?

6. 种田中遇到什么困难?希望政府在哪些方面予以扶植?

---

① 对工:即交换人工。

【村干部访谈提纲】

1. 胡村基本情况：人口数、户数、耕地数、山地数、水利设施情况。
2. 农民种植补贴与农机具购置补贴情况。
3. 村里小农户分布情况。
4. 小农户种田有钱赚吗？
5. 希望政府在哪些方面扶植小农户发展？

【被访者名录】

序号	姓名	性别	年龄	访谈时间	访谈时长	访谈记录字数	备注
1	HF	女	60岁	2018年7月31日等	约4小时	9212	小农户，种5.2亩一季稻及2亩油菜籽
2	WD	男	67岁				
3	WM	女	56岁	2018年7月11日等	63分钟	3441	小农户，种2.5亩一季稻
4	LN	女	67岁	2018年8月11日	31分钟	771	小农户，种6.8亩一季稻
5	HL	男	70岁	2018年8月10日	31分钟	962	小农户，种10亩一季稻
6	WJ	女	66岁	2018年8月11日	23分钟	1217	小农户，种2亩一季稻
7	HQ	男	77岁	2018年8月10日	25分钟	862	小农户，种7亩一季稻
8	MQ	男	55岁	2018年8月12日	6分钟	850	小农户，种2亩一季稻
9	LH	男	55岁	2018年8月12日	12分钟	1056	小农户，种5.5亩一季稻
10	HP	男	58岁	2018年8月19日	25分钟	1411	小农户，种12亩一季稻
11	LY	女	56岁	2018年8月12日	50分钟	4074	胡村村干部

农村中年劳动妇女——真姨

◇ 钱会玲（国际金融学院2015级本科生）

一、"一辈子的老农民"

真姨是一位普普通通的农村中年劳动妇女，52岁了，由于头发花白、牙齿脱落，她看起来像是60出头的人。与村里大多数劳动妇女不同的是，真姨具有初中学历，且是一名党员，也是村里唯一的女党员，自然，真姨就肩负起农村妇女主任一职。村里90%以上的中年妇女都是文盲，甚至连自己的名字都不会写，去银行办理业务往往要请人代签名。真姨到学校学习则是为了陪弟弟读书，照顾弟弟。相比之下，同村其他妇女就没有那么幸运了，由于不识字，在大城市谋生的她们遇到了很大的挑战。

真姨家现在有8口人，丈夫在附近的矿井上班，隔天回家，住一晚就走了；大儿子已经成家，并育有一儿一女；二儿子尚在读研究生；真姨家还有一位老人要赡养，真姨说，因为家有老人，她想出去看看外面的世界也走不开。老人70多岁了，虽然身体还不错，但她还是不放心离开。真姨常常感叹，她大半辈子都是在黄土地里摸爬打滚，说起种地，她自嘲是"一辈子的老农民"。

二、真姨的种地故事

真姨自22岁嫁到云南省会泽县双车村以来，就一直在与黄土地打交道。准确地说，应该是"红土地"，村里的土地以黏性红土为主，少数山坡也有砂土。与红土不同，砂土几乎没有黏性，非常适合种土豆，相比红土地种的土豆,砂土里土豆个头会更大,水分更少,淀粉含量更高。真姨是村里少数几个没有离开过土地的人,其他同龄妇女在孩子上学期间迫于生计都出去打过工,有的甚至一去就是三四年。那些出去打工的人并没有抛弃土地,而是在农闲外出,农忙又返回家种地。他们选择在播种的时候覆盖地膜,这样就可以免去除草的工序了,地膜还能起到减少水汽蒸发、保持湿度的作用,他们也不用担心气候干旱导致庄稼缺水而干枯。图1为真姨家的红土地。

图1 真姨家的红土地

（一）真姨的一天

真姨每天早上六点多起床,洗漱后她会先给家里养的三头猪准备食物,该过程俗称"煮猪食",这大约需要一小时。一口大铁锅,放半锅水,再加上用猪草机磨碎的绿色植物,炉灶里燃烧着庄稼秸秆,真姨坐在火炉旁不时往灶里添柴,脸颊被火烤得红扑扑的。等植物煮熟了再倒入玉米面粉搅拌均匀,这时真姨的第一项工作就完成了。在这期间,她有时还在炉灶里烧几个土豆作为早餐。真姨煮完猪食便会去给两只母鸡喂食,一般是喂半碗玉米。然后她再扔一捆青草（冬天是干草）给养的一头母牛吃。母牛现在肚子里有牛宝宝了,晚上还要给它加料,吃玉米、大豆之类蓄奶的杂粮。做完这一系列工作,真姨带上镰刀、绳子、锄头,吃着她从炉灶里取出的烤熟的土豆下地劳作去了。

真姨会趁着早晨的清凉,听着鸟儿的歌声,先割几捆青草再去挖地、锄

草。到中午11点左右，真姨背着割好的青草回家吃饭。由于家里长期只有真姨和婆婆，真姨一般要自己做饭，比起田间劳作，做饭对她来说已经是很轻松的事了。吃过饭，喂完家禽、牲畜，她可以小憩一会儿，然后出门继续下田劳作。

夏日里，村里的庄稼人最珍视的就是火辣的阳光，他们一般会顶着烈日锄草，这样有助于把草晒死，不然这些草很容易活过来，影响庄稼收成。对于养牛的家庭来说，冬天草木凋零，需要在夏天储备干草给牛食用。而夏季又多雨，干草淋雨后容易发霉，所以庄稼人特别珍惜夏日的阳光。他们还要时时关注天气状况，看到天边有乌云，有要下雨的迹象，就要匆匆忙忙收回正在晾晒的草，以免淋雨发霉。

下午五六点，真姨回家做饭、喂牲畜，忙完差不多七八点了。这时候真姨可以坐下来看电视了，看看她喜欢的《职来职往》或是《非诚勿扰》（均为电视节目）。将近十点，真姨的丈夫下班回到家了，真姨休息的时间也到了。经过一天的体力劳动，身体已经很疲惫了，真姨躺在床上，想好明天要做的事，渐渐进入梦乡。

第二天醒来，真姨继续重复着与前一天几乎一模一样的工作。

（二）应对农忙

真姨的时间基本被农事和家务事占据了。丈夫和儿子都要上班，一个人势单力薄，农忙的时候她又是如何处理这些事情的呢？

据真姨介绍，村里主要农作物是玉米、土豆、花生、大豆等，农忙的时候会请亲戚和邻里帮忙。种土豆工序比较多，包含挖坑、放种、压粪、施肥、盖土……往往需要五六个人分工合作才能更快完成；而收玉米更是一件体力活，年龄大了，再加上腰痛，一个人干完很吃力，所以都会请人帮忙。村民们都会在农忙的时候请邻里帮忙，有些热心的邻居甚至会主动提供帮助，一般这种帮助都是不需要报酬的，只用供饭就好。

三、真姨眼中的农业生产

老一辈的农民已经逐渐退出历史舞台，真姨这一辈的中年人成了种地的主力军。自称"一辈子的老农民"的真姨,又是怎样看待农业生产的呢?

(一)种地的三大变化

回顾近几年的种地历程,真姨说村里种地最突出的变化是:退耕还林还草的收益显著;种地的人越来越少、越来越老;耕地机器"铁牛"取代了耕牛。

对于"退耕还林"[①],真姨说,当初刚开始推行"退耕还林还草"政策的时候村里人还不理解,觉得土地本来就少,还不让种,很说不过去。但事实上,退耕还林的地块都是农户自己选择的,农户退掉的多是离家比较远、土壤贫瘠的山地,而且国家还给补贴,免费送板栗、核桃等经济作物给农户种植。

十多年过去了,这些果树渐渐长大,已经挂果。真姨说今年收获了不少板栗,而核桃树因为缺乏专业的嫁接技术,自己嫁接好几次都没有成活,至今尚未挂果。成熟的板栗、核桃也没有人收购,挺难卖出去。长远来看,"退耕还林还草"政策是十分明智的,如今,"绿水青山就是金山银山"的话语深入人心,对比"退耕还林还草"前的生态环境,现在环境有了很大的改善,打开门即可见"青山"迎面而来。

说到谁在耕地的问题,真姨坦言自己家的地主要是她一个人种,丈夫休息的时候也会帮帮忙,现在村里的年轻人都到大城市工作了,没有人愿意留在农村种地。一方面,是因为农村活计太多、太杂,种地又讲究节令,年轻人很难忍受农忙时节高强度的田间劳作;另一方面,务农获得的收入并不足以满足年轻人的花销。除此之外,农村生活相对单调,年轻人更喜欢娱乐场所多的城市,因此留在农村种地的大都是中老年人,他们与土地打交道大半辈子了,习惯了田间劳作,也对土地有了感情。

说起"铁牛"取代耕牛,真姨说原来用耕牛要1个多小时才耕完的地,现在使用"铁牛"只要20分钟左右。真姨家也是3年前才与弟弟合买了"铁牛",现在村里人基本都用"铁牛"耕地,养耕牛的人越来越少了,即使养牛,也多是为了出售,不再像以前一样是为了耕地。

---

① 《退耕还林条例》于2002年12月6日国务院第66次常务会议通过,自2003年1月20日起施行。

(二)主要作物和耕种方式

真姨居住的地方属于亚热带季风气候区,一年可以种两季作物,低洼的河边可以种三季。真姨一年到头都有忙不完的农活,只有冬天才能闲下来2个月。春天要耕地、播种;夏天要除草、浇灌;秋天要收玉米、土豆、花生、大豆等作物。为了让农作物获得充足的光照和空间,玉米和土豆也会套种,而大豆和玉米、南瓜也经常套种(图2)。村民们会在玉米长到一尺高的时候在玉米之间种上大豆,充分利用玉米之间的空隙,提高产量。另外,他们还会在靠近田埂的地方种上南瓜,让南瓜藤顺着田埂长,这样既不占用土地空间,又方便摘瓜。等到秋天农作物收完,会种下豌豆、蚕豆或者小麦。不过这些年村里种小麦的人越来越少,近3年甚至都没有人种了。问起原因,真姨详细分析道:"以前我们吃面条要自己磨小麦面粉去加工制作,那时候没有面粉,也没有面条卖,即使有卖的,一般人家也不舍得花钱买,都是用自己种的小麦制作。但是现在生活水平提高了,到处可以买到精面粉和面条,很方便。还有一个原因是,小麦收割、分离籽粒都是比较辛苦的事,没人愿意做了。而且,村里人以稻米为主食,很少吃面条、包子,只是在农忙时节请人帮工的时候会煮面条作为晌午(午饭)。"

图2 玉米、豆类、南瓜套种

(三)种地的三大难题

对于种地遇到的难题,真姨认为主要有三个:选种问题、化肥购买问题和缺水问题。村里很少有人懂农业种植技术,不知道村里的红土适合种什么类型的作物。大家都是根据经验来选择种子,更多的时候是看别人家的作物长势和收成,遇到长势和收成不错的,就去问一下别人买的是什么种子,自己来年也买来试种。这样的判断误差比较大,碰运气的成分比较高,毕竟每一块土地土质都有差异。真姨希望有专业技术人员研究村里土壤状况,给出种植和选种建议,以减少农民的困扰。

另外是化肥购买的问题,市场上的化肥种类越来越多,这也导致不专业的农民选择困难。有时候,买化肥的人可能完全不清楚化肥功效,为了卖出化肥一个劲夸大或混乱功效,导致作物以及土壤用错化肥。真姨觉得,如果有一些普及农科知识的课程提供给农民,那就可以让农民在选择化肥的时候有自己的判断标准了。

还有缺水问题,全村20多户人家用的是同一处水源,来自山村后面的大山上。为了水源分配公平,村里轮流用水,一家一天,水库蓄水,储存使用。夏季浇灌用水高峰期便会略显水源短缺。不过去年政府也落实了引水工程,将低处的河水引到村里(图3)。遗憾的是,水只被引到村口,离村民居住的地方和耕作的地方还有五六公里远。

图3　政府修的输水管道

我问真姨有没有听说过土地流转政策,真姨表示听说过。但是她所在的村里村民有的多是山地,地块分散且面积小,很难实现规模经营。也有出去打工的邻居把自家的地给她种,但是她一个人也没能力种。小地块不适合机械化播种、收割,很多时候还是得靠人力。住在低海拔地区,自家土地平坦宽阔的村民可实现规模经营,不过购买农机也需要一大笔钱,银行又不会轻易贷款给农民。因此在真姨看来,土地流转在自己的村庄并未得到有效落实。

（四）对种地的特殊情感

真姨说，她种地已经30多年了，对黄土地有着深厚的感情。庄稼人是活在期盼里的，他们从春天播种开始，就一直在祈祷风调雨顺，盼望禾苗茁壮成长、开花结果。他们把农作物当作自己的孩子一样呵护，看着它们一天天长大，自己也满心欢喜。他们对待家禽、牲畜也是一样有感情的。养母鸡是想要获得鸡蛋，养猪是想要收获猪肉，以前养牛还指望着牛耕地，人类对它们有所祈求，理所应当会让它们吃饱、住好。庄稼人是敬畏大自然的。他们知道布谷鸟叫的时候该播种了，知道蜻蜓低飞要下雨了，知道蒿草尖弯了该准备秋收了……很多类似的自然现象，都在指导着农业生产。庄稼人更是懂得感恩的，他们知道丰收是各方的护佑，丰收时节总会感恩天地，祭拜祖先，并把瓜果蔬菜送给邻里，感谢他们农忙时节的帮助。

在真姨看来，在农村种地的一大好处就是想吃啥都可以自己种，不用上街买，也不用担心化肥、农药残余，因为村里种蔬菜主要是使用农家肥，工业化肥只作为辅助，一般果蔬虫蛀不严重就不使用农药。说到蔬菜，真姨说自己今年种了不少辣椒，变红了，已经成熟了。她准备把这些辣椒摘下来晒干拿去卖，听说村委会附近的集市——双车村农贸市场会有小贩低价收购辣椒。当问到村民是否会组织起来一起去卖辣椒时，真姨表示大家都是自发去卖的，各家各户的辣椒的生长情况以及品种品质不太一致，很难做到统一，其他的经济作物也是各家卖各家的。

对于种地，真姨还有一件感受颇深的事，那就是邻里的帮助。近五年来，真姨家只有她一个人负责农业生产，农忙的时候往往需要求助亲戚和邻里。村民们对于这种请求都是十分热情地响应的，往往会放下自己手头的事先帮别人家。真姨由衷感谢村民们的帮助。生活在这样一个团结互助的村庄，她觉得自己是幸福的。

四、真姨家的经济来源

表1简要呈现了2018年真姨家的经济来源。

表1　2018年真姨家的经济收入

收入来源	明细	年收入合计（元）
务农收入	家畜、农作物	20000
丈夫工资	3500元/月	42000
大儿子工资	8000元/月	96000
小儿子工资	1000元/月	12000

真姨的大儿子凭借开挖机的技术每月有8000元收入，成为家里收入最多的人。真姨的孙女已经到了上学的年龄，但是附近的小学师资匮乏，老师对教育的重视程度没有城里高，父母不放心将孩子送到村里的学校。为了给女儿提供更好的学习环境，大儿子带着妻子和孩子到镇上租房住，让孩子在镇上的学校学习。孩子学费、房子、一家四口生活费、水电交通费加起来每月的支出也要5000元左右，也就是说大儿子的收入基本只够一家人生活。碰到孩子生病，经济紧张的时候还需要父母支持。真姨的丈夫在离家30公里的矿井上班，月收入3500元左右。真姨的小儿子是在读研究生，平时帮老师做项目可获得200~800元不等的报酬，同时还有每月500元的国家补贴，合计每月平均收入1000元左右。

真姨务农收入主要包括家禽两只鸡，折算成人民币150元；三头猪折算成人民币9000元；牛是养了5年的，预计售价35000元，即每年收入7000元。其他粮食作物折算成人民币3850元。这些收入都没有剔除成本，如果再计算人工成本、饲料、化肥等支出，每年务农纯收入10000元都不到。

真姨透露，村民都会种一些蔬菜，一般是供自己食用，吃不完的就送人，或者运到附近的集市上卖。去年政府新建了集市，供附近村民交易，集市离真姨家步行单程1小时左右。真姨家住在半山上，要将果蔬运到集市不太方便，一般是靠人力背。不过自从山脚架起桥梁、村里修了公路以后，不少人买了摩托，骑摩托到集市单程20分钟不到。不得不说，近些年国家政策给村民们带来了很大的方便。真姨透露，村里也有一家贫困户拿到了小区房易地搬迁的资格，但是由于小区与土地相隔太远，村民为了方便种地一直没有搬进去，依旧住在原来的老房子里。村民们无法想象，在小区没有配备相

应工作机会的情况下,离开了土地该靠什么生存下来,"搬得出"的基础是要"稳得住"。

五、真姨的担忧

真姨担忧的第一件事是像她一样的农村中年劳动妇女的健康问题。村里大部分中年妇女患有腰痛病和风湿关节病。在这里,70多岁还在种地属正常现象,这并不是因为子女不养育,而是老人们种了一辈子地,习惯了每日忙里忙外,在田间地头劳作,在炉灶边忙碌。若是让他们闲下来,反而不习惯。另外,村民传承了吃苦耐劳的优良品质,他们主张勤劳节俭,会想方设法为子女减轻负担,即使实在不能到地里劳作了,也会帮助子女做一些家务或是手工活。村里的中老年妇女患病会优先选择去卫生所买药,农忙时节甚至会拖延疾病,不去看病,因此常常把小病拖成大病,甚至落下病根。虽然村里每年都会组织农村妇女免费体检,并对一些病情给出治疗意见,但很少有人真的会按照医生所说的去做。比如腰痛,在村里妇女看来,劳动人民腰痛是很正常的事,她们一般都是撑着,很痛就休息一下,或者买点药止痛,不舍得花钱去大医院治疗,因为医生一般都是开药,让病人别干重活,但是农村人担心错过时令,怎么可能会安心休息。真姨作为妇女主任,又对这些病情有切身体会,自然为大家担心。

真姨说,她如今已经年过半百了,只盼望子女都成家立业。她现在就担心小儿子的婚姻问题。25岁的小儿子至今还没有女朋友,工作也还没有找到。考虑到两个儿子以后可能都不会回农村务农,真姨有些担忧。她不是担忧儿子们的生活问题,而是担心在她和丈夫无力耕种土地之后土地会荒废。她甚至考虑到子孙后代如果没出路可能回来种地的问题。她希望等她老了有人接替她种地,但是这不只是她一个人面临的问题,村里大部分农户都担心土地荒废,毕竟,青壮年劳动力都进城打工了。真姨无法想象,赖以生存的土地有一天杂草丛生……

夕阳下,真姨陷入了沉思。

我亲爱的乡亲们

◇ 吕红梅（法学院2017级本科生）

一年多前，我和家人坐飞机来到广州，那是我第一次离开家乡。大概两个半小时的旅程，我心底的激动和欣喜一直在涌动，于是并没能深刻感受到家乡距离广州的遥远。这一次回家，我坐了三十几个小时的火车，一路上看尽植被、民居不断变化，从枝繁叶茂变成只有光秃秃的枝干，从灰墙至白墙再到转眼山间窑洞，难免感慨，原来我竟离开家乡到了如此遥远的地方。后来查了地图，两地之间相差12.5个纬度，隔着两千多公里。

许多人问我，为什么要离家那么远呢？我也问过我自己，最重要的原因恐怕是，我想离开我的家乡，这个位于甘肃省平凉市崆峒区草峰镇的普通村庄。可一个人总会不可避免地在某些时刻想念自己长大的地方，这时候家乡就变得只有美好了。

我的家乡位于甘肃省平凉市，那里的人总爱称这座城市为"大凉城"。大凉城的风景优美气候宜人，是个适合养生的地方，和许多大城市夏天的燥热相比，家乡的夏天很清凉，完全没有安装空调的必要。大凉城的人与人之间很热络，因为城市小，人口少，大概一半进入陌生人社会，一半尚停留在乡土社会。走出家门，大概率你会遇到相熟的人，人们很少会感受到陌生与疏离。两个不相识的人在一起谈天谈地，忽然谈起一个双方都认识的人，双方大多会一拍大腿，解释道这是自己也认识的人，然后因此也成为朋友，顿时多了许多热情。然而，"大凉城"并不十分发达，从这里走出去的大多数有才能的年轻人不会选择回去。总之，我在热爱家乡的同时也没能避免抱怨和远离。

我出生在农村，十岁之前在农村生活，十岁之后在城市生活。在我将近

20年的生命里,前一半像田野里的小草,后面一半则如同房子里的盆栽。做小草时每天疯狂奔跑,无拘无束,无忧无虑,变为盆栽之后收敛心性,尽力让自己跟得上这个时代的节奏。

我想,我一直都是乡村和田野的孩子,但请原谅,我是在自己长大一些之后才认识到乡村给了我比想象中更多的东西,并影响我至今。在进入城市之后,我有很长一段时间都不太愿意回农村久住,而回家后,那里的人见到我之后都会问:"你喜欢城市里的生活还是农村的生活?"这问题让我十分为难,常常不了了之。现在想来,问问题的人怕是早就知道我的答案了。那时的我的确喜新厌旧,进入城市里以后,便快速忘记了以前种种。忘记了农村的简单无忧,忘记那时的美好向往,淡忘了一起闯天、闯地、闯祸的玩伴们,疏远了那些护着我长大的亲人们和伴着我成长的我亲爱的乡亲们。现在,我为自己当时的狂妄和无知感到羞愧。

因为朋友的推荐我知道了这次活动,让我蠢蠢欲动的是主办方敲定的主题——关于家乡和种地,而只要一想到家乡的田野就让我心动不已。在农村成长的经历留下了太多美好,而我已经太久没仔细观察家乡的变化,没和家乡的人好好聊聊天。我从没想过要如何客观地评价家乡,家乡于我又到底有怎样的意义,而这次活动对我来说是个绝好的机会。带着满满的期待,我再一次回到了我的家乡,我的小乡村。

我曾自信满满地对别人说自己熟悉家乡就像鱼儿熟悉水,因为本就在那里长大,但当我重新在村子里走了一趟之后,不免感慨,原来记忆中无比熟悉的地方已经发生了如此多的变化。回到家中,我与爷爷奶奶、外公外婆一起聊天,听他们说了近来村中发生的许多事情,比如村委会选举之后当选村主任的还是原来的那个不剩几根头发的爷爷,村里有几个同辈已经结婚生子,隔壁的婶婶家最近在城里添了套房子,那个脾气不好的叔叔家新盖了猪圈,一次捉了二十几头小猪崽子,还有经常在村头遇见的白胡子爷爷原来去年就走了。回忆起熟悉的人们后,我还可以安慰自己,我和我的家乡,和我亲爱的乡亲们并未断了联系。

我的爷爷当了一辈子农民,如今年过古稀,将至杖朝之年,早就可以退休了,不过他还没有放弃他的土地。爷爷说自己在田间地头忙了一辈子,闲不住。我的父亲当年错过高考,别无他法,只能一边做生意一边照顾家里的

谁在种地

土地，算是大半个农民。到了我这一代也没有完全脱离农民的身份，在后来的日子里我参与过玉米播种、小麦收割，也锄过田地间的杂草，算是真实体验过农民的劳作生活。作为农民的孩子，以我的经验来看，绝大多数农民离不开土地，也放弃不了种地。我曾一度轻视农民这个职业，现在看来，那是无知的我对这个群体的侮辱。请相信我，人无完人，抛开一些客观原因带给他们的劣势，我认识的农民们大多可亲、可敬又可爱。

自我出生到如今，除去在城市生活的几年，待在家乡的时候我一直往返于两个村庄之间，一个在山脚下，叫上后沟村，一个在山头的黄土塬上，叫盘龙村。山脚下的村庄是我外公外婆的家，黄土塬上住着我的爷爷奶奶。

先来讲讲我的外公外婆吧。两位老人家都已经过了花甲之年，养育三个子女，一辈子在田间劳作，现在外公外婆与小舅舅住在一处。大舅舅独立门户，搬去了附近的镇子，一家人节俭勤恳，尚能糊口，满足基本的温饱和医疗需求，但算不上富足。

外婆家如今仍在种植的土地尚有八九亩，大多种些小麦和玉米，村子里的其他人家也基本是这样的规模。写下这篇文章时正是九月，到了家乡小麦播种的时节。小麦每年只能种一季。九月初，家乡基本已经进入秋季，这时会断断续续下半个月的秋雨，细小微凉，连绵不断，土地蓄够了雨水，又能支持新一茬的庄稼。播种的第一步是耕地翻土，如今做这些事的都是拖拉机，有耕地拖拉机的师傅一般都是同村相熟的人。在耕地前两天先打通电话就算是预约了。耕地当天，主人家先在田地里等着，师傅在家吃完早餐，六点钟左右就到了，师傅会尽量赶在日头变大之前做完活。主要工作是先翻两圈地，接着再来一圈，这次是撒种，并不用换机器，十分方便。一块三四亩的土地只花一个小时就足够了。

这样的便捷却并不是一直就有的。时间往前推三四年，那时翻地、播种两种机器尚不能达到一体化的程度，在翻地之后需要换一次机器，但耕地的机器往往硕大不好搬动，这意味着翻地这一项工作就需要花费和耕地同样多的时间。时间再往前推一些，大概十几年前，我刚刚开始记事，那时外婆家有一头黄牛和一头驴子。黄牛力气大，驴子耐力好，许多农活都依赖这两头老伙计，包括耕地播种。牛和驴子并排走在前面，身上各自都套着一套特殊的工具，乡亲们称之为"笼头"。两套工具在末端合二为一，连接着铁犁，

外公走在后面扶着犁。两头牲畜和一个人,哼哧哼哧地从田地的始端走到末端,留下一道深宽均为30厘米的沟壑,一道新翻出来的土形成的垄,还有一个又一个数不清的脚印。那时的我没有外公外婆的好耐心,在地里的沟壑尚没有出现到一半的时候就嚷嚷着要回家了,时常会想,耕得这样慢,什么时候才能结束。现在想来,其实也不算太久,一会儿,那片土地就变成一道垄一道沟壑的模样了。这些沟壑便是要播种的地方了,在外公身后不远的地方,外婆手臂上挂着一个篮子,篮子里面装着当年六月份新收的小麦种子,她抓一把种子,弯腰,撒种,以一种简单原始的方式播种。最后的程序是整平土地,把种子埋在土地里,还是依靠畜力,把牛和驴子身后的铁犁换成磨耙,在地里走一圈也就结束了当天的劳作。那是一块大概两亩的土地,外公外婆忙活了一上午,大概四五个小时。

  记得有个作家在他的散文里提到过,他儿时在家中见过麦客。读到那处时很开心,因为我和喜欢的作家也算是有过共同的经历了,我也见过麦客。大概在我五六岁时,他们每年依然会在外婆家的村子里待一段时间,从六月初到六月中旬。外婆家中也有,大概四五个麦客,吃住都在家中,和两位舅舅与外公一起。大概四天左右,家中的小麦便会被收割完,一大片麦田变成一个又一个麦垛。我不常见到这些麦客,早上他们起得早,那时我尚未起床,中午吃的饭是直接送去田地里的。直到晚上,天空昏暗时麦客会回到家中吃饭,他们往往脱掉上衣,汗流浃背,已然是筋疲力尽。

  十年前,小麦种植机械化程度尚低,并不是因为当地没有农用机械,而是由于交通的问题。通向村中的是一条泥泞小路,通往田地间的路是乡亲们一撅头一撅头挖出来的,宽不了,很多土地都在山坡上,又陡又窄,车子开不上去,只有河谷平地上的土地才有条件用拖拉机与收割机。前几年政府给村子里修了又宽又干净的水泥路,乡亲们家中大多添置了农用三轮摩托车(把新收的粮食拉回家中),再不用牛耕,也不用请麦客了。

  玉米播种在四月份,比小麦播种略复杂一些。为了玉米高产一些,要在播种前铺一层大概一米宽的薄膜。在翻地和平整土地结束以后,先在土地的一端挖一条小沟,把薄膜的一端埋在里面固定,而后顺着土地走向铺成一条直线,到土地另外一端时剪断薄膜并用同样的方法固定,最后固定薄膜的两个侧面,铲一抔土,盖在薄膜上,手握铁锹用力拍,以防薄膜被风刮破。撒种有专门的玉米播种器，人手一个，在薄膜上留下两行整齐的小洞。与小麦不同，玉米收获是在九、十月，我回家之时正是八月上旬，玉米快要成熟，村中大多数人都会感叹一句：今年的玉米收成大好。听说今年家乡的雨水出奇地充足，家乡的农民靠天吃饭，并没有统一的灌溉系统，雨水太重要了。当天外婆很高兴，去玉米地里掰了十来颗棒子，用大铁锅煮了，鲜嫩得很。玉米收获方式与小麦也大不相同，小麦用收割机，玉米棒子则要靠人来掰，玉米棒子被塞进以往用过的化肥袋子里，略封口，抬到三轮车上，三轮摩托车来来往往，玉米就被运输回家了。脱玉米粒比以前方便太多，以前要将两根玉米棒子放在一起搓，现在有专业的脱粒机器。

除了播种与收割，种植玉米和小麦还有两个时段需要忙碌，那便是施肥和除草。这里说的施肥是追肥。这没有什么比较先进的办法，只是用耙子勾。小麦施肥是在三月份，玉米则在六月份。除草的时间并不固定，主要取决于杂草长出来的时间，背上装着药水的喷雾器，洒过一遍就基本除干净了，剩下那些实在顽固的，只能用手拔了。乡亲们施肥除草并没有专业人员的指导，全凭经验和自己打听。我以前在家中库房中发现过许多小册子，关于农作物种植、家畜养殖，种类颇多，很有年代感，不知来源，想来大概是村中统一发的。

主要的农忙季节大概就是前面提到过的这些了，而这些时候往往也是村中除了过年以外最热闹的时候。在21世纪，仅靠在土地里的收获有时已养活不了一家人，大多数年轻人和中年人选择去城市里打工，有的就在临近的城市里，有的在一二线大城市里打拼，为了子女的教育，不想让下一代重复自己的路子，他们也会带走孩子们，使得村里的人越来越少，几年前，就连村中的小学也办不下去了，因为没学生，只留下一群老头老太太常驻村中。大多数时候村中很安静，而农忙时，外出的人会带着老婆孩子一起回家，为了收获亦为团聚。

我最喜欢山间的两个时节，是三月和四月。不像诗中说的那样——"人间四月芳菲尽，山寺桃花始盛开"，外婆家山上的桃花开在三月，同时盛开的还有杏花，漫山遍野的粉白，纷纷落落，洋洋洒洒，很美。外婆没有插花的兴致，而我整天玩耍，悠闲得很，喜欢在院子里搜罗各种漂亮的酒瓶，满满地灌上水，插入几枝桃花，摆在桌几上，把春意带进房间，外婆看到也会

开心。山上的人家不会住得很密集,往往和邻居家隔着很远,每家都有自己的山头,山头上到处都是果子树,桃子树、杏树、李子树、苹果树、梨树、桑树、酸枣子树、柿子树等各种各样的树,多得很,这基本能满足一大家子人对水果的口腹之欲。果子树们不全是端端正正长在平地上,还有许多调皮地从半山坡冒出来的,看起来分外有趣。

四月开的是油菜花。春意渐暖,蓝天白云,青山绿水,山坡上一片又一片的油菜花,明媚活泼,鲜亮的色彩伴着燕飞蝶舞,说不出的温暖舒适。在村子里,乡亲们不仅不用购买主食,就连食用油也可以做到自给自足。往往在丰收之后,赶在天气转凉之前,每家每户都会用车拉几大袋菜籽到村庄附近的榨油坊榨油,基本是几个村子共用一间。早上拉走的还是菜籽,下午回来时就变成几桶菜籽油了。自己家备着一半,另一半留给在外面生活的儿子女儿,这一大家人一年的食用油就算是解决了。村子里同样被作为油料作物种植的还有胡麻,大概在三月种植,于同年七月份收获。胡麻小巧的蓝色花朵优雅淡然,也十分好看,当然,跟种油菜的人家相比,种植胡麻的人家会少一些。根据乡亲们的经验,胡麻不比油菜容易获得大丰收。家乡还有一种可以用来榨油的作物,不知道它的学名是什么。乡亲们叫这种作物"稔",种子和谷粒一般大小,种皮为灰黑色,吃起来很香,乡亲们有时候用它和面粉、黑糖混在一起来蒸包子,这是难得的美味。还有一些乡亲们会种一些豆子,量并不大,只够平时发豆芽吃。也有个别人家会种一小块向日葵,最多不过一亩,闲时消遣嗑瓜子用。

除了上面说到的,乡亲们还习惯种一些应季的瓜果蔬菜,比如说黄瓜、西红柿、西葫芦、茄子、辣椒、豆角、韭菜、菠菜、小白菜、萝卜、南瓜、西瓜、香瓜等,各色各样,应有尽有。这些果蔬在当季基本可以满足自家的需要。外婆家并不通自来水,所以挖了水井和水窖,水井连通山间的断层水,供应日常用水。水窖则储存大气降水,天旱时用来就近灌溉,因此院子外的瓜果蔬菜每年都生长的很好。小山村的乡亲家中大多还保留着以前的窑洞,冬暖夏凉,是天然的储藏室,所以就算是采摘太多也不怕变质。

乡亲们也会在自家养一些家禽和家畜,其中鸡与猪是最常见的。家中有五六只鸡是常态,每天收获四五个鸡蛋,不为卖钱,家中每人每天吃一个,若尚有多余,便留给在外的儿女,家中若有人想吃鸡肉便宰一只,剩下的留在过年的时候吃。养猪的人家不比养鸡的人家多，大多只养一两只，除去自己吃的，剩余就卖给附近的乡亲们，村里的猪是用自家的粮食喂的，长得结实，肉也好吃，很受大家欢迎，若是卖得好，每头猪也能有几千块钱的利润，算是补贴家用。

小山村中的乡亲们一辈子种地，靠天吃饭，生活大多贫苦，为了致富，他们做过许多尝试，就以外婆家为例吧。

2010年之前，外婆家种过几年大棚蔬菜，绿色种植，在乡亲们看来品质还算不错。但毕竟种植技术和条件有限，外观上比不得外地专业菜农种植的蔬菜，很难进市里最大的市场销售，只能在家附近隔几天一次的集市上售卖。并且村中种植蔬菜的农户过少，成不了规模，只能零售，或者交给中间商，耗费人力物力却没有理想的利润，坚持几年之后也就放弃了。

外婆家也养过绵羊，大概有三十几头。养羊的时间很长了，将近有20年，最终在两年前结束。羊不是一天到晚都待在圈里，山上青草多，一天有四五个小时都在野外啃草，是真正意义上的放养，这一般是由外公负责。前面十几年养羊的收益很好，是家中的主要收入来源，但最近几年羊肉价格不断上涨，羊贩子收羊的价钱却一成不变，养羊的收益还是太少，加上外公年纪大了，最终也只能放弃。

我时常会怀念家中还有羊的时光，新出生的羊崽子很萌，羊妈妈一回家就急着给羊宝宝喂奶的场景太有爱了！放羊回家后，外公的时间基本都是用来陪伴我的，外公喜欢讲《三国演义》和《水浒传》，与书中并无差异，我很佩服外公的记忆力。快到中秋了，家乡在中秋节有吃羊肉的习俗，外公家中每年也会宰一头羊，我和哥哥随着爸爸妈妈蹭吃蹭喝，一天过得实在欢乐。羊身上到处是宝，每年剪下来的羊毛是上好的毛毯原料，就连粪便也大有用处，以前还有羊的时候，外婆家中从不用特地买肥料。而到了冬天，羊粪也是烧炕的绝好燃料，一小筐便可以让炕热一整晚。

六年前外婆家种了一百棵核桃树，到如今成活了七八十棵，早已开始结果。但或许因为技术不到位，也或许是不适应气候，结出的核桃并不如想象中的大，只能零售，也算是一笔收入了。

去年小舅舅新盖了一间牛棚，暑假回家见到了，里面有五头成年的牛和两头牛犊子，还没到贩卖的时候，尚不知道收益如何。

就是这样，小山村的乡亲们有欢乐，有忧愁，有满足，有辛酸，他们不断尝试，不肯停步，他们永远努力生活。

再来讲讲这个小山村山顶上连着的，黄土塬上的有爷爷奶奶生活的村庄吧。

我对这里最深刻的记忆是"扬场"，新收的庄稼里夹杂着许多种子壳、叶子、尘土或是其他什么，这些并不能直接收起来储存，要用木锨播扬，使杂物随风从谷粒中脱离出去。儿时最喜欢扬场的下午。大人们总爱大口喝冰啤酒，孩子们会吃到比平时更多的雪糕，喝到平时不常喝的菠萝啤，找个机会钻到爸爸怀里，偷偷尝一口冰啤酒："嗯，好涩哦，不好喝。"心里记着这个味道了，日后便不会再感兴趣了。麦场很大，附近十几户人家都在那里收拾粮食。不管是几户人家一起扬麦，还是只有一家人，这天的麦场必然充满欢声笑语，尽管劳累，但挡不住乡亲们的快乐与兴奋，发自内心，轻易就能感染旁人，因为那天是收获的日子，忙活两季，总算是得到了一些回报，不论如何，日子总是过得下去的。

说说我的爷爷奶奶吧，两位老人家早已过了金婚之年，一生养育了五个子女。后来帮他们的子女养大了十来个孙辈，现在最大的孙子也有儿女了，四世同堂。前几年村里还给两位老人家颁了一个"五好家庭"的奖。如今儿女们都在城市里安了家，隔三岔五回家看望老人家，两位老人家身体还算硬朗，又是闲不住的性子，在家里照顾这水果园子，种着一些小麦和玉米，新修了房子，一大家子的日子过得越来越好。这样的生活在村子里算是一种常态。

在很大程度上，小山村和黄土塬上的村子保持着较高的统一性。两个村子的粮食作物都是小麦和玉米，在同样的时节里播种、收获，最多只有几天差距。两个村子都用菜籽和胡麻榨油。两个村子的乡亲们都习惯在自己的地里种应季的蔬菜，养殖一些家禽。

当然，也有很多不同。黄土塬算是个小的平原，比起生活在小山村里的乡亲们，生长在这里的乡亲们可以享受到平坦地形带来的便利。

小山村里至今还没有通自来水，而奶奶曾告诉我，黄土塬上的村子里挑水的情景在三四十年之前就不再出现了。村子里也曾有过铁犁牛耕，但农用机械的传播不曾受到过阻碍，最重要的是，便利的交通为村子留下了不少的人。

　　小山村太偏僻，如今很少有人愿意嫁过去，所以孩子们和孩子的父母们拼尽全力，只为在山村外面安个家。而黄土塬大多数时候不会有这种状况。便利的交通进一步改善了这里的生活条件包括物资供应，所以这里尚能招得到老师，至少在数量上可以得到保证。从幼儿园到小学再到初中，算是一条线齐全了，加上初中的升学率逐年提高，而等到孩子们升学到高中时，便可以自己照顾自己，所以父母可以放心地让孩子在村里上学。从村中到最近的城市只要半个小时的车程，而城乡公交半小时一趟，加之很多乡亲们都添置了私家车，所以即便要外出打工，大多数人都不会扔了村子里的家，一去不回。大家的常驻地依然在村中，若找到了活计，再从村子里出发。比起小山村，这里的空巢老人和留守儿童并不是很多。我想人是一切的根本，这个村子正是因为乡亲们的坚守才生机勃勃，而有人才有需求，环环相扣，村子才没有落寞。

　　比起小山村，这个村子里还有一些相对较大的养殖户和种植户。

　　村中有十来个养猪大户，所谓"大户"，只能说是相对的，因为这些乡亲们的养殖规模依然比不上专业的养殖户，每户每栏猪仔只有20到50只不等。乡亲们并未专门学过养殖技术，养殖方法的形成大多靠咨询专家与总结自我经验。砖瓦的猪舍，猪崽子们常年住在猪舍，见不得阳光。北方冬季天寒，但村里猪舍一般不设制暖设备。猪饲料一半用从市场上买到的饲料，一半用村中的农作物秸秆和谷糠，三种材料搅拌均匀便是猪崽一天的吃食。等到猪崽可以出栏时，可以由自家宰了零售，也可以直接卖给屠宰场。

　　村中还有五户乡亲家中种植了大片果园，每户4～20亩。种的果子种类较为丰富，有苹果、梨子、水蜜桃、葡萄、李子和杏子。有果园的乡亲们基本都有一定的技术基础，剪枝、施肥、喷药、疏花、疏果、嫁接、套袋、采摘，每个阶段都有条不紊。但果子的品质依然比不上山西和陕西的，进入市场时，往往无法卖到上等产品的价钱。

　　就是这样了，这里的乡亲们勤恳生活，大多算得上安居乐业，但也仅限于此。

　　木心先生写过一首诗，名字叫《从前慢》，怀念从前慢节奏的生活，家乡的村庄便给人这样的感觉，日出而作，日落而息，邻里来往带来细碎的

温暖,他们勤勤恳恳,明天就有满满的希望。相比节奏越来越快的外面的世界,乡村里的人大多朴素敦实,偶尔浪漫,充满耐性,我亲爱的乡亲们啊,一辈子依靠各种各样体力劳动,一生只为做好一件事,便是把小日子过得越来越红火,可亲可爱又可敬。

但是,在看到很多乡村致富成功的先例后,就连我也有一种冲动,我们能不能让这群可亲可敬的乡亲生活得更好,让这里的人以这片土地为傲。

我曾见证过一次这样的尝试。家乡的村子被一条国道隔成两半,道路两侧的田地边缘种满了苹果树,大概是四五年前吧,镇政府的干部提倡村民们种植苹果树,会按照种植面积发放补助金,于是村里几乎家家户户都种着半亩苹果树。听隔壁的奶奶说,当初种的时候,政府统一购买了树苗并下派了技术人员指导果树种植。我还记得当时回家乡后看到那些树苗时的情景,寒冬腊月,灰蒙蒙的天空里风雪交杂,一米多高的树苗涂着白,颤颤巍巍,幼时的我很高兴,毕竟又多了一条赚钱的门路。

总结乡亲们自己尝试致富的经历,我想我们可以注意到几点问题。第一,很难形成专业化的养殖或者是种植模式,乡亲们往往同时兼顾农作物种植、果树种植和家禽养殖,无法在某一个赛道上投入全部的人力和物力。第二,乡亲们自己的资源少,进入市场较难,了解吸收最新养殖和种植技术的渠道少,生产经营只能依靠经验。第三,乡亲们"单打独斗",均为散户,尚没有形成合作社模式,规模小,生产经营成本太高,难有较高利润。

从前到如今,村庄变化了很多,但好像从来都是顺势而为,人们没有想过或者不敢想有所突破,也从未出现过哪一个人的理想是把地种出个模样来。

我亲爱的乡亲们,可亲可敬又可爱,他们勤奋打拼,有的甚至只求三餐的温饱,却时常难逃命运的捉弄。农民是大地的诗人,蘸着血泪在大地上写着伟大的诗篇,他们离不开土地,放弃不了种地。我亲爱的乡亲们的快乐很简单,只要有收成,就可以哼着歌回家。我熟悉这个小村庄,也熟悉这里的人们,包括他们的衣食住行,他们的待人接物、言谈举止,他们身上的美德和烟火气。我只盼望,家乡和家乡的乡亲们能发展得越来越好。

梯田与人生

◇ 石鸿（中国语言文学系2017级博士生）

  我的家乡在云南省玉溪市元江哈尼族彝族傣族自治县咪哩乡咪哩社区咪哩村，是一个典型的山区少数民族农村。从自然地理上来看，咪哩乡位于北纬23°26′～23°37′，东经101°45′，地处云南省中部山区，山势西南高、东北低，河流随哀牢山由西向东流。从行政区位来看，咪哩村位于元江县城西南约34公里处的半山区，属咪哩乡咪哩社区下辖的自然村，也是乡政府所在地。从文化传统上来看，咪哩村有235户853人，其中以哈尼族豪尼人为主体，在全村占比约98%。①在20世纪50年代，咪哩村曾被命名为"命利村""胜利村"；其后在80年代地名普查时被改为"咪哩村"。"咪哩"的村名源自当地豪尼语，其中"咪"为"耕地"之意，"哩"为"粟"之意，"咪哩"即"种植粟的地方"②，从村名可看出其农业种植的传统。

一、季节更迭：哈尼族村寨的梯田农业耕种

  传统农业耕种与地方自然环境和人文环境密切相关。自然环境与自然存在相关，人文环境则是在自然环境中渗透了人类活动的物质环境系统。③
  哈尼族善于山地耕作，传统梯田以水田稻作为主。在城镇化、务工潮的

---

① 咪哩乡人民政府：《咪哩乡2015年人口统计表》，制表时间：2016年1月27日。
② 杨世华：《元江哈尼族村落、人口及其分布》，见元江县哈尼文化协会编《元江哈尼文化》（第一辑），玉溪日报社印刷厂2004年，第22页。
③ 许汝贞、魏鹏：《环境变迁与经济发展关系研究》，山东人民出版社2013年版。

影响下,咪哩村的水稻种植户急剧减少。有哈尼人或将水田改为旱地种植其他作物,或直接将土地闲置从事其他行当。村中的农作物亦逐渐由粮食作物向核桃、梨子、桃子、甘蔗、烟叶等经济作物转变,种植品种多受国家政策和市场影响。①哈尼梯田是"江河—森林—村寨—梯田四度同构的、人与自然高度结合的、可持续发展的良性循环生态系统"②。哈尼人根据山区的气候规律,经验性地总结了"暖—雨—冷"交替的农时节令。二者相互协调,使地方农业生产得以有良好的生态系统和历法保障。

元江干流流经境内长79.25公里,平均流量164.6立方米/秒,年径流总量52.26亿立方米。③元江河水流经元江县境内,部分水气经大气循环后以降雨的方式流经境内山林。山林根须储存部分降水后,雨水流至村寨和梯田,以此维持整个半山区哈尼人的生活和生产用水。部分雨水通过地表和地下交流经山脚的咪哩河、瓦纳河汇流后注入元江,再次形成新的水循环。咪哩乡的森林覆盖率为23.4%,主要山脉有马鞍山、土堆山、观音山等。其中,新田村和甘岔村境内有两片省级自然保护区。咪哩村四周多为高山森林,海拔高、气温低,成片的森林较为常见,这使降雨后森林根须蓄水成为可能。元江县城地处干热河谷,高温、干燥;周边的山区则为立体垂直气候,高山区寒冷且潮湿,半山区温湿适中,低山区较为干热。咪哩村位于气候适宜的半山区,优越的地理位置使哈尼人向上可获取高山区水源、额外佐餐野味,向下可通过梯田耕种获得更多的生存资源。低山区因接近河谷坝区,气温较高,为农作物生长提供了足够的光热。此外,较低的地势条件亦利于灌溉引流。总体而言,咪哩村以"江河—森林—村寨—梯田"为主,形成人文与自然高度结合的生态循环系统,使哈尼梯田能够协调区域内各要素而构成有机整体。

---

① 以烟叶及水果的种植为例,2004年以来地方政府鼓励种植市场前景广阔的烟叶,村民大量种植;2013年禁烟令颁布以来,市场价格下降使烟叶种植面积逐年减少。2014年前后政府为鼓励种植果树,免费发放幼株并下派专业技术人员进行指导,并有专门的水果收购商到村中收购,于是咪哩村的果树种植开始形成规模化。
② 史军超:《红河哈尼梯田:申遗中保护与发展的困惑》,载《学术探索》2009年第3期,第19页。
③ 中华人民共和国民政部、中华人民共和国建设部:《中国县情大全·西南卷》,中国社会出版社1993年版,第1083页。

根据一年的气候变化，哈尼人将季节统分为冷季、暖季、雨季。他们以4个月为一季，每月恒定为30天，全年共360天，留下的几天用作过年。[①]按当地季候，暖季为1—4月，雨季为5—8月，冷季为9—12月。通常，暖季中的3、4月是耕种期，雨季则用来进行中耕管理[②]，冷季9月后是收获期。"暖—雨—冷"三季有序循环，形成哈尼人在传统农耕生活中的农事节律。

咪哩村的传统农作物，主要包括水稻、玉米、油菜等。其中，玉米是20世纪50年代后村里常见的粮食作物。哈尼人习惯烹食玉米，在农闲时用以酿酒，还会将之碾碎用作饲料。玉米的种植主要在暖季，即每年3、4月，通常在小春作物收获后。按哈尼人的传统种植习惯，会将少量向日葵与之间种。

20世纪80年代后，村里的集体土地按户籍人口均分到个人，哈尼人开始大规模地开荒扩地，甘蔗在此背景下被广泛种植。村里的甘蔗种植分春、秋两季。其中，春蔗在暖季3、4月种植，收获期在12月至次年4月左右；秋蔗在冷季9、10月种植，收获时间为次年的12月[③]。

2004年以来，村里的主要经济作物为烟叶。烟叶的种植周期为3个月左右，种植期短、收益高，几乎每户都种植了十几亩。据调查，村里水稻种植的减少也是在2004年左右，笔者推测与政府推广烟叶种植相关。2013年国家颁布禁烟令，村里的烟叶种植面积减少，其后乡政府开始推广水果种植，村里人开始种植核桃树、红桃树、梨树等。

水稻是哈尼人的传统粮食作物。雨季是水稻的种植期，山区气候只适宜种植一季稻。暖季2月间，一般由女性为水稻育种，稻谷出芽后将之撒到育秧田培植，待秧苗长到一定高度后再移栽至水田。插秧前的整地工作十分重要，哈尼人习惯将之称为"三犁三耙"。哈尼人通常在5月中旬插秧，最迟在6、7月结束插秧后，雨季集中来临，雨热同期的湿热条件有利于秧苗快速生长。

9月以后冷季来临，主要工作是抢收。哈尼人在收摘完玉米后，便开始抢收稻谷，另一个农忙的高峰期来临。水稻收割完后，哈尼人要将水田犁翻

[①] 《哈尼族简史》编写组：《哈尼族简史》，民族出版社2008年版。
[②] 指对土壤进行浅层翻倒，疏松表层土壤。
[③] 因湿热条件不同，秋蔗的种植期通常比春蔗长。

并重新引水泡田，等来年开春后再整地种植。旧时，哈尼人粮食不足，他们会在收割稻谷后将干田犁翻细土后，再种植小春作物以增加口粮。小春作物通常在11月种植，种类包括麦子、糜子、高粱、豆类、油菜等。

作物一年三季在哈尼人的庄稼地里交替种植，他们也在自家屋舍周围及旱地上种植各类蔬菜瓜豆，以及块茎作物。各家都有专门的菜地，青菜、卷心菜、萝卜、豆类等时令蔬菜每季皆可种植，以满足日常所需。若还有精力和时间，哈尼人还会在2月前后种植春土豆、芋头等，5月前后种植花生。6、7月为春土豆的收获期，此后哈尼人又可在原来的土地上补充种植时令蔬菜。8、9月前后，芋头的收获期来临，哈尼人在收完芋头后又可开始种植冬土豆。10月前后，冬土豆基本种完，又到了花生的收获期。只要哈尼人肯在土地上辛苦耕耘，总能有所收获。此外，村里的坡地上还种着茶树、竹子等；20世纪60年代左右，哈尼人还曾在山脚的河谷地带开垦种植芝麻、棉花、玉米等。

二、村民互助：基于个人层面的农业合作

在咪哩村，哈尼人内部的合作交往较为常见，互助使其能以集体的力量和智慧对抗恶劣的生产与生活条件。这种合作关系，多在传统乡土的熟人社会中进行，即村民间与农业相关而产生的"农耕结合关系"。[①]

农具是哈尼人之间交往与合作的媒介。即使彼此少有借用，他们也会因相同的劳作周期而产生交集。哈尼人常用的农具，主要包括用于耕作、管理、收割、运输、加工等农业生产环节的工具。

犁、耙是咪哩村哈尼人水稻耕种前整田的主要工具。梯田耕种时，犁田、耙田等大田整理的工作主要由男性负责。村里常见的"犁"由铁铸造，主要用作翻土、碎土、挖槽沟；"耙"由木头制成，是碎土、平整水田的主要工具。旧时，哈尼人主事水稻种植，这类工具常见，相互间极少借用。耕牛是哈尼人整地时主要依靠的畜力，种植水稻的各家通常都会饲养。但少数

[①] 张思：《近代华北村落共同体的变迁——农耕结合习惯的历史人类学考察》，商务印书馆2005年版。

哈尼人偶尔会在其他家户整完田后借用，并在归还时将之喂饱以示感谢。

中耕管理的主要工作是除草。除草刀是村里最常见和日用率最高的工具，哈尼语为"ma213aʋ55"（音："玛奥"）。此外，哈尼人也会用锄头、铲子等进行除草、翻土等。"以农为本"的哈尼人在日常生活中注重对农具的养护，锄头等工具在用毕后会被洗净并晾干。哈尼人常认为自家的锄头较顺手，故相互间少有借用。对自家锄头的使用心得，时常成为农闲时的谈资。

冷季将至的8、9月，是玉米、稻谷的收获时节。以水稻收割为例，传统的打谷方式是将谷船搬到田里，以人力摔打稻穗以脱粒。哈尼人在制作谷船时，会将长方形木桩刨空成槽。常见的谷船约长6尺，内壁厚实不易开裂。值得注意的是，个头较大且难得制作的谷船并非每家都有。① 在粮食收割时节，哈尼人会将谷船留在田里，几家联合协作打谷。现村里较少种植水稻，市场上也出现了打谷机。谷船在村中更为少见，哈尼人也因此少了一项协同劳作的乐趣。

山区道路不便，旧时稻谷的运输全靠人力。女性借用背篓和背板，是背运稻谷的主力军。在哈尼人还未使用塑料袋前，以竹篾编制的背篓是背运粮食的主要工具。通常，哈尼人编制的背篓分平底和尖底两种，哈尼人根据背运物灵活择用。各家几乎都有各种大小和形状的箩筐，故彼此借用的情况较少。背板是女性哈尼人的专属工具，使用背板可协调头、肩、腰部的力量，以减少身体单一部位的负重。旧时，只要到了劳作年龄，家长都会给自家女儿做背板。通常，家里女性劳动力人手一背板，因此背板也是女性间交往的媒介。

哈尼人喜食糯米，糯米粑粑是其在传统节日中不可或缺的美食。甑子、簸箕、舂碓是粑粑制作的常用工具。其中，舂碓由石槽和木槌构成，亦是脱谷的主要工具。通常，邻里之间会相互借用甑子、簸箕，而大一点的舂碓并非各家都有，哈尼人习惯相互借用或几家相约一起劳作。磨面、磨浆等谷物

---

① 原因有三：其一，国家林业政策约束哈尼人的砍伐活动；其二，适用于建造谷船的好木材不易得；其三，较大且可协同使用的工具无须每家都有，哈尼人间相互借用并维护谷船的情况在咪哩村较为常见。

加工时的主要工具为石磨,但因哈尼人喜食稻米而非面食,故石磨在村中并不常见,通常几家或整村集体拥有一台。

值得注意的是,哈尼人在"农耕结合"的交往中存在着一种"合理的、打算的"对等关系。①他们在对等原则下的劳动交往,通常是互惠式的。此类劳动合作,主要体现在帮工、换工、"搭套"、请工等方面。其中,互惠原则下的帮工、换工、"搭套"在咪哩村较为常见。哈尼人之间的帮工通常是无偿的,主家会为自愿前来帮忙者提供饭食。在熟人社会中,这种交往通常会得到其他形式的补偿和回馈,且帮工多出现在亲戚、邻里间。换工可细分为多种②,村里的换工主要属于劳动力与劳动力的交换。在水稻抢种的4、5月,哈尼人共同使用畜力的"搭套"现象亦较常见。③

"请工"的哈尼语为"aʊ213wu51ku51"(音:"奥务雇"),汉语直译为"请劳动力"之意。在20世纪末的咪哩村,这种现象开始流行。村里的请工分为两种,一种是"干工",即雇主只支付报酬,不提供饭食;另一种情况下,雇主除需支付报酬外,还需为劳动者准备饭食。随着现代村落的发展,村里的专职雇工增多。有的哈尼人在完成自家劳务后外出揽活;有的在自家土地抛荒后外出当专职雇工。村里的哈尼人除请乡邻做雇工外,亦习惯请外村人。雇佣关系趋于专门化和简单化,雇主只需支付足够的工钱即可。

三、村规民约:立足村落层面的农业管理

"村规民约"是咪哩村哈尼人为共同发展而共同制定的社会规范,产生于哈尼人日常生活的需要,反映了其意愿,也对其具有约束作用。④从农业

---

① 张思:《近代华北村落共同体的变迁——农耕结合习惯的历史人类学考察》,商务印书馆2005年版。
② 换工包括劳动力与劳动力的交换、劳动力与畜力的交换、畜力与畜力的交换等。参见张思《近代华北村落共同体的变迁——农耕结合习惯的历史人类学考察》,商务印书馆2005年版,第227-273页。
③ 张思:《近代华北村落共同体的变迁——农耕结合习惯的历史人类学考察》,商务印书馆2005年版。
④ 刘笃才、祖伟:《民间规约与中国古代法律秩序》,社会科学文献出版社2014年版,第35页。

管理方面来说,村规民约立足于村落集体层面,无形中约束并影响着哈尼人的农耕生活。在咪哩村,这种约束与影响主要体现在水的使用与管理方面。

山区耕作条件较艰难,除土壤、地形等自然因素制约外,用水也是非常重要的生产问题。如前所述,梯田用水主要依赖自然降雨后高山区的森林蓄水,合理分配农业用水是保证哈尼梯田有序耕种的关键。历时地看,村里的农业用水主要经历了木刻分水和水库用水两个阶段。哈尼人在不同时期面临的困难不同,他们通过协商制定规约,维护了生存的空间。

旧时,咪哩村的农业用水主要靠降雨补充的山泉水,哈尼人因此发明了"木刻分水"的方法来保障农田的合理供水。"木刻分水"是在沟水入田处,按田块大小用木头或石块刻出相应缺口,以引导水流流向并控制其大小,保证每级梯田得到合理的供水。通常,分水木或分水石由村中具有话语权的男性长者设定,其后任何人不得随意变动。木刻或石刻的缺口会根据水量及田块的大小刻分,在没有测量工具的时代,主要由长者根据手掌和手指的宽度来确定。

20世纪中期,哈尼人响应国家农业合作化政策,集体开挖水库。咪哩乡的小龙潭水库[1]正是在此背景下于1958年修建的。其库容量20.23万立方米,为小(二)型水库,设计灌溉面积600亩。咪哩村的集体农业用水大多由此水库供给,特别是在干旱时节,水库为哈尼人提供了农业基本用水保障。小龙潭水库的水主要靠降雨积蓄,当雨季迟到、水源不足时,插秧等生产工作便要往后推迟。现村中种植水稻的哈尼人减少,村里便较少集中使用水库灌溉,而多依靠自然降雨。2004年后,哈尼人将大部分传统水田改为旱地种植烟叶,到了灌溉期,小龙潭水库又开始为哈尼人集中供水。

四、圣境空间:围绕梯田耕种的精神信仰

哈尼人围绕梯田耕种举行的农田仪式,以及以"农事节律"为轴心的传统节日,为其日常生活打上了深刻的农耕文化烙印。这些农田仪式和传统节日,体现了哈尼人以农业生产为主的日常生活的全部。

---

[1] 村民习惯用哈尼语称小龙潭水库为"ʂu^{51}tɤŋ^{55}"(音:"树灯")水库。

农田仪式与哈尼人对农业生产的期待密切相关。庄严肃穆的仪式程序，体现了哈尼人对农业生产的重视。具体而言，咪哩村哈尼人与梯田耕作相关的农田仪式，主要包括祭竜、开/关秧门、祭田等，多包含禁忌、祈愿、酬谢等内容。

aʊ214pʰi214tʰu55"（音："奥皮突"），即"祭竜"，是哈尼人与农事相关的祭祀活动，体现了其万物有灵的原始信仰观。"竜"即"竜树"，是咪哩村东面后山上由先祖选定的大树，为"村寨神"的象征。传统哈尼族村寨都有"竜树"，这与汉族地区的庙宇和村落的关系类似。"竜树"亦是民间借神圣立村的体现，没有"竜树"的哈尼村寨就只是一处生活聚落，而不被视为独立的村落共同体。①

各村哈尼族的节时不一，咪哩村的"祭竜"在农历二月辰龙日，历时2天。除希冀"村寨神"保佑外，另一个重要目的是提醒各家做好新一轮农耕准备，也就是哈尼人口中常说的"种子不要留在家里了"。"祭竜"正值玉米与水稻的种植期，哈尼人到"竜树"下进行祈愿，以求暖季开种后能有好收成。配合着村寨的集体祭祀，哈尼人在巳蛇日还要专门在家中祭献。家庭祭献的对象既包括"竜树神"，也包括家祖，哈尼人以此表达对家庭顺利、农业丰收的祈愿。

"开秧田"和"关秧田"是在水稻种植前后举行的农田仪式。这类仪式作为一种"过渡礼仪"，体现了水田耕种对哈尼人生产生活的重要性。面对未知的自然环境，哈尼人为保证农业丰收，会谨慎地对待农业生产中的关键环节。哈尼人普遍认为，最先栽种和最后栽完的家户不易有好收成。故每到插秧时节，村里的仪式专家"摩批"会做出牺牲，即最先栽种并最后种完。在家庭层面，在开栽前各家也会请家中年长女性在秧田处举行相应仪式。这类仪式与"摩批"代表全村举行的仪式意义相似，即分别属于村落层面和家庭层面的"开秧门"。值得注意的是，年长女性的社会地位是哈尼族母系社会的遗存现象，而"摩批"则是其父系社会权威的代表，两种不同的社会制度在梯田耕种中产生了巧妙的关联。"关秧门"仪式与"开秧门"仪式相应，但村落和家庭层面举行的仪式顺序倒置，即各家先举行"关秧门"

---

① 张士闪：《礼俗互动与中国社会研究》，载《民俗研究》2016年第6期，第23页。

仪式，再举行村落层面的"关秧门"仪式。待其他村民的秧苗都栽完，"摩批"再把自家水田中刻意留下的秧苗栽下，并念诵祈愿丰收的祭词，基于村落层面的"关秧门"仪式就此结束了。

"祭田"是栽完秧后的又一项农田仪式。此仪式主要基于家庭层面，时间大概在6月前后，通常在栽完秧13天后的亥猪日。各家因栽完秧的时间不一，故选定的"祭田"日彼此不同。哈尼人备好祭品与祭器，其后选家中一块秧田进行祭祀，以为粮食丰产、家庭顺利等祈愿。

传统乡村生活由农事活动调节。①咪哩村作为典型的农业社会，哈尼人的生活节奏依农事生产调节，农闲与农忙构成了其基本的生活节奏。在哈尼人的日常生活中，特别是传统节日中，"农时节律"的特征十分明显。哈尼人以农业生产为轴心而展开的传统节日，主要包括春节、火把节、过冬等。

"ma51ʂɤ214tsɑʋ214"（音："玛舍早"），即春节②，节期在农历正月初一。在农耕文明背景下，咪哩村的春节被打上了深刻的农耕文化烙印。春节节期处于农闲时节，哈尼人自腊月三十起举行相关仪式，在正月十六以后才开始新一轮的生产劳作。

腊月三十早晨，"摩批"会去村中专门的祭祀秋千架下为"村寨神""献饭"。他边口念祈福祝词，边拿着黄泡刺枝在秋千板上来回荡三次。此仪式与哈尼人在家中祭祖相似，"献饭"是为告知"村寨神"村中情况，望其继续保佑丰收与平安。③但是，自咪哩村的上一任"摩批"于2013年去世后，村里至今未产生新"摩批"，于是部分仪式无人主持。

正月初三到初五，是村里非常热闹的日子。每日中午，"摩批"会带领各家端出酒菜齐聚街心，以请"村寨神"与民同乐。届时，包括"摩批"在内的男性长者可一同入席，接受各家晚辈的磕头献礼，再飨食长街宴。值得

---

① 王加华：《社会节奏与自然节律的契合——近代江南地区的农事活动与乡村娱乐》，载《史学月刊》2006年第3期，第91页。
② 关于咪哩村春节习俗的具体描述可参看笔者前期发表的文章，此处略有修改。参见石鸿《"场域-惯习"：一个哈尼族村寨节日礼俗的变迁——以云南省咪哩村哈尼族春节习俗为例》，载《中国山地民族研究集刊》2016年第1期，第53-70页。
③ 祭祀用的秋千架是在每年农历二月属龙日祭竜期间架设的，村里除竜树外，该秋千架也是村寨神的临时寄居地，因村民不能随意去竜林，故该秋千架所在之地便成了平时村民祭祀祈福的地方。

注意的是，能入席的男性长者均为村中生产生活经验的权威，这具有一定的教化寓意。席间有人敲打牛皮鼓、锣和铓等，长者们也会穿上绸衣①、拿起棕树叶，跳起模仿各种动物或劳动场景的棕扇舞。棕扇舞融汇了哈尼人的耕作经验与智慧，亦是长者传授生产经验的重要方式。

"$k^hu214nu55tsaʊ214$"（音："苦努早"），即火把节。节期在农历六月廿四，因此也被哈尼人称为"六月年"，是与其农业生产周期密不可分的传统节日。咪哩村的火把节历时2天，节期正处青黄不接时。自农历六月廿三始，哈尼人开始宰牛、舂粑粑等，筹备节日所需；在六月廿四，哈尼人会为祈求农业生产顺利而举行集体与家庭的驱鬼仪式；六月廿五节日基本结束，哈尼人恢复劳作生产与日常生活。

在农历六月廿四当晚，各家会派一名男性在"摩批"的带领下从家屋送火把出村，以驱除邪祟。在送火把出家门前，家中主妇会在家门口敲打盆或簸箕以制造声响，并边敲边念："家里腌臜的东西都出去，好的东西留下来，孤魂野鬼全下元江去，那里一年收两季稻谷……"元江县城主要居住着傣族和汉族，他们在农历七月半时，亦会把孤魂野鬼往山上送。因哈尼人在火把节"献饭"的时候会用核桃叶、桃树叶等，傣族和汉族在"撵鬼"时会念道："山上有大量的桃子、核桃吃，鬼怪们全去那里背果子吃去吧……"在驱鬼仪式中，不同居住空间中的农耕民族无形中形成了一种带有张力的互动。

"$lɤ55p^hu55p^hu55$"（音："勒扑扑"），即过冬节，节期在农历十月粮食收获时，各村哈尼族的节时不一。咪哩村的哈尼人会在农历十月的戊狗日过节，此时正逢新一季的水稻收割归仓。粮食收割仓储，预示年头将要翻出去。节日中最重要的是向家祖与各路神灵汇报收成，祭献祈求来年丰产。其后，哈尼人宴请宾客，休整辛劳。哈尼人喜食糯米，新收获的糯米会在节期内磨粉做成汤圆或舂粑粑。

从农田仪式到与农业耕种相关的传统节日，哈尼人以此表达了与丰收祈愿相关的农耕文明信仰。在传统节日或仪式活动中，哈尼人都少不了祭献。

---

① 这种民族服饰也被哈尼人当作寿衣，以深蓝色为主，也有黄色，但没有汉族丧礼中常见的白色。哈尼人有着豁达的生死观，年长的老者都会提前备好自己的后事所需。

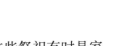

而祭祀的对象,主要包括"村寨神"、家祖与其他神灵。这些祭祀有时是家庭层面的,有时是村落层面的。哈尼人通过这些信仰活动,展现了其作为农耕民族以丰收祈愿为主的精神世界。

五、哈尼族村寨日常生活的嬗变

随着农业技术的进步和机械化耕种的普及,咪哩村的农业朝着现代化的方向发展。2014年2月,咪哩村常住195户村民集体讨论使用村里的公益林资金,修建一条连接村落与耕地的田间道路。此后,村里的农业机械化水平逐渐提高,传统依靠人力或畜力为主的耕种与运输方式开始改变。

在咪哩村农业机械化的过程中,微耕机的使用率较高。微耕机体积小、灵活度高,方便山区整地。此外,在村中常见的耕作机械动力还包括大、中型拖拉机,小型与手扶拖拉机等。除耕地、运输的工具外,村里粮食加工的工具也逐渐机械化,常见的包括碾米机和磨面机。

20世纪80年代后,村落经济结构向多元化方向发展,哈尼人以传统农业耕种为主的生计方式开始发生变化。以村里逐渐兴起的务工潮为例,村民在外主要从事工厂加工、矿山开采、道路运输、家政服务、餐饮服务等第二、第三产业的工作。值得注意的是,大部分哈尼人依靠血缘与地缘关系,开始前往广东、上海、浙江等地务工。也有部分哈尼人选择在元江县城、玉溪市、昆明市等省内各地务工,以方便照顾家中的农事生产与亲属生活。现在,村中举家外出务工的现象已不少见,村民攒够钱后习惯回村建新式楼房以取代年久失修、渐成危房的传统民居土掌房。村中越来越多的中青年选择外出务工,留守村庄的多为妇孺老人,传统山区村落亦逐渐呈现"空心化"特征,农村成了所谓的"386199部队"①。

咪哩村经济结构的变迁,引发了村民间的交往方式的嬗变。特别是在市场经济下,传统的互惠式人情关系开始受到影响,村中形成了新的劳动交往关系。劳动力在村里成为一种新的经济资本,传统村落合作中互惠原则下的帮工、换工等开始减少,请工现象越来越多,如在修建房屋、借用农业机械

---

① "38"指留守农村的妇女,"61"指留守农村的儿童,"99"指留守农村的老人。

等过程中。

而在农作物种植方面,从粮食作物到经济作物的改变,促进了乡村市场的形成。咪哩村从最初没有集市发展到有定期集市、临时早市,最终拥有新建的农贸市场等,乡村市场在逐步完善与发展。乡村市场的形成与发展,有益于带动农村经济的发展。乡村市场在方便村民的同时,也促使哈尼人人际关系变得多样化。

在村落管理方面,传统村落管理主要依靠村民自治。20世纪50年代前,咪哩村的治理主要以传统宗教权威"摩批"为主导,有丰富生产与生活经验的男性长者为重要成员。20世纪50年代后,传统乡村社会逐步由基层政府接管。在社会急剧发展与变化的新时代,村落的管理方式又将呈现新的面貌。现在,村里形成了以老年协会、同乡联谊会为代表的新民间自治组织,他们为基层政府的村落治理做出了重要贡献。

其中,老年协会由村里的离退休干部于1995年组织成立。现村里60岁及以上的老人基本都已入会[①],并在重阳节聚会。2004年,老年协会筹资将村后门处的学堂旧屋翻修为公共活动室,并修建了公共厨房等基础设施,为村民筹办婚丧宴席提供了便利。此外,作为传统经验的代表,老年协会在村落社会生活中具有话语权,并能代表村落集体对外协商。

咪哩村同乡联谊会(以下简称"同乡会")是由咪哩村在外工作的150多名同乡于2012年5月组织成立的,其主要成员是在党政机关、企事业单位工作的咪哩村民。同乡会建立了微信群、QQ群等,方便村民日常沟通交流,亦能及时对在外工作的村民传达葬礼、寿宴等信息。2013年,老年协会与同乡会开始协商合办重阳节慰问活动,并形成传统。

基层政府的村落治理,主要体现在修建村落基础设施,包括硬化村道、重建寨门、修建公厕、安装路灯等。他们也通过制定新规,改变村民的生活习俗。包括林业部门禁止砍柴、狩猎,在移风易俗下将传统土葬改为火葬等。此外,一些资助性的利好政策得到了村民的认可,包括提供最低生活保障制度、老年人生活费补助政策,以及设立危房改建专项房屋补贴款和贷

---

① 咪哩村老年协会以自愿入会为原则,村里有部分60岁及以上的村民因其父母健在并未加入老年协会,这部分村民便也不参与老年协会的各类活动。

款等。

现代社会生活和管理给村庄带来发展和机遇的同时,也打破了往日村庄的宁静,改变了村落中以传统农业耕种为主的社会体系。农耕知识在当代社会的传承出现断裂,其原因主要包括四点。第一,村落中以农耕为主的单一文化体系被打破,经济结构变得多元。第二,长者以经验为主的知识传承,不再是青年人知识获取的主要依靠。第三,传统权威"摩批"的社会地位降低。第四,学龄孩童被纳入现代国民教育体系,学校学习时间增加而传统的农业劳作时间减少。

六、讨论:"以农为本"的村落秩序

咪哩村是典型的山区少数民族农业村,哈尼人"以农为本"建构了村落秩序。哈尼人通过认识并适应地方自然环境与人文环境,过着以"农事节律"为轴心的日常生活,并以此开展基于"工具—器物""劳力—个体"层面的人情往来。在基层政府与村落自治组织的共同治理下,乡村资源配置越来越合理。在现代化的大背景之下,哈尼人既保留着以丰收祈愿为主的精神信仰,也不断开创着新生活。

哈尼族作为山区农耕民族的代表,梯田农业是其标志性文化,也是其维护传统社会秩序的根本。咪哩村哈尼族对"以农为本"的村落社会秩序的维护,主要通过以下三方面体现。第一,在制度层面,咪哩村形成以农业为核心的村落管理秩序。这主要体现在村民"以农为本",基于习俗规约的自治管理,与基层政府治理之间形成的"礼俗互动"。第二,在技术层面,现代农业技术在咪哩村梯田农业耕作中发挥了作用。乡间道路的修缮,提高了村民农业机械的使用率,促进了村落农业的发展。第三,在文化层面,传统农业社会的特质在咪哩村得到延续。例如,老人协会依然代表"经验"与智慧,在村落生活中拥有话语权和社会地位。而且,村民保留了与农业相关的文化心理,包括节日文化与祭祀文化两部分。尽管在新时代,嬗变逐渐发生在村落生活中,但年节、六月廿四等与农业生产相关的传统节日在村中依旧有重要地位,而与农耕信仰相关的家庭层面的祭祀从未消失,尤其是祭祖。

在哈尼人的日常生活中,梯田既是一种生产文化,更是一种精神信仰。

"农活虽是重活计,精耕细作才会有丰收"①,在勤劳踏实的哈尼人埋头耕作的过程中,梯田文化景观作为一种无意识的创造,不仅带来了一定的收获,还指明了一条向上的阶梯。哈尼人像在层峦山林间的雕刻者,拾级而上的梯田不断教诲并引导他们开创新的生活。

---

① 元江县哈尼文化学会、元江县史料编纂办公室编:《元江哈尼族古歌集》,玉溪日报印刷厂2005年。

从影响因素来看农民种地选择背后的
经济文化博弈

——以河南省某乡村的实践调研经历为例

◇ 杨威鹏（中国语言文学系2017级博士生）

一、背景简介

笔者的家乡是位于河南省东南部平原地带半湿润地区的一个小村庄，其因交通不便而相对闭塞，整个村庄大约有65户人家[①]，根据年龄大致可划分出三种人群。第一种是中小学生与婴幼儿，前者居多；第二种是中年人群，以40—50岁中年妇女为主；第三种是上了年纪的老人，大多在55岁以上，以65岁左右年纪的老人为主；后两种人群则是本次调研的主要访谈对象。该村庄的产业类型以第一产业，即农业生产为主，主要农作物为冬小麦、玉米、大豆、芝麻、花生等；村民大多也是农民，每户家庭的农业纯收入大致为每2年5000元[②]。

A[③]是一位女士，50来岁，没上过学，几乎一辈子都在这个村庄里种地与生活，有两个儿子与一个女儿，都已经成家；目前A与小儿子三岁的女儿在老家居住，一边种地，一边照顾孙女。B与C是一对夫妻，皆为60来岁，B上过小学，年轻时曾在沈阳打拼过数十年；C没念过书，一辈子都在老家种地与照顾儿孙；他们也有两个儿子与一个女儿，都已成家，但孙子孙女多跟

---

① 此处不计迁移到其他省市长期居住的人口，只以调研时在家乡的常住人口为准。
② 该村庄的农作物熟制为两年三熟制，故估算农业纯收入时是以两年为一个周期的。
③ 本文为保护受访者及其家人的个人信息，均采用代称。

着父母，只有他们二人在老家居住，并照看家里所有田地。A、B、C三位都是该村庄为数不多长年种地的人，连种地时长最短的A也有30多年，而B与C则长达45年。无论是在种地经验还是种植技术，抑或是生产工具的变迁上，他们都具有丰富的阅历及可探讨的事项。所以我将从这三位受访对象收集到的资料来展开，并结合其他受访者的回答来充实调研主题，完善调研结果。

二、现实中的种地选择——故事描述

如果从旁观者的角度来看，A不能算是一位幸福的人，但绝对可以说她是一位乐观的人。A嫁到村庄的时候也不过20岁左右，是男方家族的长孙媳妇，男方爸爸当时还是派出所所长，男方也是十里八乡少见的高学历——高中毕业。而A所在家庭相对贫穷，从小吃了不少苦。不过，风光未能长久，男方父亲早早去世，男方虽身为长孙却年纪尚轻，夫妻二人不得不接手家里大大小小的事务。现如今，努力了大半辈子，儿女皆已经成家，也算是功德圆满。可是却还要帮忙照看孙儿们，因为儿子儿媳多在外地打工，若带着两三岁的孩子在身边，难顾周全。

不过，带孩子只是A的其中一项事情，家里的那三四亩田地也多是她一人在负责耕种，一边种地，一边照顾孩子。笔者曾问她为什么还要种地，她反问了这样一句话："咱（年纪）那么大了，出去做活（指打工）谁还要？倒不如在家种个地，顺便给他们（指儿子们）带下孩子（指孙女儿）……"在这段回答中，有两个信息引起了笔者的浓烈兴趣。一、为什么说从事其他工作人家会不要？难道年龄是决定性因素吗？二、顺便帮忙带孩子，是不是同时也在说带孩子相较于种地而言只是副业？上述疑问，尤其是第一个疑问给笔者接下来的调研带来了很多有趣的发现。原来，在A的认知中，出去工作大多有两个方向：一个是进工厂，做流水线工人；另一个是搞卫生清洁之类的。

笔者在调研期间大致了解了该村庄成年女性的外出务工类型，可以分为以下三类：进工厂，搞清洁或者回收，餐馆服务人员。因学历与体力不满足要求，她们外出工作的路大都非常狭窄。至于第二个疑问，通过后续访谈了解到，原因其实很简单，A的访谈中有这样一句话："那时候（指她年轻时）俺在家带弟弟妹妹……来到这里后，俺又有了恁叔、恁姑（指她的儿女们），一个一个带……这不老了，还带了大妞、小妞（指她的孙女们）……这不都一点一点过来咧……"结合这句话与其他回答很容易看出来，A当时是从技术难度上来回应的，即A带的小孩多了，习惯了，相对于种地而言容易多了，所以是"顺便照顾小孩"。

相对于A而言，B和C的生活要幸福多了。他们年轻时一个在家里照顾小孩，一个在外打拼，孩子长大后也都挺有出息的，孙子孙女们也没有让他们带，孙辈中只有一个孙女，她的初中、高中都是在老家上的学，二老当时主要负责照顾；其他孙子孙女多是跟着父母在外地，父母们一边工作一边照顾小孩，所以二老目前主要就是在家里边种地边养老。二人现在负责的有八亩田地，包括承包他人的两亩多。相较于C而言，B的人生经历也是非常精彩的：不出20岁就外出闯荡打工，在外奋斗了20多年，又把几个儿女带过去，帮助他们站稳了根脚后才功成身退，回老家经营田亩，偶尔打个零工再赚点小钱；而在整个过程中，C一直都对B给予了莫大的支持，前期在老家带孩子，孩子养大了又操办婚事，全部成家后这才安下心来过着自己的养老生活。

从访谈中可以总结出来三个点：一、种地与其说是一种习惯，倒不如说是一种传统，并且这种传统的延续受到社会现实政策的影响；二、相较于以前，种地从操作上来看要简单与轻松很多，这主要得益于相关农业生产机器的投入使用；三、种地不再是纯粹的劳动行为，而是在从一种职业类型向一种生活休闲方式过渡，甚至成了农村年老者的养老选择之一。

通过对以上三位受访者的回顾，我们大致可以了解到影响到他们种地选择的主要考量内容，简单总结一下共有以下四点：一、因年龄问题所导致的在劳动力市场中的竞争弱势；二、传统观念与现实政策及风气的影响；三、现今种地方式的变化与种地技艺的改进使种地难度相对降低，种地成本也有所下降；四、种地在农民生活中所扮演的角色的更替。

三、行为、文化仪式与情感——理论视野

阐释人类学大师格尔兹曾经说过："典型的人类学方法，是通过极其

广泛地了解鸡毛蒜皮的小事，来着手进行这种广泛的阐释和比较抽象的分析。"① 所以在笔者看来，"种地"这一劳动行为并不仅是物质操作与生产技术的实践过程，同时还在潜移默化下清晰明白地传达着更深刻的文化寓意。

对于行为的界定，笔者将主要参考社会学与人类学的解释。社会学是"一门以对社会行动的解释性理解（interpretive understanding）为主题，因此关注其过程与影响之因果说明（causal explanation）的学科"②，因此所谓"行动"意指行动个体对其行为赋予主观意义——不论外显或内隐，作为或容忍默认③。人类学认为发现"人类群体的行为"就是他们的职责，作为人类行为的结果就是文化，文化事实就是人类学家观察行为后的总结与记录，这样人类学就在文化意义中理解行为，行为也就有了文化理性实践的意义。可以这样理解，社会学强调了行动的主观性与意义感，即行动个体通过行动来展现其主观意图；而人类学强调行动对文化的展现，通过行动付诸实践得以传递与表达行动个体所生存于其中的文化意义。但简而言之，二者都强调了同一个观点：行为是展现文化的方式。

而具体到文化仪式，20世纪90年代，提出文化记忆论的德国人类学学者阿斯曼认为，民族的主体性很大程度上取决于"文化记忆"，文化记忆的形成依赖并借由仪式与文化两者的保留与传播。在仪式的界定上，维克多·特纳在其著作《象征的森林：恩丹布人仪式诸面向》中写道："这里的'仪式'是指令性的正式行为，适用于人们不使用技术规程之时，同时要求人们向所信奉的神秘事物与神秘力量索要与祈求。"④ 坦拜亚在《仪式的表述性方法》一文中也曾有过所述："文化的象征与交换组成了仪式。一系列具有秩序的言论和行为模式在多种媒介中得以呈现，它的内涵组织具有一定程度的模式化（正式性）、高密度（混合性）、形式化（习俗性）和

---

① ［美］克利福德·格尔茨（Clifford Geertz）：《文化的解释》，韩莉译，译林出版社1999年版。
② ［德］马克斯·韦伯（Max Weber）：《经济与社会》第一卷，阎克文译，上海人民出版社2010年版，第92页。
③ ［德］马克斯·韦伯（Max Weber）：《社会学的基本概念》，顾忠华译，广西大学出版社2011年版，第20页。
④ Victor W. Turner. *The Forest of Symbols: Aspects of Ndembu Ritual*. Ithaca: Cornell University Press, 1968.

循环性（重复），并具有表演性质。"①前者主要解释了仪式本身所代表的朴素愿景，后者则深入到仪式的成熟化操作中来，并看到了它与文化之间的链接。

除此之外，扬·斯诺克则更进一步。他通过对文化、仪式与行为的研究将"仪式行为"归纳为："仪式行为不同于平时所进行的活动，它是特殊的，其（至少其中一些）表演者常常与观演者是相同的主体。从某种意义上来讲，仪式行为有可能包含一切的人类行为，包括语言行动。不过，绝大部分在传统上得到维持的，都是正式的仪式行为。大部分仪式行为具有文本作为范式，同时在特定的实践和（或）特定的地点举行。而与多数普通行为相比，他们大多数在规范与结构化过程之后被美化。颇具象征性使仪式在很多情况下由具有目的性的参与者参加。其独特的意义被大多数参与者，起码是积极者所认同。"②

概括而言，笔者更倾向于薛艺兵的见解，他认为仪式行为是不同于生活常态的一种超常态行为③，是一种发生在人们的生活中却又超出日常生活方式的被人们赋予一定情感与意义的行为活动。这两位学者的表达都突出了对仪式行为与个体情感归属之间的侧重，即他们都承认仪式的存在还少不了个体情感融汇于其中，参与者通过参与这些仪式或者实践这些仪式所内化的行为，在深层次里都有情感的流动与注入。心理学把情感定义为："人对客观事物的态度的体验，人的需要是否获得满足的反映。"④

从这个定义上来看，情感属于主观意识的范畴，而"人的需要"恰好体现了评价一件事物或一项行动的价值含量，"体验"则成了一项衡量评价标准。将这一概念与研究主题结合起来，则可以借用费孝通先生的一段话："农业……是直接取资于土地的……种地的人……搬不动地，长在土里的庄稼行动不得，侍候庄稼的老农也因之像是半身插入了土里……"⑤这里强调

---

① S. J. Tambiah. "A Perfomative Approach to Ritual". *Proceedings of the British Academy*，1981，p.119.
② Jan A. M. Snoek. Defining, Rituals, Theorizing Rituals, Issues, Topics, Approaches, Concepts, Leiden/Boston: Brill 2006.
③ 薛艺兵：《对仪式现象的人类学解释》（上），载《广西民族研究》2003年第2期，第26—30页。
④ 叶奕乾、何存道、梁建宁：《普通心理学》（第五版），华东师范大学出版社2016年版。
⑤ 费孝通：《乡土中国·生育制度·乡土重建》，商务印书馆2011年版，第7页。

了农民与土地之间深厚的情感联系,这种情感联系也是影响种地行为及相应选择的重要考量维度。

四、选择与徘徊背后的矛盾——内涵挖掘与原因探析

笔者在上文中对影响种地选择的因素进行了简单总结:一、因年龄问题所导致的在劳动力市场中的竞争弱势;二、传统观念与现实政策及风气的影响;三、现今种地方式的变化与种地技艺的改进使种地难度和种地成本均有所降低;四、种地在农民生活中所扮演的角色的更替。由于在之前的描述中侧重于对故事本身的介绍,并未对这些因素进行详细分析,接下来笔者将通过对以上因素的分析来探讨其背后的内涵。

在进行访谈时,笔者曾经着重问过种地技术与种地方式的变迁,根据受访者的回复,大致可以简略总结如下:在新世纪之前,该村庄的农民在种地时几乎没有用过什么机器,主要靠人力,尤其在收麦时家里劳动力越多收得越快;进行播种、施肥与除草等农活时也是如此。然而之后有了机器,有了化肥,有了农药的大量使用,从种到收的整个过程都有了可靠保障,对人力的要求就很快下降了,到了现在甚至只需要一个老人,从种到收都可以借用机器与雇人来做,但需要付出相应的花销。这样的话,相较于以前会体现出一对矛盾:一方面是劳动力得到解放,可以去从事其他工作,从而带来整体收益的增加;另一方面是机器与化学用品的大量使用带来了种地成本的增加,又在一定程度上会降低整体收益。但后者同时也会被种地收益的增加所冲淡,所以实际结果会体现为家庭整体收益的增加。不过,分析到这一步后,还需要再引入两个分析内容,一个是种地收益的最高值,一旦达到此值,家庭的农业收入便会呈现出相对稳定的态势,也就是会停滞不前;另一个则是文化与情感成本的增加,劳动力的解放会带来家庭成员的长期分离,这期间由于情感维护所产生的文化成本与经济成本也应该考虑在内。除此之外,如果我们再进一步探析就会发现,机器、化肥与农药都代表了农业领域中现代技术的投入,但我们不能否认的是,这些技术手段进入农业的同时,也打乱了原先的农业生产方式,这是其一;但更为重要的是新技术手段由于打乱了原先生产方式而对存在了很多年的文化仪式产生了破坏,这种破坏是

文化与情感层面的，真真切切却难以发觉，等反应过来时恐怕也为时已晚。

种地选择还与前两个影响因素紧密相关。在不限制人口流动与大力推进就业的政策下，由年龄问题所导致的劳动力个体在劳动力市场中的竞争弱势实际上可归因为在其体力受限制的情况下文化水平短板的暴露。然而，对于很多人而言，30—50岁正是壮年，无论男性还是女性。该村庄此年龄段的女性仍多在家种地，这在深层次上还体现了她们所能从事的职业范围的狭窄，选择的狭窄更多是因为文化水平的不够。但除此之外，还有风气与传统的影响，"男主外，女主内"这一传统观念一直都在发挥着作用，"妈妈照顾孩子，爸爸负责挣钱"的传统认知更是在很多人的观念里占据着正统地位，所以促使这些女性选择种地的还有一个重要原因：方便照顾孩子。

而针对第三类人群，事情则又有了变化，这种变化也会更加隐秘与深沉。前文已经说过，种地技术与种地方式的变化使得种地成了一件越来越简单的事情。上了年纪的人选择种地，更多地则体现了对传统的难以割舍。对于B和C二老而言，种地几乎是陪自己走完了生命中的大半时光，他们每次种地，都要换上软底鞋、戴上草帽、备好茶水、拎起锄头，这些动作已经像是一套固定的仪式，并且还是每次下田时都要进行的仪式。同时，他们也是对以往的种地方式保存得最完整的一类人，这种方式体现在他们的精耕细作上，他们会不厌其烦地对自己的土地进行捣鼓，农忙时自不用说，农闲时也会于清晨和晚间花几个小时在田间地头照护庄稼。但需要明确的是，他们与土地之间的深厚情感是在经济现实已经不再那么拮据的情况下才能表现得如此淋漓尽致。不过，此处的背后也有一项选择的徘徊：种地已经是一项深入骨髓的情感要求，而经济现实则处于天平的另一端。通过实际调研发现，很多年龄大的种地者，甚至包括经济条件已经很好的B在内，也会时不时去做些工，或者帮忙挖沟渠①，或者参加建筑队②等来挣一些额外的经济收入，他们离不开土地，但同时他们更需要有其他的经济收入。

最后是种地在农民生活中所扮演角色的更替。农民代表一种职业，一种与土地打交道的职业，它应该在从业者的生活中扮演着主要的工作角色。

---

① 农村装电缆或者设置自来水管道之用等。
② 农村团队，专门负责农村民宅的建设，属于私人团队，业务经营区域一般较狭窄，多是不跨镇。

但笔者在调研中却发现,种地对于农民与其说是首选的工作内容,倒不如说是一种可以被替代的生活选择。对于第二类人群,种地在她们的生活中是一种无奈的选择,就像A所说的"顺便的事"。她们可以选择务工,也可以选择种地,之所以选择种地是因为前者希望渺茫,再加上要照顾孩子这一传统角色的认知限制,不得已走上此路。她们的"种地"更多的是展现了自己主观上的无奈,以及对传统的认同情感。而第三种人群除了与土地本身具有情感联系外,还代表着对自己生活方式的选择。有前文的访谈中就提到,C把种地看作是"养老",种地是他们的职业,但同时也是他们的养老方式。只是,如果我们细细品味,不难有所感触:一个人把种地作为自己生命末尾的主要生活方式,它所代表的便不仅仅是生活选择,而是体现了一个人的生命观:即种地已经是他生命中必不可少的一部分了,纵然结束,也要结束在种地里。

五、总结——种地选择背后的经济文化博弈

通过以上分析,概括来说,影响种地选择的其实只有两个因素,一个是文化上的,另一个则是经济上的。从个体的角度而言,前者体现的是文化与个体之间的纽带虽然已经变动松弛,但并未被剪断,后者体现的是经济化的种地取向虽然正在农村广泛蔓延,但并未被个体所完全接受。因为现实经济的发展,家庭整体收入增长的需要,以及种地作为农民职业的原始角色要求,种地选择与种地行为也必须承受从业者对其所抱的经济上的期望。

与此同时,种地行为本身就是一种文化仪式实践的过程,它除了能够带来经济上的可见收益外,还在无形之中与从业者达成了情感链接,如此一来,一种文化便成型了,一种传统便确定了。所以,在笔者看来,种地选择的背后更多的是文化与经济的博弈,二者处于天平的两端,共同存在于种地之中,但因为现实的原因,天平在不同时间段会发生不同的偏转,而偏转现象则是对社会现实的反映。

山城种地情况调查反馈报告
——以重庆市江津区黄庄村、牌坊村为例

◇ 周小力(政治与公共事务管理学院2016级本科生)

一、背景简介

江津区,隶属于重庆市,位于重庆市西南部。"江"指长江;"津"在古文里为渡口之意。江津是长江上游重要的航运枢纽和物资集散地,也是川东地区重要的粮食产地、鱼米之乡。地形地貌上,江津四面环山,境内丘陵起伏,地貌以丘陵兼具低山为主,其中丘陵占78.2%,低山占21.8%;河流水文上,江津属长江水系上游干流区,流域面积大于30平方千米的河流有27条,其中,流域面积大于200平方千米的有7条;气候上,江津区属亚热带季风气候,光照充足,气候温和,雨量充沛,日照时数平均1207.9小时/年,常年平均气温18.2℃,年平均降水量1034.7毫米。

2012年,江津成为重庆唯一一个以及全国面积最大、人口最多、百岁老人分布最均匀的"中国长寿之乡"。在此契机下,江津邀请中科院专家进行调查。专家研究解读了江津的"长寿密码"——除江津环境宜居、居民习惯良好等因素外,江津的土壤和食品中富含微量元素"硒"。按照高硒、中硒、低硒三级分类标准,江津区全区大部分农产品富硒,且硒含量适中,长期服用既可以补充人体所需的硒,又不会导致硒中毒。2017年江津被中国产学促进会正式授予"中国生态硒城"的称号,同时,江津的农产品也被中国富硒农业产业技术创新联盟专家认可。江津区天然硒资源丰富,并在此基础上突出品牌市场建设,是我国大城市城郊型富硒产业发展的典型代表。

本文调查地选在了江津区永兴镇的黄庄村以及李市镇的牌坊村,这两个

村落组成了笔者的整个童年生活。笔者的祖母家在黄庄村，外祖母家在牌坊村，一到节假日或寒暑假，笔者就会到牌坊村陪伴外祖母。虽然两地只相隔半小时不到的车程，但在种植条件和种植特点上却有着显著差异。如笔者所见，农业生产活动并非一定是日出而作、日落而息，在山城的夏天，更多的是在清晨劳作，"日出而息，日落而作"。因为目睹了村民们日复一日、年复一年的劳作，见证了他们的背渐渐佝偻；亲手晒过新收成的水稻，洗涤过他们充满汗渍的衣物；享用过那片土地的馈赠，知道那一份香甜，因而自己更加深爱这片土地，更加想要了解他们的农业现状。

二、金色黄庄：现代化农业村庄

三月，春寒渐退，菜花盛开，游客群群。

在黄庄村，目前已有6000亩的油菜，每年到了三四月份，金灿灿的油菜花在田野里整齐地绽放着，好似一片金色的海洋，因此黄庄村也被当地称为"金色黄庄"。

根据华龙网记者报道，2018年，黄庄村在原本五千亩油菜花的基础上新增了一千亩核心观赏区的种植，新增的一千亩油菜主要来自江记酒庄。永兴镇为进一步帮助农民增收，更好地利用土地，将一千亩土地流转给江记酒庄，用于种植高粱和酿造"江小白"白酒。而因为高粱种植期与油菜种植期刚好错开，于是便新增了这一千亩油菜花海。

每年三月份，当地（江津区永兴镇和慈云镇）农委都会联合承办"油菜花节"系列旅游活动。在该活动中，游客不仅可以观赏漫山遍野的油菜花，欣赏非物质文化遗产"永兴吆喝"，还可以体验到农村热闹非凡的"赶场天"，参与各种乡村田野游戏，购买当地的富硒农产品，感受舌尖上的富硒美味。由于每年油菜花文化节的游客都达到了上万人的规模，黄庄村内的农家乐也逐渐兴起，据村民估计，达到了20多家。

中华人民共和国农业农村部发布的2018年中国美丽休闲乡村名单中，黄庄村是江津唯一上榜的乡村，得此殊荣有赖于这六千亩的油菜花。

这数千亩的油菜并非黄庄村村民个体种植，而是由村集体将土地承包给农委，由江津农委成立"黄庄现代粮油科技示范园区"（以下简称"园区")并直接指派专管农业技术、土壤肥力等方面的人员进行指导。园区位于永兴镇和慈云镇交界处,由核心区、示范区、辐射区三大板块组成,总规划面积达3.5万亩,其中核心区为5027亩。每年园区都会对提供土地的农户进行补偿,一般是按照田每亩700斤米、土地每年400斤米的形式进行补偿,如果有农户不想以米的形式得到补贴,也可以按照当年的市场价格进行换算。

园区内主要种植了水稻、油菜、高粱、玉米、水果等,并且园区还设置有专门的加工房,可以加工水稻、玉米、油菜籽等作物。而加工的一些剩余材料还可以用于当地的生态鱼养殖。

该园区是重庆市现代农业示范园区,也是江津国家现代农业示范区的核心区之一。据黄庄村书记周某的介绍,该基地的建设初衷是推广南方丘陵地区农业机器化操作以及优质富硒农产品,发展当地农业。园区内已有的农用机械有：旋耕机、插秧机、收割机、烘干机、大型烘干机、喷雾机、拖拉机、挖掘机等,这些机械基本是由政府出钱进行购置。目前丘陵地区的高粱机器播种仍处于推广阶段,人工播种的方式仍采用得比较多。据村书记周某的介绍,这些机械大多是由当地农户操作。一开始会由重庆农委派出技术人员指导当地农户进行操作,之后每隔一段时间,这些技术人员就会来检查机械的状态,并进行定期维修。这些机械也可以租给当地的农户,方便他们进行种植。

一些较为精细的活儿,园区会雇一些当地的农户来做,比如日常除草等工作。并且由于当地是丘陵地区,一些作物的种植较为分散,有的种在机械难以到达的地方,机械化成本太高,与这些作物相关的农活也需要人工来做。这些被雇佣的农民也大多是留守在农村照顾孙子孙女的老人家,年龄大多在50~60岁,他们的工资一般是每天65元。

笔者暑假走访黄庄村期间,发现村内已经鲜少有人种植水稻了,大部分农户的田都没有种植水稻。不管是田还是土,农户大都会选择种植金线草。据当地农民雷某(65岁)介绍,她的土地大多都租给别人做草坪生意(大约20亩),而租金与农业局所给条件一样。由于工作地点与家相近,她平时会去草坪老板那里帮忙给草坪除草,工资为一天60元。除租给草坪老板的土地之外,她还有几分地,但都零星分布,她会利用这些土地种植一些应季作物

（例如玉米、辣椒、白菜等），还有两三分地会种植金线草。由于她的土地距离当地的河流较远，附近水源的水量也一般，所以一年一般只能收一季。重庆各地方的药品销售公司会定期来黄庄村购买晒干的金线草。晒干的金线草通常是20元一斤，具体会按照晒干的金线草的成色以及当时收购者的计划来定价。据雷某介绍，她的两三分地每年也能卖400多斤金线草。另外，雷某作为农民，在前些年还购买了当地的社保，目前每个月有1270元左右的收入。再加上她偶尔会去草坪老板那儿做小工，金线草收成后的额外收入，平时种植一些蔬菜，养两三只鸡鸭，也能过上不错的生活。

收割金线草需要一定的流程。首先，要将土里的金线草割成方块状，以方便挖得更加整齐。然后用特定的工具将整片的金线草成块状地挖起来，再用一根棍子轻轻将附着在金线草根部的泥土拍落，这个力度不能过大，若力度过大会导致金线草叶子受损，影响晒干后金线草的成色，从而影响到金线草的单价。在将大部分泥土拍落后，家里离河流较近的农民会直接在河边继续洗金线草，这样更加节约水资源；家里离河流较远的一般会选择附近的池塘或者直接抽水在院子里洗。在洗干净金线草后，农户便会将一片一片的金线草在院子里铺开，通过阳光曝晒，蒸发金线草的水分。最后将晒干的金线草打包密封装好，等待收购商贩的到来。

对于当地的农民，种植金线草的收入明显要比种植水稻来得更加轻松、更加丰厚。在一些靠近水源的土地，金线草的收成可以达到一年两季，收成是普通土地的两倍。另外，大多数的农户已经把自己的土地承包给园区或者当地的草坪老板，因此他们每年都会收到稻米或者一些补贴。由于园区内的水稻品种更好，种植技术更加优越，因此种植水稻对他们而言并不是必需的。另外，留在当地种地的大多都是50岁以上的老人，种植金线草对他们而言，体力要求更小。

当地有许多中年妇女，但是她们一般会选择去隔壁镇的酒厂或者其他厂上班。据当地农民孙某（女，44岁）介绍，她的老公在外地打工，而她的儿子在江津城里读高中且住校，离家较远，因此她选择去隔壁白沙镇上的江记酒庄上班。江记酒庄给普通工人的底薪是1500元/月，绩效考核或者加班后会有额外工资。平时上班分为白班和夜班，两个班次轮换。周末双休，若上班则算加班工资120元/天（15元/小时）。她们家的土地由于无人耕种就免费交给邻居种植。

总的来说，在黄庄村，大部分留下来的都是中年妇女或者上了年纪的老人，主要负责在家带孩子。而在孩子长大后，这些中年妇女往往会选择去隔壁镇的酒厂上班，自备电动车，车程也不过二三十分钟。加上厂里福利以及加班工资，基本上可以满足她们的生活。而那些年纪偏大的老人，他们一般会通过种植金线草来获得收益，加上他们大多数都购买了社保，每个月都有稳定的一千多块（社保每月发放的金额与受保人年龄呈正比）。在农业生产之余他们还可以喂养一些鸡、鸭、猪等，可以在市集上卖掉，也可以供自己食用。另外在每年三月的油菜花旅游节时，这些农户会抓住机会售卖自家的农产品或者山上的野菜；位置较好的农户还可以通过经营农家乐的形式获得收益。还有部分农户会利用当地的河流条件进行打鱼，也有个别农户会将自家的田改成池塘进行水产养殖。

三、绿色牌坊：典型传统山城农业

与相对平坦的金色黄庄不同的是，李市镇牌坊村的山地、丘陵地形更加明显，因而当地的农业也更加传统和保守。每年的六月至八月是牌坊村最繁忙的时段，不仅是因为那时候水稻快要成熟，家家户户都要忙着"打谷子"，还因为六月开始，花椒也要成熟了。

花椒是川菜中必不可少的一种配料，每年都会有大量的商贩进行收购。每天天没亮，大家就会忙着出门去山上将成熟的花椒枝条用剪子剪下来装在背篓里，一趟一趟地往家里送。气温升高的时候，大家便会在家里将成堆的花椒枝条上的"一朵朵"花椒像摘一串串葡萄一样用剪子剪下来，不同的是，葡萄是紫色，而花椒是绿色（当地的花椒大多都是绿色）。花椒的卖法有两种，一种是直接卖新鲜花椒，市场价格在每斤6~8元范围内；第二种是晒干的花椒，每斤几十元。目前农户大多都会直接卖新鲜花椒，一则新鲜花椒当天就可以卖出，二则晒干的花椒对成色要求太高，农户自家晒的花椒往往受天气影响太大，温度过高或过低都会影响花椒的成色，使花椒颜色变黑，而这样的黑花椒一般就不能卖个好价钱了。每户农户都会为自己晒一些干花椒来备日常生活所用。

按照当时家庭联产承包责任制的分配，牌坊村每人可以分得五分地和五分田。据笔者所观察，牌坊村的田基本上都用于水稻种植，而至于土地，除了应季的蔬菜以外，几乎每家每户都种植了花椒。据牌坊村村民漆某（女，65岁）介绍，他们家一共有四亩多地（原本有六亩，但是因为修建高速公路被征占了一亩六分地），种植了两亩多的花椒树，近两亩的水稻，剩下的几分地用来种植玉米、红薯、蔬菜等，另外还养殖了15只鸡、25只鸭和1只猪。

漆某表示，一般她会去街上的种子店铺购买各个季节需要的种子、肥料、除草剂等。每年的三月去镇上购买玉米种子，三月初开始撒水稻种子，同时也要种植玉米；四月下旬水稻苗基本长成，进行播种；七月底八月的时候收割水稻，并进行"晒谷子"，待水分蒸发后将水稻装收。在六七月的时候玉米成熟，漆某再将玉米一个个地装在背篓里背回家。由于重庆夏天天气炎热，一般到了中午或下午，她都会在家里吹着风扇，用一些简单的工具将玉米棒子上的玉米粒剥落下来。

在笔者小时候，剥玉米一般是将长板凳倒过来，再将那时候农民经常穿的"钉子鞋"（脚底有圆的钉子状的东西防滑）穿在板凳脚上，然后将玉米放在"钉子鞋"上摩擦，玉米粒便会乖乖掉落。但现在，为了方便，漆某购买了一台机器，可以快速帮助玉米粒从玉米身上掉落，这样便减轻了负担。

技术的进步在这两年产生了巨大的影响。从前，笔者的外祖母家每年收水稻都需要很多人帮忙，一部分负责在田里割水稻，一部分人负责将水稻送到机器里打，还有一部分人负责将打出来的一粒粒水稻担或背回在半山腰的家中晾晒。笔者小时候总是属于"后勤部队"，在家里帮忙烧开水，煮鸡蛋或者熬粥，然后将泡好的凉茶或吃的送到水稻田里，给劳作的人"打幺锣"（一日三餐外的补充）。一般到了晚上，那些在田里劳作得满脸通红、全身都被水稻叶子割伤的"英雄"就回家了，在简单吃过晚饭后，他们还得抓紧时间将院子里的水稻再整理一番，用"风车"筛稻谷，做好最后的工作（图1）。

如今，镇上涌现了一大批拥有水稻收割机的人，他们大多来自河南、江苏等地，他们会联系农户，农户也会上街去寻找这些人帮忙收割自家的水稻。一般情况下，"一湾子"（一带、一片地方）的人会联合在一起请一位师傅来收割水稻。如图2，一位操作这台大型机械的师傅开着机器在水稻田里收割水稻。机器上有一根管子通向上面的路，管子会将收割并分成粒状的水稻送到上面的路上，路上的村民则赶紧用麻袋接住从管子里流出的水稻。接着摩托车司机龚某（图2穿红色格子衣服的人）会将麻袋系好，然后绑在他的摩托车上，继而将一袋袋的水稻拉回半山腰的家中。而此时笔者依然作为"后勤者"，负责将每一个袋子里的水稻全部倒出来并将其铺在院子里晒。在前些年，同样面积的水稻可能需要一天一夜甚至两天才能收割完成，但现在仅需要半天，便可将所有的水稻在家中的院子里晒好。

图1 用"风车"筛稻谷

图2 用水稻收割机收割水稻

四、黄庄村和牌坊村农业特点对比分析

从自然条件上来看，虽然牌坊村和黄庄村都属于低山、丘陵地形，但黄庄村的地形相对较为平坦，由于平坦的土地较多且土壤较为肥沃，因而可以种植大片的金线草和油菜。而李市镇牌坊村的地形较多为低山、丘陵，甚至有不少农户住在丘陵上、半山坡的地带。山上的土地肥力相对较低，因此种植大片的花椒树。另外，从水源上看，虽然两地的降水量相差不大，但黄庄村村内有一条小河流经，当地农委又大力进行水利设施建设，灌溉水源充

足；而牌坊村并无河流流经，易受干旱影响。

从村里提供的技术资源来看，黄庄村村内有一个江津国家现代农业示范区，又有江津农委直接指派的高学历工作人员进行分管和指导，园区内还有大量的机械装备，农业技术现代化水平高；而牌坊村只会在村内办公室开展农业技术推广会供学习，大型的收割机器也是农户自己在市场上联系。在村内资源上看，牌坊村的资源少于黄庄村。

从交通等基础设施方面，黄庄村为了建设旅游文化节，马路基本上四通八达，基本上做到了"家家通"，且马路平坦宽阔，为了整治当地的环境卫生，定点设置了垃圾桶，并有环卫工人定期整理；牌坊村有近两年修建的高速公路经过，并且村里公路也有了较大改变，但马路较窄，不方便错车，尚未实现"家家通"马路。

在人员构成上，虽然两个村的常住人口基本都为中年妇女或老人。但黄庄村由于有地理位置优势，中年人可以骑电动车去隔壁镇的厂里上班，而牌坊村中年人比黄庄村更少。并且在金色黄庄旅游节期间，大部分中年人或可请假回来照料自己的农家乐生意。

虽然两地在农业种植情况上有着较大不同，但都体现了目前重庆农村的现状——地形较好的地区逐渐走向机械化，并逐渐将第一、第二、第三产业融合，打造现代化新农村；地形较差的地区则因地制宜、因人制宜，种植适宜的作物。

木心在《知与爱》中曾言，"知得愈多，爱得愈多；爱得愈多，知得愈多。知与爱，永成正比"。当初是因为整个童年生活都在黄庄村和牌坊村度过，因此会去爱这片土地；而现在，通过此次田野调查，我知道得更多也更加深爱这片土地。

我不知道未来这里还会如何改变，但我相信，随着科技的进步，山城农村一定会变得更加美好！

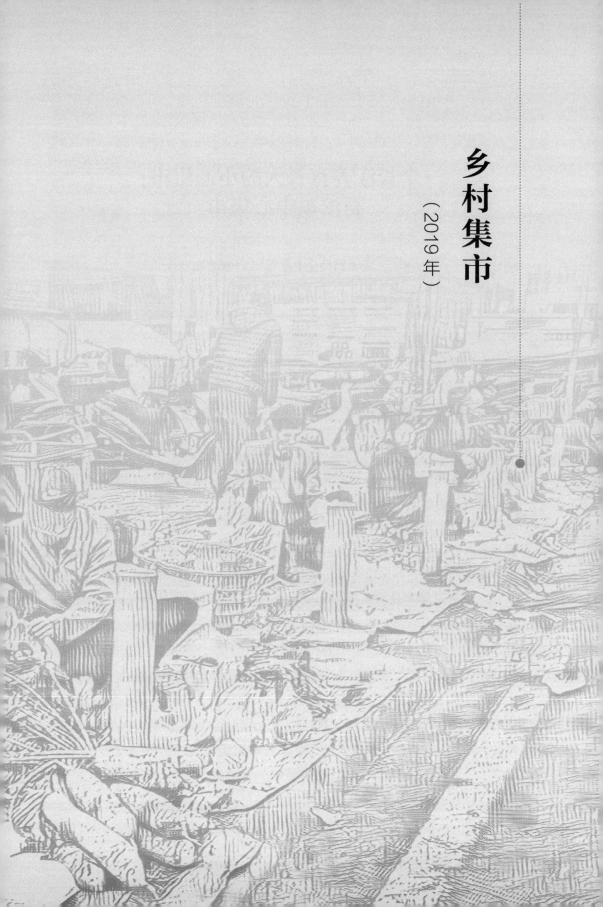

乡村集市

(2019年)

一个长江养育长大的小镇集市：
石沱镇中心集市

◇ 经菠（国际金融学院2017级本科生）

绪　　论

（一）调研背景

乡村集市是农村在固定地点集中进行商品交换的市场，是农民、乡村和城市三者连接的关键，其与乡村社会关系网络、地方民俗密切相关。乡村集市是一个乡镇经济情况的体现，也是当地风土人情的缩影。随着城乡经济的发展，乡村集市也发生了变化，商品交换的种类和来源空前丰富，社会活跃度显著提升，给地方管理者和小城镇建设带来了新的机遇和挑战。乡村集市的发展也侧面反映着当代农村和城镇关系的变迁。

乡村集市是乡村经济情况的集中体现，国家密切关注乡村发展，党的十九大报告提出实施乡村振兴战略，必须大力推进体制机制创新，强化乡村振兴制度性供给。该报告首次明确提出实施乡村振兴的"三步走"时间表：到2020年，乡村振兴取得重要进展，制度框架和政策体系基本形成；到2035年，乡村振兴取得决定性进展，农业农村现代化基本实现；到2050年，乡村全面振兴，全面实现农业强、农村美、农民富。

在这样的背景下，为了深入了解乡村集市的发展，我选取了重庆市涪陵区石沱镇中心集市作为案例进行调研。

（二）调研问题

本文探讨以下问题：

（1）该集市依托乡镇的基本情况如何？在经济、人口、地理等方面有何特征？

（2）该集市是怎么发展起来的？

（3）该集市的基本结构是怎么样的？与它位置相近的集市又是怎样的？

（4）该集市中人们赶集的情况是怎么样的？他们怎么评价该集市？

（5）该集市的商家怎么看待人们对集市的评价？管理人员怎么回应人们的评价？

（6）该集市反映了当代农村存在什么样的问题？

（三）调研基本框架

本次调研基本框架如图1所示。

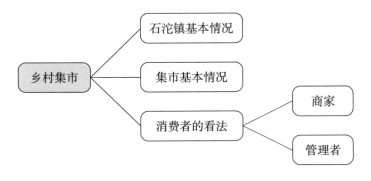

图1　调研基本框架

（四）调研目的

从理论层面来讲，目前深入实地探讨农村集市的文献不多，本文能够对现有文献进行补充，并能为行政人员对当今中国的农村发展做出正确的判断提供参考，同时，有利于让更多人了解石沱镇。

从现实层面来讲，本文通过实地调研，能够了解重庆市涪陵区石沱镇中心集市的基本情况和市场背后体现的石沱镇资源；能够了解人们对于农

村集市的看法，让商家和管理人员更加了解人们的需求和建议，从而做出更好的决策；有利于深层次折射石沱镇全镇的发展情况，帮助改善石沱镇中心集市的规划。

更重要的是，以对这个农村集市的调研为契机，本文深入挖掘中国农村的问题，为学术界展示一个有血有肉的乡村，让社会更加了解农村；充分反映当下中国农村中存在的问题，为政府决策提供参考。

（五）调研方法

1. 具体调研方法

本文首先利用调查法获取石沱镇基本信息，并用描述性研究法研究石沱镇的发展状况；而后，本文利用观察法，前往集市进行实地观察，从而获得集市的基本情况，再利用定性分析法分析集市的现有状况；本文进一步利用比较法，横向比对石沱镇中心集市和酒井、蔺市、新妙等其他集市；最后，本文利用访谈法对消费者、商家、管理者三方进行访谈，再就个别消费问题，进行个案分析，向管理者咨询解决问题的思路。

2. 调研对象

（1）调研行政范围：石沱镇。

（2）调研集市：石沱镇中心集市、酒井集市、蔺市集市、新妙集市。

（3）访谈对象：石沱镇部分居民、部分商家、相关管理者。

3. 相关概念

（1）赶集偏好：当居住地确定下来之后，人们会根据居住地的位置选取就近的集市进行赶集，除特殊情况外，人们很少改变他们的选择。

（2）合作集市：由于乡镇的商业资源有限，多个乡镇会在内部形成错峰赶集的俗约，这使得多地的商贩可以在某一时间先集中在某一个集市进行商品交换，并有充足的时间前往另一个集市进行商品交换。

（3）集市频率：一个乡镇集市赶集的总次数除以总时间。

（4）赶集频率：一个人去赶集的总次数除以总时间。

（5）赶集陪同人：一个人倾向于与谁一起去赶集。

一、石沱镇基本情况

（一）行政结构

重庆市涪陵区石沱镇的行政结构如图2所示。

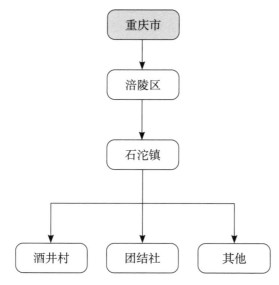

图2　重庆市涪陵区石沱镇的行政结构

石沱镇是重庆市涪陵区下辖的一个镇，为了方便调研的进行，我先梳理了与石沱镇关联紧密的乡镇和城市间的关系。十多年前，石沱镇拥有客运轮船和火车站，石沱镇的大量劳动力去到重庆主城区或外省工作，故研究石沱镇和重庆市的联系至关重要；石沱镇是涪陵的下辖乡镇，石沱和涪陵的联系不容忽视；由于地理和历史原因，石沱和蔺市、新妙两镇交流比较紧密，这两镇的发展和石沱息息相关。

在石沱镇，团结社为集市所在地（以下简称"石沱镇中心集市"），它在行政级别上为社区，是石沱镇人民政府下辖的唯一的居委会，其他下辖单位均为村委会。相对于其他村委会来说，团结社区有一定的经济发展基础，在全镇人心中位于"街上[①]"；而酒井村在历史上其行政级别曾经是乡，后因政策调整，降级为村，归属于石沱镇，但仍保留着酒井街道（以下简称

---

① 西南官话，街上，意味着是集市所在地。

"酒井集市")。石沱镇中心集市和酒井集市是石沱镇仅有的两个集市,故单独列出,以供研究。

(二)地理位置

重庆市涪陵区石沱镇(北纬29°42′,东经107°06′)地处长江南岸,位于涪陵区西部,东部与蔺市镇接界,南与新妙镇毗邻,西与长寿区接壤,北与义和镇隔长江相望,顺江西上距长寿15公里,东下距涪陵30公里。石沱镇地理条件优越,交通便捷,是涪陵区西部的移民大镇;拥有涪陵西部最大的天然良港,素有"黄金水道"之滨、物资集散地之美称;渝怀铁路、南涪铁路穿境而过。境内矿产资源丰富,风景名胜众多,素有"一脚踏三县"之称。

(三)经济发展状况

石沱镇辖区面积101.52平方公里,辖13个行政村,1个居委会。2016年底实有耕地面积62111亩,森林面积59059.35亩。2016年底全镇总人口34305人,总户数14398户。2016年地区生产总值(GDP)5.9亿元,财政收入1071万元,城镇居民人均可支配收入29536元,农民人均可支配收入11259元,固定资产投资5.27亿元。

从数据来看,2014—2017年石沱镇GDP的增长速度较快,主要靠第一产业和第三产业带动,缺乏工业基础。该小镇大多数人口仍然依靠农业种植为生,主要的农产品有水稻、玉米、榨菜等;不少人口依靠养殖业为生,主要养殖猪、鸡;由于该小镇毗邻长江,曾经也有人依靠渔业为生。但是小镇自身工业技术和矿产资源相对周围乡镇较为欠缺,工业的不足始终限制了小镇的进一步发展。该镇目前仅有一家榨菜厂、一家炼油厂(此厂未完全投入使用)等寥寥几家大型厂商。总体来看,该镇的经济发展状况良好。

(四)人口详情

本次调研的人口数据是石沱镇2016—2018年各村的人口信息和住户信息(表1),数据来自石沱镇人民政府统计办。整个镇上的人口情况能够很好地反映整个市场的规模，便于我们进行市场消费需求和供给的分析。

表1　石沱镇2016—2018年各村的人口信息和住户信息

村名	2016		2017		2018	
	户籍人口	常住人口	户籍人口	常住人口	户籍人口	常住人口
团结	4100	2620	4086	3142	3940	5980
梧桐	2602	1830	2580	1809	2682	1905
三窍	2105	766	2076	752	2054	776
千秋	1253	616	1227	562	1244	344
酒井	2782	2188	2774	2014	2826	1459
光明	2780	1479	2742	1410	2849	1198
歇凉	1025	558	1000	542	981	523
烈火	2102	1128	2108	552	2086	1151
天府	2776	1217	2774	1178	2746	1113
青春	2285	900	2265	865	2404	889
富广	3359	2108	3269	1881	3110	1722
长益	2293	1469	2259	1435	2230	1428
大山	2551	924	2516	881	2501	1456
太和	2349	1526	2314	1497	2204	1250
总计	34362	19329	33990	18520	33857	21194

资料来源：石沱镇人民政府统计办。

从表格中看，该镇的户籍人口远远大于常住人口，这是中国西南片区乡镇的常态。由于大多数年轻人外出务工，他们一般留下孩子在家交由长辈照顾，俗称"留守儿童"。根据对石沱镇人民政府有关人员的访谈，镇里大多数年轻人外出务工，以重庆主城区、广东省、福建省、浙江省等地为主，镇里的劳动力较少，这是普遍的现象。

至于2018年石沱镇团结社的常住人口突增，一是因为2018年龙海石化炼油厂投入生产，大量的外来人员居住在石沱镇，为石沱镇添加了大量劳动力和消费力；二是部分其他乡村的人口，搬到镇上居住；三是部分被征地用户，他们被征地之后迁往镇里居住。

（五）人口结构

一个地区的人口年龄段分布侧面反映了该地区的抚养比，我国许多地区正呈现老年化加快，人口的抚养比例急剧上升的趋势。人口结构反映了该地区的少年人口情况、劳动力情况、老年人口情况。提高一个地区的劳动力比例，形成一个较合理的人口结构，能够促进该地区经济的健康良好发展。涪陵区统计局具体分类为：0~14周岁为少儿人口，15~59周岁为劳动力人口，60岁及以上为老年人口。

据了解，涪陵区整体抚养比例偏高，根据2012年中国统计年鉴，全中国总抚养比为35%，而涪陵区的总抚养比却高达51%。乡镇的总抚养比极高，尤以部分乡镇为甚，例如珍溪镇几乎是高达80%，石沱镇抚养比也较高。这反映了当下农村的劳动力大量流失，总体抚养比例偏高的情况。

（六）赶集偏好

随着乡镇的历史发展，该镇形成了两个主要集市：石沱镇中心集市（位于团结社）、酒井集市（位于酒井村/街道）。该镇的居民根据自己住宅的所在位置，择优选择赶集点。通过调研发现，一旦居民的住宅固定，就会固定选择一个赶集点，如没有特殊情况，居民不会改变自己的赶集偏好。调研人员发现，在同一个村的人大多具有相同的赶集偏好，调研人员走访村落之后总结石沱镇中心集市和酒井集市服务的主要乡村，如图3所示。

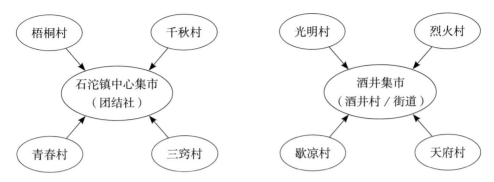

图3　石沱镇中心集市和酒井集市服务的主要乡村

资料来源：调研人员调研后整理。

一个集市的服务范围始终有限，部分乡村（比如太和村等）由于距离其他镇的集市（比如新妙镇）较近，因此那里的人更倾向于去其他镇的集市赶集。由于石沱镇主要街道区为石沱镇人民政府所在区域，且集中了该镇的所有教育资源，所以该区最能够反映该小镇的集市繁荣度，本次调研着重分析石沱镇中心集市。

（七）合作集市

酒井集市和石沱镇中心集市建立了长期合作互惠关系，形成了"合作集市"。所谓合作集市，即由于乡镇的商业资源有限，多个乡镇内部形成共识进行错峰赶集，这样使得多地的商贩可以在某一时间先集中在某一个集市进行商品交换，并有充足的时间前往另一个集市进行商品交换。这样就可以集中多个地区的商业资源，从而满足两地居民的生活需要。笔者通过调研走访发现，这种现象在涪陵区管辖的乡镇内十分普遍，除本例之外，有些则是三个集市间形成合作关系。

（八）石沱镇集市的发展

早在20世纪末，石沱集市还位于长江边上，不少人以捕鱼为生。石沱乡集市（1992年之前，石沱的行政区划为乡）主要进行鱼类交易。那时的石沱码头有客船停靠，人流量大。后来石沱的行政级别调整为镇。于是开始进行新的街道规划，将老街道向北拓展，成立新的石沱街道，之前的街道被称为

"老街",便有了如今的石沱镇中心集市。大概在2008—2010年,石沱镇人民政府决定建设石沱镇农贸市场,选择在石沱镇中心集市的旁边建设农贸市场,规范秩序。但是如今农贸市场和石沱镇中心集市的区分日渐淡化,两者逐渐融为一体发展。①

二、实地调查:石沱镇中心集市

(一)集市区域

此次调研主要对象为石沱镇街道、石沱镇主要街道区和石沱镇农贸市场,三者根据石沱人的心理标准和石沱镇人民政府工商办划分。石沱镇街道(广义上的石沱街道)指的是由宛平十字路口一直到宛平路和韩石路的交会处的范围,石沱镇主要街道区(狭义上的石沱街道)指的由重庆市农村商业银行到宛平路和韩石路交会处的范围,石沱镇农贸市场指位于韩石路的农产品、禽产品、水产品的交换区。

1. 石沱镇街道

石沱镇街道,全长大约1500米,西起宛平路口,东至宛平路和韩石路交会处,是石沱镇人民广义上的"街"。在石沱镇主要街道区的基础上,加上由宛平路口到重庆农村商业银行这一段路程,其间有学校和较多商家。

石沱镇街道总体上呈一条直线,贯穿整个团结社区,其在行政规划上属于街道。沿途有小型商店,也有经营夜宵(俗语称"喝夜啤酒")的烧烤摊,还有一家用于承办宴席的饭店。但是由于这里没有商贩集聚,加上商家分散,没有形成较大的集市区。这里仅简要提及,并不做详细分析和讨论。

2. 石沱镇主要街道区

石沱镇主要街道区,全长大约500米,西起重庆市农村商业银行,东至宛平路和韩石路的交会处,是石沱人民狭义上的"街"。这里是目前石沱镇人民赶集市的地方,也是石沱镇人民政府和石沱镇中心小学的所在地,是石沱镇主要的商品交易集市。

---

① 该部分来自后续访谈对象龙女士和刘婆婆的口述,经调研人员整理。

该区域商家十分密集，几乎每家每户的门面都是商铺。该集市能够在日常赶集中吸引大量的人流前来买卖。每到赶集的时候，街上的人群密度较大。石沱镇主要街道区也是石沱镇中心集市的主要地点。

3. 石沱镇农贸市场

石沱镇农贸市场，占地面积约500平方米，没有固定的场所，只有一个大致的区域，小商贩和农民在那里摆设摊位，主要进行农产品和水产品的交易。这就是传统的意义上的"赶集"，只有在双数日上午，才有商贩和农民聚集进行买卖。

石沱镇农贸市场设立于2010年左右，由于乡村赶集的目的更多是获得生活的必需品（如食物），所以对农贸市场的研究也是很关键的。不同于石沱镇主要街道区，商家在农贸市场没有固定摊位，而是只有在赶集的时候才来摆摊。所以农贸市场也是乡村集市的重要组成部分。

4. 石沱镇中心集市

根据调研发现，石沱镇中心集市大致可以分为两个部分：一、商家长期存在、拥有固定摊位的（即每天都会有商品交换的）石沱镇主要街道区，该集市在非赶集的时间段主要是团结社的居民前来购物，因为家庭住址相对比较近，往来便利。二、只在赶集时存在的农贸市场，部分商家是流动性的。从人群密度来看，这两个场所基本上是没有差别的。在赶集的时候，会有其他相距较近的乡村或者距离稍微远一点的村落的乡民来到石沱镇中心集市赶集。石沱镇中心集市是全文的调研重点，其结构可参考图4。

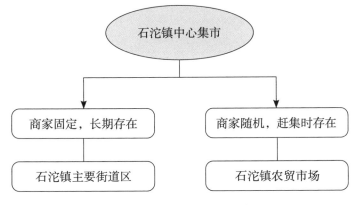

图4 石沱镇中心集市的结构

（二）集市频率

由于乡村的资源有限，商品交易的频率不太高，经调研小组深入调查发现，石沱镇及其周围乡镇组织集市（俗称"赶场"）的频率如表2所示。

表2　石沱镇及其周围乡镇组织集市频率

乡镇名称	行政级别	集市频率	除夕当天	特别罢集时间
蔺市	镇	每天	上午	不罢
新妙	镇	双数日上午	上午	大年初一到初三
石沱	镇	双数日上午	上午	大年初一到初三
酒井	街道	单数日上午	上午	大年初一到初三

资料来源：调研人员收集整理。

其中，石沱镇中心集市和酒井集市具有合作关系，即形成错峰赶集的时间。

其他乡镇的集市未与石沱镇形成联合发展关系，赶集时间可能有所重合。至于石沱镇周围较为发达的蔺市镇，其在2005年前后引入了"美心洋人街无主题免费公园"[①]，为蔺市镇带来大量的消费人流和娱乐设施，使蔺市镇成为美心红酒旅游小镇，促进了其经济发展和集市繁荣，故该镇的赶集频率接近于城区频率。相对于蔺市的集市，石沱镇的集市显得更加传统，也就是在固定的日子，商贩和本地的农民、渔夫等汇集到一个场所进行商品交换和物资买卖。

还存在一些罢集现象，例如大年初一到初三为农村居民四处烧香祭祖和走访亲友的时间，他们在心理上认为这段时间不应该进行商业交换，因为这是家庭休闲消遣娱乐的时间。总体来看，一个乡镇的集市频率能够在一定程度上反映一个乡镇的经济的繁荣程度。

---

① 一个以游乐场为主的大型场所。

(三)商家结构

为了进一步深入了解石沱镇市场结构,调研人员走访了各街道,了解街道的商家部署情况。由于农村集市的商家对自己的商品归类并不明确,店名和主营业务之间存在很大的偏误,一家商店经营多种业务的情况随处可见,因此为了调研的方便,我们对整个集市的商店进行了分类,具体如下(表3)。

表3 石沱镇商家分类

商家种类	主营业务
银行	提供存款和贷款服务
邮政	提供存款、贷款以及邮寄服务
便利店	仅售卖各类小零食、饮品以及某些文具
猪肉店	贩卖鲜活猪肉
超市	在便利店的基础上,还贩卖水果、蔬菜、生肉、家庭用品等,而且能够刷卡支付、开具发票等
商品店	单独贩卖渔具、毛巾、厨卫等;五金店
手工店	裁缝,棉花手工加工店
工艺店	钢材加工店、汽车修理商、防盗门修理商、电缆电线装置商
餐饮店	火锅店、家常菜饭馆、酒楼、卤肉店、小面馆等
服装店	贩卖衣服、书包、鞋类等物品
电器店	主营家电,例如冰箱、空调、电视等
宾馆	提供住宿服务
打印店	提供文件的打印、复印以及传真等服务
蛋糕店	生日蛋糕订做,贩卖部分甜点
美容店	提供美容、按摩等服务或者贩卖美容产品
农产店	贩卖种子和相关农产品的农药和杀虫剂

续表

商家种类	主营业务
水果店	贩卖水果
售水店	专门贩卖桶装纯净水
烟花爆竹店	主要指提供红白喜事一条龙服务和贩卖烟花爆竹的商家
娱乐场所	镇民进行休闲娱乐聚会的地点（在本镇主要为麻将馆）
通信及移动设备店	电话费充值和网络入户，出售手机
医疗机构	医院、诊所、药房
教育机构	学校和社会培训学校
女士用品店	这里特指该镇某家专门贩卖女士卫生巾的商家
精品店	贩卖小礼品（例如耳坠、围巾、发卡等）
摩托车销售商	贩卖摩托车
酒坊	贩卖自家酿制的酒
照相馆	提供拍摄结婚登记照、周年照等服务

资料来源：调研人员收集整理。

此次调研发现，石沱镇主要街道区的商家和公共机构一共有109家，石沱镇初级中学未计算在内。对商家、公共机构统计结果见表4。

表4 石沱镇主要街道区商家、公共机构数量一览表

商家、公共机构种类	数量	商家、公共机构种类	数量
餐饮店	14	手工店	2
服装店	10	水果店	2
便利店	9	宾馆	1
娱乐场所	9	菜品店	1

续表

商家、公共机构种类	数量	商家、公共机构种类	数量
理发店	7	车辆维修店	1
医疗机构	7	打印店	1
农产店	6	蛋糕店	1
烟花爆竹店	5	精品店	1
通信及移动设备店	4	酒坊	1
电器店	3	美容店	1
工艺店	3	女士用品店	1
商品店	3	售水店	1
猪肉店	3		
超市	2	银行	1
国家机关	2	邮政	1
教育机构	2	照相馆	1
摩托销售店	2		

资料来源：由调研人员收集整理。

从对石沱镇中心集市的调研可以看出，集市中基本的生活服务比较齐全。但是部分行业只有一两家商家，造成集市中不少商家存在垄断经营，可能会定价过高或者压低质量。在后面的调研中也确实发现该集市存在相关的问题。但是从商家结构来看，中心集市的商家规模相对于周围乡镇蔺市和新妙来说更小，后者的商家规模是石沱镇集市的2～3倍，这一现象背后是因为石沱镇的发展赶不上周围乡镇的发展。对商家结构的调研有利于后续对于价格的研究。

根据此次商家结构调研，我们发现以下两点。

（1）农村集市（石沱镇中心集市）的娱乐设施较为单一，以麻将馆为

主。经过深入调查，发现该小镇的人们习惯在空闲时间前往麻将馆打麻将，而且这种现象在农村集市较为普遍，在石沱镇主要街道区的109家商家中，麻将馆多达九家，位居各类商家数量第四名。这反映了小镇人民打麻将的习惯很普遍。

（2）农村集市商家通常是大招牌、小卖品。例如部分商家招牌为"石沱镇种子公司"实际上是卖种子的摊位。

三、实地访谈——消费者

本次调研采取访谈形式，对长期生活（或者曾经长期生活）在石沱镇的7位居民进行访谈，以了解老百姓的真实想法和实际行为，提高整个调研的完整性和全面性，访谈内容均经过受访者允许公开发布。为了保证数据来源的可靠性，本次调研访谈的人群覆盖在石沱镇中心集市服务范围内的大部分村落，受访者所处的社会身份也大不相同，表5为访谈居民的基本信息。

表5 访谈居民的基本信息

访谈对象	年龄	居住地	社会身份
龙女士	45岁左右	团结社	家庭主妇
刘婆婆	70岁左右	团结社	无业老人
彭小姐	25岁左右	团结社	外出务工
龙先生	30岁左右	团结社	外出务工
经女士	45岁左右	三窍村	村干部家庭
张先生	50岁左右	青春村	农民
周女士	35岁左右	千秋村	农民

（一）老百姓行为调查

1. 赶集频率

访谈内容摘要：

> 我们平时天天赶场（俗语，意思同"赶集"），自己的家就在街上，偶尔出来逛逛。
>
> ——龙女士（团结社居民）

> 平常我们很少去赶场，除非有点什么东西非买不可。再说我们家里也没有摩托车，上街一点都不方便。
>
> ——经女士（三窍村居民）

> 如果没有什么事要做，也会偶尔去街上一下，也不是说要买点什么，就是去看个热闹。
>
> ——张先生（青春村居民）

> 原先千秋到石沱街上要一个多小时车程，基本上不会来赶集，现在有了一些客车，有时候会上街赶集，不过也是大概一个月一次。
>
> ——周女士（千秋村居民）

由于农村的交通不便利，农民缺乏交通工具，往往呈现出越远离集市区域的人们赶集频率越低的现象。在本次调研中，我们发现受石沱镇中心集市影响的人们在赶集频率上也是如此。由于居住于集市中或者集市的边缘处，能够随时购买自己的所需之物，团结社的居民基本上是次次必赶集；而对于其他乡村的居民来说，赶集属于偶尔有之的一种奢侈活动，如千秋村的一些村民宁愿在家忙农活，自给自足，减少自己赶集的次数。青春村是仅次于团结社、距离集市较近的乡村，其中的一些农民也偶尔将自己种植的蔬菜和水果背到集市去卖。

为了解决其他乡村赶集困难的问题，未来可以适当增加客运车辆，让有赶集需求的老百姓能够上街体验赶集的热闹，增加集市的繁荣度。但是最重要的还是发展当地的经济，让农民富裕起来，从而让农民有更强的消费能力。

总之，现在各村居民赶集的频率，随着乡村离集市的距离增加而减少。

2. 赶集购买物

访谈内容摘要：

  我们上街经常就是为了买米、蔬菜、肉类，水果偶尔也会买；生活必需品都在购买的范畴之内。

——龙女士（团结社居民）

  一般赶场都是去看个热闹，不买什么。

——刘婆婆（团结社居民）

  家里基本上有庄稼，能种植大米、玉米，上街偶尔买点新鲜的猪肉、鱼肉，当然有时候上街也去理理发。

——经女士（三窍村居民）

  赶场最多买点吃的，衣服什么的只是偶尔去买，有时候去赶场也要背着自己家种植的柑橘上街去卖。

——张先生（青春村居民）

  上街一般去买点农产品种子或者肥料，基本上都是在种植水稻和榨菜的时候才上街。

——周女士（千秋村居民）

  该小镇的居民赶集的主要目的是购买食物，比如长期生活在团结社、家里土地被征用的龙女士，平时上街就是去购买一些水果蔬菜。但是对于有些长期进行农业种植的农民来说，平时家里的食物基本上能够自给自足；他们的收入有限，消费能力不算太高；他们上街有时是为了购买农作物种子和肥料等，用于下一季度的耕种。根据龙女士的访谈，团结社的大多数居民上街都是为了购买蔬菜水果。这也是农村集市的常态，因为农村的经济不发达，恩格尔系数高，食物支出占总支出的比重很大，这也是为什么石沱镇中心集市的主要商家以出售食品为主。

  总之，居民赶集购买的主要是食品，少数农民则主要购买农作物种子和肥料。

3. 赶集陪同人

访谈内容摘要：

我的丈夫工作比较忙，没有时间赶集，我一般喜欢和我的儿子上街赶场，比较热闹。

——龙女士（团结社居民）

偶尔是和几个同龄的老太婆上街，偶尔也自己一个人去街上，四处乱逛，反正我人也老了，也没有什么事要做。

——刘婆婆（团结社居民）

过年过节的时候，女儿从城里回来，喜欢和女儿去街上看看，让女儿陪自己。

——经女士（三窍村居民）

买东西的时候，我经常就是一个人骑摩托车去，上街买了就回来，有的时候，喜欢和自己的媳妇上街来看看，买点水果啊。

——张先生（青春村居民）

过年的时候，喜欢拉着儿子走到街上逛逛，感受一下节日的气氛。

——周女士（千秋村居民）

赶集的时候，大多数人都倾向于和自己的家人一起上街，可见赶集也是一种能够拉近亲人之间距离的活动。而在急需要购买物品的时候，一般人们会一个人上街购买。在节日的时候，人们往往倾向于带着自己的儿女，上街赶集以感受团圆的气氛。每年春节，农村的人流量都会急剧上升，许多人的儿女都从城里赶回来了，许多在上学的孩子也有较长的假期陪父母上街逛逛。这反映了集市的确可以成为亲情连接的纽带。根据刘婆婆的访谈，早在十年前——镇上的年轻人还比较多的时候——还能经常在集市上看到一些小情侣，人们在集市上大多三五成群、嘻嘻哈哈，那时候的集市比现在热闹多了；如今的集市只在春节期间有热闹的氛围。对农村人来说，赶集可谓是一件大事，即便说不上要买什么，也会图个热闹。调研人员发现，春节期间赶集的陪同人，以亲人为主。

总之，赶集的时候，人们更倾向于和亲人结伴。

（二）老百姓态度调查

1. 赶集偏好

访谈内容摘要：

> 我们就在石沱镇上住，一般都在街上买东西，可能偶尔过节会去蔺市买点什么水产品；如果心情好，又没有什么事情，有时也下涪陵城去买衣服，去逛逛，见一下世面。
>
> ——龙女士（团结社居民）

> 我都是老太婆了，基本上就在石沱街上逛了，难得有三亲六戚在城里摆酒席，才会自己进城走走。
>
> ——刘婆婆（团结社居民）

> 我一般都还是去石沱镇上买东西。
>
> ——经女士（三窍村居民）

> 我平常都去石沱街上，偶尔去蔺市洋人街玩一下。
>
> ——张先生（青春村居民）

> 平时都不赶场的，如果要赶的话，还是去石沱街上。
>
> ——周女士（千秋村居民）

通过调研发现，当居住地稳定下来了，农村居民更倾向于选择一个固定的集市赶集。由于农村的交通不便利，很多人赶集都需要走上一个多小时，而农村集市与集市之间的距离往往都比较远，因此人们往往会就近选择集市进行赶集。在访谈中也提到，不少居民有些时候也会去涪陵或者重庆主城区等地购买衣服或者赴宴。其中龙女士表示，之所以会前往蔺市购买相应水产品，原因有二：一是因为部分水产品在石沱镇集市上没有商家供给，二是即使有地方供给，也只是一两个寡头商家在售卖，价格相对于蔺市集市来说高了不少。这两个原因促使龙女士选择前往蔺市购买水产品。乡村集市目前的状况是，大多数人只会在特定集市赶集，当有特定需要才会前往其他集市或者进城。这便印证了之前本文关于赶集偏好的假定。

总之，相对固定的赶集偏好在乡村居民中是普遍存在的。

2. 集市近年的改变

访谈内容摘要：

> 最大的改变就是今年石沱镇中心集市开了一个超市，那个大超市有点类似于城里的那种，里面有水果、蔬菜、肉类和各种日用品，基本上满足了农村人的需求。我记得那个超市雇佣的员工就有十几名，在农村，这样的规模算是很不错了的，还有里面的价格都要比外面集市的便宜，我现在基本上生活用品都是在超市里购买了。
>
> ——龙女士（团结社居民）

> 我们街上开了一家超市，里面的价格比以前在集市商家购买的价格都要便宜不少。原来我买"六个核桃"一箱是75元，现在在超市只要68元了，里面的很多东西都要比原先在集市便宜。
>
> ——刘婆婆（团结社居民）

> 我平时比较少赶集，但是今年石沱街上开了一家新超市，刚开业那天，打折价格特别便宜，一桶菜籽油才30多元，我当时叫上我的丈夫去超市买了好几桶回来。当时人太多了，挤都挤不下，我们排队都排了好久。
>
> ——经女士（三窝村居民）

调研人员发现，镇上开了一家叫"福乐多"的超市，超市里面的价格真的比原来在集市的价格要便宜不少。该超市位于石沱镇人民政府的对面，地理位置较好，吸引了大量客流。

超市的出现，改变了农村人民的购物习惯，让以往习惯去农村集市购物的村民可以前往超市买到自己所需的物品。同时也对某些商品的价格形成了冲击，比如白鲢的价格从原来的每斤6元降低至每斤3.5元，不少商品的价格与比石沱镇发达的周围乡镇中的同类商品相差无几。刘婆婆表示，石沱镇的居民对该超市赞不绝口，都喜欢去该超市购物，但不知道该超市是否能够维持下去。

总之，该超市的出现一定程度上使得农村人的购物习惯向城市购物习惯转变，同时也降低了某些商品在农村的价格。

（三）外出务工人员态度调查

1. 石沱镇中心集市变化大

访谈内容摘要：

> 我在重庆打工，一般过年才回来一次，平时都不回来的，每一年回家都感觉家乡变化好大啊。
>
> 变化很多呀，我前年回来，发现街上的楼增加了不少，街也变长了不少；今年回来，家乡还开了一个大超市，方便人们购物，我现在回来都经常在那里买东西；我的爷爷婆婆也搬到街上住了，他们也感觉还可以。
>
> ——龙先生（团结社居民，外出务工）

> 我觉得老家变化真大，原先的农贸市场都搬了，现在农贸市场慢慢开始消失了，逐步变成了在街上分散式购买了；今年的变化就是街上开的店慢慢多了起来，也开了超市。
>
> ——彭女士（团结社居民，外出务工）

根据外出务工人员反映，石沱镇集市变化非常之大。他们基本上都是常年在外务工，一般只在节假日回来，多数只在春节回来。在他们口中，石沱镇集市的变化主要是从原来的窄短的街道逐渐发展到现在的石沱镇全街道。如今还有了超市，方便了人们购买日常用品。现在的农贸市场也慢慢在消失，人们的购物方式逐渐转变为在街道上的摊位零散式购买。

2. 集市宜拥有自己的特色

访谈内容摘要：

> 老家应该发展一下自己的特色，像周围的蔺市主打美心红酒小镇，将集市发展成古城，每年很多人去玩，里面还有游乐场，这对蔺市如今的发展肯定有很大的帮助。
>
> ——龙先生（团结社居民，外出务工）

> 其实石沱可以借鉴蔺市的发展。我每年回来就要去蔺市耍，那里会

举办一些庙会什么的，体现乡镇本来的特色。

——彭女士（团结社居民，外出务工）

外出务工人员表示，家乡宜发展有自己特色的乡村集市，这样才能够吸引更大的人流量。可以借鉴周围乡镇蔺市镇的发展模式，蔺市镇形成了游乐场、古城、集市三者相结合的洋人街，吸引了大量的人来观光游玩，成为周围乡镇发展较好的典范。石沱镇的地形受限，故建设游乐场似乎是不可行的，但是打造"古城+集市"的新发展模式是可以尝试的。早在清朝前，石沱已是一个具有十万人口的地区，经济繁荣，但是一场大洪水淹没了小镇，后来小镇才被人们挖掘出来进行考察。[①]其中龙先生也在访谈中提及，我们可以采取"古城+集市"的发展模式。对于此类项目的具体实施，我们将在后续对石沱镇人民政府的工商办访谈中详细探讨。

四、实地访谈——商家与管理者

（一）商家访谈

此次访谈对象为石沱镇的部分商家，本文选取的商家包括打印店、猪肉店、餐饮店、商品店的四位老板。调研人员从各个角度对乡村集市和乡村街道进行了深入了解，了解的主要内容为主要顾客群体、商品价格等，并针对消费者提出的问题，选取了几个重要方面进行描述。表6为访谈商家的基本信息。

表6　访谈商家的基本信息

访谈商家	身份	主营业务
伍先生	商品店老板	贩卖零食、日用品
朱先生	猪肉店老板	贩卖猪肉
郑女士	打印店老板	打印、复印等服务
张先生	餐饮店老板	宴席承办

---

① 该段材料根据百度百科和石沱镇的民间传说整理。

针对消费者提及的乡村部分商品价格过高的问题，我们对相关商家进行了深度访谈，总结了两个因素，具体如下。

1. 乡村集市成本高

访谈内容摘要：

> 打印机的成本过高，乡村的打印需求又比较少，所以我进货也比较少，打印成本自然就上升了。
>
> ——郑女士（打印店老板）

> 在农村的都是土猪，营养很好的，我们在农民家里收猪都要7块一斤，成本比城里面那些饲料猪要高很多。饲料猪集中养殖，用饲料喂，长得又快；而农村土猪一年才能长成这样大，农村土猪的时间成本也高。
>
> ——朱先生（猪肉店老板）

> 在乡村要购买一些肉类，没有长期的供货来源，比如牛肉这些，石沱镇上只是偶尔有人卖。我们只有去涪陵城区购买，一来二去路费也贵；还有像虾子的话，石沱镇上的需求又少，偶尔有需要的话就没有办法，只有早早从城区买回来冰冻着。
>
> ——张先生（餐饮店老板）

各老板均反映由于乡镇的需求量较少，进货的成本很多都上升了，导致价格偏高。如果价格低的话，老板们都不能获得很好的利润。此外，乡镇的原料供应困难，导致部分商品的价格偏高。其中张先生还提道："石沱镇上的酒席价格和涪陵城区相当，但是菜品的质量却下降了一些。"

2. 商品定价

访谈内容摘要：

> 石沱镇就我一家打印店，居民基本都是来我这里打印的，价格我基本上都是在涨价，反正打印的人不多，涨成一张两块，毕竟镇上的人最多打印照片啊，就几页纸而已，一两块钱人们不会在乎的。人们

也不可能因为一两块钱专门跑去蔺市和新妙打印的。

——郑女士（打印店老板）

镇上这几个卖猪肉的，我们都认识，一般价格我们不会乱来的，都是大家一起商量，定一个统一的价格。但是今年新开的那家超市，让我们的生意难做了。

——朱先生（猪肉店老板）

街上这些承办宴席的都是一伙的，大家都是一个价，如果有人杀价的话，我们基本上会去刁难他的。

——张先生（餐饮店老板）

根据访谈商家的记录，我们发现，由于乡村集市的规模较小，一个行业的商家只有一两家，完全自主定价。即使有多个商家，往往也是协商好了一同定价。多数行业在乡镇都存在这个问题，毕竟如果价格太低、利润太少的话，商家就可能去城里做生意了。其中张先生还表示，在农村做生意，其实比城里更容易，因为只有这么几个竞争对手，有的行业甚至没有竞争对手。但是朱先生表示，由于今年石沱镇上新开了一家超市，猪肉的价格较低，他们原来的定价被破坏，这让他们的生意比之前更难做了。看来，引进竞争者可以对农村的商品价格造成很大影响。

（二）管理者访谈

此次调研我们针对集市上存在的问题，对长期进行石沱镇市场管理的李科长[①]进行了访谈。

1. 集市上不道德行为

确实，石沱镇集市目前存在这样一些问题，不少流动摊贩进入集市欺骗我们老百姓，目前我们政府方面会加强对于现有商家的管理和日常巡逻。而且目前我们正在开展相关的打击假冒伪劣产品的行动。你们可

---

① 为了保护受访者隐私，姓氏也经过模糊化处理。

以在我们公众号"涪陵掌上石沱"上查阅相关的报告。

——李科长

访谈之后，我们查阅发现，针对农村的假冒伪劣产品问题，石沱镇人民政府已经开展相关的行动，在不久的将来，政府会不断加强对该类活动的管制，以最大限度地保障集市中群众的权益，规范石沱镇中心集市的秩序，促进集市健康良好发展。并且该类事件也得到重庆市委的关注。

由此可以看出，不仅镇政府对于农村集市的假冒伪劣产品问题高度重视，连市政府也是如此，目前全市都在整顿该类问题。

2. 价格偏高的问题

目前由于石沱镇上集市较少，规模也比较小。确实，有的行业商家只有一两家，有的商品价格和涪陵城区相当。商品涨价往往属于商家成本较高时的正当利润，而且由于集市的规模有限，我们也不好处理和管理，如果打击的话，就会导致行业缺失。我们现在尽可能地引进一些竞争商家，就比如说今年引进福乐多超市，让集市的一些商品价格有所下降。总之，解决这类问题的最好办法还是大力发展集市整体规模和经济。

——李科长

针对该类问题，李科长给出的解决思路是要尽量加大力度引入外来竞争者，来打破该类局面。未来的工商管理工作中，可能会大力招商引资。

3. 特色集市发展

现在我们也有这方面的考虑和打算，但是具体的实施是非常困难的，如果没有上级政府的资金支持，这些措施还是比较难维持下去的。蔺市镇的发展模式不能套用，因为蔺市集市的发展是借助美心公司的大力投资的，相比之下石沱镇集市没有类似的资源。但是在2016年我们也针对石沱镇的发展定位做出了规划。

以下为规划安排。

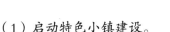

（1）启动特色小镇建设。

进一步优化城镇布局，完善城镇规划，加快集镇城镇化建设。以石沱团结集镇为主体，酒井、石和两场镇为骨架，连体发展，积极引导和拉动群众向集镇聚集，使集镇成为区域城镇体系的重要节点和加快发展的重要动力，成为连接长寿、巴南的重要门户。新建和完善停车场、公共厕所、公共汽车站、标准化农贸市场等公共设施。完成团结集镇人行道、路灯、消防栓改造，进一步完善场镇功能配套，确保场镇卫生整洁；启动生态湿地公园建设前期工作，启动关键节点整治，建立美化净化亮化机制，积极争取立面风貌特色改造。预计累计投资2300万元，完成石沱迁建集镇小区综合帮扶项目，改造集镇基础设施。加快农村水电气讯路和防洪减灾、清洁能源等基础设施建设，全面解决农村饮水安全问题，农村电网全面升级，实现等级公路通达所有行政村，并全面硬化。充分发挥水陆交通交汇聚居地的地缘优势，着力打造物流集散重镇。积极筹划库区景区建设，推动旅游业发展。努力使集镇成为生态优美、环境优雅、人居良好、群众幸福指数高，集休闲、娱乐、旅游为一体的现代化新城镇。

（2）启动特色村居建设。

结合乡村旅游，发展观光农业，做强农业产业，形成"一乡一业、一村一品"的发展格局。推进甜笋、榨菜、有机蔬菜、生态养殖项目建设。在稳定粮食生产的基础上，大力推进榨菜、水果、蔬菜等三大特色基地建设，实现一、三产业融合发展，努力把石沱建成重庆优质特色农产品基地。逐步在全镇推广生态、绿色种养殖业，打造一批使用有机肥料、不施农药的绿色蔬菜种植基地和不使用饲料添加剂喂养的特色养殖基地。

（3）推进特色产业建设。

做好太和脆红李，长益西瓜、梨子，王家坡李子，歇凉广柑等特色农产品的宣传推广工作，逐步扩大种植规模。引进台湾泥鳅、食用竹荪等新种养殖技术，发展种植养殖大户5户；打造蔬菜种植基地2个，新发展蔬菜种植大户2户。推进农业规模化种养、标准化生产和品牌化销售。在推进高效农业的过程中，要积极稳妥地处理好"土地流转"过程中有关问题，把握好政策界限，协调好大户、农户关系，促进全镇高效

农业的健康、规模、有序发展。认真组织实施扶贫开发,集中力量、集中投入,重点抓好优势产业的连片开发,进一步抓好产业基地建设,打造一批产业扶贫亮点。

——李科长

对于石沱镇中心集市出现的问题,相关管理人员给予了回复,我们将其措施归纳成三点:①加强对于集市制度的管理。②发展集市规模,引进竞争商家。③探索适合石沱镇集市特色的发展道路,目前的发展思路是打造"旅游石沱"。李科长在访谈中还提到,现在石沱镇缺少劳动力和消费力,尽管今年镇上的炼油厂开工,带来了一定的劳动力,但是这些劳动力始终只是工厂的。整个石沱镇都存在大量人员外出务工、镇里的年轻人少的问题,使得集市发展以及向城市转型成为石沱镇一大难题。

五、结论

(一)本文主要观点

本文以整个石沱镇中心集市为主要调研对象,分析了集市所依托的石沱镇的基本情况。该镇的经济发展呈现逐年上升的趋势,地理位置处于长江沿岸,人口情况表现为大量劳动力外出务工。过去进行传统鱼类交易的码头,逐步发展成为如今的石沱镇主要街道区和农贸市场;随着时间的推移,农贸市场和主要街道区已经表现出融为一体发展的趋势,未来的街道开始向石沱镇全街道发展。此外该小镇还保留着和周围乡镇以及涪陵重庆城区的频繁交通联系;该小镇的商家结构特点为集市规模小,多数行业存在垄断现象。

通过对消费者的访谈得到以下结论:①赶集的频率随着居住地离集市的距离增加而减少;②赶集的时候,人们更倾向于和亲人结伴;③相对固定的赶集偏好在乡村居民中普遍存在;④石沱镇部分商品价格相对周围乡镇较高,可能是由于商家数量较少;⑤近年来石沱镇中心集市变化非常大;⑥石沱镇中心集市可以发展自己的集市特色。

再通过对商家的深度访谈，笔者发现价格较高的问题主要有两个方面的原因：一、农村集市规模小，成本较高；二、竞争对手少。对此问题，调研人员访谈了石沱镇人民政府工商办长期进行石沱镇街道规划的李科长，对此他给出解释：集市规模小，价格较高存在一定合理性，政府不断致力于将其尽量控制在合理范围内；对于集市上不公平不道德的交易，管理人员会加大管理力度；未来要在集市引入更多的竞争者，来维护农村集市消费者的权益；对于在街道建设特色集市的提案，政府也在考虑各方面因素进行规划，目前主要的方向是打造"旅游石沱"。

（二）调研贡献与局限性

1. 调研贡献

（1）获得大量关于石沱镇发展的最新数据。

本次调研向石沱镇人民政府统计办申请，获得了石沱镇目前地理、经济、人口等方面的详细统计数据和相关信息。此外，本调研还通过实地调查、抽样访谈等方式，更加全面地了解了集市信息。调研中获得的一切资料和数据讲求实际性、时效性，对原有数据做出了补充和更新。

（2）在石沱镇集市发展的关键时期，本文分析了其集市结构，为管理人员的管理提供了参考。

在深入调研过程中，本文分析了乡村集市存在的垄断现象，为管理人员了解相关问题提供参考，帮助其更具针对性地完善集市管理，促进集市发展。

（3）访谈多位居民和商家，获得最新的一手材料，帮助管理者更加了解消费者需求。

通过抽样调查，了解居民的赶集习惯；访谈外出务工人员，了解他们对于集市的评价以及未来发展方向的建议，帮助管理者更深入地了解消费者需求。

（4）补充现有关于乡村集市的文献。

在现有乡村集市的文献的基础之上，增加一个西南片区、长江边上的乡村集市个案，为后来的研究人员提供实例参考。

（5）指出了当代中国农村发展的一些问题和挑战。

通过对石沱镇中心集市的调研，乃至于对整个石沱镇的调研，探究农村集市上存在的部分问题和小城镇发展面临的挑战。

2. 调研局限性

本次调研活动无论是在选题准备、实地调查还是成果总结方面都取得了很大的收获，但不可否认的是本次调研仍然存在很多不足之处，需要改进和完善。

（1）调研时间过短。

本次调研处于假期返乡过程中，虽然有一个月的调研时间，但由于正值春节时期，访谈进行得比较艰难，真正有效的调研时间只有两周，无法在如此短暂的时间里进行全局式的考察，后续主要是针对调研主题进行专门的信息收集和文献查阅，这是本次调研的一大遗憾。

（2）调研选取的样本的代表性有较大局限性。

在本次调研时间、精力、资金以及研究空间等共同因素的作用及制约下，调研针对各村居民、外出务工人员、商家、相关管理人员等各代表性群体抽取样本的数量不够多、范围不够广泛，可能造成研究成果存在一定的主观性和片面性，有待进一步的研究，以完善和补充相关结论。

（3）后期资料整理过程中的效率较低，拖慢进度。

由于本次调研主要采用了深度访谈和参与式观察的方法，调研过程中及之后访谈资料随着时间推进日益堆积而并未及时整理，造成信息冗余，无法及时查阅所需，给信息资料整理成文造成了较大困扰。

高速流动社会中的乡村集市何以维持？

◇ 邱丽（哲学系2017级博士生）

改革开放以来，整个乡村社会都处于剧烈的变迁之中，村庄的人、财、物的流动既是村庄整体变迁的原因也是其变迁的外在表现。村庄社会中最初的流动始于交换，我们将交换活动称为贸易。以村庄为中心场域，持续而频繁的村庄贸易活动催生出多层次的农村商品市场（村级，镇级，县域），然而在多层级的农村商品市场中的乡村集市是何形态？在目前高速流动的农村社会中，乡村集市的维持又是何以可能的？这些都是本文要探讨的问题。

一、农村市场的类型：多层次农村市场中的乡村集市

由于农村市场并非单一的对象，乡村集市作为农村市场的一个部分也不可避免地受到同一市场体系中其他层次市场的影响。因此，笔者认为将乡村集市放在整个农村市场体系中，进一步分析乡村集市在农村市场体系中所处的位置及其与其他层次的农村市场的关系是理解乡村集市的重要抓手。假设以村庄为中心点，以距离村庄的远近作为判别村庄市场的根据，笔者将农村市场分为两个层次，并逐步分析其特点与构成。

（一）村内市场：固定的小商店与流动的"杂货客"

我的家乡在江西省萍乡市上栗县杨岐乡关下村，我记忆中村里最大的商店就是"供销社"，20世纪90年代我们上小学之前，"大队"办公的地址就在"供销社"旁边，但那时的供销社已经是由村里的一对夫妻所承包的，他们每年到市里的供销公司交两千元左右的费用便可经营。供销社销售村民生

活所需的锅碗瓢盆、副食,以及生产所需的农资产品,譬如尿素、农药等。听父亲讲,自他们小时候起供销社的产品便很齐全,因为在计划经济时代,农民生产生活所需的物资都是凭票购买。在那个物资紧缺的年代,供销社的产品是他们生活中的重要补充。比如农民养年猪后,交完国家规定的猪肉量,剩下的猪肉可卖出去换钱,到供销社买生活所需。

作为20世纪90年代出生的人,我自然没有父亲亲身经历的现场感与直观感。然而供销社留给我最深刻的印象便是门口檀香的木屑味以及点缀着花生碎的面饼的味道。此后我渐渐长大,离开村庄先后到乡镇和县里上学,供销社这一实体也没落了。2002年左右,国家新修的国道经过村庄,经营供销社的夫妻将店里商品搬到大队办公的地方(以前村干部不需要坐班,大队办公的房子大部分时间都空着),经营几年后遭遇过一次抢劫,加上夫妻俩年纪大了,便不再经营供销社。

20世纪90年代初便与供销社一同存在的还有两家小商店,自供销社关闭以后,小商店这种商业形态一直是村庄市场的主流。目前而言,笔者所在的行政村共2200多人,有19个村民小组,村庄经营着不下十家小商店。笔者所在的村民小组是4组,共300多人,本自然村中便有六家小商店,由于4组有国道从村庄穿过,十多年前村民分别在路两旁建房,交通条件便利,因此本行政村的小商店主要是位于笔者所在的自然村中。

供销社门口是最热闹的地方,因为其斜对面有两间平房,那是一位不常在家的村民的闲置房,其中一间成为村民聊天玩耍和使用的公共空间。金秋十月,乡邻们收获了硕大的红薯,便会在那个地方搭柴火灶、架口大锅,锅里放着大木桶,火势甚旺、酒香四溢,空气中弥漫的醇香是向全村吹响丰收的号角,农村人的手都是充满"传奇色彩"的,大米、高粱、红薯等粮食经过他们匠心的酿造,析出的是清泉、甘露。而附加值较低的初级粮食作物,经过蒸制、发酵、酿造、过滤出来的美酒可留家中待客享用,也可拿到市场上销售。

另一间闲置房被同村的一位村民用来制造檀香,小时候每次见他时,都是口罩、大衣"全副武装",将自己包裹得严严实实,只有两只眼睛在外面,年少时总以为他的防尘口罩是防毒面具,就跟我在电视上看到的一样。他制造的檀香所用原料都来自当地,那时候每家制造家具或者木质用品时都是请村庄里面的木匠上门，母亲每次都会把切割材料时产生的木屑收集起来，待这位制造檀香的村民上门收购。除木屑以外，他还上门收购村民自己削的竹签（方言叫"香篾"，意思为制造香的竹子制品）。说来也奇怪，在我看来一文不值的木屑，经过他的手便可成为一根根可供祭祀的香。制造出来的香料就近销售到本村，每逢赶集的时候，他还会挑着担子去集市上卖。这样他便成了一名农村市场中的小商贩，交易方式是走街串巷，他的销售市场在县域范围之内，作为手艺人的他卖的产品比较"专业"、单一，与该销售模式相类似的是"杂货客"（货郎担）。

"杂货客"一般都是县域范围里面附近乡镇上的人，经常来村里的"杂货客"有两位，小孩子最喜欢这两位先生了，因为他们一出现便有各种小零食。出售部分商品时，他们还兼任"收购"的行业，比如购买女孩子的长头发，将其收集起来再出售。小时候村里有些姑娘会蓄着长发，等"杂货客"出现后再换个好价钱。那时候的市场是"肩膀上的市场"，是由卖家找买家的市场，而且市场范围也是由卖家的脚步丈量着土地，一步一步走出来的，他们要"走出去"寻找买家。那时候所谓的有生意头脑的人，往往都是一些敢想敢干有闯劲的人。

总之，在村庄内部市场中，存在两种比较典型的市场模式，其一是流动的"杂货客"，即外来销售人员进村补给村民的生产生活所需物品的模式；二是固定的小商店经营模式。村庄内部市场具有以下特点：第一，客流量有限，基本没有外来客源补充，是基于熟人社会关系基础上的"半封闭式市场"，换言之，商品销售主要依靠熟人社会关系基础上的地缘、血缘关系网络。第二，商品经营门槛低，以"杂货客"这种模式的小商品销售为例，其成本低、利润少，做"杂货客"的人多是农村社会中的"不充分就业劳动力"，他们或是利用农闲时间卖小商品，或是没有过硬的手艺而在村内做不了工。目前，在其他的非农就业机会增多的情况下，"杂货客"这种营生模式便消失了。同样的特点也在村庄小商店中呈现，由于其准入门槛低，开小商店的人不少，目前村庄里的小店一年到头最多挣一万元左右。因此开小卖店的主体都是老年人或者需在家带小孩的妇女，年轻人断然不会做这么"不划算"的工作。

（二）村镇市场：乡村集市

如果说村庄中的小商店是行政村范围内各自然村的"中心集市"的话，那么乡镇赶集所形成的市场便构成了镇域范围内各行政村的"中心集市"。笔者所在县域范围内，最早的乡村集市是于1962年成立的，在其他乡镇，农村集市最初由政府组织成立。笔者所在乡镇于20世纪90年代初才有，这一阶段县域范围里面的各乡镇办集市之风繁盛。乡镇周边各行政村基本形成了定期的集市——赶集（方言里叫"赶场"），我们乡镇的集市是由乡镇政府对面的一个行政村组织的，由于该行政村位于乡镇中心，紧邻乡镇政府，属镇中心村，因此基础设施建设较其他村更完备，20世纪90年代该村中心道路已经实现了硬底化。镇唯一的公办初中落在村里，人流量较大。村干部经过商议，决定举办周期性的集市。一来可以满足本村以及附近村民的购物需求，二则能够为该行政村"创收"，因为各商贩都是从县域范围内的其他乡镇过来集市上卖东西的，因此需要占道经营，行政村有一位负责人专门在赶集的时候向各位商贩收取摊位费，自20世纪90年代的2元一个摊位，到目前收5元。该笔收入主要作为村庄老年协会的经费。笔者所在的县域范围内有大大小小的集市不下15个，这些集市大部分都居于镇中心村，其组织的形式大同小异，仅有少数几个是在人口基数大、人流量较大的行政村。正是由于集市的兴起非原始自发的，且带有较强的行政组织性，所以每个乡镇赶集的时间都经过了人为的安排且错开。据笔者所知，除本镇"逢三赶场"之外，就近的几个乡镇分别是"逢七赶场""逢九赶场"等。

2000年前，每逢"赶场"，村民便要走五六公里的路，爬过一座山去乡镇买东西。那时候，村民都约着一起出行，即使没空的村民也会拜托邻居帮忙购买一点生活用品。乡镇上的集市，其卖方主体包括两个部分的：一是流动式的销售主体，二是相对固定的销售点。前者是指在"赶场日"出现在乡镇街道销售商品的群体，这部分人没有实体店，是专门做"赶场生意"的，他们是本县人，深谙生财之道，县里做生意的属他们消息最灵通。他们每天流动于不同的乡镇、不同的集市，主要销售衣服、蔬菜、水果和其他生活用品，还有极少数是镇郊村的农民（大部分是老人），他们定期或不定期地将家中吃不完的当季蔬菜拿到市场上卖，但是这部分主体相对来说属于临时性、不固定的销售群体，这部分人倾向于将家中自产不自用的物品拿到集市上销售，而后在市场上购买家中自用不自产的物品。后者则是指在乡镇街道上有铺面或者租他人铺面长期从事销售或者服务业的人员。

乡镇的集市作为第二层次的农村市场，具有区别于村庄内部市场的特点：第一，有固定的周期，以笔者家乡为例，乡村集市每隔十天举行一次。第二，形成了固定的"职业赶集人"，他们是集市上的固定销售群体。第三，流动式的经营方式，赶集时销售货物的人员并无固定地点，他们有相对固定的一条街，但是周期性地流动于县域范围内的不同乡镇。第四，乡村集市的兴起与行政力量直接相关，据笔者了解，我们县域范围内的大部分集市都是经乡镇与行政村沟通设立的，其内涵超越了单向度的商品贸易。

二、高速流动社会中的农村市场变迁

在新的时代背景下，农村市场无时无刻不在变迁，该现象受益于交通业的发达以及物流业的崛起，笔者称之为"高速流动的农村社会"。在高速流动的村庄社会中，村内市场与乡村集市也在变迁，因此在目前的情况下，分析农村市场中的"变"与"不变"显得尤为重要。譬如村内市场中的"杂货客"这一市场模式已不复存在，而乡村集市自20世纪60年代初设立以来一直在维持运行，只是其组织和运行模式有一定的改变。

（一）新型农村市场的开拓与传统农村市场的式微

物流的日渐便利以及农村淘宝等销售形式的兴起为农民购物提供了便利，这是新型农村市场的开拓（村庄里面有快递点，从事电商的农户较少，网上购物的村民不少，但几乎没有网上销售货物）。传统的农村市场是指村内的小商店、"杂货客"、乡村赶集等类型的市场，新型的农村市场的开拓目前而言是指网上购物的虚拟市场。前者是卖方与买方相对固定的市场，后者则是流动性、补充性的市场。新型的市场弥补了传统市场中货物不足的缺点，同时也使得传统市场中的买方分流。从目前的发展情况来看，传统市场相对饱和，新型市场日益占据乡村市场中越来越大的份额。由于传统市场的饱和度较高、准入门槛低，因此村庄内部市场的竞争性较大。比如笔者所在

的自然村目前有六家小商店,但是根据自然村的人流量调查与访谈结果,其最理想的状态是"三家半",也就是说在能够保障每家小商店获得一万多元盈利的前提下,能够固定长久运营的小商店只有三家左右,最多不超过四家。小商店增多后,利润分流,店主只能维持运营,而获利减少。且随着竞争增加,在同样的熟人社会和商品多样性的背景下,小商店在竞争中胜出的"法宝"只有改善服务。以前村民自己到供销社购买物品的方式已被淘汰。顾客购买粮油等较重的物品时,店主免费送货上门成为新型的经营模式。由此可见,传统农村市场中的卖方市场的销售模式日渐式微,而与网络购物一脉相承的"送货到家"成为新模式。同理,以前卖家进货的时候是自己到县城的批发市场选购产品进货,现在都是批发市场的人用大货车下村销售,与小商店老板接洽,颇有"推销订单"的意思。由此,农村市场"电商化",成为农村市场发展的新趋势。

在电商化的背景下,一方面,市场已经超脱于实体性的概念,而成为人与人之间贸易交换的一种社会关系,其本质是对具体场域的超脱。表现在:现在销售的双方可以完全不认识,不打交道,形成陌生人的市场,市场范围扩大。另一方面,商品从卖方到买方要途经专业的物流产业链,在物流和产业链的作用下,商品从卖方到买方看似经历了更多的市场主体,增加了销售的环节,但是物流产业链实际上大大降低了商品从卖方到买方的时间,加速了货物的流通。

(二)商品市场的日益扁平化

商品市场的扁平化是指在物流快速发展的情况下,农村商品市场中的人、财、物呈现高速流动的特征,在横向交换速度加快后,商品交易很快打破区域限制,商品的跨区域流动特征明显。该趋势使得从村庄内部的小范围市场到乡镇市场到县域市场的跨层级感与"梯度感"减少。其结果便是,商品贸易讲究的"人无我有,人有我优"在农村商品贸易中已显得不那么明显。换言之,在商品经济高度繁荣、物资高度丰富的今天,农村小商品市场中可供买方选择的余地很多,商品交易关系溢出村庄。其重要表现是农民的县域消费行为的兴起。

相对于村庄中心集市以及乡镇的中心集市依托于行政中心的特点(比

如以前的供销社主要设在村委会旁边，而乡镇赶集的集市也是在镇政府旁边，且均与基层行政力量干预有关），县域的市场是多元、开放的，呈多点分布。目前县城的集市主要以商业街的形式分布，这是后期经过开发商规划的结果，且店铺多分布于道路两旁和交通要道，这种布局是商业发展以来长久不变的信条。因为商业的成败在于客流量的多寡，交通要道人流多，即使依靠薄利多销都能门庭若市，而地址偏僻的地区则门可罗雀，笔者家乡的村民们管去县城消费叫"去街上"，自然是因为以前的乡村集市和村庄道路都是坑坑洼洼的泥土路，而只有县里的公共基础设施稍完备，实现了道路硬底化。笔者家乡的县域市场是开放式的市场，是村民们过年过节或者换季购买衣服的地方，也是家里办酒席时购买大批量消费品的地方。笔者所在的村庄距离县城的市场大概13公里，以村庄为中心画同心圆的话，县域范围内的市场是村民平时为了消费而走得最远的市场，也是村民能够接受的满足其大型购物需求的最近市场。目前在农民生活中要与县城打交道的事，除了小孩的基础教育之外就是购物需求，因此笔者所在的县城可以被定义为一座"消费型的城市"。

"扁平化"的市场使得农村商品市场更加具有开放性和一体化的特点。一方面，以前的乡村集市是小范围的集市，也是熟人社会的集市。其特点是客流量有限，基本没有外来客源补充，是基于熟人社会关系基础上的"半封闭式市场"。外来销售人员进村补给村民的生产生活所需物品。目前的市场是开放的市场，其开放性体现在修国道后，改变了村庄交通闭塞的状况，加上后税费时代新农村建设、乡村振兴等政策的推进，加快了村庄公共基础设施建设。交通便利性提高后，村庄旅游业的兴起带动了少部分外地人进村，打破了村庄客源纯村民化的困局。另一方面，交通便利后，村民购物开始"走出去"，当汽车引擎驱动、四个轮子风驰电掣并逐渐取代走路的方式时，农民与县域中心市场之间13公里的距离不再是"跋山涉水"。

（三）农村商品市场逐渐标准化与趋同化

在交通发展加速人、财、物的流动以及在网络购物等新型购物模式的带动下，农村商品市场打破了其原本的半封闭性，同时融入了外部市场，并为外部市场所形塑。其主要的体现是农村商品市场逐渐标准化与趋同化。

首先,商品售价基本一致。在传统农村市场时期,物资匮乏,属于卖方市场,做生意的都是有钱人。而当下物资充沛、生意人增多,生意销售各环节物流的分利主体增多,随着分工越来越精细化、专业化,利润空间也清晰化。所有销售者的利润逐步趋平,基本上打破了卖方要价的局面或者较封闭的市场,而形成了销售商品统一市场价,甚至全国统一市场价(现在有部分商品的包装盒上写明了"建议全国统一零售价××元")。这均说明市场逐步统一与趋同化,这与目前经济发展的世界市场趋势相一致。此外,与以前相比,现在商店之间的竞争性大于互补性。加之电商等外部销售市场分割了部分农村市场(当然也有少部分外来人口补充村庄的客源,但是总体而言外来人口还是极少的),使得农村既有的买方群体减少,货物呈现供过于求的状态,竞争更加激烈,哄抬物价更不可能。因此,在小范围的区域市场中购物,即使货比三家,价格也相差不大,基本一致。

其次,销售的商品去差异化。传统的农村市场中,商品销售最齐全的是供销社,此外往往有两家小商店。一家卖肉和粮油等消费品,另一家销售小零食、烟酒副食和生活用品。目前的村庄小商店则基本由统一的供货商周期性地拉着大卡车到商店门口卸货,因此村庄商店中销售的商品种类、规格、标准基本一致,差异不大。

综上所述,在农村商品市场以及乡村集市日益变迁的背景下,交通的日渐便利加速了人与物的流动,新型销售渠道及购物的兴起也导致从实体市场到虚拟市场的变迁,甚至城市化的推进都可能消解乡村集市(事实上在我国城市化日益推进的今天,笔者家乡的农民在整体城市化的浪潮中也没有掉队。一是收入水平的提高,个体购买力增强会刺激个体消费习惯改变和提高对中高端物品的需求,由此购买商品的中心可能由村庄集市上移至县域商场)。那么,乡村集市的维持与繁荣是何以可能的呢?

三、乡村集市何以维持?

在农村社会的变迁过程中,部分不适应村庄实际环境以及商品经济发展规律的经营模式已经衰退。整个农村的商品市场内部也发生了多重改变,笔者家乡的乡村市场中的具体经营模式变化的背后,反映的是农村整个生产关系、农民与市场关系改变的重要命题。抛开具体个案而言，我们将乡村集市置于全国农村的商品经济背景下以及整个村庄商品市场体系中，以便更好地理解乡村集市在村庄中的角色定位以及其对农民的意义。事实上，乡村集市有切实的实际需求，体现在满足农民买卖生活用品的需求，作为农民营生的手段、农村的公共空间、承载周期性仪式的载体等。

（一）乡村集市与全国商品市场

全国市场中乡村集市是窥视高速流动的商品经济的一个窗口。全国商品市场的繁荣是乡村集市繁盛的基础，一方面其能够为乡村集市提供多种供货渠道；另一方面，全国市场的繁荣也拉动了乡村社会消费的需求。乡村集市就像全国商品市场中的"末端市场"，其能够提供经过长途运输的当季水果，譬如端午节前后的新鲜荔枝，这在村庄的小商店是买不到的，只有赶集时或者到县城的水果超市才能购买。集市与村庄小商店的差异在于，集市能够更加敏锐地感受全国商品市场的变化，虽然集市属于末端市场，但是其销售的货物会发生周期性的变化。但是村庄的商店不同，村里哪家店销售什么商品、价格几何，村民都是心知肚明的，其销售的商品基本没有变化。且村庄小商店从不销售生鲜与瓜果蔬菜，有一两家尝试卖菜也会面临滞销，最后都不了了之，最主要的原因是村民能够自给。集市上销售的货物中，瓜果蔬菜与生鲜占了三分之一，但是从来不会滞销，因为其销售的是跨区域的产品，比如热带地区的水果、蔬菜，反季节培育的蔬菜等。其能够满足买方当季的需求，同时也能弥补村庄内部商品供应的缺口。从这种意义上来说，作为乡村与全国商品市场方便对接的末端市场，乡村集市的存在必不可少。毕竟乡村集市是农民低成本、便利地购买到全国市场上的商品的购物渠道。

（二）乡村集市与农村

据笔者的观察，乡村集市的举行对村庄而言，具有三方面的意义。

第一，乡村集市的举行并非单纯的交易活动，其活动仪式的背后折射了不同村民、不同村庄与不同乡镇之间的社会交往关系。商品交易经历了从"以物易物"到以货币为一般等价物充当交换媒介的形式变迁，但是交换的本质始终是"各取所需、互惠互利"。交换双方本质是一种合作关系,这是商品交易活动的共性,只是农村熟人社会中的交易合作关系与外部陌生人社会的交换关系有所差异。从不同范围而言,乡村集市的举行体现了双重意义。首先,乡村集市中的各销售主体基本都是县域范围内不同乡镇的生意人,集市的定期举行加强了不同乡镇人员之间的交流,也是各乡镇彼此互通有无和生意合作的重要方式。其次,就本镇而言,赶集的买方主体大部分都是本乡镇的人员,人员在集市上的流动,也带动了信息的流通,集市因此成为熟人社会内部信息流通和交换的重要平台。

第二,是镇中心村获得公共经费的重要来源。集市的举行带动了县域范围的人员流通和商品销售,人员的集中除带动镇中心村的餐饮业的发展之外(赶集的村民极少在集市上用餐,但是做生意的人都是在当地小餐馆用餐),还需向镇中心村上交"摊位费",这笔费用成为村庄治理中的公共经费。在笔者家乡这一类型的中西部小农村,大部分村庄没有集体经济,只能依靠政府转移支付,因此,能够自己"创收"的村庄都能得到政府的支持与鼓励。举办乡村集市获得的收入,也为村庄所重视。

第三,乡村集市的举行是村庄仪式的载体和公共性的体现,集市的筹办与运行需要调动集市所在村庄的领导班子的协作与分工,也是村庄凝聚力和核心实力的体现。一方面,村庄能够举办集市意味着其地理位置好、交通便利、公共基础设施较完善,基本是县域范围以内的镇中心村或者人流集中的大村;另一方面,集市的举行是村庄社会中的定期仪式,成为一种村庄文化。

(三)乡村集市与农民

首先,从商品交易的视角来看,乡村集市对农民的意义最直观地体现在两个方面:一是满足农民购买生活用品的需求(图1),二是作为农民营生的手段。具体而言便是,"买东西方便"与"卖东西方便",前者是指集市最初进入村庄是因为村庄内部的物资紧缺,村民有一定的消费需求,而在交通不便的情况下,到县城购物不便,因此设置集市,引进外部的销售人员,增加本地的人流量和商品销售渠道。后者是指农户可以在集市上消耗掉多余的农产品,将其投放到市场从而产生经济价值,增加农民收入。

图1　农民可购买无法自产的松紧带以自制便于干农活的旧布衣服

其次，乡村集市于村民而言，不仅能满足功能性的购物需求，还具有社会性的意义。对于很多村民来说，定期赶集已经成为个人难以改变的习惯。特别是年龄较大的人，由于其没有固定工作，种完自留地还有大把的农闲时间，闲暇之余，每月三次赶集就成了其放松心情的契机。农村与城里不同的是，城里公共设施与商品经济发达，商业街与超市里商品琳琅满目，随时随地都能满足购物与逛街的需求。而对于年龄较大的乡村人而言，其没有特殊的购物需求便不会专门坐车跑到县城去，除了距离远不方便之外，每隔十天一次的集市已能满足其"逛街"的需求是最主要的原因。

综上所述，我们发现，其一，农村的集市对于村庄和农民而言具有极其重要的意义，其既是村庄公共性的承载者，又关系到村民的家计和日常交往，在目前农村发展的过程中具有其存在的必要性与合理性。因此，我们既可以看到"维持型的农村小商品市场"——农村小卖铺收益不大但也不会倒闭——长期存在的现象，也能看到每月三次定期交易的"赶场"依然繁盛。

其二，乡村集市于镇中心村而言既是定期的人、财、物的流入与公共收入的来源，更是在县域范围内实现不同村庄和不同乡镇在商品贸易上交流和合作的机会。其早期约定的"赶场日"既能在各村之间互相促进经济发展和消费，也能推动不同镇域范围内的行政合作，具有小范围的政治内涵和稳定性。

其三，在全国市场形成和商品经济发展的背景下，农村集市不可避免地受到外部市场的影响，乡村集市中的主体——交易双方——不可避免地受到外部消费观念和消费宣传的引导，受到经济发展水平整体提升的影响而产生消费行为和消费习惯的变化。而这一变化呈现出的"现象集"是乡村集市的商品"档次"与布置经历了从小商店到小超市的变迁。此外，农民的消费半径已超过村庄和镇域市场，逐渐覆盖消费性的县域市场。但是，基于乡村集市与县域市场的互补性，两者各有优势，目前无法互相取代。换言之，村中心市场能够满足村民购买粮油米面等基本的生产生活需求；乡村集市在村中心市场的基础上还可以满足买物美价廉的衣物、到小餐馆吃饭与理发等基本需求；县城的商品多样性已经能够最大程度地满足农民衣、食、住、行以及生产生活的需求。因此在高速流动的农村社会中，乡村集市依然占据一席之地，并依然繁盛。

四、结语

从乡村集市的举办中，我们可观察到基层政府对地方社会经济活动的功能主要有两方面。其一，行政力量动员与人员的组织。乡村集市的举行是符合地方人民需求的，但是单凭人民自身的力量很难组织起来，最终还是要依靠基层政府的力量助推。以乡镇为主的基层政府加上村庄自治组织一起动员不同乡镇的人员销售货物，动员本镇人员购买，组成了地方性的区域市场。其二，日常运营管理与秩序的维持。集市的日常运营和秩序的维持都要依托于集市所在乡村与乡镇的行政人员。在此过程中农村集体成为影响农民与市场关系的一个主体。

以往学界讨论农民与市场关系时也强调农村集体经济组织，主要包括以下三个方面的研究：第一，乡村工业化领域。以乡镇企业为载体，探讨中国基层政府组织在推动乡镇企业的发展与发育过程中的作用。第二，农业领域。讨论农业生产过程中农民与市场对接的问题，其本质是小农户如何抵抗市场风险的问题。比如很多学者提到可以将农民组织起来，采用农民合作社等途径。第三，从农村社会结构方面探讨农村市场结构，其更加强调农民与市场关系中的社会空间以及社会结构的视角。

笔者认为乡村集市这一研究对象，也可以成为考察基层政府组织中集体在农民与市场关系中所扮演的角色和功能的一个视角。一方面，这是中国农村所存在的一种较特殊的现象，事实上，在目前城市化快速推进的过程中，人们的市场行为更多的是私人生活的选择，而不具有村庄社会中的公共性内涵，难以将其与基层行政力量挂钩，而乡村集市的现象和运营逻辑明显与基层政府能力相关。另一方面，乡村集市的组织也属于农民组织的一个范畴，只是组织起来的农民包括两个主体，一是购买商品的大部分农民，二是销售商品的少部分小农户（可能是具有农民身份的个体户或者数量较少的农业兼业户）。

消失的集市：城镇化背景下的农村消费空间转型

——基于合肥市长丰县双墩镇的实证研究

◇ 芮博文（社会学与人类学学院2018级硕士生）

一、问题的提出

集市作为现代市场的发源地，在国内外都具有悠久的历史。对于中国而言，集市更是诸多学者倾注心力试图观察整个中国乡土社会的切入点。美国著名人类学家施坚雅曾指出，研究中国社会的人类学著作，几乎完全把注意力集中于村庄，而这歪曲了农村社会结构的实际。施坚雅认为中国农村社会具有一种自给自足的形态，其存在条件不在于村庄自身当中，而是在于基层市场社区——集市。[1]集市，作为一种建立在乡土场域中且其中的人们相互熟知的交互模式，是在约定俗成的规则的基础上，由人们在特定关系及社会文化环境中建构起来的空间实践，它除了具备交换、消费、贸易等经济功能之外，还兼具交往、娱乐、文化认同等社会功能。[2]

施坚雅曾预测：伴随着社会和经济的发展，中国的集市将会在20世纪末不复存在。然而如现实所示，集市并未在20世纪末彻底消失不见。但是随着

---

[1] ［美］施坚雅（G. William Skinner）：《中国农村的市场和社会结构》，中国社会科学出版社1998年版。

[2] 徐京波：《从集市透视农村消费空间变迁——以胶东P市为例》，载《民俗研究》2013年第6期，第143、149页。

城镇化尤其是更深层次的人口城镇化的推进①，农村的社会形态已然发生翻天覆地的变化，与此相关联的集市也已发生重大转变。可以明显看到的是，一方面由于城镇化的推进，城市区域不断向郊区农村地区拓展，作为现代消费空间的各种大型商场及购物中心开始受到更多农村消费者的青睐。另一方面，伴随着人口城镇化的进程，较多的农村人口到城市务工，回到农村地区后，该群体要求获得满足其精神物质需求的同等消费体验，而由于互联网等技术的发展，这种需求在农村居民群体中开始普遍化。农村的传统消费空间和现代消费空间、传统消费模式和现代消费模式的冲突矛盾，在当前这一时间段内已经充分显现。

过往的研究中，对于集市的形成、分类、结构、功能等方面的研究已是汗牛充栋，国外学者倾向于从地理区位、商品流通以及社会网络嵌入等方面对集市展开研究②，而国内研究者则更倾向于透过集市这一空间，分析传统农村的经济生活、社会结构和网络关系③，而总体上看，对于集市背后所反映的农村消费空间和消费模式的研究却屈指可数。早期有关空间的社会学研究较少，直到20世纪70年代，在列斐伏尔、布迪厄等一批理论家的努力下，空间才逐渐开始成为西方主流社会学所讨论的一个问题。④而对于消费空间

---

① 周飞舟等将我国的城镇化过程分为三个阶段，即工业城镇化（1978—1994年）、土地城镇化（1994—2012年）和人口城镇化（2012年至今）。参见周飞舟、吴柳财、左雯敏等《从工业城镇化、土地城镇化到人口城镇化：中国特色城镇化道路的社会学考察》，载《社会发展研究》2018年第1期，第42-43页。

② Ghosh A. A Model of Periodic Marketing. 1982; Smith C A. "Economics of Marketing Systems: Models From Economic Geography". *Annual Review of Anthropology*, 1974, 3 (3), pp.167-201; Sherry J F. "Dealers and dealing in a periodic market: informal retailing in ethnographic perspective". *Journal of Retailing*, 1990, 66 (2), pp.174-200.

③ 赵守超：《权力、资本与生活：乡村集市空间的失序逻辑与治理重构》，载《华中师范大学研究生学报》2018年第4期，第25-30页；张琪、李娟：《经济人类学视角下的江苏省农村集市——以大泗镇为例》，载《经贸实践》2017年第15期，第96-97页；吴晓燕：《基层市场与乡村社会研究：历史与趋势》，载《社会主义研究》2007年第2期，第88-91页；张红：《市场经济条件下的农贸市场管理探讨》，载《中国集体经济》2019年第4期，第45-46页。

④ 徐京波：《从集市透视农村消费空间变迁——以胶东P市为例》，载《民俗研究》2013年第6期，第142-149页。

的研究,尤其是农村消费空间的研究,也多停留于空间内物质形态的讨论,较少关注到空间中人的消费形态的转变。

因此本文所要探讨的问题即是在新一轮的城镇化背景下,尤其是人口城镇化(2012年以后)阶段的农村,集市作为一种消费空间发生了怎样的变化,而与之相关联的农村居民消费模式又发生了何种转变。为此,考虑到集市本身的"经济性-社会性"统一的特点,以及消费者个体行为选择所具有的工具性、表达性需求,本文主要尝试从"消费空间-消费需求"的角度建立框架剖析空间与个体之间的关系,即将消费空间对个体需求的满足划分为工具性需求和表达性需求。前者以获取资源为目标,包括在消费空间内获得个体所需要的物质商品等;后者则以维持关系、表达自我为目标,如获得社交活动及精神文化需求的满足。在此框架内,一方面随着经济社会的发展,个体的工具性和表达性消费需求的等级会不断提高,尤其是表达性消费需求占整体消费需求的比例会大幅提高。而同时,地区经济的发展也会促成消费空间的数量增加和层次升级,从而满足消费者日益增长的工具性、表达性消费需求,并在一定程度上促使消费者从低等级消费空间向高等级消费空间转移。相关框架见图1。

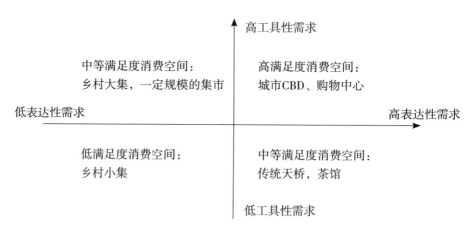

图1 "消费空间-消费需求"框架

为解答相关问题,本文的主要研究方式是文献法、参与式观察与深度访谈。笔者于2019年寒假期间对安徽省合肥市长丰县双墩镇主要农贸市场、周边大型超市开展田野调查,并通过查阅县志等资料对合肥市双墩镇集市的历史演变、日常安排进行了解，此外，由于双墩镇是笔者的家乡，儿时笔者曾多次在节假日与家人朋友到集市进行采购，作为一名"局内人"见证了集市过去20多年里的变化。同时，由于之后自己长大求学、远离家乡，每次回到集市又似乎存在一定的疏离，可以站在"局外人"的视野观察集市的诸多现象。而深度访谈则是对于参与式观察的补充，本研究选择了具有代表性的集市店（摊）主、消费者进行交流，以获得更真实的资料。本文共访谈了六名集市经营人员以及十名不同年龄段的当地消费者，获得了较为丰富的有关集市变迁以及当地消费模式转变的研究材料。被访者具体资料见表1。

表1　被访者基本信息

序号	姓名	年龄	性别	身份	职业	日常购物地点/方式
1	A	55	男	集市店家	肉铺老板	/
2	B	45	男	集市店家	菜档老板	/
3	C	/	男	集市店家	豆制品老板	/
4	D	/	女	集市摊主	水果流动摊贩	/
5	E	35	女	超市导购员	/	/
6	F	22	男	集市推销员	/	/
7	XEY	62	女	消费者	以前是农民，现在在学校做清洁员	线下：农贸市场
8	XEH	68	女	消费者	退休教师	线下：农贸市场、大型超市
9	JB	51	男	消费者	中学教师	线上线下：大型超市、小区便利店、淘宝
10	XXX	50	女	消费者	中学教师	线上线下：农贸市场、购物中心、小区便利店、淘宝、拼多多
11	LJS	34	男	消费者	政府公务员	线上线下：购物中心、小区便利店、淘宝、京东
12	ZXQ	33	女	消费者	事业单位职员	线上线下：购物中心、小区便利店、淘宝、京东

续表

序号	姓名	年龄	性别	身份	职业	日常购物地点/方式
13	ZR	26	男	消费者	公司职员	线上线下：购物中心、小区便利店、淘宝、天猫
14	HRF	29	男	消费者	公司职员	线上线下：购物中心、小区便利店、淘宝、京东
15	SZC	23	女	消费者	大学生	线上线下：购物中心、便利店、淘宝、天猫、小红书
16	ZRC	24	男	消费者	大学生	线上线下：购物中心、便利店、淘宝、天猫、京东、亚马逊

二、乡村集市：传统乡村环境下的单一消费空间

（一）中华人民共和国成立后至2008年：低需求、低满足的农村消费空间

集市在我国有悠久的历史，相关研究认为社会分工导致了集市的产生，而集市的发展又促进了社会分工的扩大，作为集市雏形的市场交换可追溯到原始社会末期部落内部氏族与氏族之间的交换。①而借助县志等资料，学者认为农村集市可以追溯到秦汉时期，其大规模发展则是在明清时期。②本文进行田野调查的地点处于安徽省合肥市长丰县的双墩镇，又称双墩集。双墩集位于淮南铁路线上，北距县城55公里（铁路），南距合肥市15公里（铁路）。集镇面积0.47平方公里，人口7019人，其中非农业人口1543人。据记载："合肥北乡双墩集原有无名古墓，当镇之东隅，共南北两座，皆高逾屋顶，双墩集之得名由此……从所发现之残砖花纹考之，当系汉魏间物，或在秦汉以前亦未可知。"由此可见，双墩集具有悠久的历史。1968年5月滁河

---

① 钟兴永：《中国集市贸易发展简史》，成都科技大学出版社1996年版，第4-5页。
② 许檀：《明清时期农村集市的发展》，载《中国经济史研究》1997年第2期，第21页。

干渠通水，自此往西，可通行轮驳船至六安县横排头，成为沟通铁路沿线与皖西山区的物资交流捷径。安徽省于1970年4月在此建双墩港，兴建了铁路专用线和合双公路，组织水陆联运，使原来的农村小集一跃成为长丰县南部重镇。到1985年，镇上拥有米厂、油厂、轧花厂、农机修造厂等国营、合营企业和服装厂、砖瓦厂、副食品加工厂等乡镇企业近30家；有粮站、食品站、供销社等国营、合营企业各一家，个体商业80多户；有完全中学、农业中学、小学、医院、文化分馆、影剧院各一所。[①]

通常意义上所说的双墩集市，是指位于双墩镇镇中心的双墩农贸市场。改革开放前，双墩集市经营品种以粮食、蔬菜、豆制品、猪、禽、蛋、鱼为多，竹、木制中小农具和家具较少。1958年"大跃进"期间，集市贸易被取缔。1960年底，中共中央、国务院发出关于恢复和组织农村集市贸易的通知，集市贸易重新开放，成交额开始回升。"文化大革命"开始后，集市贸易受到限制，全县传统集市日被硬性规定为逢五、逢十，在午秋农忙季节，供销社、粮站、食品站等单位被迫停止营业，硬性关闭集市。但群众自发到集外交易，贸易额仍逐年上升。1977年后，逐渐恢复集市，并放宽了上市的物资种类。1979年4月，中共中央工作会议决定，恢复农村集市贸易，上市品种范围放宽到凡属社员自产和分配到的农副产品，都允许上市，集市贸易日趋活跃，上市主要农副产品价格基本与国家派购、超购价持平。全县改革开放初期集市名称、集期如表2所示。

表2 长丰县集市名称和集期

集期（农历）	集市
二、七、五、十	杨庙、义井、涂郢、小孤堆、王集、邵集、禹庙、高塘、朱巷、沛河、兴隆、车王
一、三、五、七、九	吴山
三、八、五、十	下塘、造甲、横塘、双墩、五十头、罗塘、杜集
二、四、六、八、十	杜岗、岗集、四十埠
一、六、四、九	史院、庄墓、罗集、陆桥、陶湖

---

① 王士泉、尹广治、王邦之等：《安徽省长丰县志》，中国文史出版社1991年版。

续表

集期（农历）	集市
一、六、三、八	马厂、尹集、土拐、柘塘、徐庙、朱集
一、六	埠里
三、八	陈刘、吴店
二、七、四、九	大孤堆、卅头、罗店、长岗、钱集
四、九	明城寺、刘兴集
天天逢集	水湖镇、杨公、曹庵、三和、土山、夏店、隆兴、戴集、左店、孔店、四树、孙庙、陶楼

改革开放以后，双墩农贸市场进一步改建。而双墩镇作为全国及安徽省小城镇综合改革的试点镇、建设部小城镇建设改革试点镇，双墩农贸市场所享受到的资源支持以及本身的区位优势也十分明显。至2008年左右，农贸市场占地约30亩，固定摊位420个，流动摊位230个，各类商品分类经营，主要包含粮油、家禽、肉蛋豆类及水产品等品类，消费人群覆盖周边下塘、吴山、朱巷、罗集等多个集镇。具体市场布局见图2。

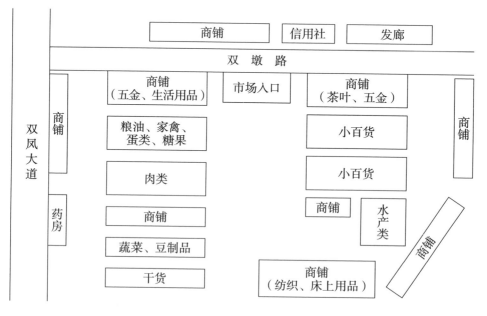

图2　双墩农贸市场布局图（2008年前）

访谈过程中，被访者回忆道：

> 以前农贸市场也没什么其他东西。有时候来卖东西，早上就得起个大早，三四点钟起来，那时候是坐村里其他人的拖拉机到镇上，把一些稻谷、鸡蛋拿到集上卖。买的话也就是买鸡鸭鱼肉这些东西，也是别人家自己养的，还不像现在这样都是养殖户养的。
>
> ——消费者XEY，62岁，女

> 那时候刚毕业到单位，一个月工资也没几个钱，在对面的信用社取了工资后，就去菜市场（即农贸市场）买点菜，买个肉买个豆腐都要走好几家比价格，不过那时候的菜也没现在的贵就是了。
>
> ——消费者XXX，50岁，女

在这一阶段，虽然周边农村农户可以通过家庭的农业生产满足自身生活需要，但同时由于生产内容的限制，仍需至集市获得自己所需的农副产品。而通过赶集这一行为，农民借助集市商品交易出售自家的剩余产品，也获得了购买其他农副产品、生活用品的资金。在这样一种交易的模式下，集市中的个体一方面扮演着商贩的角色，另一方面又扮演着消费者的角色。在这一阶段，集市上的商品总体以农业产品为主，五金、家具产品次之，仅可满足基本的生活消费需求。同时，在改革开放初期，农村居民普遍收入水平较低，在其中一次访谈中，被访者XXX是一名中学老师，在当地的收入处于中等偏上，但是据她回忆，由于自身那时的消费能力有限，当地集市已足够满足其日常生活的物质需求。而对于更高层级的物质需求和精神需求的满足，被访者普遍表示镇上的购物商场和文化场所有限，新年采购质量更好的年货、购买时兴的服装、看最新的电影都需要坐近2个小时的公交车到达距离小镇约15千米外的合肥市区，这些时间成本和金钱成本均超过了日常所能承受的范围。因此，在商品丰富度低、农村消费能力较低的年代，乡村集市和农村居民在这一阶段形成了一种"低满足-低需求"的默契状态。

（二）2008年后：小型超市进驻，商品丰富度提高

在2008年前后，这种较低水平的消费状态发生了一定的改变。2006年，国家正式废除了延续千年的农业税，农民负担减轻，收入有所提高。而具体到双墩镇，2007年前后，镇内的信用社陆续改制为农村商业银行，农贸市场的世纪华联超市则于2010年左右正式营业，成为当时双墩镇最大的综合型商场之一。具体市场布局见图3。

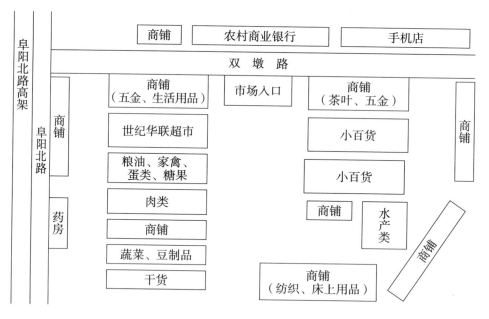

图3 双墩农贸市场布局图（2019年2月）

在这一阶段，集市内的商铺基本实现了固定摊位经营的状态，仅有少量将自家剩余农副产品带至集市售卖的流动摊贩。据调查期间的店铺老板反映，集市内的店铺，尤其是以肉、菜、蛋、豆为主的店家，普遍为家庭经营，并在一定程度上形成了"前店后场"的经营模式。一名肉铺老板表示：

> 我家这个肉都是从农村拉过来的，我大哥大嫂在下塘包了一个养殖场，我们家两口子就在集上开店卖。现在的这个肉就是一早杀的，比你在超市里面买的要新鲜多了。你以为大超市买的就卫生，你哪知道他放

了多久卖给你、喂的是什么饲料,我们这是真的农家猪。

——肉铺老板A,55岁,男

不同于20世纪末普遍存在的剩余农副产品交换,在21世纪初,集市里基本实现了专门专人经营,个体收益得到提升。摊位形式的店家面对华联超市的进驻,采取的策略是强调自身货品的新鲜度,以此突出自己的竞争优势。这一策略确实具有一定的效果,相较于超市内干净整洁的肉类冰柜前门可罗雀的景象,看似敞开的较不卫生的摊位却广受欢迎。一位被访者阐述道:

我自己是比较喜欢到摊上来买,一个是因为他家已经在这里卖肉卖了很多年,一直以来都不错。我可以直接选要哪块肉,我多要点肥的多要点瘦的都能和他讲,让他给我切,小排大排肋排都能选,超市里面就不行了,就那一块切好放在那里,有时候还冰在冰柜里,我也不知道这是什么时候切下来的,我反而觉得那个吃得不放心。

——消费者XEY,62岁,女

然而,这样一种消费的抉择在集市中存在着年龄、性别方面的差异。年长的女性普遍选择摊位购买日常所需的肉、菜、蛋、豆商品,由于她们长期担任家庭购置的决策人角色,已经和集市中的店家形成一种熟人的社交关系,这为她们的消费提供了安全性保障。另外,长期以来中国人对于"新鲜"的执着也根植于农村地区消费者的消费习惯中,这种"食鲜主义"带来的影响就是,对于消费者而言,认为新鲜的食物即使贵,仍然比超市中便宜而不新鲜的食物原材料更具有性价比和吸引力。而如果从年龄这一变量划分消费群体,可以看到如今乡村集市中的消费者主要为45岁及以上的中老年人群,这固然受到农村年轻劳动力普遍进城务工的影响;但另一方面,更主要的原因则是越来越多的年轻人倾向于选择更为简便的生活方式,倾向外卖外食而非亲自下厨,倾向一站式粗线条购物而非摊摊精挑细选。面对工具性消费需求,在"鲜"与"便"(便宜)的消费抉择中,年轻群体毅然倒向了"便",而在表达性消费需求上,集市已无法满足这些成长于互联网和网购经济时代的年轻人,这一讨论在后文会更详细地进行说明。

三、城镇化浪潮：多元消费空间下的消费转型

（一）旧城改造：新旧集市存续的抉择

伴随着城镇化这一进程，旧城改造是不可避免的。旧城改造在我国城市建设中是一个极具争议的话题，同时也是社会经济发展趋势下不断推进的事实。①具体到合肥市的发展，旧城改造与合肥市的整体发展具有不可分割的联系。2016年5月，合肥、芜湖、马鞍山、铜陵、安庆、滁州、池州、宣城八市被列入长三角城市群，2018年1月，合肥规划局正式公示《合肥市城市总体规划（2011—2020年）》，其中明确提到，城市发展目标为加快建设长三角世界级城市群副中心城市，努力将合肥建设成为全国有影响力的区域性特大城市。随着合肥长三角世界级城市群副中心和"大湖名城、创新高地"建设的快速推进，合肥市的行政区划也同步予以配置。由于合肥市区城市空间的不断饱和，其行政区域的扩展主要分为向北和向南两个方向，向南是环巢湖的滨湖新区建设，而向北则是包括双墩镇在内的北城新区建设。

在这一背景下，从2018年2月9日起，长丰县发改委为加快北城区旧城改造，推进城镇化进程，根据《长丰县双墩镇总体规划》及《合肥市北部组团发展规划》内容决定对双墩农贸市场予以拆除，并将《长丰县双墩镇临时农贸市场项目》予以公示。公示通知表示，农贸市场建成年代久远，结构简易，没有合理的消防通道；存在较大的安全隐患，是典型的脏、乱、堵的代表，现亟待拆除。但为方便北城群众生活、提升北城品质，须建设一临时农贸市场。②

为了考察旧农贸市场的拆迁进度以及新农贸市场的建设进度，笔者于2019年2月19日至两地进行实地探访。调研发现，虽然距离通知公示已经一年之久，旧农贸市场整体仍然处于正常运行的状态，各摊位经营依旧。访谈问及摊主拆迁的相关事项时，被访者也普遍表示自己虽然知道要拆迁，但是目前也不知道何时会正式拆迁，确切时间无人知晓。对此情况，一位与笔者

---

① 黄健文：《旧城改造中公共空间的整合与营造》（学位论文），华南理工大学2011年。
② 长丰县发改委：《长丰县双墩镇临时农贸市场项目建议书审批前公示》，2018年。

熟识的摊主表示，目前市场中的部分摊主仍在和政府讨论相关店面的拆迁赔偿和新市场的安置问题，因此实际拆迁迟迟无法得到推进。而对于新市场的发展，部分摊主表示并不看好。虽然新市场仅距离旧市场约1千米的步行路程，但是已偏离双墩镇中心主干道，且由于宣传不到位，镇上的很多消费者并不知道这一新市场的存在。此外，市场中的摊主普遍表示如今的生意已不同以往，现在多以熟客为主，而新市场的定位和已经入驻的店家显示，这里以后更倾向于发展成为一个批发市场，中小店家生存较为困难。当笔者实地到达新市场后，也发现新市场整体环境较为萧条，客流量远不如旧市场，且新市场均为简易棚房，环境较差。在此情况下，一些旧市场的摊主选择直接将流动摊位摆到周边小区的道路附近。一位摊主对此解释道：

> 老农贸市场现在生意也不太好了，政府马上也要准备拆迁，我们这种没有店面的其实也还好。我自己在××（注：距离双墩农贸市场约3千米的商品房小区）也买了房子，看到这边人流还挺多的，所以就直接在这边摆个摊卖。有时候城管会赶，但是影响也不是很大。
>
> ——水果流动摊贩D，女

在城镇化的浪潮下，旧城改造不仅仅是经济、社会、政治效益等非物质因素相互交织的结果，在城市公共空间资源再分配的过程中，其与城市形态中的空间布局、土地使用等物质因素密切相关。[1]在合肥市的旧城改造中，原有的农贸市场在现代城市建设的视角中，被定义为一个"脏、乱、差"的不符合标准的空间场所，对此，直接拆除成为解决这一问题最直接的方式。面对集市这一消费空间的消失，消费者和集市商家也都抱有一种理所应当的漠然态度，似乎这已是必然的趋势。

（二）农村小区化和农民上楼：满足新型需求的购物中心和互联网经济

伴随着旧城改造的另一趋势是农村小区化和"农民上楼"。在周飞舟

---

[1] 黄健文：《旧城改造中公共空间的整合与营造》（学位论文），华南理工大学2011年。

和王绍琛学者看来,"土地城镇化"能否加速发展的关键在于能否实现"农民上楼"。自2008年以来,各级政府提出"城乡统筹""城乡一体化"以及"建设社会主义新农村"等发展战略后,推动农村出让宅基地合村并村,使得农民集中住进当地的楼房。①与此同时,2018年后,为了推动三、四、五线城市去库存以降低地方政府债务风险,全国各地纷纷推出相关政策鼓励农民进城购房,并提供一定的福利优惠。

在这一背景下,2012年才摘掉"国家级贫困县"帽子的长丰县,在2018年1—11月获得财政收入57.5亿元,位居安徽省各县第三名,且跻身全国百强县,位居第82名,房地产业在其中发挥了重要作用。根据长丰县统计年鉴数据,2016年全县房地产开发商品房销售面积为335.56万平方米,较上年增长61%。同年房地产业的固定资产投资额为1274860万元,较上年增长48.2%。具体到双墩镇,距离双墩农贸市场的五公里内陆续涌现出恒大、万科等多个商品房小区楼盘,以及世纪金源购物中心、北城购物中心等多家一站式购物中心,而在2019年底,万达广场也将开业。面对日益丰富的购物场所,许多"80后""90后"的中青年群体更倾向于选择成熟高端的购物场所。其中部分被访者说道:

> 我其实平时都在市里面上班,吃饭都是吃单位食堂,晚上和周末就回到双墩这边。现在买东西肯定不会再去农贸市场了,那里一到下雨天地上就都是泥水,很脏,还混着那些鱼和肉的血水,看着就很不卫生。我住在××,小区门口就有超市、药房还有各种餐厅,想买什么都可以买,而且走个几百米就是恒大影城,都不需要去市里就可以看电影,非常方便。
>
> ——消费者ZXQ,33岁,女
>
> 我现在基本不会再去农贸市场,除非超市里面买不到什么肉,才会去农贸市场买。以前过年可能还要坐车去市里,现在家家都有车,要买年货什么的直接开个车去世纪金源的永辉超市,那里面什么都有,旁边

---

① 周飞舟、王绍琛:《农民上楼与资本下乡:城镇化的社会学研究》,载《中国社会科学》2015年第1期,第66-83页。

还有屈臣氏、必胜客、火锅店,有一堆挺高档的餐厅,现在的北城已经今非昔比了。

——消费者ZR,26岁,男

现在肯定不去农贸市场,别说农贸市场了,逛商场也基本少了。现在工作那么忙,回到家就想瘫着,打开App点个外卖都很经常,只有周末我和女朋友觉得时间多时才自己做顿饭,但这也是比较少的。平时都是饿了么和淘宝,小区门口就是菜鸟驿站,收快递也方便,有了网购谁还愿意动腿去逛街?

——消费者HRF,29岁,男

由此可见,不同于父辈的消费观念,生长于20世纪80年代以后的年轻人群体更强调购物的便利性以及精神娱乐消费的补充。在城市化的进程中,不仅是宏观规划抛弃了传统的乡村集市,消费者也正在抛弃集市。随着经济技术的发展、人民生活水平的提高,消费主义开始取代节俭主义,成为青年消费群体中的一种文化主流,个体的工具性消费需求得到了提升。青年消费群体不满足于过往老一辈人节俭主义和食鲜主义,他们在要求同等甚至更高商品质量的同时,还要求购物体验的便捷性和舒适性。此外,年轻群体在承受较重工作压力的情况下,要求购物场所同时满足其表达性消费需求,这些是传统乡村集市无法完全满足的。可以说,随着社会的变迁,传统乡村集市作为一种消费空间,无法从根本上满足消费者群体日益增长的工具性和表达性消费需求。

四、结论

乡村集市在我国已有几千年的历史,在过去,其存在并发展至今,说明其与农村地区的社会经济发展状况是相适应的。从生产角度来看,其适应了农村地区长期以来较低的生产力水平;从消费角度来看,它也与农村地区较低的消费能力和长期被压抑的消费欲望相适应。

但是随着市场经济的发展和城镇化进程的加速,农村已经不再是从前那个自给自足的社会。在生产力和生活水平低下的年代,农民为了获取财富和

维持生计,需要更多地从事农业生产活动或者外出务工,集市这般等级较低的消费空间,恰恰符合这种节俭主义的消费形态。然而,在城镇化发展的进程中,农村的消费群体开始壮大,"生产是为了消费""工作是为了消费"的观念开始为人们所认同,多层次、多元化的消费空间应运而生,以满足农村地区消费群体的消费需求。伴随着商品经济和多元消费空间的发达,以及加快进行的城乡统筹的农村城镇化建设,农村变为城市,农村人变成城市人,传统的乡村集市最终也许会退出历史的舞台。但是,集市是一种长期存在的现象,透过集市的发展能够观察中国社会变迁以及消费变迁。由于本研究仅以中部地区一个经济快速发展的小镇为例,可能存在片面或者过于主观的判断,对于集市的研究,以及对于中国消费模式的研究,仍要考虑不同地区的文化以及经济发展水平等要素的差异。

人、交通与集市

◇ 尹祥锐（旅游学院2017级本科生）

一、家乡概况

（一）地理位置

我的家乡位于四川省宜宾市叙州区安边镇，在宜宾市叙州区的西南部，金沙江末端的北岸，金沙江的一条支流——横江在此汇入金沙江，所以在这里，两条江水把城镇分成了三部分，其中一个部分是云南省昭通市的一个县城——水富县，该县去年升为了"市"，但是我还是习惯称它为"县"。水富县在我们当地人民的生活中有着很重要的作用，对于我们来说，这个小县城比我们区里的县城还要重要，它与我们的日常生活息息相关。从小我就在那里长大，直到上高中才离开家乡去到了区里的一所高中读书，一个月回家一次，现在上了大学，半年或者是一年才会回去一次，每一次回家都会有一些新的变化，但还是有很多地方没有变化。

安边镇是沿着金沙江河谷发展起来的，沿着河谷狭长地分布。莲花池是安边镇背靠的山上的一个山间小盆地，地形比较平坦，因为其中有一个小湖叫"莲花池"，所以该盆地就取名莲花池。水富县就是在金沙江和横江两条江河的冲积平原上发展起来的，人口、面积相较于安边镇和莲花池要大很多。

（二）人口概况

截至2017年，安边镇共有七个社区和八个行政村，除了安边社区和豆坝

社区的城镇化率较高以外,其他社区或者村的城镇化率都很低,其中一个很大的原因就是,相较于城镇户口而言,农村户口会有更多的优惠政策,所以这里大多数人都还是保留了农村户口。其实我们家也是这种想法,大一入学的时候,我的家里人就没有让我迁户口。但是随着现在城镇化进程的加快,一些居民点也修建了比较现代化的楼房,一些之前在外打工、有一些存款的人就会选择买上一套房子,备着将来养老的时候用;还有一部分之前住在乡下的人们现在都住到了街上(居民点)或者是离街上很近的地方。但还是有很多人住在农村,他们在农村里修一栋两层的小楼房,仍旧过着很传统的农村生活,就是这一部分人成为乡村集市菜品供应的主力军。

从2005年开始,由于向家坝水电站的修建,大量的外地人开始涌入本地,当地的基础设施建设、城镇化进程也从那个时候开始加快。在这个过程中,现在的主要居民点开始形成,当地乡村集市的重心开始转移,道路交通也得到了很大的发展。从2012年开始,很多修建水电站的外省工人开始陆续离开,这对当地交通和集市也产生了一些影响。

我们本地也有很多人,尤其是年轻人,由于学习或者是工作的需要,离开了小镇,去寻求更好的教育、更多的工作机会和更高的工资。现在留下来的人基本上要么是还在读小学、初中的孩子,要么就是留在家里的老人,农村"空心化"严重,每次回家都让我觉得不管是镇上还是莲花池,人都越来越少了。这一现象也对现在的乡村集市造成了一定影响。

二、三个集市

(一)三个集市的基本情况介绍

这里主要讲三个集市,其中两个是乡村集市,另外一个是对我们当地人生活十分重要的一个城镇集市,或者说是半个乡村集市。

第一个集市是位于安边社区的集市,这个集市在近20年的时间里发生了很大的变化,它由以前的大集市变成了现在人员往来稀少的小集市。在我四岁刚记事时,安边集市还是一个很大的集市,每次赶集时都人潮涌动,而且那个时候街上还有很多的店铺,可以说整条街就是一个集市,从街头一直热闹到街尾。街头有一个连接安边与水富县的铁路桥，在我上小学之前，这个铁路桥是可以有行人通过的，所以在铁路桥头也衍生出来了一个很热闹的小集市，在我们这一边是一些卖零碎商品的小贩，在桥的另一头，也就是水富县城的一角，聚集了很多的茶馆。因为有桥，交通就很方便，我们这边的人，尤其是一些上了年纪的人就经常通过铁路桥到另一边的茶馆里去喝喝茶、打打牌，水富县城里的人也会经常到我们这一边来买一些农产品。

在我上小学一年级时，政府考虑到安全问题和其他一些因素，就将铁路桥封闭了，不准行人通过，两边由此衍生出来的商业也就衰落下去了，在安边这侧尤其明显，现在在街头就只有一家卖土特产的家庭店铺还在营业，其他的店铺都没有了。铁路桥封闭后出现了渡船，它往返于安边镇和水富县之间，随后又带动了集市的移动和发展。

以前，街尾有一家饭店，这家饭店虽然不是很高级，但是它承担了街上大部分居民的宴请事宜，以往很热闹，但现在也倒闭了。我的大姨之前也在街上经营着一家早点店，开了有十多年了，收入也还不错，但是到了我上小学的时候，因为集市的渐渐没落，街上的店铺渐渐地关门了，我大姨也把早点店给关了。当然，论及集市真正开始没落的时间转折点，那应该是向家坝水电站动工建设的时候。从那以后，安边街上的人越来越少，安边集市的人也越来越少。

安边集市衰落的不同时间段里，集市的位置也跟着发生了变化。我四岁的时候，安边社区的集市，主要是集中在老街，基本上整条街上都是卖各种菜和其他小东西的小贩。集市上没有固定的摊位，大家都是在街道两旁直接铺一张塑料纸，每天早晨就把卖东西的摊子摆出来，等收市的时候再把自己家的东西收起来。有一些卖肉的商贩，他们每天都会到自己惯常的摊位上摆摊，其他一些卖菜的菜农都没有惯常的摊位，所以如果想要得到好一点位置，就必须早一点去占位。那些卖肉的小贩一般都是前一天到农村里买活猪，再带到屠宰场宰杀，第二天再拿到市场上去卖，其中也有一些卖肉的商贩自己就经营着小型的养猪场，每天都会到街上的人们那里去挑潲水回去喂猪；集市上卖菜的人一般都是农村里的农民，所以集市上大多数的菜都是农民自家种的，平时，在集市摆摊的人一般都是一些家住在离集市一小时路程以内的菜农，只有在赶集的时候，才会有一些家比较远的农民把菜带到街市

上来卖。如果菜卖得不是很好，时间也还比较早的话，一些还剩很多菜的菜农就会把菜拿到水富那边的菜市场去卖，也有一些菜农因为菜很多就直接将菜拿到水富的集市上去卖。

大概到了我小学二年级，差不多2006年的时候，卖菜的人就逐渐少了，没有以前那么热闹了，但是总的来说整个集市还是有很多人会去的，我记得在我上二年级的时候，有一次我哥哥大概早上五点多就来叫我去上学，我们大概五点半就到了街上，那个时候还很早，加上又是冬天，所以天还是很黑，但集市上已经很热闹了。每次赶集时，都会有一些从其他地方过来的流动小贩，他们自己开着一个小货车，车上摆满了各种小商品，主要卖一些日常的生活用品，他们在车上别着一个大喇叭，不停地重复着相同的推销内容，还有的是直接别一个扩音器在自己身上，向顾客推销自己的商品。

这样的状态一直持续到初中的时候，安边集市从那一次改变开始，就真的没落了，一直到现在，基本上都没有什么人。那一次，为了整理"街容"，减少噪音对街边住户的干扰，菜市场迁移到一直闲置的河边旧仓库，仓库经过改造，就变成了新的集市。集市搬迁以后，整个街上就显得异常冷清，因为新集市的位置相较于之前更偏僻一点，不是很方便，所以去的人也就变得越来越少了。现在，只有街上的少数居民平时会去买买菜。集市里本来有很多卖肉的商贩，但是现在也只有一家了，并且每天肉类的供应也很有限，如果想要买肉的话，就一定要早一点去，平时卖菜的菜农都只有在菜少的时候才会去安边集市卖，如果菜多了，就卖不出去。卖菜的零零星星，买菜的稀稀疏疏，这便是安边社区集市的现状。

寒假时，我去菜市场进行了一次实地调研，那个时候才早上八点多，整个偌大的菜市场里只有四个卖菜的阿姨、一个卖豆腐的婆婆、一个卖肉的阿姨和几个零零散散的买菜的老婆婆。卖豆腐的那个婆婆认识我，问我是大妹还是二妹（我的妹妹），我们还聊了一会儿。这个婆婆是一个留守老人，儿女都出去打工了，留下她和她的孙女在家；她做了很久的豆腐，我们整个镇上的人都认识她，买豆腐都认定了她家的。她说："做豆腐卖虽然有点累，但是总比在家什么都不做要好，儿女在外打工也辛苦，我自己赚点钱，多多少少都够平时自己用了。"现在的安边集市虽然说人很少，但是因为街上还有一些居民，所以这个集市不会消失，在今后很长的时间里，应该都是现在这样。

第二个集市就是莲花池社区的集市，这个集市是在向家坝水电站动工以后发展起来的。水电站动工以后，修建了一个移民点。因为修建水电站，附近的人们被集中安置在了那里；还有上游库区的一些移民也被安置在了那里。但这个居民点最主要的作用是为了服务来修建水电站的工作人员，所以这个集市就逐渐兴起，并且在短时间内迅速发展，慢慢地取代了安边集市的地位。直到现在，可以说是完全取代了安边集市，成为我们整个镇上最大的集市。前几年水电站竣工，大部分工人也都离开了，所以集市也没有以前那么繁华，人流量也没有那么大，现在主要的消费者就是当地人。现在莲花池集市已经是一个相对稳定的乡村集市了，我觉得未来几年甚至十多年应该都是这样的，不会有太多的变化。

在集市上卖菜的基本上都是家住在莲花池或者是周围的人，大家家里都有一些土地，平时种一些菜，自己吃不完的就拿到集市上去卖一些。去街上卖菜的大多数都是一些年纪比较大的老奶奶，早上家里的人帮忙把菜背到集市上去，然后老人家就自己守着，对于这些老奶奶来说，卖菜其实是次要的，能够和周围卖菜的人一起聊聊天、摆摆龙门阵（意即拉家常话），让自己开开心心才是主要的。除了这样的一群业余的菜农以外，还有一些职业的菜生意人，她们就是以卖菜为生，她们都会有固定的摊位，基本上一整天都会营业，从早一直卖到黑，下午的时候一般没有什么人，就会回到自己家午睡一会儿，或者去附近的茶牌室打打麻将放松休闲一下。我去菜市场那天是早上八点半，我大概数了一下菜市场里卖菜的人，一共有6家：一家卖面食（饺子皮、手工面等）的、一家卖鱼的、一家卖干鲜的、三家卖肉的。除了那些卖肉的在雨棚里有固定摊位，卖鱼和干鲜的在菜市场里面有门面以外，其他的大多数摊贩都是直接垫一点塑料纸在地上，把菜放在上面卖。我问他们为什么不愿意到雨棚里的石台上面去卖，他们基本上都说："摆在地上要方便点，而且这里（离出入口）要近一点，我们懒得进去。"

最后一个集市就是水富县的集市，这个集市虽然归属云南，但是和我们的生活有着千丝万缕的联系。从规模上来看，它也许是一个城镇集市，但是在一定程度上说，它也是一个乡村集市。

这个集市和前两个集市最大的区别就是前两个集市的商品供应者都是以

自己种自己卖的菜农为主,而这个集市则是以卖菜为生的菜生意人为主。从我有记忆至今,这个集市的变化都不大,只是变得越来越规范了。因为这是一个县城里的集市,所以集市里面非常有规划:卖肉的有一个专门的区域,卖菜的有三个区域,有专门的鱼市、鸡市、干货市场,每一个区域卖什么东西基本上都是固定的。平时一般就只有菜生意人在集市里卖东西,每逢"赶场"也就是赶集的时候,会有很多我们那边的乡下的菜农带上自己前一天准备好的新鲜蔬菜到集市上去卖。当地每逢"三、六、九"就会去赶集,比如每月的3号、13号、19号、26号等等,这些时候街上人特别多。不管是我们这边的人,还是水富街上的人,还有水富所属乡镇上的人都会到这个菜市场上来。菜农在街道上卖菜,就在地上垫一张塑料纸,把菜放在上面,自己坐在带来的背篓上面就开始卖菜了。一般来说,很多水富街上的居民比较喜欢到这种菜农那里买,主要因为这个菜不仅便宜新鲜,而且在十点钟以后,如果菜都还没有卖完的话,菜农们就会选择低价售出;如果十一点钟左右都还是有很多菜没有卖完的话,他们就会自己把菜带回家去吃,但这种情况还是很少出现的。如果想要区别一个卖菜的人是普通的菜农还是菜生意人,你就看他用的秤就可以了,普通的菜农都是用的传统的带秤砣的秤,但是菜生意人都是用的电子秤。很多时候人们愿意去买菜农的菜就是因为他们用的是传统的秤,一般不会出现缺斤少两的现象。

为什么说这个市场和我们的生活息息相关呢?首先它是我们这边大多数菜农的主要商品的输出地。其次,我们那边很多人都比较倾向于到水富菜市场去买菜,去一次,买个几天的菜回来放着,吃完了再去买,尤其是家里要来客人的时候,所以说这个菜市场对我们来说很重要。我们家一般都是到水富那儿买猪肉做腊肉、香肠,今年因为猪瘟防控,我们得去莲花池集市上去买肉,买得也不多,今年过年我们家准备的腊肉、香肠都比以往过年的时候要少。

(二)三个菜市场的简单比较

第一,从集市的面积来看,两个乡村集市的面积相较于水富的大集市来说要小很多,而且不仅是面积小,土地利用得也不充分,有很多在上面没有进行任何活动的闲置空地;而水富大集市不仅面积很大,还利用得很充分,不会存在有位置空缺的情况。

第二，比较集市上菜品的供应者，乡村集市主要是当地人自己种自己卖，纯粹做生意的人很少，但是水富集市大多数是专门做生意的人，菜的种类也更加多样化。

第三，从菜市场里的摊位类型来看，乡村集市里的摊位一般都不是固定的，去得早可能就会占到比较好的位置，虽说集市上也有一些固定的摊位，但是由于大家之前已经习惯了这种随意摆摊的方式，所以现在乡村集市上大多摊贩都还是在不干扰到整个市场秩序的前提下，比较自由地根据自己以往的习惯进行摆摊。而水富集市上因为多是专门的生意人，所以他们都会有自己固定的摊位，只有在"赶场"的时候，因为很多菜农进入市场，才会出现很多的自由摆摊的情况。

第四，就商品的数量和种类而言，乡村集市上的东西数量一般都很少，基本上都是当季上市的蔬菜，所以种类也很少，肉类只有猪肉和鱼肉，且现在卖的人也不多，其中只有一家卖鱼的，卖水果的也很少，大多都是一些流动的商贩自行开台三轮车到我们这里卖水果，所以乡村集市提供的商品是很有限的，最多只能满足居民日常生活的需要，只是能够吃得饱，但是不能满足吃得更好的需要。相比之下，水富集市就是一个功能很齐全的集市，每一个区域都会有固定的功能，这里卖什么，那里卖什么，都是固定好的，基本上所有的菜品在这里都能买到，十分方便。而客源市场也存在差异，前述已有提及，就不再赘述了。

第五，就集市开始和收市的时间来说，两个乡村集市开市的时间比较晚，收市的时间也比较早，这和水富菜市场有很大的区别。我认为这一差异是市场和供应者的共同作用导致的。在以前安边集市还很繁荣的时候，开市的时间和现在水富集市是差不多的，但是由于现在两个乡村集市的客源市场都很小，买菜的人都是年纪比较大、平时没有什么事情做的老年人，他们去菜市场也去得很晚，所以就使得菜市场开市的时间比较晚。当然，过年这个时间处于冬季，夏季可能会因为天气的原因提早一点。而水富菜市场因为大都是生意人，都是自己批发菜来卖，他们的想法往往是只要多卖一会儿，收入可能就会多一点，所以就去得很早。信息比较可见表1。

表1 三个菜市场的简单比较

比较维度	安边集市	莲花池集市	水富县农贸市场
规模	一个篮球场	两个篮球场	三个足球场
菜产品主要供应者	当地菜农	当地菜农	以菜生意人为主
摊位类型	自由摆摊	固定摊位占少数，自由摊位占大多数	以固定摊位为主
商品种类	单一	比较单一	多样
客源市场规模	很小	小	大
开市时间	早上七点左右	早上六点左右	早上五点左右
收市时间	早上九点左右	中午十一点左右	全天

（三）市场形成、发展、衰落的原因分析

这里我们抛开水富县城里的大菜市场不说，只分析两个乡村集市的形成、发展和衰落的原因。从这两个乡村集市来看，它们的兴起和发展都离不开人和交通这两个重要的因素。

首先是安边镇集市，安边社区之前可以算是整个镇的经济中心、政治中心和文化教育中心，是整个镇上人口最密集的地方，很多重大的活动都是在镇上举行的。但是随着水电站的修建和新农村的建设，农村的基础设施得到了很大的改善，尤其是道路交通条件，这导致安边镇原来的经济中心（莲花池社区经济的快速发展）和文化教育中心（莲花池那边开办了一个小学，很多经济条件比较好的家庭就把孩子送到更好的区里的小学和初中去了，镇上小学和初中生源流失）风光不再。加上很多青年人、中年人外出寻求更好的发展机会，造成了人口持续流出，其中一小部分搬到了莲花池社区，一部分搬到了水富县城，一部分搬到了叙州区县城，还有一部分人口去到了全国其他经济发达的城市或地区，只在过年的时候才会回家。人口持续流出导致安边镇的人口减少，现在只剩下了一些留守老人和留守儿童。

其次是交通的变化，整个镇上的交通通达度相较于以前来说好了很多，这对于安边镇的发展来说是积极的，但是对于安边集市来说，影响却是负面的居多。一是道路基础设施的改善，在镇上新增了一条可以通往向家坝大桥的公路，能够到达水富县城；二是近几年居民家里也都有了一些代步工具，一般家里都会有电瓶车或者摩托车，还有一些家里有小汽车，自己想要去哪儿都要方便一些；三是交通方式的改变，上文提到过，安边集市之前是依靠铁路发展起来的，后来又依靠渡船码头发展，但大概在2015年时，由于水富港码头的修建占用了渡船的渡口，渡船也就没有摆渡了，大家想要到水富集市去就必须改走另外的路，或者乘坐乡镇公交从向家坝库区方向的向家坝大桥过去，或者是自己骑电动自行车或者搭摩托车过去。事实上，直到两三年前，向家坝大桥都是不允许电动自行车、摩托车通过的，但是由于乡镇公交一个小时一班车，很不方便，为了回应民生诉求，政府放宽了相关政策，允许电动自行车和摩托车经过，此后，更多的人到水富菜市场去买菜，如果自己骑车过去的话，十几分钟就到水富菜市场了，十分方便。就是由于这一系列变化，安边集市逐渐没落，呈现出现在的样子。

虽说安边集市现在没落了，但是近几年一种土特产的发展又给安边经济注入了新的活力，这个发展很大程度依赖于交通的发展。我们当地过年的时候会做一种点心，叫"苕粑丝"，主要的原料就是红薯和面粉，自己吃或送人都很好。本来街上只有一家人是做这个的，就是这家店让这个点心的名气变得很大，每到过年的那段时间，就有很多水富乃至城区里的人到镇上来采买这家的苕粑丝。因为以往只有一家，所以就会出现供不应求的情况，于是另外有几家人也开始做这个生意。直到今年，镇上已经有四家在做这个生意的店铺了，而且因为竞争者变多，各家的包装也开始变得精致了，之前只是用白纸包一下，再用塑料袋装起来，但是现在衍生出了一些很漂亮的包装盒，主要就是满足送人的需要，显得"高大上"一些。

莲花池集市出现和发展的最重要的一个原因是外地人的流入。随着人口的增多，莲花池从一个移民点变成了一个居民点，再变成了现在的社区。刚开始时，莲花池只是作为一个移民安置点，只集聚了一些当地人。随着向家坝工程的开工，三峡公司的办公点和供外地工人居住的房子都修在了莲花池，莲花池的人口就这样一步步地增加，很多当地人就看到了商机，原本居住在安边镇上的人开始往莲花池聚集，选择在那里开一些小店铺，赚点

小钱。

　　整个集市在2010年左右达到了鼎盛，无论是从规模上还是从客流量上。从那以后，随着向家坝水电站修建进入尾声，外来人口陆陆续续流出，莲花池集市也就没有再扩大。相较于鼎盛时期，现在它还是缩小了很多，但是由于镇上大多数人口都集中在了莲花池社区，从某种意义上说，莲花池社区已经成为镇上一个新的经济中心，比安边集市热闹很多。交通方面，修建水电站时，安边镇还修建了一条从水富县水电站右岸经莲花池到水电站库区左岸的公路，可以说，在交通基础设施方面改善得最多的就是莲花池。近几年，从莲花池社区到各个乡、村的公路也全部变成了水泥路，极大地加快了莲花池社区的发展，也促进了莲花池集市的发展。

三、与集市有关的三个故事

　　第一个故事与我小学同学的爸爸有关，她的爸爸前前后后在安边集市和莲花池集市卖了15年的猪肉。他刚开始卖肉的时候是安边集市的鼎盛时期，每天人来人往，而且卖肉的人也不是特别多，竞争压力不是很大，所以生意还挺好做的。但随着安边集市的衰落和莲花池集市市场的壮大，大概在2008年的时候，他就转移到莲花池集市去卖肉了。刚开始的时候生意也还行，后来因为大量的外地商家进入，莲花池集市的市场不断扩大，又有一些人加入了卖肉的行列，市场的竞争压力变得很大，原来可能每天只需要卖半天的肉，但由于激烈的市场竞争，后来不得不变成一整天都在卖。叔叔白天的时候到集市上去卖，下午的时候就在街边摆个小摊卖，傍晚的时候又去买猪，晚上再运到屠宰场去杀，即使如此辛苦，卖一头猪只能挣到200元。叔叔卖的猪基本上都是从农民家里直接买的，毛猪的价格也涨得厉害，再加上后来莲花池社区大量外地人离开以后，生意就更不好做，赚不到钱了。他的女儿当时和我在一个高中，因为成绩中等，升学可选余地较小，最后选择了读艺体，花费较多，他还有一个在读小学的儿子，还要为儿子的将来打算，叔叔无奈地放弃了自己经营了很多年的猪肉生意，三年前就到外地打工去了。

　　第二个故事要讲到我认识的一个老菜农，她是一个老奶奶，已经70多岁,住在莲花池附近山里面的农村,是一个地地道道的农民,她和她的老伴儿平时就以种地卖菜为主,家里还养了一些鸡、猪,还有一头牛。她家有两个儿子、一个女儿,女儿嫁到外地去了,好几年才会回来一次,虽然大儿子住得离老人近一些,但是主要还是小儿子在帮着两个老人家。小儿子住在莲花池街上,平时就跑摩的生意,虽然说跑摩的赚不了什么钱,但好在时间很灵活,农忙的时候可以回家帮父母干一干地里的体力活儿。到了卖菜的时节,两个老人前一天下午就会去地里摘一些合适的菜,然后背回家清洗整理,儿子会在这天晚上回来住,第二天早上四点多的时候老奶奶就起床了,大部分的时候都顾不上吃东西,收拾好之后,儿子就用摩托车载着老人和菜一起到水富的菜市场上去。如果菜很多的话,老人可能会用批发价把大部分的菜卖给菜生意人,留一小部分自己卖,如果菜少一点的话,就会自己卖,到中午10—11点的时候,菜要是还没有卖完,老奶奶就会拖着自己的菜篮子,一边走一边低价甩卖,如果遇见熟人的话就会直接送一些菜出去。我们当地有很多这种菜农,他们为了方便,都给自己的菜篮子加上四个小滚轮,方便拖着走。中午到了饭点的时候,儿子就会开着摩托车来接老人回家吃饭,就算没有吃早饭,老人也舍不得用自己赚来的钱在街上买早点吃,都是等到回家去再吃。我问她:"起那么早,又不吃早饭,还要那么迟才吃午饭,不会很饿吗?"她回答说:"都饿习惯了,吃不吃都不管事,而且现在年纪大了,也吃不了很多饭了。"现在乡里通了水泥公路,情况变得好了一点,能够有摩托车接送,以前没有通公路的时候就全靠人力,早上还要起得更早一点,背着很重的菜走很长时间才能够到菜市场,真的很辛苦。吃完午饭以后,老人就又开始到地里去干活儿了,用他们的话说,就是"这一辈子都忙活惯了,你让我什么事都不做就坐在那里看电视之类的,我反而觉得很不舒服,要打瞌睡"。我们那边有很多这样子的老人,尤其是住在农村里、一辈子都以务农为生的人,大多数都是这样的。

还有一个人就是我的五姨,她在水富的菜市场里做生意有二十几年了,是一个纯纯正正的卖菜生意人。寒假的时候,见我在家无聊,她就让我去帮她的忙,然后我就在她生意比较忙的时候去帮她卖了两天菜,体验了一下卖菜人的生活。我的五姨在菜市场的一处蔬菜区拥有一个比较大的卖菜摊位,位置也比较好,每个月要交600元左右的摊位费。在五姨那里帮忙的那

两天，五姨每天早上五点钟就起来了，梳洗完之后就去菜市场开始忙活了，这个时候会有很多运输菜的大卡车来菜市场，卖菜的人会去看一下今天的菜怎么样，要批发多少回去，买好菜之后，就开始摆摊子，正式营业了。五姨让我八点钟左右再下去帮忙，八九点钟一般就是菜市场最热闹的时候，大多数的人都会在这个时候出来买菜，这个时候就是最需要人手的时候，不仅要忙着招呼客人、帮客人拿袋子，还要热情地回复每一个询问价格的客人，同时也要剥一些豌豆、玉米之类的蔬菜。"熟能生巧"这个话真的说得很有道理，五姨不管是称菜、装菜、洗菜，还是做剥豌豆等工作，动作都很迅速。在她们这个区域，卖菜的商贩一般价格都比较高，但是菜的质量也是大家比较信任的，五姨在这里卖菜的几年时间里已经积累了很多老客户，其中不乏一些开小饭店的客户，所以生意一直以来都还不错。这一阵忙完以后，五姨会给附近熟悉的早点店打个电话让她们送早餐过来，如果没什么人的话她就会继续剥豌豆角、剥玉米，如果今天剥的蔬菜没卖完的话，她就会带回家里放冰箱冷藏，第二天再拿出来卖。中午的时候，五姨父就会拿一点菜回去做饭，然后再送到菜市场来，因为前几年五姨父生了一场病，身体一直都不好，所以五姨就没有让五姨父做什么重的体力活儿。下午两点左右，菜市场内基本上就没有什么人了，所以五姨就让我守着菜摊儿，她则约上几个人一起去逛逛街。下午六点左右，五姨就来收摊儿回家去了。收摊的时候，基本上都是用一张不透明的塑料布盖住整个摊位，我问："五姨，就直接这样盖着，不怕有人偷菜吗？"五姨说："哪里有人会来偷你这点菜嘛！那么多年了，从来都没出过这样的事情。"或许这就是菜市场中一个没有成文的"规定"吧。在下午守摊时，我看到的菜市场与上午相比却是另一番场景：相较于上午的热热闹闹，下午的菜市场就只有零零星星的几个客人，各个摊位上最多也就一个人在那里守着，大家要么玩手机，要么就发呆，而清洁工人开始清扫街上的垃圾，感觉整个菜市场里就只有清洁工人们扫地和铲垃圾的声音。在这种大型菜市场里，我自觉很难预先判断人们的行为，例如，在帮忙的这两天当中，我发现并不能根据客人的性别、年龄去判断这个客人会不会砍价，或许也是我的经验不够吧，反正我大部分时候都判断错了。

四、总结

通过对上面两个乡村集市和一个城镇（半乡村）集市的对比，本文有以下的发现。

乡村集市正变得越来越现代化。一直以来，在乡村集市中，关于摊位应该怎么摆、价格应该怎么定、什么时候开市、什么时候收市等问题，好像仅依靠一种约定俗成的规定，原来的乡村集市可能只有一个固定的地点，但是没有固定的摊位，也没有任何的辅助基础设施可以帮助菜农们摆摊，乡村集市的卫生也只是靠大家自觉。现在，政府对乡村集市的基础设施进行了改善。例如，之前集市的固定地点可能就在街上，没有一个专门的区域去进行集市交易，而现在则划定了一个专门的区域，不管是安边集市还是莲花池集市都是如此。划定专门的区域，首先是为了有一个良好的"街容街貌"，维护良好的环境卫生；其次是可以方便管理，因为虽然是乡村集市，但是摆摊进行买卖还是要缴纳小额税费，一般是一两块钱；最后则是因为沿街摆摊贩卖，会对居住在街道两旁的居民造成一定影响。集中在一个区域以后，政府还会修建一些设施，比如说用水泥和砖砌一些固定的摆摊台；如果是在一个比较开放的区域的话，就会在顶部搭建遮雨棚。而在之前，不管是安边集市、莲花池集市，还是水富菜市场，都是靠每一个生意人自己去买一两把甚至更多大型雨伞，遮住自己的摊位，一些普通的农民、菜农就不会买这种伞，一是体积巨大，不好收放，二是没有钱去买这种伞，所以在以前，天气在很大程度上制约了农民菜农。但是大概是四年前，除安边集市外，另外两个菜市场都开始了搭建雨棚的工程，因为安边集市本来利用了原有的建筑，所以不存在搭雨棚的需要。除了政府搭建雨棚以外，电子秤的使用也越来越多，在这三个菜市场中，专门做生意的人用的都是电子秤，但是普通的菜农往往还在使用传统的秤。总之，乡村集市随着基础设施的改善，越来越现代化了，但是人们的部分意识还没有跟上。

乡村集市里存在着比较密切的血缘、地缘关系。在乡村集市里，不管是卖菜的人还是买菜的人，基本上都是一个村子里的人，甚至是邻居，大家都相互认识，所以在集市里就经常会看见买菜的人和卖菜的人站在菜摊的两边聊了起来，大家在集市里都不会觉得无聊，很多村里人的趣闻最先也都是

从集市里面开始传播的，集市也就成为村里人交流聊天的重要场所；又因为大家都认识，所以买菜的人不太好意思讲价，卖菜的人也不好意思把价格喊高，这就导致一个有趣的现象，如果我们村里的人去乡村集市买菜的话，看见村里卖菜的人可能只是打一个招呼，但是不会买。在水富菜市场就有所不同，虽然那里的血缘关系没有那么普遍，但还是存在个别商贩之间有亲戚关系的现象。就拿我五姨来说，五姨是一个性格很爽朗的人，和周围的摊位的人们都相处得不错，尤其是和对面卖油酥鸭的商贩，但在这里大多数相处得好的人基本上都是能够攀得上一点亲戚关系的人（那个卖油酥鸭的商贩是五姨娘家那边的亲戚，那个商贩的儿子还拜继给了我五姨做干儿子；我五姨经常点早点吃的那家早点店也是娘家那边的亲戚），这也是菜市场里商贩们聚集的一个重要的因素，大家都是沾亲带故的人，一起做生意会方便很多，但是大家如果聚集在一起的话通常都会选择卖不同种类的东西，如果种类相同的话，一般就不会聚在一起了，否则就难免会抢生意，闹得不愉快。当然，在这个市场，真正说得上有血缘关系的只是少数，大多数人都是不认识的，是在做生意的过程中逐渐才熟悉起来的。乡村集市里的这种地缘关系应该也是乡村集市能够逐步稳定发展的一个重要因素。

在乡村集市中，不管是买菜的还是卖菜的，基本上都是一些上了年纪的人，他们卖菜的目的一般都不是赚钱；而在水富菜市场里，卖菜的基本上都是中年人，买菜的人则是各年龄段的人都有，菜市场里卖东西的人，基本上就是以买卖为生。这个现象和集市客源的人口结构是有关系的。在莲花池社区和安边镇，常住人口基本上是留守老人和留守儿童，小孩要读书，也没有能力买菜，老人自然而然地成了市场的主体；而水富本身就是一个高一级的行政区域，人口多很多，人口结构也更多元化。在乡村集市中，卖的菜都是自家种的，而且都是在菜有剩余的时候才会拿出来卖，卖的菜也不多，去卖菜也大多是为了打发时间，用当下很流行的词来说就是"佛系"卖菜，赚没赚到钱是次要的，打发时间、让自己开心才是最重要的，当然要是还能赚到钱的话是最好不过了。而在水富菜市场这个大集市上就不同了，大家都是为了生计，以赚钱为目的去经营生意的。但其实在菜市场里做生意的人也还是很开心，也许是因为在小县城里生活压力并不大，在菜市场里挣钱虽然辛苦一点，但赚的钱也还是能让自己过上不错的生活。就拿我五姨来说，2009年的时候她就在水富买了一套房子,她的女儿现在也嫁人了,她现在主要是给自己挣点以后养老的钱。

政府在乡村集市的发展过程当中起了很重要的作用。乡村集市主要都是在人、交通的共同促进下发展起来的,但是在乡村集市的发展过程中,还有一个很特殊也很重要的因素——政府政策。政府政策是莲花池集市发展起来的重要因素,也是安边集市十多年位置迁移的重要因素。虽然看似政府政策没有直接导致安边集市的衰落,但是,因为莲花池集市在政策(移民安置点)的作用下发展起来了,大多数人口都迁移到了莲花池社区,在整个镇的人口数量是一定的前提下,人口的流动便使得莲花池集市的市场变大、安边集市的市场变小,自然而然地,莲花池集市得到了很大的发展,而安边市场就逐渐地成为次于莲花池集市的一个小集市。其实这也就说明了,在一个区域内,如果本来只有一个集市,但是较大规模的人口流动使得另一个新集市出现了,那么也就意味着新集市可能会成为新的集市中心,老集市可能会走向衰落,但是因为还是有一定市场,所以老集市也不会消失。

乡村集市以后可能会越来越现代化,受到的约束、规定会越来越多,但是其本身强烈的地缘关系却并不会因此减弱,卖菜的人大多数也还是为了打发时间、找点事情做。虽然集市里卖的东西不多,但是大家平时也愿意到集市里去逛一逛,这就是我们那儿的乡村集市。

乡村集市的传承与发展：罗定市船步镇集市调查

◇ 黄海平（哲学系2015级博士生）

以船步镇乡村集市为例，笔者通过实地观察、村民访谈了解乡村集市在20世纪90年代前后的变化与传承，研究发现：乡村集市的发展离不开乡村的传统价值与熟人社会的交往规范。乡村集市不应该只是为村民提供消费的空间，还应该发挥社会经济的功能，为村民关注和参与乡村公共事务、体验乡村公共生活提供相应的空间和途径，应对乡村邻里关系的疏离与邻里交往原子化趋势；乡村集市应该允许多元主体的进入，尤其应该兼顾弱势群体与底层农民，为他们腾出生存空间；乡村集市的可持续发展必须依托于传统的习俗与民间信仰的传承，应对乡村"空心化"趋势，凝聚乡镇村民，增进对乡村的认同感与归属感。因此，乡村集市不能割裂传统凭空发展，必定要依托着乡村的传统、乡村的多方主体以及乡村的新生力量，兼顾公平正义，将自身的经济发展嵌入到社会发展之中，如此乡村集市才能焕发出生命力。

一、船步镇集市的基本情况

（一）船步镇的基本情况

船步镇隶属于广东省云浮市罗定市，位于罗定市东南部，南与茂名信宜、阳江阳春相邻，东、西、北面与罗定市的蒲塘、罗平镇、围底镇接壤。船步镇历史上曾两度作县城及郡邑（共达305年），全镇总面积129.2平方公里，辖18个村和1个社区。2017年末户籍总人口87574人，境内有少数民族400多人，主要是瑶族、壮族、布依族、苗族、侗族、藏族。1958年成立船步人民公社，1983年8月撤销公社设立船步区，1986年11月撤区建立船步镇。2014年，船步镇政府驻船步圩，辖船东、船北、甘步、蓝村、仓地、谋平、龙岗、河背、炉埇、炉星、山垌、聂垌、双、云罗、垌心、红岭、大围、回龙18个（村）村委和1个居委会（社区）。镇内水源充沛，拥有"三河六岸"及省道369线过境公路等得天独厚的地域发展优势，这对于乡村集市的壮大与发展产生了很大的影响。该镇盛产稻谷、蔬菜、蚕桑、三黄鸡、花生、豆类、豆豉和豆腐等特色农产品。镇内有一个较出名的旅游景点，名叫"八排山风光"，该景点由八座各具风格的山组成，有广东第八大草原的美称。

船步镇保留着延续了300多年的传统文化节庆活动，定期举行丰富多彩的传统民俗文化活动庆祝丰收，以传承民间艺术、弘扬传统文化。船步镇庆丰收时的"禾谷醮"传统民俗文化活动便是其中之一，每当秋收后，船步镇每个村都通过发挥各自的特色，举办醮会庆祝丰收活动，传承"禾谷醮"民俗文化。例如，船步镇炉埇村举行传统民俗文化节，通过开展丰富多彩、具有地方特色的文化活动庆丰收。在文化节期间，每天每村每寨，家家户户都会汇聚到炉埇村，现场气氛热闹。醮会的举办不仅能增强村民的凝聚力，引导村民一心向善、团结友爱以及发扬互爱互助精神，同时也能传承民间艺术、弘扬传统文化。

（二）船步镇集市的现状

为了建设罗定市创建农村文明集市试点市场，罗定市工商局和市场物业管理中心将船步镇东桥服装市场改建为船步综合市场。船步综合市场位于船步镇的黄金商业地段，地理位置适宜，占地1888平方米。在2010年9月，为了发展船步镇的经济，提高船步中心镇的圩镇品位，给船步镇广大市民营造一个舒适、整洁、有序的购销场所，保证"菜篮子"工程的建设，罗定市场物业管理中心投入了50多万元的资金对船步综合市场进行重新规划和建设。

2017年，船步镇按照全省村（社区）公共服务中心（站）建设要求，对全镇19个行政村公共服务站和镇级公共服务中心进行规范化建设或者升级改造，以全市最高分顺利通过验收，这体现了船步镇基层治理工作水平。街

镇多方筹措资金，推动南桥加宽以解决困扰4万多群众近20年的交通拥堵的问题，该项目已经展开了两年，在笔者春节回去的时候已进入收尾工作。政府联动企业在船步镇建立三个商品房小区，分别是总投资5亿元的东升商住小区、投资1.2亿元的凤凰花园房地产项目以及投资6000万元的喜来居房地产项目。三个小区目前还在建设当中，政府将以此打造船步镇为宜居城镇。2017年，全镇工业总产值110857万元，工业增加值33277万元，社会消费品零售总额50232万元，农业总产值35490万元，工业增加值增幅和社会消费品零售总额均超过全市镇（街）均值。2016年，全镇的农村居民人均纯收入12989元，同比增长12%。同年，固定资产投资完成投资89778万元，同比增长18.8%。从政府发布的公告来看，全镇各项经济指标均位于全市各镇、街的前列。

近年来，船步镇积极推进生态文明建设和城镇化建设进程。2016年，船步镇船北村被住建部评为"全国美丽宜居村庄"，生态文明已成为船步新农村建设的关键词。船步镇全年投入2000多万元新建东升新桥，畅通了圩镇交通网络；完成船步南桥、西桥加宽广阔的立项和勘探工作等，对于宜居宜商的新船步建设有一定帮助。船步镇也充分利用三河六岸、八排山风光、过境公路等条件优势，抓住粤东西北地区乡村振兴发展战略机遇，团结和凝聚船步内外乡贤力量，进一步优化投资环境，开展招商引资工作。2016年，政府有3个招商引资项目，分别是船步镇红燕电子厂（项目总额200万元）、船步镇科成电子厂（项目总额200万元）、船步镇凯隆塑胶花（项目总额300万元）项目。

目前，船步圩镇有农贸市场4个，个体工商户472户，其中摩托车专营店9家，家电商场12家，旅馆、餐馆16家。2017年11月，新建的船步镇东升综合市场正式落成并投入使用，改善了圩镇乱摆乱卖等不良现象。新综合市场的落成，为该镇更多的商贩提供了一个室内经营的场所，政府出台奖励措施，鼓励更多的商贩入室经营，规范管理。

二、船步镇集市的变迁

笔者对船步镇集市变迁的调研主要是通过文献查阅、村民访谈以及实地观察等三种方法收集资料。笔者自己在春节前后实地走访了船步镇的集市现场，对集市的运作进行观察，并且与商贩进行交流。本文选择了三位在船步镇土生土长的村民作为访谈对象，分别是59岁的女性村民D、57岁的男性村民L和30岁的男性村民H。通过走访观察与访谈记录的资料整理，笔者对20世纪90年代前后的船步镇乡村市集的发现如下。

（一）90年代前的乡村集市

船步镇在1980年前后开始分田到户，以分田到户的时间节点为界线，乡村市集有了新的变化。在此之前，乡村以集体经济为主要生产方式，当时的船步镇集市只是一条街道——一条从南到北的直街，不到5分钟就能走完，而且偌大的船步镇也只有一个集市而已。集市里很少商店，大多数都是公社开的店铺，包括布店、粮店、猪肉店铺、杂货店。

集市里的商铺可分为公家与私人的，面铺、布铺、肉铺、粮食铺基本是公家的，买布、买肉需要用布票和肉票才能购买。村里人一般去集市是为了凑热闹，极少要购置物品。公社给村民每年每人分到了一丈三尺六（约4.5米）的布，这刚够一位女性制作一套外衣和一套内衣。有的人家里比较穷，如果不想做新衣服，就用布票和有钱人家交换，用钱购买粮票再购置粮食，此外，每人每个月也会分到8两的肉票。在当时，公社规定了每个人肉票、布票和粮票的数量。人们对于自己家有多少粮食、吃多少肉、制作多少套衣服等都是心中有数的，并没有多少闲钱购置其他非生活必需品，只有年轻人偶尔会看一两场电影。D告诉笔者：

> 集市里有一家布店，店里如果有新的好布来了，就会和村里的人提前说，第二天村民就会早早地去排队买布，得到一些好看的好布。过年的时候，去集市并非为了购物逛街，而是去看公社组织的篮球、乒乓球、象棋比赛等集体活动，船步镇各个大队之间会组织比赛。年初一、年初二开展集体活动，大家都不用开工。

D感叹道：

> 还是以前有集体的活动比较好，大家一起看球赛，相互之间也没有那么计较。现在都是各做各的，没有什么活动，去集市也没有什么好看的了。穷有穷的好，大家一起不计较，一起活动，好开心的。

在集体经济时代，乡村集市除了出售生活必需品和杂货类商品外，还会举办一些公共活动。在过年时节，村民都不用劳动，公社能及时地召集大家参与文化娱乐活动，举办篮球、乒乓球、象棋比赛，每个队伍代表着不同的生产大队，比赛选手有着集体的荣誉感，而作为观众的村民也能通过公共的文化娱乐活动相互交流。集市不只是用于商品交换的消费场所，还是举办公共文娱活动的公共空间。公共文娱活动又进一步繁荣了乡村集市，人们参加活动之余会在集市里进行消费，例如看电影、买吃的。村民们通过"趁墟"丰富了自己的精神生活，也增加了人们之间的情感交流和信息交换。而在现在的集市里，人们则纯粹是为了购置物品而已，一般购买到了自己想买的东西就回家，没有集体活动可参加，也没有人与人之间的交流互动，每个人都成了原子化的消费者，不同于集体经济时代的乡村集市，在当时，人们既是活动参与者、信息交换者，也是情感交流者，而现在，集市增进社区认同、信息交换、乡村邻里交往等功能极大地弱化了。D说：

> 以前"趁墟"也买不了什么，自己没田没地，能买什么？田地都是生产队的，就算是自己开荒的田地，也会被生产队没收。一年一家人才分到几斤油，如果放到现在都不够一个月吃，只能买些肥猪肉回来榨猪油吃。那时候只能用肉票来买肉，你有钱也不一定能买得到。卖布和裁衣服是不同的公社办的，有熟人就比较快能买到。如果你没有熟人，有时候你有布票都买不到布。
> 自己家养的母鸡能生下小鸡，你可以养，但是连养人的米都没有，你怎么养鸡。在我做女（做女，就是还没有出嫁时候的称呼）的时候，感觉家里虽然生活不富裕，但也不算很艰难，基本够吃够用。自己还会上山砍柴卖，因为当时每家每户都是用柴火的，所以山上都很光，柴都被砍光了。而砍到的柴一般都是卖给公社，公社用柴火来煮生盐。那时

候排队买熟盐，有时候都买不到呢。而我自己砍柴、买菜也能挣到一点钱，用来看看电影、买些吃的，生活也没有什么压力。那时候镇里有一个戏院，很多年轻人都会买票去看电影，放电影的时候，挤得很厉害。电影分为武打片、反特片、故事片、战斗片，武打片1毛钱，反特片1毛钱，故事片5分钱，战斗片、反特片是最贵的，其他片如故事片、爱情片就便宜。我们那时候年轻，特别喜欢去看电影。

从D对"趁墟"经历的回忆可见，在集市里主要用国家派发的"票"进行交换，而且"票"有数量规定，能兑换的食品也是有限的，因此，即使有金钱也不一定能买到心仪的商品。因为用"票"置换的商品是固定的、可预见的，人们少有消费的烦恼和经济上的压力，即使食物可能并不能填饱肚子。在生活不富裕的日子里，乡村年轻人也是热衷于精神娱乐活动的，难得的是人们的精神娱乐活动与国家命运、国家认同有关，播放的电影中反特片、战争片最受欢迎，反而故事片、爱情片却是廉价的。那个年代的人尤其喜欢反特片、战争片，即使他们已经由年轻人变成了中老年人，时至今日，也依然对此情有独钟。直到现在，D还会一有时间就打开电视，通过网络随时收看战争片，还看得津津有味的。

> 我们自己做女的时候，种点菜也能挣点钱。自己开荒，还有生产队分了一点自留地，可以种些菜来卖，不过自留地是很少的。20世纪60年代是可以养鸡鸭，但是不能超过五只，我们只是试过几年而已。
>
> ——D
>
> 当时是五日一墟日。我趁墟是为了热闹，凑热闹。我自己还会割草卖。食品站就是卖猪头，供销社的粮站就是卖米卖面。闹饥荒的时候，最贵是一斤米7毛钱。一般是4毛7，有粮票的话就1毛4分2，有些人省出米拿到市场卖，米都是生产队分得来的。以前到墟日就特别热闹，卖的东西特别多；现在是有需要就去买东西，买了就回来，反正每天都可以去买。
>
> ——L

　　在当时，村民自己既是消费者又是销售者，二者是可以随时转换的。家里节省出来的食物或闲置的生活用品、自己养的鸡鸭、自己上山割的草和砍的柴都可以带到集市里出售，随便在河滩边上或者路边就可以摆个摊位。在集市里，村民出售自己带来的物品，获得了钱，再用来买自己所需的物品和食品。D在年轻的时候就是自己种点菜挣了钱，再去买电影票看电影，或者给自己买点好吃的。大多数村民将"趁墟"看成了一种公共活动，主要是为了凑热闹，看看集市里发生什么事情、有什么新鲜的东西，集市成了获取信息和了解外界的一种重要途径。而现在，通过手机、网络等方式随时可以了解社会的事情了，并不需要通过"趁墟"或其他的邻里交往来获取信息。当下乡村集市的意义变得单一，村民"趁墟"单纯是为了购买商品而已。

　　在船步镇，D家平时没什么肉吃，生产队每年捉两次鱼，逢过冬过年会给村民分猪肉和鱼。生产队按照一头猪可以置换几百斤谷粮的形式向村民收购猪，之后逢年过节杀猪，给各家各户分猪肉。而家里养了鸡的也会交给生产队来置换肥料，把鸡拿到食品站，食品站再给你换成肥料票，当时一只鸡可以换18斤的肥料票。那时极少会用现金购买肥料，基本是用肥料票换肥料。而肥料票又只能用鸡来交换，鸭或鹅都不能换。当时，每家每户养鸡养鸭不能超过一定的数量，不然就会被说是投机倒把。

　　逢年过节公社分到的猪肉刚好够吃，过年的时候自家在年三十杀一只鸡，年三十吃一半、年初一吃一半——年初一不能杀生，到年初二才能再杀生。而现在是年初一杀一只鸡、一只鸭，能吃的就全部吃了，而往往都是吃不完的。村民在集市里购买的东西比较简单、数量也少，因此，他们买过的东西都能记得价格。例如，一颗糖1分钱、一碗糖水5分钱，一碗白粥5分钱，一碗肉粥1毛钱，一尺布要7毛钱。而当时人们在生产队里出工的时候，一天才有2毛钱。但是人们买到的东西都很实在，不会短斤少两，5分钱的一碗粥是很稠、很大碗的。

　　以往的集市是一种集体活动性的赶集场所，村民"趁墟"购置的东西基本是生活必需品。在集体经济时代的消费活动是一种预知的、可控的、节制的活动；而现在的消费则是非预期的、不可控的、欲望性的。现今村民每一次去集市，因为消费品的琳琅满目以及消费金额的可预支，很多商品的购置并非在预期之内，而是到现场看到了才会购买。

　　船步镇离市场最远的村是山垌村，走路出来一个早上都走不到。有些妇女一辈子都没有出过街。

——D

　　我十几岁的时候，墟日人推人，很拥挤的。那时候南桥还没有建立起来，只有木桥，河水汹涌，走过去都害怕。村里私人养的猪，都是两人自己抬出来到镇里卖的，一两百斤的猪都是靠抬出来。那时候去集市并不是为了买什么，更多的是为了凑热闹。赶集的时候都是一大伙人出发，整条小路都是人。

——L

　　那时候，虽然穷却穷得开心。大家都一起出来聊天说笑，一起看电影、一起看电视。现在大家都有钱了，都是各自生活了，甚至看不起没钱的人了。我们家那时候也不觉得辛苦，生活也会有结余，不会超支。生产队都没有超支。

——D

　　我们小时候"趁墟"不是真的为了"趁墟"，而是去探亲，顺便"趁墟"。到了墟日，我们就经过市集逛逛就去亲戚家玩、串门。那时候，我们最喜欢墟日的时候去外婆家、舅舅家玩。所以，墟日的时候，可以到亲戚家，和表哥表妹表弟们一起玩。现在就很难聚在一起了，也不会去他们家了。

——H

　　在那个时代，人们会相约一起"趁墟"，在"趁墟"过程中相互交流，也会相互帮忙，通过"趁墟"的形式加强社会交往。一条不长的街道挤满了人，但是人们的心情是愉悦满足的，人们的精神也是丰满的。他们更享受的是"趁墟"的过程，而非结果。"趁墟"的乐趣不在于购买什么，因为没有什么钱，也不需要担心会超支，趁墟的乐趣在于过程中的合作交流、信息互补、共同参与。而当时没有交通工具，基本是走路"趁墟"，船步镇是一个大镇，人们基本是汇集到一个集市里"趁墟"，在偏远的村落里有一辈子没有"趁墟"过的人也不足为奇。随着集体经济的解体，分田到户，人们各自劳动各自挣钱，每家每户各自生活，乡村集市逐渐减少了社区集体活

动和公共活动。对于D和L两家人来说，当时的生活并没有感觉到很苦，温饱是可以满足的，值得他们回忆的是那时候共同生活、共同"趁墟"的时光。同时，"趁墟"还发挥着社会交往的作用，人们往往以"趁墟"为契机走访亲朋好友，加强社区邻里关系，有更多机会参与公共活动。

20世纪80年代左右分田到户后，船步镇的集市墟日的规定调整了几次。具体的调整原因有待进一步考究。

> 大概90年代的时候是三、六、九墟日，十多年前是一、五墟日。70年代左右是双数墟日。墟日改了几次。1990年以前都是沿河滩摆档，在大榕树下，都是地摊，卖鸡、猪、杂货，还有一些小食摊。那时候卖猪卖鸡鸭的多。后来集市全部推倒了重建。以前基本是骑楼来的，是由供销社建立的，后来拆掉了卖给了私人，盖起了商铺。以前的戏院拆掉了，变成了现在的文化站。现在都没有人去了，自己都有电视、电脑和手机，想看什么就看什么了。
>
> ——L

> 八几年看电影的人越来越少了，因为有电视有录像了。那时候刚有电视的时候，我们在指挥所里看电视，人叠人地看，大家都去看，八几年，特别流行霍元甲、陈真的电视剧。
>
> ——D

随着人们生产生活方式的转变，分田到户后人们不再参加集体劳动，每家每户分到了田地，劳作耕作的收获除了部分上交国家以外都留作自用，人们的粮食开始多了起来，能用于交换的商品也日益增多。而乡村集市也随之发生了变化，由国家统一建设变为由私人承包改造、出售商铺。而承载着村民集体回忆的传统戏院也被拆除，因为人们有了手机、电视，不必再到戏院看电影。人们可以随意摆卖的摊位大大地减少，改为固定的商铺。商品种类也不断地激增，刺激着人们消费的欲望。生产生活方式影响着集市的变化，而集市的变化又进一步加剧人们生活方式的改变。

（二）90年代至今的乡村集市

现今船步镇的集市分为新街、旧街，新街类似于城市的商业街以及综合市场，街道两边排列着一个个商铺，有服装店、超市、鞋店、杂货店、小吃店、快餐店、母婴店、药店、五金店，等等。而旧街则摆卖一些杂货，如瓜子、鞋子等等，价格也比较便宜。当前的集市实行的是单日墟，然而村民们表示自己日常所需要的东西基本每天都可以买到，不必在墟日才去赶集购买。墟日可能只是比平常热闹一些，对附近村落的村民无甚意义，而对于离市场较远的村民来说这种墟日的规定则是有意义的。集市里有着固定的档口和商店，这些商铺基本是常年开放的。

同时，为了舒缓节假日村民出来购物赶集的高峰期交通，政府拓宽了南桥路面并且即将开通——过年的时候已经暂时开通了，只允许行人和摩托车通行，即便如此也大大地缓解了过桥的拥挤。

随着商品房社区的建设以及市场的进一步规范和扩展，镇上新建了除中心步行街以及旧市场以外的两大综合市场，分别是船步综合市场和东升综合市场。

> 现在自己想到买什么就去市场买，买完就直接回来了，不会在市场里逗留，也没有什么好玩的。不像以前，都是一大帮人"趁墟"，感觉很热闹很好玩的。现在也没有什么"趁墟"的感觉，每天市场都开放，都能买到自己想买的东西。
>
> ——L

> 以前小时候"趁墟"是享受这个过程，而不是要买什么。集市附近的河道两旁种满了桑树，我们一路摘桑果都吃饱了，根本不用再到集市里买吃的。不过现在河道两旁的桑树都砍伐掉了，没有了。我现在也不怎么喜欢"趁墟"了，反正想到买什么直接去买就好了，还不如在家里自己玩手机。
>
> ——H

传统"趁墟"是一个强调村民参与过程的活动，而非仅仅是一种购物

行为,然而,随着乡村集市的改造与规范,集市除了商品的买卖以外,非商品类的东西越来越少。人们来到集市除了购物以外,已经很少有其他的行为和活动,这进一步加剧了人们生活方式的原子化。新建的市场主要是农贸市场,其主要出售蔬菜、肉类、水果等商品,与城市的农贸市场一样。在城市里能买到的东西,在乡村集市同样也能买到。当下,人们已经将城市的消费习惯带回到了农村,大家都喜欢在大超市、服装店购物,而不是在一些小摊位。譬如过年前的几天,大家都到集市购买年货,新市场里的超市、商铺挤满了人,人们都习惯了到超市购物,延续了城市里的购物习惯。相比去年,市集里有了一些新的变化,多了一些服装店,还出现了一家充满了小资情调的奶茶店,这种奶茶店适合年轻人来消费。

  城市里的消费市场特点也在乡村集市里有所体现。旧市场一楼相比新街显得冷清,旧街摆放了一些瓜子糖果等年货,也有衣服鞋子,只是货物和店面都显得比较陈旧,街面也显得冷清。人们喜欢到新街里的超市、商店购物,这些超市与商店的货物摆放以及出售的形式与城市的无异。比较欣慰的可能是,乡村集市的商铺较以往发达了,有些中青年人回家乡开店工作,这是乡村振兴政策以来对乡村"空心化"现象的一种逆转,越来越多中青年人返乡就业。

  旧街负一楼即河边还有生鸡生鸭以及猪牛羊市场,南桥附近甚至还保留着传统的竹篾市场。竹篾市场的变化不大,依然出售竹箩筐、"铲箕"等产品,这些是传统节日、婚庆日子会使用的物品,人们要用竹箩筐担着粽子、饼干、糖果甚至鸡鸭作为礼物,送到喝喜酒的地方。竹篾市场能保留下来,是因为船步镇的村民依然非常重视传统的节庆礼俗。乡村社会依然是一个熟人网络构成的乡土社区,人们非常重视熟人网络所产生的道德伦理规范和舆论压力,严格遵循着乡村传统的礼俗礼规。D有三个儿子,大儿子娶了一个清远的媳妇、二儿子娶了一个广州的媳妇、小儿子娶了一个本地隔壁村的媳妇。对于三个媳妇的娘家,她有着不同的对待。逢年过节,她尤其重视小儿子对其媳妇娘家的拜访,会帮忙准备好拜访的东西,如中秋节准备月饼、烟酒,过年准备水果饼干等,而对于大儿子、二儿子要准备什么物品则极少过问。这种行为差异正是乡村熟人社会的传统习俗与熟人之间的面子压力所导致的。D说:

我小媳妇娘家就在隔壁村,逢年过节的礼数如果做得不到位,会被别人说闲话的。大家这么近,什么话都很容易传出去。在农村,不同于城市,大家都很重视这些礼数的,有一点做不好,都可能被别人说的。(礼数是指在规定拜访的时间里去拜访的时候准备的礼物。)

很多家庭添了儿子的,都会选择在过年的几天"扣灯",今年年初四是好日子,大家都选择这天"扣灯",到时候去船步街的路肯定很塞车,到处都是人,大家都在这天去喝灯酒了。亲戚都会挑着箩筐去庆贺的,准备一箩筐的货物去喝灯酒。

正因为乡村熟人社会对传统习俗的坚守以及对传统节庆日子的重视,乡村集市才会保留着传统的商品市场,如竹篾市场。乡村集市的构成也反映了人们生活习惯与观念的变与不变,同时映射着乡村熟人社会的传统特征和新时代特点。

从北桥的船步镇镇政府沿着省道369直到凤凰花园附近的这条街,船步人称之为"船步街",而"船步街"分为两部分,东桥往右的部分又称为"农民街"。为什么叫农民街呢?因为在"墟日"和节庆日子,这条街道两边都是将家里养的鸡鸭运到这里摆卖的农民,他们没有固定的档口,都是在街边摆摊,由此形成了一种流动的市场。在综合市场里基本是固定的档口,要收取一定的档口费。而在农民街上,农民则可以免费摆摊售卖自家的货物。

船步镇是个人口大镇,船步中学就有两个校区,即使不是逢年过节,留守在乡村的人口也是比较多的,从乡村的小学、中学的规模就可窥见一斑。除了船步镇中心小学,乡村里的小学也依然被保留着。船步镇的村民为集市的繁荣以及可持续发展注入了活力和生命力。

另外,船步镇保留着延续了300多年的庆典,即"禾谷醮"。禾谷醮是船步镇当地庆祝丰收,祈求风调雨顺、五谷丰登的庆典活动,不同的村庄每三年都会在农历十月的丰收日子举办禾谷醮,男女老少村民都会回来参加,欢聚一堂。醮是古代的祀神祭礼,罗定地区的醮会,很多是以庙命名的,也有以社坛命名的,禾谷醮就是以当地的对塘社为名的,当地人尊称这个社为"大社公",号称岭南第一社。这个有着300多年历史的谷神崇

拜习俗曾经因为"文化大革命"而中断,改革开放后又重新焕发了生机。禾谷醮是罗定传统的民间信仰习俗,通过"做醮"祀神形式,祈求五谷丰登、风调雨顺,表达人们对美好生活的向往。改革开放之后,禾谷醮也不断地发展,一方面坚持着最原始的祭神传统,另一方面也在一些节目形式上有了一些新的变化和尝试。

传统习俗和庆典的传承对于乡村集市的繁荣发展有着非常重要的作用。禾谷醮其实是船步镇的一种民间信仰,其凝聚着全镇的村民,不管他们是在本地抑或外地工作,都通过该活动对乡村文化产生了强烈的认同感。禾谷醮在不同村庄轮流进行,几乎每年都有村庄举办禾谷醮,这也带动了乡村集市的繁荣。禾谷醮调动了各地的人们回到家乡,甚至非本地的群众也会到现场观看。持续将近一周的庆典让"空心化"本就不算严重的船步镇更为热闹了,集市也更加兴旺。

三、乡村集市的传承与发展

通过以上经由实地走访、村民访谈以及网络检索收集到的资料,可见乡村集市在改革开放之后,既有传承与发展的地方,也有令人担忧之处。根据搜集到的有限资料,笔者发现乡村集市的良性持续发展要在以下四个方面多加关注。

(一)乡村集市的社会经济功能缓解乡村集市的消费主义与个人主义

乡村集市的面貌反映了人们的生活方式。村民现今"趁墟"的体验越来越单一,以个人或家庭为单位的"趁墟"体验单调无趣,单纯是为了购买商品而来到集市。中老年村民对于传统"趁墟"过程中的公共活动体验有着深切的怀念,他们怀念虽不富裕但是邻里交往密切、集体生活丰富的日子。可见集市不应该只有为村民提供消费空间的功能,还应该发挥丰富精神和文化生活的功能,将社会经济嵌入到市场经济当中,为村民提供关注和参与乡村公共事务、体验乡村公共生活的空间和途径。这有助于缓解市场经济带来的消费主义与个人主义对乡村共同体的消解,减缓乡村邻里交往的疏离趋势,避免城市原子化的生活方式延伸到乡村生活里。

乡村集市应发挥一定的社会经济功能，从而将个人主义与集体主义的精神生活相结合。集市不仅是人们消费活动的空间，还可以为村民进入乡村公共生活、参与乡村公共事务提供一种途径，激发乡村集市的活力与生机。

（二）乡村集市的多元主体参与调动乡村各阶层的能动性

乡村集市能容纳多元主体的进入，尤其能照顾到基层农民及其他弱势群体，为他们提供生存空间，这不仅能调动他们的主体能动性、带来就业机会，也能缩小贫富差距，避免弱势群体被市场排斥出去，被动地成为"无能者"或"失败者"。

船步镇的"农民街"在墟日里热闹非凡，给基层农民和弱势群体提供了一个生计空间，使得不能进入到正规市场、不能长期租用固定档口的农民有了一个临时出售自家商品的地方。他们可以将自家养的鸡鸭或者种植的蔬菜等产品在墟日里带到"农民街"里售卖，帮补家计，改善家庭生活条件。通过这样的方式，留守老人、留守妇女等弱势群体也能继续留在农村而不会连温饱都难以保障。村民在乡村集市里既可以是消费者，又可以是销售者。消费者与销售者角色的融合，意味着村民既可以进入集市消费也可以进入集市销售，乡村集市为本身生存空间狭小的基层农民提供了多样化的生计方式。乡村集市的长期固定摊位与临时流动摊贩的共存，也为基层农民以及弱势群体留出生存空间。

乡村集市是一个能包容乡村多元主体的市场空间，在对乡镇市场进行规划和整改时，政府有必要考虑不同阶层的人群进入市场的方式。一个能包容乡村各个阶层群体的集市才会更加繁荣，乡村本身也才能可持续发展，使那些留守在乡村的老人和妇女也有一定的生存空间和生计收入。

（三）乡村集市吸引中青年回乡创业，为乡村集市注入新鲜血液

党的十九大提出实施乡村振兴战略，给乡村集市的发展也注入了新的希望、指出了发展方向。中青年回乡创业有了新的希望和动力，也多了一种生活的方式与途径。而据人社部网站消息，人力资源和社会保障部、国务院扶

贫办、全国总工会、全国妇联为了共同推动农村劳动力转移就业和农民工就业创业，于2019年2月12日至3月15日在全国开展"2019年春风行动"，活动主题之一就是支持农村劳动力就业创业。

船步镇近几年多了许多回乡创业的年轻人，例如大旺奶茶店就是回乡的年轻人开的。年轻人开店吸取了城市的创新和潮流元素，也吸引了一定的年轻消费群体。中青年人回家创业继而在家乡成家立业，不必远走他乡，自己的父母孩子也不必独自留守农村，这缓解了乡村"空心化"的现象；而乡村集市也因有了中青年这个重要的消费群体而注入了新鲜血液。

（四）乡村集市的可持续发展依托于传统习俗与仪式的传承

乡村集市的可持续发展必须依托于传统的习俗与民间信仰的传承，凝聚乡村在地与外出工作的村民，缓解乡村"空心化"趋势，保持乡村集市的活力和生命力。船步镇的竹篾市场能一直保持下来而没有消失得益于对乡村传统习俗的保留和坚持，因为村民坚持要挑担送礼，而婚庆日子也要用到一些竹编织品，所以人们就要到竹篾市场购置这些竹篾编织品。船步镇村民特别重视传统节日与传统庆典，一到了传统节日，在外地工作的人们也会纷纷回来参与，而"禾谷醮"更是使全镇村民齐聚一堂，这时候的乡村集市更加热闹非凡。

乡村集市依托传统习俗与仪式也得到了持续发展，人们的消费不仅是满足消费欲望，在一定程度上也是在维系乡村的社会网络和传统文化。因此，乡村社会网络、传统文化与乡村集市的发展可以相得益彰、相互促进。

四、小结与反思

通过对比20世纪90年代前后船步镇乡村集市的变化以及观察现今集市，本文发现，乡村集市的发展离不开乡村的传统价值与熟人社会的交往规范。从村民对于传统"趁墟"过程中集体活动的怀念，可见集市不应该只是村民消费的场所，也应发挥社会功能，丰富村民的精神文化生活，提供关注和参与乡村公共事务以及体验乡村公共生活的空间。这有助于缓解市场经济所带来的消费主义与个人主义对乡村共同体生活的冲击,减缓乡村邻里交往的疏离趋势;乡村集市应能容纳多元主体的进入,尤其是能照顾到弱势群体与基层农民,为他们提供生存空间,这不仅能调动他们的能动性,也能避免贫富差距的加剧,以免弱势群体被市场排斥出去,被动地成为"无能者"或"失败者";乡村集市的可持续发展必须依托于传统的习俗与民间文化的传承,传统的传承能够凝聚乡村在地与外出工作的村民,缓解乡村"空心化"趋势,保持乡村的活力和生命力。

船步镇乡村集市的传承与变化,多多少少让我们看到了乡村发展的希望与可能方向。乡村集市不能割裂传统凭空发展,必定要依托着乡村的传统、乡村的多方主体、乡村的新生力量,兼顾公平正义,发挥一定的乡村集体精神力量,将经济发展嵌入乡村社会发展之中,才能焕发出持久的生命力。同时,乡村集市一定不是与世隔绝的,而是与邻里街镇发展、城市化发展甚至全球化发展紧密相连的,在这一过程里,乡村集市免不了受到消费主义与个人主义的影响,因此,乡村集市也要更加重视本土的力量,并同时适当地运用外在的力量。

"回乡"与"在乡":
当代熟人社会里的乡村集市

◇ 龚礼茹(哲学系2018级博士生)

近年来,随着农民回流以及他们在家乡的投资经营,广东茂名高州西镇墟重新出现了繁荣的景象。通过对西镇墟的买卖和利益关系的分析,围绕着乡村市场竞争、农民合作、农民生产与销售、家庭经营以及文化认同这几个方面,我们发现乡民回乡的原因与婚姻、小孩教育、家庭纷争、市场选择等因素有关,乡民的日常交往、生产经营仍然遵循着熟人社会的人情逻辑。当前,乡村振兴战略给农村的发展带来了新的发展机遇,本文在关心政策下乡的同时,也关注熟人社会网络中"人"的因素。

乡村集市是一种定期聚集进行的商品交易活动形式。施坚雅在《中国农村的市场与结构》一书中,不仅分析了乡村市场的等级体系,还解释了近代以来乡村集市的演变趋势。他认为,随着现代交通和商业化的发展,农民家庭被吸引到中间市场去进行交易,这就造成了对基层市场的致命打击,基层市场会因被排挤并消亡。但中华人民共和国成立以后,乡村的集体化是建立在基层市场的结构之上的,因而是传统集市的回归[1]。由于时空的限制,施坚雅对中国农村市场的分析停留于此。改革开放以来,中国经济发生了翻天覆地的变化,乡村集市也被卷入市场化之中。卷入市场化的乡村集市经历了什么样的变化,是否如同施坚雅所预期的那般,随着商业化、现代交通的发展,基层乡村集市走向了衰亡?我们应该如何理解目前集市的社会结构?

---

[1] [美]施坚雅(G. William Skinner):《中国农村的市场与社会结构》,中国社会科学出版社1998年版。

对于乡村集市的考察,我们应该把它放到历史社会的脉络来看。费孝通先生曾称中国的社会是熟人的社会,"乡土社会在地方性的限制下成了生于斯、死于斯的社会……这是一个'熟悉'的社会,没有陌生人的社会"。①吴重庆教授认为,熟人社会的社会结构是差序格局,行事注重亲情和礼俗规约,讲究亲疏远近有别,行事逻辑包括舆论压人、面子有价和社会资本可累积等。②当代乡村集市是否仍与熟人社会发生关联?如何发生关联?为了回答这些问题,本文以我的家乡——西镇墟为例,在农民"回乡"与"在乡"的背景下,通过分析当代乡村集市发展过程中的买卖关系和利益关系,试图揭示这种关系与熟人社会的关系,以及背后可能蕴含的城乡关系问题,从而对施坚雅的理论做出一些反思。

西镇墟位于广东省茂名市高州市宝光街道西镇村,距离高州市中心约10公里。西镇村位于高州市西南部,北接广谭、高垌、西岸、留驾、康垌以及下汉村,南接沙田镇八角山村,西接顿梭、秧坡(西垌)村,东接石鼓镇沙坡村。西镇墟辖6个村民小组(坡脊村、竹山村、百家坡村、大坡村、廖径村、高岭村),900多户,总人口4283人。龚、陈是当地主要的姓氏。全村有耕地面积约3000亩,山地面积3500亩,村民以种植水稻为主,兼种淮山、番石榴、香蕉、荔枝、龙眼、百香果等经济作物。村内有墟市一条,约长400米,呈"之"字形,临街商铺100余间,街上还有西镇市场、幼儿园、小学、卫生站、农村信用社合作社、村民委员会等场所,是附近乡村基层政治、经济、医疗和文教中心。

一、形成历程和现状

至迟在清代,西镇村一带出现村落。西镇村(墟)位于高州境内最大河流鉴江河右岸,附近有数个相关联的乡镇市场,分别为:东北8公里的顿梭墟(墟期一、四、七)、西边约10公里的沙田墟(墟期一、四、七)、西南11公里的镇江墟、鉴江河对岸2公里的沙坡墟(墟期原为三、六、九,后改

---

① 费孝通:《乡土中国》,上海人民出版社2013年版,第9页。
② 吴重庆:《从熟人社会到"无主体熟人社会"》,载《读书》2011年第1期,第19-20页。

为一、四、七,现废)以及东南15公里的石鼓墟(墟期二、五、八)。这几个墟市在明中叶就已经出现,是所属片区的基础市场。其中,规模最大的为石鼓墟,民国时期有"小佛山"之称。

西镇墟是民国时期为打压河对岸沙坡墟而成立的墟市,墟期为三、六、九。民国初年,西镇百家坡村民与河对岸沙坡墟村民发生纠纷,百家坡地主龚文献(绰号音"盐甫")联结附近村落地主势力,决意拆散沙坡墟,在百家坡村的农田空地成立墟市,墟期与沙坡墟同为"三、六、九"日。沙坡墟林氏见此情形,便以"隔江隔河、同为三、六、九墟期"为由,状告西镇墟商民。"龚盐甫"便联结广谭乡姻亲大族杨家①、与联宗后的高垌龚氏任信宜县长的龚斡民②等地主土豪的势力,于民国十四年(1925年)告赢了此状,西镇墟得到了法律的承认,沙坡墟被迫将墟期改为"一、四、七",部分沙坡墟的商铺搬至西镇墟。告状结束后,西镇龚氏、八角山熊氏、下汉村钟氏、广谭杨氏以及高垌龚氏经商议决定,仿照当时流行的股份合作制,成立西镇置业公司,集资入股建墟。《茂名县志稿》载:"西镇墟,属广平乡,距离县治十六里。有商店二十余间,墟期三六九,贸易以稻谷、番薯、鸡鸭为大宗。"③此时正逢抗战爆发,高州因地处内陆,幸免战祸,广州、湛江、梧州等商人退避于此,石鼓墟成为粤西一带商贾云集中心,有"小佛山"之称④。西镇墟因临近石鼓墟,亦是外来流动摊贩活动的场所。

新中国成立以后,西镇墟逐渐成立了供销合作社、粮站、食品公司、工商所、信用合作社。此后,相继建立了相对完整的教育体系(西镇小学和西

---

① 据介绍,"龚盐甫"的妹妹嫁至广谭杨家。族人杨彦森为茂名县长、杨彦清为化州县长。
② 据高垌龚氏族谱介绍,西镇竹山村龚氏即是高垌龚氏的分支。竹山村龚氏部分搬迁至百家坡村,而"龚盐甫"即系百家坡村人。联结的势力还有时任广东省民政厅秘书的八角山人熊英。注:熊英(1888—1943),字卓然,又字爵然,高州县西镇墟八角山人,早年留学日本。肄业于早稻田大学,1908年由朱执信介绍加入同盟会。1909年回国,策动起义。1911年参与高雷起义。1914年后,在粤西从事讨袁驱龙战争。1917年后,历任广州大元帅府简任秘书,广东省长公署秘书,广东高等审判厅书记长、广东省民政厅秘书、财政厅秘书。南京国民政府成立后,任财政部秘书、西南政务委员会简任专门委员等。抗日战争爆发后,颠沛流离,后回乡养病,1943年2月2日逝世。有诗名,晚年编辑《水鉴楼诗稿》传世。
③ 江茂森修:《茂名县志稿》,1971年,第274页。
④ 黎庆文、张均绍、黄柱辉主编:《高州县志》,商务印书馆2006年版,第947页。

镇中学）和医疗体系（西镇卫生站）。1956年，西镇墟开始工商业改造，几乎所有商铺均由供销社接管，部分工商业者变为集体所有制企业的职工，部分商人划入百家坡村成为农民。国家通过对西镇墟的整合，逐步将地方精英控制的墟市纳入国家行政力量统辖之下。

改革开放初期，集市贸易开始自由经营。这一时期外出谋生的农民并不多，附近地区的孩子都到西镇墟的学校学习。西镇墟开设有小学和初中，在某年曾开设过一届高中，据说那年西镇小学和中学的招生人数有2000多人，学生主要来自高州鉴江河两岸的乡村，足见西镇墟的繁荣。

20世纪90年代后，西镇供销合作社以竞标拍卖的方式，最早出让土地的使用权给附近的农民。农民纷纷兴建楼房，或居住或出租为商铺，西镇墟经营场所的范围得到进一步延伸。2004年，随着"西镇-沙田"公路（以下简称"西沙公路"）的修建开通，西镇墟通往高州城的时间进一步缩短，往来附近城镇更加方便。但这一时期，西镇墟中青年纷纷前往珠三角或外省谋生，墟市在长达十多年的时间中，商业贸易活动惨淡。

经过长达数年的摸索，2010年以来，西镇墟再度迎来繁荣。一方面，外出谋生的乡民积累了一定的资金，纷纷回乡兴建和翻新房屋，直接催生了西镇墟建材业的兴旺发展（如水泥、五金、陶瓷、窗帘等）。另一方面，随着城市化进程的加快，过高的生活成本和竞争压力促使部分乡民回乡发展营生。此外，亦有沙田、镇江、石鼓、西垌等地的外地商人，到西镇墟租赁民居进行贸易。截至2019年春节，西镇墟墟市共有工商登记在案的商铺百余间，其中日杂百货类商店16间、建材家居类商店15间、餐饮类商店7间、副食店6间、烟花爆竹店5间、粮食类商店5间、理发店和维修店各4间、农业生产资料店和药店各3间，成衣店、牙科、快递店、幼儿园、摄影与复印打印店、殡葬店等各2间。图1为西镇市场一角。

每逢墟日，流动摊档约有百余档，它们围绕农民生产生活、衣食住行多个方面进行贸易活动，售卖的商品有谷、米、薯、豆、蔬、果、糕点、肉、禽、

图1　西镇市场一角

农具、肥料、种子、日用杂品、成衣、床上用品、玩具、药膏药酒等等。在墟市之外的西镇村范围内，村中兴建了工厂五间（塑料制品）、农业合作经济组织七间（如水稻、蔬菜、水果、鸡蛋）、农业技术开发公司五间、养蜂场与养猪场各一间。

从民国成立至今，西镇墟经历了"盛—衰—盛"的过程，墟市范围逐渐扩大延伸，背后的原因与地方精英分子的经营、国家制度、城市化进程有关。在这个长达近百年的过程中，尽管墟市出现过一些区别于传统乡村社会的现象，如股份合作制、农民流动性加强，但是就经济和社会结构而言，墟市仍然是在熟人社会中缓慢发展。主要的原因可能与尽管广东省经济发展迅速，城市化水平高，但位于西南边缘的高州西镇墟因地理位置偏远，所受经济现代化冲击有限有关。近年来，随着农民工回流以及在外商人回乡投资发展，亲属的伦常关系越发得到强调。"60后""70后""80后"甚至是"90后"，他们的婚姻圈、朋友圈基本上仍然在西镇墟及其影响地区附近的范围内，因此在乡村社会的交往中，仍普遍存在依靠熟人关系来组织、协调和构建乡村社会网络的现象。

二、谁家不买炮：来自熟人社会的压力

乡土社会是熟人社会，集市交易规则实践着以人情为取向的乡土逻辑，这一点在西镇墟的烟花爆竹经营上体现得淋漓尽致。

烟花爆竹是特殊的商品，新中国成立以来，我国明确规定烟花爆竹归供销合作社经营。高州民众向来热衷在除夕和"年例"期间燃放烟火爆竹，尤其是在"年例"祭神时，烧"发财炮"成为身份地位的象征，谁家烧的爆竹越多，谁就越有钱，在来年越能赚大钱。因此，烟花爆竹是高州地区春节期间销售额最高的行业之一。

西镇墟目前有几家烟花爆竹店，分别位于百家坡村、竹山村、大坡村、高岭村路口等，由本地村民搭建铁皮屋经营。其中两间规模较大，分别为L和K经营。L曾在外地工作，结婚后便选择回乡发展。K的情况也相似。2014年，K开始经营烟花爆竹店，因其父是西镇有名的富人，村民多来巴结，故生意火爆。L见状，租借了大坡路口某村民的鱼塘，填为平地，于

2015年春搭建铁皮屋经营烟花爆竹店。两间店,一近墟头,一近墟尾,把控着墟市的关键路口。2015年春节,两家店互抢生意,一时之间成为西镇墟的热门话题。

  L档口平时由L一人经营,临近春节则需要5~8人帮忙。因最忙也只是几天的时间,故没有雇佣店员,只是拜托亲人帮忙。档口旁还设有沙发桌椅,为过往的客人提供茶水和水烟,方便他们闲聊。2015年春节,从年前一直到除夕当晚,大部分西镇村民家庭都前来L档口买炮,导致其他炮铺,尤其是K的炮铺生意冷清。K甚至用小推车拉炮入村买卖,但效果仍然甚微。他见状,便打电话举报L非法经营。公安局派人下来没收了L铺口的非法烟花爆竹。尽管如此,L炮铺的生意依然火爆,原因在于L的父亲及其叔伯都是地方上颇有威名、热心公共事务的人物,他们提前向村民打好"招呼"——我家L今年新开了一家店,你们都要去"帮趁"(买)。除此之外,L的父亲在工作之余,会坐到炮铺旁边的茶水处喝茶。路过的村民见他在此,一般都会走过来闲聊几句,或倾诉家中最近需要村委会解决之事,或打探消息。闲聊完毕之后,大多村民"不好意思"空手离开,便在炮铺买几封炮回家。L的一位叔叔在外地做生意,在同乡会认识许多"伙计"(老板、好友),在他们回家过年的时候,也介绍他们来此买炮。一般老板出手都比较大方,且一次购足,往往是几千甚至万元的生意。如果老板家住得比较偏远,L还会送货上门。在西镇墟除夕的生意竞争中,L大获全胜。但到西镇墟四村(坡脊村、竹山村、百家坡村与廖径村)"年例"的时候,开始出现平分秋色的局面。除夕期间光顾L的客人急剧减少,他们要分别到与自家(村)有亲密关系的炮铺买炮。对此,L也能表示理解:"毕竟谁谁谁是K村的(或是他的亲戚),不帮他买封炮也说不过去(不好意思)。"一般来说,买炮群体除了本地和邻近村民外,还有西镇村的庙社。西镇村共有4处庙社。"年例"期间,庙社有专门的"炮竹"经费。庙社为了不得罪炮铺背后的势力,便把钱平均成几份,向与本村有关系的炮铺购买烟花爆竹。这一策略也用于村民当中。

  平时在L与家人的交流过程中,他们便会清点"今天某某来买炮了""某某去K(或者其他炮铺)买炮了""某某今年还没有来买炮""某某去年来买炮,但今年去K(或者其他炮铺)买炮了""某某在我这买了多

少钱,在K(或者其他炮铺)买了多少钱",等等。清点完之后便心里有数,日常碰到的时候就会以开玩笑的形式说"你怎么没来我这里买炮"或"今年还来买炮"诸如此类的话。但此后,L的生意再也没有像2015年一样火爆了,因为消费群体基本上是固定的,但他们会出于各种理由不定时选择购买,例如,除夕(今年)在L处购买,"年例"(明年)则在K处购买;L的父亲或家人帮了大忙,我便购买L的爆竹;我与L父亲(家人)吵架,便去其他炮铺购买等。尽管价格高低也是村民选择购买的理由之一,但人情仍然是最重要的因素。此外,大坡村的村民R在2016年的时候取得了烟花爆竹的经营权,但他碍于与L的亲戚关系,没有在西镇墟范围内设档摆卖,而是到距离西镇墟11公里的镇江墟路口搭建铁皮屋售卖。由于在镇江墟人生地不熟,生意冷清,在2018年的时候不得不迁回了西镇墟范围。如此一来,西镇墟烟花爆竹生意"蛋糕"又被多分了一份。

费孝通先生曾指出:"中国乡土社会采取了差序格局,利用亲属的伦常去组合社群,经营各种事业。"① 在L和K的烟花爆竹经营的竞争中,并不只是两间店铺的生意竞争,背后涉及地方上两个有势力的家庭及其伦常关系的较量。在熟人社会中,农民以人情互动为基本形式进行交往实践。因此对于西镇的村民而言,"去谁那里买炮"是一个关涉个人(家庭)"差序格局"网络的维持问题,如果不处理好这一问题,在今后的生活中很可能便会失去L背后的基层政治力量或者K背后的金钱力量的帮助。翟学伟指出,与理性计算的社会交往不同,中国人是以感情关系为基础完成人情交换的,他深刻地剖析了人情消费情况,指出人情消费是中国人维系和扩展人际圈的重要交往方式,更是获得社会资源的必要手段。② 因此,不论是卖炮还是买炮,背后都有基于熟人社会产生的压力。

三、如何不亏本:熟人社会中的买与卖

熟人社会中人情的重要性,很可能是抑制农村经济进一步发展的因素。

---

① 费孝通:《乡土中国 生育制度》,北京大学出版社1998年版,第24—31页。
② 翟学伟:《是"关系",还是社会资本》,载《社会》2009年第1期。

在市场中,如何维系经营中的不亏本,是乡民需要考虑的问题。然而现实情况表明,人情是生产经营中需要谨慎对待的一点。

(一)农业专业合作社

2008年,为推进农业产业化和结构化,广东省农业厅在高州召开农民经济合作专业组织现场会,此后高州政府在各地成立农民经济合作社,通过整合农村人力、土地、资金、技术、信息和流通渠道等资源,使各项生产要素充分实现专业化、组织化和社会化,实行规模经营。大约从2013年起,西镇墟各村纷纷成立各类农产品专业合作社,如蔬果、鸡蛋、荔枝、深薯、香蕉等等。一般是以家庭经营、村民合作为主,以个人出资(或有国家补贴,但数额不大)的方式集资,从事生产、销售。但农民经营的局限性导致大部分专业合作社的发展存在不少问题,下文以YH种植专业合作社为例。

YH种植专业合作社成立于2016年,最初系村民Q发起,Q与村中好友Z合作投资经营农场,Q出资4万、Z出资6万,从阳江购回鹅种和鸭种,雄心勃勃想干一番大事业。Q的想法是这样的:他此前曾在外地养殖过3年鹅和鸭,有一定的经验;而西镇墟目前没有人大规模养鹅,此外,鹅在市场上也很畅销,养鹅的场地还是公家的,不用出一分钱。只要他、Z以及两人的妻子苦干,肯定稳赚不赔。然而,事实并没有那么美好。首先,从阳江购买回来的小鹅很快因为各种原因生病,西镇当地并无熟悉鹅病的医生,导致农场损失了一批鹅种。其次,小鹅长成大鹅,需要花费将近一年的时间,在这个过程中,鹅不仅不能提供经济效益,反而需要不断支出,如购买饲料等。那么谁来支付期间的耗费?Q的一部分钱已经用于建房子以及日常花费,并没有多余的钱支付额外的支出。Z虽尚能够支付,但Z的妻子却不愿意,认为前期Z投资的金额就比Q多,现在过程的支出需Q支付才比较公平。双方经常为此争执不休。然后,等到大鹅可以出售时,由于本地本乡人不喜欢吃鹅(认为鹅很难宰杀,鹅肉味道一般,吃起来也比较麻烦),鹅在本地并无市场,只能引进外地商人收购。卖给谁引进的收购商人便成了问题。对于Q带来的外地商人,要么价格偏高商人不愿意买;要么价格合适,但Z的妻子认为Q在从中"抽水"(收中介费)不肯卖。而Z妻子带来的商人,出价太低,Z妻子愿意但Q不同意。这样一来,中间多有摩擦,鹅始终卖不出。在这个过程

中，Z作为妻子与好友的中间人，多有为难，无法协调两者的矛盾。最后，等鹅长成了老鹅，错过了市场价，只能亏本出售。最终，Q和Z不仅没有盈利，反而因为经济纷争导致两家关系破裂。

在Q与Z合作的案例中，我们可以发现，他们二人本来是基于好朋友的关系合作投资鹅鸭场，却以亏本告终。失败的原因很多，从管理角度来说，合作双方相互不信任，没有建立完善的分工制度和财务制度，权责不明，缺乏明确的内部管理层级关系。从销售角度来说，没有提前考察市场需求，一味以量为主，缺乏销售渠道。从公益服务角度来说，地方上缺乏动物疫病防控、科学技术的培训、外商引进等公共服务机构。也就是说，如果缺乏完善的组织、管理、公共服务等机构，来自人情的商业合作是很难维持的。但是，对于大多数村民而言，他们没有充足的投资资金，只能依靠人情关系的合作，才能开展商业化经营，这两者便构成了矛盾。

（二）番石榴

在2011年前后，番石榴成为高州市的热门水果，与高州本地品种相比，引进的番石榴个大，甘甜多汁，果肉柔滑，果心无籽，是"新味"的水果。西镇村民W见状，便想引进种植。2010年，国家相关政策出台，不允许农田撂荒，他便想利用这大片土地种植番石榴树。选择番石榴的原因是多方面的：一是价格高，当时番石榴刚出现在高州市场没多久，一斤的收购价一般是三四元（过年期间涨到一斤十多元）；二是番石榴收益快，它生长迅速，而且一年四季都能结果；三是"新味"，大家都喜欢尝试新味的水果；四是成本相对低，相较需要承包土地种植番石榴的商人来说，村民自家就有大片土地，能够节约成本。

于是，W便翻新土地，种植番石榴。这个过程中，除了W及其妻子外，还需要雇佣3~5个农民帮忙，进行开耕、挑水、施肥、除草；番石榴开始结果的时候，需要帮番石榴套袋，避免虫子咬烂果实；番石榴成熟可以摘果时，需要进行采摘、挑担、包装、装箱、运输等工作。这里面产生的问题有：其一，雇佣农民难。由于种植番石榴需要大量人力，尤其是番石榴果大水足，挑担重，工作较辛苦。有些农民嫌工资低（一天100元，后升至一天300元），不愿意做；有些农民愿意做，但是农民的孩子不愿意父母为了100

元受苦受累，也不让做。这就导致W及其妻子不得不"求"人帮忙。W偶尔抱怨："现在社会跟以前不一样了，需要花钱求人干活，就这样，人家还不乐意给你干，还是看面子才帮你干。"即便如此，雇佣的农民仍很少。一旦到了农忙时节，家中青壮年劳动力早已外出工作，又雇佣不到人，只有W及其妻子两人摸黑干活，非常辛苦。

其二，销售渠道单一。等到W的番石榴可以上市的时候，由于高州地区此前出现商人承包土地大面积种植番石榴的现象，其收购价格已经从一斤三四元跌至八九毛。W只好将番石榴运到茂名市水果市场，售给代购老板，但这样就增加了运输费用，来回至少消耗100元油费。除此之外，W的妻子还会在西镇墟墟日（三、六、九）和沙田墟（一、四、七）的时候，在街上设临时摊售卖番石榴，但售出不多。之所以在附近五个墟市中只选择这两个墟市，是因为五个墟市中，西镇墟和镇江墟、沙田和顿梭墟的墟期冲突，只好择其一。而石鼓墟在西镇河对岸，原来的渡口已经撤销，要去江对面只能绕道高州城，来回需50公里，所售番石榴抵不上油钱，故放弃。

其三，石榴售得少、送得多。由于番石榴是高州"新味"的水果，逢年过节需要探亲戚的时候，W及其家人兄弟都到地里摘若干番石榴送礼。平时住在城里的亲朋好友也会呼朋唤友下来摘番石榴，美名曰"农家乐"。"年例"或者特别的日子（如结婚、新屋入伙、满月等）需要摆酒席（一般50~90桌不等），家中番石榴成为酒席上的一道饭后水果，诸如此类。尤其是春节期间，番石榴的价格相对较高，却留来自家享用或者送礼。因此，W种植番石榴并没有为他带来很大的经济效益，他曾感慨："种水果真是不能种新味的，其他人都没有就你有，别人眼巴巴看着你，你又不好意思不送。送了自己又赚不了钱。"不过，W因大面积种植番石榴被当地人誉为"大老板"，无论是在乡村或是家庭亲戚关系中，都具有比较高的地位。

在这个案例中，我们能够发现现代农业已不再局限于农民家庭的直接消费需求，而是转变为需要面向市场进行商品化的生产，而这则需要农民家庭自行解决生产资料投入、农产品加工、运输、销售等环节的问题。然而现实情况表明，小农商业化经营存在一定的困难，传统农户在种植、管理、信息获取、营销、物流管理等方面能力不足，同时，分散经营的小农户根本无法及时、准确、全面地掌握市场供求关系和变化趋势，这就导致小农户在市场

上占据不利的地位。"今天的小农户所面对的是一个规模超级庞大、结构超级复杂的现代市场体系,而市场规模越大、结构越复杂,意味着波动和风险越大,小农户与大市场之间的矛盾就越突出。"①

但农民的困难不仅来自生产销售等环节,我们也要关注到因人情所带来的"隐形"支出对农民经营的冲击。在未形成成熟的"生产—销售"的产业链之前,人情支出会给商业化的农业经营造成相当大的困境,甚至是亏本。然而,另一方面我们也应该认识到这种人情支出并不完全是消极的,"吃人嘴软,拿人手短"是社会交往和人际关系中默认的规则,不断支出的一方反而能够获得社会地位。有研究指出,在熟人社会语境中,自我实现主要表现为对社区性价值的追求,并在很大程度上通过"吃亏"表现出来。"亏损"机制是实现经济资本向社会资本和象征资本转化的核心机制,以实现阶层身份确认、阶层意识激活和阶层地位的再生产。②

(三)西镇牛杂

西镇墟有一家牛杂店,闻名于高州市,甚至远至茂名市区都会有人过来吃牛杂。牛杂店店主名叫R,今年50多岁。早在20世纪80年代末90年代初,他租借了位于西镇墟食品公司西镇分站的门店,凭借粮食公司每日屠宰生牛的便利,低价购进牛杂等,做些简单的小生意,以家庭经营为主。当时粮食公司在西镇墟收购猪牛,宰杀之后运送至高州城,供应市场需求。由于牛肉相对价格高,西镇农民很少吃牛肉,但是经过R烹煮过的牛杂,价低美味,是普通农民难得可吃的"奢侈品",因此每逢墟日,他的牛杂店总是人满为患。来趁墟的农民从高州城附近的留驾、西岸村,沿着鉴江河两岸一路下来,如康洞、广谭、谭蒲、沙坡林屋、下汉、西垌、沙田等地,几乎人人都会来品尝他的牛杂。R家的牛杂成为趁墟农民的美好记忆。但很快,20世纪90年代经济飞速发展,高州青壮年纷纷外出工作,西镇墟开始沉寂,但是过

---

① 吴重庆、张慧鹏:《小农与乡村振兴——现代农业产业分工体系中小农户的结构性困境与出路》,载《南京农业大学学报(社会科学版)》2019年第1期,第20页。
② 杜鹏:《熟人社会的阶层分化:动力机制与阶层秩序》,载《社会学评论》2019年第1期,第68页。

年期间，外出回来的农民都会来此吃一碗牛杂，对他们而言，这就是家乡的味道。另外，20世纪90年代以来，随着集体所有制公司的经营面临困难，西镇粮食站重新调整，很多员工调出高州城出任更高一级的职务。他们怀念R家牛杂的味道，经常介绍领导、员工来吃饭，R家牛杂的名声逐渐通过行政阶层而传播至高州城。2012年，由于供不应求，他租借了食品所更大的店面，正式在工商局登记注册。新店有包房十间，台桌数十张，一般人们去店里吃牛杂，上菜要等半小时。店里帮忙的主要是他的两个儿子、儿媳、孙子以及其他亲戚。尽管如此，他的生意仍然每日火爆，许多外地的人慕名而来吃牛杂，与此同时，西镇墟也出现了几家新开的牛杂店。

有村民劝他，将秘方传给儿子，开分店，这样就能赚得更多。他却表示实施起来非常困难，他没读过什么书，不熟悉成熟的商业化操作，捆绑式的家庭经营对他们来说不失为最佳选择。

R家牛杂店的商业经营是以家庭经营为主，与熟人社会的网络息息相关。改革开放初期，他的牛杂店形成了包括食品集团员工以及西镇和石鼓一带的趁墟乡民的熟客群体。20世纪90年代的经济浪潮中，这批熟客离乡不离土，而食品集团员工离开西镇晋升高州其他公司，仍然会定期返回他的牛杂店吃饭，这使得R家牛杂店名闻高州。在这样的情境下，R并没有考虑采取企业化的经营，他理性地认识到自己能力的局限和将秘方传给他人可能带来的困境，清楚消费群体对他的捧场不仅是因为牛杂做得好吃，更是存在一份特殊的情怀。在这份人情和情怀的作用下，他的生意并未出现亏损，反而有一定的盈利空间。

四、神从何处归：利益与文化认同

西镇墟现有一座临时的冼太庙，其内供奉冼夫人及其文武将神明（冯三官、刘三官、赵八观、周大人、冯大人、陈大人）。该庙原在民国时期就已经由西镇置业股份合作公司投资建立，但由于庙小，故在农历二月初二"年例"的时候，西镇墟村民便到附近观塘社（观塘社系坡脊村、竹山村和百家坡村龚氏祖先创建的庙宇，供奉冼夫人）以捐献香火钱的形式"借"冼夫人出巡游神。得益于"香火钱"，墟市商民和观塘社村民两个神缘群体相互合作，保持友好的关系。西镇墟范围内除了观塘社，还有其他的庙社，如博窝社，也供奉冼夫人。之所以选择观塘社，是因为观塘社背后的龚氏宗族实力相对强大，创建西镇墟的地主"龚盐甫"便是该社的人。除了冼太庙，民国时期西镇墟还有一座"三帝庙"，两间庙相对而立，在"文革"期间，庙地被分入百家坡村。新中国成立后，墟市庙地被划入观塘社百家坡村，墟市少数商人成为国家或集体单位的职员（地方俗称"吃皇粮"，后来有几户人迁离西镇墟），大多数商人被划入百家坡村，分得土地、成为农民，商人阶层出现分化。后顿梭供销社欲扩大粮站规模，征收庙地做粮站仓库。据村民的说法，系百家坡村将庙地"借"给粮站使用。改革开放后，原来墟市的商人，以及西镇附近的农民进墟做生意，新的墟市商人群体出现。但原来墟市商人（及后代）的身份认同还比较强烈，他们集资塑神像做"年例"，曾密议重建庙宇，但由于庙址早被粮站借用，新塑的冼夫人及其文武将神明的神像只能摆放在西镇墟赵氏商铺家中。由于人数较少，墟市商人做"年例"并不是十分顺利，而新搬入墟市的农民则各自回村做"年例"。奇怪的是，原来的墟市商民并没有集资重塑"三帝庙"的神像，这或许与冼夫人"年例"出巡的作用有关。20世纪90年代末，龚氏村民重建了观塘社，西镇墟商人向观塘社缴纳人丁钱、加入做"年例"，最终墟市商人的"神"与观塘社的"神"融为一体，商与民成为统一的神缘群体。而位于赵氏商人家中的冼夫人神像，在很长一段时间似乎被墟市商民遗忘。在这里，笔者想强调一下做"年例"对于村民社区的凝结作用，正是因为有这一祭祀仪式的存在，乡民才得以离乡不离土。"年例"是粤西乡村社会中的大事，包括敬神、游神、摆醮、拜祭、摆宴席等活动，是一种驱鬼纳福、祈求风调雨顺、出入平安的祭祀仪式，"是乡村社会典型的沟通感情的方式，是富有'人情味'和'礼物'流动特点的盛大聚会"[①]。对于当地人而言，除夕、正月初一可以不回家，但是"年例"那天必须回来，这天他们不仅要承担神庙中的公共事务，举行祭祀仪式，还要大摆筵席招待亲朋，因此素有"年例大过年"的说法。

[①] 蒋明智、吕东玉：《乡村社会的人情盛会——以粤西高州的"年例"为例》，载《民俗研究》2008年第3期，第98页。

2016年7月29日，西镇墟粮站被拍卖给外地商人，但部分本地商民希望通过法律途径追回出让的庙地。实际上，商民并不关心墟市的庙宇是否能够重建，他们只希望追讨回原来的庙宇用地。由于此举关涉整个观塘社的利益，因此得到了观塘社三条村许多村民的响应。由于存在土地纠纷，目前粮站尚未进行下一步的开发。

从西镇墟洗太庙的变迁中，我们可以发现，利益是促使村民关心公共事务的关键。民国时期，墟市商民与西镇村观塘社是两个不同的神缘群体（尽管墟市商人中有来自观塘社的村民，但大部分商人是来自八角山、下汉、高垌等地），墟与村的界线是十分明确的。新中国成立以来，墟市商民与西镇村民在行政等因素的影响下，开始成为同一个神缘群体。在这个背景下，通过法律途径"追讨"出让原庙地的资金，成为新旧墟市商人以及观塘社村民的集体利益，西镇墟也因此真正成为一个承载地方利益的社区共同体。这个共同体的确立并不仅仅因为西镇墟是基层政治的中心，负责管辖包括观塘社在内的自然村，更是因为民国时期迁入的商人群体加入了本地的神社组织，大家供奉共同的庙宇，缴纳人丁钱，参与地方的公共性事务。因此，西镇墟的洗太庙或者三帝庙是否能够重建、神明是否能够归来，并不是西镇墟商民真正关心的事情，对他们而言，找到一个能够融入地方社会的共同体，并在一定程度上参与这个共同体的建设才是最重要的。也就是说，熟人社会中的文化认同是受地方势力与共同体形成过程制约的。

五、余论

（一）乡村集市中折射的城乡发展问题

本文回顾了广东粤西地区一个汉族乡村基层市场的发展历程，集中讨论了农民与商人阶层的买卖关系和利益关系，围绕着乡村市场竞争、农民合作、农民生产与销售、家庭经营以及文化认同这几个方面，发现乡村集市中的关系仍然是以人情的逻辑进行的，背后仍然存在一套相对稳定的社会结构和网络。西镇村在历史上是个移民社区，大概在清朝，不同姓氏的人从各地迁徙至此，披荆斩棘，开拓了这个地方。在这个过程中，逐渐形成了熟人社

会。从民国时期开始，一度有农民外出做工、经商、读书，但受抗战影响，西镇村不仅吸引了很多在外的人回来，还一度吸引了周边地区的商民到此进行贸易活动。新中国成立后，有些外地商人在此落籍，经过社会主义改造运动，逐渐成为地方社会的一分子。改革开放后，西镇村民外出珠三角工作，但离乡不离土，最近几年有部分外出的农民回乡发展，使得西镇墟重新出现了繁荣景象，这繁荣的现象蕴含着城乡发展的一些信息。

笔者分析的这几个案例基本上都是关于外出的乡民回乡发展，他们回乡的原因与婚姻、小孩教育、市场选择等因素有关。在近百年的历史发展过程中，西镇墟虽然一度出现人员的流动，但总的来说，家乡仍然对乡民有很大的吸引力。这种吸引力与本地出去的农民在外地市场中处于边缘化的地位有关。在广东，20世纪50年代或者60年代出生的茂名高州一带的农民出去得相对比较晚，等他们20世纪90年代大规模到达珠三角几个城市的时候，来自潮汕、客家地区的农民已经在广州、深圳占据了一定的市场劳动力份额。因此，高州一带外出的农民在整个珠三角劳动市场中处于相对边缘的地位，大部分都是在工厂做工，或者做些小本生意，难以真正融入城市生活。20多年过去，这一批中年农民退出了劳动力市场，他们大部分选择带着积攒了大半生的积蓄回乡建房、生活。对于20世纪80—90年代这批新生代的青年农民来说，他们在这个市场中面对的是更加严峻的经济压力，如买房、孩子教育。大部分青年农民在未成家时选择在外打工，"见见世面"，而成家以后，特别是孩子要接受教育的时候，都会选择回乡就业，陪小孩读书[①]。因为对他们来说，他们曾是留守儿童，不希望自己的孩子也变成缺少父母陪伴的留守儿童。也就是说，父母与孩子的代际感情因素也是农民回乡发展的一个重要原因。另一方面，本地的文化传统使得他们仍然遵循熟人社会中的逻辑生活。围绕着神与仪式的利益关系，对于共同的庙宇神明和"年例"的认同，能够帮助乡民更好地在这个乡村中生活。

---

① 西镇墟曾发生过一件让人啼笑皆非的事。一位爷爷用摩托车送自己两个孙子去幼儿园，半路上一位孙子不慎从摩托车上掉下来，但是爷爷却没有发现，等到了幼儿园才发现少了一个孙子。在外打工的父母听说这事之后，决定辞掉工作，回西镇墟租一间店铺做些小本生意，接送小孩上下学。这位"90后"的母亲表示："赚多少钱也赔不起一个小孩。"

家是乡村社会的基本单位。家庭中需要处理的关系，不仅有男女两性，还包括父母与子女的关系。在两性关系中，男人和女人对于家庭的经济行为具有相对平等的决策作用。在YH种植合作社的个案中，我们能够清楚地看到女性对于两个家庭经济合作交流的影响。在父母与子女的关系中，父母累积的社会资本往往是孩子拓展社会关系的基础，如在"炮铺"的个案中，L做生意就借助了父亲及家族的社会资本。而R家牛杂店的个案则显示了在乡村集市的家庭经营中，需要谨慎对待父母与子女的关系。在家庭经营或者农民合作的经营中，可以看到由于农民知识、视野的局限性，小农商业化经营存在一定的困难。农民不仅需要自己解决生产资料投入、农产品加工、运输、销售等环节的问题，还要考虑熟人社会中"人情""面子"等因素。

当前中国各地乡村的情况各有差异，西镇墟所展示的是一个在农民回流过程中的熟人社会的集市的买卖关系和利益关系。我们思考城乡关系的时候可以发现，城市之所以能够吸引农民，是因为它有更好的经济资源和社会资源。当城市无法满足处于社会边缘的农民的需求的时候，他们就会选择回乡发展。尤其是对于新生代农民来说，这种需求不仅是从理性出发，也是遵从情感的，如夫妻关系、父母与子女的关系等。但回乡发展所要面临的问题是，我们仍处于熟人社会之中，需要遵循人情的逻辑进行社会活动。无论是乡村治理，抑或是最近几年乡村振兴战略在乡村的推行，熟人社会中的"人"与基层治理过程中假设的"理性人"之间都存在一定的张力。如何治理熟人社会中的农民，尤其是回乡发展的农民，是我们应该关注的问题。这就提醒我们，当前乡村振兴战略给农村的发展带来了新的机遇，我们在关心政策下乡的同时，也要关注熟人社会网络中"人"的因素。

（二）对施坚雅理论在当代的反思

近代以来，随着国家政治经济体制的不断调整，西镇墟的发展经历了几次变化：股份合作制墟市、集体化墟市和自由经营墟市。在这个过程中，尽管随着商业化和现代交通的发展，当代西镇墟出现了一些新的变化，但其并没有如施坚雅的理论所预期的那样走向衰亡，反而仍以传统的集期安排在运作，延续着传统"基层市场"体系的结构特征，仍然是一个熟人社会主导的墟市。其原因很可能在于：乡村集市中的人未必是施坚雅所假设的"理性人"。施坚雅在《中国的市场和社会结构》中以理性的经济人的交换与交往行为作为论证的逻辑出发点,认为人的理性活动的范围是一层一层往上走的,由此构建了"基层市场—中间市场—中心市场"连锁网络形式的地方经济。因此当交通条件、商业化程度提高的时候,人作为"理性人"便会选择中间市场或者中心市场,基层市场便会衰落。然而,他的"理性人"假设,忽略了"人"的能动性,因为乡村中的人既是经济人又是政治人和文化人。区域体系的发展包含了由于人的因素而积极创造传统的活动,在这一过程中,文化的个性和历史意识一再地起着重要的作用[①]。在熟人社会中的乡村集市,农民与商人的角色是可以相互转换的,人们需要遵循熟人社会的人情规则行动,并不完全是"理性的"。同时,我们也应该考虑到农民对中间市场、中心市场或者更高级市场的适应问题。农民除了在其中满足自己的经济需求,能否同样满足社会需求和情感需求?能否参与一定的公共事务?能否接受相应的社会保障?能否获得教育、医疗等的权利?这都是当代农民需要考虑的问题。因此,近几年来,部分地区农民"退守"基层市场,使基层市场重新繁荣也有其必然的原因。

附录 百年西镇墟

按:在本次返乡调查过程中,笔者根据各位父老乡亲口述的情况,简单整理了西镇墟百年的历史变迁。

---

① 萧凤霞、刘志伟:《文化活动与区域社会经济的发展——关于中山小榄菊花会的考察》,载《中国社会经济史研究》1990年第4期。

一、清末民国

西镇墟位于广东省茂名市高州市宝光街道西镇村,距离高州约8公里。高州位于广东西南部,境内最大河流鉴江河从北部信宜地区流至高州城区,折向西南经顿梭(广谭)、西镇、石鼓,与西边沙田河汇合后,南入化州出海。在鉴江河流左右沿岸,分布了大大小小墟市若干。尤其是左岸流域,由于地势平坦、土壤肥沃,人口、村落和墟市相对更多。

西镇墟位于鉴江河右岸,成立于民国年间,未有墟之前,附近村民多前往河对岸的沙坡墟进行交易买卖。沙坡墟位于鉴江河左岸,属石鼓乡,明万历修撰的《高州府志》已记载此墟[①],足见此墟历史之悠久(图2)。相对于开发较早的鉴江河左岸地区,大致到清初,右岸的西镇一带才出现聚居村落,不同地方不同姓氏的人(如龚、陈、梁、谢等)定居西镇。道光末年,由于盗匪猖獗,地方"行团练法,以资守望。或百数千一练,数十村一练"。至咸丰初年,地方政府将各地团练收编成乡。《茂名县志·卷一·舆地·各分局各乡》记载:"县西顿梭分局九乡,顿梭上乡、顿梭下乡、广谭乡、西岸乡、平康乡、高顿乡……案:道光末年,地方不靖,行团练法以资守望。或百数千一练,数十村一练。咸丰初就三二十里内设各分局统之,而俱统于府城总局。既而行保甲法,稽核户口,分别粮歹,编造册结,改练为乡,多或一三千户,少亦不下百户,因地制宜,所以诘奸匿,除暴乱也,附着于此。"[②]高州西南、鉴江河之东的广大地区设为广谭乡,西镇一带即属此。由于河对岸的沙坡墟经济相对繁荣,是盗匪集中作案的地方,西镇一带的地理位置变得十分重要,"西镇"地名的出现或与此有关。咸丰九年(1859),广谭乡举人杨颐与乡绅杨颀、李绍煊、钟杰元等倡捐置沙坡义渡,渡口设在鉴江河右岸的(西镇)低车村、(八角山)南楼村和(八角

---

① 〔明〕曹志遇撰:《高州府志》卷一,明万历刻本。
② 杨颐撰:《茂名县志》,台湾成文出版社,第42页。

山）埠头村①，后增设下汉村渡。这四条村落都在西镇附近一带。渡口的形成，说明了沙坡墟对于鉴江河右岸的人们进行贸易往来的重要性。（图3、图4）

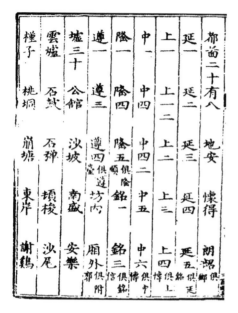

图2 《高州府志·卷一·都市》　　图3 《茂名县志·卷二·津》

---

① 《茂名县志》卷二《建制·津》："沙坡义渡，在县南二十里。咸丰九年邑人杨颐、杨颐、李绍煊、钟杰元等倡捐置，田租一百六十四石，地租五千，设义渡一、二。田租四十一石，地租五千为低车上渡费。又田租五十五石为南楼中渡费。田租四十石为碑头下渡费。有碑在天后宫庙内。"参见杨颐撰《茂名县志》，台湾成文出版社，第80页。

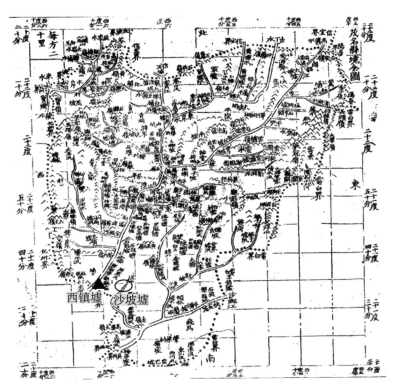

图4 《茂名县志·卷一·舆地略·茂名县境图》

  清末以来,为防御盗匪,广潭乡西镇一带不同姓氏的人们团结起来,组建庙社,供奉冼夫人及其文武将员,同时以社为中心,请师傅教学武功,保卫地方。随着姓氏的发展壮大,庙社逐渐以姓氏为中心,细分为大大小小不同的庙社。正因如此,广潭乡西镇一带及附近乡村的村民,都有一定的武艺,英勇善战。清末民初,部分村民外出参加革命、投身军队,获得功名,军豪家族开始出现,如高垌龚氏、八角山熊氏和谭氏。[①]与此同时,亦有村民外出"挑担"(如前往广西从事私盐贸易),赚取钱财后回乡购置土地,

---

① 高垌龚氏家族,如曾任信宜县长和茂名县参议的龚斡民、国民党少将龚建民(1905—1986年)、广东省政府巡视龚炽民;广潭杨氏家族,如曾任茂名县长杨彦森、化县县长杨彦清;八角山谭氏家族,如广东省政府南路行署秘书处长谭汉、台山和海康县长谭惠泉;八角山熊氏家族,如曾任增城和茂名县长熊轼,以及历任广州大元帅府简任秘书、广东省长公署秘书、广东高等审判厅书记长、广东省民政厅秘书、广东省财政厅秘书、南京国民政府财政部秘书、西南政务委员会简任专门委员熊英(熊卓然)。

成为一方地主,如下汉钟氏和西镇龚氏。正是在这个背景下,西镇墟得以形成。

民国初年,西镇百家坡地主龚文献(绰号音"盐甫")的侄子挑豆饼至沙坡墟卖,因不小心踩断沙坡墟林氏某人的一根甘蔗,被辱骂打伤。时沙坡墟林氏是大族,操控墟市,早与西镇一带民众积怨已久。地主"盐甫"因与侄儿讨公道不成,气愤不已,与八角山地主"熊炳斋"(音)、下汉地主"钟夷柏"(音)合计,决意拆散沙坡墟,在八角山南楼村与西镇百家坡村交界处的农田空地成立墟市,墟期与沙坡墟同为"三、六、九"日。他们首先将在沙坡墟的店铺——如当铺——撤回西镇,号召邻近村民到西镇摆摊买卖。然后,"龚盐甫"在西镇百家坡村砌成瓦窑,高价收购广谭乡村民运销至沙坡墟买卖的木柴。鉴江河左岸沙坡墟附近大部分为平原地区,无大山,缺乏燃料木柴。当时建房所需的泥砖多由瓦窑烧制而成,因此瓦窑是一个利润较高的行业。而瓦窑必须仰赖大量的木柴燃料,广谭乡大山较多,大部分农民在闲暇时以拾柴为副业。每至沙坡墟三、六、九墟期,他们便拉上柴火,前往西镇渡口,乘船过沙坡墟。对大部分村民来说,西镇低车渡是必经之地,而"龚盐甫"所设瓦窑收购价格既高,又免于过渡乘船之苦,故村民乐意将木柴售卖给"龚盐甫"。如此一来,沙坡墟的瓦窑生意便受到影响,鉴江河左右两岸的人们需要到西镇购买泥砖,这便拉动了西镇墟的消费。

沙坡墟林氏见此情形,便以"隔江隔河、同为三、六、九墟期"为由,状告西镇墟商民,西镇墟被迫于在民国十一年(1922)暂停。①沙坡林氏的状告,进一步激发了鉴江河左岸与右岸的矛盾。"龚盐甫"便联结广谭乡姻亲大族杨家(族人杨彦森为茂名县长、杨彦清为化州县长。前面提到的清举人进士杨颐即此族人)、与联宗后的高垌龚氏任信宜县长的龚幹民②以及任广东省民政厅秘书的八角山人熊英(字卓然,又名爵然)等地主土豪的势

---

① 李青春《茂名县在民国时期的墟市》载:西镇墟,距离县城16里,墟期为3、6、9,有商铺20余间,销售谷薯鸡。民国11年停顿。摘自茂名市政协文史资料研究委员会编《茂名文史》第12辑,1990年,第96页。

② 据高垌龚氏族谱介绍,西镇竹山村龚氏即是高垌龚氏的分支。竹山村龚氏部分搬迁至百家坡村,而"龚盐甫"即系百家坡村人。

力，于民国14年（1925）告赢了此状，西镇墟得到了法律的承认，沙坡墟被迫将墟期改为"一、四、七"，部分沙坡墟的商铺搬至西镇墟。

告状结束后，西镇龚氏、八角山熊氏、下汉村钟氏、广谭杨氏以及高垌龚氏，经商议决定，仿照当时流行的股份合作制，由八角山熊子明（音）之妻子牵头成立西镇置业公司，集资入股建墟。经长达2年时间建设，民国十六年（1927），西镇墟正式开墟。据传开墟那一天，是虎年白虎日，恰逢西镇村民龚运安在鉴江河沿岸打死白额老虎一只，老虎被"盐甫"派人运至市场，老虎肉一下子被抢售一空，故西镇墟有"虎地"之说[①]。而"虎地"说也用来解释后来西镇墟无法成猪行和牛行的原因，因为老虎喜吃生食，故无法生行。但宰杀后的猪肉和牛肉却十分畅销。

建好后的西镇墟呈"一字形"，约长100米，铺设石板路，建有三条"空心行"（内设副食行、米行、猪肉行、黄豆行和青菜行等），商铺20余间。每间商铺为3米8宽，15米深。墟头和墟尾建有青砖砌成圆拱状的闸门，一到晚上便关门封市。墟头处建有冼夫人庙和三帝庙，两庙并排而立，供奉冼夫人、关帝等多位神明。冼太庙门前的对联为"冼太威灵坐镇西圳安社稷　夫人施德泽出从淦水降贞祥"。庙前为谷行，其次有药店4间（宝生源、宝生堂、裕生堂、宝安堂）、茂新客栈、"铭记"日杂铺、肥料铺等，墟尾为置业公司办公场所以及八角山区长"熊炳斋"所开当铺和炮楼[②]。西镇墟建好，八角山区长熊炳斋曾试图在墟市中推行卫生教育。他在墟中张贴告示，大意为：西镇街道是新街道，不能乱丢垃圾、果皮，讲究卫生，勿犯规条。

[①] 传闻，龚运安眼珠为红色，视力非常好，即便在黑夜中也能看得清清楚楚。但他生性好赌，家里十分贫穷。开墟那日清晨，他因昨夜赌输，听说鉴江河边有白虎出没，便回家拿起榔头准备去杀老虎。（直至民国，西镇一带的大山尚有许多老虎出没，老虎偶尔会下山偷吃农民养的猪。）他的妻子苦苦哀求他不要去，但他却说，有运安无大猫，有大猫无运安。他走到鉴江河边，正遇上一只瘸腿白额老虎在下游逆流而上，他在高处用力顺势一打，老虎即被他敲得头晕眼花。几经波折后，他居然真的打死了老虎。打死老虎后，他在河边瑟瑟发抖，不知如何处置。盐甫听说此事后，立马派了多位壮汉前来搬运老虎至西镇墟宰杀售卖。据说，售卖老虎肉的大部分钱银都归盐甫所有了。

[②] 西镇墟传有"炳斋做桥，盐甫建庙"的说法。即熊炳斋集资建八角山通往西镇墟的南楼桥，却取用部分钱银建成自家在西镇墟的炮楼；盐甫集资建西镇龚氏的庙宇观塘社，却取用部分钱银来建铺。

每逢墟日，西镇附近地区的村民会将自家的农产品挑担来墟市买，近至周边廖径、高岭、下汉、八角山、林屋等村，远至康洞、留驾、西岸、镇江、顿梭、广谭等地，影响范围约十公里，销售青菜、番薯、糕点（籺、簸箕炊）、粉汤肉粥、农具、成衣、杂货、木柴等。墟市所收租金如墟旬租、称租、（谷）斗租等。与西镇墟相比，河对岸的沙坡墟规模大大缩减，商铺只剩下"十间，销售谷米、猪、禽"①。

除此之外，在西镇墟附近村落中，有私塾多间。在墟头附近廖径村路口，曾有私人开设的卓夫学校，但没多久便倒闭了。图5、图6、图7为当年的炮楼、石板路、墟铺。

图5 西镇墟的炮楼，现作为民居仓库使用

图6 民国时期铺设的石板路

图7 民国时期修建的墟铺

---

① 李青春：《茂名县在民国时期的墟市》，摘自茂名市政协文史资料研究委员会编《茂名文史第12辑》，1990年，第96页。

二、社会集体化时期

1949年11月，高州县全境解放，此后，行政区划几经变迁，西镇墟先后隶属于顿梭乡、顿梭公社，后归属于顿梭镇。新中国成立初期，西镇墟仍属于置业股份公司管理，不属于税务站管理，但税务所每墟日会派人去墟征税。但由于税额未定，给征收工作带来许多麻烦。1950年冬，税务所工作人员与商人共同商定税收定额。此后，在1951—1958年间，随着社会主义改造运动在全国的开展，西镇墟逐渐成立了供销合作社、粮站、食品公司、工商所、信用合作社。此后，西镇墟中还相继建立了相对完整的教育体系（西镇小学和西镇中学）和医疗体系（西镇卫生站）。

高州市顿梭供销合作社西镇分站（图8）位于西镇墟中间处，是农民购买生产生活资料和售卖农副产品的地方。三尺柜台内，摆着各类商品，有生产用的农具、种子、化肥，有生活必需的油、盐、酱、醋、副食品，此外还有成衣、玩具、糖果等。由于物资匮乏，许多东西都要凭票购买，限量供应。1956年西镇墟开始工商业改造，几乎所有商铺均由供销社接管（裁缝店除外），部分工商业者变为全民所有制和集体所有制单位的职工或干部，亦有部分商人划入百家坡村大队成为农民。

图8　高州市顿梭供销合作社西镇分站

高州市顿梭粮食管理所西圳粮站，占地约6.5亩，建在原墟头谷行处，由于谷行面积小，故在20世纪60年代谷行前的冼太庙和三帝庙被拆除后，粮站向民众借用此处庙地，才得以拓展规模。粮站负责每季农户们的公粮缴纳及计划内售粮，粮站统一以牌价收购，同时分户发粮簿，按人按年龄定量供应。那些

经营粮食的商人即参加粮站工作,比其他行业的商人先一步成为国家职工。

高州市农村信用社西圳分社位于墟中间处。高州市食品企业集团顿梭食品公司西圳分站位于墟尾"三通行"下方,主营禽畜屠宰等业务。工商所无专门的地方,只租借食品公司楼房作办公场所。新建的卫生站位于距离墟头50米处,接近廖径村与高岭村交界路口处,对面则是西镇小学和初中。

至20世纪70—80年代,尤其是1978年中共十一届三中全会后,家庭联产承包制实行,促进了农业生产的发展,西镇墟迎来了新的发展时期。墟市重新出现个体经商户,部分商铺可被租赁。每逢墟日,集市都有猪行和牛行,猪中、牛中就是中介,中介必然插手每桩买卖,既帮助卖方推介商品优点,又帮助买方压价,经中介人促成买卖后,他就从中收取2%~6%的中介费。周边地区的农民纷纷将自家的农产品带来西镇墟进行贸易,如距离西镇墟约五公里以外的康洞、留驾、西岸等地的农民会挑青菜来西镇墟卖,然后换取粮食回家。当时外出谋生的农民并不多,附近地区的孩子都到西镇墟的学校学习。西镇墟开设有小学和初中,校址在墟头附近廖径村路口。在某年曾开设过一届高中,校址在西镇龚氏观塘社内,据说那年西镇小学和中学的招生数达2000多人,学生来自西镇墟范围内的乡村、八角山、秧坡等地,足见当时西镇墟经济和文教之兴盛。

三、21世纪

20世纪90年代以后,随着市场经济改革的进一步发展,原来的供销合作社、粮站等逐渐破产。西镇供销合作社以竞标拍卖的方式,最早将土地的使用权出让给附近的农民。其后,西镇墟的两头的闸门被拆除,墟头和墟尾附近的农田也以同样的方式,拍卖给农民使用。农民纷纷兴建楼房,或居住或出租为商铺,西镇墟经营场所的范围得到进一步延伸。进驻的商人多为新中国成立前商人的后代,以及附近乡村的农民。

2004年,随着西沙公路的修建开通,西镇墟通往高州城的时间进一步缩短,往来附近城镇更加方便。但20世纪90年代以来,西镇墟中青年纷纷前往珠三角或外省谋生,墟市在长达十年多的时间中,并无明显变化。随着青壮年劳动力的减少,幼童大多跟随父母在外读书,西镇初中被撤销,西镇小学的学生人数也逐渐减少,每年大概只有100多名学生。由于商业贸易活动相对惨淡,20世纪50年代在当地设立的工商所被撤销,每逢墟日由工商所派人来墟市征税。

经过长达数年的摸索,2010年以来,一方面,外出谋生的乡民积累了一定的资金,他们纷纷回乡兴建、翻新房屋,直接催生了西镇墟建材业(如水泥、五金、陶瓷、窗帘等)的兴旺发展。另一方面,城市化进程的加快,造成个体过高的生活成本和竞争压力,促使部分乡民回乡发展营生,亦有沙田、镇江、石鼓、西垌等地的商人,到西镇墟租赁民居进行贸易。同时,随着国家乡村振兴战略的出台,以西镇墟为中心的西镇村委会(下设坡只村、竹山村、百家坡村、廖径村、高岭村和大坡村)被纳入高州市宝光街道办,新一届领导班子上台后大力推动乡村发展,这为墟市的繁荣发展创造了良好的条件。人流的增多,消费群体的壮大,刺激了百货业的迅速发展,相较前些年,西镇墟近年增设了几个大型的百货商场,交易物品也愈加丰富。过去需要到高州城才能购置的日用百货、家用电器、零食甜点等,如今在墟市的商场亦可获得。同时,随着信息互联网技术的发展,以及青壮年互联网知识的逐步普及,西镇墟出现了网吧、快递物流的驻点。支付方式也发生了变化,墟市所有的商铺都允许使用支付宝和微信支付,甚至在墟日流动的摊档中也几乎普及了这些线上支付方式。在文教方面,西镇小学进行了新的翻修,每年学生约有200多人,招收的学生除了西镇村人,亦有来自八角山、下汉村的。

截至2019年春节,西镇墟市呈"之"字形分布,长约400米,有工商登记的商铺共77间,墟上设有农村信用合作社1间、卫生(防疫)站2间、西镇市场1间,还有西镇小学、宝光街道西镇村委会等公共机构。在商铺中,有日杂百货类商店16间,其次为建材家居类商店15间、餐饮类商店7间、副食店(鸡肉、猪肉、蛋糕、蔬菜)6间、烟花爆竹店5间、粮食类(米、油、酒)5间、理发店4间、维修(电器、摩托自行车)4间、农业生产资料(肥料、糠)3间、药店3间、成衣店2间、牙科2间、快递店2间、幼儿园2间、摄影与复印打印店2间、殡葬店2间。坐贾的明显增多带来了新的变化——与过去相比,墟市的变化异常明显——第一,出现了新型商业形式和支付方式,即伴随新型商业发展而出现的现代化的购物方式,与集市及传统店铺相对应,包括超市、婴幼专卖店、快递物流、摄影打印店铺、建筑陶瓷五金店。

第二，农产品固定销售点出现，过去一般只有墟日的时候，农民才将自家的新鲜蔬菜挑来墟市售卖；现在出现了以售卖新鲜蔬菜为主的商铺，每日低价收购农民的蔬菜，供应市场消费。第三，与新中国成立前西镇墟坐贾商人主要是外地人不同，目前商人大部分是西镇村本地村民，以龚姓为多；原新中国成立前商人的后代要么被排挤搬走，要么落籍西镇村。但本地村民商铺主要以经营日杂百货用品为主，规模相对较小；新进驻的商人经营大宗商品，尤其是建筑家居类。墟上最大型的百货超市即由沙田镇人投资经营，唯有相对利润较高的烟花爆竹店为本地商人把控经营。工商登记在案的商铺每年营业额达到一定数额后，其便自行去工商所纳税。

每逢墟日，流动摊档有百余档，围绕农民生产生活、衣食住行多个方面进行贸易交流活动，售卖的商品有谷、米、薯、豆、蔬、果、糕点、肉、禽、农具、肥料、种子、日用杂品、成衣、床上用品、玩具、药膏药酒，等等。西镇市场是西镇墟一个集中设摊的地点，原由工商所管理，后承包给私人物业公司，负责向流动摊贩征税、卫生清洁工作管理、协调纠纷、维护市场秩序等。流动商贩无论是在西镇市场或沿着墟市沿街设摊，都要向物业公司收税人员缴纳一元税费。在墟市之外的西镇村范围内，亦兴建工厂五间（塑料制品）、农业合作经济组织七间（如水稻、蔬菜、水果、鸡蛋）、农业技术开发公司五间、养蜂场与养猪场各一间等。

墟市商民的娱乐活动主要是打牌和跳广场舞。如打麻将、打骨牌和斗地主等，一般从上午开始，直至凌晨一两点，都有人在棋牌室打牌。参与打牌的主要是附近乡村的村民，男女皆有，以中老年人为主。棋牌室一般系由开杂货的商铺兼营，商铺主人能够每次每桌抽取百分之几的租金。同时，打牌的牌客需要喝饮料、吃零嘴、抽烟，商铺都能及时为他们供应。

大部分妇女晚上的娱乐活动为跳广场舞。西镇墟约有四处跳广场舞的地点，某人家前空地上、西镇小学操场、村口空地等，每档广场舞有10～30人不等。广场舞一般由一个擅长跳舞的女性带领，每晚大约跳十首歌的时间，持续1～2小时。由于广场舞的盛行，西镇墟日的时候出现了销售广场舞播放机及歌单的摊位。广场舞队员一般都有自己的服装和舞蹈用具，该群体年龄一般为30～60岁。由于女性一般负责带小孩，因此广场舞现场也会有小朋友参与跳舞。

乡村中心集市承袭与变迁中的生命力
——以安徽省淮北市烈山区蔡里集为例

◇ 朱蕴哲（社会学与人类学学院2018级本科生）

引　言

本文主要讲述了自20世纪70年代以来安徽北部一个农村中心集市的发展历程与现状，探讨该集市历经沧桑变革依然能保持旺盛生命力的原因。随着经济的发展，村民的消费需求日趋多样化，消费能力也逐步提升，而网络与交通的发展更是为村民们提供了更多元的消费选择。在这样的背景下，该集市进行了自发的和有组织的转变，经历了百年的发展而依然保持着旺盛的生命力和活力。农村"空心化"往往是集市衰败的重要原因，而该集市正位于外出务工人潮规模庞大的皖北地区，经历着人口外流的同时却依然能够代代延续，时至今日依然是附近村落农民消费的重要选择。

本文将描述该集市在发展中承袭的习惯和观念，及其为适应新的需要、促进新的发展而产生的改变，以及承袭的习惯和观念对集市的发展轨迹和现状产生的影响。所有的变化都不仅仅是一种因素导致的，本文在所有的变化案例中都将结合笔者的成长经历，以笔者作为当地人对整个市区现状熟悉的优势，进一步综合分析当前的变迁。在变化的尝试过程中，有成功也有失败，本文也将选取典型案例进行分析。

一、田野点相关背景介绍

淮北市位于安徽省北部，地处苏鲁豫皖四省交界处，总面积2802平方千

米,是安徽省面积最小的地级市。截至2017年末,淮北市常住人口达222.8万人,辖三区一县(安徽省统计局官网)。自2009年被国务院确定为第二批32个资源枯竭型城市以来,淮北市积极推动产业转型,着力推动生态城市建设与旅游业发展,力图在单一煤炭行业之外寻找新的经济增长点。截至2018年9月,淮北市地区生产总值达717.1亿元(淮北市政府官网)。同时,由于皖北地区的人口——尤其是农村人口——众多,经济发展水平较低,又毗邻江苏、浙江等长三角发达省份,这一区域成为外出务工人口的最主要输出地之一。

烈山区位于淮北市主城区南部,素有淮北市门户区和"南大门"之称,辖三镇、四个办事处、一个经济开发区,全区总面积388平方公里,常住人口38万,是淮北市城市"东进南扩"的重点发展区。拥有"中国土地复垦示范区""全国经果林建设百强县""全国农业旅游示范区""南湖国家湿地公园""国家矿山地质公园""中国软籽石榴基地"等多张名片,以及"塔山石榴""黄营灵枣""和村苹果"等获国家地理标志保护产品。(烈山区人民政府官网,数据截至2014年10月31日)

蔡里村位于淮北市烈山区烈山镇东部,淮北市新东外环路穿境而过,东邻龙脊山自然风景区,西邻化家湖水库。蔡里村总人口为4515人,有11个村民小组,辖区内共三个自然村:孙庄、蔡里、杨晋庄。本村以生产粮食经济作物为主,特色经济以养殖业为主。

二、蔡里集概貌

蔡里集为烈山区第一大集市,据村民所说已经有上百年的历史。蔡里集目前位于蔡里村新街,传统时间为农历逢双逢集,在农历三月初八有比"集"规模更大的"会"。随着时代的发展,蔡里集的流动商贩仍以卖农副产品为主,同时增加了一部分卖衣服玩具的商贩。店面则以卖电动车、电器等大件商品和提供理发等服务为主。

据了解,20世纪70年代蔡里村与周边村落合并为蔡里乡,乡政府设在蔡里村,因此乡政府所在街道(当地人称"老街")成为当时十里八村的政治中心。同时,整个蔡里乡唯一的供销社、食品站、邮电局、粮站、卫生院、邮电局均在老街附近,因而以老街为中心的地区也是整个乡的经济、文化中心。因此为满足基本需求和衍生需求,周边村民必须赶赴蔡里村。老街及周边成为蔡里乡人流量最大的地方,因而往来商贩自然地聚集于此,蔡里集旧时即位于老街,后来蔡里乡改为蔡里镇时也是如此。

"老槐树"是当时村子里的中心地标。一位年近80岁的爷爷回忆说,他年轻时,村里搞文艺表演、放电影、村民饭后聚集闲谈都是在老槐树附近。同时,它更在传说中被赋予神秘色彩(见附录),因而在蔡里村民心中具有较高的地位,也是一代人记忆的象征。在老街被废弃、房屋大多被改造拆迁的今天,它依然完好地被保留在原地。

图1为蔡里集辐射范围及周边地理环境示意图。如图中所示,这片村庄的西南侧有雷河流过,同时三面群山环绕,居民多分散住在山中平地,有些养羊、养鸡的农民住在半山腰上。虽然山的海拔并不太高,据村中老人所言,大部分山只有两百多米,但绵延较长,山地面积大,因此在大多数人以步行为主的年代,这种地形足以成为沟通的阻碍。淮北主要为温带季风性气候,夏季雨热同期,高温持续时间较长,适宜小麦、玉米等作物生长,同时冬季干冷而不至于严寒,常有小量降雪,有利于作物越冬,此外,华家湖更是提供了充足的灌溉水源。在以农耕为主要生计的年代,蔡里村所在的大片

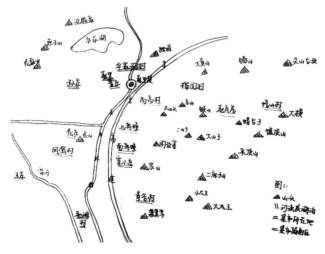

图1 本文作者依据老人的讲述重新绘制的蔡里集辐射范围及周边地理环境示意图

平原地区成为人口聚集之处，也是区域的经济中心。同时，据村里多位老人回忆，1985年之前通往孙庄方向的石子路是通往县城唯一的路，因此蔡里村又起到重要的交通枢纽作用，人员往来也最为频繁，故而集市点形成于蔡里村十分自然、合理。

三、集市传统的承袭

（一）集市中村民的观念

1. 价格之于卖者

在对商贩进行调查时，笔者发现，不少商贩的商品报价会受购买者和剩余商品数量与质量的影响而上下浮动。当购买者是比较亲近的人或熟人时，商贩往往会报出很低的价，"够回本就好"；而当对方是陌生人时，商贩则以获得更多利润为直接目的。

在一家专卖电动车的店里，笔者亲眼见证了两次交易过程。第一次买者是一家三口，在挑选电动车的过程中，老板娘一边热情地与他们聊着家常，一边仔细分析他们看重的电动车的利弊，不时有"我说实话"的句子配以极其诚恳的表情出现。最后成交时，老板娘似是非常不好意思一般报出一个价钱，买者中的父亲二话不说掏出钱，多了一些凑够整数，母亲与老板娘推让半天，老板娘才收下。

> 笔者：阿姨，恁（方言，你）是不是认得他们一家子？
> 老板娘：哎，是俺娘那边的亲戚，尚高（旁边的村名）的。
> 笔者：那恁这一笔生意能赚多少啊？
> 老板娘：都是熟人，又不好意思多要，也就赚个十个八个的，快是成本价了。他们又客气，多给了几个。（叹气）本来也赚不着啥钱，平常卖也就赚个百儿八十的。

正说着话，又进来一对母女，看中一辆电动车后开始讨价还价。老板娘要价2500元，母亲坚持2300元，双方都丝毫不肯让步，僵持很久，最终没有成交。

对于电器、交通工具、家纺等较为昂贵的商品而言，一位是熟人的家纺店老板向我坦言，他报价时往往会有意报出一个偏高的价格，等待顾客砍价；而他们的心里有一个底线的价格，在此之上能多赚一点是一点，低于这个底线则不会成交。顾客在砍价时一般不会触及底线，又会由于砍价成功而感到心满意足，最后卖方看似一脸为难地成交的价格还是高于卖方的最低预期的，甚至有时会以卖家预料之外的高价出售。这几乎已经成了卖家之间心照不宣的秘密。

在大街上的菜贩集中区，由于菜的定价本身较低，所以菜贩子对一块一角都看得很重。但根据我在集市上询问的情况，总体来说，同一商品，尤其是蔬菜，在不同摊位上的单价差别一般都在三角以内，为了在众多商家中保持竞争力，商家也不会刻意把价格提到不合理的高度。如称重得到的价格为四舍五入应舍去的值，买卖双方会经过一番争执确定是否舍去。调查中多次出现类似如下的情况，卖者并不在意成交与否，甚至由于集市的买家众多，生意太过火爆，而个人商贩的货物数量有限，在一天的集市交易过程中"不缺你一笔生意"，一般不愿稍稍让步以求"薄利多销"；而如果价格为四舍五入应入的值，卖方会看似随意地添一两个（把）或同类或不同类的商品以收取整数，这种方法也被买家广泛接受，调查期间采取这种方式时发生争执的情况为零例。

对于流动商贩而言，只有在最后卖得仅剩一点，商贩急于处理掉这些货物以赶快回家时，才会给出很低的价钱，甚至很可能接受顾客的砍价。笔者见证了一家附近孙庄的菜贩母女，一车菊花心菜本来卖三元一斤，但当最后还剩一大塑料袋的时候，一位妇女以两元买走了整整一袋，而菜贩母女心满意足地收拾东西回家了。由于商贩整体定价都符合当地的消费水平，如果某一家的商品明显比其他家好，此时价格往往不是问题，当买家试图讲价，但讲价不成时成交的概率也比普通商品高很多。

因此"定价"这种概念实际上并不存在于蔬菜品类中，对于卖家而言，价格存在一个浮动的区间。这个区间的上下限受买者与卖家的关系以及销售的情况影响，即在不亏本的前提下，卖者的主观因素对商品卖出的确切价格起主要决定作用。

2. 价格之于买者

在购买商品时，大多数买家遵循"货比三家"的原则，一般不会直接在某一家商店或摊位购买商品，而是先问清价格，经过充分的讨价还价以及经过多家比较之后再进行购买。如果问了两三家价格均相同，质量和店家提供的优惠力度便成了选择的依据；而当商贩由于生意太好忙不过来，也往往不会去刻意招呼某一位顾客，此时顾客往往会就近选择。如果产品表面看起来相同或功能相似，大部分买者依然偏好于便宜的商品。一家纺织品店老板向我抱怨生意难做：

老板：这两年生意根本不管经①啊，小年轻的都个②网上购物了，什么淘宝俺也不懂，觉得店里面的不好看。观念跟不上，俺也没话说，就是年纪大的又嫌俺们的东西贵，进的质量好的被单子床垫子根本卖不掉。

笔者：质量好的贵一些不是很正常吗？

老板：喊，他们不这么觉得！天天进来问了价说贵得很，俺个哪来买的五六十块钱的三件套给你这③一模一样。

笔者：……

老板：那他们愿意。光④想买便宜货，用毁了⑤之后再买孬的，那买呗。俺店里面进的好货根本卖不出去，现在质量好的床上一套哪个进价不得少也二三百文⑥！几十文⑦就想买，怎么可能。不买就算了，还把俺们的货囊次⑧得给啥样⑨！

---

① 方言，不景气。
② 方言，在。
③ 方言，和你这里的。
④ 方言，只。
⑤ 方言，用坏了。
⑥ 至少二三百块钱。
⑦ 几十块钱。
⑧ 方言，贬低、讽刺。
⑨ 方言，不像话。

从中可以看出，随着收入的增加和商品的升级，消费升级其实并未完全同步。在上一部分提到，由于小件消费品如食品，价格本身不高，买家有时宁愿多花钱也要购买质量可靠的商品；而对于相对较贵的商品，不少中老年人还抱着传统的省钱心态进行选择和购买，虽然家中大件商品的数量增加了，但大部分都是由儿女购买或由儿女使用。讲价时，买方为了尽可能地用低价购买到商品，经常会使劲贬低卖方的商品。在访谈中，许多卖家都对此表示了无奈甚至愤怒。由于大部分中老年村民依然将电视、洗衣机、电动车等昂贵商品看作是"不必要的东西"，因此当讲价失败或觉得价格偏贵时，往往不会购买。同时，年轻人、中年人、老年人的消费与审美观念出现了断层，导致经营生活用品的商贩生意遇到瓶颈。

3. 劳动光荣

在集市中，常常见到一些头发全白的老人仍在摆摊卖东西。这些老人本可以颐养天年，却仍在坚持自力更生。在这些老人心中，自力更生是光荣的，说明自己还"有用"，还没有彻底老去。笔者与一位卖菜的奶奶进行交谈：

笔者：奶奶，您身体看起来真好，多大岁数啦？

奶奶：八十五六。①

笔者：天啊……辛苦了，您真能干。那您一天能赚多少啊？

奶奶骄傲地说：十几块。俺孙带大了，不要俺带了，俺也不想个家里头闲着。俺来②没有低保，不想给俺儿添麻烦，闲就闲出病来了，干活身体好，能赚几个文赚几个文。

笔者：辛苦您了。这些菜是您自家种的吗？

奶奶：平时都是俺自个种自个卖的。这不是快过年了人多，俺天天去华瑞③进点菜一起卖。

笔者：您自己骑着这个三轮车去这么远？

奶奶骄傲地说：可不是俺自个骑得么。俺大早清骑车去再回来。

---

① 动作敏捷，精神饱满，完全看不出来。

② 方言，也。

③ 县城最大农贸市场。

从中可以看出，这位老奶奶不愿意闲着白吃饭，宁愿辛辛苦苦起个大早骑着三轮车来兜售蔬菜，赚得一点小钱以供自己日常生活之用。冬天本地气候干冷，气温几乎都在零下，能够想象这位奶奶的辛苦。笔者又询问了其他几位老爷爷老奶奶，摆摊的情况和理由大致与她相同。

近年来，一部分老人会随儿孙居住，而选择独自留在农村的老人则失去了利用耕地自给自足的基础，又没有其他生计，因此在蔡里及周边的村子中，老人们利用老屋院子里仅剩的菜地耕种蔬菜拿到集市上卖以维持日常生计的情况非常普遍。他们对吃苦并不在乎，反而觉得不靠儿女自力更生是一件令人骄傲的事情。

（二）卖方坚守集市

随着交通的便利和经济的发展，对于大部分农民尤其是年轻农民而言，在利益的刺激下，传统的"安土重迁"观念已经越来越淡化，不少农民选择进城赚钱。然而依然有大量的商贩坚持在蔡里集市上做买卖。在调查中发现原因主要有二：一是几乎所有的商贩都是附近的中老年村民，不愿意离开村庄，在他们看来，守在家门口还能谋生计是不错的选择。二是从销售成本看，这里的生活相对安稳。有店面的商贩为购买店面已经付出了一大笔费用，且大多数店面的二楼就是商贩的家，如果去县城购买、租赁店面和房屋，成本显然比在村里高很多，能否把生意做好更是未知数。而流动商贩在路两边出摊不需要交纳任何管理费用，自己的电动三轮车、一块塑料布就是支摊的全部工具。尽管所得不算很多，但几乎都是纯利润。

在街边的一家以卖香料为主的摊位上，笔者与老板娘母女进行交谈：

笔者：姐姐，你们这儿的木耳比县城超市便宜好多啊。①
一位顾客阿姨：我就肯个②她们家买，你看这种小木耳，泡开大得

---

① 因为笔者只知道木耳在县城一般多少钱一斤，县城的小木耳少则十几块一斤，高则能达八九十块，而她们家的小木耳只卖八块钱一斤。
② 方言，喜欢在。

很，又没啥去头①。

姐姐：来买的都是附近的居民，时间长了大部分都认得，俺们也不赚个幌子钱②。

笔者：那你们家还有地吗？或者阿姨，您不考虑去县城做生意吗？

老板娘：就几亩了，种个菜够自个家吃就管了③。现在就只卖东西赚钱。俺们年轻的时候就卖，这些年购买了个店面。你看俺们现在生意也做大了，也有赚头④，个⑤家门口多舒服。个城里面还得缴费，还有城管，而且来回跑，多麻烦。等俺老了以后这都是俺闺女的。

从中可以看出，虽然老板娘知道在县城做生意获取的利润可能更多，但参与乡村集市为老板娘一家提供的收入已经足够满足他们的需求，甚至可以说收入超过了需求不少，这是卖家愿意留在乡村集市的重要原因。因此他们可以选择不多花费精力去再赚更多的钱，而是愿意安安稳稳待在家中。奇怪的是，与这家店的女儿相同，处于皖北地区这一农村青年外出务工的大潮中，村中留下继承父母的生意或自己在当地从商的年轻人很多，摆摊或看店面的商贩中有不少年轻人。

由于调查时间不足，笔者不能对这一现象做出进一步的描述和讨论。年轻劳动力的积极参与为集市的进行提供了活力，这在一定程度上保证了集市不会随着时代更替出现空白与衰落。同时，其他商贩在交谈过程中都提到了城管和摊位费的事情。乡下宽松的管制以及免收摊位费的优惠，再加上这些年来县城和市里以肉眼可见的力度加大了对流动摊贩的打击，这些很大程度上成为农民选择留在老家而不愿进县城寻求"发财"机会的原因。不少摊主谈到，缴纳摊位费是"白花钱"，同时在他们的想象中，与政府部门打交道从而获取在城市的经营许可十分麻烦。这说明行政机关的因素也在很大程度

---

① 方言，不能食用而占秤的部分。

② 方言，胡乱要高价而赚得的高额利润。

③ 方言，行了。

④ 方言，能够得到不少利润。

⑤ 方言，在。

上影响了村民的选择,这一点将在下面讲农贸市场时详细论述。

(三)买方选择集市

在道路与交通工具高度发达的今天,尤其在2008年东外环线修成之后,蔡里及周边村子的居民到达县城只需不到半小时。但是经过询问得知,村民们通常并不去县城购买物品。在笔者调查的年关集(二十六集、二十八集),仍有很多村民不去县城置办年货,而是选择了蔡里集。

对于为何集市能持续拥有广阔的农村消费市场,笔者认为原因有三:一是熟人经济对于买方和卖方仍然具备互惠效益。交易既是经济活动,也是社会交往的一部分。购买亲戚、熟人、朋友家的产品成为愿意维护这段关系的象征,因而卖方天然地拥有广阔的熟人市场。同时,如前文香料店的例子中略微提到过的,对于农副产品、食品类商品和日常用品,由于以熟人生意为主以及不需要支付摆摊成本,该品类产品价格一般低于乡村超市和城里的商店,村民们当然也很乐意就近购买物美价廉的商品。

二是随着运输和经济的高度发展,集市上的商品种类也逐渐丰富,之前只能在城市购买的东西,如非常受村民欢迎的电动车,如今在新街上也有许多家店铺出售。沿街店铺和流动商贩互为补充,已经基本能满足村民的消费需求。另外,蔡里集所在的新街有两家不亚于县城的大型超市,货物齐全、价格适宜,对蔡里新街集市起到了重要的补充作用,也帮助新街集市留住了更多顾客。

三是集市上的许多商品是为了满足村民的喜好与需求,而在乡村集市特有的。如红芋糖是附近村民非常喜爱的食物(据一位阿姨描述,其由红薯在大锅中加入淀粉熬制而成),兜售的小贩很多,生意红火,而笔者在城中从未见过。再比如一些实用性高于品牌和外表的商品,如以玫红和军绿为主要颜色种类、骑电动车时用的挡风毛呢外套,以及"显腿粗"、颜色花哨(如豹纹)但是暖和的加绒厚裤,这些商品在城中因"土气""太丑"而很少有市场,因而笔者也未见有流动服装商或服装店售卖,但是它们在村民中却普遍受欢迎。蔡里集与城镇市场相比具有突出特性和独特优势,更为贴近村民的日常消费观念和生活需求,因而对村民仍有较强的吸引力,甚至吸引了部分城镇居民前来赶集。这一点将在下文详细展开。

（四）占位

在不逢集的日子，笔者去过一趟新街。西段的路边有很多空空的大帐篷，有些帐篷下支着一些简易的货架。笔者随即询问了一位附近格力空调店的老板，他正悠闲地坐在门口的小马扎上抽着烟晒太阳。

笔者：叔叔你好，请问这些帐篷和架子是干什么用的呢？

老板：占位咯。明天直接带着货过来，就直接来这，省事儿。

笔者：他就把架子放那儿，难道不担心有人拿走吗？

老板（笑）：谁拿那弄啥嘞！也不值两个钱，十里八村的都认得，不够丢人的来①。不逢集俺们店也开，都这来②看着来。

笔者：那平时赶集的时候会有偷东西的吗？

老板：之前可多得很了，哪会儿赶集不③少点啥。好多外地的就趁赶集（偷东西），人太多，不容易发现。现在人的素质高了，哎，村里面也没有多少混世④的，基本上都不丢东西了。不过小姑娘你要是逢集来还得注意点好，你这个手机可得装好。

从与这位老板的对话中可以得知，为了不被这个社会排斥，明面上大家一般不会进行盗窃和做出占便宜的行为，否则会为同乡人所不齿，人际交往将面临困境，从而对其社会生活造成严重影响。

第二天逢集时，笔者注意到，用帐篷和支架占位的人大多是服装商和食品商等贩卖商品较多、规模相对较大的摊位。这种"占位"的位与位之间差别不大，且由于商贩人数并不多，地方足够，甚至还剩余不少空地，所以笔者推测，"占位"只是留方便之用。大家默认占位的合理性，因而竞争对手也不会去有意挪动或破坏占位的物品，否则会被认为是不道德的。而新街东端、中段基本上全是蔬菜和肉食商，因为临近年关，有卖春联、灯笼等物

---

① 方言，还嫌不够丢人吗？

② 方言，在这儿。

③ 方言，每次赶集都。

④ 方言，指不正经工作。

的小贩夹杂其中,由于商品占地较小,一辆车、一块塑料布就是一个摊位,所以这部分商贩一般不需要为了方便进行占位。此外,由于此类商贩人数过多,而东端人流量相对较大,大家都想占据最好的位置,即人流量最大的马路两侧,以便吸引更多客户。因此"先到先得"取代占位成为一条不成文的规定,晚来的商贩只能在人行道上摆摊,且不能在开门营业的店面前,否则店家老板会因认为影响自己做生意而引发争执。

四、集市内部的转变

(一)商品种类与来源

随着经济的发展,消费品也更新换代,越来越多的新商品随着便捷的交通进入了蔡里集的市场。在交谈中,许多阿姨回忆,自己小的时候跟爸妈一起来赶集,基本上是购买布匹等日常生活用品以及面粉等,在政府统一供应的供销社和粮站里所售的都是农民自家生产的农副产品和熟食,如馒头、烤红芋等。许多赶集者既是买家也是卖家,通过出售家里剩余的产品或特意制作用于出售的产品,将获得的收入用于在集市上购买其他需要的产品。挑着担子在各个村庄间往返的走货郎主要提供糖果等小孩子喜爱的食品,此外服务类商品提供者如理发匠也会背着工具在村庄间往返,而邮局、卫生院等设施为政府所设立,这些均不参与集市买卖。一些价格较高的产品如电器也不会在农村出售。

20世纪90年代,村中通了柏油路,使村中与外界的交通更为便利。2004年通车的高速路与2008年通车的市东外环路正好从蔡里村外围经过,据许多老人回忆,村中卖电动车、电器的店就是在那个时候出现的。而服装商的出现大概也是在那个时候(具体时间未能求证)。随着服装商的兴起,布料店在市场上逐渐消失,只有在夏天的时候会出现卖绵绸的商人,这种布料柔软透气,作为夏衣的布料非常受欢迎,由村民们自己选择喜欢的花色,再由店家丈量尺码、负责加工。在个别蔬菜和小吃摊之外,几乎寻不到由自家生产的商品,连卖红芋糖、糖炒板栗等的商贩都是从村外进货销售的,许多蔬菜商也从城郊的农贸市场进货贩卖,以节省生产的劳力和时间,还能增加摊位上能够销售的商品的数量。电器、自行车、电动车和家纺店等新兴产品更是如此，有三位老板透露，他们是从徐州进的货。

（二）集市位置

20世纪80年代时，随着经济发展和人口增加，老街严重拥堵，不堪重负。因此上级政府决定强制开辟新街，拓宽道路，在道路两侧修建人行道，店面统一规划，并要求将新街设为蔡里集的集市点。村里有一定积蓄的固定商贩大多率先在新街选择土地，修建店铺，将生意搬迁至此处。由于老街与新街距离较近，且新街确实路面宽敞平坦，在访谈中商贩们对强制搬入新街的举措几乎没有怨言。在访谈中，不少商贩都认为，搬入新街是好事、是应该的，因为该举措扩大了集市的规模，能够容纳更多人，生意也比以前好了。

不过，新街的人流量远大于老街，且依然以"路边集"为主体。在调查期间笔者发现，村民并没有走人行道的习惯，人行道基本被前来赶集者用来停放三轮车、电动车与自行车，除非去店家购物，村民几乎不会走上人行道，人行道并没有起到预想中的作用。因此就人流量而言，反而是走马路的远高于走人行道的，同时由于在人行道上摆摊会影响有店面的店家做生意，流动商贩往往还是选择在马路两侧设置摊位。虽说是新街，但依然是双向单行车道，再加上村民们不分顺行逆行大量进入马路，集市虽然容纳和吸引了更多的人，但拥堵的状况并没有得到改善。沾满泥土和灰尘的自行车、电动车和三轮车在人群的缝隙间挤来挤去，常常会剐蹭到行人，不过村民们似乎对此习以为常，并未因此发生抱怨和争吵。在交谈中，许多村民认为，拥挤、吵闹和混乱正是集市热闹和繁荣的表现，当提起在马路上穿梭的艰难时，他们反而露出一种满足和自豪的神情。

（三）集市时间

在进入集市之初，这个问题困扰了笔者很久。当询问集市时间时，老一辈人往往告诉我"逢双逢集"，可是中青年人提供的答案是"现在每天都逢集"。再回过头向老一辈求证，他们对中青年人口中单数的"集"十分不屑，认为那不算是真正的集市。为了弄清楚这个问题，笔者特意在年二十六、二十七连续两天赶往集市进行调查，试图对听闻的情况进行对比，

找出双方如此回答的理由。

经过观察，两天均有蔬菜肉食商和食品商出现，蔬菜商摆摊的时间大约从早上六点到下午一点，如果卖完则会提前离开，而贩卖加工食品的商人也会在下午一点前离开，现做现卖的小贩则全天都在大街上。询问后得知，由于蔡里村仍是附近村落中规模最大、人口最多的村子，且耕地的大量征用和开发使得大部分村民每天都需要购买新鲜的食品来保证进餐，即蔬菜肉食与加工食品每天都有大量的需求；同时由于商人大多是本村或附近村子的人，便利的道路与电动交通工具的普及使得他们半小时内就可以到达新街，所以他们很乐意天天出摊以获取更多的收入。

服装商、玩具商等贩卖轻工业产品的商人则只出现在逢集的日子。询问后得知，大部分此类商人为流转的商贩，逢集时人流量相对大于平时，周围村子的人都会到蔡里村来，他们很乐意在这样的日子来到蔡里集。而在不逢集的时候他们则以电动车为交通工具在各个村之间往来，电动车上往往有播放以"好消息"和"大减价"为开头的广告或者播放动感歌曲的大喇叭，以期望路过各个村子时能吸引更多的村民购买他们的商品。

所有有店面的商家都是全天开门。但一些特定的商家会在逢集的日子在大街上另设摊位。如上文例子中提到的香料店母女，她们的店面在新街西端，而在逢集的日子则会与其他流动商贩一道争夺新街中东段马路上的摆摊位置，以吸引更多的客户。许多小吃店和小饭店都会在人行道甚至马路上摆出桌椅，而电动车店也会将一些样品车摆在门口。

《汉语大词典》中将"集市"定义为"定期聚会交易的市场"。若从此定义上来看，确实每天都有买卖交易双方前来，大部分中青年人说每天都逢集似乎并无不可。但传统上逢集与不逢集的日子之间确实在规模和商品种类上具有明显的不同，不逢集的日子更像是一个管理混乱的"菜市场"，且很少有外村人前来买卖，几乎都是蔡里本村人在此进行交易。传统意义上的蔡里集是包括周边大部分村落的，因此老年人所坚持说的"蔡里集"可能更具有历史性和仪式感。

（四）破败的农贸市场

与车水马龙的新街相比，在新街的正中央有一个破败的南北走向的大型农贸市场。据了解,农贸市场在20世纪80年代就已经存在,前几年政府又进行了改造翻修,目的是规范农副产品的贩卖,缓解新街的拥堵状况,提高街道的卫生状况。若设想能够实现,想必能对现在的状况有很大改善。农贸市场的规划和配置与县城的大菜市场类似,对农副产品按种类分区,并建造一排排贴了瓷砖的台子作为摆摊点,两侧设有店面,农贸市场的入口处还有市场管理处,内部规划可以说相当到位。然而笔者竟未发现任何一家商贩在其中营业,台子上满是灰尘和污渍,只有接壤新街、靠近入口的一家杀鸡店生意红火,连市场管理处也是大门紧闭。相比县城菜市场的欣欣向荣,笔者对此处的破败很是不解。农贸市场入口处是家禽贩子的聚集区,笔者向一位卖鸡的大爷进行询问:

笔者:大爷您好,这个农贸市场有多久没用啦?

大爷:两年多了。前几年不让个①路边摆摊,这两年没不让了,都还个路边摆摊。

笔者:建都建了,为什么没人用呢?

大爷:夏天还是有用的,就自发地都进去,凉影地②凉快嘛。现在还是街上人多,就都想出来摆摊。之前用这个农贸市场还要收费,还有人管着,没人愿意交费,都还个街上摆摊。现在不收费了,也没人去,就都还在路边。

从中可以看出,由于商贩们认为还是街上的人流量大,相对的生意也更好,他们并不情愿去农贸市场摆摊。因为这种不情愿,商贩们更加不想交费来配合政府的规划,即许多人口中的"白花钱"。他们认为进入农贸市场对自己没有任何好处。因此即使在采取不收费政策的当下,也没有人愿意使用农贸市场。由于同类摊位之间在商品质量和价格上相近,只要路边有摊位,村民们往往就不会特意再进入农贸市场进行购买,因此谁都不愿意去市场摆摊"吃亏"。

---

① 方言,在。

② 方言,阴凉的地方。

其实，县城南关和西关两大菜市场的成功说明，只要大部分商贩都进入统一规划的市场，顾客们会自然地将市场作为买卖的中心。据笔者在县城居住时的观察，几乎所有专门前来买菜的主妇和先生们都会直奔菜市场，而不会刻意在路边的零星小摊之间流连。选择在路边摊位买菜的人，大多只是在下班或者接送孩子的路上顺手买菜。在蔡里集上，前来赶集的人显然属于前者，即目的明确地购物，因此他们会直奔买卖的中心，即现在的新街。商贩认为新街是人流量最大的区域因此集中在此摆摊，有需求的村民又会自然地前往商贩聚集的区域，这样没有第三方干涉的双向选择自然会持续下去。

另外，笔者在访谈中发现，村民们普遍在观念中不认为新街是蔡里村的交通要道，而更愿意把它认为是集市的场所，其实这也是新街拥堵而农贸市场闲置的另一重要原因。

（五）成功的私人超市

在临街的店面中，有两家超市，分别位于新街的东端和西端。若说沿街的摊位是传统的承袭，超市的建立则可以说是集市内部顺应村民新需求而产生的新成分。与集市相比，超市的商品种类齐全，一站就可以购买到所有日常需要的商品，其便利整洁，村民不用在肮脏的街道和混乱的人群中挤来挤去，也不用进城采购村里无法生产的商品，因此超市很受村民欢迎。笔者分别进入两家超市进行调查，发现与城市中的超市相比，两家超市都明显呈现出蔬菜生鲜区较小，服装区和食品区较大的特征，甚至可以说基本上就是贩卖服装和食品的店面。较大的"好又多"超市服装区占了整个超市的三分之一，而蔬菜生鲜区仅有两排，且位于超市最里面。超市的服装区非常受欢迎，与城市相比，蔡里没有专门的成人服装店，仅有的服装店只卖睡衣、内衣和儿童服装，因此许多村民特别是中年村民愿意到超市购买服装。超市的服装虽然往往款式一般，但很好地迎合了村民舒适、实用、价格实惠的需求，且在大多数村民心中，规模很大的超市意味着质量保证，因此生意红火。但由于集市的蔬菜、肉类具有超市所没有的新鲜度，买菜的村民还是更愿意在集市进行采购，超市为了避免其商品与集市重复，也明智地选择了缩小蔬菜生鲜区，以贩卖集市上的流动摊贩没有条件保存的冷冻海鲜产品为主。

虽然超市是为了迎合村民日渐丰富的物质消费需求而建的，同时在一定程度上也扩大了村民的消费范围与消费选择，但村民的消费习惯在某些方面并没有改变。临近年关，村民们纷纷来采购年货，超市的人流量大幅增加。在食品货架前，笔者留意到，传统的拜访邻里、话家常时的零食如糖、瓜子等炒货销量巨大，知名品牌的蛋黄派、饼干、仙贝、雪饼等较为经典的零食也极受欢迎。但在城市流行的新式零食，如大部分膨化食品（薯片等），却并没有受到村民的青睐。几乎只有年轻人和宠爱家里小孩的村民才会选择购买膨化食品作为茶余饭后的消遣品。

五、集市辐射范围的变化

（一）辐射范围的扩大：城里人赶集

随着生活水平的提高与交通的愈加便捷，城市与乡村居民之间的联系愈加紧密。村里人进城更加方便，同样城里人下乡也更加容易。在出发去集市调查之前，笔者就已经在日常生活中了解到，有不少城里人喜欢到乡下采购商品，特别是在临近年关的时候。而且有趣的是，在调查过程中，笔者发现，许多商贩对于县城来的顾客有特殊的辨识能力，知道他们需求的商品属性，并对他们展开与对村民不同的大力宣传。笔者的妈妈就是一位热衷每年年关前往蔡里购买部分年货的人，因此笔者对她进行了询问：

笔者：妈，在这买鸡和在菜市场买鸡有什么区别吗……而且还得带回家，多费劲。

妈妈：你看这老公鸡，一看就是个老鸡，喂多少年的。咱那菜市场的鸡都是从养殖场进的，喂饲料的，才几个月就长成大鸡拿出来卖了。你看这鸡的毛多漂亮。

鸡贩子连忙说：对对对，这位大姐会挑。俺家的鸡都是自个粮食喂的，这个老公鸡都好几年了，真是老鸡。30块钱一斤。就这一只了，要的话算你25。

妈妈小声地说：真贵。

城镇居民在收入水平提高和消费观念更新的当下，往往追求更绿色健康的食品。这时候"乡村"仿佛一个符号，代表着农副产品的质量。由于商品大多是自己生产的，农村集市天然无公害的农副产品很多。特别是因为蔡里集周围的村落三面傍山，所以，在山上放养的野鸡和野鸡蛋尤其受到城镇居民的喜欢。许多商贩正是看中了这一点，打着"野生"和"自家"的幌子将商品卖出高价。

在调查过程中笔者就亲眼见证了一起"翻车"事件。为争夺一位客户，两位鸡贩子争相证明自己的鸡才是"自家喂的""山上放养的"，争得面红耳赤，最后旁边的另一位鸡贩子急了，也过来插嘴，说他们两家的鸡都是从外面进的，只有自家的才是山上放养的。那两位贩子一起回头瞪向他——显然，他家的鸡也是进的。

（二）辐射范围缩小：原有辐射范围内的顾客流失

在获得新顾客的同时，原有的顾客其实也在部分地流失。近年来，蔡里村及周边村落原来由农民承包耕种的土地逐渐被集体收回，交由承包商统一开发。由于有淮北市新修的外环道路经过，一部分村落被划入旅游开发范围，需要整体拆迁，比如笔者的老家土型村。寒假回老家烧年纸时，大多数村民已经领了钱走人，只有葬着先人的村后山还保留着原貌。笔者的爷爷告诉笔者，政府打算开发这座山，和榴园村、龙脊山一道作为乡村旅游景点，嫌山上的这些墓冢碍眼，要求村民们两年内把墓迁走。另一部分村落，大部分是山上散居的村落，比如山头之间的赵瓦房，由于前几年采石力度太大，山体已经满是坑洞，植被也被破坏得差不多了，因此政府没有开发旅游的意思。由于这些村落原本就没有什么耕地，与城市间又有大山阻隔，居住条件极差，采石造成的山体破坏也使得村民不能维持原有的生计模式，年轻劳动力几乎全部流失，三三两两年老的村民照顾留守的孩子或随儿女进城带孩子。因而这些原本是蔡里集范围内的村落已经没有什么人会去赶集了，偶尔可见零星不愿迁走的老人骑着三轮车带着自家的菜来卖，以维持生计。

夹杂在这些村落之中，蔡里集可以说是一个例外。蔡里集处于群山之中的平原，毗邻华家湖，村庄风景优美，气候适宜，耕地的租用使村民每年即使不工作也可以坐享一笔不小的收入，很多人用这笔钱来改善居住环境。近年来，去华家湖自驾游或者烧烤野营逐渐成了淮北市民的新娱乐爱好，许多村民借此机会出租烧烤架、出售新鲜蔬菜或开农家乐餐馆以赚取外快。村中大大小小乡镇企业的兴起、公共设施的修建以及原有土地的开发工程又提供了数量较多的工作岗位，使青壮年村民在家门口就能获得其他村村民外出追求的工作机会。水电网畅通无阻、生活成本低、集市内部的自我升级使村民可以便利地买到生活需要的几乎任何东西。前几年过年回家看外公时，妈妈总会去超市买很多东西，不过近年来逐渐不带了——外公说什么都不缺，集市上啥都有。妈妈刚开始还将信将疑，回去一看，确实是这样。同时由于距城市较近，交通方便，而且空气清新、环境秀丽，前几年在南部曾经的耕地上盖的两层别墅很快被市民和部分村民抢购一空。因此蔡里集虽然不可避免地有外流的人口，但由于自身的优越条件，依然能留住许多原有居民，甚至吸引部分人迁入。蔡里集正在变成一个名副其实的集市——专属于蔡里村的集市。由于交通的便利和商品种类的齐全，蔡里集依然是留下来的附近村民赶集的重要选择。

六、集市的转型：石榴节

前文介绍田野点时提到，淮北曾是一个煤炭资源型城市，但近些年来采掘煤炭成本增加，效益下降，且煤炭资源趋向枯竭。为推动经济转型，淮北市提出"旅游发展"战略。榴园村风景优美，背靠大山，且有悠久的石榴种植传统，因此是淮北市目前重点发展的农村旅游景点。围绕"石榴节"，榴园村附近形成了以石榴贩卖为中心的定期集市。

榴园村从20世纪80年代就开始发展经营果林，大面积种植石榴树。但因为村子闭塞、村容村貌破旧，村民收入低，生产生活条件也较差，导致榴园的石榴一直未能被大众所熟知。为进一步做大做强石榴产业，经市、区石榴专家历时多年选育培育，首批选育出了品质优良的软籽石榴1号、2号、3号品种，于2002年7月通过安徽省林木良种评定委员会审定并在全国推广，使烈山的软籽石榴最早成为全国品牌石榴。2012年12月1日，"塔山石榴"地理标志产品保护技术审查会在北京举行，由专家组开展审查论证后，审查获全票通过。烈山区塔山石榴种植面积达7.6万亩，产量5万吨，人均收入达

5000元。（烈山区人民政府官网）

塔山石榴以"果大皮薄、色泽艳丽、味甜汁多"著称。为打造好"塔山石榴"这块金字招牌，进一步提升其影响力，烈山区至今已在石榴收获的季节成功举办五届石榴花节、石榴王大赛，邀请社会各界人士共度节庆，以节为媒，进一步提升石榴品牌影响力；同时修建了石榴博物馆，大力整治榴园村环境，与邻近的龙脊山等景观一道发展乡村旅游业。依托这些产业建设，榴园村的知名度大幅提高。由于淮北市区休闲娱乐场所（除购物中心、饭店等）较为稀少，且近年来私家车大量普及，直达榴园村的道路也畅通无阻，石榴节举办期间，甚至邻近城市也有大量市民前去观赏石榴花、亲手采摘石榴；双休日以及节假日，也有不少人前去吃农家菜、游玩石榴园。蜂拥而至的游客产生了大量的商机，新型集市在榴园村自发形成。

传统的蔡里集市聚集在新街一处，商品多样，且以邻近的村民为主要客源。而榴园村的集市以向外来游客贩卖石榴为主，地点多位于靠近村口的进村道路两侧，住在村子主干道的村民甚至纷纷在自家门口摆摊。由于气候适宜，笔者在调查中发现，几乎所有有院落的村民家都种有石榴树，对石榴的需求在自家就可以得到满足，多出的果实一般全部赠送邻里亲朋而不会用于出售挣钱。由于石榴过于常见，村民们大多没有"塔山石榴"的品牌情结，因此几乎没有附近村民会特地前来购买石榴。而在村外，"塔山石榴"至少在淮北地区的认可度极高，随着乡村旅游热潮的兴起，许多市民都愿意前来购买正宗的塔山石榴，同时体验亲手采摘与乡村生活的快乐。

七、讨论与反思

（一）调研及报告局限

在对调研结果进行总结分析之前，笔者想先对此次调查的局限性做一个说明。在资料的选取上，笔者没有找到完整的蔡里地方志资料，因此所有的分析都以调研过程中访谈的内容为基础。为追求客观性、尽量减少个人观点的片面性，对每一涉及蔡里集整体的问题，笔者都找了尽可能多的人进行了解，但由于人们对于询问事实情况的回答往往具有个人色彩，以及由记忆的选择性与地方集体的情感色彩偏差，访谈资料不可避免地会存在许多漏洞、失实甚至互相矛盾的地方。对于实在无法求证的部分，笔者选择不将其作为分析材料使用，因而文章中有许多模糊的表述，涉及的方面也相当有限。比如之所以仅对20世纪70年代之后蔡里集的发展历程进行分析，是因为当前集市的主体，即我进行访谈的主体为与笔者父母同代的一批人，他们大多于70年代出生，能够较为清晰地回忆和讲述自己从小至今亲身经历的蔡里集。对于年纪较长的村民的零星访谈，笔者选择将其作为大致的背景资料使用。

在对资料的整理分析过程中，笔者深深感受到了自己专业知识的不足、理论框架的残缺以及思考和表达能力的青涩。由于缺少足够的理论知识基础，加上调研时间短，使笔者不能囊括甚至不能完全呈现我所看到的蔡里集的各个方面，为此只能选择"承袭与变迁"这一外在表现最明显的方面作为立足点进行描述和分析。即使这样，本文也存在着许多漏洞与不完善的地方。

（二）村民参加集市的动机

据村中老人讲述，蔡里集已经有上百年的历史，经历了几番变革而稳定在今天的新街。关于农村商业化的动力，学界一直以来都有许多讨论。由于笔者知识积累和个人思考能力尚浅，在此较少考虑社会大背景与自然环境，仅考虑笔者亲自看到、听到的农民自身因素。在笔者阅读的有限文献里，讨论的结果主要是将农民经商的动机分为谋生存和谋利两类。在访谈中笔者发现，这两类模型大致分别符合集市转型前后蔡里集商贩的动机类型。由于材料有限，不能够确切知道集市发生转型的时间，本文暂根据村中老人的讲述，以1985年即村内外水泥路的基本完善的时间作为这一转型的大致时间节点。下面将从这两个方面来简略分析蔡里集市20世纪70年代以来发展承袭至今的历程。

关于谋生存的理论，黄宗智先生在他的过密型商品化理论中有多段清晰的表述，"商品化也可主要由人口压力推动，由农民的为生存而非为利润所投身的商品交换而推动。……他们这样做是为了在日益加剧的人口压力的土地面积缩减的情况下求生存"①。虽然过密型商品化理论近年来频频被争论，但仍可说明生存因素的考量在农村市场化的前期发展阶段起到了非常重要的作用。夏明方先生指出过生存因素的重要作用。"在高度的生存压力下（人口压力加上缺少生存资源），贫民也会冒高风险卷入市场以追求在最短的时间里获得最大的回报。他认为这才是农村商业化的真正动力。"②

20世纪70年代，农村大部分地区均处于贫困状态，特别是人多地少的皖北地区。蔡里周边村落又三面环山，随人口的增加，能够开垦的耕地面积有限，再加上此时家中孩子的数量一般都非常多（五个孩子是常见情况），在有限的土地上生产能够勉强满足一家人的温饱已经不错，更别说带来什么额外的收益。因此，在农业生产自给自足范围以外的产品就必须通过其他方式得到，对此，他们只能选择出售自家产品。在许多蔡里中年村民的回忆中，小时候随父母赶集都是为了在集市上采购其他需要的东西。最常见的是携带鸡蛋、馒头等去赶集，在集市上卖掉，才能接着用得到的钱购买自己需要的东西。而家在山中村落的农民往往会携带山上采摘的水果或山上放养的家禽，来换取耕地产出的作物。在这个过程中，普通村民其实并没有在交换过程中获得利润，而是通过出售家中不必要的物品来获取自己需要的生活资料的成本。之所以需要消费之前出售所得的货币，是因为家中实际上没有剩余的钱来直接购买需要的商品，即是为了生存，将家中的农副产品商品化是不得已的办法。这是专职商贩稀少的原因（仅包括小卖部、剃头匠、染坊等）——此时的集市更像一个交换场所，而不是追逐利益的平台；这也是在极其贫困的时期集市依然活跃的重要原因。

而至于谋利益的理论，则适用于当下。舒尔茨的理性小农理论认为，为适应市场刺激与机会，农民会寻求最大的利润。为此他们会最有效地利用一切可利用的资源。③据他所言，市场刺激是促使农民经商的最主要条件。

---

① 黄宗智：《中国农村的过密化与现代化：规范认识危机及出路》，上海社会科学院出版社1992年版，第123页。

② 张家炎：《环境、市场与农民选择——清代及民国时期江汉平原的生态关系》，载《中国乡村研究》2005年第0期，第3页。

③ 张家炎：《环境、市场与农民选择——清代及民国时期江汉平原的生态关系》，载《中国乡村研究》2005年第0期，第2页。

在经济发展水平低下时，生存都成问题，加上由于当地农村不发达的信贷体系与不充足的资金储备，村民几乎没有能力去投入任何东西来追逐所谓的利益。

而今，生存已不是问题，村民们有较充足的资金去进行消费，追求生活水平的提升。在这里产生了大量的商机，再加上国家对私人经济的宽容与鼓励、对农村发展的支持和供销社这一当地市场巨头的谢幕，许多有胆识的村民率先走上经商之路，寻求致富之道。这些人深谙农民的需求，加上熟人社会彼此之间的信任和对信誉的重视，摸对方向、诚信经营、口碑良好的商人成功积累了许多财富。村中第一家化肥厂的成功就是一个典型的案例。化肥厂需要大量的投资，据村民的讲述，当年开厂的哥俩本身家境不错，左借右挪，加上从银行置办的贷款，开起了一家小化肥厂。本身借钱在当地农民看来就是大胆的举动，还借这么多，又无盈利的先例，许多村民都持怀疑和观望态度。但由于化肥厂仅此一家，承包当地大面积集体土地的承包商们便就近从这里购买化肥，几年下来化肥厂迅速获取了大量的利润，扩大了厂房面积，这一家还盖起了四层小洋楼，开起了小汽车。眼看这一家的成功致富，其他的人也纷纷涌上，逐渐呈现出近年来的繁荣局面。

（三）传统因素的延续

通过前几个部分的描述，我们可以看到，蔡里集顺应了商品经济的发展潮流，但本身并没有完全被市场化，许多传统的因素在集市之中依然发挥着其影响力，其中最为明显的表现，就是经济活动相当程度上地嵌入社会生活的其他各个方面。

传统观念能够一代代地延续至今，首先在于蔡里村稳定的社会结构。在此笔者引用拉德克利夫·布朗的社会结构定义，即在由制度——社会上已确立的行为规范或模式——规定或支配的关系中，人的不断排列组合。此外，人与人之间的关系是不断变动的，但是社会结构的形式却是相对稳定的。由于蔡里村人口流动幅度较小，且大多流入周边市镇如淮北市、巢湖市，等等；且虽然蔡里村土地大多被收走，由土地承包商进行开发，但村中耕田与居住区历来分开，土地使用权的转移并不妨碍村民聚居在原来的住宅区，邻里关系几乎代代没有多大变化，亲戚也依然常常走动，在漫长的时间中摸熟

的关系依然适用。因此所谓的"熟人社会"在蔡里及周边村落依然存在或部分存在,传统的道德准则以及"熟人社会"对人的约束力在今天也同样适用。

除了政府大力鼓励发展的乡村旅游典范榴园村,蔡里村周围的其他村子可能没有这么幸运,具体的分析见前文论及集市辐射范围的部分。依然前来参加集市的人们大多为蔡里村村民,即使周围村的村民也都是年长者,他们由于千百年来的婚姻纽带而与蔡里村有着或近或远的亲戚关系。这可能是集市上的传统观念没有完全被市场经济的原则所吞噬或被市场经济所掩盖的重要原因,即使对利益的追求成为买卖双方的首要目标,传统的道德经济在当地依然是可行的,并一定程度上限制着对利益的追求。许多事例说明着:在某些特定的情况,村民并不计较利益的得失,反而会由于涉及金钱的话题而显得不好意思。由于当今一代之间的走动可能仅限于关系最亲或距离最近的邻里亲朋,他们之间的关系并不像老一辈那样紧密,熟识的圈子也很小,因此集市上陌生的因素正在逐渐增加,与20世纪七八十年代相比,道德经济起作用的范围明显缩小。或许当集市完全由当今的一代组成时,道德经济便会失去它原有的效力。至于当今村中年轻人的社会关系如何以及为何蔡里村集市能够吸引年轻劳动力留下经营,笔者能力和调查时间有限,未能在这篇报告中给出答案。

八、结语

对于蔡里集市20世纪70年代以来的发展历程与现状,上文已经有了一个大致的描述与分析。蔡里集市之所以能在当今保持着不亚于一枝独秀时的生命力与影响力,在于它同时进行着对传统的承袭与对当今时代变迁的适应。

在不断适应当今形势的过程中,蔡里集的参加者依然在一定程度上受到一些传统因素的影响,主要体现在熟人社会背景下经济活动对于社会生活其他方面的嵌入。大部分卖家在出售货物时,商品定价往往受到与顾客关系的亲密程度以及自身产品的销售情况的影响,商品并没有一个明确的定价,或者一个明确的获利目标,能赚多少赚多少是他们的普遍观点。而对于买家来说，传统的货比三家以及偏好便宜商品的观念依然在很大程度上支配着他们的消费选择。由于货源和消费市场庞大，买卖双方往往都不急于成交，而更愿意等待以自己满意的价格达成交易。在市场上，许多摊主都是双鬓发白的老人家，他们秉持劳动光荣的观念，不愿在家吃儿女的白饭，而更愿意用自己的手赚得自己的生活。受传统道德的影响，占位在今天依然是可行的。一般没有人会去挪动和破坏别人用来占位的东西。同时，舆论的影响也限制着本村人的偷窃行为。

在经济的发展过程中，蔡里集自身也进行了一定的调整。比如在商品的种类方面，从曾经的农副食品遍地开花变为如今的以蔬菜鱼肉为主，并出现了超市和专卖店等新兴场所。在集市的位置选择上，由老街到新街的迁移扩大了集市的规模，使集市能容纳更多的人，推动了集市的进一步发展，但这实际上并没有缓解集市的拥堵状况。在逢集时间上，为了更好地迎合村民的购物需求，在不逢集的日子也出现了不少小贩，形成了年轻一代口中"天天都逢集"的局面。农贸市场没有获得农民的认同，没能改变农民的习惯，而最终无人问津；而超市则大受欢迎。淮北市东外环路和高速路与新街东段入口的连接使蔡里集的商品与商贩来源更为广泛，同时也是东段较西段更为繁华的重要原因之一。交通的便利与农村商品的独特属性吸引了一部分城市居民前来赶集，迎合乡村旅游大潮的具有地方特色的石榴节与随之而生的新型集市也广受附近城市居民欢迎，这导致集市上的买卖双方之间出现了熟人关系之外的纯粹利益关系，这也成为卖方获利的又一重要来源。同时，与城市的紧密联系也是蔡里集蓬勃发展的重要原因之一。曾经蔡里的东端村路作为周边村落通往县城的唯一道路而大大提高了蔡里村的地位，也增加了蔡里村的人流量，推动了集市发展；而当今与濉溪县城和淮北市区乃至徐州的便利联系一定程度上对蔡里集市中新元素的引入起了较大的推动作用，同时也使多元货物的流入成为可能，很大程度上帮助蔡里集市留住了消费需求。

正是由于蔡里集为迎合新形势所作出的积极调整，其才能在当今依旧能满足村民的消费需求，从而维持着往日的繁华。而传统部分的完好保存也使蔡里集保持着自身的特色，使其能够在适应乡村特殊需求的同时也因商品的独特属性吸引着城市消费者，从而在市场大潮中保持着自身的竞争力。

附录

一、蔡里名字的由来（由爷爷讲述）

爷爷：从前有一支农民起义的队伍，路过这个村庄。村里有个姓蔡的毛孩①，没有父亲，家里只有一个母亲，比较贫穷。（他）就去大方寺那边，还有村子旁边的塔山②这些地方去摘野桑葚子。他把采得好的样，红的样③都留下来了。路上他为了躲避这个起义的队伍样④，起义的发现这个人怎么鬼鬼祟祟的，哎，就逮过来问问，结果发现这个人不是奸细，不是间谍，就是在山上采桑葚子孝敬他母亲的。（起义的人）问他为啥要采这些桑葚子，怎么光有红的，那青的就弄哪来去了都⑤，哎，青的叫他自己吃了充饥了，那红的样是孝敬他母亲的。这个姓蔡的就住在山的西边，有个小的菜园子。这起义的农民也都感动，也没抓他当兵，还给他钱，就叫他留在这就孝敬他母亲。于是这菜园子附近的地方就叫作蔡里。老街村头那个老槐树，就是当时农民起义的首领拴马的地方。

我：这个故事是您从别处看到的，听别人说的，还是祖祖辈辈都这么传的？

爷爷：祖祖辈辈，村里面的都知道这个故事。也不知道是汉朝的农民起义，还是朱元璋时候的农民起义，啥也不知道，大家就说这就是蔡里的来历。⑥

---

① 方言，本地一般对辈分比自己小的都称作"孩"，而"毛"指年龄小。
② 均位于村东的山。
③ 方言，"样"泛指同类事物。
④ 方言，"样"意为"……的时候"。
⑤ 方言，意为"都去哪儿了"。
⑥ 笔者推测这是村民中流传的蔡顺的故事，体现了村子重视孝道的观念。

二、塔山石榴园参井的传说（由爷爷讲述）

　　爷爷：那个张果老还是个毛孩子①的时候，他拜咱塔山寺有个妖僧普善为师傅。普善样②，偷东海老龙王的两个仙人参，逃跑了，藏在这石榴园里边，常向路经石榴园挑水的张果老要水喝，一喝半桶。张果老挑水产③挑不满桶，普善就惩罚他，他就也不知道咋回事呀！就明白地给普善讲了，普善暗中用妖术去查，结果是那两个仙人参在偷偷喝水，他就给张果老讲，用那个钢针穿上红线，仙人参搁那来喝水来④，就刺中男仙参的腚帮子⑤，顺着就在那边那个明清石榴园里边挖出了男的仙参，女的仙参逃跑了。普善命令张果老把男仙参煮了给他喝，增加他的法力，张果老闻着香得很，忍不住，就给吃了，煮的汤也喝完了，刷锅的水给寺中的黑毛驴喝了。结果张果老就成神仙了，那个驴样⑥也成了神驴。（张果老）害怕呀，就便骑着驴跑了，又怕那个妖僧撵⑦他，产⑧回头瞅着，就干脆倒着骑，哎，得劲⑨看，就逃跑了，成神仙四处跑了。挖出来男仙参的地方留下来一个缸样大的坑，泉水就流出来，就是那个参井。

　　我：大家都这么说吗？

　　爷爷：哎，我还是个毛孩的时候大家都知道的，后来不说了，就这几年搞旅游之后又开始讲。

---

① 方言，此处应指年轻人。
② 方言，语气词，意为"呢"。
③ 方言音译，意为"总是"。
④ 方言，意为"正在那里喝水的时候"。
⑤ 方言，意为"屁股"。
⑥ 方言，语气词，意为"呢"。
⑦ 方言，意为"追赶"。
⑧ 方言音译，意为"总是"。
⑨ 方言，意为"方便，舒服"。

三、个人感受

　　这是我自己第一次做的比较正式的社会调研。我设计了许多问题，设想了很多情景，但当真正来到集市上还是不知该从何说起。熙熙攘攘的人群都是操着家乡口音的陌生人，再加上原本设想的收支问题较为敏感，在热火朝天的各个摊位之间穿梭，似乎没有人有空或者有兴趣搭理我，我迷茫地在人群间被挤来挤去，机械地观察、记录，第一个上午就这么过去了。

　　下午一点，大部分摊位都收摊走掉了，我还是没有鼓起勇气问出任何问题。站在脏乱的人行道边握着手中精心准备的问题，我觉得本次调研前景一片灰暗，可能取不得任何第一手资料，分析出任何成果。正当我垂头丧气打算离开时，旁边的一位卖菜老奶奶向我搭话："闺女，你不像村里人，也不像来赶集的啊。"我们自然而然地聊了起来。这位就是我在正文劳动光荣中记录访谈内容的老奶奶。

　　那是一段很普通也总是令我有些好笑的平淡开场白——"几年级啦？""中山大学个哪来啊？""人类学？没听说过"……或许我看起来正是她孙辈的年纪，老奶奶对我很亲切。我努力将话题自然地转移向她自身，她似乎也并不反感。自己大清早骑车去卖菜，拉扯大了孙子就被儿子接走，自己一个人生活在尚高村，村里的老伙伴所剩无几，包括一天的微薄收入、仅能果腹的生活循环，奶奶一点点向我道来。听着她的讲述算算辈分，她似乎也和我有一定的血缘关系。问了我外公的名字后，她笑笑说确实。在我看来有些黯淡的生活，她却并不在乎，言语中甚至透露出些许骄傲，为自己的自力更生和一辈子的坚持。

　　可能日后我还会参加更多的调研，读更多的书，可能相比之下，这样的讲述也会显得平淡。确实这只是一个再普通不过的乡村老奶奶一辈子的零星片段，也是调研过程中小小的一个组成部分。如果我不选择人类学专业，不报名参加这次活动，不因为第一天的失败垂头丧气而停留在人行道边，就不会听到她的故事。但她或许只是想找个人聊聊天的行为确实地鼓舞了我，让我觉得像我这样怕生的人也能够鼓起勇气进行访谈，能够将这次调研努力进行下去。之后几天的访谈进行得还算顺利，谢谢这位老奶奶给我的良好开始赋予我的勇气。可能也受这段经历的影响，我将这篇报告的讲述更多地着眼在个人身上,企图通过零星的个人讲述构建出整个集市的面貌。这也在一定程度上启示了我今后努力的方向,并将这份勇气和信心在今后的调研中实践下去。

谢谢人类学能让我走出自己的小圈子,与真实社会中的个人相遇,去发现,去思考,去表达。希望我能以此为起点,有一天能真正看到并写出他者的世界。

乡村儿童的暑假生活

(2019年)

在乡村与城市间陷落

——江西省安福县瓦楼村黄田组儿童暑假生活调查报告

◇ 施雨（社会学与人类学学院2018级本科生）

前　言

　　学了一年人类学，这还是我第一次独立开展田野调查，从地点选定、资料搜集、融入村民、问卷访谈，都由我独自计划安排，并体会到资料获取的困难、初次接触时的隔阂与尴尬、烈日下的疲惫困倦和退缩、语言的阻碍，还有乡村家犬的凶悍。第一次将课堂上的调查方法付诸实践，我体会到的矛盾和无措感远多于成就感。

　　在7月中旬回家以后，我开始着手准备此次调查。由于自己不是村里人，我到瓦楼村做田野时，无法以一个熟人的身份进入，无法全天地参与观察，在最开始对村庄的基本事实也一无所知。幸运的是，瓦楼村中有我儿时的同学，通过他的帮助，我在进入田野时省去了很多麻烦，此外，还有一位在调查过程中几乎都陪伴着我的朋友，她的陪伴给予了我极大的勇气。

　　这次调查由于我的其他活动而没能连贯进行，整个调查被分成了两个阶段，全程历时13天。第一次进入田野是在7月20日至7月25日，历时六天，我依托在村中的同学介绍，到有孩子的人家去，做了些目的性不强的闲谈和参与，主要想和孩子们混熟，获得关于乡村儿童暑假的直观感受；第二次是在8月12日至8月18日，历时七天，我让在7月时见过的孩子带我去找村中其他我还没见过的孩子，想让调查完全覆盖黄田组中的全部儿童。同时，为了更好地保留访谈信息，我在这一阶段采用了问卷辅助访谈的方式，对此，我设计了两份问卷，分别给孩子和家长。问卷在实施中遇到了很多问题，比如九岁以下的孩子都不太会写字，问卷上基本都只写了简单几个字的回答，而家长多是爷爷奶奶，不太识字，所以最终问卷事实上只是作为我的访谈提纲和记录纸而存在。

在调查的每一天里，我分上午、下午和晚上三个时间段，骑车前往瓦楼村，每天白天会深入接触两到三个孩子，晚上就在村里陪孩子们一起玩游戏。有一段时间，我没有把这些活动当成一个调查，而是单纯地和孩子们一起玩耍。乡村孩子的游戏有极大的包容性，各个年龄段的孩子都可以加入（图1）。男孩子们最喜欢玩的是捉人游戏，例如"三个字"、捉迷藏，女孩们则对我的相机很感兴趣，拉着我去拍照。每天上午、下午、傍晚都有孩子在小广场附近等着我来，在他们小小的世界里，这仿佛成了最大的期待。这份在短短几天里建立起来的情感羁绊，使我得以触摸他们难以用语言表达出来的心境，这种心境既关于他们的生活，也关于他们自身。

图1　孩子们在村子的小广场上玩游戏

除了对瓦楼村的孩子进行调查，我还会和父辈们闲聊，问起他们儿时在农村度过的童年。在对比中我恍然觉得，这一代乡村的孩子，就像摇摆的芦苇，他们有足够多的自由时间，却只有有限的活动选项。虽然他们依旧受亲属社会关系力量的拉扯，但可以享有足够的个人空间，也习惯独处。此外，成绩的重要性被家长不断强调，却没有相匹配的环境告诉他们路到底该怎么走。

对于乡村儿童的暑假生活，在这次调查中，我产生的疑惑比找到的答案更多。

一、地点选择与范围界定

瓦楼村位于江西省吉安市安福县浒坑镇南部,距离镇中心约三公里,距离南北走向的安宜公路、南部的泰山乡均约三公里;处于山间平原地带,地形平坦。

瓦楼村下辖八个村民小组,总人口850余人,耕地面积1100余亩,山林面积9600亩。[①]村内无幼儿园或小学,村民将孩子送去浒坑镇或泰山乡上学;村中亦无集市,只有小商铺,村民若需购置日用品或卖农产品,也要去浒坑镇或泰山乡。

第一次正式来到瓦楼村是在一个微雨的下午。村里临路建设了一个小广场(图2),广场东面筑有一面白墙,隔着公路的西边也筑有一面白墙与之对应,墙上绘有彩色山水图,墙中央是一个大大的"福"字。广场中央偏东处设一座凉亭,广场向北延伸,设有一些健身设施和花坛,这个广场是瓦楼村唯一的公共活动场所。广场隔公路的对面,就是大片广阔的农田,细雨中微漾的稻田是一片辽阔的生长着的绿。

图2 瓦楼村的小广场

联系了在村中的同学做我们的向导后,我与一个陪同我调查的朋友一起前往,三人先是骑车沿着公路感受瓦楼村的大致范围。我最早独自沿公路观察时,以为每一个彼此分开、独立成块的聚落都是一个村,后来从村委会的资料中才得知,那些聚落都是村子的"组",由以前的生产队演变而来,每

---

① 数据来源于村委会资料。

一个"组"之间近的相距几百米,远的相距几公里。瓦楼村下辖八个村民小组,分别是新竹山、黄田、江边、凤型脑、石楼、刘田、左家、西家垅,每一组约有50户人家。

其中,西家垅和左家两个组已经位于浒坑镇内,与村中心相距三四公里。凤型脑、石楼和江边并不紧邻公路,而在平原尽头。从公路岔出一条村道,沿村道穿过一大片农田,便看到一座座新农村小别墅拥簇在远山脚下,偶有家犬朝我们大声吠。

黄田组是瓦楼村的中心,是小广场和村委会的所在。绕村子一圈回到黄田后,我们前往村委会,希望能够获得村子的历史资料和相关数据。

那是一座白墙围起来的大院子,有一栋两层高的办公楼,坐东朝西,面向公路,北面围墙外侧贴着"管好用好扶贫款,传递党恩暖民心"的标语和一些零零碎碎的告示单。西墙,即院子的正门,有政策宣传栏和村干部的介绍,详细列出了工作人员和其手机号码,以及政务自办的二维码。办公楼楼顶安置有几个喇叭,会在每天傍晚时分播报天气预报。村民委员会、村支部委员会和村务监督委员会都设在这个大院子里,整个大院被称作瓦楼村党群服务中心(图3)。

图3 瓦楼村党群服务中心

然而那天恰好是周六,大院的大门紧闭,几经周折,我们找到了党群服务中心的办事人员,说明来意后,他欣然同意为我们开门,说:"村里没什么历史资料,村子简介的话办公室墙上贴了,你们进去看看吧。"办公室墙上的简介是宣传所用,内容非常有限,我拍照记录下了一些文字和地图。我起初希望从村委会获得村民户籍信息,想从中整理出村里儿童的总数和年龄

段分布，再以户为单位一个一个进行访谈，不知是不是这种信息不能轻易示人，我询问后也是无果而返。

晚上我被同学家人留下吃饭，他们热情至盛，杀鸡招待。席间询问得知，这个村子有几百年的历史，以吴姓为主，在清朝时期出过很多举人，后来在"文革"期间，祠堂、家谱等历史遗存被摧毁。在20世纪50年代，由于钨矿的开采，才逐渐形成浒坑镇，瓦楼村而后才被纳入浒坑镇的管辖范围中。

从前任村书记那我获得了这个村小组的最新数据：黄田组共有48户人家，户籍人口172人，数据包括外出打工人口，故而黄田组中实际生活的人口应更少。我选择只把瓦楼村的黄田组作为调查地点，一是黄田作为瓦楼村的中心，人口数量在各组中算多；二是恰好中学同学住在黄田，对这一组的各户人家比较熟悉，能够为调查提供助益。同时，我认为这份仅凭个人微薄之力做出的调查，其重点不应放在调查儿童的数量之多上，而在于对每一个个体调查的深入程度上，故未在八个小组都进行普查式的访问。

二、初入田野

7月22日上午，我再次前往瓦楼村，到达时约是9点。

我计划先到村子里有孩子的人家挨个拜访，简要自我介绍、说明来意，并告知之后的几天可能会前来打扰。这样做一是想让村里的大人和孩子知道我的存在，为之后的参与观察和访谈铺设心理预期、减少隔阂，二是想借此统计一下村里孩子的数量和年龄分布情况。

我再次麻烦在村里的同学，凭他的了解，带我前往村里有孩子的家中去，以作为村民熟人的他的同学的身份进入这个村庄。在后续8月份的调查中，我发现这次拜访属实漏掉了很多有孩子的人家，于是后阶段我采用让孩子带我去找孩子的方法，并列出村中孩子名单，询问村民有无遗漏，最终整理出村中儿童的数据。

乡村新建的小别墅多为两三层，样式简单，外墙往往刷有一层明亮的漆或铺一层白瓷砖，二楼的长方形阳台向外突出，或是砖砌的围栏，或是金属栏杆，屋顶铺着红色的瓦。从大门进入，一楼是堂屋（图4），正对大门的墙上挂有过世的父辈的照片，或是占据大半面墙的深蓝色镜子，亦有人家挂的是印刷的大幅水墨画,下方摆设一张小桌,安置杂物,节庆时呈给逝者的贡品也会摆放于此,小桌下方的空档有供奉土地神的文字和香火。堂屋中部会摆设一张方木桌,人口少的家庭则把桌靠墙摆放,用作餐桌。堂屋左右两侧一般各有两个房间,用作储物间和卧室。一楼卧室中多是旧家具,木板床、硬沙发和老式的电视机。堂屋再往里走则为厨房、厕所。乡村多不闭户,一楼为水泥地面,常有人来往。二楼一般需脱鞋进入,铺有瓷砖,是属于家里人(多为年轻一代)的空间,会设置两到三间卧室,堂屋正上方的大空间有的人家空置,安放杂物,有的人家则再设置一个客厅,安置柔软舒适的新沙发。

图4 村民家的堂屋

在上午的拜访中,我首先见到的都是在忙活着的大人,孩子们则在房间中或看电视或玩手机,我向家长说明来意后,家长就大喝一声,把孩子喊来,有的孩子腼腆怕生,站在家长旁边迷惑地看着我,一言不发,也有的孩子热情大方,主动告诉我他暑假的一般活动,欢迎我之后来访。

这一个上午我们拜访了八户人家,有欢迎者,也有冷面以待者。

此前,我注意到在傍晚,小广场上会聚集很多村民,妇女们三五成群地来跳广场舞,男人们和抱小孩的妇人闲坐在凉亭聊天,在家中窝了一天的孩子们则在广场上窜来窜去,玩着游戏。我决定将他们在傍晚聚集在小广场的时刻作为和孩子们打成一片的契机。

在家中吃过晚饭后,我前往商店买了一管泡泡水,骑车与朋友一同前往瓦楼村。到达小广场时天还微亮,出来闲坐的人还不多,广场舞还没开始,想来是乡村的晚饭都普遍要更晚一点。我们一起在广场上舞起泡泡来,凉亭里的大人们向我们投来好奇的目光。大概是村中不常有陌生人前来。白墙旁聚着五个女孩,约莫十一二岁,不时看着我们而不敢前来,其中两个我是上午见过的。

首先凑过来的是一个小女孩(我在后来的调查中得知她叫D[①],在安福县读一年级,假期来瓦楼村的表姐家玩几天),想玩泡泡却又看着陌生的我迟疑不前。我笑着问她要不要玩,她立马说:"要!"她先是对着孔吹泡泡,后来发现挥杆子可以出来更大的泡泡,周围认识她的孩子看到了也过来和她一起玩。孩子和人易熟,不久我们身边就聚集了好几个五六岁的孩子。

渐渐地,广场的凉亭里聚集了许多饭后出来闲坐聊天的村民,有没穿上衣的男人,有抱着婴儿的妇女,还有窜来窜去的孩子(图5)。闲谈之中,他们的目光不时投向我这个外来者。借着他们的好奇,我在凉亭中向村民们简要介绍了自己,说自己就住在附近,是大学生,来完成一项暑假作业:调查乡村儿童的暑假生活,这段时间可能会对他们多有打扰,希望见谅。

"没事没事,我们欢迎你来调查。"

"我家小孩每天在家里就是看电视、玩手机,我还希望你多带他出去玩玩呢。"

"小孩子吗,这里多得是呀,你去和他们玩吧。"

村民们你一句我一句的欢迎,拂去了我心中的顾虑不安和胆怯退缩。

图5 傍晚时分,村民从家里出来,在小广场闲坐

---

① 本文出现的人名均为化名。

跟着孩子一起拿着泡泡在广场上乱跑时,我有意靠近了白墙边那群十二三岁的女孩,她们似乎在玩着什么游戏(图6)。我笑着和她们打招呼,问她们在玩什么,一个上午见过我的孩子告诉我,她们在玩一个叫"三个字"的捉人游戏,我表达了想参与她们的意愿,并询问游戏的具体规则。

图6 晚上在小广场上玩游戏的孩子们

"你来介绍。"

"还是SQ来吧。"

"不要,你来介绍。"

"我弟弟来吧。"

孩子们嬉笑着相互推脱,或许是出于面对陌生人时的羞怯和不知所措。先是由一个六七岁左右的小男孩向我介绍,我被他那种笨拙地说清规则的努力吸引,觉得可爱,忘了认真捋清游戏规则,他讲完一通后,我抱歉地说没听懂,于是又由一个大些的女孩来介绍。我听了很多遍才听懂游戏规则,大致如下:活动范围限定在小广场上,首先用黑白配的方法抽出一个人来当抓人的人,游戏参与者在广场上随意跑动;被抓者快要被抓到时说"三个字",抓人者就不能抓他,同时被抓者也被定在原地等待同伴来救他,被同伴拍一下就可继续活动,每人有三次说"三个字"的机会;抓人者一旦抓到一个人,那人就代替他成为新的抓人者。

清楚了游戏规则后我们迫不及待地开始。我幸运地没有成为抓人者,兴奋地跟着孩子们一起疯跑,那个第一个来找我吹泡泡的女孩总是拉着我的手，跟在我身边跑，还有的孩子抓人时，在我没反应过来的时候提醒我："姐姐你还不跑吗，我是来抓你的哦！"看到我被定在原地，孩子们会迅速地跑来救我。很幸运地，我获得了他们的接纳和喜爱。

玩了大半个小时，累得全身大汗淋漓，孩子们陆陆续续回家去了。告别时我答应明天还给他们带泡泡水，来陪他们玩。

三、访谈和参与观察

在傍晚的小广场用泡泡水和孩子混熟后的第二天起，我前往各家开始深入访谈和参与观察。每天上午去两家，下午去两家，晚上还会到小广场上和孩子们一起玩。在我8月份进行的第二阶段调查中，我设计了两份作为访谈辅助的问卷，一份给孩子，一份给家长。

结合两次调查，我统计出暑假期间在家的瓦楼村黄田组儿童及青少年的总数及年龄分布（图7），儿童共计28人，大多在上幼儿园或小学。年龄稍大些的孩子有的出去读书或打工了，还有些孩子假期被送去父母打工的地方玩，我只能从他们的家人口中得知他们的情况。

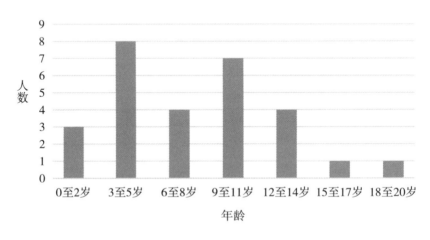

图7　瓦楼村黄田组儿童及青少年年龄分布统计

瓦楼村中没有幼儿园，也没有小学，村里的孩子或是送去浒坑镇，或是送去泰山乡读书，镇上不设高中，孩子要读高中就要去安福县中就读。为了获得更好的教育资源，也有家长在小学就把孩子送到县城读书。

经历约五天的调查以后,我发觉乡村孩子的暑假都过得大同小异,玩手机、看电视、写作业、睡觉、闲坐,没什么惊喜,每一天都过得一模一样。基于此,在此后的篇幅中我将在各个年龄段选取有代表性的孩子为例,对调查结果进行深描。

(一)3~5岁

XF今年五岁半,每次玩游戏被其他孩子嫌太小不会玩时,她都要不满地告诉我她已经五岁半了,马上就满六岁了。

初次见她时,她躲在父母身后,用陌生的眼光瞅着我,眉头微皱,一言不发。我向她父母自我介绍时,她小步跑进房间,抱出一只棕色的大娃娃熊,回到父母身后,用同样的神情看着我,一言不发。

XF家中平常是三人住,XF和她的父母。XF有个在湖南上大学的哥哥,正在温州打暑假工,要挣足下一学年的学费。XF的父母年纪都很大了,务农为生。父亲一早起来就要去田地里忙活,在农闲时就外出打零工,母亲则常年在家打理田地和家务。XF在泰山乡上幼儿园,由于在9月以后出生,暑假过后得上第二年大班。

我第二次前往她家的时候,带去了我小时候的一只白色毛毛熊送给她。她第一次对我露出了笑容,抱着白熊进了她妈妈房间,她和妈妈睡在一起,床上还放着她上次抱出来的棕熊(图8)。玩弄了一会儿后,她抱着两只熊走到另一个房间,房间北侧靠墙摆放着皮已经磨破的旧沙发,南侧安装了一个小屏幕电视,电视后面的墙上贴着许多贴纸和奖状,西侧开有一窗,窗前是一张木质方桌,凌乱地摆放着她的玩具。

图8 XF和她的熊娃娃

　　她打开电视，放着动画片，又把她的雪花片积木拿到沙发上，教我拼凑各种物品，发箍、飞船、风车、花朵。我问她平时会不会出去找别的孩子玩，她说不会，我接着问道为什么，她不语。玩了许久玩具后，她说她刚刚一个人在外面玩，我好奇地问她一个人玩什么，她就拉着我到了小广场上的健身设施那里，一个人玩了起来。

　　在和她母亲的聊天中，我得知她父母一早起床就要开始忙活，父亲在田地里忙农活，母亲在家里忙家务，没有时间管孩子，任XF自己一个人玩。午饭后到下午4点，由于阳光太烈，父母就坐在家里歇着，有时在房间里睡觉，有时在堂屋里闲坐着，XF就在一边自己玩着。她有时在房间里看电视，有时在床上、沙发上或在堂屋里铺着席子玩玩具，有时一个人去健身器材那边玩，有时就搬个凳子坐在门口发呆。每天晚饭后她会跟着父亲一起在小广场上散步或闲坐。

　　第一次在傍晚的小广场见到她时，她就在父亲身边，不和广场上其他聚集的小孩一起玩，她跑到我身边，跟着我，却一言不发。我准备和其他孩子一起玩捉人游戏时，问她要不要玩，男孩子们就说她太小了不会玩，她说："我五岁半了，快满六岁了，我会玩。"

　　在我来了以后，一些小孩子们经常上午、下午和晚上聚集在小广场上，等着我来和他们玩游戏，XF也在其中。她每次都笑得很开心，不似我初见她时脸上的陌生犹疑。

　　我跟着XF一起来到了JX家，JX和XF是幼儿园同学，今年也五岁。

　　和XF不同，JX家里还有一个亲弟弟（三岁）、一个堂弟（一岁）和一个堂哥（11岁），两家联系密切，孩子们也常玩在一起。JX的爷爷、奶奶要早起去山上放羊，父亲在外开货车，回家时间不定，母亲在家务农。

　　一岁的小弟弟天天被人捧在怀里或放在婴儿车里，JX的堂哥JH会承担家里一些简单的农活，而JX和她三岁的弟弟则是家中既不需特别注意、又不用承担家务的自由人，两人经常在家中拿爷爷的手机看动画片，有孩子来找她玩时她就会出去跑跑。漫长的暑假，由于阳光的炙热，她大多数时间都是待在房间里，偶尔被大人带去亲戚家玩，也只不过是在附近的村镇或县里，并不远，也不会玩太久。

（二）6~8岁

MJ今年七岁，在安福县读二年级，假期回家里住。他是我第一天晚上到小广场时，就跑来和我一起玩泡泡的小孩之一，有股不怕生的调皮劲儿，正处在换牙的年龄，每次笑起来都会露出还没长全的门牙，更显调皮。

MJ家中有他、姐姐、爷爷和奶奶四个人。姐姐叫MT，下半年上初一，在浒坑镇上学，爷爷在镇上打零工，有什么事就做什么事，奶奶在家打理田地和家务，时常在菜园里忙活，还要喂鸡、喂猪，清理动物的粪便。父亲在浙江打工，很少回家，母亲在安福县工业园工作，有时周末会回家。MJ在县里读小学，和妈妈一起住在租的房子里，假期就回到瓦楼村来和爷爷奶奶住。

他家的房子听说是刚建好不久的，有一个用砖砌的高墙围起来的大院子，院子里养了三条狗，家里是三层的小洋楼，一楼有堂屋和两间卧室，还有厨房、厕所和储物间，假期里一家四人都睡在一楼，说凉快些。二楼是一间客厅和两间卧室，放置了软沙发和联网的电视，地板上铺了干净的瓷砖，白天时MJ就和姐姐一起在二楼待着。

姐弟俩六七点左右起床，奶奶有时会做好早饭，有时直接去了田里，这时就由姐姐来做早饭，无外乎面条、包子、粥。爷爷奶奶在外忙，MJ就由姐姐管着。上午是用来写作业的，姐姐给他定好每天要写的量，不会写的由姐姐教他，写完作业后他就开始看电视，多是看些动画片，要不就拿姐姐或爷爷的手机玩游戏（图9）。整个漫长的下午，他有时会一直玩游戏，或是一直看电视，累了就中途午睡一会儿，偶尔会一睡就睡一整个下午。

图9　玩游戏的MJ

他兴致勃勃地给我介绍了一款游戏，游戏的画面是由众多的立方块构成的拟真世界，玩家在游戏中操纵一个人物，可以在其中种菜、采集矿石、与敌对生物战斗、创造建筑物、收集工具。我在一旁看着他玩了许久，他乐此不疲，仿佛感觉不到我的存在。

MJ和伙伴们一起玩的时候很少，他大部分时间是和姐姐两个人待在家里，一是白天外面阳光太烈，二是其他的小孩往往也在家玩游戏、看电视不愿出来，想出去玩也凑不齐人。晚饭后，他才会和姐姐一起去小广场上找朋友玩，大家一起玩捉迷藏、"三个字"、"老狼老狼几点钟"，奶奶也会去广场上跳舞，8点半以后，随着人群渐渐散去，他们也回家休息。他告诉我他每天10点之前就会睡觉，而姐姐经常晚上还在床上玩手机。

HP今年八岁，在泰山乡读三年级，是个很机灵、很爱玩的男孩，初次见面时我觉得他有些腼腆，每次我找他聊天他都要拉上他表姐，或是在院子里窜着不愿过来。

家中是他、大他一岁的表姐HM和奶奶三个人一起生活，爷爷在今年年初刚去世，两个孩子的父母都在外地。奶奶务农，今年55岁，却因粗重的农活显得比实际更老。奶奶一个人种着四亩稻田，还要打理山坡上的菜地、喂食禽畜，清晨要赶往镇上去卖菜，太阳没下山的时间里，奶奶都在忙着。晚饭后的广场舞是奶奶一天里唯一的娱乐活动，村里的广场舞是在四年前组织起来的，那时跳的人还不多，奶奶觉得有趣就加入了。在跳完舞后，或没去跳舞的时间里，奶奶就在家闲坐着，或是找不远处的亲戚聊聊天。乡村人没有什么需要急迫地投入一切时间去完成的大事，生活就在农活与闲暇中，不紧不慢地过着，时间的脚步从容不迫。

HP的家是一栋两层的楼房，离公路有一段距离，门前是一个用矮砖墙围起来的院子，正对大门的位置砌了一面方形的白墙。堂屋很空旷，除了必要的家具外没有其他东西，左侧是储物室，右侧是卧室，有一张宽大的木板床，因为二楼太热，一家三人都住在这间卧室里，二楼的几间房间里有几张旧床，几乎空置。楼房的后方是一栋老旧的砖瓦房，是爷爷奶奶以前住的房子。家中很少关门，有人时和没人时都一样，像一座空楼。

奶奶每天天刚亮就起床，而两个孩子却常常很晚才起。听奶奶说，HP经常醒了以后在床上玩手机，也不下床，也不吃饭，每天除了吃饭睡觉写作

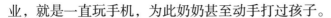

业，就是一直玩手机，为此奶奶甚至动手打过孩子。

我到他家时，他放下了手机，拿着些玩具去屋外乱窜，我便先与他奶奶和表姐交谈，他会不时经过，或从门口向堂屋里看看，表现出不感兴趣的样子，却又掩不住心中的好奇。从零碎的接触中，我感到他是个气质独特的孩子，使他不愿与我交谈的不是腼腆，而是对"认真"的不知所措，对一段坦诚深入交谈的无所适从。

他终于开始说一些经过思考的回答，是在我追着他玩了许久以后，我用轻松戏谑的口吻问了他一些问题。他告诉我他并不喜欢玩手机，整天整天地玩他觉得很无聊，他很想去外面玩，可其他孩子都不愿出去，他一个人也没意思，只好在家玩手机。很少玩手机游戏的他，一般只用手机看看抖音。

他说他很羡慕爷爷奶奶小时候，那时农村的孩子可以爬山、下田，还能去河里游泳，虽然要干很多活，但总比整天待在房间里有趣得多。他有时会和奶奶一起到地里去，偶尔会被田里的小动物吓到，没有玩伴，即使外出也还是索然无味。

"我想出去玩，在家里聊天太无聊了，"他说，"我们出去玩吧。"我欣然接受。在我调查了好几天后，常有孩子上午、下午聚集在村里的小广场上等我来陪他们玩。我们从HP家里出去后，走到小广场，马上就凑来了一大群孩子，一起兴致勃勃地商量要玩什么。乡村的孩子有种奇特活力，不管以前认不认识，都可以一起玩得起来，玩得毫无顾忌。

（三）9～11岁

HM是HP的表姐，九岁，在泰山乡读四年级。是个大大咧咧、情绪外露的女孩，在家时常和奶奶吵架，奶奶总有各种各样的理由教训她，诸如衣服没洗、考试又考倒数。在闲聊中，奶奶向我抱怨HM的成绩很差，每次还会写错自己名字，HM在一旁瞪着奶奶，泪水在眼眶里打转，而后摔门而去，一个人躲在房间里哭。

和弟弟不一样，她没有手机可以玩。起床后她要先洗昨天换下的衣服，不管奶奶如何斥责，她都只洗她自己一个人的衣服。日常的家务她和弟弟两个人都会做，例如扫地、倒垃圾、煮饭之类。平常，弟弟在一楼玩手机，她则待在二楼看电视。她告诉我，她还会去附近的老奶奶家里串门，和她们说

说话。奶奶告诉我，HM最近常常谈起我，说有个外面来的姐姐，在广州读大学，这几天经常来和她们一起玩游戏，她很开心，天天盼着我来。

HM告诉我她没有什么朋友。她性子太倔，常常游戏玩到一半就"莫名其妙"地发脾气走掉。发脾气有时是HM表达喜爱的方式，只是少有人发觉。人的情感是极其相似的，只是表达的方式千差万别，我们常常在方式上误解他人，被方式迷惑，而看不到其核心的实质。

那几天她和XF经常玩在一起，两人一起在村子里疯跑，等着我到来，或是到处找我，这或许是她暑假生活里最有趣的时光。在调查中我常常因为她们而苦恼，在其他孩子家中访谈时，她们经常可以不知通过什么途径找到我的位置，毫无防备地一起窜进来，有时还带着其他好几个孩子，吵着拉我出去玩捉迷藏、丢沙包，所幸在大部分的调查中我有中学时代的朋友一直陪伴，她会出去陪孩子玩，而我留下来继续访谈，诚如她的一句玩笑话："我就是来帮你带孩子的。"

回学校前，我到她家来和她告别，她像往常一样说了些简单的话，跟着我一起造访我之后要去的人家，在我和其他孩子聊天时她悄悄回家了。临走前我发现我的太阳帽不见了，便循着之前的路径去寻找，到HM家时，她就像知道我一定会来一样开心地说："姐姐你的帽子在我这里！"她问我还会不会再来，我说会。

SQ今年十岁，在浒坑镇读五年级。她很活泼，爱笑，当我第一次傍晚去村里的小广场时，在年纪大些的孩子里头，她是第一个愿意主动对着镜头笑的。玩游戏时她总会站在我旁边，煞有其事地告诉我什么时候应该怎么行动。

SQ家中有五人，爷爷、奶奶、母亲和弟弟。父亲在外地打工，爷爷奶奶务农，母亲则在家带弟弟。弟弟是去年出生的，母亲为了带弟弟才回家来住，前几年都在外面打工。SQ家临公路，是一栋三层的小洋房，内部也是和其他人家相似的模样。SQ没有自己的房间，常在一楼和二楼的两个房间之间穿梭，她告诉我，她跟妈妈和弟弟一起睡在二楼的房间里，有时弟弟哭闹把她吵醒了，她就抱着枕头一个人到一楼去睡。一楼的房间内有一张方桌，堆放了她的一些课本，我第一次到她家时，她正准备开始写作业（图10）。

SQ下学期读五年级，妈妈帮她借来了五年级的课本，让她暑假在家好好预习，不允许她用手机和平板电脑，看电视也限制得很严格。她很羡慕朋友MT，因为她有自己的手机，而且还没有妈妈管她。

图10　正在写作业的SQ

7点起床后，SQ的早饭多为粥面，吃完早饭，就开始了一整个白天的看书、写作业时间，母亲每天都给她安排了任务，并检查她的完成情况。有次偶然经过她家，我发现她坐在家门外的小土堆前摆弄砖头，我上前和她打招呼，她说她趁着妈妈睡午觉的时候出来玩玩，但不敢走远。我发现她常常趁着妈妈睡觉或外出的时间偷着玩，还有一次被我发现是她在房间里用平板看电视剧（图11）。活泼如她，想来也受不了整天和课本相伴的沉闷。

图11　SQ用平板看电视剧

晚上是她的自由时间，她会在小广场上和朋友一起玩游戏，或是在家看电视，9点前会上床睡觉。

SQ的母亲很看重孩子的成绩，因为此前的几年都出去打工了，孩子由爷爷奶奶带着，没人管孩子的学习，母亲想趁着在孩子身边的时候，多管管孩子，她说："读书好了以后才有能力养活自己，才不用再回农村来种田。"我告诉她的母亲："其实我小学的时候很少看教科书，反而看课外书比较多。或许你可以帮SQ多买些课外书看看，说不定能提高孩子的阅读兴趣，也能拓展眼界呢。"母亲解释说镇上和乡里都没有书店，并请求我列一个书单，她之后在网上给孩子买。

谈了很久之后，SQ悄悄告诉我，她不喜欢妈妈，和妈妈不亲，很讨厌妈妈什么都要管。在她看来，妈妈仿佛是去年才进入她的生活的。

MH今年11岁，在浒坑镇读六年级，和朋友们一起玩时她总是笑得很开心，而在家却是另一副模样。

她家是一栋三层高的小洋楼，临着公路而建。她和妈妈两个人住，一楼进门是几乎空置的堂屋，其内停了一辆电动车，还有一些晾衣支架，再往里一间是客厅，由于没有阳光直射，温度适宜，母女两人平时都是在客厅坐着。客厅往里走是厨房，有柴火灶，也有天然气灶，从厨房侧门出去是养了鸡鸭的小院子，院子对面是养猪的小屋。二楼是卧室，三楼闲置。MH的妈妈在家务农，爸爸在浙江打工，她有个18岁的哥哥，高中毕业后就出去打工了，这两个月没时间回家。爷爷奶奶健在，也住在瓦楼村，但住在远离公路的一处老房子里，说住那里舒服，不愿搬来。

我先后两次到她家见到的都是相同的景象：MH和妈妈一起坐在一楼的沙发上看电视，电视里播放着一部古装剧。妈妈常常板着脸，没什么表情，对MH非常严厉。对妈妈的命令，MH总是很不耐烦，有妈妈在场时，她就苦着脸不愿说话。

由于家中只有两个人，MH便比同村其他孩子都辛苦一些，要承担很多家务。妈妈5点就起床，去田里忙，忙到7点左右回来叫MH起床，一起吃早饭，前一天如果有剩饭就拿出来，煮一煮变成泡饭，若无则煮面条，每日如此。早饭后，MH开始做家务。先是清扫里里外外的地板，然后把前一天换下的衣服洗了，晾晒在二楼向阳的大空间里。因为家里养了禽畜，她还要喂鸡鸭、煮猪食，鸡鸭成群养在家里的后院，MH只需在厨房侧门内向外撒谷子，鸡鸭就会群聚过来，两只小猪仔养在一间小屋里（图12）。MH将煮好的猪食倒入食槽，就算完成了一上午的工作。彼时她会躺在客厅的沙发上，看一会电视，或是上二楼她的房间去写作业。11点左右去煮饭，等着妈妈回来炒菜。

图12　MH家中的鸡和猪

午饭后至下午3点是太阳最烈的时候，妈妈和MH一起在家歇着，等太阳西斜再去田里忙活。MH会在房间里，或是直接在沙发上睡午觉。妈妈不常午睡，只是坐在客厅沙发上，电视开着，还用手机在看小视频，作为农活之余的消遣。母女俩之间话不多，交流的方式常常是母亲的命令、训斥，和MH的沉默以对。MH和朋友在一起的时间不多，一般只有晚饭后会叫朋友们一起出来在小广场玩，其他时间多是待在家里。

母亲对MH的学习管得很严，会检查她作业的完成情况，每天督促她写作业。到她家的那个下午，母亲当着MH的面向我说了孩子的成绩状况，恨铁不成钢。MH五年级上学期还很优秀，在班级里是中上水平，下学期不知怎么成绩就突然下降，期末考试考了全班倒数。母亲不希望MH也像她哥哥一样，读不了书去外面打工。母亲一方面督促孩子的学习，希望孩子通过读书改变命运，另一方面又训练孩子做着各种家务，说："就算她实在读不好书，会持家也可以嫁个好人家呀。"

MH听着母亲在外人面前贬低自己，气着出了家门，我后来在离此不远的SQ家里找到了她，她正在和朋友一起看剧，我见很多十几岁的孩子都在看这部剧。和朋友在一起的她笑得很开心，好像所有的难过都被割离，羞涩、嬉闹、俏皮，各种稚嫩的情绪都鲜活地跃动在脸上。

（四）12～14岁

MT是MJ的姐姐，今年12岁。MT刚刚小学毕业，下学期是在镇上还是去县里读中学还没有确定。

假期家里有她、弟弟、爷爷和奶奶四个人，爷爷奶奶起得早，五点半就起床，起床后就开始忙活。MT和弟弟7点左右起床，她起床后就准备他们两人的早餐，面条、包子或粥，包子是奶奶之前从外面买来放在冰箱里的，她要吃时拿出来蒸热。上午MT需要做家务，但都是诸如洗衣服、扫地这样的轻活，奶奶不会让她干重活、脏活，她自己也不愿意做。

由于正值小升初，这个暑假她没有作业，在家的任务除了做些家务，就是教弟弟写作业。在其余的空闲时间里，不分上午、下午、晚上，她都在看电视（图13）或玩手机。她有自己的手机，是在外地打工的父亲买给她的，她给我分享她最喜欢的一款手机游戏，游戏还原了动画片的场景，玩家作为老鼠，要逃避猫的追捕，还要在地图中找到奶酪并推进鼠洞里，这个游戏可以多玩家在线同时玩，她告诉我村里很多其他孩子也在玩这个游戏，她们有时约着一起玩，可以玩一整天。玩累了她就会上楼看会儿电视，她喜欢追星。

图13　MT在家中看电视

晚饭后，奶奶会去广场上跳舞，她有时会去小广场上找朋友一起玩，而有时大家都不愿出来玩了，她就待在家里继续看电视、玩手机。10点左右就会睡觉，她告诉我，她有时会在被窝里玩游戏玩到凌晨才睡。

7月，她在安福的表姐和表妹来瓦楼村玩了十几天，那几天家里四个孩子，一起窝在二楼的客厅里，有时玩玩"123木头人"这样简单的多人游戏，有时看电视的看电视、玩手机的玩手机，除了热闹了一些，仿佛也没什么变化。

她有点怕妈妈，她说，因为从小被奶奶养大，和妈妈相处的时间不多，妈妈一回来就总喜欢管着她，限制她玩手机、看电视。一楼的一间卧室里贴了许多MT的奖状，有三好学生的，还有优秀班干部的，她小学时的成绩非常优秀。MT说她初中毕业后想考去吉安师范，读五年，再回来当个小学老师。

HY，12岁，小升初，即将到浒坑镇读初一。是个瘦小的男孩，有些腼腆，一起玩游戏时会露出孩子气的狡黠表情，每次见面，他都穿一件黄色T恤。

他和父母一起住，除此之外，他还有个在南昌打工的哥哥，偶尔才会回家。他家是临着马路的一栋两层小楼，一楼被母亲改造成钢筋作坊，并从外面买进钢材，按照订单的规格和数量用机器加工制作，母亲为了赶订单常常需整天整天地工作，一年下来也有几万的利润。父亲在工地里开挖掘机，早出晚归，没时间顾家。家里的田地承包给别人耕种。

他母亲告诉我，为了让孩子好好读书，家里没有买电脑，也不让HY玩手机，母亲一天到晚都要在一楼做钢筋，没有时间管孩子，只能偶尔朝楼上喊"起床了！""吃饭了！""还在看电视呀！快写作业！"他母亲说，家里平时也没什么活动，她自己晚饭后有时会去广场上跳跳舞，有时也就待在家里，至于带孩子出去玩，有一次，高峰村温泉度假区办美食节的时候带孩子去玩过。

HY家二楼有两间房间和一间客厅，客厅和邻近客厅的一间房间都算是HY的空间。客厅里安放着旧沙发、一台电视和一张方桌，方桌上凌乱地堆放着一些课外习题、文具、杂物，还有一盘跳棋。我第一次到他家时，这里一片混乱，满地的废纸，沙发上、桌子上都乱糟糟地堆着杂物，西面窗户的窗帘坏了，下午阳光会直直地射入房间内。那时他午睡刚醒，准备开始写作业（小升初本没有作业，母亲却给他买了很多练习册让他写）。写作业、看电视，是他暑假生活的惯常选项。

HY家和他的两个大伯家紧邻，两个大伯家里的孩子都和他年龄相仿，没事时会互相串门，傍晚时他们会一起在门前打羽毛球。

我8月份再次造访时，HY的哥哥也从南昌回来了，带回了他的电脑和平板，哥哥在一楼帮着妈妈干活，HY便在二楼和小他一岁的堂弟HZ一起玩游戏，一个人用电脑，一个人用平板，我每次前来看到的都是这幅景象（图14）。他们或许是想趁着有电脑的时候玩个尽兴。

图14　HY和哥哥一起玩游戏

XY，是HY的堂姐，今年13岁，在浒坑镇上初二，两家紧邻。XY是个话少的女孩，但却不怕生。初次见面时她是被爸爸从房间里叫出来的，目光有些疑惑却澄澈坦然。孩子长到十二三岁就开始有自己的小世界了，对于XY我尤其有这样的感觉，她的寡言并不源于内向或冷漠，而是不同世界之间的区隔。

家中只有她和她爸两个人，妈妈在外面做月嫂。她家旁边的一间屋子里有打谷子的机器，稻谷收割后，父亲终日在机器前忙活，两人各做各的事，似乎只在吃饭时会有交集。

XY几乎整天都是在自己的房间里度过的，除了偶尔去隔壁的堂弟、堂姐家串串门。她的房间在一楼的堂屋右侧。书桌看起来像是并不常用，杂物占据了大部分面积，上面还摆放着小学的书本。她只会偶尔写写作业，计划着到快开学了再一起写完。当我让她不用理会我，继续做自己的事的时候，她坐回了床上继续看剧，我后来从她堂哥那得知她是个"追剧狂魔"。

只有我问问题的时候，她才会说话，而且说得不多。我问起她玩手机会玩些什么，她说就是聊天、看剧、打游戏、看小说、看漫画，至于暑假生活的其他活动，她说她有那么一两次去镇上找同学打羽毛球，但不常去，因为大家聊天总会陷入尴尬，她不喜欢。

XY中午不睡午觉，她说，她会放空思绪，一直发呆。晚上她不会去小广场上玩，不会和那些太小的孩子玩。傍晚只是偶尔会在家门口的空地上和堂姐、堂弟打羽毛球。

她谈到她之前每天会去附近的堂姐家，和姐姐一起打游戏，直到前几天去的时候，发现他们一家人都出去旅游了，就没再去过。

从她身上我感觉不到有什么学业的压力，这仿佛不是她生活中的一件大事。她的生活就像从来没有什么大事，只是日复一日地从床上醒来，在床上玩手机，又在床上躺下（图15）。对于她自己的暑假生活，她只给了我两个字——单调。

图15　XY在房间玩手机

RH是XY的堂姐，14岁，在浒坑镇读初三。RH是个开朗直爽的女孩，身材高大，初次见面就聊得很开，彼此开开玩笑，可以毫无顾忌地大笑。

家中是父母加上她和弟弟HZ四人，父母在镇上工作，家里的农田承包给了其他人，父母只会偶尔去打理一下菜田。家里是三层的小楼，有个大院子，围墙高大，养了两条狗，十分凶悍。RH的房间在二楼，陈设简单，房间内摆放着风扇、衣柜、床和一张小小的书桌，书桌上堆放着很多书，她说这些书是妈妈买给她的，多是励志类的书籍。她只是偶尔翻翻，从没有看完过。

作为家里的大女儿，RH承担了一些家务，例如洗衣服、打扫卫生、煮饭，而弟弟要么一天到晚在家玩游戏，要么去朋友家玩游戏。大多数时候，RH的生活和XY差不多，主要是待在房间里，用手机看小说和漫画，玩玩游戏，傍晚时会在门前的空地上和弟弟妹妹们打羽毛球，每日如此。她告诉

我，不久前她和家人一起去亲戚家玩了几天（就是XY说的旅游），在车田村和严田镇分别停留了几天，距家只是半个小时的车程。这是她假期仅有的外出。

RH在班上成绩属于中等偏下，以前会报一些老师开的补习班，现在换了一个她不喜欢的老师，就没再报了。我拿着她的暑假作业翻了翻，发现自己居然还会写几道数学的压轴题，准备骄傲地向她炫技，作业却被她夺走了。她和我说起一些学习上的困难，说英语文章她真的很难看懂，有时候一些数学题不会写就想着算了吧。学习就像一道她永远解不出来的方程，她感到释然，没打算拼命去争些什么。

（五）15～17岁

CQ今年15岁，在安福县读高一。CQ是我在黄田组找到的唯一一个高中生，有些内向，脾性优柔，对我的问题总是用简洁的语句回答，或直接沉默应对。绝无恶意，只是不善言辞。

CQ家中是她、姐姐和母亲三个人住，妈妈务农，爸爸外出打工，爷爷奶奶没有和她们住在一起。姐姐WX比她大五岁，中专师范毕业，在镇上的小学教书。

CQ家在一段缓坡上，有围墙围起来的院子和两层小楼，家里养了两条黑狗，非常凶悍，每当我还在坡下时，两只狗就会跑出院子来冲着我叫。家中布置简单，堂屋是最典型的样子，一楼都安置杂物，二楼是一个客厅、一间卧室和一个闲置间，CQ、姐姐和母亲住在同一间房间，房间内有一张大床和地铺，客厅物件杂乱，俨然一副储物室的模样。

第一次见到CQ时，是在上午10点，她和她姐姐一起坐在堂屋正中的方桌旁，她们刚吃过早饭，各自看着手机。询问后才得知这不是为了等我，而是她们生活的常态。两姐妹八九点才起床，那时母亲早已出去忙活了，姐姐会简单地准备一些早饭，姐妹俩就在堂屋中间的餐桌上吃，吃完后便闲坐着看手机，忽然想起还有事要做时就起身去忙活，CQ有时需要喂喂猪，姐姐则会开车去镇上买些果蔬和日用品。大部分时候，两人闲坐着就可以度过一个上午，甚至一天。

CQ常常会用手机QQ聊天，还会追剧，和村里其他孩子一样，她也喜欢看某部古装剧。CQ要去县里读高中，学校的军训在7月下旬就结束了，我在8月见到她的时候，她说她多了很多事做。军训完后学校发了很多进入高中的预备资料，包括高中必背古诗文，要求学生在假期就熟读多背，还发了几套初高中衔接的卷子，定了一份有模有样的阅读书单。一整个下午她都用于学习这些东西，三番五次地犯困，睡觉的时间比学习的时间更长。

她不会出去和村里的孩子一起玩，只在家里和姐姐待着，或许是性格原因，或许是年龄大些和村里的小孩有点代沟。

我见家里有把二胡，就问起她会拉吗，她告诉我二胡是她姐姐的，姐姐上师范，学得杂，什么都会一点。我问起她为什么不向姐姐学些东西时，她只说没兴趣，乐器、书法、舞蹈，都没兴趣。我和她说起城市孩子的暑假会用来培养各种爱好、特长，她说学那么多好累，她只想要多一点自由。

（六）18～20岁

村里假期在家的这个年龄段的青少年极少。XF的哥哥在读大学，由于家里经济困难，暑假得去工厂打暑假工挣下一学年的学费。MH的哥哥也正值18岁，高中毕业后就外出打工了，很少有时间回家里，他妈妈兴致勃勃地给我看他在抖音发布的小视频，是个笑容明朗的小伙子。

GX在中国农业大学读大二，高中在安福县住校读了三年高中后，他觉得自己每次回家都像在做客一样，到大学更有这样的感觉。由于这个暑假北京大学生的特殊活动，他在7月底就返回了学校，在家的时间极少。他觉得自己和村民的联系越来越少了，村里的趣事他都很少耳闻了。

他家平时是父母和姐姐一起住，他只在假期才回家，父亲在樟庄做村干部，母亲在家务农，姐姐是武功山旅游景点的售票员。他一天大部分的时间也是待在家中，会帮忙做家务，例如择菜什么的。由于暑假有一篇论文要完成，他长期与他的电脑为伴，投入大量时间以抵消干涸的文思。通过观察他的QQ动态，我发现他有时会起得很早，去田埂上散步，每天晚上也会沿着公路走很久。他给自己定了一个小目标，每天的步数一定要上万。假期里，他还约着高中同学，一起爬上了武功山，在山顶搭帐篷过夜，等待着欣赏第二天的日出。

他告诉我，去年暑假，也就是高考完的那个暑假，他和CQ的姐姐WX一

起在村里开了一个补习班，给村里的孩子辅导作业，今年时间短就没开了。

WX今年20岁，初中毕业后入读了五年制的师范学院，现在在浒坑镇小学教书。妈妈在家务农，每天早晨WX会开车到镇上去采购些果蔬和日用品，回来时电饭煲里已煮好粥，便和妹妹一起吃早饭。假期里她整天都是和妹妹待在一起，坐在堂屋或躺在房间里，两人有一搭没一搭地聊聊天，各自玩着各自的手机。我发觉村里年龄大些的孩子都不会在傍晚去小广场，WX和妹妹也是如此。

四、何为陷落

乡村儿童的暑假生活是怎样的，这是整个调查要回答的最核心的问题。在上一部分的内容中，我从调查的20多个孩子中按年龄段挑选出了具有代表性的孩子进行呈现，试图记录下我所看到的真实，其中不免有主观性的描述，但总体是对真实访谈内容的记录。在这一部分中，我试图从自己的视角，对瓦楼村中儿童的暑假生活境况做一些解读。

（一）孩子与家人的交流

村中假期在家的儿童共28人，其中六个孩子目前为留守儿童，由爷爷奶奶带大；13个孩子目前为父母中的一位单独抚养，其中两家是由于母亲刚生了孩子，才从打工的地方回来，多数孩子也都曾有过留守的几年；四个孩子是目前父母都在身边，有的在镇上工作，每天骑摩托车来回，有的则父母都在家务农；还有五个孩子在调查中没有深入接触，情况不太了解。

HM和HP姐弟俩和奶奶一起住，奶奶每天清早起床就去菜地里忙活，早早地赶到镇上去卖菜，卖菜以后继续在田地里忙活，11点才回来准备午饭，中午在家歇坐着，下午不知何时又去田里忙活了。我每次到HM家中，都只有两个孩子在家，HM总是要跑到附近的菜地里到处找奶奶。我问奶奶平时有没有陪孩子的时间，奶奶说："这么大的小孩都自己玩手机，不用陪的。"

XF的父母都在家务农，年纪比较大。由于XF的父母长时间在田地里忙活，我去找XF时常会发现她家空无一人。母亲有时会待在家里做些家务，我碰见过母亲坐在门口的板凳上择菜，XF在旁边的凉席上玩玩具，两人有一搭没一搭地聊着。

XY是和父亲两个人一起住,父亲整天在家旁边的小仓库里加工收到的谷子,我每次去都能看到他的父亲忙碌的身影,XY则一个人待在房间里,有时由于父亲还有农活或XY看剧看得废寝忘食,两人哪怕吃饭时都没有交流。HY也是一样的,他和妈妈一起住,妈妈在楼下的作坊制作钢筋,HY一个人在二楼经营自己的生活。

在孩子们的暑假生活中,大人可以说是一直都在,却也一直缺席的。孩子们从学校"解放"出来,有更多的时间待在家中,而大人的生活轨迹中却从来没有暑假,大人有自己的日常工作,照常下田、照常去卖菜、照常去作坊,孩子一旦能够自己打理生活后,就被从轨迹的中央推到了边缘。大人与孩子之间的活动只有日常的功能性交流——"来吃饭了!""作业写了没有?""快去喂鸡!""怎么还在玩游戏!"在与孩子们的相处中,我发现每个人心中都有细腻的部分,有他们对于自我的看法、对于父母的见解、对生活的感触,而这些,从未在家庭的交流中得以恰当地表达。一般而言,他们日常的交流一旦触及情感,不是悲泣哭诉就是抱怨争吵。

除了缺乏交流,他们的日常活动也非常贫瘠。我所见到的大人与孩子的共同活动,基本上就只有一起看电视,还往往是电视机自顾地播放着,大人在沙发上刷抖音,孩子躺在一旁玩手机游戏。我看到村中有大人们聚集的棋牌场所,村民们会围好几桌,打麻将、打牌。孩子们则没有聚集性活动,只是各自在家消磨时间,或是三三两两地打游戏。仿佛大人们对娱乐生活的考量,是把孩子排除在外的,大人会出去找其他人打牌、闲聊、跳广场舞,却不会在家和孩子一起聊聊天、跳跳舞。

此外,乡村儿童外出活动的缺失也与大人们有关。孩子们往往会有去外面玩的想法,然而,年轻的父母在外打工,年长者们则从未有过旅游的设想,而没有大人的带领,孩子们自己是无法实现外出活动的。幸运的孩子能被接到父母打工的大城市去玩,次之则是去附近村镇里的亲戚家逗留,而大多数孩子,终其整个暑假都留在村中,或者说,都窝在他们的房间里。

(二)电视、手机与电脑

电子产品近十年来迅速席卷了乡村社会,而电视早已是每家的必备品,

手机和平板电脑在孩子之间也极为流行。在外打工的父母大多会给孩子购置一部手机,一是为了方便联系,二是认为使用手机是现代孩子的常态,不愿让孩子落后于时代,再者常常也是孩子吵着闹着想要一个手机,而父母常年不在身边,为了补偿陪伴的亏欠,表达对孩子的爱意,便会满足孩子的要求。

如前文所说,孩子的暑假生活几乎是与家长无关的,是独自在十几平方米的房间里度过的,这些独自一人的漫长时光,多是靠看电视和玩手机消磨过去的。

XY是最典型的了,父亲成天忙着粮食加工,父女俩常常连吃饭都不会一起吃。XY早上八九点从床上起来,扒拉几口早饭,又回到床上去,打开手机开始看剧,我初次去她家时,她在看一部当下大热的古装剧,常常一看就是一个上午,间或用手机玩一会猫抓老鼠之类的游戏,用QQ和朋友聊会儿天。午饭后她是不睡午觉的,只是坐在床上放空心思发会儿呆,拿起手机时又干着和上午同样的事。她几乎从不出门,不太和村里的孩子玩在一起。和XY年龄相仿的孩子,如RH、CQ、MT,生活也都大抵相似,孩子长到初中就开始有自己的一片世界了,比起在现实生活中找朋友一起玩,他们常常更愿意封闭在自己的世界里。

年龄小些的孩子则有些不同,还是向往着真实的游戏、真实的伙伴的,我到村里时,六七岁的孩子们是最愿意和我一起出来玩的,他们有时会在广场上等着我,等我和他们一起玩捉迷藏、丢沙包。八岁的HP常常希望能和小伙伴一起玩捉迷藏,他告诉我:"外面太阳这么热,他们都在家里打游戏,想玩也凑不到人。"对此,他就只好在家或是打开电视看动画片,或是拿爷爷奶奶的手机打游戏。

村里孩子们玩的游戏或追的剧都大多相似,或许是相互推荐的缘故。小男孩们都喜欢玩一款建筑主题的游戏,稍微大些的男孩就会三三两两聚在一起玩对战类的游戏。小女孩们常拿着大人的手机看动画片,大些的女孩会玩猫抓老鼠这类相对简单温和的游戏;至于初高中的女孩,看剧和看动漫就成了手机的主要功能。抖音几乎每个孩子都会刷,但家里最常刷抖音的往往是大人们。

手机构成了孩子们娱乐生活和精神生活的全部,我无法揣测对于这样的消磨方式，他们究竟是觉得有趣还是单调，抑或是时而乐在其中，时而疲惫厌倦。HP明确地告诉我，他觉得每天刷手机的日子很没意思；HY和HZ一起打游戏时完全投入，常常把我晾在一边；XY觉得自己的生活不过是一味地重复，单调无味；MJ向我介绍游戏时兴致勃勃，一旦拿起手机，不管我如何诱惑他都不出去玩。

于孩子们的生活，手机与其说是一种可以选择的消遣，不如说是一座围城，不管他们是兴奋还是厌倦，都会再次回到城中，没有选择，在城里时想出去，在城外时又哭闹着要进来，是无聊时的开解，也是无聊的来源。

（三）未来之路

对于高年级的孩子，我每次都会问起他们对学业的看法，企图触摸在这个信息爆炸的时代里，生于乡村的他们在脑海中描绘的未来图景。

我感知到最多的状态是懈怠和无所谓，他们过着眼前的生活，不去想未来，这种心境甚至算不上是迷茫，迷茫至少是思考过后因可能性和能力限度之间的距离而产生的不知所措，我常常觉得他们甚至未曾有过这样的思考。

HY和MT是小升初的孩子，HY的母亲买了很多课外习题，作为他的假期作业。MT和爷爷奶奶住，而爷爷奶奶对MT假期的学习生活不知如何干预，奶奶曾告诉我说："有时小孩拿着手机和本子，看看手机又写几个字，她说她在查资料，我也不知道她到底在干什么呀。"HY每天一个人待在家里二楼，每天花一个小时写点作业，其余时间就在看电视、玩游戏，MT的生活也大同小异。

HY有个哥哥，25岁，高中毕业后就去南昌打工了，他对人生道路可能性的理解多源自哥哥。他曾经开玩笑说："我以后要是学习不好，就去帮妈妈做钢筋。"HY的母亲在谈话中曾表达过对儿子成绩的担忧："他哥哥小时候更坏，在学校打同学，他（HY）还好一点，成绩也不怎么样，我不是买了很多作业给他做嘛，希望他以后不要像他哥一样。"听HY说以后想在家做钢筋，母亲大笑，连连摇头，说："太苦了，太苦了……"

MT小学时成绩优秀，我向她谈起我初中时的学习方法，希望可以帮助

她，她说：“你太好学了，太吃得苦了，我做不到那么多，只想以后回家里当个小学老师。"

XY和RH正在读初中，成绩在班上属于中等，她们曾无意间向我谈到学习上的一些困难，但一掠而过，没有我高中的同学们谈成绩时的顾虑和焦灼，似乎这并不是她们生活中一个很重大的问题，在她们的假期里，花在学习上的时间也着实不多。在谈话中，我很难在学习成绩对她们的意义和未来的人生设想上和她们深入聊下去，她们只给我只言片语。在县城读高一的CQ亦是如此。

在和孩子们的父母闲聊时，我也会问起他们小时候的教育和人生图景，我得到的答案大多相似。在上一代小时候生活的乡村中，教育的重要性和阶层的流动并不明显，大多孩子出生以后完全以乡村的方式被养大，从小开始干农活，放学回家的路上要砍柴、砍猪草，农忙时期学校会放假让孩子们回家帮忙，有些家庭交不起学费了，孩子也就不再继续上学了。那时的乡村，似乎做农活才是孩子们的主业，而上学只是副业，父辈对孩子们的预期也没有太多的花样，不过是踏实干活，在附近娶个好媳妇，成家育儿，继续在村子里稳定地生活下去。

如今乡村的巨变，在这一代儿童身上足以体现。教育作为社会地位上升的渠道的重要性急剧凸显，与一些孩子自身的漠然相反，父辈们都想把握住教育这一抓手，让孩子"有出息"，将来摆脱农活的辛劳，去城里生活。外出在大城市打工的家长们，对孩子的教育抓得尤其紧，他们用自己的方式督促着孩子的学习，限制手机的使用、买大量课外习题、让孩子在假期预习下学期的课本、买励志书给孩子看。一些在县城打工的家长，或是在县城有亲戚的家长，会尽自己微薄之力把孩子送到县城去接受更好的教育。村里没有补习班，镇上学校的老师在暑假开班的也很少，没有专门的教育补习机构，我想如果教育机构在乡村大量存在，村民们也一定会趋之若鹜。

与此同时，农村耕种形式发生改变，年轻人外出打工，年长者留在农村种田，大量田地承包给企业耕作，老人们在家只种力所能及的几亩田和一些菜地，自家种的稻子也主要供自家吃，卖稻米也不是主要的收入来源，自然也不再让孩子帮着下田。加之受生育政策的影响，孩子数量减少，村民们对孩子的安全更为重视，不愿让孩子去做危险劳累的事。瓦楼村这一代的儿童大多没下过田，所做的农活只局限于喂鸡喂猪，基本不具有独立从事农业活动的能力。与其说城市的生活是这一代孩子所追求的，倒不如说是他们不得不进入的，在乡村度过的童年没有给予他们回到乡村的能力和心境。

十四五岁的年纪，通过网络足以获得大量关于生活与未来之多样的信息，对此，我从他们的言谈中看到的却是凝滞和懈怠，"就这样吧""无所谓啦"，仿佛准备好对今后人生的一切逆来顺受。写下这段文字时，我也反思过自己，我是否是因为自身高校大学生的定位，活在竞争激烈、每个人都在追求实现人生理想的大学环境中，而秉持这样一种预设的前提，即人一定要有上进心，一定要追求某种"有价值"的人生。用这样预设的前提来作为理解他者的基调，我所做的究竟是一种好的解读还是有偏见的诠释？对此，我感到疑惑。

（四）一些矛盾之处

贯穿整个调查过程，我始终感受到一股巨大的不匹配感。

中国的乡村正在经历着方方面面的巨变，与十几年前的乡村相比，当下的乡村在生计方式、房屋格局、家庭结构、生活方式和思想观念等各个方面都产生了或多或少的断裂，处在断裂之中的这一代儿童，成长在传统乡村的文化基因与现代城市的生活方式、思想观念之间，构成他们成长之路的各种要素常常在核心特质上相互矛盾。

在过去的乡村，繁重的农活和家务与个体的生活境况和人生预期相适应，虽然教育资源缺乏，但乡土社会对于儿童的教育期待亦有限，此外，彼时的乡村集体关系强大，公共活动较多，而能够构建个体精神世界的技术产品也尚未发展。在当下的城市，多样的人生道路有多样的产业、多样的教育支撑，个体化的浪潮之中，个性体验能够在技术与社会接纳的层面成为可能。不论是在过去的乡村还是在当下的城市，一切要素的核心特征都近乎一致，价值的指引与事实的条件相匹配。

而在当下的乡村，众多要素之间是不匹配的。孩子们从农活之中解脱出来，人生轨迹不再与土地相捆绑，而空闲时间没有另一个可以归附的稳定目

标，这一切带来的是空洞和无聊；在学校考到好成绩是家庭对他们的期待，但从父辈与村里人身上，他们自小耳濡目染接触到的一切就与文化教育关系不大；手机网络的进入和家庭结构的变化使得孩子们个体化的趋势更为明显，而家庭关系和乡里舆论依旧残留着乡土集体社会的基因。

这些孩子们处在构成他们生活全貌的种种不匹配要素之中，手足无措，仿若想要大踏步往前蹬，却陷在泥淖中不知向何处着力，没有一个要素可以成为他们以一种确定的方式存在的理由与力量。

这是我所感受到的，这是使我沉默的。

五、后记

这篇报告的各个片段在调查时以及调查后的一个多月中零零碎碎地写就。开学后由于其他事务的挤占，报告的撰写被不断拖延，每一次重新打开文档，都是一个重新拾起记忆、重新追溯思维路径的过程，每次敲上一段文字，都是在与不同时空中的自我磨合。在这个过程中，有些感觉和细节在慢慢褪色，有些思路却慢慢清晰。

在独自实践中应该如何应用人类学的研究方法，这是我在调查之初便存在的疑惑。在第一次访谈村里的孩子时，气氛尴尬，纵使我故作轻松语气也不免僵硬，我想是由于正经的问答形式与记录场景导致的。在后来几天的调查中，我尝试把谈话融入和孩子们的游戏过程中，通过真心投入到游戏中，淡化调查的色彩，仅仅是单纯地陪伴他们。在与村民的交谈中，最初他们也充满着陌生与犹疑，我坚持每次在村里见到人都笑着打招呼，不仅询问他们的生活，也分享自己的生活，告诉他们我目前调查所得，以及下一阶段调查想采用的方式。得益于此，我与这个村子慢慢地熟悉起来。

我对乡村不甚了解，有的只是些许文学的想象。调查的过程中从一亩地有多大开始，我一点一点地询问村民有关乡村的一切。最初我与孩子们打交道，从未想到要了解他们的家庭状况，单纯地认为调查儿童的暑假生活只要和孩子们混熟就好。后来渐渐感觉到，在孩子们的暑假生活中，家长扮演着特殊的角色，他们虽不参与孩子们的具体生活细节，却决定了孩子们活动的方向与界限。加之，对孩子们了解越多，越发现留守或单亲的儿童数量之众，以及这样的家庭结构对孩子的生活轨迹影响很大。

由于采用了参与观察的调查方法，我有部分时间用于和孩子们做他们本来就在做的事情，和他们一起看电视、打游戏、安静地坐着刷手机、玩捉人游戏。在这个过程中我脑海里有时会冒出这样的想法：我为什么要在这里看电视、刷手机，干这些没有意义的事情？这些时间里我还不如待在家里好好读几本书，看几部电影或纪录片。我发觉自己对于时间应该如何分配，哪些事情有去做的价值有着既定的观念，对于我应当成为一个怎样的人、应当追求怎样的目标有着明晰的想法，在我的生活中，仿佛每一分每一秒的时间都是有其使命的，相比之下，"时间"在孩子们的头脑中以与我全然不同的含义存在着。这种意义上的区隔，使我无从真正理解在他们的感知中生活呈现的质感。写作的过程被拉得很长，我有时会害怕每一个起心动念都是在偏见中的诠释，害怕写下的字字句句无法给孩子们一个公正的呈现，而面对已往被敲定为白纸黑字的叙述，他们无从为自己辩护。

我与他们真切地交谈过。在阅读者的脑海中，他们只是照片上的色彩与只言片语的描述的混合，而在我的脑海中，他们是立体生动的个人，不是"乡村儿童"一个符号可以完全承载的，他们生命中的期待、恐惧、无奈、嫉妒与全情投入，我都曾真实地触摸过。每一个个体在这一意义上都同等重要，在时代的坐标里乡村儿童的震颤与城市青年的焦虑，别无轻重之差。

在陪伴他们的过程中，我也曾想要给他们的心灵带去一些东西，不希望自己作为他们生命中偶然的插曲，曲终后，他们依旧以一模一样的方式对待一模一样的境况。和他们玩了太久的捉人游戏后，我想过教他们一些不一样的游戏，我想到在大学体育课上老师引导我们玩的一个集体游戏，大家围成一圈再散开打乱，每个人找到并抓住之前左右人的手，这时便形成了一个巨大的闭合结，需要群策群力将其解开。然而我没有做成这件事。我常常情不自禁地想向读中学的孩子们传授学习的经验，劝告小学的孩子们多读些课外书。偶尔能够感知到，自己显示出的这种"过来人"的姿态，恰恰是自己儿时所厌恶的对象。想到这点时，我便不知所措。

在写下这段文字时，我又反复读了很多遍自己写下的这篇报告，我不认为它解答了任何问题，相反，它更像是在给一个巨大的问题做叙述的铺陈，

记录下眼见的最直接的真实和头脑中最朴素的感知,用木心先生的话说,像一个老实人的日记。

很庆幸,自己在漫长的暑假里,花时间认真进行了这场调查,也花时间一字一句写下了这篇报告。我所获得的,比我带给孩子们的更多,于当下乡村儿童之境况,也于人类学,我产生的困惑,比找到的答案更多。

从场域理论中思考乡村儿童的暑假生活

——基于广东省湛江市太平镇的田野调查

◇ 苏丽敏（管理学院2017级本科生）

引　言

在1989年11月20日联合国大会通过的《国际儿童权利公约》中，儿童这一概念被界定为18岁以下的任何人，这和《中华人民共和国未成年人保护法》等法律的定义一致。但医学界是以0～14岁的儿童作为儿科的研究对象，中国的儿童组织少先队的队员年龄也在14岁以下。鉴于太平镇的教育单位也基本是初中及以下，本文采用医学界的定义，将调研范围划定为幼儿园、小学和初中学生的暑假生活，即0～14岁儿童的暑假生活。

皮埃尔·布尔迪厄（Pierre Bourdieu）是社会学界知名人物，场域理论不仅是他提出的社会学理论，也是他从事社会学研究的分析依据。布迪厄认为，场域是一种由社会成员按照特定的逻辑要求共同建设的，有着特定形式的资源和特定规则的场所[①]。不过，场域并不是一种对社会的单纯的空间分割，而是基于人的主观层面，具有一定社会性和文化特征的"图式或网络"，惯习和资本是场域中的两个重要因素。

本文将基于场域理论，将儿童暑假生活划分为教育、家庭和社会交往三种场域，通过对不同场域下儿童暑假生活的描述，力求从较多层面、角度呈现当地儿童的生活现状、精神状况，以微见著，借此反映当地的经济、精

---

① 崔思凝：《惯习、资本与场域：布迪厄实践理论及其对中国公共政策过程研究的启示》，载《湖北社会科学》2017年第9期。

神，以及文化状态。此外，本文着重选取了笔者的两个邻居家庭（代称A家庭和B家庭）作为调研对象，通过参与式观察并辅以访谈的形式，对小镇儿童的暑假生活进行进一步细致、微观的描述。

一、简介

广东省湛江市麻章区太平镇位于雷州半岛，与遂溪县城接壤，西南部与雷州市毗邻。镇辖21个村（居）委会、93个自然村[①]，是一个农业大镇。镇上有一所小学和两所初中以及较多的幼儿园。虽然镇上也有一所高中，但师资力量单薄，并不被当地人看重。当儿童初中毕业后，多数家庭会选择将他们送往县城或者市区就读高中或者职中。

（一）教育场域

教育场域主要描述与学校生活、文化教育等相关的活动，其中包括课外辅导、暑假作业、兴趣班培训等系列活动。太平镇一至六年级的学生都有暑假作业，需要在开学时上交给老师进行检查。一本80来页的《暑假作业》是每个小学生必须完成的作业，包含数学、英语和语文三科的基础知识训练及拓展题型，陪伴着每一个小学生度过暑假时光。除此之外，小学老师依据个人习惯，还会相应布置日记、读书笔记、抄写单词等诸如此类的暑假作业，数量通常在8～15篇之间。不过，由于学校老师对于暑假作业的要求并不严苛，因此儿童们完成的质量参差不齐。据笔者调查，有些儿童会在刚开始放假的几天内集中精力完成暑假作业，有的则会在暑假即将结束时才匆匆忙忙动笔。初中只有少量老师会根据自己的教学情况布置适当的作业。据悉，这里有一部分小学生十分向往初中生活，原因仅仅是为了逃脱暑假作业。

兴趣类培训班最近两年才在当地活跃起来，当地的兴趣班主要教授桑巴、拉丁等舞蹈和跆拳道等兴趣项目，经济条件较好的家庭也开始将孩子送往这类培训机构学习舞蹈、钢琴等。据调查，目前当地有两家兴趣培训机

---

① 《广东省湛江市麻章区太平镇》，见广东省湛江市麻章区太平镇网站（http://www.tcmap.com.cn/guangdong/mazhangqu_taipingzhen.html）（访问时间：2019年08月16日）。

构，对象主要是幼儿园孩童及小学生，也包括部分初中生。总的来说，教育场域逐渐在当地儿童的暑假生活中变得越来越普遍，也越来越重要。

（二）家庭场域

家庭场域，顾名思义就是与家庭生活相关的活动场域。据小范围调查结果，笔者极少发现身边存在父母双方离家打工，将孩子留给老一辈照看的情况，大多数情况是父母选择带着孩子一起外出打工或者父母双方都留在当地工作，再者是父亲在外工作，母亲担任全职家庭主妇或在镇上工作，虽然早出晚归，但终究还是和孩子待在一起。在以上三种情况中，第三种情况在当地最为普遍。镇上的孩童大多白天由老一辈照看，与兄弟姐妹相处，晚上等到父母归家，真正完整的家庭生活才开始。当地崇尚多子多福，极少家庭的孩子是独生子女。因此父母不在时，大多数孩童都是和自己的兄弟姐妹们相互陪伴、玩耍。出于家庭需要，有时家里较为年长的孩子需要承担起照顾弟弟妹妹的责任，他们之间形成一种紧密且强烈的联结。由于当地处于中国大陆南端，暑假期间天气酷热，高温不止，因而大多数孩童白天一般待在家中，通过观看电视、组织室内游戏如"捉迷藏"等打发时间。晚上父母归家，孩童会和父母一起外出，到广场上散步、乘凉。一到晚上，广场中满眼都是父母专门骑摩托车载着自己的孩子来玩耍。广场上两块钱一次的钓鱼、滑梯等平价游戏便成了农村孩子最大的娱乐，而这个广场也促进了父母与孩子共同的感情联结。

（三）社会交往场域

社会交往场域是指除学校以及家庭生活场域外的其余生活交往场域。镇上多数儿童的假期并不是一个人度过的，他们通常都有自己的玩伴。太平镇地方小，几乎每过一条街儿童们都能够找到自己的同学或朋友。除此之外，邻居和自己的兄弟姐妹也是极常见的玩伴组合。儿童的玩伴通常都有一定的年龄划分，一个粗浅的划分是以小学四年级作为界限。四年级以下的儿童成为一批玩伴，四年级到六年级是另一批，而初中则又是完全不同的一批。儿童们聚在一起时乐趣很多，稍大些的男孩子一般都约伴到镇上闲逛，他们在灌木丛里捉蚂蚱，到海边探险，到小伙伴的家里或者在自己的家里打游戏；年

幼些的男孩子则大多在一起玩"枪击"或捉迷藏等集体游戏。QQ、微信聊天等虚拟世界中的社交往来在儿童暑假生活中的占比极少，原因之一是这些孩子大多都没有完全属于自己的手机，也尚未形成对社交媒体的依赖。相较于城市儿童，这里的儿童具有更大的自由空间和更多空闲时间，因为家庭对他们的要求和束缚较少，而且他们能够自主决定、自主行动的空间范围也更宽阔。

当地娱乐场所较少，专门提供给儿童的游乐场所更是寥寥无几。笔者走访了太平镇集市和附近村庄，极少发现休闲娱乐场所，儿童娱乐的地方只能是各大学校内的篮球场、镇上广场的乒乓球场地等。在笔者幼年时，小学校园内设有各式各样的滑梯、秋千等游乐设施，每逢暑假必有一大帮伙伴溜到学校玩耍。但自笔者小学起，校方为儿童安全着想，拆卸了校园内大部分的游乐设施，假期期间也严令禁止外人进入校园。随着当地经济的发展，以往许多长满茂密的野花野草的泥土地也逐渐被征用开发，变成了一栋又一栋高楼，泥地也被铺成了柏油大道。旧的游乐场所在消失，新的设施还未建立，儿童用来打发时间的游戏场所正在逐渐减少。另外，现在的儿童也逐渐和大自然分离，一方面，笔者观察到塑料玩具在儿童游戏中的出现频率大幅增加，以塑料制成的玩具越来越逼真多样，过去的泥土地开始变成一块一块被隔离出来的区域，或者是广场上需要收费的"游乐场"。另一方面，闷热的夏季里，孩子们待在家中用电视、电脑游戏消磨时间的频率也越来越高，在观看动画片或者电视剧中度过假期成了许多儿童的常态。

二、个案调查

A家庭和B家庭均是笔者的邻居，两个家庭均育有四个子女，也都是两个男孩和两个女孩。A家庭最大的孩子读初一，老幺读幼儿园；B家庭最大的孩子读小学四年级，老幺才两岁多。两个家庭的背景相似，父亲以渔业为生，常常在外奔波，数周才能回家一趟，母亲则在镇上的工厂工作，早出晚归，孩子由爷爷奶奶照看。但不一样的是，A家庭原本就住在镇上，四五年前拥有了自建房。B家庭则由于前几年国家对农村小学实行撤校合并政策，为了孩子的读书问题，他们搬离村庄到镇上租房，让孩子就近寄读于镇上的小学。本小节将从教育、家庭、社会交往三个场域对两个家庭儿童的暑假生活进行微观描述。

（一）教育场域下的儿童暑假生活

对这两个家庭的孩童而言，教育场域在他们暑假生活中的占比显得尤为轻微。孩子们今年都没有参加任何的暑假补习，学习任务仅有完成学校安排的暑假作业以及父母安排的练习册。当笔者问及这些孩子暑假作业的完成情况时，孩子们给出的答案相对一致："我已经写完了全部的暑假作业啦"，"我写完了妈妈让我写的作业才出来玩的"，"我妈还给我买了三本计算本，我已经写完两本了"，"他才没有写完暑假作业呢，他今天都没有写作业"，"我写完这个作业，我妈又让我写那个作业"……不过，从他们的表述中不难发觉，他们在暑假期间不仅需要完成学校的暑假作业，还得完成父母给他们安排的"学习任务"。虽然只是简单的几本练习册，任务并不繁重，但侧面反映了在孩子的教育问题上，父母不再全部依赖学校，而是逐渐介入教育场域中，通过购买辅导书、检查孩子作业等方式督促孩子的学习。相较于笔者接受小学教育的年代，当前父母以强制孩子完成定额作业、额外安排作业等方式介入孩子的教育场域中的现象已经越来越普遍。不过，由于父母们精力和文化水平有限，除了为孩子购买额外的辅导书、辅导孩子功课外，笔者尚未发现家庭介入教育场域的更多表现。

在进一步询问下，笔者得知，A家庭也曾在假期将孩子送去镇上的培训机构参加舞蹈培训或课外辅导。舞蹈类的兴趣培训是儿童主动要求，而课外辅导则出于父母意愿。儿童们参加课外辅导的机会并不算多，他们的暑假生活也并没有过多地被暑假作业占用。就笔者观察，教育场域在当地孩童的暑假生活中占比偏少，孩童们多数时候处于一种自由放任、自我消磨时光的状态中，极少受到强制性学习任务的束缚。但总体而言，父母在孩童教育场域的介入程度以及教育场域在孩童暑假生活中的介入程度都呈现出缓慢扩大的趋势。

（二）家庭场域下的儿童暑假生活

1. "缺席"的父母们

对于这里的孩子而言，他们似乎早已习惯了白天没有父母陪伴的日

子。爷爷奶奶或者外公外婆虽然会照顾他们，但主要是照料孩子的三餐，也无法提供过多的陪伴。因为当地老人大多也需要在家做些零活补贴家用，无法花费太多心思在孩子身上。其中，B家庭是由奶奶来帮忙照顾小孩。出于安全考虑，B家庭白天会将小孩锁在家里，不允许他们随意外出。父母买了许多汽车、恐龙、变形金刚等玩具供他们消磨时间。由于兄弟姐妹多且年龄相仿，这些孩子似乎并不会觉得无聊——"我今天和弟弟妹妹一起在家里玩了一天的搭积木，妈妈不让我们下来玩，但是姐姐还是偷偷溜下去了……"对于年幼的孩子而言，花一天的时间在玩具上并不是一件乏味且浪费时间的事情，但稍大一些的儿童则会以看电视或者玩游戏的方式来度过白天的时光。从某种程度上看，他们的暑假生活是与外界相隔绝的。他们没有手机或电脑供他们接触更加广阔的世界，也极少有机会能够同父母一起到外地旅游，同外界建立联系，目光所及即为生活。有一回，看到天空中一闪而过的飞机，孩子们都很兴奋地指着飞机说："飞机飞机，快点带我去我姑姑家……"据说他们的姑姑在河南，但河南对于他们而言是一个遥远而神秘的地方。

2. 晚上的广场演出

对于孩子而言，夜晚降临、父母归家才是真正家庭生活的开始。对于B家庭而言尤甚，父母的归来既意味着他们可以自由地出门玩耍，也意味着可以和父母一起逛商场、买零食，其乐融融。镇上的广场离家不远，每到傍晚，A、B家庭便带着他们的孩子一起逛广场打发时间，或是陪孩子玩碰碰车、钓鱼等游戏，一两块钱就可以消磨掉半个小时，或是和孩子逛商场，带他们一起挑零食。广场上偶尔会有演出，每年暑假七八月份，镇上会邀请雷剧表演团到文化楼演出。那几日便成了孩子们的狂欢时刻，流动的零食铺子、漂亮的烟花、精彩的戏剧表演以及诸多小伙伴都会纷纷出现，热闹程度不亚于过年赶集。父母们在那几日也格外宽容，带他们去逛广场、看戏剧。调研期间，适逢当地的培训机构在广场上举办文艺汇演，A家庭的妈妈才下班，吃过晚饭，便骑电动车载着她的三个孩子赶去观看。妈妈给他们仨都买了点小零食，四人就挤在小小的电动车上，老幺坐在妈妈的怀前，稍大的两个趴在后面。孩子们一般没有零花钱，他们想要吃零食只能逮住这一个大好机会吵着让父母买。

（三）社会交往场域下的儿童暑假生活——这个年代的集体游戏

在这个游乐设施匮乏的地方，孩童消磨时间最好的方式便是开展各式各样的游戏。不过，这些游戏并非现在流行的电子游戏，而是乡间常见的集体游戏。他们的游戏大致可分为三类。一是无实物游戏，以捉迷藏、"枪击战"等为主。这类游戏无须道具，也不分性别，凑几个人在一起就可以随时随地开玩。二是需要借助一些简单道具才能进行的游戏，比如"过家家"。这类游戏一般都带有一定的角色设定，由稍大一些的孩子为其他孩子设定好一定的角色，然后再根据角色进行游戏扮演。就算是搭积木这样简单的游戏，他们往往也能够通过增加场景和情节使整个游戏变得具有可持续性和不可复制性。三是传统意义上的游戏，比如踢皮球、打羽毛球、乒乓球等。A、B家庭的孩子常常结伴玩耍，玩得最多的就是捉迷藏、"枪击战"等这些会消耗大量体能的集体游戏。不过自从A家庭为儿童们购买了皮球和羽毛球后，有段时间这些儿童几乎每天傍晚都会在家门口组队踢皮球，偶尔还会相互争抢地盘和道具。大人们空闲时也会加入他们羽毛球PK战斗中，偶尔赢过大人的儿童显得异常开心。虽然小朋友在游戏中时常会发生争执，但他们很少因为玩耍引起大的摩擦，群体性的游戏特征使小伙伴之间建立起了深厚而纯真的情感。在这个缺乏现代化游乐设施，又距离高考、就业、社会竞争压力看似还很遥远的"真空"里，孩子们尽情享受着童年时光中难得的放纵。

不过，新时代的儿童是伴随着电视和网络电子游戏长大的一代，虽然笔者在调研过程中鲜少感知到互联网对当地儿童的影响，但也很难定论电视和电子游戏对他们的暑假生活没有任何影响。例如笔者发现儿童的日常游戏频繁出现对电视节目各种桥段的模仿，他们的游戏材料也逐步走向商品化，集体游戏时间也或多或少被电视和网络游戏侵占。另外，遍地的柏油路和楼房限制了儿童同大自然接触的机会，如今的儿童游戏已逐渐同大自然分离。

三、总结与思考

（一）外在资本：丰富又"匮乏"的暑假生活

如果说儿童的天性是自由、不受束缚的，那么这里的儿童无疑是幸福的。他们的生活简单而朴素，并没有被过多的学业压力捆绑，无须整日在各类兴趣班、辅导班中奔波，甚至他们还能够十分轻松地找到伙伴，随时随地开始一场集体"冒险"，在泥土里、在巷子里，在许多的玩具中消磨一整天。他们的暑假生活是丰富的，他们拥有很多的伙伴，既有邻居、同学，也包括自己的兄弟姐妹，因此他们极少感觉到孤单。他们富有创意，总是能够想出很多新奇的游戏。这些游戏往往不是个体的独自娱乐，而是群体的嬉闹玩乐，因此孩子们容易融入集体当中，产生出强烈的归属感。而且这些游戏也极其消耗他们的体能，所以也在无形中使他们锻炼出了强健的体魄。

然而，他们的暑假生活也是"匮乏"的。一方面，出于父母对教育的不重视或者受各种条件限制，这些儿童得以有充足的时间花费在其他事情上，但是这一现状也导致这些儿童对自身的学习情况并不在意，他们缺乏主动学习的意识。接受教育对儿童而言只是一个需要完成的任务，并未被赋予更多的意义。他们花费在游戏、电视节目上面的时间已经占满了他们大部分的暑假，他们对自我的定位也被局限在仅有的认知范围，未能发展出更多的兴趣点。另一方面，小镇不仅缺乏书店、公园等休闲场所，就连体育场地、游乐设施也少之又少。镇上仅有的几处篮球场、乒乓球场和空旷的平地总是被年轻人早早占满，无法完全满足儿童游乐消磨时间的需求。书店、公园、电影院等休闲场所要在附近城区才找得到，到镇上需要一个小时左右的车程，儿童平时很难才能和父母一起去。

（二）内在惯习：家庭的作用

导致城乡儿童暑假生活差异的原因颇多，主要可以归结为两点：一是当地一个家庭中的孩子过多，父母的经济负担相对较大。大多数父母为了生计，花费了较多时间在工作上，自然难以分出更多的精力用于对孩子的管教。

二是家庭文化资本欠缺。当地的父母对于孩子的教育问题并没有表现出过多的焦虑，除了经济因素外，家庭文化资本的欠缺也是重要因素。相比上一代，当代年轻的父母对孩童的教育已经有了较大的进步。只是对于父母而言，保证家庭的物质生活才是首要任务，更远的教育问题、社会地位流动等都显得过于遥远而不切实际。在主观上，父母们期盼以教育来改变孩子命运的意愿并不强烈，教育对于他们而言也不过是让孩子未来能获得收入的其中一种途径，而并非唯一途径。因此，父母并不会过多地介入孩子的教育，而是以孩子的自然学习情况为主。

儿童的暑假生活受到宏观和微观环境的影响，整个时代的发展状况、地区的文化习俗会影响孩子的生活方式，个体家庭的经济情况以及家庭模式则会影响孩子的生活质量。整体来看，由于当地的休闲娱乐设施落后以及家庭文化资本欠缺等因素，儿童在暑假里大部分时间是处于一种自由自在的状态。一系列外在及内在条件在一定程度上致使儿童缺乏选择不同暑假生活方式的机会，无法探索和开展出更多元的生活内容和生活方式。对于他们而言，这样无忧无虑、远离高考和就业等社会竞争压力的暑假生活是不是一件好的事情呢？我们不得而知。

四、后记

在接触镇上儿童的时候，我的脑海里总是不断地浮现出自己的童年生活，想到以前一大家子围着电视一起追剧；想到小时候每到夏季，家家户户都会铺一张凉席坐在门口乘凉闲聊；又想到小时候停电的夏天，小伙伴们围在一起讲故事，或者走街串巷到处乱窜到处疯玩。将自己的童年和现在的孩子相比较时，我常常觉得他们就是我们的翻版，同样是一大群小伙伴，同样的闲逛，甚至还玩着同样的游戏，作业也永远只有一点点，只要在开学前赶几天便足矣。

但是我也常常感觉他们和当年的我们不一样。我们的暑假会到湖里钓鱼，爬树捉知了，蹲守草丛边捕蜥蜴，摸黑去小森林网鸟。我们还需要帮家里干很多农活，要待在家里干上好几个小时才能换得一个出门玩耍的机会或是一点零花钱。现在的他们似乎更加被疼惜了，很多地方不能随便去，也

不需要帮家里干活,零花钱貌似也不缺,玩具都可以买现成的,不需要自己动手。虽然也有很多伙伴相伴,但是他们偶尔却也会表现出孤寂、无聊的状态。此外,镇上部分家庭为了孩子求学搬离了他们熟悉的环境,对孩童来说融入新的环境中或许还需要一段时间。

回到家乡后,在这些孩子身上,我仿佛看到了他们的整个人生轨迹。除去天赋较好的孩子,最后在升学竞争中胜出的绝大部分还是那些拥有较多文化资本的人,或者愿意在文化资本上付出更多成本的家庭。很难说社会地位的固化是源于社会经济发展的差异,还是文化观念的延续,或者两者都存在。人的视野被自身的经历和环境束缚后,便很难看到更高的世界。可是儿童还不懂,他们大多本来就是沿着多数人走过的路在走,可能也想不到更远。但我也常常疑惑,到底哪种暑假生活才是儿童应该有的生活?

一方面,我看到了家乡的变化。越来越多的儿童能够有机会参加各种兴趣班,学习钢琴、舞蹈、跆拳道等,开始向城市儿童看齐。但另一方面,我仍然觉得我们处于缓慢的进步和巨大的循环中,即使新的时代已经到来,但教育在这里的地位似乎仍并没有得到足够的提高。事实上,从我的童年到他们的童年,我所看到的总是身边一波一波人的逐渐远离,这种现象源于各种各样的理由,无论是主动还是被动。后来的我们逐渐分离,是因为那些小时候的伙伴都走向了上一代走过的道路,工人的孩子还是工人,渔民的孩子还是渔民,很多时候我感觉到一种无奈。

很难讲我是以一种怎样的心情去看待那些算是我的下一辈的儿童。他们是如何被教育的?他们喜欢什么?他们的生活是怎样的?他们身边的人如何告诉他们关于学习、关于生活、关于未来的事?他们又是如何看待自己的呢?他们给我一个似懂非懂的答案,我也只能带着一种想说却又说不来的领悟,最后转身离开。

互联网背景下，乡村儿童的暑假生活

◇ 安妍（政治与公共事务管理学院2017级本科生）

"今天怎么打游戏又输了？""唉，小学生放假了。"小学生放假了，这不是简单的放假，而是孩子们向成年人游戏世界发起的一次完胜的进攻。

互联网的发展使得孩子们的假期生活越来越数字化，手机不离身，WiFi不能断，城里的孩子们不停参加兴趣班，乡村的儿童则不停地刷短视频。小到一两岁的宝宝，大到十几岁的中小学生，都沉浸在游戏当中，无法自拔。

一、一周的定点观察

本次调研选取了河北省唐山市的一个小村庄（小北柳河村），乡村里儿童在假期会集中在一起玩游戏，当然这些儿童以10～15岁男生为主。为了更好地了解这群沉浸在游戏中的小学生，笔者定期观察了一个他们长期聚集的地点——P同学的家。

清晨，微凉的风透过窗子，太阳还在懒洋洋地上升，只听见"咚咚咚"三声敲门，一声呼喊"小P"。不用猜了，来找小P的第一个小伙伴已经就位了，刚刚好早上6点30分。小P的妈妈打开门，让同学小C进来，寒暄着带他进了屋子，小C知道小P没醒之后，静静地坐在客厅的沙发上等他。小P的母亲轻轻地叫醒他，小P揉揉眼睛，下床洗漱，做好了新一天"战斗"的准备！不一会，又相继来了四个小伙伴，就这样，六人局已经凑成了。

六位小朋友都是小升初的学生，7点30分，六位小朋友坐在了自己专属的位置上，这些位置说来也奇怪，零零散散地散落在整个客厅。仔细一看，便明白了，原来他们都是拿着自己的充电器来的，需要各自找到一个靠近插

头的位置。六个人打同一局游戏，有的先输了，就被其他人嘲笑一下，有时候分开了，还要彼此等等刷新的进度，玩得不亦乐乎。他们明明可以语音打游戏，却偏要坐在一起，嘻嘻哈哈，最终吵醒了房子里睡觉的其他人。

玩游戏的状态维持了一个上午，在中午11点左右，听见门外的一位奶奶提高嗓门喊："小C，回来吃饭，打游戏管饱是不是！"小C没回应，只见他和其他人点点头，然后走出了门。

当天下午还是上午的重演，最终到了傍晚，所有小伙伴都回家吃饭了。我好奇地问小P："打游戏有什么好玩的啊？"小P说："很刺激，你是女生你不会懂的。"接下来的一周，笔者发现，这群小伙伴每天早出晚归，定时定点来打游戏。等大家都走了，小P自己也会玩游戏，除此之外，还会刷短视频以及看游戏直播。

二、什么占据了乡村儿童的假期？

自从互联网走进农村，人们的生活变得丰富多彩，不仅可以和远方的亲人视频谈话，还能在网上买到物美价廉的商品。会用智能产品对于老年人来说是一种新的技能，对于儿童来说，是与同龄人沟通的必备技能。

在本次的调研中，笔者发现，不仅是儿童，作为家长的成年人也被手机控制，一有空闲时间就会打打游戏或者看看视频。甚至他们自己都不知道为什么会发生这样的情况。在定点观察中，我发现了不少家长和小朋友一起玩手机的场景。

乡村儿童的生活习惯极易受到家长的影响，不像城里的孩子们一起定时定点地参加学习辅导班、兴趣班。乡村儿童假期更多时间是待在家中，耳濡目染地学习大人做的事情。在定点观察中，笔者发现很多较为年轻的（大多小于35岁）父亲常常沉迷游戏，他们的孩子（以男孩子为主）多数也喜欢打游戏，而且这样的家庭网络设备齐全，电脑、手机、iPad应有尽有。

三、什么影响着孩子的价值观？

心理学中有一个名为投射心理学的分支，指的是透过绘画观察你的成长

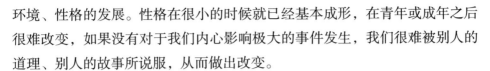

环境、性格的发展。性格在很小的时候就已经基本成形，在青年或成年之后很难改变，如果没有对于我们内心影响极大的事件发生，我们很难被别人的道理、别人的故事所说服，从而做出改变。

价值观塑造是家庭教育从孩子幼年时代就开始的任务。在本次调研中，很多孩子内心理想的职业不再与"90后"相同，成为科学家、宇航员、医生、企业家等等。多数孩子表示自己想成为游戏博主、美妆博主，长大以后去开直播、刷金币，赚很多很多钱。当有13岁的孩子这样和笔者描述他内心的理想时，笔者有点不知所措。当笔者问及他们对于科学家、律师等职业的看法，很多乡村小朋友都说没有什么概念，甚至有天真的小孩子问："法学是去法国学习吗？"

四、家长的做法及原因分析

从儿童的理想职业逐渐探讨到社会地位的流动，话题是否过于大了呢？难道孩子们一直沉浸在网络中，家长不会管吗？

家长是否有相应的措施？笔者也进一步进行了调研。该村常住人口多为老年人，平时都在家带子女的孩子。这种现象在暑假期间表现得尤为突出，城里的孩子也放假了，老人也可以把他们带回来看着。由于看管儿童的多为老年人，这种隔代的关系使得他们打不得、骂不得这些儿童，更多的是提供给他们舒适的假期生活。

问到一位六岁孩子的奶奶，孙子假期一直玩游戏是否会管一管，奶奶总是一脸宠溺："他还小，好不容易放假了，玩玩就玩玩吧。"但当你细问，上学之后他就不会再玩了吗？对此，多数的老人都表示，只要有时间，孩子就会拿起手机/iPad。

老年人对于小孩子玩的游戏并不了解，觉得这些游戏相比于他们出去玩耍也更安全，况且夏天的天气也很热，小孩子出去玩也有生病的风险，倒不如在家玩游戏，而且玩游戏的时候也相对安静，不会给家长找麻烦。

除此之外，笔者也考虑过是否有可以替代游戏而又安全、好玩的活动，询问之后发现，村子里有一个类似看管小朋友的托儿所，儿童假期可以在那学习，会有一些回乡的志愿者教他们学习。但去的多为5~8岁的比较调皮的儿童，年纪更小的家长担心托儿所带不好，年纪大点的觉得无聊，学不到什么东西。这些在托儿所的小朋友多数是家人比较忙，爷爷奶奶年纪大，又是独生子女，自己在家无聊，倒不如聚个团一起学习。但志愿者不一定整个假期都有时间，这在一定程度上导致托儿所提供的服务不具有连续性。村里没有对外的小型书屋、书店，只在村委会有图书馆，但该图书馆也仅仅向村委会内部开放，且书籍集中在政治、经济、新闻等领域，很少有适合儿童的书籍。

五、互联网对儿童心理健康的影响

除了游戏，直播也是小孩子的兴趣所在。直播里的大V、网红，都让这些小孩子兴奋不已，直播中获得的"花朵""火箭"甚至已经成为他们幼小心灵里最为神圣的东西。

洋洋是学校里一名比较安静的女生，她每到节假日就会缠着母亲买化妆品给她，并喜欢将眼眶周围画得五颜六色。询问她原因时，她一脸天真地说："抹在脸上很多人都会看我。"为了在以后的活动里，别人愿意和她一起玩、一起分享故事，把她当成好朋友。她选择了用化妆品来装扮自己。她在一次次看美妆视频后发现，那么多观众点赞和献花，而这正是她想要的感觉。

除了化妆，还有各式各样的人走各式各样的路，仿佛无形中在引领着什么是时尚。

网络媒介使得人与人之间的交流便利了，但同样也让小孩子的心理健康受到了影响，这需要我们静下心来好好思考下一步应该怎么做。

六、互联网背景下，孩子的教育如何引导？

上文中已经提及关于孩子的教育和家长束手无策的问题。对此，村中还是有一些家长采取了签订协议、利用物质激励的方式来抑制互联网对自家孩子发展的"控制"。在很多家长束手无策的同时，也有些家长给孩子定一些"踮起脚就能够到"的目标，如果达到目标，就可以玩手机或者买指定东西。

在一周的定点观察期间，笔者发现签订这类协议的多为年轻的父母，且这些父母长期在外工作，假期把小孩送到家乡来由老一辈看管。因为知道自己的父母肯定对孩子比较宠爱，会让小孩肆无忌惮地玩耍，不会有太多的约束。为了帮助孩子有更好的假期，与孩子达成协议，如果孩子能完成父母规定的目标，就答应他一个条件。

珊珊一直和爷爷奶奶住在一起，是个听话、可爱的小姑娘，她非常喜欢芭比娃娃，幻想着可以凑齐一整套，然后每天给它们换不同的衣服。但马上小学三年级了，她有很多作业需要完成。于是她的母亲告诉她，半个月母亲来检查一次，只要她每天把规定的作业完成一部分，合格就会送她芭比娃娃。这种将目标分解的做法在小孩子身上非常有效，既培养了她尊重承诺的品质，又督促她持之以恒完成事情。最后，珊珊不仅有了一大盒芭比娃娃，还和奶奶学了缝纫的技能，为自己的芭比娃娃团队量身定制衣服。

这种签订协议的方法看起来在恬静的女孩子身上作用比较大，那么对沉迷于网络游戏的男生效果又如何呢？

笔者在观察中发现，相较于女孩子，男孩子更想要的是电子设备或者说在同龄人中更酷炫的玩具。洋洋和宣宣是马上要上二年级的小孩子，他们很喜欢自己一个人看动画片或者打游戏。不过，他们也很喜欢和同龄的小孩子一起做游戏，只是由于彼时暑假天气太热，于是只能在屋子里玩耍，男孩子本就天性好动，觉得在室内玩并不尽兴，反倒不如相约一起打打游戏，也算是活动了"筋骨"。父母为了他们的用眼健康，规定他们只能每半天玩两个小时，其他时间可以看看电视或者找小伙伴一起玩，只要能在规定的时间内放下手机，洋洋就能得到自己一直向往的电子游戏机，宣宣也可以拿到滑板车。于是这对表兄弟俩相互监督，最终都拿到了自己心爱的礼物。

乐乐是一个极其顽固叛逆的小孩子，不喜欢说话，见到熟人也不会主动打招呼，除非是来找他打游戏的同学。假期之前他的成绩使得父亲雷霆大作，小升初的孩子，以往是年级前十的成绩，这次在全镇的综合排名竟然到了末尾。父亲难免脸面上挂不住，于是严厉地对乐乐说："如果我再看见你玩手机，我就揍你！"这种手段在一定程度上抑制了乐乐玩游戏，但是他会在父亲工作时偷偷地玩，并且和爷爷奶奶"合谋"，在父亲问起来的时候，

还有爷爷奶奶打圆场。

七、折射出独生子女的忧愁

即便是在乡村，独生子女的家庭数量增长也比较迅速，慢慢地，很多家庭只有一个，或者最多一大一小两个孩子，大的可能已经成家立业或在外求学，小的刚刚上小学，越来越多的乡村家庭里只有一个小孩子，大家对他们都非常宠爱，但他们在自己的世界里是比较孤独的。

笔者在定点观察的过程中，和小朋友交流，问及为何假期一直打游戏时，他们说："不然去干什么呢？""这个游戏很刺激呀！"在"10后"的眼中，游戏就像是"90后"童年里的小猫小狗，可以陪着他们一起度过无聊、孤独的时光。或许我们在反对互联网一步步影响小孩子的同时，也应该想一想是否有些结构性的原因使得互联网成为儿童世界里不可替代的东西。这听起来好像有些矛盾，但往往真相就在其中。设身处地地去思考、去观察、去检验，我们才能了解到小孩子世界里除了单纯之外的东西——孤独。

为了更好的生活条件，父母离开乡村去外地工作，有的只是去附近市里，有的则是南下去做生意，可能半年乃至一年才会回来一次。笔者"90后"的朋友在翻阅相册时曾经谈起对爷爷奶奶的喜爱，因为在他幼时，父母到江浙一带打拼，半年才回来一次，偶尔朋友哭闹，父母还责备其不懂世事。其实在小孩子的眼里，很多东西他们都觉得不如陪伴重要，但在家长眼中，往往有更长远的打算。但是，笔者希望家长都能够明白，时间是不可逆的，一旦错过了孩子需要陪伴的成长阶段，那么，光阴不再来。

当代社会中，城市和乡村的差异很大，可能只是相差几公里，面貌就截然不同。有的人说，城市中每个人把自己装在衣服里，与周围没有任何联系，而且城市里的孩子多为独生子女，更加孤独。也有的人说，乡村的孩子，有街坊邻居的小孩可以一起玩，自然就不会孤独。但是，城市里的孩子在假期的时候也有各种夏令营、兴趣班，可以和上学的时候一样见到小伙伴，但乡村的孩子一旦放假，很难像上学的时候那样与同学们保持联系。他们假期多数是和自己的家人一起度过。相对于上学生活，假期的生活无疑是孤独的。并且，相比于"90后"当年的暑假生活，"10后"的假期也是乏味的。

很多小孩子在家中只能和爷爷奶奶一起玩,虽然他们也快乐,但是却偶尔觉得缺少陪伴。林林是个长得很壮实的小伙子,自幼和爷爷奶奶生活在一起,也是个可爱热情的小男孩。但是假期或者在放学之余,他都会拿起自己的手机,开始和小伙伴们一起打游戏。他告诉我说,其实他知道打游戏对眼睛不好,但是他不知道除了看手机、玩游戏还能做些什么。爷爷奶奶已经年纪大了,不可能陪他躲猫猫了,而且他自己也大了,想要做个懂事的孩子,就决定自己玩。但是自己玩能玩什么呢,没有兄弟姐妹,也不能打打闹闹,想独自解决孤独最好的办法就是一个人打游戏。不仅如此,更值得注意的是,他其实不是那么喜欢打游戏,但是同龄人之间的交流基本就是你的怪打到第几级了。如果你没有经历过他们口中类似的打游戏的场景,那么你很难和同伴保持联系,会让别人觉得你不是自己人,没有在做同一件事情。假期本来就孤独,偶尔和朋友们开语音打打游戏,也是一件有趣的事情,起码能让他们觉得,我们之间是有联络的,并且都在为摧毁对手的水晶而努力,这样就不会觉得放了个假,大家都变化很大。而且也能让林林找到适合自己一个人解决无聊的方法……

八、总结

上文中,笔者对于互联网给乡村孩子们假期带来的影响(多倾向于负面影响)结合定点观察展开了论述,不难发现,互联网在乡村孩子的世界里是非常重要的,但是孩子们对于其的运用并不是很得心应手。互联网背景下,其实有很多可以用于学习、做运动的App,帮助孩子更健康地成长。互联网也可以帮助学生了解全国乃至世界发生的各种事情,开拓视野,寻找自己喜欢的书籍,不断提升自己。但是,互联网对于乡村儿童来说,更多的只是提供了一个供他们游戏娱乐、打发时间的平台。

但这些影响,也不全是孩子的问题。家长忙于工作,采取仅以结果为导向、不关注过程的教育方式,使得孩子被认可、被肯定的情况很少。

除此之外,由于没有可替代的教育、娱乐场所,老年家长不得不利用电子产品将孩子束缚在家中,防止其出现任何意外。若有固定的场所,孩子们

便可集中学习，既可摆脱电子产品，又可以和小伙伴一同快乐地学习。

再者，在农村也是独生子女偏多，家庭中父母出门打工供养孩子，但没有兄弟姐妹可以陪伴他们，与他们共同成长，使得他们在只有爷爷奶奶照料的情况之下，不得不寻找能自己解决无聊的方式。

此外，在当代社会，供养孩子的负担越来越重，乡村的父母多数不敢再要"二胎"。养一个小孩，加上房贷、车贷，已经让他们非常吃力，更不要说再来一个了。当下父母出远门工作，常年不回家，其实多数也是想给孩子一个舒适的教育环境和成长环境。这个出发点无可厚非，但是从心理学上来说，孩子的童年时代是形成价值观和性格的重要时期。我们不难想象孩子们在这段关键的时间缺乏了父母的陪伴和正确引导会出现什么问题，或者说，父母们艰难地打拼，但如果孩子本身的素质没有办法提高，父母所付出的努力又有什么意义呢？对于一个儿童来说，人生的第一步，是要有正确的、积极的价值观，这样才能更好地拥抱未来的世界，去欣赏沿途的风景，去遇见更加优秀的人。

对于父母来说，很多长远的计划需要一步步去实现，有舍有得，在获取金钱、人脉、权势或与陪伴孩子的选择中，总有难以抉择的时刻。在笔者心里，很多东西可以一步步争取，但时光只会随着人生慢慢减少，且永不再回，希望所有可爱的乡村小孩子都可以拥有一个美丽的童年，希望你们放下眼前的手机，偶尔离开那些小怪兽，别再去纠结敌军几秒钟到达战场，去看看你们周围的一切，原来天空会有彩虹的，原来傍晚的云是红色的，原来这个世界和你们都如此美丽。

乡村儿童的暑假生活

◇ 张延（海洋科学2018级本科生）

总　　述

我的家乡在云南省一个偏远的农村，云南省本身就是一个以农业发展为主体的省份，由于经济不够发达，许多的年轻劳动者远走他乡，寻找新的发展机会。但家乡的田地也是不可荒废的，因为一旦荒废来年的开垦会特别辛苦，并且由于杂草的生长也会导致来年的庄稼生长不好，所以哪怕是常年在外省打工的人，家里的田地一般都会种植上一定的农作物，这样不仅能抑制野草的生长，也能带来一定的收益，这些农田的工作重担基本上都落在了老人与孩子的身上。暑假来临时，也是劳动力需要最多的时候，不同年龄段的孩子所承担起的劳动工作其实没有太大的差别，当你有力气的时候你就可以背起背篓上山或者是到地里割猪草，当你还小时你可以帮助爷爷奶奶看管一下牛羊。

第一个故事：人生的路上似乎没有过彩虹，但我还是要努力坚强

第一位主人公背景介绍：

小爱（化名）现在14岁，正在上初中，家住在云南省曲靖市宣威市海岱镇，家里还有一个弟弟，正在上初中。父亲在她10岁左右时，由于煤矿洞坍塌而丧失了生命……

在农村有这样一句话："穷苦家的孩子早当家。"而失去父亲保护羽翼

的小爱便成了整个家庭的顶梁柱,让家庭在缺少父亲的情况下,仍然在一步一步慢慢地走着。

第一次到她家时,我便被眼前的景象所震惊,那是在一条山路尽头的一栋由茅草和木材搭建的屋子,总共就只有三间屋子,并且都是平房。走进屋子后,我发现屋内有四张木制的凳子,一张大概有一平方米大小的桌子,以及灶台,此外就没什么特别大件的物品了。虽然墙壁因长年被灶台熏烤已经变得比较黑了,但屋内其他地方的干净与整洁让人十分的舒适,有一种回家的熟悉感。当要做晚饭时,妈妈叫小爱去地里摘一些青菜回来,小爱走了好长一段山路后,才到菜地,那是一片绿油油的菜地,虽然由于距离比较远,种植会比较辛苦,但这边的阳光、雨水相比家附近来说会好一点,蔬菜的长势也会更好一些。那里的菜都是小爱自己种的,每天浇水,看着它们一天天长大,看着她的笑脸,我心中却是涩涩的,希望温暖的阳光能在未来的某一天照亮她生活的每一个角落。图1为小爱的家。

图1 小爱的家,处在山中

晚饭时,桌上有青菜、鸡蛋、土豆,小爱妈妈的手艺很好,我们都吃得很满足。晚上,家里比较安静,没有电视,只有一个发出昏黄灯光的灯泡,伴着明月以及周围的点点群星,一家人围坐在火旁讲述今天发生的一切与明天应该做的事情。

第二天清晨7:00,小爱和弟弟起床了,之后小爱独自拿起了锄头、背起了背篓上山了,说自己得要去给一块地除草,弟弟得把家里的牛羊喂得饱饱的。因为妈妈得了肺癌,发现得早得到了治疗,刚做了手术,但从此家里的重体力劳动根本做不了什么,所以家里的所有农业劳动都落到了小爱的身上。由于家里距离学校比较远，所以姐弟俩开学后有一段时间都得待在学校，因此地里长时间没打理，地梗上、地里到处都是杂草。这段时间是庄稼生长的好时间，如果不把杂草除去，错过了这段时间的话，当要施肥时，施下的肥根本发挥不了作用，今年的收成也会很少，而家里的大部分经济收入还要靠它来维持，所以除草也成为小爱近期最重要的工作。烈日当头，小爱坐在树荫下休息了一会儿，此时汗水顺着脸颊流了下来，都打湿了小爱的领口，她看着太阳差不多已经移到中午的位置，便拿出了今天早上从家里带出来的米饭，配着土豆开始吃了起来。在玉米地里，努力除草的小爱，正靠自己的力量努力挥动着锄头，在小小的身体里迸发出无穷的力量。当太阳逐渐向西移动时，小爱逐渐收拾起了农具，开始挥动镰刀割起了田埂上的青草，她说："这是她每天必做的事情，家里的牛、羊、猪都要大量的草料，所以弟弟与自己每天都得去割好几背篓才够一天的量，而割完后，从地里回来又需要走较长的山路，这一程比较辛苦，很多时候一不小心就会跌倒，有一次弟弟背的东西太重了，在下山的时候，一不小心磕到头，还见了血，后来就不太让他去干重一点的活了。"伴随着小爱的故事，我们在夕阳的陪伴下，回到了家中，弟弟早已放牛回来，喂得饱饱的牛此时还在牛棚中咀嚼着青草，下巴似乎在做着半圆周运动，左半圈，右半圈……

弟弟把割好的草放在院子里，已开始帮妈妈做饭，小爱看到他们还在做饭中，便开始在旁边将割回来的草剁碎，说要做明天早上的猪食，她说这些猪食要拌大量的猪草，是因为家里每年的粮食并不够四头猪和鸡、鸭、牛、羊等吃到第二年的秋收季节，所以没办法只有找来大量的猪草拌着，而这段时间也是猪草生长的好季节，所以还不算特别辛苦，等到冬天，大量的植物枯死的时候，想要再快速地找来一背篓猪草时，会比较麻烦，所以冬天只能选择性地卖掉或者杀掉一部分的牲口。

小爱还没有剁完所有的猪草，妈妈便叫我们吃饭了，一样的菜在桌上出现了，这样简单而努力地生活也挺好的。当夜幕降临时，妈妈由于身体原因，早早睡觉去了，小爱在灶台边熬制明天的猪食，弟弟在为灶台加柴火，姐弟俩边说边笑，姐姐在为弟弟讲述自己所看到的外面世界的精彩，弟弟在想象未来自己所能够遇见的精彩，当猪食熬制完后，姐弟俩也就去睡觉了，虽然现在才21：30左右。小爱说："当你觉得十分辛苦时，就找一些事情去

填补这些胡思乱想的时间,比如忙碌、睡觉,当你真正进入某种状态时,你每一天会过得非常的快乐。生命中有很多正向时刻,也有许多负向时刻,一个人快乐的秘诀,便是要抓住正向的时刻,使它更加充盈……有人在对我们深深地微笑;乡间道上的油菜花开了;炎热的夏天午后突然来了一阵雨与凉风;一对蝴蝶忽然飞过窗边……每天,抓住一些正向的时光,便有好心情走向明天;当时时有正向的时刻,生命便无限美好,日日是好日,处处莲花开。每次回家或许会比较累,但有弟弟与妈妈在身边我就不再觉得那么孤单与害怕了,认为一切都会很好地解决了,辛苦一点也会有更好的未来,先苦后甜吧。"

第三天下雨了,这一天的天气似乎是在照顾小爱,让她可以休息一下,但小爱的眼里却是满满的担忧,今天的牛会没有草,地里的草除不干净,后期的施肥工作没法继续进行,将会耽搁一大堆的工作。在下雨天的小爱,还得去大姨家拿一点干稻草来搭建牛棚,牛棚开始漏雨了,还有就是菜地已经空出一块地方了,小爱得把它种上一些时令的蔬菜,以便于之后有蔬菜可以吃。

暑期对于小爱来说,是忙碌的,只有在夜深人静的时候,小爱才能拿出暑期作业开始慢慢思考。对于读书为什么那么重要,在她的心里还有另外一种解读:虽然现在自己可以到外面打工,但爸爸曾经说过一定要让家里出一位大学生,不管日子会过得多么清苦与艰难,在他们的心中只有读书才是改变命运的唯一途径,自己现在能够做到的只有读书。暑假期间长达一个半月的家中的重担与学习的压力在这个小女孩的身上都被她转化成为奋斗的动力,在时光中书写自己的故事。这样的孩子在云南并不少见,甚至可以说在某一片地区这样的现象是很普遍的情况。

第二个故事:农村的暑期生活可以多彩一些

第二位主人公背景介绍:

第二位主人公小明(化名)11岁,正在上小学。家住曲靖市宣威市乐丰乡,母亲是一位司机,常年接送村民去赶集,父亲是一位农民,家里有一位上学的哥哥。由于母亲常年在外面开车,可以比较方便地从城市将货物转运到农村，还可以将农村的物品拉到集市或者是城市里面的销售点，所以家里开着一个小杂货店作为买卖货物的地方。由于家里开着杂货店，小明的生活中会出现各种各样的朋友，也能结识更多的人，性格比较开朗与活泼。

在农村逐渐发展的背景下，本地父母的教育意识比几年之前更加强烈，对孩子的期望也会更高，这一代的父母思想也相对开放一些，眼光与视野更加高远，他们开始培养孩子的兴趣，让孩子接触外界的方式也变得更多。

暑假是小明最期待的，因为爸爸妈妈会把他送到外婆家，那里是他从小长大的地方，在农村这样的现象比较常见。在云南，大多数农村孩子都是留守儿童，父母大多都会外出打工，而其中大部分父母都是出省打工，一般一年回来一次，只是为了过年而回来，因此孩子小的时候大多都会放在外婆外公家或者是爷爷奶奶家，因为孩子还小，对于较多的父母来说，此时虽然是该教育孩子的时间，但为了孩子未来的发展以及家庭的经济收入，还是会选择出门打工。

小明来到了外婆家，他觉得环境并不陌生，因为这边的小朋友都认识，虽然外婆家的条件会比家里差很多，但外婆比较疼自己，不像妈妈一样会管这管那的，所以相对之下是比较轻松的。

外婆家以前有一个鱼塘，曾以此为生。近些年来，因为外婆外公年纪渐渐变大，劳动能力也不是特别强了，所以将鱼塘租了出去，自己再在其中谋一份差事。所以，这个假期小明还是可以跟着外公外婆到鱼塘玩的，外公外婆主要的任务是孕养小鱼苗，因为外公外婆有好多年的养鱼经验了，所以现在的老板希望外公外婆能够帮助他。因为设施简陋，他们在鱼塘的主要工作就是对小鱼苗进行定期的捕捞与观察，以及换水、冲洗鱼池，因为这些鱼种有一部分来自外省，可能会比较麻烦，外公有时候夜间也得在这边守着，所以小明就成为在夜间陪伴外公的人。云南是一个多民族省份，许多民族都能歌善舞，外公也有一技之长，他有一把二胡，据说是外曾祖父留给外公的，外公会在炎热的夏季里，拉起他的二胡，唱起那些老歌，这绝对是小明在整个夏季陪伴外公最大的乐趣。

暑假的时间，正是雨水与炎热相互搏斗的时节，也是我们在山上奔跑的好季节，由于云南地理位置的特殊性，绝大多数地区都有大量的蘑菇可采摘，并且这些蘑菇很多都是可食用的，当地人只要在上山采蘑菇时，稍加辨

识，便可得到较为美味的野生蘑菇。这一项有趣的活动成了小明在假期必不可少的活动，因为蘑菇对温度与湿度的要求较高，所以蘑菇生长最旺盛的季节也就是暑假期间。但暑假的前段时间小明一般是不太能上山的，因为外婆与外公会严厉看守。据老人们所说，初次长出来的蘑菇是不能吃的，因为会有大量的毒素，要等到第一次的蘑菇全部都败光，下过一次雨后，才能上山去。所以这段时间即使小明心心念念想上山玩耍，也要等到雨水来后，外公才会在夜里叫醒小明带他上山。熟悉蘑菇生长特性的老人都知道，其实蘑菇的生长是有规律可循的，只要你不破坏它的生长环境，它会重复生长在一片区域，当你踩好时间点过去，可能就会收获一背篓的蘑菇。这便是一年以来最有口福的时刻了。

同样在农村，许多人家会在自家周围种植较多的果树，比如青苹果树、梨树、桃树、李子树等容易生存的树种。外公外婆看到树上的果实有一部分成熟时，便会叫小明去摘来，一部分自己吃，也会将一部分分给邻居。

回外公外婆家的村里一转，肯定少不了与小伙伴的聚餐时间，在农村的聚餐可不是在什么餐馆，也不是什么KTV之类的，而是在一片草坪上用柴烤土豆与蘑菇之类的食物，还有一些各家带来的水果，另外有一些同学家里种植了向日葵，那些向日葵所长出的瓜子可是孩子们的最爱！在大家吃完土豆后，游戏便开始了，打打闹闹、追逐嬉戏才是这次小型聚会最激动人心的环节，虽然会玩得灰头土脸的，但大家都乐此不疲。

很多夫妻在孩子出生后，都会去外省打工。近几年来，家里一般是这样的模式：大的孩子照顾小的孩子。慢慢地孩子都差不多到了该上学的时候了，大部分父母会考虑，是让妈妈回来带着孩子读书，还是继续将孩子们放在外公外婆家或者是爷爷奶奶家成长，由于各种条件的限制，大多数的孩子就会以小明的模式过完自己整个假期，直至暑假结束。因为学校较远，来来回回上学并不方便，开学后大多数孩子都会住学校，放假后又继续上面的模式。

第三个故事：努力，努力呀！

第三位主人公背景介绍：

第三个主人公小米（化名）十岁，正在上小学。十多年前，由于当地发展了水力发电，居民便开始了搬迁，来到了同镇区的另外一个地方。他的妈妈在附近的砖厂上夜班，一般是晚上7—11点，爸爸在外省打工，他们家还有一个在外省上大学的姐姐，爸爸与姐姐一般都是半年回家一趟，一般爸爸回家都是在农忙的暑假，回家来烤烟，等到农忙结束后爸爸又会去外地打工，姐姐一般是暑假与寒假回家，所以在暑假的时候，一般一家人都会在一起。

当暑假开始时，距离家里开始烤烟还有半个月左右，爸爸和姐姐还没有回来，家里就只有妈妈和小米。在这半个月里，妈妈会为烤烟做一些准备，小助手小米也上线了，趁着今天天气不是那么好，小米和妈妈要去附近的煤场去买煤，因为爸爸回来就要开始大规模地烤烟了。虽然近几年烤房（专门烤烟的地方）都被改造为用电烤制，但烤房的内部还得加入一定量的煤炭进行保温，这是比较重要的一项工作。此外，还有一些琐碎的事情，比如说清理去年的烤房，检查今年所需要的烤烟杆上的线是否完好之类的工作。还有一部分就是帮助妈妈喂养家里的猪、羊、牛、鸡等。小米因为在去大伯家的时候，觉得那只小羊羔很可爱，便叫妈妈买了回来，虽然妈妈开始不同意，但后来小米答应以帮妈妈喂养一个暑假的鸡来作为回报，妈妈也就满足了小米的请求。

爸爸和姐姐回来后，爸爸妈妈要将所烤制的烟叶再次进行分类与修剪，这时候小米就需要将烤烟拿出来，将它从烟杆上小心地腾出来，为下次的烤烟腾出新的烤房，为下次的烤制做准备。这些活的工作量都是比较大的，所以小米较多的时间得在家里，还有时间会跟着爸爸到地里去看看玉米的长势，或会跟着爸爸到处跑一下。在不知不觉中，整个暑假就悄悄地过完了。因为烤烟烤制的时间差不多要一个半月，在接近尾声时，小米也快开学了，在开学之前爸爸或者妈妈会带着小米到街上去买新的衣服。很多家庭的孩子会在过年或者是暑假期间得到新衣服，因为这段时间父母的收入相对会比较高一些，因此，小米的衣服一般也会在这些时段购置。

在农村的孩子大多都是比较忙碌的，不仅仅是在家里帮助大人的忙碌，更多的是玩耍的"忙碌"。在农村的家庭里，很多时候都会有两个孩子，而在城市里面独生子女会更多一些。在农村里面，孩子的生活似乎会更加与父母离得远一些，小朋友彼此的陪伴更多，无论是到山上玩耍还是在河边捉

鱼,很多都是成群结队的小朋友,这些都是满满的儿时回忆。

在云南,有一个典型的特性,不同地区的孩子的玩耍方式其实很不相同,因为云南是一个多民族的省份,不仅仅在文化上会有差异,在地域上的差异也比较大。有一句"云南天气十里不同天",我觉得这句话更多是在各地区的经济作物上体现。在建水一带或者是罗平一带,暑假期间的收成大多是花卉。很多人都知道,昆明具有较大的花卉市场,暑假期间是各种花卉盛产的时节,此时小孩子就成为家里的小花童,早早去花田采花,之后制成干花,这些工作都是孩子最拿手的。

不同地域的风情不同,也就有不一样的技术,孩子通过不同活动在暑假中慢慢成长,慢慢成为家里的顶梁柱。

当然了,孩子还是孩子,在他们天性释放的年纪里,虽说会在白天乖乖地帮助父母干活,但当夜晚来临时,白天的一切疲惫又好似不存在一样,他们会像马儿撒欢一样,该蹦跳的蹦跳,该玩耍的玩耍,似乎这夜晚也阻挡不了眼睛里射出的星光。

在那个土堆上,不知有多少孩子,被划破了多少条裤子,更不知道有多少孩子因为满身泥泞回家而被妈妈打过棍子,更不知道有多少次因为出去玩耍,让父母操碎了心……可是我知道:无论我们怎么玩耍,怎么调皮,玩伴还是玩伴,朋友还是朋友,当年一起抓麻雀的还是我们几个,这就是乡村儿童的暑假生活。我并不知道该怎样评判现在的乡村儿童的生活与城市儿童的生活,他们各自有各自的优点与缺点,只是身为农村孩子的我,希望孩子天真地笑,有属于自己年龄世界的朋友,他们应该在人生最初的时光之中,做着最无忧无虑的梦。在农村,老人们有这样一句话:"你家的狗狗(老人对小孩子的昵称),好皮实呀!乖乖的!"这些话语表达出长辈对孩子健康与品德的赞美。

随着经济的发展,地区特性会慢慢地凸显出来,也会在孩子们身上慢慢体现,特别是在农村的儿童身上。这一次回家乡对农村儿童的暑假生活进行了比较深入的观察,我发现了很多变化,它不仅仅是表层上的物质与环境的改变,还有一些言行与举止的变化。虽然仍然有较多孩子在傍晚时分出来在家周围玩耍,但你会发现在他们的手中有各式各样的玩具,甚至出现各种各样动画片中的人物形象。

在云南的很多地区，上小学的交通条件都会比较困难，需要走较长的山路，天才刚刚亮，孩子们就必须起床，沿着陡峭的山路慢慢走着（图2），等到放学时候又在月光与星星的照耀下回家。

图2　早晨天刚亮，要徒步大概一到两个小时到学校的路

孩子的世界其实未必会比大人的轻松，只是他们不会想得太多，不会让农村生活成为一种压力，他们会在阳光灿烂之下微笑，会在雨天里想象在水中玩耍的场景。

困境如何破局：探访家乡儿童的暑假生活

◇ 邓海（历史系2017级硕士生）

引 言

我的家乡在深山里，名为白竹田村，属桂林市全州县石塘镇白竹田村委，是村委驻地所在自然村。村辖户籍人口近800人，绝大部分常年外出务工，留守人口已不足200人，且多为老幼病残。村沿袭先前公社分大队的做法，分六到十组共五个大队，每个大队一两百人不等。全村共辖有田地1500来亩，不匀称地散落在村周围，因于地势高低不一，加之各家分到的田地分散于各方，耕种起来甚为不便。村距镇上和县里皆约十公里，由全州县始发，乘坐一小时左右的农机车，即到达属于石塘镇的白竹田村。直接从县乘车到村，比先到镇上再到村里要近很多，原因是白竹田村与石塘镇和全州县城呈三角之势，无论是去镇上还是县里，距离相差无几，甚至到镇上更远些。据村里老人介绍，白竹田村属于移民性村落，民国以前，这里基本上没有什么住户。后来因战火的波及和开垦的需要，陆续有人迁移过来，当年"走日本"前后，又增加了一大波人，从而铸就了今日的白竹田村。本村没有寺庙和宗祠等明显的宗教文化建筑，也没有族谱，全村姓氏以邓氏为主。

石塘镇位于全州县城南面，距县城24公里，离桂林市百余公里，衔接G322国道的百灌二级公路。石塘镇是全州县南部的交通枢纽，是广西通往湖南之咽喉。全镇总面积271.4平方千米，城镇面积4.5平方千米，辖32个村（居）委会，总人口8.7万，城镇常住人口达2万。由于各村落销售农货一般去集镇，购物更倾向于往县城，于是，赶集日去镇上即成为村里人的常态。

国家在2013年给村里分别修建了通往镇上和县里的公路，还开通了从村直接到镇里的公交（运行两年后因利润问题停运）。从此，村民不用再踩着泥泞的泥巴路迎来送往，从村到县里也有了直达的农机车（以前去县城要步行到三四公里外的车站乘车，挑着担子时更辛苦）。

一、回乡：出走多年，归来仍是少年

  盛夏酷暑，一片金灿灿的稻田里，几位农民正抱起稻穗，放进打禾机中；稻谷与滚筒相接的那刻，谷禾分离，饱满颗粒撞击机壁，发出噼哩啪啦的声响，完毕，将稻禾丢向旁边的空地。看着田间地头穿梭劳作的身影，我知道又到了俗称"双抢"的季节。记得以前的这个时候，田地里必定是人声鼎沸的，时至今日，不少田地已经抛荒，大不如过往。在田地里劳作的农民虽也不少，数量却难以企及往昔，无须多言，这是大量人员外出务工的结果。村里的年轻人，踪迹难寻，留下这一地的老老少少，最后坚守着故土。外出求学和生活多年的我，平日里回乡的次数寥寥，对家乡的某些记忆也变得模糊。

  近几年，村村通公路推动了沿线砌新房子的热潮。村中的居民，纷纷整体从老房子搬出，搬迁到公路沿线，老村的"空心化"由此扩展开来。搬迁的原因简单又务实，根本上说是因新址交通便利，做点什么都方便；次要些的因素包括扩大住宅面积，改善住宿条件，拥有停车位等。因之，现在的村落布局由以中心向外扩散分布变为沿公路带状分布，不少住户相互之间的距离拉远了。

  新修建的公路宽度在3.5到5米间，囿于路宽，便在几处衔接的岔路口设置起水泥墩子，如此一来，大车既进不来也出不去。两个方向公路的交接处，是村子所在地，村子经常停车搭载人的地方，有一处小卖部，正好位于公路的拐角，门前有一处池塘，现已被围墙挡住，因此，转弯的视角受到极大限制，车辆通行要更加小心，鸣笛也变得多起来，不时打破周围的寂静。

  小卖部是一间平房，约莫十几平方米，紧挨着的是另一间平房，用作仓库，再旁边是一栋三层小楼，为店家的住所，与小卖部形成直角。直角覆盖的区域搭有大棚，用于停车和休闲，时常摆有一张牌桌，聚有几人打牌娱

乐,另有几人聊天。十几平方米的小卖部里,靠墙摆设有两组三层货架,中间有一个四方桌型货架,货架没有摆满,货物也不算密集,种类大多是日用品,门类还算齐全,显眼处堆放了几箱饮料,货架顶层还剩有十来捆烟花爆竹。此外,有两个立式冷藏柜,一个卧式冷冻柜,啤酒冰棍都有,颇有"麻雀虽小,五脏俱全"的味道。用手拿起一些零食翻看一番,发现多是我不认识的品牌,生产地大多在广西,甚至桂林市内,价格较便宜;我想找找看有没有牛奶之类的营养品,结果无功而返。而后,我向店主问询销量好的为哪几类商品,得到的答案基本都是日用品和烟酒,其他的需求量少,因而进货量也少。

二、探访:找寻孩子们的暑期时光

小卖部的店主是一位三十几岁的男青年,名叫桂军,身高有一米八,身材较瘦,小平头,夏天喜欢打着赤膊,穿人字拖。他笑容较少,对待客人的热情比较"佛系"。他的爱人在外务工,他则守着店铺。店主膝下育有两孩,大女儿和小儿子,相差两岁,女儿念五年级,儿子三年级,都不在本镇村辖区的学校上学,而是被送到毗邻镇上的学校。问起原因,男主人说是那边的教育质量好些,也不想到了高年级时才换学校,这样就学的稳定性更强。说到这里,不免要插话几句,农村常住人口和适龄儿童的锐减推动了教育制度改革,当地进行撤点并校,现在村里的小学只有一二年级,三四年级需要去数公里以外的寄宿制学校就读,而五六年级则又需换至镇上就学。如此一来,便增加了上学成本,包括时间和物质投入,安全隐患也变得更大。为何?交通即是最大的问题。往返村里和学校之间,需要自行解决交通问题,而这些路段又无公车通达,只有私家车运营,学生每逢节假日,必须集体租车。每念及于此,我就会想起自己儿时就学的时光。那时村中小孩众多,村里的小学设有全部年级,根本无须出村,小孩上下学时总是成群结队,一路嬉戏打闹,从未料到这样的日子竟一去不复返。

几次到小卖部,我都能看到两个小孩在家里看电视,他们躺在椅子或木沙发上,节目多是一些老片子,年代感突出。村里的电视并不是城里那种数字电视,它们仍有以前的小天线,能收到几十个地方台,但关键的中央电视台和热门的湖南卫视这些，都收不到。所以我们经常看到的节目内容显得有些脱节，需要配合网络才能使用的诸如点播功能，更是被"束之高阁"。小孩们能享受到的影视内容，只能限定在这有限的范围。当然，他们也不知道挑拣，一是没有意识，二是缺乏条件。

我试着走到店主的两个小孩身边，近距离跟他们接触，得益于父亲相伴的缘故，有熟人开路，小朋友见到就不会很生分。试探性聊过几句后，我得知姐姐叫小娇，弟弟叫小武。问起他们暑假的时光，他们用那有点害羞的神态，搭配稚气的声音，跟我细细地说起来。姐姐说他们前一段时间去妈妈工作的柳州市那边玩了几日，还去了亲戚家几天，挺开心的。说起这些，弟弟眼里有些羡慕地说道："蛮羡慕城市里的小孩的，城市里地方大，人多，玩的地方也多。"我笑笑，微微点头。问到他们暑假作业的事情，姐弟俩都回复没多少作业，就是老师发的几本暑假练习册。顺着这个问题，我聊起城里小孩会去上很多补习班和兴趣班的事情，他们也是懵懂地知道一点，消息来源于他们的几个住在镇上的同学。弟弟说他是有点想去学画画的，跟他爸爸提过，但父亲很明确告诉他没有条件，后面他就没再说。姐姐看电视里有的女孩儿跳舞很好看，说很喜欢，但并没有想到去学什么的，没那种想法，我问她如果有机会送她去，会怎样选择，她说："那我就去试试看。"和他们说话的时候，电视里正在放的是《倚天屠龙记》，这个版本很经典，没想到时至今日仍在热播。

堂屋里的光线有些昏暗，我仔细端详姐弟俩的外貌，他们都是瘦瘦的模样，比起城里我见到的同龄小孩明显要瘦小一圈，穿衣打扮也更朴素，拖鞋是标配。我问他们平时喜欢吃什么零食，他们告诉我想吃就去问父亲，只要同意，在自家的店里选，夏天喜欢冰棍和饮料这些。说到自家开小卖部会不会吃零食比较多，他们说父亲管控比较严格，所以并不会去吃很多。看着他们瘦弱的身躯，我不禁问他们是否挑食，姐姐说弟弟会挑食一点，她自己不会，说罢还给我指了指桌上剩的菜，一道是酸豆角煮鱼，一道是莴笋。

我进而提到牛奶的话题，姐姐说很少喝，没有什么感觉，好像身边的同学也不常喝。弟弟则是谈到他喝过几种，纯牛奶无味，喜欢那种酸酸甜甜的奶，有味道。后来，我还问过他们的父亲，平时会不会给他们买点牛奶之类的营养品，父亲的回答是没想那么多，他们能多吃点饭就行了。我问："桂

军哥，你有批发过这样一些东西来卖吗？""基本没有过，卖不掉的，农村谁来买这些。"他这样告诉我。这个话题就此打住了，我有些索然。闲聊中说起教育的话题，我笑着问有没有想过给子女去上兴趣班。桂军哥也是略显尴尬地笑笑，回应说主要是缺乏条件，课程还可以负担得起，但是往返交通这些没办法解决。一个父亲照顾两个孩子，还要经营一家小卖部，确实不是件容易的事情。

离小卖部百来米外的公路边，有一户人家，房子是新建的两层楼房，约莫三室一厅的模样。砖砌的围墙里，有一个小孩正在用塑料膜把院里的花生和苗一同盖起来，黄昏将近，是收拾东西的时间。看起来这个小孩应该不到一米四的个头，瘦瘦黑黑的，短头发，上身是蓝色T恤，下半身是黑色中裤，脚上是一双拖鞋，大家都喜欢喊他小斌。这个时候，刚好只有小孩自己在家，爷爷奶奶还在田地里干活，天黑才能回来。盖好花生后，小孩回屋准备做饭，等待着老人回家。只见他熟练地淘米、放水，然后按下电饭锅的开关。不得不说，科技的进步给生活带来了很大便利，以前农村做饭，只能烧火，对火候的控制，是影响米饭生熟程度的重要因素。虽是如此，村里的人家做菜仍然多是用传统的烧柴，少数已开始使用煤气，那是比较富有的人家。

不到半小时的时间，小斌的爷爷奶奶忙完农活回到家中。他们推着一个两轮的斗车，斗车里装着花生和苗，还有两把锄头，悠悠地走进院子。两位老人都年近古稀，稍有驼背，黝黑的皮肤，头发都已花白，皮肤都是干巴巴的样子，像是一张树皮包裹在树干上，身体看上去倒是还算硬朗。看到我的到来，他们先是有些疑惑，经父亲介绍后，很快就熟络起来，他们说还记得我小时候的模样。说罢，赶忙招呼我进屋就座，笑着拿出新煮好的花生招待我，表示农村没什么好东西，就只有这些土特产。攀谈的过程中，我得知，小斌的父亲常年在外打工，在建筑工地帮人干活，一般在南宁那边，有时也在桂林，跟着项目走，只有过年和没事干的时候，才能回家看看。无意间问及孩子的母亲，一段令人悲悯的身世浮出水面。原来，母亲在小斌出生不到两岁的时候，就离家出走不知所踪了，撇下小斌和他父亲。此后，爷俩就一直相依为命。所幸，爷爷奶奶尚健在，可以帮助照看小斌。父亲在小斌上小学后，基本就常年在外打工赚钱，小斌平时就和老人一起生活，这座房子也是他父亲赚钱回来盖的。听到这里的时候，我的心中泛起酸楚，对比小斌，自己起码拥有一个完整的家。我用余光看向小斌，他明显听到了我们的谈话，低着头，双手抱着膝盖，沉默中带着落寞之色，让人心疼。他的爷爷说，放暑假后，他还去父亲那里待过几天，玩过一趟才回来，也出去看了看。我问小斌对外面的感受，他觉得外面的世界很大，也比村里繁华。当问到他长大后有没有想做什么的时候，他摇摇头，说可能跟着父亲去外面打工，但肯定是不想种田的。我只能点点头，说了一声"嗯"，想不出要对他说点啥。

在爷爷奶奶的眼中，小斌是个比较懂事的孩子，他现在是在赵家学校（五六公里外的一个寄宿制学校，周围村的小孩的指定上学点）读四年级。节假日的时候，小斌就会回到家里，帮着干点农活，做点家务。说到家里的伙食条件，老人们表示肯定没有城市好，但也能经常吃上肉，毕竟现在比以前生活条件好上不少，至于水果那些，只能赶集买点，肯定是不能跟城镇比。如果谈到营养品什么的，不免脱离实际情况，农村人哪来那些条件，更没那种想法。夜幕降临，我起身告别。走在乡间的马路上，听到有虫鸣的声响，像是一曲伤感的伴奏。村里是没有路灯的，我借助着家家户户散射出来的灯光而步步行进。

第二天上午，我决定继续去村里转悠转悠。刚出门没多远，就看见两姐妹正在门前的水泥地摘花生。或许是先前有打过照面的原因，我自然地跟她们打了个招呼，她们也礼貌地回应。她们的家还是在老村中，房屋有过翻新，是为数不多住在这里面的几户。在聊天中，我得知姐姐叫新莉，即将升六年级，妹妹叫刚莉，也马上三年级了，我笑笑道："还蛮好的。"放假后的她们，就一直待在村里，有事就帮家里干点农活，比如现在摘花生，没事的时候就在村里找小伙伴们玩玩。我问她们现在的玩伴还多吗，她们齐声说没有。经过一番了解，我知道村里的小朋友现已不足十个，想找个玩耍的人也是不容易，好在两姐妹互相有个伴。问到她们作业多不多的时候，她们都说没什么作业，老师也不想布置那么多，假期基本是玩过去的。我问她们平时喜欢玩些什么，听到的答案除了传统的跳绳、捉迷藏之外，就是聚在一起玩手机了，没想到她们不少人也喜欢玩手机游戏，还会组队一起玩。听到这里，我不禁哈哈笑起来，觉得很有意思。我接着又问了问她们喜欢吃的零

食，不外乎也是去小卖部买的那些，并没有什么特别，或者说销售的商品种类限制了她们的选择。当然，零花钱的多寡也是影响消费的重要原因，她们手里通常是难拿到超过十块的零花钱的。

　　观察她们的穿衣打扮，是朴素而富有乡土气息的，尤其是那出行的拖鞋，似乎成为一种符号化的存在。她们的父母也常年不在家，父亲多年来有些没有固定职业，这里干干那里做做，现在还在外面漂泊，母亲则是跟着父亲，她们就跟着爷爷奶奶生活。爷爷以前在村里是杀猪卖肉的，能力还不错，现在干不动了，就务农，有时外出干点杂活，奶奶主要负责照顾她们。正在这时，她们的爷爷刚好走过来，因为小时候经常见，算是熟识，便打了个招呼。老人跟我闲聊一会儿，谈到自己的儿子儿媳，老人破口骂他们不争气，还要啃老，我只能听着，不好意思搭话。抓住间隙的空档，连忙告别，往村里的它处走去。或许是大家都出去务农所致，整个上午并没有几个人在家，我只能悻悻地回家，等着下午出去，争取有所收获。

　　我下午走着走着，就走到了村里的老诊所。目前村里有两家诊所，分布在不同的区域，老诊所自然是靠近老村，而且更多的人是来这里就诊的，应该是多年累积的口碑所致。老诊所的医生多年来仍是那户人家，只是父亲将接力棒交接给了女儿，和诊所一起交接的，还有紧挨的小卖部。这个小卖部和前面提到的那个并不是同一个，并且，跟诊所相邻的这个小卖部历史更悠久，摆放的商品也更多些，当然种类上大致无二。村里的人基本还是用现金进行购物的，虽然商店也有二维码，但似乎只是赶时髦的玩意儿，老人们没几个会用智能手机的。我并没有在此多待，寒暄几句后便继续我的探索之路。

　　眼瞅着时间一分一秒地过去，我还未有所斩获，好在这样的僵局很快就被打破了。和父亲路过一户人家时，我抬起头看到门前有一块"建档立卡户"的小铁牌，随即驻足了一会儿，端详上面的信息，铁牌上写着户主的名字和贫困原因。刚好这个时候，有一位老爷爷从屋内走出，提着两个铝制的水桶，想要到旁边打水。老爷爷看见我后，主动向我打了招呼，这差点让我摸不着头脑，因为我已经将村里人忘得差不多了，没想到不少人还能记得我。我尴尬又不失礼貌地回应着，在看到家里坐着两个小孩后，顺势就在老人家里坐下聊起天来。老人的老伴儿此时也在家里，看到我后，也热情地招

呼我坐下,就这样开始聊家常。

我看到奶奶的背驼得很厉害,爷爷的身体则显得很硬朗,白头发也很少。刚坐下,有一位叔叔也路过这里,并加入我们的聊天行列中。堂屋的光线不免昏暗,借助电视机的光,我看到家里有一男一女两个小孩。闲聊中,我变着法儿问有关小孩的一些信息,得知姐姐即将读初一,弟弟也是要五年级了,都是在镇里的学校念书,并没有到其他地方。通过小孩爷爷的讲述,我得知他们的父母在柳州那边的工厂做事,很少回来。姐弟俩都很认真地看着电视,并没有因为我这个外来人的到来打扰到他们。可能因为是贫困户,家里的电视机也不大,其他电器用品也踪迹难寻。两个小孩自打放暑假后就一直在家,除跟着去赶过几次集外,都没出过村,每天看电视打发时间比较多。

说到生活方面,爷爷讲述起这几年扶贫的一些情况,家里也得益于此建起两层的楼房,尽管依旧没什么钱装修。教育扶贫方面,政府每年对两个小孩有一定的助学金,帮助缓解经济的拮据。显而易见,老人的话语里充满了对政策的感激,因为对比原来的生活,他们现在是大有改善的。小孩的父母没什么文化,在外也是做苦力,好在比较吃苦耐劳,只是常年的体力活使得身体也落下病根,让人感叹。我问到两个小朋友长大后有没有什么理想时,他们一致地回答是想学门技术,让他们假以时日能谋得一份差事。这样的想法非常务实,我鼓励他们好好努力念书。大约20分钟后,感觉也聊得差不多了,便跟他们告别。

快回到老家房子的时候,我迎面碰上家住隔壁的长辈运娇阿姨,阿姨自打我小的时候就对我关爱有加,虽然这些年很少见面,却未觉得疏远。阿姨正好带着她大儿子的小女儿和二女儿,一位三岁,一位七岁,准备去村头的大儿子家。我看着阿姨背上和背后的两个小女孩,很是可爱,也长得很相像,扎着小辫,给人一种萌萌的感觉。随即问到阿姨有关孙女的一些问题,阿姨都很细致地给我进行了一番讲解。从阿姨口中得知,孙女都是常年给她和丈夫带的,大儿子比较不争气,和媳妇儿两个人在家务农,但是却不太能出力,还不如他们二老。除了懒惰,也跟身子骨欠佳有关。小儿子则是患有癫痫,一直靠药物控制维系着,家中的情况不是很乐观。最大的孙女已经有14岁,在镇上的学校念初中;而这两个比较小的,就在村里边上学。现在放假了,只能跟着他们在家,去田地里干农活的时候,有时候需要带在身边,有时候让大的孙女照看一下两个小的。我看着两个小孩不算红润的面色,心中不免生起同情。由于赶时间,阿姨在和我聊了一阵后,就继续出发了,望着他们离去的身影,我站在原地突然有些不知所措。

回到住所后,我回顾起这几天的所见所闻,对比起城乡的情况来。毫无疑问,经济的差距是首要的,但不能否认的是,更深层的差距还是在思想层面,尤其是培养和教育小孩方面,不夸张地说真是天壤之别。不经意间发现,村里有些比较大的小孩在初高中毕业后,便不再念书,跟着他们的父母一起外出务工,似乎又走上父母的老路,不禁让人感慨。

三、对谈:家乡教育的现状

旭日东升,迎来新的一天。这天上午,我打算去村里的小学看看,那是我曾念书的地方,时光荏苒,十多个年头过去了,自外出求学后再没踏进过母校半步。小学立在村头,记得小时候从家里走到学校需要20来分钟,可能是小孩步子小,当下的脚力,十分钟即能到达。举目环视,学校还是记忆中的样子,只是,显得更加破旧、荒芜和萧条,连学校门口的校名也不见了踪影。正对着校门口的,还是那座三层白色教学楼,与校门中间相隔一个小篮球场。记得当年最高峰时,全校师生有三四百人,一至六年级都有,一年级甚至有两个班级,每个班级不下50人,放学总是全校排队集合。与三层教学楼并排相距约五米处,有一处瓦房,里面是两间教室,我的一年级时光是在这里欢度的。教学瓦房的对面十来米处,是老师们的办公室,同样是瓦房建筑,但两栋建筑的中间部分,却已经杂草丛生,房子也有不同程度的荒废。眼前的情境,瞬间把我拉回到自己的童年。

假期的学校是宁静的,师生都各自散去,只有走不了的建筑伫立在那儿。缓缓步行到老师的办公区域,透过玻璃,还能依稀看到室内的情景……正当我看得出神时,旁边的一间小屋子蹿出一个人,把我吓一大跳。此人身高约一米七,顶着一头稀疏的黑发,休闲西裤搭配格子衬衫,脚踩一双棕色凉鞋,像是一位乡间教师的味道。见状,我向着他微微点头问好。家有一老如有一宝的效用再次显现,经父亲介绍,这是学校现在的校长,姓蒋,老校长已于两年前退休。我恍然大悟，连忙打招呼。校长因为公务，这两天临时回学校处理，才造就这次偶遇，我暗自庆幸。据校长介绍，现在这里只剩下一二年级共七人，只有他一位在编教师，他的爱人帮着在学校做点工作。他原本是镇上小学的教师，因工作需要调来此处，放假的时候便回镇里。由于都是本地人，我们用家乡话交流，更显亲近和高效。或许是长期奋战于教学一线，他希望我称他"蒋老师"，我欣然接受。蒋老师说起现在乡村教育的情况，也是颇多无奈，能保证教学的完成即是大幸。日常教学全靠他一人，基本是限于常规教学，艺术、体育这些门类则有心无力。谈到假期，他说孩子们都是放养的状态，只希望孩子们能平安归来。我想到那贴在小卖部墙上的暑假安全告示，一定是出自蒋老师的笔下。

这几年，国家对乡村教育给予了不少政策优惠和倾斜，其中就包括学生资助和教师招聘。蒋老师告诉我，在村里小学念书的小孩都能得到一定的补助，如果是贫困家庭，每年都有上千元的助学金，上学基本不花什么钱。另外，政府特别提供编制，希望招收老师来此任教；无奈地处偏僻，加上待遇问题，很难吸引到年轻的老师。其间，他还跟我说起一年前的新任老师辞职一事。前年，学校通过特岗教师招聘招来了一位女老师，也是本县的人，一切手续都已办好，学校也给她配备了宿舍和洗漱用品。那位老师来到这儿后，看到是这样的条件，特别是洗澡的不便，需要自己打水，没有像城里一样的卫生间，不几日便拂袖而去，其余的年份，连分配到这里的教师都没有。我听着蒋老师的讲述，看着他那有些苦涩的表情，心里也感觉很不是滋味。

归途，与父亲对谈，问起村里学前教学的情况，得知有一间学前班的存在。之所以不能叫"幼儿园"，是因为缺乏基本的配套设施，就连负责人也只是高中毕业的水平。走到这学前班前，我看到的只有一扇紧闭的大门，其实这个学前班只是一间房子，它设立在村委的大队部斜对面，就连暑假也是停转的状态。通过四处打听，我知晓那位负责的老师近些天并不在村，怅然若失。

四、畅想：大势所趋下的困境与破局

城市化的进程，必然导致大量农业人口向非农地区转移，即使有户籍制

度的阻隔,走向大城市谋生计也是大势所趋。我的家乡位置偏僻,主要产业又是传统的小农经济,遭遇市场经济的全面冲击后,立即变得支离破碎。然而,不破不立,关键是如何重建,立于何处,面朝何方?经济基础的改变,推动上层建筑的改革。改革开放走过几十年的历程,已取得举世瞩目的成就,新形势下家乡如何应对城市化的冲击,是摆在面前的一道难题。近年,国家大力推进对山区的精准扶贫工作,实实在在真扶贫,扶真贫,确实卓有成效,就连白竹田村这样的封闭之地,也吹进一缕春风。村里借助政策的支持,在村委干部的带头下,有的村民干起小规模养猪的行当,初有成效。有几位有能力的年轻人,在村干部的动员下,回乡承包山林,养牛、养蛇、养羊、种树,事业起步并走上正轨。另外,县城工业的发展,带动返乡就业的浪潮。现今,很多年轻人离家的距离已经慢慢近了,这虽然还不够理想,却让家乡看到了曙光。不可否认,从现状看,家乡更多的是不足和困难,但生活的改善是希望的土壤。相信有一天,村里会再次变得熙熙攘攘,人来人往。真心地祝福你,我亲爱的家乡。

故事里的乡村儿童生活变迁史

◇ 陈洪珏（博雅学院2018级本科生）

由广东到福建，在武夷山脉东部，有一条纵越我国东部沿海、贯穿11省的高速——长深高速。近高速的闽西边境，有一个人口约1.41万的小镇，名为广福镇。不到十年的光景，广福镇作为祖国苍茫大地上四万多乡镇行政单位中一个普通不过的小镇，竟发生了翻天覆地的变化。这样一个被围困在连绵群山中、看似交通闭塞的地方，却在2018年广东省住建厅公布的第二批广东省宜居示范城镇和宜居示范村庄名单中榜上有名，曾经触目惊心的卫生条件不复存在，而今映入眼帘的是各色地毯上晾晒的乌黑发亮的木耳、齐腰高的烟叶以及一片苍翠掩映下白墙灰瓦的客家建筑。

正如纪录片《美丽乡村》所言："21世纪的今天，中国依然是一个农业大国，伴随着时代的变迁，那些星罗棋布的乡村也在潜移默化地改变着它们的样子。就像一个个初涉世事的孩子，正在你不经意间慢慢长大。"乡村是如此，那么生活在广福镇乃至全国大大小小乡村里的孩子们呢？他们是否也在潜移默化地发生着改变？

"池塘边的榕树上，知了在声声叫着夏天……"罗大佑的一曲《童年》，总能不经意间撩拨每个成年人的心弦。在我们的印象中，乡村儿童的暑假生活就应当是胡令能笔下"路人借问遥招手，怕得鱼惊不应人"的质朴无邪，是范成大笔下"童孙未解供耕织，也傍桑阴学种瓜"的憨态可掬，是辛弃疾笔下"大儿锄豆溪东，中儿正织鸡笼，最喜小儿亡赖，溪头卧剥莲蓬"的无忧无虑，诗词里儿童的乡村生活似乎成了心灵的净土，那么在城市化浩浩荡荡的今天，乡村儿童的暑假生活是否还是如同诗词中所描绘的那样呢？

为解答心中的疑惑，我把目光转向我生活了八年的小镇，它有着中国传统乡村生活的明显特征，又能为我的调研带来便利：广泛的人脉为我提供充足的素材，老一辈的记忆、自身的经历以及实地走访，搭建起纵向的时间长廊，勾勒出每个时代背景下儿童暑假生活的模样。"暑假生活"不过是一个适合大学生返乡观察的切入点，我们真正应该看到的是在这个相对局限的时间段里反映的儿童的"童年"，而我始终相信，无论是童年还是暑假，都不应该是一个时间段，更应该是一系列故事的叠加，正是这许许多多的故事，为儿童的生活增添色彩。大人喜欢谈论童年，孩子正在实践童年，无论是回忆者还是践行者，所叙述的都是生活中的一个个切面而不是单调枯燥的时间线。因此在撰写这篇调查报告时，我选择以每个不同的个体（人名均为化名）以及他们的故事为线索，以故事的方式呈现他们所"践行"的、发生在暑期的童年生活。

一、不用种地的农村孩子——梅梅（1970年代）

梅梅出生时，家境还很普通，母亲是农民，父亲是小学老师，后来父亲在镇上开了店，家境逐渐宽裕起来。梅梅是家里第二个孩子，有一个大三岁的哥哥和一个小两岁的妹妹，他们原先住在平红村，出于种种原因搬迁到平红村附近、海拔更高一点的石峰村。有句俗语叫"十里不同音，百里不同俗"，其实哪怕是隔几步路的村庄，在那个年代也会存在明显的排外倾向，平红村以罗姓为主，而石峰村以钟姓为主，再加上当时大家的家庭状况都一般，梅梅一家在石峰村显得格格不入，这对梅梅的暑假生活影响很大。与想象中孩子们漫山遍野玩耍的情景不同，梅梅三兄妹假期一般都在家里，很少和附近小伙伴一起玩，这也导致兄妹之间的关系更加紧密。

谈起小时候的暑假生活，梅梅印象最深的是三兄妹一起抬水。那时村里还没通自来水，生活用水都要打井取水。因为石峰村地势比较高，家里一连打了四口井水量都不足，只好去别人家抬水。"当时最讨厌的事情就是抬水了，虽然都是亲戚，但是去的次数多了人家也会有意见，我们每次去都要看别人眼色。"父母也觉得不方便，就自己出钱在一个地势比较平缓但离家较远的地方打了口井。

解决了挑水地点的问题，但还没有解决挑水劳动力的问题。上学期间，父母是抬水的主力，但到了暑假，这个重担自然而然就落在兄妹三人身上。他们每天主要任务就是把家里的几个大蓄水缸蓄满，然后再把一切能够盛水的器皿都盛满水，最好是满足一天的饮用、生活、洗漱用水后还能余留一点给第二天用，要达到这个目标每天至少要来回五六趟。挑水的辛苦让梅梅三兄妹格外珍惜用水，家里有谁稍微多用了点水都会受到兄妹们的阻拦。梅梅还记得有一年冬天，父亲想要晚上泡脚，她虽出于体谅不敢有任何怨言，但还是在父亲盛水时眼巴巴地在一旁盯着，不断地说："够了够了，这么些水够用了！"直到不用挑水的现在，持家的梅梅对水的循环利用依然到了极致。

和其他的乡村孩子不同，因为家庭条件还算较为宽裕，三兄妹基本不用亲自下地干活，父母会出钱请人帮忙干活，一两天就能搞定农活，需要帮忙的也只是在家里晒稻谷，下雨的时候收起来，以及驱赶偷食谷粒的麻雀。但这并不意味着他们就可以在家无所事事，由于父亲曾是老师，他对孩子的学习比较重视，虽然没有直接辅导梅梅学习，但在日常也保持着老师的威严，督促孩子学习，管控他们看电视的时间以及检查作业的完成情况。

关于干农活，梅梅的丈夫、同镇不同村的阳阳有不一样的经历。因为当时家里比较穷，没有能力花钱请人来帮忙，他们只能全家上阵。暑假期间一般都是要帮忙干农活的，阳阳说："早上起来如果看到早餐是地瓜，说明今天不用干农活，心里就无比放松；如果看到是粥，还相对比较浓稠，那就完了，说明今天要干一整天体力活了。"虽然干农活很辛苦，但也不是每天都需要帮忙的，在"早餐是地瓜"的时候，阳阳就会去找小伙伴玩，如果遇上伙伴正在帮家里务农，也会帮忙着一起干，男孩子们之间都存在这样一种默契，干完家里的农活，接下来就是伙伴之间的游乐时光。相比女孩的乖巧，男孩的暑假生活就丰富多了，阳阳会和小伙伴一起去小溪流里抓蚂蜞，去摘树上的水果。当时村子里的房屋都比较狭小，相对也没那么封闭，厨房一般是半开放的，阳阳就会去别人家捉蟑螂，往往盖子一掀就有十几只大大小小的蟑螂四处逃窜，男孩子们就会兴奋地用袋子装起来卖给镇上专门收购的人家，关于蟑螂的大小以及对应的价钱免不了一番争论，而卖得的钱常用来买街上一角钱一个的大饼。阳阳回忆道："那时候的快乐真的很简单，也

许只是发现早饭不是粥,也许只是谁家蟑螂多卖得了几个钱,也许只是偷了李子没被人发现。有时甚至只是晚上和朋友躺在草坪上看星星,也是无比快乐的。"

二、村子里的城里人——小红(2000年)

按照村里人的话说,小红属于"住在村子里的城里人"。1963年,政府在广福镇平红村设置劳改所,负责对犯人进行劳动改造,名义上虽是机关单位,但工资待遇比较低;到了1997年,劳改所正式改为监狱系统,有了完备的编制以及人员体系,工资待遇慢慢提升,便吸引了一大波大学刚毕业的年轻人。小红的父母就是在这个时候进入单位,小红也成了"婴儿潮"的一员。

单位所在的地方,村里人称"农场",这是劳改所之前旧有的名称,实际上"农场"是一个大的社区共同体。和普通村镇里左邻右舍皆是亲戚不同,"农场"的社会体系和如今城市里的社区更为相近,"农场"的入口处是单位行政区,再往里走就是一大片家属区,居住的基本是在这里工作的干事。干事的来源有很多,有从村子里考出去的大学生,有从邻近城镇来的年轻人,也有像小红父母这样从别的单位调过来的人员。总体而言,这个小的社区文化多元,人员年轻化、高知化,这些拿着"城市户口"的人与居住在广福镇的其他人之间无形中划了条界限。

"农场"里的孩子多在小学以下,有少数初中生。一是因为重视家庭教育的父母大多会把孩子送去县城读初、高中;二是因为单位里年纪较大的人,在监狱系统正式建立前就在县里生活工作,孩子也依旧留在县里上学。由于年龄相近,又恰好处于喜好玩乐的阶段,"农场"的孩子常聚在一起玩。在"农场",有许许多多不同的儿童群体,一般来说,每个人有固定3~4个关系最好的玩伴,或因父母关系熟络,或因孩子们本身比较"玩得来",这两种因素相互交织构成每个孩子不同的人际网络。但彼此之间不存在群体的"排外性",哪怕有几个人关系比较好,但实际上一起玩游戏常是整个群体:因为活动范围有限,家长也不允许孩子擅自离开"农场"出去玩,孩子们大多在傍晚聚集在以篮球场为中心的活动场地游玩,玩的游戏也不外乎是丢手绢、捉迷藏、红绿灯等，这里俨然成为社交的公共空间，孩子随时可以进来参与游戏。

除此之外，孩子当中还有一个最大的群体——以自行车为纽带自发组成的群体，每个孩子几乎人手一辆自行车，这种"盛况"离不开紧密的社区联系，也离不开相对优渥的家庭条件。"农场"有天然的地理优势，地势从大门到家属区层层向上，其最顶端是一个小山丘，俗称"花果山"，因此从最顶端的家属区向下，就有三个坡度陡且路途长的山坡，成为孩子们享受风驰电掣快感的宝地。为首的是年纪较大的男孩，其他孩子们也会逐渐加入，最大规模的一次甚至有50个人。小红说，可能彼此之间并不熟悉，但在一起玩游戏并不会感到不适，大孩子会照顾小孩子，教他们如何克服心理恐惧，尚不会骑车的孩子还被允许坐在大孩子的自行车后座。这种快乐说来也很简单，除了速度的快感外别无其他，也经常会发生连人带车摔下山坡的"惨案"，但孩子们依然会乐此不疲地游戏着，直至饭点自动解散。

在"农场"，过生日的形式也与众不同。小红的生日在暑假，每逢生日，除了自己邀请的一些朋友外，还有许多不熟悉的孩子也会"不请自来"。这似乎已成一个传统，往往有一个孩子生日，别的孩子不论是否认识，都可以去他家"蹭蛋糕"，而丝毫不会感到难为情。暑假是孩子们最空闲的时候，因此小红的生日会也是最热闹的一个。小红分享说，如果某家某户把房门大开，里头还时不时传来欢笑声，那十有八九就是有孩子在过生日了。孩子们之间其乐融融，离不开这个共同体里相对稳定的人际关系，因为父母都是同事，如遇陌生的孩子也不感到警惕，父母也非常放心让孩子在大共同体里一起玩乐，因而相比同时期在"农场"之外的孩子而言，小红获得更多与同辈接触的机会。

"农场"只是一个仅供生活居住的相对封闭的大共同体，孩子们上学也需要"走出去"。当时有隔壁村的石峰小学以及镇上的中心小学，鉴于父母平时要上班，无人负责小红的接送，父母就把小红送入就近的石峰小学就读。但是在石峰小学的两年对小红而言并不是一段愉快的时光："因为蚊子很多，我又特别招蚊子，一到夏天胳膊、腿上全是包。有次上课妈妈让我穿裤袜过去，周围的同学就取笑我，说'农场人就是娇气，你看蚊子都不咬我'，从那以后我都不敢穿裤袜去学校了。"农场的孩子本来就不多，所以

一个班二三十个孩子中,有四五个农场孩子就显得格外突出。小红回忆道,农场来的孩子课业成绩一般都比较好,老师也比较关心,但总感觉在班上被针对:"或许因为我们四个关系比较要好,平时也经常在一起玩,其他同学就认为我们看不起他们,所以不愿意和我们玩。"三年级后由于父母工作环境变化,小红离开广福镇去了另外一个城市,也就再也没有和曾经的同学联系了。

三、学在县城住在村——阿秋(2005年)

阿秋是土生土长的农村人,她父母都是农民,从小就居住在比石峰村、平红村更偏僻落后的铁坑村里。尽管如此,阿秋也并不如我们所想象的那样干繁重的农活,在20世纪末,广福镇里大片的土地都被县上的卷烟厂承包了,家家户户都在田地里种烟叶,烟叶的生长周期较短,到收割季节只需交给厂里派来的人验收即可。与此同时,随着交通条件不断改善,农民的生活也日渐货币化,自给自足的生活早已不存在了,大米和其他粮食在镇里的集市就足够供应。因此,自土地被承包以来,许多人家都选择把土地周转出去,只留下较小的一块种植少量农作物,满足日常所需。在这种背景下,虽然阿秋的家里也称不上富裕,但也把土地承包出去,留下屋前的一小块由奶奶进行耕种。阿秋和弟弟通常只需做些清闲打杂的工作,更多是帮忙打扫卫生、饲养家畜,田地里的农活基本没有再接触。

不仅仅是阿秋,阿秋的同学也基本如此,家里在镇上开店的基本都要去店里帮忙,家里有二胎的往往也要亲自照顾弟弟妹妹,有人甚至还打趣说"去年是换尿布冲奶粉看妹妹睡觉,今年是洗衣做饭洗碗和妹妹玩,总之每年暑假都是围着妹妹转"。除此之外的空余时间,都被睡觉、游戏、追剧所占,当然也会留一定时间做作业。阿秋在小学时通常在作业刚发下来几天就一股劲儿做完,余下的时间都用来玩耍;有些同学比较自律,有固定的时间安排给学业;也有最后几天才匆忙动笔的人。

与父母辈相比,他们除了不需要长时间下田种地,还有旅游的机会。阿秋家有一部拉客的"小四轮"面包车,暑假父母会带阿秋去周边地方玩,阿秋回忆,几乎每年暑假都会去一趟惠州,因为她的姨妈在惠州生活工作,每年全家人都会去惠州玩一个星期，这是她暑假最期待的事。去惠州并不是真正意义上的旅游，因为他们并不像旅游一样打卡各处风景名胜，只是像本地人一样去逛商场、在江边散步，但阿秋还是很开心，因为是"住在城里"。他们也会去汕头的海岛看海，去粤北看山，但大多是周边游，车程在半天左右。阿秋的同学们情况也大致类似，有同学的父亲常年在深圳工作，寒假回家一趟，他和妈妈暑假就去深圳和爸爸一起住，这段"入城"的时光同样是他最期待的；有人出行时间比较长，通常半个月以上，会一连去好几个城市。总之，"旅游"似乎已成为判断"暑假"最重要的标准之一，每个暑假似乎都得有或近或远的出行才算"完整"。

阿秋在村里上小学，初一开始在县城读书，每日往返城乡之间，为的是考一个好高中。"乡村公交"（联通广福镇—蕉岭县）的开通，使得孩子们都被尽可能地送去县城读书，况且县城各处都有午托，"早出晚归"相比孩子的未来没什么大不了的。在县城读了三年书的阿秋，真切地感受到"县里人"和"村里人"的不一样。"县里的同学暑假往往会去更远的地方旅行，比如云南、北京，但村里的同学最多只是在周边的省市玩玩，不怎么出远门。"虽然在县城和农村，平日里和同学们消遣的方式都大同小异，在微信上聊天或者一起骑自行车、在奶茶店闲聊、看电影，但阿秋还是能发现细微的差距："我和县里的同学一起出去玩，他们都不怎么看手机；但和原本村里的同学一起出去玩时，他们时不时就要查看手机，尤其是吃饭的时候……我也不知道为什么，可能因为县里的同学都比较见多识广吧，和他们在一起永远不缺话题，学习、生活、父母、朋友……"阿秋猜测道，"和县里的同学相处也有一点不好的地方，因为他们家庭条件好，在吃穿方面有攀比的现象，而村里就不怎么会……还有很多具体的细节记不太清楚了，总之我的感觉就是很不同吧。"

阿秋八岁的堂弟阿斌，今年（2019年）也过了一个与往常不一样的暑假。就在今年，广福镇首次开设艺术类兴趣班，设在镇上唯一的中学——广福中学附近。兴趣班的主要组织者是中学里的老师，也有暑假返乡的大学生，如在广州学美术的大二学生小罗，他的父亲和开班的老师私交好，小罗暑假回到农村也无事可做，三人商量后决定让小罗帮忙教小朋友画画，不计酬劳，但负责小罗在培训机构从早到晚的吃住。虽然在城市、县城，此类机构早已屡见不鲜，但在广福镇还是第一次出现。大约在2005年，广福镇也开过一个类似的绘画书法班，是一个在县城的美术老师假期回到广福镇后开设的。那时还不能算作是培训机构，只不过是一间商铺、一块黑板，以及几张长排的桌椅，就开始上课了。孩子们上午学写字、中午由父母接回家、下午再送去学画画，总共20人左右，年龄参差不齐，绝大多数都曾经是"农场"的孩子。这个班只维持了一个暑假，后来由于老师搬到县城定居，镇上艺术类的课程就再也没有了。而今年"入驻"广福镇的培训班显然正规许多，有专门的课室和完备的基础设施，范围也逐渐拓展到舞蹈、珠算等。阿斌说，在珠算班，除了有他这样土生土长的广福人，还有平时在县或市里读书放假回来的，以及从外地回家乡的孩子。

四、发展的喜悦背后，我们还应看到的

以上是笔者从若干采访对象中选出的三个较有代表性的人物，20世纪还属于贫困镇的广福也已经有了不需要种地的孩子，21世纪初在这个不起眼的小村庄里竟然也有"社区化"共同体存在，近十年来学在县城、住在农村的现象屡见不鲜，这个闽粤边界上的小镇在教育、生活各个方面逐渐与城市接轨。但不可否认的是，农村和县城的差距依旧明显，对儿童而言，教育可谓是各方面水平对比的集大成者，既可以反映家庭的社会背景，又可以体现整体生活环境的变化，而最直观的体现就是艺术类的教育，义务教育实施以来，无论城镇还是乡村的孩子都能上学，"山沟沟里飞出金凤凰"的例子无独有偶，但能提供给孩子艺术类教育、有意识让孩子全方面发展的家庭却不多。

生活在蕉岭县城的"世纪宝宝"早早就接受课外技能的培训，"赢在起跑线"已成为县城家长的共识。据笔者所知，与小红同龄、从小生活在县城的孩子，他们在4~10岁的年龄段就已接受艺术类培训。尽管小红的家长已有培养孩子的意识，但由于资源的不均衡以及交通不便，小红所接受的教育仍是比不上县城孩子的，而阿斌无疑是乡村条件下所能接受最好教育的一批孩子，他们既可以享受镇上的学习，又可以快捷往返县城接受和县城孩子同等的教育，而这种改变要在进入21世纪将近20年后才发生。

农村的人际交往并不如许多文学作品描绘的那样和谐，孩子的内心尤为敏感。20世纪之前，村与村之间的排外倾向还比较明显，尤其在客家地区宗族观念比较强，认为外村人来就是赚了他们的钱。到了新世纪，由于人口流动日渐频繁，外村、外地的女婿、儿媳也越来越多，村与村的隔阂感逐渐消失，但取而代之的是"农场人"和"农村人"之间的矛盾，通过采访多名曾和"农场孩子"同班的"农村孩子"，笔者发现孩子们之间的矛盾虽没有想象中那么尖锐，却又是真实存在的。"农村孩子"认为"农场孩子"不近人情、耍大牌，"农场孩子"认为"农村孩子"见识少、没有共同话语，这在当时的环境下可能是农场本身的相对封闭性所致，孩子们从小的生活环境不同，所养成的个性、爱好也相对不一样，在孩子身上最直接的表现形式就是"和谁玩，不和谁玩"。无论是"农村孩子"还是"农场孩子"，他们潜意识里其实都有对自己身份的认同，都觉得自己和对方不一样，所谓"物以类聚，人以群分"，人本能会与自己相似的人聚在一起，正如采访中一个"农村孩子"说道："也许是一种自卑感，他们吃穿比我们好、成绩又比我们好，我们只能在其他方面比过他们。"等到"农场孩子"离开后（2008年整个单位搬迁），没有"农场"作为"他者"的存在，忽略个人性格的因素，群体性的"对立"和排外似乎也就不存在了。他们中有些人往返于城乡之间，发现生活在县城里的孩子早已先他们迈出一大步，他们去过更远的地方旅游、掌握更多的技能、知识面更广，他们的暑假生活也更加丰富多彩。总体而言，按照儿童人际交往脉络来看，人们的思想是逐渐开放、趋于平等的，现代价值观的教育作用不可或缺，当代城乡差距逐步缩小、交流日渐频繁也让儿童之间由于差距所带来的不适感减弱。

除了作为一个外在的观察者对农村儿童的生活现状进行分析外，我们还需要把儿童作为真正的主体，了解他们的内心——随着时代的变迁，他们的生活真正变好了吗？这里指的"好"不是物质条件充足，而是精神方面的幸福感。促使我关注这一方面的直接原因在于收到如下一条反馈："我今年暑假过得特别不开心，基本上哭了有半个月吧，我也不知道怎么说，反正就是过得不好；去年暑假基本在玩游戏谈恋爱，没怎么学习，虽然我有借书，但是没怎么看。"当代青少年都有类似的心境：整日无所事事，干着一切上学期间想干的事情，却觉得并没有想象中的开心，对话中孩子的处境启发我去

关注时代变迁中乡村儿童在暑假生活的幸福感。

  关于幸福的衡量很难有量化的标准，过小的孩子无法理解幸福的定义，他们尚未形成独立的意识且无法准确表达出自己的心情，却又不能通过我们主观的想法去评判他们心理是否感到幸福，而已经度过童年阶段的人一方面已经有了自己的判断，另一方面可以对此做出反思，这也是我选择三个已不处于童年时期的人作为详述对象的其中一个考量。梅梅印象中的童年充满和兄弟姐妹游玩的乐趣，阳阳对暑假不用干农活的"小确幸"记忆犹新，是否由于时间的流逝让他们忘记曾经的不快而只留下快乐的时刻？小红期待着每年暑假在自家举办的"大型"生日会，阿秋期待着一周在城市生活的时光，是否因为暑假对某件事的期待和回忆冲淡了剩余时光的不快？我想此时我的研究对象已经不局限于适龄且居住在乡村的儿童了，这似乎是现代年轻人的通病，平日上学满心想着追剧、打游戏，等到真正到了暑假，通宵放肆了几天过后却是深深的虚无感。曾经村里来了戏班子会很欣喜，曾经能进一趟城觉得很荣幸，而如今电视手机变得方便，远途旅游不再稀奇，似乎生活中值得记忆的东西却变少了。从横向的城乡对比可以看出，县城里的儿童可能记不清自己上一次去肯德基是什么时候，而乡村儿童却还清晰记得自己点了什么食物。从纵向的乡村内部对比，20世纪的孩子快乐的来源丰富多彩，而如今的孩子乐趣的来源不外乎玩具、电子游戏、外出旅游。一方面是家庭对孩子的约束多了，另一方面生活环境给孩子的自由活动空间少了，在两方面的挤压下，乡村儿童比城市孩子多的似乎只有对进城的期待了。

  我无法对此做出中肯的评判，也无法对此做出什么创见，基本上十岁以下的儿童，其生活都是被父母规定好的，乡村亦是如此，以广福镇为例，父母双双外出打工、留孩子与祖父母生活的家庭屈指可数，一个外出、一个在家或在本地长期生活成为农村家庭的常态，而由于土地承包，监护人无须长期被束缚在田地中，乡村的孩子被更多地置于父母的视线之下，无形中，他们冒险的机会少了，安全程度高了，但生活也越来越千篇一律了。曾有人做过一个有趣的心理研究，证明人类幼时保有对土地天然的热情，就是常说的"玩泥巴"。在现代卫生观念的普及下，"不干不净，吃了没病"已被多数人抛弃，即使在农村，小孩子在树下玩沙土也会被及时抱走。随着时代的发展和观念的进步，儿童亲近自然的机会似乎真的少了。

后　　记

诚然，从纵向的时间维度，到横向的城乡维度，乡村儿童的生活变化绝不仅仅有我所列举的这几点，所体现的问题也绝非"游戏的减少""幸福感缺失"……乡村同样面临着远离自然的难题，我们是否也该思考人、自然与发展的关系？

附录　2019年对广福镇儿童的随机采访

名字：Z　年龄：5岁（中班）

问：暑假怎么过？

答：不知道。

问：家里有哥哥姐姐吗？

答：有（亲）哥哥。

问：爸爸妈妈有没有让你上兴趣班呀？

答：没有。

问：在家里会玩手机吗？

答：（摇头）

问：暑假期间作息时间怎么样？

答：和上学时一样。

问：暑假爸爸妈妈会不会带你去别的地方玩？

答：不会，因为他们有事情。

问：他们平时是在外面工作吗？那他们什么时候会回来呢？

答：暑假会回来。

问：回来的时间长吗？

答：（点头）

问：那平时是和外公外婆一起住吗？

答：和爸爸（妈妈在外面工作，父亲在农村）。

问：暑假一般干什么呢？

答：玩玩具、看电视。

问：会看看书之类的吗？

答：会。

问：是你自己主动（学习）还是爸爸妈妈让你（学习）的啊？

答：妈妈让的。

名字：T　年龄：5岁（中班）

问：暑假有上补习班吗？

答：（摇头）

问：平时玩手机吗？

答：（点头）不玩游戏，看视频。

问：爸爸妈妈对你玩手机有要求吗？一般让你玩多久？

答：一下子。

问：暑假会不会和别的小朋友一起出去玩？

答：不会。

问：暑假有没有去别的地方玩呢？

答：去爸爸工作的地方（福建龙岩）。

问：平时和妈妈一起住吗？

答：嗯。

问：家里会帮爸爸妈妈干活吗？

答：不会。

问：（没放假前）有没有想过自己暑假该怎么过？

答：没想过。

问：反正就跟着妈妈对不对？

答：（点头）

问：在家里会不会看书？

答：不会。

名字：X　年龄：12岁（五年级）　名字：Y　年龄：11岁（三年级）

问：暑假有上补习班吗？

（X）答：数学思维。

（Y）答：四年级数学。

问：在哪里上？

答：我们学校对面（镇上唯一中学广福中学，即在镇上补习）。

问：主要上什么呢？

（Y）答：老师给我们看四年级的书，我觉得挺简单的，有些难的可能以后也会变化一下，所以现在主要是自己练练字。

问：有没有自己的手机呢？

答：有。

问：什么时候开始有手机？

（Y）答：一年级的时候就有了，小时候爸爸妈妈长期不在家就买了一部手机给我，现在基本在家了，所以假期才能玩。

（X）答：二年级的时候就有，我有手机是因为他们新买了手机，旧的就给我了。

问：平时一般用手机干什么？

答：听歌、玩游戏、看视频。

问：家里人对玩手机有要求吗？

答：有，比如说什么时候必须睡觉啊。

问：暑假的作息时间和平时有什么不一样吗？

（X）答：比上学时候宽松一点，有时候会晚睡（晚上9—11点，早上6：30起床）。上学路上帮家里人买早餐。

问：前几年暑假怎么过？

（X）答：去厦门。平时很少见到爸爸，他过年时候回来，暑假时候我们过去。

（Y）答：爸爸在深圳工作，每隔几个月回来一次住几天，寒暑假都会回来。

问：所以你们的暑假基本是上上补习班、回老家之类的？

答：差不多，有时会去别的地方走走。

问：去过哪些地方呢？

(X)答：鼓浪屿、香港，还有好多地方。

问：假期会和同学一起出去玩？

(X)答：和同学一起去烧烤。

问：会不会和同学一起出远门？

答：爸妈不让单独去（连去县城玩都不让）。

问：暑假作业怎么安排完成的？

(Y)答：早就做完了，上完补习班回家就一直写。

(X)答：我就除了数学（没写完），有空就写。

问：有没有预习高年级的课程？

答：有，补习班就是上高年级的课的。

问：暑假开始前有自己的规划吗？

(X)答：有。每天早起，早点把暑假作业写完。我没想到要去补习班的，也没想到那么晚才去我爸那里。

问：是今年暑假才开始上补习班吗？

(X)答：平时也有，五年级下学期。

(Y)答：今年才开始。

问：还有什么规划吗？

答：暑假作业要求要写，已经记不太清楚了，大概就是要安排什么时候娱乐，什么时候学习。

问：有没有想过掌握一门新技能，比如学画画？

(X)答：幼儿园就开始学画画了，现在我妈妈不让我学了，给我报了舞蹈班。

问：那你们设想的和实际的相差大吗？

答：（点头）有一点大，平时会偷懒。

问：相差大的时候是什么心情？

答：后悔，就很自责为什么不早点做完。

名字：Q　年龄：8岁

问：你的假期会上补习班吗？

答：没有。

问：一般假期怎么过的？

答：读书。

问：有没有去别的地方玩？

答：没有。

问：暑假一般都是在家里对吗？

答：对。

问：爸爸妈妈会带你去旅游吗？

答：不会，我爸爸整天睡觉都不带我去玩。

问：平时和爸爸妈妈还是爷爷奶奶一起住？

答：都在一起住。

问：爸爸妈妈有给你买手机吗？

答：我有部手机被我（亲）哥哥抢了。

问：假期会在家里玩手机吗？

答：不会。

问：假期会在家主动学习吗？

答：会，晚上回家写作业。

问：在家会帮忙做家务吗？

答：会，扫地。

问：有没有预想过自己的暑假是什么样的吗？

答：没有想过。

问：会不会经常吃零食？

答：不会，爸爸妈妈管得严。

田野里的暑假生活？

◇ 尹祥锐（旅游学院2017级本科生）

一、农村的孩子

我觉得在正文开始之前，我们要明确一个定义——农村，只有明确这个定义，才能知道谁才是我们想要了解的对象——农村的孩子。现在主要是依靠户籍状况来判断城镇人口和农村人口，从国家统计局的数据来看，我国的农村人口一直呈现下降的趋势，城镇人口则是在稳步地增长。但是，我理解中的"农村人"并不是那些户籍是农村的人口，我所理解的农村是一个比较大的概念，是以地区来衡量的，是从我自己在农村出生、长大、生活的经验、感受中总结出来的。我来自四川省宜宾市叙州区安边镇，在我的印象中，虽然外面的世界一直都在向前发展，但是家乡还是一如既往。虽然每次回家都能看到一些变化，但是这些变化并没有让我觉得很惊喜，而是觉得这些变化是应该的，如果不变，就会落后。我的家乡地理位置很特殊，处在川滇交界，安边镇隔金沙江相望的是昭通市的一个县级市——水富市，金沙江的一条支流横江也从这里汇入，两江三岸，与水富隔横江相望的则是和我们镇相同辖区内的一个小镇，叫小岸坝。在我看来，我们这个大的地区都是农村，尽管水富是一个县级市，但是从大的经济环境、文化环境上来说，我觉得还是算农村地区，不能算是一个小城市。从地理位置上来说，这里可以说在川西南地区，也可以是在滇东北地区，不管怎么说，大的区位都是在西部地区，经济水平都比较落后，在我看来，一个地区是不是农村地区，经济因素是很重要的，经济是其他一切问题的根源。在暑假回家之前，我参加了学院组织的一个调研，去了江苏的常熟，到了他们农村，顿时就觉得为什么同样是农村，差别会那么大？说来说去其实就是"钱"的问题。

再来说农村的孩子，作为土生土长的农村孩子，我觉得我见证了农村孩子们日常学习生活的变化，了解我们那儿的农村孩子们是什么样的。在讲述他们的暑假生活的时候，首先还是要给他们分类，这样才能更好地了解他们的生活，我觉得大致可以分为三类：第一类人父母都是农民，世世代代都生活在农村，自己种什么粮食就吃什么，更确切地说是生活在山里，距离最近的乡村集市都有较远路程，外出交通比较不便，基本上只有一条公路能够通到外面，也没有自来水、天然气的供应，看电视用的是天锅信号不是闭路信号，通信讯号也不是很好，WiFi也基本上没有，这一类人所在的地方是大众普遍认知里的农村；第二类人生活在乡村集市周围，交通比较方便，通过其他途径获得主要的收入，已经将农业作为副业，都有自来水、天然气，粮食基本上都是从外面购买，自己种的比较少，家家户户也基本上都有WiFi了；第三类人是移居到城镇上的，但还是农村户口，算是半个城里人，比如我们那儿就有很多人到水富买房子定居，只是偶尔会回农村，已经完全放弃农业生活。这几个分类有一个共同点，就是总体的文化水平比较低。

二、他们的暑假

我的家庭是一个比较复杂的组合家庭，整个大家庭里基本上能够包含以上的三种类型，就我自己的小家庭来说，应该是属于第二种类型的，首先我就来分享一下第二种类型的孩子们的暑假。我们家是三姊弟，家里还有弟弟和妹妹，妹妹今年17岁，弟弟今年12岁，妈妈在附近的向家坝水电站的职工宿舍楼里打扫卫生，叔叔平时没有固定的工作，家里也有一些土地，妈妈一般会在下班之后去地里种点菜，够平时吃就行了。我放暑假刚刚到家的那几天，刚好是我们那儿玉米成熟的时候，每天下午妈妈下班以后，就和叔叔在地里剐，然后我们姊弟三个人就帮忙搬运，每个人背个背篓（图1），我记得那天我们背了大概四五趟，每次都基本上是满满的一背篓。在我回家之前，弟弟和妹妹已经帮忙背过两三次，因为也习惯了，所以也没觉得辛苦。每年夏天的时候是帮忙背玉米，秋冬则是帮忙背红薯，这大概是城里的孩子一辈子都不会有的经历与体验。玉米都收完了，我们又去花生地里帮忙择花生，妈妈一个人挖，我们姊弟三人就把花生从藤上择下来，连着好几天都是天快黑了才回家。家里有一些枣树，但是今年雨水比较多，基本上还没成熟就全掉了，我记得以前枣子结得比较好的时候，每天听见狗叫就要去看一下是不是有人偷枣子，摘枣子的时候也是全家出动去帮忙。

图1　背着玉米走在我前面的弟弟和妹妹

平时在家的时候，也没什么事情可以做，但是我发现这次回家时，弟弟和妹妹都沉迷于玩手机游戏，虽然不是特别痴迷的那种，但还是让我很震惊。我觉得现在沉迷游戏已经是社会中一个比较普遍的现象了，只要有手机、有网络，就会有这种现象存在，虽然我一直觉得我妹妹不会沉迷于游戏的，但还是"沦陷"了。虽然说他们喜欢打游戏，但是平时还是比较懂事，在家的时候，奶奶经常说弟弟还是很乖的，因为妹妹读高中，一个月才回家一次，所以家里基本上都是弟弟帮着家里的大人干些活儿，每天下午放学回家以后，他都跟着奶奶到坡上去背柴火，叫他上街去帮忙买点啥的，他也马上就去了，虽然读书成绩不好，但是干活儿还是挺不错的。平时假期里，弟弟还会陪着奶奶打打牌。如果要说弟弟每天的日常的话，他每天8点左右起床，然后吃早饭，吃完就看电视，或者一边吃早饭一边看电视，然后就和我一起把家里的粮食搬到外面的场坝里晒，然后便继续玩手机或者看电视等着吃午饭，吃完午饭又开始看电视或者玩手机，奶奶午睡起来以后就和奶奶一起打牌。太阳下山以后就把晒在场坝里的东西收起来。如果妈妈回来了，地里需要帮忙，就去帮忙，然后就是吃晚饭，要是妈妈下班回来，没有让去帮忙什么的，他就会拿着妈妈的手机玩游戏，好几次我把他下载到妈妈手机里的游戏删掉了,他就哭了,还赌气不吃饭,每当这时我还会反被妈妈骂,真的不知道应该说什么了。吃完晚饭看会儿电视然后就睡觉,这就是普通又真实的一天。

弟弟偶尔还会到阿婆家里去,阿公阿婆就是他的亲爷爷奶奶,他们两个老人住在山里,两个老人也都80岁了,平时以务农为主,但是现在很方便的是公路通到家门口了,交通上还算便利,阿公阿婆住的那一带基本上属于第一种类型。虽然村里通了公路,但是因为距离集市比较远,所以一般只有在赶场的时候才会上街,而且一般都是去卖菜,不是去逛街;村里的饮用水也还是井水,没有自来水,是很传统的农村的样子。阿公阿婆他们就两个人住,两个老人虽然说年纪已经很大了,但是身体很硬朗,不仅种了很多粮食,还养了一头牛、两头猪和一些鸡,叔叔也会经常带一些菜出来吃。前两年,叔叔在家后面挖了一个池塘,养了一些鱼,弟弟就偶尔去钓鱼,因为我在家里看见他玩游戏就会说他,他索性就离我远一点,在暑假里去阿公阿婆家也比较频繁,因为山里信号不好,更没有WiFi,意味着没有游戏玩,只能去钓鱼,或者跟着阿公阿婆去地里帮忙干干农活儿。在阿公阿婆家没人管很自由,有的时候经常会待好几天才会回家。平时在家里,妈妈也经常会用开玩笑似的语气跟弟弟说:"你读书不得行,以后初中毕业了就到阿婆那里去,帮阿婆他们割牛草喂牛。"在家里,妈妈经常会在旁边唠叨,说"阿婆他们那个村的谁谁谁,人家才十一二岁,就自己到地里去干活儿了;谁谁谁人家一放学就帮家里人到地里干活儿啥的"。诸如此类的话从我初中就开始唠叨了,如果偶尔去看看阿婆,好像也确实能够看见几个帮家里人干活儿的小身影。因为农村里现在剩下的基本上就只有小孩和老人,所以小孩子要承担的东西会更多、更沉重,"穷人的孩子早当家"是有一定道理的。

第三类人以我姑姑家为例。姑姑现在在水富贷款买了一套房,然后开了一家小吃店,平时卖点炸土豆、凉皮凉面,她的小儿子现在才四岁,大儿子今年应该有20了。姑姑从我小学的时候就开始在水富做生意,刚开始时卖炒货,之后才改卖炸土豆等小吃,她以前一直都是在水富租房子住,前两年才自己买了房子。她的大儿子也是一直跟着她生活,刚刚开始卖炒货的时候是租住在菜市场的小房子里,平时因为要做生意,就没有怎么管大儿子,因

为不想待在菜市场那种嘈杂的环境里,大儿子在小学的时候就跟着一些所谓的朋友去网吧,然后就迷恋上了打游戏,所以学习成绩也不好,道理也说不通。初中毕业以后,姑姑送他去了一所职高读书,职高毕业以后一直都是半待业的状态,做过一段时间的网管,后来好像也做过其他,但是时间都不长,大多数时间都是在家里啃老。今年暑假我回去的时候他才找了一个在移动营业厅卖手机的工作,不知道这一次他又能做多久。姑姑的小儿子才四岁,因为正在放暑假,所以姑姑不得不把他带着,一边看孩子,一边看店,有时他会拿姑姑的手机看动画片,在家里的话,一般也是看动画片,如果不让他看,他就会哭闹;有时也会和周围店铺里年纪相仿的小朋友一起玩,但因为他们一般在街上玩耍,所以姑姑也经常不放心。因为每个月要还房贷,还要为小儿子以后读书存钱,所以姑姑也没办法把小儿子送到专门的看管机构去。虽然小儿子已经四岁了,也上幼儿园了,但是不知道为什么,到现在他说话还说不清楚,很多时候我都听不懂他在说什么,需要姑姑来翻译。

我有个发小,他们家也是住在街上,她有个弟弟,今年差不多11岁,她的弟弟从小身体就比较弱,容易生病,她的妈妈全职在家带弟弟,她的爸爸以前卖猪肉,现在在外面打工。平时周末她的妈妈也不会让弟弟单独出去,会在家看孩子,守着孩子做作业、陪着孩子看电视。她的妈妈在家陪弟弟的时候会对弟弟看电视、玩手机的时间有规定,不会一直让他看电视、玩手机,所以可能也是因为这样,弟弟成绩还行,而且也很听话。在这一种分类中,虽然他们已经完全远离了农业生活,貌似是过着城里人的生活,但是他们的孩子还是和城里的孩子不一样。

关于第二类,里面还有一种情况:父母到外地打工,然后家里由老人带着孩子,老人平时就在家里干干农活儿,照顾在上学的孙子,暑假的时候,父母可能会把孩子接到自己身边。我有一个高中同学的家就是差不多的情况。他们家也是三个孩子,和我们家类似,两个女儿,一个儿子,年龄也差不多。今年暑假的时候,他们的父母就让大女儿也就是我的高中同学带着弟弟和妹妹来广东江门,到他们的父母上班这边玩儿。他们的父母在这边租了房子,前年的时候还买了车。暑假的时候有个工友把他们家一个四五岁的小朋友放在他们家,所以我的同学平时就在家里负责洗衣服做饭、看弟弟和另一个小朋友,她在家看弟弟的时候很无聊,基本就是玩手机,弟弟也就是看电视。妹妹则在附近的工厂里面找了暑假工。周末放假的时候他们一家人会开着车到江门附近的地方玩儿。这种情况在我们那儿还是比较多见的,因为在外面打工的人挺多。除了出去的,也有回来的,我的大姨嫁到了广州这边,每年暑假的时候她就会带着女儿回老家,待一个暑假,开学了才会回广州,这也是很特殊的一个群体,回来以后也还是就和农村的孩子们一样,会在一起玩,也会一起跟着干一些比较轻松的活儿,算是体验农村的生活。

然后跟大家分享几张图片。图2是我刚刚回家的那天,在水富街上等叔叔来接我的时候看到的一对爷孙。我当时心里很有感触,那个时候已经中午1点多了,爷孙俩才背着背篓准备回家,爷爷的背篓里依稀还能看见秤杆。这种情况在我们那儿也算是比较常见的,周末或是假期一般都是集市上人比较多的时候,很多时候就是爷孙两个人一起去集市上卖东西,差不多中午的时候再一起回家,回家之前会在街上买一些小饼干之类的小零食,然后中午过后才会回到家,回到家之后才做饭吃。

图2 在街上卖完东西准备回家的爷孙俩

图3、图4是暑假我们去一个农家乐吃酒席的时候拍的,吃酒席的时候是最热闹的,也是小孩子们最喜欢的。貌似现在小朋友们也离不开手机了,上了小学三四年级或者更大一点的孩子们会聚在一起,有的是自己有一个家长

用过的旧的智能手机,有的就直接拿着家长的手机,然后就开始围在一起打游戏,年龄稍微小一点的孩子就围在一起看那些年龄大一点的孩子打游戏;年龄再稍微小一点的,就拿着父母的手机看动画片。原本吃酒席的时候应该是很多小朋友一起开心心玩耍的时间,但是现在都各自围着手机玩儿,感觉好像没有了童年那种和小伙伴一起玩耍的乐趣,缺少了小伙伴之间的真实的交流与沟通。甚至连三四岁的小朋友都嚷着要家长的手机玩儿,我真的觉得有点不可思议。

图3 围在一起打游戏的小孩子们　　图4 拿着爸爸的手机看动画片的小朋友

图5是快回学校的时候去我一个高中同学的家里玩,傍晚的时候路过一个小河沟,我们就去洗了一下脚,想凉快一下,却意外地发现桥下坐着两个小朋友,也是在那里纳凉玩耍,询问以后得知,他们现在在上四年级,帮家里收完晒好的谷子以后,就到小河沟里洗一下脚凉快一下。在农村,大部分的家庭都没有空调,白天的时候外面太阳很大,中午的时候基本上一家人都在家里休息,下午四五点的时候家里的大人就会到地里去干会活儿,一般要天黑了才会回家,家里的孩子们的任务就是在太阳落山以后把家里晒在场坝里的粮食用麻袋、箩筐等收起来,等大人回家以后再搬到家里。一整个夏天基本上都有东西要晒,晒完玉米,就要把玉米粒剥出来,然后再晒玉米粒,然后晒花生,然后再晒谷子,小孩子就是大人们的小帮手,每天收完粮食以后的短暂的傍晚就是最快乐的时间。

乡村儿童的暑假生活

图5　两个在桥下纳凉的小朋友

三、我小时候的暑假

看到这些我也不禁想起了我小时候的暑假，感觉和他们现在也差不多，但是又觉得我的暑假比他们现在要多一些东西。我的家里有一棵很大的黄角兰树，小时候每年夏天到了花季的时候，早上妈妈、爷爷和我们几个小孩子就会早起帮忙摘花，然后奶奶再拿到街上去卖。如果我放假，比如周末或者暑假，就会跟着奶奶一起去街上卖花。我大概从小学四五年级就开始跟着奶奶去卖花了，早上6点多出门，端着一个装着用针线串好的花的篮子，站在路边或者挨着一些卖水果的阿姨的摊位坐着卖花。一般都是我和奶奶分开去两个不同的地方，如果卖得多的时候，我一个人能卖三四十块钱，和奶奶一起能卖一百多块钱。每次也都是快中午的时候才卖完，实在卖不完就会送给周围做生意的阿姨，然后和奶奶一起回家，早饭和午饭一起吃。每次去卖花，奶奶都会让我自己留十块钱，小时候我基本上就是靠这个方式自己赚零花钱，因为平时家里也不会给零花钱，暑假的时候赚的这些钱可以够我自己一学期的零花钱，那个时候觉得自己还是很能干的。一直到初三，每个花季我都会和奶奶一起去卖花，上高中以后，就剩奶奶一个人，也没有太多时间和精力打理树，所以树上渐渐长虫了，也不怎么开花了。回家那天看到那对爷孙时也想起了自己小时候和奶奶一起卖花时的场景。

夏天的时候，因为家里大人都比较忙，衣服比较薄、比较好拧，所以家里的衣服也是我来洗，现在就基本是妹妹在洗，暑假都在家就轮流来。家里

的洗衣机是那种半自动的洗衣机,已经用了很久了,因为没坏所以也一直没有换新的,妈妈也只有在冬天的时候才会用洗衣机洗衣服、甩干衣服。

小时候最开心的事情就是去吃酒席,不管红白喜事都喜欢,因为乡里办酒席整个村儿基本上都会去,学校里的同学大多数也都是一个村儿的,所以吃酒席的时候大家就能聚到一起,吃完饭以后就到处去玩儿,漫山遍野地跑啊,玩躲猫猫,真的很快乐。我是上高中的时候才有了第一部智能手机,所以打游戏之类事在我小时候根本不存在,我那个时候比较沉迷的应该也只有看电视。

小学、初中我都是在镇上的学校读的,平时也都是学校的第一名,也没有什么学习上的压力,老师也不会布置太多作业,所以基本上,我从小学到初中每天的作业都能在学校里做完,回家就只是玩儿,看看电视,然后去地里帮忙干干活儿。暑假作业一般也就只有一本薄薄的《暑假生活》,所以放暑假的日常也是看电视,以及帮着晒晒粮食、收收粮食。因此在上高中以前,我觉得我一直都很快乐,没有什么烦恼。上了大学以后才发现,和周围的绝大多数同学相比,真的已经输在了起跑线上。宿舍夜聊的时候我们经常会聊到小时候的事情,从小就在城里长大的同学们,小时候多多少少都去上过舞蹈兴趣班、主持人培训班之类培训班,小学的时候家里就有了电脑,接触到了网络世界,但是这些我在小时候从来没有过,我的第一部智能手机都是初三的时候才有的,才开始上网之类的,因为了解很有限,知道的也就只有百度,那部手机还是用我自己的压岁钱买的,是一部300多块钱的很一般的智能手机,一直用到高三。很多时候物质条件的差异在很大程度上会决定非物质条件上的差异。

四、总结

农村的孩子们受到地区经济条件的制约,家里没有经济条件去支持孩子们在暑假里发展自己的兴趣爱好,更多的时候需要帮助家里的大人干些力所能及的事情。

不同类型的家庭的孩子有着各自要面临的教育难题。但总体上来说,我们那儿我们这一代人的家长文化水平都不高,一般都是初中及以下的学历,所以在学习上都帮不了孩子，一般都是靠孩子们自己的天分、自觉和努力。我的很多初中同学的家庭属于第一类，所以初中毕业时，很多人就直接不读书了，离开家出去打工，有的是去自己的父母所在的地方打工，有的是自己出去闯荡，现在仍有很多这种情况。所以我很庆幸，虽然我的长辈们的学历也不高，但是他们一直都支持我读书，所以我才能到中大学习。

在农村地区，最常见的电子产品就是手机，电脑是很多家庭都没有的，很大一部分家庭甚至连WiFi都没有，所以手机基本上可以说是农村地区的孩子们接触网络信息的唯一来源。因为家长也没有教孩子正确使用手机的意识，也不知道如何教孩子去利用手机，基本上所有的农村家长对孩子使用手机的管制就是经常跟他们说"少玩儿一点手机"，但作用不大，所以孩子在使用手机的时候就越来越沉迷手机游戏。

对于农村的孩子们来说，家里人平时是不会平白无故给零花钱的，都是需要自己去挣的，比如跟着大人一起去卖东西，或者帮大人跑腿，最后可能会得到几块钱的零花钱。得到的零花钱有的孩子会攒到开学，给自己添置一些学习用品，有的则是嘴馋的时候跑去村里的小超市给自己买点儿小辣条之类的小零食，如果暑假里攒的零花钱够多的话，就会留到下一学期用，因为家里基本上不会给零花钱。

总之，我周围的农村的孩子们的暑假大概是这样子的，虽然现在的孩子们的暑假仿佛少了一些孩童之间的亲密交流，少了一些与同伴在田野间嬉戏玩耍的记忆，被手机拴住的时候要更多一些，但是这些变化中也保留着过去农村孩童们的一些暑假活动，比如帮着家里人干干家务活儿，有时间就看看电视，孩子们便这样既充实又无聊地度过一个又一个暑假。

本书出版获中山大学树人哲学发展基金资助

家乡田野 下

吴重庆 主编

中山大学出版社
·广州·

乡村小学

(2021年)

从"校长妈妈"到"校长奶奶"
——一位村小校长的坚守

◇ 徐璞玉（哲学系2021级硕士生）

一、写在前面

终于决定执笔写下这篇家乡田野的报告时，我脑海中一闪而过两个画面：第一个是在去年入学前，我首次向导师发送的邮件中提及我对导师所承担的"乡村振兴"课题的兴趣以及参与的意愿；第二个是当我看到本期"家乡田野"的主题为"乡村小学"时，我反复编辑并最终删除了转发这则通知的文案，仅留下"归于启明"这一句话的朋友圈。于我而言，这不仅是一次回归家乡的调研，更是一次很有趣的角色转换，以研究者的身份，保持适当距离，力求客观、详尽、全面地记录下我从三年级至初中时期曾全日制"寄宿"于此，并已生活了14年的乡村学校——怀远县启明学校（图1）。之所以在"寄宿"二字上加引号，是因为我并不是真正意义上离家求学的学生，而是我的父母作为这所学校的创办者，让我成为和其他同学一样寄宿在学校，但不离开父母的"留守儿童"。尽管这篇田野报告的研究对象是我所熟悉的场所，它对我来说却依然具有特殊意义。在以往的假期中，我通常大部分时间都在校内宿舍楼里度过，我的父母则全年无休，日复一日早出晚归，早上六点半便离开宿舍下楼工作，一日三餐都在食堂解决，直至晚上十点甚至更晚才回家。即使在假期，我和他们每天实际相处的时间也不过几个小时。因此，在决定撰写"家乡田野"报告的这个假期，我和他们一样，起床后就下楼到办公室，为自己设置一个工位，和他们一起工作直至夜晚才下班。这种全天候的"跟踪记录"，让我对这所学校、他们作为创办人的工作情况以及这些年来所发生的变化有了更深入的了解。

图1　安徽省蚌埠市怀远县启明学校

实际上，在这个主题下，我本可选择小学时期曾就读的公立学校茆塘小学作为调研对象。然而，一方面，类似茆塘小学的乡村学校及其面临的困境，已有大量报告反复提及，我并不想亦步亦趋地进行复刻描述。另一方面，作为同村庄中的另一所学校，启明学校近年来的发展已突破了我们对传统乡村学校的认知。在这背后，我亲眼见证了创办者如何以数千日夜的心血，辛勤工作。在我本科的毕业论文致谢中，我这样写道：感谢我最亲爱的父母，他们一边夜以继日地工作，一边挂念着身在他乡求学的我，给我最大的精神支撑和物质支持。是他们几十年来身体力行着"勤劳、坚韧、无私、大爱"，为我坚定本心、独立人格、追求未来树立了最好的榜样、创造最好的环境。我的父母是意气风发的奋斗者，他们的人生充满传奇故事，他们的人格矜贵动人。尽管我已21岁，但在他们眼里我永远是没长大的孩子。他们以毫无保留、热烈而朴实的爱将我倾覆。我的母亲除了作为我的母亲，还有一个更为人熟悉的称呼——校长妈妈。但这个称谓已随时间而变迁，十年的光阴足以见证一代人的更替，从她41岁到55岁，从我8岁到22岁，她也已从"校长妈妈"变成了孩子们口中的"校长奶奶"。在此，我谨将本篇报告献给我的父母，以及他们为之奉献半生的教育事业。

二、启明学校之前身——一所特别的乡村学校

怀远县启明学校位于安徽省蚌埠市怀远县白莲坡镇茆塘村。启明学校是为了进一步提高留守儿童受教育质量，于2019年8月在怀远县教育体育局、怀远县民政局批准下，正式成立的一所九年一贯制学校。与位于白莲坡镇中心、相隔1.3公里的辐射全镇的白莲坡中心学校，以及位于茆塘街头、相隔600米的公立茆塘学校不同，启明学校是一所前身为"茆塘留守儿童之家"（以下简称"留守儿童之家"）的新兴民办学校，也是全镇唯一一所发展起来的民办学校。启明学校的创办人是原茆塘学校校长顾云美和现任怀远县河溜学区管委会主任徐乃堂夫妇。介绍如今的启明学校就不得不先交代它的前身"茆塘留守儿童之家"。

"茆塘留守儿童之家"于2008年9月成立，主要招收白莲坡镇及周边的荆山镇、常坟镇、兰桥乡等地区的一至九年级的留守儿童。最初，"茆塘留守儿童之家"规模较小，只有不到30名学生。顾云美夫妇和孩子们同吃同住，亲自照顾孩子们的日常起居、学习辅导和课外活动。随着时间的推移，"茆塘留守儿童之家"规模扩大至600人，也扩建了宿舍、食堂、教学楼，聘请专业的教师、辅导员、生活老师等负责学生的学习和生活。蚌埠市妇联党员教育电视片《156个孩子一个家》对此有详细的记录（图2）。

图2 蚌埠市妇联党员教育电视片《156个孩子一个家》

顾云美从怀远师范学校毕业后，成为茆塘学校的一名正式教师。在执教的首年，顾云美负责的班级学生表现卓越，成绩显著，她因此获得全镇"公、

民办教师教学大赛"第一名。此后,她连续四年在全县教学评比中名列榜首,并荣获怀远县首届"教坛新星"称号。除了扎实的教学能力,她对班上学生的关爱更令人动容。在教学生涯中,她曾遇到一名成绩十分优异却经常迟到的学生。尽管多次强调纪律,然而该生的行为并未有所改变。她觉察到其中必有隐情,遂主动与该生进行深入交流。通过了解,她得知这名学生与奶奶共同生活,而奶奶身体欠佳,加上要照顾五个孙辈,力不从心,因此这名学生在学业之余,还要承担照顾全家的重担,每天早上买菜做饭后才能匆忙去学校上课,中午还要赶回来为家人准备午餐。顾云美在心疼之余,更积极给予实际的帮助。由此,她和丈夫在2007年设计了《白莲坡镇留守儿童情况登记表》以及《白莲坡镇留守儿童情况统计表》,依托学校对全镇中小学在校学生的情况进行全面调查,了解留守儿童的比例,向所有留守儿童发放《留守儿童思想道德、生活、教育状况调查表》,以更好地了解情况。摸清了小学阶段所有留守儿童的基本情况后,她又采取了入户走访、个别交流等方式收集、整理相关信息,并在最后形成关于留守儿童的调查报告。调查的结果非常令人担忧:据统计,2007年全镇中小学共有留守儿童4738人,占全乡中小学学生总数的55.9%,其中父母双方都在外务工人数为2986人,占留守儿童总数的63%,一方在外务工的有1752人,占37%。父母双方都外出务工的这一部分学生中,有91.6%的学生跟随外公外婆、爷爷奶奶等祖辈生活,还有285人寄宿在其他亲属家,另有28人自己独立生活。尽管这些留守儿童的家庭经济状况普遍有所改善,但由于多数由祖辈代为照顾,隔代教育导致他们与非留守儿童之间存在显著的隔阂。他们往往与祖辈缺乏适当的交流或被溺爱,没有得到正确的引导与教育。这些孩子容易产生一系列心理问题:性格冷漠、内向、自卑、对人缺乏信任……因此,这些孩子普遍面临着"生活上无人照应、行为上无人管教、学习上无人辅导"的"三无"状况,由此带来学习成绩不理想、道德品质下滑甚至人身安全受到威胁、进行违法犯罪活动等严重问题。顾云美夫妇因此萌生出创办一所留守儿童学校,将这些留守儿童集中起来照顾管理的想法。他们迅速与当地教育局、市政府领导进行沟通,并在他们的鼓励和支持下筹资兴建了"茆塘留守儿童之家",实行全日寄宿制管理,全面负责部分留守儿童的学习、生活及思想教育。截至2018年,"茆塘留守儿童之家"平均每年接收200名留守儿童。2019年,由于学籍制度变更,原本在"茆塘留守儿童之家"就读

的学生学籍需要转接。为更好地保证这些留守儿童的教学和生活质量,在怀远县教育体育局、怀远县民政局的批准下,"茆塘留守儿童之家"正式改制为九年一贯制的学校,并更名为"启明学校"。

三、从"留守儿童"到"启明学生"的那些孩子——几位学生的真实事例

香江社会救助基金会与中国科学院心理研究所于2021年3月联合开展了一项全国范围内的调查,抽取安徽、甘肃、广东、黑龙江、湖北、湖南、四川七省的16所小学,共收集乡村儿童样本有效问卷2498份,乡村儿童家长样本有效问卷694份,乡村小学教师样本有效问卷81份。基于这些数据,研究者采用儿童抑郁量表(CDI)作为测量工具,并于2021年11月发布《乡村儿童心理健康调查报告》。该份报告表明,乡村儿童的抑郁检出率为25.2%,乡村儿童的抑郁平均得分为14.3分,标准差为7.9。以20分为抑郁倾向划界分,74.8%的乡村儿童无抑郁倾向,25.2%的乡村儿童存在抑郁倾向。此外,调查结果表明,相比于非留守儿童,留守儿童的心理健康风险更大,留守儿童抑郁检出率为28.5%,显著高于非留守儿童;留守儿童焦虑检出率为27.7%,稍高于非留守儿童。留守儿童在问题行为方面也显著高于非留守儿童。在自尊和坚毅力方面,乡村儿童中留守儿童与非留守儿童之间存在显著差异,非留守儿童在自尊和坚毅力方面表现更为突出。①

如果亲身接触并深入了解这些农村留守儿童,上述结果或许并不出人意料。在留守儿童群体中,一些孩子孤僻任性、逆反心强、厌学逃学,有的孩子与社会上的无业青年厮混,沾染上不良习气,甚至走上违法犯罪道路。正如我在周五和在校外等待孩子回家的一些家长交流时,问起他们:"你们家小孩来到这个学校有什么变化吗?"他们以最质朴的语言给出了回答:

> 我们老头老妈子没文化,大字不识一个,小孩跟着我们以后也会是文盲。来这里有人照顾,而且我家小孩是聪明孩子,来这有老师辅导作

---

① 皮磊:《乡村儿童心理健康调查报告》,载《公益时报》2021年11月30日第14版。

业，成绩一下就上去了，我们多放心。

我和他爹身体也不好，小孩平时不好好吃饭也不好好学习，让他做作业从来不做，让他上学，他半道上就跑别处玩去了。我们打也打不得，只能送到这里，结果没想到这一个学期下来，变得不调皮了，还能考70多分，我们也算是对得起他父母了。

我儿子本来就内向，不喜欢说话也不学习，我们在外面打工给他再多的钱他也跟我们没几句好话，跟他学校的班主任打听，班主任就说也不捣蛋，就是不学习，他们也没办法。有时候真想骂他，但又觉得是我们亏欠了他。把他送到这里之后，话也变多了，学习也认真了，对我们也不像原来那样埋怨了，我们家就这一个儿子，你知道这样的变化，我和他爸多感动。

以上这些都是家长对这所学校的真实反馈，接下来，我将叙述一些令人印象深刻的案例。这些案例中的学生，在学校成立初期便因问题较为严重而被送来就读。他们是我曾经密切接触过的人群，但由于涉及个人隐私，以下将采用化名形式进行记录。

第一个学生叫牛X，大家都称呼他为小牛，于2010年9月被当地司法所转介至学校，当时仅就读一年级。他的父母离异，各自成家，多年与家里没有联系，爷爷去世得早，因此他从小跟随奶奶生活，祖孙俩相依为命。然而，2010年8月，他的奶奶因病去世，家中伯叔、姨舅等亲属都不愿抚养他，遂致其成为无人照料之孤儿。当地司法所也无法解决这个问题，于是便由政府提供每月200元的生活补助，将他送往"茆塘留守儿童之家"。但200元的资助实难满足孩童之日常所需，故除免除其学费及生活费外，学习用品、生活必需品、医疗费用等均由顾云美夫妇承担。逢年过节，顾云美亦携小牛一同走访亲友，共度佳节。最初，家中其他亲戚对这位新成员充满疑虑，但随着时间推移，逐渐习以为常，并开始为其准备压岁钱。小牛因幼时缺乏照顾，即便年岁已长，仍持续有尿床之习惯。顾云美为此购置大量纸尿裤，并于每晚检查其是否穿戴妥当，为其整理床铺。尽管如此，第二天早上通常仍会听

到他来报"洗"的消息，由于当时无专职后勤人员负责洗涤孩童衣物，顾云美便亲自为其洗涤衣物及床单。后来，顾云美带着他去看中医、熬中药，经过一年多的调理，终于把他尿床的毛病治好了。对于小牛这样的孩子而言，除了物质上的供给与支持外，精神上的关照与鼓励尤为重要。顾云美在心理及生活学习上对小牛的照料，可谓是将其视如己出。幸运的是，小牛性格开朗，心事常与校长及教师倾诉，成绩虽非顶尖，但持续进步。至今，小牛依然乐观向上，努力生活。

第二位学生名叫小Y，她的故事更加特殊。她被送到留守儿童之家时年仅8岁，有着一副机灵漂亮的面孔，但她是在当地派出所办案过程中被收留的。刚到这里时，由于置身于陌生的环境，她显得不安，目光四处游移，沉默寡言，面对询问仅以点头或摇头作答，这让她难以与同学沟通和相处。她在学习方面也存在着困难，由于从未接受过正规教育，她缺乏良好的学习习惯，无法专心听课，也不愿意完成作业。顾云美不断给她做心理疏导，同时陪她一起吃饭、做游戏、写作业。随着时间的推移，小Y开始主动亲近顾校长，并愿意与同学们一同玩耍，她的学习成绩也逐渐提高。尽管如此，她偷窃的恶习仍旧未改，导致班级和宿舍频繁发生失窃事件，让同学们怨声载道。在这种情况下，顾云美就会在事后找机会和她谈话：

"校长知道不是你拿的，因为我相信你一定记得我跟你说过，不经允许拿别人的东西叫作偷，偷东西是不对的。你原来不知道这是不对的所以才会那样做，但现在的你不会了。同学们怀疑你也是因为过去你做错过，但我相信你现在一定不会。"

在不断教导与指引下，年仅8岁的小Y逐渐理解了何为正道，并在众人信任与关爱的滋养中，摒弃了偷窃的不良习惯。随着年岁的增长，她开始深刻认识到自己幼时行为的不当，并出人意料地立志成为一名特警。最终，凭借其卓越的成绩与身体素质，她成功通过了警校的严格考核，并在初中毕业后顺利考入了合肥警校。

还有两位叫作小F和小J的表兄弟，他们并不像上文的小牛和小Y一样有特殊的家庭背景，但将他们列举于此的原因有二：首先，与留守儿童之家大多数孩子不同，他们并非来自茆塘村、白莲坡镇或周边乡镇，而是来自广西。他们的父母在广州务工，广西老家中也没有爷爷奶奶照顾他们。小锋的妈妈于2014年夏天在网上看到留守儿童之家的报道，然后和表哥一起来到安徽。经过实地考察和与校长的沟通后，他们决定把刚读幼儿园大班的两个表兄弟送到这里。尽管从结果来看，这是一个明智的选择，但在此不得不对他们的父母所表现出的果断表示敬佩。其次，他们从幼儿园到如今六年级，已经在留守儿童之家生活了8年，堪称留守儿童之家的"元老级"学生。或许是因为有兄弟相伴，这两个孩子自从来到这里后很少因思念家乡而哭泣。最初，他们总是彼此为伴，后来，他们作为"元老级东道主"，在学校里认识了越来越多同学，逐渐融入了学校这个大集体。

两兄弟都聪明且努力，自小学一年级起，他们基本轮流包揽着班级的前两名。由于早已养成了在学校内的学习和生活习惯，班级规章、宿舍条例等早已熟悉并严格遵守，他们分别担任着班长和宿舍长，一直被同学们视为榜样。我自初中毕业后，便离家前往县城读高中，继而进入大学，回家的频率逐渐减少。家中孩子数量增多，昔日熟悉的面孔也已陆续毕业，我不再像以往那样熟悉家中的每个孩子。如今，当我回到家中，最熟悉的便是小F和小J这两位兄弟。他们从初来乍到时连话都说不清楚的稚嫩孩童，不知不觉间成长为阳光帅气、成绩优异的青年。

许多从留守儿童之家创办之初便参与其中，并顺利完成初中学业的同龄人，如今大多已踏入社会，独立承担起各自的责任。去年，一位已至大学三年级的学生选择回到这里进行实习教学。在回来之前，他用第一笔工资给两位校长买了礼物，回到学校时，看到如今已是原来三倍规模的启明学校，便开玩笑说："果然学校的好东西永远是在毕业之后。前'留守'人表示一百分羡慕嫉妒现在启明学校的学生了。"我说："是呀，但一切都在往前走，学校是日新月异了，那是因为当年'留守'的我们也一直在变好呀。"

在过去的14年里，两位校长和老师们身体力行，改变了无数孩子的生活轨迹。值得欣慰的是，他们都在这里改掉恶习陋习，不断进步、不断向好。14年间，乡里街坊乃至五湖四海的学生纷来沓至，从这里走出去的、毕业的孩子也络绎不绝，从留守儿童之家到启明学校，这所学校记录着数千名孩子的蜕变与成长，成就着他们的每一个故事。同样地，这里的每一个学生也见证着这所乡村学校从一方几亩地到如今建起了一栋栋楼房的改变，各个方面都发展得愈发先进成熟。

四、从这里开始,启明学校——校园日常教学、生活及活动缩影

因原有校舍规模已无法满足日益增长的学生数量,为了解决学生学籍问题并确保学生学习和生活质量,启明学校在县教育局的大力促进和支持下应运而生。

(一)校园基本情况

自创办以来,启明学校在正规化、专业化、科学化、现代化的方向上不断前进。学校现有21个教学班,共有学生962名、教职工71人、专职教师56人。学校占地18000平方米,校舍建筑面积3150平方米,运动场地2926平方米,绿化面积680平方米,图书11000册,建有厕所、浴室、食堂、师生宿舍、图书室、实验室、电脑室等功能室(图3至图9)。

图3 校园一角

图4 教学楼　　　　　图5 操场

图6　草坪

图7　文化雕塑

图8　电脑室

图9　实验室

（二）教学状况

启明学校与怀远县城重点示范实验学校、城关学校、荆涂学校等共同组成教育集团，日常组织联考，学期末参加教育集团总结大会。在常规管理上，启明学校全面推行以教学工作综合评价为主体，以课堂教学和教科研工作的考核评估为辅的管理体制，并将学科成绩和教师薪金直接挂钩，完善绩效制度与奖惩机制。在日常的教学活动中，学校积极推广多样化的教学方式，致力于营造浓厚而认真热情的教研氛围。

在教师团队中，40岁以下的中青年教师有28人，占全校教师总数的85%，构成了学校教学的中坚力量和未来发展的希望。为提升中年教师的专业素质、促进青年教师的专业成长，进一步深化教学改革、优化课堂教学、全面提高教学质量，同时为了营造教师相互学习的氛围、不断提高教师自身教育教学水平，学校开展了骨干教师示范课、青年教师汇报课、同年级同课异构活动。在教导处统一安排下，各教研组分别组织了语文、数学、英语、艺体科（音乐、体育、武术）、文科、理科六个学科30位老师开展了31节公开课。在做好基本教学工作的基础上，学校积极开展各种如计算机操作、粉笔字、钢笔字、师德演讲等多种形式的教学活动。

在创办仅三年的时间里，启明学校以卓越的教学成绩在全乡乃至全县获得了广泛的认可和关注。在全县语、数奥赛选拔赛中，有七位同学脱颖而出，晋级蚌埠市决赛，并获得第三名、第七名、第十名等名次。在全县教学质量检测中，启明学校的六、七、八年级教学都取得了全县前十名的好成绩，其中英语学科更是获得了全县第二名。图10、图11为师生参与的部分活动。在2021年，启明学校学生第一次参加中考，他们旗开得胜，省重点高中录取率达42%，其中，省重点示范学校怀远第一中学的录取率为16%。

图10　启明学校班主任作为优秀班主任代表在论坛上发言

图11　开展"共读一本书"阅读活动

（三）日常生活

启明学校实行全日制寄宿制管理，对学生们每天的生活、学习、身体锻炼进行精心规划：按时起床、按时晨练（图12）、按时就餐、按时就寝。小学一、二年级晚上一节课，三年级以上两节课，初中上课至晚上十点，以培养他们守时、惜时、健康、向上的好习惯。同时启明学校注重培养孩子的综合素质，为五至九年级的学生开展军训（图13），增强综合素质、纪律意识。另外，除按国家课程标准开齐开足各类课程，启明学校还从蚌埠、淮南等市里聘请教学经验丰富的名师，把舞蹈、书法、美术、跆拳道等课程引入课堂，让孩子根据自己的兴趣爱好，选修一门以上的兴趣课程。

图12　六点的晨跑　　　　　　　图13　军训现场

（四）课外活动

本着"启迪智慧、崇尚品德、明白事理、成为人才"的办学原则，启明学校注重陶冶学生的爱国情怀、增强学生的综合能力、提高学生的实践水平，把孩子培养成为品德高尚、明辨是非、成绩优秀、懂得感恩的人。除了举办爱国主义诗朗诵、百日誓师大会等活动之外，在元旦、母亲节、父亲节、儿童节、妇女节、教师节等节日，启明学校积极举办活动，开放公共电话鼓励大家多与父母联系，使孩子们懂得感恩（图14至图18）。

图14　爱国主义诗朗诵比赛

图15　百日誓师大会

图16　六一活动

图17　元旦活动

图18　妇女节时学生向女教师们献花

五、公办还是民办？乡村学校发展的共同困境——与两位校长的访谈

在对启明学校的概况及其日常运作进行介绍后，我更希望深入探讨支撑这所乡村学校顺畅高效运作的深层次动力与创新力量。因此，在接下来的部分，我将通过访谈学校校长，对学校的管理与发展模式进行深入的了解与探究。

在制定访谈大纲时，我曾考虑由于启明学校的性质是民办学校，此次访谈材料究竟是否适用于所有乡村学校。因此，需要交代的是，启明学校的校长徐乃堂是分管怀远县河溜学区十几所中小学的学区管委会主任，带领河溜学区在全县学区中成绩保持前列，具有丰富、系统的乡村学校建设、管理经验。另一位校长顾云美曾担任公立茆塘学校的校长十年之久，她在任职期间，一度将茆塘学校从条件破旧、教学落后的村小打造成"怀远县模范村小"。他们对乡村学校的过去与现状都有充分认识，对乡村学校的建设与管理都有着丰富的经验，因此本次访谈的材料对乡村学校具有普适性，并不只是针对乡村的民办学校。同时，在制定访谈问题之前，我针对乡村学校这个主题做了一些功课，在网上阅读了不少涉及乡村学校建设及其面临的问题的文章，发现其中强调最多的就是关于乡村教师的缺失和调配问题。而在和两位校长的正式访谈中，他们对于该问题的严肃而认真的回答，使我更加深刻地认识到乡村教师短缺这一问题的确存在，并且具有普遍性。

问：第一个想了解的问题是，您认为在如今国家关注并大力支持乡村学校发展的背景下，乡村学校亟待解决的问题有哪些呢？

答：当前面临的首要挑战是教育资源的紧缺，以及急迫的资源整合需求。这不仅涉及学校的基础建设、设施等硬件资源，还包括教师队伍的建设。直至近期，特别是过去两年，我们乡村小学的师资力量才基本满足了教学需求，然而，在当下，资源依然显得捉襟见肘。问题的核心在于城乡之间存在的物质差异。以怀远这样的贫困县为例，教师薪酬普遍偏低。过去，农村的条件更为简陋，许多青年教师生活在城市，享受着更为优越的环境。他们驾车而来，目睹城乡之间的巨大差距后，甚至

不愿下车便选择离开。幸运的是,国家已经开始重视教育均衡发展,增加了对乡村学校的资金投入,并提升了乡村教师的待遇。尽管如此,一些偏远地区的乡村学校条件依然艰苦,导致许多青年教师即便选择回归乡村教育,也因经济压力而选择辞职。因此,乡村学校每年都会面临教师流失和新教师招聘的双重压力。

另一个问题是乡村学校缺乏对教师团队的专业化、精细化管理。与过去十几年相比,目前乡村教师数量、结构和素质已经不断优化,但是如何留住这群新青年教师,如何培养出一支好的教师队伍,依然是个难题。因此,课程建设、课堂教学、教研活动等方面的专业化、科学化、精细化管理是乡村学校当前迫切需要解决的问题,尽管这可能需要较长时间才能实现。

俗话说"麻雀虽小,五脏俱全",在农村学区还有一句调侃:"麻雀村小,一人一校"。这句玩笑反映的就是教师、教室等资源分配不均衡的情况。尤其是当下国家提出五育并举,要德、智、体、美、劳全面发展,就更需要音乐、体育、美术方面的教师,但是基于农村的实际情况,如果按照标准去配备,在有些学生人数不到30人的学校要配齐音乐、体育、美术各科目的老师,将面临极大的挑战。尽管如此,我认为给学校配备音乐、体育、美术教师是很有必要的。然而,即便教师配备齐全,由于资源分配的不合理,仍可能出现岗位空缺。例如,即便我们配备了音乐、体育、美术老师,但是假若语文、数学、英语老师不足,有些音乐、体育、美术教师往往还是会被安排去教授这些主要科目。因此,当前农村教育亟待解决的问题就是资源整合,把不同学校之间的资源进行整合、重组和调配。

问:那您是一直倡导的"拆并村小、资源集中整合"吗?

答:并不完全是,从我的立场来看,我并不完全支持无差别地合并或撤销学校。但是,考虑到我们农村地区各学校的实际情况,科学、合理地进行拆并和重组很有必要。这与当前提倡的振兴乡村教育并不矛盾,实际上两者目标是一致的。我们所提倡的拆并,绝不是盲目简单地拆并学校,而是要基于每个村镇和每所学校的实际情况进行整合重组。以我们学区为例,我曾对各学校的学生人数、教师数量以及每学期的考试成绩进行了综合分析，如果根据当地的学生人数、教师数量以及学校的实际情况进行资源整合，我们一个学区有七所学校学生人数不足15人，这些学生完全可以选择附近较好的小学就读。其中，就教学条件和水平而言，这些学校中能够合并的至少有五六所，一个小学最少10人，那么一个学区大约可以整合出60名学生，全县18个乡镇学区，这样整合出来就是1080人。按照3∶1的比例，这种整合方式可以节省出至少360间教室、360名教师。将这些教师资源、硬件设施、财政资金分配给其他条件更好的乡村学校，就能保证教师资源相对稳定，事半功倍。很多地方的乡村学校点多面广，像我们这几个学区里的很多学校甚至只有不到10人，但各种条件依然要配备，这实际上不仅是对教育资源的浪费，还是对学生的不负责。因此，必须在保证教学质量的前提下，在确保当地学生能够接受教育的基础上，科学合理地进行布局和调整。

问：是的，教师资源确实是保障学校质量的关键。除了教师资源之外，我了解到生源问题也是当下乡村学校面临的一大问题。近几年，农民工子女在大城市里的学籍问题也受到国家的关注，有越来越多的学生跟随父母去往务工城市所在地就读，这对农村学校的生源是不是也造成很大影响？

答：是的，虽然现在农民工子女在大城市办理学籍仍面临诸多困难，但还是有不少家长选择让孩子随自己在城市接受教育，这无疑成了农村教育领域亟须正视的问题。整体而言，城镇化的发展趋势使我们农村学校的生源不断萎缩。此外，即使现在国家推出三胎政策，但生育率的提升并未达到预期效果。总的来说，农村学校生源减少的问题主要由两个因素造成：首先，出生率的下降导致农村地区适龄儿童数量自然减少；其次，城镇化的发展促使许多儿童随父母迁往城市就学。因此，除了改善校园设施、教室和教学设备等硬件条件外，师资力量和生源质量的优化同样至关重要。只有建设高质量的学校，才能留住农村里的孩子，如果我们能把农村学校办得比城镇里的更好，家长自然会选择让孩子留在家乡接受教育。

问：假如用一些很直观的成绩来做对比，办一所优质的村小则很有必要，也是很有可能的。但我们观察到的是，在乡村学校甚至包括城里的一些中小学，出现了公立学校时常会被私立学校赶超等现象。

答：诚然，此现象确为不争之事实。私立学校对教师的教学水平要求很严，教学成绩直接和工作岗位挂钩。只有不断提升教学水平，提高学生成绩，私立学校的教师才能提高自身的岗位和收入。……由于城市学校条件优越，教师们仍倾向于离开乡村，前往城市学校工作。

问：我想到在启明学校教学活动中，除了一直以来优异的教学成绩外，最让我意外的就是启明学校能够作为村小代表，和市县里几所王牌学校一起成立学校集团，这种联动在我看来是一种质的飞跃。在我小学时，提到实验学校、城关学校，总觉得那里的学生遥不可及，但如今启明学校能够能和他们组成集团，相互之间互帮互助、共同评比……不禁让人好奇，这个想法当初是由谁提出的呢？

答：这其实是县教育局提出的。因为在去年的全县竞赛中，我们的成绩超越城关学校，引起了教育局领导的关注。正好当时文件要求各县组成学校之间的集团，教育局就选择了城里的几所王牌学校和我们这所作为乡村学校代表的学校。当然，事实证明，我们加入了学校集团之后有了更显著的进步，对于乡村学校而言，跨区域集团化办学是一种极具价值的办学模式。乡村学校若仅与其他乡村学校竞争，显然不足以全面评估自身水平，与城市学校比较则能更清晰地识别差距，进而采取措施缩小这些差距。在这个过程中，资源得以共享，优势得以互补，不同学校之间实现共同发展。

问：明白了，让我们回到先前讨论的话题，除了到城镇外，大多数年轻父母选择去往更远更大的城市务工。据我们了解到的情况，除了一部分孩子随父母迁往城市，留下来的孩子中很多都拥有较为特殊的家庭背景。您能否就此谈一谈？

答：这是需要重点关注的问题，也是我们留守儿童之家最初成立的动机。留守儿童是很需要关注的一个群体。很多年轻父母都去城里务工，孩子交给爷爷奶奶，这就导致他们缺少文化教育、家庭教育，很多孩子不能养成良好的学习习惯、生活习惯。这些留守儿童自幼便缺乏必要的知识和文化素质培养，何尝不是乡村文化根本上的缺失？

事关青少年成长的需要，留守儿童仍然是如今农村社会里持续受到关注的群体。一方面,他们的父母作为青年劳动力,外出务工的比例持续上升。另一方面,近年来离婚率居高不下,以某学校为例,父母离异的孩子数量约占三分之一,多数情况下,父母离异后会将孩子托付给祖父母,而祖父母往往既无经济来源也缺乏文化素养,如何确保孩子顺利成长和接受教育成为一大难题。加之近年来离婚率的持续攀升,单亲家庭和留守儿童的数量不断增长,形成了乡村学校中一个特殊的学生群体。他们在成长过程中缺乏关爱和陪伴,这正是我们农村教育所面临的特殊现实问题。

这里顾校长不经意间提到了一位家长来学校给孩子送被褥时发生的事。有个孩子过年回家与顾校长争吵时,含泪控诉:"你本来就只有过年的时候回家,现在回来了就天天出去打麻将,更让我觉得你还没有我们学校里的生活老师廖阿姨疼爱我。在学校里,廖阿姨每天都给我们盖被子、打水,照顾我们,给我们好吃的。我回到家里还不如在学校里更有家的感觉。"这位家长听后感到惭愧,但也被小孩坦率的言辞和学校里老师们对孩子的真诚关爱所感动。

问:没错,在我看来,不仅是学习,关注这些孩子的身心,从小教会他们如何生活、如何做人、如何学习是更为重要的事情。

答:是的,所以我们学校的办学目标就是三点:首先,身心健康;其次,品德高尚;最后才是成绩优良。我们希望孩子们首先能成长为好的人,然后才是好的学生。要学会做人、学会学习、学会劳动,德智体美劳全面发展。我们学校取名为"启明",也是有这样的含义:启迪智慧、明理成仁。特别是在小学阶段,在孩子的世界观、人生观尚未完全建立的时候,教会他们各种道理。这并非泛泛而谈、讲大道理,正如我们对学生们在学习和生活方方面面的行为实施规范要求,每周举办活动,实际上是在细节上引导他们树立正确的价值观,培养他们形成良好的行为习惯,让他们知道哪些是对的,哪些是应该做、可以做的事情。

问:你们在办学初期曾调侃,希望能把这所学校打造成茆塘农村乃至怀远地区的"启明星"。据我观察,你们的目标已然实现。那些从这里走出去的学生,或许在当时并未充分意识到在这里学习和生活的数年时光,实际上对他们的人生轨迹产生了深远的影响,成为他们成长道路上一个重要的转折点。

答:的确如此,孩子们和我们的关系远超师生之情,尤其是早期人数比较少时。我想起前几年我去怀远教育局里开会的路上遇到叶X的事。(叶X是从2010年就在这里生活的学生,后来考入县城的高中。这里说的就是她刚去县城读书,在学校外遇到顾校长时的情景。)当时我刚开完会出来,就听到背后有学生叫我,转身一看,原来是刚毕业不久的叶X。她见到我后,立刻跑来紧紧拥抱,泪流满面地倾诉,平时并不常有思乡之情,但久未见校长,此刻见到我,才勾起了对家的思念。当时她的两句话也让我泪眼婆娑。这其实就是一种亲情,孩子们在原生家庭里缺少陪伴和爱,在启明学校能实实在在地感受到爱,只有在被爱中才能成长为健康的人。

恰在此时,有人提及了当初创办儿童之家时的情景。当时我8岁,常常因为感觉父母对学生的关心远胜于我,所以和他们闹了不少脾气。最夸张的一次是他们因为早出晚归忙碌于各种事情,便让我和学生们一起住在宿舍,整整一周都没有见到他们。我因此心生不满,把宿舍的门锁起来不让任何人进入(巧合的是舍友中就包括叶X),觉得只要把同学们都赶走,父母就能更关心我。

然而,随着时间的推移,201宿舍里这些我曾"厌恶"的同龄人逐渐成了我成长道路上如同家人般重要的存在。从四年级到初三毕业,我们共同度过了无数个日夜,无论是上学、放学、自习、用餐、就寝,还是假期里一同逛街、进城游玩,甚至在重要节日,我们总是相伴。即便如今大家各自有了不同的生活轨迹,但不久前我们还在群里分享了初中时大家QQ空间里的非主流照片。十年的友情对我们而言深刻隽永。尤其是每逢春节,我回到故乡,总会在回忆中重温往昔的时光。

对我们而言,过往时光是成长、相伴、热血与对未来的自由憧憬。暂存过往,接下来,我将开启以自己为主角的"连续剧"。在学校发展的14年里,我经历了从小时候的不理解、埋怨,到后来目睹两位校长夜以继日工作而内疚和动容。再到我成年后，步入大学，返回家中，帮忙监考、阅卷、报名，甚至在开学初教师岗位紧张时，我还承担起两个班级班主任的职责。我见证了这所学校的建设与成长，并且亲自参与其中。

六、我用什么，带给他们什么——在启明学校"实习"的小徐老师

因为我现在已经步入大学，假期时长相较于中小学时期有所增加。除了参加支教、实习等社会实践活动外，有时我放假回家，启明学校还处于期末阶段。因为期末的事务繁多，我便主动去分担一些忙不过来的老师的工作，比如监考、阅卷、带队去外校考试等。今年，我特别留意了各级学生的成绩。四至六年级学生的总体成绩优于一至二年级，这与上面谈到的学校发展所面临的生源问题密切相关。如今，就读于启明学校的学生主要为当地留守儿童，他们中的许多人自学前阶段便由祖父母抚养，缺乏适当的辅导，学习基础比较薄弱，尚未形成比较好的学习习惯。或许家长将孩子送入该校的初衷之一，便是希望提高他们的学习成绩。实际上，在学校科学的生活管理和专业严谨的教学管理下，通过小班教学和课后辅导，大多数学生的成绩都有所提升。

启明学校在成绩方面的成就绝非三言两语所能详尽，其背后都是班主任和学科老师每天倾注的精力和心血。我记忆中尤为深刻的是在2020年9月，四年级一个班的班主任因事不能及时上班，我便临时担任起这个班级的班主任兼语文老师，除了负责早晨锻炼、做操、打饭、卫生、周末接送等日常事务，还要按照课程计划认真备课、上课。

在我担任班主任的两周时间里，除了初任此职时身体上的疲惫感，我更深刻地体验到作为一名乡村学校班主任所面临的种种问题，以及由此引发的复杂情感和思考。例如，小孩子们往往喜欢年轻的老师，在我第一次进班宣布我是临时班主任时，孩子们充满了好奇和期待，总会在我和他们交代班规、学校条例，甚至开始上课的时候，三三两两地把注意力集中在：

你看老师的手机壳是蜡笔小新，我也喜欢蜡笔小新！

老师这条裙子真好看，真洋气！

你们注意到老师刚才进班之前看手机回消息的时候笑得很开心吗，我猜是她男朋友！

最让我印象深刻的是，几个小女孩在刚下课时便跑过来，在我以为他们要问我刚才布置的作业是什么时，她们却挽着我的胳膊抬头看着我问道："老师你是不是戴了隐形眼镜呀？"那一瞬间，我对这群四年级学生产生了新的认知——他们是一群"知识面十分广阔"的"猴孩子"。这时候我会对他们的各种疑问耐心地一一回答，同时强调上课的时候要集中注意力听我讲课，而不是只顾着关注我的外表和其他东西。我决定在课余时间和她们谈笑，但在课堂上则需要严肃板正。作为即将管理他们的班主任，我在第一节课上最需要做到的是松弛有度，既要与他们拉近距离、互相增进感情，也要树立威信和规矩，尤其是在面对一群比较活跃的小学生时，这是年轻教师的"开学第一课"。除此之外，按照课程计划上课和批改作业时，我发现在这群孩子中存在的最大问题是成绩分化比较严重。每个班级都有不少成绩优秀，每次考90多分的尖子生，但也有永远只能考十几分的"钉子户"。在这些学生中，有些是因为性格顽劣调皮，总爱捣蛋而不愿意学习，有些则并不惹事，但因基础薄弱而难以跟上课程进度。

有一个叫叶X的男孩，他一直坐在后排，向来是班里的"捣蛋大王"，其桌洞就像叮当猫的百宝囊，即便被没收一件玩具，他总能迅速掏出另一件，即便是玩具都被没收，他也能拿着橡皮玩一节课。尽管对他采取了严厉的批评、警告，甚至将其带到讲台前罚站，但这些措施似乎都未能奏效，反而似乎助长了他的"活泼"。然而，这类学生往往在某些方面展现出独特的才能。记得当时是8月底，天气炎热，尽管空调持续运作，室内仍感闷热。当时我们班的窗户因为栓扣掉落了而不能关紧，我尝试修复好几次仍然没有成功。就在此时，这个男孩主动上前，专注地投入修理工作。他本就体型圆润，容易出汗，而今因手头的体力劳动，汗水更是浸透了他的衣衫。即便如此他还是跟我说："老师你放心我一定能搞定，原来我在家的时候，我爹（爷爷）做这个我经常看。"

"好，你慢慢来，不要划到手就好。"过了一会儿窗户竟真的被他修好了。

"小伙子真不错,你这一技之长真是救了我们一个班。"他挠挠头,不好意思地嘿嘿一笑。我拍了拍他肩膀,"你这么聪明,要是把这个劲放到学习上,成绩说不定就赶超班长了!"

出乎意料的是,在次日的课堂上,他展现出了焕然一新的面貌,无须我再提醒便全神贯注地听了一整节课,并且积极地举手发言。这时我突然才意识到,他或许只是需要被鼓励、被认可、被关注。之前他的各种捣蛋调皮,或许只是他因为一直被看作"后排生"而产生的挑衅和反抗。在他认真投入的那半天里,我发现他实际上是一个非常聪明、机敏的孩子。而当他在用响亮甚至是吼出来的声音回答着我的问题后,我也不吝对他进行表扬和夸奖,看到他在听到我的表扬后闪出光的眼睛,我不禁被这份单纯和热忱感动。第二天,我把他调到了前排靠近讲座的位置,并且给他"派职"担任生活委员。像我想的一样,在后来的一个半星期,他不再像原来一样不爱听课不爱学习,甚至成了最积极完成作业的学生,在课堂小测上也第一次摆脱了倒数第一的"钉子户"身份,让全班同学都刮目相看。

在他们原班主任即将回到学校之际,我也迎来给他们上的最后一节课。这天我给他们带去了一大袋提前准备的文具用品当作奖励,其中不仅有不同的笔、笔袋、笔记本、日记本、胶带等,还有我跑了好几家店才买到的"100天计划"手账本。在授课过程中,我曾提及这种手账本,它承载着我对学生们的期望,希望他们能够通过这些知识,更深入地了解自己所处的环境,发现更广阔世界的精彩,并从现在开始,在生活的点点滴滴中培养良好的习惯,为未来铺就坚实的桥梁。虽然两周的班主任经历让我身心俱疲,但看到他们的成长和对我的依依不舍,这些成就和情感足以让我忘却所有劳累。同时在这两周里,对于乡村儿童尤其是留守儿童最需要什么这个问题,我的思路不断明晰。

我曾以为,我对这些孩子及学校的关怀与呵护仅出于本能。然而,当我重新审视这些记忆时,才意识到这种情感是一种差序结构,就像石头丢在水面上所发生的一圈圈波纹,而这个中心就是与这所学校的一切相连接的——我的母亲。

七、答案依然是爱——从村小老师到"校长妈妈"再到"校长奶奶"

我曾走访、支教过很多学校,尤其是在上大学之后。现在再回头看,我才意识到,唯有一所拥有优秀办学理念的学校,方能培养出全面健康成长的学生,从而保持学校生命力的持续。一所学校成功的关键或许只有像我这样的近距离观察者才能洞悉。即便当时我尚年幼,但至今仍能清晰回忆起办学初期、中期以及至今,我的父母作为创办人,他们是如何竭尽心力,为学生倾注心血的每一刻。唯有真正对学生付出真心与汗水,一所学校方能顺利且长久地运营。其中,教师数十年积累的教学与管理经验固然重要,但更重要的是责任与全身心付出的爱。不管是作为普通教师,还是作为一校之长,面对一群学生,一切教育活动的核心就是责任与爱。

正如我在前文所述,我在制定访谈大纲之前,已经进行了相应的准备工作,通过阅读一些关于乡村学校建设问题和思路的相关文件,对关键词进行了深入研究。令我感到惊讶的是,在所有的结果中,"乡村教师"是出现频率最高的词,这种情况意味着什么呢?

在其中一份关于乡村青年教师获得感如何影响其留岗意愿的报告中提到,乡村学校青年教师遭遇"下不去"和"留不住"的困境。如何建设一支"留得住、做得好、扎得稳"的高质量乡村青年教师队伍是建设乡村学校的重要课题。该报告以某省5个县共15个乡镇的1243名乡村青年教师为调查对象,综合运用描述统计和相关分析、回归分析和结构方程模型等方法,以期探索乡村青年教师获得感对其留岗意愿的影响程度及其作用机制,以及乡村青年教师生活满意度在影响机制中的中介效应。报告首先介绍了研究的几个维度,将乡村小学全科教师职业认同感分类为:职业价值、职业角色、职业情感和职业效能四个成分,并认为与以往普通分科教师的职业认同感成分相比,新时代乡村小学全科教师职业认同感成分的独特性主要体现为在上述四个因素的内涵和强度存在明显的区别。概括起来这些差别就是,认同自身职业的乡村小学全科教师,其职业情感饱含乡村情怀,职业效能关注全科教学能力，职业价值关照留守儿童，职业角色亦师亦亲。[①]

通过建构理论模型，采取抽样调查、数据分析、制作量表、控制变量、确定方差等方法，该研究最后通过描述性分析和相关分析等数据化的科学方法，得出了以下结果：一、乡村青年教师留岗意愿中等偏上，获得感偏弱。二、乡村青年教师的生活满意度和获得感与其留岗意愿成正向相关。三、生活满意度在乡村青年教师的获得感和留岗意愿中发挥较强的正相关作用。

事实上，量化分析报告和科学统计方法所揭示的乡村教师在评估乡村学校环境后做出的选择，远不如目睹他们离去时所引发的感受来得深刻。

在我访谈两位校长的那个晚上，顾校长接到了某位任课老师兼班主任打来的电话，他表达了辞职的意向。秋季学期新招聘的每位教师都与学校签订了为期一年的合同，而他担任的是即将参加中考综合测试的八年级的主科老师兼班主任。在开学前一周突然决定辞职，对学校工作和全班学生带来的负面影响不言而喻。顾校长询问他辞职的理由，他一开始闪烁其词，顾左右而言他。但在顾校长一再追问下，他终于说出了实话，原因是还有不到两个月就要参加教师考编，他在这里没办法认真复习。虽然这个理由看似缺乏责任感，但又在情理之中。与城里的教师编制相比，这里的工作不过是暂时的跳板，可以随时丢弃。他似乎未曾考虑过自己此时辞职会对即将参加考试、即将升入毕业班的学生造成何种影响。起初顾校长耐心地劝说，希望他能考虑到自己带了一个学期的学生，但他仍旧无动于衷。即使提醒他违反了开学初签订的合同，将面临赔偿违约金，他也显得漠不关心。这次电话中断了我们的访谈，而电话的结局也并不愉快。但诸如此类的情况并非首次发生，也不太可能成为最后一次。我在每学期的开学初有时不得不临时代课的情况，很多时候都是由于这种原因。在对这种极端不负责任的行为感到愤怒和无奈的同时，我也感到疑惑，在学校里和这群孩子相处了一个学期之后，所培养出的情感难道不足以成为他们留下的理由吗？

幸运的是，这样的老师并非多数，许多老师都愿意留在这里，坚守着自己的班级与孩子们。就像一位去年九月新招的老师，他是本地人且明年即将

---

① 蔺海洋、王孟霞：《乡村青年教师获得感如何影响其留岗意愿——生活满意度的中介效应》，载《湖南师范大学教育科学学报》2022年第21期，第59–75页。

从南京的一所大学毕业,此前,他曾于去年回到家乡的小学里实习。虽然他只是在实习的年轻大学生,但是上学期他充分地展示出了自己出色的教学能力,不仅十分受班上学生的喜欢,所带的三门科目都在期末竞赛中获得前五的名次,还在学校宣传、摄影等方面的工作扛起大梁。

很多时候看到年轻教师们用自己的工资给孩子们奖励、犒劳时,我都会在心底涌起一阵暖流(图19)。他们在课堂上是老师,但在课下和孩子们一起吃饭、劳动、洗漱时,他们更像是孩子们的哥哥姐姐。有一位被孩子们称作"茶叶蛋老师"的英语老师也是我们当地人,今年是他在这里工作的第四年,每年他都能带领学生在全区竞赛中取得优异成绩。尽管外表显得严肃,但在端午、中秋、国庆等短假期,他总是邀请那些因路途遥远而无法回家的学生到自己家中,让他们感受到如同走亲戚般的温馨与欢乐。如果说他有什么教学秘诀,除了他每天早到迟退,在班级上花大量的时间和精力之外,就是他那袋香喷喷的茶叶蛋。因为小孩子们都爱吃茶叶蛋,他就在每次考试后让妻子煮一大锅茶叶蛋带来学校,以奖励获得进步的同学。就这样,孩子们的积极性不断提高,成绩也不断进步,"茶叶蛋老师"也逐渐成了孩子们心中重要的童年回忆。

图19 老师请孩子们吃零食

在启明学校里,除了"茶叶蛋老师",还有更加为孩子们熟悉的"校长奶奶"。在十年前刚创办留守儿童之家时,"校长奶奶"还是"校长妈妈",她面对一群留守儿童,承担起的就是他们缺失的妈妈的角色,不仅管理着学校的各项制度和工作,还细致入微地照顾着每一位留守儿童,其所做所为甚至包括夜间亲自检查宿舍、为孩子们盖被子。她为孩子们和学校所付出的，远超出了常人所能想象。她放弃了与同龄朋友一样安逸的生活，在某种程度上，她自己也成了"留守儿童之家"的一员，牺牲了自己小家庭的温馨时光，她的两个孩子也因此在某种程度上成了"留守儿童"。此外，她因每天起夜查房加上过度劳累而落下了睡眠障碍的病根，两年前，她还因踩着板凳去取放在柜子高处的工具箱时不慎摔落而造成左胳膊三处粉碎性骨折。尽管医生建议静养，她却选择带伤坚持工作，导致左臂至今未能完全恢复，无法像以前那样自如地活动或提起重物。令人尤为难忘的是，在医院确诊骨折并需要手术时，她的第一反应竟是庆幸受伤的不是右手，否则将影响她写字和工作。在探望她时，我坐在病床旁，尽管知道她一贯如此，但每次面对她的状况，我心中既有怜惜也有愤怒，同时也有着无法改变现状的无奈。

在我妈妈摔伤胳膊之后没多久，一件小事让我当时留下了这样一条记录：

> 在家里看到越多细节，越觉得我妈真的是始终存有善意和大爱的人。前两天医生交代她可以开始做康复活动，可以用受伤的那只胳膊提一定重量的东西，但重量要在自己的承受范围内，并逐日适当增加。我看她咬着牙提东西的样子，突然想起来上学期我们家一个小孩淘气也摔断过胳膊。
>
> 我对她说："你这做康复训练看着比断的时候还疼，那X伟是怎么能忍住做康复运动的。"她一下子笑开了："对，他当初就是死活不愿意做，不愿意提东西锻炼。我就给他找了一个小篮子，一开始里面给他放一个苹果，让他每天上午拎着篮子来办公室找我，我看到后他才能去后面水池把苹果洗干净吃了，只要能自己提过来就可以吃掉，算是对他的奖励。后来我就一点点给他增加重量，篮子里再加一个橘子、一个香蕉，后来就换成小香瓜、大火龙果。小孩子嘛，也就不叫疼了，提得可开心了，所以后来很快就恢复了。"
>
> 听到她说这些时，我又盈满感动，因为想起小时候我不爱吃饭不爱睡觉时，她想出的一个个"金点子"。这背后是爱，是在意，是愿意花心思。对这群孩子，她也一样如此。

　　她就这样在一件件为孩子们做的琐事中、在一次次不经意的摔打后，在斗转星移的14年里，在一个个身体发出的信号的提醒下慢慢变老，从"校长妈妈"成了"校长奶奶"。我到现在仍记得很清楚，第一次知道这个称呼是在我大学二年级放假在家时，我和她一起从教室去办公楼，前面走来一个一年级的小朋友，小朋友蹦蹦跳跳地来到妈妈身边，叫她"校长奶奶"。那一瞬间我惊措不已，开玩笑对那个小朋友说："不能乱叫，哪有这么老，怎么就叫奶奶了。"小朋友倔强还带着挑衅地又重复了一句："哼，就是我校长奶奶。"我转过头看向妈妈，妈妈仿佛看出了我的心思，笑着说："没想到吧，你还没结婚我就升级一代了，捡了大便宜。"

　　我默然，在走神间她走在了我的前面，我才注意到她一直戴着的老花眼镜和因为腿痛而略显跛脚的老态走姿。恍惚间说道："我不喜欢'校长奶奶'这个称呼，很不喜欢。"

　　其实她的腿痛持续一年多了，这是老年病，也是慢性病，只能靠护理和休养慢慢调理。在近两年，身体上的变化给她带来的病痛更加频繁，可她偏就是不会让自己闲着半步，哪怕膝盖已经肿大到变形，她也咬着牙要去管理学校工作。比如我在2022年2月9日晚上，在启明学校开学前半个月写下：

　　　　晚上她们从医院检查回来，我就问她情况怎么样。

　　　　"做了磁共振拍了片子，医生说很严重。膝盖除了积液和变形，膝关节已经是退行性病变了，我说怎么疼的这么厉害呢。"

　　　　我在旁边没有说话，她问我有没有洗漱，她要先洗漱早点睡了，今天腿疼得尤其厉害。

　　　　我还是没忍住，站起来问她："所以呢，你也知道疼？知道疼了也不愿意休息，也不做手术，也不听医生话。行，我不劝你了，劝了也没用，你就继续工作吧，我就等着你哪天彻底不能走了被送到医院就听话了。"说完，我饭也没吃就回自己屋了。

　　　　然后就听到她在客厅和我爸说，她现在实在离不开，因为一做手术就是三个月，家里快开学了这么多事情，自己躺在医院的话怎么办，而且现在还没到非做手术不可的地步，医生先开了药吃着或许有用。

　　　　我知道她都是说给我听的，但听到她说最后一句："膝盖手术不是随便做的小手术，万一恢复不好就是残疾了，我也害怕呀。"

我在屋里眼泪一下子就掉了下来。她知道我生气，也明白我为什么生气。可是她像小孩子做错了事一样察言观色、小心解释的样子让我更加难过。明明是她自己的身体，被病痛折磨得最疼的是她。更让我难过的是，我又一次深刻感受到，尽管她向来是温柔而强大的人，是几千个孩子最安心和坚定的靠山和妈妈。可是她也会变老，她也会害怕。

看到我的妈妈，我也在长大的过程中不断慢慢理解了小时候我认为"自相矛盾"的外婆。在我的记忆里，外婆还在世时经常在我父母背后暗自为他们创办的事业而欣慰欢喜，经常在只有我们祖孙两人在家时和我说我妈从小到大是怎么能吃苦，是如何挑起家里的大梁，以及在和我爸结婚后两人白手起家的奋斗岁月。她从头一步步讲到当下的故事，但当着爸爸妈妈的面时几乎从未有过这样的夸奖，更多的反而是每次看到他们又因加班到很晚才回家，连吃饭睡觉都不规律时，对他们的怒气和批评。让我最印象最深刻的一句就是："你把自己当铁人王进喜，你比周总理还忙还了不起！"小时候我总看不懂外婆的心口不一，直到后来在某次回忆时，以往我从未察觉的一个场景突然被放大还原——外婆每次埋怨她、斥责她时，妈妈总会背过身去，而在那看不见表情的身后，是手头忙活着给她加热饭菜的外婆。也是从那时起，我才真正理解了那时的外婆，才真正与她共情。

或许是因为我终日目睹着像我的父母一样的教育工作者在教育事业中投入的爱和热忱，也或许是因为在这所迎接并送走了两千多名乡村儿童的乡村学校中，我被赋予了一种归属感和责任感。在对启明学校发展模式、办学管理和实际成效的考察中，现代化的办学条件和教学设备、专业化的教师团队和教学活动、精细化的规章制度和学校管理都成为我决心将启明学校作为这篇报告的对象的底气。在我看来，启明学校的存在和强劲发展已然可以为乡村学校的发展提供更加实际和生动的出路，并且有力地反驳了"乡村学校必将走向衰败"的悲观论断。乡村学校仿佛处于这团耀眼光芒的中心，能量充沛而形态多变。若您问我，能够支撑并推动其释放出强大潜能的是什么，我的回答依旧是：爱，以及对教育的坚守与执着。

写作这篇报告的初衷可能源自三四年前，当时自假期归家后，我首次以

研究者的身份审视这所学校,力求以客观的田野调查方法复原此地发生的故事。随后,我进行了资料的整理、筛选和编纂工作,直至开学后,本报告才得以最终完成。在此期间,我持续关注着家乡的学校,一方面认为假期中可能遗漏了一些重要信息,另一方面,我同时思考着在离开那个环境后,将我的观察与当前的学校状况进行对比,是否会产生偏差。幸运的是,在撰写过程中,我更多地感受到了一种踏实感,因为那所学校就在那里,客观存在,一切如常地进行着。此刻,凌晨五点半,正当我准备保存文档并整理桌面时,收到了启明学校教师群的一条通知消息。她的一天,又开始了。

到了要做总结时,总该回望些什么,我所回望的是过去14年创办与建设学校的艰苦与非议,更是14年磨而不磷、涅而不缁的坚守,在这里我见证和参与了的一切让我清晰地知道这所学校一定会更好,我坚信着,也期待着。该怎样形容我此刻的感受呢,"一个努力对抗风车的堂吉诃德,世俗的洪流呼啸而过,他保持一点幼稚的火种逆行。而我,只是旁观也含泪"。

乡村小学的昨天、今天与明天
——广东省揭阳市德南小学的往来之间

◇ 陈婉（中国语言文学系2020级本科生）

前　　言

机缘巧合下，我参与了此次调研活动，也正是这一活动，给予了我一次将兴趣转化为实践的机会。上大学以来，我便对田野调查产生浓厚的兴趣，渴望自己能从书斋走向田野，在实际调查中接收有温度、有触感的信息，并在此基础上挖掘些什么。但我在真正有机会进行田野调查时发现，独立地完成一次完整的田野调查对于我这种"门外汉"而言并非易事，因此我在假期通过学习补充了田野调查的相关知识，希望为自己的调研提供方法论的指导，让自己在热情中莫失条理。

此次调研的主题是"乡村小学"，初看到这一主题，我已是浮想联翩。我的父母是土生土长的潮汕人，同时也是20世纪90年代末至21世纪初涌入珠三角地区的"迁移大军"中的一员。他们最终在此成家立业，我也因此在东莞长大，并在当地接受教育。我的故乡德南村，作为揭阳市的一个代表性乡村，与周边村落相似，拥有一所以其村名命名的小学——德南小学（图1）。每年回乡探望亲戚时，我常与祖母一同在校园附近漫步。对于我这个长期在珠三角地区接受教育的人来说，家乡的德南小学显得尤为独特和与众不同。与其称其为学校，不如说它更像是村落公共的文化活动中心。由于学校未设门禁，校园内常有散步和打乒乓球的老人与孩童。每当我观察这校园环境，我总是不禁想象，那些与我年龄相仿的村中学生，他们的校园生活是何等模样。这里的一切与我平日所见的教育环境，存在着诸多差异。

图1 广东省揭阳市霖磐镇德南小学

德南小学拥有长达近一个世纪的悠久历史,家族中从祖辈到同辈的亲戚中,不乏该校的校友。我经常听祖父母讲述他们青少年时期在德南小学的求学经历:背着粮食徒步上学,20多个孩子同住大通铺……很多故事已被祖父母反复提起多次,但我每一次听,都会有新的感触。长辈们的校园时光相比于我们现在,短暂且艰苦,但他们在回忆青春时眼中的光芒是任何艰辛和苦难都遮掩不住的。

无论是漫步于学校之中,还是听祖父母回忆自己的读书岁月,我都能感受到德南小学对于像自己这种"在外面长大的德南人"而言是一个很独特的存在,更何况在其中上学的孩子们。尽管这份"特殊"对我而言,起初是模糊不清的。不过,通过此次"家乡田野调查",我在走访、调研中一点点摸索出德南小学的"昨天、今天和明天",了解学校的历史以及目前处于转型期的困境,同时也思考着学校的未来,而那份"朦胧的独特感"也走向清晰明朗。这次调研中,我采访了家中亲人、学校退休校长以及现任教师,在与他们的访谈中,我收获了许多,也从中衍生出许多思考。以下内容便是我思考和感悟的记录。

一、调查背景

此次调研地点选定在我的家乡——广东省揭阳市霖磐镇德南村。虽然这里是我的家乡,但我对她的了解其实"既充分,又不充分"。我虽不是成长于揭阳,但父母潜移默化的影响使我内心的"潮汕根"愈发明朗。对于家乡,我有着炽热的探索欲望,因此有着"较为充分"的认识,但又因远离家乡,我对她的了解也只停留在表面,因此也是"不充分"的。

坐落于我家乡小村庄的德南小学作为典型的乡村小学,其发展历程可谓是众多乡村小学发展历史的缩影,而其如今迟滞与前进并存的发展现状,同样也是众多处于发展转型期的乡村小学的生动体现。

德南村位于有"揭阳母亲河"之称的榕江的支流竹桥套溪西岸,南塘山脚东面。村庄与辽东村、东风村以及德中村相邻,是一个典型的乡村社区。根据2021年数据统计,德南村人口4200多人。和很多传统村庄一样,德南村的村民生活于20世纪80年代建设的传统潮汕民居,村中的阿嬷阿婶常在水渠溪边洗衣、洗菜,农田记录了农民的汗水,不少青壮年离开村庄外出打工做生意。与此同时,也有许多老人和儿童留守村庄,期盼着一年一度的家庭团聚时刻。随着父母外出的孩子,通常在远离家乡的城市接受教育,而留在村中的孩子,便多在德南小学开启他们的读书岁月。

德南小学位于庵下村公所旁,是一所全日制公办小学。学校占地9900平方米,其中,建筑面积2300平方米。学校的生源主要来自本村,目前在校学生180人左右,每个年级设1个教学班。学校内共配有教职工16人。

自1949年9月建设于寨内祠堂并开始办学以来,学校至今已有70余年的历史。它曾搬迁过一次校址,旧址便是前文提到的寨内祠堂(图2),该祠堂至今也仍作为德南村综合性文化服务中心在使用。20世纪50年代至21世纪初,这间祠堂承载了村中大部分孩子的小学时光。在学校发展的鼎盛期,曾有过一个年级2到3个班,每班30~40人,几乎全村儿童皆在此接受教育的盛况。现如今,德南小学搬迁至庵下村公所旁(图3)。经过村内集资,学校筹得资金90余万元,为德南小学建新楼、铺新路,以应现代教学之需。

图2　德南小学旧址：寨内祠堂（1949—2003）　　图3　德南小学新址（2003年至今）

迁址以后，德南小学的发展便与村庄发展联系得更加紧密。而随着村中人口外流现象的加剧，德南小学的发展也进入转型期。

自1949年建校以来，德南小学已有70余年的历史。德南小学历经风雨，至今仍承载着村中孩子们的读书梦，但其也遇到了自身发展的挑战与瓶颈。通过梳理学校历史、采访与学校相关的乡亲，我对德南小学有了更深层次的了解和思考。德南小学不仅反映了本村教育发展的历程，也映射了众多乡村学校的发展轨迹。本部分将以德南小学搬迁校址为时间节点，探究学校的昨天与今天，并在新旧交替之间，展望德南小学的明天：乡村小学该如何走出发展转型期的困境而重获新生？

二、德南小学的昨天

每当我和朋友聊到自己家庭时，他们都会惊异于同一个现象：我的父母、祖父母均系同村通婚。这种现象在我家乡的小村落很常见，他们在同一个村庄成长，也在同一所小学就读。我的父母、祖父母以及许多亲戚，都曾就读于德南小学，不同世代的人见证了德南小学不同时期的样貌和历史。

我的祖父母均出生于20世纪40年代，属于德南小学最早的一批学生。在德南小学正式兴办之前，祖父母是在村内学堂完成了自己一年级的学业。旧学堂坐落于庵边村香岳公厅，由村中先辈所建，暂时用作教育场所。到了1949年，学堂搬至村中的寨内祠堂，也正式更名为德南小学，从而开启了德南小学的历史篇章。

（一）旧时景·旧时地

寒假期间，母亲带我来到她曾就读的小学，也即德南小学的旧址寨内祠堂。实际上，对我而言，祠堂并不陌生。在新冠疫情之前，村中尚能举行迎神活动，每逢正月初十，寨内祠堂前的广场便成为村中最繁华的场所。只是在此次调研之前，我从不知道这里曾经是一所小学，曾经承载着全村孩子的读书岁月。通过这次参观，我也逐渐摸索出德南小学旧址的全貌（图4、图5）。

自1949年落成以来，寨内祠堂经历了数次翻新（图6）。此次参观时，我注意到墙壁已被刷得雪白。这几年没有举办集体的迎神活动，祠堂相较于以往显得有点冷清。尽管经过翻新，祠堂却令人惊喜地保留着当年作为德南小学的痕迹。祠堂与潮汕传统建筑相同，主体空间由进门向内被分为前厅、天井和大厅。前厅和天井是露天场地，在过往被用作学校的公共场地，可供学生活动（图7）。大厅并非露天，因此当时被改造成教室，天井左右两边的房间，也曾经作为教室（图8、图9）。祠堂内还保留着很多曾经作为学校的痕迹，甚至曾经值日黑板上的粉笔笔迹也没有被擦去（图10）。祠堂东南西北四个角落各有一间房，房与房之间有"格仔"，也就是比房更小的房间。这些空间或作为教室或作为教师的办公室。

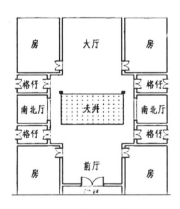

图4 祠堂平面结构图
（图源网络）

图5 学校旧址外观

图6 现如今已经几次翻新的祠堂外墙

图7 可供孩子们活动的天井

图8 如今已成为德南村综合性文化服务中心的祠堂的大厅

图9 天井左右两边曾经作为孩子们的教室的房间

图10 祠堂曾经作为学校的痕迹

据母亲介绍，在20世纪80年代，他们在此读书时，德南小学最为热闹。小小的祠堂充满了琅琅读书声、嬉戏打闹声。当时，每个年级通常只设1个班级，而每个班级的学生人数有60～70人。然而，祠堂的房间数量有限，仅有10个，且其中还需划出空间作为办公室和休息室，因此教室空间明显不足。为解决这一问题，学校用木板将祠堂内的房间隔开，尽可能地将空间划分开来，以此创造更多教室。一至四年级的孩子便在祠堂里的教室上课，每个年级被分为两个人数为30～40人的班级，五、六年级孩子的教室设在祠堂后座与祠堂相隔一条巷的房子中（图11）。五、六年级教室比祠堂稍大，因此等到孩子们读到高年级后便需要将两个班合并起来。

图11　母亲很高兴地向我介绍当时学校五、六年级的教室

"你看这……""你看那里，当时我们……"从踏进祠堂门槛那一刻，母亲的回忆就没停歇过，一直很高兴地跟我讲着过往的故事。在母亲的介绍下，当年的读书声、嬉戏声甚至是老师批评调皮学生的声音似乎都重新在这座古老朴素的祠堂回响。

（二）旧时师·旧时事

在我们离开祠堂后，德南小学往昔的琅琅读书声和欢愉笑语随着我们前行的脚步渐行渐远。接下来，我们计划到母亲读书时的班主任展辉老师家中拜年。在老师家中，我们与老师及其夫人进行了深入的交流。若说之前在祠堂是切身实地地对德南小学旧时时空的复原，那与展辉老师的交谈，则让鲜活的昨日之事回到祠堂中，或回到用木板相隔的教室里，或回到已经斑驳的值日黑板上。

展辉老师已年过古稀，但仍精神矍铄。谈起德南小学，聊到自己的教书岁月，老师眼中闪现着藏不住的光芒。自毕业之后，展辉老师便在德南

小学执教。从教师到主任再到校长，展辉老师数十年如一日孜孜不倦地教书育人。在老师最初执教的二三十年里，村中人口外流的现象并不常见，村庄和学校都充满活力。德南小学是村中很多孩子的教育起点，同时也是孩子们的人生分岔口：有的孩子继续升学，有的孩子留在家中勤恳务农，也有孩子随着人口迁移大潮外出发展……祠堂里熙熙攘攘、人来人往，展辉老师一直在其中坚定守望。可以说，展辉老师见证了20世纪七八十年代全村孩子的成长。

"当时奕华和我说自己被成功录取，给我高兴得啊！"

奕华姑姑①是展辉老师教出来的第一位大学生。展辉老师是奕华姑姑的小学数学老师，勤奋学习的姑姑从小就让老师省心且欣慰。姑姑考进大学，对于展辉老师来说不仅是一件值得高兴的事，更是弥补了自己年轻时的一份遗憾。展辉老师作为学校的尖子生，因于20世纪70年代高中毕业而无缘高考，想要参军又因客观因素受阻——"磕绊"一词无疑是展辉老师青年时期的代名词。在当时，教师这一职业并没有得到应有的尊重，工资待遇也极低，但展辉老师在家务农一段时间之后，仍毅然决然回到校园、回到知识之中。从此，展辉老师便开启了他的教师生涯，这一教，便是40年。

村中很多人都是展辉老师的学生，提及老师之名，无不肃然起敬，赞其教学有方、勤勉敬业。即便是昔日校园中的顽皮学生，亦对展辉老师的悉心教导心存感激。展辉老师对教育事业的投入与热爱，众人皆有目共睹。那时候，在日常教学工作之余，展辉老师利用余暇时间，努力取得各级教师资格证书，既为职称晋升而努力，亦为提升个人教学技艺而自我充实，期望以更高效、更科学的方式传授知识给村中的学子。展辉老师边工作边学习的经历，不仅代表了他个人的奋斗史，也是村中所有有抱负教师的职业写照。

德南小学向来不乏有理想、有爱心的乡村教师。提及往昔的同事，展辉老师仿佛回到了自己的青春岁月。如果说展辉老师是德南小学的数学教学翘楚，那么他的黄金搭档便是学识渊博的洪涌老师。两位老师一文一理，携手合作，共同负责德南小学毕业班的教学管理工作。在他们的悉心教导下，许多优秀学子得以走出乡村，继续深造，成就学业。

---

① 在家乡，同村出生的女长辈都被称为姑姑。

洪涌老师于德南小学而言，也是十分特别的存在。洪涌老师本生活在隔壁白塔镇，从年轻时起就选择来到德南小学任教。洪涌老师知识渊博，古今中外文学经典信手拈来，他的语文课在学校更是如传奇般的存在，在课上不用课本也不用资料，只需一支白粉笔便可以带领学生们走进精彩纷呈的文学世界。即使小学的条件十分简陋，洪老师也坚持打理着前厅里的花草，为学校增添一抹亮色。每当有孩子在一旁问："洪老师，这是什么花，那是什么草？"洪老师总是兴致勃勃且十分耐心地给孩子们讲解。即使生活条件艰苦，洪老师也坚持衣着的整洁体面，在孩子们眼中，洪老师文质彬彬的气质与周围的环境是全然不同的存在。诚然，洪老师原本也并不属于这里，但他最后却在德南小学教了一辈子书，哪怕后来有机会回到白塔教书，洪老师依然拒绝了，选择了继续站在德南小学的讲台上，继续用他的才学为孩子们做文学启蒙，从事小学教育，直到退休。

"我特别记得少芝老师总会有很漂亮的毛衣样式，我们这群小女生总会去找老师借毛线回家织，你不知道得到一件与众不同的毛衣是一件多开心的事！"回忆起少芝老师，年轻的女老师、漂亮的毛衣以及生动有趣的语文课立刻浮现至母亲的脑海中。"确实啊，少芝在德南小学是一位值得夸赞的老师！"作为少芝老师的前辈，展辉老师也对她赞不绝口。少芝老师和洪老师一样，都是从外乡来到德南小学任教的老师。只不过少芝老师的跨度并没有如洪老师跨镇那样大，仅是跨村。在德南小学建校后的几十年间，镇里都是以好几个大队（生产队）的名义合并建校。少芝老师便是因此从邻村东风村来到德南村教书的，少芝老师当时负责教三年级的语文。因为是合并办学，学校为外乡的老师们准备了休息室和寝室，但因条件艰苦，老师们的休息之处实在是简陋。在少芝老师任教时，由于年纪尚小且并未结婚，便独自住在祠堂东边的小间里。小学时期的孩子总是淘气，而乡村的孩子，相比城里的孩子更多了些许野气，白日里若受到老师严厉的批评，便会在夜深人静之时来到老师住处做些小动作，比如敲敲门然后在老师开门前趁机逃走，但当太阳再一次升起时，淘气的男孩子自然逃不出老师的手掌心。每次孩子们被批评完离开后，少芝老师总会轻轻叹一口气。少芝老师自结婚之后便没有再任教了。"我觉得还是挺可惜的，她若继续教学，学生成绩肯定很好！但这也是她的人生选择啦。"谈及少芝老师离开校园，展辉老师口中无不表露着惋惜之情。

展辉老师毕生致力于教育事业,三尺讲台见证了他对教育的热爱与不懈追求。凭借勤奋和卓越的教学能力,展辉老师获得了广泛的认可,并从一名普通教师逐步晋升为校长,并最终从乡村小学的教师岗位受邀至镇上的金牌奥赛班担任指导教师。尽管展辉老师在教育领域取得了更显著的成就,但在与他的交流中,我能够感受到他对最初任教的德南小学讲台的深厚情感,这一点与学校中其他令人尊敬的教师们并无二致。可以说,这些教师共同见证了全村孩子们的成长历程。

对于学生和教师而言,乡村小学宛如一扇大门——对教师来说,它是开启乡村教育生涯的门户;对孩子们而言,它是开启人生旅程的门户。在农村社会,通过知识改变命运并非普遍现象,务农和经商往往是乡村孩子们的主流选择。然而,德南小学对村里的孩子们来说,依旧是一扇充满可能性的大门。有的孩子只是短暂地向外张望,未敢迈出步伐;有的孩子则在远眺之后心生向往,并通过勤奋学习最终跨出了那一步。无论他们最终的抉择如何,乡村小学都是孩子们探索人生多种可能性的起点,成为他们人生旅程的门户。

采访结束后,我为母亲拍了一张与老师、师母的合影,中间为展辉老师(图12)。

图12 母亲与老师、师母合影留念

三、德南小学的今天和明天

2003年,村中集资90余万元后,德南小学的新教学楼、新操场便如火如茶地建设起来。学校地址也从祠堂搬至庵下村公所旁,从村中搬至了村口。学校门前不再是巷子,而是可通车的水泥马路,这使得学校与外界的联系也更加方便和紧密。于是,德南小学便迎来了它的今天。

正如前文资料整理部分所介绍的,德南小学新址占地9900平方米,其中建筑面积2300平方米。学校内配有教学楼、小型操场、升旗台、公共卫生间以及少量健身器材(图13为学校的升旗广场兼足球场)。目前在校学生近180人,学校的生源主要来自德南村。学校共配有教职工共16人,其中本科毕业、大专毕业、中师毕业的教师人数分别为6、8、2人,中级职称13人,职称未评定3人。因学生数量较少,所以每个年级仅设置1个教学班,每个班平均人数为30人。

图13　学校的升旗广场同时也是足球场

今年寒假,我在祖父母的带领下再一次回到小学(图14),在细致的观察之后,除了看见许多熟悉之物,还发现了一些新的事物(图15)。

图14　爷爷向我介绍学校　　　图15　学校里的值日黑板

德南小学的发展，凝聚了村民的希冀。放眼整个德南小学，学校中从不缺"捐建""集资""芳名榜"等字样。迁址之初，德南小学靠着村民的集资捐助才筹得资金以修建新教学楼、购置教学器材。学校十余间教室中也不乏以人名命名的教室，如"陈炳鹏教室""陈建河林瑞英教室"等，这些教室名称前的人名，便是资助者的名字（图16）。自2003年新校搬迁完毕以来，学校便不间断地得到来自各地的资金支持，这些资金支持绝大部分来自本校毕业的学生和经济条件较好的村民等个人资助，至于集体捐助，自2003年之后便没有再组织过了。

图16　资助者的名字

可以说，德南小学的一砖一瓦、一草一木都凝聚着村民的希冀与祝愿，凝结着毕业学子们的知恩之心。在中国其他经济稍欠发达的地区，许多乡村小学也多是像这样以依靠资助为主的方式发展着。

如今德南小学的发展模式，仍与现代教育要求之间存有距离。在德南小学教学楼一楼的架空层中，一座小礼堂的墙壁上镶嵌着以黑石和金箔制成的芳名榜，上面镌刻着为此次校园迁移慷慨解囊的村民的姓名，其中包括我的爷爷（图17）。榜前序言中写道"本次迁址，是应现代兴学育才之需"。

图17　芳名榜

如今的德南小学是冷清的。与德南小学处于鼎盛时期的20世纪七八十年代相比，学校现不再为每个年级设置两到三个教学班，每年级仅剩一个教学班单打独斗。乡村小学学生人数的急剧变化与乡村发展和乡村人口去向是紧密相关的。在20世纪70年代末，德南村作为传统自然村，其村民仍大多留在村中务农。那时的德南村充满了生机与活力，正是这种氛围，促使村中的孩子们也多选择在本村接受教育。然而，在当前大规模的人口流动趋势下，德南村的许多居民选择外出务工或从事商业活动，他们的身影已遍布国内各个角落。有意思的是，此时外出的村民正是德南小学兴盛期就读于此的学生。在他们外出谋生之后，他们的孩子便也落脚于其他城市，并且在当地接受教育。除此之外，德南村外流人口中也包含了去往城镇以及去往揭阳市其他镇区发展的群体，他们虽未离开揭阳市的范围，却也加剧了德南村人数的减少，这种现象也与区位条件优势吸引人口迁移、乡村城镇化等时代背景相吻合。

当前德南小学的设施状况略显陈旧，作为乡村小学的典型代表，该校与众多同类学校一样，面临着教学设施落后、教学环境不尽如人意的问题。

体育场所面前便是教学楼，走近教学楼便可以通过窗户看到教室的内景（图18）。教室的大小相对常规，约为30~40平方米，对于人数仅有30人左右的教学班而言，这样的大小已是足够，且还能有空间剩余。教室内部的墙面自迁址以来并无翻新，现已稍显斑驳。孩子们的桌椅是近几年更换的——白色实木板与蓝色塑胶相结合，整洁且崭新，在稍显斑驳的墙面包围的空间中产生出一种新旧交替的反差感。教室中并无投影仪、电脑等多媒体设备。

图18　教室内景

除了硬件设施的欠缺以外,德南小学办学能力待提高项目中也包括了教学水平以及管理模式。正如前文提到,现任教于德南小学的教职工仅有16人,且缺乏资历丰富的教学能手。教师队伍的资质直接影响了教学水平的高低,也影响着学校升学率的高低。因此,发展壮大德南小学的教职工队伍成为助力德南小学成功转型的重要任务。挣扎与转型,似乎是德南小学今天处境的写照。如何成功转型?如何面对这一挑战与机遇?这些问题并不只是属于德南小学,更属于很多和它一样的乡村小学。对于德南小学的明天将走向何方这个话题,我分别与两位年纪相差较大的老师聊了聊(图19)。

A　　　　　　　　　　B

图19　与两位老师交谈,图A左一为展辉老师,图B左一为旭强老师

其中较为年长的便是上文提及的展辉老师。展辉老师见证的,更多的是德南小学在20世纪的模样。而另一位年轻的老师——旭强老师,是20世纪90年代毕业于德南小学的学生,同时也是展辉老师在德南小学教的最后一届学生(次年展辉老师被调往公办初中任教)。现在,旭强老师接过展辉老师的接力棒,同样站上三尺讲台传授知识,任教于镇上一所公办初中。守望于德南小学后离开德南小学,毕业于德南小学后再度回到三尺讲台,由师生到同

事，变的是时间与身份，不变的是他们对德南小学的热爱与希冀。可以说，两位老师的相逢和交接是乡村小学两个时期的见证与接力，并且他们从不同的立场出发对德南小学的明天有不同的思考。

在交谈中，我发现两位老师面对乡村小学如何振兴的问题时侧重点截然不同：年长的展辉老师认为振兴德南小学的关键在于提高师资水平："一校之风在于师"。展辉老师认为，教师队伍的质量直接关系到了学校学习氛围的建设和学校升学率的提高，而这两项对于学校风气、口碑以及竞争力是至关重要的。而在旭强老师眼中，扩大和提高生源质量是重振德南小学的关键点。"其实并不是老师们懈怠，而是对于不成规模的教学班级以及农村地区的家校关系而言，很多时候实在是难以提高教师积极性。"在他看来，德南小学的生源多来自本村，村里的孩子家长多忙于农事，照管孩子学习的时间与精力并不多。生活在农村的孩子们，对于知识有着最淳朴的渴望，也有着易碎的坚持。引导孩子们前往知识的海洋，则需要汇集外界环境多方面的力量。若这样的任务仅仅交到乡村教师手中，便显得艰巨且任重道远。因此，德南小学的振兴不只是需要师资方面的提高，也需要兼顾生源的系统优化提质。

在探讨振兴德南小学的核心要素时，两位教师的意见初看虽似乎相悖，实则本质上是相辅相成的。二者的共同点，归根结底，指向了师生关系这一核心要素。学校的建设和发展，无疑需要师生的紧密配合：若师生关系融洽，将成为推动学校进步的强劲动力；反之，若师生关系不协调，将成为阻碍学校发展的障碍。此处所指的师生关系，并非仅限于教师与学生日常的互动，而是更广泛地涵盖了师资力量与生源质量之间的关系。师资力量的增强，将直接提升教学水平，进而营造出积极向上的学习氛围，提高升学率，增强学校的竞争力，吸引更优质、更广泛的生源。同样，生源质量的提升也将促进教师队伍的教学管理更为有序，激发教师的教学热情，使学生在充满激情与秩序的环境中更有效地吸收知识。

知其然，便思何为。明晰德南小学如何走向明天的关键点所在，便需要思考如何从实际出发构建学校的明天。在与两位老师的交谈中，他们给予了我许多思考的方向，同时也启发了我，让我从大学生的视角思考自己能为家乡的学校做些什么。以下便记录了我对于德南小学发展的一些浅薄的思考。

首先，德南小学需要发展重振，在我看来最重要者是重整学校与乡政府、镇政府之间的关系。

其次，德南小学需要构建有效的集资渠道，建设合理的奖教奖学机制。

在我看来，清晰透明的社会募捐体系首先需要朝向周期化、有序化发展，可以规定固定时间进行周期性募捐，并且对每一次募捐结果做出公示。其次，募捐渠道也可以借助互联网等现代科技加以监督与统计，使得募捐公开透明。最后，募捐体系需要引入多方力量加以监督。展辉老师谈到自己年轻时候去往马来西亚探望亲人时参观当地乡村小学的见闻："那里的乡村小学同样位于村中，他们和我们一样，学校的建设需要村民募捐，在我看来，他们办学的有序与优秀的关键点就在于募捐程序有序透明，大家捐得放心，最后钱也如实用上，学校越建越好，村民的孩子们在其中也接受了良好的教育，村民也更加愿意倾囊相助，这是多么一件美事啊！"

最后，德南小学需要发展重振，资源整合、合并办学或许是一个较为大胆的革新方向。

在当前乡村人口外流、城镇化发展按下加速键之时，乡村小学学生人数减少是难以避免的事实。德南小学作为典型的乡村小学同样面临着这一挑战，也面临着扩大生源的重重困难。在此背景下，几村整合资源、合并办学成为学校发展的一个新设想、新方向：将零散的办学资源和生源整合起来，使得学校的建设更成体系成规模，一来实现了资源的系统优化，聚少成多，二来也有效呼应了前文提及的扩大生源要求。

"其实合办学校在2011年揭阳市创建'省文明城市'的时候就有人提了。"谈及合并学校，旭强老师认为是很有必要的，但同时也是任重道远的。德南村地处传统乡村圈之中，周围多是同等级的自然村，但受到传统宗族观念的影响，一些村对于学校建设有着微妙的执着——即便村庄很小，也要竭力建设自己村庄的学校。例如本次调研中，我所了解到的规模较小的一些村庄，即使每年级仅能保留一个十多个人的教学班，这些村庄也仍保留着村中小学。在部分村民看来，自己所在的村庄是具有独立性的社区，因此村中的孩子也需要在自家村中学校上学。另外，留村的人员多为务农人员，在忙碌的劳作中难以顾及孩子的接送，若孩子在别的村庄上学，父母也会担心孩子上下学是否安全。

对于星罗棋布的乡村小学而言，零散资源的整合在我看来是十分必要的，但是整合任重道远。我在调查中得知，家乡的小学多以村为单位，并且大多以村庄名命名。或按片区划分、以镇的名义组建小学，命名为"镇中心小学""镇第一小学"等能减少村民的顾虑。至于孩子们上下学的安全问题，若是划区域集中办学，学校资源能得到整合，学校的调控管理能力也能大幅度提高，因此组织教职工接送队负责监督孩子们放学安全情况、以村为单位组织校车接送孩子们上下学、加强家校联系等举措，想来应该都是可行且有效的。同时，资源整合之后学校的建设可以更成规模，更有能力跨出原本发展模式的限制，做出更多革新之事、创新之举。

四、结语和致谢

在条件简陋的乡村小学中，尽职尽责的优秀老师的故事往往让人感动。从村民的讲述之中，我们也能意识到，时代发展到今天，农村家长对孩子的教育意识有所提高，对孩子所受到的教育也有所期待。正因如此，乡村小学的转型发展是处在殷殷目光聚焦之下的。

德南小学的昨天曾经辉煌，今天稍许彷徨，而明天将走向何方。纵观学校历史和发展现状，我能从其中看到许多、思考许多。我尝试去听它的声音——无论是在旧时的祠堂中的还是如今的新址里的。与此同时，我也认识到学校的发展是每一位德南村村民都会关注的事，无论是否生活在家乡。"我作为大学生，看到了学校的什么？能为学校做些什么？"这样的问题在调研中以及调研后时不时盘旋在我的脑海之中。为德南小学写些什么，提出一些并不够成熟的想法似乎是我目前仅能做的。

感谢我的父亲母亲、祖父母以及乡亲朋友对我此次调研的大力支持，他们一直不厌其烦地为我解答疑惑以及讲述历史。特别感谢展辉老师以及旭强老师愿意接受采访，和他们的交谈给我带来了很大的启发。感谢此次调研活动，使我得以走进学校，由原本的熟悉变为熟知，并从中学到许多、思考许多。除此之外，我想通过这篇文章表达对家乡学校中可敬可亲的老师们的敬意和感恩。因篇幅有限，很多老师的故事未能在文章展开，但在调研中了解到的令我动容的人和事，我会一直铭记。

身埋深山，魂走四方
——广东省肇庆市大坑边小学的兴与衰

◇ 陈靖（哲学系2021级硕士生）

我的家乡是广东省肇庆市的一个偏远村落，其名"大坑边村"，名称源自毗邻的一条溪流，朴实无华，颇具乡土气息。这种质朴之风反映了它因连绵群山而与繁华、新潮、开放等字眼相隔绝。据父亲所述，日本侵华时祖父为了逃离乱世，才拖家带口躲进了这片深山。而我是"城市的孩子"，在城市出生、在城市长大、在城市读书，且因爷爷在很久之前已去世，自从我上小学时父亲接了奶奶出来区里居住，十年来我都不曾回乡，对家乡知之甚少，更别说早就不复存在的大坑边小学——它在2009年撤办，后来被收购和改造成了私人养殖场。

大坑边小学的旧址，即现今的养殖场（图1），位于村落的更深处，较之我家的祖屋更显偏僻。从市区出发，需耗费两个小时的路程，相当于从我家前往广州的路程，因此我最初并未将该地纳入调研范围。然而，当我告知父母"家乡小学"这一调研项目时，他们一致鼓励我选择大坑边小学，因为它是我的父亲、大伯们和好几位堂哥、堂姐的母校，也是村里几代人的母校，与我的家族乃至整个大坑边村有着深深的缘分。父母对我说，如果能通过这次调研，使它以另一种方式重生和长存，一定会非常有意义。

自然，父亲成了我第一位采访对象。1976年，父亲入读大坑边小学，当时的小学是五年制，所以他在1981年6月毕业。时过境迁，父亲谈起大坑边小学时仍滔滔不绝。他告诉我，大坑边小学依山傍水而建，其前身由此得名"边溪小学"。在过去基本每个村庄都有一间小学，村里的小朋友就近入读。当时的学费用家庭工分抵扣，换算成人民币，一年大约是2元6角，而因为正值基础教育普及阶段，一些家庭若没有工分，政府也会直接免掉他们的学费赞助孩子们上学。在父亲这一届，每个年级设有一个班，每个班的学生大约在30个左右，全校共100多人，这已算是大坑边小学人数的顶峰时期。老师有两位，都是本村人，分别负责一至二年级和三至四年级的全科教学，其中一位是非正式编制的代课老师。大坑边小学的校长则是隔壁村的，他同时兼任五年级毕业班的老师。

图1　依山傍水的大坑边小学（现为养殖场）

接着，父亲又向我详细地介绍了大坑边小学的课程。那时大坑边小学和其他乡村小学一样，还未设置英语课，课程只有语文和数学。学校会分发语数课本，并各配套一个作业本。星期一至六都要上学，上午有早操、早读和语数各一节课，11点放学后各自回家；下午两点半上课，也是两节课，以读书和劳动为主。

至于上课内容，一、二年级时，他们需要学拼音和读语录，会接触很多"红书"。三年级开始慢慢多了散文、诗歌等各种体裁，以及一些科学知识和生活常识，通过像"滴答滴答下雨啦，麦苗说：下吧下吧，我要发芽啦"这样朗朗上口的童谣，他们得以认识自然。进入高年级，老师会用小马过河等寓言来教给他们道理。此外，他们还会读黄继光、邱少云等英雄的故事。数学的学习内容和现在几乎一样，由低年级的简单识数、个位和百位加减，到加减乘除四则混合运算、乘法口诀和除法口诀，再到五年级的一元一次方程。后来学校响应国家号召，重视学生的素质教育和品德教育，开展了"五讲四美"等活动。

平时老师会布置作业,包括听写、默写等。一、二年级只有期末考试,三年级起增加期中考试,考试均为全县统考,最后一次毕业考试亦然。父亲说,当时大约有三分之一的学生可以升入中学阶段,其余人则在乡务农或进城打工。

小学五年,父亲一直担任班长,班长是由老师指派的,主要工作是帮老师收发作业、组织同学早读和上课前喊起立。父亲的成绩非常优秀,他常被评为"三好学生",得了不少奖状和作为奖励的文具。毕业后,父亲顺利进入河台中学读初中,1984年升上肇庆中学读高中,1987年考到中山大学,是村里的第一个大学生(图2为父亲的大学毕业证书)。在那个落后的年代,在那个贫穷的地方,父亲一步步走出深山,成为大坑边村的骄傲。

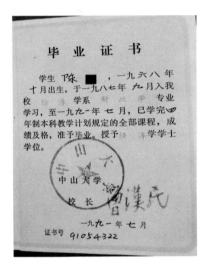

图2　父亲的大学毕业证书

当我问起在大坑边小学就读期间难忘的事,父亲不假思索地说:"那时,学校的活动设施还不完善,所以设置了很多劳动课来代替体育课和运动会。几届师生自己动手,历时数年在一片荒地上建起了运动场,包括篮球场、跑道等。平时,小朋友们把这里当作游乐场,玩兵捉贼、捉迷藏;到了农忙的时候,这里就变成了村民的晒谷场。"父亲又接着谈起当时学业和农业联系密切,"春秋各有一次农忙假期","小朋友们在课外会帮家里干农活"。除了务农,同村的同学还会一起玩游戏,去打鱼、钓鱼,到田里捉老鼠、拾稻穗、摘"猪婆菜"(常用作猪饲料的莙荙菜),课外活动可谓丰富多彩。

听完父亲的讲述，大坑边小学在我眼前逐渐鲜活了起来。我仿佛能够听见小溪的潺潺流水声、鸟儿的清脆啼鸣和小朋友们的琅琅读书声、嬉笑声，仿佛能够看见老师和同学们忙碌而乐在其中的身影，不禁心生憧憬。于是，趁着放寒假，我联系上与我关系最好的阿凤堂哥，并得知他正好打算过年回乡祭拜，可以顺路捎我一程。

大年初二，我们出发了。从国道转入乡道，时间和空气仿佛静止了一般。山路十八弯、雾气氤氲的山头、静默的树林、偶尔经过的用自行车驮着木柴的老人，都和我那久远得模糊的记忆并无二致。一路上，凤哥给我讲了很多过去的事。虽然他比我大一岁，比哥哥阿龙小一岁，但两人和我都是同届。正式读一年级前，他和龙哥在2004至2005年先在大坑边小学读了一年学前班，当时是他们的母亲、我的六伯娘去找苏老师报名的。六伯娘说，每学期学费大约是450元一人，开学当天把现金交给老师，老师会在一个本子上划掉姓名。自三年级起实行义务教育，就不再需要交学费。学校会分发书本，文具则需自行购买，和父亲那时一样。此外，每个月每个学生要带一捆木柴到学校，给老师平时做饭用。学生通常回家吃住，家较远的，像田特村的小孩会带饭到学校，如果下大雨，老师也会留他们下来吃饭。凤哥说，他早上会起来炒冷饭，吃了便上学，午餐和晚餐则是龙哥煮饭、奶奶烧菜。

我问起课程的设置，凤哥说周一至五上课，包括语文、数学、英语、体育、音乐和自习课。有三位老师负责他们班：苏老师是班主任，教语文和数学；罗老师也教语文；陈老师每周从五联小学进来教一次英语，所以只有周三的上午或下午上英语课，一直上到放学。老师会选出班长、副班长、各科科代表、体育委员和放学集队的小队长，来帮忙分担一些事务。过去学校对老师讲课的要求不高，常常客家话、粤语和普通话混着来。课程内容不难，主要是识字、识数和算术等。除了学习课本上的知识，老师还会给他们讲故事，使他们在潜移默化中懂得一些道理。平时以及寒暑假，老师都会布置作业。凤哥个人比较喜欢数学课，现在他也如愿成了一名数学老师。他班上同学的成绩都不错，但不是所有人都上了初中。在他的印象中，班长反而是最先没有读书的，在三年级放国庆节假期时，班里同学们一起去了一趟高要区

游玩,之后班长便留下打工再没有回来,一部分人之后到河台镇上读初中。另外负责五、六年级的是赵老师,学校即将撤办时首先离开,于是后来交由苏老师全权管理,他和罗老师一起坚持到最后。

上学期间,凤哥他们班和低年级的班总是一块组织各类活动,比如上体育课打乒乓球和踢足球。六一儿童节的活动更加有趣,有套圈游戏、乒乓球投杯子游戏等,老师还设置了丰富的奖品。还记得当时老师很鼓励大家唱歌,音乐课上教《两只老虎》等儿歌,并开展"校园歌皇大奖赛",每个人都积极报名,一点儿也不害羞。此外,还有奥数竞赛,凤哥说当时经过一轮考核后,龙哥脱颖而出,代表大坑边小学去河台镇参赛。而前几届仍有仪仗队,到他们这一届因师生人数不足,就不再组织。课外时间同村的小孩也一块玩耍,在祠堂旁的空地上弹玻璃珠、打纸牌、跳皮筋,有时还去田里、草丛里捉"猪仔蛇"(中国石龙子)。凤哥回忆起捉迷藏的时候,有些小孩甚至会躲到山上去,导致最后要一伙人齐去寻找他。至于家务,凤哥说都由奶奶包了,他自己很少干活,但会帮忙插秧、收水稻、晒谷和割桂皮桂枝。

彼时,入学的儿童越来越少,大坑边小学隔一年才开一个班。凤哥的班上一开始有20多人,到后来学生们陆陆续续去了城市,到四年级时只剩十多人;这一届二年级更是只招收到几个学生。2009年,大坑边小学撤办,凤哥便转学到五联小学,读了五年级和半年六年级。凤哥说,当时年纪还小,不清楚具体情况,只知道能去其他学校上学觉得很新鲜,于是安然地接受了这件事。那段时间,他每天和龙哥,以及另外两个要好的朋友一起骑自行车来回。五联村的人很少会讲客家话的,于是他们便慢慢适应了粤语和普通话的环境,对着本村人才说客家话。到了2010年,因为六伯和六伯娘要随奶奶去高要区定居,凤哥在家中无人照顾,于是将凤哥转去了提供住宿的河台镇中心小学,让凤哥读完剩下的半年六年级。

聊着聊着,不知不觉已到达家乡。凤哥和养殖场的老板打过招呼,便带着我从他小时候上学必经的山间小路,走向那熟悉又陌生的地方(图3)。以前,他一般和龙哥一起上学,和父亲一样从家里步行15到20分钟到学校,偶尔会叫上同村的朋友同路,每天的上学行风雨不改。放学后,他们总是一边玩一边回家,一路上打打闹闹的,有时扔石头吓唬路边的小动物,有时又去捉蜻蜓和小鸟，好不快活。快到养殖场的前方有一块平地，凤哥说："以往一般四点半就放学了，因为太晚的话，小朋友走路不方便。放学时，我们先在这里集合排队，大坑边村和双羌村的为一队，南坑村和桐油坪村的又为一队，往左边的另一条路走。这里曾经种满了大红花，我们经常在里面玩捉迷藏。"我疑惑地问："这能藏得住人吗？"他笑答道："当然啦！那时候我们还小，红花就显得特别高大，这前面又是个斜坡，地势很有利。我们还会玩PK游戏，同一村的同学联合起来，把大红花当成防守和遮蔽自己的堡垒。"如今，平地上的大红花已不见踪迹（图4）。

图3　凤哥带我走他儿时的上学路　　　　图4　凤哥小时候玩捉迷藏的平地

那天断断续续地下着淅沥小雨，我们到目的地时都沾上了一脚"故土"。养殖场（图5），即昔日的大坑边小学，是一列盖着铁棚和防雨布的简易砖房，坐落在一座丘陵的山腰上，呈弧形延伸到侧后方。老板是位中年男子，通过谈话，我得知他是隔壁双羌村人，本来也在村委会工作，去年才退休。五年前，他找当地政府把这里承包了下来，自己一个人经营，养些猪、鸡、鹅和鱼卖给村里人。这也就是说，大坑边小学撤办后，这里曾闲置了很长一段时间。老板让我们随意参观，说罢便继续忙活去了。

图5 山腰上的养殖场（原大坑边小学）

养殖场内，大坑边小学的踪影几乎被完全抹去，只留一些斑驳痕迹。进入走廊，我看到四个房间，其中三个并列着，面积差不多大小。凤哥跟我说，从左到右分别是办公室、厨房和课室（图6、图7）。还有一个房间在右侧，与走廊垂直，上了锁，但从外面可以看出这个房间要大一些，这个房间曾经也是课室。到了现在，厨房依然是厨房，办公室和课室却变成了员工宿舍或仓库，堆满了杂物和饲料，而墙壁上还钉着"关心下一代工作小组"门牌，门牌上早已爬上了锈迹（图8）；墙上的标语也脱落得七七八八，余下的"文明"两个大字被春联覆盖（图9）。"办公室"和厨房的中间有一块黑板，贴着校务日志的标题，事项包含了日期、天气、记事，以及班级的出勤情况和表现评比，如今记录的却是"铁笼96.5斤""鲩鱼20元/斤"等养殖场的事务（图10）。

图6 厨房　　　　图7 变成仓库的课室

图8　门牌

图9　被春联覆盖的标语

图10　校务日志黑板

　　绕到走廊尽头的后方，我们又发现了一块黑板，上面依稀可见画着写有"国"（我推测完整的是"国庆节"）和"儿童节"字样的四个灯笼，还有一些残缺不全的句子："华夏""会学习""小立志""努力"……观其排版，原本应是一首励志诗歌，于是我猜这是专门用来出墙报的黑板（图11）。黑板正对面有一处被拦起来的小屋，凤哥告诉我，以前那里有一棵桃花树，是老师和同学们一起亲手种下的，时至今日已了无踪迹（图12）。小屋的下方是一片开阔的鱼塘，旁边搭着一个简陋的棚子，据凤哥说这曾是乒乓球台和足球场所在的地方，如今可谓面目全非（图13、图14）。

图11　用来出墙报的黑板

图12　小屋前的桃花树已消失

图13　变成棚子的乒乓球台

图14　变成鱼塘的足球场

回到走廊，碰上老板在歇息，我又问他有没有保存着小学的东西。他先是摇摇头，又忽然想起什么似的，带我们到左边的宿舍里，指着两张桌子说："我记得只留下了它们。"根据上面写着的数字，我猜想这应该是以前的书桌或办公桌，现在已残破不堪，并且摆满了水壶、电磁炉等生活用品，而不再是课本和文具（图15）。

图15　已摆满生活用品的旧书桌

看到大坑边小学如今身埋养殖场，想到我的家族和大坑边村的一部分珍贵记忆仿佛一同被遗弃了，我的心情从最初的期待一下子降到了低谷。直到下午凤哥带我去探望苏老师，并听了他的一番肺腑之言后，我的心结才解开。

午间，我们回到祖屋稍作休息，吃上了六伯娘亲手包的裹蒸粽。热腾腾、软绵绵的糯米入口即化，身体也跟着暖和起来——真幸福呀！凤哥和苏老师约定的时间是两点，在等待的同时，我看到了贴满墙壁的奖状（图16）。传统客家人都是一家子住在一起，房屋常常连排连片，内部则按兄弟人数分开几套房间，祖屋也一样。父亲是祖父母最小的儿子，他有五个哥哥、两个姐姐。我们所在的这个房间属于父亲和六伯共有，而父亲很早便出外读书，六伯一家在2010年后也搬到了高要区居住，所以这里年久失修。由于屋顶漏水导致大部分奖状褪色泛白、残缺不全，仅剩的能看得清字的几张里面，龙哥和凤哥的奖状都位列其中，包括了成绩优异奖、好孩子奖等，还有"校园歌皇大奖赛"的优秀奖（图17、图18）。令人惊喜的是，我在角落找到了大坑边小学撤办前二、四年级学生和苏老师的留影（图19）；三伯听说我此行的目的后，也翻出了他儿子在大坑边小学仪仗队时的照片（图20）。

图16　褪色、破损的奖状（部分）

图17　龙哥的好孩子奖奖状

图18　凤哥的"校园歌皇大奖赛"优秀奖奖状

图19　大坑边小学撤办前的留影　　图20　三伯儿子在仪仗队的合照

  下午三点左右，我们来到苏老师在五联村的家中。他和夫人非常热情，拿出各式年货招待我们。苏老师是凤哥最敬重的老师，当我说起希望采访在大坑边小学任教过的老师时，凤哥第一时间便想到了他。凤哥告诉我，苏老师是很多同学的榜样，他们非常感激和想念他，这次来探望他，一些同学还说怎么不提前通知一声，他们也想来。

  寒暄过后，苏老师向我们谈起他的个人经历。1979年高中毕业后，他回家里帮忙，在田特村住了两个月。自1980年起，他和几个朋友开始售卖砧板，亲自上山砍树、刨削，一天可做40多个，然后用担子挑到村里售卖。20世纪80年代后期，因为村里的小学工资待遇差，没有人愿意进去当老师，而他人缘好、性格好，所以校长、老师，甚至同学们都来请求他去代课，让他哪怕先尝试一个学期也好，还给他争取到一个月110元的工资，此时一般教师的工资才80元左右。可是和其他职业相比，110元的工资在当时仍非常低。苏老师回忆道："邻近的河台金矿正热火朝天地开采，每年收益颇丰。即便是成为一名厨师，每月也能赚取150元，并且提供食宿。"尽管如此，苏老师还是难以拒绝众人的盛情邀请，于1989年正式成为五联小学的教师，并开始备考教师资格证书。每隔一周的周末，他都要到乐城镇上专门的学校学习教育学和心理学，由五联小学报销学费和书本费，路费和食宿费则由苏老师自理。慢慢地，他的工资涨到了370元。他想要提升学历，但经济条件实在无法支撑：当时上学每学期需要学费1100元、书本费200元、茶水费50元，还有路费、考试费等，而他的两个儿子也正好到了上学的年龄，每学期共需要1000多元学费。苏老师深知孩子的教育更重要，所以读了一年大专后便退学了。

20世纪90年代中期，大家又来请求他到条件更艰苦的大坑边小学任教。他思索再三，知道自己确实是家离大坑边小学最近的老师，于是便答应了下来。去那里之前，他参加了统一考试和体检，合格后成为国家正式编制老师，工资升到了大约510元。1996年，苏老师转入大坑边小学，自此一直在这里教到2009年撤办，尔后又带着学生回到五联小学，在此期间工资增加至2600～2700元。我问起大坑边小学撤办时的情形，苏老师回忆道："当初小学的建设资金是由当地群众共同筹集的，但土地所有权归政府所有。随着时间推移，学校的学生数量逐渐减少，政府计划收回土地。我们整理好所有资料，分批运至五联小学，由教育办公室统一管理。在完成全面检查后，我们关闭了灯光、锁上了门窗，并将钥匙交还给了教育办公室。考虑到你们当时年纪尚小，没有熟悉的人陪同是不行的，因此我也随同前往。"2013年，苏老师再转到三围小学执教，遇上政策要求教师提升学历，便选择了到学费较低且有外省考生加20分政策的广西深造，先后到玉林和梧州读完了本科，在2018年顺利毕业。去年，苏老师在任教32年后退休，现在他正享受着自由自在的生活，游历于山水之间。（图21为我和凤哥探访苏老师）

图21　探访苏老师（从左到右分别是我、凤哥、苏老师）

回忆起大坑边小学，苏老师唏嘘不已。过去条件非常艰苦，最初仅用几块木板隔开办公室、教师宿舍和课室，还没有建起围墙，环境"比猪舍还差"。校长直言："别的先不说，有人愿意进来教学就谢天谢地了。"后来，

学校向教办申请了一笔装修费用,拆掉破旧的板子,规整地钉上纤维板,铺好地砖,安装了铁门,最终也算是有模有样。大坑边小学不仅位置偏僻,校外的路也崎岖难走,一路上全是原生态的土路,水泥路从外面只铺设到五联村(直到2008年,我父亲代表肇庆市税务局向河台镇政府提议落实"村村通公路"政策,五联村到大坑边村之间才铺设了水泥路)。苏老师彼时上班要翻过山岭,这一路几乎全是上坡路,他常常是骑行一段路,再推着自行车步行一段路,走下来全程大概半个小时。1999年,他买了一辆摩托车,但因路面原因依然经常摔倒。外面的年轻教师不肯来,有的甚至宁愿不教学,即使是上级调派的,一年半载也会离开。苏老师说:"我们曾聘请禄步镇的人,但他仅住了一晚便离去了。试想,外人进入此地,沿途只见群山,不见人烟,既孤寂又令人恐惧,或许只有我们这些人才能适应。"苏老师忆及某年召开教学会议,特意安排所有教师前往大坑边小学体验那里的艰苦条件。恰逢雨天,路面变得更加湿滑,部分路段甚至发生塌陷,导致多人跌倒。"有人请求我载他一程,我反问:'我敢载,你敢坐吗?'"苏老师叹息道,"老实说,即便是我独自驾驶摩托车,心中也充满恐惧。"

但叹息以外,苏老师更多的是怀念,说在大坑边小学度过了一段很快乐的时光。大坑边小学的校风很好,是公认的全镇第一——老师团结齐心,学生勤奋好学,大家寓教于乐、打成一片。有一年全镇教学工作大检查,检查包括德育、卫生各方面。下午一点多,教办组织几位校长到大坑边小学,此时老师们还在午休,学生们到校后自觉读起书来,没有人捣乱。镇中心小学的校长连连夸赞,说从未见过这般景象,此次检查中大坑边小学的德育和学风都是满分。寒冬的晚上十点多,苏老师去学生家家访时还看到有学生在熬夜读书。凭着这股劲头,大坑边小学的成绩一向出色:全镇统考中,十分之七的学生能考90分以上,满分的也不少;排名常常进入全镇前五,获第一名也是常有的事。回想起来,苏老师难掩自豪,感叹道:"学生们很争气,不可小看,真是山中有凤凰。"

苏老师又告诉我们,教师之间的关系很和谐,是"吃大锅饭"的。放学后,他们一群人总是去钓鱼、捞虾,上山摘野果、捕小鸟来炖汤。期末事务多,夜晚又冷,但因为喝了汤,不管工作到多晚都依旧精神。师生之间的关系也非常好,苏老师说他的理念是快乐教学,要让学生感受到老师的可爱可亲,这样学生们才会有心思听课,才学得开心。他们一起运动、举行唱歌比赛,每天带着一身泥回家。苏老师的责任心很强,学生碰到什么困难,都会第一时间报告给他,他也会及时到场解决,比谁都紧张。他印象最深的一次是,桐油坪村的一名学生突发癫痫,正值炎热天气,他背着学生回家并敦促家长迅速带其就医,所幸学生擦过药油后迅速康复。还有一次,龙哥在踢足球时受了伤,也是他第一时间载着龙哥回家休息。

大坑边小学撤办时,校长曾希望他先行离开,教办也打电话来催促,他没有答应,说就算只剩一个学生,他都愿意教。直到如今,苏老师和很多学生仍有联系,不光在村里,去市区碰见了那些即使他已认不出的已经长大的学生,学生也会主动跟他打招呼。我把在祖屋拍下的合照拿给苏老师看(图22),他喜上眉梢,逐一点出了每个人的名字。

图22 大坑边小学四年级学生合影

苏老师最惦念的一个孩子是田特村的阿华,她的父母在她很小的时候出车祸去世了,她和一个姐姐、两个弟弟随祖父母生活。当时,高要区消防局对接扶贫阿华,队长常亲自领着大米、花生油、水果、饮料、零食和500元慰问金去给她的祖父母,其中一部分物资会交给苏老师。队长还让苏老师带她去参加肇庆市举办的困难家庭儿童聚会,会上有晚会表演、消防队出警展示和聚餐等环节,结束后把他们送到车站,并拿出200元车费,说若有余钱就留给阿华。阿华家想用当地的柑橘等农作物作为回礼,队长坚决不收,这让苏老师敬佩万分:"解放军的纪律真的很严格。"现在,他们对队长依然心怀感恩之情，每逢八一建军节，都会给队长送去祝福。

同样地，苏老师和村民们也十分亲近，彼此以"老表"相称，很合得来。每次经过村里，村民都会捆好木柴或蔬果，硬塞到他手里，连没有小孩在大坑边小学就读的南坑村村民也送过不少菜来。村民还常常偷偷地将礼物放在厨房，让他觉得很不好意思，不知该向谁道谢。苏老师又说，客家人的家教是非常好的，尊师重教，讲文明、讲礼貌，家访时把家里有的东西统统拿出来招待老师——这份礼轻情意重的举动，让他倍感温暖。他和家长们互相信任，一学期苏老师会家访数次，向家长们汇报教学情况，并做好详细的记录；家长们也很理解老师，结下了深刻的情谊。

在交谈的过程中，苏老师总是语重心长地对我们讲述很多道理。为人师表，他始终抱着乐观的心态，尽自己所能做好自己的工作："要守本分，'既来之则安之'，不必计较得失或争荣耀，无名英雄也同样伟大。""钱财都是身外物，是你应得的东西，你自然就会得到它。""有舍才有得，做人量大才会福大、顺风顺水。"他觉得，学生的成绩是无法苛求的，但品德才是第一位。他常给学生讲有关因果报应的寓言故事，而他自己也以身作则，不为别的，只希望自己教过的孩子能向善、向好，这样社会才会好、国家才会好。

时隔13年重聚，大家相谈甚欢，不知不觉间天色渐晚。临走前，凤哥掏出以前的报告册（图23），请苏老师签字留念。苏老师拍了拍他的肩膀，又说道："特别你现在也是当老师的，千万别做坏事，身正不怕影子斜。"回家的路上，凤哥打趣道，苏老师今天像是又给我们上了一节课，而我们都十分感慨于他分享的事情。

图23 报告册（部分）

作为"城市的孩子"，我从未像这次调研一般如此深入地了解我的家乡。时代的发展与所有人的命运息息相关，而每个个体的经历和际遇都不尽相同。这次，我访问了身处同一年代，但有着不同年龄、不同背景、不同职业的人，听取了他们的心声，看到了几十年来中国社会的变迁留在他们身上的烙印。

历史前进的步伐无法阻挡，大坑边小学和那里的人们则被裹挟其中。谈起往事，不舍、遗憾、怀念等情感一时间涌上他们心头。如今，他们仍时不时回去旧址看看。父亲说："工作和家庭稳定下来之后，每当春节回乡或清明祭祖，我在路过母校时都会进去探望一番。"苏老师说："在大坑边小学任教是我做过最有价值的事，那份浓浓的情意还留在我的心里，我总是惦记着。所以，我每年要进去走几趟、和村里人聊聊天才安心。可惜的是，当年的资料绝大部分都在搬运的过程中丢失了，我手上也没有了。"凤哥也说："我和同学们基本上都有联系，建了一个微信群，大家都在肇庆的时候便会聚一聚。每次回老家，我和同学都会走过去小学看一看。我们心里还是有着一种情怀，为保存不了以前的回忆而难过，毕竟那是自己村里的母校，很有特色。"

但是，他们并不仅仅被时代推着走，也自己主动适应并融入了其中，对大坑边小学的撤办表示理解。父亲向我解释："改革开放后，祖国以及祖国的每一个角落，乃至边远的乡村，都发生了翻天覆地的变化，得到了飞跃的发展。从一穷二白，到如今进入小康，大家的生活越来越好。我很多同学也陆陆续续在城里安家置业。大坑边小学的消失是历史发展的必然，因为随着人口外迁，村里的儿童和中青年人口越来越少。人口最多的时候接近300人，到现在只有十几个留守老人常驻，生源已经严重不足，不再具备办学的客观条件。"苏老师说："没办法呀！大坑边小学撤了之后，五联小学也撤了，现在三围小学同样准备撤了。去年我退休的时候，加上学前班，全校只有19人，每个年级不到10个人。时代变了，年轻人要谋生，多数小孩跟着父母出外，不在这里读书，就算回来也适应不了。"凤哥也释怀了："人们觉得城市的教育更好，所以希望儿女出去，这是可以理解的。以后我有了小孩，也会选择把他留在高要区。"此外，凤哥又对乡村振兴战略和学生下乡活动表示了认可："农村和城市是互相依存、互相促进的。乡村振兴给了人们新的机会，对农村和城市来讲都是好事。这种调研课题非常有意义，可以深入基层，了解到在城市中无法体会的东西。我作为农村的一分子，想让大家认识到农村的艰难，而不是躲在过于舒适的环境中，不知'粒粒皆辛苦'，这样也缺少了艰苦奋斗的精神。"总之，他们都十分希望国家的政策能不断推进，切实地帮助家乡进步和提高村民的生活水平。

大坑边小学的变迁是时代变化的缩影，但真正的死亡是被遗忘，身埋深山并不是它的最终归宿，无数从它那里走出来的人传承了它的精神、守住了它的意志。无论走多远，他们依然心系故里、心怀感恩，绝不抛弃彼此之间的纽带，并努力成为有用之才、反哺家乡。我想，这正是教书育人的真谛所在，也正是大坑边小学之灵魂——它从未消散。

三代人的小学，三代人的人生

◇ 陈佳蓊（测绘科学与技术学院2021级本科生）

我的家乡位于贵州省贵阳市开阳县龙岗镇大水塘村，我们祖孙三代都生活在那里。村中有一所乡村小学——水口小学（图1），它伴随着一代又一代人的成长，同时它也在老去，也在发生着变化。借这次活动，我同奶奶和母亲做了相关访谈，由此得以了解她们年少时的水口小学，以及她们与之相关的求学故事。我也借此回忆起了我眼中的水口小学。为了更好地勾勒出水口小学的历史全貌，我还去拜访了我小学时的班主任。她在水口小学有着30多年的教学经验，她的故事是我在讲述水口小学的历史时不可多得的补充。

图1　贵州省贵阳市开阳县龙岗镇大水塘村水口小学

一、奶奶记忆中的乡村小学

奶奶十一二岁才开始她的学习生涯。尽管已经是70多年前的事情，奶奶依旧是记忆犹新，历历在目。或许是因为那一代人经历过国家的风风雨雨，吃过很多的苦，所以对那屈指可数的安定的学习时光有着难忘的记忆。那时的乡村小学并不如同现在的乡村小学，奶奶说，那时的学校算不上是学校。她当时就是在人家弃用的旧宅里面上学，桌子板凳也都是坑坑洼洼的，教室很小，没有课本，老师是以前读过书、有点文化的老者，教学设备基本上都是村民们一点点捐出来的。上课模式也十分简单，由于没有课本，甚至没有黑板，所以是由老师将文章书写在墙上，然后教给学生们读，学生们之后再去背。奶奶回忆道："当时也没有教什么拼音，就完全靠着死记硬背。书都没有，文具自然是更加简陋，用的是毛笔，写在粗糙的纸上。"奶奶回忆，那时候的脸永远是黑的，手永远是脏的。每天十一二点去上学，下午回家，在回来的路上还要为家里的牲畜割好饲料，这便是她一天的安排。后来，学校的条件有了改善，不再是在别人家不用的房屋上课，而是搬到了一间新建的瓦房。不过条件依旧很艰苦，教室设施还是很简陋。就在这两处艰苦的环境中，奶奶进行了一年的学习，她的学历也定格在了一年级。在上二年级的时候，村里以奶奶家劳动力太少、生存都成问题为由，取消了奶奶的上学资格，她只能回家参与劳动。

回忆起那段时光，奶奶说她过得很快乐，劳动的负担减小了很多，还可以学到知识，也有很多同学可以一起玩乐。几十年恍如隔日，奶奶依旧可以随口说出当年背诵的文章："新泉上学了，新泉家里很穷，父母做工，哥哥弟弟……"她也记得老师教的"中国"二字怎么写，"共产党"三个字老师也重复了很多遍，那时候学的加减法也受用终身。劳动几年后，正值"一五"计划的开展，扫除文盲活动在农村开展得热火朝天，奶奶又一次有了上学的机会。不过这次是夜校，教室还是原来那间，设施比原来好了一些，有了小黑板，老师的水平也更高，有了第一本语文书，还有了钢笔。新老师是在中学教书的老师，在那时的农村，算是文化水平很高的人，奶奶至今依然记得他的名字。奶奶说那个老师很好，要求也很严格，还会安排考试，考不好的要被老师训。由于是在冬天，学生们会自己烧好炭火，每天老师要上课上到晚上12点,尽管白天劳动已经很累了,但这为数不多的学习机会让奶奶倍感珍惜,从而并不觉辛苦。夜校只持续了半年,奶奶说她认识的绝大部分字都是在那段时间学会的。尽管在夜校之后奶奶未曾再进行过正式的学习,但她一直虚心求教,后来学会了乘除法以及更多汉字,也开了一个小卖部,还经常在看电视时问我这是什么字啊,遇到自己会的字时,也会读出来,真正做到了活到老学到老。

由于受到小学教育的时间极为短暂,奶奶的受教育程度相对较低,这在她的回忆中留下了深深的遗憾。她说自己错过了很多机会,很多可以改变命运的时刻也都因为没有文化而没有把握住。奶奶能力出众,心思细腻,肯吃苦,年轻时有很多机会能得到正式的工作,但都因为没有文化最终失去了这些机会,始终没能摆脱当农民的命运。她常常叮嘱我要认真学习,也十分羡慕我们今天的条件,听她说过最多的话便是要我好好读书,以后有稳定的工作。可见,今天我们轻而易举就能获得的学习机会对那一代人来说是多么的宝贵。爷爷是个文盲,小时候家里更是艰苦,基本没上过学,参加过抗美援朝,当过班长,本有多次提拔的机会,但也因为没有文化,许多晋升的机会就错过了,战争结束后就回归了农民身份。奶奶一辈的人经历了社会的动乱,见证了国家的发展,但很遗憾的是,那个时代信息匮乏、资源稀缺,他们无法得到更多的知识,了解更大的世界。因为珍贵,所以铭记,70年后奶奶重新讲述从前的小学时光,眼中仍闪烁着光芒。

二、母亲记忆中的乡村小学

时光荏苒,20余载岁月流转,新一代学子步入了小学的殿堂。改革开放初期,校园设施虽有改善,但依旧简朴。学校占地面积扩大,教学楼数量增多,然而教室仍为瓦顶结构,每逢雨季,雨水仍会渗漏,地面亦非全然平整的水泥地。学生们都有了课本,各科老师也都配备齐全,而且老师们是受过高等教育的专科老师,也都是当地的人。他们的教学方式很严厉,打手板之类的惩罚是家常便饭。学校也有了主科之外的课程,例如美术课、音乐课。教室里也有了大黑板,不过其他设施还是很简陋,桌子、椅子的质量都还很差。那时外婆家离学校较近,早上上课的时间为11点,所以母亲会吃过早

饭再去上学。到了中午,离家近的同学会回家吃饭,离得远的会在上学时把饭打包在饭盒里,中午便留在学校用餐。那时的孩子不会想着去买饭来吃,一是因为那时候普遍贫穷,没有几个家庭会给孩子零花钱和生活费;二是物资匮乏,即使有钱也买不到什么。母亲回忆道,那时校门口偶尔会有那种农户做的麦芽糖、爆米花这类的零食,其余也没有什么可以买的了。由于那时候的家庭普遍孩子较多,而父母也都忙于农活,所以年纪小的弟弟妹妹会跟随着哥哥姐姐来上学。在这里,就得提到父亲小时候跟二姑一起上学的趣事了。那时候学校条件简陋,冬天的教室常常漏风,所以学生们是被允许自带炭火的。有一年冬天,父亲还年幼,跟随二姑一同上学。二姑在听课,他就在桌子下烤炭火,但他还在炭火中放了几粒玉米,想着做爆米花吃,随后就弄得教室里响起噼里啪啦的声音,还冒起了烟,教室霎时"热闹"了起来,引得老师气愤骂道:"这究竟是学校还是托儿所啊!"

那时候的小学教育可以说是中国正式小学教育的起步阶段,教育资源仍很匮乏,教学环境较为艰苦,再加上家长也都没有太多文化,所以对孩子的教育没有太在意,大多抱着读得下去就读、读不下去就干活的态度。而且那时候的小学升年级也是有分数要求的,并不是每个人都能通过的,所以经常会有人读了好多次一年级,当时能上初中的学生也都是其中的佼佼者。那时候的家庭对教育也没有太多的重视,很多人只是为了获得基本的应付生活的知识,并没有追求更深入的学习。还有就是当时很穷,家里兄弟姐妹又多,所以很难支持家中孩子接受更高程度的教育,那些到初中学习的学生即使有机会进一步升入高中学习,大多也只会选择去读中专,为了出来能直接分配工作,从而补贴家用。母亲在顺利完成初中学业后选择了卫校,而其他大多数的人还是选择了自谋出路,跟随着改革开放的潮流出门经商或是打工。

三、我的小学

时间来到21世纪,到了我上小学的时候。首先,就学校的硬件设施而言,学校拥有了两栋教学楼。其中一栋建于20世纪90年代,由国家投资兴建,共三层。在我入学时,尽管该楼外观已显陈旧,但得益于良好的维护,其内部依然保持了相对的整洁与完好。另一栋由一位慈善家在2006年捐建,这栋楼也是有三层，每一层有四间教室。学校内有操场，操场有两块篮球板、四张乒乓球桌，也建有体育室、机房和一个小的舞蹈排练室，基础设施较为完善。由于村内有很多外出务工人员，所以留在本地上学的人数并不是很多。按规模来说，每个年级至多有两个班，每班不到40人，全校学生总共也就200多个。后来，由于某些地区学生太少，就合并了几所小学，水口小学的人数便有所增加。在师资方面，专业教师资源仍然匮乏，我记得当时的音乐和美术课程是由英语教师兼任的。尽管学校确实配备了专业教师，但数量有限，因此课程主要以语文、数学和英语为主。那时，学生的负担很小。早上九点上课，下午四点就放学。我家离学校较近，经常会睡到八点多才起床准备上学，但是那些家离学校远的同学经常需要步行一两个小时才能到学校，这些同学大多是留守儿童，家庭条件不好，所以很少会选择乘车，因此他们常常是起早贪黑步行来学校的。与他们相比，我无疑是幸运的。

由于经济困难，学校常常接受来自社会各界的捐赠。特别是留守儿童和经济条件较差的家庭，他们通常会收到一些资金或衣物等物资。此外，亦有慈善人士对学校整体进行捐助，捐赠形式多为分发书包和学习用品。

水口小学十分注重学生的全面发展。学校时常举办书法比赛、绘画比赛，还有运动会、文艺演出之类的活动。老师的耐心培养为农村孩子开了一扇窗，让他们学到了许多课本之外的知识，孩子们也变得敢于展现自己。在农村，不大会有家庭选择给孩子报辅导班，所以较多的技能也都是孩子在学校跟着老师学的。学习上，学生们也没有太"内卷"，只要学生好好听课，认真完成作业，他们的成绩都不会太差，所以学习在他们的生活中所占的比例并没有太大。

在农村，大多学生的家长没有太多的文化，他们往往会嘱托老师严加管教自己的孩子，老师们听到家长们对自己说得最多的就是"该骂就骂，该打就打"。老师也确实对学生严加管教，其中肯定少不了打手掌这种小惩罚了，但也正是因为这种小惩罚最让小学生害怕，所以那时候学生都很怕老师，也都会好好地完成学习任务。

接下来，让我们探讨一下小学时期的生活话题。在那个时期，校门口已经开设了几家小商店，学生们可以在那里购买学习用品和各类零食，这些零食大多是十分便宜的垃圾食品。由于学校没有设立食堂，孩子们的早餐和

午餐通常也在这些小商店解决，他们通常会选择食用米线、面条等食物，偶尔也会有炒饭。虽然没有食堂，但学校会提供"蒸饭"服务，就是把学生从家里带来的饭盒里面的米饭或者生米给蒸熟，这是大部分离家远的孩子的选择。饭盒里也藏满了辛酸故事，一些学生的饭盒分好几层，每层都有不同的菜，十分丰盛，但还有一些孩子只有一层白饭，上面铺着一些白菜、青菜之类的，有的情况甚至更差、更简陋。

关于我自己，我有幸一路上遇到很多好老师，家里也提供了比较安稳的学习环境，也没有认识很多社会不良人士，自身也比较努力，所以一直以来学习也都比较好。我很感激我在小学时所养成的好的习惯，也感激老师们正确的引领，也正是因为这些，我的学习生涯才少走了很多弯路，也让我能够进入更好的学府进一步深造。

四、今天的小学

再次回到小学就是上大学后的回访了。近年来，县政府致力于打造一所优质的乡村小学，加之周边偏远小学的合并，母校迎来了扩建工程。我小学毕业时母校开始扩建，四五年就完全建好了。现在的学校相比于之前，硬件条件好了许多。尽管地处乡村，但学校的设施已可与城市学校媲美。现在的水口小学不仅建有标准的足球场、篮球场，还有教师宿舍、两栋学生宿舍、学生食堂以及高大的教学楼，教室里的设施也都是最新、最好的，总之，硬件方面已经得到了很大的改善。

学校的师资方面也得到了加强，新引进的教师均拥有本科或更高学历，他们充满活力，并且在计算机等现代知识领域具备良好的知识素养。学校福利也很多，每星期会为学生发牛奶。国家近年来拨了很多农村学生饮食专项款，旨在提高学生的饮食水平，因此食堂非常便宜而且餐食营养很好。因为有很多学校合并进来了，所以有的学生家距离学校会比较远，因此就有了宿舍。学校每天会有校车来接送，接送的主要是因为年龄还太小所以不被允许住宿的一、二年级学生和离家远也不选择住宿的学生。宿舍内可以洗澡，也有不间断的热水，同时还有每天关心学生的宿管。尽管宿舍条件优越，但对于十来岁的孩子们来说，家的温馨是任何宿舍都无法比拟的。

现在的乡村小学非常注重学生的全面发展，有着各种各样的活动，比如文艺表演、足球比赛等（图2、图3），还有各种兴趣培养，此外，老师也会带着学生去各地参加比赛，校园生活十分丰富多彩。

图2　足球比赛　　　　　　　图3　文艺汇演

虽然学校的条件好了，但在调研中我也发现了一些问题。

（一）对留守儿童的管教缺失

在我小学时期，留守儿童问题已开始显现。很多同学开家长会时请来的是自己的祖父母，他们对学习事务了解有限，往往对留守儿童采取放任态度。留守儿童们长期得不到父母的陪伴，这些同学要么很沉默，要么就是"孩子王"。

在回访母校时，我问过一个住宿的小女孩，当问及住宿好不好时，她没有正面回答。她只是说每天下午吃完饭就会在操场上玩，然后就上晚自习，感觉挺好玩的，就是没有动画片看。我又问她想不想家啊，她说有时候会想，还说父母都在外面打工，星期五奶奶会来接自己回家，就可以看动画片了。

尽管随着时代进步和经济条件的提升，留守儿童的数量有所减少，学生们享受到了更加丰富的物质条件和家庭关爱，但乡村小学的留守儿童问题依旧值得我们关注。据我从教师那里得知，许多孩子仍然缺乏关爱。他们的父母在外打工，家里也没有兄弟姐妹，只能和祖父母相处，回到家后，有手机的玩手机，没手机的看电视，缺少和家里人应有的沟通。这种没有家庭监督和陪伴的孩子，更容易受到一些诱惑，他们往往学习成绩也不太好，也没有父母在身边的孩子那么阳光开朗。

（二）离异家庭儿童缺乏关爱

离婚率升高已成为全国性的问题，这在农村也十分显著。以我小学时期班主任所带班级为例，一年级时已有7名学生的父母离异，而到了下学期，这一数字增加到了11名。随后，来自离异家庭的学生数量持续上升。

我所了解的许多关于当前小学的信息，均源自我的小学班主任，她亦是我的语文教师（图4），我是她所教导的第三届学生。她在初中毕业后因为家庭不宽裕就上了中专，中专毕业后就直接分到我所在的小学，一待就是30年。很巧合的是，我姐姐是她的第二届学生。老师留给我的印象是一个多面手，什么都很在行，在教学方面非常负责，她知道每一个学生的问题，然后能对症下药。因为过于出色，在我们毕业后她被安排连续上了好几年六年级。她的教学方法似乎朴实无华，并无特别高深的技巧，但其核心在于用心。在农村教育环境中，教师的工作不仅限于关注学生的学习，还需关心他们的生活状况。因此，老师经常亲自访问学生的家庭，处理因离婚和留守儿童问题引发的家庭纠纷。她坚定的工作态度也让她在学生和家长中享有极高的威望。现在因为有了住宿生，她还会经常去看望在宿舍的孩子，也会自掏腰包给他们买一些东西。有时候上面会发来一些物资，比如棉衣和鞋子之类的，不过数量有限，只能先到先得，所以她每次都会第一时间去"抢"物资拿来给自己的学生。她是从农村读书出去的，到头来又将青春回馈给乡村小学，她也有自己的家庭，但她还是将每个学生视如己出，如今她年近50，却依旧对工作充满热情。

图4　我的语文老师

乡村小学

　　从奶奶上小学到现在已经70余载,几代人经历了不同时代的乡村小学,也因为乡村小学教育的不同和时代的不同走向了不同的人生道路,而在小学的时光也成了我们共同的美好记忆。乡村小学正随着社会的进步而变得更加美好,由于国家对乡村基础教育的重视以及对农村孩子成长的关爱,乡村教育在硬件设施方面与城市的差距在逐渐缩小,但当下依然还是有很多其他方面的差距需要国家与社会来共同填补,农村孩子成长过程中所遇到的问题也需要全社会共同努力才能解决。衷心希望农村孩子能健康成长,拥有更加美好的人生。图5为学校的孩子们。

图5　学校的孩子们

四代人的武丰（谭兆）小学

◇ 谢芳（哲学系2021级硕士生）

武丰村位于广东省韶关市乳源瑶族自治县大桥镇东南部，距镇政府驻地11公里，距县城31公里。武丰村辖有21个自然村，其中司岗、园子、高岗、杉树下、许家、邹家、黄家、圳头、罗家、水口村等十个自然村聚集在较为开阔的山间盆地里；苦水角、观音山、岭头、石边寨、林家排、含者冲、田寮下、付家、塘头背、坳背、塘窝等则分布在各个山间。武丰（谭兆）小学便伫立在这山间盆地里（图1），迄今约有70年历史。

图1 广东省韶关市乳源瑶族自治县大桥镇武丰（谭兆）小学

武丰（谭兆）小学是我的母校，我在这里度过了七年的少年时光，但我对她的历史知之甚少。这次调研给了我一个可以主动去了解母校发展历史的机会。我知道，父亲是我的"学长"，我们都是同一个小学毕业的，不过父亲读书时母校还叫武丰小学，到我上学时则更名为武丰（谭兆）小学。我最初以为，母校是在父亲他们那个年代才建立的，但是经过和父亲交谈后才知道,她的建立要比我想象的更早,并且其校址曾几度变更。父亲说,要了解武丰小学早年的办学历史,要去访问一些伯伯和叔公才行。根据父亲的建议,我分别采访了兆发叔公、阿战叔公以及水口村的五位伯伯。因此,本次的调研报告,通过采访两位叔公、五位伯伯、父亲,并结合我本人和表弟阿龙以及妹妹谢芬的小学时期的求学经历,记叙了武丰(谭兆)小学在20世纪四五十年代、七八十年代及21世纪以来大致的办学历史。

一、武丰小学的建立:从读"老书"到读"新书"

访谈对象:兆发叔公、阿战叔公

兆发叔公是园子村人,1932年出生,十岁开始在"书房"里读书。"书房"旧址在园子村,新中国成立后设立为武丰小学,之后小学迁走,房舍卖给私人做了油寮,最后在旧址上修建了高速公路(图2)。

图2 武丰小学第一旧址,京港澳高速公路正好穿过

兆发叔公读了三年书,读的是"印子书",又被称为"老书"。所谓"老书",学生指的是传统科举需要学习的内容,以《三字经》《论语》为内容,学习的主要目标是掌握文字的读写能力,书写工具则是传统的毛笔。教书先生以诵读的形式教授学生,兆发叔公还给我诵读了一段《三字经》的内容,听起来像是在唱歌,但不是普通话,像是粤语又像是客家话,跟今天我们读《三字经》完全不同,多了一份说不上来的趣味。兆发

叔公说道，当时的大多数先生只能教学生诵读，不能"开讲"，"开讲"需要教书先生自己能理解文章词句，才能进一步给学生们讲解。"开讲"一般从《论语》的"学而第一"开始讲，已经过世的景章伯公就听过先生开讲，那时候是由神福太叔公开讲。

兆发叔公说，他所入读的"书房"有几百年的历史，在他"太公太"（相隔五六代）时期就建立了，在这个"书房"之前，还有一个"书房"在司岗村，村里称"书房下"（图3）。我知道这个"书房下"，小时候和村中小伙伴们玩捉迷藏的时候我会躲到这里，这里很适合躲藏，往往直到游戏结束了伙伴都还没找到我，每次都是我主动出来。不过次数多了，这个秘密基地也就被发现了。

图3　"书房下"旧址，2020年重建为司岗村"公房"

兆发叔公回忆，他们那个年代的教育与现今大相径庭，既无明确的年级划分，亦无固定的授课时间和统一的课程设置。他们那时候是随到随教，先生白天都会在书房里。兆发叔公回忆说，那时候学费要收两毛钱。他每天上午去"书房"读书前还要去割一担草回来喂牛。读了三年，后来家里供不起了，就没再读了，叔公每天便回家割草放牛。那时候，送孩子读"高学堂"的要家里"好有钱"才行。1949年后，书房还是做学校，叫作武丰小学，但没有"老书"了，都是读"新书"。

阿战叔公，1944年农历二月出生，九岁开始上学，那时候村里已经解放，读的是"新书"。阿战叔公说他六岁（虚岁）的时候，解放军来到农村,村里人都很慌张,纷纷离开村庄,叔公当时和我的爷爷躲到了石灰窑坳子的山洞里(距村里大概半个小时的路程)。后来他回家之后,解放军还叫他到祠堂里写下"解放"二字。叔公九岁的时候开始上学,他在武丰小学读了三年,学习内容是语文、算术。当时学校的老师不多,最多的时候也只有三位,基本上都是从外地调来的,阿战叔公还记得有位乳源县城里调来的老师叫作刘茂财,还有从谷皮坳调来的许明华、尧荣章等,他们都是教"新书"的教师。(图4为两位叔公)

图4 两位叔公(左边:兆发叔公;右边:阿战叔公)

此时,学校的教育已比较规范,有固定的上课时间,即上午九点至十二点以及下午两点半到四点半。和兆发叔公相似,阿战叔公每天上课前要先去割草,割完草回来喂了牛,然后才在吃饭后去学校。说到放学,阿战叔公想起来一首当时的客家话打油诗:"家家烧夜火,处处拦牛归,唠叨先生嘴,还不放学归。"这是当时被老师留下背书的学生唱作的。春耕秋种时,下午放学后阿战叔公就跟家里人下田干农活,冬天到山上砍柴,夏天跟伙伴到河里钓鱼抓蛙。三年级之后,阿战叔公就去大桥(镇上)上学,学习内容除了语文、算术之外,还有自然和历史两个科目。上课时间是周一到周五,由于要到镇上上学,因此需要自己带食物去,主食大部分时候是番薯干,米饭是少有的,那时候菜就是酸菜,只有逢过节才能炒点豆腐干带去。阿战叔公读书读到了六年级,他说当时家里有三兄弟上学,他成绩最好,所以家里供他读书读得多一些,哥哥和弟弟读书不如他好,家里也没钱，就只读了三年级。阿战叔公感慨道："现在的孩子上学好，赶上一个好时代，吃得好穿得好，放学还有家长接送，放学之后就看电视，不用放牛割草，很幸福啊。"

二、水口村建校："学制要缩短，教育要革命"

访谈对象：瑶伯、坤伯、荣伯、昌伯

瑶伯，1957年生；荣伯，1958年生；坤伯，1961年生；昌伯，1961年生。四位伯伯都是水口村人，七八岁开始上学。（图5为伯伯们）

图5　伯伯们（从左到右：瑶伯、坤伯、荣伯、昌伯）

据四位伯伯回忆，在水口村之前，武丰小学曾短暂迁至高岗办学，具体年月已无从考证。水口村的武丰小学是从高岗搬下来的，建校时间大概是1966年。建校地址的选择曾引起争议。最初计划在高岗村建设新校，但当地居民反对土地被占用，学校遂考虑迁至李家墩。但又因为到李家墩要过河，那时候没有水泥桥，只有独木桥，大雨天气河水上涨，学生过河会有很大的安全隐患，因此最终决定在水口村尾建校。建校的材料（泥砖、瓦檐、房梁等）是从祠庙里拆下来的，这些祠庙包括水口村附近的晏光祠/苦水角村的上仙岩、田寮下的庙等，荣伯说他还去搬过泥砖。学校最终建在水口村尾（图6），先后建立起三栋瓦房，基础设施较完备，有课室、宿舍，还有运动场、乒乓球台。图7为在武丰小学旧址上建起来的私人瓦屋。

图6 水口村武丰小学旧址　　图7 在武丰小学旧址上建起来的私人瓦屋

聊到当时的上学经历，伯伯们首先说到的是学制，当时的小学学制是五年。坤伯还清晰地记得当时的口号，并用客家话随口就背了出来："学制要缩短，教育要革命""要学文也要学农，学文学军也要批判资产阶级；资产阶级知识分子再也不能继续下去。"这是他们当时上语文课学的"语录"。接着就聊到了课程设置，坤伯说那时已经形成了规范的课程安排。上课时间固定，上午四节课，一节早读，三节正课；下午三节课，其中有一节活动课，可自由活动。课程分四个科目：语文、算术、常识、政治，其中常识和政治要到四年级才有。

问到当时学校的师资和生源，几位伯伯忆道：老师有武丰村的，也有外地调来的；武丰村来的老师有许家岭苟（外号）、园子村谢月来、高岗村谢兆周和谢乔清、水背村谢景仁；外地调来的老师有莫幸福、莫青山、老邓古（外号）、黄国兴、魏观荣、许汉清，莫幸福是当时的校长，从乳源文教局退休，目前还在世。学生是"八片都有"，除了武丰村辖区的，还有其他辖区的，比如长山子村、长冲村、塘华村、田竹山村等，这些村到武丰，走山路要将近两个小时，因此来的学生都可以在这里留宿至四五年级。水背村、观音山村这些路远的学生，当天可以来回的，有的带点吃的来当午饭，但大部分人直到放学回家都饿着肚子。

提及昔日的求学经历，坤伯回忆道，当时的教育环境颇为宽松，由于教室资源有限，不同年级的学生不得不共处一室，二年级与三年级的学生并排而坐，一边是数学课，另一边则是语文课，课堂秩序混乱，难以专心学习。谈到课室，坤伯给大家讲起了一个有趣的故事：在那个时期，水背村的谢景

仁老师负责教授三年级的语文,要求学生背诵"语录"。当时,坤伯尚在二年级,而三年级的昂鸡仔(昵称)被老师点名背诵,却迟迟无法完成。坤伯调皮地替他背了出来,谢景仁老师批评昂鸡仔:"你看人家二年级的都学会了,你三年级的还没学会!"引起哄堂大笑。其他三位伯伯都笑道:"我们读书'莫变动'(客家话,意为没出息)的,贪玩。"荣伯说他学习最差,留了两级,被同学们称为"老留级生",但是他体育很厉害,活动课打篮球、打乒乓球、跳高、跳远、掷铅球,样样都行,他回忆道:"打篮球,乳源都打下去。"荣伯说当时武丰小学的体育队(分男女两队)是大桥镇最厉害的,六一儿童节、五四青年节到大桥人民公社参加运动会,每次都拿冠军。奖品就是篮球,会给到学生们;奖状由大队(村委)收放,可惜现在已经丢失了。武丰小学一直办到1979年,之后校舍被卖给了水口村的村民,村民们或是出工或是出资,在高岗的水塘边兴建了新的学校。而这一次,搬砖的已不再是这四位伯伯了。

三、武丰小学定址高岗

访谈对象:世贱伯、谢建平

世贱伯,水口村人,1967年生,9岁开始上学;谢建平,司岗村人,1968年生,12岁开始上学。世贱伯的父亲和谢建平的父亲是结拜兄弟,两人皆因家贫,早年间到瑶山烧瓦,在艰难困苦时期结下兄弟情谊。世贱伯和谢建平两人也因家贫比别人晚上学。

世贱伯和谢建平都经历了武丰小学迁校,世贱伯在水口村的武丰小学读了四年,五年级则在高岗的武丰小学就读。谢建平在水口村的武丰小学只读了一个学期,之后在高岗的武丰小学读至五年级毕业。世贱伯回忆说,高岗村的新校舍还在建时,学校每天的活动课老师就会组织他们去搬运建材,木材用肩膀扛,砖瓦则用担子挑,从水口村搬到高岗村的水塘边。武丰小学新校舍在1980年建成,建校面积大约10亩,建筑物就是两栋砖瓦房。建成后,武丰小学办学地址由水口村迁至高岗村,至今未变。

世贱伯和谢建平上小学时,学制仍然是五年制,学费根据年级不同而有所差异,三年级之前是2.5元,四、五年级是3.5元。课程内容有较大变化,具体科目有：语文、数学、自然、地理和历史，自然、地理要升至四年级才有，历史是五年级才开始学。历史学习的内容是鸦片战争之后的历史，即现在所说的近现代史。谢建平回忆道，当时的班上大约有25个同学，年级越高，同学的人数越少，待到五年级时，班上仅剩17人。对于当时的老师，谢建平记得比较清楚，有来自武丰村里的，也有来自其他镇的。当时的校长是武丰杉树下村的百六（外号），一年级的老师是武丰许家村的岭苟（外号），教语文和数学，二年级的老师是大桥镇岗头村的阿基麻，三年级的老师叫卢耿耿，来自桂头镇，同时教语文和数学，四年级的老师有付细强、付建青，两位老师都是从侯公渡镇来的，还有大桥镇岗头村的陈子红，教语文和数学，五年级有来自兴宁的教数学的孙老师。谈起这位孙老师，谢建平思索了一会，说起他当初的遗憾：他五年级时参加乳源县的毕业班考试，语文和数学都考了98分，是武丰村的第一名。孙老师曾带他到乳源中学报名，报名成功并准备小学毕业后到乳源中学念初中，但当时家中贫苦且还有一位哥哥在读中学，谢建平只好放弃继续上学的机会。世贱伯也是小学毕业之后就没上学了，当时家中还有两个妹妹和一个弟弟也要上学，作为长子的他要在家中帮忙生计。

世贱伯和谢建平因家贫而放弃上学，这大概是许多处境相似的渴求知识的农村青少年心中莫大的遗憾。

四、更名为武丰（谭兆）小学

访谈对象：阿龙

阿龙是我的表弟，他比我小一岁，我们是同一年上学的。

我和阿龙上学时，武丰小学已经更名为武丰（谭兆）小学。1996年，香港爱心人士、德士活集团公司董事长谭兆先生捐资35万元重建武丰小学，重建后校园面积达6700平方米，建筑面积1811平方米（教学楼和教师宿舍）。为纪念谭兆先生，校名更为武丰（谭兆）小学。图8为乳源县为谭兆先生立的功德碑。图9—图11为小学的局部。

图8 乳源县为谭兆先生立的功德碑

图9 校门

图10 教学楼　　　图11 教学楼旁有个三层的大花坛

　　选择阿龙作为采访对象,一是过年期间我们会聚在一起,因此交流方便,二是因为他曾是留守儿童。从阿龙五岁起,姑父就带着姑姑外出务工,他们只有过年才回家,所以他就一直住在我家,我们是一起长大的。与阿龙的对话,更像是一次共同回忆童年求学时光的叙旧,而非正式的采访。我们当时上小学是要上七年的,因为村里没有幼儿园,上一年级之前要先读一年的学前班，学费是300块一个学期。如今村里的孩子有幼儿园可以上了，幼儿园设在镇上，不过会有校车接送，一般是早上接走，下午再送回来。一年级之后属于义务教育阶段，就不用交学费了。上小学时，我的成绩要比阿龙好，阿龙的成绩中等，因为他上课爱睡觉，总会被老师点名叫醒。

我们读学前班的时候，课程内容是拼音和简单的算术，还有音乐和美术，这些科目都是同一个老师教。我至今还记得当初教我们的那位十分温柔的女老师——我们当地许家村的许红玫老师，她会很耐心地纠正我们讲得不标准的普通话。不过，一年之后，这位许老师就调走了。一年级以后学习的科目包括语文、数学、品德、科学、音乐、美术、体育。我们小学的时候不学英语，因为那时候村里的小学没有英语老师，只有镇上中心小学的学生到了四年级才可以开始学英语，像我们这种在村里上小学的，要到初中才学。

聊到任课老师，我和阿龙两人努力回忆着有哪些老师教过我们。当年电子通信不如现在这般发达，我们毕业之后基本与老师们再无联系。时至今日，有的老师在我们记忆中的模样都已经模糊，甚至名字都记不太清了。我们比较清楚地记得，那时不同的年级由不同的老师教，但是同一位老师会同时教我们不同的科目。如前文已提到的谢兆周老师，负责教我们一年级的语文和品德，他的普通话不太标准，但他是一位严厉的老师，对每一位学生都很认真负责。读二年级时令我印象比较深刻的是黄炳荣老师，黄炳荣老师和阿龙同是观音山村的，按辈分阿龙应该称他为叔公。黄炳荣老师教语文和美术。说到美术，我们都想到了当时班上有一位很有美术天赋的来自水口村的陈同学，他可以将他父亲耕田赶牛时的场景画在黑板报上，栩栩如生。随着年级的增高，逐渐有从乳源县里调来的老师来教我们。比如张家先老师，他曾是我们读三、四年级时的班主任，他人很斯文，他在教我们语文的同时，因为唱歌好听还教我们音乐，他教的歌曲《萍聚》和《大约在冬季》我现在还会唱。数学老师有两位，一位是余席浩老师，教二年级到四年级的数学；一位是杨文锋老师，他是我们读五、六年级时的班主任，教数学和体育，现在开玩笑说的"数学是体育老师教的"，其实是农村小学学生求学时切实的经历。阿龙对余老师印象最深刻，那时候他上数学课不认真，成绩也不好，有一次上课讲话，被余老师敲了头，从此阿龙上课再也不敢调皮，成绩也渐渐变好了一些。

  阿龙喜欢上体育课，体育课可以打篮球、乒乓球，但有时候有高年级同上体育课时，低年级的阿龙就没得打，因为学校只有一个篮球场，乒乓球台也抢不到。我们女生的体育课活动和阿龙他们不一样，我们上体育课的主要活动是跳绳，那个绳是自己用棕树叶做的，又可以作跳绳又可以当皮筋用。我们当年不像现在这般，体育器材种类繁、数量多，而且可以自行购买带到学校玩。男生要打篮球和乒乓球，只有到了体育课时才有机会；我们女生比较常玩的游戏就是跳绳和"抛石子"，棕绳和石子是我们自己制作的，我们可以随时拿出来玩，一到课间女生们就会争分夺秒地去玩，仿佛游戏才是我们的第一要务。老师会偶尔批评我们："学习要是有那么积极，那每个同学都能考第一！"有的男生比较调皮，会在女生游戏时来捣乱，扰乱跳绳、抢走正在抛的石子儿，惹得女生们很生气。一晃多年过去，当初稚嫩的男孩女孩已长大成人，有的甚至已成家，再见面时，多了少时没有的客气和拘谨。

  除了体育课之外，还有欢快的劳动课。劳动课大约两周一次，是全校学生一起上的，常见的劳动内容是给学校的角角落落拔草。每年的清明节之后，会有一节相对固定的名为"种麦冬"的劳动课（图12为种麦冬菜的花坛）。在劳动课前，老师会通知我们回家之后到田间地头拔麦冬，然后带到学校统一交上去，劳动课上全校学生一起种花坛里。我记得当初的校门前有一个三层的大花坛，我们多次在那里种麦冬，如今花坛已经不复存在了。我们那时候劳动课用的锄具需要由学生们各自从家里带去学校，为此，母亲还为我和阿龙两人准备了两个小锄头，不仅方便携带，用起来还很顺手，当然，这个小锄头除了在学校劳动课时需要用，更多的其实是平时跟着爸妈下地干活时使用。

图12 种麦冬菜的花坛，现在花坛里是种的五彩椒

我们上学时，学校没有保洁工作人员，学校的卫生是通过班级分区由学生们进行打扫，早晚各一次，少先队会对卫生处理情况进行评定。其中有一项重要的卫生任务——冲厕所，当时小学的厕所里没有自来水，要从校门边上的水泵房里打古井水上来，然后用桶提着去冲厕所，这项任务自然落在了五、六年级学生的身上。早、中、晚都得冲，大课间也要冲，冲厕所就不用做早操和眼保健操了，相比于枯燥的做操，同学们似乎更喜欢冲厕所。冲厕所的同学必须要将厕所认真冲洗干净，否则会被少先队扣分，进而影响班级评比。夏天的时候，冲厕所倒成了一件乐事，同学们可以借机在水泵房里玩水，有时玩得起劲儿了，甚至还会打水仗。

当年的武丰（谭兆）小学学生很多，平均每个班级大约有45个学生，有七个年级（加上学前班），一个年级一个班。当时我们班上有48位同学，从学前班到六年级都是同一个班的同学在一起上课。学前班的时候有50位同学，但有两位同学在升一年级时留了级。学校里有一半学生的家是不在学校附近的，他们来上学要爬山过坳，村里高年级的学生带着低年级的学生，每天早起赶路，其路程从半个小时到两个小时不等。阿龙因为住在我家，不用和村里的伙伴一样每天跋山涉水来上学。像观音山村、岭头村、苦水角等，从这些村子到学校都是要过河的，如遇上大雨天气，这些村里的学生就不能来上学。由于路远，中午不能回家吃饭，夏天的时候可以装午饭来吃，秋冬天冷时只能带些干粮，比如番薯干、炒玉米、炒花生，春节过后还有水果、糖饼。那时候学校门口有两家小卖部，卖一些文具，但更多时候是卖零食。当年的零食"物美价廉"，辣条、冰棒、棒棒糖、梅子干等全部都是一毛钱。学校里是不允许吃零食的，会有少先队员专门抓在学校吃零食的学生，抓到要扣班级的分。因此，一放学，小卖部就挤满了学生。一般上课的时候校门是锁着的，在大课间休息时，有嘴馋的学生会冒着被抓的风险在校门内喊店家把想吃的零食送到门口来，一手交钱一手交货。如今，小卖部已经被夷为平地（图13）。

图13　以前的小卖部被夷为平地

　　小学毕业后，阿龙和大部分同学直接到镇上的大桥中学念初中，我的成绩比较好，在堂叔的帮忙下，转学到县里的乳源中学就读，当时一起转学到乳源中学的还有班上其他五位同学。大桥中学在镇上，海拔比较高，冬天天气严寒，有时还会下雪。那时候学校里的基础设施不如现在，阿龙说冬天热水供应不足时要洗冷水澡，这导致冬天很多人生病，甚至很多同学因为洗衣服手上都长了冻疮。在伙食方面，要自己带米去蒸饭，菜则是斋油炒的酸菜、豆腐干等。当时那里的治安也不好，经常有学生打架，老师和学校都管不了。后来，这些情况都慢慢改善了。

　　在阿龙就读初中期间，姑姑做出了返回家乡的决定，因此阿龙不再寄居于我家。谈及留守儿童的议题，我询问他对此有何感受。他回答说，并未有特别的感受，只是与父母之间存在沟通障碍，直至今日，这种状况依旧未有改观。在面临问题时，他反而更倾向于听取我母亲的建议。他提出一个假设，若姑姑当年未归，他继续在我家生活，他的人生轨迹或许会有所不同……

　　在我家时，我妈对我们管教很严格，上学一起上，有活一块干，谁都不能偷懒，犯错了也要一起挨揍。阿龙回忆说，姑姑回家后，对他管教比较宽松，甚至是溺爱、纵容，加上周一到周五寄宿在学校，就更加管不了了，他就如同脱缰的野马，慢慢地就没有学习的心思了。我们班上的48位同学，少数同学上了高中之后继续念大学，大部分同学和阿龙差不多，初中毕业后去读了两年技校就出来打工，有的甚至初中辍学就直接出去打工了。

　　那时，我们每天早上八点上课，下午五点放学。作为农村里的孩子，自然不止有上学这事需要做。母亲每天早上都会早早地叫我和阿龙起床，这或许是阿龙上课瞌睡的部分原因。阿龙负责放牛,我负责洗全家人的衣服,有时候衣服洗不完,中午放学回来接着洗。我们到了七点多就吃早饭,早饭是奶奶煮的,那时候奶奶会腌咸蛋和酸菜给我们早上就饭吃,咸蛋是我和阿龙一人半个,有时我们还会为谁吃得多而争吵。逢年过节,母亲会煎白糯米糍,奶奶就把白糯米糍煮了给我们当早餐吃,白糯米糍的顺滑可口让我记忆犹新。吃完早饭我们就一起去上学,从家里走到学校大概十分钟,到课室时上课铃刚好响起,我们通常不会迟到,因为假如迟到了会被少先队员抓住,然后会扣班级的分,影响班级的评比。春夏时节,下午放学回到家,奶奶会叫我和阿龙去山上采摘"猪草"喂猪;秋冬时,我们的任务就变成了去村后的山上捡干柴。我们都喜欢秋天去山上捡干柴,因为这时候板栗熟了,我们可以捡板栗吃。周末和寒暑假,我们都是要跟父母到田里干农活的,那时候下雨天最让人开心,因为下雨就不用干活,可以和小伙伴们玩,我们会在村里祠堂玩捉迷藏、跳绳、跳远,孩子们总有玩不腻的游戏。如今,我们再也吃不到奶奶腌制的咸蛋和酸菜了,那些既要上学又要做家务、干农活的少年时的记忆也会慢慢随着时间流淌而变得模糊。

五、失落的武丰(谭兆)小学

访谈对象:谢芬、林校长

谢芬是我的妹妹,2001年出生,六岁开始上学,比我们低三个年级。

谢芬在武丰(谭兆)小学只读到四年级。2012年,大桥镇开始执行"小学集中到镇上"的政策,武丰(谭兆)小学的五、六年级办学资格被撤销,只保留一到四年级,村里的学生念五、六年级需要到大桥镇中心小学。武丰到大桥镇大概要30分钟的车程,各个村的学生需步行到村委附近,然后一同搭乘面包车到学校,如果错过面包车,则需要步行约一个半小时到白石下路口坐班车。如前文所言,大桥冬天的气候条件比较差,考虑到谢芬年纪小且容易生病,同时她的成绩也比较优秀,在堂叔的建议和帮助下,爸妈将谢芬转学至乳源鲜明八一小学(以下简称"鲜明小学"),周日晚上至周五在校寄宿,周五下午放学乘村里的面包车回家,有时候假如没有赶上面包车,那么只能去车站坐班车到白石下路口,再走一个半小时的路回家。和谢芬一起

转学的还有水口村的陈同学,两个人每周放学会结伴一起回家,他们年纪虽小,但也能够互相照应。

据谢芬回忆,那时候在鲜明小学上学并不开心,比在村里小学上学要难受。一方面是学习跟不上,尤其是英语。在武丰(谭兆)小学上学时,她一直都没有接触过英语,到了鲜明小学上学时已经要学习五年级的内容了,因此谢芬的英语成绩跟城里的同学们差了一大截。由于英语成绩不好,导致她的整体成绩也不乐观,以前在村里上学的时候她的成绩是班上数一数二的,到了鲜明小学之后成绩只有中等水平。后来谢芬经过努力,上课认真听讲,下课苦背单词,才将英语成绩提高,总体成绩也便随之慢慢回升。此外,她在校园生活中的经历亦带有几分委屈。初入校门时,由于其来自乡村小学的背景,她遭遇了部分同学的排斥。例如,在值日时她不得不承担更多的劳动,而在宿舍生活中,亦有同学以玩笑之名将垃圾置入她的衣柜中。

谢芬初来乍到,心里委屈也不敢跟老师说,周末回到家也不愿意跟父母说,虽然那时候年纪小,但也知道他们辛苦,心里受委屈了也不愿多说。我当时也在乳源上中学,父母以为我可以照看妹妹,但是我上的中学属于半封闭式管理,白天上课,晚上还要上自习,课业也比较多,基本上没有时间出校园,再加上鲜明小学与乳源中学隔得远,所以根本无暇顾及她。因此,如果妹妹不说,我和父母都无法得知她在学校生活的具体情况,而且现在回想起来,其实是妹妹在照顾我。鲜明小学周末不允许寄宿生留宿,我在乳源中学是可以的,所以妹妹每周必须回家,我基本上半个月回家一次,在我寄宿期间,每当妹妹回了家,就会给我带来家里的好吃的,天冷了就给我送衣服、棉被。

目前谢芬在大学学习学前教育专业,修习过与教育心理学相关的课程内容。聊到目前乡村小学学生的就学情况时,她说,农村学生小小年纪就离开家,在学校过长期的寄宿生活,有利也有弊。一方面,离开家人的照顾,学生们必须学会打理自己的生活,洗衣服、处理宿舍事务等,这些都需要自己动手;而且,寄宿过的是集体生活,可以增强他们与人沟通交往的能力。另一方面,学生们的心理成长亟须得到重视。一般认为初中阶段是学生成长的关键时期,大多都说初中阶段是学生们的"叛逆期"。其实,四至六年级也是学生心理成长过程中十分重要的一段时期,这个时期的学生的心理处于

"断乳"的状态，正是十分依赖家长的时期。农村小学"撤点并校"，使得学生们要远离家庭，独自面对学习和生活，如果学生不能积极应对在这过程中出现的诸种问题，且在遇到问题时不能与家长和老师及时分享和交流，那么就可能会导致一系列的心理问题。令人欣慰的是，目前小学高年级也在进行青春期的心理教育，希望那些离家上学的孩子们能够身心健康地成长。

林校长是武丰（谭兆）小学的现任校长，能采访到林校长是在预料之外的。听村里的小学生说，2月14日是开学报名日，当天学校开放。因此当天下午五点，我决定回小学逛逛，顺便采采风，结果我的运气十分好，刚好碰上了林校长。

当时林校长正在学校里巡查课室的情况。趁此机会，我跟他边走边聊。林校长说，现在武丰（谭兆）小学是乡村教学点，开设有一至四年级4个班级，已经没有学前班了。现在村里的学龄前儿童，部分到县里上幼儿园，这需要家里专门有人在县里租房陪读；另一部分到镇上的幼儿园就学，早上有校车接，下午放学再送回村里。这个我稍微有所了解，我堂哥阿旺的小儿子就是送到镇上的幼儿园就读。堂嫂说，送到镇上花销没那么大，这样负担比较轻。镇里的学费比县里的要便宜一些，校车费反而占教育总支出的比重更大些，一个学期得1250元。问及学校的课程，林校长说，现在武丰（谭兆）小学所有课程包括道德与法治、语文、数学、音乐、体育、美术、综合实践活动、科学、书法写字，三年级开始学习英语和信息技术。学校的教学设施也相对完善，每间课室都有多媒体设备，另外还配置有图书室、体育室、少先队队部室、多功能室（电脑室）、体育运动场等。

谈及学校的师资和学生，林校长说，现在有专职教师六人，由大桥镇教育部门安排到校教学。林校长叹息道，包括他在内只有六个专职教师，这是不够的，尤其缺乏英语老师。问及解决办法，他说只能招临聘教师，主要是教英语，但是英语老师很难招。谢芬2021年9月到10月就曾在武丰（谭兆）小学见习，教三、四年级的英语。她说英语课很难上，学生们的基础很差，很多学生连26个英文字母都认不全，而且部分学生上课也很调皮，教学要很有耐心才行。她们班上有学生42人，其中留守儿童占80%。

谈到留守儿童问题，林校长说这是一个很大的问题。现在大部分孩子都是由祖父母带着，祖父母更像是生活保姆的角色，对于孩子的学业学习无

能为力。2020年春季学期,受疫情影响,学校只能组织线上教学,但是很多孩子无法参加,因为他们的父母已外出务工,家中祖父母大多不会使用智能手机,老师们只能一一打电话给家长布置作业,让孩子们自行学习,这样学习的效果可想而知。林校长无奈道,只希望疫情快点结束,期待一切情况向好,这样才能落实教育教学工作,孩子们才能在学校好好学习。

由于林校长要下班回家,我们的交谈只能匆匆结束。在跟随林校长巡查教室的过程中,我内心一直在感慨校园的变化巨大。现在的教室配置有多媒体教学设备,课室里桌椅很少,显得整个课室空荡荡的。我记得三楼楼梯左侧第一间曾是我们读六年级时的课室,现在设置成了教师办公室,办公桌都放置在中间,跟教室一样,办公室也显得很空,这种空荡让人觉得压抑。我们那时的课室,四组桌椅充满整间课室,彼时的桌椅还是双人的,跟同桌生气时还会划"三八线",越过"三八线"之时就是两人的和好之机。当时教室的布置更加丰富。前方黑板的上方会挂着红旗,后墙上方挂着领导人的画像,下方是刷着黑漆的水泥板。每逢节日,我们就会在水泥板上面画墙报,比如植树节、雷锋日、劳动节、六一节、国庆节、重阳节、元旦等,学校都会组织各班级画墙报,当时我和水口村的陈同学还多次合作绘制墙报,他负责画画,我负责写字。现在,画像已经没有了,黑板已经变成现代化的教育宣传栏,整个教室都跟以前很不一样了。

与林校长结束谈话后,我又独自在学校里逛了两圈,也许是因为春天还没有真正到来,即使阳光灿烂,整个校园氛围还很是沉闷。她像是一位失落的母亲,那个记忆中热闹非凡、充满生机的武丰(谭兆)小学还会再次出现吗?

自荒芜中生长
——乡村小学承载着希望

◇ 孙微（历史学系2020级本科生）

说起湘西，人们通常会联想到"凤凰古城""十八洞村""神秘湘西"等关键词，然而在我的脑海里，关键字却是"贫穷落后"。我的家乡位于湖南省湘西土家族苗族自治州泸溪县洗溪镇八什坪乡，是苗族的聚居地之一。贫瘠的山区中分布着十几个苗寨，在这样的环境中，我算是较为幸运的一员，不仅有幸进入大学深造，还获得了前往广州学习的机会。首先，我要感谢我的父母，虽然他们文化水平不高，但是却深知教育的重要性。教育是21世纪最值得关切的问题之一，也许对于我们来说，读书是唯一的出路。家乡的小学，在我的记忆中虽然已经远去，但却在我的生命中留下过痕迹。我曾在家乡的小学待了半年左右，后来由于父母在县城打拼，我就在六岁时被父母带到县城接受较好的教育。如今，当我再一次踏进山坡上那块已经被荒废了的学校旧址，顿时百感交集。这篇调查报告一共有五个部分，分别是学校历史、教学活动、采访记录，以及在教育改革背景下我对乡村小学新发展方向的一些看法、建议和这次调查为我带来的收获。

一、学校历史——从饱受争议到走向荒芜

我调查的学校是位于湘西土家族苗族自治州泸溪县洗溪镇八什坪乡大村潭寨的大村潭小学，它坐落在山顶。该校历任校长均兼任校内唯一教师，独立承担从一年级至六年级的教学职责。然而，多数学生通常在完成五年级学业后便辍学或转学至其他学校，这种情况已持续40年，成为该校自成立以来

的常态。它起初没有正式的名字,只有一个大家都认同的称呼——大村潭小学,这个名称后来成为乡政府认证的官方名字。

大村潭小学于1958年建立(由于没有文字记录,因此没有确切的时间,1958年是询问了老先生、我的父亲和乡里其他老人后大家一致所认同的时间)。随着最后一名学生转入乡小学后,这所乡村小学仿佛完成了自己的使命,便悄然落幕,退出了历史的舞台。自建校以来,它一共经历过三次大修缮,分别在20世纪60年代、70年代、90年代(图1至图5)。这所小学的建立十分不容易。20世纪五六十年代,各个苗寨少数民族都不愿意接受"学堂"这个新奇的东西出现在自己的寨子,纷纷以"寨子山头是祖宗的坟,凭什么建学校?"这个理由拒绝。各个寨子相互推让,最后因为我父亲所在的寨子"势力弱",乡村小学落址在大村潭。

图1 已荒废的小学旧址

图2 左边的教室

图3 教室内部,右侧木桌为讲台,左侧为书桌

图4　班牌

图5　两间教室

如今小学外"操场"上的旗台已经不在，但历经十几年风雨的五星红旗并没有黯淡褪色，依旧在窗边，随着微风舞动。它仿佛在告诉往来的人们，这里是学校的旧址。曾经的某一天，若是周五或者国庆节，便会有一位满腔热血的老师带着十几名学生看着它升起。

学校从1997年修缮至今已有二十几年，泥白墙已经脱落，而充当上课铃的铁片也已锈迹斑斑（图6）。我记得读书的时候，每次时间一到，老师进出的时候就会拿旁边的铁棍敲三下门口的铁片，然后嘴里念着"上课咯！把书拿出来哦！""下课咯！吃饭咯。"

图6　上下课铃

自1958年建校开始，学校经历了数次因缺乏教师而被迫关闭的困境，不过最终还是坚持了下来。从建校到关闭，共有八位老师在此执教，其中有五位任教时间只有一两个月，时间过去太久，许多人对他们的回忆已经模糊了，甚至连他们的姓名都已无从查考。只有三位老师的信息还比较清楚：第一位教书先生是县里来的，他初中毕业，姓刘，在大村潭小学任教三年。在

他退休以后，陆陆续续来此任教的还有四五位老师，他们的任教时间都很短，只知道其中一位姓石的教书先生是从沅陵那边过来的，他来了一个半月，后来又回去了。另外还有三四位，寨子的老者都不知从何讲起。

我听父亲说，这几位老师走后将近两年时间，大村潭小学一度荒废，直到孙老先生的出现。据我的父亲回忆，孙老先生在大村潭小学教书20多年，他是大村潭人，就住在学校附近，自高中毕业回到家乡以后，他一直被认为是"文化水平最高的老师"，其全名为孙庭亨。父亲提起他时，总是充满感慨。孙老先生一生中娶过两位妻子，均不幸早逝，此后他便未再续弦，也未曾有子女。他本有机会接受更高层次的教育，却因家族原因未能参加高考，从而无缘高等教育。因此，他决然返回故乡，成为这所小学的教师。

第三位老师是隔壁三角潭村中专毕业的老师，老先生名为孙云北，他曾经也是我的老师。他从1995年就开始教书，一直到2009年学校关闭，遗憾的是老先生在2015年因病去世。

昔日的教师中，有些已离世，而有些由于在大村潭小学的教学生涯过于短暂，甚至未在我们的记忆中留下痕迹。腊月二十八，我去敬老院拜访孙庭亨老先生的时候，我也没想到老先生居然还记得我。我父亲一开始向他介绍了我，他立刻激动地扔下切猪草的刀（老先生现如今在八什坪乡敬老院生活），回到自己的房间提了一大袋椪柑向我走来。他非常激动地说："我听大家说过，你是我们寨子的骄傲啊，在广州读书……好好好！"老先生虽已83岁，身体依旧硬朗，眼神中透着坚韧。父亲说他一辈子的遗憾就是未能踏进高等学校的门槛，选择留在寨子里既是置气也是无可奈何，对于能接受高等教育的后辈自然充满欣慰。

1958年，大村潭小学在争议中诞生，2009年，随着最后一位学生离开，它在历史中落下了帷幕。泸溪县原本只有两所小学、一所普通中学、一所职业中学，近年来随着县、乡政府的大力支持和教育资源的倾斜，如今已经有四所中学、三所普通高中，因此，寨子中许多孩子都能去到县城，接受更先进的教育。现在，寨子中的年轻人外出打工，老人则在城里分配的安置房中生活，照顾儿孙。至于大村潭小学，它似乎快要被大家逐渐地遗忘了，但它曾给方圆十几里的孩子带来了踏进学堂的机会，它已经创造了属于自己的价值。

二、教学方式——复式教学

　　由于师资的匮乏和学生的知识水平参差不齐，一位老师需要负责教全校多个年级的学生，因此，这里的教学方式和城镇不同，比较灵活，以适应实际状况。六个年级分为高年级（四、五、六年级，早期很少有学生坚持到六年级，会因为各种原因辍学）和低年级（一、二、三年级）。为了老师能兼顾得过来，不同年级的学生们被错开上课，一个星期五天的课程安排如下：高年级在周一、周三、周五上课，低年级则在周二、周四上课。一个教室往往有两到三个年级在一起上课。学校从九点开始上课，一节课一个小时。在大村潭小学学习的半年里，我们一年级和二、三年级在同一间教室，我们在上课的时候，二、三年级的学生则会自习或者做老师留的作业。结束一年级的课后，老师会说："好，现在是我们二年级的上课时间，二年级的同学把书拿出来，我们来讲……"二年级上完课后会紧接着给三年级的学生上课。

　　过去，我对这种教育模式感到困惑，直到备考教师资格证学科二时，我才知道这种教学方式被称为"复式教学"。"复式教学"的出现往往是由于经济条件限制，这种教学模式尤其是在像我们这边坐落在不同山头的大大小小寨子里最为常见。因为一所学校的学生人数太少了，难以凑齐一个班级的人数，为了节约教学资源，学校会将几个年级段的学生凑成一个班级，采取所谓的"复式班教学"。从这个角度来看，这实际上是一种不得已的选择。在这样一所只有一个老师、三四十个学生的学校，老师已经是尽力而为了。

　　学校的上课时间通常是从上午九点到十二点以及从下午一点到三点。学校里的学生是各个村寨"凑出来"的。虽然说起来一年全校有三四十个学生，但管理上十分宽松，老师是心有余而力不足。往往有学生会以各种各样的理由不来上课，而那个时候不来上课是不用请假的，上课时间一到，哪怕只到了两个学生，老师都要照常上课，毕竟还有其他年级的学生等着。至于上课的课本，我们和县城小学是一致的（2006年我在大村潭小学上过一个学期的一年级，后来跟随父母进县城重读一年级，语数课本是一致的），只有两门课——语文和数学。据我哥哥回忆，一年级的学生上课大多就是教拼写、识字，老师教会生字以后，会布置抄写作业，然后下次上课会进行听写。

大村潭小学的教学活动没有县城那么规范，通常会在农忙时节放假好几天，也有时候由于老师生病或者外出有事停学好几天。

三、重走当年路——父亲和老教师的回忆

当年的老教师大多已经过世，也有的在离开后杳无音信。父亲带我去敬老院看望孙庭亨老先生时，我问了他一些问题，因为老先生年事已高，耳目不清，所以有时候我问一个问题他可能要疑惑很久，待我耐心解释以后才缓缓道来。我没有打扰他老人家太久，只问了几个问题。本次调研的另外一位被采访者便是我的父亲，他还特别自豪地告诉我："你怎么不问你爸？我读小学的时候年年考第一！"这时我妈妈就会在一边打趣："班里才几个学生哦？你这算哪门子第一！"以下是我整理的一些专访的内容。

关于工作日的安排，老先生告诉我，他每天五点多就起床了，起床之后第一件事情就是采猪草喂猪，喂好猪后就去地里摘一些菜做早饭，然后就在教室等学生，等学生到后就正常开始上课。因为中午只有一个小时的时间休息，他简单地做好中饭后吃完便开始准备下午的课。下午的课一直上到三点，学生走后，老先生就会打扫卫生，然后到山上砍柴，回来后做晚饭，吃完饭后休息片刻就着手开始备课。他还笑着说："周而复始，日子就是这么过去咯！"这就是普通乡村教师的一天，看似简单，但其实一边要兼顾工作，一边还要兼顾生活，这种生活能坚持二十几年着实不易。

老先生回忆起自己闲暇时就会去寨子下面的河里钓鱼的时光，还打趣地说："那些小子皮得很，我晒在外面的干鱼，趁我不注意给我烤了，还邀我去吃！真是气死我了！"在乡村，孩子们与自然环境的接触极为密切，普通教师往往难以对他们进行有效的管教。然而，那位经验丰富的老教师自有其独特的教育方法。对于那些不遵守纪律、不完成作业的学生，他会引导他们参与田间劳作。在体力劳动的疲惫和困倦之后，这些孩子通常会变得愿意听从指导并完成学业，之后才会被允许返回课堂。

虽然这些孩子很顽皮，但老先生也感慨道："逢年过节，他们都会给我送腊肉和米，还帮我打谷子……"说到这里，老先生尤为怀念当时的时光，在他看来，那时日子虽然艰苦，但是却充满乐趣。孩子们虽然调皮，但对他

们这些教书先生非常敬重。

我问他为什么会选择当老师，而且在大村潭小学一待就是二十几年。按理说老先生那时有高中文凭，去大城市找份工作养家糊口完全不是问题。他表示，原来他也不是没想过，后来想到"家里只有一位老母亲了，不想出去，我走不出去，也不想走出去了，老（指去世）在这里也行"。老先生回忆起自己的收入："一开始给我10块钱一个月，后来就是20块钱……50块钱……"他高中毕业以后在外面打了好几年工，回来后成了家，先后有两位妻子，但都因病离世，而后没有再娶，膝下也没有孩子。妻子过世以后，他回忆说自己迷迷糊糊又过了好几年，乡政府听说他是"高材生"，便给他做思想工作，请他在大村潭小学当老师，这一当就是二十几年，直到1995年因腿病退休，在家待了几年后，乡政府便安排他到了敬老院。

说起2009年小学被拆的事情以后，老先生既遗憾又欣慰："我教了二十多年书，早就有感情了，但想到娃儿得到政府的照顾，到城里读书去了，不也是好事嘛？"临行前，老先生还非要塞给我一个红包，我没收。他说："你是我们寨子里正儿八经的高才生嘞，这是给你的读书钱，好好读书！将来走出去，算是我们大村潭小学走出来的大学生！好争气！"老先生接受过良好的教育，但又遗憾没能踏进高等教育的大门，他比任何人都知道接受高等教育的意义，谈话中好几次都提到了"要为国家效力""造福社会""响应共产党的号召"，其实说到后面，老人激动得眼泪都要出来了。

我的父亲也是大村潭小学走出来的，他在大村潭读完了小学，后来转入乡小学读初中，然后因为爷爷生病，便迫不得已辍学外出打工。他对当年读书时的一些趣事如数家珍。他首先带我重走了一遍当年求学之路——虽然那条路现在已经走不通了。我家住在另外一座山头的寨子，那时候爸爸上学时走的是山路，走得快的话一个半多小时，走得慢的话则要走上两个多小时。

随着大部分年轻人外出打工，老人进城帮忙带孩子，这条山路已经逐渐荒废，尤其是上山的路——下山往大路走的必经之路，这条曾经寨子里的孩童携手共走的山路，如今已经走不通了。

重走当年路，我不禁感叹一句物是人非。眼睛也突然酸涩起来，脑海中浮现出当年仅仅比我大三岁的哥哥牵着我的手带我翻山越岭去学校上课，而我的父母那时还在沿海打工。父亲将他前半生的艰苦岁月云淡风轻地一笑带

过,我听着他讲述那些过去的事情,心想其实他也希望有一个倾听者吧,或许我应该感谢这个主题,让我有机会了解更多关于我父亲的故事。父亲讲到他上学时候的事情:"我们那个时候哪有你们这么幸福?你现在只要读好书就行了,我们还要想着在回去的路上采点猪草,割牛草……事情多得很。"

"我读书的时候最喜欢的就是采苦菜,带回去做酸菜,然后拿个八宝粥的饭盒,里面装点饭,放一层苦菜酸,别提有多好吃了……"父亲回忆说,那个时候因为要走很长的山路,通常六点多就从家里出发,有时候和小伙伴一起,早上从家里拿八宝粥罐子做"饭盒",菜式也不丰富,通常就是下饭的剁辣椒、酸菜之类的,若有时破天荒加上一小块腊肉,中午吃饭的时候还能够和同学炫耀一番。父亲还说:"冬天还好,大夏天,闷在八宝粥盒子里面的饭都馊了,饿得不行怎么办?有时候就去老师那里蹭饭,有时候就从学校下面的地里摘苞谷烧来吃……"

我问有关学费的事情,父亲说:"学费我忘了几块钱了,不过也不贵,有时候给老师送袋米,送两桶油就算学费了,老师和乡政府不计较这些的。有时候我们还帮老师打谷子,摘苞谷……"

乡村小学没有活动课,放牛、采药、采猪草便构成了孩子们的"活动课"。那时的日子很简单,父亲如今也一直都在回味那段时光,与其说是回忆那段读书的日子,不如说他是在回味自己的童年,那个时候的他身上还没有家庭的重担,还不知道上初中以后自己将会面临的是什么。我回想起青年时期的父亲,他是何其的不容易。他总说自己读书成绩可好了,就是未能一直读下去,常说:"你们一定要好好读书,你爸我就是书读少了。"一句"书读少了"概括了他的无奈。我知道,对于我们这种农村出身的孩子,其实除了读书没有别的出路。我的父亲不再年轻,而我的人生才刚刚开始。

四、展望未来——乡村小学何去何从?

大村潭小学在2009年宣布停止招生并关闭学校,退出了历史舞台。它虽然简陋,但也承载了许多代人的希望。除了大村潭小学,中国许多贫困山区有着很多类似的学校,他们有的甚至只有一个学生、一位老师,因为各种原因,学生和老师"都被困住了"。乡村小学的归宿不应该是走向倒闭,相反,应该是得到重视、振兴。那么,这些乡村小学该何去何从呢?随着教育改革持续推进,湘西也被划进了西部大开发的宏伟蓝图之中,国家已经在想方设法地提高乡村教师的各种待遇,不仅是工资待遇,还有住房、医疗等各方面的优惠。又例如,这几年开展得如火如荼的大学生西部计划,鼓励毕业的大学生到"祖国最需要的地方去",大学生在贫困山区支教也享有和正规老师一样的待遇,且是他们人生中重要的一项履历。实际上,国家早已关注到这一问题,这不仅关乎教育,更是一项涉及民生的重大战略。2015年,国务院办公厅发布了《乡村教师支持计划(2015—2020年)》,针对乡村教师面临的困难和问题,制定了一系列的措施,全面加强乡村教师队伍建设,规范各种从教行为。关于乡村教师的首要问题,不是他们愿不愿意"下乡村"的问题,而是能不能"留得住"他们的问题,提高工资待遇只解决了他们一部分生计上的问题。

那么,如何有效地"留住"这些乡村教师呢?我认为,关键在于逐步提升乡村教师的生活待遇,优先确保住房与医疗保障,设立专门的乡村补助津贴,将乡村教师的绩效工资向条件更为艰苦的地区倾斜,并对长期坚守乡村教育岗位的优秀教师给予奖励。比如,可以在小学附近或者城镇上建立专门的教职工宿舍,以提供住宿便利。与此同时,应从实际出发,关注乡村教师的实事,去除不必要的考核项目,将考核的重点放在教学水平上来,灵活展开教师职称评审制度,切忌形式主义。随着教育改革的不断推进,也应该扩大宣传力度,改变人们对乡村教师的看法,让人们认识到乡村教师并不比城镇教师的地位低,鼓励毕业的大学生投身乡村教育振兴的事业中。在开展的各项扶贫事业中,也应该坚持"扶贫要先扶志",加大对乡村教育投入。我相信,乡村的振兴终有一天会实现。

五、以梦为马,不忘初心

如今我已经大三了,21岁的我回顾当年六岁时在大村潭小学上课时的点滴,记忆最深刻的不是学到了什么知识,而是那一段弥足珍贵的人生经历。当时的所遇所得,都是我难以从书本上获取的。我感谢这次调研的机会,也尤其珍惜这个主题,它引领着我重走当年的路,也让我走近我父亲的内心和

他那些青葱岁月,这是我调查的意外所得。从大村潭走出来的孩子有的外出打工,像我父亲一样在县城里打拼,早已成家立业,还有的在毕业后进入了不同的领域深耕,比如从大村潭小学走出来的我的兄长,他现在已经成为一名医生,在他的岗位上发光发热,救死扶伤,而我……我的路才刚开始。大村潭小学已经落下历史的帷幕,而我永远也不会忘记它的存在。湘西的儿女是山水的儿女,我是一只大山深处放出来的风筝,终有一天,风筝会回归故里。学成归来之日,我会将自己奉献给祖国的教育事业。那时候,我们都能冲破距离和时间的束缚。

如今,我已经通过了教师资格证的考试,未来的某一天,我或许也会走上三尺讲台,从我的青春中走出来,去见证别人的青春。我始终心怀感恩,感恩父母让我接受了先进的教育,感恩祖国,我才有机会走出大山,进入中山大学,我也会将我的青春奉献给我深爱着的这片土地。

六联支教的日与夜
——针对乡村教育文化定势的考察反思

◇ 方东妮（中国语言文学系2020级本科生）

潮州，我的家乡，是一座生活节奏不快的三线城市。它在经济条件方面虽比不上"北上广深"这些一线大城市，不过在此处生活却有另一种闲情雅致。人们常在午后约上三五好友在老区街头散步、逛古城、听潮剧、吃美食，倒也不失为一番悠闲惬意的生活。可不容忽略的是，在这座方圆3000多平方公里的小城中，其实有近1000个村落如星辰般分布。

乡村是潮州的主体部分。以乡村为核心，逐渐扩展形成的社会性"小聚落"，随着城市区域的发展而兴起，并在各自占据一定的生存空间后，实现了蓬勃发展。近几年，潮州在致力脱贫攻坚、实现全面小康的实践上有所建树。乡村振兴是乡村全方位的复兴，其中助力乡村教育振兴显然是不可忽略、刻不容缓的一大命题。

在我小时候的印象中，潮州小学教育资源优势集中在市区中心。市区的居民会尽可能让自己的孩子到市区小学读书。在农村地区，若是家庭经济条件较好，也会尽可能为自家孩子争取到市区小学的学位，而不是按照"就近原则"直接送孩子到村里小学就读。此外，潮州的学龄人口在近年来进入新的上升期，市区教育资源供给相对不足，同时随着城镇化进程加快，随迁子女接受义务教育的压力剧增。而大量的学龄人口纷纷占据市区小学学位，则造成了民众对优质学位的需求与现有优质教育资源供给之间不平衡、不充分的矛盾现状。"城挤村空"的局面无疑是城镇化进程中教育事业所面临的一大挑战。而在调研过程中，笔者也试图思考：潮州的乡村教育事业会如何发展？是继续在农村地区扎根兴盛，还是成为"来也匆匆，去也匆匆"的过客？

诚然，诸如此类的问题都有一定的讨论和研究空间。此次对家乡乡村小学的调研，笔者了解到几所目前在潮州比较有"名气"的乡村小学的基本情况。此外，结合2021年暑假期间在潮州市浮洋镇厦里美村六联小学（图1）为期一周的支教经历，笔者将以家乡调研材料为基础，针对大众对乡村小学教育的刻板印象，试图探讨乡村教育的发展趋势和未来前景。

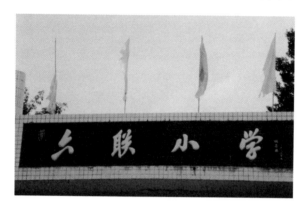

图1　六联小学

一、初探乡村小学教育的面貌

（一）从"文字下乡"到"文字上移"

概括来说，回顾自20世纪以来的发展历程，乡村小学经历了从无到有、由少到多，再由盛转衰的过程。在这一发展趋势中，乡村小学的兴衰与社会外部种种因素紧密相连。

提到"文字下乡"，大多数人都不陌生。它来自费孝通先生的经典著作《乡土中国》，是对20世纪二三十年代乡村教育运动的一个学术概括。"我决不敢反对文字下乡的运动，可是如果说不识字就是愚，我心里总难甘服。'愚'如果是智力的不足或缺陷，识字不识字并非愚不愚的标准。"[①]通过浅显易懂的论述，费先生深刻指出乡村与城市之间的差距并非源于智力差异，而是由于资源配置的不公尚未得到妥善解决。"文字下乡"恰好囊括了

[①] 费孝通：《乡土中国·生育制度·乡土重建》，商务印书馆2011年版，第12页。

推动落后乡村汇入现代文明发展轨道的目标。

"文字下乡"这个过程是经由农村学校,尤其是农村小学来完成的。它的全面展开,使得广大农村孩子在当地接受义务教育的基本权利大大得到了满足,促使"村村有小学"的教育格局基本形成,成为乡村教育现代化的一种趋势。

那何谓"文字上移"呢?此命题是由熊春文教授提出的。主要是指进入21世纪以后,在"农民的离土趋向""政府的土地政策""中国社会工业化城市化进程加快"等多重因素影响下,出现了乡村小学逐渐消失的趋势。具体大多表现为乡村小学不得不"撤点并校"。熊春文教授提道:"把教学点算上,中国农村这十年间平均每年减少3.2万所学校;每天约有87所学校消失。如果把时间放长看,会发现2006年全国的小学校数量已经降到建国初的水平……这种趋势在最近几年仍然以更快的速度发展着。"[1]这一现象不禁让人有种"无可奈何花落去"的伤感。

潮州乡村小学的发展历程,无疑是非常契合此种趋势和潮流的。细察近十年的发展,"文字上移"所带来的"撤点并校",使得潮州乡村义务教育的小学布局发生很大的变化。毫不夸张地说,目前大多数潮州乡村小学规模调整已进入了"后撤点并校时代"。通常情况下,一个村庄的小学数量减少至仅剩一所;或者在一个乡镇范围内,数所小学合并为一所。

(二)大众对于乡村小学的刻板印象

乡村教育一直以来是一个十分重要的社会议题,即使是在当下也会时不时被大众拿出来进行议论。这一宏大的命题,深深联系着乡村人口的命运,事关乡村居民群体生存流动的途径以及乡村年轻一代人格的塑造。同时,我们也可以在其发展的过程中一窥社会的变迁机制。

美国社会学家李普曼在《公众舆论》一书中提出"文化定势"这一学术名词,其实与"刻板印象"一词的原理相似。目前,大众对潮州乡村小学教育情况的刻板印象,其实是在潮州乡村教育推进过程中无意识地形成的,是

---

[1] 熊春文:《"文字上移":20世纪90年代末以来中国乡村教育的新趋向》,载《社会学研究》2009年第24期,第110—140、244—245页。

某种先入为主的标准或概括性认知——场地狭窄、布点分散、设施简陋、师资不足、质量不高……客观来说，此种文化定式显然有着片面性、刻板性，也往往具有较大的主观性。既然是主观片面的判断，势必也忽视了普遍性的背后还存在特殊性。

在此次实地调研和与同伴交流的过程中，我们都有很明显的一个感受，且其产生是有冲击性的，都是我们先前所没有预想到的——潮州乡村小学的数量的确是减少了，但是保留下来的那些乡村小学在办学质量上都有了显著的提高。这种认知也打破了以往大众对潮州农村教育的刻板印象，可以说是此次调研中的意外收获。

二、关于潮州乡村小学存在前景的讨论

（一）爱心是根，育人为本

丁有宽先生，潮州教育界的杰出前辈，其教育成就蔚为壮观，他发表了超过500篇论文，主编的教材被全国50万余名学生所使用，并在农村地区坚持不懈地推行语言教学改革试验。这位曾被邓小平先生赞誉为"坚韧不拔的小学教师"的资深教育家，在其职业生涯中，除了经历了一段特殊岁月的劳改，大约半个世纪的光阴都致力于六联小学的教育事业。

在农村六联小学执教期间，为打破社会普遍持有的"农村儿童粗野且愚钝，难以教育成功"的偏见，他致力于探索提升农村儿童智慧的策略——坚持"教育与育人相结合，转化学业不良学生"以及"阅读与写作相结合，教材与教学方法相融合"的教育研究，最终构建了具有规模性和系统性的"丁有宽教育理念"。

2021年暑假，笔者有幸到厦里美村的六联小学进行支教（图2）。学校主任在和我们这些前来支教的同学交流时，便谈到六联小学在教学上一直贯彻丁有宽教育思想的理念，至今已成为一种传统。

> 老师备课会以"语言、思维、感情"三者的统一作为出发点，这至关重要，做到这样后才能明确教学的目标和重点。

当然，我们也会注重培养学生独立自主支配自己学习的一种能力。毕竟这个社会也越来越注重学生的自主学习能力。

对于你们的到来，我们表示热烈欢迎。我们期望你们这些大学生能够为孩子们带来他们日常生活中难以接触的新知识和新鲜事物。至于课堂形式，我的建议是确保孩子们能够全程独立参与，并且参与方式多样化。①

在交流的过程中，我们也对之后为期一周的支教安排有了更为清晰的定位。同时从老师们的话语中，不难看出其中所传达出来的丁有宽老先生提倡的"爱心是根，育人为本"思想。

毫无疑问，这种带着爱和温暖的教育方式是极具能量的。小朋友们在春雨般的教导下，积极参与创造性学习活动，挖掘自身潜能，方才可能实现全面发展。而我们作为支教老师，自然也被小朋友们很多暖心的举动给触动了。这也让笔者想到了"教学相长"这句话，理解了"教"与"学"是一个双向积极的互相学习的过程。

图2　笔者在音乐课堂上讲解《歌剧魅影》

---

① 在和六联小学某位主任交流的时候，我们都使用了当地方言——潮州话，为了使文章行文风格统一，本文会尽量转化成书面语的形式进行表达。包括后文写到的在支教期间一些对话记录也遵循这个原则。

（二）当下乡村小学状况的"新变"

在此次实地考察中，笔者还发现潮州大部分的乡村学校都配备了多媒体电脑、电子白板等现代化设施设备，潮州乡村小学缺乏基础设施配置的问题在近几年显然已得到了很好的改善和解决。

如今，城镇化的发展、教师岗位供求不对等、乡村办学模式的改革创新、市区小学学位过于饱和、政府给予乡村小学政策和资金扶持、乡村吸引市区重点小学学生回流等若干新因素促使一些教师选择乡村小学作为职业发展的平台，同时也导致部分家长对子女能否获得乡村小学学位感到忧虑。

这种情况并不罕见，而是近几年潮州小学教育领域所呈现的趋势。教师队伍的质量是衡量一个学校教学水平高低的重要因素。乡村小学各学科都有专门的任课老师，解决了以往因师资力量极度欠缺而导致部分教师一人担任多个科目教育工作的问题。不仅使"县城小学挤破头，乡村小学成空巢"成为过去式，也动摇了一直以来多数人对乡村小学教育落后的思想定势。

在支教期间，笔者听到一位小朋友的家长提道："十年前的乡村小学经常是一个学校才三四个老师，一位老师要教很多科目，孩子们的课程都是上完语文上数学，上完数学上语文，要么就是一个科目一直重复。"这番话和今日小朋友们满满当当的课程表的对比，明显反映出了学校教育资源的变迁历史。

过去，家长将孩子送入学校学习，往往被视为孩子成长历程中的一项必要程序，对于孩子来乡村小学读书后的收获却往往忽略不谈，这其中多少还是掺杂着些许对乡村小学教育资源落后的"无可奈何"。如今，因教育资源的普及与多方努力的作用，即便是在乡村小学受教育，家长也会很注重孩子在德智体美劳上的全面发展，进而大大打破了以往形成的"在乡村小学受教育的质量比不上市区小学"的固有认识。

外部优势资源的进驻对于乡村小学而言是一大积极因素，而从内部因素看，乡村治理也在积极发挥作用。在潮州的一些村镇，乡贤们积极发起并成立了教育促进会，通过募集资金和投资，推动村中小学的发展。此外，村庄还实施了激励政策，通过多方集资，每年为能够考入潮州市区重点初中的学生提供资助。此外，也有以乡治组织为单位寻找优势师资的实践——通过笔试、面试等激烈的竞争后，入职乡村小学的老师每月的工资相比于原来在城市的公办学校平均增长了1000多元，而这部分增长的收入以及聘用教师的工资均由农村教育促进会负责。

在基础设施配置方面，乡村小学也正在逐步改善，确保其不会成为阻碍教育事业发展的因素。在乡贤、政府、华侨等多方力量的扶持支持下，乡村小学逐步配备了智能云屏、一体机、电脑、空调等设备，小学的学习环境大大改善并逐步实现智能化。这一方面可以以实地调查到的潮州目前几所乡村小学的基础设施配套情况为参考（表1）。

表1 部分潮州农村小学基础设施配置情况统计

位置	名称	学生数量	基础设施建设情况	教学硬件配置	相较于市区小学的不足之处	是否能满足在校师生教学、生活等需求
潮州市潮安区桥东东湖社区下津村	下津博雅学校	404	一栋拥有24个课室的新教学楼；舞蹈室、书法室、音乐室等学生第二课堂教室；塑胶跑道操场；一栋教职工宿舍楼；一面画有由潮州民间工艺大师手绘成的数十米长韩江图的彩绘围墙	每间教室都配备多功能一体教学机	无学生宿舍楼、无食堂、无学生图书阅览室	是
潮州市潮安区浮洋镇厦里美村	六联小学	528	两栋教学楼；教师宿舍；两间专业的音乐教室；独立的教师办公室；会议室；塑胶跑道操场；乒乓球桌、足球场等运动设备	每间教室都配备多功能一体教学机	无学生宿舍楼、无食堂	是
潮州市潮安区彩塘镇华桥村萃华路	华侨小学	613	美术室、音乐舞蹈室、科学教室、计算机室、体育器材室、图书阅览室、卫生保健室、心理咨询室等；塑胶跑道操场、排球场、羽毛球场、小型篮球场、体育活动室	多媒体综合教室；中高年级八个教室装备多媒体简易教学平台	无学生宿舍楼、无食堂	是

续表

位置	名称	学生数量	基础设施建设情况	教学硬件配置	相较于市区小学的不足之处	是否能满足在校师生教学、生活等需求
潮州市饶平县钱东镇紫云村	紫云小学	958	教学楼；教师会议室；广播室；仪器室、实验室；图书阅览室；少先队部室	多媒体教室	无学生宿舍楼、无食堂	是

表格整理的统计数据截至2021年。

三、支教的日与夜

浮洋镇厦美里村的六联小学并没有专门的学生住宿楼栋。在为期一周的支教活动中，我们作为支教老师，在六联小学里的住宿条件其实较为一般。说是宿舍，其实也就是在两间教室（男生一间、女生一间）把桌椅腾开，留出空地打地铺。这种情况并不难理解，鉴于该小学地处乡村，学生放学后通常会立即返回家中，且学校与家庭之间的距离并不遥远。记得支教期间，某日下大雨，因天气预报说下午有台风，我们便通过家长微信群通知支教活动暂停一下午，可还是有几个小朋友提早来到学校。考虑到天气、安全等因素，我们几个支教的同学商量后决定送他们回家。

雨越下越大，我们撑着伞和小朋友们一起走着。他们话不多，再加上家和学校的距离很近，过几分钟就会有一个小朋友和我们说："老师我到了，再见。"然后背影消失在深巷子的拐角处，或是消失在灰色铁门后。直到我们走到最后一个小朋友家里，其实也就过了半个小时。可我们却觉得过了好久好久……

借着因意外台风天而没课的下午，我决定到小学及附近四处走走。六联小学的环境其实很好，学校的占地面积就要远远大过我以前读的小学了。学校里栽种的玉兰树的清香沁人心脾；名为"全球通希望楼"的建筑上边写着红色的八字校训；我们住的"宿舍"（教室）走出来就能看到"教学楼"三

个大字;我们所在的教室配备了空调,校园内覆盖了无线网络,洗澡亦有热水供应。(图3、图4、图5为六联小学部分设施)

图3 教学楼和塑胶跑道

图4 "教学楼"字样

图5 桌椅配置

在支教期间,笔者主要教授一年级和三年级的音乐课程,并兼任二年级的班主任。在这个过程中,笔者深刻体会到:低年级学生就像永恒蓄电的"机器人",一直充满活力。几个坐在前排的三年级男生可以从上课到下课都一直在不停地提问,根据上课内容想到什么就问什么,问题五花八门、应有尽有。二年级的小朋友们从下午两点多开始玩游戏一直玩到放学也不觉得累,在此期间还一直大喊大叫,高分贝的声音贯彻整个教室。一年级的小朋友可以从上课一直闹到下课,甚至有个小朋友还常常直接冲到讲台上(图6、图7)。

这大概是人的天性,在最具有活力和好奇心的幼年阶段,他们可以不停地闹腾玩耍,有着无限的可能。

图6 课堂上活力满满的小朋友

图7 讨论问题与课间玩闹

音乐课上讲到上海彩虹合唱团的时候,有个小朋友举手问道:"老师,这个合唱团主要是在上海。可我们不可能去上海的呀!"

"未来你们很有可能去上海的。"是的,现在的小朋友们可能根本就无法意识到"上海"会是什么样子的,也不会想到自己今后会有很多可能和机会。但"未来"是对于每个人来说都闪闪发光的词汇,像是现在许多个交织在我眼前又分裂的世界的可能性。

印象比较深刻的是笔者在三年级班级讲到木心先生写的《从前慢》的时候,我特意把这首诗打在课件上让小朋友们朗读。小朋友们一字一声不紧不慢的朗读声,带给我一种像是很多年间都已经没有听到过了的感觉。抑扬顿挫的琅琅读书声出乎我的意料。

"一生只够——爱一个人。"

"你锁了——人家就懂了。"

声音飘荡在整个教室里,就像雨后大地沐浴春风。

到了提问环节,我问他们:"有没有同学想分享一下读了这首诗后的感受?"班里突然安静了下去,只有一位小朋友小声地说:"读不懂,没有什么感觉。"

其实,读不懂便是一种感受了。没什么感觉也是一种感受。

简单讲解了一下之后,慢慢有同学愿意举手回答了。而且举手回答就像是会传染一般,回答得一个比一个积极,小朋友们一个个高举着小手,甚至整个人都要跳出小方桌的束缚,简直就像是用生命在举手,他们积极踊跃的样子让人看得满心欢喜(图8)。

图8　音乐课堂上小朋友们踊跃举手发言

之后我让小朋友们各自写一首小诗,没有任何形式限制。小朋友们都很用心地写,收到的作业很多都很出乎笔者的意料。原本这个作业只是自己灵机一动想到的,却没想到能有这么好的反馈。在最后一天和大家分享感受的时候,我自己的一个很深的感受是:"每个孩子都是一位诗人。"

小朋友们所在的这个年龄阶段,正是对生活的细节和体验具有很高敏感度的时候,若是能够好好引导,便可以挖掘出很多惊喜。如果不是纸上写着名字,很难相信前天刚写出"一颗糖代表一个甜甜的梦"的小女孩也能交出"都说娘辛苦,我却不觉得。早上玩手机,中午喝好茶,晚上微信总是加2000多块钱!"的作业。小朋友们内心的聪明伶俐、活泼古怪往往超出了成年人的设想。(图9为部分小朋友在课堂上写的诗以及一些课后作业)

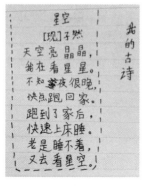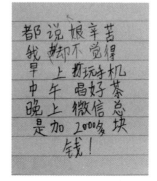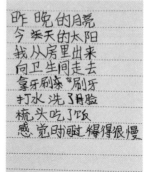
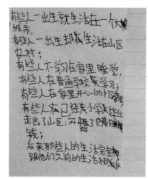

图9 部分小朋友在课堂上写的诗以及一些课后作业

七天的时间转瞬即逝。支教已圆满结束，下一次我们能否以同样的方式相聚，实难预料。孩子们会因为得到一颗糖果就非常开心，或者仅仅只是在课堂上抢答出一个数学问题就开心地和旁边的小伙伴炫耀了起来。可是人呢，却是越长大就越难以开心，以前快乐是与生俱来的，现在快乐变成了生活中的钻石碎片，要你自己去搜索发掘，许多"快乐"也需要以付出金钱为代价。

人处在几岁到十几岁的这个阶段，是面对相机镜头极为赤诚的时候。看到相机镜头，小朋友们会很喜悦好奇，甚至围成一两圈研究它，尽管它只有巴掌大。他们还会主动找你拍照，面对镜头，露出标准的"八颗牙"，就算是比着手势表情也是那么自然那么可爱（图10）。听到有人说"看镜头，笑一个"的时候，嘴角就会很自然地上扬。无论我在什么时候通过什么角度进行抓拍，拍到的照片每一张都治愈感满满。

图10　小朋友说想在相机里留一张她的照片

以上有关支教所写的这些并没有什么很优美的文字，但是因为难忘、珍贵、有意义，在调研之外便记录了下来。

四、支教与调研后的反思

从"乡土中国"逐步走向"离土中国"，在这一过程里，农村小学的衰落固然有着它不可避免的时代命运。从20世纪至今，乡村小学的发展着实充满着困难和挑战，在艰难曲折的过程中也无不显现出历史的选择和进步。一所乡村小学的发展面貌能有所改善，毫无疑问与"精准扶贫"和"乡村振兴战略"的推进落实工作有着密切的关系。从细节处看，潮州浮洋各村落的面貌都在一天天变化，村民的日子也一天天在变好，经济水平逐步提高，学校教育方面自然也在悄然完善。

不可否认，在城镇化进程中，农村人口涌向市区，一定数量的乡村社会会愈加衰败，"空心化"的现象愈加严重——年轻人出省打工，孩子随父母进城定居生活，留在村中的多是孤寡老人，日益变迁的村落也在慢慢衰老。在这些老龄化明显的农村，脆弱的农村教育便会被裁撤，乡村小学不可避免地成为时代兴衰变迁中的短暂产物。这便是上文提及的"文字上移"命题。

难道所有的农村都会走向上述衰亡的道路吗？未必。至少，潮州乡村小学教育的发展还有很大的发展空间，当然，也有很长的路要走。

市区中心人口过度密集和资源配置不足的情况，不可避免地会促使一部分人迁往其他地区。有些人有较好的经济条件，但在城市资源配置有限的情

况下，会重新选择向市郊区乃至农村地区发展和定居。潮州市郊区房地产投资的显著增长便是一个明证，众多高层住宅小区密集分布，一栋栋高楼大厦相继矗立，直接推动了市郊及部分农村地区地价的持续上涨。有房可居后，市区的人口开始从市区向市郊和农村地区迁移，人口增多带动了市郊区和农村地区经济发展和基础设施完善，各方需求的增加刺激了乡村学校教育的改革和完善，使乡村学校教育焕发生机和活力。

面对这般机遇，乡村小学只有在做出适当的改革创新后方能重新吸引学生回流。像浮洋厦美里村六联小学、桥东东湖社区下津村博雅学校等便在此背景下实施了积极的改革措施，使得学校的办学质量逐渐提升，并在潮州民众中获得了比较高的评价。值得一提的是，笔者认为有一些改革方向可作为潮州乡村小学继续发展的有效经验。

首先，可以继续以乡治组织为基础吸引优秀师资，为乡村小学积极注入新的师资力量，进而使得学校有能力采取形式多样化的办学模式，促进学生的全面发展。这一点建议的提出主要是基于两大因素的考虑。其一，随着城镇化和工业化进程的持续推进，城乡之间的发展差距会逐步缩小，那么市区小学和乡村小学之间的教育资源差距也会逐渐被弥合，这便为乡村教育质量的提高提供了很好的契机。其二，社会需要更多技术型人才而非大量供应知识型人才，从长远来看可以从小学教育阶段进行提前规划。在小学阶段，学校可采取多元化、多形式的办学模式，促进学生的全面均衡发展。"全面发展"这个词说起来简单，但至今仍是很多教育工作者的追求和理想。

其次，在接收学生数量到达一定程度后，乡村小学可往寄宿制学校方向改革。当然，寄宿制学校的发展需要长远的统筹规划，需要解决好教育用地、学生人身安全和学校宿舍建设等问题。

现在的乡村小学虽然已配备了多媒体一体式教学设备，但相对而言仍缺少专业的维修人员。这个问题是常被校方所忽略的。比如在支教过程中，笔者所在班级的多媒体设备故障次数较多，这其实会影响到教学质量和教学进度。

再者，较多市区小学已配置了学生图书阅览室，虽然数量不多，但却能给学生一定的阅读空间和阅读自由，能在潜移默化中培养学生自主阅读的兴趣。考虑到场地限制、资金限制、图书资源供给不足等原因，乡村小学并未普及这一举措。但在六联小学支教期间,笔者发现每一个班级在教室后边的角落里都有一个书柜,里面的书籍并不多,旁边的白墙上贴着"图书角"的字样——这三个字笔触稚嫩、用蜡笔涂鸦,由此不难推测出这是老师号召小朋友们自己弄出来的一隅阅读小天地。后来在下课时间询问了小朋友,得知这确实是由一个班级的同学们一起"经营管理"的图书角。同学们平时可以自愿把自己喜欢的书籍放到图书角,和大家一起分享阅读,也可以借阅其他人放在图书角的书籍,等到一学期结束后再各自拿回自己的书籍。基于学校资金有限和场地限制等因素,这是一种很好的培养学生的阅读兴趣和知识共享的意识的尝试。

而再次回顾这次支教经历,我们就像是小朋友们生命里短暂出现的过客,同样的,他们也是我们这些人生命里的过客。支教结束了,我们以后大概率是不会再见面了。我们尽力给他们带来一些知识,其实在这个过程里,他们也给我们带来了一些有趣的瞬间和感动的时刻。就像前面所说的,这是一个双向的、相互成就的过程。而后,我们将继续带着遇到的爱和感动去过自己的生活,走好各自的人生。

支教结束的那天下午,有个背黄书包的小男孩拉着我的手说道:"老师,我们到孔子像前拍一张合照吧。"他整个人很自然地倚着我的手,手里还拿着我给他的爱心折纸。在相机即将被按下快门的前一秒,他的姐姐凑了过来靠在他的身上,留下了我们最后一张合影。

父亲、我和侄女三代人的水车小学

◇ 梁敏玲（哲学系2021级硕士生）

"铛……铛……铛……"，这是锤头敲击铁块的声音，也是我记忆中水车小学（图1）的下课铃声。事实上，不论是上课、下课、做操，还是发布各种重要通知，学校都用这个铃声。说起家乡的小学，我脑海中立马浮现的居然是敲铁块的声音，在水车小学就读的学习生活中，我课上开小差时常偷瞄不远处挂在房梁上的那个黑铁块，期盼有人去敲响它。

图1 水车小学

我的家乡在广西壮族自治区玉林市兴业县沙塘镇水车村。尽管名为水车村，但村里并没有水车，或许在遥远的过去，村里曾存在过水车，然而至少在我祖父的记忆中，水车的具体位置已无从考证。水车村位于广西东南部，是一个经济发展比较落后的地方,这里的人们还在过着较为淳朴的农耕生活,村里的一些老年人仍然遵守着只有圩日才去镇上买东西的陈规,我们把这种活动叫作"赶圩"。我们家曾被列为建档立卡贫困户,符合易地搬迁的政策,但是我们都不想搬走,正如父亲所言:"搬走后,去到的是一个完全陌生的地方,那还有什么意思?"是呀,熟悉的地方才有风景,我们的根在这里,这里有着我们祖祖辈辈每一代人的记忆。水车村是中国南方众多村落中很普通的一个,村里有600多户人家,但只有一所小学,名字就叫"水车小学"。

水车小学有一栋两层楼高、包含八间教室的教学楼,一栋三层楼高的行政楼以及一间公共厕所,最近几年又新增了一栋类似办公楼的建筑,整个学校一眼就能看完。学校大致有14名教师,共五个班级。按照目前每个班有二三十个人来算,村里的小学生一共只有150人左右。看到这里,或许会有人感到疑惑:为什么一所小学只有5个班?如果你想知道其中的曲折故事,请听我慢慢道来。

一、父亲与水车小学

父亲在水车小学完成了六年的小学教育,学校离家大约两公里,步行需要20分钟左右。在他小时候,村里还没有修水泥路,路况不好,人和牛走在一条路上,路边常有牛粪堆积。当时每个年级有一个班,一共有六个班,每班学生数量较现今为多,每班有五六十名学生。那时,大家都是呼朋引伴、成群结队去上学,课间的游戏有跳皮筋、扔沙包、捉迷藏、单脚跳、跳格子等,异常吵闹。放学的时候,如果是夏天,大家会在路边捉蜻蜓、金龟子和天牛,互相"攀比"谁抓的更大,甚至是跳进池塘里游泳,父亲就曾因为下午放学去游泳而被爷爷用细细的树枝抽后背,这用我们当地的话叫作"吃黄鳝干"。如果遇到夏季的雨天,我们就在路边的水坑里捉蝌蚪,下大雨的时候大家都打赤脚,踩着泥水坑上下学。农忙时节,学校还会放农忙假,有五六天,一年放两次,好让学生回家帮忙收割晾晒稻谷。父亲自认为是一名优秀的学生,据他回忆,小学时期成绩尚佳,有一次因上课专注听讲并提前完成作业,受到老师的表扬,并获准提前放学回家,而其他同学则需留至放学后。说起这件事,父亲的眼神依然充满骄傲,像一个邀功的孩子。当我好奇当时的老师是否会体罚学生时,父亲说没有体罚一说,就算要惩罚一些不听话的学生,老师也只是拿黑板擦或者木尺子打手掌,父亲脸上挂着顽皮的笑容回忆他被打的经历,他说这种惩罚一点也不痛。

当我询问水车小学成立的确切时间时,父亲表示并不了解,但他推测爷爷可能有所知晓。因此,我们选择在春节期间返回故乡,向爷爷求证。然而,由于爷爷年事已高,对于学校成立的具体年份记忆模糊,仅能大致推断学校是在20世纪60年代建成。爷爷回忆建校的历史,眼睛里闪烁着亮光(图2),他自豪地说:"我还去帮过忙哩!水车小学是我们大队每家每户各派一到两名男丁一起去建好的。"(图3为水车小学前身所在地)

图2　父亲在聆听爷爷讲述水车小学的建校历史

图3　水车小学前身所在地,现为水车村内一处庙址

如果要知道关于水车小学建立更具体的细节，只能找当时一起参与建校的爷爷们问一问，但是考虑到参与建校的人大多已不在人世，于是我和父亲就去找目前管理水车小学的董校长了解水车小学的历史，奈何几次去董校长家里拜访时，都碰巧赶上他不在家的时候，只好向董校长的妻子阿丽姐简单了解情况。阿丽姐已年过半百，在水车小学对面开了一间小卖部，经营了近15年，当我们问起水车小学的成立时间时，阿丽姐和蔼地笑着说："我是不知道的，如果问董校长，他肯定也是不知道的，他是2009年才当上校长的，建校都是20世纪的事情了，除非问和你爷爷同一辈的校长或者你爷爷。"经过一番周折，我们决定不再深究水车小学的建校时间，转向小学中更重要的人、事、物。

在调研的过程中，父亲感慨道，他儿时的读书条件比现在差很多，当时，学校的地面由硬土铺成，每逢南风或雨季，教室便泥泞不堪。学校当时也没有教英语的老师，直到上初中父亲才开始学英语。父亲还记得上学的时候还经常饿肚子。真正能考上高中的人少之又少，能够考上中专或者大专是不容易的，考上大学的人更是稀有。父亲上初中后，受到从家里外出工作后过上好生活的年轻人的影响，整日只想快点逃离校园外出务工，渴望成为一个大老板，因此成绩一落千丈。而人往往吃过生活的苦，才知道读书的重要性，所以父亲总是劝年轻的这一辈儿女要珍惜眼前的读书条件，勤奋读书。

二、我与水车小学

我在水车小学上过四年小学，从一年级到四年级。由于父母工作的原因，我一开始是在市里上幼儿园，后来父母要去广东省打工，无法顾及年幼的我，于是就带我回老家读小学，和祖父母一起生活，和堂哥们一起上学。于是，我便成了一名留守儿童。一开始，看到有那么多小伙伴和我一起玩，我很开心，然而，随着时间的推移，父母迟迟未归，我开始感到被欺骗。习惯了与父母相伴的我，突然感到仿佛被世界遗弃。在故乡小学的那段日子，我常常无法抑制对父母的思念，甚至频繁地流泪。记得当时班上的同学都跑来安慰我说："父母不在身边有什么好哭的，我们都一样，再说了，他们过年就会回来了。"听了同学们的话，得知要等到过年才能见到父母，我更难

过了。每次和母亲通话，我都格外珍惜，母亲总会在电话那头问我在学校的学习情况和适应情况，当知道我成绩好或者被老师表扬时母亲会很开心，当我学习遇到困难时，母亲也会很耐心地帮我解决问题并鼓励我。我经常问母亲什么时候回来，为什么不在老家工作而要去那么远的地方工作，母亲总是说我还小，不懂事，努力读书就行。而我和父亲的交流方式是写信，印象中是父亲给我写信，我给父亲回信，并且我总是喜欢在信里画我和父母手牵手在一起的幼稚图画。

虽然时间已经走过了13个春秋，但回想起在水车小学度过的四年时光，我依然历历在目。当时，我每天早上大概六点起床，一年级时学校尚未推行"阳光早餐"，所以要早起一点煮早餐。这项工作主要由奶奶和堂兄弟们承担。我的同窗好友们会早早地用完早餐，来到我家等候，或者我前往他们家中与他们会合。早餐过后，我们便踏上去学校的路途。冬季时，出门之际天色尚暗，我们需携带手电筒照明。当时，三五成群的学生共用一支手电筒，在路上遇到比我们更早出发的同伴时，我们会用灯光相互致意，大声问候，互报姓名。夏季时，出门时天色微明，到达学校后，我们通常需要在校门口稍做等待，直至校长前来开门。我依稀记得，从三年级起，学校开始有"阳光早餐"，而侄女小彩说，在她二年级的时候"阳光早餐"就停办了。"阳光早餐"是要交费的，但每个学期只收30多元，非常划算。每周的早餐按照瘦肉粥、白粥配榨菜、两个面包、汤粉、瘦肉粥这样的顺序轮流进行，在吃早餐前，总会有同学跑去学校的厨房偷看，好提前告诉大家今天的"菜品"，我也去偷看过，有一次，我惊奇地发现，煮瘦肉粥的人居然是我们班的数学老师。早餐结束后接着是早读，早读结束后，八点钟正式开始上课，上午有四节课，每节课40分钟，大课间包括早操在内有30分钟。早操要跑到学校外面200米左右的篮球场进行。早操结束后，我们享有近20分钟的自由活动时间，这是一天中校园最喧闹的时刻，同学们或跳皮筋，或单脚跳，或扔沙包，或弹玻珠，或追逐嬉戏，尘土飞扬，热闹非凡。

上午第四节课结束后，通常在中午十一点半左右，大家都奔跑着回家吃饭，吃完饭就马上去学校午睡。当时的桌椅板凳都是长方形的，男女同桌，所以午觉是一个人睡桌子，一个人睡长板凳，同桌俩互相商量着每天或者每周换一次睡觉的位置，夏季和冬季都如此。有一段时间，由于长凳过于狭窄，翻身时容易跌落，因此流行起携带麻袋至教室，铺于地面以供午休。每当午休时刻，总有顽皮的孩子不愿入睡，为此，高年级学生会负责巡视监督。我自己总是能够安然入睡，回想起来，现在的我对那时的睡眠质量甚是羡慕。现在水车小学的学生还是这样午睡吗？侄女小莲说，现在的桌椅板凳都是独立可分的，大家都是坐在位置上趴着睡的，但这样午睡就是脖子有点累，我听着有点心疼，趴着睡对脖子不好，还不如以前的午睡方式呢。为什么老师不让学生在家里午睡呢？或许老师是担心学生在家不好好睡觉，会在午休时间到处去玩，为了方便管理和保证学生下午有充足的精力听课，才这么要求的。不过问题的关键在于，学校没有多余的空间为学生们提供午休的地方。午休结束后，大家一起午读等老师来上课，下午两点左右开始上课，上完三节课后，四点半左右就放学了，值日的同学要留下来打扫卫生，其他同学各回各家。这就是我在水车小学上学时度过的一天。

若有人问我在水车小学求学的四年间，哪一事件给我留下了最深刻的印象，我必将提及四年级下学期期末考试时，我的英语成绩荣获满分。记得我领到成绩单后，几乎是小跑着回家告诉爷爷的，爷爷戴着老花镜把我的成绩单翻来覆去地看，然后欣慰地对我说，我是"读书的料"，虽然我当时不太懂这句话的意思，但我知道这肯定是在表扬我。我每次回想起那件事，似乎就拥有了愉快的心情与轻松的步伐。

如果有人问我在水车小学上学最喜欢什么课，那我肯定会说最喜欢劳动课，当时其他时候的劳动课都用来自习，每个学期只有一到两次真正组织大家去劳动。因为劳动课意味着大家要从家里拿小铲、抹布、簸箕等劳动工具去学校进行大扫除，一般都是周五下午进行。在劳动课上，大家拔草、铲泥巴、扫地、扔垃圾，一起劳动的同时还不忘追逐打闹，忙得不亦乐乎，这使我衷心地体会到劳动是一件可以让人感到开心的事情。

我最喜欢的节日是六一儿童节，在那天水车小学会开展各种小游戏：蒙眼敲鼓、画三毛、猜谜语等，每赢一次就能获得一抓李子，游戏可以重复参加，直到那几箩筐的李子发完为止。每次儿童节，我都和堂哥合作，一起轮流参加游戏，最后总是能得到一大袋李子，李子酸酸甜甜的，可以腌制着吃，算是那个时候不可多得的零食了。这些回忆，即使是在实现了李子自由的今天，我也一直记得。

在我即将升上小学五年级的暑假，母亲回老家接我去市里，让我寄宿在阿姨家。那个假期，阿姨帮我借到了市里小学的上课教材，让我学习了一个暑假，并尝试去考市里的小学。幸运的是，我成功考入了市区小学，从而结束了在水车小学的学习生涯。记得在回故乡整理行装时，几位平日里关系亲密的伙伴前来送别，而我的堂兄则因我无法继续在故乡求学而感到不悦。当时我以为他是在生我的气，现在想想，堂哥气的应该是不能和我一起走吧，他肯定也很想去市里读书。我在城市读小学"长见识"后，再次回到老家时，我会觉得水车小学真的好小，甚至连城里普通小学面积的一半都不到。记得刚进市里读书时，我就像刘姥姥进了大观园，城市里的小学有电脑，有阅读课，有图书馆，有音乐课，有手工课还有科学课，极大地丰富了我的校园生活，而水车小学只有语数英和名不副实的体育课与劳动课（因为体育课和劳动课经常被挤掉或者用来上自习）。每次寒暑假回老家和小伙伴玩的时候，小伙伴都迫切地问我城里的小学是什么样子的，我都会如实告诉他们，甚至带着几分炫耀的姿态，他们都非常羡慕我，透过他们羡慕的眼神我还看到了几分期盼。但没过多久，越来越多家乡里的小伙伴也都能去市里读书了，因为他们的父母也要外出务工了。

三、侄女与水车小学

我采访的侄女叫小妮，比我小七岁，现在是一名初三的学生。每年寒暑假，我回到家乡，总会询问小妮的学习情况，同时了解她的校园生活。不得不说，她的校园生活和我小时候相比有了极大的改观。

自我在水车小学求学至今已近13载，学校的楼墙几乎都翻新了一遍，新建了一栋楼，厕所也不再臭气熏天，桌椅板凳都是崭新的，每间教室都安装了新的黑板和投影仪，教室后面新增了书柜，校园内有了新的乒乓球桌。（图4、图5、图6为今水车小学部分设施，图7为50米短跑比赛现场）然而，对于侄女这一代而言，水车小学已不再设立农忙假，因为家乡的耕地大多已荒废或被家庭转租给他人耕种。尽管如此，儿童节活动依旧是孩子们最为期待的节日，这一点上侄女与我持有共同的看法。

图4 水车小学的侧面,正在翻新的行政楼

图5 2021年水车小学的两层教学楼和绿化带

图6 水车小学的教室以及新置换的桌椅板凳

图7 水车小学运动会50米短跑比赛现场

　　虽然侄女这一代的校园硬件设施有了极大改善，但这只是相对于父亲和我两代人的学习条件而言，如果和城市的小学进行比较的话，差距仍然颇大。在和侄女聊天的过程中，我发现"无聊"是她提到频率最高的一个词，侄女觉得在乡下读书经常有一种孤单的感觉。侄女为什么会有这种感觉呢？我想，一方面乡下越来越多的人往城市里涌，多数人通过自己的打拼在城里买房定居，家里的农房虽然也装修了一番，但平时都闲置，一般只有节假日才有人回来，于是在老家读书的小孩自然越来越少，玩伴也随之减少。另一方面，孩子们放学后不再热衷于跑出去满世界地疯玩，因为在他们看来，路边的蜻蜓、菜地里的蜜蜂、池塘里的泥鳅都不如一部小小的手机来得精彩，于是那些原本想和小伙伴一起去亲近大自然的孩子，慢慢地也选择坐下来和有手机玩的小伙伴们一起玩手机，而那些没有手机玩的孩子，往往只能一个人玩，因为太过无聊，所以也只好打开家里的电视……看了一下午电视的小孩，空虚和无聊的感觉怎能不强烈呢？

　　近年来，兴业县教育局针对未成年人心理健康和留守儿童教育问题采取了一系列措施。这便是水车小学仅设五个班级的原因：沙塘三中解体后，被改建为"沙塘镇留守儿童关爱学校"，简称"沙塘关爱学校"（图8、图9、图10）。这所学校是一所寄宿小学，把全镇的六年级学生集中管理，共有17个班，每个班50人左右，一共800多人。上学期间，沙塘关爱学校的学生只有周末才能回家，平时都在学校学习生活。

图8　沙塘关爱学校正门

图9　沙塘关爱学校的禁毒宣传栏一角

图10　沙塘关爱学校的操场，与农田只有一墙之隔

  一所小小的水车小学,见证了父亲、我和侄女三代人的童年,这么多年过去了,我也从一个天真的孩童成长为被潮流裹挟着往前的研究生,家里人时常调侃我,如果我在老家一直读下去,说不好现在已经嫁人了。我也时常问我自己,我那四年的小学时光到底是幸还是不幸呢?一方面,虽然家乡的教育条件比不了城市,但是我却收获了一个充满稻香的童年:爬树、捉鱼、摘野果,没有繁重作业的寒暑假……这些童年趣事是我享用一生的珍宝。也正是因为有了在水车小学的四年学习经历,我才会格外珍惜在城里读书的机会和与父母在一起的时光,我总会提醒我自己,有那么一群人很羡慕我能在城里读书。但另一方面,我时常想,如果我能一直在城市里上学,说不定能学到更多的知识,得到更好的教育,这又是另一种可能性了。人总是要对自己的人生作出选择,这个问题似乎无解。人要学会知足,我知道自己已足够幸运,对水车小学,我衷心祝它好运!

乡村快递

（2022年）

快递进村，止于镇上
——武丰村快递发展的调查

◇ 谢芳（哲学系2021级硕士生）

武丰村是广东省韶关市乳源县大桥镇下辖的行政村之一，全村辖22个自然村。武丰村委会（以下简称"村委"）位于京港澳高速公路旁边。以村委为出发点，有两条主要的公路可以到达大桥镇：一条是向西出田寮下，走乡道X358到白石下路口上坪乳公路G240，经石角塘等村，过京港澳高速公路大桥收费站，不远处就是大桥镇；另一条是过罗家坳到塘华村后，经均容村上乡道X325，经简家、石回寨、石墩子等村到镇。两条路线距离相近，前者比较直、坡少，后者坡陡、弯多，但经过的村庄较多。两条路形成一个椭圆，武丰村大致处于椭圆的东偏南45°。一个地区的快递发展与当地的交通密切相关。从交通区位来看，武丰村的交通比较方便，但快递发展仍处在未起步阶段。

一、快递未进村

谈到对"乡村快递"的认识，我脑子里想到的第一个词语就是：麻烦。是的，"麻烦"是我在村里网购后取快递时最切实的感受。我这一感受最深的一段时间是在2020年上半年。

2019年底，新型冠状病毒感染疫情暴发。2020年上半年，我们的课堂从校园课室转移到家里，一个学期居家上网课。这是我从上初中之后，居家时间最长的一年。就是在这大半年时间里，我对于取快递这件事的感受愈来愈深刻。网络购物原本是一件轻松方便的事情，但对于在村里的我来说，却是一件比下田干活还麻烦的事情。在此之前，如果要往家里寄东西或者要网购回家，我都会把收货地址填为妹妹就读的高中，收货人手机号也填她的手机号码。如此，妹妹在回家的时候就可以顺便把快递带回家里。受疫情影响，我和妹妹都要居家上网课，于是我俩逐渐变成了"网购一时爽，取快递时脑袋胀"的"怨念者"。

我对取快递的怨念，要从村里没有快递点（站）说起。结合自身和村民们的网购经验，大概可以知道，从商家发货到快递送到村民手里，少则十天时间，多则半个月。所有的快递抵达大桥镇之后，都需要村民自己去镇上取。网购后，快递约一个星期能够送到镇上的快递站——"乡村快运服务部岭南驿站"（以下简称"岭南驿站"）。工作人员会打电话或发信息询问收件人是否可以代签收。岭南驿站把快递签收后，就等村民去取。村民取快递的时候要交费，每件交三元。对于大部分没有交通工具的村民来说，唯一方便的时间是等到赶集之日，搭面包车去镇上赶集时顺便取快递。

由于村里没有快递点，我将调查的范围扩大到镇上。7月25日上午8点，我从家里出发，原计划是步行到白石下路口坐班车，但时值酷暑，在水泥公路上步行一会儿就已汗流浃背。因此，我只能打电话叫了一辆"摩的"，去白石下坐班车。班车是乳源—大桥专线，官方公布的运营时间是7：00—18：00，20分钟一个班次，但实际上大概30分钟一趟。我在路口树荫下等了40多分钟，终于等来从乳源到大桥的班车。出发前一晚，妈妈建议我26日再去，说是坐车方便。但是考虑到赶集日人多，恐怕无法跟相关人员做详细的交谈，所以我决定在非赶集之日去。

到镇上之后，我下了车就直奔岭南驿站。走近驿站时，我发现其大门紧闭，走到门口细看才发现墙上贴着写着"旺铺出租"的纸张。我当下心生疑虑：难道是生意不好，倒闭了？于是，我到驿站对面的商店询问店主。店主说，驿站的快递生意被邮政那些人抢掉啦，并给我指了新快递站的位置。

循着商店店主指的方向往下走不远，我就看到了新的快递站——"大桥镇寄递共配中心"（以下简称"共配中心"）。共配中心挂着绿色的招牌，招牌的左上角印着"中国邮政"的字样及标志。当时，门口有好几个人在排队取快递。取快递的几乎都是在镇上居住的人，中老年人居多，边排队边寒暄，都说着"早点来拿，没那么热"。共配中心只有一个工作人员在工作，

30岁左右的大姐，性格看着很是直爽。她不停地在大门和快递货架之间来回穿梭，边取快递边朝外边排队的人喊，让他们报，让他们姓名和收件人手机号码。大门边上有一个自助取件的设备，但是由于来取快递的人几乎都不会使用智能手机或者不会使用"菜鸟裹裹"，那个设备就成了摆设。我在共配中心门口等了好一会儿，等排队的人都取完快递了，才递上在商店买的矿泉水，跟大姐交谈起来。我向她表明来意，在知晓我的来意之后，大姐变得拘谨起来。她只告知了我一些大概内容，并且说想要了解其他详细的内容要先去总站找张经理请示，或者直接找张经理了解。我从大姐那里得知，共配中心今年4月份开始营业，营业时间是周一到周六8：00—18：00，周日休息。共配中心除了她之外还有一位工作人员。共配中心最忙的时候是赶集之日，镇上的村民们来赶集就会顺便拿快递，平时比较清闲。与大姐的交谈结束之后，我沿着街道走到中国邮政（以下简称"邮政"）。

邮政门口有两位工作人员，一位在做信件分箱，一位忙着将信件、报纸放到摩托车上，准备派送。把信件分箱的就是张经理，准备做派送工作的是邓叔。邓叔，43岁，在邮政工作一年多，属于编外人员，负责下乡派送工作，武丰村的派送工作就由他负责。此外，他还负责石角塘、塘华等片区的派送工作。除他之外，还有另一位编外的负责下乡派送的工作人员，叫阿雄，在我来之前就已下乡。下乡派送的主要是信件，至于快递，如果车能载得了就会顺便带进村委。下乡的时间是周一至周五，不同的工作日去不同的村，周末就在邮政卸货。说起来，我应该算是认识邓叔，去年我的录取通知书就是他给我派送的，不过未能直接派送到家。回想起来，这份录取通知书的签收也算较为曲折。当时我在乳源县里的家教机构做暑期兼职，工作日白天都要上班。我的录取通知书签收地址写了武丰村，由于录取通知书要求本人持身份证签名接收，而我不在村里，所以无法签收。邓叔几番致电，让我赶紧去签收，因为他们要将录取通知书的签收情况上报。最后，我向机构请假，从乳源坐车到大桥镇将录取通知书签收。

看见我的到来，邓叔过来问我是拿快递还是寄东西，我向他表明来意。这时，张经理暂时忙完手上的工作，我得以与他交谈。一开始他跟我讲普通话，我以为他不是大桥本地人，就提出疑问。邓叔抢答："他是大桥人！"张经理也笑着放松下来，继续与我交谈。

问及共配中心的建立，张经理解答道：一方面是国家政策的要求，要完善乡镇快递的发展机构，推进"快递下村"的工作；另一方面是相关部门收到很多村民投诉，说岭南驿站乱收费。为了规范化管理，相关部门将圆通、韵达、申通、中通等公司快递的揽收工作收归邮政管理。京东和顺丰有自己独立的物流地点和人员，暂时不收归邮政管理。村民的快递到达大桥镇后，由邮政负责揽收，村民到镇上取件。各个乡村的村民大多都会选择在赶集之日来取。因此，每月逢"一"和"六"的日子是共配中心忙碌的时候。

　　张经理说，邮政统管镇上的快递收寄工作根本上是为了更好地推动"快递下村"。"快递下村"是邮政大力推进的工作，计划在21个行政村设置快递点，方便村民收寄快递，不用为了一个快递特地跑到镇上。谈到快递点的建立，张经理介绍道，快递点建立有两个重要的因素，一个是场所，一个是人。一方面，快递点最好定在村里的商店，如此不用额外设置场地；另一方面，在快递点工作的人需要有一定的文化程度和互联网知识，起码要懂得运用智能手机或电脑管理线上物流状态。一旦设点，就需要有专门的人员驻守快递点，一方面接收分拣的快递，一方面保证村民取件的方便。值得注意的是，快递点并不直接隶属于邮政，工作人员也不算"邮政的人"。若村内商店被设置为快递点，商店会得到佣金。我问张经理，佣金是否由邮政直接拨付。他说："佣金肯定会有，但由谁支付暂时还不清楚。"

　　"主要问题是没人啊，没年轻人。"张经理感叹。以武丰村为例，邓叔之前在下乡的时候做过考察，计划在百生商店[①]设点，最终计划搁置。店主生叔和老婆一起经营猪肉铺和一间小商店。百生商店快递点设置不起来，有两个原因。一方面，生叔和老婆每天忙于猪肉生意，很辛苦。早上肉铺要杀猪，天还没亮就开始操忙起来。生叔上午要骑车去附近各村卖猪肉，下午则要去附近村落的村民家购买生猪；生叔老婆则留在家照看店铺生意。另一方面，生叔和老婆两人都是小学文化，对于智能手机和互联网不熟悉，也学不来。除了百生商店外，武丰村还有四家常开的小商店，杉树下一家、水口两家、司岗一家，都是年龄接近70岁的叔公和阿婆在看店，店里大多都是卖一些日常生活用品和农业生产的小器具等。邓叔笑说："全是老人在家，搞不

---

① 百生商店位于武丰村委会与武丰（谭兆）小学中间，距离两地均50米左右。

定，不晓得怎么搞。"因此，要在这些商店设置快递点，颇有难度。

此外，物流量也是一个问题。我问张经理，大桥镇目前的快递物流量如何？张经理介绍到，平均下来，一周的物流量在一千件左右。除了周日外，每日都有一趟运送快递的车从乳源上大桥，车到了就卸货。除了邮政快递之外，其他快递皆入库共配中心。至于每日的物流量，有多有少。物流量的统计工作由县里负责，镇上没有做过统计，来了就分拣入库。武丰村快递点的设置跟物流量也有很大关系。目前，武丰村里大部分都是中老年人，很少网购，因此，快递的量很小。张经理谈到，村里快递要想真正发展起来，还是得靠有文化、有冲劲儿、懂互联网知识的年轻人才行。乡村快递的发展不仅仅是为了方便农村村民网购，更重要的是为村民提供挣钱的机会，促进农村经济的发展。谈话间，张经理聊到一位从潮汕来的黄先生，这位先生去年通过快递邮寄卖货物，年收入几十万。之后与这位黄先生的交谈确实证实了这一点。

与张经理的谈话，以我笑着问出"武丰村的快递站何时能真正设立起来"结束。张经理给我的回答是：还要再等一等。2020年4月，国家邮政局发布了《快递进村三年行动方案（2020—2022年）》（以下简称《行动方案》）。《行动方案》明确指出，到2022年底，符合条件的建制村要基本实现"村村通快递"①。目前，距离计划截止时间还剩三个月。武丰村能否在计划时间内通快递，值得期待。

二、快递发展确能带来经济机遇

在与张经理交谈时，黄先生开着三轮车载着要寄的"山货"来到邮政快递站。他跟张经理打了声招呼，就开始忙活起来。黄先生就像快递站的工作人员，自己下单自己包装，张经理则忙自己的事情。趁着黄先生寄快递，我与他进行了短暂的交谈。

黄先生是潮汕人，2017年来到大桥镇。他原先在石角塘村附近租田种水

---

① 《国家邮政局发布〈快递进村三年行动方案〉》，见中华人民共和国国家邮政局网站（https://www.spb.gov.cn/gjyzj/c100015/c100016/202004/302422550b3d4642a37de6a3c930ea03.shtml）。

稻——五彩米。田租一亩每年100块，整片租，用农机耕作。种稻收获的五彩米销售给香港的客户。近两年受疫情的影响，香港的客户进不来，自己也出不去，就没有再耕田种稻了。现在，黄先生是个"淘宝人"。他说，现在没有"正经"的生意，根据客户的需要进货，客户要什么他就找什么，都是一些"山货"和农产品，比如五指毛桃、土茯苓、灵芝、好看的石头盆栽，以及当地村民榨的花生油、菜籽油、茶油、番薯干等。问及客源，黄先生说都是靠朋友介绍，老客户介绍新客户。现在的客户全国各地都有，很多客户都没见过面。客户要什么的都有，"买点这买点那"。只要不违法，自己就去给他们找。自己平时也会到处去淘一淘，淘到好东西就发朋友圈，有需要的客户就会主动来联系。我问黄先生，所卖物品如何定价？黄先生说，大桥镇这边山多、环境好，当初来这边种五彩米水稻也是因为看中这边的环境。他平时卖给客户的五指毛桃、土茯苓等山货都是村民在山里挖的，都是野生的。农产品是村民自己种植加工的，质量比一般市场上卖的都要好，所以客户们都比较喜欢。至于价格，他都是跟客户"商量着来"。

问及快递邮寄，黄先生现在基本每天都会寄件，有时是寄几件，有时寄十几件，东西有大有小；邮费自己出，但是"羊毛出在羊身上"。我笑着向黄先生求证："听张经理说，您通过快递卖出去很多宝贝，挣了不少钱。"他低调地笑着，摇头说："也没多少啦，多多少少能挣一点。"黄先生说，近几年乡镇快递发展起来，确实带来了不少便利。如果不是有快递服务，山里有东西也寄送不出去，"全靠快递啊"。交谈间，黄先生利落地把要邮寄的东西打包好，堆在角落，跟张经理打了声招呼，便骑着三轮车离开了。

在黄先生离开后，我来到邮政对面的玮玮商店（驿站）。玮玮驿站是顺丰和京东快递在镇上的收发点。我过去的时候，许叔在给林叔打包东西，许叔六岁的孙女在一旁写作业。看见我，许叔问："是拿顺丰还是京东？"我跟许叔道明来意后，他叫我自己拿凳子坐。许叔是石墩子村人，今年70岁，是大队退休干部。店是他的女儿开的，平时卖一些文具及日用品，平时店里生意一般。他们做这个快递点已经做了好几年了。女儿现在是村委干部，平时她去上班，许叔则来帮忙看店和收发快递。我问许叔，平时做这个快递收发工作辛不辛苦？许叔说卸货的时候会比较辛苦一点，其他工作都比较轻松。"卸货后拿本子登记好，打电话通知收件人来取快递……这些活儿比较

简单，能应付，不会做的我就交给女儿。"每天都会有快递来，辉哥开车来送，所以店里必须要时刻有人才行。女儿要上班，自己闲着，就来帮帮忙。做这个快递站每个月会有佣金，但具体多少只有女儿才知道。

林叔是石角塘坳子村人，今年80岁，文化水平是小学毕业，会玩微信。他年轻时是村里小学教师，教书教了12年，后来进入村委当大队干部，也干了12年。林叔这次来是给一位深圳的朋友寄买来的酸菜。林叔与我讲起他跟这位朋友的"缘分"：当时林叔在五指山①卖菜，这位朋友从深圳来旅游，回去的时候路过菜摊买菜。菜比较多，这位朋友拿不了，他就骑着摩托车帮忙把菜运到乳源，自此跟这位朋友结下"缘分"。平时，这位深圳朋友会请林叔帮忙买一些菜、鸡、鸡蛋、番薯之类的东西。林叔说，到现在为止，已经帮这位朋友买了一百多只鸡了。鸡买来之后就杀了，处理干净之后通过顺丰快递邮寄过去。为了方便冷藏物品，这位朋友还给林叔家里买了一个冰柜。"就是帮忙买东西，从村民那里买多少钱就告诉她多少钱。她会把钱转过来，邮费也是她自己出。"这位朋友会额外给"劳身费"，过年还会给林叔和他老婆买衣服并发红包。林叔说，今年过年这位朋友给他发了600块钱的红包，还分别给他和老婆买了六身衣服，"女儿都没这么好"。问及快递邮寄，林叔说一般会选择顺丰。"顺丰比较快，而且可以冰东西"，但是村里不能寄顺丰，只能到大桥来。林叔有一位女儿嫁到湖北，今年生了小孩，在坐月子。他通过顺丰快递寄了200个土鸡蛋过去。"现在有快递，寄东西方便，还能通过它赚点钱，这是以前做不了的。"

正当我准备离开的时候，辉哥开着快递车停在了玮玮驿站门口。许叔起身跟辉哥打招呼。辉哥是大桥镇清溪洞村人，今年41岁，现居住在五指山，入行工作已经八年。辉哥负责乳源—大桥专线，每天开车跑两趟，上午和下午各一趟。辉哥说，除了"三通一世一达"和邮政，其他快递如顺丰、京东等都是由他运送。他与黄先生熟识，黄先生有时邮寄生鲜就会联系他。除了大桥，还有五指山，他一天大概有200多个件需要运送。"辛苦啊，除了睡那一觉，没得闲。"辉哥边抹汗边感叹。他在五指山开了一家特产店，与黄先生相似，他也会到处收购当地村民挖采的土茯苓、当归、木耳、夏枯草、

---

① 南岭国家森林公园在此。

金银花、山药以及各类生鲜等，卖到珠三角甚至是省外。因为自身是做快递的，所以这些业务辉哥操作起来更方便。此外，今年暑假，辉哥与珠三角的老师合作，依托南岭国家森林公园的环境优势及当地的动植物研究中心，举办了学生夏令营活动。珠三角的小学生来南岭国家森林公园参加夏令营，一个营期是一周，每个学生每期收费七千元。辉哥负责学生的接送工作，这个暑假已经完成了两期。辉哥说，钱是多少有得赚，但赚的都是"辛苦钱"，要能"挨苦"才行。在乡镇快递行业工作多年，辉哥对于农村的发展颇有自己的认识。他说，如今交通发达，乡村快递逐渐发展起来，加上电商的发展，农村挣钱的机会多起来了。今年五指山那边就搞起了直播卖货，效果还不错，但是"这些要年轻人来才行"。农村真正的发展还是要靠年轻人！

由于辉哥还要驱车返回五指山，我与他的谈话只好匆匆结束。离开时，他还邀请我去五指山那边看看。辉哥离开后，我与许叔告别，此次镇上快递的调研之旅结束。

三、乡村快递：方便购物，再无他用

在村里的调研，我主要访问了司岗村里三位常年居家的叔叔及一位在家待业一个多月的大哥，分别是庆祥叔、石峰叔、顺祥叔和华哥。

庆祥叔今年42岁，石峰叔今年44岁，两人都是初中未毕业，早些年外出务工，近些年来成了"男主内女主外"的典型。庆祥叔有两个孩子，女儿读初三，儿子读二年级；石峰叔有两个儿子，大儿子已经出来打工了，小儿子刚上幼儿园，小儿子是他与第二任妻子所生。"孩子要有人带着才行。"为了孩子，两位婶婶都在韶关的工厂里打工，偶尔回家看看；两位叔叔在家耕田，兼做其他营生。庆祥叔主要养猪、鸡和鸭以及挖了一个小鱼塘养了些鱼，石峰叔除了养猪之外还种菜卖。

7月26日晚上8点多，我去找庆祥叔了解村里快递的事情，到他家时，他家里正在吃晚饭。于是，庆祥叔边吃晚饭边与我聊天。庆祥叔说，以前在淘宝上买东西，现在在拼多多上买。他什么都买，需要什么就买什么，家里用的电饭煲、脱水机等都是从网上买的。因为养猪，所以庆祥叔买的东西大多都跟猪相关，会买一些猪用药品和注射器，猪"不舒服了"就"用药打

针";此外,庆祥叔还买了一捆蚊香,晚上在猪栏里点,给猪驱蚊;去年他还从网上买了一架"母猪产床"。这个产床"挺好用","用了产床,母猪不会压坏猪仔"。有时,他还会买一些耕田用的除草剂、农药等。庆祥叔说,网购好,买东西方便,而且相同的物品,网上买更加便宜,所以现在很多东西都是从网上买。但是拿快递不太方便,要去镇上拿。因此,他每次都是把想买的东西先记下来,数量差不多了就一起下单,等快递都到齐了再骑摩托车去拿,或者让石峰叔帮忙拿。我问庆祥叔有没有邮寄东西卖给别人?他说没有,要卖也不知道卖给谁。他平时能卖的东西是鸡、鸭、鸡蛋、鸭蛋等,都是卖给认识的人,养的猪能出栏了就打电话给熟识的老板,然后"把猪调走"。"在农村赚钱难,只能维持基本生活。"庆祥叔说,快递的事情要去问石峰叔才对。"他是网购达人,什么都在网上买。"

　　7月27日晚上9点多,我和堂弟一起去石峰叔家,同样是碰上石峰叔家在吃晚饭。这天石峰叔"调了几头猪",晚上吃"猪朝",庆祥叔和其他两位伯伯也在。石峰叔拿碗筷叫我和堂弟一起吃饭,但我们婉拒了石峰叔的盛情,先返回家中。10点多,石峰叔家里吃完饭,我们重新登门。正如庆祥叔所说,石峰叔确实是个"网购达人"。石峰叔现在用的三轮车就是从网上买的,买了有几年了。当时要到韶关提货,买的时候他还不会开车,是请他的侄子开回来的。冰箱也是网上买的,冰箱的配送算是直接上门。辉哥送到武丰村桥头,石峰叔叫人帮忙一起抬回来。家里用的碗、碟、筷等其他家居用品基本都是网购。去年一年,石峰叔买零零碎碎的东西就花了一万多块。除了生活用品,石峰叔去年还在网上买了500株麒麟西瓜苗,花了几百元,种植收获的西瓜卖了几千元。我问石峰叔为什么不自己育苗,他说,这是嫁接苗,自己没办法育苗。石峰叔说,今年上半年网购已经花了七八千,买种菜需要用的防治蜗牛的药就买了几百块;因为天旱,还网购了一台抽水机,抽溪水灌溉蔬菜田和稻田。

　　与到实体店购物相比,石峰叔更倾向于网购。一方面是因为网购方便且比较优惠,另一方面是因为网购不用顾及人情。在实体店购物,大家都是"五面三见"的,买贵买错时,也不好开口说,吃亏了只能自己心里受着;网购不同,网购只有钱货交易,"比较简单"。到手的东西不好就直接找商家,不满意的可以直接说,实在不行就退货。石峰叔说,去年买的西瓜苗,种不活的就统计下来，跟店家沟通。店家就直接补发了新苗。和庆祥叔一样，石峰叔有东西可卖，但是只能卖给附近的村民。去年的西瓜是石峰叔自己开三轮车去各个村卖的，养的猪和鸡也是卖给熟识的人。"没有往外卖过"，他也不知道怎么往外卖。石峰叔今年种的茄子和辣椒是有人来收购的。自己开车运到均容村委，有老板直接收购。茄子收购价一块到两块之间，辣椒价格高一些。"辣椒有价，但没货。"因为今年天气不好，"浸的时候浸死，旱的时候旱死"，石峰叔叹道，"没办法，靠天吃饭。"

武丰村里有许多像庆祥叔和石峰叔这样的村民，留守农村务农，种植瓜果蔬菜、蓄养家畜家禽以增加经济收入。随着村里交通道路设施的完善以及村民们对网购的日渐熟悉，网购成为村民购物的主要方式之一。乡镇快递服务的发展无疑是促进村民们网购的主要推动力。到目前为止，对于武丰村的村民而言，快递所发挥的作用也仅仅停留在方便网购之上。

对于乡村快递能否为武丰村的发展带来其他积极作用这一问题，顺祥叔和华哥都持消极态度。顺祥叔曾任司岗村村主任，现在是村委工作人员，他还"身兼多职"——白天在村委上班，晚上去大桥加油站值夜班。此外，他有一辆面包车，周五和周日接送在大桥镇上学的武丰村里的中小学生。华哥是"85后"，算是自由职业者，购有一辆小轿车，目前待业在家。我问顺祥叔，村委是否会与镇上的邮政快递公司沟通联系，推动武丰村快递点的设置？顺祥叔说目前还没有，但是大概每个星期有一个邮政的工作人员将"个把"邮政快递送至村委办公室，等村民自己来取。他进一步分析道，在村里设快递点的难度大，因为村里大都是中老年人，很多不会网购，进到武丰村的快递量太少。设点需要有人守着，什么都干不了。如果是按月算佣金，没人愿意干；如果按件收费，乡里乡亲的，收得少自己亏，收得贵一点村民们又"有话头"。总之，这工作不好干，"划不来"。

目前，国家在大力推动乡村振兴，青年返乡创业有很多政策扶持。华哥是村里年轻的一代，我问他是否有考虑过乡村振兴系列政策给农村年轻人提供的机会，如何看待"乡村快递"发展所带来的机会？华哥表示，自己还是更倾向于外出工作，在农村很难挣钱。虽然乡村快递将来会逐渐完善，会增加农村的发展机会，但是就目前武丰村的情况来看，这些机会很难把握。

首先，武丰村自然条件不好：一方面，山多地少，可耕田地分散，很

难集中起来进行耕作；另一方面，缺水，天旱时的灌溉条件无法得到保障。如此一来，耕种就是"跟老天爷打赌"。其次，村里年轻人太少了，稍有点文化的都往外跑。村里大多都是中老年人，靠一己之力很难发展起来。而且现在村里"人心不齐"，大家习惯自顾自，很难集合起来"做大事"，不像"生产队时期"，人力集中，目标一致。再者，就算能够生产出农产品，市场也难求。即使又能够找到市场，价格也会受诸多因素的影响，说不定到最后"本也回不来"。我将华哥的这些顾虑转述给顺祥叔，他说这些顾虑是实在的。2010—2012年，武丰村委曾引进蔬菜（主要是茄子、辣椒及白菜）种植。蔬菜公司提供种子和化肥，村委统一购进，村民登记购买。种植的蔬菜由公司统一收购，收购的价格有最低保价。当时各村都有村民参加种植，但是村民们"缺乏契约精神"，"看哪处收得比较贵就卖给哪处"。蔬菜公司收不到"好货"，合作了两年就撤走了。在此之后，武丰村委再也没有引进类似的项目了。现在村民种植蔬菜都是自己种自己卖。顺祥叔和华哥都苦笑说："现在政策是好的，能不能成功施行就难说了。"

2022年6月，广东省发布《广东省乡村振兴促进条例》（以下简称《条例》）。《条例》提出："加强乡村快递服务站点建设，鼓励实行乡村快递服务政策性补助。支持在农产品生产基地、渔港建设具有仓储保鲜、物流配送、新品种推广、直播营销等功能的农产品综合服务站点。"[①]诚然，发展乡村快递对于乡村振兴有综合性的意义。但是，"快递下村"的作用不应仅仅停留在方便网购上。而且到目前为止，快递仍未下到武丰村。对于"地不利、人不足"的武丰村而言，能否借助乡村快递的发展踏上振兴之路，仍是个未解之谜。

---

① 《〈广东省乡村振兴促进条例〉为乡村邮政快递业发展提供法治保障》，见广东省邮政管理局网站（http://gd.spb.gov.cn/gdsyzglj/c100057/c100060/202206/a148f70a61814d39ba22398b07e067e8.shtml）。

盘卧在地方社会上的发达物流网络
——东莞市长安镇厦岗村与物流行业

◇ 麦蕴妍（哲学系2021级博士生）

我的家乡厦岗村隶属广东省东莞市长安镇，位于广东省东莞市长安镇和虎门镇的交界处，西临广州市南沙区，东临深圳市光明新区。村落边界近长条状，被三条重要陆路交通要道横穿——呈现为"丰"字：①北面横穿广深高速直达深圳市，此高速北起广州市天河区黄村立交，南至深圳市福田区皇岗口岸。②中部横穿S358省道，连揭阳淡水至广州亭角大桥。③南部则横穿广深沿江高速，北起广州黄埔立交、南至深圳东滨隧道。从改革开放后初步建设至1996年正式通营的广深高速，到2013年全面通车的新交通要道广深沿江高速，可以看出东莞市乃至长安镇厦岗村一直都是连接广深两地的重要交通节点、几何中心。除陆路交通系统发达以外，厦岗村的南部还拥有水运港口码头虎门港、长安港区。因此，对厦岗村"乡村快递"主题的关注离不开对当地物流运输业的关注。

依据国家邮政局发布的2022年7月邮政行业运行情况，东莞市快递业务量为157861.7万件，全国排名第6（见表1）。东莞市7月快递业务收入为1607692.4万元，位列全国第7（见表2）。

表1　2022年7月全国邮政行业运行情况快递业务量排名①

排名	城市	快递业务量累计（万件）
1	金华（义乌）市	647468.9
2	广州市	597529.0
3	深圳市	318499.0
4	揭阳市	220042.1
5	杭州市	185677.8
6	东莞市	157861.7

表2　2022年7月全国邮政行业运行情况快递业务收入排名②

排名	城市	快递业务收入累计（万元）
1	上海市	10291977.4
2	广州市	4782431.9
3	深圳市	3294926.8
4	金华（义乌）市	1927182.7
5	杭州市	1810855.4
6	北京市	1670672.6
7	东莞市	1607692.4

在开始分享厦岗村的乡村快递与物流行业之前，我首先需要进行简单的辨析：我们常谈的快递与物流有什么区别？物流行业经常会通过零担和整车进行区分。零担是零担运输（Less-than-Truck-Load）的简称，主要指的是

---

① 《国家邮政局公布2022年7月邮政行业运行情况》，见中华人民共和国国家邮政局网（https://www.spb.gov.cn/gjyzj/c100015/c100016/202208/a9b634c25e0d40b7a54ebe9f42c4d4f5.shtml）。
② 《国家邮政局公布2022年7月邮政行业运行情况》，见中华人民共和国国家邮政局网（https://www.spb.gov.cn/gjyzj/c100015/c100016/202208/a9b634c25e0d40b7a54ebe9f42c4d4f5.shtml）。

运输的货物不足一车，需要将不同货主来源的货物整合再打包运输；与之相对的整车概念则是单一货需求的大件货物运输。业内通常以运输规模为标准进行物流市场划分：包裹、小票零担、大票零担和整车，这些共同组成物流市场需求。①以"包裹"市场为例，虽然某公司主战场在包裹行业，但是这并不代表他们没有发展小票乃至大票市场的"野心"。各家物流都在想办法在经营好主战场的同时，能跨界到其他分类共享市场。

访谈伊始，我很外行地向访谈对象提问如何"打通最后一公里"——这个问题对我来说好像是一个不用思考、必须提问的问题，却引得访谈对象发笑。他们表示："这里哪里还有最后一公里，最后一厘米都没有了吧！"这外行的提问却引出本次调研最值得深入剖析的问题——以东莞市乡村为深入调研对象的快递主题调研应当关注些什么？

一、过去：泥泞路上的物流行业

东莞市的快递行业启于20世纪80年代，那时候"三来一补"②加工贸易企业在本地投资建厂，产生了大量的商业物流运输需求，物流企业应运而生。

采访对象Z姐目前管理一家民营快递企业的网点，主要货主为工厂及小作坊，运输货物为30公斤以上的工厂商业件。Z姐回忆，20世纪90年代她和丈夫从四川来到东莞市打拼。当时物流行业并没有现在兴盛，他们公司在整个长安镇只有一个网点，这就足以满足客户的运输需求。从镇中心到村的道路都是泥路。他们网点十几个派送员往返于镇网点及客户工厂之间——虽然辛苦但是赚得也多。被问到入行初衷的时候，Z姐坦言，当时自己夫妻二人既没有知识，也没有资本，只有一身劳力，而快递行业恰好是"一分辛苦一分财"的行业。

某公司网点的站长J哥较Z姐稍晚一点入行，他在2009年左右进入快递行

---

① 微快运：《零担快运中局，非终局》，见微快运微信公众号（https://mp.weixin.qq.com/s/E-aG66Z_tFtQNrK0U-s8hQ）。

② "三来一补"是"来料加工""来件装配""来样加工"和"补偿贸易"的简称。

业，从最基础的派送员干起。据他回忆，当时他了解到快递行业收入比较高，一个月收入能达到七八千元。

L哥是一家物流公司的地区经理，他也是在2010年左右退伍入行。由于当时在部队里负责通讯方面的工作，因此他能够敏锐地察觉到尚处于萌芽状态的物流行业巨大的发展前景。在与L哥交谈学习的过程中，我能够感受到他对于东莞市地区物流行业发展的深刻思考。与以上两位不同的是，他所在的物流企业主要面向时效性更强的货主。那时候客户在东莞市长安镇加工生产电子产品，主要需要他们把电子产品运输至上海。电子产品的附加值较高、利润空间大，产品越早到用户手中价格越高。L哥说，"（电子产品）利润空间大，因为（客户）不考虑成本。我们将客户走好，他们需求比较高端，当时产品附加值比较高就比较好做。同样的电子产品，当天晚上送达和第二天送达价格可能差一两倍……所以当时他们根本不考虑运输费用，只要能够及早送过去就行了。甚至逢年过节，客户还需要和我们（物流公司）联络感情"，以争取优先装运派送。而当时能够有空运条件的物流并没有几家，"生意好做得很！"

被访者对于十几年前的好光景充满了怀念。那时候物流行业虽然需求没有那么旺盛，但是竞争同样没有那么激烈，现在生意算是越来越难做了。在被问到"如何打通最后一公里"的时候，物流从业者甚至表现出抵触态度。他们所抵触的是在物流行业的飞速发展之下，营生艰难现状带给他们的困扰。

二、现在：盘卧在地方社会的发达物流网络

物流经理李哥在访谈过程中提及"珠三角是重要产粮区"。我当即感到疑惑，珠三角的农业作物产出量在全国并不占优势，如何成为"产粮区"？后来他进一步解释，珠三角的物流量巨大，因而在业内被称为全国物流行业的"产粮区"。根据相关资料，在2022年1—7月全国快递业务量城市排行中，珠三角城市占据第2、3、6三位，确实堪称全国重要的物流行业"产粮区"。

近20年，随着东莞市经济快速发展、人口及企业数量不断增多，物流

运输网络遍布东莞市每个村落街道。站长J哥回忆，在他2009年入行时，全东莞市只有十几个站点。现今东莞市30余镇站点已增至140多个，业务员有9000多人，其中仅长安、虎门两镇，因为常住人口多、企业及工厂数多，就有24个站点。目前J哥管理的站点业务范围仅包含三个自然村，缩小的业务地理范围所体现的正是日常物流量的扩大及物流网络的完备。以站点的日均派件量作为佐证，以前一个站点一天派件量在400件以上就已经很多了；而现在，一个站点日均派件量达8000~9000件，"双11"旺季时甚至在两万件以上，这是J哥想也没有想过的。

（一）物流行业加盟模式的兴起，带动物流网络飞速完善

与某公司的直营模式不同，另外两家物流企业网点管理人都没有办法细数其公司在长安镇网点的具体数目。Z姐表示，他们公司原为直营模式，后来随着公司的发展，由直营模式转换为加盟模式。从前物流业还未如此兴旺的时候，Z姐公司同样是直营模式，即从头到尾，包括员工的面试培训都由总部统领；与之相对的是加盟模式，加盟模式运营特征为"总部只负责全国转运中心体系与干线运输体系，末端收派则交给加盟商负责"①。

物流经理L哥用了一个非常有趣的比喻将加盟模式生动地讲述出来——加盟模式相当于充话费。加盟站点向总部"充话费"，网点收上来的寄件运往不同地方需要不同的运费，从之前预先充值的"话费"中扣除。而对于网点运营来说，扣除掉成本后的利润即是留给自己的收入。总部能够以这种模式整体上有效节约公司管理无数网点的支出，降低运营成本。

在物流企业的加盟模式下，物流公司的地区经理L哥说："做个几年快递员，观察一下自己负责片区的物流量，好做的话就自己承包下来，这样就从打工仔变成小老板了。做物流做的就是人的生意。"L哥说，他认识很多快递网点的小老板都是当快递员出身，自己发现有市场、可以做，然后就自己承包了这个片区的快递网点。加盟模式的优势是十分明显的。总公司不用承

---

① 观察君：《快递行业要变天了？》，见ipo观察微信公众号（https://mp.weixin.qq.com/s/GBosGUfA_RxBR3DIPwlt7Q）。

担扩大网点的成本，只需要发布招商广告就能够获得更大的货件量，有效扩大自身的物流网络。

对于物流公司来说，物流网络是公司经营的核心。物流公司的物流网络越是完备发达，就越能够以低成本尽快将客户的货件发出并送达。若物流网络不发达，则无法完成客户需求，导致客户流失，客户流失自然又会继续瓦解物流公司的客户网络。两者呈现出紧密的正相关关系。L哥表示："网络全就有优势，因为物流公司面向的客户不只发一单快递，而是需要发很多单。如果你能够满足他所有发快递的需求，他就不寻找别人的公司，而且把所有的生意都交给你，这就是你的优势，特别是商业件的优势就是网络全。""物流成本的话，你的货量够，跑车到上海，需要考虑车价成本。回来有货满车和回来以后空车，是不同的成本。"

（二）陆路交通网络的不断发展完善

在近20年间，东莞市长安镇的陆路交通系统不断完善。可能非业内人士无法理解，为什么发达的陆路运输系统能够在物流长途运输领域取代空运方式。物流行业在2000年左右兴起，拥有空运方式的物流公司即具有极强的议价权。以运输电子产品为主要需求的货主在东莞市生产出商品后亟待发往上海等地，因为产品附加值高，他们甚至不考虑运输支出议价。随着陆路交通网络不断发展完善，物流公司可以当天傍晚将物品装车打包，晚上连夜走高速运输。从东莞市长安镇运送至上海，路途约1500公里，仅需17至18小时；空运从装箱打包运送至广州机场，期间的装箱候机卸载时间长达6个小时左右；且珠三角地区台风天气频繁，还需考虑天气因素对空运的影响。汽运不受天气影响，灵活性更强，今晚发车，明早就可以到达。在此条件下，全国物流网络逐渐完善。

除此之外，陆路交通系统的发展还降低了物流行业的准入门槛，只要能够接到订单，联系上运输车，任何人随时都可以创建物流公司，因此物流企业数量不断增长。由此，物流行业自然分流出两个物流需求市场，一个是在时间上具有需求紧迫性的市场，另一个是更为庞大的对价格更敏感而在时间上更宽裕的市场。

（三）电子商务及模具产业的发展

受访的物流从业者都有提及他们服务范围内的重要客源——从事电子商务的小型企业，他们提供了重要的发件订单来源。这些企业可能规模不大，甚至一个公司仅有几人，但是他们的货件却能发往全国。物流行业是伴随着电商企业发展起来的。东莞市长安镇的电子商务产业重点发展饰品、3C电子、机械模具等领域，形成"长安产业带"，早在2015年就建成了东莞市首家B2C饰品跨境电商产业园，在2018年前三季度，长安镇电商网上交易额达400多亿元，国内国际邮包合计15000多万件。

以小型机械模具加工行业为例，在厦岗村，一间120平方米的房子每月租金为3000～4000元，若是经营模具加工生产，则水电费为每月2000元左右，即可独立经营。很多外来的打工人在积累足够的启动资金和行业经验后，会选择独立创业经营，自己租工作间、购买一台机床（资金不足情况下考虑购买二手机床），"自己又做工仔①又做老细②"。在东莞市，这样的创业方式很容易形成产业规模经营——模具加工一条街，生产出来的模具也会销往全国各地。很多小型的物流公司业务员会主动到新模具生产作坊谈业务，以承接作坊物流订单。

三、铁打的网点，流水的派送员

站长L哥谈到，现在的工作和以前最大的差别就是以前只用派件，对接好客户就行，但是现在管理站里的70余人更难，管理人比管理货件难多了。其中管理人最大的问题是派件人员的流失。在人社部发布的2022年第二季度全国招聘大于求职的"最缺工"100个职业排行中，快递员排名第二位。从十几年前物流行业刚兴起至今，派送员上下班时间都没有改变过——早上六七点钟开始迎接分类货物，然后派送到各家各户；晚上经常做到10点，如果客户有特殊需求，加班到晚上十一二点也是常有的。并且，干物流的双休

---

① 工仔：俗语，意为打工者。
② 老细：俗语，意为老板。

日也需要上班。正如物流公司的Z姐所言，干快递就是一个拼体力的工作。

（一）同站不同酬——派送员们悬殊的提成收入

快递员的薪水都是由底薪加派送件提成这两部分组成。底薪各不相同，而在派费上不同公司也不一样，如A公司的派费是1.6元/件，十几年都没有改变过，其他物流公司情况则大不相同。2020年3月，A公司在物流行业内异军突起。当业内普遍物流件的单价被压到越来越低的时候，许多物流公司不得不从各方面节省开支，如把派送员手中的派费砍到低得不能再低。许多快递员在2020年至2021年间因扛不住缩水的收入而被迫离开物流行业。在2021年7月，国家七部门联合发布《关于做好快递员群体合法权益保障工作的意见》，要求各企业保障快递员能获得合理工资收入。8月，各家快递公司不约而同地宣布，从9月起，全网末端派费每票上调0.1元，以维护物流行业健康可持续发展。

除此之外，物流业内使派送员离开的另一大原因就是罚款规定。一旦被客户投诉货件破损、遗失和派送不及时，派送员都会被罚款，甚至一天的活等于白干。在同一物流网点内工作的派件员收入差距非常大。正如前面珍姐所言，派件员现在每月收入很难达到万元以上，一般月收入为5000~7000元。

快递派件员除了全年无休的工作时间，还可能面临巨额的罚款，这些都使得他们在行业内越干越"没意思"。换句话说，即是寻找不到职业发展前景。在快递行业内做几年以后，他们都会或多或少陷入职业的迷茫期，有人转身离开，有人则力争上游成为网点的管理层，抑或是自己独立出来创立一个新网点。因为快递职业的入行门槛不高，很容易吸引年轻人，但是如何留住年轻人是另外一个问题。站长J哥表示，2022年上半年内他们站在岗员工70余人，流失员工7人。当然，站点"人来人往，有人离开也有人进来"。但是对比其他物流公司，该公司更注重提高服务质量水准，这就决定了其对新员工的培训投入非常大。一名员工从入职到培训完成能独立上岗需要6000元左右的开支，流失一名员工不仅影响站点日常运营，更会增加用人成本。

（二）流失的快递员去向何处？

在访谈中了解到，目前厦岗村快递员大致有三个去向：第一个去向是从事直播带货行业。随着电子商务产业不断发展，直播卖货产业不断扩大。物流快递行业和电子商务行业接触密切，快递员平时能够直接观察到直播带货的运营细节。直播带货是很多派送员的理想出路，Z姐就表示她站点有个派送员口才比较好，转行直播卖女士内衣，早已月入过万，甚至还带走了几个兄弟一起干。

就第二个去向来说，30岁左右的派送员则有可能自己承包一个小型便利店作为快递点收寄中转站，同时还承接最近新兴的社区团购服务。在三十几岁的时候，快递员身体也达到瓶颈期，没有办法如二十几岁的时候一样夜以继日地投入体力。

至于第三个去向，快递行业的辛苦让他们选择干临时工，一天赚200~300元，然后歇息享受生活，等没钱的时候再打临时工。

几个物流管理者都向我分享了当代年轻人这种新型的生活方式：在乡村中选择低开支的生活，一天下来生活费可能30块左右，300块够他们生活一周了。

面对这样的情况，各物流公司采取了不同的措施，核心都是推动绩效考核，以薪酬留住派送员。L哥说："对考核前三名予以奖励，对后三名予以帮扶，列为重点观察对象，给他们'开小灶'，帮助他们提升能力。设置薪酬每年递增制度，保持在行业具有竞争力的薪酬福利，对表现突出的优秀员工进行年度嘉奖。"还有以工龄为重要的指标，提高有经验的派送员薪水。

四、最后浅谈

开始本次关于"乡村快递"的调研前，我一直十分忐忑，因为家乡东莞市长安镇在我有记忆以来，物流都十分顺畅，给我带来一种错觉——物流快递没有什么好写、没有什么可值得关心的。但是通过对物流行业从业者的访谈，我很感谢他们给我这个机会深入地了解这一行业。在最后一次和快递派送员的对话中，他问我"你是不是学物流的，你对我们这行也太了解了吧",我自己内心突然充满了窃喜。简而言之,东莞市物流行业的发展伴随着改革开放"三来一补"在本地投资建厂产生的物流需求、电子商务产业在本地的发展,还有当地陆路交通系统的不断完善和物流行业加盟模式的兴起,这些综合因素推动本地构建起不断完善的物流网络。

最后的最后,我在本文中一直使用的是"物流派送员"一词,而不是"快递小哥",是希望女性在物流行业内不至于被隐形。我在实际的调研中也发现,也有女性从业者如Z姐,打拼到管理层,负责网点的运营。但是派送工作归结到底仍然是拼体力的活,虽然不能说派送员没有女性,但是J哥说整个东莞市派送员9000多人,其中可能只有十几位女性派送员。Z姐表示,不是没有女性过来面试过,但是她是不可能收的:"毕竟干快递真的是非常辛苦!"

在乡情中接续传递：古亭村快递业调查

◇ 刘素辰（国际关系学院2020级本科生）

前　　言

回到阔别已久的家乡时正值暑假。这一年影响全国的高温同样席卷了这个隐藏于东南部丘陵的小村子。灰头土脸的黄狗，零零散散堆着货品的小杂货铺，坐在自家餐馆前摇着扇子的老板娘，一切仿佛都在铺天盖地的热浪中昏昏欲睡——与我离开之时相比并无两样。风物皆是寻常。这个小村子看似没什么特别之处，但也许不为人知的是，它有着一段隐秘而辉煌的历史。

我出生的地方名为古亭村，是江西省赣州市崇义县丰州乡下辖的行政村。丰州乡坐落于崇义县西部边陲，是湘赣交界处的重要集市，也是崇义县通往湖南的门户，境内钨、萤石、铀、银、硅石等资源储量丰富。20世纪60年代，古亭村附近发现了大量的铀矿。为响应国家发展核工业的号召，1969年6月，二机部（核工业部）在这里筹建了719矿，古亭因此在20世纪一度成为一个繁华程度超过县城的小军工业城。彼时，古亭尚未被划入丰州乡管辖，而是一个独立乡镇。由于矿产开采引来大量人员，在工业的拉动下，古亭镇的各项配套设施在20世纪60—90年代陆续建设起来，服务业飞速发展，也包括我此行考察的快递业。半个世纪以来，719矿始终是刻在古亭人心中一道难以磨灭的记忆。各行各业由矿而兴，亦由矿而衰。1997年，丰州乡占地面积93平方公里，人口0.5万人，乡政府驻丰州圩。古亭镇面积60.7平方千米，人口0.9万人，辖古亭、雁湖、桐梓3个行政村。镇政府驻古亭圩，距县城26千米。但随着719矿在21世纪初的撤销，古亭镇也回落为一个普通的乡村。2003年，古亭镇被撤销，划归丰州乡管辖。2010年第六次人口普查

数据显示，丰州乡的常住人口为7958人，其中古亭村人口占了将近一半。

一、古亭村邮政快递的基本情况

（一）前身：古亭镇邮电支局

古亭曾经聚集了来自五湖四海的矿业人。因与家乡距离遥远，难抑对亲人的思念，人们对快递的需求也一度达至顶峰。20世纪的快递几乎全部由邮电所承接。正是因为719矿的存在以及随之衍生的快递需求，上级才决定将邮电所升为"古亭邮电支局"，古亭邮电支局由此一跃成为仅次于县邮电局的存在，服务范围包括719矿、古亭村、雁湖村和桐梓村。2002年停工撤矿后，随着人员的陆续搬离，古亭的快递业也一度跌至低谷。笔者的母亲曾于1997—2007年在古亭邮电支局工作，恰好见证了古亭以及古亭邮局由盛转衰的全过程。

1997年，从石家庄一所医学院毕业的谢Z回到了家乡古亭镇。适逢古亭邮电支局向社会公开招聘，20岁的谢Z怀揣着一张大专证书参加了笔试和面试，最终通过了考核，成为正式的邮电职员。

据谢Z回忆，该邮电支局共有六名负责柜台窗口的职员，不仅负责日常的储蓄业务，还负责发电报、寄信寄件等业务。邮电支局邮寄物件业务的主体客户是719矿上的职工。每逢佳节倍思亲，这个南方小镇冬季盛产竹笋，于是每到12月份，邮电支局的窗口就迎来邮寄物件的高峰期。邮电支局每天大概能收取20多个包裹，寄往东北、上海、安徽、河南……小小的包裹承载着矿工们对家人的思念与关爱，通过绿色的邮车寄往全国各地。

邮电支局的另外两名外勤人员专门负责走街串巷地寄送报纸、信件和包裹单。20世纪，乡村的道路崎岖，各个居民点相距甚远，外勤人员只配备了自行车作为交通工具，电话更是没有普及。因此，要通知收件人取件只能通过分发包裹单的方式。而即使是包裹单，也常常无法直接送到收件人手中，而是需要统一放在村子里的集中点。这样的集中点有可能是小卖部，有可能是村部，还有可能是学校，再通过口口相传的方式联系到收件人。收件人在获知自己有包裹到了邮局之后，一般也并不会立即赶往邮局，而是等到赶集的日子，在"赴街"买东西时顺便到邮局取回自己的包裹。在20世纪生活节奏比较慢的乡镇里，人们少有快件和急件。这样的取件方式看似效率低下，实则是当时有限的资源调配下的最优选择。

前文提到古亭邮电支局是由于719矿的兴建而发展起来的。到了2002年和2003年，由于人员的陆续迁出，邮电支局迎来了最后一次邮寄高峰。着手准备返乡的职工们，开始通过邮政寄回一包包被褥、衣物和零碎的生活用品。据谢Z回忆，那时每天可以收到二三十个包裹，几乎都是719矿上的职工往家中寄去的。待到这阵小高峰过去，人员大多离开。与719矿的冷清相对应的，是整个邮政业务的不可避免的萎缩。2003年之后，古亭邮电支局寄收件的业务量减少了70%以上，并且，这种情况一直在持续。从某种意义上说，邮政业务量的低迷是719矿停工以后，古亭由一个工业新城回归普通乡镇的序曲，也是整个小镇逐渐由兴盛走向衰败的典型缩影。

（二）现状：古亭村邮政所

古亭镇人口和产业结构的迅速转变也带来了行政区划上的转变。2003年，古亭镇被划归丰州乡管辖，成为古亭村。那么，在719矿完全搬走的20年后，古亭邮局又是怎样一番局面呢？我带着家乡田野的课题任务，回到了这座我出生的小镇，想要一探究竟。

古亭邮局依然在原来的地方，和1997年的照片相比，外观有了一些变化——与全国各地的邮政局保持一致。虽然古亭已经撤镇为村，但古亭邮局依然负责古亭村、雁湖村和桐梓村三个村的业务。支局的工作人员由20年前的八人变为了六人，其中三人负责窗口的储蓄业务，两人负责外勤，进行投递与揽收工作，一人负责收寄保管快递业务。走进大厅，在储蓄柜台的右侧有一个专门负责快递的柜台，职员黄大伯便坐在这里，进行每天的快递揽投业务。由于21世纪初以来快递业务量迅速增长，邮政所将营业厅旁边的一间小屋子用来存放快递和报纸。平日里黄大伯需要往返于柜台和存放快递的屋子，进行客户的接待和快递的取送工作。

笔者对黄大伯进行了采访：

问：寄收快递的业务群体主要是哪些人呢？

答：乡下寄件的人大多都是40岁左右。年轻人大部分出去了，所以寄收快递的也大部分是中年人和老年人。

问：每天收取的快递数量是多少？快递的寄出地和目的地主要是哪些地方？

答：现在我们收寄的话一天是七八十（个）快递，寄到外面去的快递有6~10个。寄出去的快递大部分都是寄往邻省的，像广东省，还有湖南省，主要去往广东，然后寄进来的快递全国各地都有。

问：邮政寄取快递的流程是怎样的？地处偏远的客户通常需要多久能收到快件？

答：客户寄快递要到邮政局里来，携带本人身份证进行实名登记。我们对客户寄的包裹需要进行开箱验视，然后客户扫码下单就可以了。取快递的话要看客户住在哪里，比如说住在村子里，或者稍微远一点的地方，快递一到我们就会先给客户打电话。如果明天有熟人要下村的，并且他（客户）说没时间的话，就可以让熟人顺路给客户带回去。如果他们赶集的话就会上来（古亭村）。他们也会说自己什么时候上来，一般隔一两天他们都会上街的，顺便就来取快递了。如果近的话，像住在街两边的，我们自己顺路就送过去了。如果住得很远的话，像山里面那种，就是两天左右能取到快递。

问：对于年龄偏大或不会使用电子产品的客户，邮局是如何对他们进行服务的呢？

答：如果客户要寄件但又不会使用手机扫码的话，我们一般是让客户直接报姓名、地址、电话号码等个人信息给营业员，或者写在纸上，由营业员录入电脑。

问：这几年农村电商得到了快速的发展，很多人开始在网上卖一些农产品。网点每天或者每个星期收到的属于农村电商的派件数是多少呢？邮政是否对此有所优惠？

答：现在做电商的一般就是卖脐橙，但现在不是生产脐橙的季节，所以没有多少电商的快递。像旺季的时候——一般集中在11、12和1月，有时一天最多有五六百箱快递，平均下来每天是200~300箱，一箱的重量是十公斤左右，总共也就四五千斤。其他的，比如水果之类的话，像现在也有黄桃，还有麦米。我们现在对寄水果或者农产品是有邮政推出的优惠的，比如说你是送到上海的话，普通包裹十公斤需要26块钱，但寄脐橙水果之类的才十几块钱。这个是属于邮政专门推出的对农村电商的邮寄优惠。

问：邮局平时是否收到过投诉呢？又是如何处理投诉的？

答：此前有接到客户说没有收到包裹的投诉。比如说我们将包裹集中放在卫生院的办公室，但是过了好多天客户才反映没收到。这个（放得）时间久了我们也无法追查，有可能是太多包裹放在一个地方，被其他人拿错了，也有可能是客户拿了但是又忘记了。遇到这种情况我们只能按照原价赔偿。

问：在如今各种各样的快递公司快速发展的背景下，邮政的生存空间是怎么样的？邮政相比其他的快递公司，优势和劣势在哪里？

答：现在古亭村确实是有了一些快递品牌的入驻，但是整体上没有挤走邮政太多的客户。邮政的主要优势在于邮资便宜，比如寄到北京，起步价才十块钱，寄到上海起步价是八块钱。邮政寄件现在也很快，比如说我们寄到江西本省或者广东的话，今天寄明天就可以到。邮政还有一个优势是更安全，比如说收寄验收都是要按规定来的，寄收一定要有身份证，还一定要开箱检查，所以也更复杂一点。

问：邮政盈利的主要来源是什么？每天都能盈利吗？

答：邮政每天都能盈利，但主要还是依靠储蓄收支，包裹没有占那么多。以前乡下（的包裹）也不太多，现在更多一点。二〇〇几年我们来的时候，包裹一天也就十多个，现在平均有六七十个了。

随着问题的提出与被回答，时针不知不觉指到了12点。邮车每日都在这个时候到达古亭邮政支局。随着邮车抵达时间临近，黄大伯忙碌了起来。他将堆放在收发室的包裹依次搬出，放在路边，以便在邮车抵达之后能更快地取放包裹。12点过一刻，邮车到达了古亭邮政支局的门口。黄大伯和邮车司机从车上运下当天的包裹和报纸，再将放在路边的包裹送上车。所有这一切都是由黄大伯和邮车司机完成。

为了更加全面地了解邮政快递运输的整个环节，笔者坐上邮车，跟随司

机出发前往下一个站点。司机是个爽朗健谈的中年男子，在平坦的乡间道路上行驶时，他一边开车，一边向我介绍自己一天的工作。据他描述，崇义县邮车共有两条乡镇路线，他负责其中一条。从上午9点开始，他驾驶邮车从县城邮局出发，一共经停八个乡镇邮政局，沿途取送快递、报纸和信件，再于下午5点左右返回县邮政局。在这全天的行程中，车上只有师傅一人。

二、各类快递公司的兴起

随着农村生活的日益丰富，人们对快递的需求也逐渐增长。更多快递公司入驻了村镇，但受限于服务范围和人口，这些快递网点大多数以加盟网点或代理网点的形式存在。加盟网点大多有着独立的门面，而代理网点有时会与其他形式的店铺共存。笔者随后走访了古亭村除邮政以外的快递网点，它们恰好分别是加盟网点和代理网点这两种形式的代表。

（一）寄居于小超市的A、B快递

在古亭村村头，一家店负责代理A、B公司的快递。

店主是个40多岁的中年妇女G，在接手超市之时就将A、B公司的快递一并承接下来。据她说："顺手接一接，反正也不费多少事。"由于是代理网点，店主平时需要做的工作并不多。当负责乡镇的派送员将包裹送到时，店主就将包裹放置在超市里，再逐一联系收件人来取快递。

由于处于一个熟人社会中，老板娘通过开超市、接快递认识了村子里乃至邻村大多数的人，很多情况下只需要在微信上和收件人说一声。对于少数不认识的人，老板娘就通过常规的电话和短信通知。由于条件所限，A、B公司在这个小村子也并不会进行上门派件，与邮政收发快递类似。当村民收到通知之后，住得近的找个方便的时间就过来取快递了，而住得相对较远的人会选择在赶集的时候顺便来取。更多时候，老板娘会让赶集的熟人帮客户带回快递。对于大宗商品，虽然有规定一定要送到家，但村民已经形成一种习惯，有条件自己来拿快递的都会到超市来取。在取快递的同时，村民们往往乐意在店里买一些生活必需品，或者干脆站在店里和她闲聊一会儿，谈谈生活琐事与小镇新闻。

这家店每天可以收到二三十个包裹，寄出去七八个包裹。由于A公司的运费相对较贵，农村电商较少通过它寄脐橙之类的农产品，但它对邮寄农产品依然有相关的优惠。平常村民通过A、B公司所寄取的快递大多是食物、药品等。通过接快递，老板娘不仅认识了村子里更多的人，所得的收入还能抵消部分店铺的房租。

（二）繁忙又和谐的菜鸟驿站

在古亭村中心街道的醒目位置上，开着一家独立的菜鸟公共服务站，负责对接十多家快递公司。平时，这里人来人往，十分热闹。店铺虽小，内部却摆放整齐，配备了电子秤、摄像头、货架等设施。

小店熙熙攘攘，村民在此停驻、取件或寄件，与店员聊天，交流刚买或者要退回去的商品，分享近期的见闻。骑着摩托车从邻近村子赶来取新买的智能手机的中年男子，与营业员谈到手机的价格，笑称"2000多的够了，六七千的咱用着也没必要"。与丈夫一同归家避暑、前来退婴儿奶粉的年轻妈妈，抱怨着某个品牌的奶粉口感不佳。暑期返乡的高中生三三两两地远远站着，等待着取回自己下单的快递，她们穿着从未出现在小镇上的品牌，悄声谈论着某个化妆品品牌又出了新的唇釉。负责小店运营的只有一位店员L女士。据她称，菜鸟服务站的服务范围包括整个丰州乡，每天能收到500多个包裹，寄出去的则是在5~80个上下浮动。但不论快件的大小、类型、目的地远近，客户都必须到菜鸟服务站取件。

三、乡村快递存在的问题

（一）乡村快递的基础设施和配送体系不完善

丰州乡地域广，人群居住分散，除了古亭村人口较为集中，丰州乡其他村子的人口均较少，物流配送距离远、成本高，这给解决乡村快递"最后一公里"问题造成了天然的障碍。在谈及为何不送货上门和上门取货时，受访者都提到了缺乏车辆、距离太远等原因。快递员赚取的快递费还不够支付车费。一方面，由于缺少规范化的村级快递网点，乡镇一级的快递网点配送成本高昂；另一方面，各个快递点都未能配备专门用于取件送货的车辆，这进一步加剧了配送的困难。在这样的情况下，各个快递点都选择了不配送上门。而大部分快递需要自取，也成了乡村地区村民们心照不宣的约定。例如菜鸟公共服务站只提供乡镇服务（古亭村），而无法进一步配送到其他行政村。A公司只有少部分大件能送货上门，且是依靠县一级的配送员进行配送。

（二）配送服务质量没有保障，管理不规范

在走访的过程中，笔者注意到，部分快递网点存在基础设备不齐全、管理混乱、服务质量较差等问题。比如，无自有车辆和专门的包装设施，没有电脑，主要靠手机完成扫描、录入信息等操作，甚至没有专门的货架和称重电子秤。包裹散乱地放在超市的地上，不时被来来往往的顾客踢踩到。

此外，从整体而言，农村地区物流系统的信息化建设水平不高。除了邮政以外，部分快递收发代理点没有接入物流管理信息系统的专业设备。各个交易主体之间信息共享不足，无法做到物流信息实时发布和包裹全程跟踪。许多偏远乡村的快递往往是放置在村部的某个集中点，致使货物丢失、物品损坏等现象时有发生。

除了硬件设施不尽如人意之外，乡村快递网点的服务质量也难以保障。在笔者采访的过程中，一些快递网点的负责人都提到了投诉问题。例如前文提到的，最常见的投诉问题是客户没有收到快递。此外，还有服务态度不尽如人意的问题。例如，部分快递服务人员有可能在拨打客户电话未果之后失去耐心，从而给客户留下不好的印象。

（三）快递人才匮乏

在整个古亭村的快递网点中，可以看到从事快递服务业的人员存在受教育程度不高、年龄偏大且不会熟练使用现代信息技术等情况。乡村快递从业人员的平均年龄接近45岁，且没有接受系统培训——这种情况在商户代理网点和加盟网点中尤为突出。在问及为何从事该行业时，许多从业人员并不能给出特定的理由，多半是因为"找份事做""接手上一个老板的业务"等。在访谈中，店员笑称自己的工作是"傻瓜工作"，并不需要太多技术含量。

但可以看到，缺乏专业培训依然会在工作中造成一定的阻碍。例如，当有村民来寄件时，负责人往往需要打电话给县一级的快递公司，以确认待寄运的物品是否违禁。

笔者在访谈提纲中设计了"对于乡村快递的未来有何展望"的问题，但并没有收到具体的回答。整个乡村快递的发展还处于一个初级的自发阶段，人们对于快递行业的关注及其未来发展的思考有限，因此也难以提出切实有效的建议。目前，乡村人口结构偏向老龄化，接受过较高教育的年轻人往往不愿意留在乡村，这就导致了乡村快递专业人才的缺乏。虽然非专业人员的参与可以在一定程度上满足目前乡村居民对于收发快递的需求，但很难引领整个行业的发展。

（四）网点之间的竞争

在走访过程中，笔者最深的感受之一便是各个网点缺乏合作，甚至存在着较为强烈的竞争关系。此外，缺乏协作也间接导致了快递网点的选址出现问题。由于是商户代理，快递只能依托原有的店铺存在，一些网点的地理位置设置并不合理。负责几乎全镇快递的几个网点都位于一个村的一条主干道上，彼此间相距不到50米。出于成本与手续的考虑，商户往往并不愿意代理邮政的快递。一些偏远村子缺乏基本的快递代收点，这给村民造成了不便。

四、熟人社会视角下对乡村快递的反思

在走访过程中，笔者发现，即使乡村存在客观条件上的诸多劣势，但依然发展出了一套适合乡村土壤的快递寄收流程。熟人社会的特性也深刻地渗透于乡村快递行业。正如费孝通所言，中国社会是乡土性的。人们被束缚在土地上，地方性的限制所导致的"熟悉"成为乡土社会的重要特征。与城市快递相比，乡村快递更多受制于薄弱的基础设施、高昂的配送成本与不完善的物流信息系统。但正因如此，乡村快递发展出了一套"熟人好办事"的流程，更加不依赖于硬性的制度。例如，熟人帮忙捎送快递是乡村快递配送的常态。另外，快递的收取和配送也在一定程度上维系了乡村的人际关系，进一步促进了熟人社会之间的互相信任和帮助。在商户代理的案例中，快递代

收拓展了超市的业务量，也使得外地人口能更快地融入古亭村这个小社会。

但是，对于高度依赖现代信息技术的快递业来说，仅靠熟人的关系来托运快递，显然有诸多不便。2017年2月13日，国家邮政局发布《快递业发展"十三五"规划》（以下简称"规划"）。《规划》提出，到2020年要基本建成普惠城乡、技术先进、服务优质、安全高效的快递服务体系。"农村地区的生产与建设离不开物流的支持，大力发展农村物流能够降低农村的生活成本和农业的交易成本，从而有助于构建城乡一体化的商业发展模式，逐渐改善我国目前的城乡二元经济结构，最终推动实现乡村振兴。"①但通过回溯古亭邮政20世纪的工作流程，可以看到的是，广大农村偏远地区依然沿袭着以前"熟人帮忙托运快递""统一放到集中点"的方式。对于乡村而言，需要进一步完善配送基础设施和健全农村快递配送体系，建设一批物流节点设施，对快递交通工具配送给予补贴，力求实现更好更快更安全的配送。与此同时，针对乡村地区普遍存在的快递从业人员资历不够、年龄偏大的问题，有关部门应提高农村快递从业人员的待遇，积极吸收年轻的专业人才进入乡村地区，为便利农村生活贡献才智和力量。至于快递公司各自为营的问题，可以转而发挥邮政现有优势，充分利用邮政遍布各个乡镇的网点，使其他快递企业加强与邮政的合作，在各个村镇的邮政局和便民服务站共同提供快递服务，从而实现网点的合理布局与全覆盖，依托现有资源开拓市场，便利乡民。

五、结语

从20世纪一枝独秀的邮电支局到如今百花齐放的乡村快递，从719矿时期的繁荣景象到撤镇为村后的回落平淡，透过古亭快递的变迁，我们可以窥见近20年间古亭村的社会变化与发展。无论在哪一个时期，对于相对阻绝和落后的广大乡村地区而言，快递是沟通外界和改善生活的重要渠道。在今天的农村，快递不仅带给村民更好的物质享受，还为农产品外运提供了便利条

---

① 胡龙星、韩修贤：《中国农村快递发展现状及研究——以宣城市为例》，载《农村经济与科技》2020年第9期，第182页。

件，进而改善农村的物质生活条件。

通过对古亭村的调研可以发现，各类快递的兴起与邮政一定程度上的落寞相伴随，但根源在于满足人们日益增长的生活需求，并在整体上朝着愈发便民利民的方向发展；新时代农村快递业的发展依然有赖于熟人关系，但也进一步维系并发展了农村的人际关系。与此同时，乡村地区快递业存在的问题也不容忽视：基础设施建设仍有较大发展空间，设备的不足和成本的高昂使得许多地区仍受限于"最后一公里"难题，快递业整体亟须注入新鲜血液。总而言之，农村快递业依然有广阔的发展空间，而这也将成为后续的努力方向。一个小小的包裹，反映了近20年间农村地区日新月异的发展，传递的不仅是物件，更是乡民之间淳厚的情意。

乡乡快递，村村通邮

——浅析四川省遂宁市射洪市文升镇"乡村邮递"发展之路

◇ 文一坤（哲学系2020级本科生）

引　言

"是啊！无论日晒还是雨淋，我们都必须保证邮件准时送达。人可以湿，邮件不能湿！"在邮递取货送货路上风雨无阻地奔走了20多年的Z叔在被问到邮递工作的常态时，既自豪又心酸地这样说。

"我每天早上3点多准时去集散中心取货，然后5点左右才能到快递超市。年年如此，日日如此。"在一间不到20平方米的快递超市经营了逾两年的X姐平静又泰然地这样说。

"肯定嘞，我们做邮政工作的肯定是任劳任怨，莫有办法，既然选择了这一行，就只有承受它。"在邮政储蓄银行做办公室行政工作的L主任谈笑自若地说道。

在这些受访者的话语与容颜中，我自己记忆中尘封的瞬间开始回转。两年前我回高中领大学录取通知书的场景浮现在脑海中，在代领老师手中触摸到"中山大学2020年录取通知书"封皮时激动、兴奋又惶恐的复杂心理又再度溢满了我的整个胸腔。或许对于那些在村中的人们，尤其是留守老人和儿童以及需要走过泥泞小路和横跨大山的求学同龄人而言，无论是面对来自远方亲人的一封书信、一箱水果，还是承载着梦想与征程的高校录取通知书，抑或是来自政府或其他社会爱心人士的点滴心意与慰问，他们都和当时的我一样，在这些贴着相似白条的邮件中沉淀进独属于当事人的专属生命体验。而这一生命体验的构建与完成，离不开风雨无阻奔波在路上的邮递员，离不开快递公司、村邮站点等基础设施的建立与完善，离不开政府政策的引导。总而言之，是四川省遂宁市射洪市文升镇"乡村邮递"的整体发展将山村中人们的生活与无穷的远方和无数的人们相连，且连得更紧密。

何其有幸，在中山大学华南农村研究中心的支持下，借助于"家乡田野"自主调研的契机，渺小的我得以通过这篇青涩的调研报告，管窥"乡村邮递"这一庞大系统的冰山一角，了解这一条条邮递路上的鲜活故事与可亲、可敬、可爱的人们，并试图通过我的笔触让他们能够被更远的远方看见。

一、"村邮达"：精准投递

"乡村邮递"聚焦的核心目标莫过于"将邮件精准投递进村"，打通邮件进村的最后几公里，这是乡村邮递发展的初心和梦想。而在文升镇，乡村邮政"精准投递"已基本实现。经实地走访调查发现，邮件的精准投递主要由快递超市和村邮站两者共同完成。

快递超市就是文升镇的"菜鸟驿站"，它位于文升镇的集市街道上，已经经营了三年。现在的经营主理人X姐接手这家快递超市已经两年多了，其服务范围为整个文升镇。快递超市的经营模式同菜鸟驿站类似，文升镇的居民及其辖区内村民的包裹大都寄存在快递超市，由顾客自行到门店内来领取自己的包裹，而后通过电脑录入等程序进行线上确认。

不同于城里的菜鸟驿站，快递超市主要采取的是同城快递的经销模式，二者差别主要体现在运货及快件单价上。菜鸟驿站是由平台专人将货送到店，店家盈利单价为一个件三角钱；而文升镇里的快递超市则是店家自主取货，一个件六角钱。胥姐的老公主业为粮食的经销，兼顾着帮胥姐拉货。他每天早上3点就会去三桥的快递集散中心取货，四五点左右就将货送至店里，然后8点左右快递超市就会开始营业。

在盈利方面，快递超市的主要收入来源是寄件服务，因为取件的话一个件只赚几毛钱，即使是大的快件，单价也不过在一块钱左右，但是寄件的单价却能达到至少12元。胥姐说在淡季的时候，一个月差不多有250个快递，旺季如"双11"时每天至少有100个快递，最多的时候一天有300多个快递。

春节期间，大量外地的乡民返乡，使得春节成为一年中收件量最多的时期，一天能高达400~500件。因为收入主要依靠寄件，所以在疫情状态下，收入也随着全国各地的疫情防控态势而波动不定。疫情会导致无法寄件，淘宝、京东等电商平台的退货也难以寄出去，特别在上海和江浙地区疫情期间，寄件量极大减少，所以这半年来快递超市的经营也面临困难，一个月只有三四千元左右的收入。

在快件的类型方面，生活用品为快件的主要类型。这些生活用品很多都是在外地的年轻人买给留守在乡的老年人或留守儿童的，其中在夏天有空调、风扇，冬天则是食品居多，过节则是相应的礼品，如中秋节送月饼，端午节送粽子等。过来取快递的都是老年人。信件、信封袋也有，差不多一个月有十几个，这主要是因为信件和证件等重要物品大部分都是通过邮政运送，需本人亲自签收，所以快递超市作为收放快件的中介在信件、证件方面收货量便相对较少。

X姐的快递超市接收的快递公司也与菜鸟驿站相似，在疫情影响下，除了寄件数量不定导致收入波动以外，邮件包裹的消毒杀菌、寄件人的体温记录等疫情防控措施也成了X姐新的日常工作。X姐表示每天在集散中心上货、下货时都有严格的消毒流程，货物进店后也会再进一步使用小喷壶消毒。

除快递超市以外，邮政体系下的村邮站也是文升镇"通邮到家"的重要基点。党的十八大以来，全国邮政网络加速下沉，实现了"乡乡设所、村村通邮"，基本构建了覆盖全国、深入乡村、通达世界的邮政快递网络，公共服务不断优化。细化到文升镇这一小点，作为中西部基础设施建设之一，射洪市文升镇已基本贯通了县乡村三级寄递物流服务体系。村邮站就是一个村级寄递物流综合服务站。《中华人民共和国邮政法》的修正以及《快递暂行条例》的出台加快构建了与高质量发展相适应的邮政快递业法规、规划、政策和标准体系。

同快递超市相比，村邮政不仅仅接收包裹邮件，还会负责将邮件运送至家，提供快递包裹"村村通"的中转联系服务。虽然现在村民依旧习惯性地将包裹放到总部邮政网点，但随着村邮站的广泛设立与普及，通过村邮站寄送和接收的包裹邮件的数量也逐渐上升。村邮站每个月平均能够接收包裹两三千件。村邮站的设立极大地便利了村民的生活，尤其是方便那些距离乡镇较远的深山里的村民取寄快递和信件。无论路况和距离远近，村邮站都会负责将包裹送到位，这主要由投递员负责。每个乡镇都至少配置一个投递员，文升镇作为一个较大的镇则配置了两个投递员，负责包裹、信件、信封的投递。除了包裹，邮递员也负责在农忙时期运送玉米等农产品和党报党刊等物品。党报党刊大部分由相关机关单位订阅，其他小部分则由私人爱好者订阅，主要分为周刊、月刊和年刊三种。

  Y叔叔和Y阿姨在退休后就主动负责了一个村邮站网点的邮递服务，自2020年设立村邮站起他们就在这里工作。两人承担这项工作的主要原因在于站点的设立地址恰好就在他们退休后经营的超市旁边，再加之二位退休前也是在邮递系统工作的员工，所以自然而然地就成了负责村邮站的最佳人选。在2021年，Y叔叔和Y阿姨制作了正式的门匾，这个网点负责五公里范围内的村落，这是当地村邮站网点负责的范围最大的村，村内的农户彼此都认识熟悉。Y叔叔和Y阿姨既是村邮站的负责人，也是包裹的兼职邮递员："每晚关店回家的时候我顺路就将包裹带给左邻右舍，这已经是晚上串门聊天时的日常行为了。"与城市需要依靠部分屏蔽的电话号码和姓名来匹配包裹和用户不同，在这里，信息都是公开透明且可辨别的。这也表明了在最基层村邮站网点的经营中，"熟人社会"依旧在发挥作用。在收入方面，Y阿姨表示村邮站本身的收入较低，一个快递件赚几角至几块钱不等。一个包裹依据重量计算提成，寄件的提成费较高。和快递超市一样，村邮站的主要收入也是依靠寄件，但在疫情状态下，寄件量也处于波动状态。在数量方面，平均一个月仅有不到100件包裹，平均一天收一两件。"双11""6·18"和春节期间的包裹数量会相对多一些，但总体数量依旧较少。Y阿姨认为数量较少的原因在于现在美团等购物软件能够代替部分快递服务了，所以邮递服务的市场相对减少。另外，包裹丢失还要赔偿，所以每个月即使在邮政补贴80元的情况下，村邮站也只能挣一两百元钱。

  总而言之，文升镇的基层邮递服务是由快递超市和村邮站共同完成的，两者共同负责将邮件送至村落和村民手中的基础业务。除了邮递的基础业务，"乡村邮递"还在邮递进村的过程中促进了电子商务进农村，奠定了农业新业态和新产业发展的基础，促进乡村振兴。

二、拓展业务：助力乡村振兴

在邮递之路上，除了负责基层邮递业务、服务村民邮政需求的快递超市和村邮站，广泛覆盖的邮政快递网络还为建设全国统一大市场提供了重要保障，进而为乡村农产业发展架起了桥梁。这样一来，邮递路网不仅满足了人民群众的需求，还有力推进了脱贫攻坚和乡村振兴战略。

据在文升镇邮政储蓄中心工作的李主任介绍，邮政正在积极搭建农产业与电商的联通平台，积极做好乡村振兴之产业扶贫的中间联系人角色。以文升镇管辖的广龙村为例，邮政同时也会帮忙收购并销售广龙村的特色农产品菜海椒，由邮政出钱购买菜海椒，每个网点都放一部分海椒，免费赠送给前来邮政储蓄中心存钱的客户，有的时候还会有苦瓜、西红柿、猕猴桃等特色农产品，会在节假日作为福利发给员工。在邮政的帮助下，广龙村的菜海椒等农产品一天就销售了超过4000斤。除此之外，邮政还积极帮助回乡创业的新型农民，为其提供优惠贷款服务，帮助搭建电商平台和直播运营平台，推动特色农产品销售。同时，邮政还与农民签订相关运输协议，以便利的交通条件帮助村民运输农产品，助力脱贫攻坚，为产业融合发展提供了重要支撑。快递业已经成了商品流通的加速器和服务电商用户的主渠道，每年支撑实物商品网上零售额已超过千万元。在与现代农业融合发展方面，文升镇还培育了邮政服务农特产品进城"一市一品"项目，重点是促进农产业与制造业融合发展，形成了入厂物流、仓配一体化等模式，供应链服务能力得以逐步增强。

三、邮递路上"最可爱的人"

在这一条条通向文升镇的邮递路上，笔直顺畅的公路、星罗棋布的村邮站点、长途跋涉的邮递货车……在这些看得见摸得着的实物背后，是在邮递路上辛勤耕耘并且历代传承的人们，我借此次调研机会将他们邮递人生之路上的酸甜苦辣一一道出。

在谈到为什么要选择在乡镇开一家快递超市时，X姐表示她自己大学专业读的是市场营销，在专业课中也学过物流管理的相关内容，所以对快递邮政行业有了兴趣。至于开店位置的选择，X姐一开始是想要在射洪城里开一家菜鸟驿站，但是因为城里的"菜鸟驿站"基本已经饱和，难以再开店，再加之X姐的父亲就在文升镇街道上经营一家电器经销店铺，靠近父亲的店也方便照顾父亲，所以她最终选择了回到乡下开店。

开店以来，X姐遇到的最大的困难与问题就是投诉。有的顾客取件之后撒谎声称未取件，并且投诉快递超市。若X姐他们未及时联系顾客妥善处理，让顾客主动撤销投诉，那么平台就会对快递超市进行扣费处理。在现实操作中，很多顾客并不配合X姐的回访，不撤销投诉，固执己见。每发生这样一起未妥善得到解决的纠纷，平台至少要扣50元的罚款，有的件若是贵重物品还要扣上百元。正因如此，X姐才在全店上下都安装好摄像头，遇到蛮横不讲理的顾客时就调出摄像记录。但即使这样，仍有顾客在X姐当面调出来监控后还是不承认自己已经取过快递，打他电话也不接。根据平台的制度，投诉的去除必须由投诉人自己取消，系统才能认定。X姐苦笑不已，开店两年来她已经交了上千元的投诉罚款。与此同时，在近两年疫情起伏不定的大环境影响下，快递业的收入更是不稳。但即使这样，X姐还是在继续坚持经营快递超市。她说现在每行每业的工作都很艰难，转行其实也好不到哪里去，都要面对疫情这样一个大环境问题，而经营快递超市的收入还是能够支撑日常生活用度。除此之外，由于超市就在自己的家乡，通过收发快递，X姐每天能够和乡民有切实的交流与联系，并且能够通过自己的力量为家乡的发展献一份力，还能够照顾父亲和小孩，这对于X姐来说是更加重要的价值。

和投身于邮递业两年的X姐相比，自2004年起就开始在邮递路上跋涉的Y叔则已在邮递业深耕多年。在交流过程中，他细数着过往邮递路上和在邮递局的趣事。Y叔是邮递员，隶属于大渝邮局。他负责的地区是大渝—文升—永安，主要负责将货运车从高一级的邮局送到村级的邮递所里，然后交给邮递员，由邮递员负责将货品寄送到各个村户。他的交通工具最早是自行车，用自行车运送邮件始于20世纪90年代，由邮政统一给邮递员发放永久牌自行车和装邮件的包。2000年之后自行车更新为摩托车，之后则是三轮摩托车，最后才发展为现在的汽车。

随着运输工具更新的是运送的邮件类型。在没有网络购物的时代，邮

递员们运送的大多是信件、报纸还有远方认识的人邮寄的物品。让我惊讶的是，在那些没有线上转账和支付的岁月里，邮递员们还要负责运送货币。"摩托车后面的箱子里装的全都是钱，"Y叔笑着调侃道。Y叔是在2020年疫情之后从邮递员的岗位上退下来的，在近20年的邮递生涯中，他遇到的最大的困难就是邮递工作的"风雨无阻"性——无论风吹还是雨打，该送到的邮件一刻也不能停。下雨的时候为保护邮件，他便将自行车顶在头上。以前没有村邮站这样的小点，都是乡对乡、村对村这样的大点，这使得邮递员和村民取递邮件都要辛苦一些，而现在自从村邮点逐步设立完善铺开后，大家的工作就都轻松多了。

在轻松的聊天氛围中，我惊讶于他们对生活的乐观态度。"风吹日晒""起早贪黑"的工作强度对他们来说已然成为可以轻松谈起的日常，这让尚且还在书斋中的我钦佩不已。

四、结语：问题、展望与期待

邮递路绵延千里，透过时间的淘洗，不断打通联结乡村角落的最后一公里，将远方的思念信物传到村民手中。虽然近年来文升镇已经逐步完善了邮递站点和快递超市等基础设施，但是依然存在邮递员养老医疗服务无法得到保障的问题，国家并未承担他们的保险。邮递员的收入仅由基本工资和寄件提成构成，而高强度的工作压力要求他们不管路况多么崎岖艰难，不管天气多么恶劣多变，都需要准时准点将邮件送到位，一次次周而复始，不得停息。除此之外，疫情下的大环境也让整个邮递行业面临着不确定的风险……这些问题都有待我们进一步探索解决之道。

乡村快递站的留与变之困
——基于广东省中山市沙溪镇的调研

◇ 阮浩谦（法学院2020级本科生）

  我的家乡在广东省中山市沙溪镇。中山市位于珠江西岸和粤港澳大湾区的几何中心点处，制造业发达，和东莞、顺德、南海一起被誉为"广东四小虎"。沙溪镇在中山市西部，是制造业大镇，纺织业、服装业发达，镇内企业、工厂众多，工厂广泛分布于各村与工业园区内。由于经济较发达，沙溪镇城镇建设水平较高，镇内有数个商圈，商品房楼盘众多，各村都有一些商品房楼盘，同时也存在大量原有的村民自建房，居民住房类型多样。

  经济的繁荣、产业的发展与较高水平的城镇建设使得快递很多年前在沙溪镇就已非常普遍。沙溪镇快递业的发展较为迅速，时至今日，镇上居民的日常生活已经离不开快递，镇上企业的经营也离不开快递。随着快递需求的增加，提供代收、寄送快递服务的快递站如雨后春笋般出现，每个村庄和住宅小区都分布有快递站，很多村庄里还有多个快递站，密集的地方隔几百米就有快递站。快递站多为菜鸟驿站，经营者大都是个体户。尽管快递的需求大、数量多，但是受到快递单价低、竞争大、疫情反复等因素的影响，近年沙溪镇快递站的经营情况整体而言不容乐观。快递站经营者普遍反映工作累、利润低，因此很多经营者干了一段时间就不再经营快递站。快递站转手频繁，只有少数经营者能坚持一直开下去，也有的快递站结合当地具体情况，转而开发新的业务，获得了更好的收益。本次调研选取了在沙溪镇乐群村不同位置的两间菜鸟驿站（其中一间是以前兼做菜鸟驿站但现在转做其他快递业务的超市），希望通过调研在留与变之间分别做出了不同选择的两间店铺，加深对当下乡村快递业和快递站的了解，在比较

视野下展现出当下乡村快递站的现状及其面临的困难与挑战,探索走出困局之路。

一、存留之难:乐群村月畔湾菜鸟驿站

乐群村位于沙溪镇北部,临近镇上繁荣的星宝商圈,居住人口较多。村内既有村民的自建房街区,也有三个商品房住宅小区,传统房屋与现代高层住宅小区共存于此。居住在乐群村的人多为外来务工人员以及一些搬出村内自建房到商品房住宅小区居住的本地人,包括不少邻村的本地居民。本次调研选取了其中一家菜鸟驿站进行调研。

(一)快递站概况与店主的经营缘由

菜鸟驿站开在小区一楼临街的商铺,服务范围主要包括乐群村中的两个商品房小区以及部分村民的自建房街区。我们采访了该菜鸟驿站的店主。店主是沙溪镇本地人,她表示早在六七年前快递在沙溪镇就已经非常普遍了。为了满足人们的需求,早在五六年前该菜鸟驿站已经开业。在这五六年间该快递站转手了几次,她在两年前接下这个菜鸟驿站继续经营,目前是她和她丈夫在经营这个快递站,儿子放假有空也会来帮忙。提起选择经营快递站的缘由,她说主要是看到现在电商行业迅速发展,网购具有价格低、方便、省时等优势,逐渐成了人们购物的主要方式,尤其是年轻人,基本都在网上购物。电商行业的繁荣带动了快递业的发展。这几年快递数量大大增加,很多人一天都有好几个快递。店主自己觉得快递行业有比较好的发展前景,干这行能有不错的收入,而且入行的门槛不算高,需要的资金也不多,所以选择了接手经营这个菜鸟驿站。

(二)快递站的经营状况

菜鸟驿站从早上9点半开到晚上9点半,一天经营12个小时。店主表示,一般情况下每天有400~500件快递到他们这个快递站,临近"双11"这样的购物节时快递可能会多点。每件快递不论大小都是赚0.4元。店主坦言其实利润很微薄,做这行主要靠走量,快递数量多了他们赚得才多。有的客人

看到他们这里快递很多还羡慕她赚得多,其实利润是很低的,如果快递数量少,可能收入还不够交铺租和水电费。"网上那些月入8万~10万元的快递站都是极少数的个例,大部分快递站一个月能赚六七千就不错了,要不然快递站怎么会转手得这么频繁呢!"她感慨道。

除了快递以外,由于这两年生鲜电商发展迅猛,很多人在网上下单买生鲜。菜鸟驿站也帮忙代收生鲜,店主为此还专门买了一个冰柜用来放生鲜。他们代收互联网生鲜的利润就是平台给的钱。不同下单平台给的钱不一样,一般生鲜价格越高给的钱越多,但是客人主要都是买特价生鲜,所以他们赚得不多。店主笑道,代收生鲜赚的钱可能还没有保鲜冰柜用的电费高,之后她也不太打算做这项业务了。

据调研了解,快递站经营的成本主要包括店铺租金、水电费、设备费用和雇人的工资。这家菜鸟驿站的店面是在小区内街上,铺租不高,店铺租金加上水电费一个月大约三千元。快递站里面的设备主要有扫描出仓的仪器还有监控等。因为快递站是从上一个人那里接手过来的,所以都是用原有的设备,这方面的费用不太高。此外,菜鸟驿站采用加盟的经营方式,加盟店需要交三千元的保证金。店主介绍,平时他们的工作都是些琐碎的事情,例如接收送来的快递,按顺序放好快递,帮客人找快递等,难度不大但是事情很多、很细,加上一天要经营12个小时,所以也非常辛苦。现在雇人的价格又非常高,一个月赚的钱可能一半都要用来给雇员发工资,所以他们也没有请人帮忙干活。虽然工作辛苦,但是店主一个月赚到的钱也比去工厂打工要稍微多点,而且自己开的店赚的钱都是自己的,工作时间安排上也更加灵活一些。相比之下,他们还是更喜欢这种工作方式。

(三)快递站经营面临的困难和挑战

店主表示,疫情下各行各业都受到了很大冲击,今年上半年[①]快递行业受到的冲击尤为严重。今年上半年由于疫情在全国多地暴发,东部地区例如江浙沪地区还有珠三角地区疫情形势非常严峻。各地都加强了管控,商品的生产、运输受到很大影响。很多货运司机都被卡口阻拦,不让下高

---

① 本文写于2022年夏,"今年"指2022年,下同。

速,导致物流非常不畅通,大量的快递无法正常送达。更严重的是,由于今年上半年有不少快递业的员工确诊,所以客人当时全部拒收快递。如果客人拒收快递,他们快递站是拿不到钱的。快递被拒收后只能一直放在快递站,等七天过后再由快递公司收回。那段时间快递站里的快递只有平时的40%不到,经营状况非常惨淡,收入微薄。而且,由于经常接触快递,他们也很担心自己被感染。不过还好后来物流恢复正常,快递站的经营才重回正轨。

快递站经营还有一个很大的挑战就是快递的错拿、误拿问题。店主介绍,尽管他们店里有监控,客人取快递的时候也会扫码,但还是会存在错拿、误拿的情况,而且出现这种情况处理起来也比较棘手。比如有时客人的家人帮他取了快递没有告知他,他过来取的时候发现快递没有了就来问店主,店主也要花时间帮他处理。还有的客人拿错了别人的快递,不过也会自己放回来。前面这两种都算好处理的,有一些更棘手。比如有的人错拿了其他人的快递也不主动拿回来,店主就只能查监控去看是谁拿的,查到了是哪个客人拿的就去和那个客人说。这时候大部分拿错了的客人都会还回来,但是有的人就是不承认是他/她拿的。店主也拿这种客人没办法,也不好得罪客人,按照规定就只能自己赔偿丢快递的客人的损失。"有一次一个客人的香水被其他人拿了。我们找到了拿的人,但是他不承认,当然也就没有把香水还回来,我们就只能按照香水价格赔给那个丢件的客人400元,差不多相当于我们两天就白干了。遇上这种事情我们也很无奈,希望相关的规定可以完善一些,大家的素质都能高一点。我们做这行的本身赚得就不多,再出现这种情况就真的要亏钱了",店主感慨道。

店主还提到,这几年快递行业发展迅速,大家买的快递越来越多。因为快递站工作太累,以前大部分经营人员都是外来务工人员,他们不在工厂工作了之后便去经营快递站。不过现在快递多了,不少本地人觉得有利可图也加入这个行业,开快递站的人也多了不少,有的地方一个小区、一个村子就有好几个快递站。有的快递站是专门收特定的快递公司的快递,所以一个小区或者村子会有几个快递站。店主的快递站涵盖的片区里还有另外一家快递站,就在他们斜对面。两家快递站会存在一定的竞争,但是据了解,店主的菜鸟驿站的快递数量比另外一家快递站更多,另一家快递站老板有时还抱怨

快递太少了。虽然开快递站很累，赚得也不多，但是店主表示应该还是会继续经营这间菜鸟驿站，因为也没有太多其他更好的选择了，短时间内也不打算做别的业务，会继续做快递的代收。

二、新颖商行快递业务的变迁之路

新颖商行是一家开在乐群村龙聚环的小超市，位于沙溪镇西北部，邻近沙溪镇的重要交通干道岐江公路，是一间经营了多年的小超市，最近几年开始依托商行做快递方面的业务。商行主要由店主一家经营。店主一家是从外省来广东打拼的，生意上小有成就。笔者通过访谈帮忙经营的商行店主的儿子小孙，了解到新颖商行快递业务的变迁历程以及近年乡村快递业新的经营形态。

（一）菜鸟驿站的开设与结束

据小孙介绍，商行在2020年开始兼做菜鸟驿站。当时因为疫情，线下购物的人少了很多，商行生意额大大下降，加上网购越来越流行，快递的数量越来越多，为了增加收入，最大限度地利用空间，他们就在小超市里面划出一些空间，安装上货架和相应的设备开始做菜鸟驿站。菜鸟驿站的服务范围主要是乐群村在岐江公路两侧的区域，这一区域大部分都是村民的自建房。菜鸟驿站每天大概要代收三四百件快递，"双11""双12"等购物节期间数量会多一点，每件快递大概赚0.3~0.4元。虽然超市有冰柜，但是他们没有代收网购的生鲜，最多只是代收一些速冻饺子、包子并帮忙放在冰柜保鲜。根据小孙的统计，菜鸟驿站虽然代收快递数量很多，但利润最高的业务还是帮客人发快递。如果客人发一件快递要15块钱，他们差不多可以赚10块钱。不过寄快递的人不算很多，他们大部分时间都是花在收快递的业务上。开了菜鸟驿站一年多后，小孙他们深感菜鸟驿站的事情太多且非常琐碎，比如快递的入库、取出，快递丢了还要帮忙找，找不到就要赔钱等。菜鸟驿站赚的钱不算多，但需要付出很多的时间，加上菜鸟驿站密度太高，竞争很大，乐群村一带几乎是每隔几百米就有一个菜鸟驿站，每个站的快递数量有限，于是他们就决定不再继续经营菜鸟驿站了。

（二）"快递黄牛"的兴起

小孙表示，除了消费者快递的代收、代发业务，乡镇个体快递业近年来还有一种新的经营形态，即代理承包大快递公司的快递揽收业务，行内称"快递黄牛"。珠三角地区的乡镇工业经济发达，大量的工厂、作坊都开在乡镇，数量很多且分布较散。随着电商的发展，很多工厂、作坊都在网上各平台如淘宝、拼多多等开设网店成为卖家，消费者下单后卖家通过快递进行发货，这样卖家就需要人来上门揽收快递。由于这些工厂、作坊分布得很散，很多都在村里面，揽收较不方便，大的快递公司例如中通、圆通、韵达等会将这些业务的一部分外包出去，让乡镇当地的快递个体户做，因为这些个体户更熟悉当地情况，成本会更低，这样双方都有利可图。

据小孙介绍，他在帮忙经营这项业务时每天要揽收差不多一千件快递，"双11""双12"更多。他们商行除他外还有几个人负责揽收，一天大概总共揽收三四千件包裹。今年开始他因为要做别的事情没有继续去帮忙揽收，具体现在每天收多少件就不太清楚了，但他们商行还请了四个人负责揽收这方面的业务，所以数量也是不少的。揽收快递的工作也特别辛苦，一天要干十个小时左右，快递件多的时候则更久。

揽收快递的工作内容就是开车到要发货的卖家那里，扫码揽收快递，然后再运到快递集散中心。他们一天要去很多个地方揽收，去的地方也是五花八门，有的地方在工业园区里，有的在村子里。去工业园区揽收相对好些，因为有很多工厂都集中在那里，工厂规模也比较大，一次能揽收很多件快递，而且厂家会把要送的快递集中放好给他们拿，省事很多。园区一般都靠近大路和交通干道，里面路也宽敞，开大一点的车也没有问题。去村子揽收就比较麻烦了，有一些村子路特别窄，车也多，非常不方便，而且去村子里揽收的快递相对少一些，去一个村子揽收的快递还没有一个工厂的多。通常他都是开面包车去揽收快递，但由于去村子里的快递数量会少一点，因此会开三轮车，这样也方便在窄路上进出。沙溪镇服装业、纺织业发达，很多揽收的快递都是衣服、桌布还有其他纺织品等等。这几年沙溪镇纺织产业因为土地价格上涨、劳动力成本上升等原因受到很大冲击，大批纺织厂、服装厂要么倒闭，要么搬至我国中西部地区或者东南亚地区。曾经繁荣的服装批发市场也是一片萧条。但是,依然有相当一部分的厂家转到网上进行销售或者帮其他网上店铺代工,从而能够继续存活下来。此外还有很多小商品厂家也转做网店,揽收的快递里也有不少是小商品,例如玩具、小器械等,这些厂家就特别依赖快递。

小孙还谈到,承包中通的快递揽收业务工作量非常大、店主经常要忙到凌晨一两点,一天电话响个不停,全是工作电话,商家发货的快递不见了、晚到了这些情况都要找他们,有时为了一两个快递要操心半天。但比起经营菜鸟驿站,这样赚得更多,而且更有发展的空间,规模可以慢慢扩大,虽然累点但是也值得。另外,虽然原来的菜鸟驿站没有继续经营,但他们商行也还在帮附近的居民代收快递,不过数量少很多,一天也就几十件,一件收一点钱,主要是因为比较熟的客人习惯了填他们的地址让他们代收。这个代收快递的业务与揽收业务相比,工作量也小很多,平常看店的人顺便负责处理一下就行,这样也能赚一点钱。

(三)经营中面临的困难和挑战

谈到困难和挑战,小孙首先提及的就是疫情。虽然在疫情的影响下,大家到线下实体店购物更少了,更多地使用网购,但快递带来的疫情传播风险以及出现疫情后政府的管控措施也给快递业带来巨大冲击,今年上半年尤为严重。当时有大量快递滞留在沙溪镇,他们揽收的快递也运不出去,商家和他们都特别着急。多家快递公司一起多次向政府请求获得批条把快递运出去,最终在多次请求、层层审批后才获得批条将快递运出。另外,多个快递公司都有员工感染,物流网络极其不顺畅。他们作为发快递的一方也承担了很大压力,很多快递最终很艰难才能到达消费者手里,收入自然也少了。后面国务院连发了几个保障物流网络畅通的文件,这个问题才有所改善。

第二个挑战就是日益激烈的竞争。除去A公司,B公司是物流速度最快的,因此寄件价格也比其他几家略高一点,一件大概贵1~2毛钱。小孙表示,现在越来越多的人开始做"快递黄牛",各个快递公司的揽收业务承包人都在尽力争取商家用他们的快递发货,竞争很激烈。有的商家比较看重送快递的速度,所以尽管价格贵一点也一直都会选择在B公司发货。但有

的商家对快递速度没有很高的要求，有的商家一天就有几万件快递要发，在其他公司的快递一件便宜一毛钱的情况下，用其他公司的快递一个月能省下几万块钱。这些对快递速度要求不高或者快递量特别大的商家就会选择用其他公司的快递。这样一来，小孙他们的客源就流失了，所以他们也一直在努力让客户继续用B公司的快递发货并且尝试开拓新的市场，找到更多客户。

另外一方面的竞争是他们这些快递个体户之间为了承包这个揽收业务产生的竞争。小孙表示，因为现在经济环境不太好，很多生意都不好做，快递算是现在为数不多比较有市场的行业，进入门槛也不高，所以很多人都涌入这个行业，包括大量开店的个体户。但是因为行业竞争大，这几年快递的单价都被压得很低。快递站工作又多又累，赚的钱还少，很多人就不做这个而转做其他的快递业务。"快递黄牛"算是比较好的业务，所以很多人都想来做。但是"快递黄牛"这种承包业务比较需要资源，如果和大公司合作得多，人家会更信任你，才更有可能把这个业务给你承包。此外，大公司因为体量特别大，市场份额占比高，有更强的议价权，而他们个体户通常处于比较弱势的地位，所以要和大公司搞好关系。

三、总结与展望

经过调研发现，目前沙溪镇快递业发展成熟，快递通达度高，快递站密度大，居民、企业都能够便利地使用快递服务。但沙溪镇大多数快递站的经营都面临着不小的困难和挑战，不少店主选择结业、转让或者开展其他快递业务，继续以现有经营模式存留下来的大多也只能勉强盈利。总的来说，快递行业利润低、竞争大。由于改革开放以来珠三角地区乡镇经济的繁荣，珠三角农村的发展水平较高，沙溪镇也不例外。在全国其他农村地区出现得比较多的快递进村难、乡村快递数量少、取件难等问题在沙溪镇则没有出现，反而是因为快递站太多导致竞争白热化。沙溪镇快递业存在的问题大多都是行业发展到较成熟阶段会产生的问题。另外，沙溪镇快递业也受到当地发展模式的影响。沙溪镇城镇建设水平较高，但同时也依然存在大量建成多年的村屋，出现类似于城市快递站的开设于商品房住宅小区楼下的快递站与典型的开设在村民自建房中的乡村快递站共存的局面。乡镇工业销售渠道的转型扩大了对快递的需求，从而促进了新的经营模式如"快递黄牛"的出现。

近年来，互联网电商快速发展，并向广大农村下沉，带动了乡村快递业与相关行业的发展，相关从业者数量显著增加，成为乡镇居民就业和个体户经商的新的行业选择。但同时，电商的发展极大地冲击了线下实体店的生意，尤其是近年各电商巨头纷纷进军生鲜、日用品零售等领域，以较低的价格、高效的配送吸引消费者购买，抢占市场份额，对乡镇的小超市、小商店等个体户零售商家的生意造成一定影响。此外，由于疫情反复无常，人们到实体店购物次数也有所减少，这令个体户零售商家的生意雪上加霜。相比之下，快递行业是目前少数市场需求较大的行业，门槛也低。尽管做快递业务付出的时间、精力比零售要多得多，收入的增长与付出的增加不成比例，但不少个体户为了维持生计、增加收入都选择转做快递行业，我们所调研的新颖商行就是一个典型的例子。从这一角度看，很多个体户商家经营快递业务实属无奈之举。越来越多人进入快递业，也就加大了快递业的竞争。另外，疫情以及日常经营中出现的一些问题也让快递站面临更大的困难。

乡村快递站是连接消费者与快递的纽带，消费者取快递、寄快递都离不开快递站，快递站在快递业中不可或缺。推动乡村快递持续健康发展需要逐步破除当下乡村快递站面临的困局。根据调研结果与查阅的资料，我认为可以从以下几个方面解决现存的问题。

第一，政府可以进一步加大优惠政策的力度，制定更贴近商户需求的政策，让各行业的个体经营者可以继续经营下去而不至于大都被迫转行到快递业，从而改善当下快递业竞争激烈、快递站经营惨淡的情况。商户也需要与时俱进，积极利用新技术，接纳新业态。例如超市可以接入电商的配送服务，让顾客购物更便利。

第二，政府可以加大对物流的保障力度，对企业提出的合理要求予以考虑，最大限度地减少疫情对快递业的影响。

第三，对于错拿、误拿快递且不归还的行为，政府有关部门、行业协会等需要联合制定并落实相关规定，合理划分责任归属，减少快递站经营者不必要的损失。

第四，政府的市场监管部门要加一步加强对快递企业的监管，打击合伙压价等行为，维护公平竞争的市场环境。

通过本次调研，我加深了对当下乡村快递站与快递行业的认识，了解了当下乡村个体工商户和快递从业者的经营情况以及面临的困局。由于时间有限以及对方工作繁忙的原因，我没有访谈到更多快递公司的员工，这也是本次调研的一些遗憾。希望本次调研能展现出部分珠三角农村快递站的真实样貌，加深人们对于乡村快递站、快递业的了解，推动乡村快递持续健康发展，促进乡村振兴。

人、交通与快递

◇ 樊锦萍（哲学系2021级硕士生）

一、李文驿村的交通

我的老家在宁庄，隶属于河南省宝丰县大营镇李文驿村。县道贯穿村庄，两公里外就是著名的"汝瓷大道"，即S520省道的一部分。运输大宗农产品、煤矿、汝瓷等货物的大货车在汝瓷大道川流不息。大营镇自古交通便利，是宛洛古道上的重镇，也是隋唐以来豫西鲁、宝、汝三地交界处商品物资的重要集散地。该古道是连接洛阳和南阳的交通大动脉，商贾云集，李文驿村就因明代时是驿站而得名。因宛洛古道富有煤、铁、铝土矿、陶瓷黏土等资源，所以沿着古道形成了产业经济带，自汉代以来兴盛了约2000年。它是万里茶道的一部分，也是明清时期山陕会馆的所在地。"清凉寺到段店，一天进万贯"的古语流传至今。李文驿村便是处在清凉寺村与段寨之间的一个村庄。

宝丰县有一条净肠河，是南水北调中线的一部分，发源于丘陵上的泉眼，可以连通淮河，但河水有深有浅，可能无法承担大型水运需求，如今只剩涓涓细流。李文驿村旁有一个水库，为村民提供灌溉用水和饮用水。

在李文驿村，公交车每半个小时一班，最低票价两元，短途乘车不是很划算，因此村民出行主要靠电动车。一般电动车可以轻松往返于附近的村庄、大营镇或者宝丰县（李文驿村距宝丰县20公里）。李文驿村紧邻大营镇，去镇上只有一两公里的距离。除了行动不便的老人，村民几乎日日都去逛街购物，取自己的快递或顺便帮家人朋友们取快递。别的村庄虽然距离较远，但是骑电动车也很方便。在早晚的高峰期，集市上水泄不通。村民们也可以选择走南岭上的大路去取快递。有时公交车便如同一个流动的快递站，

给行李买个车票,让收件人在指定的站点等候即可。把快递运到宝丰县终点站只需要半个小时,费用五元。有时司机也会帮沿途熟络的村民去镇上捎些东西,因为疫情以来公交车的生意不如往日,这样也可以利用起车里闲置的空间,补贴收入。

二、大营镇的快递业

大营镇下辖一个社区,52个行政村,总面积126.65平方公里,快递点都在镇上,最远的村庄取快递的距离大概六公里。镇上的快递业几乎涵盖了市面上最常见的快递。除此之外,本地的快递公司主要承接河南省内的大宗货物。它们的共同特点是门口都有比较空旷的空间可以用来停放大货车。

只有邮政快递门口的空间比较小,距离邮政快递网点百米外就是大营镇邮政局。两个网店的快递是混杂的,邮政快递的老板每天用小货车去邮政局取货。之所以设立这个快递网点,是为了响应快递下村的政策号召,让快递网点承担下村的任务。但实际上由于快递太多,他们难以提供上门服务,会尽量让村民自己来取。但若存在特殊情况,他们可以送到村里的小卖部。顺丰和京东则是可以送货上门以及上门取件的。另外几个承包制的快递则不提供这种服务,一方面是因为他们的价格比较优惠,收发件量很大,占据了快递市场的大部分,忙不过来。另一方面是因为派发快递每件只赚几毛钱,在邮政局严查"二次收费"的情况下,下村并不划算。

承包制即快递点一次性付给快递公司承包费,承包这个镇里的快递,收支自理,中通、圆通、申通、韵达、极兔等都属于此类。这些快递公司通过各级代理完成快递的分发和接收。在镇里的快递点,工作人员每天去宝丰县电子商务进农村物流快递公司拉货。由于货量巨大,一般商户只能承包一家快递公司的快递,只有一家商户同时承包了中通和圆通两家快递,每天要去拉两次货。以这家快递站为例,他们的收入来源一方面是派发快递,另一方面是揽收村民要寄出的快递,底价不高于十元,每件能挣两三元。按中通和圆通每天各派发1200件快递、揽收30件快递(大多是退货)来算,每种快递每日收入能达到几百元。但是,除去承包费用、房租、门面装修费用,以及扫描仪、监控等设备费用,员工工资、罚款、油费等杂费,每月能赚的不算多。由于快递站几乎全年无休，只有过年有长假，因此除了2月份，每月的收入波动不大。

顺丰、京东和邮政则是直营点，他们的工资模式为底薪加提成。这里所估计的工资，是一家人在快递方面所得的工资，因为他们几乎都是全家参与工作。一般家庭中的男人去拉货、卸货，女人负责揽收快递和处理投诉，老人负责扫码入库，孩子在寒暑假期间也来帮忙。快递站的老板年龄都不大，在20岁到40岁之间，帮忙的老人年纪不超过70岁，能够学习并使用智能手机。例如，极兔快递是由一对姐弟运营，邮政快递由一对夫妻经营，其他快递都是全家经营。但快递业属于体力劳动，中通、圆通这家快递站的老人就因为夏天快递站温度太高而热病了。他们有两个长工，一位年轻男性帮忙卸货，一位年轻女性是家里的亲戚，来低薪帮忙。另外，这家快递站在假期还会招一些学生兼职，尽量压低劳动力成本。

据邮政快递的工作人员回忆，大营镇有快递站已经十年了，但是快递业的兴旺是这四五年的事。大到电器，小到玩具，喜欢玩手机的大人、小孩都常常选择网络购物。其中，像电器这种比较贵重的产品，熟悉网购的村民往往选择在淘宝上买，再请实体商店的人员安装。在这四五年间，快递数量没有显著的变化。以前快递会少一点，但收入与现在相比其实不相上下，因为虽然现在快递的数量多了，但每件的利润也小了。由于收入较高，镇上这几家快递站都稳定地经营着，但不排除有内部转手的情况。

实际上快递并未完全改变村民的生活方式，因为乡镇的实体店可以买到生活的必需品。电商的兴起也不影响大多数村民来镇上逛街，因为逛集市仍是村民为数不多的娱乐活动之一。在疫情最严重的一年，由于附近没有病例，超市依然开放。村民家的菜园里有菜，没有菜地的去野地里挖野菜。据说还有一些政府工作人员当起了"快递员"，为困难的村民送菜。很多中老年村民一般不使用快递，偶尔有给远方亲人寄东西的需求，他们会选择去他们熟悉的邮政快递，并且由于不会使用智能手机通过线上下单，需请工作人员帮忙。

三、快递站的生活情景

快递站的工作人员太忙碌，他们几乎没有闲暇时间和一个陌生人聊天。

为了真切地了解他们的工作和生活，我在姑姑的建议下去镇上生意最好的快递站工作了几天，也就是那个同时承包了圆通和中通的快递站。去应聘的时候，有两三个年轻的姑娘正站在橱窗前，为排队的人们取快递。我问起还招不招人的时候，她们腼腆地摇了摇头。我说我不要工钱，是来体验生活的，她们才问起在屋子里的老板和老板娘。可能是不给工钱心里有点过不去，老板和老板娘对我说来去自由，且中午包一顿午饭。这个快递站和其他快递站一样，工作时间都是早晨8点到晚上6点。第二天吃完早饭，姑姑就骑电动三轮车送我去上班了。

清晨的第一件事是打扫卫生以及检查滞留的货物，打电话催收件人来取件。很多天没取的快递会另外放在前台下的柜子里。老板娘给我讲解了站点快递架的分布位置，以便我能迅速地找到货物。她还给了我一个手机，里面有两个应用软件，分别用来查找小件和大件货物。顾客来的时候我询问他们的手机号码后四位，在应用软件里输入四位数字便可以查到对应货物的取货码，然后再询问收件人姓名看是否准确，让收件人在运货单上签字，把快递放在扫描机上扫描即可出库。除了我以外，这天只有一个姑娘在帮忙，另外几个女生开学了。她的家在牛庄，每天骑电动车来上班。我问她今年几岁，她说18，但看起来还要更小一些，已经不上学了。在清晨8点到10点这段清闲的时光，老板娘会叫她去邻居家取点新鲜的辣椒或去镇上买菜。老板和另一位男性员工去宝丰县拉货了，8点出发，到10点多才会回来。

不同于城里的快递站，乡镇的快递站是处在一个熟人网络中的，邻里彼此熟悉。偶尔有同村的熟人会亲切地喊姑娘小妮儿，让她回家时帮忙把快递放在村口的商店。有天早晨，一个阿姨来帮儿子找工作，想问问快递站的工作怎么样。老板娘开始倒苦水，大意是收入还不错，但工作辛苦。老板娘店里需要好几个人手，比较想招力气大的男生。他们可以承包给对方儿子一部分业务，最好能先来干一段时间试试。在聊天的过程中我听到了熟悉的名字，说明各村之间的信息联系还是很密切的。除了这家快递，我去别的快递站时，他们的邻居会热情地招待我，夸站主为人善良。这种熟人之间的亲切感在中老年人身上更明显，他们对人际关系的维持会更看重，年轻人则相对冷漠一些。

快递站最辛苦的工作是卸货。店里每天去进两次货，上午中通，下午圆通。上午的货物多一些，大概800件，下午大概400件。货物首先要卸到屋内，按大小件排列到不同的货架上，然后用手机软件扫描货架上的条码，再扫描货物上的条码，根据顺序在货物上标记数字，程序会自动将生成的取货码发送到收件人的手机。每个快递公司都有自己专门使用的应用程序，在提供便利的同时，也相当于远程监控和管理，一旦入库或者取件出现问题，就要对快递站进行罚款。除此之外，快递迟到、丢失或破损也会遭到收件人的投诉，这些也往往需要快递站承担罚款。快递公司有时会通知快递站更换软件，这会导致工作人员熟悉的工作流程被打乱。那天午饭迟迟没有做，大家都在饿着肚子进行入库。据说他们已经更换过很多个软件了。由于快递包装比较脏而且少有时间打扫，快递站的卫生条件不太好。冬夏都要开窗供人取件，存不住空调的冷暖气。机械化的工作单调乏味，来取件的人络绎不绝，手机的快递软件需要来回切换。总体而言，在快递站工作是比较消耗精力的。

老板和老板娘为什么不选择其他工作呢？大概是因为这个工作能赚钱而且离家近。这个快递站本来用的是自家的房子，随着规模的扩大才在这个交通更便利的地方租房，但租金相对城里要低很多，上下共100平方米。他们的儿子正在读初中，如果安稳上公办学校，基本上不花钱。镇上的物价低，一件夏天的衣服二三十元，秋冬的外套四五十元，不比网上贵多少。在饮食方面，羊肉汤算是最贵的，一碗十元。若买菜，30多元就能买四五天的食材。他们其实不需要承包这么多的工作量，所以才希望转手出去一部分吧。这附近的村子基本没有"空心化"的现象。附近的工厂少，很多年轻人虽然出去打工，但由于交通便利，快递方便，加上市里的房价高，大家很难在城市立足，很多年轻人还是选择在村里安家。村里很多房子都是翻修过的。正因为如此，村庄依旧保持着生机与活力。

四、快递与电商扶贫

承包制的快递站没有能力和电商合作，因为他们处在快递链终端，寄件成本太高。只有京东等快递会和电商合作，清凉寺村的汝瓷、韩庄的秋月梨、承接自宝丰县的渔具产业等都是成功的电商案例。尤其是汝瓷，自从2000年发现汝官窑遗址后，清凉寺村发生了翻天覆地的变化，村民们搬进新村，真正实现了乡村振兴。村中有汝瓷企业、小作坊近百家，从业人员600

多人，年产汝瓷30多万件（套），年产值两亿元，这是产业由地下煤炭资源转型为地上文化资源的模范案例。大营镇电商办公室和电商产业孵化中心主要就是在运营汝瓷，希望通过直播的方式把汝瓷推出河南，推向全国甚至全世界，让大家了解汝瓷的真正原产地、历史和艺术特点等。村里还成立了汝源文旅产业有限公司，采用"党支部+汝瓷协会+电商直播+个体作坊"模式，把村里近百家作坊和公司整合，统一采集和运输，进一步降低了快递成本，提高了村民的收入水平。

李文驿村也有一家汝瓷企业，其发展依靠着临近清凉寺村的区位优势。村中也有家庭在种当地特色的秋月梨，依靠充足的地下水资源，产品味道极好，但是不成规模，只在村中或者镇上售卖。村政府进行过一些电商扶贫的尝试。例如卢东亮作为县里的科技特派员，来到李文驿村进行了桃树和大球盖菇的种植，前者是与村中种植桃树多年的村民合作，但本地的桃子味道并不算好；后者是在县道两旁的绿化树木下进行林下种植。大球盖菇8月种植，11月出菇，天冷休眠，次年2月至5月继续出菇。平整土地、田间管理、采摘成菇等都需要大量劳动力，为附近村民提供了就业机会。科技扶贫要与市场结合在一起才算到位。李文驿村在种植大球盖菇之初就与县里一家公司签订了协议，出菇后由对方负责收购和销售。村里更广阔的构想是扩大大球盖菇种植面积，将其作为村中的特色产业与电商合作，获得更大的市场。但这个项目由于试验田的种植效果不理想而夭折了。

李文驿村几年前就建立了电商服务中心，电商服务中心的工作是开网店，收购村民的农产品在网上售卖，或者帮助村民在网上买东西，类似于快递站。但是这个服务中心在两年前就关停了，如今是一家汽车公司。因为这个电商服务中心并没有合理的规划和投入，利润较低，在经营中遇到了很多困难，所以店主只能暂时关闭了业务，希望未来有大学生或其他精通电脑的人才与他合作。店主的文化水平不高，他将运营电商简单地理解为坐在屏幕前传输图片。村政府称，明年将在村委旁边建设一个电商服务中心的大楼，全力支持乡村电商的发展，但是运营的产业内容暂时还是个未知数。村里曾针对一项收益高的农副产品进行技术革新和推广种植，但由于大家一哄而上，市场上的价格也从十块钱一斤跌至一块钱一斤。也许电商可以进一步发挥李文驿村的交通优势，扩大原有的市场，使得大家同心协力，走上共同富裕的道路。

乡村抖音

(2022年)

抖音平台助推乡村经济发展

——河源市紫金县蓝塘镇乡村抖音的发展现状调研报告

◇ 杜安生 [哲学系（珠海）2019级本科生]

作为一款非常受欢迎的音乐创意短视频社交类应用软件，抖音自2016年9月20日正式上线以来，深受人们的喜爱，如今已成为大家记录美好生活的重要软件。由于抖音具有时间成本低、参与门槛低、泛娱乐化等特点，近年来，"玩抖音"已成为广大人民群众喜闻乐见的娱乐方式之一。据抖音官网的统计数据，抖音日活跃用户最高位从2018年的2.5亿迅速增长到2022年的近7亿。同时，平台用户量巨大、用户活跃度极高的特点使抖音平台的影响力与日俱增，目前仅国内入驻抖音的政府机构和媒体数量就超过500家，央视新闻、人民网等"大咖"都赫然在列。

抖音如旋风般吹进千家万户。笔者的家乡，地处山区的广东省河源市紫金县蓝塘镇也不例外，不少乡亲都已成为抖音的忠实用户，大家不仅喜爱"刷抖音"看别的用户发布的短视频，而且还会积极主动地参与到短视频的拍摄和制作中去。抖音已然与山区人民群众的日常生活息息相关。在乡村生活中，抖音除了作为乡村人民休闲娱乐的"生活调味剂"以外，如今甚至对推动乡村经济进一步发展发挥着越来越重要的作用。例如，很多乡亲表示，受到新型冠状病毒感染疫情的影响，乡村经济遭遇了巨大的挫折和挑战，原有的产销方式难以为继，让他们的生活受到影响，而通过使用抖音平台扩展销路，他们的生产生活逐渐好转了。可以说，抖音平台成了不少蓝塘镇人民走出疫情黑夜的一盏明灯。

鉴于此，笔者本次前往河源市紫金县蓝塘镇，对乡村人民使用抖音的情况进行调研，一方面是希望能对目前山区农村关于抖音的使用现状形成更直观全面的认识，另一方面是希望能对抖音推动乡村经济发展这一主题进行更深入的探讨。本次调研从2023年1月15日持续至2023年1月20日。笔者在走访和调研中发现，抖音助推乡村经济发展的主要方式有：通过抖音平台有效整合乡土资源、展现乡村风物多元价值、展现乡村特色农产品牌、带动乡村群众就业、帮助乡村人民增收、等等，笔者将在下文以案例的形式进行呈现。

一、蓝塘镇概况

作为广东省省定中心镇和全国重点镇，蓝塘镇自古以来就是粤东地区的商贾云集之地。该镇位于紫金县西南部，距县城47公里，至惠州80公里。全镇总面积301.9平方公里，下辖26个行政村和1个社区。根据2020年第七次全国人口普查的数据，蓝塘镇常住人口为50974人，在全县16个镇中，人口数量仅次于紫城镇。一方水土养一方人，蓝塘镇被玉带般的秋香江贯穿，人杰地灵、人才辈出。例如，2007年的深圳首富林立先生就是土生土长的蓝塘人，其父曾在蓝塘镇政府部门工作；曾任海南省军区司令员的黎仕林将军以及民国时期的边塞诗人、爱国志士邓缵先等都是蓝塘镇人才的杰出代表。

蓝塘镇镇内基础设施、通信网络完善，水力资源和矿产资源丰富。近年来，随着工业强镇战略的有效实施，蓝塘的工业经济得到了迅速发展。例如，广东立国制药有限公司总部于2010年7月从深圳搬迁至蓝塘镇（图1），经过十多年的发展，已成为全世界产能最大的头孢呋辛原料药生产企业，产品远销亚欧非市场，早在2018年该药厂的年销售额就已突破5亿元，是名副其实的河源市纳税大户。位于蓝塘镇产业新城南环路南侧1号的河源德润钢铁有限公司同样是河源市内的名企之一（图2）。

除此之外，蓝塘镇物产也极为丰富，主要名优特产有春甜桔、蓝塘土猪、竹制品、竹壳茶等。蓝塘镇还是紫金县乃至河源市最大的春甜桔种植基地和开发中心，2007年被评为"春甜桔技术创新专业镇"，同年被省委、省政府授予"文明镇"称号；蓝塘土猪则是国家级畜禽保护品种，荣获"最具魅力土特产"称号，在2013年入选"广东十件宝"，远销全国各地。目前，蓝塘镇政府正积极全力打造国家级"蓝塘猪"保种基地、省级"蓝塘猪"特色产业基地。此外，蓝塘的竹制品生产历史也十分悠久，其产品工艺精湛，花色品种繁多，主要有梅花角筛、四头角盆、多角花篮、十头钱萝和鸟笼等30多个品种。近年来，蓝塘镇扎实推进农业结构优化调整，镇内有县级农业龙头企业6家，致力于依靠科技进步，同时充分根据市场需求及变化趋势不断推出多样化和优质化的农产品。

图1　位于蓝塘镇的广东立国制药有限公司总部

图2　位于蓝塘镇的河源德润钢铁有限公司

二、蓝塘镇人民对于抖音的使用现状概述

在本次调研的准备阶段，笔者首先准备了一份《蓝塘镇居民抖音使用情况问卷调查表》（见附件1），调查问卷的主要内容包括以下几个方面：蓝塘镇抖音用户的性别、年龄分布情况，蓝塘镇抖音用户每天使用抖音的时长及偏好，蓝塘镇抖音用户对抖音的评价及感受。

调研第一天的清早，笔者带着500份《蓝塘镇居民抖音使用情况问卷调查表》，骑自行车从麒麟酒店出发，途经蓝塘社区、元吉、河塘、博雅村、建联村，挨家挨户发放，直至傍晚时分才发放完毕。在问卷调查表发放的整个过程中，笔者跟接受乡村抖音调查的各位老乡约定于1月16日回收调查表。

在回收调查表并对调查结果进行统计和分析后，笔者对蓝塘镇人民使用抖音的现状有了一定的了解和认识。

根据问卷回收的结果统计，受访的男性中有75%的人会使用抖音，受访的女性中有60%的人会使用抖音。

在受访的使用抖音的人群中，18岁以下的用户占35%，18～44岁占25%，45～59岁占24%，60～74岁占13%，75～89岁占3%。据此我们可以推测，使用抖音的用户群体中，青少年和中年群体相对更多，抖音并不仅仅是青少年群体休闲娱乐的阵地，同时还是中年群体休闲消遣、积极活跃的重要平台。

在抖音的使用时长方面，受访的使用抖音的群众中有30%的人每日使用抖音的时长为2～3小时，44%的人每日使用抖音的时长为1～2小时，21%的人每日使用抖音的时长为3～4小时。据此我们可以推测，蓝塘镇居民每天花在抖音软件的时间相对较长。

使用偏好方面，使用抖音的受访群体中，90%的人在看到感兴趣的抖音视频后会与其他用户互动，45%的人会模仿跟拍，60%的人会在抖音直播间购物，55%的人会在抖音发布自己拍摄和制作的短视频。由此我们可以推测，蓝塘镇抖音用户在抖音平台的活跃度较高，且除了看其他用户发布的视频以外，还热衷于逛抖音直播间以及自己创作短视频分享到平台上。

在对抖音的评价方面，使用抖音的受访群体中，73%的人对使用抖音的整体满意度为"非常满意"，80%的人认为抖音有助于改善和提高自己的生活质量。笔者对这一群体进行了进一步采访，了解到他们认为抖音在"帮助他们调节心情、获得快乐""帮助他们看到更广阔的外部世界""帮助他们通过抖音直播推销产品"等方面帮助他们提升了生活质量。

在对抖音的满意点这一问题中，有40%使用抖音的受访者认为抖音改善了自己的生活。笔者对这一群体进行采访，了解到他们认为抖音在"提供一些生活实用视频""帮助自己暂时忘记现实的不快、调节心情"和"通过抖音平台创作激励、直播销售产品获得经济收入"这几个方面帮助他们改善了生活。但是也有26%的受访者认为抖音最需要吐槽的地方在于有部分人"为了博取眼球拍摄低俗视频误导年轻人"。

从以上收集的数据我们可以推测，蓝塘镇居民对抖音的使用现状大致如下：蓝塘镇居民中已有很大一部分青少年和中年群体成为抖音用户，且大部分用户每天会花费1～3小时的时间在使用抖音上，同时蓝塘镇抖音用户在抖音平台的活跃度较高，对抖音的功能与作用（尤其是在调节心情、增加收入两方面）也相对满意。

三、抖音助推蓝塘镇经济发展

在对问卷进行分析后，笔者对于蓝塘镇居民使用抖音的情况有了一定的了解，且注意到蓝塘镇居民认为抖音不仅能丰富他们的精神世界、帮助他们调节心情，还能帮助他们推销产品、增加收入。笔者对此感到好奇，于是走访了几位通过运营抖音账号致富的蓝塘镇乡亲，借此探究抖音何以助推蓝塘镇经济发展。

（一）新农人借抖音平台整合乡土资源，展现乡村风物多元价值

笔者首先探访的是一位被蓝塘镇乡亲亲切地称为"后生农民"的新农人飞哥。笔者与飞哥说明来意后，他非常热情地接受了笔者的采访。飞哥告诉笔者，他在蓝塘镇出生、长大，父母都以务农为生，因此他从小便在田地里

成长、玩乐，与蓝塘镇的点点滴滴有着深厚的感情。在大专毕业后，飞哥到外地找了一份建筑工作，攒下了一笔积蓄，他生活的转变发生在2021年的春节。当时飞哥的父亲生病住院，每天都有一些飞哥从小认识的农民叔伯来探望父亲。飞哥在与他们交流的过程中了解到，现在蓝塘镇的很多田地都已经撂荒，很多年轻人都觉得留在乡镇务农不仅辛苦乏味，挣不到什么钱，尤其是这几年受到疫情的影响，很多农产品销路不畅，令很多农民都觉得务农生活难以为继。看到家乡的田地被撂荒，心里十分惋惜。这时他想起自己过去在抖音看过的视频——几个大学生模样的年轻人向大家介绍什么是互联网时代的新农业和新农人，认为新农业和新农人或许可以带动家乡农业发展。

于是，飞哥首先上网搜集资料，认真研究了一番"新农业"和"新农人"的概念、定义和方法，学习了全国各地的优秀案例，然后带着自己这几年工作攒积的积蓄返乡创业，做蓝塘镇的首位"新农人"。飞哥告诉笔者，他之所以选择抖音，正是看中了抖音平台的影响力和粉丝的活跃度。他返乡创业后的第一件事，就是开设了自己的抖音账户，在账户上定期更新家乡风光、美食，销售家乡农产品。

飞哥还说，"旧农人"和"新农人"最大的区别就在于，前者面朝黄土背朝天、两耳不闻"田外事"，后者却能灵活有效地利用当前的互联网整合乡土资源。笔者对此非常好奇，便问飞哥如何借助抖音平台整合乡土资源。他回答道，自从开设了抖音账户、不断更新关于自家在蓝塘的家乡土鸡养殖基地的视频后，有不少抖音用户刷到他的视频，其中便有镇上一些其他养殖场的老板，并联系他寻求合作，希望能扩大养殖规模、一起用现代农业科技打造新时代智慧农业。此外，一些专门从事农业产业运营的投资者也找到他，希望和他合作，把蓝塘镇荒废的田地利用起来，打造"依托蓝塘镇健康食材供给和原生田园乡旅环境的大型农旅产业基地"。根据他们拍摄的视频，这一产业基地在旅游旺季时能吸引河源市区的人们前来体验田园生活和农家乐，在旅游淡季和其他日常时间则培育符合"药食同源养生理念"的家乡营养绿色健康农产品。依托抖音平台，他们可以改变以往的产销模式，去除中间环节，直接连接消费者，进而根据消费者的需求专门生产纯天然绿色无公害的专属农产品。

总之，抖音平台展现了整合蓝塘镇的其他产业资源的潜力，在帮助飞哥

展示乡村风物多元价值、扩展销路的同时，为蓝塘镇实现农业振兴贡献了一份不小的力量。

（二）抖音直播带动乡村群众就业增收

在探访了飞哥后，笔者第二天就去拜访了蓝塘镇上一位颇有名气的女老板唐姐。唐姐在蓝塘镇开了一家服装店和一家私房烘焙店。唐姐告诉笔者，她第一次知道抖音是缘于一次偶然的机会。2020年2月，唐姐的小孩玩起了抖音，吃饭走路都抱着手机看个不停，于是她在好奇心的驱使下，也下载了抖音尝试玩一玩。在这个过程中，唐姐敏锐地注意到有不少电商在抖音平台进行直播销售商品，而且销量惊人。当时正值疫情期间，唐姐家的服装店和私房烘焙店的生意都大受打击，十分惨淡，唐姐无奈之下只能把店里几位得力能干的店员全都辞退。尽管如此，她的店铺仍然入不敷出，每个月的铺租、水电费都是一大笔费用，店里的营业额却始终上不去。在那段时期，唐姐每天都焦急忧虑，不知该怎么办。正是在这样的境况下，当她看到抖音电商直播后，立马意识到自家的店也可以通过抖音直播进行销售。

紧接着，唐姐就开始认真地了解了抖音直播的有关程序和要求，并在2020年4月的一个晚上开始了她的第一次直播卖货。唐姐说，她记得很清楚，当时直播间只有十个人，尽管如此，她还是非常高兴，因为在疫情期间，每天到她店里的客人都不足五人，而在抖音开直播不到十分钟便有了十位客人。于是她十分珍惜这十位潜在客户，极力向他们推销自家的衣服，当晚就成交了三件。唐姐说到这里眉飞色舞，仿佛又回到了那个令人兴奋激动的夜晚。自那以后，唐姐就每天坚持不懈地在抖音直播卖货，她的直播间人数也越来越多，有时一场直播会有500多人同时观看，店里的成交额也不断上涨。渐渐地，唐姐发现她的工作量逐渐增大，这让她有些力不从心，于是她联系了之前在店里工作过的店员们，重新聘请他们回来工作，甚至继续招聘比原先更多的店员帮忙直播。

唐姐告诉笔者，抖音电商直播在疫情期间真的帮了他们这些小微企业很多很多。店里的员工也感叹道，如果没有抖音电商直播，他们可能至今都还在家待业。唐姐的故事让笔者体会到，乡亲们借助抖音平台实现了就业和增收，也实实在在地提升了生活的幸福感和满足感。

（三）抖音助推形成乡村特色品牌

在调研的最后一天，笔者探访的是在蓝塘镇经营一家烧鹅餐厅的老板永叔。永叔在蓝塘经营烧鹅餐厅已经有20年，他花费了半生的心血和努力将这家店由原先几十平方米的快餐小店发展成了如今一百多平方米、菜式多样的餐厅。

当笔者问起永叔抖音是否对他产生经济上的影响时，永叔十分激动地告诉笔者，抖音带来的影响非常大。除了提升销量外，他更是借助抖音平台成功地推广宣传自家餐厅品牌，使"永记烧鹅"成了蓝塘特色的乡村饮食企业品牌。具体而言，在2020年6月，永叔开设了自己的抖音账号，并开始在上面更新自家餐厅的菜式产品，有时还会拍摄一些有趣的视频段子。经过一段时间的运营，抖音号的粉丝数量从几个人增长到七百多人，这让"永记烧鹅"的名声传得越来越广。永叔说，很多客人一开始并不知道有"永记烧鹅"这间餐厅，大多是在刷到了永叔的抖音视频，以及看到了粉丝们在视频底下的好评之后才专门前来"探店"品尝。那些觉得味道不错的客人还会继续在抖音上免费为"永记烧鹅"做宣传。由此，"永记烧鹅"逐渐成为蓝塘镇的特色餐饮品牌，甚至吸引了市区和其他镇的人慕名前来品尝。

最后永叔感叹道，抖音平台给他们这些乡村企业带来了巨大的商机，其中最为关键的是它帮助乡村企业形成了自己的特色品牌。"牌子打响了，才会不愁销路。酒香也会怕巷子深，抖音就是帮我们这些山区'卖酒的'吆喝，让全国各地的人民群众都能闻到'酒香'、都能有机会品到'美酒'。"

四、总结

经过此番调研，笔者不仅对蓝塘镇的抖音使用现状有了一定程度的了解，而且对抖音推动乡村经济发展这一主题形成了更为深入直观的认识。在笔者看来，蓝塘镇应正确运用抖音，最大限度地发挥抖音涉及面广、关注度高、传播速度快等优势，让其为蓝塘镇的经济发展做出更大的贡献。例如，

目前蓝塘镇的蓝塘产业新城的规划总面积达18平方公里,招商引资工作任重而道远,此时如果蓝塘镇负责宣传工作的部门可以联手招商引资主管部门,巧用抖音开展有关招商引资的宣传推广和资源整合,那么便能事半功倍。另外,相关政府部门还可以从物质上、精神上鼓励蓝塘镇的广大抖音达人制作更多有创意的、有关招商引资题材的抖音视频,比如每年年底进行一次"年度最具影响力十佳抖音直播作品"评选,并对获奖作品进行表彰和奖励。笔者还认为,在举办招商引资签约的现场大会上,主管部门可以邀请蓝塘镇的抖音"大V"们前来进行直播,以进一步扩大蓝塘镇的知名度,从而推动蓝塘产业新城的建设和发展。

除此之外,蓝塘镇的乡镇企业也可以积极尝试抖音直播带货,以转变传统经营方式。宣传、招商、市场管理等职能部门也可以通过举办乡村抖音直播培训班等方式鼓励个体、民营企业大力开展抖音直播,从根本上促进蓝塘镇广大个体、民营企业从业人员真正掌握做好抖音直播的要领,从而提升直播效果,为2023年蓝塘镇的社会经济发展开好局、起好步打下坚实的基础。

附录 《蓝塘镇居民抖音使用情况问卷调查表》

1. 您的性别:
   A. 男　　　　　　　　　B. 女
2. 您的年龄:
   A. 18岁以下　　　　　　B. 18岁至44岁　　　　C. 45岁至59岁
   D. 60岁至74岁　　　　　E. 75岁至89岁
3. 您是否使用抖音:
   A. 一直在使用　　　　　B. 使用过,但已不再使用
   C. 没有使用过

4. 您每天使用抖音的平均时长：

   A. 1小时以下　　　　B. 1小时至2小时　　　C. 2小时至3小时

   D. 3小时至4小时　　 E. 4小时至5小时　　　F. 5小时以上

5. 当您看到感兴趣的乡村抖音视频时您会：

   A. 点赞　　　　　　　B. 评论　　　　　　　C. 转发

   D. 跟拍　　　　　　　E. 下载　　　　　　　F. 收藏

6. 您会在抖音直播间购物吗？

   A. 从不会　　　　　　B. 偶尔会　　　　　　C. 经常会

7. 您会用抖音拍视频并上传吗？

   A. 从不会　　　　　　B. 偶尔会　　　　　　C. 经常会

8. 您对抖音使用的整体满意度：

   A. 非常满意　　　　　B. 基本满意　　　　　C. 一般

   D. 不太满意　　　　　E. 非常不满意

9. 您认为抖音对改善和提高您的生活质量有帮助吗？

   A. 有　　　　　　　　B. 没有

10. 您对抖音的满意点：

    A. 抖音让您改善生活

    B. 抖音让您了解不同的人和自己感兴趣的事

    C. 抖音方便分享视频到其他社交平台

    D. 抖音方便参与热门话题讨论

11. 您认为抖音最需要吐槽的是：

    A. 为了博取眼球，专门费尽脑汁拍低俗的视频

    B. 有些三观不正的抖音达人通过发抖音视频误导年轻人

    C. 讨论热点话题时，因彼此的看法和立场不同而恶语相向

乡村与抖音

——那些不被看见的孤独与欲望

◇ 盛情诗［哲学系（珠海）2020级本科生］

  元旦的第二天，我在医院里照看住院的奶奶。睡梦之中我听见一阵奇怪的声音，睁开眼睛一看，奶奶竟然在刷着抖音，那奇怪的声音就是她手机里的歌曲。我觉得既无奈又好笑，便轻轻拍了一下她，才发现她也已经睡着了，只是手机一直还在重复播放一个视频而已。于是，我便把手机拿开关上了。翌日，我提醒奶奶要在睡觉前关上手机，而且不要那么晚了还看手机，她嘴上答应着，却又在夜里看到了凌晨一点多。从家里收拾东西来医院的时候，奶奶还特意嘱咐我把她的手机充电器带过来，她说："看不了手机太难受咯。"我知道，奶奶已经是一个"网瘾老人"了。

  我的姥姥也是这样。舅妈给她买了一个智能手机，并在老家装上WiFi之后，从前只对打牌感兴趣的姥姥也迷上了抖音。我们也因此调侃这些老太太的时髦可爱，我弟弟甚至在我重复看一个视频的时候会说一句："咱就是说，你这是跟咱奶学会了是吧，就是一整个爱重复播放？"弟弟的语言体系深受网络"热梗"的影响，三句话不离网络用语。奶奶和姥姥她们在短视频世界里收获的究竟是什么呢，或者说，短视频能够带给她们什么呢？在互联网技术高度发达的现代社会，算法不可避免地对我们进行分析与分类。每个人都能有自己的标签和所属群体，在群体之中，我们感受到安全与和谐，所以几乎不会耗费精力和时间去关注几乎不会推送到我们手机上的人群。然而，我们需要看见他人，因为他人就是我们。当听着弟弟用抖音上流行的说话方式跟我讲话的时候，我不禁想到，在我和弟弟所处的相对大众且主流的群体之外，我的奶奶和姥姥她们又在经历着怎样一番虚拟和现实之间的碰撞呢？再宽泛一点，那些最不容易被看见的乡村群体中的个人的情况是如何的呢？

一、当老人在看抖音的时候，他们在看什么？

从2022年初的一份报告中我们可以看到，截至2021年12月，我国60岁以上老年人上网人数达1.2亿，普及率为43.2%。这一数据在近年的增速尤为快，自新型冠状病毒感染疫情以来，老人上网人数增加了至少一倍。疫情时期出行所需的健康码、通行证让不少老人用起了智能手机，而手机App所做的适老化调整也让更多老人选择使用手机进行娱乐。农村地区的老人也是如此。在我的家乡，疫情防控期间需要用到核酸码和健康码的时候，很多老人也经由儿女的帮助配备了智能手机。一开始，奶奶只对接打视频电话感兴趣，几乎每天都能接到来自三个姑姑的视频电话。透过屏幕，奶奶看见了远在异乡的姑姑们，看见大姑姑家的小重孙，看见早春时节就已经穿上了短袖的在广东的二姑姑，看见了三姑姑家里漂亮的店铺。奶奶说："怎么不早点给我安上视频呢？那我不就早能天天看了吗？"

其实识字不多的奶奶一开始连微信都用不来，我们花了很长时间才教会她用智能手机接打电话和及时充电。当时奶奶的主要娱乐活动还是出去串门儿聊天以及看电视。有一天，奶奶看见身边的好朋友玩起了抖音，便走过去一起参与，两颗灰白色的脑袋就这样紧紧挨在一起看抖音上的视频。奶奶回来和我说："我在那里面看见你妈了，你妈在唱歌呢，就是那声音不像她的啊，咋回事啊？"彼时我刚刚高考结束，在家没日没夜地玩手机。我打开抖音跟奶奶说，这里面还能看到您二侄女呢，还有前面那谁谁。听到我这样说，奶奶便立马让我给她也下载抖音。我帮她装上以后，奶奶便开始起早贪黑地刷抖音。

新奇的娱乐方式让奶奶惊喜不已，甚至不用我怎么教，她很快就领会到了抖音的玩法，手指往上滑的瞬间，又一个新鲜有趣的视频便已经在等着奶奶了。当然，那些基本上都是比较吵闹的有趣的视频。由于奶奶听力不好，因此她要把手机音量调到最大才能听清，也因此，她手机里不断传来震耳欲聋的《酒醉的蝴蝶》《你是我的爱人》等歌曲。奶奶的全部注意力都被抖音

吸引走了，电视也不看了，她觉得电视剧耗时太长，不如看抖音。一开始，奶奶在抖音上最喜欢看的是爸爸、妈妈和姑姑们上传的视频，他们出游聚餐的视频都被奶奶来来回回看了好几遍。她在姑姑们的视频下评论了几朵鲜花，却被姑姑的好朋友们的评论挤到了最下面。她有点郁闷地说："这样你姑姑还能看见我的小花吗？"时不时刷到某个很久不见的老友或是亲戚奶奶时，她便会念叨半天："哎呀，我就说她跟那个男的过不久"，或者是"看看，他小舅这孙子，咋胖成这样了，以后说老婆都难咯"。由此可见，抖音已成了奶奶获取新的聊天素材的主要途径。奶奶和大娘们在聊天中谈及在抖音获取的资讯，便能快速地得知彼此熟人的近况。在家乡这个熟人社会里，抖音又提供了一个虚拟空间里熟人社会，人们通过互联网仍然能够知道你的生活发生了怎样天翻地覆的变化。

抖音作为近十年发展得最为迅猛的短视频软件，自然有它的过人之处。它能够吸引老人的原因，除了上面所言的方便亲情沟通以外，它快速高效的内容更迭方式、简单易操作的使用方法以及精准的推送都进一步激起了老人们进行娱乐的欲望。不同于年轻人对新奇原创的追求，老人们的娱乐需求只建立在很基础的视听体验之上。他们看到花花绿绿的画面、听到情意直抒的歌曲，就会无比喜欢。

奶奶偶然刷到网友发出来的回忆往事的老照片时，也回忆起往事，想起了之前她和爷爷还有陈爷爷陈奶奶结伴去黄山游玩的事："山特别高，特别好看，都是松树，爬山爬得累死人了。我们还去山下的土菜馆里吃那种特别大的老鼠，都给我吓死了。"我一边听着她讲的故事，一边看着她拿出来的封皮都卷了起来的相片，相片上四个中年男女正站在一块大石头的旁边。年轻时的爷爷们意气风发，笑容满面，奶奶们穿着漂亮的白色衬衫，一大把头发随风飘散着。"你们好漂亮啊！尤其是您，太好看了吧！"我感叹道。奶奶满是皱纹的脸上显出一丝羞涩，好像又回到了40年前。奶奶说陈爷爷是我们这边方圆几十里内最帅的小伙子，谢霆锋比之都略有不足。但是，时间是最狠心的，意气风发的男人们都已离开人世，美丽的女人们在岁月流逝中感受着苍老的残酷。陈爷爷早已过世，陈奶奶搬去了大儿子那里，爷爷也已经离世快6年了，所有奶奶熟悉的人和物都在慢慢离去，只留下奶奶自己还留在这个几乎没什么变化的小村子里。

像我奶奶这样的留守老人在我国农村数量达到了1600万，他们有些夫妻相守扶持，有些人能感受到的却只有寂寞。或许和我奶奶一样，他们身边也有很多好朋友、好邻居，但是他们被越来越苍老的身体束缚住了外出的脚步。抖音带他们看到了自己思念的家人，领会到了陌生人的幽默和善意，回忆起了自己的青春岁月。但这只能稍稍缓解他们的孤独。

我的奶奶今年已经80岁了。由于在老家务农收入不高，我父亲和姑姑们都选择了外出到沿海地区经商打工，一年之中最多只能回来三四次。我和弟弟去外地念书以后，家里更是冷清了不少。因为无聊、因为衰老，小小的一个手机成了奶奶的最佳伙伴。嘈杂的声音、杂乱的画面，奶奶却能看得津津有味，就像奶奶自己说的："能听个响就好啦！"我们所有人，不能都说成了互联网的受益者，但都能够有选择，我们透过短视频学习知识，看见远方的风景，交流着最新的流行语。但是对于我奶奶这样的老人来说，孤独和寂寞才是这纷繁互联网世界下的底色，昏暗的房间里，食指上下滑动之间，他们无神的眼睛直勾勾地盯着屏幕，一句"网瘾老人"的调侃里也有着心酸难过。或许，老人更多需要的不是互联网上的安慰，而是亲人最实在的陪伴。

二、乡村中年女人在抖音里构建一处生活的乌托邦

不同于爷爷奶奶们被互联网世界所忽视，我们父母辈的中年人如今是短视频平台比较重要的用户群体。中年人拍视频的滤镜、角度和背景音乐都有着如出一辙的模板，这种在年轻人看来有些"土"的视频有时也会成为他们"吐槽"的对象。颜色多样的大字体、花花绿绿的特效、美颜拉满的滤镜，这些构成了中年人记录心情的方式。他们的快乐惊喜、痛苦无奈都被投放在了互联网当中，等待着同龄人的夸奖和安慰，抖音对他们来说，确实如信息时代的乌托邦一样。

我的妈妈是家里最早玩抖音的人，她特别喜欢用手机拍短视频，逛街的时候拍，聚餐的时候拍，做饭的时候拍，穿了新衣服拍，做了新发型也要拍，和奶奶姥姥一起拍，拉着我们小孩一起拍。去姥姥家拜年的时候，妈妈把菜拍了个遍才让我们动筷子，表姐不免调侃："小姑的真实职业莫非是个网红博主？"我们听后都哈哈大笑，但过不了一会儿，姨妈和舅妈也都各来

拍了一遍。表姐跟我"吐槽",她感觉自己随时都能被我妈直播出去,被熟人看见了都觉得不好意思。我"悲催"地附和道:"来拜年的路上我妈和我们一起拍了三四个视频呢,用了非常夸张的滤镜。"说完我们便一起笑了起来。那天稍晚的时候,舅舅突然说舅妈她们太爱拍视频了,尤其是我妈,小孩的录取通知书都能发个好几遍。他有点生气地说道:"这像什么话,那么爱炫耀干什么?"妈妈听到后非常生气,但是并没有反驳他的责骂。在回家的路上,我就此事大声"吐槽"舅舅是个封建大家长,妈妈听着我的安慰稍微好了一点:"你教教我怎么把你大舅拉黑吧,我不想让他赞我了。"我立马答应下来,晚上看见妈妈的更新,点进去一看,果然是悲伤的文案加上不太明亮的滤镜,下面叔叔阿姨们的评论安慰应该让我妈的心情变好了一些。

  普通人能够了解自己的父母到何种程度?他们是我们最亲密无间的家人,是为我们辛苦奉献最多的依靠,是在我们面前收起了内心欲望的两个普通人,却又是和我们一样的普通人。以前总有人用妈妈"只吃鱼头"来歌颂伟大的母爱,在这样的话语中,母亲丢掉的是她的口腹之欲。我的姥爷听力不好,沉默寡言到如一个隐形人一样,因此长兄如父。我母亲小时候有一次和好朋友一起打扮得漂漂亮亮的去看电影,那个时候大约是十五六岁,我大舅看到之后,脸立马沉了下来,当着很多人的面把我妈拽出来之后大骂一顿,然后勒令她立即回家。彼时母亲刚刚萌芽的对于美的意识在这个意外之后所剩无几,她只能收敛起对美丽和自由的渴望,在长兄如父的威严下走过自己灰暗的青春期。就像那场没看完的电影一样,许多母亲们一直在渴望自己对美丽和自由的欲望被看见、被满足、被表达。这也是我的母亲后来20多年做的事情,她什么新事物都愿意学,喜欢美丽可爱的东西,愿意大声表达出自己的兴奋和难过。只是偶尔还会像那天一样,因大舅的一句严厉的责难,她好像又成了当初那个手足无措的小姑娘了。

  我妈喜欢在抖音上聊天交友、和姐妹们互动,现在还迷上了在直播间买东西。据我所知,像我妈这样的中年人在抖音上非常多,他们给抖音贡献了相当大的一部分流量以及销售额,抖音也成了他们重要的精神家园。

  不同于城市女性对先进的思想的快速接收和应用,农村妇女在自我表达这方面非常困难,她们甚至会给予自我更多的束缚。结婚生子以后,她们的社交活动被自动地收入到婚姻家庭里,她们能作为女性存在的空间越来越少。她们无法表达自己的欲望和需求，在长久的传统言论之下将想做的事缄默于心。而抖音虽然作为一个虚拟空间熟人社会的载体，却也正好为她们提供了一个相对自由的环境，可以尽情地展示和分享自己的心情，重新获得同龄人的价值认同。被我和表姐所调侃的浓重到夸张的滤镜和视频下同龄中年人们略显客套的赞美评论，却是妈妈们生活里重要的幸福感源泉。她们认真地选好最好看的自拍角度，让嘴唇变成鲜艳的红色，对着抖音里的观众唱歌跳舞，开心大笑。甚至有没有观众都不重要，重要的是，她们在欣赏自己，而她们每天的生活里也不必只围绕着老公孩子转。这是这个时代独属于她们的乌托邦。

三、通过抖音挣钱的年轻人

网红时代，仿佛每个人都很容易名利双收，抖音便是这样一个平台，上面拥有千万粉丝的草根网红并不少见，而那些有着几十万粉丝的小网红也能靠着流量和固定粉丝群体获得不菲的收入。在这次家乡田野调查中，我才发现我们村子里也有一个"网红"。

小婷是我表姐的初中同学，住在离我们家不远的地方。之前我只知道她很早就辍学外出打工。寒假的时候，我回老家吃席，两个中年妇女聊天的时候突然问我认不认识小婷："她们家在老家新盖了特别漂亮的楼房，又在县城买了房，她那个哥哥可是一分钱都挣不回家的。听说她两个侄子的生活费都是她管，你说她到底是在做什么工作的呀？"说完之后，两个女人暧昧地笑了出声，我对这种明晃晃地带着恶意窥探别人隐私的行为非常"无语"，说了句不认识就走开了。

我当然认识小婷，她和我表姐曾经还是很好的朋友，只是长大了之后才渐渐疏远起来。表姐和我说，她现在在抖音做网红，每天晚上直播，应该凭此赚了不少钱，"她一直长得很好看，你知道的嘛，账号粉丝也蛮多的。当网红可真舒心，轻轻松松赚大钱！不过她也真是个大孝女了，挣的钱都给她爸爸和哥哥了。"我猛然想起之前远远看过小婷的样子：当时她留着利落干练的齐肩短发，身上的大棉袄睡衣并没有使她显得臃肿，属于很上镜的美女类型，身边则跟着两个不到10岁的小男孩。

  我关注了她的抖音账号,成为她几十万粉丝中的一员。她平均一星期发5~7个视频,内容基本都是在室内跳抖音流行的舞蹈,每条视频下平均有3000多的点赞。她还经常在晚上直播几个小时,直播的内容就更简单了:做家务活、聊天和唱歌。她有不少固定的男性粉丝,他们会在每个视频下面点赞评论,赞美她的美丽可爱。她后来在她家院子里和我说,她觉得自己还挺有头脑的,她知道做什么会为自己吸引到更多的粉丝和流量:"搞清楚别人想要什么和我能给别人什么,这不是很简单的逻辑吗?"

  她神色飞扬地向我介绍道,抖音网红有一个独特的"金字塔",最头部的网红光靠商务和带货就能挣得比肩明星的钱,再次一点的幽默家庭类和颜值博主也能通过广告和直播带货实现流量变现,此外还有靠视频的热度挣钱的主播,而最底层的就是靠直播打赏挣钱的主播。直播的竞争也非常大,互联网上有很多画着精致的妆容却只能孤零零地呆坐在镜头前的主播们。相比之下,小婷还算不错,据她介绍,她每场直播除掉抽成都能赚一两千块钱。我在心里默默地算着她的年收入,不禁开始想象我的主播职业之路。我拉着脸说道:"可惜我长得不好看,不然我也去当网红咯。"当时我俩坐在她家的院子里,下午的阳光还很刺眼,她听到我的话,本来嬉皮笑脸的表情突然严肃起来:"你很漂亮,漂亮的人之所以漂亮是因为他们都知道自己漂亮。但是,不要把自己的漂亮用到做网红上。虽然我从来不觉得自己做这个工作丢人,只是你都上了那么好的大学,肯定会找到真正有价值且喜欢的工作。可不要学我,这行难得嘞!"

  早早辍学打工的小婷一开始干过很多别的工作,但在那些地方工作,她的美丽所能带给她的只有困扰。后来她的母亲去世,嫂子因和哥哥感情破裂而离婚远走,留下两个年幼的侄子。她突然意识到自己本来以为相当稳固的家庭其实很脆弱,家里的每个人都是摇摇欲坠地生活着。"不是我主动选择了抖音网红这份工作,是这份工作及时走向了我,而我恰好具备做好这份工作的能力",她和我这样说道。作为丝毫不了解互联网的普通人,一开始她根本意识不到自己和这个"大蛋糕"有什么关系,自己也能吃上一口吗?后来经过签约专业机构,她才找准定位,逐渐获得了粉丝和流量。

  "很简单的,你知道的吧?你肯定知道,网上需要高不可攀的高颜值美女供大家欣赏,那就更需要我这样看着没那么有距离感的美女让他们感到亲切。我美得越不高级、越不复杂以及越不昂贵越好,我的粉丝受众就是这样啊。"依照这套运行规则,她在视频和直播里穿的永远是最简单且修身的衣服,直播的背景甚至可以是农家院子,不用特意说什么有趣新奇的话题,即使不说话只做着手边的事情也没关系,因为让观众感受到亲切和无距离才是最重要的。小婷的工作当然也有很多隐秘的痛苦与无助,她说:"抖音上肯定有各种各样的奇葩,曾经有一个男的连上我的麦就破口大骂,什么难听骂什么。当然也有数不清的人给我发骚扰和人身攻击的私信,我当然很委屈,但还是不能说什么,你不能反抗,只能默默拉黑,没人想看这种闹剧。"这些来自千里之外的人的恶意其实算不上什么,老家周边的闲言碎语才让小婷困扰不已。

"身边的邻居总是在用不怀好意的目光看着我,他们应该都十分疑惑我一个年轻小女孩不出去打工,怎么还能赚到那么多钱给家里的,估计都已经认定我在干些什么不正经的工作了吧。"她有点愤恨地说道:"我可不在意,我又不想当什么圣女!"她说这句话的时候,头高高地昂了起来。老家的人大概对她就是有这样一种奇怪的感觉,既羡慕这样一个看似不通过知识或者力气变现却仍然能给家里买房的女孩,又痛斥她怎么能那么"不守规矩"做这种抛头露面的工作。在农村,许多人认为,女孩能给原生家里起到的作用十分有限,因为她们总要嫁人,一个家庭的发展和前景不能靠一个出嫁的女儿,所以对她们的投资是不必要的。小婷母亲生病去世花了家里很多钱,哥哥并不是个安分勤劳的人,不然她嫂子也不会就那样离开,估计所有人都以为这已经是一个农村家庭的死局,但是小婷就像天神下凡一样,撑起来这个家庭。她说:"你知道吗?我觉得我不用再生小孩子了,我已经在给两个侄子当了好几年的妈了。我甚至觉得,我还在给我哥当'妈'给他托底。我总是想这样不行,不能一直供养他们,但是我就是狠不下心来。"她的两个侄子上的是最好的小学,补课和课外兴趣班一个没落下,吃穿用度全部都由她一人负担,她生活中的大多数时间都留在城里照管这两个小朋友。这个年轻的女儿和妹妹把自己的美丽放置在大家的注视下,来换取供养家庭的金钱,她的父亲和哥哥会感激她吗?还是会为了邻居、亲戚的目光而为之感到丢人羞愧呢?而那两个小男孩,会感激姑姑近乎自我牺牲一样的付出吗?我不敢问出这些问题,一旦问了,她又能怎样回答呢?

离开的时候，小婷让我一定要好好学习，做体面的工作挣大钱。我很想和她说，根本不存在体面的工作，你本身就是一个体面的人，你做的就是体面的工作。关于女主播的传播学、社会学甚至心理学的分析多如牛毛，我无意在这里赘述小婷的网红工作背后的运行原理。我所关注的，是在那个封闭的村庄里，凭借自己的能力和优势已经可以看到外界的女孩，她抓住了抖音给出的绳索，将自己一家人一起拉出了贫穷这个泥沼，但也只能和这一家人一起留在方寸之间。甚至她自己也很难在那个环境下完成逻辑自洽，在别人的言语羞辱之后，也认为自己的工作不体面。

我希望她的所有付出都能得到应有的回报，她值得这一切。那个头高高地昂起来的女孩，嘴角飞扬的女孩，聪明无比的女孩，你真的很漂亮。

技术的迅速发展和应用重构了我们每一个人在社会中的意义和价值，短视频发展到乡村的时候，古老偏僻的小农社会里的人也会由此而发生一些新的变化。孤独的老人、艰难的中年人、无奈的年轻人，他们的目的各不相同，从短视频平台中所获得的也不相同。但是，短视频确实改变了他们的生活和习惯，一切都在悄悄地发生着变化，他们在尽力地感受和拥抱外面的世界。而这背后难以言说的孤独，终有一天也会被说出来。

参考文献

［1］张一璇. 劳动空间在延伸：女性网络主播的身份、情感与劳动过程［J］. 社会学评论，2021（5）.

"抖"然大热，"音"为有你
——看短视频如何送乡野小村"出圈"

◇ 王超伦（心理学系2020级博士生）

如果你要问河南省许昌市建安区今年最"出圈"的村子是哪个，那我肯定会自信地告诉你是刘王寨村。你猜这个答案是从哪儿得出来的？是抖音。只要你把抖音城市设置为许昌，然后搜索"刘王寨""河谷营地""沙燕"等关键词，一定会弹出一大堆关于刘王寨村有多少好玩的项目，哪个项目最好玩、最有特色的短视频。尤其是在今年过年前后的一个月，如果你在当地，打开抖音甚至都不用搜索任何关键词，随便划两下都能看到大量的关于刘王寨村的消息。

一、漫漫"出圈"路

河南当地有许多村落，为什么刘王寨村能如此"出圈"呢？这就要从2016年5月，许昌学院文学与传播学院王焱教授带领学生拍摄以美丽乡村为题材的微电影《颍河古寨》开始说起了。许昌市建安区榆林乡刘王寨村位于颍河之滨。颍河川流不息，像毛细血管一样将黄河的滋养输送给附近的村庄，河道内的风景美如画卷，让人流连忘返。在拍摄过程中，王焱教授一行发现天空中盘旋着一群飞翔的小燕子，它们欢快地鸣叫，轻盈的身姿更是为当地美景增添了几分悠然惬意。这一现象引起了王焱教授一行人极大的兴趣。他们经了解得知，颍河北岸有一处沙崖，上面有很多崖沙燕筑巢栖息。王焱教授又惊又喜，惊的是虽然崖沙燕分布于世界各地，每年也会有大量的崖沙燕往返于我国北方和东南亚，但它们对生存环境非常挑剔，完全意料不

到能在那里看到它们。从崖沙燕的名字我们就可以知道,适合它们生存的环境,至少得有"崖",得有"沙",更重要的是还得靠近水域。能同时满足这三个条件,且没有被人为破坏或污染的地方非常稀少。崖沙燕这种具有重要经济价值和科研价值的保护动物能够选择这里筑巢,说明这里的环境非常契合崖沙燕的需求。让王焱教授喜的则是满足这种条件的沙崖在颍河北岸绵延数里。虽说当时崖沙燕筑巢的崖壁只有数百米长,但如果精心呵护,这里未尝不可变成崖沙燕的一个大型栖息地。说到这儿我不免要自夸一下,这个非常稀少的满足全部条件的地方离我家只有200米左右,可谓是出门两步路就能到。好了,让我们言归正传,继续王焱教授的惊喜。

当王焱教授意识到这个难能可贵的地方亟须受到精心呵护的时候,他立马开始了后续的工作。2017年他联合许昌学院刘镭博士,在刘王寨村开展保护崖沙燕的活动。他们拍摄了一个宣传片,其中的《沙燕之歌》由王焱教授作曲作词,刘镭进行演唱。之后,当地的广播电台制作了广播剧《颍河沙燕》,呼吁人们关注许昌自然生态环境建设。中国美术协会会员王华女士也为身姿曼妙的崖沙燕泼墨挥毫,并在许昌举办了崖沙燕绘画展。在一系列活动的推动下,当地村民的生态环境保护意识逐渐觉醒并得到强化,崖沙燕巢穴得到了良好的保护。此后几年,崖沙燕的规模越来越大,但刘王寨村那时还没有真正地"出圈"。

时间线来到2019年。该年6月,中央电视台新闻频道《24小时》栏目用长达9分50秒的时间对刘王寨村村民自觉保护崖沙燕的行为进行了长篇报道。经过此次官方"盖章认证"之后,刘王寨村变得小有名气。当地政府也开始注入资金,大力保护沿河生态环境,相继实施崖沙燕湿地保护公园等项目。

行文至此,刘王寨村还没有和抖音产生关联。在把时间线继续往后推之前,我们先回顾一下从2016年王焱教授团队发现崖沙燕到2019年央视的报道这段时间所发生的事情。在这3年多的时间里,媒体的宣传、政府的投入非常多,但在让刘王寨村"出圈"的路上,总让人感觉少了点什么,给人一种出了又好像没"出圈",火了又好像没完全火的感觉,仍差一股东风。因此,当电视台的宣传过去后,一切又回归于平静。

时间来到2020年,此时以抖音为代表的各大短视频平台的触角伸进了各个乡村。人们会在空闲时间刷刷抖音，并在茶余饭后分享一下在短视频中看到的热点和"热梗"。一些新潮的村民更是开了短视频的个人账号开始记录和分享自己的生活。经过新型冠状病毒感染疫情之后，抖音等短视频平台在我们当地村庄的普及率已在80%以上，刷短视频不仅仅是人们的一种消遣娱乐，而且是人们生活中切切实实的一部分。由此，能让刘王寨村出圈的东风终于来了，前人点下的星星之火终于要在这个风口上呈现出燎原之势。在抖音普及以后，在上面随便搜一下刘王寨村，相关的消息隔着屏幕都能溢出来：网红要去打卡拍照，婚礼要去取景拍摄，更有甚者带着全家人一起，驱车几十里从市区带着烧烤装备到河畔烧烤，远离城市的喧嚣，享受悠闲的假期和天伦之乐……

如今，短视频发布者并不是为了"宣传"刘王寨村而拍摄相关视频，只是拍摄自己的所见所闻与所感所想，这是他们当前生活的一部分，也是他们向外界展现自己快乐生活的分享欲。到此刻，刘王寨村在当地才算是真正的"出圈"了。我们可以回顾一下从2016年到2023年这7年的乡野小村"出圈"路。一开始，王焱教授偶然发现崖沙燕，然后和刘镭博士一起对河谷崖沙燕进行系列宣传，接着是当地电视台的介入宣传和政府的资金投入，再然后是央视报道的推波助澜，到最后，有关刘王寨村在短视频平台四处开花。

其实，这一系列的事件可以划归为三个大的阶段：第一，以王焱教授等知识分子为代表的发起；第二，以电视台为代表的官媒宣传；第三，以短视频为媒介的自媒体多点传播。其实前两个阶段在本质上都是单点式的传播，这也是为什么在短视频介入之前刘王寨村一直不温不火的一个主要原因。王焱教授和官媒点了星星之火，短视频的东风一吹便成了燎原之势。抖音上显示的刘王寨村白天与晚上的盛况，让人很难想象这曾经是一个名不见经传的小村庄。如果不告诉别人它的名字，只看图片的话，别人可能会以为这是上海的南京路、西安的大唐不夜城、广州的上下九、成都的春熙路……这一切，抖音等短视频平台功不可没。因为自媒体的性质，使得信息的传播去中心化，可谓是从群众中来到群众中去，如果你没有被传播到，那么就把你变成传播的一部分。人人皆可抖音，万物皆可抖音，这当然也包括我的家乡，那个小村庄——刘王寨村。

二、路上好风光

既然刘王寨村在当地这么"出圈",获得这么大的流量,那么能否利用这些流量为这个村庄和村民做一些什么呢?这是心思活络的部分村民和村主任刘建伟最先想到的问题。新疆有阿力木,浙江有帅农鸟哥,这些在短视频平台上拥有数百万粉丝的乡村博主都为当地的经济增添了强劲的动力,拓宽了发展渠道。因此,如今刘王寨村面对的问题是怎样实现流量变现,怎样拉动新兴经济,怎样用变现获得的资金重新投入建设村子,让村子吸引更多的人,从而实现良性的循环发展。

本着"大过年的""来都来了""他还是个孩子"的"理念",刘王寨村的第一步计划是先让游客玩起来。"既然大家都来了,不能只看一看就走,至少得让他们参与进来,玩一下才行。"如此一来,村子才能增强用户的体验感,套用互联网词汇来说即"增加用户黏度"。一旦游客参与进来,他们又会通过抖音等平台发布视频,从参与者变成传播者。于是,村里开始发动群众集资筹备娱乐设施和项目,为此还成立了公司,所有参与前期投资的人都成为股东,颇有一种大干一场的气势。2022年底,村里所有的筹备工作都已完成,紧张地迎接春节假期的人流。一开始,所有参与准备的人都非常紧张,因为这个小村庄的村民世世代代都以农耕为主,没有任何经营娱乐业的经验。不仅仅是刘王寨这个村子,附近方圆几十里的所有村子当中都没有这样的先例。这个"乡村迪士尼"能否在这个春节一炮而红?这个问题的答案我们也在抖音上寻找过。随便截取几张抖音上各个来村子里玩的人拍摄并发布在平台上的短视频截图,除了能看到的网红小火车、沙滩摩托、水中竹筏、河道泛舟等,村里还有充气城堡、网红桥、玻璃栈道、水中翻滚等各种游乐项目。游客们玩累了还能品尝数不尽的各种美食小吃。

从这些盛况我们完全可以得出结论——刘王寨村的"乡村迪士尼"在这个春节爆火了。而这一切,抖音等短视频平台功不可没,其中的机制流程我们可以总结如下。

首先是前期的宣传。在各个娱乐项目立项前,项目负责人就通过自己的抖音账号发布了相关的消息。视频里配上火爆的音乐,再加上搞笑的情境对话,这宣传效果直接拉满。借助于大数据,广告传播变得又快又准,更重要的还是零成本。有几个项目的前期宣传我至今都记忆犹新。一是沙滩摩托。视频里一个乡村妇女开着拉风的沙滩摩托在陡峭的沙壁上攀爬，既刺激，又带着仿佛是受到了惊吓的大叫，玩得不亦乐乎，根本停不下来。这个视频迅速就在周边传开了。二是网红小火车。这种小火车老少皆宜，有个当地的网红就带着自己的奶奶来坐小火车，体验一把孩童的乐趣。当人们在视频里看到一群大爷大妈、叔叔阿姨坐在卡通的小火车上，欢声笑语乐得合不拢嘴时，他们或许会觉得来到了喜羊羊与灰太狼的青青草原。"他们安土重迁，他们日夜操劳，他们为了自己的儿辈孙辈奉献了大半生，而此刻他们快乐的像个孩子。是啊，谁还不是个孩子呢？"这一段文案配上温情的音乐，传播力瞬间提升许多。

其次是保持热度。当第一批人来体验过这些娱乐设施之后，他们会把自己玩耍的视频上传到短视频平台。如此一来就会有更多的人刷到相关的娱乐项目，并想参与进来。然后第二批传播带动第三批，这样持续下去，就能始终让刘王寨村这个"乡村迪士尼"的热度居高不下。真可谓是："抖"然大热，"音"为有你。

今年，刘王寨村虽说只是初试牛刀，但这初步的成功给了村民莫大的鼓舞和希望。原来村子里态度保守的那部分村民也放开了手脚，不再观望，开始参与进来。村主任刘建伟在股东群里鼓舞大家，接下来会进一步招商引资开发更多的项目，包括网红小火车、沙滩摩托、水中竹筏、河道泛舟等。村民的生活由此增加了额外的收入，而一旦规模继续扩大，当额外收入足够多的时候，他们便不再需要外出打工、每年面对亲子别离了。留守儿童、留守老人的问题也能迎刃而解。这是我对我们村未来美好的期望。但我们也不能盲目乐观，虽然如今有个好的势头，但这个势头能不能可持续地发展下去，还需要小心应对。这出圈路上的好风光，能不能做到风光无限好，还要看下一步。

三、风光无限好

如何让这风光无限好，我最担心的是以下两个问题。

第一个问题，是规模逐步扩大的商业化会不会破坏当地的生态环境？毕竟刘王寨村一开始得到大家的关注是因为崖沙燕在这里栖息筑巢。如果因为后续过度的商业化破坏了崖沙燕的生存环境，导致崖沙燕迁至别处，那就是舍本逐末、杀鸡取卵了。

针对这个问题，我建议"乡村迪士尼"项目可以继续进行，也可以扩大规模，但其占用的场地，一定要远离崖沙燕的栖息地，最好是当地能出台强制性的更细化的距离保障规定，任何商业设施都不能突破这个距离。此外，我建议刘王寨村成立一个崖沙燕湿地保护委员会，任何商业项目的开展都要经过该委员会的考核与批准。该委员会对崖沙燕湿地的保护要实现常规化、底线化，不能为了蝇头小利而丢掉了最根本的东西。此外，由于崖沙燕是迁徙类动物，一年中只有几个月是在这里筑巢栖息的，因此在崖沙燕来的几个月里可以关停一些可能会影响崖沙燕生活的商业项目，等到崖沙燕迁徙走了之后再重新开展。最后，我们要让村子里每个人都具有保护崖沙燕的主人翁意识，让他们知道为崖沙燕让利就是为自己让利。

那么，在这一方面，我们能通过抖音等短视频平台做点什么呢？我认为可以开设刘王寨村官方账号，定时在里面发布关于崖沙燕的动态，崖沙燕的保护知识，以及它们与村庄之间的互利关系。这既是传播平台，也是维护与教育的平台。

第二个问题，是当前的"乡村迪士尼"模式到底能持续多久？这样的经济增长方式会不会过于单一，容易使得人们陷入审美和娱乐疲劳当中？

对于这个问题，我的建议是在保留现有项目的基础上，继续探索新的经济模式，比如民宿经营。现在的娱乐项目由村集体主导，而民宿则是以一家一户自主经营为主，这会让村民有更大的参与感和动力。而且，目前的这些娱乐设施让游客玩一次便腻了，玩完当天就会离开。而民宿则可以让游客在这里待更长的时间，甚至比原来的时间成倍增多。如此一来，吃、住、游、行四点开花，将使村庄的经济创收方式不再那么单一。

但这也带来了另一个问题，即较为单一的游乐设施并没有什么特异性，凭什么可以让游客在这里住宿呢？这就需要打造除了玩之外的，其他吸引人们的卖点，例如开发自然风光旅游路线、历史人文旅游路线等。我们不能忘记这个小村子一开始就是因为自然风光好，得到了崖沙燕的青睐。因此，村子可以开发自然风光旅游路线。经过一定的规划发展之后，刘王寨村可以成为花海之村。河水潺潺、鸟语花香的美景会多么吸引如今严重内耗的现代人，到时候谁不想在花的海洋里住上几天？我们也别忘了许昌是历史文化名城，汉代的砖瓦片在田地里随处可见。刘王寨村距三国时期曹操练兵台所在地城上村只有约4公里。据村里老人所言，过去这里曾有"八里地斜店街"之说，即从刘王寨村到城上村是一条繁华的街道，据传可能是曹操麾下大将的行营或住所。对这些历史文化进行深度的挖掘和发扬，将又是刘王寨村吸引游客的一大法宝。因此，我认为抖音官方账号里可以发布一些村里的美景，开设历史文化小讲堂，寓教于乐，将村子所有吸引人的点都投入自媒体的传播中。

  最后，希望我的家乡刘王寨村在以后的发展中能越来越好，村民越来越富，环境越来越美。到那时候，不用我的介绍，你打开抖音刷一刷，就能看到我的家乡正在欢迎你来做客！

从北街村与抖音的结缘
看传统乡村与新型传媒的碰撞

◇ 何佩怡（哲学系2020级本科生）

引　言

2016年，抖音App问世。起初，没有多少人重视它的出现，它不过是万千新兴App中的一个，不过是众多社交软件的一种……直到它的存在与每个人的生活息息相关。短短几年时间，抖音便在全国乃至全世界火爆起来，因其内容的一应俱全与丰富多彩，它的用户几乎覆盖了所有年龄层，下至儿童上至老人，人们都可以在抖音中找到自己喜欢的内容借以消遣、打发时间。不知不觉间，抖音已经渗透进社会生活的方方面面，成为我们日常中的一部分。抖音的火爆程度也可以从它的影响范围中窥见一斑。一般而言，乡村接受新事物的能力较弱，但抖音在相对较短的时间便迅速充满了乡村的各个角落，成为当下中国乃至世界最火爆的社交软件之一。由此，我们可以看到抖音影响之深广。

以我居住的海南省海口市琼山区府城镇的北街村为例，我们村里的人无论老少，都或多或少接触过抖音，有的村民将"刷抖音"变成日常习惯，有的村民即使不"刷抖音"，也会被身边看抖音的人所"感染"，从而多多少少对抖音有些了解。就我自己而言，尽管我不看抖音，但我身边不乏喜欢"刷抖音"的亲朋好友，因此每当我假期返乡与他们团聚时，他们总会给我分享一些自己在抖音上看到的奇闻趣事，所以即便我没有抖音App，也不会对它感到陌生，这便是抖音的其中一个强大之处。

然而更令我感兴趣的是，抖音作为一种新时代的传媒工具，当它与传统乡村社会发生碰撞后，会产生出什么样的效果？换言之，当今快速传播、深入乡村的抖音会给乡村社会带来什么样的影响？基于对这一问题的兴趣，我利用今年寒假的时间，重新走进我生活了20年的乡村，通过采访平日里喜欢"刷抖音"的村民，具体探寻这个问题的答案。

一、乡村概貌与特色文化——红城湖与抖音的结缘

我的家乡北街村是一个普普通通的小村子，自20世纪60年代建村以来，北街村已经走过了约60年的风风雨雨。它的占地面积并不大，仅约有10余亩地，聚集着130多户人家。与几乎所有乡村类似，我的家乡也有许多经典的乡村元素，例如供奉着地方乡土神的庙宇，以及平日里供村民消遣娱乐的古戏台等等。然而，相较于其他乡村，我们也有自己的地方特色。我们村的西北角有个很大的人工湖泊，面积大概相当于中山大学南校区的英东体育场，被称为红城湖，是我们村的一个特色景点，在整个乡镇甚至海口市都颇有名气。湖中心还有座无人小岛，后来听村里的长辈讲述，早年这座岛是要被开发来接待一些外来游客的，只可惜当时红城湖的环境并不好，湖面上经常飘着生活垃圾，也鲜有人打理，所以游客渐渐稀少，以至于现在这座岛基本处于荒废的状态。这次寒假返乡，当我再次站在这熟悉又陌生的红城湖面前时，内心却百感交集。一方面，因为这是我从小长大的地方，所以我对这里很熟悉。但另一方面，尽管那座湖中小岛仍处于荒废状态，但我印象中的红城湖并非如现实那样荒凉。实际上，在我眼里，红城湖十分干净美好，特别是自从近几年政府加大力度推进改造红城湖项目以来，红城湖的景色日新月异。

某天我到红城湖沿岸散步，中途正打算举起手机记录一下红城湖的变化时（图1为笔者拍摄的红城湖），发现身旁有位大叔也正举着手机拍照，并同我拉家常道："你住这儿？"

"是啊，您呢？"我也边拍边问。

"我不住这，我是别村的"，大叔放下手机并跟我聊了一会，随后便将手机递给我，讲道，"（这是我）在抖音上看到的，没想到现在红城湖变化

这么大,越造越好看了。"

大叔给我看了一个抖音视频,里面的内容很简单,只是单纯地记录了红城湖的景色,但屏幕上的红城湖波光粼粼,颇有些岁月静好的意味,亦有种安抚人心的力量。

这令我有些吃惊,因为在我的印象中,抖音里大多都是一些快餐式的娱乐内容,没想到也会有人在抖音上拍摄我的家乡,拍摄我家的特色风景红城湖。这正好与我本次的调研主题相符,因而回到家后我就迫不及待地"就近出发",先从身边经常看抖音的亲戚入手,通过采访的形式了解抖音与家乡特色景点红城湖是如何产生交集的。

图1 笔者拍摄的红城湖

第一个受访者是我的小姨,她是一个"重度抖音爱好者",每日空闲时都会看抖音,偶尔也会在家族群里给我们分享一些自己喜欢的抖音视频。她跟我讲道,她非常喜欢在抖音上看一些本地消息甚至国际新闻,而在前者中她最关注的就是一些商品促销降价等与生活相关的资讯,以及本地的美景,所以抖音也经常给她推荐一些关于红城湖的视频。

我的小姨虽然学历不高,但特别善于思考(其实这点从她喜欢看国际新闻中便可见一斑),有时也会针对一些问题发表自己的见解,当她知道我在调查抖音与我们村生活的联系后便和我说:"这些视频最开始都是本地人发的,说实话,红城湖的变化真的很大!"说着便拿出手机给我看了一些她收藏的视频和自己拍摄的照片。

乡村抖音

"这些年抖音不是特别火嘛,很多人都在玩,所以他们最开始也只是想用抖音记录一下红城湖的变化吧。不过没想到后来这些视频在抖音上越传越广,一些外地人看到后觉得漂亮也过来打卡,然后继续拍视频发在抖音上,所以现在抖音上既有本地人分享自己在红城湖周围生活的视频,也有外地人拍的打卡视频。"这或许就是抖音与红城湖产生交集的缘起。

采访完小姨后的第二天,我又随机采访了几位村民,他们告诉我,他们平常下班后或者睡觉前都会看看抖音,并且已经养成了一种习惯,甚至稍有空闲都会忍不住拿出手机打开抖音,看得少的人一天也会刷3~4个小时,看得多的甚至达到7~8个小时。他们最开始也是根据自己的兴趣爱好来选择不同的内容观看,比如喜欢跳舞的会看舞蹈视频,喜欢运动的会看体育视频,而他们如果看到不喜欢的视频则会跳过,这样久而久之,大数据便会依据用户的喜好来推荐视频,因此每个人的抖音里风格都不一样。但值得一提的是,也许都是本地人的缘故,我采访到的村民大多都会在抖音上关注一些本地消息、新闻,例如他们偶尔会在抖音上看看《直播海南》(本地的一档民生新闻节目),关心一下家乡发生的事情。

而谈到红城湖时,他们也对政府推进的改造项目赞不绝口。我采访到的一些长辈是因为见证了红城湖这十几年乃至几十年的巨大改变所以对此赞叹不已,而一些与我同岁或是稍长我几岁的同龄人虽然没有亲眼见证这么大的变化,却也和我一样真切地目睹了红城湖越来越美的事实。其中一位姓高的村民和我说,她不但喜欢在抖音上看别人拍摄的红城湖视频,也喜欢自己拍摄短视频并分享到抖音。

她说:"我经常会'刷'到别人在红城湖拍的视频,比如一些跑步、健身的锻炼视频,当然也会有自拍视频。有时候看到他们发的视频,我自己也忍不住想拍点发上去分享。"当我问及她一般都发什么内容时,她笑着说:"因为我是一个'宝妈',所以一般除了拍一些普通的风景视频,还会拍拍自己在红城湖散步、'溜娃'的日常。"

在这次采访中,我印象最深的是与一位60多岁的林姓老人的谈话。之所以对此印象深刻,主要是因为我采访到的看抖音的人中只有她是老人,其余都是青年人或者中年人。实际上,经过这几天的走访,我发现,我们村中看抖音的人大多数都是年轻人和中年人,而这两个群体看抖音的比例基本持

- 871 -

平。相反，看抖音的老年人则比较少，即便是看也不会看太久。而由于老年人不像青年人或者中年人那样有工作，所以常常喜欢聚在一起聊天，因此我就好奇地询问了一下，除了林老之外是否还有其他与她年纪相仿的老人喜欢看抖音。林老先是回忆了一会儿，然后才回答我说，据她所知，我们村里看抖音的老人很少，而她自己也不像年轻人一样每天至少看3小时起步，一般一天只看半小时至一小时。正因她在受访对象中比较特殊，所以令我记忆深刻。除了红城湖之外，林老还和我分享了其他有关北街村文化的视频，例如极具地方特色的公庙。

"红城湖是我们村的一个名景点，抖音上拍它的人当然很多，不过我更喜欢看别人拍的我们村的公庙"，可能长者会更关心宗教信仰这方面的事情吧，我边听边点头，请她继续往下说，"我觉得除了红城湖，看一些（关于）公庙的视频也可以帮助别人了解我们村"。我深以为然，了解一个乡村的民间信仰对于了解这个地方是必不可少的。

由于我与林老交谈甚欢，所以我们聊的很多事情都超出了访谈的范围，期间林老无意间提及的一件事情令我十分在意，那就是我们村这些年的拆迁工作。

二、乡村大事之拆迁——与抖音的再结缘

大约六七年前，开发商开始在我们村征地。实际上，原本北街村的占地面积大约是二十余亩，前几年开发商征用了10亩地后，我们村才只剩下如今的十余亩地。因为开发商征用的土地原本都是一些住宅区，所以自然而然地，在征用区内的房屋便面临着拆迁。这样的拆迁对于村里的大部分人而言是美事一桩，因为每户人家都会根据实际被征用的土地面积获得相应的赔偿款和回迁房。具体而言，开发商会将征用区划分成两块，其中一块作为商用区出租给一些商铺，另一块则用来修建楼房（区别于之前的一家一户一平房，开发商建造的都是一栋栋高楼大厦，如此便节省了占地面积，所以这块区域仅占开发区的一小块）。房子建成之后，土地被征用的村民可以选择以低于市价的优惠价格购买这些房子，即回迁房。当然，村民们可以只选择赔偿款或者只选择回迁房，也可以选择按一定比例同时选

择赔偿款和回迁房。此外，开发商还会根据实际的购房数量与面积，给予选择购买回迁房的村民相应的补贴，让他们在房子建成之前暂时在外租房居住。

因为拆迁是我们村这几年的一件大事，所以基本上每家每户都对其非常关注，特别是最近这段时间，由于回迁房已经基本建成，因此开发商开始根据签署合同的时间让村民到指定地点填表登记、选择房子的位置（回迁房所属的楼栋与楼层）。

林老告诉我，她前不久就在抖音上看见了选房的消息，还顺便和我聊了一下拆迁过程中那些鸡毛蒜皮的趣事。由于林老他们家只拿了赔偿款，所以我没能进一步向她了解抖音上关于北街村拆迁选房的视频，但我们村里选择拿回迁房的人比较多，因此在访谈完林老并经她介绍后，我便很快又找到了几个可采访的村民。这些村民都购买了回迁房，少的一套，多的则有三四套，而且他们也都在抖音上关注过选房的视频消息，更有意思的是，其中一位还是视频的发布者。当时我正询问他们是否在抖音上看到过选房消息时，一名40多岁的吴姓村民先是"哈哈"大笑了几声，然后才说："你看到的视频不会是我发的吧？我之前去选房的时候在抖音上发过视频。"说罢他便拿出手机将视频找出来给我看。

这个巧合着实令我吃惊，于是我抓住机会继续向他询问当时发布视频的缘起与心情。

（因为）我（和开发商）签合同比较早，所以是最早一批选房的。当时选完之后就比较兴奋吧，而且最近也一直在玩抖音，所以第一时间就想到了拍视频发抖音，大概和你们年轻人出去吃饭先拍照发朋友圈是一个道理吧。再加上我们村也有不少人看抖音，我想着发上去后说不定能有人看见，也是为了提醒后面签合同的人要准备选房了吧。

确实如此，在吴叔叔之前，我采访到的村民要么是在抖音上得知的选房消息，要么虽然抖音不是他们的消息来源，但偶尔也会在上面看见相关信息。而另一位吕叔叔则告诉我："我平时工作忙，所以很难注意到这些消

息,要是没有抖音啊,我可能还要等到负责人按顺序提前几天给我打电话才知道要选房了,但这样的话就没有多少时间了解选房信息了,所以抖音对我来说还是很实用的。"

而拆迁涉及的除了选房问题之外,还有多余房屋的出租问题。一些村民选择了回迁房,另一些村民虽然只拿了赔偿款,但因为看重回迁房未来的经济价值,所以愿意自掏腰包购买开发商的回迁房,因而他们也都拿到了好几套房子。这么多套回迁房也并非村民自己住,事实上很多村民会将闲置的房子视作一个"投资项目",选择将它长期向外出租以获得稳定的经济回报。在没有抖音这种快速、高效的传媒平台之前,村里人出租房屋的办法一般都是通过熟人介绍或者在房屋附近张贴"小广告",相比于依靠网络传播,这种方法效率不仅不高且影响市容市貌,因此我们不难想象,抖音类的网络平台的大火对于一些村民而言算是福音。

我采访到的一位年轻的王姓村民和我说,因为他父母的文化水平不高,所以一般像选房、出租房屋这种家庭大事都需要他帮忙操办。而在北街村还没有拆迁之前,他们家出租闲置房屋的方式基本都是依靠乡里乡亲的引见,但这种方式具有很大的偶然性、不确定性与低效性。他们过去一间屋子曾闲置了大半年才找到租客入住,而在此期间应有收入的空缺对一个普通农村家庭的影响巨大。而开通了抖音账号后,他们只需要将想出租的房屋的相关信息罗列其上,便可以迅速地获得较多关注,可以说抖音带来的是更加快捷便利的生活方式。

王先生继续和我说:"我本来是不玩抖音的,但是听别人说抖音还可以用来出租房子,所以我才下载来看看,不过不得不说,用抖音出租房子确实简单方便,效果也比之前线下的好。"说着他又给我指了指附近依旧在施工的工地,又说:"你看,以后这些地方都是商铺了,到时候建成了,周围的经济肯定可以发展得很好,再加上我们村这么好的环境,还有这么美的红城湖,一定会吸引很多人。所以现在抖音上有不少人关注着我们村出租房子的信息,准备以后来我们村租房住甚至买房定居,这样一来,我们在上面(指抖音)出租成交的效率也高。"

三、总结：文化生活的"闭"与"开"，经济生活的"慢"与"快"

其实经过这么多天的走访调查，我也大概了解了北街村与抖音之间的关联。作为当下最火的短视频平台之一，抖音凭借着快捷高效等优势迅速占据了乡村市场，这对于我的家乡而言可谓好处多多。一方面，村民可以通过刷抖音联通世界，了解本村之外的奇闻轶事，也可以通过拍摄抖音视频感受生活的乐趣、丰富自己的精神世界。本地人还可以借助这一平台宣传自己的家乡，以家乡的红城湖、公庙等元素为素材，拍摄抖音视频推广北街村及其文化，外面的人便能借此了解我们的家乡，从而被吸引并前来游玩，抖音就这样起到文化传播的作用，成为文化沟通的桥梁与媒介。另一方面，村民们也可以通过抖音第一时间了解本地的相关消息，甚至作为消息来源发布视频，实现远程消息互通，让生活更加便捷高效，尤其在近几年我们村开展的拆迁工作，更需要这种快捷可靠的消息源。因此，抖音日渐成为我们村的"生活必需品"，即便一个人之前不玩抖音，可能也会像王先生一样因为某种需要而下载使用，或者是像我一样由于身边人的频繁分享而对其略有了解。在某种程度上而言，抖音早已扎根在乡村深处，早已扎根在村民的日常生活之中。

然而，在抖音风靡乡村之前，我们村其实是相对封闭的。正如前所述，红城湖刚建成时虽也有一些游客慕名而来，但后来也都因为环境问题而渐渐稀少，周围只剩下个别本地村民在散步。尽管后来红城湖的环境有了很大改善，但因为村民没有主动进行宣传的意愿，加上没有一个方便的渠道，所以红城湖的改变也只能依赖于零星的"口口相传"而被相对局限在了北街村这个地域之中。抖音则打破了这种封闭状态，开放的网络平台让北街村的人文风光更加真实地呈现在了大众面前，而村民生活分享类的视频客观上也能直观地展现红城湖的变化。自此，北街村丰富的文化生活不再仅仅是本地人的"自娱自乐"，更是面向大众的精神财富。因而，抖音除了可以让村民了解世界，也能让普罗大众了解乡村文化。可以说，抖音里有关北街村文化的宣传视频展现了当今互联网时代的开放性及其对于乡村的重大影响。在经济方面，也如前所言，在面对像拆迁选房、出租房屋这种事关整个乡村的大事件

时，抖音作为新时代的传媒平台，可以帮助村民快速方便地实现消息互通，以便他们更好地基于自己的切身利益行事。而相较于传统缓慢的获取信息方式，抖音的高效也令村民们的生活更加便捷，切实地令我们村的生活节奏由慢向快转变。

四、展望：基于抖音优势的再思考

尽管"扎根乡村"的抖音确实为我们家乡的文化和经济生活带来了许多好处，但是我也从中看出了一些问题。其实不管是文化层面的家乡宣传，还是经济层面的消息互通，抖音仅在"客观上"给北街村带来了积极影响。这就是说，村民不论是作为短视频的观看者还是拍摄者，他们对抖音的使用都还停留在一种"接受性"与纯粹"描述性"的阶段。例如，有的村民不过是将抖音作为在空闲时打发时间的"乐子"，仅单纯地观看视频而不拍摄发表。有的村民虽然会在抖音上发表视频，但也只是停留在记录、分享日常这样个人化的内容上。因而，实际上他们都没有真正考虑过，在纯粹的"接受"与"描述"之外，还可以利用抖音为我们的乡村做些更积极的事情。诚然，有些村民拍摄的关于红城湖和公庙的视频确实在客观上起到了宣传北街村的效果，又或者他们在抖音上发布的相关消息确实对北街村的拆迁等工作有着积极意义，但这些行为依旧是发自无意识的，而且发起者仅仅是松散的个体。他们并没有从整体上思考该如何利用抖音为整个北街村的宣传、建设以及发展做贡献，而是还停留在娱乐化、碎片化的信息接受与输出。然而，个人与乡村本不应是割裂的，我们生于斯长于斯，因而首先应该是以村民的身份存在于社会之上的，与乡村的关系也应该是"一荣俱荣"的，只有乡村发展好了，村民们才会生活得更有归属感与幸福感。

近年来党和国家高度重视乡村工作，如今国家也正大力推进乡村建设，党的二十大更是着重强调了乡村振兴的必要性与重要性，即"民族要复兴，乡村必振兴"，以习近平同志为核心的党中央也一直致力于打造宜居宜业和美乡村。而这些年当地政府在北街村推进的红城湖改造项目以及鼓励开发商开发建设北街村的举措，都是切实符合乡村振兴总要求、热烈呼应乡村振兴伟大目标的具体体现。而在此之中，抖音作为当下最热门的传媒工具之一，我觉得其可以被更加充分地利用起来。例如，我们可以鼓励村民在单纯地"刷抖音"之外，有意识地、自发地组织拍摄关于北街村文化或拆迁等工作的介绍视频，详细完整地宣传这些年乡村振兴的成果，或者借助这一平台广泛征集村民对于日后乡村建设的意见建议，以助力乡村发展，等等。我认为，如何串联传统乡村与新时代传媒以呼应乡村振兴、民族复兴与国家富强的时代要求，是接下来包括我在内的北街村村民需要思考的问题，也是未来打造宜居宜业和美乡村、实现乡村振兴需要努力的方向。

时代拂新风　抖音惠大洋
——以福建省莆田市大洋乡为例谈乡村抖音

◇ 李佳荷（外国语学院2021级本科生）

一、调查背景

笔者的家乡大洋乡坐落在福建省莆田市的一块小盆地上（图1），面积约4平方千米，是莆田山区中最大的平川。几千年来，人们在这片土地上辛勤耕耘，农业与手工业蓬勃发展，麦芽糖、枇杷等产品成为当地小有名气的特产。此外，大洋乡依山傍水，其旅游业也在近几年迅速发展。不论是极富历史情怀的闽中革命圣地，还是高耸入云的瑞云山，抑或是具有莆田特色的闹元宵，都吸引了许多游客。在新冠疫情期间，乡里的农业和旅游业遭受重创。在这种严峻的形势下，网络平台成为各种产业新兴的谋生之所，抖音正是其中冉冉升起的一颗新星，渐渐进入人们的视野，成为大洋乡的人们生活中不可或缺的一部分。

作为一款音乐短视频社交应用，抖音吸引了不少用户。早期的抖音并没有像今天这样广受欢迎，是在抖音团队意识到了短视频的潜力，并开始采用AI技术来为用户推荐更加个性化的内容后，它才开始蓬勃发展。如今，抖音推出了"抖音短视频计划"，鼓励用户创作短视频，并向用户提供更多的支持和资源。抖音也开始扩大其业务范围，推出了直播、购物等新功能，并向全球扩展其业务，进入海外市场。截至目前，抖音已成为全球最大的短视频分享平台之一，其月活跃用户数已超过10亿。抖音也不断优化用户体验，并扩大其商业化战略，如推出电商、广告等业务。本文主要通过问卷调研与实地调研的形式，对大洋乡中抖音的使用情况进行调查。

图1　大洋乡

二、调查内容

（一）概况：乡村抖音之风

本次调查主要针对大洋乡王山村的村民。在62位接受调查的村民中，使用抖音的比例高达96.77%（图2）。虽然抖音在中国农村的用户数量具体数据可能难以确定，但它在大洋乡确实广受欢迎，已经成为覆盖全年龄段农村村民的主要娱乐方式之一。调查显示，使用抖音的人群年龄分布相对集中在14~35岁，体现出抖音用户年轻化的迹象（图3）。

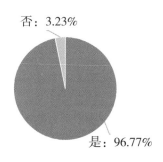
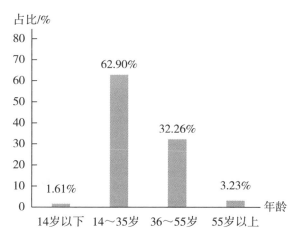

图2　受访者是否使用抖音　　图3　使用抖音人群的年龄段

在此基础上，笔者进行了进一步的调查和分析。根据问卷的结果，大部分村民已经使用了抖音两年以上,而且这些抖音使用时间较长的村民年龄段大部分都分布在14～35岁,而36～55岁及以上的人群几乎都是近两年才开始逐渐使用抖音(图4)。这种偏年轻化的年龄分布的形成,是由于年轻人接触新事物的渠道更多,能够在较早的时候就接触到抖音并开始使用。而在疫情期间,由于外出与娱乐活动大大减少,中老年人面临社交与娱乐不足的困境,因此才逐渐进入到抖音当中。

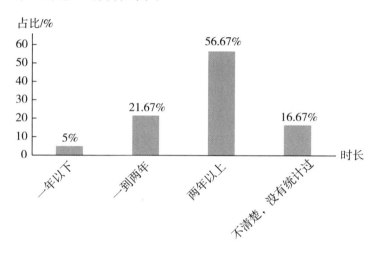

图4 受访者使用抖音的时长

问卷还针对村民使用抖音进行的活动进行了调查。调查发现,大部分乡村村民将其作为一种娱乐平台,在上面刷短视频、看直播。这一类休闲娱乐活动成为他们主要的使用目的。而且,每个年龄段的村民几乎都选择了这两种使用目的,而购物以及查找资料,则是相对年轻的村民的选择(图5)。另外,村民还会自己拍摄视频发布作品。(图6)

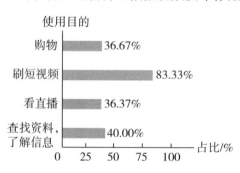

图5 受访者使用抖音进行的活动

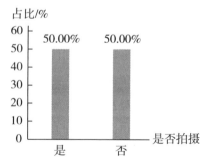

图6 受访者是否自己拍摄视频

从以上的统计我们可以大致推论，抖音在大洋乡的普及程度相对较广，使用抖音的人群年龄分布相对集中，使用抖音进行的活动种类多且以休闲娱乐为主。此外，部分使用者也会作为视频内容的创作者，发布相应的视频。由此而言，抖音已然成为一款风靡大洋乡的大众软件。

抖音之所以能够在大洋乡流行，很重要的原因是它满足了农村年轻人对娱乐、社交的需求。随着科技的发展，农业生产活动逐渐变得便利，大洋乡中以务农为生的大部分村民不再需要耗费一整天时间进行农业生产。因此，村民拥有了大量的闲暇时间。由于与外界的发展接触较少，乡村中现有的常住村民又较少，且多以学龄前儿童和老年人为主，村民的娱乐活动主要是偶尔的串门聊天和看电视。农村地区娱乐资源的缺乏导致许多村民面临着一些与城市村民不同的困境，如缺乏娱乐活动场所、社会交际受限等。在这种情况下，抖音提供了一种较低门槛的娱乐与交际方式，虚拟的社交空间使乡村村民在闲暇时能够消磨时间、表达自己，以一种轻松、有趣的方式与其他人互动，分享自己的生活、才艺，从而获得更多的认同感。在问卷调查中，大部分拍摄抖音的村民都选择通过拍摄自己的日常生活趣事以及家乡美景等内容来展示自己（图7）。这反映了人们倾向于通过分享自身的生活以获得网友的认可或互动，从而满足自己的交际需求。在这个过程中，网友的交际与互动也能带给乡村村民一种日常生活中由于缺少交际无法获得的自豪感和认同感。他们在平台上与其他用户的互动，如点赞、评论、关注等，能够获得社交反馈所带来的心理满足（图8）。这对于一些在农村地区社交受限的年轻人来说，具有很大的吸引力，也填补了满足老年人日常扩大社交需要的市场空白。而在这些使用抖音的村民当中，通过拍摄抖音进行带货宣传的群体相对较少，这说明抖音带给乡村村民的更多的还是娱乐与交际上的功能，涉及经济利益等的功能对大部分普通村民来说其实不那么重要。

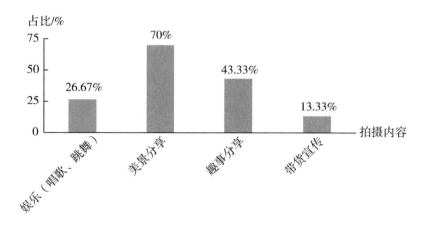

图7 受访者所拍摄的抖音内容

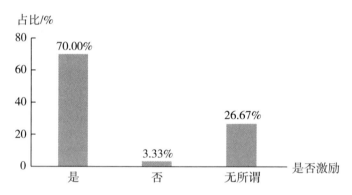

图8 点赞、评论等互动是否能激励受访者继续创作

从人类学的角度看,抖音通过让用户自由创作内容来吸引用户,这使得用户能够表达作为人的独特性,从而获得满足感,同时还能满足自身娱乐的需要。因此,抖音的娱乐、社交属性是其流行的原因之一。

在调查村民刷短视频的相关问题时,我们的统计发现,从总体上看,村民观看的视频类型遍及各个领域(图9),但从个体上看,不同的人所看的内容具有极大的个体特殊性。例如,在问卷中选择更多地观看"旅游攻略"的村民,常常也会选择"历史人文类";选择更多地观看"生活小贴士"或是"穿搭"类视频的村民,却基本不看旅游攻略与历史人文之类的视频。这一现象说明,同一个村民观看的不同视频种类之间具有很大的相关性。经过访谈,笔者发现,王山村的村民大多都不会使用抖音的"搜索"功能进行视频内容的检索。也就是说,他们所观看的视频几乎都是由抖音自行推送的。

那么我们可以认为，这一部分村民使用抖音所观看的视频类别实际上是由客观的视频内容引起的兴趣所决定，辅以主观爱好的选择。这一特征体现在抖音所采用的算法推荐机制中，他们观看的视频的相关性是通过抖音特殊的算法技术得出的。具体而言，抖音通过采用算法技术，分析用户在视频下的停留时长、完播率、爱好标签等，为用户推荐与其感兴趣的内容相似的个性化的内容，这使得用户能够更加容易找到自己感兴趣的内容，并在这一类的视频下停留得更久。此外，抖音的短视频模式也符合农村地区用户的注意力特点，能够更好地吸引用户的注意力，成功"占领"了人们的碎片时间。抖音还采用了音乐、美食、旅游等多种在农村地区普遍比较少见的元素，进而吸引到诸多好奇心强的村民，增加抖音的用户数。

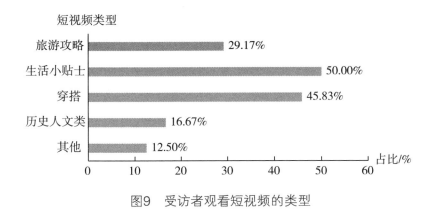

图9　受访者观看短视频的类型

（二）比较：软件应用对比

在实地调查中，笔者发现，许多年纪较大的抖音使用者能够较为熟练地使用抖音中的各种功能，但对于QQ、微信等社交软件并不熟悉。与抖音相比，QQ与微信在日常生活中作为交际软件的实用性更强，子女也更倾向于教老年人使用这一类便于联系的软件。然而，虽然QQ、微信中也不乏微视、视频号等短视频模块，许多老年人却仍然会选择抖音，甚至"无师自通"，自己学会下载、使用甚至拍摄视频。由此可见，抖音在中国农村实现了很大程度的下沉，其中原因或许有以下诸点。

首先，抖音与其他软件相比具有社交属性的差异。微信和QQ主要是社交工具，而抖音则是更偏向于内容的平台。抖音的社交属性相对较弱，用户可以在平台上观看他人的视频，也可以发布自己的视频，进行社交则一般是通过点赞、评论等不需要给予过多回复的方式，而且也不需要像微信和QQ一样需要维护社交圈子，通过聊天与朋友保持联系。加上大洋乡中的年龄较大的村民很多并不识字，这种社交属性的差异也有助于抖音吸引更多农村村民使用。

其次，二者在内容形式上也具有一定的差异。抖音的内容形式是短视频，而微信和QQ的内容形式是文字、语音、图片等，短视频比文字、语音、图片更直观、生动，更符合农村村民的口味和使用习惯，这有助于吸引农村村民使用抖音。针对这一点，笔者在村民中进行了访谈。72岁的范女士是典型的常住在大洋乡的老年人。她并不识字，因此在使用手机上具有一定的困难。她说，由于不识字，一般使用微信只是用语音和亲朋好友进行沟通，其他用途（如支付、刷朋友圈）几乎不使用。因此，她一天可能只会在固定时间浏览一下微信。但只要她一打开抖音就能够不断地刷短视频，其中缘由是抖音的内容主要由音乐和视频相结合，她不会受到不识字的影响，同时抖音是她观察世界其他地方的一个新窗口，因此她使用抖音的时间大大多于微信。

需要注意的是，抖音在作为社交娱乐软件的同时，还具有购物平台的性质。据问卷统计，与其他购物平台相比，目前有90%左右的村民更加愿意选择抖音进行购物（图10、图11）。这种差异是由不同的营销和推广策略带来的。抖音对于农村市场的开拓，采取了许多针对性的营销和推广策略。例如，抖音与部分农村电商平台合作，将农村电商的产品推荐给用户，帮助农村电商平台扩大知名度和销售额。抖音也鼓励用户拍摄当地的风景、美食、特色等视频，吸引更多用户了解和关注农村地区。

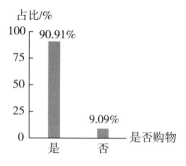

图10　受访者是否更愿意选择抖音进行购物

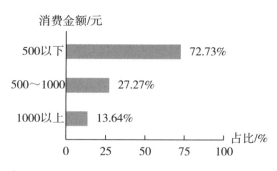

图11　受访者每月在抖音消费的金额

微信、淘宝与支付宝等支付或购买平台虽然拥有更广泛的功能和服务，但对于农村村民来说使用门槛较高，涉及实名认证、手机购物、转账等复杂的操作流程。并且，在挑选商品过程中，消费者一般只能通过自己阅读商品页面来获取所需要的信息，这种方式与抖音所采取的独特的直播带货、支付教学相比，对乡村村民来说太过复杂，一些老年人也常常需要等到居住在城里的家人回老家时才能学会。而由于能够直接听到讲解，人们在抖音进行购物时就能够实时获取产品信息，并且也能实时进行互动了解商品情况。

虽然有很大一部分的村民倾向于选择抖音进行购物，但其中不乏反对的声音。笔者对那些不愿意在抖音购物的村民进行了进一步的访谈。35岁的林女士认为，抖音的购物平台构建得不够完善。例如，从短视频进入购物时有可能会直接跳到直播间，在她并不想看直播的时候突然跳转进直播间，大大降低了她的购买欲望。另外，林女士认为直播间小黄车的形式过于花哨。在她观看直播进行购物时，界面常常出现点进小黄车商品链接显示没货的情况。但这一情况并不是真的没货，而是抖音小黄车现上架现拍的特殊机制。很多商家就是利用这一点，吸引想要购买的用户留在直播间，等待下一波商品上架，从而延长观众观看时长并从中获利。但这一做法对部分人群具有反效果。林女士说，虽然她明白再等待一会儿就能够有下一波上架的商品，但这种操作实在让人不适，对于她这种视时间如金钱的上班族来说更是如此。而传统购物平台一般都是标明库存，即见即拍，并且作为专门的购物平台，不会有跳转一类的情况发生，因此，传统购物平台仍然是她的网购首选。

（三）前景：乡村抖音之利

由上文可见，大洋乡村民使用抖音的基数大，使用形式丰富，因此具有了良好的发展基础。通过推广抖音的使用，我们在乡村中或许可以"一石激起千层浪"。因此，充分意识到乡村抖音之利，并让村民对其充分了解与利用至关重要。除了作为一种社交媒体娱乐平台，抖音在中国农村地区或许能够带来一些重大的变化，特别是与中国当前乡村振兴战略相关的变化。

1. 促进农村旅游

抖音以其独特的短视频形式，通过展示农村的风土人情、美食、景点等内容，能够吸引更多游客到访，促进当地的旅游业发展。近年来，不少农村旅游地都通过抖音等平台的宣传，吸引了越来越多的游客，为当地经济带来了一定的收入。大洋乡的著名旅游景点瑞云山，也在这两年开通了抖音账号，吸引了不少外地游客前来观光。村民反映，近几年以来，瑞云山附近的外地游客数量显著增加。而这一趋势同样也带动了大洋乡的发展。由于游客量的增加，景区不得不完善各项设施，包括周边的餐饮行业、住宿行业以及景区自身的安全设施修缮。作为大洋乡人，笔者亲眼见到，几年前只有木头护栏的、野山一般的瑞云山，在近几年逐渐发展成了具有铁护栏、索道、玻璃栈道以及其他各种有趣景点的规范化旅游景区。这一变化与瑞云山抖音账号的发展时间相符合，足以证明正是抖音吸引游客，从而敦促了景区的自我发展与改善。

2. 传承农村文化

抖音的内容贴近生活，许多用户通过拍摄当地的民俗文化、传统手艺等内容来展示自己，这也有助于促进当地文化的传承和发展。抖音的用户数量庞大，这为传统文化的推广提供了更广泛的平台。对于莆田人来说，闹元宵是一年中最大的活动。十里不同风，一村一习俗，大洋乡的元宵也有着其独特的人文之美（图12）。今年，已经停办三年的元宵活动复办，吸引了许多村民和外地人参与。因此，今年在抖音上出现了许多村民拍摄的大洋乡闹元宵相关视频，这样的视频在抖音上发布，展示在公众视野中，能够更好地展现大洋乡乃至莆田的传统民俗，吸引更多的游客对传统文化进行了解。

图12 大洋乡元宵活动

大洋乡作为闽中革命圣地，蕴含着丰富的红色文化。抖音中与大洋乡相关的内容，很大一部分都是关于红色文化的，这些视频通常都是由官方账号发布。官方账号发布此类视频，更容易吸引大众的目光，让大众更好地了解大洋乡的历史，同时也能够传递乡村正能量，不管是在乡里还是乡外，但凡看到抖音视频的人，都能够受到优秀文化潜移默化的影响。另外，我们通过抖音平台分享乡村人民的优秀事迹、社区志愿者服务等内容，也同样可以传递正能量，推动社会正向发展。

3. 营销农产品

抖音的短视频也为当地的农产品营销提供了新的机会。通过展示农产品的生产过程、质量和品种等信息，农民能够更好地推广自己的产品，从而增加产品的知名度和销量。"林大爷麦芽糖"等特色农产品作为大洋的土特产，在过去由于缺乏宣传，就连莆田市内也少有人了解，几乎只有逢年过节大家才会想着路过大洋乡的林大爷麦芽糖店随手购买一两包麦芽糖。随着抖音平台的发展，麦芽糖店也跟随潮流开通了抖音账号，在抖音上进行制作过程、文化传承等内容的展示，进而获得了极大的成功。之后，麦芽糖店不仅在莆田市内开起了分店，其产品更是通过抖音购物平台销售向全国各地。当地其他土特产的营销也大致与这样的发展过程相同，在这几年通过互联网平台扩大了销量。

此外，在统计村民观看直播的类型时，我们发现，大部分村民观看的直播内容都为直播带货（图13）。这说明，通过直播进行农产品营销也是一条能够极大地促进农村经济发展的路线。但在调查过程中，我们没有发现目前大洋乡有村民进行直播营销。但不乏有这一意向的村民，44岁的罗女士便是其中之一。她的家里有一片枇杷林，每到收获季节便将新鲜的枇杷包装成盒出售。或许是由于疫情原因，她告诉笔者，这两年的枇杷销量一直不是很好，往往会出现积压的情况，最后不得不拿去送给亲朋好友。因此，她正在考虑是否要开辟一条新的道路，即通过抖音直播来拓宽销路。

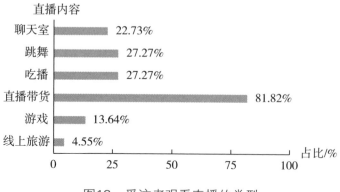

图13 受访者观看直播的类型

4. 创造就业机会

随着抖音在乡村地区的普及，一些从事内容制作、影视创作、乡村抖音电商等相关行业的从业者也在乡村涌现，从而提供了更多的乡村本土的就业岗位。这为一些年轻人提供了新的就业机会，同时也有助于推动当地的文化产业和新兴产业发展。

总之，抖音作为一种崭新的社交媒体平台，除了娱乐功能外，还有很大潜力可以帮助推动中国的农村地区实现更多的变革和发展。

（四）反馈：抖音使用建议

在大洋乡通过抖音促进发展的同时，大家看法不一，其中也有着不支持的声音。居住在王山村山顶的范奶奶今年91岁，她见证了大洋乡的兴衰，同样也见证了近几年抖音发展带来的变化。她表示，由于旅游业的发展，大洋乡每到寒暑假就会变得非常吵闹，过多外地游客的来访，甚至已经打扰到当地村民的日常生活。大洋乡的常住人口大多为像她一样的老年人，他们难以接受过多的外界打扰和吵闹。另外，抖音的发展还让她感觉到身边的人交流的减少。作为已经90岁高龄的老年人，每年她最希望的就是新年期间几世同堂共同欢笑，但由于她腿脚已经不便，一般都是小辈主动去房间找她聊天。而近几年来找她聊天的小辈越来越少，她偶尔走出房门看看，就发现大家几乎是一人一部手机刷抖音。因此，范奶奶并不喜欢抖音的发展，并给出希望能够限制抖音使用时间的建议。

除此之外，其他村民也给出了不少建议。一方面，大家希望增强审核，规范板块划分，以获得良好的使用体验，也能够避免年龄较小的孩子被不良视频引导。另一方面，许多村民意识到了在电商时代中农村与技术发展之间的关系，认为抖音有必要教大家入驻进行创业，并降低创业门槛，以帮扶资金较少的农村人创业，让农民真正通过技术发展富起来。

三、结论以及建议

抖音在大洋乡的发展为村民提供了娱乐交际的平台，同时也促进了大洋乡产业的发展以及文化的传承。可以说，大洋乡的进一步发展离不开抖音。留守老人和儿童通过抖音看到外面的世界，弥补心理的空缺，抖音也通过在乡村的推广，极大地增加了用户数量和用户活跃度。因此，抖音与乡村是相互需要、不可分离的整体关系。通过抖音，我们可以让世界看到乡村，让乡村走进世界，促进乡村与时代接轨，推动乡村创新。新生事物代表了事物的发展方向，符合事物的发展规律，能够适应当前以及未来的发展条件，因而具有强大的生命力和广阔的发展前途。抖音与乡村的结合发展，正适应了社会与互联网相结合的趋势，能够将乡村与现代社会紧密联结，是推进城乡发展一体化的生动体现，具有广阔的前途。笔者相信，乡村抖音的发展，定能够充分发挥"互联网+"的优势，让乡村进一步与时代接轨，推进乡村全面振兴，谱写新时代"三农"工作新篇章，焕发乡村新风。

乡村抖音：短视频构建了云端的偏远村庄

◇ 唐雅静（地理科学与规划学院2020级本科生）

一、记忆中的二官寨村消失了

二官寨村位于湖北省恩施市盛家坝乡，全村3000多人，都是土家族。几年前，这里的村民还是过着日出而作、日落而息的农耕生活。本地特色居所吊脚楼依山而建，村庄被清江支流纵穿而过，是都市人眼中的世外桃源。这便是我出生的小山村。2016年前后，二官寨被评为国家AAA级风景区，紧接着便修建了公路和现代化公共服务设施，外界的新事物如潮水般涌入这个曾经闭塞的山村，一切变得不同了。费孝通先生曾在《乡土中国》中写道："从基层上看去，中国社会是乡土性的。"他认为乡下人离不了泥土，终老是乡。不流动的特性也造就了乡村的熟人社会。但是中国的快速城镇化，使得乡村也流动了起来，年轻人逐渐离开乡村，只有老人和小孩留在村里，使得乡村步入了寂静。

我在2008年离开二官寨，到县城就读小学一年级。每年春节，我们一家都会回家乡团年。在最近的两三年，我发现，即使在春节，院子里的人都回来了，院坝里却也并不热闹，顽皮的小孩子不见了踪影，坐在门前闲谈的妇女和老人也少了。今年春节，我们家聚在一起时，只有中老年人依然你一句我一句地聊着轶闻趣事，年轻人则索性不参与，低头刷手机，做沉默的在场人。

二、采访：短视频席卷了乡村

趁着过年在家乡待的日子较长，我利用这次机会访谈了几位分别处于不

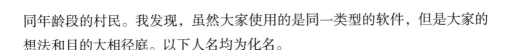

同年龄段的村民。我发现,虽然大家使用的是同一类型的软件,但是大家的想法和目的大相径庭。以下人名均为化名。

(一)王淇(15岁,男,初二学生)

王淇就读于盛家坝镇的初中。我们当时去他家拜年,他在我们进门时还躺在沙发上玩手机,但一看到客人来,一溜烟儿地跑进自己的卧室。他变得不爱说话了,也不爱动了,这是这几年我对王淇的印象。王淇读小学的时候,很爱说爱笑,爱表现自己,也很喜欢学习。我妈妈说,这个孩子怎么越来越没有灵气了?我的看法也是如此,感觉他的眼睛好像失去了少年该有的光泽。

王淇是留守儿童,上学时都寄宿在学校,只有放长假才回家一趟。他的父母均只有小学文化,养育了三个儿子,王淇排行第二。其中,2000年出生的老大早已辍学,和父母一起在浙江的一处渔场打工,王淇便只能自己照顾自己。他边刷着手机边说:"我习惯了,一个人也挺自由的。"我问他妈妈,为什么王淇害羞地躲到房间里去了。他妈妈对此并不在乎,说道:"管他的,只要他不走歪路就行。"王淇的手机是哥哥的旧手机,他的父母考虑到能方便联系,便把手机给王淇使用了。

"你无聊的时候会干些什么啊?"我问道。

"一般都是打游戏。因为周六、周日学校不上课,我又没什么钱,就在寝室里打游戏和看看视频。"王淇一边打游戏一边回答,嘴里偶尔还会冒出一些新兴的网络词汇。"抖音吗?我同学基本都在刷抖音,会发一些比较酷的视频,但很少发自拍。如果被朋友和同学看见了,很丢脸。"

"刷什么?"

"很多,但我看得比较多的是游戏视频,里面可以学到一些操作战术和技巧,其他的不太常刷,也不感兴趣。有时候QQ里的'小世界'也偶尔会刷一下,一些段子和土味视频挺搞笑的。"王淇回答道。

在整个聊天过程中,他表现得很不耐烦,貌似是我阻碍了他和同学的组队比赛。于是,我便识趣地溜出了房间。据他妈妈说,王淇上初中之后,就很少跟他们交流,他们也不知道王淇在房间里干些什么,但在他们看来,只要他在学校不惹是生非就已经很好了。他似乎代表了大多数这个年龄段的农村少年,他们对游戏上瘾,却对刷短视频不感兴趣。不过,他们认为抖音这样的短

视频能够给他们带来游戏的通关技巧,进而使他们能够依靠辉煌的战绩在同龄人中受到优待和尊重。另外,父母陪伴的缺失和在家中排行老二的尴尬境地,使得王淇更加愿意投入到游戏的世界中。快速、短时间的游戏娱乐能够给他带来刺激和新奇,这是一种学校和家庭都无法给予的愉悦感和安全感。

(二)康荣(30岁,女,乡村小学在编教师)

康荣是本村人,专科毕业后花了好几年备考乡村编制教师,终于在2022年考上,被分配到本村教学。过年时,我在她家过夜,我们围坐在火炉旁看电视,但这台电视更多充当气氛制造者,我们都没有认真在看。那时,康荣一边嗑瓜子一边刷手机。我靠近一看,发现她正在刷抖音,页面就是软件的推荐页面,好像正在播放一个搞笑视频。

"平时就是闲来无事的时候看一下视频,偶尔也会打打游戏,但是不会看游戏视频。我上班的备课任务也不是很重,我们这里也没什么可玩的,偶尔进一下城逛逛街。刷抖音可以看见好友的动态,也可以快速了解一下新闻娱乐、影视趣闻,不费什么时间。就是有时候会上瘾,可能会刷到凌晨两三点钟吧。我偶尔会发抖音,就是关于风景或者趣事。我不会发自拍,但是会用在抖音上比较火的滤镜妆容,还有流行歌之类的自拍臭美一下。这些自拍都不会发出去,只是自娱自乐,因为发出去的话,我担心会被熟人刷到,这样就会很尴尬。我挺多同事也在用抖音,也都是刷这些杂七杂八的东西,反正就是想刷点不用动脑子的东西。"

在跟康荣的谈话中,我得知了不过年时的二官寨村是很寂静的,没有可用于户外活动和娱乐的场地或设施,年轻人没有什么可以消遣的地方,只能投入到刷手机当中。这些短视频给人们带来的不仅仅是短暂的娱乐。康荣还提到,这是除了微信朋友圈外,另一个可以正常"偷窥"同龄人生活的方式。抖音上有一些同龄人的生活是她的理想,但是现实中她无法触及。因此她观看的同时,滋生了羡慕和焦虑等情绪,最终又无可奈何地屈服于现状。或许这就是许多乡村年轻人"躺不平"的矛盾状态。另外,抖音也参与到了康荣的消费中。康荣经常看抖音的直播,直播间售卖各种生活用品、服装、化妆用品等商品。康荣经常会参考这些直播的推荐或者抖音号博主的推荐,去直播间的链接或者在淘宝下单购买。她表示:"生活在这里,但还是想要跟上潮流，平时自己也没什么时间在这方面做研究，抖音上有现成的推荐，被吸引到了自然就会购买了。"

（三）英姐（50岁，女，农村家庭主妇）

英姐出生在另一个村子，二十几年前，她嫁到了这里，和小她两岁的丈夫成家，两人育有一女。女儿大学毕业后，英姐便不再出门打工，留在村子摘茶、种菜，丈夫则进城务工，半年回来一次。"我主要是无聊，出门又没有人跟我聊天，就想找个东西打发一下时间。我看我女儿在玩这个，然后看到村子里面很多人也在玩，于是我也下载来玩一玩。"英姐是典型的农村主妇，很淳朴，最初下载抖音就是因为好奇，以及想融入她姐妹的社交圈。英姐参加了村里的业余歌舞队。我妈有时候也会刷到她在抖音上发布的跳舞视频，视频里的她穿着传统的民族服饰跟着姐妹们排练，俨然是个年轻人，而不像是农村主妇。

"这个很好啊，我可以在上面发东西，什么都可以发，还有很多人给我点赞。我一般都是觉得生活里面有好玩的东西，就发到上面。另外还会发抖音新出的好听的歌曲，还有用新出的一些滤镜来自拍。我自己虽然不化妆，但是抖音可以给我化。"

说起这些，英姐神采奕奕。抖音好像给她平淡的生活增添了一些乐趣。英姐的抖音号昵称是她的真实姓名，背景墙和头像也是她的自拍。让我惊讶的是，在现实生活中普普通通的英姐，在抖音上却是个"网红"，点赞量4.8万，"粉丝"人数也接近5000人。对此，英姐很自豪，很高兴自己的视频有人观看。我认为，她这辈子很好地履行了作为一位女儿、妻子和母亲的责任，而抖音上得到的认可则使她少有地感受到了自己的价值所在。英姐在抖音上大部分时间都是在看熟人发布的视频，其中有一些很多年未见的朋友，也有近期一起跳舞的朋友。她说通过这些视频，不用打电话就可以知道别人最近在干什么，即使是互相点个赞也是一种慰藉，知道对方过得挺好的。相对而言，她并不清楚家里亲戚的状况，如果全家聚在一起，她除了问一些基本情况，开启不了其他的话题。抖音解决了她这种尴尬，她能够从抖音上了解各种信息，很快速，也很方便，操作起来没什么障碍。在她看来，抖音在一定程度上调节了她与家人的关系，增加了她与家人的共同话题。最

后,英姐的兴趣爱好也通过抖音得到了发展,她喜欢收藏一些舞蹈教学和做饭的视频。"我可以对着这些视频来学,教的动作也不复杂,学会了,我就拍下来发到抖音上",英姐这样说。显然,抖音让英姐拥有了可以随时分享和展示的平台,原本被家人忽略的感受和事情都可以一一发到网上,网友就会在评论区下方对英姐的视频内容给予肯定和赞美。而这些网友有的是熟人,有的是陌生人。与上述采访的两位年轻人不同,英姐更热衷于拍视频,尤其是自拍。她不觉得尴尬,她觉得很正常,认为大家都在发,为什么她不能发?

(四)伯伯(76岁,女,做了大半辈子的农村家庭主妇)

伯伯是我爸爸的大嫂。我的大伯很早便因病去世,留下伯伯和三个孩子。伯伯一个人拉扯大了三个孩子,他们长大后,都离开村里去了县城。伯伯因为不习惯城里的生活,便选择独自在村里的老屋生活。虽然伯伯已经年纪大了,但身体还很硬朗,每天仍然要出去干几个小时的农活。伯伯的智能手机是她的小儿子买给她的,家里的无线网则是大儿子找人办理的。怕老年人在家孤独,儿女们便在这部智能机上安装了抖音。这些信息都是我的堂哥,也就是我伯伯的小儿子告诉我的。

今年回去过节,伯伯正坐在沙发上,对着手机笑得合不拢嘴。原来她正在看《乡村剧场》,这是由一对年轻小夫妻自编自导自演的有关农村生活和婆媳关系等内容的视频。伯伯说,这些视频是她有空的时候拿来解闷的,加上自己这几年腿脚不太好,不方便出门,而抖音上能够刷到认识的人的动态,也不至于消息太闭塞。我问伯伯平时喜欢看什么内容,她说抖音给她推送什么就看什么,自己也不太会用这个软件。她一开始想发视频,但是年纪大了不太会拍视频,后来孙辈们教她怎么操作,她学会了,有兴致时就拍一拍。在伯伯抖音号的界面里,她没有设置昵称,但有个简介:"我是周老婆婆,欢迎你们给我点赞。"这是她的儿子帮她写的。伯伯不识字,发布的视频也大多以自拍为主。她对抖音并不上瘾,在我们谈话期间,也只是偶尔拿出手机刷一刷,相比起刷抖音,她好像更喜欢和我们一起聊天。但是她经常插不进话,也听不懂我们在聊些什么,只能默默听着。有时候,伯伯也会突然说道:"前几天,我在抖音上看到一个专家说……"或许在伯伯看来,抖音更像是一位学识渊博精通养生和医药的专家,她总是热衷于将她在抖音上学得的养生知识分享给她的小辈们。对于伯伯这样的独居老人,抖音是一个双向的窗口。一方面她可以作为观众轻易地克服身体衰老和距离等因素了解村里发生的大小事情,甚至可以通过直播参与村里的元宵活动。另一方面,她发布的视频也让在外的子女们都能看到她的状况,以缓解担忧和想念之情。

三、讨论:短视频流行于乡村的动因

就外在动因而言,费孝通曾在《乡土中国》中这样写道:"每个人都是他社会影响所推出去的圈子的中心。被圈子的波纹所推及就发生了联系。"每个人在某一时间某一地点所涉及的圈子不一定是相同的。在抖音平台上,个人的影响范围在看不见的数据算法的"大手"下,变得更加广阔了。实际上,这是技术进步下沉到乡村给村民带来的数字实惠。我国现有行政村基本上已经实现了"村村通宽带",当初闭塞落后的小村庄摇身一变也成了快速现代化的产物。但是,新事物并不一定就能受到村民欢迎,抖音此类视频软件的成功在于其亲民的特性。一方面,它的操作非常简单、方便,只需要手指上下滑一滑即可,以视听内容为主要形式也让许多文化程度较低的村民(例如我伯伯和英姐)能够顺利了解作品需要表达的信息,进而扩宽了受众范围。另一方面,二官寨村里的年轻人大都出门打工,早早接触到抖音此类的短视频软件,回来时则将这些软件"介绍"给留守在村内的小孩和老人。尽管这两个群体很大程度上是被动接受的,但抖音内容的丰富性和操作的容易性,使得他们能够较快接受。在此基础上,再辅以乡村熟人社会网络的助推,软件的良好口碑使其迅速席卷了整个村庄。但软件的快速流行,尤其在留守儿童中的盛行让我想起了我的表弟:因缺少父母教育和陪伴,以抖音和游戏陪伴来填补孤独和空虚。沉浸在这种快娱乐中,过早接触了成人化的世界,可能对他价值观和心智的发展产生一定的消极影响。遗憾的是,他的父母在经济重压下忽视了他的成长,他的哥哥便已经是"受害者"。

另外,在采访过程中,被采访人都透露出乡村生活的一大特性:无聊。换言之,乡村里娱乐活动和可供娱乐的场所设施非常少。前面已经提到,有

劳动力的年轻人倾向于在县城工作和定居,所以二官寨"空心化"和农村人口"老龄化"比较严重。单单为老年人举办的娱乐活动需要考虑的限制因素太多,而且在近几年来,受疫情的影响,居家已经成为常态,二官寨的娱乐文化活动也几乎停滞。这也为短视频的盛行提供了环境条件。

而村民思想上的变化也有利于抖音的成功,随着乡村的开放,生活在乡村里的村民思想也变得更加开放了。在这次春节回乡采访观察的过程中,我发现,女性尤其是40~60岁之间的女性更热衷于刷抖音和拍抖音。相较之下,男性使用抖音的时间并不多,而其他年龄段的女性也只是刷一刷抖音,并表示会羞于在短视频平台上表现自己。为什么会出现这样的差异呢?40~60岁这一年龄段的女性多是像英姐这样的农村家庭主妇,很少有做自己和被认可、被称赞的机会,她们也没办法拥有自己的兴趣和爱好,在现实生活中一旦做出一些"出格"的行动,就会被人说闲话。但"技术的下沉"给了她们展示的机会和空间。对抖音热衷的表现实则是妇女自我价值和理想的实现。妇女们以前被局限在厨房和农田里,但现在在短视频的加持下,这些空间又被赋予了新的含义,而由空间界定的妇女的身份也得到了新的转变,从"农村家庭主妇"变为了"独立自主网红"。妇女们拍摄记录生活的每一条视频都可以被保存下来,每一条视频被多少人浏览过、获得多少赞都会以数字的形式实时记录下来。而这些点赞和评论都会让发布者感到被认可的快乐,获得前所未有的成就感。由此,对抖音的使用在这一群体中形成了正向反馈。

除此之外,抖音的成功还有一个原因,那就是它更像是免费的生动的生活存档本。以前的拍摄更多是由专门技术人员来进行,记录生活需要的成本太高。而现在村民人人都可以成为拍摄者,成为自己生活的记录者。由此而言,抖音更多是作为村民生活的记录者、情感的寄托者,伯伯就有提到以前拍的视频中有些人走远了、见不着了,想念的时候翻开以前的视频看看,就是很大的安慰了。

四、总结与思考

从宏观层面上来看,抖音是中国乡村快速现代化、村民生活水平得到快速提高的产物。从微观层面上来看,抖音又充当着村民了解信息和外界了解村民的窗口。尤其是在疫情之下,由抖音构建起来的云端的虚拟的二官寨村仍然在活跃着,维系着人们的关系。抖音建立的是另一个意义上的乡村熟人社会,不同于实际乡村社会的等级化和群体化,抖音营造的这个虚拟社会更加平等化和个人化,每位使用抖音软件的村民都能平等地接收信息,创造具有个人特色的视频内容,打造自我主导的个性空间。

另外,在此次调研采访之中,我选择了四位不同年龄段的村民进行访谈,而从结果来看,抖音确实在他们的生活中扮演了并不一样的角色。抖音等短视频软件下沉到乡村、流行于村民的这种现象很难说是利大于弊还是弊大于利。但在村民的反映中,他们提到的最多的就是抖音的好处:可以作为他们的朋友,在孤独和无聊时给予安慰和乐趣。但流行之下的隐患在于乡村留守孩子的未来如何在抖音短视频中被保障?这是村庄和短视频软件初次接触时我们就应该考虑的问题,而现状则是抖音已经造成了部分乡村孩子的认知偏差。

乡村青年的婚姻

（2023 年）

白云村的青年婚恋那些事儿

◇ 李桐（社会学与人类学学院2021级本科生）

一、进入田野

白云村位于云南省红河哈尼族彝族自治州建水县岔科镇，是一个典型的山区村落，那里是我外婆的故乡（图1）。当我决定"回白云村进行调研"时，全家人都给予了我坚定的支持。在我的记忆中，我似乎从未在外婆家连续待过超过两天的时间。因此，对于我来说，这次不仅是陪伴外婆的宝贵机会，也是深入了解外婆生活的村子的绝佳时机。外婆家的三舅母、阿明表姐等人都表示会全力配合我进行调研工作。

图1　白云村风光

"那你打算调研什么呢？"亲戚们好奇地问道。

"乡村青年的婚姻。"我回答道。

在我回答的同时，在场的所有人都哄笑出声。他们预想的我的调研主题可能是经济、产业、乡村振兴、教育等方面，却没想到我要调研"乡村青年的婚姻"！这似乎是一个没有调研价值的东西，但事实确实如此吗？

还没等我想清楚，第二天早晨外婆家就被一件"大事"吵醒。消息是阿明表姐带来的——原来是大舅母的哥哥家的女儿结婚,却没请三舅一家去参加婚礼,甚至没请作为"亲家"的外婆,这几乎表示两家的"断交"。表姐说,今早她遇到的所有人都在问她今晚去不去做客(参加婚礼宴席),阿明表姐是三舅的女儿,当然也没收到结婚请帖。外婆、三舅母对此感到愤怒和无奈,之后只要有关系近的客人到家里,她们都要把这件事拿出来说一说,让客人评评理。在这里,青年的婚姻、婚宴酒席被视为两个家庭甚至家族维系关系的纽带,似乎又是一个重要的东西。

所以,乡村青年的婚姻到底重不重要?有没有被调研的价值?村里人如何看待青年的恋爱和婚姻呢?带着这些问题,我开始了在白云村为期半个月的田野调查。

二、青年人如何步入婚姻?

大部分情况下,在迈入婚姻生活之前,人们都要经历一段时间的恋爱。所以在了解白云村青年的婚姻之前,需要先了解他们的恋爱。当然,想要解决以上所有的问题,我首先需要找到白云村的青年。

8月,白云村的白天又热又晒。沿着贯穿全村的水泥路慢慢走,从人工湖走到白云小学,一路上能看到几个玩耍的孩子,还有一群在阴凉处打牌聊天的老人,就是看不到什么青年。青年人都去哪里了?"青年人都出去打工了,只有蓝莓地和葡萄地里还能找到几个。"外婆与我同行,解答了我的疑惑。

白云村推行"农业产业化"以拓宽"群众致富路",2015年开始便陆续引进葡萄、蓝莓产业,多家农业公司得以进驻白云村。至2022年下半年,白云村委会的葡萄、蓝莓种植面积已有约5600亩。农业产业化的推进,一方面为进行了土地经营权流转的农户带来了每年1万~5万元的地租收入,另一方面为白云村以及周边村镇的中青年提供了一定数量的就业岗位。如经营蓝莓的佳裕公司,其在白云·莫新片区的蓝莓基地规模约1500亩,平时有30~50人在此基地工作,而在每年5~7月的蓝莓采果季节,则会有300~600人同时工作。[①]

---

① 此部分数据来自白云村村委会。

平时,蓝莓基地雇佣的大多是白云村的村民。而到采果季时,丰厚的报酬则吸引全县、全州乃至全省各地的中青年们赶赴这里,参加这场"采果大战"。

小古①和他女朋友就是在5月份的采果季认识的。小古是这个基地的管理员之一,负责的工作内容是控温和安全,管理着5~6个长期工人和临时工人。说是"小"古,但他的年纪和个头都不算小,小古今年31岁,已经是基地里最年长的管理员了。白云·莫新片区的蓝莓基地总共有七个管理员,都是男性,年龄分布在21~31岁之间。他们平时吃住都在基地,与村外社会交往有限。所以同在蓝莓基地打工的青年的关系网络是他们寻找恋爱机会的主要途径。

小古来自建水新寨,他在蓝莓基地已经辛勤工作了三年。而他的妻子来自绿春县,并在绿春县担任幼儿园老师。去年5月,当小古的女友来到蓝莓基地参与采果工作时,两人相识并很快坠入了爱河。在情感迅速升温后,他们于7月11日正式登记结婚。然而,由于工作原因,两人目前仍然处于两地分居的状态。采果季结束后,小古的妻子回到了绿春县继续她的教育工作,而小古则坚守在蓝莓基地的管理员岗位上。对于未来的婚姻生活,小古已经有了一定的计划与设想。

> 小古:不打算到县城里买房子啦,已经在老家(建水新寨)自建了房屋,跟父母一起住。把自己用的钱留够,剩下的钱存在一起,主要还是自己用自己的。
>
> 我:这是跟她(妻子)商量好的吗?
>
> 小古:不是,我自己先这么想的。
>
> 我:家务呢?
>
> 小古:看谁有时间谁做吧,家务分工不分男女。
>
> 我:未来两个人会到一个地方工作吗?
>
> 小古:现在还没有这个打算。
>
> 我:如果以后家里人吵架,你会怎么做呢?

---

① 本文人名均为化名。

> 小古：帮理不帮亲吧，或多或少都会吵架，吵吵嚷嚷才是生活。
> 我：孩子教育呢？
> 小古：看他自己的意愿和能力吧。
> 我：那婚礼仪式呢？
> 小古：10月份男方办婚礼，11月到女方那边办婚礼。

我始终对小古的妻子感到好奇。到底是什么样的人让小古在较短的时间内（两个月不到）就托付终身呢？

> 不管是相亲还是自由恋爱，自己心目中合适的就行，没有很多的要求。
> 父母对我的结婚对象没什么要求，学历、工资、家庭之类的，父母不怎么会考虑，（父母觉得）我们两个人的相处是最重要的，只要合适就可以。

在整个访谈过程中，小古一直在强调"合适"。"心目中合适""相处合适""自己觉得合适"……那到底什么是合适？到底什么样的人是合适的恋爱对象、结婚对象呢？

三、青年人如何经营婚姻？

（一）娃娃媳妇和她的丈夫

文成是在白云·莫新片区蓝莓基地打工的青年中的一员，目前已经30岁，结婚已有两年，有一个两岁的孩子。文成是白云村人，但在从学校毕业之后近十年的时间里都是在外漂泊的。

> 我2012年就毕业了，读的专业是建筑与施工。在昆明，先是干工程测量，那个时候3500元一个月，干了半年，嫌工资低，又在昆明闲了半年，然后又去楚雄禄丰，干了一年。干的是炼钢厂下面的焦炭厂测量温

度的活计。然后就回来家里待了两年，回来干农活，一开始是家里的地，后面慢慢地会去附近的水果基地打工。然后干到2016年，又去昆明在了长（待了一段时间），到2018年就去厦门打工去了。

哎，因为什么都干不成所以到处乱跑，光长年纪。2019年底从厦门回来，2020年到2021年在建水县城待了两年，做的送货的工作。

然后我就在羊街那里遇到了我媳妇，她在那里工作。我们好着好着①就结婚了，2021年结的婚。结婚之后我就没再出去了。

他的媳妇是建水隔壁个旧市人，家在一个较偏远的"山沟沟"里，年纪比较小的时候就跟着家里人出来打工了。在认识文成前，文成媳妇也有过追求者，但是她拒绝了对方。文成的媳妇的理想型是"壮壮高高"的男子，因为她本人的个子很小，就怕找了个矮的老公生出来的小孩子也矮，而文成正好符合她的要求。以上这些都是村里的其他人在闲聊的时候告诉我的。村里人还说，不是文成看上了他媳妇，是他媳妇看上了文成。有一次过节，还没结婚的两个人一起到文成家。"还没有文成一半高！"村里人给我描述当时的场景。而他媳妇看到文成家里自建房也盖起来了，白云村的发展也不错，就不想走了。"听说她家里很穷，住的是石棉瓦房……总比嫁给他们那个山沟沟里的人好吧？嫁给那里的人可能要生很多的孩子，还会被丈夫随便打骂"，阿明姐这样评价道，一旁的其他人也表示赞同。

文成的媳妇自从嫁到这里后，由于年纪尚小，家里的人都不让她干重活。文成在访谈中也提到了这一点，他说无论是家务还是照顾孩子，他和他的父母都尽量不让媳妇操心，孩子主要由文成的父母帮忙照顾。

我们叫她别煮，但随哪天（不论哪天）回去她都煮好饭了。她一般就煮饭，平时洗衣服也是她，有时候我们整，因为她时间多，她也是用洗衣机洗洗，平时的上班的衣服也不脏，用洗衣机洗洗就行，活也不累。

---

① "好"在当地方言中有"恋爱"的意思。

结婚之后，文成再也不能像之前那样轻易外出打工。家里有老人、媳妇和孩子，老人的身体也大不如前，自己得担起照顾家庭的责任。目前，文成家主要劳动力是文成和他爸爸，父子俩都是在同一个蓝莓基地干活。在采果季节，他妈妈会到基地帮忙干活，这时候的工钱是按照采果的斤数和篮数来计算的。而媳妇则通常留在家中。尽管文成已经能够承担起照顾家庭的责任，但爸爸似乎还没有完全放心将家中的财政大权交给他。目前，家里的经济大权仍由爸爸掌握，文成夫妇赚的钱由他们自己支配，但在家庭中起决策作用的还不是文成夫妻俩。"当家就是家里什么事情都交给你了，我还不行，还挣不来吃"，文成说道（"挣不来吃"在这里是指文成的收入还不能足够支撑家里大部分事务的运转）。

对于未来，比如孩子的教育，文成还没有想太多。在文成看来，孩子大概按他自己的老路走：先读幼儿园，小学在白云小学，初中要么去岔科中学，要么去隔壁镇的四中。读得不错就去好一点的中学，读得不好就去一般的中学，看孩子自己的造化。花钱去私立？他们说没那个功夫送去。

> 结结婚，生生小娃，打打工，现在的农村小娃都是这样。会做生意就做点小生意，不会做就打打工，但是现在做生意都不好做。

（二）流动的青年人和流动的家庭

目前，白云村村民的收入来源主要有以下方面：地租、种地和打工。地租是农业集约化、产业化的结果，前面已有提及。而种地主要是种自家的没有被划入流转给农业公司的地，一般是种包谷、小米辣和烤烟。其中，种烤烟带来的收入较多，但是过程辛苦且风险大。阿明姐向我解释道：

> 也不能早，也不能涝，土太肥不行，要排水好的地，肥料药水也要把握好，可以烤好拿回来，要绑了拿烤房烤。烤要分大中小火，最少一次也要烤半个月以上，烤出来也要按等级分出来。拿去烟站的也是要看等级来给价格，虽然价格不变，但是有时候会压烟等级。

目前村里种地的人已经不多，而且大部分为中老年人，受过教育的青年人一般不会愿意再回家来种地了。因此，白云村的大部分青年劳动力流向了打工领域。

而白云青年打的工也分几种：本地打工和到外打工。本地打工一般是在周边的农业公司的基地干活，例如前面提及的蓝莓基地的长期工和临时工。到外打工则又分为两种情况：一是固定在一个地方从事较长期、稳定的工作，通常前往上海、浙江、江苏、广东以及省内等地，主要从事橡胶、纺织和玩具制造等行业，也就是常说的"在厂里打工"，月收入一般介于4000~5000元之间；二是流动地到全国各地的农业基地工作，主要进行疏果和装果等任务。上半年通常是疏果工作，即对正在生长的果子进行人为修剪，以达到特定的形状，"修成某种串型"。下半年是装果，其流程为：

> 给你一个台面，（把果子）拾在台面上摆好，按人家的标准来，果子好一点就可以包一级，稍微不好点二级、三级。
> 出去疏果装果是做完一个地方去下一个地方。一般一个地方做一个多月，太多的两个月，几个地方加起来总共三个月，上半年疏果三个月，下半年装果三个月，一年总共六个月。

疏果和装果的工钱计算通常基于"数量"，即按照一定时间内完成的果子数量来支付，往往是日结。一般情况下，一天可以挣到150~250元，这意味着一个月的收入有4000~7000元。对于一些"手脚麻利"的人来说，他们一天的收入甚至可以有1000多元，外出工作几个月后就能带着四五万回家。然而，达到这样的收入水平也必定伴随着每天超长的工作时间。他们用"两头黑"来形容这种工作状态：天不亮就开始工作，直到天黑才收工，一天工作13~14个小时是家常便饭。本地打工和到外打工这两种方式也可以相互配合。那些从事疏果、装果的人们，一年中大约有六个月的时间在外地工作，而在剩下的六个月里，他们通常会回到白云村，到白云村周边的农业基地继续从事类似的工作。这样的工作模式使他们能够在家乡和外地之间灵活转换，既赚取了收入，又能够照顾家庭。

到外打工的白云村人，大部分都是年龄25岁以上的青年和中年。25岁以下的青年一部分在上学,另一部分有的在周边打工,有的"闲着不愿意去干(工作)"。而迈入25岁后,白云村青年大多已经成家,要供孩子上学,要建房。如此,这些"25岁+"的青年或主动或被迫地赶赴村外务工赚钱。固定到一个地方打工的,大多因为工作繁忙、物价高、当地上学难等问题,无法将还在上学的孩子带在身边,而流动到各地疏果装果的,在高度的流动性下,更加难以带上孩子,于是,孩子、老人就被留在了白云村。另外,有的村户家里因为有孩子、老人需要照顾,外出打工的就是丈夫,而妻子、孩子和母亲就留在了白云村。

外婆家由外婆、阿明姐、阿明姐的妈妈(三舅母)和阿明姐亲哥哥的两个孩子若若和伊伊(也都是女孩)组成,这是一个由女性组成的家。但在离白云村千里之外的大城市厦门,还有着这个家的另一部分,由三舅、阿明姐的哥哥阿真和他的妻子阿蕊组成。

2013年,三舅家刚借钱把新房子建了起来,阿真和阿明还在上学,两边都需要钱。三舅和三舅母两人就到了厦门打工赚钱。2017年,厨师学校毕业的阿真也到了厦门,找了糕点厂的工作。2018年,阿真遇到了同在厦门打工的阿蕊,两人在2019年初结婚,并在年末有了大女儿若若。自若若出生,三舅母就辞去了在跑步机厂的工作,在出租屋里专心带孙女。阿真则离开糕点厂,加入了"外卖小哥"大军,每天10点出门上班,下午两三点回出租屋吃饭休整,4点左右继续出门上班,一直工作到凌晨2点。阿蕊在一个肉厂工作,每天早上8点上班,到晚上9点下班,回家时女儿已经进入梦乡。三舅在跑步机厂的工作要略微轻松一些,早八晚五。但每天下班之后,三舅都要和同事打牌。照顾孩子的工作大部分还是由三舅母承担,包括晚上和孩子一起睡觉。阿真的第二个孩子伊伊出生之后,三舅母的带孩工作变得更加繁重。除了日常的照护工作外,其他一些特殊的育儿事务得由妈妈阿蕊承担,比如带孩子去医院看病。每当其中一个孩子生病时,一般由阿蕊带去医院,而三舅母则需要在出租屋里照看另一个孩子。一方面,两个孩子都还小,同时带到医院难以兼顾;另一方面,三舅母年纪大了,对医院看病的流程不如年轻人熟悉。

而这样的家庭分工模式也在今年7月发生了变化:因为要照顾留在白云村的外婆以及送三岁半的若若到白云村幼儿园上学,三舅母带着若若和伊伊

回到了白云村,由此也形成了现在白云村外婆家的人员构成,而若若和伊伊也正式成为了留守儿童。回到白云村后,三舅母的日常仍然繁忙——外婆年纪大了,有时走路都成问题,无法帮忙看护孩子;阿明表姐白天要到蓝莓基地上班,难以分担家务。村里能作为若若玩伴的孩子不多,且舅母也不放心让若若自己出门去玩。所以,舅母只得将伊伊背在背上边干活,而若若则整个白天都坐在沙发上刷短视频。舅母并非不知道孩子长时间接触短视频的危害,但似乎也没有其他更好的办法。在不知不觉中,一岁半的伊伊也学会了刷短视频。

远在厦门的阿真夫妇俩会在工作间隙给两个孩子打视频电话,隔着手机屏幕问她们的近况,但每次都只能持续十多分钟。伊伊学会了对着屏幕叫爸爸,而若若却越来越抗拒跟屏幕里的爸爸妈妈讲话,没有人知道为什么。9月份若若就要到白云村幼儿园上学了,妈妈给她寄来了新书包,但若若不喜欢书包的样式,把书包从楼梯上扔了下来。阿明姐只得进城给若若买了新书包。

阿真夫妇为孩子们做了许多事情,其中包括邮寄奶粉和纸尿裤。这些事务主要由妈妈阿蕊负责,因为三舅母不太擅长挑选品牌和网购。此外,阿真还是若若幼儿园的直接联络人,这是幼儿园的规定,要求联系方式只能填写孩子父母的。每个月,阿真夫妇还会给三舅母一些钱,通常是作为"买菜钱"的名义给出,但每次三舅母都会有些舍不得接受这笔钱。在白云村,还有许多类似的家庭,他们都在用自己的方式为孩子们和家人提供支持与关爱。

四、火把节的尾声

随着火把节的来临,我在白云村的田野调查也接近尾声。火把节当晚,外婆家对面的小广场上搭起了舞台,堆起了火堆,来自州、县、村的歌舞团给白云村的村民带来了精彩的歌舞表演。在本村的舞蹈队表演时,我看到了几个曾交谈过的村民,其中一个是小高,她刚结婚没几年,火把节之后就要出发去省外装果。

歌舞结束后,活动终于迎来了高潮——围着火堆跳舞。阿明姐和刘鹏带着我挤进了人群的最里面、离火堆最近的地方，音乐响起，我们开始围圈跳舞。在火光和灯光下的映照下，我看到许许多多的青年人，有的是三两个朋友，有的是扎堆的情侣、夫妻。火把节似乎把白云村以及周边的村镇的青年都汇集来了。

热闹的不仅只有小广场，从小广场到一旁的村道、村道连通外村的岔路口和村道旁的平台都挤满了跳烟盒舞的人、摆摊的人和闲逛的人。在人群中，我看到了晓兰和她的男朋友手挽着手，他们会像计划的那样结婚吗？晓兰的小吃事业会成功吗？摆摊的人里，有本村的青年夫妻，他们也会像舞蹈队的小高一样，在火把节之后去往外地装果吗？还有同行的阿明姐和刘鹏，等到中秋节来临，他们会订婚吗？还是选择"不耽误彼此"呢？还有蹦蹦跳跳跑回家的若若和伊伊，她们今年过年能见到爸爸妈妈吗？白云村的青年婚恋事还在继续……

所以，乡村青年的婚姻到底重不重要？有没有被调研的价值？答案当然是肯定的。在白云村，婚姻不仅仅是两个人夫妻关系的结成，还是两个家庭的交往或交锋，也是两代人观念的碰撞。婚姻不仅仅是两个人结为夫妻的那一刻，还有迈入婚姻前的恋爱，还有婚后的生计和育儿。婚姻有可能持续，也有可能破裂。白云村像其他无数的村庄一样，正在经历发展和转型，白云村青年的婚恋事是其发展和转型的映射。白云村的青年婚恋事还在继续，其背后的问题与矛盾也值得且需要我们的继续关注。

乡村青年婚姻困境，不止在于婚姻
——广东省韶关市武丰司岗村青年婚姻调查

◇ 谢芳（哲学系2021级硕士生）

一、武丰司岗村青年婚姻情况普查

此次关于农村青年婚姻调查，是从武丰村委开始的。

8月酷热，群山环绕的山村暑气熏人。2023年8月4日上午10点左右，我去到村委。村委大门敞开，但里面房门关闭，一开始我以为是空跑一趟，但走近发现，工作人员在里面安静办公，为不让空调冷气走漏而关上了门。我推门进去，平叔、祥叔在埋头填文件，阿娟坐在电脑前办公，罗姨也刚忙完事务坐下。看到我到来，阿娟笑问来由。我说想来了解一下现在村里后生（青年人）的情况，话音刚落，四位工作人员都说道："这个时候哪有后生仔在家，在家的都是五六十岁的！这个时候找人（青年）都难找！"阿娟补充说："我算是后生，在这里上班，但平时也不住家（村）里。"平叔、祥叔说："现在屋企（家里）比较后生（年轻）的是司岗村庆祥，40多了，然后是我们，我们都50多了，再后生的就是读中学、小学的学生仔啦。35岁的不知能不能'捡得两个出来'？"阿娟又补充说："现在小学高年级和中学生都算流通人员了，他们平时上学都不住村里。"

与他们的交谈，让我初步意识到此次调研活动开展的困难。我进一步询问：村委是否有关于乡村青年婚姻的数据材料？阿娟答道：没有，办理结婚事务一般都是直接去民政部门，不会经过村委这边；关于青年的数据材料还是前年统计过的整个村委的各年龄段人数分布。我请阿娟帮忙调出武丰村18~44周岁年龄段的人数统计，数据显示：武丰村18~44周岁的人数为1096

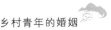

人,男性570人,女性526人。我问阿娟:女性统计数据里有没有将嫁入当地的女性统计进去?她说没有。平叔和祥叔补充答道:现在的后生娶亲,大多都是出外打工"带回来"的,也有部分是娶了当地人。以前都是娶了亲,在家耕田种地;现在是在外打工"带回家",又再出去打工,基本不在家,只有过年的时候才会回来。

青年,是村里常年驻家村民中的"少数群体"。这是与村委工作人员交谈之后得出的结论,这也意味着此次调研的开展会遇到一定的困难。

考虑到调研的困难,我将此次调研范围缩小到我自己所在的自然村——司岗村。司岗村全村皆姓谢,全村46户人家,每户人口不少于4人,是武丰比较大的自然村。锁定调研范围后,我对司岗村青年情况进行了统计。得益于我妈妈常年在村里,她对村里的情况比较了解。在她的陪同下,我们去庆祥叔家,在庆祥叔的帮助下,挨户统计出18~44岁的人数以及婚嫁情况。统计数据显示,本村出生的青年情况如下:1980—1989年出生共29人,其中大部分人初中辍学,专科2人,本科2人;1990—1995年出生共33人,其中4人本科毕业,其余学历为中职及以下;1996—1999年出生共17人,本科及以上2人,专科2人,其余学历为中职及以下;2000—2003年出生共17人,专科在读4人,其余学历为中职及以下。所有青年人中,男性共49人,超过30岁未婚男性8人,离异2人,"00后"男青年皆未婚;已婚男青年中,娶本地人的有5人,娶广东省内的有14人(其中本市的有11人),娶广东省外的有3人,娶的都是广西人。女性共47人,超30岁未婚0人,离异9人,"00后"女性皆未婚;已婚女性中,多数嫁给韶关市内,3人嫁省外,其中两人已离婚,招婿5人。在统计过程中,我们发现,村里大龄男青年单身率比以往上升4倍,女性离婚率也超4倍。

从总体上了解了村中青年婚姻情况之后,我进行了多个单独的访谈。这些访谈分面对面和线上两种形式进行:线下的访谈对象有:庆祥叔、海绵婶、阿战叔公和林婆婆夫妇、贵平、阿清、李哥、小梁、阿龙;线上访谈主要有三个:大龄单身男青年华哥、冬冬姐及香姐(以上被访者皆已进行化名处理)。

二、农村婚俗

婚嫁风俗体现着地方的文化特色,了解村中婚俗是探寻村中青年婚姻发展情况的重要内容,与阿战叔公和林婆婆夫妇、李哥的访谈使我比较清楚地了解了本地婚俗变化情况。

婚俗随着时间的推移有所变化,迎亲和礼金是两个比较显著的变化。

阿战叔公回忆当地的婚俗变化道:解放以前的婚礼比现在讲究,以前有钱人家结婚,跟古装电视剧上演的差不多,有说亲、对八字、走人家、看日子、写礼单、下聘书、迎亲,要有聘书、礼书等,跟古时"三书六礼"基本一致。以前村里有礼盒、礼壶、阁架、珩镜、杠轿等,这些都是婚礼需要用到的东西,现在这些东西都不知道哪里去了。林婆婆补充说,她们小时候还看过"地主佬"家的新娘子坐轿子。新中国成立后,婚俗就变得简单多了。我问及叔公他们结婚时候的情况,林婆婆说道:"我们那个时候三个南瓜'讨'一个'夫娘',我们结婚的时候,什么东西都没有,来'讲亲'的时候就带来一小块腊肉,放现在扔在地上狗都不吃。"

说起礼金,李哥说道:"以前日子困难,肯定是没那么讲究,有的人家可能都不用礼金。"李哥是武丰苦水脚村人,1989年出生,结婚四五年了,他妻子(下文称李嫂)是大桥镇长溪人,属于本地人。李哥和李嫂是经过朋友介绍认识,缘于李哥曾给李嫂当"司机"。那时候李嫂和李哥老表(两人同村)来他们村走亲戚,老表那时候还没车,李哥开车送他们回家,然后留了联系方式,之后慢慢聊,就自然而然在一起了。我问李哥当时给李嫂家礼金了吗?李哥说:"有,数额在当时算是比较高的。"我又问:"礼金里面包含哪些费用?"李哥说:"礼金就是礼金,不包含其他东西,像给亲家包利是(红包)、买其他礼品,是要另出的。""办酒"的钱也是另出,由男方出。李哥回忆道:"他们那批结婚的,可能是他水背村的老表结婚的礼金最少——9999块;其他都是上万的。"说及此,我问李哥:"外省礼金比较贵,本地的没那么贵,是不是本地比较好讲?"李哥说:"不同的地区不一样,确实本地的礼金要得少一些,不过也分人,本地人好讲的就好讲,不好讲的也是一样要那么多。"

"交礼金"是婚礼的一部分,完成婚礼还有重要的一环——办迎亲酒。

在村里"办好事",无须主家操作。村里会有专门的"理事"人员,有"理厨""理客""捞饭""洗碗筷"等,在村民的操持下,迎亲的事项可以有条不紊地进行。迎亲要提前"看好日子",包括什么时辰去接亲、什么时辰"进大门",这些都是提前定好的。在迎亲礼中,新郎新娘必须"进大门",这项活动虽有少许变化,但一直保持着。迎亲包括"接亲""牵亲""打伞""伏(客家话同'雁'音)门""拜祖""合卺"。"牵亲"是由村里丈夫健在、夫妻和睦、儿女双全的一位妇人来牵,"打伞"是村里的"妹条子","伏门"要由会"斩煞"的人来主持。

接亲队伍由村中青年组成,迎亲当天,新郎先进祠堂祭拜,时辰到了,新郎领迎亲队伍去新娘家中接亲,接亲队伍将新娘迎到村口,"牵亲"的"夫娘"和打伞的"妹条子"早早等着,新娘到达村口之后,新娘娘家人将备好的红伞撑开,新娘落地,"妹条子"接过伞,而后合伞,伞要半合,合起来的伞高举新娘头顶,"夫娘"牵过新娘,开始从村口步入祠堂正门口。到达祠堂正门,新郎新娘面对祠堂停驻,等候"斩煞"主持"伏门"。主持面对新郎新娘,一手持桃木剑,一手抓着生鸡公,剑敲门梁,主持开始"伏门"。主持念唱"斩煞"辞,念唱完之后,"割鸡公",鸡公割出血就可以,不可以割死。"伏门"结束,"妹条子"合伞,迎亲队伍放礼花,"斩煞"完成,接着由"牵亲""夫娘"牵着新娘,与新郎一起进入祠堂拜祖,拜祖之后牵回新郎家中,新郎父母在家中厅堂桌上放两个灯盏、两个鸡蛋、两杯酒,新郎领新娘见过父母,后喝"合卺"酒,喝酒之后礼成,新娘牵入新房,等候婚宴开席。在这一整套迎亲入门的礼仪进行时,村民及宾客都会来围观祝福,共同迎接新妇进入"谢氏门中"。新娘入新房之后,村中"夫娘"及孩童可以进去陪新娘聊天,这是新妇与村中"夫娘"们结识的好机会,此后,村中邻里,碰面皆是谢家人。

阿战叔公多次被请做村中婚礼的"伏门"人,林婆婆年轻的时候也"牵过好几次亲"。阿战叔公"伏门",不止在司岗村,有时还被请去其他谢氏村庄"伏门",比如杉树下、田寮下、田竹山都去过。阿战叔公说:所谓"斩煞",就是斩除尾随新娘一路来的凶神恶煞,将新娘路遇的邪气驱除,经过"斩煞",新娘随新郎进入谢氏门中,此后夫妇二人婚姻之路美满和顺。谈话间,阿战叔公念起了"斩煞"辞。由于唱读的是客家话,我只能听

懂一部分，于是我便请阿战叔公写下来。一开始我拿的是白色稿子，见此，阿战叔公找出红纸，起笔写下通用的"斩煞"辞。阿战叔公说，"斩煞"辞不是固定不变的，可以根据不同的人变通，比如新人是有官职的，就可在念唱中带进"升级"的辞令。一般通用的"斩煞"辞令内容如下：

> 伏如
> 天开王道　日吉时良
> 谢氏门中　娶亲归堂
> 大吉大利　地久天长
> 早生贵子　金玉满堂
> 同偕到老　头白至上
> 再伏如
> 大吉利　大吉丈
> 门神扶位　列在两榜
> 若有新人一路带有凶神并恶煞
> 尽在雄鸡头上堂

"伏门"的人除了要有文化、识字、会唱读"斩煞"辞令，还要有胆量，能镇得住场面。林婆婆回忆道：以前有个叫三孬叔公的"伏门"，"斩煞"到一半忘词、胆怯，忽然说"对面牛吃菜子啦"，"斩煞"半途跑了，闹了个大笑话。

迎亲礼成之后，就是婚宴，婚宴有在村里举办的，也有在城里酒店办的。我参加过两次村中的婚礼，一次是2016年冬，堂姐冬冬的婚礼，作堂姐伴娘；一次是2021年秋，堂哥阿宽的婚礼，给新嫂打伞。堂姐和堂哥的婚宴都是在村里办的。在酒店办婚宴，吃一次席面。在村里办婚宴，可以吃三次席面：分别是"喝茶"——宾客来到之后，先吃糍粑和喝油茶；午餐——婚宴正餐，答谢宾客来贺礼，新郎新娘在宴上敬酒，以太外祖、曾外祖、外祖为尊，而后依次敬酒答谢宾客并再次接受祝福；晚餐——主家为答谢村民操持婚礼事宜而设。2016年冬，村里还未建起公房，堂姐冬冬的宴席是在祠堂里吃的，那时我虽是伴娘，但因还在读高中，只是跟在堂姐身后端酒；2021

年秋,我为新嫂打伞,婚礼礼成之后,便等吃席。前文所提,"伏门""牵亲""打伞"三者都会在宴席上受到厨房"优待",阿战叔公说,以前若主家养猪,厨房会为三者准备杀猪菜、烫好酒;现在逐渐演变成"包利是(红包)"。堂姐和堂哥的婚礼都热闹非凡,有全村人和众多宾客的见证和祝福,我是众多人中的一个。我们虽然能见证新人步入婚姻、组建家庭,却无法真正了解他们所要奔赴的未知生活。

三、婚姻和生活

庆祥叔是司岗村少数的在村青年。8月6日晚上8点多,我与母亲去到庆祥叔家中。我们到时,恰好海绵婶厂里放假回家,家里杀了鸡,刚吃完饭洗好碗,家人团圆在看电视,女儿恬妹饭后回房间,儿子乐古坐在庆祥叔身边玩庆祥叔的手机。

庆祥叔1982年出生,他回忆道:"1996年上初中,读了一个学期就没读了,当时学费要400多块,学费都要借,饭要自己带米去蒸,菜是在家里炒的酸菜,那时候还没有自来水,洗米要去学校旁边的溪边。洗澡也是,冬天所有人都长冻疮。那时候家里劳动力只有母亲一人,父亲身患糖尿病,无法劳作,加上成绩不好,就不愿再去。"20世纪90年代末,兴起乡村青年进城打工大潮,当时村里同龄人都外出打工,庆祥叔辍学之后却一直在家耕田。庆祥叔笑叹:"有什么办法?阿爸躺着,还有个眼盲的细伯,想走也走不开,就在家搞碗饭食。"糖尿病的叔公没挨几年,40多岁就去世了。叔公去世当年,庆祥叔妹妹(细阿妹)出嫁。细阿妹比庆祥叔小两岁,当年她想跟湖南人结婚,叔公不同意,据说叔公当年对细阿妹说:"你不要走那么远,逢年过节我能吃几个你做的糍粑。"后来,细阿妹嫁到了武丰杉树下村,距离司岗村只有十分钟左右的步行时间。2006年,庆祥叔的父亲过世一段时间后,留母亲和眼盲的细伯在家,庆祥叔外出打工。

问起夫妻两人的相识经历,庆祥叔回忆说,2006年下半年他去佛山顺德,在交警队当绿化工人,做道路绿化工作。海绵婶当时在厂里上班,两人是外出游玩时认识的。认识之后,慢慢聊着,自然而然在一起了。我笑赞:"那叔你当时真厉害,又挣到钱,又找到老婆了。"庆祥叔答道:"有什

么钱！结婚的时候什么都没有，当时带你婶婶回家来，还睡泥砖屋。想起以前真是艰苦又可怜……"我又问起庆祥叔当时是否办了酒。他说，没有办。他还说起当时他们结婚那几年，村里同龄人基本都没有办酒。在细数当时村中的青年婚恋情况后，庆祥叔笑叹："那时候都穷，（老婆）带回来就可以啦。"庆祥叔在回忆这些事情的时候，海绵婶在一旁淡笑地听着。没有彩礼、没有婚礼，"外来媳妇"海绵婶，与庆祥叔相识、相恋，然后一起进入婚姻，组建家庭，为未知的生活共同打拼。

海绵婶1985年出生于广西百色的一个农村，有两个哥哥、一个姐姐和一个弟弟。海绵婶读完初中就出来打工了，2006年与庆祥叔相识，2007年和庆祥叔结婚。婚后不久海绵婶怀孕。因放心不下家里，庆祥叔不再外出打工，选择回来耕田。海绵婶家里虽是农村的，但没在家耕过田，对于耕种事务这些都不懂，春天尝试下田插秧，结果是"满田跑"。这些事情再重新讲起，引得大家哄笑。庆祥叔笑说："这也不奇怪的，像阿溜夫娘、阿源夫娘她们也不会。"

2008年，女儿恬恬出生。庆祥叔说，当时计划生育政策仍在施行，生孩子要有准生证，不然罚款。当时的政策是：如果第一胎是生女儿的家庭，要间隔四年才能再生第二胎。2013年，儿子乐乐出生。维持家庭经济、抚育孩子、看顾老人，是庆祥叔夫妇头顶的"三座大山"。因为要照顾眼盲的细伯，家中必须有人在，庆祥叔无法带着母亲和老婆孩子直接外出务工，因此，在两个孩子还未断奶期间，夫妇二人都在家耕田。等孩子断奶，没那么依赖妈妈之后，海绵婶到韶关的工厂打工，庆祥叔则在家耕田并养一些猪，这是这些年夫妇二人的"分工"。海绵婶在工厂打工，每天工作时长为12小时，两班倒，虽然辛苦，但工资是家庭相对稳定的经济收入。

庆祥叔分析了他选择"在家"的原因：一则如果两公婆（夫妻两个人）都外出，把小孩交给年迈的奶奶，实在是不放心，要是孩子生点病都不方便，有家长在家对于小孩的成长和教育都相对较好，而且家里还有细伯要看顾。二则是他在家里可以耕点田种点地，吃的不用买，有时候多了还可以卖；可以养猪和家禽用以出售；最近这两年政府有发放鱼苗，还挖了口小鱼塘养点鱼……我问庆祥叔：在家务农和养猪这些一年大概可以挣多少钱？他说挣不了多少，而且得看运气。现在耕田，种子、肥料、农药、收割等这些都要钱，而且价格越来越贵；养猪成本高，猪苗、饲料这些都要投入高成本，而且猪价不稳定，运气好的时候能挣多一点，运气不好的时候亏本。今年夏季高温，猪瘟泛起，整个武丰的猪全都病死，庆祥叔家养的肉猪，趁猪瘟还没彻底传到村里，低价贱卖；快要"下垛（下仔）"的母猪病死，今年上半年的养猪经营基本无钱可赚。说起这些，庆祥叔叹道："生活就这样的，没得办法，只能是走一步看一步。"

恬恬今年秋季将去乳源职业中学就读，乐乐也马上要到镇上读四年级，谈起儿女的教育，庆祥叔直言："压力越来越大！"恬恬成绩不好，去职业中学读书也不确定能学得怎么样，对她的要求就是不要"学坏样"。恬恬当时在村里上小学的时候，成绩还可以，上了大桥（学校）之后成绩越来越差，初中"更不消说"。乐乐暂时成绩还可以，希望他之后能保持。庆祥叔说，小孩子在大桥读书确实不如在乳源读的好，但是也没办法，"下去读也是难搞"。

庆祥叔给我算了一笔账：把小孩送去乳源读书，首先第一个问题就转学，转学不是轻易就能转，他们"还得想想办法"；其次，小孩在下面读书，肯定要有人陪读，上学要有人接送，要么海绵婶陪读，要么庆祥叔陪读，这样的话家里就少了一份收入；在县里读书，就得在县里生活，房租、水电、吃穿用度，"样样都是钱"。小孩在大桥上学，经济压力没那么大，但是也要伙食费、来回车费、住宿费等。恬恬下学期去乳源职业中学读书，教育支出就更大了。随着孩子年龄增长，家里住房不够了，前两年加盖了第二层，去年进行了装修。"挣多少用多少，没得闲钱。"

孩子的教育问题基本是村里青年婚姻生活中遇到的最重要的问题。在与小梁交谈的过程中，她也讲到这个苦恼。小梁是村里"90后"青年阿旺的妻子，她和海绵婶一样，也来自广西百色，现在在韶关工厂上班。小梁与阿旺育有一儿一女，儿子马上要上小学，女儿两岁。小梁说，自己7月份在韶关租了房子，准备把小孩带去上学，但是现在阿旺工作地点不稳定，只有她一个人无法又上班又带小孩，所以这个计划暂时搁置了。问起两人的工作情况，小梁说，她现在工作不太好，工资低，底薪只有1000多，要靠加班，而且现在厂里工作不好干，"货不多，加班少"，阿旺之前也在韶关，有一段时间进了厂，但是后来没再继续干了，现在跟别人去湖南做建筑工作，这份工作薪水多一点。阿旺弟弟阿宽前年结了婚，自己的孩子越来越大，将来

弟弟也会有孩子，小梁夫妇俩也在尽快为将来的生活做准备。孩子教育的事情，只能走一步看一步。小梁所在的厂现在不忙，每周日会放假一天。她买了一辆摩托车，每周六晚上下班之后，她都会开着摩托车回来家里，回来看看孩子，简单辅导一下孩子的作业，周日下午再开车回韶关。路程两个小时左右，有时候天气不好只好不回家。小梁说，"有条件还是把小孩送到下面（指乳源县城）上学好点，但是暂时没有办法"。

和庆祥叔交谈时，他谈到村里大多青年都会把小孩送到县城上学。例如阿先妻子就在县城里给女儿和儿子陪读，阿先在广州上班。有的直接从小孩上幼儿园开始就在县里租房陪小孩上学，条件好的就直接在县城买房。庆祥叔说，现在不会有年轻人把小孩带回来了，只有过年才会回来，有的人久了不见，碰面都不敢打招呼，怕认错。庆祥叔笑说，现在村里都成了年轻人的"度假区"。

在众多村中青年中，冬冬姐有两方面的代表性：冬冬姐是离村青年，也是村里招婿的女青年。冬冬姐2016年结婚，丈夫小田是广西人，两人是相亲认识的。在认识小田以前，冬冬姐也谈过男朋友，但是他们都"不愿意到家里来"，最终都不了了之。冬冬姐是家里最小的，姐姐结婚早，但没"留在家里"，父母要求冬冬一定要"留下来"。于是，经人介绍，认识了小田，认识不久之后就结婚了。结婚前一年，家里新建了一层楼房，靠在旧楼（两层）前面。冬冬姐说，她们办了两场婚礼，一场在我们村里，一场在小田他们那边。现在，他们像有两个家，"两边都得顾"。婚后不久，冬冬怀孕，之后在家养胎。2017年，女儿欣欣出生，因为难产，冬冬又在家休养许久。这期间，冬冬和她的妈妈、奶奶在家，妈妈和奶奶在家种点地，顺带帮忙带孩子，丈夫小田和冬冬爸则外出打工。等身体恢复得差不多，冬冬下韶关进厂打工。2019年底，他们的儿子安安出生。

女儿渐渐长大，上学问题需要解决。为了女儿上幼儿园，冬冬和小田在县里租了房，平时小田在韶关打工，下班了就回到乳源家里。比较幸运的是，冬冬妈还比较年轻，可以帮忙接送小孩上学和照顾家里，冬冬的育儿压力相对较小。儿子安安断奶之后，冬冬再到韶关找工作，因为夫妇俩都在韶关上班，两人决定把小孩也带到韶关上学。他们在工作附近租了房，冬冬爸也在韶关打工，一家人团聚在出租屋。但问题也随之而来。冬冬姐和小田平时都要上班，欣欣和安安要冬冬的妈妈来帮忙看管，奶奶年迈了又不放心她一个人在村里，一家人聚在一起，房间数量要求多。这样的房子租金比较贵，加上水电及其他吃穿用度，生活费用就是一大笔支出。与家人商量之后，冬冬姐和丈夫小田去年咬牙在韶关买了一套小产权房。现在，冬冬姐和家人算是在韶关"安了家"，起码儿女以后的上学问题得到了解决。与冬冬姐的交谈是在网上进行的，我晚上8点多尝试给她发微信消息，收到她回复的时候是9点半之后，那时她刚下班。冬冬姐说，有时候会加班到更晚，回到家都11点了，幼儿园会布置家庭作业，回家陪小孩做完作业，忙完到睡觉的时候，"又到新的一天了"。冬冬姐是位乐观的女子，她说道，生活就是这样，现在苦点，以后会慢慢甜起来的。

四、农村青年婚姻困境

（一）结婚越来越难

华哥是村里大龄未婚男青年，对于农村青年婚姻困境他最有"发言权"。我给他发微信消息的时候，他直言"你问对人了"。华哥是"85后"，有两个妹妹，大妹是1992年出生的，小妹是1994年出生的，现在两个妹妹都已经结婚，且都有两个孩子。华哥父亲现在仍在打工挣钱，母亲在小妹五六年级的时候因病去世了。华哥初中没读完就出来打工了，之后转行做了销售，前几年一直在全国到处跑，不太稳定，所以结婚的事情也一直没有提上日程。等到准备结婚的时候，农村青年婚恋情况已经发生了大变化。

华哥把自己结不了婚归咎于穷。实际上，与村里大部分年纪相仿的青年相比，华哥的家庭和个人条件算中等以上。华哥好几年前就购入了私家车，在村里的房子有两层半，装修也比较现代化。我记得前两年过年去他家拜年，他家二楼设有游戏房，当时还有一群村里的青年朋友在那里相聚。我问起他的恋爱经历，他说他有带过两个女朋友回家，但是因为在城里没房，结果都没能结婚。他直言，村里的东西不值钱，没有价值，但是要去城里买房，必须有足够的钱。我问华哥是不是在城里有没有房已经成为结婚的关键，他说："我认为是肯定的。"他进一步说："城里有房，最起码的30万首

付，农村青年哪个手里经常有30万呢？"

阿清是华哥的堂弟，比华哥小一岁。阿清性格比较内敛，为人老实，出去工作多年也没谈女朋友，也经人介绍相过亲，但是没成功。前年，家里在县城里买了房。去年，阿清终于把婚结了，妻子是武丰圳头陈家的姑娘。今年7月，阿清和妻子迎来自己的第一个孩子。当时阿清在阿战叔公家吃午饭，午饭后我到阿战叔公家拜访，正好大家一起聊了起来。阿清说他现在在乳源顺丰快递工作，工作虽然比较辛苦，但挣得相对多一些。阿清此次回村是为处理一下孩子满月酒的事宜，聊了一会之后他便去乳源了，要去帮忙照顾孩子，因为只有妻子一人在家很难打理家中事务。

除了婚恋问题，我们还聊到了现在农村青年的就业问题。华哥说，现在大家都不愿意进厂打工了，进厂打工一个月，"累死累活就得（只有）几千块"。但是回村如何发展又成为一个很大的问题。我和华哥不止一次谈到关于乡村振兴的事情，华哥平时也会关注村里的发展，对于村里的将来的发展，华哥始终持悲观态度。

对于农村青年结婚越来越困难的这一问题，华哥给出了自己的见解：①现在社会地位分化越来越明显，农村青年的身份处于越来越尴尬的地位；②农村青年经济能力弱；③农村给予青年发展的空间有待开拓；④农村的基础设施有待加强建设；⑤农村女青年都往外发展，留给村里男青年的机会少。看到华哥给出的结论，我一时愣住，但转念一想，应该没有人能比农村青年自己更清楚他们的困境，困在里面的他们只能自救。

（二）意外若来，犹如泰山压顶

在我印象中，香姐是位乐观的女子，每次节假日回家遇见她，她总是喜笑颜开，直到这次的访谈才让我了解到她的另一面。

香姐是个"90后"，结婚早。初中毕业之后，香姐在家里的安排下到韶关读职业中学。2008年假期打工时遇到现在的老公，相识后与之恋爱，当时年幼，最终未婚先孕。怀孕之初，香姐不敢告知家里，直到孩子月份大了，两家人只能尽快讨论二人的婚事。香姐家中没有儿子，她又是姐姐，家里要求她"留在家里"。经过讨论，香姐家人最终同意二人结婚，但要求第一个孩子跟香姐姓，香姐老公家原是同意的，但儿子出生之后要办理出生证时又反悔了，最后两家人闹得不可开交。香姐父亲一气之下将香姐和孩子接回村里，不让他们再来往。香姐说，当时自己年纪小，发生这些事情的时候很无助，一边是自己的家人，一边是自己的爱人，矛盾出现之后，自己只能夹在中间，左右为难。这种情况之下，自己只能在其中调解，最终香姐说服老公，孩子随她姓。矛盾得以解决后，香姐在家坐完月子，香姐老公来接香姐下了韶关，她在家带孩子，老公则在外边挣钱养家，两人的感情很好。儿子一岁多，香姐出来上班。2011年，香姐工作了一年多，老公由于工作调动去了西安，两人商量之后，带上儿子一起去了西安。

2012年，女儿出生，儿女双全，全家都十分高兴。然而，一儿一女并未构成生活的一个"好"字。女儿满月时去体检，检查出先天性心脏病。这个消息犹如五雷轰顶，将香姐原本还算美好的婚姻生活炸出个大窟窿。香姐说，当时他们夫妇二人只有老公一人工作，加上有两个孩子，根本没有积蓄。香姐家在村里，老公家虽在韶关但家境也一般，并不能给夫妇二人太多的帮助。为了女儿的手术，夫妇二人及家人想尽一切办法筹手术费，到处借钱，最终把手术费凑齐了。凑齐手术费之后，医生告知香姐他们，由于孩子太小，无法进行手术，只能等她长大一点再做。女儿的病像颗不定时炸弹一样悬着。老公在西安的工作无法继续，于是回来韶关和他爸爸做餐饮生意，做生意需要本金，父子两人向银行贷款，生意刚开始时还算顺利，但命运弄人，一段时间之后情况急转直下，最终生意失败，也因此欠下更多债务。香姐说，那时候银行每天都打电话来催债，俩人又没有能力还钱，每天都会接到十几二十个催债的电话，那个时候她极度地焦虑和抑郁，差点自杀。2018年，女儿身体不适，去医院检查，确诊灰结节错构瘤。心脏病还未医治，又患新病。作为母亲，香姐既心疼女儿，又怨恨自己无能，更痛恨老天的不公。香姐说，他们就像困在泥潭里，无论怎么挣扎都好像没有结果。2021年，女儿的心脏病手术终于在粤北人民医院完成了，香姐夫妇俩悬着的心终于落了下来。

由于种种压力加上债务，夫妻两人的生活过得一塌糊涂，争吵不断，三天一小吵、五天一大吵，但无论生活如何艰难，夫妻两人还是选择拼命携手共进。香姐说，生活的难关总是过了一关又来一关，当意外来临时，犹如泰山压顶，只感到人生暗无天日，但渡过去了就好了。香姐是位坚强且乐观的妻子、母亲，她说，苦尽一定会甘来的。

厂房内外的爱情与婚姻

——广东省汕头市莲阳乡村青年婚恋状况调查

◇ 刘雨桉(马克思主义学院2019级本科生)

前　言

我的老家在广东省汕头市莲下镇许厝村。莲上和莲下,这两个总人口逾18.8万的镇子[①],坐落在有"世界玩具礼品之都"称号的澄海(图1为莲阳马路上运载玩具的车辆),文化积淀厚重,自古被视作一体,数十年来有南洋、苏南、莲阳、东方红等称谓。

图1　莲阳的马路上都是运载玩具的车辆

---

① 《汕头市第七次全国人口普查公报(第二号)》,见汕头市人民政府网站(https://www.shantou.gov.cn/attachment/0/33/33283/1918327.pdf)。

南洋之名，首见于《澄海县志》："明洪武三年（公元1370年）建寨城堡于南洋下社。"①明嘉靖四十二年（公元1563年），朝廷划分海阳县上外莆、中外莆、下外莆，揭阳县之蓬州、鳄浦、鮀江及饶平县之苏湾都，合共七个都，置澄海县。以苏湾都之北为苏北（今东里镇一带），苏湾都之南为苏南，苏南由此得名。莲阳之名，则取自澄海城北的莲花山，因南洋位于莲花山之阳（即南面），故称之为"莲阳"，莲阳之北为莲上，莲阳之南为莲下。1968年10月，苏南人民公社被改为"东方红人民公社"，1973年1月份撤销。

从前，潮汕冲积平原相对肥沃的土壤和平坦开阔的地形是澄海开展农业生产得天独厚的优势，但澄海县（区）也是全国人口密度最大的县（区）之一，人窄地多，没地种，以打鱼为生的生活也十分难熬。许多澄海人便"过番""下南洋"，乘着红头船到海外讨生计、做生意，这也是澄海成为著名侨乡的原因。

改革开放后，由于大陆的土地和人工成本较低，香港厂商逐渐将劳动密集型产品的生产线转移到广东，其中就包括玩具生产。从位置和政策上考虑，最初的香港投资者大多选择了东莞作为生产基地，有一些香港侨商则选择在家乡澄海办厂，注塑机也在这时候进入到澄海，家庭作坊逐渐兴起。

进入21世纪，员工多、规模大、生产线单一的以贴牌代加工为主的东莞玩具工厂在市场中渐渐不占优势，尤其是其生产有明显的淡旺季之分；而工厂规模小、分工明确、生产线灵活的澄海玩具产业一年12个月几乎有11个月都能拿到订单，市场份额逐渐扩大。更重要的是，澄海的玩具产业注重品牌的持有与开发，不仅与玩具反斗城、沃尔玛等大型客户开展深度合作，还自主开发了大量动画动漫作品，极大地提升了周边玩具的价值，使得澄海的玩具产业持续蓬勃发展（图2为门楼下的作坊正在出货）。

---

① 〔清〕金廷烈纂修：《澄海县志》二十九卷首一卷，清乾隆二十九年（公元1764年）刻本。

图2　门楼下的作坊正在出货

时至今日,莲上镇与莲下镇在经济上的联系仍十分紧密。两个镇区以玩具礼品为支柱产业,产业体系囊括原材料供应、设计研发、模具制作、生产加工、印刷包装等,拥有上下游数千家企业和个体户,是澄海区名副其实的工业重镇,当地人的生活也主要围绕工厂生产展开。

莲阳吸引了大量外来工人,他们主要来自河南、贵州、湖南、江西等地(图3为村里张贴的招工广告)。除了选择住在工厂提供的宿舍,相当一部分工人选择在工厂附近的村庄租住。随着本地人搬入新建的自建房和商品房,许多老房子空置了出来,这些房屋由于长期无人居住而逐渐破败,因此本地人选择以较低的价格出租给外来工人,让他们自行修缮和维护。莲阳本地人和外来工人在生活的时空上虽有一定交叠,但在相当程度上又存在隔阂,这种隔阂主要源于两个群体在语言和文化上的差异,以及工厂生产环境所带来的限制。因此,在进行调查时,我也将调查内容分为两部分进行,以更全面地了解两个社群的情况。

莲阳本地人之间基本都沾亲带故,由于我操着本地口音,采访时被访对象中多半有人认识我的长辈,知道我是××的孙子、是××的侄子,因而同本地人的话匣子是好打开的。难点在于如何同工厂里的工人接触并进行充分的交流。这些外来青年一年到头基本上都在莲阳工作和生活,却是游离在本地人的社交圈之外的,要想了解他们,只有离开本地人社区,进入他们的生活当中。于是,我决定进厂打工,成为工人的一员。

图3 村里张贴的招工广告

这次田野调查被分为两个阶段,全程历时25天。第一个阶段从7月8号到7月22号,历时14天,我应聘到莲上镇涂城村的其中一家玩具工厂做工(图4为莲阳沿街的玩具工厂),同厂里的工人同工同吃同住,全天候同工友们生活在一起,彼此之间很快变得熟络、无所不谈。第二个阶段从7月25号到8月5号,历时11天,我先找宗亲领着到莲下镇数个村落熟悉情况,也借着宗亲的面子跟乡亲们认个眼熟,便于后期访谈的开展。

图4 沿街林立的玩具工厂

我打工的厂子,是一家中小规模的玩具厂,有50多名工人。第一次体验到工人的生活,我的感受是复杂的,从工人那儿了解的讯息,也不仅仅关于

婚姻。在我走街串巷同本地人闲聊的时候，也是自我心灵回归乡土的过程，在大家的言语中，我仿佛也看到了亲戚长辈们的人生，对于故乡和这片土地上的人有了更完满的认识。

过去和现在发生在乡村青年身上的故事，补充着我对乡村和婚姻的理解。

一、在玩具厂房内

（一）工厂里的爱情

"打什么工，我是来找对象的！"——J中专毕业后一直在厂里打工，来广东四年，在深圳和东莞来来回回做了几个厂，现在这个厂是他待过最久的，已经做了一年多。在这里，他遇到了同样来自福建诏安的姑娘M，一见钟情。M比J小两岁，今年春节后才跟着姨奶到厂里做工。M第一次见到J的时候，并没有在意，直到他在门房拿快递的时候跟姨奶说诏安话，才知道是一个地方来的。同龄、同乡、同语言，M一下子就觉得J亲切许多。

"我就给她带早餐啊，厂里天天稀粥咸菜的，我去涂城市场给她打粿条，她要是喝粥，我就给她带肉松。"J早上给M带早餐，晚上给她买零食，自己则破天荒地只抽半包烟，之前他一天是要两包烟的，这种情况持续了一个多月，他俩在一起了。平时在厂里两人一起活动的机会并不多，M跟妇女们在四楼工作，J是一楼的自动机工。两人连班次时间都不太一样，M从早上7点半做到11点半，吃完午饭要到一点半才继续做，J午饭吃完后就要上工，因为自动机还一直在运作着。每天晚班后到关厂门前的一小时才是属于两人的时间，他们会牵着手到超市里买点零食，走过马路在路边摊买点夜宵。一周七天，厂里只休周六晚。周六下午放工后，两人就不在厂里吃，去爬塔山，或者搭公车到澄城、汕头市区去，到处走走看看，陌生的环境给了这对小情侣很多新奇的体验。

"不是，我们这岁数还不够呐！"面对工友打趣他俩怎么还不结婚，J说道。M她姨奶听到这些总是很开心，她和现在的老伴就是在厂里认识的，风风雨雨都在一起，让她对从工厂开始的婚恋颇为认可，何况J也是诏安的，彼此家里离得近。每天早上，老人家把J买的肉松从厨房冰箱里拿出来给他俩配粥，晚上跟老姐妹通电话时也少不了兴奋地汇报两个小孩子的事情。"他俩要能成啊，我要包个大大的红包给他们！"

姨奶60岁出头，第一任丈夫一九九几年去世了，现在的老伴是二〇〇几年来澄海才认识的。她跟老伴一起给厂子看门房，又负责给工人准备三餐，老板按人头把伙食费一起给他俩，由老夫妇去安排。"从那会头家①还在池边巷，搞只三轮载出载进的时候，我们两人就在那做塑料，跟着他起起落落到现在。"姨奶认为，头家让她夫妇俩干门房、包伙食，是给他俩忠诚于厂子的福利，到这把年纪了，每个月还能有结余，老两口感到很满意。

（二）先立业后成家

"有孩子的话那就得结婚了。"——17岁的W来自贵州农村，被问到婚姻是什么时，他给出了他的看法。跟W同乡一块出来打工的有五六人，两年过去，只剩他自己还留在莲上这个厂里。"两个就是去结婚了嘛，女的都怀孕了。另外几个说不干了，回去玩到没钱再说。"我问W打工是不是为了攒钱结婚，他说现在哪能结婚的，还是要学一门技术先，之前在××根本学不到东西，感觉浪费时间也浪费钱。他知道在×××也学不到东西，但是总归是赚钱的。

"我对厨师工作有点兴趣，我之前不是在饭店切菜嘛，觉得不错，看看有无机会在老家那边跟个师傅……现在结婚的话，学技术一年两年又赚不到钱，有也没在厂里多，那可能就难了，最后可能还得回厂里，或者去送外卖。"W想着自己学到技术后，先摆个摊攒钱，等开个自己的店，那会儿就可以娶老婆了。到莲上打工，W并没有抱着期待而来，无论是对生活，还是对于爱情，莲阳对W来说，就是个吃苦赚钱的地方。他知道自己不会留在这儿，但他也是同行五六人中唯一还留在这儿的。"我知道这过得不好，但是你想着要赚钱嘛，要赚钱就觉得可以过，等我可以走了，谁都留不住我的。"W摇着矿泉水瓶里的烟头，像是在教我如何适应厂里的生活，也可能是在宽慰他自己。W给我的感觉很特别，在这个工厂里，他留下是为了离开。

---

① "头家"为潮汕话直译，意为老板。

（三）外来媳妇本地郎

关于婚姻嫁娶，澄海的农村家庭明显是偏好嫁娶本地人的。家里长辈总是担心外地女婿、儿媳不能很好地继承家庭中的传统文化习俗，显得不够规矩，在家族里提起也不好听，不符合人们对一门好亲事的期望。而本地长大的年轻人从小便接受文化习俗的熏陶，显然更为理想。

潮汕乡村仍保留着浓厚的拜神文化。每逢元宵、清明、端午、中秋、冬至等传统节日，除拜神外还需要祭祖。每月的农历初一和十五、腊月的迎神、正月初四神落天、农历七月也多有祭拜，除了拜家家户户都有的"老爷"神，还需要拜伯爷公（土地公的一支）、拜妈祖、拜天恩公等。做生意的要专门拜关公、拜财神。不少家庭还会拜佛，在各个佛诞日需要供奉瓜果。长辈们凭借惊人的记忆力向晚辈传授这些店家的位置和做得好的用品。

在莲阳，外来媳妇本地郎、外来女婿本土妻的婚姻模式虽不是主流，但也不罕见，家家户户总有一两个亲戚家里有外地儿媳或女婿。一般而言，到处跑生意的老板和家里做生意开厂的男生，接触到的外地姑娘会更多，不少人就娶了外来媳妇。家里条件较好、不舍得独生女外嫁的家庭，会要求女儿女婿在澄海安置家业，不过这是少数，毕竟到莲阳打工的外来男工在谈婚论嫁中并不吃香，大多数人同本地姑娘走不到婚姻这一步。至于外出读书工作的年轻人，往往不在本地安家落户，而在外头寻找更好的发展机会，他们在嫁娶的时候要比留在本地的青年人拥有更多的自由。

在莲阳外来媳妇本地郎、外来女婿本土妻的婚姻里，作为非土生土长的一方承受的压力普遍比另一半要大。"我们夫妻俩偶尔闹矛盾，不管什么事，他的亲戚朋友都觉得责任多少在我身上。"HY和丈夫是在厂里打工时认识的，丈夫是隔壁厂子的老板，嫁到莲下后，她勤勤恳恳地同丈夫打理厂里的大小事务，结果亲戚朋友更惦记她有没有拜神的事情，让她觉得很憋屈。"我起先也有学啊，真的是三天两头搞一次，还老是有人盯着我嫌这嫌那，我何苦呢？我干脆不做了。"这个决定让HY在旁人眼里没少为家庭的矛盾和争吵背锅——对传统不够恭敬，家庭怎能和睦？HY跟丈夫吵架后又只能跟丈夫诉苦，后来，两人在澄城买了一套商品房，搬到城里去住了，听不着许多闲言碎语。当然，不是所有伴侣都能体谅彼此的感受，也不是每个家庭都有能力搬到城里去居住。在莲阳，婚姻中非本土的一方也很难从非本土社区成员（也就是外来工人）中获得情感认同和支持，因为他/她已经某种程度上脱离了外来工人的生活模式，同时又不能轻易融入本土社区之中，相比他们的伴侣而言，他们更容易感到孤独。

二、在玩具厂房外

莲阳虽有大大小小许多工厂，却不像城市那般见缝插针，每一寸空间、每一分时间都被利用起来。留下的老人、外来的租户住不满成片的老厝，走在街头巷尾，偶尔听见摩托和车铃声由远及近，再由近到远，而后四周又恢复了平静；从莲上走到莲下，公路旁时不时地出现一片田野，皮肤黝黑的老人戴着草帽在地里拔草浇肥，或割了青菜正往车筐里装……走出莲阳的工厂，看不到流水线的运转，听不见自动机的轰鸣，乡土气息渐渐浓郁，让人不禁松弛下来。走出工厂，莲阳人的生活和情感才开始慢慢舒展。

（一）年轻人相识的场所：烧烤与KTV

26岁的R在槐南村的一家纸塑厂工作，干印染的活，偶尔也帮厂里开车运货，每天的生活十分规律。他家里人却没少为他发愁，因为他工作中基本没有接触女孩的机会。他的父母和爷爷奶奶总是叮嘱他要上心，有空的时候要提前跟家里人说，他们可以安排他跟合适的姑娘见见面。R虽是满口答应，但是从来没见过一个姑娘。最近，R都是直接说不用的，长辈们因而揣测他多半是自己找到对象了。

"情况确实是有情况，一起吃烧烤认识的，还唱了几次卡拉OK。"R和对象是在朋友的田地里认识的，倒不是种田务农的活动，而是朋友在自己田里的凉棚招呼三五好友一起吃烧烤的活动。这种活动在莲阳很流行，持有农村户口的年轻人并不会去耕田，有心的会把它改造成供自己和朋友聚会的园地，备好食材，烧起火炭，呼朋引伴，朋友带上他们的朋友，买来水果、酒料或者酸菜鱼，许多年轻的男男女女就这样相遇相识。在汕头市区已经式微的KTV，在莲阳却依旧红火，可能是因为莲阳没有什么商业体或者娱乐设施，除了一栋栋厂房和老厝之外，就是零碎分割的田地。对刚认识彼此的青

年男女而言，想要更进一步，过去是由一方发出到莲上爬塔山的邀请，现在便是邀请对方一起去KTV唱歌。

R说："有无那个意思，一唱就知嘛，还可以合唱。"R亲姐姐的孩子正好百天了，她便在外公的老厝摆桌请亲朋好友吃饭。两年前，她去朋友的田园吃烧烤，认识了现在踏实肯干的丈夫，所以她很看好弟弟这次情感经历。

（二）年轻人婚恋用车：从自行车到汽车

年轻人从恋爱到婚嫁都离不开交通工具。莲阳年轻人婚恋中的交通工具经历了从自行车到摩托车再到汽车的变化，这个变化也反映了时代的变迁。

1. 自行车的时代

20世纪五六十年代，全国乡村的农业生产多有歉收，莲阳也不例外，但在时任汕头专署副专员余锡渠的带领下，澄海人民轰轰烈烈地投身于水利工程修建中，"一年飞架三长虹""敢笑大禹无此例，十七道河归六河"的诗句以及当时一首题为《自流灌溉》的民歌都反映出当时水利事业得到了长足的发展，深刻改变了澄海的农业和生活面貌，S的父母就是在修建莲阳大桥的过程中认识的。S的父亲当时正年轻，到了工地上肯出力，大家伙拿一样的工分，他愿意出更多的气力去搬石头、打水泥。S的母亲补充说，最关键的是有一次开饭时，他把勺子让给了她，让她先打饭，要知道那会儿吃大锅饭，人们都是争着吃的，这份善意让这个年轻的小伙走进了年轻姑娘的心房。

S的父母结婚时，是自行车最为珍贵的年代，晚上回家是万万不能把自行车停在屋外的，得停到屋内。有的人家还要把自行车停到卧室里。S的父母在"放开"①后也买了辆"飞鸽"自行车。那主要用的是家里卖花生攒的钱，算是家里的第一件大件，父母看得很金贵，大有将其作为传家宝之势。虽然贵为传家宝，这自行车却是实实在在的"劳碌命"。一开始是S的父亲骑着去下田，后面他心疼妻子中午走来送饭太远，就自己走去田里，S的母

---

① "放开"是澄海老人对分田到户、分产到户，余粮自有且允许流通政策出台的叫法。

亲也心疼丈夫，一开始不答应，但听到丈夫说送饭来回快的话在家里还能多织些渔网，下田倒不着急这一时半会儿，就同意了。到了收成的时候，S的父亲用自行车载着好几麻袋粮食到潮州去卖，又从潮州驮回两筐瓷器来卖，绝不空车。夫妻俩时不时地要上山割些山草，丈夫载着S的母亲同去，又载着她和一捆捆山草回来……时间随着车轮滚滚向前，"兢兢业业"的自行车，见证了S父母为家庭与婚姻的付出。

2. 摩托车时代

随着莲阳的经济逐渐起飞，青年人婚恋中的交通工具升级成了摩托车。打我记事起，家族里里外外的亲戚朋友，只要是在莲阳生活的，多多少少有做过玩具。许多长辈从帮人做玩具，到承包货单回家生产，最后自己办厂。在这个过程中，最"轰轰烈烈"的当属家庭作坊的阶段——到工厂里收一批零件回家，再招揽亲戚朋友老老少少一起生产。光荣的人民教师，在下班后用摩托载两筐零件回家和家人一起鼓捣是很普遍的事情，到厂里还经常会遇到自己的学生和学生家长。有些课少的老师，没轮到上课的时候都在厂里干计件的活，上课时间一到，才风尘仆仆地出现在学生面前。临街的店面，无论是卖茶的还是卖衣服的，没客人的时候店主们一定搬个小凳子坐在两个大筐前，那就是在"做玩具"。

"那时候乡里结婚尚浪险①就是买只'乌鲨'还是'乌狗仔'，车头套粒大红花来去娶老婆。"Q会这么说，可能是因为他当年娶老婆就是开着"乌狗仔"去接亲。"乌鲨"和"乌狗仔"，也就是本田大鲨125和本田大路易90，都是20世纪90年代从日本整车进口的摩托车，在2000年前后买一台都需要三万元左右，在那个年代的莲阳乡村，确实显得风光十足。Q在1995年从韩山师范学院毕业后就到莲阳的中学教书，1997年他辞职不再做老师，跟着大家一块搞玩具，1999年他结婚。

"那会儿我以前的同事还都骑着单车，跟他们一比就感到自己出来做（玩具）是对的。"Q开着"乌狗仔"，载回了自己的老婆，载回了家里的彩电，载着临盆的妻子上卫生院，又载回了老婆和女儿，载着玩具和工人穿

---

① "尚浪险"为潮汕话直译，意为最厉害的。

梭在街头巷尾……"感觉没多久,我走仔①就从要她妈妈抱着坐后边,一下子变成站在车头,她的头还会顶到我,时间很快。"Q的妻子S,是Q的高中同学,以前放学后她喜欢到操场上看他打篮球,给他递毛巾递水,打完球就一起走回家。Q知道S家在哪里后,时不时就到她家里混个脸熟,帮忙干干农活、修修东西、带带S弟弟妹妹,S也会给Q家送她自己做的包子、粿品,两人就这样慢慢确立了关系。"两人相扶才走得远",S觉得,结婚是为了更好地照顾彼此,照顾彼此的家人,无论何时都有个照应。

3. 汽车时代

今年暑假,在广州工作的大女儿T回了一趟家,带来令S和Q格外重视的消息:国庆要带男朋友来家里,从广州自驾出发,来了载上S和Q一起到处转转。两夫妻马上开始商量第一顿是在家里吃还是在外面吃的问题,关于在家里吃什么,在外边又吃什么,拉着女儿兴奋又郑重地进行了多轮讨论。

"诶呀,又不是提亲你们紧张什么?!"T拿父母打趣。"提亲那就有提亲的做法哩!"Q激动了。S觉得第一次见父母还是很重要的,特别男孩又大老远从广州过来,得好好张罗一下。T在广州读书的时候也谈过恋爱,后面两人都觉得不合适就分手了。国庆要到家里来这位男生,是她在工作中认识的。T毕业后到了番禺区某街道工作,时不时地负责探望了解社区老困居民,一次活动中捐赠物资的企业也派了代表一同前往,她未来的男朋友就在其中。两人第一次打招呼,T就听出来K也是潮汕人,又看到他忙前忙后地搬物资,对老人轻声细语很有耐心,不禁心生好感。两人加上微信好友后,K约T出来好几次,彼此确定了关系。

K的公司就在T工作的街道内,下班后他就开车去找T,两人一起吃个晚饭,他又载着她回家。新型冠状病毒感染疫情时期,T在街道的工作量剧增,各种各样的问题压得她喘不过气来,好在"他很理解我,总是鼓励我、帮我"。K仿佛成了T他们办公室的编外人员,有空的时候、停工的时候,他都开着他的车帮街道运送物资、到核酸点帮忙,这些事情,T看在眼里,更记在了心里——"工作完成的时候,坐在他车里,我真的会想没有他陪

---

① "走仔"为潮汕话直译,意为女儿。

着我会是怎样。"经过疫情时期的考验，T和K都认为这段感情应该更进一步，后疫情时代，两人更要一起度过。

后　　记

　　在我打工的玩具厂里，车间和宿舍都没有空调，八个人的宿舍配有一盏吊扇，高温的白天，太阳光从隔壁厂房的白铁皮顶反射进宿舍里，关上门闷得慌，打开门烤得慌，大家只能早早跑去车间。工厂里也没有时钟，上午跟下午，今天和明天，这周与下周，工人们都在重复一样的动作，时间的概念变得很模糊，只得以铃声为准。一周七天，一天12个小时的机械劳动，食堂要保障工人们的吃食，早晨稀粥咸菜，午晚餐十个人围坐一桌、分享两素一荤，荤菜的出品总是"最有新意"：都是鸡脖子的土豆焖鸡、口感像肉丸的炸菜头丸。被塑料和纸板割伤的手，还会被汗水泡皱，直至起茧……

　　初到工厂的我，体会到为孩童生产玩具、制造快乐的工人们其实过得很辛苦，以为在这种生活条件下一个人难有恋爱的兴致和冲动。但我看到了许多敢爱敢做的青年男女，无论他们最终是否走向婚姻；我还看到许多为婚姻准备着、为婚姻正付出着的工人，他们的选择与坚持透露出农民坚韧的性格底色。莲阳是外来工人们半永久的中转站，寄托着他们对城市美好生活的想象和向往，年轻的农民们走出乡村，又走入另一个乡村，这个乡村多了些许城市的影子，少的是熟悉的人和文化背景，数不尽的过客在这里长久地相逢。

　　工业化以来，莲阳的一切似乎都在改变——人们不种田了，家家户户做玩具，屋子都变成了厂房，莲阳的年轻人离开了老厝，越来越多外地人住进老房子，带着小孩四处转悠……但对留在家乡的莲阳人来说，爱情和婚姻又从来离不开那一亩三分地。从前，青年人的爱情往往始于田间地头，现在，年轻人的情愫又多起于田园之间，工厂向来是一个缺少情感色彩的地方，它更多意味着生计。婚姻呼唤着真诚、理解和付出，像禾苗离不开阳光、土壤和水，从单车到摩托，从摩托到汽车，莲阳一代代的乡村青年用相互支持、相互照顾诠释着婚姻的意义。如今，越来越多高大的商品房楼盘拔地而起，联通粤东三市的城际轨道迅速铺设，莲阳也是站点之一，人们兴奋地期待着生活即将到来的变化，像当年开始做玩具一般。

参考文献

[1]费孝通.乡土中国 生育制度[M].北京：北京大学出版社，2020.

[2][美]阎云翔.私人生活的变革：一个中国村庄里的爱情、家庭与亲密关系：1949—1999[M].龚小夏，译.上海：上海人民出版社，2017.

[3]周潇.劳动力更替模式与代际流动：对农民工群体的考察[M].北京：社会科学文献出版社，2022.

[4]李卫东.原因还是机会：迁移模式对农民工婚姻稳定性的影响机制研究[J].南方人口，2021，36（3）.

"父母之命"对乡村青年婚姻的多面影响
——基于广东省中山市沙溪镇的调研

◇ 阮浩谦（法学院2020级本科生）

"父母之命，媒妁之言"是中国古代婚姻缔结的重要条件，古代青年人的婚姻要遵循父母的意愿，婚姻由父母操办，再通过媒人等的介绍、协调而最终结婚，这也形成了我国婚姻缔结的一个传统。

时至今日，虽然自由恋爱、结婚已经成为社会共识，但父母、长辈对年轻人婚姻缔结的干预和影响依然存在，只是不像过去一样完全包办婚姻，因此可以说在某种程度上，"父母之命"依然存在。本文中的"父母之命"即指现代父母对子女婚姻缔结的干预和影响。一般而言，由于生产生活方式、受教育水平等的影响，这样的观念在农村地区会更加根深蒂固，父母对年轻人婚姻的缔结干预更多，家里长辈"催婚""逼婚"的现象屡见不鲜，这类现象也经常在网上引起热议，引发社会的广泛关注和讨论。

我的家乡在广东省中山市沙溪镇，中山市是改革开放的前沿阵地之一，改革开放以来沙溪镇大力发展制造业，经济发展迅速，城镇建设使得现代化水平显著提高。各村村民也从主要从事农业转变为了从事制造业、服务业。与此同时，原有的村庄人情社会关系持续存在，熟人社会与陌生人社会、传统的村居与现代的厂房并存。社会的变迁、生活方式的变化也影响着沙溪镇居民的婚姻观念，一部分居民接受了新的婚姻观念，而一部分依然持有传统的婚姻观念，父母对于是否干预、如何干预自己子女婚姻的看法也出现了较大的差异。本文选取了沙溪镇的三位青年进行采访、调研，探究他们的父母对他们的恋爱与婚姻产生的不同影响及其背后的原因，由此也可以部分看出乡村居民在婚姻观念上的同代与代际差异。

一、父母的撮合：有干预的自由恋爱

（一）从玩笑到现实的恋情

小孙是沙溪镇乐群村的居民，尽管他是外地人，但由于父母在沙溪做生意，他从小便随父母在沙溪长大。小孙妈妈的闺蜜有个女儿，年龄与他相仿，稍微年长一些。在他上大学后，有一次他妈妈和她闺蜜聊天中谈到双方的小孩，开起了玩笑说两个小孩也不小了不如以后一起做亲家之类的话，然后聊得非常开心，就准备尝试一下。那次聊天之后他们就开始安排双方的小孩出来吃饭、一起出去玩。小孙表示一开始他对这种方式是比较抗拒的，他认为这种方式类似于相亲，完全就是父母的一厢情愿，没有考虑他的意愿。但基于礼貌和妈妈的要求也就去了。他和那位女生见面之后就加了微信，他觉得那个女生非常漂亮、可爱，了解她以后觉得她很善良，性格很好，和他的三观很合，于是他就自己开始约她出来玩，相处了大概半年后他们就成为男女朋友了。目前小孙的女朋友刚刚毕业，在广州工作，他现在在广州读书。假期的时候两人会住在一起。他们两个人的感情比较好，两人也有谈及关于未来结婚的事情，两人都认为要有一定的积蓄后再考虑结婚，目前一个人刚出来工作，另一个还没有毕业，结婚的条件还不成熟，至少还要过多几年。在结婚的问题上，小孙的父母虽然希望他早日成家立业，但也不会过多催促和干预，尊重他们两人的意见，尤其是女生的意见。

（二）父母撮合婚恋的利与弊

小孙认为这种双方父母相互认识并介绍的恋情、婚姻有利有弊。首先能不能成是一个比较偶然的事情，需要双方刚好三观比较接近、互相吸引才有可能谈成并且继续走下去。如果双方合适，家长的介绍就成为一个继续发展的契机，而如果双方并不合适、父母一味地撮合的话，那可能并不会有什么好的结果，孩子也会比较抗拒。他们两个是各方面合得来才成为男女朋友的，家长的安排刚好给了双方见面一个契机，给了他们后续发展的机会。在见过第一次之后，后面双方的家长也并没有怎么干预和过问，都是他们两个人自己发展。这种方式主要的好处在于双方都比较了解，知根知底，在交往的过程中父母和孩子都会相对放心一点,尤其是女生的父母可能会比较担心女生的安全,在和对方家长熟悉的情况下这种担心会小一些,也更有利于双方的发展。父母也能够为自己的恋爱和婚姻提供一些支持,包括经济等各方面。而且在他们父母一辈的观念中,婚姻一个很大的属性是两个家庭的结合,就像他们一开始介绍双方小孩认识的初衷就是想两家结为亲家,尽管这最初是一个玩笑,但也代表着家长最初始、最真实的想法。这种情况下双方本来就很想两个家庭结合,自然会对后续两人的发展给予支持,双方的恋爱和结婚也会更容易一些。

当然,在小孙看来这种方式也存在一定的弊端。尽管他们双方的家长在他们谈恋爱之后比较少干预和过问,不过由于双方家长比较熟,会不时约出来一起吃饭、组一些饭局,在饭局上他们两个会感到有点尴尬和不自在,感觉让他们过早地从双方恋爱上升到两个家庭的关系上。但是他们也没有办法拒绝,只能答应着参加。他表示家长多少还是会关心和过问一下的,虽然父母组饭局这种方式会让他们两个年轻人感到不自在,但总体来说他还是可以接受,小孙表示可以理解家长的做法,只要次数不是太多就行。整体而言他的父母在他恋爱和婚姻上面的干预和影响不太多,而且方式也在他和他女朋友的可接受范围之内,小孙认为他的"父母之命"对他恋爱以至婚姻的影响总体上是正面的。

二、父母的否定:有情人难成眷属

小林是沙溪镇象角村的村民,她是本地人,从小就在这里生活长大,现在全家也依然居住在村里。几年前大学毕业之后,小林也回到沙溪镇工作、生活。前两年她认识了她的男朋友,不久后两人就确立了男女朋友的关系。两人的感情一直都很好,也逐渐有了结婚的想法。她一开始谈恋爱的时候并没有告诉她父母自己谈恋爱的事情。随着年龄的增长,父母开始关心她婚姻的事情,有"催婚"的迹象,于是她就把她谈恋爱的事情告诉了父母。她父母随后也见过了她男朋友,了解了她男朋友的基本情况。小林表示,她父母在观念上属于比较传统的一类人,从小对她的管教比较严,在恋爱和婚姻问题上也过问得比较多。他男朋友是个体工商户,平时就是做点小生意,虽

然生意不大,但是收入也还可以,两个人的生活过得挺好,也有相应的经济能力结婚。两人有了结婚的打算之后,双方就和父母商量,她男朋友的父母同意他们两个结婚,但她父母却反对了。她父母反对的主要理由是她男朋友没有一个"正经"的工作,担心他收入不稳定,而且以后退休、养老没有保障,不能够为他们的婚姻提供良好的经济上的支持。

小林表示一开始她听到这个反对理由的时候也挺惊讶的,因为在沙溪镇有很多个体工商户,尤其以前纺织业、制造业繁荣的时候,自己做点服贸小生意是非常普遍的,而且收入也不错。自己的亲戚也有几个是个体工商户,生活也不错。个体工商户在这边很多人的认知里也算不上一个不体面、不"正经"的工作,不明白父母为何会因为这一点而反对两人结婚。她一开始以为父母是因为其他原因不喜欢她男朋友,所以找了个理由来反对,但经过和父母的几次交流后,她确认了父母的确就是因为这个原因而反对的。"可能是因为这几年经济环境变化了,生意越来越不好做,大家更喜欢单位里、体制内的工作,追求工作的稳定性吧。"小林说道。而且她父母本身就比较传统,即使在十几年前做生意的热潮下对经商也不怎么看好,在如今的经济环境下就更加看重稳定的工作了,她自己也被父母要求去考公务员。但小林谈到她没有想到父母会将这个所谓"体面"的工作作为衡量她与男朋友能否结婚的重要标准,并以此否决了她和男朋友结婚的想法,而且态度很强硬,几乎是到了不容分说的程度,自己虽然和父母沟通了几次,但他们的想法还是没有改变。由于她从小父母就对她管教比较严格,在很多事情上都会影响她的决定,一直以来她也比较听她父母的话,小林表示如果她父母确实不同意,她也会听从她父母的意见。现在她也依然在努力和父母沟通,希望能够改变他们的想法,但是比较困难。她和男朋友现在的感情也因此受到一定的影响,关于他们两个人的感情何去何从,她感到十分迷茫。

三、"祖父母之命"下父母的顺从与调和

(一)三代人迥异的婚姻观念

Q同学是象角村的村民,小的时候就从村里的祖屋搬出,住到了镇中心

做生意。她去年刚大学毕业出来工作，在本地的一家民营企业上班，收入不错，就是工作有点忙，经常要加班。由于她还是单身，加上工作比较忙、圈子也比较小，尽管她才23岁出头，但家里人已经开始为她的婚姻感到担忧。Q同学表示她家中祖父母等长辈思想还是比较传统的，希望自己的后辈尽早成家，认为她这个年龄应该要准备结婚了，至少也应该有对象。她也听到好几次长辈说女生这个年龄结婚也不算早了，年龄再大点就不好嫁了之类的话，再加上她现在的这个情况，长辈就更加担心了，偶尔会催一下婚。但她表示，自己现在刚刚出来工作，工作也比较忙，还是希望等工作了几年，先稳定下来再说。而且她自己也不是特别想结婚，结婚之后家里人肯定会催生孩子，她特别害怕生孩子，有一点恐婚恐育的心理，生育带给她的恐惧也是她不想结婚的重要原因。现在她一个人的生活状态也很好，不用焦虑很多其他的事情，收入也不错，足以让自己过上不错的生活。目前也没有遇到自己喜欢的人，没有必要强求，如果有遇到合适的人那再考虑。长辈传统的那些观念她不太能接受，但是碍于礼貌也不太好当场反驳，被问到婚姻、恋爱的问题时也只能含糊其词，顺承着应和一下，被催婚的时候也是找个理由应付一下。

（二）父母角色的转变：从催婚者到调和人

或许是祖父母看到直接和她讲没有用，他们就和Q同学的父母说了这件事，让她父母做她的工作，并且还让家里的其他亲戚帮忙看看有没有合适的男生，介绍给Q同学。Q同学的父母也为她的婚姻而担忧，也和她说过几次，但是Q同学没有同意他们的观点，也向父母表达了自己的真实意愿。我们有幸访谈到Q同学的妈妈L女士。L女士说她也是有点担心Q同学的婚姻情况的，作为父母她希望子女能够早日成家，自己同样想早点抱孙子，而且这个也是家里老人的想法，自己作为子女应该帮老人劝一下她。不过在他们沟通过几次之后，她和她爸爸也逐渐理解了她的想法。"毕竟女儿也大了，有自己的想法也很正常，作为父母管了她这么多年也应该放手让她做决定了。而且说实话，想管也管不了了。"L女士感叹道。尽管L女士不认同她女儿现在不想结婚的观念，但最终也决定不再继续经常性地去劝她，也不打算强行地干预，最多也就在有合适的人的时候和女儿说一下，问她愿不愿意认识一下，她和Q同学爸爸也已经释然了，表示结婚这种事情还是要顺其自然，女儿愿意就最好，不愿意他们也没办法。虽然Q同学父母基本理解了她的想法，但祖父母还有其他的长辈依然还是很操心这件事，经常和L女士讲，L女士也从最初时积极按照长辈的"指示"去做、去催婚变成应付式地迎合一下，没有再继续按照上一辈的想法去做了。Q同学表示这样实际上她父母也帮她分担了一部分的催婚压力，祖父母的压力没有直接传导到她这里，而是在她父母这边就消解了很多，父母充当了她和祖父母之间的"中间人"，某种程度上也缓和了她和婚姻观念差异巨大的祖父母之间的关系。她现在就是处于一个有催婚压力，但压力不算太大的情况，"父母之命"基本没怎么影响她。

（三）老一辈盼结婚，年轻人有苦衷

Q同学坦言，祖父母着急着让她结婚的原因是多方面的。首先最主要的是老一辈的还是以成家立业、儿孙满堂作为衡量一个人是否成功、是否幸福的重要标准，认为自己的儿孙只有结婚了才会过得幸福。在他们的观念下，如果自己家晚辈年龄很大了，还一直没有结婚，是一件很不好的事。Q同学的一个亲戚30多岁了还没有结婚，逢年过节家族里的长辈见到他都要催一下婚，背后有时也会议论一下，话里话外都有把他当反面例子的意思。第二是她祖父母身边的一些亲戚已经四世同堂，祖父母不时会和亲戚们聊天，他们看到别人家这样，自然也会羡慕，也想自己家四世同堂，享受一下儿孙满堂的天伦之乐。而她是祖父母的长孙女，家族里的其他同龄人都还没到结婚的年龄，自然这副"重担"就首先落在了她身上。第三是她祖父母年纪也比较大，担心以后身体会慢慢变差，想趁着自己还有精力抓紧帮晚辈解决这件事，自己也能尽早看到晚辈成家、过上幸福的生活。

Q同学表示她能够理解老人家对她结婚一事的着急，毕竟老人家岁数也不小，观念和她不同很正常，而且也不太可能改变过来，祖父母的出发点是好的。但她始终认为新的一代人有新的活法，一个人过什么样的生活应该是由自己决定，不应该由他人的想法去决定和干预，这也是社会发展进步的体现。况且除了自己主观的原因，也有外部的客观原因。现在外部环境和以前的不同了，自己能找到现在这份工作已属不易，如果这么早结婚甚至生孩

子，自己在工作上还没有稳定就要处理家庭事务，不利于事业的上升。而且她现在的工作很忙，几乎每天都加班，有时要加班到差不多晚上十点，很难再兼顾家庭。如果生孩子的话还要离开岗位很长一段时间，她很可能会面临被裁员的风险，那再找工作就十分困难了，到时又怎么能支撑起婚后家里的开销呢。其次是她现在工作的地方在市里的新区，离沙溪镇的家开车近一个小时，由于路途遥远加上工作繁忙，她平时都住在公司安排的宿舍，周末才回家，虽然家里有房子，但结婚以后为了工作和生活方便肯定要在市里买房，经济上的压力也不小，生孩子之后压力肯定更大，现在养育一个孩子要付出的物质和精神成本也很高。她家里也考虑过让她回沙溪附近工作，这样确实各方面压力都小很多，不用买房子，父母也能帮她处理一些家务事。但沙溪镇的机会要少很多，大企业几乎没有，这几年制造业企业大量迁出导致沙溪经济不景气，自己的工作收入会有所减少，职业发展的前景会受到限制，所以她不打算回去。而她祖父母或者父母那个年代，在农村很多人都是种地或者自己做生意，在家附近就可以，不必到市里甚至大城市去；在企业上班的竞争也没那么大，工作强度没有现在这么高，工作和家庭勉强能兼顾，也没有房贷的压力，结婚、生孩子要相对容易一些。Q同学自己也和他们说过这些客观原因，但祖父母还是会以他们自己的经验来代入、判断，他们那个年代不需要考虑这些，所以难以理解她所说的这些客观上的原因，认为她只是在找借口。她父母观念就相对更新一些，可以理解她现在面临的这些难处，所以后面也没有再怎么强硬地催她了。

四、"父母之命"的共性与差异

（一）共性：宗族观念下对子女结婚生子的强烈期盼

经过调研和采访可以发现，沙溪镇大多数青年人的父母都希望自己的子女尽早结婚，不论是男生还是女生的父母都是如此，几乎没有对此完全无所谓的父母。在婚姻缔结的问题上，父母大都会影响和干预子女，只是干预、影响的程度和方式手段有差异，这是最突出的一个共性。另一个明显的共性是父母都把两个家庭的结合与生育下一代作为子女结婚的重要目的，催结婚的一大原因就是希望子女早日有下一代，"生子"是伴随着结婚的，甚至更为重要。而家庭的结合同样为年轻人父母所看重，是父母评判子女结婚对象的重要标准，父母在年轻人婚姻缔结对象上的干预主要就是基于家庭结合的因素进行考量，传宗接代以及两个家庭结合的功能十分明显。而"父母之命"的上述共性很大程度上是从宗族观念衍生出来的。

历史上的很长一段时间里，华南地区的宗族势力都很强大。时至今日，沙溪镇很多老一辈居民都还是有一定的宗族观念的，一个村基本都是一个姓的，每个村都有一个祠堂，多命名为"×氏宗祠"，如笔者祖籍所在的象角村就有阮氏宗祠。宗祠存有族谱，有祖先的牌位，过年过节会举行活动，家里如有高考、结婚、孩子出生等重大事务的也会到宗祠祭拜。年轻一辈在村里向不认识的人介绍自己的时候，往往要加一句自己是谁谁谁的儿子/女儿或者孙子/孙女，这样别人能够更快地认识和记住你，这从侧面体现了村民的宗族观念。村里很多人是通过区分宗族下的各个家族来认人的，每个人都会被赋予属于哪个家族的标签。在宗族观念下，家族的人丁兴旺举足轻重，家族人数要多、要能代代相传，不能没了香火，否则家族就会衰弱。传宗接代不仅是子女的责任，父母、家族的长辈也要对此负责。所以家里的父母等长辈会迫切地想要子女结婚生子，这样自己家族的这一脉才能继续传承下去。不结婚、没孩子在村里多多少少会有点不光彩，年轻人可能无所谓，但是家里父母、长辈在同辈人脸上会有点挂不住，例如上文中Q同学提到的一个30多岁还没结婚的亲戚就是如此。虽然现在大部分人的观念都有所更新，但农村熟人社会的性质明显，谁家有这种情况很快会被传开，同村人背地里的议论是少不了的。尽管不会对生活有什么实质性影响，但还是会让当事人及其家人不好受。结婚也是村里年轻人正式进入社会的标志，只有结婚之后年轻人才能逐步参与宗族事务，融入到村里的熟人社会网络中，正式成为自己家族里新的一代。另外，宗族观念下的结婚也是两个家庭的结合，甚至是两个家族的结合，双方的结合要能够有利于自己家庭的发展壮大和延续，所以结婚对象的家庭背景是会全面考虑的。笔者过年回去以及在村里调研时经常听到长辈提到晚辈的婚姻时都是"某某的儿子×××娶了某村某家的女儿×××"之类的话，也可以从侧面看出，很多年纪稍大的村民都是以家庭结合来看待婚姻的，称呼他们的婚事时都会强调一下是哪个家族的。

（二）差异化的影响及其原因

同时，不同的父母在子女婚姻问题上的观念存在不小的差异，干预子女婚姻缔结的程度、方式有所不同。从上面的调研和访谈中可以大致总结出几种父母干预的方式和干预程度。在子女没有对象时的干预方式主要就是组织相亲、帮子女介绍对象，这也是最普遍的。上文的小孙和Q同学的父母都是这种方式。在子女有对象之后的干预方式就是干预子女恋爱、结婚进程，包括在家长层面主动促进两家关系、评价子女对象等。

其中干预的程度也会有不同，有的父母以自己的意愿来决定孩子结婚的对象，不符合的一律不允许，干预程度很高；有的是要求孩子去和介绍的对象见面，但后续过程不过问，干预程度中等；有的就不强求，干预程度较低。

不同的"父母之命"的干预也产生了不同的影响，既有积极的也有消极的，因人而异。整体来看，年轻人都希望在婚姻上更加自主，父母的干预越少，对年轻人的影响会越好。当然，并非所有的父母干预和介入都是不好的，在当下年轻人的语境中，父母干预和介入婚姻往往都会被贴上负面的标签，但从实际调研看，有时父母的干预的确会产生积极的影响，如刚好介绍到合适的人、提供经济与人际关系上的支持、帮助调解隔代间的关系等。这些产生积极影响的干预的共性是都给子女保留了一定的自主权。因此父母和子女应当以共同协商、沟通的方式来处理婚姻缔结的问题。

造成不同父母在婚姻干预上有不同方式和程度的原因有很多，在调研中发现，除去个人主观原因如年龄、学历等外，其所处的社区也会对此产生影响。上文中提到宗族观念是促使父母进行干预的重要原因，而宗族观念往往在属于熟人社会的村里最浓，因此目前还居住在村里，并且周围的圈子依然是村里的"原住民"的那些父母对子女婚姻干预程度最高。例如我们访谈的小林，他们一家就是一直居住在村里，和同村人往来很多。

而搬出去到镇上的小区住的，基本上就和在城市住没什么区别了，邻居间的来往不会很多，宗族在日常生活中很少发挥作用，所以宗族观念对他们的影响会变小，父母的观念更新更快、干预子女婚姻的程度更低，我们访谈的Q同学一家就是这样。而由于很多原本住在村里的人已经搬出去，他们

在村里原有的房子会被出租给从外地来工作的人,这些人属于村里的后来者,与村里的"原住民"不属于一个宗族,自然不会融入到村里以宗族为基础的熟人社会中。村子对他们来说只是一个居住的地方,他们的观念不会受到很大的影响。而当村里大部分都是这种新居民时,村里基本上就是一个新的社区了,宗族在人们的日常生活中影响会慢慢减小,小孙家就类似于这种情况。

五、总结与展望

经过调研发现,目前沙溪镇年轻人的父母普遍都会干预子女婚姻的缔结,宗族观念是促使父母干预子女婚姻的重要原因。不同干预方式和干预程度会对子女产生差异化的多面影响,总体而言父母干预越少对子女越有利。家庭所居住的社区会对父母的干预行为产生一定的影响,居住所在地宗族关系网越完整,宗族观念会越强,父母的干预程度也越高。本文中调研到的父母干预婚姻的结果有好有坏,父母的干预并不一定会产生负面影响,而且在中国长期以来的观念里,婚姻都是整个家庭的事,所以"父母之命"会长期存在,需要提倡的是干预的方式要恰当,程度不能太深。

同时我们也可以看到,宗族在沙溪镇各村都有一定影响力。宗族观念在团结族人、增强家族和村庄的凝聚力上发挥着正面的作用。改革开放之后村里的一些家族企业的兴起也离不开家族的团结,离不开宗族观念。宗族观念下,事业有成的人会回报本村的同族人,许多海外华人华侨也靠着宗族的纽带和家乡有着紧密的联系,为沙溪的发展做出了巨大的贡献,很多村里的宗祠、运动场馆、学校都是他们捐赠的,这也得到了政府和社会各界的高度认可。但同时也要看到宗族观念有一定的落后性,其体现在婚姻上的观念与现代社会追求自由恋爱的价值观存在一定的冲突,需要进行改变。沙溪镇作为一个经济较为发达的镇区,城镇化水平较高,很多年轻人的工作生活方式已经和城市里趋同,一些城市青年结婚存在的外部阻碍在沙溪镇青年中也逐步出现,观念也需要随之调整。随着城镇化进程加快,越来越多的村民搬出村里,住到镇里或者城市中去,原有的宗族社会体系在逐渐衰弱,这也为观念的变革提供了基础,各村应该保留和发扬宗族观念的积极方面,发挥宗族在助学、扬善、同族人互帮互助等方面的作用，同时宣传新的、与时俱进的婚姻观念，呼吁父母不要过度干预子女的婚姻。

婚姻是每个人的终身大事，也影响着整个社会和国家。近年来婚姻与生育问题更是频频成为社会关注热点。农村地区有着大量的人口，农村青年的婚姻情况也与城市的存在差异，有其自身的特点，希望本次调研能够反映出部分农村青年婚姻的一个方面，让读者更深入地了解农村青年的婚姻，促进农村形成合理的婚姻观念，在婚姻问题上能有和谐的代际关系。

被挤压的乡村、被重塑的婚恋
——基于梅州市大埔县的乡村青年婚姻困境调查

◇ 孟凯旋（政治与公共事务管理学院2019级博士生）

引 言

费孝通先生曾称中国是乡土社会，作为在市场转型中也不断向前发展的新农村，农村、农民、农业是中国式现代化的重要基石。但是，现今，农村地区的"空心化"、农村经济的凋敝和农村人口结构不合理等问题都在影响新农村建设和农业、农村现代化。其中，引人注目和日渐突出的一个问题是乡村青年的婚姻困境。晚婚晚育、单身不婚、离婚率升高都是其典型表现。虽然在城市也有这些婚姻困境，但却与乡村情况有所不同，农村单身汉问题尤其明显。然而，乡村青年婚姻困境不仅是一个人口结构问题，更是一个典型的城乡结构性问题，与之交织在一起的是城乡婚恋期待趋同、乡村教育落后、收入水平较低、家庭养老压力大等问题。

在我调查的梅州地区，单身青年问题也很突出。梅州属于广东省经济落后地区，人口385万人。根据《南方日报》发布的一份关于《梅州市青年婚恋交友情况调查报告》指出，2022年，梅州适婚青年中单身青年占比48.44%，婚恋交友需求十分迫切。于是，梅州团委、妇联等部门都在组织各种相亲活动。[①] 而我的老家在梅州市大埔县西河镇，位于大埔县境东北部，境域形状如三角形，面积201.74平方公里。截至2019年末，西河镇总人

---

① 魏丽文：《梅州打造交友品牌平台"淘偶会"助青年"脱单"》，见南方Plus（https://baijiahao.baidu.com/s?id=1740745330225157816&wfr=spider&for=pc）。

口35803人。作为距大埔县县城仅一个小时车程的地区，大量西河镇村民像其他许多乡镇一样搬离乡镇去大埔县城买房安家，为解决子女教育和婚姻买房。这种不完全脱离农村、以城市的工作和生活方式为主，但仍然保留农村的房屋、土地和邻里关系的生活方式成为城镇化下独特的居住方式，这也为当地单身青年婚恋交友提供了新的模式。

为了探究在城镇化时代，大家如何处理带有乡村色彩的婚姻困境，我观察和采访了一些身边的人，并主要从参与"脱单"的不同角色去分析大家对于婚恋交友问题的看法，并对照一组"脱单"却陷入离婚风波的年轻人指出农村青年的婚姻困境。本文尽可能真切地还原相关情形，并在此基础上进一步分析影响现代乡村青年婚恋困境的因素。

一、难以"脱单"的单身汉

2023年新春佳节，我们在J家的新房子举杯祝愿他们家的两个儿子尽快"脱单"成家。如果没记错，这是我听到这个祝福的第六年。大家都已默然，慢慢觉得这个祝福已经难以实现。两个男生（T和D）慢慢开始"佛系"起来，过年基本不回老家，而J夫妻俩却仍然在借助各种社会资源不断张罗相亲，J夫妻俩很疑惑，为什么孩子有房有工作却"脱"不了"单"。

（一）被迫"佛系"的年轻人：T和D的"脱单"难题

T和D对于婚姻和单身都越来越"佛系"，这种"佛系"是在多次努力后不得不进入的一种状态，适应单身、接受单身。两个人都是"90后"，T已近30岁，他们俩都没有上大学，高中毕业后没考上合适的大学就去打工。T在五年前还是一个白白净净有点幽默的大孩子，现在多少有点发福，也没有以前那么幽默了。T非常积极地投入自己的"脱单"计划，每次我问起，他就说在聊着呢。2021年，为了与一个聊过一阵的女孩子见面，J夫妻俩和T一起大包小包带了许多东西来到女方父母位于广州的杂货店。这家人非常疼爱女儿，简单了解了一下J家里和T的情况，就送走了他们。最后，女方家长告诉T，他们觉得孩子还小，想再等两年。这是T离脱单最近的一次，当时，T来到我们广州的家和我们聊起来，他自己觉得和女孩聊得还不错。如果对

方能看得上自己，自己也想早点结婚，当时T还能嬉嬉笑笑。在此之后，T也与一些女孩子相过亲，但大多无疾而终，都没到谈婚论嫁的地步。

D就比T小两岁，D没有T白净，但比较稳重踏实，经常加班，多赚的钱都转给父母，希望可以攒多点钱存够老婆本（结婚需要用的钱）。D也曾和一个女孩聊得不错，2022年过年的时候双方父母还见了面。女孩家里也在县城买了房子，父母和姐妹都在县里住，女孩母亲与J是同事，非常期待可以促成这桩婚事。双方见过面后，D与女孩聊得还不错。当时，我还打趣说要趁着这段时间多给女孩子送礼物，D也非常耐心地听我讲述与女孩子的相处之道。结果，有天D突然说女孩觉得两人不合适，一问才知道，女孩问D新房子是谁的名字，D回答说是哥哥的名字，然后对方就回了句："哦！"之后就慢慢淡了下来。大家都猜可能对方觉得D没有房子，D也没跟对方过多解释什么。J夫妻俩急忙表示可以让他们选择一起去看自己喜欢的房子。

2023年暑假，我问及T和D的脱单进程，他们不想过多说什么，只是淡淡地表示慢慢看吧。十一假期，J的妻子M急匆匆从广州赶回大埔给T和D安排相亲，但他们一个都没有回来。我问T和D怎么不看看一起打工的女同事，他们说同事看不上他们。而且两个人都很"宅"，除了父母安排相亲，他们主动发起的相亲屈指可数。

（二）被迫"卷"起来的父母：J夫妻俩的期待和努力

虽然T和D略显"佛系"，但他们的父母却积极为两个儿子的"脱单"努力。J夫妻俩已经把自己的社会资源动员了个遍，但可获取的相亲机会却与他们的努力相去甚远。2023年暑假，我见到了J，他眉飞色舞地给我讲述自己的新工作——在县城找到了一份不错的保安工作，这拓展了J的人脉圈子。当我询问J给T和D的相亲情况时，J有点无奈地说道："我认识很多银行柜员和电力单位的女生，一打听，对方都说不想结婚、不愿意结婚。"J对此表示非常不理解。

另外，J搬到了在县城的新家，新家所在的小区在整个县城也属不错的小区，入住率高，J的交际圈也因此得到拓展。我跟J建议可以在小区里找找，J面露难色地说到，咱们楼下有户人家有两个女儿，他们和T和D年龄也相当，他曾向楼下邻居打听，但对方的父母说只要一提相亲，两个女儿就跳脚,还以不回家作为要挟让父母停止给安排相亲。两姑娘虽然在外打工,但也宁愿单着,自己挣钱自己花,认为这是最好的状态。J不理解现在的年轻人,我们建议回村找找,J表示现在村里住的人不多了,很多都搬到了县城住,能找的也都找了。如今,J每天都在打听谁家女孩子还没嫁人,比自己要相亲还紧张。

J夫妻俩不仅要帮儿子张罗相亲,还要给他们创造更好的相亲条件。M在50多岁的时候就外出广州当保姆。因为保姆的工作包吃包住,所以六七年间,M就攒到了四五十万。于是,2020年,他们首付了现在的新房子(约120多平方,小四房),新房房产证写了J夫妻及T的名字,并花费了十几万进行了装修,希望这光鲜靓丽的房子可以为儿子们赢得更多相亲对象的青睐。同时,还为儿子承担了每月两千多的房贷。他们的计划是,如果D需要结婚,就把原来的老房子卖了再买一套新的。有次,J气愤地对我说:"我已经很低消费了,我就日常吃个饭,剩下的钱给M交个社保,然后所有的钱都攒了起来给他们买房子,我还有什么办法!"是的,J夫妻俩把所有的收入都投入了儿子们的婚姻,但却还没看到结果。M经常觉得自己的儿子很好,用她的话说:"不抽烟不喝酒不嫖不赌,乖乖上班,对父母也孝顺,怎么就找不到老婆?自己不论怎么样也要给孩子娶上媳妇。等他们两兄弟结婚了,我就帮他们带孩子不再出来干活了。"M的想法是美好的,但如果M失去工作,现在的房子也不知道谁能还得起贷款,如果再多买一套,压力就会更大。J夫妻俩不敢停歇,但他们更不能理解为什么自己孩子明明有工作,在县城还有房,却娶不到老婆。

总之,经过了解,T和D的情况并不是孤例,即使他们整个家庭都在努力,甚至比很多一般农村家庭的经济情况还好点,却仍无法解决单身问题。

二、重重危机的婚姻

与T和D形成鲜明对照的是X的先生的弟弟K。X的公公婆婆也是有两个儿子,但两个孩子都是20世纪80年代出生的。X和她的先生是大学时认识的,在广州结婚安家。但K与T、D一样,没有上大学,也是从职校毕业后就外出打工。K在超市打工的时候认识了同事,也就是X现在的弟媳B,他们顺

利地结婚了。弟媳是X隔壁镇的农村孩子,某种程度上也算门当户对。但随着婚姻生活的继续,也开始出现了各种问题,比如日益不一的婚姻期待,难以独立的家庭生活等。

(一)被"裹挟"的婚姻期待:K和B的矛盾

虽然K顺利进入婚姻生活,但在六七年的婚姻生中,B的期待在不断提高,B的生存能力也在提升,而K更安于现状,这造成了两人对婚姻生活的理解和期待差距在不断拉大,为婚姻埋下了各种危机。B和K是自由恋爱,两人婚后的生活也算甜蜜,刚结婚时就与X的公婆一起住在县城老房子。最开始K和B一起在县城开了一间卖箱包的小店,夫妻店有点生意,但每月收入只有1000多元。慢慢地,K在亲友的帮助下找到了一个家具店的工作,小店就由B一人支撑。不到一年,小店关闭,B也考上了临近镇子的幼师,有了一份稳定的工作。有了小孩子后,两个人的争吵却越来越多,B对K的工作不满意,一直让K去找更赚钱的工作,甚至让K来广州或者深圳找工作。2020年,K在向X借了十万元后,与J在同一个小区买了新房子,K利用自己的工作经验在工作之余把新房子装修了起来。随后,K和B也经常搬到新房子居住,K辞去了在家具城的工作,在县城新建的大商场找到了一份电工的工作,这份工作还算体面,也有较多的自由时间。

他们的婚姻危机爆发于2023年,B在2023年生了一个女儿,女儿的出生可以说是写就了一个"好"字。但K和B在这一年爆发了几次大的争吵,有次争吵后,B离家出走,B认为K不关心自己,整天拿着手机在和别人聊天。这次大的争吵甚至闹到了要去民政局离婚的地步,最终在父母的介入下而结束。第二次大的争吵源于B发现K手机里有和别人的暧昧信息,B毫不讳地将此事在全家公开,甚至在夫妻双方认识的人面前公开。B认为K背叛了婚姻,表达了极大的不满,要求K净身出户。这次离婚风波以K的所谓暧昧对象出面澄清而结束。但B仍然认为自己过不了这个坎,并爆发了第三次离婚风波,X的公公婆婆因为多次介入情绪也受到了影响,差点被送进医院。B认为这并不是自己想要的生活状态,她不满于老公的不思进取,不满老公有闲心和别人暧昧。而K觉得对于现在的生活还是很满意的,如果老婆不和自己吵架,他觉得一切都很好,有儿有女有饭吃,工作也还可以。

（二）被"挤压"的婚姻空间：父母扶持和介入的婚姻

现代社会以核心家庭为主，但在乡村地区，特别是有第三代的家庭都存在三世同堂或"留守儿童"的情况。X的公婆高度参与了K的婚姻生活，没有为他们的婚姻生活提供空间，也没有为矛盾提供缓冲带，甚至将核心家庭的矛盾演变为大家庭内部的冲突。

2023年国庆假期前，X的公公婆婆搬离了K和B的新房子，回到了自己的老宅子住，这也是第三次离婚风波平息后的结果。因为B在村里的幼儿园教书，离县城的距离也较远，工作日没有在家里居住。所以，X的公公婆婆不得不帮助他们带小孩子。周末，B会回到公公婆婆的老宅一起生活。因此，X的公婆也就会听到K和B的争吵，实在忍不住就会介入。按照婆婆的说法就是："他们这样争吵，我能当看不见么，还经常离家出走，抛下孩子，像什么样子！"有了新房子后，K夫妻也经常周末搬去新房住。生了二胎后，X的公公婆婆自然又搬去了新房与他们一起住，K和B的矛盾也就显性化。有时，婆婆的介入就使得矛盾演变为婆媳冲突，婆婆觉得自己很委屈，对B充满了抱怨："我掏钱买房、帮忙带娃，日常做饭打扫卫生，却落不得一点好，还要看着她和自己的儿子闹离婚。"K也无法解决这个矛盾，常常想离婚就算了，但看着两个孩子又有了难言之苦。

总之，这个十一假期算是平稳过渡了。但离开了父母的扶持，除去两千多的房贷，K的工资就没剩多少，维持日常生活也很辛苦，更遑论如果父母不帮忙带孩子。B的大哥就是离婚后独自抚养女儿，大部分情况下女儿都是在老家由父母看顾，大哥自己独自在外打工赚钱。也就是说，不管是否离婚，农村家庭的子女婚后都需要父母的帮扶。

三、被挤压的乡村，被重塑的婚恋

关于农村单身汉和离异问题有许多学术研究，也有许多新闻报道分析和解释，还是我国新农村建设关注的重要议题。但我试图将这两个问题放在农村青年婚姻困境的一体两面去理解：一方面，脱单困难；另一方面，婚姻不稳定，离婚问题突出。特别是经过本文相关案例的分析，我们发现他们并不属于农村中最贫困的一批，也不属于懒汉一流。相反，他们是努力挣扎在乡村和城镇之间的一批人，他们身上有典型的城镇化的印记，一方面摆脱乡村，但另一方面却无法跟上城市的生活水平。与此同时，他们无法在城市获得一份体面的工作和收入，这使得他们在婚姻选择中毫无优势，即使脱单，也需要整个家庭为这份婚姻输血。在被重塑的婚姻需求中体现出"不只是几代人为一个房产努力，而是几代人为一个婚姻努力"的婚姻格局。

（一）城乡需求趋同问题

城市单身青年多的原因常被认为与城市生活压力大、高学历与思想观念有关。但在我调研的乡镇，可以发现，他们的生活压力没有大城市那么大，但却越来越接近。也就是说，城乡结构性差异虽然存在，但需求差异却不存在，而且越来越趋于一致。

首先，他们都有明确的住房需求。这种需求已经成为农村青年结婚的必备条件，不论是相亲还是结婚后，即使不期望在城市拥有房产，也期待在县里拥有房产。或者说，最低要求是在县城买房。而在县城居住就会有相应的房贷压力和生活成本，大多数农村父母并没有能力为子女全款买房。X的公婆和J虽然有能力为子女付首付，但也需要继续被裹挟着为房子付贷款。在大埔县城50多万的房子，需要一个月还两千多的贷款，而两千多的贷款差不多是大埔县平均工资的水平。

其次，他们都有类城市的生活方式。在县城生活，就需要有相应的生活方式，其中不可避免的是县城的教育、医疗和养老。X的公婆和J一家都缴纳了县城的居民养老保险，虽然M在广州当保姆有较高的收入，但是她还是必须花费每个月八百多元用于缴纳自己的养老保险，这样才可以期待在老年获得一份退休金维持在县城的生活。而K的两个孩子都在县城读书的话，也仍然是一笔不小的开支。如今，大量农村人口来到县城，只为给孩子换得一个较好的教育机会。因此，县城教育资源急剧膨胀，教育成本也居高不下。同时，县城不比老家可以自己种菜养鸡，每个月家庭的基本吃住加上水电费也至少得一千多元。他们虽然生活在小县城，但类城市或完全城市化的生活方式让他们维系家庭和婚姻的成本在逐渐与城市接近，就像X的婆婆说的，"老家的蔬菜水果并不比广州便宜，看个感冒也要一百多"。

最后，在城乡结构需求越来越趋同的情况下，不仅生活成本、婚姻成本在上升。人们对婚姻的期待，思想观念也在趋同。婚恋交友中的女性独立思想也在不断觉醒，他们并不愿意为了婚姻或"脱单"而委屈自己，在基本生活保障之余，还非常看重个人生活品质和独立性。他们期待自己的婚恋交友对象与自己有着同样的价值观，追求和对生活的理解。这也是X的婆婆和M不能理解的地方，她们不理解自己的儿子脱离了农村、有一份稳定的生计，为什么还会有人觉得不好。

（二）就业问题

在乡村城镇化的过程中，除了城乡需求越来越趋于一致，大家对婚恋交友的就业要求有着比大城市更深的执着。他们可以接受对方在县城工作，但这份工作必须是一份体面的工作，比如体制内工作。就像J了解的那些银行柜员、电力人员，他们想找的对象也是体制内的人员；就像B作为教师，也是县城婚恋市场的"香饽饽"。在大城市，大家可以接受对方是一般企业员工，因为这可能代表着更不错的收入。但在县城，这样的工作出现的概率太低了。因此，K虽然是一个电工，算是技术工种，但在大家看来仍然朝不保夕。那么，如何体面养家和养老都成为问题。而T和D在外打工，不但稳定性差，而且收入也不高，T有六千多的收入，但基本是月光族。D在工厂吃住，每月可以攒下一点钱，这样的就业在婚恋交友市场确实没有优势。为此，父母都会帮扶，就如我们了解到的情况，全家一起为子女的婚恋努力，而且不能脱离家庭的帮扶，这又为婚姻埋下了可能的隐患。

总之，可以看到，乡村婚恋交友的市场、需求和方式都在被挤压，被城市化所重塑。

四、结语

乡土社会在现代化、城市化的进程下发生了重要的变化，这些变化无形中重塑了乡村社会的未来——青年群体。我调研的是乡村中特殊且重要的一批青年群体，他们摆脱了传统的乡村生产方式，融入了城镇化的大潮，搬进了县城生活，承受着县城的生活成本、生活方式和生活期待。这种生活成本和生活期待转换为婚恋交友要求，加深了他们的婚恋交友困难，也加深了整体的乡村青年婚姻困难。一方面，大量农村青年无法脱单，他们继续向城镇靠拢，融入县城生活，继续循环县城青年的婚恋困境；另一方面，大量县城青年无法脱单，开始"佛系"，加重人口结构失衡、农村"空心化"和社会稳定问题。

传统乡村青年婚姻观的变迁
——基于江苏省江阴市的实地考察

◇ 陈雨桐（哲学系2021级本科生）

一、调查点介绍与研究对象

（一）村庄基本情况

调查地是笔者从小生活的家乡，属于江苏南部典型的小农村。地处江苏南部的江阴市，介于北纬31°40′34″至31°57′36″、东经119°59′至120°34′30″之间，北枕长江，与靖江市隔江相望，南近太湖，与无锡市区接壤，东邻张家港市、常熟市，西连常州市。江阴市属亚热带季风气候，地处江尾海头、长江咽喉，历代为江防要塞，是长江南北的重要交通枢纽和江海联运的天然良港城市，总面积987.5平方千米。江阴市地处太湖水网平原北侧、长江南部冲积平原地带，境内地势平缓，平均海拔6米左右，西南边缘地势偏低，中部、东北部有零星低丘散布其间，地势较高。截至2022年末，江阴市户籍人口为126.97万人，常住人口为178.40万人。

仁和村位于江阴市西北部，现被划归至利港街道，距江阴市人民政府19千米。地处长江中下游平原，地势平缓，南高北低。仁和村以种植业和渔业为主，主要农作物有水稻、小麦、油菜等，渔业以养殖特种水产（蟹）为主。该地农作物一年两熟，水稻和小麦轮流种植，该地农民一年有两个忙季——夏忙和秋忙。农民每年人均纯收入19009元。2009年，随着城市化的进程加快和乡镇区域规划的变动，仁和村拆迁，村民搬迁至陈墅社区。

(二）研究对象基本情况

笔者的研究对象分别出生于20世纪的三个不同年代，60年代初、70年代末和90年代中期，整个村庄从20世纪70年代到21世纪初这一时期的发展是我们考察本文研究对象的大场域。三个不同时代的年轻人的婚姻观受到不同社会环境的影响，因此本文需要对他们的家庭做出具体的描述。

20世纪60年代初出生的人如今大都已白发斑斑，他们是出生在贫困时期的一代人，大都在幼年时期经历了三年自然灾害的余波，他们的婚姻观受到生存压力的深重影响。与此同时，当时的教育还不普及，加之农村环境闭塞，婚姻观受传统观念影响更多，大部分人只读到小学就回家干活，很早就结婚生子。

20世纪70年代末出生的青年在政策影响之下，大多接受了较好的基础教育，他们的思想与老一辈已有很大的不同。同时，随着改革开放政策的实行，新思想传入农村，新的机遇也随之而来，这一代的青年有一部分选择离开家乡去大城市打拼。但是，家庭的贫富差距也开始影响这一代青年，对他们的婚姻观产生重要影响。

20世纪90年代中期出生的青年正是处在大发展、大变革时期，世界的发展日新月异，新思想、新技术源源不断地传入国内，乡镇企业也在日益蓬勃地发展。人们对教育更加看重，新一代青年大都脱离了村庄，去到了乡镇发展，传统的婚姻观念逐渐瓦解，青年们更倾向于自由恋爱。而交通的发展也使得不同地方的青年能相互认识，婚姻不再局限于一村一镇之中。同时，女性的力量逐渐凸显，女性在婚姻中的自主权更大。

二、择偶范围、中介与标准的变化

（一）择偶范围与地域刻板印象

乡村社会安土重迁，从青年的择偶范围便可以一见端倪。大部分青年的择偶范围局限于乡镇，但不同年代的社会环境对择偶范围的影响也不同。

20世纪60年代初出生的青年的择偶范围大部分局限于同村和周边的村庄，少部分青年会与外地人结婚。彼时尚存在严重的地域刻板印象，利港镇依据地理区位分为上乡和下乡，上乡人较为富裕，原住民居多，大部分居住在利港镇中心地区；下乡人多为外来人口，以一江之隔的靖江人最多，较为贫穷，居住在利港镇边缘，靠近长江滩涂的地方。上乡人大多不与下乡人通婚，上乡话与下乡话也不同。仁和村在当时属于下乡，村里较为贫穷，除了与周边的村子通婚，家境不好的青年还会选择去一江之隔的靖江娶老婆，靖江属于长江以北，经济发展较长江以南更差。一般而言，村里的适龄女性往往会选择家境比自己更好的男性，由贫穷的村子嫁去较为富裕的邻村，很少有"下嫁"的情况。

> 我家当时穷啊，生了四个女孩，母亲又早死，前两个姐姐小时候都被人带去了上海，我是第三个，从小在家带妹妹、给哥哥嫂嫂做饭。我老伴要不是太穷了，也不会娶我，他家里四个兄弟，就几间茅房，穷得揭不开锅，在村里讨不上媳妇，被媒人说着到江北来讨媳妇的。他当时彩礼都出不起，只带了几斤猪肉过来。我人也矮小，家里情况也不好，就想着跟着他算了。①

20世纪70年代末出生的青年择偶范围较为扩大，虽然大部分人仍局限于乡镇范围之内，但同村结婚的变少了，上乡和下乡之间也逐渐开始通婚。这一辈青年很多都外出上学和打工，接触到的人更多，即使大部分仍选择回乡发展，也有一部分选择和别的省市的女性通婚。但是传统观念仍有留存，尤其在女性择偶时，父母更希望女儿留在家附近，能嫁给本地家境比较好的男性。相较于男性，女性在择偶时的范围更窄，受到的限制也更大，大部分家庭不愿意女孩子外嫁，女性的择偶自主权更小。

> 我们这一辈的女孩子大部分还是留在本地，我当时去常州上中专，同一个年级的江阴人最后都回去了。我家在巨轮村，我和他是相亲认识的，因为他是个大学生，字写得也好看，我当时想着我没考上大学，一定要找个大学生。他家里蛮穷的，又是下乡人，说实话我父母一开始是

---

① 访谈对象：FM，68岁，女。访谈时间：2023年8月。

不同意的，但看他人也老实，又是大学生，在厂里上班工作也不错，后来我爸妈就同意了。①

20世纪90年代出生的青年择偶范围更大，婚姻大部分由自己做主，在这一阶段，传统观念中地域的刻板印象减弱了不少，不少人离开村庄去大城市发展，婚姻中不同地域组合的夫妻更多，甚至出现跨国恋，但是父母仍会更倾向于江浙沪地区的青年。随着新观念的不断传入，这一代的女性拥有了更大的自主选择权，也出现了更多的招婿现象，家境较好的女性会考虑让男方入赘。同时，女方在婚姻中不再处于弱势地位，大部分婚姻强调夫妻之间的平等。

> 我和他是自由恋爱，我们初中就认识了，后来兜兜转转又在一起了。我家条件也挺好的，我父亲在江阴市里也有一套房子，嫁妆还有一辆车子。他家也陪一套房子，给了30多万彩礼。我也不是就嫁到他家，反正我自己也有房子，要是他对我不好，我就回自己房子，现在就相当于我们有两个家。我认识的朋友，家境好的都是这么干的，都新时代了，夫妻之间早该平等了，我家也不比他家差；还有的找上门女婿，孩子跟自己姓，男方可能家境不太好，大部分是外地人。②

综上所述，随着时代的发展，乡村青年的择偶范围越来越广，地域刻板印象逐渐减少。而随着村子拆迁，乡村青年越来越多走向城市，不再受地域限制，婚姻自主权也更大，不同省份之间的结合也变得常见。同时，择偶不再局限于男强女弱的传统框架，女性有时也会选择家庭不如自己的男性，女性在婚姻中的地位上升，嫁娶更加平等。但与此同时，家庭的经济状况仍影响着青年的择偶观念，家境好的青年往往拥有更多选择权和结婚的底气，而且父母对子女婚姻对象的选择仍是更倾向于江浙沪地区，甚至苏锡常地区，对象来自太过偏远的地方的婚姻往往会受到父母的劝阻。

---

① 访谈对象：LJY，35岁，女。访谈时间：2023年8月。
② 访谈对象：CM，26岁，女。访谈时间：2023年8月。

（二）择偶途径的变化：媒人文化的变迁

相亲在乡村社会很常见。提到相亲，就不可避免要谈到媒人在其中的作用，以及媒人身份的变化。一直以来，媒人在农村婚姻市场占据着重要地位。

在封建社会，媒婆是促成婚姻的重要一环，所谓"父母之命，媒妁之言"，媒婆为未婚男女相看，将男方详细情况（例如相貌、身家、品性等）告知女方，起到了重要的信息传递作用。在农村里，媒婆更像是一种兼职，而非一种专门的职业。随着儿女外出读书或打工，四五十岁的妇女在家庭的负担逐渐减轻，农业管理也变得更加简单、轻便，她们就会根据自己的人脉为村里的未婚男女牵线搭桥，促成一桩桩婚姻。她们通常在农村里有广泛的人脉，对周围的村子也非常熟悉，同时能说会道，热情好客。乡村里的人际关系简单，媒婆往往熟知各家情况，但随着经济的发展，城市化进程的加快，乡村青年逐渐到大城市发展，越来越多的人选择自由恋爱，媒婆也不再能熟知各家情况，但媒婆并未逐渐消失。相反，媒婆被赋予的意义开始转向，一段婚姻越来越需要媒人的加入来确保婚姻的正式与正当化。现在很少使用"媒婆"这种称呼，更多用"媒人""说媒的""介绍人"等称呼。我们经常看到，一些农村婚姻中，即使两个人是自由恋爱，在结婚当天也要委托一个介绍人，婚礼中司仪要隆重介绍，这个介绍人实际上就是媒婆。结婚时需要介绍人，证实现代婚姻对传统力量的遵循与保留。"宁拆一座庙，不毁一桩婚"，这句话其实暗含着婚姻的重要性。媒人的存在促成婚姻的建立，是一种重要的见证。同时，媒人的存在也象征着第三方对两个家庭联结的见证与祝福，即使在现代婚姻体制中，仍具有不可或缺的重要作用。

一位媒人的自述：

> 我们那个时候[①]，大家手上都没什么钱，在公社里一天也就赚四五个公分，那时候小伙子、小姑娘来找我相看，给我带一斤鸡蛋就行，有的出手大方，会带一只家养的鸡或者买包烟。我接了之后就帮他们留意

[①] 笔者注：20世纪70年代左右。

有没有合适的，若有合适的，就带着他们见上一面。要是两个人后来看对眼了、事成了，结婚的时候会送我一条大鲤鱼、一包喜糖，有的还会塞点钱，但是像关系好的亲戚朋友啥的，我基本都不会收钱的。以前在村里待着，啥都知道。你聊聊他聊聊，大家伙坐到一起，这个村的那个村的，干活的功夫就知道个差不离。大家的地都挨得差不多，你从我地头过、我从你地头走，谁不认识谁啊。以前都不大走动，走亲戚串门的时候不也能知道哪个村庄上有什么事了吗？赶个集、逛个会也能碰到个老熟人，牵着手拉拉家常，说道说道你村里俺村里的大事小事，这家亲戚、那家亲戚不都能知道吗。现在的青年十几岁就出门读书了，年龄大点的根本叫不上来谁是谁家孩子，他们常年在外的也不认识，知道是一个村里的，见面打个招呼就算了。现在的小年轻也都是自由恋爱，各有各的标准，他们在外面的见识可比我们这些老婆子大，我们推荐的他们一般也看不上眼。也有些亲戚之间互相推荐介绍的，那都是知根知底的，还有一些谈好了的，来请我们做个现成的婚事，走个形式。①

由此可见，随着城市化进程的加快，乡村青年的向外流动，以及个人择偶的选择权变大，媒人这一角色逐渐丧失一部分传统职能。现代媒人更少依赖村庄的交际网，而是更多作为一桩婚姻的见证者而出面，是对传统婚姻习俗的一种遵循，是正式婚姻的必经程序。

（三）择偶标准的变化

在不同年代，乡村青年的择偶标准也不同。择偶标准受社会经济、文化、开放程度等多方面的影响，但总的来说，一般有一个共同的标准，那就是是否会"过日子"。"过日子"是一个很宽泛的说法，具体而言，就涉及男方是否有稳定的工作、是否踏实能干、脾气性格好不好等，女方是否勤劳能干、能操持家务等。除此之外，不同的年代还会有一些具体的不同的标准，这些标准也体现了不同年代对青年的要求。

20世纪60年代出生的青年在择偶时除了看对方的家庭条件、人品如何，

---

① 访谈对象：LY，64岁，女。访谈时间：2023年8月。

家庭里是否有品德败坏的亲戚，更看重对方身体是否健康、能不能承担繁重的农活。在村子里，大部分人以种地为生，很多农活需要夫妻之间共同合作完成，若是一方不能干活，那劳动效率就会大打折扣。同时，对于女性而言，能否生育也是一项重要的标准。农村对子嗣非常看重，为了增加家庭劳动力，基本都会选择生两个以上的孩子。在当时的医疗条件下，生育安全得不到基本保障，经常会有因难产而死的女性，而"好生养"的女性则能尽可能减少风险，屁股大、圆脸、高挑的女性往往会被认为是有福气的，更受到青睐。

> 我家里穷，天天吃不饱饭，长得很瘦小。村里人都觉得我干不动农活，但实际上我七八岁就开始帮着家里割猪草，做全家的晚饭。不过我耕地确实比不上她们有力气。我当时嫁给我老伴，一连三年都没有生养，村里人风言风语就多了，说我太瘦小，不好生养。直到第五年，才怀了个男孩，我在怀孕的时候不吃什么东西，饿了两个月，孩子生下来也很瘦小，村里人都觉得这小孩可能要养不活，没想到也平平安安过了这么多年。我虽然人小，但不怕吃苦，能干活，刚嫁过来的时候只有一间漏风的茅草房，现在也有自己建的水泥房了，村子里再也没人说我了。[①]

20世纪70年代末出生的青年的择偶标准已经跟上一辈有很大的不同。教育的普及，使得人们更看重对方的学历如何、是否有稳定的工作。农村里的青年大部分不干农活了，去附近乡镇的厂里上班。大学生毕业后就可以分配到工作，在当时的农村人眼里这是最体面和稳定的。在这个时期，不同家庭之间的贫富差距也变大了，一些家庭乘着改革开放的东风做起了生意，有了一定的积蓄，在选择结婚对象时也会更看重门当户对。同时，男强女弱的传统格局开始被打破，家境好的女孩子也会选择学历高的、有发展潜力的男性，即使男方家境较差，也可以选择入赘。相较于他们的上一辈，这一代青年对身体条件不那么看重，而是更看重受教育程度、工作和人品的好坏。个

---

① 访谈对象：FM，68岁，女。访谈时间：2023年8月。

人的优势在一定程度可以弥补家境带来的差距，这点在男性身上尤为明显。而对于女性而言，学历并不是第一要素，高学历更多是锦上添花。在农村，女性辍学的比例远远高于男性，很多家庭无法负担多个孩子一起读书。在择偶时，受传统思想影响，男性更看重女性是否性情温柔、勤劳能干，能不能操持家务，家境如何等，而对女性在学业、事业上的能力并不那么看重。

> 他当时家里可穷了，我家里本来不同意我嫁给他。但我想着他是一个大学生，字也好看，以后生的小孩绝不会笨。他人虽然有点瘦弱，但对我挺好的，也踏实肯干，不吸烟也不赌。后来他为了追我，在我家农忙时，帮着我爸妈割稻子，我爸妈看他挺能干的，也挺真诚的，最后就同意了。①

20世纪90年代出生的青年的择偶标准又与以前大不相同了。这一时期，大部分家庭都处于小康，大部分人也不再从事农业活动，而是选择去工厂上班。结婚对象的选择更看重当事人的意愿，而非父母的意愿。学历仍是重要的标准之一，一份体面的工作（例如老师、医生、公务员之类的工作）也更受到青睐。随着女性在劳动力市场上的占比越来越大，女性在婚姻中的地位也逐渐提升，尤其是作为家中独生女的女性，一般不愿意遵从传统习俗"嫁入"男方家中，而是选择以更平等的方式缔结婚姻。女性自身的能力也日益受到重视，男方择偶不仅仅会考虑"贤妻良母"这一标准。

> 我和我的朋友都没啥固定的标准，如果相处得不错，双方家境又差不多，互相见了父母基本就能成了。不过，我会更看重双方的消费习惯、三观是否相同，如果对方家里非常重男轻女、一定要生男孩的话，我肯定不会选择。对方父母的性格也会在我的考虑之中，如果他的父母不好相处，我也会慎重考虑这门婚事。②

---

① 访谈对象：LJY，35岁，女。访谈时间：2023年8月。
② 访谈对象：CM，26岁，女。访谈时间：2023年8月。

综上所述，择偶标准随着时代的发展越来越多样化，但最终目的都是新成立的小家庭的和谐，也就是所谓的能过好日子。经济的发展、社会的进步让择偶标准更加科学、进步，摒弃了一些陈旧的思想，例如重男轻女，男主外、女主内等。男女在婚姻中的地位更加平等，女性的能力逐渐被社会认可，这些都在择偶标准的变化中有所体现。

三、婚姻的缔结与仪式

在男女双方确定了要结婚之后，双方家庭就会紧锣密鼓地开始准备缔结婚姻所需的一切。婚姻不仅是两个人的结合，更是两个家庭的联合。在20世纪60—70年代，大部分家庭较为贫穷，彩礼、嫁妆和婚宴准备都相对简朴。对于村子里的人来说，婚宴的豪华程度不仅体现了男方的经济水平，也表明了男方对女方是否足够重视。所以，豪华的酒席往往能引来众人的艳羡，村子里的人会传"某某某嫁到了好人家"，这是一件很有面子的事情。除了酒席，彩礼与嫁妆在婚姻中地位也日渐重要，彩礼与嫁妆实际上作为小家庭的启动资金，是男女双方对于契约关系的一种强化。随着社会的发展，彩礼由原先的"四大件（手表、自行车、缝纫机和收音机，后来变为彩电、冰箱、洗衣机和空调）"逐渐发展为房、车、钱这"三大件"，高昂的彩礼一度成了乡村男青年单身的重要原因。很多家境不好的男性也将彩礼低作为择偶的标准之一。彩礼的变化不仅是由于社会经济的发展，更是由于女性地位的上升。

> 彩礼？彩礼很重要的，我们村好些人就是因为彩礼没谈妥而分了，说实话，对于女孩子来说，对方愿意出多少彩礼也是一种态度，要是连三万的彩礼都出不起，那女孩子嫁给你是为了喝西北风吗？房子没有、车没有，小孩生下来怎么办。一般而言，要是彩礼给得抠抠搜搜，那以后的日子可能会矛盾不断。[1]

---

[1] 访谈对象：ZT，28岁，女。访谈时间：2023年8月。

四、生育与家庭关系经营

(一)生育与重男轻女

在20世纪60年代,乡村经济落后,极度缺乏男性劳动力,加上封建思想的影响,村里人生得多,而且都希望能生儿子,所以农村以多女少男的家庭结构居多。而落后的医疗条件和较早的生育年龄也使得女性在生育中遇到的危险更多。

> 我的母亲就是在我四岁的时候去世的,她生了我妹妹之后在月子里着了凉,咳嗽一直不好,家里也没钱给她去看医生,喝了好几帖药也不见效,后来人慢慢就败了,在床上起不来,没熬过那个冬天就去世了。

除此之外,贫穷的环境无法负担养育多个孩子……可以说,那个年代一些女性没有生育自主权,避孕举措也没有推行,一些妇女生了三个以上,而且受重男轻女思想影响,一定要生出男孩,不然就会被人耻笑。

在20世纪70年代,随着教育的普及和计划生育政策的实行,大部分农村家庭都只有一到两个孩子。随着社会观念进步,重男轻女思想减轻,但在较为闭塞的农村,仍有一些女性迫于婆婆的压力和世俗的看法,觉得要生一个男孩,男孩是家族香火的延续,只有生下一个男孩才算是完成了生育的任务,才不会被婆家看不起。在她们眼里,生男孩意味着在婆家地位的提高、夫妻关系的改善以及养儿防老任务的完成。她们虽然开始意识到男孩、女孩都是一样的,但无法抗拒乡村传统观念对自己深重的影响。

> 对我来说,男孩女孩都一样。但是,女孩终归是要嫁人的,留不住;男孩还可以帮我们养老送终。我不会为了拼男孩生好多个,但第一胎是个男孩总归是好的,我婆婆的思想也转不过来,生女孩对我们就没好脸色,生男孩就愿意帮我们带带,这也是没办法的事。

不仅如此,在家庭中,女性仍被看作负责家务劳动的主体,大部分女性白天要去工厂上班，晚上还得在家操持家务。

在20世纪90年代，随着外来新思想的涌入和教育的进一步普及，女性在劳动力市场上的占比越来越大，女性在婚姻中的地位也逐渐上升。乡村青年大多离开村庄，在城镇建立自己的小家。传统思想的束缚逐渐减轻，年轻人也少有重男轻女的思想。并且随着生育成本的不断提高，越来越多的年轻人只愿意养育一个孩子，出现了很多独生子女家庭。在年轻人中甚至还出现了"丁克"群体，"丁克"即婚后不愿意生孩子。女性不再将生男孩子作为一种必须完成的任务，自己是拥有选择生一个甚至不生的自由的。同时，在家庭中，女性对男性的依附也逐渐减弱，"男主外，女主内"这样的说法鲜少被提及，一些女性的收入甚至比她们的丈夫还要高。在这种情况下，传统的家庭分工逐渐不适应时代发展，男性开始分担家务劳作，减轻女性负担。甚至有一些男性选择留在家庭，接手家务活，而让妻子在外打拼。

（二）家庭关系经营

在乡村传统观念中，女性一旦出嫁，和娘家的关系就不再紧密，所谓"嫁出去的女儿，泼出去的水"。女儿不再享有家产的继承权，特别是在家中还有其他兄弟的情况下。若是嫁得近，女性与娘家的关系会紧密些，除了过节，平日也能经常回去探望，维系与娘家这边的亲戚联系。通常情况下，在女性生育孩子的时候，娘家也会来人照顾。但若是嫁得远，除了逢年过节，就很少能与娘家联系，双方之间的帮助也就少了，所以过去村子里的女人都不愿意嫁得太远，择偶范围较窄，也是为了方便常与娘家联系。

> 我当时跟着他从江北来到仁和村之后，只有过年才能回娘家看看父亲和哥哥嫂嫂。那时候穷得要命，连带给老丈人的礼都买不起，后来还是问别人借了几块买了一包烟。我走的时候，我爸知道我过得不好，又偷偷塞给了我点钱，现在想想他都没怎么享到我的福，还要替我操心，我这个做女儿的，唉！

女性进入婚姻，不仅意味着身份从女儿转变到妻子，更意味着从原生家庭到另一个家庭过程中的重新适应。在这一阶段，婆媳关系是否和谐就至关重要。婆婆和媳妇作为一个家庭两代不同的事务决策者，不可避免会在生活中产生摩擦，过去，媳妇往往被要求顺从婆婆的意愿。而公公婆婆最大的愿望必然是希望媳妇能开枝散叶，延续下一代。有些家庭甚至会用红包来激励媳妇生孩子，并且乐于承担照顾孩子的责任，而第三代新成员的到来一定程度上能调和两代人之间的矛盾，也被看作女性真正融入夫家的标志。女性在过去，为了家庭利益往往会牺牲自己的意愿，来维护新家庭的和谐稳定。

但随着社会经济的发展，越来越多女性不愿意为了婚姻而抛弃自己的原生家庭，进入一个新家庭，女性不必一定要"嫁入"男方家中。特别是在独生女家庭中，父母的养老任务也由女儿承担，父母的遗产也由女儿继承，女性与娘家的联系密不可分。女性选择以一种更平等的方式进入婚姻。通常结婚喜酒会在两方家乡都举行，男女双方各自请各自的亲戚，女方家也会布置新房，如果女儿以后受了欺负，可以随时回来。双方一般会商量好如果生孩子，一个随父姓，一个随母姓。同时，结婚的夫妻往往会不与父母同住，而是拥有自己的小家庭，与传统的三代同堂不同。这样也可以尽量减少婆媳之间的矛盾。相较而言，新世纪的女性在家庭中拥有更多的自主权，不用费力融入男方的家庭，同时也能更好地照顾自己的父母，与娘家维系更亲密的关系。女性在婚姻中的地位也提高了，以"盟友"的形式与男性在婚姻中分享平等的权利。

五、结语

文章通过采访江阴市仁和村中于20世纪60年代初、70年代末和90年代中期出生的人，展示了择偶观念、婚姻仪式与彩礼、家庭关系经营与生育这三个方面的时代变化，体现了传统乡村青年婚姻观随着城市化进程的加快、社会观念的改变、经济水平的提升等而发生的变化。笔者发现，在这一过程中，女性不断提升自己在婚姻中的地位，从而获得更大的婚姻自主权与生育自主权。千百年来的封建传统要求女性为了婚姻与家庭牺牲自我，而现代女性正一点点打破传统的束缚，独立自主，不再依附男性而存在，获得婚姻中自主选择的权利。

"讲到底都是缘分"：
华南乡村青年的新婚姻故事

◇ 麦蕴妍（哲学系2021级博士生）

一、新时代的远与近：乡村婚姻中男女相识途径变迁

  小时候学使用筷子，家里人经常开玩笑说："筷子拿这么远，以后一定会嫁得很远咯！"粘家的小女孩想着可不要嫁那么远，都会暗戳戳地把小手往筷子尖移动，好像手指离筷子尖越近越能够不离开家。

家乡厦岗村隶属广东省东莞市长安镇，位于长安镇和虎门镇的交界处。自古以来厦岗人以咸淡水田种植为主，近海港口捕鱼及渔业养殖为辅。直至改革开放后在"三来一补"政策下外来资金流入并在当地投资建厂，村人手中的良田集体化后建厂出租。没有田可耕的他们则大部分选择进厂打工以营生，正所谓"洗脚上田，进工厂淘金"。再到2000年后，各行各业兴旺发展，农村人逐渐走出长安镇，走向世界各地。

社会日益变迁之下，厦岗村人的婚嫁模式亦随之变化。在此以20世纪30年代、60年代、90年代出生三个年龄段为划分，描绘出社会变迁图景下厦岗村人三种不同的婚嫁模式。[1]

---

[1] 下文被访者皆已进行化名处理。

（一）30年代出生

出生于1940年前后的厦岗人，其命运与时局变迁紧紧地联系在一起。他们出生于新中国成立前、成长在红旗下，其婚姻故事与当时的革命运动紧密地互动缠绕。我们想象中，动荡年代的婚姻选择理应是依据"就近原则"，嫁娶都会优先选择本村邻居，通婚半径十分狭小。但田野访谈所得故事却并不如此，20世纪40年代左右出生的老人回忆起自己曾经的青葱岁月都感慨万分。他们中的不少人跟随着组织的安排，以乡为单位进行群众革命动员活动，每日农忙之余往来于村落之间，甚至参与着跨镇的革命活动。厦岗村的麟嫂今年88岁，她出生于1935年，娘家远在长安镇临近的虎门镇的怀德村。50年代时，18岁的她在怀德本村土地改革运动中表现优异，作为革命积极分子被组织安排到厦岗村分享土改经验，因而认识了自己的丈夫。彼时，她娘家的人都很担忧，他们从来没有接触过长安厦岗村人，并且当时厦岗村只会耕田，经济发展状况远不如虎门镇这个从建成以来一直承担对外出口贸易职能的港口城市，娘家人担心她连饭都吃不上。但麟嫂在革命信念指引下，在厦岗村扎根，最终在厦岗村参与群众运动，并担任村中妇女主任一职。她谈到，当年怀德村的妇女主任还对她早婚表示过阻拦，认为她当时年纪太小了，过早结婚会影响她参与组织活动。麟嫂本人则坚持妇女的解放与自由把握在自己的手中，"认识就是有缘分"，她认定的丈夫决不因为他人劝阻而改变，并且土地改革完成后，女性与男性一样有自己的田可耕。

而厦岗村的林叔则是更为普通的村民人生的缩影，他出生于1932年的厦岗村。由于新中国成立前厦岗村宗族间因水源、田地等原因斗得厉害，林叔所属房系不得不逃出厦岗避难，于是十几岁的林叔走难东至塘厦镇、西至麻涌镇、北至石龙镇、南至现今深圳市辖沙井镇，辗转于不同村落间谋生。新中国成立后时局稳定，他终于重归故土，而他的妻子则是在年少到处逃难谋生时认识的。50年代的土地改革则是对乡村社会关系的深刻重构，曾经光鲜的地主富农阶级被打为落后分子，而一无所有的贫雇农则是革命的积极分子。政治观念上的剧烈变化同样反映在婚姻择偶观念上，人们对地富阶级家庭的村人避之若浼，不再依据家庭经济实力选择婚配对象，贫雇农家庭背景反而变为自身优势。

（二）60年代左右出生

生于60年代的厦岗村人，他们青年时期正好席卷进改革开放的洪流之中。当时娱乐生活较之以往丰富不少，溜冰场、歌舞厅以及各式初代游乐园等娱乐场所始兴。除此之外，人们的择业的范围与地理空间也延伸更广。生于1969年的梅姐是厦岗村临近的虎门镇镇口村人，她20几岁时在虎门镇商业区帮家里的音像店打工。就是在这里她认识了前来录磁带的来自厦岗村的丈夫，缘分让两个不相识的人相遇并最终选择走入婚姻。梅姐家境在当时算是十分优渥，而她丈夫家以务农为主，收入远不及她家。但是90年代一切生机勃勃、各行各业都具有发展兴旺的机会。梅姐的父母认为她丈夫是一个吃苦耐劳、肯闯肯拼的人，在当时只要肯吃苦，日子都充满希望。在经济收入目标的驱使下，不安于村内有限收入的厦岗村人逐渐习惯闯一闯，跨村乃至跨市到深圳、广州去谋生。谋生地理空间的延伸，亦拓展了当时乡村婚姻的通婚半径。自由恋爱成为新风尚，人们乐于走出家门，与成长背景不同的陌生人交友。

虽然自由恋爱盛行，但是媒婆角色从未退场，"熟人介绍，知根知底"一直是婚嫁介绍的"主旋律"。较之昔日，婚姻介绍范围不再局限于本村之内，而是拓展至附近相邻村落，媒婆相熟的适龄单身男女都可被收入手中的"资源库"。颇具乡村社会文化色彩的是，厦岗本地还认为能够促成好姻缘是在做善事、积福报，因而他们认为有福报的媒婆介绍的婚姻能更加美满长久。同样来自怀德村的婷姐，她的婚姻称得上是"上错花轿嫁对郎"，90年代时，媒婆为她介绍了一位厦岗村的男青年，于是她和朋友过来厦岗村游玩并顺便约好与男青年见面。出乎意料的是，因为信息传递有误，她敲错了屋门，却正好与她现在的丈夫相识并恋爱步入婚姻。在当时，选择婚配对象时，人们还是会优先选择本地、本村的青年人，但是对于附近邻村的青年人已没有从前的抗拒，更在乎男女双方是否互相"合眼缘"。媒婆在当时是陌生男女认识的"桥梁"，成不成看缘分、看个人。

（三）90年代左右出生

生于90年代的新一代年轻人正是当下结婚的"主力军"，也是本文接下

来讨论的重点。90年代出生的厦岗青年人从工作到娱乐生活都拥有更丰富的面向。人与人相识的途径不胜枚举，例如义务教育阶段在镇上读书的同班同学、工作里认识的同事、在娱乐餐饮休闲场所认识的新朋友，互联网+线下的结合，更是使得千里之外的人都能够相识相知。其中最值得一提的就是经朋友介绍认识配偶。新时代，"通过朋友介绍"正逐步成为90年代青年择偶的重要途径，而经父母联系媒婆介绍相识反而成了少数。

1997年出生于厦岗村的女性文文在虎门镇一间工厂从事管理职位，工作中认识了同单位隔壁业务部门的丈夫。她的丈夫正好是东莞长安镇宵边村人，厦岗村距离宵边村仅半个小时车程，因而双方父母都非常满意这桩亲事，认为两家距离"够近"。在恋爱一年半左右他们正式领证结婚，并在国庆长假举行了盛大的婚礼仪式，邀请双方亲戚朋友共同赴宴、分享喜悦。婚后文文夫妻搬进虎门镇的一个商品住房小区，不再住在厦岗村或是宵边村。虽然不再住在村里，但是姻亲双方家庭的地理距离还是非常重要的，是双方考量的紧要因素。文文的父母表示，只要结婚对象不是跨省、跨国，对他们来说都是"很近"。文文小夫妻就常回来看看，或者两老去宵边村看看他们。

"通过朋友介绍"的优势在于可进可退，有别于"传统媒婆介绍"时双方家长的正式介入，朋友间的介绍更日常、更轻巧，可以在一顿聚餐、一次游玩、一盘网络游戏中为男女双方牵桥搭线。厦岗村姑娘琪琪出生于1994年，在东莞市长安镇政府部门工作，但是一直没有遇上合适的婚恋对象。终于在家里的催促下，她狠下心向周边的朋友发出"需要介绍婚配对象"的信号。缘分降临得突如其来，在一次朋友组的局中，她认识了在长安镇上工作的丈夫。琪琪在谈到择偶条件时表示，虽然不介意对方是否是本地人，但因自己工作固定在当地，所以还是希望能够找到定居本地的配偶。进一步就"本地"定义展开，她认为起码需要每天能够回家住，而不是异地夫妻。而琪琪的父母则认为，现在的年轻人愿意结婚已经很让家里满意了。并且他们还在长安镇有自己的房子，如此算来女儿也不算是远嫁。

新时代因谋生方式的变迁，人们的职业选择多种多样，相应地，择偶的地理空间距离由原来本村之内为"近"，转变为通勤范围在本地则为"近"。地理空间上的远近转化为心理上的远近，只要是愿意付出时间探望父母的便是"近"。

二、神婆和好姐妹是婚礼仪式重要操办者：新旧并存的婚姻礼俗过程

对厦岗村人来说，一场在亲朋好友见证下的盛大婚礼仍是婚姻的重要起点。当地民间信仰文化盛行，男女结成婚姻关系都离不开民间信仰的仪式专家——神婆。他们会将男女双方生辰八字拿给神婆掐算"合八字"，神婆选择一个对男女双方及其人丁家宅都兴旺的"好日子"给新婚夫妇作领证时间。而婚礼宴席时间选择上则是"先问人再问神"，事先定夺出几个双方家庭主要成员都能够出席的时间，再请神婆定"好日子"。

在此围绕一场热闹的婚礼，主要基于新娘方视角，记述现今厦岗村青年人婚礼鲜活的全过程。

新娘在婚礼前一整晚都没有入睡，而她最好的姊妹陪伴在她左右，她们一起度过婚礼前最后一个夜晚。凌晨后吉时一到，神婆即刻在女方家中的神位上香拜神，禀告家族祖先和神明，家中有女×××出嫁到×××村×××家，祈求祖先、神明护佑家族合家人丁兴旺、家宅旺相。拜过神明后，两点半神婆给还未梳洗的准新娘进行"上头仪式"①，将红绳缠上她的头发，意味着就此身份转为大人。在完成神圣仪式后，新时代的婚礼仪式进场，事先联系好的化妆团队开始为新娘梳妆打扮（图1）。其间隙，男女双方家庭都需要将房屋布置得喜气洋洋，等待举行接亲、送亲仪式。过程之中，摄影团队会一路跟拍，记录下所有的美好瞬间。

图1　为新娘梳妆

---

① 仪式中神婆念道："一梳梳到尾，二梳梳到白发齐眉，三梳梳到儿孙满地。以后就做大人了，到了那边早生贵子。"

而神婆提前帮主人家准备好女方送亲必备的物品（表1），其中主要包括三类。

表1　女方送亲必备的物品

物品分类	物品细则	主要负责人	回礼
"丰衣足食担"（图2）	6瓶烧酒，2包寿桃饼（每包6个），6个红鸡蛋，6个鸭蛋，2封红包，均分在两担之中	由新娘家族长嫂挑担	均需要给三个嫂子回礼。风俗是回几个红鸡蛋和2封金额更大的红包，寓意男方家庭经济实力强
	2包花生（共2斤），2斤大米，6砖红糖砖，6个红鸡蛋，2封红包，均分在两担之中	由新娘家族二嫂挑担	
	2包芹菜，2扎红线头①，2包冬瓜明条，2斤大米，2封红包，均分在两担之中	由新娘家族三嫂挑担	
三个行李箱	里面装新娘的贴身财物，如首饰金银珠宝、纸币等	由新娘的兄弟送出	
新娘旧物	新娘的旧衣物、使用的日常用具同样需要用红纸包着装一份带到男方家里	新娘亲属	

图2　"丰衣足食担"

---

① 红线寓意穿针引线、月老牵线、添福添孙、长长久久。

一切准备就绪，吉时一到，新郎带领伴郎团敲响新娘家的大门，此时就是新娘好姊妹上场的时间。从家门口的大铁门至上楼的楼梯口，再到新娘房门，每一个关卡的伴娘们都牢牢把控住"游戏氛围"，提前一晚设置好接亲游戏的道具和问题。新郎就是接亲游戏的仪式实践主体，而其余参与的每个人脸上都挂满好奇和期待。在这个过程中，神婆及长辈则退场，将仪式舞台完全交给年轻人。与其说是游戏，不如说此时更像是一出精心设计的舞台剧。新郎带领的伴郎团在伴娘团的层层考验下，回答问题、通过闯关游戏、派送红包，最终推开新娘房门，为新娘穿上新婚鞋子。其中，新郎进入新娘房间的环节，全程跟拍的摄影师建议新郎重新冲入房间一次，补拍一个新娘在房间内等待的视角。于是大家便还原先前场景、退出房间，依照第一次的顺序重新补拍一段。于此，仪式过程的展演意味更被彰显。

在伴娘团和新郎的"交锋"之中，伴郎团时不时喊着："快点放行！不要误了吉时，吉时马上就到了！"如此说明，接亲仪式不仅是一场遵从世俗规则的展演，更是需要遵从更高的具有神圣性的秩序的仪式实践，有一个神圣性的时间秩序决定着仪式的时间安排。新郎在房间内接到新娘后，仪式流程的把控权又再次回到神婆的手中。神婆安排女方父母坐在厅堂之上，在家庭神明的见证下，新婚夫妇向祖先、神明及父母敬茶。神圣仪式的环节中，神婆拥有最强的解释话语权，在她的引导下，女方母亲先到门外给神明敬茶，再到神台下给祖先、神明行酒敬茶。最后由新娘新郎向女方父母敬茶、收红包。

接亲仪式的最后一部分是由新娘弟弟捧着"舅仔镜"出门、新娘家族三个嫂嫂挑着各自"丰衣足食担"出门（仍需要按照长幼顺序出门），其后新娘由"大妗"撑伞遮着出门上车，沿路有人洒红米开路。送亲的路上，载着"丰衣足食担"的嫁妆车必须开在最前面，并且"丰衣足食担"不可以在中途落地，还需要在新娘前面进入男方家门。男方亲属接过"丰衣足食担"并完成还礼后，新娘与新郎进入洞房进行床头拜神仪式。就此，新娘的好姊妹和神婆可以喘一口气，因为她们终于完成了婚礼仪式中属于她们负责控制流程的环节。

而到男方家庭后，则主要由男方家庭请的另一位神婆操办后半场婚姻仪式，伴娘与伴郎在婚姻仪式过程中的任务总体上已经完成。首先是拜床头神，把舅仔从娘家捧过来的"明镜"放到床头神位上，寓意床头神明护佑新婚夫妇顺利生儿育女。然后新婚夫妇在就床位吃花生粥，寓意早生贵子。并且在吃完一碗后，神婆会立刻给他们再满上一碗，寓意"添福"。最后，新人夫妇到厅堂的神位下禀告、拜祭祖先、神明并祈求"护佑这对新人添福旺子、百年好合、白头到老，越做越顺利、越做越兴旺，年头结婚、年尾生马仔，风生水起万万年……"，最后给男方父母敬茶。这场举行于两方家庭间的婚礼仪式正式完成。

这场接亲仪式就是一个神圣与世俗交织并行的实践，其中神圣性的仪式由神婆操持，而世俗部分仪式过程则是由新娘的好姊妹操持。相似之处在于，她们在各自的环节中把控着仪式实践的安排、顺序、进程，将参与仪式的人组织起来。参与仪式的每一个人都在仪式之中寻找到自己的位置，并依据仪式具体环节操办者的安排，实践着仪式活动。这个实践活动既是一场人与信仰中的神明的互动仪式，更是一场人与人之间的互动过程，神婆主要操办的神圣性仪式部分代表的是被延续下来的旧传统，而由新娘及其好姊妹策划的接亲闯关游戏则是属于新时代年轻人的风尚、是随时代变化的新婚姻礼俗，神圣与世俗、传统与新时代在婚姻仪式之中交织、组合为仪式实践生产。

三、盛大的婚礼酒席：人情关系的现实考验与再生产

小的时候家里的婚宴是必须参加的，只有偶尔碰上学校有课没办法参加才不用去。参与村里亲朋好友的婚宴等宴席场合不是一个可选项，而是维系人情往来的必选项。转眼间，生于90年代的厦岗村年轻人也长大了，他们从校园走向工作岗位，有的人选择离开厦岗村到外谋生，此时回不回村参加婚宴便是一个问题。

上文提到的厦岗姑娘文文原不想摆大型酒席，但是双方父母都认为这是人生难得的重要场合，应当庆祝一下，并且这还是一个向全村宣布两家孩子喜结连理的机会。"胳膊扭不过大腿"，他们还是在双方父母的劝导下安排起酒席。但出乎意料的是，一旦婚宴被纳入日程，一切都推进得飞快。在人情关系网络仍存续的乡村社会，婚宴需要邀请谁、请帖具体发给谁、家族里

由谁去派贴都有一套清晰的规则，甚至男女方家族具体到每一桌的名单都可以详细列出。

最后文文夫妻在当地一家酒店安排了一场98桌的大型婚宴席，在宴席上，他们向那些非常熟悉的以及曾经熟悉但现在早已陌生的亲戚朋友介绍着自己的另一半及其家庭。

在新郎新娘开始步入宴会大厅向来宾逐桌敬酒后，小孩子们便爬上大堂中央的廊桥上打闹嬉戏，小孩子们熟络了，大人们也跟着寒暄起来，厦岗村新一轮属于90年代人的乡村社会下的人情网络得以再度生产延续。

乡村养老

（2023 年）

乡村养老：黄石村的老人每天能干啥？

◇ 苏梓玲（药学院2023级硕士生）

一、日渐冷清的村落

我的童年都在外婆家度过，外婆家位于江西省上饶市广信区田墩镇的黄石村。尽管地处偏远，但在我小的时候，村子里依旧十分热闹。人们或在农闲时串门喝茶聊天，或在日常生活里互借葱蒜、互赠甜瓜。外婆家附近和我年纪差不多大的孩子都是我的玩伴，秋天的傍晚我们闻着稻香，在金色的稻谷丛中穿梭玩耍。此后每年春节，我都会去外婆家拜年，村口总会停着几辆外地车牌的私家车。然而，最近几年，我慢慢地感受到，村子变得越发冷清，年轻的面孔越发少见。

如今，很多村民都到外地务工，搬到了镇上、县城甚至市中心、外省，清明节和春节才偶尔会返回这里的祖屋祭拜祖先。外婆的邻居全都搬离了，留下空荡荡的房子积灰长草，这些空房子附近的农田曾经种满蔬菜，如今也已撂荒。留在村子里的老人则多因恋旧，不愿意离开自己生活了大半辈子的土地。我的父母也曾劝说外公外婆到他们在城市购买的商品房居住，但他们已习惯了日出而作、日落而息的田园农耕生活，以此消磨时间，因而拒绝了迁居。

二、收入来源

如今还居住在黄石村的村民主要过着自给自足的农耕生活，需要日用品则骑着电瓶车到村中心的商铺购买。偏僻的乡村没有什么工作机会，除了家里的子女定期汇钱，一些尚有劳动能力的老年人也会想办法做力所能及的事情赚钱补贴家用。

（一）靠山吃山，靠水吃水

村里几乎没有雇佣的工作岗位，村民日常大都在田间地头忙活。外公几乎每天都会去几百米外的农田劳作，照看他种下的稻谷、各类瓜果蔬菜，最近几年还种了柚子树和栗子树。家门口有一块菜园，种植着葱、蒜、辣椒、芹菜等，里面还圈了篱笆围种着茶花、百合花。作为一名老农，外公在种田方面非常有心得，他知道每一种作物该在什么时候种植，什么时候该下多少比例的肥料，家门口贴着外公写的"二十四节气表"，以提醒他什么时节该种何种作物。此外，房子后面还设有禽舍，供鸡鸭鹅夜间休息，白天则会把它们赶到外面放养。外婆平时会攒下鸡蛋给我们过年，养的家禽也会在那时候宰杀，多余的则会拿到集市卖掉，贴补家用。

外婆会用电动车把外公种的蔬菜载到村集上摆摊售卖，有时候也会载到镇圩售卖。随着移动支付的普及，外婆曾经遇到顾客没带现金无法付钱的窘况，后来妈妈帮她把微信收款码打印出来，用于收钱，而外婆却说："我不会用微信付钱，里面有多少钱我也不知道，我从来不用。"

智能手机的出现无疑给人们的生活方式带来了很大影响，当我们轻车熟路地使用智能手机线下扫码付款、线上购物、点外卖、刷视频娱乐时，不少老年人却对这块"发光的砖头"感到陌生。我的外婆没受过教育、不认识字，在家人的指导说明下，她通过颜色和图形辨认出常用的几个软件：通讯录、电话、微信、抖音，并根据通讯录的头像认出某个家人并拨打电话，和家人微信语音聊天，打开抖音刷着首页给她"投喂"的娱乐内容。当得知微信可以付钱后，她对线上支付保持高度谨慎的态度，因担心受骗而拒绝扫码支付，坚持使用纸币付款。对此，外婆说道："我的付款密码我也记不得，太多密码了，我都是记在本子里，平时也不用它（微信）付钱。"

（二）重复性劳动

外婆曾有一段时间做过拼接饰品、玩具的零件的工作，据说是浙江那边的批发老板的外包劳动。接工的人只需要把零件拼接到对应的位置即可，例如把蝴蝶结用胶水粘到黑色的塑料发夹上、把兔耳朵缝到发箍上,每一件成品可以赚几分钱,一天在几百、几千次重复劳动中可以获得几十元的报酬。

由于不少农户进城务工,村中大量农田撂荒,最近两年便有浙江的种植大户承租了大片的农田种植特色农作物。承租团队具有丰富的蔬果种植经验和成熟的销售渠道,他们利用荒废的田地搭建千亩大棚蔬菜种植基地,引进水渠灌溉,雇佣当地群众耕地、播种、除草、收割果实,这也为当地体力较好的老人提供了收入来源,我的外婆就是其中一员。

某天我跟着外婆到种植基地,那里有不少和外婆一样具有劳动能力的中老年人已经热火朝天地在工作了。他们当天的任务是收割并打包成熟的莴笋,几百亩的大棚生长着一片绿油油的整齐的莴笋,每组三五个人接力进行重复的工作:这一组用镰刀割下莴笋清理不需要的菜叶,那一组把一定数量的莴笋用胶带绑成一捆,还有一组把捆绑好的莴笋一捆一捆地搬运到货车上。这些工作看似简单,却非常劳累,雇工们戴着手套蹲在地上不断用镰刀切割莴笋,捆好的莴笋则非常重,我费了好大劲才勉强提起一捆。

那天的气温20多摄氏度,比较温暖,但大棚里仍旧供暖,让我感到闷热,因此难以想象夏天的高温下在这里工作会有多辛苦。雇工们每天的工作时间是7点到11点以及12点到16点,共八个小时,可以获得100元报酬,农忙时节几乎没法休息。隔壁的大棚种着刚发芽的西瓜苗,应该是过年前播下的种。

(三)兼职

外婆是村里出了名的劳动楷模,即使已62岁仍不停地劳作,以至于大家都调侃她是头"不知道累的牛",村里有什么兼职工作也会首先找她帮忙。每年过年前后是农村摆酒席的黄金期,因为在外工作的人会回到老家。在这期间,订婚宴、结婚宴、乔迁宴、升学宴、满月酒、生日宴等大大小小的酒席遍布整个村子。办酒席就需要雇佣帮工,这便是外婆的其中一种兼职。一天的酒席有早中晚三餐,外婆早上5点就要到摆酒席的地点,布置桌椅碗筷,辅助厨师准备早餐、洗碗,接着便开始准备午餐的原材料,杀鱼、剁肉、洗菜、切佐料、装盘、端菜、发放酒水饮料,十几桌人,每桌十几个菜,待客人吃完后再收拾场地,继续准备晚餐。这样一天辛苦劳累后,外婆可以获得140元的报酬，有时东家还会赠送价值几十元的烟酒。

由于此类酒席常年在寒冬腊月举办，冬天的天气阴冷刺骨，外婆在家人的劝说下后来便很少干这类兼职，但村里仍有不少老人在做。据外婆说，村里有一个70多岁的老人因为家里贫困，仍在靠做酒席帮工赚钱，外婆她已经算"早退休"的。

三、生活起居

外公外婆身体尚佳，两人共同生活在村子里相互照料，外婆工作之余会在家煮饭，外公则会料理农田和鱼塘、喂养家禽。晚饭后，他们会一起在村口散步，遇到其他老人就唠嗑两句，回到家便刷手机，在家人群和子女语音聊天，看看电视。天气好的时候，外婆会晒制红薯干、南瓜干、咸鱼等等。10月稻谷成熟时，外婆会帮忙收割稻谷、晒稻谷，有时亲戚家里办喜事，他们便会一同去吃酒席。他们几乎没有复杂的社交和娱乐，每天都用劳动填充自己的时间。过年时大家回来团圆，我们几个小孩会陪老人家说说话、打打牌，这时家里热闹点，老人也不觉得孤单寂寞，爸妈还会开车带他们到远一点的景点游玩。每年妈妈都会给两位老人报个"夕阳红"旅行团，大巴开到村口接两个老人出省游玩。

四、医疗保障

妈妈给外公外婆购买了城乡居民医疗保险，但他们都不知道如何运用，不知道报销是什么意思、要怎么操作、能报多少，因此这份保险一直没用到。村民生病了一般都去村里的小诊所看病，诊所只有一位全科大夫，基本都让患者打吊瓶（即静脉输液）。在村民的认知里，打吊针是起效最快的方法，他们也都很乐意打吊瓶。外公外婆身患小病时也都是骑电瓶车到这家诊所看病，它不是定点医疗机构，外公外婆也没有报销的概念，因此看病全部都是自费。

五、村里的其他老人是怎么样的？

以上是我这么多年接触外公外婆所了解到的内容，为了更全面地了解村里老人的生活情况，我走访了村里几户老人。我在村子路上遇到一位老人，刚说完"采访"两个字，就遭到老人家连连摇手，拒绝道："我不会的，我不知道什么采访，不要找我。"我意识到他的行为可能是出于警惕戒备，也可能是因为对"采访"这样的用词感到陌生而拒绝。于是我改变策略，先是以问路为由和老人展开聊天，对方问起自己的身份，我再告知他们我的外公外婆是谁，他们都相互认识，因此也就放下戒备心，和我敞开聊。以下是我走访时成功开展的五段谈话的记录。

访谈对象1：

沿着村路往里面走，我看到一家人坐在门前围在一起聊天，其中有一位梳着整齐白发的老奶奶精神矍铄地在儿女之间高谈阔论。我表明了意图后，老奶奶很热情地和我聊了起来，先是问我在读什么书，然后便滔滔不绝地讲起自己家的孙子孙女："我家里有几个小孩，读初中的也有、高中大学的都有，三个大学生，一个高中生，一个读初中，还有一个医科大学的研究生。"老奶奶的普通话讲得很好，她没有智能手机，都是用老人机和家人联系，无聊的时候会打几盘麻将，说到这里老奶奶爽快地笑了起来。问及她是否有工作收入，老奶奶笑道："做什么做，我这么老还做得动吗？80多岁了做不动，年轻的时候天天在田里累死累活的。你外婆是'发狠'（指工作狂魔）的，天天到后面那个大棚里做事，一百多亩啊，这几天还在那里砍莴笋。大家都去做，我做不动了。我去年还和你外公外婆一起报旅游团去玩。"由于是第一次进行访谈，我没有经验，因此没有问得特别详细，再加上当时老奶奶还在和家人聊天，不便过多打扰，最后便匆匆和老奶奶告别。

访谈对象2：

第二次成功访谈的对象是一位60岁的儿媳妇和她85岁的公公，当时两人正在门口坐着晒太阳，望着家门口的田地一言不发，直到我走过去才开始说话。又一个我没想到的困难是，这位85岁的爷爷听不懂普通话，而我因为常年不在老家而不会讲很流利的家乡话，于是我只能用磕磕绊绊的家乡话跟老爷爷聊，幸运的是旁边那位60岁的奶奶听得懂普通话和家乡话，可以担任翻译。

老爷爷头发稀疏花白，身形单薄瘦小，行动似乎不是很方便。前几年，他身体还很硬朗，还可以种田，种的菜吃不完还可以拿去卖。近年来，身体状况急剧下降，目前已丧失劳动能力。老爷爷没有手机，也不会打麻将，无聊时便到处走走坐坐。目前他没有收入，仅靠儿子供养和每个月200多元的老年人低保。根据老爷爷的说法，一个月200多元的低保他都存着用来看病，因为他经常生病，前几天才因生病打了几瓶药水花费了300元。

老爷爷的儿媳妇身体也不是很好，本身患有哮喘的基础疾病，早上5点就会咳到浑身发汗，要吸入药物才有所缓解。半个月前她反复发烧，在村里的诊所多次看病已经花费了600块钱，最后诊所的大夫建议她到大医院住院，她便请求医生继续给她看病，因为如果去了市区的医院，就无法照顾家中尚幼的孙子，小孩的父母已离婚，只能靠她照料。但是，大夫觉得她的病况严重，便执意把送到了肿瘤医院，做了CT、抽血等检查才发现她身体里还有新型冠状病毒感染后残留的病毒，必须住院才能治疗，光靠在小诊所输液无法治愈。就这样，这次住院花掉了她上千元的积蓄，对她贫寒的家庭来说无疑是雪上加霜。

听到此，我感到很难过，这位奶奶看似高大、身体健壮，却只有不到100斤，只是因为冬天穿得厚而显得壮实，实际上身体很差，因此也没有资格到前文提到的蔬菜种植大棚工作赚钱。我劝这位奶奶多多休息、补充营养，而她则无奈地说："我有两个孙子，儿子和老公在外面赚不到多少钱，还有这样一个85岁的公公，我还要照顾一家老小。每天都要给家人煮饭，早餐煮完煮午餐，哪里还顾得到我的营养？我现在就是小心一点（尽量不生病），争取把两个孙子带大。我无所谓，希望上天早点把我带去，日子太苦了。"听着奶奶平静地跟我讲完这些悲伤的话语，我唯有几句口头的安慰，似乎也帮不到她什么。

聊得差不多后，我向两位老人道谢告别，这是一次成功且完整的访谈，而我却因为这家人的苦难而心情沉重。患有疾病的老人不仅不能照顾自己，还要额外付出医疗费用，而在外打工的子女收入微薄，难以顾及家中老人，由此他们只能在平淡无味的日子中慢慢地燃烧生命……

访谈对象3：

从这条村道再往里走，田边有一间破旧的砖瓦房，一位坐在轮椅上的老爷爷在和一位老奶奶聊天，老奶奶蹲着在水池边洗青菜。两位老人大概七八十岁，老爷爷腿脚不便，平时住在隔壁镇中心的养老院，由护工照料，无聊的时候看看电视、聊聊天，会用老人机和家人联系，只有过年的时候才会回到老房子和家人一起过年。老奶奶的身体则比较健康，一个人住在老房子里，能够自己照顾自己，平时在田里种点蔬菜自用，在外工作的儿子平时也会汇钱给她。老奶奶没有低保，看病都是走路到村中心的小诊所自费看病。虽然房子看着破旧，但两位老年人的身体都算不错，聊天时他们都非常热情，一直喊我们坐会喝茶，精气神很好。

访谈对象4：

村口一对老人呆呆地坐着，我上前和他们说明来意，两位老人很欢迎我，应该是权当多一个人聊聊天。老爷爷今年93岁，腿脚不便，双手撑着助行器；老奶奶今年88岁，身体看着还很硬朗，只是耳朵听力不是很好，说话需要很大声才能听见。老奶奶不会玩手机，平时能自己照顾自己，儿子在县城打工，每半个月回来看望她一次。问及有没有人照顾，老奶奶开心地说："政府好啊，政府有人来照顾，每个月有公家的人来洗头洗脚，不收钱的。现在小孩都躲在家里不出来，我家里几个小孩天天看电视、玩手机，你到处走走陪我们聊天好啊，好乖啊。"因为不太清楚老奶奶提到的这项利民服务，我便回家咨询了外公，外公说村里80岁以上老年人一个月能拿到400元的补贴，政府那边每月会安排工作人员来村里给老人免费洗头洗脚，老人们对这项服务都赞不绝口。

访谈对象5：

最后我在村口的祠堂遇到了外婆的朋友，我对她也比较了解。老奶奶今年90多岁了，正坐在村里祠堂前发呆，看到我找她聊天非常开心。但是一提到家里的情况，老奶奶的语气就变得沉重，她的儿子患有重症肌无力，没有工作，两个孙子都已经成年了，大孙子还没找到工作，小孙子最近在县上开烧烤摊，不过赚不到什么钱。"子孙一分钱都不拿（给）我，还好我自己有钱，我一年还有3000元的养老金，家里的油啊煤气啊都是我自己弄的。还是你外婆家的孩子有出息,一个个赚钱拿给老人花。"

六、总结

快速的人口老龄化和青壮年劳动力大量流出给黄石村带来了巨大的养老压力,村庄里不少"空巢老人"独自生活,在外工作的子女每月甚至每年才回来探望一次。村里具有劳动能力的老人不多,收入来源有限且均为辛苦的体力劳动,老人的收入水平也较低,覆盖最广的是老年人低保,几乎每位受访者均有提到,可见国家在农村老年人基本生活保障这方面的执行很到位,老年人的基本生活需要得以满足。黄石村为高龄老年人提供每月一次的洗头洗脚服务,无不体现政府对老年人的牵挂。

在社会保障方面,通过调研,我们可以看到,黄石村老人享有的社会保障并不完善,许多老人没有医疗保险的概念,也不知道如何使用。农村的医疗设施简陋,医疗诊所无法使用医保报销。其实不仅老人,许多年轻人也不清楚社保和医保的概念及使用方式,这方面的知识有待宣传普及。此外,乡村医生的处方有待合理优化,应结合患者的实际情况个性化用药。农村老人遇到重大疾病需要到市区医院诊疗时,出于对医疗保障不熟悉、医药费昂贵、不愿意麻烦子女等因素,往往抗拒求医,这也是非常棘手的问题。

从本次调研整体上来看,黄石村的老年人心理需求没有得到满足,且大部分老人都对无聊的生活习以为常。有相当一部分老年人视力不佳、文化程度低、不会使用智能手机,部分老年人常年得不到家人陪伴,娱乐方式匮乏,精神需求得不到满足。身体不佳、缺乏行动能力的老年人往往通过在家门口呆坐、四处走动聊天等方式消磨时间。未来的世界朝着智能化的趋势发展,老年人也应得到智能化的照顾而不是被抛弃在时代后头。结合黄石村大量青壮年在外工作的实际情况,建议监护人给家中老人配备具有基本功能的智能手机,耐心教给他们智能手机的基本使用方法,方便老年人平时和子女进行视频或语音聊天,弥补子女常年不在身边陪伴的空白,同时也可以帮助他们通过手机浏览新闻、视频以丰富娱乐方式。过年期间也建议子女多陪老人聊天,带他们出去走走、看看世界。村委可以搭建简单的老年活动中心,供老年人社交、棋牌娱乐,活动中心定期播放电影、新闻和戏曲等,丰富乡

村老人的精神文化世界。

从此次调研可以看出，老年人生活质量的高低与自身的身体状况、子女的关怀程度、平时生活的充实度有一定关系。其中，身体状况是对老年人生活质量影响最大的因素，身体健康的老人不仅可以自行照料起居，体力稍好的还能在当地兼职赚钱充实生活，或者帮忙抚养孙子孙女，为子女分忧，得到自我价值的实现，在生活上和精神需求上能得到一定满足。身体一般的老人靠着子女和国家的补助金能满足基本的生活需求，不求自我价值的实现，只求不给子女增添负担；而身体较差的老人不仅需要子女的照料，看病吃药的费用也为家庭带来负担，常常因为拖累子女而感到愧疚。相比起慢性病缠身丧失劳动力的老人，身体健康、能通过劳作自给自足的老人平时生活更充实，生活质量更高。相比起子孙过年回到老家宅着自娱自乐的老人，子孙围绕着聊天的老人整体的精神面貌更好。

七、写在最后

过年就像一场热闹的梦，热闹总是短暂的，冷清才是乡村老人生活的常态。元宵过后，村口停着的外地车牌的私家车都先后开走了，年轻人又开启在外打工的一年，而老人们在寂静的山村里继续着往常平淡的生活。虽然黄石村的乡村老人基本生活有所保障，但对于无亲无故的、特别困难的、疾病负担重的特殊老人还应给予额外的关照。国家和政府的关怀是必要的，而子女们才应该是乡村老人精神需求的主要负责人，只有子女时常回家探望、经常电话聊天，老人们才能知道儿女时刻把自己挂在心上，才不会感到空虚。

城市化下的乡村养老

——以四川省射洪市大榆镇钟家店村六社为例

◇ 文一坤（哲学系2020级本科生）

一、引言："空心化"与老龄化下的乡村养老

乡村是农耕文明的发源地，乡村家庭结构围绕农业生产展开，老年人在农业生产中指导青年人，年轻人在生活中照顾老年人，从而完成代际更迭。深厚的农业生产传统形成了以血缘关系为纽带的家庭养老模式，以及"孝治天下"的治国理念和"老吾老以及人之老"的孝道文化。而随着工业化发展，农业不再成为社会主要生产方式，转为由工业化带动城市化。按照城市化过程曲线，城市化水平在30%以下为初始阶段，30%~70%为加速阶段，70%以上为趋终阶段（或成熟阶段）。四川省遂宁市射洪市位于成渝发展主轴北弧中心，有21个镇、两个街道，城镇化率62%，是全省丘陵地区经济发展试点县，正处于快速城市化阶段。但是，快速城市化对应的是乡村快速"空心化"，射洪市乡村出现了普遍的农民家庭城乡分离，中青年人进城务工而老年人口留守在村，乡村以血缘关系为纽带的传统家庭养老模式亦受到挑战与冲击，这亦是全国乡村养老的缩影。

除城市化和乡村"空心化"外，射洪市乡村还面临着人口老龄化的严峻问题，在《射洪市"十四五"老龄事业发展和养老体系建设规划》中，到2020年，全市60岁以上老年人口已达到23.5万，约占人口总数的23.5%。根据相关标准，当一个社会65岁以上老年人口比例达到7%，或60岁以上达到10%，则进入到"老龄化社会"；65岁以上老年人口比例达到14%，或60岁以上达到20%，通常被称为"深度老龄化社会"。由此可见，射洪市已整体

进入到"深度老龄化社会"当中,乡村的老龄化则更加严重,积极应对人口老龄化重点和难点在乡村。

在乡村"空心化"和老龄化下,射洪市乡村几乎只剩下老年人,他们的养老问题成为稳定乡村秩序的核心。如何在物质和精神层面都让乡村老人能够老有所养?本次调研以四川省射洪市大榆镇钟家店村六社为例,对乡村养老的现状予以说明。

二、老有所养:大榆镇钟家店村六社养老现状概述

大榆镇位于射洪市中部,是距离射洪市城区中心最近的乡镇,车程仅需半小时,较易接受城区经济辐射与教育医疗等资源共享。钟家店村原名古井口村,2018年改名为钟家店村,并于2019年获评四川省"四好村",钟家店村下辖七个社,每一社居民以一姓为主,本次调研的六社在当地被称为"胥家湾"和"六大队",村民多为胥姓,"大队"的称呼则是沿用了公社时期的称呼。全社共有32户人家,每户常住人口为2~3人,几乎都是60岁以上的老人。据村中老人介绍,现在有常年留在家里的60岁以下人员的人家只有两户,并且这些60岁以下人员都是残疾人,需要帮扶。这些家庭里的年轻人则分为两类,一类是已经在城市买房定居结婚,并将子女全部接至城中生活,过年、节日或红白喜事时才回村,因此村里的家属于"老家"。另一类是在城里打工,工作并不固定,也没买房,子女留在村里由老人照看,找不到工作或者想要休息的时候就会回村务农。这两类人中,前一类人占比较高,且较为年轻,后者相对较少。由此可见,目前钟家店村的家庭属于城乡分离状态,年轻人几乎全部搬离乡村或出乡务工,而老人留在乡村。

本次调研共访谈了12户老人,他们养老的方式主要有四种,第一种是靠养老金,通过一次性购买养老保险,每月有固定的养老金收入;第二种是靠子女养老,由子女给生活费或和子女居住;第三种是靠低保养老;第四种是务农养老,这常常是起着辅助养老的作用。现将受访者的代号、年龄、养老方式、配偶、子女等信息汇总为表1。

表1 受访者信息汇总

称呼	年龄	性别	养老方式	配偶	子女	是否务农
周奶奶	70	女	养老金（2010年一次性以38000元购买农村养老保险，每月有1700元左右）	71岁，无养老金	一儿一女。儿子在上海已婚已育，女儿在同省外县离异再婚	配偶种地两亩，养鸡，农产品用于自吃，不对外售卖
任奶奶	67	女	养老金（2011年一次性以51000元购买城镇保险，每月有1600元），医疗保险380元	离世	三个儿子。大儿子在射洪城区定居，二儿子和小儿子在外市	种了一亩地，种菜用于自吃
党奶奶	67	女	养老金（2010年最早一批购入养老保险，花了38000元，每月有1800元）	70岁，有养老金	一儿一女，一个孙女，一个孙子，一个外孙女	否
唐祖祖①	85	女	子女养老、低保养老	离世	和儿子住一起，女儿55岁，已外嫁，儿子儿媳妇50岁，儿媳妇右手残疾，有残疾补助，有低保。儿子在江苏打工做涂料，四五百元一天，孙儿不到30岁，在县城买了房子	否
黄爷爷	60余岁	男	子女养老、务农养老（身患帕金森病）	配偶同样无社保，务农，在城市给小儿子带小孩	两个儿子，已在城市买房。大儿子目前还在还房贷。小儿子在做水电安装，小儿子已经还清了房贷，小儿媳妇在抖音做直播，一个月能挣10000多元	身患帕金森病，一直手抖，仍在务农，握住锄头时手反而不会抖

① 在辈分上属于祖父祖母的母亲父亲，四川民间称为"祖祖"。

续表

称呼	年龄	性别	养老方式	配偶	子女	是否务农
胥爷爷A	60余岁	男	外出务工务农养老	终身未正式结婚，但有一个儿子	一个儿子20多岁，也未结婚	种地，养鸡
田工人	70余岁	男	养老金（退休前在陕西铁路上班，人民公社时期统一分配征召工人时被分配到了陕西，目前退休工资有3800元；退休工人医疗报销90%，之前身患慢性胰腺炎，已痊愈）	已离世	一个女儿，50多岁，已退休，退休工资有4000多元	否
黄奶奶	77岁	女	养老金（2012年以38000元一次性购入养老保险）外加高龄补助，每个月有1600元	在世，无保险	一儿一女，均在城市安家。孙女在重庆工作，一个月赚10000多；外孙女在福建上班	否
胥爷爷B	81岁	男	子女养老	去世	两个儿子（轮换养老）	否
胥爷爷C	76岁	男	子女养老	未知	一儿一女，儿子在外市教书，跟着儿子住在三台每年回村过年	否
任爷爷	快70岁	男	低保养老，一个人有260元一个月	失能发疯，有失能补助	一个女儿	种地自吃

在这几种养老方式中，养老金制度的设计最能体现如今城市化背景下的乡村养老。农民家庭普遍的城乡分离是城市化造成的乡村家庭结构变化，

这使传统上依靠子女的养老机制面临诸多现实困难。由于子女不在乡村居住，无法直接照料老人的衣食住行，而大部分具有自理能力老人的衣食住行也不需要子女照料。随着农村生活变得更为便利，村里老人日常生活中需要的水、电、气等都被纳入庞大的公共基础设施运营中，他们因此需要重新适应公共基础能源供应的使用规则，对他们而言，每月通过智能手机缴纳水电气和通话费用已非常普遍。在日常生活用品方面，因村落距离射洪市城区仅半小时车程，村里的老人每个月至少都会进城一次，村中不少的老人还有电动车或摩托车，因此购买生活用品非常方便。因此，对于村中大部分仍然有着自理能力的老人而言，"生活"并不困难，不需要年轻人帮忙做具体的工作，相反能够保证一定生活质量的收入非常重要。相比于依靠儿女的老人，村里有养老金的老人生活质量更高，也更加独立自主，和子女等亲人的家庭关系也更加和睦。

村里的养老金制度是从2010年开始贯彻实行的，据村里老人讲述，当时村里有很多农民工返乡养老，但他们都没有在工作时购买养老保险。根据国家统计局的《农民工监测报告》（2009年），中国1.45亿农民工每周平均工作58.4小时，其中89%的工作时间超过国家规定的44小时，他们当中只有12.2%具有医疗保险，7.6%具有退休保障。所以，退休回乡的农民工成为需要规划进乡村养老保障的村民。村里的养老保险制度刚开始实施时，前两年凡是达到退休年龄的村民（女性55岁，男性60岁）可直接一次性购入养老保险，费用为38000元，名额不限，超过70岁的老人还有养老补助。表格中的周奶奶、党奶奶和黄奶奶就是第一批购入保险的村民。到了第三年，村里限制了名额，并且还有户籍要求，任奶奶就是这一批购入的。据任奶奶回忆，当时是儿媳找人帮忙买到的，担心"过了这村没了这店"，就给了58000元的高价购买，并且还将户口迁到儿子儿媳工作的城镇上。购入保险的钱对于当时的村民而言是一笔不小的费用，都是村民的子女帮忙筹钱购买的。在是否购买养老保险这一点上，村民及其子女们的意见也不同。部分村民依旧遵守传统子女养老的传统，认为没有人养的老人才会购买养老金。部分村民则是一次性拿不出这么多钱，子女也没有提前帮其购买。还有一部分村民则是认为养老金不划算，认为自己根本活不到能够赚回本金的时候，周奶奶的配偶就是其中之一。"算命的告诉我，我活不过70岁，所以我就干脆没买了，

结果我活到了77岁还活着。"

在村里,依靠子女养老仍然是主要的养老方式。当前村里仍然和子女一起居住的只有两户,分别是85岁的唐祖祖和81岁的胥爷爷B,都属于高龄老人。唐祖祖和儿媳一起在家居住,相互照顾。她儿媳党奶奶的右手早年在纺织厂做工时不慎被机械绞断,落下残疾,因此没有外出打工,党奶奶目前生活还能自理,还能做早饭,午饭则由儿媳妇负责。胥爷爷B则是两个儿子轮流照顾,与儿子一起居住在城镇,每家各住半年,春节等节日时再一起回乡下。相比于依靠养老金养老,依靠子女养老的老人晚年生活明显不够"硬气",这与城市化带来的家庭观念变化息息相关。尽管子女和老人住在一起,但家庭的经济管理仍旧分为"两本账","父母家是父母家,小家是小家"的观念随分家而产生,尤其是在城市工作生活的子女,思维方式也更加个人化。由子女养老传统模式带来的普遍存在的农村养老问题就源于这一个人化思维下的权利义务失衡催生的自我中心主义价值取向。家庭现代化下不断萌芽的个人主义,催生出"关系更多是一种选择而不是义务"的价值观念,利益原则、经济利益纽带、合作的有效和互惠的维持等理性因素,越来越多地替代疏密不同、远近有别的血亲、姻亲关系,改变了传统亲属关系的内涵。传统亲属关系出现理性化的发展趋势,即表现为更注重经济利益。在核心家庭即"小家"内部,情感性交换可能占据绝对优势,但在核心家庭之外,比如分离出来的子女家庭和原生父母家庭之间则由工具性、利益性主导。比如村中有多个子女的老人就会面临谁来负责供养、给钱的问题,一般来说,在传统观念中,多子女的家庭,女儿怎么样都是嫁出去的,儿子会负担起主要的养老责任,而有两个儿子的家庭则容易出现家庭矛盾,互相推诿。"幸好我有养老金,不然就算我有三个儿子,每个人一个月500元地供养,一年下来还是老火,长期下来看他们还管不管我。"子女发展相对较好的任奶奶如此感叹道。

三、老有所乐:社会资本效应

如果说在日常起居的物质层面,老人们通过养老金等方式能够实现"老有所养",那么在精神层面的"老有所乐"又该如何实现?在物质保障之上，老人们如何安享晚年？这体现了乡村区别于城市独特的社会性及其蕴含的生活智慧。

不同于城市单家独户的生活，乡村的日常生活更多是在门前大院的熟人社会中开展的，这也进一步证实了"对于乡村老人而言，子女的在场或许并没有想象中必要"的观点。相比于子女，钟家店村老人的日常生活更多与邻里联系。村里老人们会相约在上午进城买东西逛市场，下午就打麻将，晚上还会在村坝跳广场舞，子女赠送的礼品也会互相分享。子女返乡看望老人的也会照顾一下村里的其他老人，如任奶奶的大儿子返乡时都会给村里的任奶奶的表哥送礼品，一方面是拜托他照顾失去配偶的任奶奶，另一方面是照顾他拮据的生活。通过这些方式，子女们也深知乡村养老的熟人之道。

在村里，打麻将是最重要的养老活动，每天下午任奶奶、黄奶奶等老人就会不约而同地来到村口小卖部门口，在三分钟内熟练地搭起简易手搓机麻，围在一起开始打牌。这样的"麻将俱乐部"在全村不同地点上演，手搓麻将的声音和打麻将时的闲聊声传遍村落，笔者有一半的访谈就是在这些麻将桌旁完成的。在某天，任奶奶的一位亲人在隔壁村去世，村里人也都认识，于是就聚在麻将桌上一起谈论去世下葬的事情，什么时候断气，什么时候火葬入土，做席请了多少人，什么时候出坡……这些细节在老人们"碰杠"的三言两语中得到了详尽讨论，死亡的肃穆和麻将的娱乐在一张方寸桌上融为一体。老年人对丧葬仪式都格外看重，年龄最大的唐祖祖（85岁）希望自己以后"能走能动到死那天就可以了，不要一直瘫在床上起不来"。

在麻将桌的闲谈中还有着微妙的攀比。对老人而言，谈论各家子女的现状和琐事就是老年生活的一大乐趣，子孙的发展也因此成为相互攀比的核心。凡子孙有出息的老人，三句话不离孙子孙女，而且还有着特别的价值取向，比如更看重在北京上学，在北京工作，或者是名牌大学等。例如，唐祖祖的外孙毕业于清华大学，现在在深圳某高校任教，已经定居深圳，已婚生子，唐祖祖就尤其强调外孙子的发展。他们的子孙虽然并不居住在乡村，却在这样的时刻虚拟在场，一份好工作或者高学历能让老人"有面子"，老人们以此为乐，能在同村中获得尊重，尽管这并不能获得实际的权力，但是能够在同辈的闲谈中显得很"神气"，就已经达成了目的。

社会资本对于乡村这个熟人社会而言非常重要,这也使得乡村互助养老相比于养老院等现代养老方式更具有可行性。"一个具有丰富资本的村庄,即使互助技术比较粗糙,充裕的社会资本也可以减少互助过程中产生的各种摩擦,并使互助养老仍然可以良性运转。"[①]或许从这个维度而言,乡村老人的养老比城市老人帮子女带娃的养老更加悠闲自在。

四、结语:未来的乡村养老

随着城市化的发展,如今居住在乡村的老人或许已经是终老于当地的最后一代人,他们的子女大多数都已经在城市安家落户或者在外打工一年一回,更不用说他们的孙辈。其中,比较特殊的是农民工群体,他们能够凭薪酬在城市维持生活,但无法在城市安家,缺位的医疗教育等社会福利使他们被迫回到家乡养老,但当他们年老时,又该如何养老?他们回到乡村,如何适应这样的落差?如今前往城市打工的村民很大部分是笔者父辈这一代,也就是20世纪60—80年代的人,这一代正在进入退休潮。50余岁的受访者都表示,他们准备打工之后就回乡种几亩地,把房子重新修一下养老。相对于60年代以前出生的人,他们的日常是脱离乡村的,但是又没有在城市购置房产,城市对于他们而言仅是工作地。相对于80年代以后出生的人,乡村是他们从小生长的地方,他们对乡村又有着浓厚的情感和依托。因此,相比于现在悠然自得的爷爷奶奶,他们的心态挣扎又矛盾。

此外,乡村式以血缘为纽带的传统养老逻辑仍然在城市延续,并且在陌生人社会中,家人的关系更加紧密,家庭仍然是抵抗风险的基础。但与此同时,中国社会普遍的个体化使得青年一代更多倾向于去传统化、脱嵌,通过书写自己的人生来创造属于自己的生活,为减少家庭生活的压力、疲劳和痛苦带来的损耗,他们避免、推迟、减少、逃避家庭责任和家庭关系,造成了

---

① 贺雪峰:《互助养老:中国农村养老的出路》,载《南京农业大学学报(社会科学版)》2020年第5期,第5页。

"去家庭化"的倾向,如2024年春节期间出现的"断亲"行为[①]。随着我国人口老龄化问题加剧,家庭结构趋于小型化甚至个体化至取消"家庭",或许会成为现实。因此,养老或许在物质层面能够得到基本保障,而社会关系网络的逐渐淡薄则难以重建。

---

① 断亲指"懒于、疏于、不屑于同二代以内的亲戚互动和交往的一种现象",即年轻人很少和亲戚互动或基本不走亲戚,而非绝对的断绝往来。

大山里的老人们
——武丰村养老调查

◇ 谢芳（哲学系2021级硕士生）

武丰村是广东省韶关市乳源瑶族自治县大桥镇下辖行政村，位于大桥镇东南部，距大桥镇政府驻地11公里，距乳源县城31公里。根据辖区内村庄分布情况，武丰村大致又分为以下三大片区：被村民称为"武丰洞"的片区，包括司岗、园子、高岗、杉树下、许家、邹家、黄家、圳头、罗家、水口村、坳背、塘窝等12个聚集在村委附近的自然村；以"野猪坳"这一坳口往外出向坪乳公路的田寮下片区，包括付家、田寮下、塘头背、石边寨、林家排、含者冲等自然村；分布在狗尾嶂山脉各个山脚下的苦水角、观音山、岭头、水背等自然村域。

根据武丰村委相关资料，该村辖区内共有22个自然村，农户738户，总人口约3400人。笔者的家在司岗村，该村是武丰村一个比较大的自然村，全村共54户，总人口共338人，约占整个武丰村总人口的十分之一。在熟知村中情况的庆祥叔帮助下，笔者统计了司岗村60岁以上老人的人数，数据如下：村中60岁以上的共有56人，其中16人年龄大于80岁，也就是说，村中老年人口约占村中总人口六分之一，远超"老龄化社会"的标准（60岁及以上老年人口占总人口比例超过10%）。

在了解了村中老龄人口的总体情况后，笔者在"武丰洞"调查了武丰村的养老条件总体情况，并在此基础上与村里的公婆、叔伯、婶婶等进行访谈。这些访谈对象分别是阿赣叔公、助波叔公、老赖阿婆、阿L叔公、庆祥叔、村委委员陈永清、井香阿婆、阿扬、老L阿婆、阿欣等人。3月初，笔者在司岗村的微信群中收到阿祥叔公病逝的消息，这令人悲痛，但也提醒了笔者须重视当地"侍死"这一风俗，因为这是笔者家乡所在地区养老的重要风俗。

一、养老条件的总体情况

（一）医疗

关于武丰村养老条件的总体情况，笔者首先了解了村里的医疗条件。总体上看，武丰村村民医疗得到保障，但是这几年村民日常所需承担的医疗费用也逐渐攀升。

目前，武丰村有三个卫生站，其中有两个卫生站集中在"武丰洞"，一个在武丰村委办公楼东面（以下简称"村委卫生站"），另一个在沙树下村。村委卫生站是近两年才建起来的，有一位黄医生，是岭头村人，50多岁，兼任村委委员。黄医生早几年开的诊所在武丰小学旁边，随着近几年上级部门加大对村里医疗卫生建设的力度，原来位于村委办公楼后面的烤烟房被拆除，改建成现在的村委卫生站。黄医生原有的诊所被撤销，他也入职村委卫生站。另一个诊所在沙树下村，相比村委卫生站，该诊所的条件较差，诊所的谢医生是沙树下村人，60多岁。此外，还有一个新建的付家卫生站，在近两年建成。"武丰洞"的两个诊所是"武丰洞"片区和观音山村等片区的老人们日常生病看诊的去处，付家卫生站建起来后，田寮下片区的老人们便能就近去新建的卫生站就诊，不用长时间步行来"武丰洞"看病了。

在卫生站里，医生的工作主要是为老人们开药和打针，治疗老人们日常的感冒、发烧等病痛。以前，因两个诊所都在村委附近，比较偏远的村如观音山、岭头、苦水脚、田寮下、付家等，一旦村中老人行动不便，需打电话给诊所医生，请医生去家中看诊。那时交通不便，医生一般步行出诊，路途遥远，加大了出诊难度和就诊困难；如今交通条件改善，医生开车出诊，方便许多，村中老人生病就诊也比较及时了。

关于村中医疗条件的调查，还有另外一个很重要的方面，就是村民的医疗保险。截至2023年底，武丰村村民所需提交的医疗保险费用是每年每人380元。对此，村中老人们多有怨言，"越来越高，从三四十块钱涨到现在

的三四百块钱！交了也没什么用，在村诊所看病又不能报销，要去医院住院才有得报。讲句不好听的，真要是有了大病大痛，人也活得差不多了，要这个还有什么用？"根据武丰村委宣传栏上公布的信息可知，"武丰村全辖区有3400个人，参加新农合2400人左右"，也就是说，整个武丰村有近三分之一的村民未参加新农合。

除了医疗保险费用逐年递增，去诊所看病的费用也越来越高。在与老人们的交谈中了解到，两个诊所中，大多数老人比较倾向于找沙树下谢医生看病。老人们说："去沙树下看（病）比较便宜，村委这个卫生站收费高"，"但是村委卫生站的疗效又比较好"。在与园子村阿赣叔公谈话的时候，他粗略地算了去年在村委卫生站看病所花的费用："就打了几次吊针，花了1000多，去一次就要一两百，看病把人看穷了！"司岗村阿L叔公也说起他前年脚痛，走路都困难，好长一段时间都要去沙树下谢医生的诊所打针，花了800块。"有病不是很想去看，越来越贵，看病像在吃钱！"

（二）生活

关于生活方面，笔者主要向村里的老人们了解了生活用水、居住条件、物品采买等主要方面的内容。

用水是否便利决定了村中老人生活里的大部分事情方便与否。煮饭洗锅、磨糍粑豆腐、烧洗澡水、拌潲等事项构成了村中老人的大部分生活。笔者所在的司岗村，在2022年前，村中所通自来水是下坳水库的水，遇上天气干旱或路上水管断裂等问题时，村中就没有自来水用。笔者以前回村过年，经常遇到大年三十没水用的情况，家里人要轮流去挑水，挑来的水要谨慎使用，因为用完就要再挑水，实在很麻烦。村中没有自来水，大家只能到沙树下的水井挑水，单程步行时间约15分钟，这给老人们的生活带来极大的不便。

在上级部门支持下，村委在狗尾嶂找到了合适水源，并在2022年冬为村里连接了清澈的山泉自来水，这其中还颇有故事。在与庆祥叔的谈话中了解到，狗尾嶂的自来水工程在2021年前就准备开始实施，最初水源选在了观音山附近，但观音山村民不愿意，理由是若水被"武丰洞"接走，当地的耕种会受影响，若真要接则需支付一定的报酬。此事也因此延后，直至把水源选址在岭头附近才得以最终解决。2022年冬，"武丰洞"各村正式接通了山泉自来水。目前，村中自来水的管理由村外的物业公司负责，每户都安装了水表，水价是1元/立方米，费用需要在物业的App上缴纳，一般由家里的年轻人负责，这在一定程度上解决了老年人交水费难的问题。用水要收费，对于节约惯了的村民而言，变成了"用水的不自由"。在此之前，村民使用下坳水库的水不用花钱，水管、水池的维修工程都由村民们自发进行。但随着年轻人外出务工，村中生活的大多是老人，他们无法维修较大的故障，久而久之便用不上自来水了。笔者了解到，狗尾嶂的自来水自接通以来，还未出现过断水的情况，村中老人们平时用水比以往方便得多。

在住房方面，相较过去，武丰村整体上得到了改善，大部分村民都住上了楼房。在2020年以前，乳源县属于贫困县，随着国家加大对脱贫攻坚的力度，县里相关部门加强了武丰村的脱贫工作，村中的困难户在政府的支持下都建立起了楼房。近几年，村里逐渐有在城里买了房的村民回来建房。以笔者小舅为例，小舅和舅母在江门工作，已在江门买房安家。如今，小舅的大儿子已参加工作，小儿子也已参军入伍，用小舅的话来说就是"该负的责任已经完成"。由于在外工作，小舅每年只有清明节才回村里祭祖，家中老房年久失修已无法住人。去年，小舅开始着手回村建房，但并不顺利。我问小舅："为什么不在江门养老，何必这么大费周章回来建房？"他回答："始终还是要回来的，根在这里，以后死了也要进祠堂。"

日用品的购买是笔者与村民交谈过程中关注的一个重要方面。目前，武丰村有三个小卖部：①百生商店，既是猪肉铺也是杂货店，村中老人平时买猪肉都在这里。②沙树下的小卖部则是村民购买日常用品常去的店铺。③水口村小卖部，主要售卖零食、烟等。百生商店由一对中年夫妻经营，另外两个小卖部都是老人在经营。目前，武丰村务农的村民不多，年轻人大量外出，留在村中的基本是中老年人。他们一般在百生商店买米，至于"菜丝道味"，则靠自己种菜、养鸡下蛋，偶尔会买点猪肉。"在吃的方面，现在要比以前好多了，差不多顿顿有肉，但我们老了也吃不了多少。"笔者跟老人们交谈的时候了解到，平时会有人开车来村里卖米、鱼、水果、蔬菜等，这为他们提供了许多便利。

总体上看，老人们在村里基本可以购买到日用品，但每逢赶集日，他们

也还会早早起来"赴闹"买东西。笔者曾在家去赴过几次闹,观察到一个现象:老人们去"赴闹"不一定是为了买东西,更多是为了"闹"。赶集日,镇上各村村民都会到大桥镇上买东西,在热闹的集市里,大家可以碰上平日里不常见到的亲戚朋友,大声喊一句"你也来赴闹嘛",然后在货摊前聊聊近况。

(三)出行

乳源县和大桥镇由坪乳公路相连,有班车连通,约30分钟一趟。武丰村不在坪乳公路干线附近,村民乘坐班车便要从村里到坪乳公路的白石下的候车亭,从村委出发到坪乳公路的白石下候车亭步行要一个半小时左右。因此,村中老人若要外出,往往会坐村里的面包车。

目前,武丰村比较方便乘坐的面包车有两辆:一辆是武丰水口陈家司机的面包车,陈司机50多岁,这两年结束在外务工回到村里,做起了这一"搭客生意"。另一辆是武丰隔壁塘华村委大坑子村的廖司机的面包车,廖司机60多岁,他的"搭客生意"比陈司机早开始两年。平时村中老人若要去镇上赶集或到乳源县里办事,只能坐这两辆车。近几年,村里很多年轻人都买了私家车,但他们大部分只在"大年大节"才开回家,村里老人平时外出主要靠陈司机和廖司机的面包车。每逢赶集日,村里老人都会早早起床,到村委附近等车,司机则要赶在交警上班之前搭客出发……

(四)文娱

与叔公、阿婆聊天时,笔者总会问上一句:"平时闲的时候会做什么?"得到的回答总是相似:"不做什么。"村里的文娱活动甚是匮乏。从与老人们的谈话中可以了解到,村里的娱乐活动不外乎两种:一种是打牌,打纸牌多一些,也有打"国牌"的,打牌最能打发时间,"打几把牌一上午就过去了"。另一种是喝茶看电视,但"现在电视越来越复杂了,不会放,打开来都不知道点哪里。"近两年,村里有部分妇女开始跳起广场舞,但是跳的人并不多,而且也不是所有人都乐意接受。一位阿婆曾去凑过热闹,和村中四五个人一起学习跳舞,但是丈夫并不支持她,有次她因为跳舞没来得及做家务,丈夫便发怒,将跳舞的音响踢倒了。

二、农民养老谁保障

(一)政府保障

在与村委委员永清叔聊到村里的养老保障时,他说道:"近几年政府越来越重视农村养老服务工作,村中老人养老基本得到保障。目前整个武丰村有40多户贫困户(低保户、五保户),村委也在配合上级部门做好相关的扶贫脱贫工作,对于贫困户的老人会重点关注。"

庆祥叔是少数在村青年之一,主要靠养猪营生,妻子在韶关工厂上班,女儿就读职业中学,儿子读小学三年级,家里有两位老人,一位是他的母亲,今年66岁,另一位是他的细伯(阿尧叔公),今年81岁。阿尧叔公从小失明,成年后也没有娶亲。当年分家时,决定爷爷由三伯赡养,阿尧叔公则由庆祥叔的父亲帮扶,父亲去世后,阿尧叔公的养老责任就落到了庆祥叔身上。阿尧叔公虽失明,但身体状况还不错,只是有点高血压,庆祥叔也特意买了血压测量仪,时不时给阿尧叔公测血压,并定期给阿尧叔公开降压药。阿尧叔公因失明,属于村里的"五保户",庆祥叔则是阿尧叔公的养老监护人。问及相关的保障条件,庆祥叔说:"保障是有的,政府每个月都会给阿尧叔公1000元的五保金,每个月还有200元的养老金,年前还会有相关的工作人员来做慰问工作,有时送点粮、油、棉被等。"

问及养老压力,庆祥叔说:"只要(老人)身体没大病大痛,就不会感到大压力。吃又吃不了多少,自己吃什么他们也吃什么,有时候可能会买点衣服鞋袜,但这些都不是什么大花销。现在60岁以上的老人每个月可以领200元的养老金,这些领回来给他们买点自己想要买的东西。"问及自己和妻子以后的养老打算,庆祥叔说:"妻子在韶关工厂上班,买了最基础的社保,自己也缴了最低档的养老金。高档的缴不起,以后老了多少有得领就行了。"

(二)"老而自依"

从笔者这次调查的情况来看,农村的人们到进入老年阶段时,"还是靠自己养自己"。

园子村的阿N叔公，1954年生人，今年70岁。严格意义上来说，阿N叔公不是园子村人，他出生于阳山镇，有八兄妹，排行老四。他本姓黎，因幼时家中困难，他被过继到邓家，邓父无子，家中虽也困难，但还能有口饭吃。回忆起从前，阿N叔公用手抚了抚那只失明的眼睛说道："这个眼睛就是年轻时候（20岁）去搞水圳爆坏的，差点命都没了，当时有另外两个人当场被炸死了，捡了条命活到现在。"他在22岁结婚，对此，他说道："眼睛没了一只，家里条件又不行，还以为要一个人过一世，没想到还有机会成家。"

阿N叔公有两个儿子、一个女儿，他的妻子在女儿六七岁时因病去世，此后他独自将子女拉扯大。由于在阳山难以养活一家大小，别人便介绍他来园子村，这里有户人家需要外人接续"香火"，因此他便携儿女来此生活。来到这里后，他发现情况和原本说的不一样，他虽入了园子村族谱，但是没能分到田地。幸亏他会做木工和水泥工，便靠此在园子村生活了下来。

阿N叔公的子女已经各自成家，女儿嫁到韶关龙归，小儿子入赘园子本村。大儿子阿廷生了两个儿子，现在都在县里上学，阿廷如今租了间街边小铺开维修店。说及此，阿N叔公讲起了开维修店的故事。他的儿子阿廷以前在乳源东阳光厂里打工，一个月1000多块钱，而他的妻子因为要带小孩没法上班，因此难以糊口，只能经常回来找阿N叔公接济，每次都需要两三千。后来，阿N叔公说便跟他说："你以前自己学的维修手艺用来干什么的，这么'木'做什么？"进而劝他在乳源找个合适的地方靠手艺吃饭。于是阿廷租下了现在的小铺，当起维修师傅。阿N叔公说，当时阿廷没有本钱，还是自己掏钱给他，慢慢把这个店铺生意做起来。除了掏钱办维修店，儿子买摩托车、近两年换轿车他也掏了不少钱，这几年加起来差不多十万元。

阿N叔公直到去年才真正"退休"，不再辛苦赚钱。阿N叔公说："现在大孙子上初中了，小孙子也快小学毕业，儿媳妇开始出来摆摊挣钱，管不了那么多了，我也不要求他们给钱，连药费都没向他们要过一分钱。"去年，园子村要集资建"公房"，每户要集"户头一万、人头五千"，家里五口人便要出资25000元。阿N叔公表示自己最多出资10000元，剩下的让儿子出："都给他们搞完了，自身吃什么？"

老A阿婆今年76岁，丈夫在她50岁不到的年纪便患病去世了。她育有三个女儿,大女儿留家招婿。老A阿婆平时跟家人在韶关居住,孙女和孙婿在韶关买了房,女儿要给孙女看顾小孩,女婿也在韶关做绿化工作,不放心老A阿婆一人在村里,就要求她也一起到韶关。但她在韶关也不闲着,平时吃完饭她就背个袋子到处闲逛,顺便捡些废品,回家时就找废品站把捡来的废品卖掉。家里只有女儿知道她外出捡废品的事情,一开始女儿也不同意她去做。老A阿婆说不怕,她会慢慢逛,"像鸡扒地找食一样,慢慢摸索,搞到多少算多少,反正闲着也是闲着",她没敢让孙女孙婿知道,怕被嗔责。老A阿婆说,有时候她会在楼房里遇上好心的建筑工人,他们会把废品给她,有时候运气好能够收到三四十块钱的废品,大多数时候一天能挣十来块钱。"以前在家里忙惯了,我要出去走走才好,不然觉得脚笨笨的,不舒服,要抽筋。我自己搞到的钱就自己用,废品卖了钱就自己去超市买点米粉做糍粑、买点喜欢吃的水果,想要什么买什么。"

在村里,村民聚一起时总会说老了就该早点享福。但等到他们真正步入老年阶段时,依旧在忙碌,先为儿女忙碌,等到儿女们不再需要自己操心时,自己的生活还是想要依靠自己,可能要直到行动实在不便时才会真正停下来。

(三)村妇提前"变老"

在农村,村民们似乎没有何时进入所谓"老年阶段"的说法,他们更多通过代际关系来定位自身的年纪。有了孙辈,成了"阿爷阿奶""外公外婆",他们的人生就自然而然地进入下一阶段,这个现象在农村妇女身上体现得更为明显。

笔者回乡时正值年关,村里的妇女们开始忙着磨糍粑、做豆腐。笔者母亲也买了一台打浆机,邻居老L阿婆来家里打糍粑浆,笔者便趁机和她聊了起来。老L阿婆今年57岁,已经做了差不多15年的"阿奶"。笔者笑道:"阿婆这么年轻就做了这么久的'阿奶',好享福啊!"老L阿婆则叹气:"享什么福,累得要死!"

老L阿婆有一子一女。儿子初中未毕业就出来打工,结婚早,婚后不久就有了女儿。从此,老L阿婆就开始了"阿奶"人生。她孙女出生后,由于儿子儿媳平时外出打工,她便在家和丈夫照顾孙女。孙女稍大点时,两个孙子也相继出生，老L阿婆便继续照顾他们。孙女读三年级时，因村里小学没有四年级，需到镇上住校读书。为了孩子能更好地学习，她的儿子便将孩子们都带到韶关，老L阿婆则跟着去韶关继续照顾孙女孙子们。在韶关，老L阿婆给孙子孙女做饭、洗衣服，接送他们上下学。"没法停，用闹钟提醒自己，闹钟一响，就去接人，接完人回来去买菜做饭，直到晚上睡觉才真正停下来。"最初几年，老L阿婆平时留在韶关照顾孙辈，她丈夫则在家耕田种地，等孙子孙女们放假了她也回村和丈夫一起干农活。

老L阿婆自成为"阿奶"之后，基本上没有收入，成为"靠子女过活"的老人。村中像老L阿婆这样的"阿奶"有很多，子女成家生下孙辈后，照顾小孩的任务几乎都落在她们身上。老L阿婆更是在壮年之际已经成为"阿奶"，从此围着孙辈、绕着灶头生活。如此的生活日复一日过了十几年，等孙辈们逐渐长大，如果身体足够康健，"阿奶"会成为"太奶"，继续给孙辈们照顾曾孙。

（四）"信命向佛"

笔者和母亲在家里聊到村里有老人因"癫"去乐昌精神医院的事情时，邻居的H叔公正好来串门，就和他聊起了他烧香拜佛的事情。村里有少数老人会因出现精神疾病被送到精神医院，但他们大部分还是能够"过得去"，也许这和他们相信神明、"放过自己"的心理疗愈方式有关。

H叔公，1943年出生，原有五个兄弟姐妹，是家中幼子。他的姐姐六岁去世，大哥八岁去世，三哥未满月就夭折了。在六岁那年，4月割麦子的时候，他在禾坪上玩不小心伤了腿，从此成了跛脚。由于年轻时家中贫困，再加上跛脚，他一直没有娶亲。有人曾介绍了一个近30岁的哑巴姑娘给他，但当时他已年近耳顺，怕耽误别人，最终放弃了这门亲事。后来，他过继了二哥的第三个儿子（以下称L）来承续他的香火和田地。

H叔公1993年开始吃斋信佛，每年都会和信友一起去庙里礼佛。因此他去过云门寺、南华寺，也去过湖南郴州、耒阳。笔者问是否有人组织一起去礼佛，H叔公则回答说是自发组织，和村里的信友一同前往。武丰村吃斋信佛的除了他，还有本村的X姑婆（女）、许家村P（女）、水口村R（男）、坳背村Y（女）等，此外还会有大桥镇其他村的信友一起去。他们从家里坐面包车去乳源，坐火车从乳源到韶关，有时候火车没有坐票，他们就站着，站累了就把鞋子脱下来垫坐着休息。叔公把这段艰辛的旅途理解为佛法所言的"知难而上"。他们一般在春夏两季去寺里，去到寺里便早起拜佛，拜完佛之后就帮寺里种地。他曾在湖南那边的寺里住了半个月。

H叔公今年81岁，身体比较康健，但由于腿行动不便，近两年已不再外出礼佛，而是在家里烧香拜佛。问及在家如何拜佛，H叔公说道，他每天在早上6点、中午12点、下午6点、午夜12点这四个时间烧起香，向西方拜佛。拜佛时则要耐心，祈求上天开恩，保佑自身及家人。除自身身体原因外，L似乎也不太支持他外出礼佛，为此还买了几只家禽让他饲养，"家里养了东西，想走也走不了。"L及其妻女平时住在乳源，偶尔周末有空会回家看望叔公。叔公天气好时会去地里忙活，闲时便和村里其他老人聚一起打牌喝茶。L知道他会打"国牌"，便买了一副给他。

笔者一直静静听叔公叙说他吃斋礼佛的故事，直到他停下话头，才想起来问他当初为何选择吃斋信佛。对此H叔公回答道："为了寻条出路。"叔公的回答让笔者思绪一顿，片刻后，笔者止住了想要往下询问"是什么'出路'"的念头。村里的冬夜寒风呼啸，听完叔公述说他苦难重重和吃斋念佛的一生，笔者拿起手机一看，已经快10点钟了，给叔公续了杯热茶，叔公拿起茶杯说："喝了茶该睡觉咯！"至此，与叔公的谈话结束。

三、养老难题

（一）老人留守

村里过年热闹非凡的氛围，停留在了笔者小学一二年级的时候。彼时的春节要到正月十五才算结束，元宵节晚上，村中孩童会早早吃完晚饭，去牛栏里找到草垛扎好"火把"，盼大人来点香。大人们吃饱喝足之后，从家里拿来香把，等人到得差不多，就开始点香。孩童们排成长队，由一名比较年长的孩子当龙头，大人们给"火把"插上香，一条"火龙"就形成了。大人手中的铜锣声响起，"火龙"抬头，"龙尾"伏地，"舞火龙"便开始了。伴随着热闹的锣鼓，"火龙"舞过园子、高岗、沙树下……最后投入水口村前的溪中，带走新年的灾祸，最后舞龙的老少队伍也欢欢喜喜归家去。

也许是因为经历过少时春节的热闹，所以如今正月初五、初六在村里闲逛只能在路上偶遇叔公阿婆时，笔者都会感到无比惆怅，只觉村中弥漫着一股难以言说的孤寂。除夕杀的鸡还没吃完，子女就要回城市里上班挣钱了，孙辈也要离村上学，只有年老的叔公阿婆留下守着村子，等着儿孙们在下一个年节归来。

老人留守村中、"打理家下"，大多出于自身意愿。相比于陌生又不"自由"的城市，这片熟悉的土地让他们更为轻松愉悦。阿Z叔公今年83岁，有三个儿子和两个女儿，大儿子过继给了亲哥，他也做"太公"（对爷爷的父亲的称呼）很多年了。以前，儿子们在外上班，叔公和妻子在家，后来妻子去世，儿子们不放心他独自一人在家，就把他带去了城里。去了两三年，叔公便吵着要回来，不愿在城里待着，"像屋企（家里）被关的鸡一样，我宁愿回来"。如今，阿Z叔公独自一人在家，过继的大儿子已做"阿爷"，也在家，他们虽不住一处，但平时仍旧相互照应，所以叔公的养老生活过得还算轻松自在。

大年二十六，村里家家户户都在搞卫生迎新年。笔者到村口水池洗东西，碰巧遇到阿L叔公，与他聊了起来。笔者问："阿B他们回来了吗？"叔公回答："他们今年不回来过年。"阿B是叔公的孙子，与笔者同岁，已经结婚，并且在2022年生下一个女儿。问及他们不回来过年的原因，叔公则说，阿保在清远买了房，刚乔迁不久，因此要在清远过年。我问他怎么不一起到清远过年。他则回答，过年时家里要有人，而且阿保及其父母大概年初三、初四就会回村。

老人身体康健，留守村中生活，平日与村邻打牌喝茶，似乎也不失为一种闲适的养老方式。但是他们独自"留守"家中也有可能遭遇意外。例如，村里有位叔公因独自一人在家，夜间晕倒，等"牌友"第二天去他家打牌时发现已去世了。水口村另一位阿婆，住在村子边缘，夏季在楼顶晒玉米，可能是因气温过高导致晕倒在地，迟迟无人发现。阿婆的儿子们都在外务工，因过了个把星期都打不通电话，回到家中循着气味到楼顶才发现母亲已腐烂的身体。这两件发生在村里的事故，笔者单从旁人的口中听说就感到窒息，更无法想象当事人是何等的绝望。

（二）老人"水端不平"，致亲兄弟反目

常言百善孝为先，如今的法律也规定了子女赡养父母的义务。但老人赡养的问题如果发展到需要寻求法律解决时，便到了难以挽回的地步了。

阿G和笔者说起她和她兄弟关于母亲赡养的纠葛时，止不住流泪。阿G今年58岁，有一个哥哥和两个弟弟（下文将用A、B、C分别代称阿G哥哥、大弟弟、小弟弟）。在村里，老人赡养的事情有一条不成文的传统：兄弟分家时也要安排好老人的赡养事务。阿G将法院寄来的文件给笔者看，讲起了"因母亲偏心和弟弟B过于精明"而导致的亲兄弟反目。据阿G所言，当初分家时，房屋、田地按比例分好，三兄弟抓阄，而她已外嫁，这些都与她无关。父母按各自意愿，母亲跟了B，父亲跟了C，A因不用养老人，分到的房屋、田地就比较少。但自分家之后，母亲就把另外两个儿子当了外人，"（母亲）这碗水端得实在太斜了"，阿G说道。例如，她母亲照顾A和B的妻子坐月子，B妻子得到的照料比A妻子要好得多。C和妻子生了两个儿子，母亲却连抱都没抱过。

相较于因母亲的偏心导致的伤心，阿G更多对弟弟B感到憎恶。据阿G所言，以前B夫妻外出打工，留下外甥和母亲在家，她和丈夫便去B家帮忙犁田插秧，稻谷熟了还会帮忙收割。后来，母亲被B带到城里居住，帮他们照顾相继出生的子女。B做养猪生意，母亲则天天帮忙喂猪、洗猪栏，还要负责煮饭……"像个佣人那样服侍他们。""还能干活的时候就哄着（母亲），等身体不好了就想一脚踢开，精（明）到这样，就不怕报应！"

从B的行为来看，他似乎对于阿G这个姐姐还保有一些情谊。在准备以母亲的名义起诉兄弟前，B跟阿G"通过气"，让阿G"站在他这边"，但是阿G拒绝了，于是阿G、A、C被诉至法院。阿G说，A和C并不是像B在法院中所说"不把母亲当回事"，而是现实条件不太允许。A有四个子女，目前仍有三个子女在上中学，而且其妻子患有精神疾病，家中收入全靠A一人。C全家每年只有清明的时候才回村，也有两个儿子在上学，日子也过得较为拮据。B家和母亲不住在村里，以前交通不便时，确实想见也见不了。近几年交通方便了，阿G和A、C在过年的时候都会去探望母亲，也会给点钱母亲。

一开始，B要求A和C分别每月支付600元、阿G支付300元的赡养金，法

院判决的结果是：阿G每月支付200元，A、C分别支付300元。对于判决的结果，阿G和A、C都不太接受，"不是不愿意给母亲钱，而是即使我们给了钱，但是这个钱又有多少能真正花在她身上呢？他（B）分明把她当作摇钱树。"阿G说，她也曾劝过母亲，但是母亲还是听信了B的话。法院判决后，原就不亲近的几兄弟更变得是仇人一般，阿G只盼母亲"能多吃几年饭"。

对于自身的遭遇，阿G归因于自己"命苦"。阿G回忆说，三个兄弟都读到了初中毕业，自己则一直在家跟父母干活，以至于如今连写自己的名字都要别人帮忙。20世纪末，村中年轻人都外出打工，自己也想出去闯闯、见见世面，但是去了不到半年，被父亲以"生病"为由骗回来跟人议亲，因为哥哥要娶亲了但家里没钱，只能让她跟哥哥相看的人家"换亲"。嫁人之后，阿G在婆家并不好过，因为她没有生下儿子，所以婆婆一直不待见她。前些年，婆婆去世了，女儿们也渐渐不用她操心，阿G就在家种地，平时做点零工挣点钱。少时想要的东西要不得，在婆家熬了近30年，好不容易"要熬出头了"，如今又要跟兄弟一起"养"母亲，"命苦的人就是这样的吧"，阿G哽咽道。

四、"送老"

（一）"若患重病，将到阎王家门口"

笔者在写报告时，原本是打算把村里"大病难治"的情况整理到"医疗条件"一节里，但经过一番思索，还是将这一情况纳入此部分，因为对于村中的大部分老人而言，在患重病之际，就离"归老屋企"不远了。

阿X来找她女儿时，笔者正好在家门口晒太阳。阿X是邻居老B阿婆和阿S叔公的女儿。自阿S叔公病重后，阿X就一直在家里照顾他。笔者此前便听父母和庆祥叔喝茶聊天时说起："（阿S叔公）不知道过不过得了元宵。"阿S叔公还未满60周岁，按村里的习俗，要过了春节才算60岁。"刚到了要享福的时候，却惹了这个病，或许人生就是如此……"

阿X到来，我进屋拿了小板凳，一起坐在阳光下聊了起来。阿S叔公去年

7月确诊肺癌晚期。阿X家前两年才加盖起第二层楼房，哥哥和嫂子在韶关租了房，三个外甥（女）都在韶关上学。阿S叔公确诊后，阿X和哥哥都没有上班，随着他病情加重，更无法离开家里半步，大半年的时间里，全家几乎没有收入。

在确诊初期，全家都尽力在积极治疗。经过一段时间的治疗，本已将肺部肿瘤从11～12厘米控制到2～3厘米，但是不久之后复诊发现癌细胞转移到大脑，阿X和哥哥打算带阿S叔公去医院继续放疗，但是叔公无论如何都不愿再去。笔者问及治疗费用，阿X答道，医保报销之后，应该还需要十多万。自确诊以来，阿S叔公都是在保守治疗，除了化疗之外，每个月还要一万多元的中药费，但中药不能报销。"要是花钱能治的话，多少钱都要治，但是在问医生治疗情况时，医生也没有明确的答复，只说尽力。"2024年元旦，他们全家人回到了村里，"回来后药也不愿意吃了，医院开的一堆药，现在还在他床边堆着"，阿S叔公刚回家时还能自己走动，但是不久之后就无法行动了，只能躺在床上。"前两日还老是半夜吵着要进老屋"，阿X苦笑道。哥哥打电话通知了两位叔叔，请他们回来帮忙把老屋的电接通，并把屋子布置打扫好，（丧事）该准备的东西也准备得差不多了，"到了时候就送进老屋"。距离跟阿X聊天不到一个月，笔者在学校收到村中微信群聊消息：阿S叔公病逝，不日"做功德"。

（二）"建斋销罪，功德圆满"

老人去世"做功德"是村中大事，基本每户都会有人参加，因为"家家都有老，人人都会老"。"做功德"不是所有去世的村民都会做，一般来说，要"转了郎名"的人才会做。所谓"转郎名"就是做了"阿爷阿奶"，算"三代大人"。

在送老人进"老屋"前，家里就会准备好之后所需要的东西，如寿衣、寿鞋、锦被等，老人"落气"后，子女将其打理穿戴好，通知村里的叔伯们着手"做功德"事宜，他们会安排好"话客""请师爷""理事"等事项。

所谓"话客"就是报丧。收到老人过世消息后，村中就会安排相关的人员去各亲戚家中报丧，通知亲戚"做功德"的时间。在"话客"的同时，要请"师爷"做法事。按照村里的习俗，丧家一般需要请一位坐坛师爷、一位

调坛师爷以及一位"乐官"（唢呐师父）。亲戚们收到丧信之后，就会前去吊唁，男宾客去叩首，女宾客去"看情"（叫丧）。吊唁是在老人仍停留在"老屋"里的时候进行，"做功德"则要到祠堂中。到祠堂"做功德"需得到（老人子女的）外祖首肯。在村里，无论红事、白事，宾客一律先以外祖为尊。外祖家在收到丧信后，立刻着手"办祭"。所谓"办祭"就是准备好供奉老人所需的猪肉、鸡、香烛鞭炮以及"族头"等。准备妥当后，外祖家邀请村中叔伯们一起前去奔丧。外祖宾客前去奔丧，会请乐官"压祭"。行至村口，乐官吹响唢呐，老人的孝子贤孙跟随自家请的乐官前来迎接，将外祖宾客请去老人身前叩首。叩首完毕后，村中相关叔伯依礼招待外祖宾客用膳。用膳完毕，乐官吹响唢呐，请外祖宾客再叩首，准允师爷们给老人"做功德"。得到外祖宾客应允后，师爷们便开始为老人"做功德"。首先，由师爷"奉神"，接着是老人入殓，入殓一般是由旁亲帮忙。入殓之后，先后进行"行香""排八仙""排满堂""销罪（男）/还胎（女）""点五更（掀族）""游食殿（孝子贤孙跪恩谢罪）""赎身""上桥""送佛"。将佛送走之后，"功德"便做完了。做完"功德"之后，便是老人"还山（下葬）"。

老人劳累一生，子女们尽最后的孝道，为之"建斋销罪"，使其"功德圆满"，跪送最后一程。老人销去一生的罪恶，入土为安，从此，存于子孙后辈于农历初一、十五、清明、中元的祭祀之中。

尽管村里的养老生活面对着各种问题，但随着乡村振兴的不断推进，武丰村的养老服务体系也在不断完善。在村委门口的报刊架上，我们可以看到"百千万工程"的宣传小册将乡村养老服务列为重要的工作内容。在与村委陈委员聊天时，他也讲到，村委在2022年便讨论过关于推进村民养老文娱设施的建设工作，计划在村委办公楼旁边建立文娱广场，让村中老人们可以享受比较丰富的文娱活动，该计划已形成申请文件并提交上级部门。

此次回乡，笔者看到村里情况较上次回乡时变化了许多。进村公路拓宽工程已基本完成，春节走亲戚时，村中汽车不再拥堵。村中卫生站也比之前多了一个，且站内环境与之前相比变好了很多。与村中老人交谈时，大家也感叹如今生活越来越好了，相信之后的生活还会慢慢变好。只是，整体的发展需要长时间的推进……

老人与土地

◇ 陶丽娟（哲学系2023级博士生）

我的家乡是江西省南昌市新建区昌邑乡，地处赣江下游，鄱阳湖西畔，是典型的"鱼米之乡"。寒假调研期间，笔者去了三个村庄，分别是坪上、官塘周家、梅山高家，它们分别是父亲、母亲、奶奶所生长的村庄。在调研中，笔者发现与土地结合的农业生产不仅是农村老年人实现自我价值再生产，为养老提供物质与情感保障的关键载体，还是农村老年人安排养老生活的中心。因此，本文将从农业劳动出发，描绘农村老年人养老的样态。

一、农村老年人的收入来源

农村老年人的养老生活是什么样的？要回答这个问题，我们首先要弄清楚，农村老年人养老的经济基础是什么？

一般来讲，老年人养老的经济来源主要有两类：一是青壮年时期攒下的积蓄；二是老年时期的收入，包括退休金、工资性收入、子女赡养费等。

相较于城市职工，中西部农村的农民一般较少为自己攒下养老钱。其中原因，一是他们大多从事农业，积累能力较低；二是他们攒下的钱大多用于帮助子女成家、进城买房等。因此，他们自留的养老钱并不多。例如，高奶奶[①]今年71岁，身上仅有一枚金戒指、一对金耳环和1000元，1000元还是过年时儿子、小辈们给的孝敬钱。

农民步入老年后，他们的收入来源有哪些？笔者将通过官塘周家的两个

[①] 出于学术惯例，本文所用人名均为化名。

案例进行介绍。

周爷爷今年72岁,常年与老伴住在村里,从20岁一直劳动到65岁,年轻时是村里的放牛员。两夫妻育有两儿两女,大儿子45岁,在县城小学教书,小儿子42岁,在县城工作,均未婚,两个女儿结婚后也陆续去了县城。周爷爷两夫妻早年在村里放牛、种田,攒的钱大多用于帮助两个儿子在县城买房,不放牛之后,主要在村里种田。

他们夫妻两人去年种了10亩田,产量1200~1300斤/亩,除了留下两夫妻和两个儿子的口粮、喂养鸡的饲料,以及送两个女儿家的几袋米,还能余下10000斤左右的稻谷。去年干谷1.1~1.2元/斤,家里卖谷总收入约为11000~12000元,除去种田的成本约600元/亩,加上地力补贴112元/亩,净收入为6120~7120元。

此外,两位老人还有几项收入。一是子女的孝敬,平时节假日,端午、中秋和过年三节,大儿子和小女儿手头宽裕时便会给300~400元,手头不宽裕便过年时给一次,每年总计约1200~3000元。二是家族小辈过年送礼,大约1000~2000元,以前小辈会送年货,近些年大多是给200~300元左右的红包。三是农村养老金,周爷爷和妻子年满70,村里老人享有满60周岁每人每年2016元,满80周岁每人每年3216元的补贴,所以他们两人加起来每年可以领取4032元。

唐奶奶今年65岁,丈夫62岁,育有两儿一女,都在县城工作。大儿子和二女儿已成婚,各育有两个子女。大儿子家的小孩目前在读幼儿园,花费高,儿媳在家带孩子,家庭经济压力大,工资不够自己用;小儿子从传销点出来后精神异常,因此两个儿子都还需要他们补贴。此前,两夫妻为了帮助大儿子结婚、买房,几乎花光了所有积蓄。其中,婚房100万,彩礼12.8万,他们共支持大儿子近25万,其中10万借自亲戚,如今还欠着5万。

为了多赚些钱,唐奶奶丈夫托关系在县城商场当保安,工资为3500元/月,日常开销800元/月,包括租房300元/月,伙食、水电、煤气、电话流量费等500元/月。唐奶奶在家种了3~4亩田,农忙时帮人插秧300元/天,农闲时去县里工地做小工或去商场做短期洗碗工、保洁员,工资1000~3000元/月。唐奶奶家种田基本供应给家里人吃,包括两夫妻口粮、大儿子一家口粮、小儿子口粮,再送几袋给大女儿,没有多余的稻谷出售。去年，两夫妻外出务工收入，包括唐奶奶丈夫42000元/年和唐奶奶6000元/半年～18000元/半年，共计4.8万元～6.6万元，除去两人在外务工的支出1.5万元左右，净收入约为3.3万元/年～5.1万元/年。

此外，与周爷爷家类似，他们还有其他收入项。一是子女孝敬，唐奶奶家两个儿子都处于需要父母帮助的状况，平时只有过年大儿子和二女儿会给300元，唐奶奶赏大儿子和二女儿家共四个小孩各100元作为压岁钱，余下200元。二是其他家族小辈送礼，由于家族人不多，来往的小辈少，来了小孩要赏小孩红包，过年余下约600元/年～1000元/年。三是农村养老金，两夫妻都满了60岁，总共可以领4032元/年的农村养老金。

综上，周爷爷两夫妻总收入约为1.36万元/年～1.46万元/年，唐奶奶两夫妻收入约为3.78万元/年～5.58万元/年。

从周爷爷和唐奶奶的例子，我们基本可以归纳出农村老年人的收入来源，主要包括种田收入、工资性收入（工业与农业零工）、子女年节孝敬、过年小辈送礼、农村养老金等收入。

从访谈的对象来看，农村老年人收入来源多样，主要是以农业收入为主，尤其是常住在村里的老年人，他们养老收入主要是与土地结合的农业生产。

二、农村养老与老年农业

城市职工老年退休后，大多从生产劳动中退出，转向家庭劳动和休闲生活，农村老年人为何会继续参与农业生产劳动？这个问题关系到两个重要因素，农业生产和家庭合作。

其一，农业生产的经济价值和情感价值，发挥着重要的养老保障功能。

农村老年人和城市老年人不同，他们大多没有城市职工退休金，主要依靠家庭养老。"60后""70后"的子代家庭普遍处于城镇化进程中，他们进城买房、组建家庭和城市生活等方面的支出，比如房子首付、养育孩子等，有时还需要父母帮助，家庭发展压力大。

出于减轻子代经济压力，为子代家庭提供口粮等考虑，还能参与农业劳动的老年人大多会种些田，解决老两口和子代家庭所需口粮，满足基本

养老需求,帮助子代家庭。"身体好的自己照顾自己,种点田,减轻子女负担。""留口粮,一方面是老人口粮,一方面是给子女家。"有的老年人体力好,还会承包土地耕作获得经济性收入,"不用向子女伸手要钱,能做得动就做,做不动了再说"。不论从农业生产中获得的口粮还是卖谷的经济性收入,都是老年人从事农业生产获得的经济收益。

不想成为子女负担的心理,还反映着农业生产的情感功能。

一是从农业劳动中获得自身存在的价值。在中国"家本位"的传统下,农民对自身价值的认定并不是以个人为单位,而是以家庭为单位,从自己对家庭是否有价值的角度来做判定。农村老年人通过农业生产劳动获得口粮和经济收入,不仅养活了自己,还可以帮助子女,为他们提供口粮,是家庭的生产者而不是纯粹的消费者。他们在农业生产与分配过程中,可以从中获得和强化自身存在的价值感,"不是子女的负担"。若无法进行劳动,他们可能会不断消解自身价值感,加深"老了老了,不如早点死"的无意义感。

二是从农业生产中满足社交情感需求,避免社会性死亡。老年人从事农业生产大多是在本村,因此身处于熟人社会之中。生产前,有能力的老年农民在承包村民的田地的过程中,通过商量田地租金和交租保持互动;生产中,他们在田间地头的合作中促进交流,比如讨论哪种农药和种子品质更好;生产后,在给亲家送米或朋友向他们买米的过程中,增进亲友间的来往。总之,农村老年人在农业生产的全过程保持着与他人的交往互动,这反映着他们能够通过农业劳动,获得社会交往机会和社会资本。

三是在农业生产中增进代际互动和代际情感支持。在坪上,农村老年人从事农业生产大多被称为"管田",即种田主体是儿子,老年人帮儿子"管田"。坪上里常驻100多位60岁及以上年龄的老年人,能种田的老年人中,仅有2~3户是由自己独立完成农业生产活动,大多是中年人也即他们的儿子在村里种田,老年人帮忙"管田"。

在坪上的农业生产中,为何老年人得以成为"管田"人呢?该现象主要与几个方面有关,一是坪上大多数的田都是本村人在种,没有外包给大户,仅在本村人内部流转,给了本村中年人适度规模化种植,从农业中获利的机会。二是坪上距离县城车程1.5小时,来回距离不算太远。三是坪上规模化种植的中年人大多在县城从事非正式工作,比如工地工人、装修工人、水电安装工人等,他们的工作时间灵活,可以在农忙时回村劳作。四是这些中年人的父母住在村里,可以帮他们进行日常性的田间管理,看看病虫害、打打药等。综合上述原因,村里中年人得以实现以务工为主业、种田为副业的就业选择。"他们主业是务工,副业是种田",在村老年人便成为"管田"人。

虽然坪上老年人被称为"管田"人,但实际生产活动中他们依旧是农业生产的劳动力,也会与儿子一同参与到农业生产劳动中。

以坪上陶爷爷家种田情况为例,陶爷爷的儿子在村里种了30亩田,前几年基本由陶爷爷生产和"管田",比如撒播、打农药、排水等。在体力跟不上、干不了的农活或紧急状况下,他才会打电话给儿子,喊儿子回来帮忙。在此期间,回来干农活的儿子与父母一起同吃同住同生产,结束农活后再返回县城。2021年,陶爷爷腿部做了手术不便做重活,他的儿子也考虑到父亲身体不佳,以及自身在县城忙于工作等原因,只种了自家的10亩田,平时由陶爷爷"管田"。收获时留下一家人的口粮后,剩下的卖出并挣得7000~8000元。

坪上老年人在"管田"过程中,不论是完全抑或部分参与到田地劳作和日常管理中,重要的是得以不断与子代产生交集和互动。一方面,在村生活和生产的老年人帮儿子"管田",为儿子获得农业收入提供劳动支持。另一方面,种田的儿子得以时常回村里看望、陪伴老人,在互动中满足老年人的情感需求。在此过程中,两代人也在某种程度上体验了完整的家庭生活。

其二,农民家庭城镇化是老年农业存在的动力。以坪上陶爷爷家为例,年龄较大的陶爷爷和妻子通过在村里帮儿子"管田"获取农业收入,儿子一家进城务工获取务工收入,共同提高家庭整体收入水平。为何陶爷爷老了之后还种田呢?主要原因是在城镇化进程中,他的儿子无法靠自己的积蓄在县城买房,需要家庭予以经济支持。为了托举子代家庭进城,两代人形成了以农业劳动保障口粮和获取农业收入,以务工劳动获取工商业收入的家庭分工合作。"儿女在外面打工养家负担重,种田可以补贴子女。"可以说,子代家庭城镇化需求是推动农村老年人参与农业生产,维系"半工半耕"家庭合作模式的重要动力之一。

综上,农村老年人持续参与农业劳动生产,与农业生产附着的经济价值

和情感价值,以及农民家庭城镇化进程中的家庭分工有着密切联系。

三、老年农业的现实基础

农村老年人出于农业生产价值和家庭养老压力,具有从事农业生产的动力,老年农业或将在很长一段时间都存在。那么,为何老年人能够在农村从事农业劳动,为自己的养老提供基本保障?即农村老年人依靠农业养老的现实基础是什么?

其一,农村老年人掌握着满足基本生存需要的土地生产资料。在家庭联产承包责任制下,农民掌握着土地生产资料,分到的田地不足以致富,但可以通过耕作提供家庭所需的基本口粮。以周爷爷为例,家里分到了10亩田,去年卖谷净收入6000~7000元,虽赚得不多,但种的田不仅提供了他与妻子的口粮,还为子女家提供了粮食。

其二,农业机械化发展,为农村老年人的耕种解放双手,延长了农村老年人的农业从业期。过去,从事农业耕种是重体力活,特别是窜田、插秧和收割等生产环节尤其需要种植者的体力。相较于年轻人,农村老年人的体力或许较差,因而退出了农业种植。但随着我国农业现代化的发展,农业机械化得以普及,窜田机、收割机、电灌电排、无人机撒药等使得农民从重体力活中解放出来,从事农业的人群的年龄范围和种植规模都得以扩大。

在集体生产时期,老年人不参与赚公分,而现在55~75岁的农民是农业的主力军,甚至一人耕种着50亩以上的田。笔者访谈的梅山高家的高爷爷67岁,出于为儿子攒彩礼和买房的压力,去年种了72亩田,还在村道开了一家摩托车修理店。高爷爷家主要采取机械化+人工的策略,窜田、收割、打药请机器,撒播、插秧等雇工,剩下的自己干,平时主要看看田,管好病虫害。

综上,农村老年人不仅掌握着土地生产资料,还能通过机械化延长农业劳动年龄。"老人家在家里会种点田,60~70岁算得上是'年轻人',80岁基本种不了田。"由此我们可以大致判断,60~80岁从事农业劳动生产的老年人,能够在农村通过自身农业劳动满足基本温饱需求。农村年龄太大或者身体不佳无法从事农业劳动,甚至无法自理的老年人,则一般由家庭照顾。

四、老年农业的"新愁"

老年人通过农业劳动可以满足自身养老需求，为家庭增收。但笔者调研发现，当前的老年农业也面临着新的"忧愁"，主要与土地流转有关。

陶爷爷所在的坪上与周爷爷所在的官塘周家，都在2020—2023年完成了园田化改造，但两村的土地流转状况并不相同。

坪上村户籍人口1000人，常住人口200人，60岁及以上的100人，50岁在村种田的有50~60户。村里的田地主要存在两种情况。一是大多数村民耕种自己的田，没有流转外包。二是外出务工不种田的人家会把田地让给亲戚或者本村人种，若后面想自己种可以拿回，因此田地主要在本村范围进行内部流转。

官塘周家村户籍人口400人，常住人口40人，60~70岁占常住人口的一半，80岁及以上8人。村里的田地也主要存在两种情况。一是完成园田化的田地承包给大户，多的会承包500亩，价格为一亩500元/年，每年一租。二是非田园化的100~200亩，这部分是与其他村交界还未进行园田化的田，由村里老人种。

两个村的土地流转，反映出不同的土地集中情况。坪上的土地主要集中于本村人手中，包括本村的中农和小农，"自己种自己的田""本村内流转土地"。官塘周家土地主要集中于少数大包户手中，"余下的给村里老年人种"。

当前，农村人口大量外流，在人少地多的情况下，农业有了获利空间。在此境况下，两种不同的土地集中状况，对农民会有什么影响？尤其是对老年农民有何影响？

土地没有外包给大包户，意味着什么？

其一，本村农民有更多机会通过土地流转实现适度规模化种植，从农业中获利。"种15亩才能赚点钱""去年种的72亩，赚了80000元"，给农民留出了在村经营和返村就业的经济空间和机会。但2021年以来，出于不少村民自耕、村集体土地总量有限、虾稻连作承包30~50亩田地的村民增多等原因，坪上土地流转的空间近乎饱和。

以坪上的林大爷为例，林大爷今年56岁，常年在县里工地做木工，考虑到自身体力以及工地做工年龄不得超过60岁的规定,林大爷去年打算转业。近几年,村里有村民养虾赚了钱,陆续扩大承包土地的面积,一般在30～80亩左右。根据从村里亲戚那里了解到的情况,本村土地基本被"包圆了",能流转的不多,或者过于分散。而养虾流转土地是有讲究的,在没有亲戚和熟人的村庄,养的虾可能会被捞走,这无形中抬高了日常看管成本。为此,林大爷向其他亲戚所在的村庄打听当地田地流转情况。

其二,本村老年人有地可种,掌握土地经营的主动权。以官塘周家的周爷爷和坪上陶爷爷为例。官塘周家的周爷爷去年种了十亩田,在大包户新一轮的承包下,他今年余下九分还没有园田化的田地,另外的九亩一分地包给了大包户,一年田租收入4950元,加上十亩田的地力补贴1120元/年,共收入6070元/年。相比于自种十亩田的净收入6120～7120元,相差并不算太大。而且,每年有田租比"看天吃饭"种田收入更为稳定。

坪上陶爷爷去年腿部做了手术,不能做太重的活,无法亲力亲为参与太多的农业劳动,但平时还可以帮儿子管理十亩田。这不仅满足了夫妻两人和儿子一家共六口人的基本口粮,还可以卖谷补贴家用。

两个例子的不同之处,主要体现在土地承包经营状况,周爷爷家自耕比重小,外包占比高,而陶爷爷自耕比重高,外包占比缩减。

从经济收入和劳动投入来看,周爷爷家外包土地是理性选择,外包和自耕的土地收入相差不大,且外包收入更为稳定。但也要看到大户流转的另外一面,周爷爷家似乎是主动选择外包土地,但实际上他将土地外包后,所种植的剩余的九分田,是无法外包出去的边缘地界的田地。"和隔壁村交界的100～200亩地,还没有搞园田化,给老年人自己种。"村里的老年人只能耕种与其他村交界的边缘地带零碎田地。

展开而言,小户的边缘化以以下形式发生:一是生产空间边缘化,村里老人生产空间集中于两村交界线,一般是村庄的边缘地带。二是农田基础设施边缘化,"大家都想搞园田化,园田化后修路,有沟有路",村里老人在种的是还未进行园田化改造的田,属于农田基础设施覆盖范围之外。三是农业利益获取边缘化,村里大量土地外包给大包户,村民自己在本村进行适度规模化种植,从农业经营中获利的空间小。四是行政注意力的边缘化,大包户承包了大块村集体土地,更易受到政府农业补贴政策的关注。

相对而言，坪上陶爷爷虽然因不便做重活而缩减了种田总量，但自家田还是由自家种，即便是流转给本村人，想种的时候还可以拿回来。陶爷爷家对土地资源的使用更为灵活，这与其土地在村民家庭之间流动，而不是由村委统一外包给大户有关。前者体现出农民家庭对土地经营的主导权，可以自主决定流转和收回。

此外，从老年人情感需求满足方面，可以进一步理解土地流转给老年人带来的影响。即土地外包给大户，对老年人意味着什么？

首先，农业劳动带来的家庭情感互动减少。坪上周爷爷从十亩田，缩减到九分田的种植，意味着他种的田仅能满足老两口的口粮，无暇顾及儿子，更谈不上送几袋米给女儿家。虽然周爷爷可以通过货币补贴儿子家，但对于女儿，一般不会给予货币补贴。

而且粮食作为一种实物，老年人通过它感受子女和孙辈享用自己劳动成果的喜悦，子代通过它给予老年人反馈，如"还是家里的米好吃""明年种×××米，听说那个米好吃"等，"大米"成为家庭情感流动的载体。

其次，因农业劳动带来的自我价值感消解。在"家本位"的传统下，农村老年人原本通过农业劳动补贴家庭，与子代形成"半工半耕"的家庭生计模式。但田地被流转后，土地不再通过老年人的劳动变现，而是通过租金的方式变现。这改变了老年人在家庭生计模式中的角色，使得他们不再是家庭收入的辅助者，而仅仅是家庭养老的自助者，这在一定程度上消解了老年人的自我价值感，对体力相对不错的老年人而言影响尤其大。

土地变现方式的变化也带来了新的家庭矛盾。田地是以家户为单位的，老年人在村里种自家田，保障老两口和儿子一家口粮，是农村家庭的常态，儿子一家也清楚知道土地收益需要父辈的劳动付出。但当土地不再通过老年人耕种转为粮食和部分收入，而是直接以地租的形式变现时，土地收益和老年人的劳动脱钩了，其中的租金收入该如何分配？这往往会成为家庭矛盾的争论点，尤其当家里同时有几个儿子时。

以坪上林大爷家为例，林大爷年轻时和妻子到县城务工，稳定之后带着弟弟在县城做木工。后来，弟弟的两个儿子到县城读书需要有人照顾，林大爷的父母就搬到弟弟家照顾两个孙子，家里共十亩的田地也就租给村里人，每隔几年重新定价。两位老人在村里自己耕种田地的时候，林大爷的媳妇并

没意见,但他们都搬来县城,并把田地流转出去后,几年下来的钱去了哪里?是老两口自己用了还是补贴给二儿子了?田租定价能不能提高?这些问题成了林大爷的媳妇和母亲争论不休的话题。

综上,老年农业的"忧愁",一是老年农业被边缘化,其中原因,既有我国农业政策对大户支持相对较多,老年农业面临被边缘化的风险,也有农业租金推动着农民期许租金而非劳动所得。二是老年农业功能弱化,主要与老年人可种地减少以及土地收益租金化有关,老年人可种地的减少影响了他们为子代家庭供给口粮,弱化了自身劳动价值获得感,农村土地收益租金化影响了收益的分配,带来了新的家庭矛盾。

五、总结与反思

到老家观察了解农村老年人的真实生活状况之前,我过往主要通过对比城市职工老年人的养老来理解农村老年人的养老。但对比之下,农村老年人养老显得到处都是问题,比如由于子女大多在外务工,农村老年人很多是空巢老人,因此缺乏日常生活的陪伴和照料。他们也缺乏养老经济保障,六七十岁还要在田间劳作。他们的精神文化需求难以满足,平时没什么文化娱乐活动,主要是打打牌、聊聊天,等等。

回到老家,与在村里住的爷爷奶奶、伯伯大妈,以及去县城照顾孙辈的农村老年人交谈,观察他们养老的日常生活后,我开始思考:农村老年人的养老真的都是问题吗?在农村,究竟什么是真的养老问题?

回答这个问题之前,笔者想从自己的日常观察和交谈中,尽可能描绘所见所闻的农村老年人养老生活样态。

其一,过年的热闹,是农村老年人享有完整家庭生活体验的重要时刻。从农历腊月二十八、二十九开始,直到元宵,是农村一年中最热闹的时刻,外出务工的子女回来过年,一家人团聚在一起,亲友之间相互走动。虽然一年只有一次大团聚,但有老年人在村的家庭基本都会回来,或者接老年人去县城过年,在过年期间,农村老年人能享有完整的家庭生活体验。

其二,农忙与农闲,是农村老年人安排生活的节奏。"有事可干"是农村老年人常提及的会种田的原因之一,在家里老两口能种田就种点田,有事可干，打发打发时间。他们围绕农业劳作这条主线来安排自己的生活，农忙时间劳作2～3个月，农闲了打点零工、喂喂鸡，种点甘蔗、西瓜、油菜花、花生，打理打理菜园。他们忙忙碌碌，有节奏地生产与生活着。

其三，生活自在，是农村老年人留在农村的动力。在农村居住自在，房子一般有庭院，生活空间宽敞，且大多老年人住在一楼，不用上下楼。在农村行动自由，房前屋后种树养鸡鸭，菜园种点菜，有闲了"装笼子"抓黄鳝、泥鳅，自己做着自己的事。在农村时间自由，日出而作日落而歇，家里大多没有装钟表，偶尔才能听见整点敲响的老式钟盒发出声响。

其四，日子舒服，是农村老年人养老的精神追求。坪上老年人不会跳舞、唱歌，大多只是打牌聊天，消遣度日。这是他们青壮年时期就有的娱乐习惯，他们在村庄、在熟悉的环境中，面对着熟悉的人，聚在一起做着熟悉的事，聊着各自的儿女。他们娱乐的场域则是村口的小卖部或祠堂前院的老年活动中心，大家可以一起看看电视、聊天、打牌。他们能够自理的时期，日子过得不算太难。

其五，小病能医，是农村老年人养老的医疗保障。在官塘周家，老年人身体不舒服时大多会打电话给名为"南佬"的赤脚医生。南佬主要负责官塘周家和隔壁几条村，从15岁开始跟着舅舅学医，此后40年一直为村民治病。村里老年人如患的不是重病，大多会先找他医治，村里人也都很熟悉、信任他。老年人看病后如果一时拿不出钱，可以赊账，每次医治之后，南佬会在墙上用铅笔记下当日费用，等老人有钱了或者儿子回来了再给。农村老年人大多有落叶归根的传统，临终的老年人大多会回到村里，由子女轮流照顾，直到逝去。在这段时间里，南佬会提供医治服务，比如开止疼药、打针清淤痰、缓解胸口闷喘不上气等，也会向照顾的子女提供照料嘱咐，比如老年人嘴里经常没味道，可以在他们喝的水里加点冰糖等等。每几个村还会配1～2个吸氧机和氧气罐，在老人临终前由家属租用，这提供了老年人在老家落叶归根的基础性医疗设施保障。

其六，村口小卖部和流动小贩，是老年人日常生活需求的供给者。在笔者小时候，镇街上会有集市，后来镇街规整为一家家店铺，集市便消失了。老年人平常用的盐、酱、醋大多在村口小卖部购买，也很少去镇街，他们偶尔会搭车去隔壁镇赶集，卖点鸡鸭，换点肉吃。老年人养鸡鸭的种苗主要

由流动摊贩拉到村里售卖。卖种苗的摊贩，骑着电动三轮车，拉一车鸡鸭苗到各个村转一圈，在村庄相对中心的位置停车，大喇叭一喊，村里人一围，消息就传开了，买种苗的人家纷纷过来商量价格和需要的种苗数量。除了鸡鸭苗，还会有卖鱼的。鱼贩子用开着摩托车，后座架着两个筐，筐里装鱼，边走边叫卖。买鱼一般也有讲究，坪上靠近鄱阳湖，在禁渔期拉出来卖的大多是家养的鱼，老年人瞧不上，过了鄱阳湖禁渔期，有的小贩会拉些野生鱼卖，那时候买的人就多。

总之，农村老年人的养老日子并不算太差。那么，在农村老龄化的境况下，究竟为何需要关注的农村养老问题？

首先，在农业生产方面，田越来越难种。一方面是生产资料涨价，种田的爷爷伯伯反映种一亩田的成本高，且化肥、种子、农药、人工等都在涨价。以种子为例，杂交种子40~50元/斤，不能留种，一年买一次，一亩田要抛五斤，约200元的种子，也有常规种子，可以留种，20~30元/斤，但产量比杂交种子差很多，杂交种子产1000斤/亩，常规种子大约800斤/亩。为了产量，农民基本每年都要重新购买贵的杂交种子。除了种子，化肥、农药、人工的涨价更令农民头疼。

农村种植结构的变化也可以侧面印证这一点。笔者在村读书时，村里人大多会种双季稻，7—8月是大家最忙的时候，俗称"双抢"，既要抢收早稻，又要种晚稻，田地里都是忙碌的人，现在村里人大多只种一季水稻。

> 种两季不行，田里的耙子草打药打不死，影响产量。种两季稻成本高，肥料要的多，收谷种苗时间赶，产量又低。
>
> 两季成本高，机耕费、化肥农药成本高，产量多不到多少，成本翻倍，种两季双抢的时候高温天，请人插秧300元/亩，工资给低了不会给你干，一袋谷请不到一个人。

总之，如今农业投入的生产成本高，农民为了控制成本，改变了种植结构，改种一季。

另一方面，农民可能面临无地可种的困境。在着力推动规模化种植的土地流转的态势下，老年人能够耕种的田地的数量不断减少。在官塘周家的周爷爷案例中，原本他自耕家里的十亩田，在土地流转后，只余下两村交界处的九分田自耕，呈现出老年农业边缘化的趋势。

其次，在养老服务方面，主要涉及高龄失能老人和中低龄老年人的养老问题。一是高龄、失能老人的家庭照料压力大，一般80岁及以上的高龄老年人身体机能下降，自我照顾的能力相对弱化，独居在家的风险大，一般不再参与农业劳作，由子女供养。在官塘周家，80岁及以上的老年人在村，主要由儿媳或儿子照顾，平时在附近务农或打零工，如果儿子们都在县城，就搬去县城由几个儿子轮养，本地话称为"吃人宗"，家里有两个儿子就一家待半年，家里四个儿子便一家待三个月。

官塘周家水爷爷69岁，平时与家里两位90岁老人一起住在村里，一边务农一边照顾两位老人，尤其是家里有一位无法自理的老年人，需要每日为他翻身、按摩等。水爷爷为了照顾家里老人，与老伴两地分居，老伴在县城帮忙带孙子孙女，过年的时候才回来。水爷爷种了7~9亩田，平时给附近盖房子的安装水电，才能基本抵消家里三口人的日常开销，日常照料和供养的压力大。

官塘周家福的奶奶89岁，有四个儿子、一个女儿，85岁之前都在农村，经历了两年左右的独居生活后，体力跟不上，子女将她接到县城轮流照顾。但由于福奶奶早些年与儿媳们的关系紧张，接到县城轮流照顾后，日子并不舒坦。几个儿子在市场做生意，早出晚归，家里常常没有人，因此福奶奶通常都待在自己的房间里，午饭泡点东西吃，"像在坐牢"。四个儿子都忙着自家的事，能腾出来照顾老年人的人手并不充足，包括供老年人居住的空间。例如，福奶奶的四儿子一家四口住在一起，两室一厅的房子不够住，只能腾出阳台的空间放了一张床给福奶奶睡。窄小的空间、忙碌的照顾者、家庭矛盾等问题集中在一起，这让老年人一次次表示想回到老家。但儿子们都在县城住，无暇回村照顾她，以至高龄老人没法"回家"。

从这两个例子来看，不论是因为农村养老留下来的水爷爷，还是想要回到老家的福奶奶，都反映出一个事实——农村高龄、失能老年人的养老给农村家庭带来不小的压力，包括经济压力和照料压力。

二是中低龄老年人的农闲时间如何度过？中低龄能够从事农业种养殖的老年人，大多在村里自给自足，他们面临的主要难题是农闲时间如何度过。

现在他们大多种一季水稻,农忙2~3个月,余下的几个月都是农闲时间。有的低龄老年人会选择打零工,比如官塘周家的唐奶奶,在农闲的时候做农业零工或去县城打零工。年龄大些的70~80岁的老年人,农闲时会选择种菜、种甘蔗、种花生,以及打打牌、听听戏,去儿子家走动走动,闲暇的时间更多。除了打牌、聊天等小范围的娱乐社交活动,以及在村里办的红白事,村里比较少有集体性的文化娱乐活动。

综上,笔者认为,想让农村老年人过上"好日子",不仅需要在农业政策方面给予关注,还要关注到农村养老服务供给的组织化,包括对高龄、失能老人照料的组织化和集体文化活动的组织化,比如村社养老和老人协会等组织形式,将农村老年人组织起来,体面、舒服地过日子。

白云村的养老日志

◇ 李桐(社会学与人类学学院2021级本科生)

大年初二这天,我回到了外婆居住的村子——云南省红河哈尼族彝族自治州建水县岔科镇白云村。时值春节,村子比我暑假回村时更热闹,在外打工的中青年基本都回了村,村道上来往的车辆多了不少,往常寂静的夜晚也被烟花点燃。在这样热闹祥和的氛围下,我却听说了这样一个故事:

> 那下面有一家人,他爹死了,他就拿个碗、拿个草席包着,拿(抬)出去,去到那里埋在里面。他儿子就跟他说:"阿爹,那个草席要拿回家去。"他爹问:"拿回家去干什么?""拿回去包你。"他爹这样对他爷,拿个草席包,他就说把草席拿回来,二日(日后)包他爹。

这个故事不知真假,但给这个春节添上了几分萧瑟。白云村人最信因果报应,尤其是老一辈人,他们相信一个人怎么对待自己的父母,以后也会被自己的孩子以同样的方式对待。老人们如此叙述这个道理:

> 人人都有这样的幻想,觉得现在还年轻……但每个人都要走这一步(去世),只盼着早一点迟一点,但是你这个是红口袋、麻口袋,一袋(代)交给一袋(代)。

老人们讲的道理久久萦绕在我的脑海中。那么白云村这些年轻时辛勤劳作的人们步入老年后是否如愿安享晚年?这次回乡,为了调研便利,我居住

在邻居石阿婆家中。此次近十天的调研中我跟随石阿婆的脚步，除了观察她的每日起居外，也透过她与家人、邻里以及其他村民的交往，对白云村的养老日常进行描述。

【时间：中午12点】

【地点：石阿婆家】

我们一直聊到午饭时候，但和往常不同的是，石阿婆没有和同住的儿子阿勇一家吃饭，而是去隔壁大儿子阿正家吃饭，因为从这个月开始的上半年，石阿婆都由大儿子阿正赡养。

石阿婆有两个儿子，阿正和阿勇，自2023年初石阿婆的丈夫去世后，石阿婆就从老房搬进了阿勇家里。但居住在谁家不代表谁就负责赡养，阿正和阿勇商量过后，决定每家养半年。阿正家负责上半年，阿勇家负责下半年，该谁家养时石阿婆就在谁家吃饭。但这又带来了新的问题：在阿正家中，阿正和他的小儿子在外打工，大儿子在城里工作，阿正的老婆在城里帮大儿子照顾孩子；而在阿勇家，情况类似，阿勇、阿勇的老婆、阿勇儿子和儿媳等人均在厦门打工，唯一留在村里的阿勇的小女儿平时在蓝莓基地里工作，也很难照顾石阿婆。

2023年上半年，石阿婆归阿正一家"养"的时段，阿正一家没有人能够回村给石阿婆做饭，所以他们以"给石阿婆买菜钱"的方法"养"石阿婆。下半年，石阿婆由阿勇一家"养"的时段，阿勇的老婆阿花带着两个孙女一起回到了白云村，每天做饭、做家务并服侍石阿婆，同时照顾两个孙女。2024年春节，石阿婆家在外打工的儿女和孙辈都回村过节，阿勇一家也完成了半年的"扶养"义务，"煮饭重任"又交接给阿正一家，这也是石阿婆去阿正家吃饭的原因。

石阿婆的大儿子阿正今年已60岁，这次春节回家，他辞去了在上海的保安工作，打算留在本地，对此阿正的大儿子石靖解释道：

（爸爸已经）到了一定的年纪，现在干保安都要熬夜，有时候我们也担心他年纪大了去上夜班会把身体拖垮。而且常年外出，这个家里面什么都丢下了，奶奶也上了年纪，还是回来比较好点。

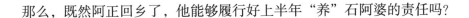

那么,既然阿正回乡了,他能够履行好上半年"养"石阿婆的责任吗?

【时间:下午2点】
【地点:白云小学门口】

白云小学门口是村里的一个公共活动区域,设有长椅和石桌石凳,每天午饭后晚饭前,这里便挤满了打牌、聊天的老年人,想要对白云村的养老问题进行调研,这个公共空间是一个绝佳的田野点。

带我"进入田野"的还是石阿婆的儿子阿勇叔,他跟几个在打牌的熟人介绍了我并说明了我来调研养老问题的意图后,在场几个爷爷叔叔就纷纷推荐杨老表接受访谈,说他关心老人,把自己的母亲赡养得很好。

杨老表也年过耳顺,已经领了四个月养老金,家中近90岁的老母亲的日常起居由他照料,但是"养"其实由他和其他几个兄弟姐妹一起进行。杨老表在家里排行第二,上有一个哥哥,下有四个弟弟妹妹,除了他和最小的妹妹外,其他兄弟姐妹都在城里工作。由于小妹出嫁到其他村,因此照顾老妈的责任落在了他身上。不过,在家里的土地流转出去后,情况发生了改变。

> 原本是我一个人养,后来田地租出去了,他们就说要来分这些田地钱,我说可以,那就大家出钱养老人。……我大嫂没养(妈妈)了,我大哥去世后她说不该由她养,我说可以,那这些田地钱就不分给你了。她说可以,她要出的那份养老钱就由我出……每个人(要出)700块一年,他们(其他兄弟姐妹)四个人斗(凑)2800块,我是占着两个人的,我出两份,六个人4200块。

杨家兄弟姐妹几人每人每年可分到地租钱3961元,平均每月300多元,同时每个人每月需要拿出700元作为老人的赡养费,"退出赡养"的子女则无法分到地租钱,母亲百年之后也无法继承相应的土地。对应的,多出来的土地被分给其他子女,比如杨老表一人是占有自己和大哥名下的总共两份土地,同时每月拿出1400元赡养费。

作为家中养老的"总指挥",杨老表规定每个月5号前兄弟姐妹要把赡养费发给他,"5号那天我的手机就要'叮'地响,不能推后"。

两年前，杨老表的母亲摔坏了腿，在医院住了40多天，也因此花光了老母亲攒的钱。杨老表便决定地租钱暂时不再分配，而是存起来作为母亲的医疗用款。

杨老表和家人们建立起一套养老体系，兄弟姐妹间"权责分明"，分工明晰，共同养老，并促进了兄弟姐妹间的团结。

> 我们兄弟姐妹几人都很团结……我父亲14岁就去世了，我妈那个时候养我们姊妹六个，难为她……她只要去医院，我都会带着手机，先垫着钱……老人一送进医院去了，在那天24个小时之内姊姊妹妹必须全部到场，来商量要送昆明的医院还是怎么办。

杨老表是一个大嗓门且面带笑容的人。我们聊到一半，他突然对着我背后喊："你看，又要跑了！"杨老表的母亲自从得了脑梗之后便忘记了自己的子女和其他人，每天杨老表带她来打牌处玩，都要留心母亲是否自己走掉，是否找不到回家的路。杨老表走上前问母亲是否要回家，然后就扶着母亲回家煮饭了。如此我便结束了访谈，目送母子二人走远。

【时间：凌晨5点】
【地点：阿勇家】

春节假期近尾声，2月16日凌晨5点，阿勇家也准备踏上回厦门打工的路途。今年是阿勇和老婆阿花在厦门打工的第11个年头。2013年，当时阿勇家刚把现在居住的二层小楼建起，彼时还负担着两个孩子石真和石明的学费和生活费，所以夫妻二人毅然决然外出打工。阿勇的大儿子石真2017年厨师学校毕业后也到了厦门打工，在厦门认识云南罗平的女孩刘蕊，并在2020年初结婚，育有两个女儿。

阿勇今年53岁，他打算再工作四年，交够社保，就回到白云村养老。他在厦门的一家跑步机厂工作，一个月工资6000～7000元。在厦门，阿勇下班的娱乐活动不多，但喜欢打麻将，家里人则劝他少打，应该趁现在还能工作时攒下养老钱。阿勇不以为然，觉得自己花销并不大，而且认为应该享受当下，当家人用的是一两千元的手机时，他用的是则是三四千元的。阿勇的老婆阿花曾和阿勇在同一个工厂上班，但自从第一个孙女出生后，她就辞去工作在家里照顾孙辈。还在厂里工作时，阿花也缴纳了社保，但在辞职之后就停止缴纳了……

在厦门时，阿花的主要工作是照顾两个孙女，同时做家务、做饭。2023年下半年轮到阿勇一家"养"石阿婆时，家里的三个劳动力（阿勇和石真夫妇三人）留在厦门继续"生产"，阿花则带着两个孙女回到白云村完成"再生产"工作。要兼顾"养"石阿婆和照顾孙女两个任务并不容易，阿花在这短短半年时间就瘦了十多斤。春节期间，阿勇和石真夫妇回到白云村的短短几天时间，照顾孩子的工作还是几乎都由阿花完成，就连晚上睡觉也还是阿花带着两个孙女一起睡。

大年初四这天下午，我到石阿婆家里打算找阿勇带我去村里找访谈对象，但只看到阿花一个人在院子里洗衣服，她告诉我石真夫妇在睡午觉，阿勇在对门的邻居家里。此时阿勇正在邻居家里打麻将，我到的时候几个人玩得不亦乐乎，只听阿勇说"要他们再生一个"。原来阿勇还想让石真夫妇生第三个孩子。可是家里再多一个孩子，谁来照顾呢？

而且，石真夫妇的经济压力并不小，除了正在长大的两个女儿的学费外，今年年初夫妇俩购入了一辆七座的面包车，因此背上了十万元的贷款。而且，石真的小家安在哪里还是个待解决的问题。目前，石真在厦门送外卖，妻子刘蕊在肉厂上班，两人没考虑过在厦门安家，但回乡安家又有两个选择——是在村里建房还是去县城买房。石真的姑姑海燕，也即阿勇的妹妹建议石真在县城买房，如此他的孩子就可以在县城上学，享受较村里更好的教育资源，因此建议阿勇攒下钱帮石真付个首付。

不管怎样，阿勇一家结束了春节假期，也完成了去年半年的"扶养"义务，一家人——阿勇、阿花、石真、刘蕊和两个小女孩，带着后备厢里满满的行李特产，在夜色中启程自驾回厦门。

【时间：早上9点】

【地点：阿正家】

石阿婆的大儿子阿正为了找份本地的工作，也在早晨和儿子石靖离开白云村去县城里了。阿正在2019年到上海打工，那时他55岁，大儿子结婚花费

了很多钱，为此他几乎向亲戚朋友借了个遍，自家的土地也流转了出去，自己种不了东西，而本地的工作阿正又"不喜欢"。阿正说：

> 我都是没有办法，因为这边的工作工资低又辛苦，好点的工作都要靠关系，没关系你连好点的工作都找不到，那我就想着去远点，不受别人的控制，不然在这里，受人家的气，工资还低。所以我就说要出去干去，去闯闯才有机会。本来他们介绍说农场那里有个加工厂，寨子里面有好多（人）都在那里（工作）。去了之后发现噪音又大，我说这种（工作）我不能干。

在上海的那五年，他做过物流押运、建筑工人、保安等工作，异常辛苦劳身，但总算将之前的债务还得差不多。如今回村，60岁的阿正仍不肯"退休养老"，因为小儿子石景还没有"结婚成家"。

> 问：小儿子今年几岁了？
> 答：29岁了。2019年之后就一直在金华打工了。
> 问：他自己有没有攒了点钱？
> 答：能攒多少钱？他做汽车销售就是工资加提成，卖不出车只有基本工资，就只够付生活费和房租费，基本工资只有2000多。卖了车的那个月七八千，甚至有一万块。卖不了车呢就那点基本工资，恐怕只是平均每个月4000多。

我和阿正进行访谈的那天，亲戚刚给他介绍了县城里面的保安工作，他打算过几天去面试。我问阿正如果这边的工作面试上了，还要工作几年？他回答：

> 干到人家不要为止……现在还能干就干一下，干到不能干的时候再说。

阿正现在认为，在本地找工作就算工资少一点也无所谓，比起在上海工作更方便照顾家里。然而,亲戚给阿正介绍的工作地点是在县城,提供食宿,他如果接受了这份工作,就意味着只有放假时才能回到白云村家中。这样的情况又和去年上半年相似:阿正家有工作的工作,带孩子的带孩子,没有人留在村里"养"石阿婆。那么在这个上半年,阿正要如何解决赡养老人的问题呢?石阿婆到底和谁一起吃饭呢?

【时间:下午4点】

【地点:白云小学】

又是一个午后,我和石阿婆又来到了白云小学门口的公共区域。几个小摊贩会在每周固定的时间到小学门口摆摊,村民可以在这里买一些蔬菜水果和零嘴。石阿婆在离开公共区域回家前,跟卖东西的小贩买了几袋水果、蔬菜,我和石阿婆每人拎着几袋步行回她家——准确地说应该是阿勇的房子。到家后,时间刚过5点,石阿婆把米饭蒸上。此时,在蓝莓基地工作的孙女还没回家,阿正也还没从城里回村,家里没有其他人,石阿婆"和谁吃"的问题也还没商定。

石阿婆身体不太好,长期都患有慢性疾病,一年住几次院是常事。2020年时石阿婆生了一场大病,病后石阿婆无法再长时间站立,甚至走路没几步腿就疼得不行。也是从那以后,石阿婆不再常出门,不能像村里的其他老人一样常常到公共区域闲聊、打牌,平时也几乎没什么社交。去年下半年,阿勇的媳妇阿花和两个孙女在家里和石阿婆同住的时候,两个一岁与三岁的小女孩在家里吵吵闹闹跑跑跳跳,石阿婆虽然嘴上总是训斥两个孩子不讲卫生、不听话,但有家人的陪伴石阿婆心里总是高兴的。如今阿花和两个孙女回了厦门,留下石阿婆在家。目前和石阿婆同住的是阿勇的小女儿石明,她在村里蓝莓地工作,朝八晚六,白天时间大部分时候还是石阿婆一人在家。

春天苦刺花开放的时候,白云村人喜欢采这种野花来烹饪。石阿婆最近喜欢到家附近的路边采苦刺花,把整个白天都用来处理采来的苦刺花。我问阿婆,现在家里也没几个人,采这么多吃得完吗?"怎么吃不完,大家都喜欢吃,一下子就吃完了。"阿婆回答。石阿婆年轻时很能干,并且十分勤劳,她在生病无法长时间走路之前都还在坚持种地。生病之后石阿婆仍然很

要强,村里其他腿脚不便的老人都拄着拐杖走路,石阿婆却坚决不要拐杖。采和处理苦刺花似乎也是阿婆唯一能够用来打发漫长的白天的事。"我现在生活还是好过,就是这个腿疼。"

【时间:又一个下午,3—4点】
【地点:白云小学门口】

2月末,白云村的白天,早已艳阳高照,站在太阳下只穿一件单衣都不会觉得冷。被太阳照得发白的路上没什么人,干活的在田里干活,不干活的就聚在白云小学门口的公共区域,我也又一次来这里进行访谈。石阿婆怕我和村里人搭不上话,也一起来了。我在长椅处遇到了跛脚的白婆婆,她和我交谈了一会儿,嘱咐我"读了书去当工人"。村里人说的"工人"并不是指在工厂里上班的工人,而是一种对"在城市有里有正式工作的人"的泛称。白云村的老人们对孩子们的期待不会是"做生意""大富大贵",或是"做大官",如果孩子能"好好地读书去城里当'工人'",便已经是光宗耀祖的事了。

李爷爷的孙子就在上海的工厂里当工人。谈起这个孙子,李爷爷非常骄傲。

> 读完书出来工作着了,(之前)在开远读红河技校,(我们)供了四年,现在(学校)安排到上海,实习了一年就留在上海工厂了……他的成绩好,(从学校)这里抽去(上海)都要前十名,只抽了几个。一个月可以拿七八千,那天来拿压岁钱给他奶奶都给1000元,他给我,我说自己有,不要他的。

李爷爷还有一个孙女,是在上海工作的孙子的亲妹妹,但是因为两人的父母离婚了,妹妹被母亲带走,已随母亲改嫁。

"孙子女""曾孙子女"常常是村里老人们聊天时的话题。在公共区域坐着总是听到此起彼伏的"我孙子考多少分""孙女找的男朋友""我也不知道他什么时候去上学",还有"读读书去当工人"……

一个大娘和石阿婆分享她孙子给她买衣服的事。

我说买两件薄衣服,我家阿萍就坚持要去帮我付钱去,我说阿萍你还没有干钱(赚钱),你别帮我付。他说"等我会挣的时候你已经老了,给你钱你又不要",就偏要帮我付钱。

石阿婆的孙子孙女也很孝顺。留在村里的孙女石明给石阿婆买了一台"老年智能机",上面安装有微信、抖音等软件,并且帮她申请了微信账号,还教会石阿婆刷抖音。石阿婆总是在抖音上刷到隔壁村村民跳烟盒舞的视频,还说"在电视上都看不到这些"。石真这次从厦门回村还给石阿婆买了一个助听器,只可惜石阿婆不习惯戴。石阿婆也对孙子女们十分疼爱。

【时间:下午3—4点】
【地点:村里的蓝莓基地】

村里没干活的村民大部分都在公共区域打牌、聊天,"有活干"的村民则大部分在村里的蓝莓地里劳作。

白云村为了推行"农业产业化",以拓宽"群众致富路",自2015年开始便陆续引进葡萄、蓝莓产业,多家农业公司得以进驻白云村。至2022年下半年,白云村委会的葡萄、蓝莓种植面积已有约5600亩。农业产业化的推进,给进行了土地经营权流转的农户带来每年1万~5万元的地租收入,这给老年人的养老增加了一份保障:地租给老年人带来了一些稳定的收入,供他们零花和看病。另外,基于地租的分配情况,一些家庭也建立起类似前文杨老表家的"抚养"机制,这一机制也会灵活变通。比如石阿婆的表姐王阿婆生病时,她的三个子女就商量将阿婆每年的地租平均分给每家,由三家同时供养王阿婆的医药费和生活费。与此同时,农业产业化为白云村以及周边村镇提供了一定的就业岗位。如经营蓝莓基地的佳裕公司,其在白云·莫新片区的蓝莓基地规模约1500亩,平时有30~50人在此基地工作,而在每年的5—7月蓝莓采果季节,则会有300~600人同时工作。那些年满60岁但身体仍然健朗的老年人,因为年龄太大无法外出务工,也可以在蓝莓地找到一份报酬不算低的工作。蓝莓地除了需要长工、短工外,一些细小的工作也会"外包"出去,之前石阿婆就曾领回几袋零件安装,安装好

后按件计算报酬。

但总体而言，在蓝莓地里干活的大多还是像阿勇和阿正这样"上养老""下扶小"的45~65岁的中老年人。一个姓普的中年人在蓝莓地里做短工，按照辈分我要叫他一声舅舅。因为不知他的全名，所以下文称呼他为舅舅。舅舅今年50岁，家里有两个弟弟，其中老二做了村里一户人家的"上门女婿"，养老的责任就落在了他和三弟身上，他负责母亲的养老，三弟则负责父亲。实际上，他们父母仍住在一起，只是两人的平时花销、就医的费用以及身后事的花费由两个儿子分别负责。而舅舅和他三弟的养老分工是以土地经营权的划分为依据的，"平平地分开，一个负责一个，送他们养老上山"。在母亲去世后，舅舅也没有和三弟共同分担父亲的养老责任，只是在逢年过节经济宽裕时会给父亲一些零花钱或是"买点吃的给他"。

三弟外出打工了，如果父亲生病，我会把他送进医院，钱不够的话就会让三弟打钱过来，如果实在病得严重，我会让三弟回来照顾……这样也好，省得在养老责任上相互扯不清。

已经做了"上门女婿"的二弟无法分到家里的土地，但也不用对父母的养老负责。

他（二弟）只是逢年过节给父母亲钱……那年母亲生病，在开远五九医院治病，二弟和二弟媳妇也不愿去看看……（父母）真是白拉拉地养他。连自己的老娘都不愿看看，还是我包了个车说'我载你们去'……个个都说忙着种烟草。

在白云村以及周边村落，"招婿上门"不是什么鲜见的事情，家里没有儿子的基本都会留一个女儿在家，招一个女婿当儿子。父母给自己女儿招婿的最直接的目的是养老。阿勇的四叔算是一个不太典型的例子。这位四叔有三个子女，老大老二都是女儿，老三是儿子。老二和老三在外当"工人"，老大则嫁到隔壁村，开店为生计。阿勇的四叔介绍了自己的家庭情况：

大女儿嫁的那家，有弟兄两个，我家里没有人，就把大女儿叫回来盖房子。现在住的房子是大女儿建的，所以继承权属于她。主要是因为我家房子、土地太多，她嫁的人家弟兄两个的土地少，就重新回娘家来。

石有文也是属于招婿上门的例子，但他似乎却没能"好好地养老"，石阿婆有两个儿子，也未能"好好地养老"。那么在白云村，老人们如何才能"好好地养老"、安享晚年呢？

【时间：晚上7点】
【地点：阿勇·石阿婆家】

晚饭后，我和石阿婆坐在客厅里，她拿出孙女石明送的老年智能机来看抖音，不一会儿就开始打盹。阿正还没从城里回来，因此石阿婆最近暂时和石明一起吃饭。石明下班前，石阿婆先把米饭蒸上，等石明到家炒菜。今天吃完饭，石明就外出找伙伴玩了，我陪石阿婆在家。天色渐晚，阿正突然提着两袋藕粉从外面进到客厅里来，石阿婆和他便开始交谈起来。阿婆问："你的工作确定了吗？"阿正回答："确定了，在青云中学当宿管兼保安。"阿婆又问："那是多久放一次假？"阿正回答："学生放假我就放假。"之后，石阿婆又劝导了阿正几句"好好干"，阿正点头答应，随后就离开了。

【时间：下午5点】
【地点：阿勇·石阿婆家】

石阿婆在城里当"工人"的女儿女婿回来了。女婿负责今天的晚饭，女儿海燕帮忙做家务外，还把石阿婆每周要吃的药按计量分到药盒里。石阿婆和女儿说"要是没有你，我不会坐在这里了"，言下之意是要是没有女儿，石阿婆可能早就因病痛或其他原因早早离世了。类似的话石阿婆的儿子阿勇也说过，"要是没有她（妹妹海燕），我也不敢放心外出去打工"。石阿婆的女儿在县城工作和居住，但只要有闲暇都会回白云村看望母亲。石阿婆的药吃得差不多了，女儿就会从县城里买来，平均每个月要花费1000元给石阿婆买药。女儿女婿每次回到白云村，总是买来很多新鲜的蔬菜水果。比起城

市，像白云村这样的小村子难以买到种类多样的果蔬，大米可以一次买够一家人几个月吃的，新鲜的、不同种类的果蔬才是日常缺少。

【时间：晚上9点】
【地点：离开白云村的车上】

终于，我结束了在白云村调研，踏上了回家的路程。到底"养老"是什么呢？我不禁开始思考这个问题。村里人说"养老就是生病了能够去治病，有饭吃"，老年人靠地租有了一些稳定的收入，似乎也不再依靠需要子女提供较多的经济支持，子女经济压力变小了。"能治病也有饭吃"不是什么难达成的标准，但他们中的一部分还是过得不太幸福。热播剧《人世间》中有这么一段话："孝分两种，养口体和养心智。伺候在父母身边，照顾衣食住行，是养口体。远走高飞，有所成就，让父母以此为荣，是养心智。"在这里我想进一步化用一下："养口体"可以视为对老年人基本的衣食住行的满足，在白云村的养老案例中，老年人几乎都已实现"养口体"。那么"养心智"呢？孙子女有出息，给老年人买新衣、教他们刷抖音似乎也是一种"养心智"。但就像王阿婆劝石阿婆不要和孙子女讲养老问题一样，在一般情况下，老年人养老的直接责任人还是他们的子女。负有养老责任的子女，如阿勇、阿正等人，除了有父母要养，还有自己的子女要扶，与此同时，他们也正在迈向或已经达到该养老的年纪，三代人的不同的生存需求间的矛盾和妥协在白云村这个不大的村子里透过一个个"养老故事"展现。

在白云村，传统的养老观念如"因果报应""先苦后甜""招婿上门"等仍主导着人们的思想意识，但新的变化，如土地的大规模流转所导致的人们生计模式的转变，已经使这个村落发生了翻天覆地的变化。也因此，人们的养老方式、养老观念正在发生改变。

白云村的这些微观的、关于养老的人际间的互动难以被标准化的数据调查勘透，而这也是我们深入实地，进行观察、访谈和记录的原因。最后的最后，我想起在白云小学门口的打牌处听到的一则轶闻：杨老表的母亲，那位患有脑梗"不认人"的老太太，有一天自己跑出了家门，被路过的村民看到了，问她要去哪里，老太太也说不清楚，最后这个村民把老太太护送回家，才没发生什么意外。中国的乡村目前仍是一个熟人社会，所以关于乡村的养老问题的解决，笔者呼吁国家继续加大力量予以支持，同时应推动嵌入在熟人关系中的村庄社区互帮互助、相互尊重，共同营造"适老"的美丽乡村。

农村养老,道阻且长

◇ 邓嘉欣(马克思主义学院2023级硕士生)

韶关市,古称韶州,位于广东省北部,地处北江中上游,是客家文化、广府文化的聚集地,也是马坝人的故乡、石峡文化的发祥地、禅宗文化的祖庭、一代名相张九龄的故乡。

本次我开展调研的村子是我奶奶的家乡——石堡村。石堡村隶属于韶关市曲江区马坝镇,位于曲江城区西南两公里处,属于城市近郊,共有耕地面积3500亩,户数996户,人口4539人,其中60岁以上人口为782人。我利用寒假时间,对石堡村60岁以上老人的养老生活进行了调研,并和部分老人、村干部及赡养者进行了谈话交流。

本篇调研报告分为两部分。第一部分是我记录的石堡村老人们的养老概况,包括收支情况、医疗保障、社会交往、文化娱乐等情况,以了解老人们是如何满足基本生活需求和心理需求的。第二部分是石堡村中的老人、村干部、赡养者三大主体对农村养老的看法。

一、他们的养老生活:石堡村养老概况

(一)收支情况

从我在石堡村调研的结果来看,石堡村的老人们的收入来源主要由养老金、农产品收入、务工工资、儿女资助组成。在支出方面,最大的支出是农业生产用品,如肥料,其次是生活开销。

1. 养老金

自国务院决定从2009年起开展新型农村社会养老保险（以下简称"新农保"）试点以来，新农保已逐步在全国农村普及。石堡村的新农保政策从2010年后开始实施，分为好几档，并且随时代变化，缴纳的数额也有所改变。大部分农村居民选择的是最低档，即每年缴纳180元（当地政府标准有所变动，数额也有所不同），因为最低档一年就能回本。当缴纳足够15年，农村老人就能从60岁开始，每月领到200元左右的养老金。80岁以上的老人每月多20元，90岁以上的老人每月多30元，100岁以上老人每月多200元。如果老人有残疾证明，则每月能多190元的补助。石堡村的老人普遍身体健康，且仍然能从事农业劳作，所以村里的大部分老人每月会领取到200元左右的养老金。

阿太是此次调研的重要对象。阿太出生于1918年3月，现在已经106岁，是村里年纪最大的人。阿太的新农保由儿女们帮她缴纳，如今每个月能领210元。阿太的阿尔茨海默病在前年加重了，耳朵也几乎听不到任何声音。因此，在前年，阿太的儿子给她办理了残疾证，每个月领取190元左右的补助。此外，村里对100岁以上的老人每月额外发放200元。由此，106岁的阿太每个月能领到600元左右的养老金。虽说相较于村里其他老人，阿太的养老金是他们的三倍之多，但长寿的阿太每个月的药品、补品支出也要六百多。阿太总是头痛，家中常备头痛药，每两三个月都要到医院治疗头痛。此外，阿太每个月还需要购买300元的蛋白粉和50元的钙片。由此可见，阿太每个月的养老金和支出大抵相等。当阿太需要住院治疗时，几千块的治疗费会由阿太的五个儿子承担。

2. 种菜卖菜

农村人养老，首先要"靠自己"。当我问村里的老人们每个月200元的养老金是否够用时，他们的回答几乎都是一致的："当然不够啊！"

那么，他们养老的钱从哪来？答案是从土地和汗水中来。

土地，是农民赖以生存最重要的资源。即使是城乡融合发展已推进了多年的今天，耕地仍是农村老人最重要的收入来源。老人们的儿女或许已经在城市成家立业，但老人们的脚还是会踩在坚实的黄土地上。农村老人，是

对土地感情最深厚的一辈。他们中的大部分,从出生开始,就没有离开过土地,他们的养老,也无法离开土地。

对于耕地的利用,我将农村老人分为了"无生产能力"和"有生产能力"两类。无生产能力的老人,有像我的阿太那样患有阿尔茨海默病、耳聋目浊的,也有因病瘫痪的,他们只能靠养老金、残疾补助、子女接济度过接下来的老年生活。石堡村绝大部分老人仍有生产能力,靠自己的劳动养老,属于有生产能力一类。他们依旧每天下地干活,在不同季节种植不同的蔬菜瓜果,在成熟后将它们采摘,然后在圩日拿到市场上去卖。现在马坝镇的菜市场上,自己支起小摊位卖蔬菜的总是老人。他们用扁担扛起簸箕,早上6点就从家里出发,走两三公里到村外的公交站,等待最早的一班公交车。他们通常走走停停,要花费近一个小时。也有的老人购买了电动三轮车,这样体力上的负担就会轻很多。不过一台电动三轮车要两三千,大部分老人都认为没必要花这个钱,将这笔钱赚回来也需要很长时间。

他们种的菜,少部分留给自己吃,大部分挑到菜市场上去卖。平时卖得好的时候,一天可以有差不多200块的收入,卖得不好的时候,只有60多块钱。卖得好不好,和天气、菜品、质量、是否圩日等条件都有关系。马坝镇的圩日是每月逢"二、五、八",由于圩日菜市场人流较多,因此收入也会高一些。他们还会自己养鸡售卖。农村的走地鸡很受欢迎,甚至会有外地人开车到村里购买。

67岁的林阿叔对自己生活的总结就是:"农村的劳作整天都很忙,不是做这个,就是做那个。"他家由他负责种菜、摘菜,然后妻子再在合适的日子用扁担和簸箕挑到镇上去卖。在前些年,还没有成为"老人"的时候,他也会到工地打工,同时也在田地耕作,属于"半工半农"。他说,种地对身体负担很大,"种菜太累了,挑水每天都要挑一百担,没办法一整年都种菜,不种菜的时候就去打零工,找不到工就种菜"。他算了算,两夫妻都在农村种地、卖菜,一年至多卖一万块。

种地、养殖,就要用到肥料和饲料。石堡村位于近郊,村内只允许养鸡,不允许养猪,鸡饲料的支出不大,所以肥料是农村老人们支出的大头。林阿叔的养老金由其大儿子代领,再在微信上转账给他,半年领一次,一次领1200余元。他说:"上半年的钱就用来买肥料,下半年的钱就用来过年。"他感叹肥料的价格越来越贵:"我买的是俄罗斯肥料,质量比较好,一袋要200块钱,种一茬要两袋肥料,这样一茬就要400块了。"

不过,土地上的劳作也能让农村老人拥有健康和自由。70岁的龙阿叔有着与年纪不符的外表,脊背笔直,有一身结实的肌肉和一把洪亮的嗓音。他认为农村人最大的优势就是会种菜,种菜也是一种运动,所以他们才有着强健的体魄。据我观察,石堡村的大多数老人都表现出与实际年龄岁数不符的精神矍铄。另外,种地也意味着某种"自由",农民的劳动时间、活动范围、种类选择,都有一定限度的自由,这是他们掌控生活的重要途径。

在农村,只要能走路的老人,不论男女,几乎都不会离开耕地,若年纪很大,就种些好种的品种,不拿去集市上卖了,留着自己吃。大舅婆今年85岁,牙齿已掉光,话也不愿意说太多,但仍然每天挑着两个水桶到自己的地里照顾小葱和青菜。疫情开始之前,她还会到镇上去卖菜,去年新型冠状病毒感染痊愈后,身体欠佳,她"挑不动了",所以种的菜都留着自己吃,"爱吃什么就种什么,种些好种的"。土地是农村老人的安全感来源,照顾好土地,也是照顾好自己。

3. 外出务工

村里大部分老年人,年轻时也外出打过工,如前面提到的"半工半农"的林阿叔。由于石堡村地处近郊,农村男性会在农忙结束后,到镇上的工地打工。如今他们上了年纪,50岁以上的男性在工地上的竞争力已大幅下降,遑论60岁的老人了。现在六七十岁的老人都具备一些装修的手艺,以前村里有人建新房子,他们也能接到很多泥水工的活儿。而现在大部分村民家都已建起了房子,他们也只能偶尔接到一些修修补补的工作,一天的工钱通常是150~200元,一个月能接到一两次就算幸运了。就在前两天,68岁的三舅公还修好了我奶奶家的厕所,收获了200块的工钱。

农村男性老人还有一个务工选择,那就是当保安。极少部分的保安岗位没有设置具体年龄要求,但相应的,工资也很低。67岁的林阿叔、70岁的龙阿叔和68岁的三舅公一致认为,他们所能应聘的保安岗位的工资一个月才2000元左右,而且需要牺牲自己的"自由"。因此尽管种地的收入加上养老金一个月也不够2000元，他们也不愿为此"卖掉"自己的"自由"。

相较于农村男性老人稀少的务工机会，农村女性老人的工作机会反而多出很多。家政行业、服务行业等都有着大量的招工需求。农村女性老人吃苦耐劳、生活经验丰富，大多到城里当保姆、钟点工，还可以当酒店的洗碗工、清洁工、服务员……所以部分60多岁的农村女性老人还很容易在镇上找到工作。68岁的三舅公在家种田，而今年63岁的三舅母每天还会骑电动车去镇上的饭店当洗碗工。

4. 儿女资助

当我向石堡村里的老人问道："你们的儿子女儿每个月会给你们多少钱？"他们的回答都是"没有"，辅以理所应当的口吻。在重要的节日，如春节、端午节、中秋节，他们的子女也许会给一两百的红包，但是每个月规律的赡养费几乎不存在。

总体而言，农村老人的养老还是靠自己的劳动收入，养老金和子女给予的资金的数额都相对较小。老人虽然自己种菜、养鸡，但是猪肉、鱼肉等肉类还得到村外购买，此外还有医疗支出等开销。因此，他们如果没有劳动收入，就无法支持正常的生活开销，表1为石堡村受访老人的收支情况。

表1　石堡村受访老人的收支情况

访谈对象（农村老人）	年龄	性别	是否卖菜	每月大致收入（退休金+卖菜）	子女每月经济支持	每月大致支出	收支情况
A	68	男	是	1450元	100元	1800元	收入<支出
B	60	男	是	930元	无	800元	收入>支出
C	67	男	是	1780元	无	1450元	收入>支出

续表

访谈对象（农村老人）	年龄	性别	是否卖菜	每月大致收入（退休金+卖菜）	子女每月经济支持	每月大致支出	收支情况
D	70	男	是	1720元	无	1000元	收入＞支出
E	77	女	否	628元	100元	300元	收入＞支出
F	82	女	否	570元	50元	250元	收入＞支出
G	83	女	否	370元	100元	210元	收入＞支出

（二）医疗保障

2003年我国开始实施新型农村合作医疗保险（以下简称"新农合"），是为了解决人民看病难、看病贵的问题，从而减轻农村居民的医疗负担。这次调查发现，每年缴费180元的新农合在农村的普及程度非常高，虽然新农合以自愿为原则购买，但村里几乎每一位老人都会给自己购买新农合。60岁的阿昌伯说："新农合每年都买啊，买完就没那么怕生病了。"

尽管村里的老人都购买了新农合，但他们并不十分清楚具体的报销比例，只是模糊地知道区人民医院能报销七成，市人民医院能报销一半左右，广州市的医院又报销得更少。

石堡村拥有两个卫生站，能较好地为村里老人治疗如感冒、发烧等疾病。卫生站的医生也会半夜出急诊，为村民治疗急性疾病，因此老人们向我表示他们没有"看病难"的问题。

大部分时候，石堡村的老人都会到区人民医院看病。区人民医院离村子不远，开车只需要约15分钟。他们在区人民医院进行结算，医保能报销一部分费用。"我之前有次住院，花了3000多块钱啊！"67岁的林阿叔说：

"那一年我没买新农合,以后再也不敢不买了。"可见,新农合能够较好地减轻老人们的医疗负担。但需要强调的是,医保报销后的剩余医疗费也是一笔负担,他们生病后的首选还是自己买药吃,比较严重时才会到医院诊治。

此外,村里偶尔会有保险公司进行宣传活动,部分老人们还会给自己购买商业保险,如每年花上100元购买意外险。

(三)社会交往

中国农村是一个以礼俗主导的熟人社会,人情关系内生于村落血缘、地缘、亲情所维系的差序格局之中。

村子里都是熟人,是农村老人坚持在农村养老的重要原因。村里的老人宁愿选择独居,也不愿意搬到城里同子女们共同居住。"城里没有人情味,"60岁的阿昌伯说,"我在农村,随便都可以找到人跟我聊天。"农村老人在不干农活时,最常选择的娱乐活动是聚集在一起聊天,尤其是不擅长玩手机的老人。冬天不种菜了,他们就在院子里支起一个火盆,打电话叫老朋友过来坐坐。老人们从各自家里慢悠悠走过来,坐在一起烤火闲聊,常常还把路过的人也大声招呼进来。

相比于富有人情味的农村,城市是原子化的社会,农村老人很难在城市有足够的安全感。他们不熟悉城市环境,在那里也没有什么朋友。"在城里,大家都互相不认识,走丢了怎么办?"阿昌伯说。

(四)文化娱乐

老年人精神生活贫乏是农村养老需要克服的一大难题。如上文所言,农村老人最常做的娱乐活动是闲聊。聊天的节奏是慢慢的、随性的,没有话题了就沉默一会儿,直到新的话题被提起。

这些年以来,村里的老人也开始沉迷玩手机。一些老人配备了智能手机,除了与家人、朋友通过微信进行联系外,他们还会经常刷抖音。为了方便老人使用手机上网,年轻一辈也在家中安装了无线网络。短视频丰富了村里老人的精神世界,他们通过短视频听音乐、听故事,还从短视频中了解"两会"的内容,关注国家大事。83岁的朱婆婆笑着跟我说:"抖音好看啊。我每天看抖音看到12点才睡觉。"她拥有两部手机,一部是声音响亮的老人机,用来接拨电话,另一部是智能机,用来刷抖音短视频。

在刷手机成为村里老人主流的娱乐方式之前,他们除了闲聊,还会聚在一起玩不同的棋牌类游戏,但是现在大家都不打牌了。

此外,令人遗憾的是,目前石堡村还没有老年文化活动中心供村里老人聚会聊天、运动、玩棋牌游戏等。但是老人们也说,即使建起了老年文化活动中心,也不会有时间经常去的,毕竟还有农活要干,还有生活要挣。

二、他们是如何看待养老的?

(一)老人:养老需要靠自己

其实,农村老人也会在别人问起的时候,哀叹自己的可怜。

83岁的朱婆婆谈到养老问题时,总会在回答完我的问题后说:"农村人,老了就是很可怜、很辛苦、很受罪的啊。"农村人的"老了",是无法停止的劳作,是微薄的退休金,是依旧还要靠自己,是"手停口停",是难以阻挡的衰老和疾病,是子女的远行,是跟不上时代。

朱婆婆表示,农村的养老生活是穷苦的,对于老人来说,农村的物质生活过于贫乏,等他们老得挑不动放满菜的簸箕后,只能靠每月200元的退休金节俭度日。

但需要强调的是,老人们在日常生活中并没有过多的抱怨,反而是平淡地咽下了生活的所有苦楚。三舅公反复对我说:"农村人就是怕老!"只要身体条件允许,他们都以自己或强或弱的生产能力克服困难,一直奋斗下去。农村人的老年生活,除了在城里的工作机会减少了之外,几乎同年轻时没有什么不同,一样地劳作。

对于石堡村的大部分老人们来说,他们都是靠自己养老,不愿意依靠子女养老。即使"养儿防老"是他们最认可的养老方式,但事实上他们都认为儿女成家了就不应该依赖他们,子女不需要支付赡养费,他们也不愿意给子女增加负担。他们认为自己和已经到城里居住的子女"合不来",也怕拖累

他们。被问及有没想过和儿子女儿住在一起时,67岁的林阿叔说:"老了讨嫌,自己走远一点。"林阿叔如今耕种着三亩地,其中有一亩是自己的,另外两亩是租别人的。20年来,他靠着这三亩地,供自己的三个孩子读书、成家立业,也供自己的养老,一直供到干不动为止。

(二)村干部:"我认为还有很大的上升空间。"

我交谈得最多的村干部是石堡村的刘姓党委委员,他负责社保业务办理。他耐心地解答了我对石堡村养老政策上的许多问题。

"村里一直比较关注养老问题,因为村里的老人比较多嘛。"刘委员向我介绍了养老政策在石堡村的普及情况。"新农保在2010年前后开始推行,村干部们在村里举行了很多次宣传活动并挨家挨户进行动员,克服了一些困难,才达到了今天的普及程度。"

刘委员对他眼中的农村养老总结道:"农村的养老环境和城市相比,的确相差太大了。"村里还没有老年人文化活动中心,也没有定期组织文娱活动,但会组织政策宣传活动,这是因为"很多老人家不会看电视、玩手机,需要我们给他们讲解政策才会懂一点",刘委员讲道。由此可见,村里老人对国家政策的了解,仍有赖于基层干部的群众工作。

谈到对社会化养老的看法,刘委员介绍道,石堡村里的独居老人占比约为七成,他们几乎都不愿意到敬老院养老。村里和马坝镇上的敬老院建立了合作关系,但只有几位老人愿意在敬老院养老。关于这一问题,刘委员认为主要有两个原因:"一是要面子,怕到了敬老院会被别人觉得他们的子女不够孝顺、不够有本事。二是没有自由,去哪里、吃什么都会被管。"到敬老院去养老的几位老人,几乎都是不能自理的"五保户",没有子女照顾,于是村委便负责保障他们的养老,每个月定期到敬老院进行探望。

刘委员对石堡村养老政策的推行情况比较满意。他说:"我觉得国家的农村养老政策都蛮好的,在我们村也实行得蛮好。我了解到的村民对新农保、新农合的满意程度也比较高,经常也有人过来向我们咨询这些政策问题。对困难群众的帮扶很到位,没有缺漏,村里保障了他们的晚年生活。"

但同时,刘委员也认为石堡村的养老情况还有改善空间:"比如说,目前还没有社区养老设施。而且村里的医疗条件也不够好,村里的两个卫生站都只能看点小毛病，现在在村里看病也不能用新农合进行报销。村里有很多空巢老人，我们对他们的健康情况了解其实也不够。但现在我们村政府的工作人员比较少，大家都很忙，很难做到常常去探望。"

刘委员也期望村里能够举行更多关怀老人的活动。"毕竟我自己的妈妈都77岁了，也还住在村里，我也希望她的生活更加丰富。如果能够得到支持，以后应该会建一个老年人活动中心，还会组织老年人定期体检，多组织志愿者看望空巢老人。"

（三）赡养者："我们也不想的，有什么办法！"

春节已过，子女们纷纷回城工作，许多老人的房屋又变得冷清。

我的三舅公家目前有六口人：三舅公夫妇、106岁的阿太、表姑的一家三口。表姑和表姑丈在镇里上班，他们两岁的女儿需要人照顾，而三舅公又需要照顾自己106岁的母亲，于是表姑一家三口去年便从镇上搬回村里住了。

表姑、表姑丈偶尔下班回家也会买点肉和菜，但并不会给三舅公补贴家用，家中大部分的生活开销由三舅公夫妇负责，但小孩的开销还是由表姑夫妇负责。三舅公还得照料自己母亲的生活，106岁的阿太，洗澡、上厕所、吃饭，都得依靠三舅公。

68岁的三舅公在尽心尽责地给自己106岁的母亲养老，而三舅公自己的三个孩子，还需要三舅公帮忙带孩子。就这样，三舅公在村里，得同时照顾老人和小孩，还得种地，所以他很少能长时间离开家。这并非个例，村里也有很多人家，是六十余岁的老人给八九十岁的难以自理的高龄老人养老，而他们自己的养老问题却没有人操心。

对此，和三舅公住在一起的表姑丈抱怨道："我们也不想的，有什么办法。我们两公婆白天要上班，小孩还这么小，工资又不高，我们自己都存不到什么钱。明年小孩就要上幼儿园了，我们压力也很大。"67岁的林阿叔也从未收到过子女补贴的家用，他的大儿子和二女儿已经有了自己的小家庭，他认为子女在外面成家立业，自己的任务就完成了，就不应该再拖累他们。他说，子女们每个月要还房贷、供小孩读书、支持生活开销，不能剩下很多钱。他似乎还为自己没能给儿女更大的经济支持而感到抱歉："房子都是他们自己买的,我只给了两万块钱,再多的也给不了了。"现在,他的小儿子失业在家,回到了村里住,平时帮林阿叔种种田。

在我看来,农村的老人们似乎一辈子都在为儿女付出,不求回报。他们总是告诉我,儿女在外头成家了,自己就不该给他们增加负担。他们总能体恤子女的不容易,没有向我抱怨过子女在孝道上的不足。他们都认为,城里的工资低、房价高、物价高,小孩的教育成本也高,所以子女不给生活费,是能理解的。的确,子女们何尝不希望自己能给父母更好的晚年生活呢?子女对父母在农村的养老生活关注少,一定程度上是与孝顺的传统美德的没落有关,但很多时候,也是子女们"心有余而力不足"。没办法给父母更好的晚年生活,常常是迫于无奈。

对于农村老人们来说,最好的赡养,其实是陪伴。"他们过节回来住多几天,我都很满意了。"独居的何婆婆说。何婆婆的孙子也在微信上跟我说,以后会多给奶奶打电话的。他还表示,准备给奶奶买个智能手机,这样就能视频通话了。

三、结语

在这次调研中,最令我深受触动的是农村老人们的生命力。他们依靠自己的劳动能力,积极应对生活的各种难题。他们都说,自己要"做到做不动的那一天为止"。这就是农村的老年人,他们终日忙碌,异常勤劳,不善言辞。他们中的许多人,经历了新中国从站起来、富起来到强起来的巨变,与国家一起度过了风雨兼程的岁月,为国家的建设做出了许多贡献,他们的晚年生活理当获得良好保障。

然而,在村里生活的他们,目前缺乏稳定的收入和足够的健康保障。在农村,老人们最认可的仍然是"家庭养老""养儿防老"的养老模式,难以接受社会养老、机构养老。我国的养老服务行业发展还在起步阶段,农村的养老服务发展就更为迟滞。经济发展形势与生活成本的上升,使农村地区的家庭结构发生了极大的变化,家庭养老的问题也凸显了出来。子女的赡养能力和赡养时间有限,很多老人既缺乏子女的经济支持,也缺乏精神陪伴。其中的原因有很多,可能是出于经济能力上的无奈,可能是子女间相互推诿责任,也可能是孝道传承的不足……据我观察,石堡村的大部分老人处于物质养老和精神养老都相当贫乏的状态。

改善农村老人的养老生活,道阻且长,需要各方合力。

其一,地方政府可多措并举,因地制宜,有的放矢,根据发展水平和养老服务供需情况,采取适合本地实际的养老模式,鼓励发展城乡互动养老模式和社区养老服务。进一步发挥主导作用,开展公办养老机构改革,加大政策支持力度,鼓励社会力量通过各种方式参与普惠养老项目建设。加大力度鼓励更多的村民依托村民理事会表达养老需求,包括应增加哪些养老设施建设、如何改善服务监督等。

其二,当今受孝道观念淡薄、老人经济地位下降、家庭重幼轻老、学校教育失灵、道德舆论约束失效等因素影响,不少家庭养老遭遇困境。当地政府可加大宣传,倡导孝亲文化,开展相关宣传教育活动,传承弘扬中华民族尊老爱老敬老的传统美德,发挥好家人在家庭养老中的重要作用。此外,当地政府可积极整合城乡资源,寻求农村经济发展新模式,真正实现乡村振兴,通过经济的发展带动农村养老服务发展的活力。当地经济发展了,年轻人也不必外出打工了,既能巩固家庭养老的底线,又能为农村养老服务提供新的劳动力资源。

其三,农村老年人应加强养老规划意识。当地各部门可通过宣传活动,让农村地区老年人认识到社会养老的重要性与优势所在,转变传统的养老观念与意识,增强农村社会养老共识。帮助农村地区的老年人了解农村家庭的现状和社会关怀的重要性,宣传社会养老服务对老年人的好处,通过适当的物质奖励,鼓励老年人积极参加养老服务,增强老年人对社会养老的接受度。

最后,希望有一天,农村老人们都能享受到美好、安宁、满足、无忧无虑的老年生活。愿这一天尽快到来。

参考文献

[1]胡颖廉,宁学斯.共责异构:农村养老服务的有效模式[J].社

会政策研究,2024(1).

[2]张川川,陈斌开."社会养老"能否替代"家庭养老"?:来自中国新型农村社会养老保险的证据[J].经济研究,2014,49(11).

[3]岳爱,杨矗,常芳,等.新型农村社会养老保险对家庭日常费用支出的影响[J].管理世界,2013(8).

闪闪发光的老年时代

——广东省佛山市孔堂村养老现状调研报告

◇ 谷安琪（社会学与人类学学院2023级本科生）

绪　　论

（一）调研背景

2024年1月17日，国家统计局公布2023年中国60周岁及以上老年人口达2.97亿人，占全国总人口的21.1%，我国已迈入中度老龄社会，且老龄化进程依然迅速。

目前我国仍是发展中国家，人口老龄化是典型的"未富先老"，社会保障体系亟待完善。中国的特殊现实使老龄化呈现城乡倒置的局面，乡村"先老、快老、更老、高老"，衍生出一系列需要应对的挑战。快速城镇化的背景下，中国乡村青壮年涌向城市，传统的居家养老和家庭养老模式受到冲击，养老社会化的需求突出，但相应机构和社会组织养老还未具备较好的承接能力。如今，中国乡村老人的生活照料、社会交往、心理动向状况如何？乡村中数以千万的空巢老人、残疾老人、失独老人、失能老人在过着什么样的生活？

"一老一小"与"三农"问题均为党和国家工作的重点，而乡村养老是其中的重要内容，值得深入探讨，从中汲取中国式现代化建设的点点灵感。在此背景下，我进入广东省佛山市高明区荷城街道孔堂村开展实地调研。

（二）调研目的

在理论层面，现有文献对中国乡村养老问题的研究主要通过定量研究方法，基于大型调查收集的数据进行解释与分析，质性研究较少，且缺少对后疫情时代珠三角地区乡村养老问题的考察与研究。本文期望起到相应补充。

在实践层面，本次调研聚焦乡村养老，并以此为切口展现乡村治理、基层建设情况，为家乡提供具有学科视角和针对性的发展建议以供参考。

作为家乡的一员，我希望在文本勾勒出一个个性格鲜明、有血有肉的中国珠三角地区农村老人，而非仅仅是以"群体中的个体"的形式存在的"60周岁及以上老年人口"。我想记录孔堂村老人们的声音，带出他们的故事。

1. 调研对象

田野点：广东省佛山市高明区荷城街道孔堂村

受访者：孔堂村委会村委干部、孔堂村的老年人、三洲片区社工点"双百"社工

2. 调研设计

从养老服务、社交活动、经济状况、医疗健康、养老意愿、代际互动、思想观念等方面展开调研和写作，尽可能全面地阐述孔堂村养老的现状。

本文将采用参与式观察的方法进行研究。首先向孔堂村委会获取孔堂村的基本信息，尤其关注与养老问题强相关的资料。然后参与孔堂村委会村委干部和"双百"社工的日常工作，观察他们与群众间的互动，体会基层工作的逻辑和方法，具象地认知养老服务政策落实的"最后一步"。再在不同时段进入孔堂村观察老年人的生活习惯，参与他们的社交活动，建立群像化的宏观感受，优化访谈提纲（图1为孔堂村党群服务中心，村委干部在此办公）。最后借助孔堂村老年人口户籍资料，选取异质性较高的六位老人展开深度访谈，期望在较为细腻的交流中捕捉可能存在的老年人的隐性需求。本次调研以描述法、定性分析为主，尝试厘清孔堂村养老问题现状及其历史沿革、生发缘由，并依此提出可行建议。

图1 孔堂村党群服务中心,村委干部在此办公

一、孔堂村概况

(一)村名由来

孔堂村的历史可追溯到约750年前。村子原名"空塘村",据传得名于某年久旱不雨,村中厚产渔获的龙船塘因此干涸,成了一口"空塘"。后来村中的读书人认为"空塘"颇为不吉,便取谐音"孔堂",意为"崇尚孔道的学堂"。

(二)行政架构

高明区是广东省佛山市的五个行政辖区之一,坐落在广东省中部,珠江三角洲西翼,是"广佛同城"以及"广佛肇经济圈"的重要组成部分。荷城街道位于高明区东部,地处西江之滨,是区政府驻地,也是老一辈高明人口中的"县城",总面积179.05平方千米,户籍人口16.53万人,常住人口27.42万人,下辖16个社区和15个行政村。

孔堂村下辖孔堂村、上良村、下良村、和睦村(三峡移民村)四个自然村,分为八个村民小组。八个村民小组两两结合组成四个"大组"(即股份社,旧称生产队)。

（三）地理位置

孔堂村位于北纬22°87′，东经112°81′，地处荷城街道的东南部，东邻铁岗村，西达杨梅河，北至高明大道东，南到孔堂水库。该村乡道横穿，且临近国道，交通便利，驾车约12分钟便能进入高明大道。

（四）人口情况

孔堂村委2024年1月最新的人口统计数据显示，该村共有495户，户籍人口1856人，但实际常住人口不及三分之一，主要原因在于青壮年劳动力外流严重以及女性外嫁（孔堂村委会人口情况和相关对象情况见表1）。为寻求更高的薪酬和更广阔的发展空间，孔堂村的青壮年大多选择去河江片区甚至更远的禅城区工作。这些人都离开了村庄，或是住在工厂宿舍，或是在外租房，或是举家住进商品房。

孔堂村人口的年龄结构呈现明显的老龄化特征：户籍人口中60周岁及以上老年人口为406人，占21.9%，老龄化率与中国总体情况相似。而由于青壮年人口外流严重，常住人口老龄化率应当高于此数据，这也导致孔堂村出现大批空巢老人。养老，显然是孔堂村需要面临的重大挑战。

表1　孔堂村委会人口情况和相关对象情况

序号	村民小组	户籍人口	男	女	户数	60岁以上老人数	70岁以上老人数	80岁以上老人数	90岁以上老人数	低保户（含边缘家庭和特困）户数	低保户（含边缘家庭和特困）人数	残疾人数
1	上良村民小组	632	320	312	157	141	62	20	2	2	3	7
2	下良村民小组	578	299	279	131	135	59	24	3	2	4	10
3	和睦村民小组	81	41	40	18	13	11	2	0	2	3	1

续表

序号	村民小组	户籍人口	男	女	户数	60岁以上老人数	70岁以上老人数	80岁以上老人数	90岁以上老人数	低保户（含边缘家庭和特困）户数	低保户（含边缘家庭和特困）人数	残疾人数
4	孔堂第一村民小组	274	142	132	65	50	23	7	2	3	5	4
5	孔堂第二村民小组	195	95	100	58	45	23	7	3	1	2	4
6	孔堂第三村民小组	183	89	94	48	44	28	10	2	1	3	3
7	孔堂第四村民小组	263	124	139	70	56	20	5	1	2	2	3
8	孔堂第五村民小组	239	119	120	61	57	30	8	2	2	4	4
9	孔堂第六村民小组	206	108	98	57	51	28	7	0	0	0	2
10	孔堂第七村民小组	250	128	122	70	49	29	3	1	1	1	4
11	孔堂第八村民小组	246	130	116	66	54	32	5	0	0	0	3
	总数	3147	1595	1552	801	695	345	98	16	16	27	45

二、孔堂村的"养老"

那么,何为"养老"?养老主要由物质(主要是经济)供养、生活照料、精神慰藉三部分构成,根据养老资源和养老功能的提供方和提供形式的不同,可组合出家庭养老、社会养老等多种养老模式。① 养老很重要的一部分内容是相关社会保障政策及其落实。这部分主要由政府主导,自上而下逐层实施。另外,本次调研的"养老"关注老年人的个体认知及诉求表达,强调主观福利,即个体生活质量的内在表现,包括心理情绪状态和生活满意度等。② 老年人群体是被"养"的客体,也是传达情感与优化政策的主体。

基于以上主客体相互转换的逻辑,我决定以他们不同的"视角"为切入点展开关于孔堂村养老现状的调研报告。

(一)孔堂村委会

孔堂村委会共有七名村委干部,均成长于孔堂村委会下辖的四个自然村,平均年龄41岁,最大60岁,最小31岁。七位干部分工处理党务、纪检、财务、公共服务、治安、市场监管、安全生产、城建水利、计划生育、招投标、意识形态、征兵、宣传文体等各方面事务,其中有关养老的工作由分管民政、社会保障等事务的芳姐负责。

通过对芳姐进行访谈和参与观察她的日常工作,我了解到村委会有关老年人群体的服务一般包含在对弱势群体的关怀中。弱势群体包括残疾人、单亲家庭、退役军人等,村委会不定期给这些弱势群体发放物资并进行日常探望,比如在跟随芳姐进入孔堂四组视察"百千万工程"人居环境整治情况时,我们顺路进入附近低保户家中寒暄,了解近况。

针对60周岁及以上老年人,村委会提供的服务有生存认证、新农保和失地农民养老保险、农村医疗保险、重阳敬老文化活动、台风等极端天气来临前的上门提醒等,还有新冠疫情期间的一系列特殊照顾。生存认证,全称退

---

① 陈赛权:《中国养老模式研究综述》,载《人口学刊》2000年第3期,第30—36、51页。
② 郑晓冬:《"新农保"政策效果评估:老年人主观福利与儿童人力资本》,浙江大学出版社2021年版,第14—19页。

休人员生存认证,指国家规定退休人员每年须到当地的社保局进行一次生存认证,以确认领取养老金的老年居民仍健在、符合继续领取养老金的条件。在孔堂村,这项工作由芳姐完成并统一上报。新农保,即新型农村社会养老保险,孔堂村老年人全部参保,每月领取375元。失地农民养老保险是保障因政府统一征收农村集体土地而导致失去全部或部分土地且征地时对所征土地享有承包经营权的人员的基本权益的政策,孔堂村老年人亦是全部参保,每月领取315元,与新农保的375元相加便是孔堂村老年人每月的固定经济收入,共690元。农村医疗保险,孔堂村老年人每年需缴纳576元的保费,医保报销比例可观。在新冠疫情期间,免疫力较差、防疫相关信息较为闭塞的老年人群体受到特殊关注,荷城街道办事处与村委会对接,将老年人群体庞大的孔堂村设置为三洲片区的公益体检点,为老年人测量血氧等基本指标。村委会还会统一接送老年人去医疗站点接种疫苗,并开展"冬日派药"活动等。

(二)三洲片区社工点(养老服务站)

社工点的设立是"双百工程"项目的内容。双百工程,全称广东兜底民生服务社会工作双百工程,于2020年11月提出,规划用两年时间实现广东省乡镇(街道)社会工作服务站100%覆盖、困难群众和特殊群体社会工作服务100%覆盖,其前身是广东省民政厅自2017年开始实施的"双百计划"。现阶段,"双百"社工已完成对遗留问题的处理,日常工作内容趋于常态化。

三洲片区社工点(图2)下辖于荷城街道社工站,服务六个社区或行政村,六位"双百"社工每人定点负责一个社区或行政村的工作,其中站长、常务副站长、社工副站长、社工联络员另有职责,一同保障社工点正常运作。"双百"社工执行"3+1+1"工作规范,即从周一到周五,三天进入所负责的社区或行政村走访,一天留在社工点办公,一天"共学","共学"的形式包括开研讨会、理论培训、外出交流等。概括而言,"双百"社工的职责就是识别服务对象、评估服务需求、统筹开展专业服务。

社区居委会或行政村村委会的民政工作负责人与"双百"社工之间是合作关系,工作内容有重合之处,定期开办的共学活动双方需一同参与。两者的区别在于民政工作负责人要管理的事务更为琐碎,与居民或村民联系更频繁,而"双百"社工的特点在于他们接受了更系统的培训和理论学习,在走访和沟通过程中能够更敏锐地发现问题,擅长更精准地进行服务。例如,"双百"社工在制定独居老人娟姨的救助方案时,从生理、心理、经济、家庭、社区五个层面分析需求,并运用生态系统理论指导救助行动。图3为"双百"社工潘姐介绍孔堂村的资源与待解决问题。

图2　三洲片区社工点　　图3　"双百"社工潘姐(右一)介绍孔堂村的资源与待解决问题

(三)老人们

为了深入了解老年人的真实想法,感知他们的态度,体察他们的生活,我深度访谈了长期居住于孔堂村的六位老人。其中一位是有"三重身份"的海叔:相对而言年轻的老人、高龄老人的晚辈、孔堂村村民委员会党支部副书记,基于这三重身份,海叔的讲述交织着亲身体验和工作中的所见所感;其余五位受访者覆盖不同的性别、年龄层次、社会身份、与同住人员的代际关系、自理能力、家庭经济状况、社交活动参与意愿。本文通过选取异质性较高的个体样本来提高调研的全面性,以期描绘趋近现实的孔堂村养老现状。访谈内容与受访者照片均经受访者同意公开发布。受访者基本信息见表2。

表2　受访者基本信息

受访者	性别	年龄	社会身份	同住人员	日常生活活动能力（ADL）
林婆婆	女	86	退休农民、从邻村嫁入	儿子（中度残疾人）	生活自理
梁爷爷A	男	76	退休农民	妻子崔婆婆	生活自理
崔婆婆①	女	77	退休农民、重度残疾人	丈夫梁爷爷A	重度依赖
梁爷爷B	男	73	退休农民、瓜菜小贩	妻子	生活自理
邓爷爷	男	96	退休农民、退役军人	无	轻度依赖
海叔	男	60	村党支部副书记	妻子、儿子	生活自理

1. 活动轨迹——平凡的一天

根据访谈内容梳理五位老人的日常生活，以"活动空间/活动起始时间/活动内容"格式呈现：

林婆婆：

家／7：00／起床、早饭

市场／8：00／买菜

孔堂公园／8：30／闲聊

菜地／9：15／打理作物

家／9：45／准备午饭、休息

孔堂公园／15：00／打牌

家／16：30／晚饭

　　19：00／看电视

　　21：30／睡觉

梁爷爷A：

家／7：30／起床、早饭

---

① 由于罹患脑卒中导致的语言障碍，崔婆婆的部分主要由其丈夫梁爷爷A讲述。

榕树头／8：00／闲聊

市场／8：30／买菜

篮球场／9：00／搀扶崔婆婆散步

家／11：00／午饭、休息、阅读

菜地／16：00／打理作物

家／17：00／晚饭

  19：30／看电视或阅读

  22：00／睡觉

崔婆婆：

家／7：30／起床、早饭

篮球场／9：00／散步

家／11：00／午饭、休息

  17：00／晚饭

  21：30／睡觉

梁爷爷B：

家／6：30／起床、早饭

市场／7：00／卖菜

榕树头／10：00／闲聊

家／12：00／午饭

菜地／13：00／打理作物、喂鸡

市场／15：00／买杂货、卖菜

  18：00／晚饭

家或村中／19：00／看电视或闲逛闲聊

家／22：00／睡觉

邓爷爷：

家／7：00／起床、早饭

  7：30／看电视或闲坐小憩

11：00 / 午饭、休息

15：00 / 看电视

17：00 / 晚饭

18：30 / 看电视

21：00 / 睡觉

孔堂村的老人们日常生活简单，活动范围小，通过访谈与观察归纳可总结出四个（类）活动空间——家、公共场所、自行开垦的菜地、孔堂综合市场。老年人聚集的公共场所为村口榕树头（图4）和孔堂公园，社交活动是闲聊、打天九骨牌和跳广场舞，村中喇叭还播放着粤剧录音（图5为梁爷爷A搀扶崔婆婆散步）。孔堂综合市场距孔堂村约一公里（步行约15分钟，骑行约5分钟）（图6为孔堂综合市场供老人们卖菜的巷子），能满足人们的日常需求。

图4　村口榕树头——"情报集散中心"

图5　梁爷爷A搀扶崔婆婆散步　　图6　孔堂综合市场供老人们卖菜的巷子

2. 钱！钱……

通过孔堂村委会获取了基本资料后，我带着半结构式访谈提纲和对未知的忐忑与期待，准备对村里老人进行深度访谈。离开前，我问村委会的干部们："老人家会说最需要什么呢？"海叔一拍胸脯："钱！你去问，他们肯定都说要更多钱！"由此，我制定了访谈的基本问题。

提问：

（1）"现在每个月收入大概是多少？来源是什么？钱够用吗？花在什么地方？分别花多少？"

（2）"除了满足基本生活的部分，有没有其他的消费？比如去棋牌室等娱乐场所，或者买些零食之类的？"

访谈摘要1：

> 困难重重，现在门口菜地人家又要开工了①，这样一来我要自己买菜了。三个女儿都给别人打工，嫁的也是打工人，他们的工资都只能勉强养活自己和孩子。我还有个儿子有智力障碍（智力三级残疾）②，工作不了，相当于我每个月收入的700多块钱养着两个人啊，哪有什么消费，能吃饱饭就不错了……
>
> ——林婆婆
>
> 儿子会给钱用，我跟她（指崔婆婆）每个月的收入加起来有1000多元，钱够用的。平时会买水果和烟，没有什么其他消费了。
>
> ——梁爷爷A
>
> 饿不死呗。"看菜吃饭"，有多少花多少，我抽的烟都是这种散装卷烟，七块钱一两，一点烟味都没有，就过个瘾……你要问生活好不

---

① 指邻居的宅基地，长期无偿借给林婆婆种菜用，在访谈后一周内将动工建房出租。

② 3级、4级智力残疾人和精神残疾人可以单独提出申请，经信息化核对和家庭生活状况综合评估后，符合条件的可以纳入低保。信息来源：《残疾人是否都能领取最低生活保障？》，见佛山市民政局官网（http://mz.foshan.gov.cn/gkmlpt/content/5/5521/post_5521794.html）。访谈时林婆婆还不知道有这项政策，目前芳姐和"双百"社工潘姐正在联系林婆婆的孙子提供材料、整理收支数据，为林婆婆的儿子争取低保。

好？那比之前确实好了，但钱真是太少太少了。

——梁爷爷B

够用够用，政府帮助很多，而且我生活过得很简单，菜都是侄孙每天买来，其他我基本不花钱。①

——邓爷爷

经过对五位老人的访谈，我得出以下对孔堂村老年人经济状况的描述总结：

第一，2004年土地征收前，孔堂村所有老年人都是农民，可以自给自足，而如今他们每月的固定收入虽可以维持正常情况下的基本生活，但几乎不可能有较多积蓄，这意味着他们难以抵御风险和应对意外。林婆婆的儿子由于智力残疾，对周围环境辨别能力差，在2022年驾驶摩托车时撞上小汽车伤到头部，手术及后续康复自费共花了约14万元。意外的重击迅速掏空她的积蓄，儿子头上有伤，也自此没法胜任环卫清洁的工作，无业便无工资收入，林婆婆家的经济状况从此一蹶不振。

"要更多的钱"的话语构成中，选择"存钱"的比重远超选择"花钱"比重，老人们若是得到更多经济收入，第一选择并不会将其投入到消费当中。存钱的底层逻辑是延迟满足，是典型的农业经济思维的现实体现，小农经济的生产生活方式造就了中国农民对"储备等于安全"的认同——从存粮到存钱皆是如此。上一代老农近乎苛刻的节省和近乎拮据的消费亦是他们曾经贫穷经历烫下的社会烙印，物质的匮乏触发了他们对"更多钱"的渴望。未雨绸缪、先苦后甜、稳定至上都是具有鲜明时代底色的特质。同时，他们"不给晚辈添麻烦"的理念，与身体机能下降带来的疾病等意外发生风险较高的客观状况交织碰撞，过去烙印的思想与现实和未来生活的反馈共同塑造了这一代农村老人对积蓄的渴望。通过与他们的交谈，我们基本可以归纳得到，积蓄的多少影响着老人的精神面貌——松弛有底气或是心中压着块石头，不同的心理状态能够在语气、表情、肢体上直观呈现。

第二，由于孔堂村老年人的经济收入少，老人个体之间经济状况的差异

---

① 加上高龄津贴、退役军人补贴及基层慰问金，邓爷爷每月领取约3000元。

取决于各自晚辈的经济状况。梁爷爷A和崔婆婆的小儿子经营着一家机织工厂，收入和积蓄相当可观，带父母去过北京、泰国等地旅游，相比之下林婆婆则"连三洲都没出去过"。梁爷爷B抽的卷烟也与梁爷爷A的中华牌、红双喜牌香烟形成鲜明对比。晚辈（主要是子女）的赡养是老年人物质生活的有力保障，养老的社会化趋势的确越发明显，但在今天的孔堂村乃至更多的中国乡村，养老资源特别是其中的经济资源仍主要由家中晚辈供应，家庭养老仍是重要养老模式，"养儿防老"这种"均衡社会成员世代间取予的中国传统模式"对他们而言仍具说服力。

第三，孔堂村老人消费结构简单，体验性消费极少。其中原因，一是收入较少，二是观念上对积蓄的执着和对消费的保守，这两点一体两面。此外，当前也缺乏面向老年人群体的文化消费产业，而且孔堂村几乎没有老人使用智能手机，数字鸿沟更是隔绝了他们与文化消费产业的接触。

提问："您觉得现在养老工作最缺什么？下一步最先需要优化的是什么？"

访谈摘要2：

> 什么事情都要有钱才能做得了，之前说要在孔堂办长者食堂，牌都挂了，桌子凳子也搬了，但其实我们稍微一算账就知道……买菜、备菜、煮饭、清洁……这些工作全都要钱！而且要维持运行……
> ——孔堂村委会副书记海叔

> 说到底还是资金问题，比如我们现在做"一老"调研，计划每个月给老人举行庆生的活动，这个要资金，所有的活动都要资金。走访发现一些独居老人没有独立卫浴①，不安全不方便，想做适老化改造，打通厕所和室内区域，还是缺资金……
> ——"双百"社工潘姐

---

① 我在实地观察中也发现，在孔堂村老人的住所，洗手间另设在家门隔壁的情况相当多见。

社区提供的养老服务和家庭养老一样，需要厚实的经济基础才能提高质量。如今，中国的社会养老高度依赖政府，民间资本的参与很少，而庞大的老年人口使政府的养老金财政支出压力极大。

"钱"，在某种程度上制约着中国乡村养老的发展。

3. 疾病——具象化的变老

所谓"十老九病""年老体衰"，疾病大概是老年人生活中难以回避的考验。

访谈摘要3：

年轻时耕田、砍柴、割草、"担水库"①，没日没夜干活，搞得现在两只脚都痛，看过很多次医生，治不好，我也不会再去看了。现在整个人身体都变差了，多动一下就累……能怎么办？老了不就这个样？

——林婆婆

她（指崔婆婆）2020年3月初有天突然起不了床，我赶紧打电话叫小儿子回来送她去医院，说是中风了，住院住了20天。三个月前体检到有点高血压，没想到会中风……现在吃饭、走路、上厕所、冲凉都要我来"伺候"。我自己的话，能感觉到这几年身体不如以前，上楼梯、骑车、搬东西这些……以前我很"生猛"的，现在会突然发现比以前累，渐渐有点力不从心。

——梁爷爷A

现在倒是能听能看，中风以后讲话困难一点；我什么都做不了，每天要吃四种药啊。生病啊，是这样的了。

——崔婆婆

身体，现在挺好啊，能吃能睡……以后就不知道了！人老了哪有不生病的？这都是没办法的事情。

——梁爷爷B

---

① 指"大跃进"期间兴建孔堂水库，用担子搬运湿泥以建水坝的体力活。

有高血压、糖尿病、心脏病,我不去看病的,拿点药吃一下就算了……我都96(岁)了,没什么好看(病)的了。

——邓爷爷

老人在路上摔倒、半夜在家昏倒这样的事情不少,一般是老伴通知子女回来送医,或者邻居发现了告诉我们(村委会),我们也会经常去探望一下独居老人,了解他们的情况。老人都不愿意麻烦子女,也不想花钱,小病就熬,实在不舒服就自己或者请邻居帮忙买点药吃,所以被发现的时候一般都比较严重了。

——孔堂村委会分管民政工作的芳姐

没有子女在身边嘛,又想省那几个钱,很多老人的生活很随便的,经常是中午煮多一些吃的,晚上随便吃点剩饭剩菜。他们肉也不舍得多吃,就烫点青菜,最多加个鸡蛋,对付一餐,这样一来营养又跟不上,就更容易生病了。

——孔堂村委会副书记海叔

2022年,我们在走访的时候发现一户人家中两位79岁的老人都患有肾脏疾病,每个月总共的医药费用超过5000元,十多年的治疗费用一直是两位老人的儿子在负担。我们立刻给他们建档立卡,申请低保和慈善补助①,后来的医药费每个月就只要几百块,这大大减轻他们的负担了。

——"双百"社工黄哥

孔堂村老年人的生活照料主要由自己或配偶完成,老人们普遍欠缺医疗健康常识,轻视他们所认定的"小病"与饮食搭配上的营养均衡。海叔所言不假,我在进入五位老人家中进行深度访谈时,发现林婆婆的午饭是清水挂面,梁爷爷A和崔婆婆的午饭是白菜和过年吃剩的腊味,邓爷爷的晚饭是中午剩下的粥。

年轻时几乎未曾接受现代医学的系统教育,是许多农村老人倾向于采用高度"个性化"且基于传统或自身经验的方式来理解和应对疾病,以及搭配日常饮食的重要原因之一。此外,医疗资源分布不均、医养结合尚未完善,

---

① 两项经济支持均在当月审批,次月发放。

也是当前农村养老的现状。孔堂村没有卫生站或诊所，距离最近的社区医院是铁岗社区卫生服务站（步行约28分钟，骑行约9分钟，驾车约7分钟），距离最近的综合医院是高明区人民医院（步行约127分钟，骑行约39分钟，驾车约17分钟）。无法驾车的老人独自前去就医费时费力，"熬"或自行吃药是更现实的选择。

在医疗健康方面，孔堂村委会和三洲片区社工点举办的相关活动有公益体检、"冬日派药"、寒潮天气送温暖，但没有重大疾病辨别和预防知识普及、饮食营养搭配的重要性与建议一类的培养保健意识的活动。通过访谈，我们得知崔婆婆在约一个月前已经出现明显的典型症状，如果略微掌握相关知识，完全可以自主识别，实现早发现早预防。而且孔堂村老年人的自理能力、认知能力、沟通与接受新事物的意愿普遍较强，开展医疗健康常识指导型的活动具有必要性和可行性。

黄哥讲述的故事再次体现了"双百"社工"主动发现"的职能，帮助不了解政策的老年人家庭申请经济支持，缓解其应对疾病的压力。

同时，生活照料的情况又与日常生活的积极性息息相关，能够通过"子女是否在家"这个变量反映出来。社交活动提供的情绪价值、他人给予的精神慰藉都与生活照料密不可分，并在"养老"这个整体中运作并产生效果，实现两者的结合与协同发展是理想的方向。

4. 爱菜如子——那年征地与"拓荒一代"中国农民的土地情结

孔堂村的路边和缓坡上，随机散落着一方方整齐的菜地，它们与田间地头的佝偻身影共同构成富有生命力的风景。

提问：

（1）"讲一讲2004年孔堂村发生的故事吧。"

（2）"为什么耕了大半辈子的田，终于闲下来了，还去开荒种菜？"

访谈摘要4：

> 我家两亩地，2004年每一亩地一次性补偿了1650块；我当时想，终

于不用耕田了,终于舒服了。现在是种菜,种菜跟耕田不一样,种菜就是玩一下,顺便有点菜吃,还省下一点钱。耕田是很累很累的,唉我们这一代最苦的,"拓荒一代"啊,年轻时候白天耕田,晚上还要干夜工,凌晨上山割草卖去三洲中学……连觉都是在路上睡的……

——林婆婆

现在种菜的话,首先是健康嘛,翻土、浇水、施肥,这算一种运动吧,而且自己种的菜吃起来还是放心很多。第二就是乐趣了,不同季节种不同的瓜菜,有不同的技巧,很有门道啊,看着自己的菜长大很有成就感的。还有,儿子来看望我们的时候,我就给他们装点菜带回去,他们有时候也会说:"哎老爸,今天去你那里拿点菜哦。"其实来回一次油费比这点菜贵很多很多倍啦,不过是做儿子的要来看他老爸老妈嘛,顺便还能吃点老爸亲手种的菜,这样大家都开心。

——梁爷爷A

我没什么意见啊。务农很辛苦的,劳动日算公分,后来还分公粮、余粮……种菜轻松了很多。不过这是一项要动脑的运动来的,不是说简简单单撒个种子它就自己长了,要看天气啊,土地啊,虫啊……各方面好多讲究的。

——梁爷爷B

那一年,孔堂村是平静的。不耕田了,生活还是继续,日子依旧平淡恬静。

中国养老,尤其是中国乡村养老当中很独特的一点,想必是"需要一方土地"。中国人是有"种菜基因"的民族,在孔堂村的老人们看来,躬耕于田间带来的是充实欢愉和归属感,悉心照料下结出的瓜菜似孩子一般惹人疼爱。同为一辈子与农田土地打交道的"拓荒一代",种菜是老人们与同龄人交流时的一大话题,他们互相学习技巧,"攀比"作物长势,这丰富了他们的社交生活。农耕是个系统性的"技术活",是老人们最引以为傲的技能之一,他们说起节气、水、土等学问时如数家珍。可以说,种菜还是这一群"退休老农民"自我价值展现的空间,他们从中获得存在的意义和乐观的生活态度。作物更是"礼物",在社交网络中流动,维系邻里关系,增进亲子情感,"来拿菜"成为探望父母的由头,"种菜"也就承载了见到孩子的盼望,为生活增添了几分期待。在孔堂村,菜地随处可见(图7)。

"一方土地",它孕育了农业大国,亦是每一位农民的羁绊和寄托。

图7　孔堂村的菜地

5. 养老院？——是选择还是愿望？

提问：

(1)"不考虑要花多少钱,愿意去养老院生活吗？"

(2)"是选择去养老院跟更多的同龄人相处、接受照护,还是选择留在家里、继续现在的生活状态？"

访谈摘要5：

> 我不去,无儿无女的才去养老院……(养老院)有人照顾又怎么样,我有儿有女的,去了不就等于告诉别人子女不要我？
>
> ——林婆婆
>
> 不想去,去那里我还得带上我这么多书,多不方便,养老院也没有这么大块地给我种菜吧？而且不自由啊,吃饭、活动、睡觉等什么事都有人管。那里虽然有很多同龄人,但他们跟这里的老朋友哪里一样,知根知底才信任。应该会有人想去的吧,不过我个性好静,就喜欢读读书,每个人都有自己的个性,爱热闹的人去了应该会开心。
>
> ——梁爷爷A

不去不去,在这里这么多年习惯了,不去。

——崔婆婆

我才不去,那些人照顾(老人)不就是完成工作?再有大爱也不是子女啊。

——梁爷爷B

他们(晚辈)不让我去啊,说"去那种地方干什么?"……嗯,我想去啊,我这么老了,整天就是坐在家里看电视,以前还会去湖边散散步或者去榕树头听别人聊天,现在不敢出去走咯,要是摔倒了又要麻烦子女,去养老院有人照顾,挺好。

——邓爷爷

和中国许多乡村老人一样,孔堂村的老人多数都认为"养老院不是好地方",入住养老院等养老机构的意愿较低,甚至抗拒。相当多的老年人和他们的子女都不同程度地认为,入住养老院隐含着"遗弃"。这种观念形成的原因,其一在于中国传统的家本位文化和对"房子"与"家"高度绑定的认同,以及老人对老房子和一直以来的生活环境的眷恋,对离开熟悉的社会空间的不适,以及对重新建立社交关系的担忧。其二在于一直以来中国公立性质的农村敬老院基本只收养"五保"老人(孔堂村目前没有老人符合标准),基本上只能提供维持生存的照料服务,在孔堂村附近仅有一间这种定位的养老院。在孔堂村老人们的认知里没有"商业化养老机构"的概念,他们也没有机会接触驻扎村中的养老服务站之类的进行宣传和提供体验的场所。可以说,在一定程度上,农村养老机构的缺位抑制了农村老人入住养老机构的意愿。

此外,梁爷爷A关于"个性与选择"的阐述传达出个体差异是影响养老意愿的重要因素的信息。长期以来,由于老年人在体力、社会财富创造、数字化科技运用等方面处在弱势地位,老年人群体落入边缘的、失语的境地,群体内部的个体间的异质性没有得到足够的重视,甚至被误解为"不存在明显个体差异"。实际上,老年人群体内部是多样的、精彩的,每一位老人都是鲜活的,"看见""听见"个体的诉求和表达才能正确认知整体,如此才能再谈"帮助"和养老的进步,构建关注个性化的养老服务体系应是发展的方向。

6. 活着与死亡——说给年轻人听

离生很远，离死很近的一群人，他们眼里的死亡是什么？活着是什么？

提问：

（1）"现在还有特别想完成的事情吗？"

（2）"有没有想过死亡？见证朋友的离世是什么感觉？会去想自己离开的那一天吗？会感到担忧或恐惧吗？"

（3）"有没有诸如'要活到100岁'的目标？为什么希望长寿？"

（4）"活着的意义是什么？"

访谈摘要6：

> 没有啦，一天天就这样过咯。身体不行了就死了，每个人有每个人的想法，我就觉得无所谓。哪有去想要活多少岁的，这种东西是想了就有的吗？还生就想死干什么，有一天就过好一天，别想这么多，死是最容易的事情。
>
> ——林婆婆

> 没有想做的了，上年纪了不想这些，想想自己修身养性，吃得清淡，健康一点长寿一点咯。我答不上来你这么深奥的问题，跟你讲我看电视听到的一首香港的歌——"人生与命运，原是一天百变，成败有如一个转面，莫记当年，就算甘愿平淡过一生"[①]。我不求什么远大理想，就这样生活就很好很舒服，活久一点多看看儿孙、多读读书，就满足了！拼死拼活要买飞机吗？买的士（出租车）吗？骑单车就够了啊。朋友走了（指去世）我也看开了，年纪到了嘛，每个人都要听从命运安排，我以后也要走的。
>
> ——梁爷爷A

---

① 节选自歌曲《变色龙》。

切，想这些干什么。活着都这么苦了，哪有时间想死的事情。

——梁爷爷B

没有想做的事情了，活一天算一天，现在是"等死"的岁数了，每天电视放什么就看什么，看看粤剧、看看打球，其实也没什么好看的。死就死呗，我是想长寿啊，但明天就死或者活到120岁都可以，无所谓。人始终要死一次，没有两次的，想也没用。

——邓爷爷

从几位老人关于未来与死亡的讲述中可见，他们都没有因必然到来的死亡而感到恐惧，都能够以淡然的态度对待生死，以积极的死亡观正视并接受无法抗拒的自然规律。他们的理念中，既有儒家思想中"未知生，焉知死"的积极态度，又有道家文化"生死齐一"的豁达。

我还跟老人们提到，如今中国社会中存在相当一部分青年人在重压下陷入迷茫与痛苦，甚至对"活着"产生深深的怀疑并选择自我了断的现象。

提问："有什么想对年轻人们说的吗？"

访谈摘要7：

年轻人啊……哎呀千万不要想那么多！平平淡淡、简简单单才是生活。

——林婆婆

抑郁症之类的我不懂，一是一二是二，不懂的我就不评价了，但我个人觉得是想的东西太复杂，不够纯粹；你记住，生死天注定，命运不可挡，什么生啊死啊，不要太过认真！想再多也没有用，人的力量有限的嘛，历史的变化要顺其自然；总之就是，不要怕！千万不要怕……

——梁爷爷A

嘿，年轻人不要太心急，压力大就休息一下，没什么的；你们还有大把青春，不要总是想着要死……

——邓爷爷

一听是给年轻人的话,老人们都先沉吟半晌,细细斟酌,而后用浓重乡土发音的粤语,平和地吐出一字一句。历经岁月洗礼,老人们的气质里有种返璞归真、大道至简的平静洒脱,让我的心灵得到了洗涤,使我开始认为,老人的经历是无价的财富。

7. 孩子们——爱无言亦有声

日常生活、经济状况、疾病与健康、死亡与长寿、养老意愿等所有问题的回答有一个交织点,一个在话里话外频频出现的角色——孩子。

提问:

(1)"孩子们住得远吗?"

(2)"子女和孙辈多长时间来探望一次?平时会打电话聊聊天吗?"

(3)"想要他们多点陪伴和关心吗?"

访谈摘要8:

三个女儿都住得不远。探望我?她们也很忙的咯,打工的哪有几天假期,还要养自己的孩子,能过好自己生活就行了。电话也不怎么打。我不要什么陪伴关心,我自己能照顾自己。

——林婆婆

两个儿子,一个就在附近,刚买了新房,一个在禅城张槎(驾车约一小时)。他们隔几个星期就会来探望我们,她(指崔婆婆)的药也是小儿子每个月去医院开的,孙子就不来,打电话也很少,算啦,他要上学嘛。我不用他们陪,就这样偶尔来看一下就好,住在一起不好,毕竟是两代人,各方面生活习惯、作息之类的都有很大区别,容易多矛盾,各过各的就好了。

——梁爷爷A

儿子也很忙,他是打工的,生活不易啊。他住得不算远,但有什么好探望的?不就这样该干什么就干什么呗。

——梁爷爷B

我有六个女儿,都嫁得不远(都在高明区),外孙们都已经结婚了,也是在高明。女儿几个星期就会来探望一下我,外孙很少见,过年见一下,也不怎么打电话。我不用什么陪伴和关心,我现在自己能照顾身体,政府又给这么多帮助,可以了。

——邓爷爷

提问:"关于需求,老人们的回答是清一色的'不需要晚辈更多的陪伴和关心',您觉得呢?"

访谈摘要9:

其实呢,最需要的是关爱,只不过从来不说。没有子女在身边的话,(吃饭就)对付一餐,洗衣服也是,经常几天才换下来,丢到水里泡一会儿,用脚踩几下就算了,因为没力气嘛,手脚又不灵活,也就是子女来的时候才会穿新衣服,(平时)很将就很将就的……

——孔堂村委会副书记海叔

老人家嘴上说不用陪伴和关心,但我们走访关心他们,去跟他们交流的时候,(老人们的)状态很明显是高兴的、积极的,那其实他们的行动已经给出反馈了,这就是需要关爱的表现;关心关爱对每个人来说都是很有必要的。

——"双百"社工

晚辈永远是老人们的骄傲,因此聊起来笑容满面,眉飞色舞,滔滔不绝:"我儿子是开厂的!很大一个机织厂!""我小孙子在警校读书!""我孙子当兵的!"……虽然彼此不常见面,但老人们始终牵挂着孩子们,一件件细数儿孙成长历程中的大事小事,发自内心地为晚辈感到自豪。淳朴的笑,真挚的爱,温润动人。

正如"双百"社工们所说,老人们的需求不止从语言表达,还从身体反馈。若是简单地问一句"是或否",很容易得到但不甚负责的结论:"乡村老人并不需要晚辈的陪伴与关心。"而真正深入地与他们交流,认真地理解他们的逻辑和捕捉他们的想法，便知事实并非如此线性与单薄，这也体现了田野调查的优势和不可替代性。乡村老人是互联网时代严重"失语"的一群人，但没有表达不意味着不想表达，更不意味着不需要被听到。走过波澜壮阔历史的"拓荒一代"，如今是数字鸿沟另一端的老人，隐忍沉默是历史和社会生活经历给他们拓下的印记，同时，陪伴、交流与关爱是他们如今需要的，二者并不冲突。

精神慰藉资源作为养老资源的重要构成部分和最高维度的需求，在孔堂村相对欠缺。参考马斯洛需求层次论与埃里克森的人生发展八段论，孔堂村老人主要缺乏精神依靠和寄托需求、尊重的需求、被爱和受到尊重的情感需求、自我实现的需求，关键在于缺乏来自晚辈的情感陪护。[1] 不过，"双百"社工的走访和耐心交谈、村委会的日常关心以及同龄人之间的交往在社会性、群体性精神慰藉层面提供了一定的支持，孔堂村的老人们普遍有积极的老年观，能够较为豁达地面对衰老的事实和当下与未来的生活。

三、未来

我们的未来是变老，孔堂村养老的未来是什么？中国乡村养老的未来在何方？

海叔认为，下一代（生于20世纪50年代到70年代间）不再有如此庞大的纯粹农民人口，人们大多离开农田走上工作岗位，养老的经济供养有退休金作为保障。在日常工作中，海叔常叹息"钱"的紧缺，时刻强调"钱"的重要性，30余年的基层工作令他切身感受"没有钱万万不能"。但其实，下一代人的养老要面对"少子化"带来的一系列新挑战，纵使经济因素有决定性影响，也绝不能决定一切。每一代人的养老问题都带着时代的特殊性，这一代是走过战争、饥荒、辛劳的一群人，帮助他们健康幸福地走完余生是关键目标，然而，受制于现实是常态，对此而言，着眼于现状或许是更有益的视角和意识。

---

[1] 尤吾兵：《中国老年人口精神慰藉的现实矛盾及支持系统构建》，载《中国老年学杂志》2015年第12期，第3479–3482页。

的确,"钱"的客观限制堵在面前、掐住喉咙,致使我起初也不抱有提出可行建议的期待,但可爱的田野和亲切的受访者总能带来意料之外的启发。

首先,社工点举办的活动主题应增加医疗保健知识的普及和案例警示,联动医疗机构,指导基础用药规范和老年人群高发疾病辨别标准等。比如在"世界卒中日"教授老人们认识脑卒中及其征兆。实施形式和内容均须因地制宜,我计划针对此假设进行更大范围的资料收集,尝试论证其可行性并探索具体操作方式,后另撰写一份调研报告,向荷城街道社工站提交建议。

第二,搭建老年人与青少年交流的平台,老年人向青少年传授技能,青少年与老年人谈心。每一位老年人几乎都掌握至少一项有鲜明时代特色的技能,比如农耕、传统食品制作,技能背后有一套知识体系,比如农谚、地方风俗,知识中渗透着文化和历史。老年人向青少年传授技能不仅为老人提供展现自我价值的空间,而且有助于打破知识的代际限制,实现其流动与传承,可以用录像发布等方式记录并保存,留下细微处的历史与社会记忆。"还未老的人"与"年轻过的人"谈心,青少年分享时下新鲜的讯息、对现状和未来的困惑,老人讲述过去的故事、社会经验、人生体会。理想状态下,老年人能够在沟通中满足分享欲、抚慰青少年的焦虑与迷茫,在陪伴中互相传递力量。具体的实践模式同样需要进一步细化的调查、设计、尝试、优化。

这些构想的提出,是深深植根于我在本次田野调查过程中的亲身体验与深刻感受。这次调研给我带来最大冲击与震撼的是老年人群体内部的多彩和老人个体闪闪发光的魅力,这是我从未有过的认识。与老人们的相处与沟通真真切切地给我带来舒缓、治愈和能量,我开始反思对老年人群体"价值"的评价方式:如果把对经济发展的贡献程度作为区分"劳动力资源"与"社会负担"的标准,老年人自然滑向受歧视的"无用"一端,但唯经济的论调适合用来评判"人"吗?究竟是"人"为经济发展而存在,还是经济发展为"人"的福祉而存在?老年人已经完成了对社会经济发展的贡献,或许应该用更多元的评价体系,发现他们在其他方面的闪光点,而不是将其物化。若是抱着"过河拆桥""卸磨杀驴"的态度,我们与《楢山节考》的区别只是彼之"楢山神"在文化权威之中,当代"楢山神"在人心底。

以上两点想法均为顺应上述调研生发出来，想必还存在更多的可能性。

四、余论

踏上这片土地，我怀着热忱一遍又一遍地踏过她的每一条路，渴望勾勒她的筋骨，用力地呼吸每一口灿烂阳光下的空气，渴望触及她的灵魂。村口榕树头，那里清晨是闲聊歇息的据点，午后是对局天九骨牌的"战场"，夜幕降临是大跳广场舞的舞池。路边和缓坡随机散落的菜地，大多数时间都躬着一个个佝偻身影。与孔堂综合市场喧闹大棚一墙之隔的巷子里，老人们坐在小马扎上的身影，卸下的担子里站着他们绿油油的孩子。林场入口，老爷爷乐乐呵呵地控制着麻绳做的门禁，向来访的人们敬礼。孔堂水库鹭鸟惊起，小狗狂奔，鸭子端坐，山羊爬坡，操控水闸启闭的"掌权者"本可以独占山头大别墅，却选择了邀请动物朋友们分享他的房子和时间。

遇见的美好净化灵魂。林婆婆虽反复劝诫"年轻人要忆苦思甜"，但毫无"过来人"的架子和不屑。梁爷爷A在我的田野记录本上一笔一画写下"贝字诀"的忠告，还说："爱情是最佳拍档，种地是修理地球，死亡是命中注定。"活脱脱一首朴素又浪漫的三行诗。病痛剥夺了崔婆婆大部分的行动和表达能力，却没有带走她对幸福的感知，她依然温和而坚韧。梁爷爷B好像对什么都"无所谓"，叼一卷烟，来去如风，潇洒自由。邓爷爷千叮咛万嘱咐："大学生要听党指挥，跟着国家走……"海叔邀请我暑假再来，芳姐细心地帮我查找资料，书记同我畅聊中国基层与《乡土中国》。一群"双百"社工笑着调侃："那你提工资就伤心啦……"但我问道："情怀和热爱对平时的工作来说称得上是很重要的吗？"这群年轻人又毫不犹豫地坚定地点头。

再见，孔堂村！再见，闪闪发光的每一位！我记住了每一张笑脸。